EBS 교육방송교재

KB028137

핵심이론으로 합격하기!
2025 고졸 검정고시
핵심총정리

1권 | 국어·수학·영어

EBS검정고시집필진 편저

검정고시 합격을 위한 최적의 교재!

• 시험에 꼭 나오는 핵심이론 수록
• 대표기출문제로 유형 잡고, 실력 잡고!

신지원

인터넷 강의
검스타트
www.**gumstart**.co.kr

핵심이론으로 합격하기!

2025 고졸 검정고시

핵심총정리

1권 | 국어·수학·영어

검정고시 합격을 위한 최적의 교재!

• 시험에 꼭 나오는 핵심이론 수록
• 대표기출문제로 유형 잡고, 실력 잡고!

시험 안내

고졸 검정고시는 부득이한 이유로 정규 고등학교 과정을 마치지 못한 사람들을 대상으로 실시하는 국가 자격 시험으로, 고졸 검정고시에 합격한 자는 고등학교를 졸업한 자와 동등한 자격을 인정받습니다.

※ 자세한 사항은 각 시·도별 공고문을 참고하십시오.

❶ 시행 기관

- 시·도 교육청 : 시행 공고, 원서 교부 및 접수, 시험 실시, 채점, 합격자 발표
- 한국교육과정평가원(KICE) : 문제 출제, 인쇄 및 배포

❷ 시험 일정*

구분	공고 기간	접수 기간	시험일	합격자 발표
제1회	1월 말 ~ 2월 초	2월 초 ~ 중순	4월 초·중순	5월 초·중순
제2회	5월 말 ~ 6월 초	6월 초 ~ 중순	8월 초·중순	8월 하순

※ 상기 일정은 시·도 교육청 협의에 따라 변경될 수 있습니다. 반드시 해당 시험 공고문을 참조하세요.

❸ 시험 과목 및 시간표

구분	1교시	2교시	3교시	4교시		5교시	6교시	7교시
시간	09:00~ 09:40	10:00~ 10:40	11:00~ 11:40	12:00~ 12:30	중식 12:30~ 13:30	13:40~ 14:10	14:30~ 15:00	15:20~ 15:50
	40분	40분	40분	30분		30분	30분	30분
시험 과목	국어	수학	영어	사회		과학	한국사	선택 과목

※ 필수 과목 : 국어, 수학, 영어, 사회, 과학, 한국사(6과목)
※ 7교시 선택 과목은 '도덕, 기술·가정, 체육, 음악, 미술' 중 1과목(따라서 총 7과목 응시)

❹ 출제 형식 및 배점

- 문항 형식 : 객관식 4지 택 1형
- 출제 문항 수 및 배점

구분	문항 수	배점
고졸	각 과목별 25문항(단, 수학은 20문항)	각 과목별 1문항당 4점(단, 수학은 1문항당 5점)

❺ 합격자 결정 및 취소

- 고시 합격 ➡ 각 과목을 100점 만점으로 하여 결시 없이 평균 60점 이상을 취득한 자(과락제 폐지)
- 과목 합격 ➡ 과목당 60점 이상 취득한 과목
- 합격 취소 ➡ 응시 자격에 결격이 있는 자, 제출 서류를 위조 또는 변조한 자, 부정행위자

❻ 응시 자격 및 제한

◆ 응시자격 및 응시과목

응시자격	응시과목
중학교 졸업자	• 국어, 수학, 영어, 사회, 과학, 한국사【필수 : 6과목】 • 도덕, 기술 · 가정, 체육, 음악, 미술【선택 : 1과목】
중학교 졸업학력 검정고시 합격자	
초 · 중등교육법시행령 제97조 · 제101조 및 제102조 해당자	
보호소년 등의 처우에 관한 법률 시행령 제69조 제3호의 규정에 의한 자	
3년제 고등기술학교 및 고등학교에 준하는 각종학교 졸업자 또는 졸업예정자	국어, 수학, 영어 【총 3과목】
3년제 직업훈련과정의 수료자	
3년제 고등기술학교 및 고등학교에 준하는 각종학교 졸업자 또는 졸업예정자, 3년제 직업훈련과정의 수료자 해당자로서 '89.11.22 이후 국가기술자격법에 의한 기능사 이상의 자격 취득자	국어, 수학 또는 영어 【총 2과목】
3년제 고등기술학교 및 고등학교에 준하는 각종학교 졸업자 또는 졸업예정자, 3년제 직업훈련과정의 수료자 해당자로서 '89.11.21 이전 국가기술자격법에 의한 기능사 이상의 자격 취득자	수학 또는 영어 【총 1과목】
만 18세 이후에 평생교육법 제23조 제2항에 따라 평가인정한 학습과정 중 고시 과목에 관련된 과정을 교육부장관이 정하는 바에 따라 과목당 90시간 이상 이수한자	국어, 수학, 영어【3과목】와 미이수 과목

◆ 응시 자격 제한
- 고등학교 또는 초 · 중등교육법 시행령 제98조 제1항 제2호의 학교를 졸업한 자 또는 재학 중인 자 (휴학 중인 자 포함)
- 공고일 이후 중학교 또는 초 · 중등교육법 시행령 제97조 제1항 제2호의 학교를 졸업한 자
- 고시에 관하여 부정행위를 한 자로서 2년이 경과되지 아니한 자
- 고등학교 또는 초 · 중등교육법 시행령 제98조 제1항 제2호의 학교에서 퇴학된 사람으로서 퇴학일 부터 공고일까지의 기간이 6개월이 되지 않은 사람(다만, 장애인복지법에 제32조에 따라 등록한 장애인으로서 신체적 · 정신적 장애로 학업을 계속하는 것이 불가능하여 퇴학된 사람은 제외)

❼ 제출 서류

◆ 응시자 전원 제출 서류(공통)
- 응시원서(소정 서식) 1부(현장 접수 시, 온라인 접수 시는 전자파일 형식의 사진 1매만 필요)
- 동일한 사진 2매(탈모 상반신, 3.5㎝×4.5㎝, 응시원서 제출 전 3개월 이내 촬영)
- 본인의 해당 최종학력증명서 1부(아래 해당 서류 중 한 가지)
  - 중졸 검정고시 합격자 : 합격증서 사본(원본 지참)
  - 고등학교 재학 중 중퇴자 : 제적증명서
  - 중학교 졸업 후 상급학교 미진학자 : 상급학교 진학 여부가 표시된 '검정고시용' 중학교 졸업(졸업 예정)증명서, 미진학사실확인서

◆ 과목 면제 대상자 추가 제출 서류
  - 과목합격증명서 또는 성적증명서, 평생학습이력증명서 등(이상 해당자만 제출)
◆ 장애인 시험 시간 연장 및 편의 제공 대상자 제출 서류
  - 복지카드 또는 장애인등록증 사본(원본 지참), 장애인 편의 제공 신청서

8 출제 수준, 세부 출제 기준 및 방향

◆ 출제 수준
  - 고등학교 졸업 정도의 지식과 그 응용 능력을 측정할 수 있는 수준

◆ 세부 출제 기준 및 방향
  - 각 교과의 검정(또는 인정) 교과서를 활용하는 출제 방식
    - 가급적 최소 3종 이상의 교과서에서 공통으로 다루고 있는 내용으로 출제
      (단, 국어와 영어 지문의 경우 공통으로 다루고 있는 교과서 종수와 관계없으며, 교과서 외 지문도 활용 가능)
  - 문제은행(기출문항 포함) 출제 방식을 학교 급별로 차등 적용
    - 초졸 : 50% 내외, 중졸 : 30% 내외, 고졸 : 적용하지 않음.
  - 출제 난이도 : 최근 5년간 평균 합격률을 고려하여 적정 난이도 유지

9 응시자 시험 당일 준비물

◆ 중졸 및 고졸

> **(필수) 수험표, 신분증, 컴퓨터용 수성사인펜**
> **(선택) 아날로그 손목시계, 수정 테이프, 도시락**

※ 수험표 분실자는 응시원서에 부착한 동일한 사진 1매를 지참하고 시험 당일 08시 20분까지 해당 고사장 시험 본부에서 수험표를 재교부 받을 수 있다.

※ 시험 당일 고사장에는 차량을 주차할 수 없으므로 대중교통을 이용해야 한다.

10 고졸 검정고시 교과별 출제 대상 과목

구분	교과(고시 과목)	출제범위(과목)
필수	국어	국어
	수학	수학
	영어	영어
	사회	통합사회
	과학	통합과학
	한국사	한국사
선택	도덕	생활과 윤리
	기술 · 가정	기술 · 가정
	체육	체육
	음악	음악
	미술	미술

Q http://kged.sen.go.kr

검정고시 온라인 원서 접수, 이렇게 해요!

※ 사전 준비 : 본인의 '공동인증서' 발급 받기

1. 온라인 접수 기간에 시 · 도 교육청의 검정고시 서비스 사이트에 접속

 http://kged.sen.go.kr

2. 검정고시 전체 서비스 메인 화면에서, 화면 왼쪽의 검정고시 온라인 접수 클릭

3. 왼편의 검정고시 온라인 접수에서 해당하는 '시 · 도 교육청'을 선택하여 이동

4. 상단의 〈온라인 원서 접수〉 메뉴에서 본인이 희망하는 자격의 검정고시 선택
   ☞ 해당 자격의 원서 접수하기 버튼을 클릭하면 '온라인 원서 접수 페이지'로 이동

5. 성명과 주민등록번호(또는 외국인등록번호)를 입력하고, 원서 접수 허위 사실 기재에 관한 안내 및 서약서와 개인식별번호 처리 동의에 체크(✔)한 뒤, 인증서 로그인 을 클릭한 후 본인의 공동 인증서를 통해 로그인

6. 응시자 정보 → 학력 과목 정보 → 고사장 선택 → 접수 완료 순으로 작성

   (1) 응시자 정보에서 본인의 기본 신상 정보와 검정고시 응시 기본 정보를 입력한 후 저장 버튼을 클릭하여 저장 (*표시는 필수 입력 항목으로, 미입력 시 다음 순서로 진행되지 않음) → 다음 버튼 클릭
      • 사진 파일은 100kb 크기 미만의 jpg와 gif 파일만 저장 가능

   (2) 학력 과목 정보에서 응시자 본인의 학력 정보와 과목 응시 정보를 등록, 관련된 서류를 첨부한 후 저장 버튼을 클릭하여 저장 → 다음 버튼 클릭

   (3) 고사장 선택에서 금회차의 고사장이 조회되며, 고사장별 수용 인원이 도달할 때까지 응시자가 신청할 수 있음 → 다음 버튼 클릭
      ※ 고사장을 변경할 시에는 상단의 〈원서 조회〉 메뉴에서 '3. 고사장 선택 입력 단계 화면'에서 수정

   (4) 접수 완료에서 이전 단계에서 등록했던 주요 항목을 다시 한번 확인한 후, 제출 버튼을 클릭하여, 최종적으로 원서 제출
      ※ 입력을 완료하였으나 제출을 하지 않을 경우 오프라인으로 재접수를 해야만 응시 가능
      ※ 제출 완료한 응시원서에 수정이 필요한 경우, 〈수정후제출〉 버튼을 클릭하여 수정

7. 상단의 〈원서 조회〉 메뉴를 통해 본인이 응시한 검정고시 원서 조회 가능(공동인증서로 로그인)

8. 상단의 〈수험표 출력〉 메뉴에서 수험표 출력 가능(해당 자격의 수험표 출력하기 버튼 클릭)
   ※ 식별이 가능하도록 가급적 컬러프린터로 출력하여 시험 당일 소지할 것

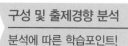

이 책의 구성과 특징

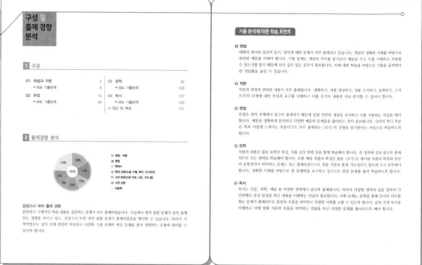

구성 및 출제경향 분석
분석에 따른 학습포인트!

• 각 과목별 구성을 보여주고, 출제경향을 분석하여 학습 방향을 제시하였습니다.

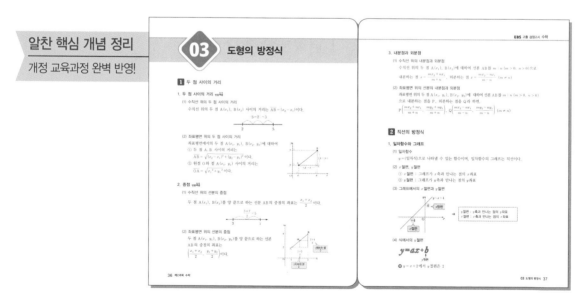

알찬 핵심 개념 정리
개정 교육과정 완벽 반영!

• 국어, 수학, 영어, 사회, 과학, 한국사, 도덕' 기본서에서 시험에 꼭 나오는 핵심 개념만을 엄선하여 수록하였습니다.

대표 기출문제

기출을 보면 합격이 보인다!

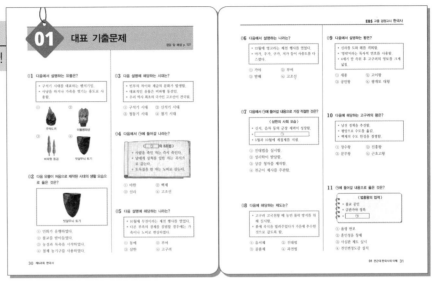

• 시험에 자주 나오는 기출문제를 모아 집중적으로 학습할 수 있도록 하였습니다.

친절하고 상세한 해설

정답으로 직행하는 명쾌하고 알찬 해설 수록!

• 정답이 왜 정답인지, 오답이 왜 오답인지를 정확하게 알 수 있도록 명쾌하게 해설

차례

본 교재(핵심 총정리)는 말 그대로 과목별 핵심 개념을 모두 모아놓은 책입니다. 과목별 개념서(기본서), 기출문제집, 실전 모의고사 문제집과 더불어 고졸 검정고시 시리즈의 한 축을 담당하고 있습니다.

1 전체 공부 순서[우선순위]

본 교재를 어떤 순서로 공부하는 것이 좋을까요? 두 가지 유형을 소개합니다.

◆ Type 1 : 실제 시험 보는 순서대로 공부하기 [권장]

1과목	2과목	3과목	4과목	5과목	6과목	7과목
국어 →	수학 →	영어 →	사회 →	과학 →	한국사 →	도덕

>> 실제 시험 보는 순서대로 공부하는 방식으로, 실제 시험 현장에 적응하기에 가장 적합한 유형입니다. 본 교재 역시 이와 같은 순서로 구성되어 있습니다. 가장 자연스러운 공부 순서로, 본 교재에서 권장하는 순서이기도 합니다.

◆ Type 2 : 취약한 과목부터 공부하기

1과목	2과목	3과목	4과목	5과목	6과목	7과목
→	→	→	→	→	→	

>> 수험생 여러분의 가장 취약한 과목부터 순서대로 공부하는 방식입니다. 시험에 대비해 공부하는 일반적인 방식을 그대로 적용한 방식이기도 합니다. 취약 과목을 먼저 공부(취약한 과목 순서대로 공부)하고 상대적으로 강한 전략 과목을 뒤에 공부하는 방식이 효율적이라는 점은 널리 알려진 사실입니다(시험 직전 취약 과목을 포함해 복습해야 함). 만약 이 순서대로 공부하겠다면 빈칸에 해당 과목을 여러분이 직접 적어 보세요.

◆ 시리즈 전체 공부 순서

Type 1 ① 과목별 개념서 → ② 핵심 총정리(개념서 학습 정리용으로 활용) → ③ 기출문제집 → ④ 실전 모의고사 → ⑤ 과목별 개념서 혹은 핵심 총정리로 최종 정리 [권장]

Type 2 ① 핵심 총정리(예습용으로 활용) → ② 과목별 개념서 → ③ 기출문제집 → ④ 실전 모의고사 → ⑤ 과목별 개념서 혹은 핵심 총정리로 최종 정리 [하위권 수험생]

Type 3 ① 기출문제집 → ② 과목별 개념서 → ③ 핵심 총정리 → ④ 실전 모의고사 → ⑤ 과목별 개념서 혹은 핵심 총정리로 최종 정리 [상위권 수험생]

② 과목 내 한 강[챕터] 공부 순서

개별 과목은 다음과 같이 구성되어 있습니다.

❶ 과목별 개념서에 수록된 개념들 중에서 출제 빈도가 높은 가장 핵심적인 개념들만을 뽑아 제시한 것이니 만큼 반드시 정독을 하시기 바랍니다. 예습 및 최종 정리용으로 사용합니다.

❷ 대표 기출문제를 통해 어떤 유형의 문제가 실제 시험에서 출제되었는지를 알 수 있습니다.

❸ 대표 기출문제에 대한 올바른 정답과 해설을 제시한 부분입니다. 정답만 확인하고 넘어갈 것이 아니라 정답이 왜 정답인지, 오답이 왜 오답인지까지를 명확하게 확인해야 실력이 향상됩니다.

◎ 합격! 목표 3단계 로드맵 작성하기

본 교재를 마스터할 3단계 로드맵을 직접 작성해 보세요.

1단계 기초 다지기

◆목표 : _____

_____

◆공부 시작일 :
　　　　　년　　　월　　　일

◆공부 종료일 :
　　　　　년　　　월　　　일

◆1단계 종료 후 셀프 평가 :
_____
_____

2단계 도약하기

◆목표 : _____

_____

◆공부 시작일 :
　　　　　년　　　월　　　일

◆공부 종료일 :
　　　　　년　　　월　　　일

◆2단계 종료 후 셀프 평가 :
_____
_____

3단계 완성하기

◆목표 : _____

_____

◆공부 시작일 :
　　　　　년　　　월　　　일

◆공부 종료일 :
　　　　　년　　　월　　　일

◆3단계 종료 후 셀프 평가 :
_____
_____

합격

고졸 검정고시

핵심 총정리

검정고시 합격을 위한 최적의 교재!

고졸 검정고시

한권으로 합격하기!

핵심 총정리
국어

구성 및 출제 경향 분석

1 구성

2 출제경향 분석

- ■ 화법 · 작문
- ■ 문법
- ■ 현대시
- ■ 현대 산문(소설, 수필, 희극, 시나리오)
- ■ 고전 운문(고려 가요, 시조, 가사 등)
- ■ 고전 산문
- ■ 비문학

국어 출제 경향

꼼꼼하고 구체적인 학습 내용을 질문하는 문제가 다수 출제되었습니다. 수능에서 영역 융합 문제가 점차 출제되는 경향을 보이고 있고, 검정고시 또한 영역 융합 문제가 출제되었음을 확인할 수 있습니다. 따라서 각 영역별로도 깊이 있게 꼼꼼히 학습하고 다양한 기출 문제와 예상 문제를 풀며 변화하는 유형에 대비할 수 있어야 합니다.

기출 분석에 따른 학습 포인트

❶ 화법

대화의 원리와 공감적 듣기, 방언에 대한 문제가 자주 출제되고 있습니다. 개념의 정확한 이해를 바탕으로 관련된 예문을 익혀야 합니다. 시험 문제는 개념의 의미를 묻기보다 예문을 주고 이를 이해하고 적용할 수 있는지를 묻기 때문에 보다 깊이 있는 공부가 필요합니다. 이에 대한 학습을 바탕으로 기출을 공부한다면 정답률을 높일 수 있습니다.

❷ 작문

작문의 과정과 관련된 내용이 자주 출제됩니다. '계획하기, 내용 생성하기, 내용 조직하기, 표현하기, 고쳐쓰기'의 단계에 대한 특성과 요구를 이해하고 이를 보기의 내용과 비교 분석할 수 있어야 합니다.

❸ 문법

문법은 영역 전체에서 골고루 출제되기 때문에 문법 전반의 개념을 숙지하고 이를 적용하는 연습을 해야 합니다. 예문을 정확하게 분석하고 다양한 예문의 문제들을 풀어보는 것이 중요합니다. 국어의 역사 부분은 특히 어렵게 느껴지는 부분이므로 자주 출제되는 〈보기〉의 설명을 암기한다는 마음으로 학습하도록 합니다.

❹ 문학

작품의 내용은 물론 표현상 특징, 작품 감상 방법 등을 함께 학습해야 합니다. 전 영역에 걸쳐 골고루 출제되므로 모든 영역을 학습해야 합니다. 또한 해당 작품의 특징은 물론 〈보기〉로 제시된 작품의 특징과 본문의 공통점까지 파악하는 문제도 최근 출제되므로 복합 지문의 출제 가능성까지 염두에 두고 공부해야 합니다. 정확한 이해를 바탕으로 한 문해력을 요구하고 있으므로 관련 문제를 풀며 학습하도록 합니다.

❺ 독서

독서는 인문, 과학, 예술 등 다양한 영역에서 골고루 출제됩니다. 따라서 다양한 영역의 글을 접하며 각 단락별로 중심 문장을 찾고 내용을 이해하는 연습이 필요합니다. 어휘 문제는 문맥을 통해 단어의 의미를 찾는 문제가 출제되므로 문장의 흐름을 파악하고 적절한 어휘를 고를 수 있도록 합니다. 글의 전개 방식을 이해하고 이에 맞춰 지문의 흐름을 파악하는 연습을 하고 다양한 문제를 풀어보도록 해야 합니다.

01 화법과 작문

1 화법

1. 대화

(1) 대화의 원리
① 협력의 원리 : 대화 참여자가 대화의 목적에 성공적으로 도달하기 위해 지켜야 하는 것
- ㉠ 양의 격률 : 대화의 목적에 필요한 만큼의 정보를 제공하라.
- ㉡ 질의 격률 : 타당한 근거를 들어 진실을 말하라.
- ㉢ 관련성의 격률 : 대화의 목적이나 주제와 관련된 것을 말하라.
- ㉣ 태도의 격률 : 모호하거나 중의적인 것을 피하고, 간결하고 조리 있게 말하되 언어 예절을 지켜 말하라.

② 공손성의 원리 : 상대방에게 공손하지 않은 표현은 최소화하고 공손한 표현은 극대화 하는 것
- ㉠ 요령의 격률 : 상대방에게 부담이 되는 표현은 최소화하고 이익을 극대화하는 표현을 최대화하라.
- ㉡ 관용의 격률 : 화자 자신에게 이익을 주는 표현은 최소화하고 부담을 주는 표현을 최대화하라.
- ㉢ 칭찬(찬동)의 격률 : 다른 사람에 대한 비방은 최소화하고 칭찬을 극대화하라.
- ㉣ 겸양의 격률 : 자신에 대한 칭찬은 최소화하고 비방을 극대화하라.
- ㉤ 동의의 격률 : 자신의 의견과 다른 사람의 의견 사이의 다른 점은 최소화하고 일치점을 극대화하라.

(2) 대화의 방법
① 공감적 듣기

소극적인 들어주기	적극적인 들어주기
상대방에게 관심을 보이면서 상대방이 대화를 계속할 수 있도록 격려하기 • 맞장구 치기 • 고개 끄덕이기	상대방의 말을 요약·정리하고 반영하여 상대방이 문제를 스스로 해결할 수 있도록 도와주며 들어주기 • 상대방의 말을 그대로 재진술하기 • 상대방의 말을 요약하기

② 다양한 소통 맥락 고려하기

상황 맥락 고려하기	사회·문화적 맥락 고려하기
• 대화가 이루어지는 상황 • 대화를 나누는 시간·공간적 배경, 대화 상대 📌 '안녕하세요?' 　　일상 : 친교를 위한 인사말 　　조문 : 실례가 되는 말	나라와 민족에 따라 서로 다른 사회·문화적 맥락 📌 엎드려 절하는 행위 　　우리나라 : 공경과 예의 　　다른 나라 : 항복, 복종

2. 토의

(1) 개념
여러 사람이 모여서 공동의 문제를 해결하기 위해 협의하는 말하기를 뜻한다.

(2) 토의 사회자의 역할과 태도
① 토의 문제 규정, 주의 사항 제시, 토의 내용 요약
② 발언 기회의 공평한 배분, 갈등과 의견 충돌 조정
③ 토의 내용 정리 및 보고

(3) 토의 참여자의 역할과 태도
① 토의 문제에 대한 사전 지식 준비, 해결 방안 준비하기
② 토의 절차 숙지 및 토의 질서 준수하기
③ 다른 참여자의 말을 경청하고 토의 예절 지키기
④ 어법에 맞게 조리 있고 예의 바르게 주장하기

3. 토론

(1) 개념
어떤 논제에 대해 찬성 측 토론자와 반대 측 토론자가 각각 논거를 들어 자신의 주장이 옳음을 내세우고, 상대방의 주장이나 논거가 부당하다는 것을 명백히 밝히는 말하기를 뜻한다.

(2) 토론 사회자의 역할과 태도
① 논제 소개, 규칙 알려 주기 및 공정한 토론 진행
② 질문 및 쟁점 정리 등을 통한 진행 돕기

(3) 토론자의 역할과 태도
① 상대방의 주장을 논리적으로 반박하며 자신의 주장을 조리 있고 분명하게 말하기
② 토론 규칙 지키기, 논리적 오류 범하지 않기
③ 윤리에 어긋나는 행동 하지 않기

4. 발표 · 연설

(1) 개념
여러 사람 앞에서 자신의 생각이나 의견 또는 어떤 사실에 대해서 진술하는 공적인 말하기를 뜻한다.

(2) 발표 · 연설의 절차

도입	• 청중의 관심 유발 • 화제나 주제, 목적, 배경 설명
전개	• 본격적인 내용 제시 • 뒷받침 자료 제시
정리	• 핵심 내용 정리 • 강조할 내용 반복 • 질의 응답

(3) 발표 · 연설의 방법
① 핵심 내용 중심으로 정해진 시간에 맞게 말하기
② 다양한 자료와 매체를 효과적으로 활용하기
③ 반언어적, 비언어적 표현을 효과적으로 활용하기

2 작문

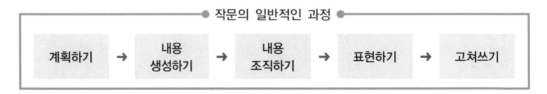

(1) 계획하기 단계
① 문제를 발견하고 분석하여 글의 주제와 유형을 계획한다.
② 글감은 어떻게 찾을지, 글의 내용은 어떻게 생성할지 구상한다.
③ 글쓰기 과정 전체를 가늠해 보고 제목과 대략적인 방향을 결정한다.

(2) 내용 생성하기 단계
① 글을 쓰기 위해 주제와 관련된 경험과 지식 등 다양한 생각을 떠올린다.
② 불확실하고 혼란스러운 생각을 다듬어 정교하게 발전시킨다.
③ 여러 매체를 통해 글감을 탐색하고 자료를 수집한다.

(3) 내용 조직하기 단계
　① 작문의 맥락과 내용의 위계, 구조, 비중, 순서 등을 고려하여 내용을 조직하고 전개한다.
　② 통일성과 응집성을 고려하여 내용을 조직하고 전개한다.

(4) 표현하기 단계
　① 작문 상황에 맞는 정확한 어휘와 문장을 어법에 맞게 표현한다.
　② 적절한 표현 기법을 통해 효과적이고 개성적인 문체를 사용한다.
　③ 그림, 도표 등의 시각적 자료를 활용한다.

(5) 고쳐쓰기 단계
　① 글의 목적, 주제나 중심 내용, 예상 독자 등의 작문 맥락을 고려하여 수정한다.
　② 내용의 생성, 조직, 표현의 작문 과정을 고려하여 수정한다.
　③ 글의 통일성과 응집성을 고려하여 적절하지 않은 부분을 수정한다.

대표 기출문제

정답 및 해설 p. 151

01 다음 대화에 나타난 특징으로 가장 적절한 것은?

환자 머리에 이데마¹⁾가 있어 만니톨²⁾을 주사하고 있습니다.

환자가 많이 아파하는 것 같으면 엔시드³⁾를 주고 저에게 알려 주세요.

전공의

신경외과장

1) 이데마(edema) : 부종, 몸이 붓는 증상
2) 만니톨(mannitol) : 부종의 치료에 이용되는 약제
3) 엔시드(ensid) : 진통제, 통증 완화제

① 신조어를 사용하고 있다.
② 전문어를 사용하고 있다.
③ 지역 방언을 사용하고 있다.
④ 관용 표현을 사용하고 있다.

02 수정 후에 반영된 언어 예절에 대한 설명으로 가장 적절한 것은?

[수정 전] 선생님께서 주신 자료가 너무 어려워서 그러는데, 혹시 쉬운 자료가 있을까요?

↓

[수정 후] 선생님께서 주신 자료를 제가 잘 이해하지 못해서 그러는데, 혹시 쉬운 자료가 있을까요?

① 상대를 칭찬하며 말한다.
② 자신의 탓으로 돌려 말한다.
③ 상대의 의견에 동의하며 말한다.
④ 자신의 능력을 과시하며 말한다.

03 ㉠에 들어갈 내용으로 가장 적절한 것은?

주제 : 의약품 개발을 위한 동물 실험 반대

Ⅰ. 서론 : 동물 실험에 대한 문제 제기
Ⅱ. 본론 : 동물 실험을 반대하는 근거
  1. 동물 실험은 비윤리적이라는 점에서 문제가 있다.
  2. 동물 실험 결과를 인간에게 그대로 적용할 수 없다.
  3. ㉠
Ⅲ. 결론 : 동물 실험이 금지되어야 함을 강조

① 동물 실험을 대체할 실험 방안이 있다.
② 동물 실험이 인간에게 가져다주는 이익이 크다.
③ 동물 실험이 동물 학대를 의미하는 것은 아니다.
④ 동물 실험으로 의약품 개발 비용을 절감할 수 있다.

04 ⑦~②을 고쳐 쓴 것으로 적절하지 <u>않은</u> 것은?

> 메모는 기억을 ⑦ <u>유지되는</u> 가장 좋은 방법이다. ⓒ <u>충분한 수면은 기억력 향상에 도움을 준다.</u> 여러 가지 생각이 동시에 떠오르거나 기발한 생각이 스쳐 갈 때 이를 메모해 두면 유용하다. 과거에는 메모가 필요한 순간에 메모지나 필기구가 ⓒ <u>없더라도</u> 불편한 경우가 종종 있었다. ② <u>그리고</u> 지금은 휴대 전화의 기능을 활용하여 전보다 쉽게 메모할 수 있게 되었다.

① ⑦ : '기억을'과 호응하도록 '유지하는'으로 수정한다.

② ⓒ : 통일성을 해치는 문장이므로 삭제한다.

③ ⓒ : 문맥을 고려하여 '없어서'로 고친다.

④ ② : 잘못된 접속어를 사용했으므로 '따라서'로 바꾼다.

05 다음에 대한 설명으로 가장 적절한 것은?

> '부추'를 강원, 경북, 충북에서는 '분추'라고 부르고 일부 경상, 전남에서는 '솔'이라고 한다. 일부 충청에서는 '졸'이라고 부르며 경상, 전북, 충청에서는 '정구지'라고 부르기도 한다.

① 세대에 따라 사용하는 어휘가 다르다.

② 성별에 따라 사용하는 어휘가 다르다.

③ 지역에 따라 같은 대상을 다르게 표현한다.

④ 직업에 따라 같은 대상을 다르게 표현한다.

06 다음 속담에서 강조하는 우리말의 담화 관습으로 가장 적절한 것은?

> • 발 없는 말이 천 리 간다.
> • 화살은 쏘고 주워도, 말은 하고 못 줍는다.
> • 가루는 칠수록 고와지고, 말은 할수록 거칠어진다.

① 말은 신중하게 해야 한다.

② 하고 싶은 말은 참지 않아야 한다.

③ 상대방의 말은 귀 기울여 들어야 한다.

④ 질문에 답할 때에는 신속하게 해야 한다.

[7~8] (나)는 (가)를 토대로 작성한 글이다. 물음에 답하시오.

> (가) 작문 상황
> - 작문 과제: ○○고등학교의 문제점을 찾아 해결 방안을 제안하는 건의문 쓰기
> - 예상 독자: ○○고등학교 교장 선생님
>
> (나) 글의 초고
> 교장 선생님께
> 안녕하세요? 저는 1학년 김△△입니다.
> 우리 학교는 주변 상권과 거리가 먼 곳에 위치하고 있어 학생들의 학교 매점 이용률이 매우 높습니다. 그런데 최근 저를 비롯해 매점에서 식품을 사 ⑦ <u>먹을</u> 학생들이 배탈 난 일이 있었습니다. ⓒ <u>저희 아버지께서도 위장염으로 오랫동안 고생을 하고 계십니다.</u> 이러다 보니 매점에서 판매하는 식품의 안전이 염려되어 한 가지 건의를 ⓒ <u>들이려고</u> 합니다.
> 학교 매점에서 유해·불량 식품을 판매하지 않도록 '교내 식품 안전 지킴이' 제도를 도입해 주세요. 어린이 식생활 안전 관리 특별법에 의하면 초

·중·고교 매점은 학생들에게 안전하고 영양가 있는 식품을 공급하도록 노력해야 합니다. ㉣ 하지만 우리 학교 매점에서는 그러한 노력을 소홀히 하고 있습니다.

학부모와 학생으로 구성된 '교내 식품 안전 지킴이' 제도를 도입하여 학생들에게 식품 안전 기초 교육을 실시하고 매점에서 유해·불량 식품을 판매하지 않도록 감독한다면, 학생들이 안전한 먹거리를 섭취하고 바람직한 식습관을 형성할 수 있을 것입니다.

다시 한번 '교내 식품 안전 지킴이' 제도를 도입해 주시기를 당부드립니다. 감사합니다.

1학년 김△△ 올림

07 다음 중 (나)에 반영된 내용이 <u>아닌</u> 것은?

① 자신의 경험과 관련지어 문제 상황을 드러낸다.

② 예상 독자가 수행할 수 있는 해결 방안을 제시한다.

③ 건의 내용이 받아들여졌을 때 예상되는 효과를 제시한다.

④ 주장을 뒷받침하기 위해 구체적인 설문 조사 결과를 제시한다.

08 ㉠~㉣을 고쳐 쓰기 위한 방안으로 적절하지 <u>않</u>은 것은?

① ㉠ : 시간 표현이 잘못되었으므로 '먹은'으로 고친다.

② ㉡ : 글의 통일성을 해치는 문장이므로 삭제한다.

③ ㉢ : 맞춤법에 어긋나므로 '드리려고'로 수정한다.

④ ㉣ : 잘못된 접속어를 사용했으므로 '그래서'로 바꾼다.

09 ㉠에 들어갈 말로 가장 적절한 것은?

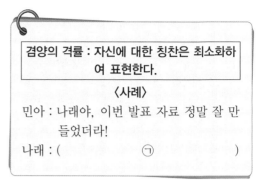

겸양의 격률 : 자신에 대한 칭찬은 최소화하여 표현한다.

〈사례〉

민아 : 나래야, 이번 발표 자료 정말 잘 만들었더라!

나래 : (㉠   )

① 응, 다음에 만들 발표 자료도 기대해 줘.

② 당연하지. 내가 뭐 못하는 것 본 적 있니?

③ 아니야, 부족한 점이 많았는데 좋게 봐 줘서 고마워.

④ 그렇지? 내가 봐도 이번 자료는 참 잘 만든 것 같아.

[10~11] (나)는 (가)를 토대로 작성한 글이다. 물음에 답하시오.

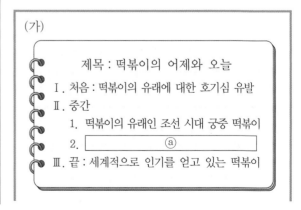

(가)

제목 : 떡볶이의 어제와 오늘

Ⅰ. 처음 : 떡볶이의 유래에 대한 호기심 유발

Ⅱ. 중간

1. 떡볶이의 유래인 조선 시대 궁중 떡볶이

2. ⓐ

Ⅲ. 끝 : 세계적으로 인기를 얻고 있는 떡볶이

(나)

떡볶이는 우리나라 사람들이 가장 사랑하는 음식 중 하나이다. 떡볶이는 언제 처음 만들어졌을까?

떡볶이는 본래 조선 시대 궁궐에서 만들어 먹던 요리였다. 조선 시대의 떡볶이는 궁중 요리인 잡채와 유사한 음식이었다. 당면 대신 쌀떡을 넣고, 쇠고기와 각종 나물을 넣어 간장으로 양념을 한 것이다. ㉠떡볶이 외에도 조선 시대 궁중 요리로 유명한 것은 신선로가 있다.

궁중 요리였던 떡볶이는 1950년대부터 시중에 팔리면서 대중 음식이 되었다. 그 후로도 떡볶이에 시대상이 반영되면서 떡볶이는 여러 차례 변모했다. 가스가 ㉡공급하기 시작한 1970년대부터는 즉석에서 요리할 수 있어 길거리에서도 떡볶이를 팔기 시작했다. 2000년대에는 프랜차이즈 시스템이 등장하여 떡볶이에도 상표가 ㉢달렸는데, 다양한 소스·메뉴가 개발되면서 떡볶이는 한국을 대표하는 먹거리가 되었다.

떡볶이는 이제 한국인의 ㉣입맛 뿐 아니라 세계인의 입맛도 사로잡고 있다. 떡볶이는 비빔밥, 김치와 더불어 한식의 대표 주자로 전 세계의 한식 열풍을 이끌고 있다. 떡볶이가 앞으로도 계속 발전하여 세계인의 입맛을 사로잡기를 기대해 본다.

10 (나)의 내용을 고려할 때, (가)의 ⓐ에 들어갈 내용으로 가장 적절한 것은?

① 시대에 따른 떡볶이의 변모 과정
② 1950년대 떡볶이의 인기 요인 분석
③ 떡볶이 프랜차이즈화의 장점과 단점
④ 길거리에서 파는 떡볶이의 종류와 특징

11 ㉠~㉣의 고쳐쓰기 방안으로 적절하지 <u>않은</u> 것은?

① ㉠ : 글 전체의 내용과 상관없는 문장이므로 삭제한다.
② ㉡ : 주어와의 호응을 고려하여 '공급되기'로 바꾼다.
③ ㉢ : 문맥을 고려하여 '달렸지만'으로 바꾼다.
④ ㉣ : 띄어쓰기가 잘못되어 있으므로 '입맛뿐'으로 고친다.

12 다음 중 '준수'의 말하기의 문제점으로 적절하지 <u>않은</u> 것은?

준수 : 야! 너 색연필 있지? 줘 봐!
민우 : 어쩌지? 미안하지만 지금은 나도 써야 해.
준수 : 내가 먼저 쓸 거야! 바로 줄 건데 뭘 그러냐? 색연필 빌려 주는 게 그렇게 아깝냐!

① 상대방의 상황을 무시하고 있다.
② 상대방에게 막무가내로 요구하고 있다.
③ 상대방의 기분이 상하게 표현하고 있다.
④ 상대방이 이해하지 못하는 관용 표현을 사용하고 있다.

13 다음 중 [A]에 대한 설명으로 가장 적절한 것은?

> 은희 : 축제를 앞두고 우리 춤 동아리에서 리허설을 하려고 하는데, 앞으로 축제 때까지 무대가 있는 강당을 우리가 사용하면 안 될까?
> 민수 : 그건 어렵겠어. 우리 뮤지컬 동아리도 춤추는 장면이 있는데, 전체 동작이 서로 맞지 않아서 강당에서 연습을 더 해야 해.
> 은희 : 그런 어려움이 있구나. 그러면 춤 동작은 우리가 도와줄 테니 이번 주만이라도 강당을 우리가 쓰도록 해 주면 좋겠어. ⎤ [A]
> 민수 : 그래, 괜찮네. 이번 주는 너희가 쓰고 다음 주는 우리가 쓸게.

① 일방적으로 자신의 입장을 강요하고 있다.
② 자신의 의도를 숨기고 상대방을 비난하고 있다.
③ 상대방의 처지에 공감하며 요구 사항을 전하고 있다.
④ 상대방의 의견을 반박하며 자신의 주장을 강조하고 있다.

14 〈조건〉을 모두 고려하여 만든 광고 문구로 가장 적절한 것은?

> ┤ 조건 ├
> • '고운 말을 사용하자.'는 주제를 드러낼 것
> • 비유법, 대구법을 모두 활용할 것

① 지금 바로 말하세요. 안 하면 모릅니다.
② 봄날처럼 따뜻한 말씨, 보석처럼 빛나는 세상!
③ 마음을 멍들게 하는 상처의 말은, 이제 그만!
④ 대화는 관계의 시작! 말로 마음의 문을 여실 거죠?

15 ㉠~㉣을 고쳐 쓴 것으로 적절하지 <u>않은</u> 것은?

> 한지는 바람이 잘 통하고 습도 조절이 잘되는 종이라서 창호지로도 많이 쓰인다. ㉠<u>창문이</u> 닫아도 한지는 바람이 잘 통하고 습기를 잘 흡수해서 습도 조절 역할까지 한다. ㉡<u>그러나</u> 한지에 비해 양지는 바람이 잘 통하지 않고 습기를 잘 흡수하지 못한다. ㉢<u>최근 물가 상승으로 한지의 가격이 2배 이상 올랐다.</u> 한지가 살아 숨쉬는 ㉣<u>종이라도,</u> 양지는 뻣뻣하게 굳어 있는 종이라고 할 수 있다.

① ㉠ : 잘못된 조사를 사용했으므로 '창문을'로 바꾼다.
② ㉡ : 잘못된 접속어를 사용했으므로 '그러므로'로 바꾼다.
③ ㉢ : 글의 통일성을 해치는 문장이므로 삭제한다.
④ ㉣ : 문맥을 고려하여 '종이라면'으로 바꾼다.

16 다음 대화에서 영호의 말하기에 대한 설명으로 적절한 것은?

> 선생님 : 영호야, 이번에 낸 소감문 정말 잘 썼더라.
> 영호 : 아닙니다. 아직 여러모로 부족합니다.

① 자신을 낮추어 겸손하게 말하고 있다.
② 상대방의 의견에 동의하며 말하고 있다.
③ 대화 맥락에서 벗어난 내용을 말하고 있다.
④ 상대방의 기분을 고려하여 칭찬을 하고 있다.

17 다음 대화에서 손녀의 말하기의 문제점으로 적절한 것은?

> 손녀 : 할머니, 저 편의점 가서 혼밥* 하고 올게요.
> 할머니 : 혼밥이 뭐니?
> * 혼밥 : '혼자 먹는 밥'의 의미로 쓰임.

① 생소한 지역 방언을 사용하였다.
② 직접 언급하기 꺼려하는 말을 사용하였다.
③ 맥락에 맞지 않는 관용 표현을 사용하였다.
④ 상대방이 이해하기 어려운 줄임말을 사용하였다.

18 다음 개요의 ㉠에 들어갈 내용으로 적절하지 않은 것은?

> 주제 : 공원 내 쓰레기 불법 투기를 근절하자.
> Ⅰ. 서론 : 공원 내 쓰레기 불법 투기 실태
> Ⅱ. 본론
>   1. 공원 내 쓰레기 불법 투기의 원인
>   가. 공중도덕 준수에 대한 시민 의식 부족
>   나. 쓰레기 불법 투기에 대한 공원 측 관리 소홀
>   2. 공원 내 쓰레기 불법 투기의 해결 방안
>   ㉠
> Ⅲ. 결론 : 공원 내 쓰레기 불법 투기 근절을 위한 실천 촉구

① 공원 내 목줄 미착용 반려견 출입 제한
② 공중도덕 준수를 위한 시민 대상 캠페인 실시
③ 쓰레기 불법 투기 계도를 위한 지도 요원 배치
④ 공원 내 CCTV 증설을 통한 쓰레기 불법 투기 단속

19 ㉠~㉣에 대한 고쳐쓰기 방안으로 적절하지 않은 것은?

> 인터넷 게임 중독자는 일상생활에 ㉠ 적응하거나 불편을 겪는 경우가 많다. 왜냐하면 인터넷 게임 중독은 뇌 기능을 저하시켜 의사 결정 및 충동 조절 능력을 ㉡ 떨어뜨리기 때문이다. ㉢ 인터넷은 정보 교환을 하기 위해 연결한 통신망이다. 인터넷 게임 중독의 문제를 명확히 인식하고, 이에 대한 경각심을 가져야 ㉣ 할것이다.

① ㉠ : 문맥을 고려하여 '적응하지 못하거나'로 바꾼다.
② ㉡ : '왜냐하면'과 호응하도록 '떨어뜨린다'로 바꾼다.
③ ㉢ : 글의 통일성을 해치는 문장이므로 삭제한다.
④ ㉣ : 띄어쓰기가 잘못되어 있으므로 '할 것이다'로 고친다.

20 다음 대화 상황에 어울리는 속담은?

> 꼼꼼히 수리해 주셔서 편리하게 사용할 수 있게 되었습니다. 솜씨가 정말 좋으세요.
> 고객님 말씀 덕분에 제가 더 힘이 납니다. 고객님이 제품을 잘 관리하셔서 수월하게 고칠 수 있었습니다.

① 모기도 모이면 천둥소리 난다.
② 사촌이 땅을 사면 배가 아프다.
③ 털어서 먼지 안 나는 사람 없다.
④ 가는 말이 고와야 오는 말이 곱다.

21 다음 대화에서 '소윤'의 말하기 태도에 나타난 문제점은?

> 은영 : 지난번 너의 말에 상처를 받았어.
> 소윤 : (기분 나쁜 표정으로) 미안해. 내가 잘못했다고 치자.
> 은영 : (화난 목소리로) 너 그렇게밖에 말 못하니?

① 진정성 없는 사과를 했다.
② 혼자서만 말을 길게 했다.
③ 지나친 비속어를 사용했다.
④ 과도한 줄임말을 사용했다.

22 '형'의 말하기에 나타난 문제점으로 가장 적절한 것은?

> 동생 : 형, 배구 경기가 언제 시작하지?
> 형 : 어제 모든 프로 축구 경기는 취소되었어.

① 대화 맥락에 어긋나는 정보를 제공하고 있다.
② 상대의 이익을 우선하며 대화에 참여하고 있다.
③ 통계 자료를 과도하게 해석하며 상대를 설득하고 있다.
④ 아직 일어나지 않은 일을 사실인 것처럼 전달하고 있다.

23 ㉠에 들어갈 내용으로 적절하지 <u>않은</u> 것은?

> 주제 : 당류 섭취량을 줄이자.
> Ⅰ. 서론 : 우리 국민의 과도한 당류 섭취량
> Ⅱ. 본론
>   1. 우리 국민의 당류 섭취량이 많은 이유
>   가. 당류 과다 섭취의 부작용에 대한 인식 부족
>   나. 당류 함유량이 높은 음식을 선호하는 식습관
>   다. 하루에 섭취해야 할 적정 당류량에 대한 정보 부족
>   2. 당류 섭취량을 줄이기 위한 방안
>   ㉠
> Ⅲ. 결론 : 당류 섭취량을 줄여 우리 국민의 건강을 지키자.

① 1일 당류 권장량에 대한 홍보 포스터 게시
② 당류 선호 식습관 개선을 위한 캠페인 실시
③ 당류 함유량이 높은 음식에 대한 가격 인하
④ 과도한 당류 섭취의 부작용을 알리는 광고 배포

24 ㉠~㉣을 고쳐 쓴 것으로 적절하지 <u>않은</u> 것은?

> 저는 지역 발전을 위한 토론회에서 사회자가 ㉠ 돼어 토론을 진행했습니다. 그 토론회에서 저는 토론 상황을 정확히 파악하고 ㉡ 그에게 맞는 판단을 신속하게 내렸습니다. 그래서 토론을 무사히 ㉢ 맞혔습니다. ㉣ 칭찬을 통해 타인과의 관계가 발전할 수 있었습니다.

① ㉠ : 맞춤법에 어긋난 표현이므로 '되어'로 수정한다.
② ㉡ : 잘못된 조사 사용이므로 '그에서'로 바꾼다.
③ ㉢ : 정확한 단어 사용이 아니므로 '마쳤습니다'로 고친다.
④ ㉣ : 통일성을 해치는 내용이므로 삭제한다.

25 ㉠에 들어갈 공감적 듣기로 가장 적절한 것은?

> 아빠! 저 오늘 너무 힘들었어요.
> ㉠

① (등을 돌리며) 네가 감당해야지.
② (곁눈질하며) 힘들다니 말도 안 돼.
③ (고개를 끄덕이며) 그래, 많이 힘들었구나.
④ (다른 곳을 바라보며) 나는 너보다 더 힘들어.

26 다음 말하기에 해당하는 사례로 가장 적절한 것은?

> 문제를 자신의 탓으로 돌리는 표현을 하여 상대방이 이 문제를 너그럽게 받아들이도록 하는 말하기

① 오늘은 영하의 날씨래. 창문 좀 닫아 줘.
② 맛이 굉장히 독특하네. 음식점을 내도 되겠는데?
③ 지난번에 운이 좋아서 시험을 잘 봤어. 이번에는 모르겠다.
④ 잠깐 딴생각을 하느라 못 들었어. 한 번만 더 말해 줄래?

[27~28] 다음 개요를 읽고 물음에 답하시오.

> 주제 : **기부 문화의 확산**
> Ⅰ. 서론 : 기부 참여도가 낮은 사회 현상 제시
> Ⅱ. 본론
>   1. 기부 참여도가 낮은 원인
>   가. 기부의 중요성에 대한 이해 부족
>   나. 기부 실천에 대한 경험 부족
>   다. 기부 방법에 대한 정보 부족
>   2. 해결 방안
>   [㉠]
> Ⅲ. 결론 : 행동으로 실천하는 기부 문화 확산

27 ㉠에 들어갈 내용으로 적절하지 <u>않은</u> 것은?

① 기부의 중요성 홍보
② 기부 경험 사례의 공유
③ 과소비 현상에 대한 비판
④ 기부 방식에 대한 자료 제공

28 위 주제로 캠페인 문구를 만들 때, 〈조건〉을 만족하는 것은?

┌─ 조건 ─┐
대구법과 비유법을 모두 활용하여 주제를 강조할 것

① 나 하나의 기부 실천, 우리 모두의 행복 물결!
② 건강한 사회를 위한 첫걸음, 지금 시작하세요.
③ 기부는 생명의 물, 올해도 가득 채워 주실 거죠?
④ 천 원으로 만드는 행복, 기부하는 당신을 응원합니다.

29 감사 표현으로 가장 적절한 것은?

① 많이 편찮으셨죠? 속히 나으시길 기원합니다.
② 얼마나 상심이 크십니까. 삼가 조의를 표합니다.
③ 제가 늦었습니다. 회의에 참석하지 못해 죄송합니다.
④ 도와주셔서 고맙습니다. 저 혼자였다면 힘들었을 겁니다.

30 다음을 읽고 ㉠에 들어갈 말로 가장 적절한 것은?

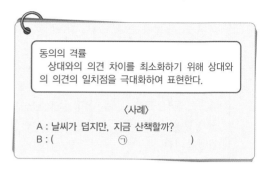

동의의 격률
상대와의 의견 차이를 최소화하기 위해 상대와의 의견의 일치점을 극대화하여 표현한다.

〈사례〉
A : 날씨가 덥지만, 지금 산책할까?
B : (㉠   )

① 혼자 가면 어때? 나는 집에 가야 할 것 같아.
② 나는 갈 마음이 없어. 다른 친구한테 물어볼래?
③ 글쎄, 나는 별로야. 이렇게 더운데 누가 산책하니?
④ 좋은 생각이야. 하지만 조금 시원해지면 가는 게 어때?

[31~32] (가)는 (나)의 개요이다. 다음 글을 읽고 물음에 답하시오.

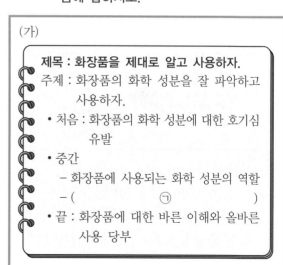

(가)

제목 : 화장품을 제대로 알고 사용하자.
주제 : 화장품의 화학 성분을 잘 파악하고 사용하자.
• 처음 : 화장품의 화학 성분에 대한 호기심 유발
• 중간
　– 화장품에 사용되는 화학 성분의 역할
　– (㉠   )
• 끝 : 화장품에 대한 바른 이해와 올바른 사용 당부

(나)

　여러분은 화장품의 다양한 향과 색을 만들어 내기 위해 과일이나 꽃을 넣었다고 생각하신 적이 있나요? ⓛ 비록 화장품에 과일이나 꽃을 넣는다면 제조, 유통, 보관 과정이 그리 쉽진 않겠죠? 여러 가지 이유로 화장품에는 각종 성분이 첨가되는데요, 그중 화학 성분이 인체에 미치는 영향에 대해 살펴보겠습니다.

　화장품에 사용되는 화학 성분은 자외선을 차단하고 변색을 방지하며 부패를 막거나 절대 섞일 수 없는 물과 기름을 하나로 모아 주는 역할을 합니다. 또한 향기를 오래 지속시켜 주기도 하고 화장품이 부드럽게 발리게 하며 피부를 윤기 있고 촉촉하게 보이게 해 줍니다. ⓒ 그래서 저는 화장을 하지 않으면 외출을 하지 않습니다.

　하지만 화장품의 화학 성분 중에는 유해 물질이 포함된 것도 있습니다. 이것이 몸속으로 스며들어 여러 가지 질병을 일으키기도 합니다. 또한 피부에 맞지 않는 화장품을 사용하게 될 경우 피부 트러블 등의 ⓔ 반작용이 발생할 수도 있습니다. 화장품의 부패를 막기 위해 사용하는 파라벤은 피부의 알레르기 반응을 유발하는 것으로 알려져 있고, 그 외에도 일부 화학 물질은 내분비계 장애를 일으키는 것으로 의심되어 사용이 금지되기도 하였습니다.

　화장품은 피부를 보호해 주고 아름답게 가꾸어 줍니다. 이런 화장품에 어떤 화학 성분이 ⓜ 첨가하고 있는지를 잘 파악하고 올바르게 사용함으로써 피부의 아름다움뿐만 아니라 건강도 지키시길 바랍니다.

31 (가)의 ㉠에 들어갈 내용으로 가장 적절한 것은?

① 화장품 용기의 종류
② 화장품의 기원 및 역사
③ 화장품 사용의 심리적 효과
④ 화장품에 사용되는 화학 성분의 유해성

32 (나)에서 고쳐쓰기가 바르지 <u>않은</u> 것은?

① ⓛ은 문맥을 고려하여 '설마'로 고쳐 쓴다.
② ⓒ은 내용상 불필요하므로 삭제한다.
③ ⓔ은 문맥을 고려하여 '부작용'으로 고쳐 쓴다.
④ ⓜ은 '첨가되어 있는지를'로 고쳐 쓴다.

33 ㉠에 들어갈 내용으로 가장 적절한 것은?

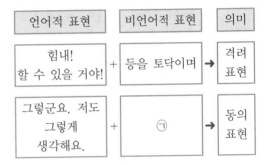

① 고개를 끄덕이며
② 무섭게 인상 쓰며
③ 양손을 내저으며
④ 차갑게 등을 돌리며

34 다음 대화에서 직원의 말하기에 나타난 문제점으로 적절한 것은?

> 손님 : 두 명 자리 있나요?
> 직원 : 죄송합니다. 30분 정도 웨이팅하셔야 해요. 오늘 메뉴가 저희 셰프님 시그니처 메뉴라서요. 괜찮으시면 왼쪽 웨이팅 룸으로 에스코트해 드릴까요?

① 외국어를 지나치게 많이 사용했다.
② 이해하기 어려운 줄임말을 사용했다.
③ 기분을 상하게 하는 비속어를 사용했다.
④ 상황에 맞지 않는 관용 표현을 사용했다.

[35~36] (나)는 (가)를 토대로 작성한 글이다. 물음에 답하시오.

(가) 초대 글 개요
Ⅰ. 서두 : ㉠ 계절을 소재로 글을 시작함.
Ⅱ. 본문
  1. 축제 안내
    가. ㉡ 축제 날짜 및 장소를 밝힘.
    나. ㉢ 다채로운 행사가 준비되어 있음을 강조함.
  2. 초대의 말
    가. 축제에 초대하는 내용을 정중하게 표현함.
    나. ㉣ 방문객에게는 작은 기념품을 증정함을 알림.
Ⅲ. 맺음말 : 축제에 참여하여 즐거운 시간을 보내기를 바라는 내용을 강조함.

(나) 모시는 글
　따사로운 햇볕이 반가운 듯 나무들도 꽃망울을 터뜨리며 완연한 봄이 되었음을 알립니다. 더불어 설레는 마음으로 시작했던 새 학기도 어느덧 한 달이 지났습니다.
　○○고등학교는 개교 50주년을 맞이하였습니다. 이를 기념하기 위하여 공연과 전시, 체험 활동 등 다채로운 행사가 가득한 축제를 정성껏 준비하였습니다.
　여러 가지 일로 바쁘시겠지만 학교 축제에 참석하셔서 자리를 빛내 주시기 바랍니다. 잠시나마 일상의 스트레스를 날려 버릴 수 있는 즐거운 시간을 보내실 수 있도록 노력하겠습니다. 참석하시는 분들께는 작은 기념품도 증정할 예정입니다.
　(　　　㉮　　　) 감사합니다.

35 (가)의 ㉠~㉣ 중 (나)에 반영되지 <u>않은</u> 것은?
① ㉠
② ㉡
③ ㉢
④ ㉣

36 ㉮에 들어갈 내용을 〈조건〉에 따라 작성한 것으로 가장 적절한 것은?

┤ 조건 ├
• 비유법을 활용할 것
• 청유형 문장을 통해 참여를 촉구할 것

① 이번 축제가 우리 사이의 오작교가 되길 바랍니다.
② 이번 축제에서 친구와 행복한 추억을 만들어 봅시다.
③ 활짝 핀 봄꽃처럼 환한 미소가 가득한 축제를 함께 즐겨봅시다.
④ 봄바람이 꽃망울을 열 듯 여러분의 마음을 열 수 있는 축제를 만들겠습니다.

문법

1 음운

1. 음운의 체계

(1) 음운의 개념 : 말의 뜻을 구별해 주는 소리의 가장 작은 단위이다.
    예 불 – 풀(ㅂ : ㅍ), 밥 – 밤(ㅂ : ㅁ), 고름 – 구름(ㅗ : ㅜ)

(2) 종류

분절 음운	자음(19개)	공기의 흐름에 장애를 받아서 만들어지는 소리 **예** ㄱ, ㄴ, ㄷ, ㄹ, ㅁ, ㅂ 등
	모음(21개)	공기의 흐름에 장애를 받지 않고 만들어지는 소리 **예** ㅏ, ㅓ, ㅗ, ㅜ 등
비분절 음운	장단	**예** 눈[눈] – 신체의 일부(目) 눈[눈ː] – 하늘에서 내리는 얼음 결정체(雪)

(3) 음운 체계

① 자음 체계

  ㉠ 자음 : 공기의 흐름에 장애를 받아서 만들어지는 소리이다(19개).

  ㉡ 자음의 분류

소리 나는 위치 〉〉 소리 내는 방법		입술 (순음)	잇몸 (치음)	센입천장 (경구개음)	여린입천장 (연구개음)	목청 (후음)
파열음	예사소리	ㅂ	ㄷ		ㄱ	
	된소리	ㅃ	ㄸ		ㄲ	
	거센소리	ㅍ	ㅌ		ㅋ	
파찰음	예사소리			ㅈ		
	된소리			ㅉ		
	거센소리			ㅊ		
마찰음	예사소리		ㅅ			ㅎ
	된소리		ㅆ			
비음		ㅁ	ㄴ		ㅇ	
유음			ㄹ			

② 모음 체계
    ㉠ 모음 : 공기의 흐름에 장애를 받지 않고 만들어지는 소리이다(21개).
    ㉡ 모음의 종류
        ⓐ 단모음 : 발음할 때 입술 모양이나 혀의 위치가 변하지 않는다(10개).

혀의 앞뒤	전설 모음		후설 모음	
입술의 모양 혀의 높이	평순	원순	평순	원순
고모음	ㅣ	ㅟ	ㅡ	ㅜ
중모음	ㅔ	ㅚ	ㅓ	ㅗ
저모음	ㅐ		ㅏ	

        ⓑ 이중모음 : 발음할 때 입술 모양이나 혀의 위치가 변한다(11개).
            ㅑ, ㅕ, ㅛ, ㅠ, ㅒ, ㅖ, ㅘ, ㅙ, ㅝ, ㅞ, ㅢ

2. 음운 변동의 종류

(1) 교체 : 한 음운이 다른 음운으로 바뀌는 현상이다.

음절의 끝소리 현상	음절의 끝에서 'ㄱ, ㄴ, ㄷ, ㄹ, ㅁ, ㅂ, ㅇ'의 일곱 소리로만 발음되는 현상 예 꽃[꼳], 부엌[부억], 잎[입], 밖[박]
비음화	'ㄱ, ㄷ, ㅂ'이 비음 'ㄴ, ㅁ' 앞에서 각각 비음인 'ㅇ, ㄴ, ㅁ'으로 바뀌는 현상 예 막는[망는], 받는다[반는다], 잡는다[잠는다]
유음화	'ㄴ'이 'ㄹ'의 앞 또는 뒤에서 유음인 'ㄹ'로 바뀌는 현상 예 칼날[칼랄], 달님[달림], 권력[궐력], 난로[날로]
구개음화	'ㄷ, ㅌ'이 'ㅣ'나 반모음 'ㅣ'로 시작하는 형식 형태소와 만날 때 'ㅈ, ㅊ'으로 바뀌는 현상 예 미닫이[미다지], 같이[가치], 굳히다[구치다]
경음화 (된소리되기)	예사소리가 된소리로 바뀌는 현상 예 춥고[춥꼬], 안다[안따], 책상[책쌍], 할 것을[할꺼슬]

(2) 탈락 : 한 음운이 없어지는 현상이다.

자음군 단순화	음절 끝에서 겹받침의 자음 중 하나가 탈락하는 현상 예 몫[목], 값[갑], 젊다[점따], 짧고[짤꼬]
'ㄹ' 탈락	'ㄹ'이 끝소리인 어근이 다른 어근이나 접사와 결합하거나 'ㄹ'이 끝소리인 어간이 일부 어미와 결합할 때 'ㄹ'이 탈락하는 현상 예 바늘 + - 질 ➜ 바느질, 살 - + - 니 ➜ 사니

| '**ㅎ' 탈락** | 어간에서 음절의 끝 자음 'ㅎ'이 모음으로 시작하는 형식 형태소와 결합할 때 탈락하는 현상
⑩ 넣어[너어], 쌓이다[싸이다], 않으니[아느니] |
| '**ㅡ' 탈락** | 어간의 끝소리 '으'가 '아, 어'로 시작하는 어미 앞에서 탈락하는 현상
⑩ 담그 − + − 아라 ➜ 담가라, 쓰 − + − 어서 ➜ 써서 |

(3) 첨가 : 없던 음운이 덧붙는 현상이다.

| '**ㄴ' 첨가** | 파생어나 합성어에서, 또는 단어와 단어상에서 앞말이 자음으로 끝나고 뒷말이 'ㅣ'나 반모음 'ㅣ'로 시작할 때 'ㄴ'이 그 사이에 덧붙는 현상이다.
⑩ 맨입[맨닙], 솜이불[솜니불], 색연필[생년필] |
| **반모음 첨가** | 반모음 'ㅣ'가 덧붙는 현상으로 반모음 'ㅣ'를 붙여 발음해도 허용된다.
⑩ 피어[피어/피여], 아니오[아니오/아니요] |

(4) 축약 : 두 음운이 하나의 음운으로 합쳐져서 제3의 음운으로 바뀌는 현상이다.

| **거센소리 현상** | 'ㄱ, ㄷ, ㅂ, ㅈ'이 인접한 'ㅎ'과 결합하여 'ㅋ, ㅌ, ㅍ, ㅊ'으로 바뀌는 현상
⑩ 입학[이팍], 좋다[조타], 각하[가카], 놓지[노치] |

2 단어

1. 단어의 형성과 짜임

(1) 단어의 개념
　① 문장을 이루는 가장 기본적인 요소이다.
　② 홀로 쓰일 수 있는 말이나, 자립할 수 있는 말 뒤에 붙어서 쉽게 분리할 수 있는 말이다.
　③ 조사는 홀로 쓰일 수 없지만 쉽게 분리되기 때문에 단어로 인정한다.

(2) 형태소
　① 개념
　　㉠ 뜻을 가진 가장 작은 말의 단위이다.
　　㉡ 하나 이상의 형태소가 결합하여 단어를 이룬다.
　　㉢ 홀로 쓰일 수 있는 형태소는 단어가 될 수 있다.

| **예문** | 푸른 하늘에 흰 구름이 떠 있다. |
| **형태소** | 푸르−, −ㄴ, 하늘, 에, 희−, −ㄴ, 구름, 이, 뜨−, −어, 있−, −다 |

② 종류

자립 형태소	홀로 쓰일 수 있는 형태소이다. ⑩ 하늘, 구름
의존 형태소	반드시 다른 말에 기대어 쓰이는 형태소이다. ⑩ 푸르-, -ㄴ, 에, 희-, -ㄴ, 이, 뜨-, -어, 있-, -다
실질 형태소	구체적인 대상이나 상태를 나타내는 실질적 의미가 있는 형태소이다. ⑩ 푸르-, 하늘, 희-, 구름, 뜨-, 있-
형식 형태소	문법적 관계를 나타내는 형태소이다. ⑩ -ㄴ, 에, -ㄴ, 이, -어, -다

(3) 단어의 짜임
① 단어의 구성 요소

어근	단어의 실질적인 의미를 나타낸다. ⑩ '풋사과'의 '사과', '덧신'의 '신'
접사	어근과 결합하여 그 뜻을 제한한다. ⑩ '풋사과'의 '풋-', '덧신'의 '덧-'

② 단어의 분류
ㄱ 단일어 : 하나의 어근으로 이루어진 단어이다.
　　⑩ 산, 우리, 사랑, 여섯, 높다, 웃다, 매우
ㄴ 복합어 : 둘 이상의 어근, 혹은 어근과 파생 접사로 이루어진 단어로 단어 형성 방법에 따라 합성어와 파생어로 나뉜다.

합성어		'어근 + 어근'으로 이루어진 단어이다. ⑩ 봄비, 말다툼, 어린이, 볶음밥 등
파생어		'접두사 + 어근' 또는 '어근 + 접미사'로 이루어진 단어
	접두사	접두사는 어근의 앞에 붙어 특정한 뜻을 더하거나 강조한다. ⑩ 되살리다, 되새기다, 되풀다
	접미사	• 접미사는 어근의 뒤에 붙어 의미를 더하여 새로운 말을 만들어 낸다. • 어근의 품사를 바꾸기도 한다. ⑩ 놀이, 깜빡이, 어른스럽다, 고집스럽다

2. 품사

(1) 형태의 변화 여부에 따른 분류

불변어	문장에서 쓰일 때 형태가 변하지 않는 단어 ⑩ 별, 거기, 다섯, – 가(조사) 등
가변어	문장에서 쓰일 때 형태가 변하는 단어 ⑩ 읽다, 보다, 작다, '– 이다' 등

(2) 문장에서의 기능에 따른 분류

체언	문장에서 주로 주체가 되는 구실을 하는 단어
수식언	체언과 용언의 앞에 놓여 뜻을 분명히 해 주는 기능을 하는 단어
독립언	문장에서 독립적으로 쓰이는 단어
관계언	문장에 쓰인 다른 말과의 관계를 나타내 주는 단어
용언	문장의 주체가 되는 체언을 서술하는 기능을 하는 단어

(3) 단어들의 의미에 따른 분류

명사	구체적인 대상의 이름이나 추상적인 대상의 이름을 나타내는 단어 ⑩ 민호, 별, 책 등
대명사	사람, 사물, 장소의 이름을 대신하여 가리키는 단어 ⑩ 너, 거기, 그것 등
수사	수량이나 순서를 가리키는 단어 ⑩ 다섯, 첫째 등
관형사	체언을 꾸며 주는 단어 ⑩ 헌, 온갖, 저 등
부사	용언, 부사, 문장 전체를 꾸며 주는 단어 ⑩ 빨리, 매우 등
감탄사	말하는 이의 놀람, 느낌, 부름이나 대답을 나타내는 단어 ⑩ 어머나, 이봐, 네 등
조사	문장에 쓰인 다른 말과의 관계를 나타내 주는 단어 ⑩ 가, 를, 이다 등
동사	사람이나 사물의 움직임을 나타내는 단어 ⑩ 먹다, 가다 등
형용사	사람이나 사물의 상태나 성질을 나타내는 단어 ⑩ 예쁘다, 깊다 등

3 문장

1. 문장 종결 방식에 따른 분류

평서문	듣는 이에게 하고 싶은 말을 단순하게 진술하는 문장 예 철수가 학교에 가다.
의문문	듣는 이에게 질문하여 그에 대한 대답을 요구하는 문장 예 철수가 학교에 갔니?
명령문	듣는 이에게 어떤 행동을 하라고 요구하는 문장 예 철수야 학교에 가라.
청유문	듣는 이에게 어떤 행동을 함께하자고 요청하는 문장 예 철수야 학교에 가자.
감탄문	말하는 이가 자신의 느낌을 표현하는 문장 예 철수가 학교에 가는구나!

2. 문장의 성분

(1) 문장 성분의 종류

주성분	• 문장을 이루는 데 꼭 필요한 성분 • 주어, 목적어, 서술어, 보어
부속 성분	• 문장에서 주성분을 꾸며 주는 성분 • 관형어, 부사어
독립 성분	• 다른 성분들과 직접적인 관계를 맺지 않고 독립적으로 쓰이는 문장 성분 • 독립어

(2) 문장 성분의 특징

① 주성분 : 문장을 이루는 데 골격이 되는 필수적인 성분이다.

주어	• 문장에서 동작이나 작용, 성질이나 상태의 주체를 나타낸다. • 주격 조사 '이/가', '께서', '에서'가 붙어 나타나는데, 주격 조사는 생략될 수 있고 보조사가 붙을 수도 있다. 예 동생이 숙제를 한다. 동생 지금 밥 먹어. 동생은 집에 왔다.
서술어	• 주어의 동작이나 작용, 성질이나 상태 등을 나타낸다. • 서술어의 종류에 따라 문장의 형태가 '무엇이 무엇이다/어떠하다/어찌하다'로 나타난다.

	예 형은 <u>군인이다</u>. 책상이 <u>넓다</u>. 동생이 밥을 <u>먹다</u>.
목적어	• 서술어의 동작 대상이 되는 부분이다. • 목적격 조사 '을/를'이 붙어 나타나는데, 목적격 조사는 생략될 수도 있고 보조사가 붙을 수도 있다. **예** 나는 <u>사과를</u> 먹었다. 나는 <u>사과</u> 먹었다. 나는 <u>사과만</u> 먹었다.
보어	• '되다, 아니다' 앞에 쓰여 보충하는 말 • 보격 조사 '이/가'가 붙어서 나타나는데, 보격 조사는 생략될 수도 있고 보조사가 붙을 수도 있다. **예** 철수는 <u>학생이</u> 아니다. 철수는 <u>대학생이</u> 되다.

② 부속 성분 : 문장에서 주성분을 꾸며 주는 성분이다.

관형어	체언을 꾸며 주는 문장 성분 **예** 그는 <u>옛</u> 친구이다. (관형사에 의한 관형어) 그는 <u>나의</u> 친구이다. ('체언 + 조사'에 의한 관형어) 그는 <u>좋은</u> 친구이다. ('용언 + 관형사형 어미'에 의한 관형어) 그는 <u>철수</u> 친구이다. (체언에 의한 관형어)
부사어	• 용언을 꾸며 주는 문장 성분 • 관형사, 다른 부사 또는 문장 전체를 꾸미기도 한다. **예** 그는 <u>정말</u> 예쁘다. 나는 <u>친구에게</u> 편지를 보냈다. <u>과연</u> 그가 범인일까?

③ 독립 성분

독립어	문장의 어느 성분과도 직접적인 관련이 없는 문장 성분 **예** <u>앗</u>, 깜짝이야. <u>철수야</u>, 반가워. <u>청춘</u>, 말만 들어도 설레는 그 이름!

(3) 문장의 확대
① 개념 : 홑문장이 결합하여 겹문장이 되는 것

홑문장	주어와 서술어의 관계가 한 번만 나타나는 문장
겹문장	주어와 서술어의 관계가 두 번 이상 나타나는 문장

② 겹문장의 종류
㉠ 이어진 문장 : 홑문장이 이어져서 여러 겹으로 된 문장

대등하게 이어진 문장	홑문장들의 의미 관계가 대등한 경우 ⑩ • 선택 : 집에 가든지 학교에 가든지 해라. • 나열 : 이것은 사과이고, 저것은 배이다. • 대조 : 나는 떡볶이를 좋아하지만 서경이는 순대를 좋아한다.
종속적으로 이어진 문장	홑문장들의 의미 관계가 독립적이지 못하고 종속적인 경우 ⑩ • 원인 : 군것질을 많이 해서 살이 쪘다. • 조건 : 겨울이 오면, 눈이 온다. • 목적 : 공부하러 도서관에 간다. • 양보 : 시험이 아무리 어렵더라도 나는 자신이 있다.

ⓛ 안은 문장 : 홑문장이 다른 홑문장을 하나의 문장 성분처럼 안고 있는 겹문장

명사절을 안은 문장	절 전체가 문장에서 주어, 목적어 등의 기능을 하는 문장 ⑩ 나는 <u>그가 범인임</u>을 알았다.
관형절을 안은 문장	절 전체가 문장에서 관형어의 기능을 하는 문장 ⑩ 나는 <u>입이 뾰족한</u> 고양이를 보았다.
부사절을 안은 문장	절 전체가 문장에서 부사어의 기능을 하는 문장 ⑩ 그는 <u>밥 먹듯이</u> 거짓말을 했다.
인용절을 안은 문장	다른 사람의 말을 인용한 것이 절의 형식으로 안긴 문장 ⑩ 철수는 <u>영희가 좋다</u>고 말했다. 철수는 "<u>영희가 좋아.</u>"라고 말했다.
서술절을 안은 문장	절 전체가 문장에서 서술어의 기능을 하는 문장 ⑩ 철수는 <u>얼굴이 동그랗다</u>.

4 문법 요소

1. 시제

(1) 종류

① 발화시와 사건시

발화시	화자가 말을 하는 시점
사건시	사건이 일어나는 시점

② 과거, 현재, 미래

과거	사건시가 발화시보다 앞선 시점 ⑩ 나는 지난주에 그 책을 읽었다.

현재	사건시와 발화시가 같은 시점 예 나는 지금 그 책을 읽는다.
미래	발화시가 사건시보다 앞선 시점 예 나는 내일 그 책을 읽을 것이다.

(2) 시간 표현의 실현 방법

구분	선어말 어미	관형사형 어미	시간 부사어
과거	- 았 -, - 었 -, - 더 -	- (으)ㄴ, - 던	어제, 옛날, 일찍이, 전에, 그제
현재	- ㄴ -, - 는 - (형용사, 서술격 조사는 기본형)	- 는, - (으)ㄴ	지금, 현재, 이제, 오늘, 올해
미래	- 겠 -, - (으)리 -	- (으)ㄹ (형용사, 서술격 조사에서는 사용하지 않음.)	내일, 장차, 모레, 앞으로, 후에

2. 높임 표현(높이는 대상에 따른 종류)

주체 높임	서술의 주체를 높이는 방법 • 주체 높임 선어말 어미 : - (으)시 - • 높임 주격 조사 : 께서 • 높임 접미사 : - 님 • 특정 용언 : 계시다, 잡수시다, 주무시다 등 예 선생님께서 오신다. 　　아버지께서 이야기를 들려주셨다.

상대 높임	말하는 이가 듣는 이에 대해 높이거나 낮추어 말하는 방법 **종결 어미**

격식체		비격식체	
하십시오체	예 오십시오.	해요체	예 와요.
하오체	예 오시오.	해체	예 와.
하게체	예 오게.		
해라체	예 와라.		

예 선생님 어서 오세요.
　　오빠, 우리 같이 밥 먹어요.

객체 높임	서술의 객체를 높이는 방법 • 높임 부사격 조사 : 께 • 높임 접미사 : – 님 • 특정 동사 : 드리다, 여쭈다, 모시다 등 예 과일을 큰아버지께 가져다 드려라. 　내일 할머니를 모시고 병원에 다녀오렴.

3. 사동 표현

(1) 개념

주동문	주어가 동작이나 행동을 직접 하는 문장 예 아기가 잔다.
사동문	주어가 다른 대상에게 어떤 동작이나 행동을 시키는 문장 예 엄마가 아기를 재운다. 　엄마가 아기를 자게 한다.

(2) 주동문을 사동문으로 바꾸는 방법

① 새로운 주어를 추가하고, 주동 표현의 주어를 목적어나 부사어로 만든다.

② 주동을 나타내는 동사에 '–이–', '–히–', '–리–', '–기–', '–우–', '–구–', '–추–' 등의 접사를 붙인다.

③ 주동을 나타내는 동사에 '–게 하다', '–시키다'를 붙인다.

(3) 사동문의 의미 차이

어머니가 딸에게 옷을 입혔다.	• 어머니가 딸에게 직접 옷을 입혀 주었다는 의미(직접 사동) • 어머니가 딸에게 옷을 입도록 시켰다는 의미(간접 사동)
어머니가 딸에게 옷을 입게 하였다.	어머니가 딸이 스스로 옷을 입도록 시켰다는 의미(간접 사동)

4. 피동 표현

(1) 개념

능동문	주어가 어떤 동작이나 행동을 제 힘으로 하는 문장 예 민수가 고무줄을 끊었다.
피동문	주어가 어떤 대상에 의해 동작이나 행동을 당하는 문장 예 (민수에 의해) 고무줄이 끊겼다. 　(민수에 의해) 고무줄이 끊어졌다.

(2) 능동문을 피동문으로 바꾸는 방법

① 능동문의 주어를 부사어로, 목적어를 주어로 바꾼다.

② 능동을 나타내는 동사에 '-이-', '-히-', '-리-', '-기-' 등을 붙인다.

③ 능동을 나타내는 동사에 '-게 되다', '-어지다', '-되다'를 붙인다.

5. 부정 표현

(1) 개념

긍정문	긍정의 뜻을 나타내는 문장
부정문	부정의 뜻을 나타내는 문장

(2) 종류

① '안' 부정문(의지 부정) : 주어의 의지에 의해서 어떤 일이 일어나지 않음을 의미한다.

짧은 부정문	'안'을 붙인다.	예 그는 술을 안 먹는다.
긴 부정문	'-지 아니하다'를 붙인다.	예 그는 술을 먹지 않는다.

② '못' 부정문(능력 부정) : 주어의 의지가 아닌 능력이나 그 밖의 다른 이유로 어떤 일이 일어나지 못함을 의미한다.

짧은 부정문	'못'을 붙인다. 예 늦잠을 자서 소풍에 못 갔다.
긴 부정문	'-지 못하다'를 붙인다. 예 늦잠을 자서 소풍에 가지 못했다.

5 어문 규범

1. 표준어

(1) 개념

한 나라에서 모든 국민들이 공통으로 사용하도록 정한 공용어로 방언의 차이로 인한 의사소통의 불편을 해소하고, 모든 사람이 원활하게 의사소통을 할 수 있도록 공용어로서의 표준어를 정한다.

(2) 표준어 사정의 원칙

우리나라에서 표준어는 '교양 있는 사람들이 두루 쓰는(계층적 조건) 현대(시대적 조건) 서울말(지역적 조건)'로 정한다.

▶ 헷갈리는 표준어

• 설레다	(○)	설레이다	(×)
• 쌍둥이	(○)	쌍동이	(×)
• 멍게	(○)	우렁쉥이	(○)
• 서울내기	(○)	서울나기	(×)
• 아지랑이	(○)	아지랭이	(×)

2. 한글 맞춤법

(1) 한글 맞춤법의 대원칙

제1항	한글 맞춤법은 표준어를 소리대로 적되, 어법에 맞도록 함을 원칙으로 한다.
제2항	문장의 각 단어는 띄어 씀을 원칙으로 한다.

① 한글 맞춤법 제1항
 ㉠ 소리대로 적는다 : 표준어의 발음대로 적는다는 원칙
  예 하늘 ➜ [하늘], 땅 ➜ [땅]
 ㉡ 어법에 맞도록 한다 : 형태소의 원형을 밝혀 적는다는 원칙
  예 꽃이 ➜ [꼬치], 꽃도 ➜ [꼳또], 꽃만 ➜ [꼰만]
② 한글 맞춤법 제2항
 ㉠ 단어는 띄어 쓰되, 조사는 앞말에 붙여 쓴다.
  예 토끼가 꽃만 먹는다.
 ㉡ 의존 명사는 띄어 쓴다.
  예 먹을 것이 없다.

(2) 남북한 맞춤법의 차이점

구분	남한	북한
두음 법칙	인정한다. 예 노인, 여자	인정하지 않는다. 예 로인, 녀자
의존 명사	띄어 쓴다. 예 먹을 것	붙여 쓰는 경우가 많다. 예 먹을것
보조 용언과 본용언	띄어 쓴다. 예 먹어 봐.	붙여 쓰는 경우가 많다. 예 먹어봐.
외래어	그대로 사용하는 경우가 많다. 예 아이스크림	대체로 우리말로 바꾸어 사용한다. 예 얼음보숭이

3. 외래어 표기법과 국어의 로마자 표기법

(1) 외래어 표기법의 원칙

　① 외래어는 국어에서 현재 쓰이는 24자모만으로 적는다.

　　예 우리말에 없는 영어의 f, v음을 적기 위해 새로운 문자를 만들지 않는다.

　② 외래어의 1음운은 원칙적으로 1기호이다.

　　예 fighting : 화이팅(×) ➜ 파이팅(○)

　③ 외래어의 받침에는 'ㄱ, ㄴ, ㄹ, ㅁ, ㅂ, ㅅ, ㅇ'만을 적는다.

　　예 coffee shop : 커피숖(×) ➜ 커피숍(○)

　④ 파열음 표기에는 된소리를 쓰지 않는 것을 원칙으로 한다.

　　예 bus : 뻐스(×) ➜ 버스(○)

　⑤ 이미 굳어진 외래어는 관용을 존중한다.

　　예 radio : 레이디오(×) ➜ 라디오(○)

(2) 국어의 로마자 표기의 기본 원칙

　① 국어의 표준 발음법에 따라 적는 것을 원칙으로 한다.

　　예 종로[종노] Jongno

　② 로마자 이외의 부호는 되도록 사용하지 않는다.

6 국어의 역사

1. 중세 국어의 특징

(1) 음운

　① 'ㆆ, ㅸ, ㅿ, ㆁ, ㆍ'가 모두 쓰인다.

　② 모음 조화가 철저히 지켜진다.

　③ 어두 자음군을 사용한다.

　④ 구개음화와 원순 모음화가 나타나지 않는다.

(2) 어휘

　① 고유어와 한자어의 경쟁에서 한자어가 많이 쓰인다.

　② 몽골어와 여진어 등의 외래어가 들어온다.

　③ 현대 국어와 다른 의미로 쓰인 어휘가 있다. ➜ 의미 축소, 의미 이동

(3) 문법

　① 주격 조사는 '이/ㅣ/Ø'만 사용

　② 명사형 어미 '-옴/-움'의 규칙적 사용

　③ 비교부사격 조사 '에' 사용

(4) 표기

① '동국정운'식 한자음 표기

② 이어적기가 보편적

▶ 중세 국어 표기의 예

世·솅宗종御·ᅌᅥᆼ製·졩訓·훈民민正·졍音흠

나·랏 : 말ᄊᆞ·미中듕國·귁·에달·아文문字·ᄍᆞᆼ·와·로서르ᄉᆞᄆᆞᆺ·디아·니ᄒᆞᆯ·ᄊᆡ·이런젼·ᄎᆞ·로
어·린百·ᄇᆡᆨ姓·셩·이니르·고·져·홇·배이·셔·도ᄆᆞ·ᄎᆞᆷ : 내제·ᄠᅳ·들시·러펴·디 : 몯홇·노·미
하·니·라
·내·이·ᄅᆞᆯ爲·윙·ᄒᆞ·야 : 어엿·비너·겨·새·로·스·믈여·듧字·ᄍᆞᆼ·ᄅᆞᆯᄆᆡᆼ·ᄀᆞ노·니
: 사ᄅᆞᆷ : 마·다 : ᄒᆡ·ᅇᅧ : 수·ᄫᅵ니·겨·날·로·ᄡᅮ·메便뼌安한·킈ᄒᆞ·고·져홇ᄯᆞᄅᆞ·미니·라

–「세종어제훈민정음」–

현대어 풀이

우리나라 말이 중국과 달라 한자와는 서로 통하지 아니하여서 이런 까닭으로
어리석은 백성이 말하고자 하는 바가 있어도 마침내 제 뜻을 펴지 못하는 사람이 많다.
내가 이것을 가엾게 여겨 새로 스물여덟 자를 만드니,
모든 사람으로 하여금 쉽게 익혀서 날마다 쓰는 데에 편하게 하고자 할 따름이다.

2. 근대 국어의 특징

(1) 음운

① 성조가 사라지면서 방점 표기가 사라진다.

② 'ㅿ'이 사라진다.

③ 어두자음군이 'ㅅ'계 된소리 표기로 통일된다.

④ 'ㆍ'의 음가가 첫 음절에서도 소멸된다.

⑤ 원순 모음화, 전설 모음화가 나타난다.

(2) 어휘

① 한자어와 외래어의 침투로 고유어가 점차 소멸된다.

② 서구 신문명어들이 대량 유입된다.

(3) 문법

① 주격 조사 '가'가 쓰이기 시작한다.

② 명사형 어미 '–옴/–움'과 더불어 '–기'가 활발하게 쓰인다.

(4) 표기

① 분철(끊어적기)이 확대된다.

② 연철(이어적기)이 지속적으로 나타난다.

③ 중철(거듭적기)이 사용된다.

▶ 근대 국어 표기의 예

홍식이 거록ᄒ야 붉은 긔운이 하늘을 쮜노더니 이랑이 소ᄅᆞᆯ 놉히 ᄒ야 나를 불러 져
긔 믈밋츨 보라 웨거늘 급히 눈을 드러 보니 믈밋 홍운을 헤앗고 큰 실오리 ᄀᆞᆺ흔 줄이
붉기 더옥 긔이ᄒ며 긔운이 진홍 ᄀᆞᆺ흔 것이 ᄎᆞᄎᆞ 나 손바닥 너븨 ᄀᆞᆺ흔 것이 그믐밤의
보는 숫불빗 ᄀᆞᆺ더라. ᄎᆞᄎᆞ 나오더니 그 우흐로 격은 회오리밤 ᄀᆞᆺ흔 것이 붉기 호박 구
슬 ᄀᆞᆺ고 ᄆᆞᆰ고 통낭ᄒ기는 호박도곤 더 곱더라.

－「의유당 관북 유람 일기(意幽堂關北遊覽日記)」－

현대어 풀이

홍색(紅色)이 거룩하여 붉은 기운이 하늘을 뛰놀더니, 이랑이 크게 소리를 질러 나를 불러, 저기 물밑을 보라고
외치거늘, 급히 눈을 들어 보니, 물밑 홍운(紅雲)을 헤치고 큰 실오리 같은 줄이 붉기 더욱 기이하며, 기운이
진홍(眞紅) 같은 것이 차차 나 손바닥 너비 같은 것이 그믐밤에 보는 숯불빛 같더라. 차차 나오더니, 그 위로
작은 회오리밤 같은 것이 붉기가 호박(琥珀) 구슬 같고, 맑고 통랑(通朗)하기는 호박보다 더 곱더라.

3. 한글의 제자 원리

(1) 초성(자음)의 제자 원리

오음(五音) \ 제자	상형 발음 기관의 모양을 본뜸	가획 소리의 세기에 따라 기본 글자에 획을 더함		이체 기본 글자의 모양을 달리함
어금닛소리	ㄱ	ㅋ		ㆁ
혓소리	ㄴ	ㄷ	ㅌ	ㄹ
입술소리	ㅁ	ㅂ	ㅍ	
잇소리	ㅅ	ㅈ	ㅊ	ㅿ
목구멍소리	ㅇ	ㆆ	ㅎ	

(2) 중성자(모음)의 제자 원리

① 기본 글자

상형의 원리	하늘을 본뜸	땅을 본뜸	사람을 본뜸
기본 글자	·	―	ㅣ

② 초출자와 재출자

기본 글자의 합성	초출자	재출자
· + ―	ㅗ	ㅛ
ㅣ + ·	ㅏ	ㅑ
― + ·	ㅜ	ㅠ
· + ㅣ	ㅓ	ㅕ

02 대표 기출문제

정답 및 해설 p. 156

01 다음 한글 맞춤법 규정을 잘못 적용한 것은?

■ 한글 맞춤법 ■

【제15항】 용언의 어간과 어미는 구별하여 적는다.

[붙임 1] 두 개의 용언이 어울려 한 개의 용언이 될 적에, 앞말의 본뜻이 유지되고 있는 것은 그 원형을 밝히어 적고, 그 본뜻에서 멀어진 것은 밝히어 적지 아니한다.

① 인구가 늘어나다
② 갯벌이 드러나다
③ 집으로 돌아가다
④ 단추가 떨어지다

02 다음을 참고할 때 〈보기〉의 ㉠에 들어갈 말로 가장 적절한 것은?

다른 사람의 말을 직접 인용할 때는 인용할 내용에 큰따옴표가 붙고 조사 '라고'가 사용된다. 간접 인용할 때는 인용할 내용에 조사 '고'가 붙고, 경우에 따라 인용문의 인칭 대명사, 종결 어미가 바뀐다.

┤ 보기 ├

직접 인용 표현
친구가 나에게 "너의 취미가 뭐야?"라고 물었다.

↓

간접 인용 표현
친구가 나에게 (㉠   ) 물었다.

① 나의 취미가 뭐냐고
② 그의 취미가 뭐냐고
③ 나의 취미가 뭐냐라고
④ 그의 취미가 뭐냐라고

03 ㉠~㉣에 나타난 중세 국어의 특징으로 적절하지 <u>않은</u> 것은?

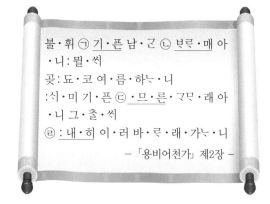

불·휘 ㉠기·픈 남·ㄴ ㉡ ·매 아
·니:뮐·씨
곶:됴·코 여·름·하ᄂ·니
:싟·미 기·픈 ㉢·므·른· ᄀ·래 아
·니 그·출·씨
㉣:내·히 이·러 바· ·래·가ᄂ·니

– 「용비어천가」 제2장 –

① ㉠ : 소리 나는 대로 표기하고 있다.
② ㉡ : 현재 쓰이지 않는 모음이 있었다.
③ ㉢ : 모음 조화를 지키고 있다.
④ ㉣ : 주격 조사 '히'가 사용되었다.

04 피동 표현이 사용되지 <u>않은</u> 것은?

① 동생이 엄마에게 업혔다.
② 아이가 모기에게 물렸다.
③ 토끼가 사냥꾼에게 잡혔다.
④ 그가 친구에게 사실을 밝혔다.

05 다음 규정에 맞게 발음하지 <u>않은</u> 것은?

> ▪ **표준 발음법** ▪
>
> **[제14항]** 겹받침이 모음으로 시작된 조사
> 나 어미, 접미사와 결합되는 경우에는,
> 뒤엣것만을 뒤 음절 첫소리로 옮겨 발음
> 한다. (이 경우, 'ㅅ'은 된소리로 발음함.)

① <u>값을</u> 깎지 마세요. → [갑쓸]
② <u>넋이</u> 나간 표정이다. → [넉씨]
③ <u>닭을</u> 키운 적이 있다. → [다글]
④ <u>앉아</u> 있기가 힘들다. → [안자]

06 다음 높임법이 나타난 문장이 <u>아닌</u> 것은?

> 객체 높임법은 목적어나 부사어가 지시
> 하는 대상, 즉 서술의 객체를 높이는 방법
> 이다.

① 나는 어머니를 모시고 집에 갔다.
② 선생님께서는 우리를 사랑하신다.
③ 자세한 내용은 아버지께 여쭤 보세요.
④ 주말에는 할아버지를 찾아뵙고 싶습니다.

07 ㉠~㉣에 나타난 중세 국어의 특징으로 적절하지 <u>않은</u> 것은?

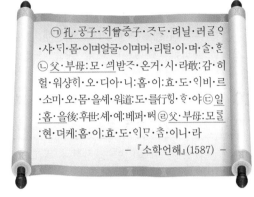

> ㉠孔·공子·ᄌᆞ진曾증子·ᄌᆞᆺ·두·려닐·러ᄀᆞᆯ ᄋ
> ·샤ᄃᆡ·몸·이며얼굴·이며머·리털·이·며술·ᄒᆞᆫ
> ㉡父·부母:모·ᄭᅴ받ᄌᆞ·온거·시·라敢:감·히
> 헐·워샹히·오·디아·니홈·이·효·도·ᄋᆡ비·르
> ·소미·오·몸·을셰·워道:도·ᄅᆞᆯ行ᄒᆡᆼ·ᄒᆞ·야㉢일
> ·홈·을後:후世:셰·예·베퍼·뼈㉣父·부母:모ᄅᆞᆯ
> :현·뎌케·홈·이·효·도·ᄋᆡ ᄆᆞᆺ·ᄎᆞᆷ·이니·라
> ─ 『소학언해』(1587) ─

① ㉠ : 모음 뒤에서 주격 조사 'ㅣ'가 사용되
　　 었다.
② ㉡ : 어두 자음군이 사용되었다.
③ ㉢ : 이어 적기로 표기되었다.
④ ㉣ : 조사가 모음 조화에 따라 표기되었다.

08 다음 '표준 발음법' 규정이 적용되지 <u>않는</u> 것은?

> **[제17항]** 받침 'ㄷ, ㅌ(ㄾ)'이 조사나 접미
> 사의 모음 'ㅣ'와 결합되는 경우에는,
> [ㅈ, ㅊ]으로 바꾸어서 뒤 음절 첫소리
> 로 옮겨 발음한다.

① 일이 많아 <u>끝이</u> 보이지 않는다.
② 그는 <u>굳이</u> 따라가겠다고 졸랐다.
③ 한옥 대문이 <u>여닫이</u>로 되어 있다.
④ 그는 <u>밭이랑</u>에 농작물을 심었다.

09 밑줄 친 부분이 '한글 맞춤법'에 맞게 쓰인 것은?

① 내가 너보다 먼저 <u>갈게</u>.

② 오늘은 <u>웬지</u> 기분이 좋다.

③ 그렇게 마음대로 하면 <u>어떻해</u>.

④ 날씨가 얼마나 <u>덥든지</u> 땀이 났다.

10 (가)에서 설명하는 시제가 드러나 있는 것을 (나)의 ㉠~㉣에서 고른 것은?

> (가) 사건이 일어나는 시점과 말하는 시점이 일치하는 시제
>
> (나) 오랜만에 비가 ㉠ <u>내린다</u>. 긴 가뭄으로 ㉡ <u>근심하던</u> 농부는 드디어 활짝 ㉢ <u>웃</u>는다. 내일부터는 비가 자주 내린다니 앞으로 가뭄 걱정이 ㉣ <u>없겠다</u>.

① ㉠, ㉡   ② ㉠, ㉢

③ ㉡, ㉣   ④ ㉢, ㉣

11 ㉠~㉣에 나타난 중세 국어의 특징으로 적절하지 <u>않은</u> 것은?

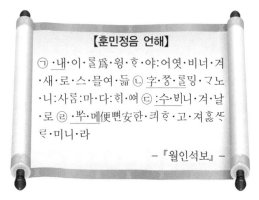

【훈민정음 언해】

㉠ ·내·이·를 爲·윙·ᄒᆞ·야:어엿·비너·겨
·새·로·스·믈여·듧 字·쭝·를 ᄆᆡᇰᄀᆞ노
·니:사름·마·다:히·여 ㉡ :수·비니·겨·날
·로 ㉢ ·ᄡᅮ·메便뼌安ᅙᅡᆫ·킈ᄒᆞ·고·져 ᄒᆞᇙᄊᆞ
ᄅᆞ·미니·라

— 『월인석보』 —

① ㉠ : 모음 뒤에서 주격 조사 'ㅣ'가 쓰였다.

② ㉡ : 모음 조화가 잘 지켜지고 있었다.

③ ㉢ : 현대 국어에 쓰이지 않는 'ᄫ'이 사용되었다.

④ ㉣ : 단어의 첫머리에 한 개의 자음만 올 수 있었다.

12 다음 규정에 따라 발음하지 <u>않는</u> 것은?

> ■ 표준 발음법 ■
>
> [제19항] 받침 'ㅁ, ㅇ' 뒤에 연결되는 'ㄹ'은 [ㄴ]으로 발음한다.

① 강릉   ② 담력

③ 송년   ④ 항로

13 다음의 높임법을 활용한 문장으로 볼 수 <u>없는</u> 것은?

> 주체 높임법은 문장의 주체를 높이는 방법이다.

① 아버지께서는 늘 음악을 들으신다.

② 어머니께서는 지금 집에서 주무신다.

③ 선배는 선생님께 공손히 인사를 드렸다.

④ 할아버지께서는 어제 죽을 드시고 계셨다.

14 다음 중 끊어적기에 해당하지 <u>않는</u> 것은?

孔·공子·ᄌᆞ ㅣ 曾증子·ᄌᆞᄃᆞ·려닐·러 ᄀᆞᆯᄋᆞ·샤
·ᄃᆡ ㉠ ·몸·이며 ㉡ 얼굴·이며 ㉢ 머·리털·이·며
·ᄉᆞᆯ·혼父·부母:모 ᄭᅴ받ᄌᆞ·온 ㉣ 거·시·라敢:감
·히헐·워샹히·오·디아·니·홈·이효·도·이
비·르·소미·오 ·몸·을셰·위道:도·를行ᅘᆡᆼ·ᄒᆞ
·야일·홈·을後:후世:셰·예·베퍼·ᄡᅥ父·부母:
모를·현·뎌케·홈·이효·도·이ᄆᆞᆺ·춤·이니·라

— 『소학언해』(1587) —

① ㉠   ② ㉡

③ ㉢   ④ ㉣

15 밑줄 친 부분이 '한글 맞춤법'에 맞지 <u>않는</u> 것은?

① 집에서 보약을 <u>다리다</u>.

② 가난으로 배를 <u>주리다</u>.

③ 그늘에서 땀을 <u>식히다</u>.

④ 아들에게 학비를 <u>부치다</u>.

16 다음 〈표준 발음법〉 규정에 따라 발음하지 <u>않는</u> 것은?

■ 표준 발음법 ■

[제20항] 'ㄴ'은 'ㄹ'의 앞이나 뒤에서 [ㄹ]로 발음한다.

① 경주는 <u>신라</u>의 서울이다.

② 새로운 <u>논리</u>를 전개했다.

③ <u>설날</u> 아침에 세배를 했다.

④ 어제 그를 <u>종로</u>에서 만났다.

17 (가)에서 설명하는 시제가 드러나 있는 것을 (나)의 ㉠~㉣에서 고른 것은?

(가) 사건이 일어나는 시점이 말하는 시점인 현재보다 앞서 일어난 사건의 시제

(나) 어제 학교에서 책을 ㉠ <u>읽었다</u>. 오늘은 가까운 도서관에 와서 책을 ㉡ <u>읽는다</u>. 예전에 ㉢ <u>읽은</u> 책이 눈에 띄어 다시 보고 있다. 앞으로도 책을 많이 ㉣ <u>읽어야겠다</u>.

① ㉠, ㉡   ② ㉠, ㉢

③ ㉡, ㉢   ④ ㉢, ㉣

18 ㉠~㉣에 나타난 중세 국어의 특징으로 적절하지 <u>않은</u> 것은?

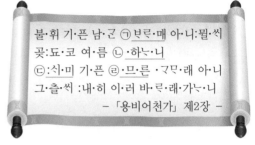

불·휘 기·픈 남·ᄀᆞᆫ ㉠ᄇᆞᄅᆞ·매 아·니:뮐·ᄊᆡ
곶:됴·코 여·름 ㉡·하ᄂᆞ·니
㉢:ᄉᆡ·미 기·픈 ㉣·므·른 ·ᄀᆞᄆᆞ·래 아·니
그·츨·ᄊᆡ :내·히 이·러 바·ᄅᆞ·래·가ᄂᆞ·니
－ 「용비어천가」 제2장 －

① ㉠ : 모음 조화를 지키고 있다.

② ㉡ : '·(아래아)'를 사용하고 있다.

③ ㉢ : 주격 조사가 생략되어 있다.

④ ㉣ : 이어적기로 표기하고 있다.

19 다음 〈표준 발음법〉 규정에 따라 발음하지 <u>않는</u> 것은?

■ 표준 발음법 ■

[제24항] 어간 받침 'ㄴ(ㄵ), ㅁ(ㄻ)' 뒤에 결합되는 어미의 첫소리 'ㄱ, ㄷ, ㅅ, ㅈ'은 된소리로 발음한다.

① 의자에 <u>앉지</u> 마시오.

② 아빠가 아기를 <u>안고</u> 있다.

③ 짐을 <u>옮기고</u> 이곳에 모여라.

④ 머리를 <u>감고서</u> 세수를 했다.

20 밑줄 친 부분 중 피동 표현이 <u>아닌</u> 것은?

① 불길이 바로 <u>잡혔다</u>.

② 막냇동생의 신발 끈이 <u>풀렸다</u>.

③ 철수가 다친 친구를 등에 <u>업었다</u>.

④ 그림을 그릴 때에는 붓이 <u>사용된다</u>.

21 높임 표현이 잘못 사용된 문장은?

① (기자가 시민에게) 잠시 인터뷰하실 시간 있으세요?
② (점원이 손님에게) 여기 주문하신 음료 나오셨습니다.
③ (엄마가 아들에게) 할머니를 모시고 병원에 다녀오렴.
④ (형이 동생에게) 아버지께서 요즘 고민이 있으신 것 같아.

22 다음 ㉠~㉣에 나타난 중세 국어의 특징으로 적절하지 <u>않은</u> 것은?

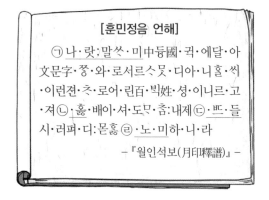

[훈민정음 언해]

㉠나·랏:말ᄊᆞ·미中듕國·귁·에달·아
文문字·ᄍᆞ·와·로서르ᄉᆞᄆᆞᆺ·디아·니ᄒᆞᆯ·씨
·이런젼·ᄎᆞ·로어·린百·ᄇᆡᆨ姓·셩·이니르·고
·져㉡·홇·배이·셔·도ᄆᆞᆺ·ᄎᆞᆷ:내제㉢·ᄠᅳ·들
시·러펴·디:몯ᄒᆞᆶ㉣·노·미하·니·라
－『월인석보(月印釋譜)』－

① ㉠ : 방점을 사용하여 소리의 높낮이를 표시하였다.
② ㉡ : 'ㆆ'이 표기에 사용되었다.
③ ㉢ : 어두 자음군이 존재하였다.
④ ㉣ : 끊어 적기로 표기하였다.

23 밑줄 친 단어 중, 다음 규정을 적용한 예가 <u>아닌</u> 것은?

〈한글 맞춤법〉

[제6항] 'ㄷ, ㅌ' 받침 뒤에 종속적 관계를 가진 '-이(-)'나 '-히-'가 올 적에는 그 'ㄷ, ㅌ'이 'ㅈ, ㅊ'으로 소리 나더라도 'ㄷ, ㅌ'으로 적는다.

① 하늘에 별이 <u>숱하게</u> 있다.
② 친구와 <u>같이</u> 사업을 했다.
③ 우리는 <u>해돋이</u>를 기다린다.
④ 이제 구름은 말짱히 <u>걷혀</u> 버렸다.

24 다음에 대한 설명으로 적절하지 <u>않은</u> 것은?

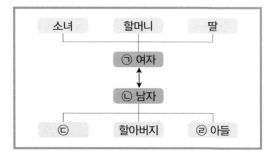

① ㉠과 ㉡은 의미적으로 서로 대립한다.
② ㉠과 ㉣은 반의 관계이다.
③ ㉢에는 '소년'이라는 단어를 넣을 수 있다.
④ ㉣은 의미 관계로 보아 ㉡에 포함된다.

25 ㉠~㉢의 밑줄 친 부분에 대한 설명으로 적절하지 <u>않은</u> 것은?

> ㉠ <u>너</u>와 <u>나</u>는 <u>왜</u> 다를까?
> ㉡ 그는 <u>방</u>에서 <u>빵</u>을 먹고 있다.
> ㉢ <u>밤[夜]</u>에 <u>밤[栗]</u>을 먹을 때는 벌레를 조심하렴.

① ㉠의 '너'와 '나'의 모음은 혀의 높낮이가 서로 다르다.
② ㉠의 '왜'는 발음하는 동안 입술 모양이 달라지지 않는다.
③ ㉡의 '방'과 '빵'의 'ㅂ'과 'ㅃ'은 조음 위치가 같다.
④ ㉢의 '밤[夜]'과 '밤[栗]'은 소리의 길이가 서로 다르다.

26 다음 중 밑줄 친 문장 성분만으로 이루어진 문장은?

> 국어의 문장 성분은 크게 <u>주성분</u>, 부속 성분, 독립 성분으로 나눌 수 있다.

① 우아, 우리가 이겼다.
② 친구가 책을 읽고 있다.
③ 그 사람이 우유를 마셨다.
④ 동생이 드디어 가수가 되었다.

27 다음 문장과 동일한 오류가 드러난 것은?

> 나의 바람은 네가 잘되었으면 좋겠어.

① 그는 아름다운 소녀의 노래를 들었다.
② 그들은 환경 문제에 대한 회의를 가졌다.
③ 내가 말하고자 하는 것은 너는 마음씨가 곱다.
④ 우리는 먹고 남은 잔반을 다시 쓰지 않습니다.

28 밑줄 친 단어 중 한글 맞춤법 규정을 <u>잘못</u> 적용한 것은?

> 〈한글 맞춤법〉
>
> **[제19항]** 어간에 '-이'나 '-음/-ㅁ'이 붙어서 명사로 된 것과 '-이'나 '-히'가 붙어서 부사로 된 것은 그 어간의 원형을 밝히어 적는다.
> 다만, 어간에 '-이'나 '-음/-ㅁ'이 붙어서 명사로 바뀐 것이라도 그 어간의 뜻과 멀어진 것은 원형을 밝히어 적지 아니한다.

① 그녀는 <u>굳이</u> 따지려 들지 않았다.
② 그는 <u>노름</u>으로 전 재산을 날렸다.
③ <u>어름</u>이 녹은 비탈에 새싹이 났다.
④ 먼 데서 <u>다듬이</u> 두드리는 소리가 들렸다.

29 ㉠에 들어갈 말로 알맞은 것은?

> '물, 불, 풀, 뿔'은 [㉠]이/가 바뀜으로써 뜻이 달라진 단어들이다.

① 자음 　　② 모음
③ 소리의 고저 　④ 소리의 길이

30 향찰은 한자의 음과 뜻을 빌려 우리말을 표기한 방법이다. ㉠, ㉡에 해당하는 표기 방법으로 알맞은 것은?

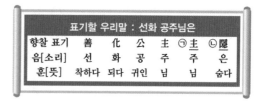

표기할 우리말 : 선화 공주님은					
향찰 표기	善	化	公	主	㉠主	㉡隱
음[소리]	선	화	공	주	주	은
훈[뜻]	착하다	되다	귀인	님	님	숨다

　㉠　㉡　　　㉠　㉡
① 음차　음차　② 음차　훈차
③ 훈차　음차　④ 훈차　훈차

31 관용 표현이 사용되지 <u>않은</u> 문장은?

① 관광객들이 태풍 때문에 발이 묶였다.

② 동생은 시험을 잘 봐서 입이 귀에 걸렸다.

③ 나는 농구공을 한 손으로 잡을 만큼 손이 크다.

④ 나와 동생은 손발이 맞아 방 청소를 금방 끝냈다.

32 한글 맞춤법에 맞는 문장은?

① <u>깍뚜기</u>가 맛있게 보인다.

② 구름이 걷히자 파란 하늘이 <u>드러났다.</u>

③ 나는 참치를 넣은 <u>김치찌게</u>를 좋아한다.

④ <u>몇일</u> 동안 친구를 만나지 못해서 소식이 궁금하다.

33 다음 규정의 ㉠에 해당하는 예로 알맞은 것은?

〈한글 맞춤법〉

[제30항] 사이시옷은 다음과 같은 경우에 받치어 적는다.

1. 순우리말로 된 합성어로서 앞말이 모음으로 끝난 경우

⋮

2. 순우리말과 한자어로 된 합성어로서 앞말이 모음으로 끝난 경우
(1) 뒷말의 첫소리가 된소리로 나는 것
(2) 뒷말의 첫소리 'ㄴ, ㅁ' 앞에서 'ㄴ' 소리가 덧나는 것 ……… ㉠
(3) 뒷말의 첫소리 모음 앞에서 'ㄴㄴ' 소리가 덧나는 것

① 냇물　　　　② 잇몸

③ 아랫니　　　④ 제삿날

34 다음 규정의 ㉠에 해당하는 예로 적절한 것은?

〈한글 맞춤법〉

[제30항] 사이시옷은 다음과 같은 경우에 받치어 적는다.

1. 순우리말로 된 합성어로서 앞말이 모음으로 끝난 경우
(1) 뒷말의 첫소리가 된소리로 나는 것 ……………………………… ㉠
(2) 뒷말의 첫소리 'ㄴ, ㅁ' 앞에서 'ㄴ' 소리가 덧나는 것
(3) 뒷말의 첫소리 모음 앞에서 'ㄴㄴ' 소리가 덧나는 것

① 깻잎　　　　② 뱃길

③ 빗물　　　　④ 훗날

35 밑줄 친 한자어를 고유어로 풀이한 것으로 적절하지 <u>않은</u> 것은?

① 언어폭력을 <u>근절(根絶)</u>해야 한다. → 뿌리째 없애야

② 곳곳에서 백성들이 <u>봉기(蜂起)</u>하였다.
→ 세차게 일어났다

③ 나는 그의 만행을 <u>방관(傍觀)</u>하고 있었다.
→ 옆에서 부추기고

④ 그는 나에게 어려움을 <u>토로(吐露)</u>하였다.
→ 모두 털어놓았다

36 다음 문장과 동일한 오류가 드러난 것은?

그녀는 웃으면서 들어오는 친구에게 인사를 했다.

① 뜰에 핀 꽃이 여간 탐스럽다.

② 선생님께서 너 오시라고 했어.

③ 내가 하고 싶은 말은 너를 사랑한다.

④ 한결같이 어려운 이웃을 돕는 사람이 많다.

37 ㉠~㉣에 대한 설명으로 적절하지 <u>않은</u> 것은?

> 우리신문이 한문은 아니쓰고 다만 국문으로만 ㉠쓰는거슨 샹하귀쳔이 다보게 ㉡홈이라 쏘 국문을 이러케 귀졀을 쎄여 쓴즉 아모라도 이신문 ㉢보기가 쉽고 신문속에 잇는 말을 자세이 ㉣알어 보게 홈이라
> – 「독립신문 창간사」 –

① ㉠ : '丶' 표기를 사용하고 있다.
② ㉡ : 이어적기를 사용하고 있다.
③ ㉢ : 명사형 어미 '기'를 사용하고 있다.
④ ㉣ : 모음조화가 파괴된 형태이다.

38 다음 '표준 발음법' 규정이 적용되지 <u>않는</u> 것은?

> ▪ 표준 발음법 ▪
>
> [제23항] 받침 'ㄱ(ㄲ, ㅋ, ㄳ, ㄺ), ㄷ(ㅅ, ㅆ, ㅈ, ㅊ, ㅌ), ㅂ(ㅍ, ㄼ, ㄿ, ㅄ)' 뒤에 연결되는 'ㄱ, ㄷ, ㅂ, ㅅ, ㅈ'은 된소리로 발음한다.

① 굳다   ② 낙지
③ 답사   ④ 볶음

39 다음을 참고하여 예문의 밑줄 친 부분에 사용된 상대 높임을 바르게 연결한 것은?

> 말하는 이가 듣는 이를 높이거나 낮추어 표현하는 방식을 상대 높임법이라고 한다. 상대 높임법은 대체로 문장을 끝맺는 종결 어미로 높임을 실현한다. 종결 어미에는 격식체와 비격식체가 있으며 다음과 같이 나누어진다.
>
> | 격식체 | 하십시오체 / 하오체 / 하게체 / 해라체 |
> |---|---|
> | 비격식체 | 해요체 / 해체 |

	예문	상대 높임
①	할머니께서 진지를 <u>드셨어요</u>.	하십시오체
②	어머니께서도 공원에 <u>가신대</u>.	하오체
③	선생님께 먼저 과일을 <u>드리시게</u>.	하게체
④	아버지를 모시고 큰댁에 <u>다녀 왔습니다</u>.	해요체

40 ㉠~㉣을 '한글 맞춤법'에 맞게 고친 것은?

> ㉠ 며칠 뒤에 공장 문이 ㉡ 닫힐 것이라는 소문이 ㉢ 금세 ㉣ 붉어져 나왔다.

① ㉠ : 몇일   ② ㉡ : 닷힐
③ ㉢ : 금새   ④ ㉣ : 불거져

03 문학

1 현대시

1. 시

마음속에 떠오르는 생각이나 느낌을 운율이 있는 언어로 압축해서 표현한 글이다.

2. 시의 화자(말하는 이)

시인이 자신의 생각과 느낌을 효과적으로 드러내기 위해 설정한 인물로 '서정적 자아', '시적 자아'라고도 한다. 화자는 시인과 일치할 수도, 다를 수도 있다.

> 엄마야 누나야, 강변 살자.
> 뜰에는 반짝이는 금모래 빛
> 뒷문 밖에는 갈잎의 노래
> 엄마야 누나야, 강변 살자.
>
> – 김소월, 「엄마야 누나야」 –

→ '순수한 이상의 추구'라는 주제에 어울리도록 '어린 소년'을 화자로 설정하였다.

3. 시의 3요소

운율 (음악적 요소)	시를 낭송할 때 느껴지는 말의 가락
심상 (회화적 요소)	마음속에 떠오르는 감각적인 장면
주제 (의미적 요소)	시적 상황에 따라 다르게 해석될 수 있는 상징적·함축적 의미

(1) 시의 운율(음악적 요소)

① 운율의 종류

외형률	겉으로 뚜렷하게 규칙적으로 드러나는 운율 예 3장 6구 45자 내외의 형식이 정해진 시조
내재율	겉으로 드러나지 않고 은근하게 느껴지는 불규칙적인 운율

② 운율 형성 요소

끊어 읽기의 반복 (음보율)	예 이 몸이 / 죽고 죽어 / 일백 번 / 고쳐 죽어 // 백골이 / 진토 되어 / 넋이라도 / 있고 없고.
글자 수의 반복 (음수율)	예 새야 새야 파랑새야 녹두밭에 앉지 마라. : 4·4조의 반복
문장 구조의 반복	예 돌담에 속삭이는 햇발같이 풀 아래 웃음 짓는 샘물같이
시어, 시구의 반복	예 날 좀 보소 날 좀 보소 날 좀 보소
울림소리의 반복	예 알락알락 얼룩진 산새알

(2) 시의 심상의 종류

시각적 심상	눈으로 보는 듯이 떠오르는 느낌 예 나비는 너풀너풀 춤을 춥니다.
청각적 심상	귀로 소리를 듣는 듯이 떠오르는 느낌 예 금간 창 틈으로 고요한 빗소리
후각적 심상	코로 냄새를 맡는 듯이 떠오르는 느낌 예 꽃 피는 사월이면 진달래 향기
미각적 심상	혀로 맛을 보는 듯이 떠오르는 느낌 예 메마른 입술에 쓰디쓰다.
촉각적 심상	피부를 통해 닿는 듯이 떠오르는 느낌 예 엄마 아빠는 간지럼을 타며
공감각적 심상	하나의 대상에 떠오르는 둘 이상의 느낌 예 푸른 휘파람 소리가 나거든요.

(3) 시의 다양한 표현 방법

① 비유하기 : 표현하고자 하는 대상(원관념)을 다른 대상(보조관념)에 빗대어 표현하는 방법이다.

직유법	원관념을 '~처럼, ~같이, ~듯이' 등의 연결어를 이용하여 보조관념에 직접 빗 대어 표현하는 방법 예 꽃처럼 붉은 울음을 밤새 울었다.
은유법	원관념을 연결어 없이 보조관념에 암시적으로 빗대어 표현하는 방법('A는 B 이다.') 예 내 마음은 호수요.
의인법	사람이 아닌 것을 사람처럼 나타내는 방법 예 풀은 눕고 / 드디어 울었다.

활유법	무생물을 생물인 것처럼 표현하는 방법 예 목이 긴 메아리가 자맥질을 하는 곳
대유법	표현 대상의 일부분이나 속성으로 전체를 나타내는 방법 예 한라에서 백두까지 / 향그러운 흙가슴만 남고
풍유법	속담이나 격언을 인용하여 비유하는 방법 예 하늘이 무너져도 솟아날 구멍이 있다더니

② 강조하기 : 자신의 의도를 강하게 드러내는 표현 방법이다.

반복법	같거나 비슷한 말을 되풀이하여 뜻을 강조하는 방법 예 찰박 찰박 찰박 맨발들 / 맨발들, 맨발들, 맨발들
과장법	어떤 사물이나 사실을 실제보다 훨씬 크거나 작게, 또는 많거나 적게 나타내는 방법 예 쥐꼬리만 한 월급, 집채만 한 황소
대조법	뜻이나 정도가 반대되는 사물이나 내용을 맞세우는 방법 예 인생은 짧고, 예술은 길다.
열거법	동등한 자격을 지닌 말들을 나열하는 방법 예 쭉정밤 회오리밤 쌍동밤 / 생애의 모습
점층법	작고 약하고 좁은 것에서 크고 강하고 넓은 것으로 표현을 점차 확대하는 방법 예 티끌만 한 잘못이 멧방석만 하게 / 동산만 하게 커 보이는 때가 많다.
영탄법	사람의 감정을 감탄하는 말을 통해 강하게 표현하는 방법 예 산산이 부서진 이름이여!

③ 변화 주기 : 문장에 변화를 주는 표현 방법이다.

설의법	대답을 필요로 하지 않지만 일부러 의문문 형식으로 표현하는 방법 예 가난하다고 해서 외로움을 모르겠는가.
대구법	비슷한 구조의 말을 나란히 놓는 방법 예 별은 밝음 속에 사라지고 / 나는 어둠 속에 사라진다.
도치법	문장의 일반적인 순서를 바꾸어 배치하는 방법 예 오라, 이 강변으로.
돈호법	사람이나 사물의 이름을 불러 주의를 집중시키는 방법 예 달아, 밝은 달아.
반어법	표현하려는 의도와 반대로 표현하는 방법 예 먼 훗날 당신이 찾으시면 / 그 때에 내 말이 "잊었노라"
역설법	논리적으로 모순되는 표현을 사용하여 진리를 담아내는 방법 예 님은 갔지마는 나는 님을 보내지 아니하였습니다.

4. 시상 전개 방식

시간의 변화	• 순행적 구성 　예 과거 → 현재 • 역순행적 구성 　예 현재 → 과거
공간 · 시선의 이동	• 화자가 위치한 공간의 이동에 따른 전개 　예 선창가 → 신작로 → 집 • 화자의 시선의 이동에 따라 포착된 장면에 따른 전개 　예 노을 → 전신주 → 고가선 → 구름
선경후정	먼저 경치에 관한 묘사를 제시하고 뒷부분에 그와 관련된 정서적인 부분을 드러 내는 방식

슬픔이 기쁨에게 _ 정호승

나는 이제 너에게도 슬픔을 주겠다.
시적 화자(=슬픔)
사랑보다 소중한 슬픔을 주겠다.
역설적 표현
겨울밤 거리에서 귤 몇 개 놓고

살아온 추위와 떨고 있는 할머니에게

귤값을 깎으면서 기뻐하던 너를 위하여
타인의 고통에 무관심한 이기적인 모습
나는 슬픔의 평등한 얼굴을 보여 주겠다.

내가 어둠 속에서 너를 부를 때

단 한 번도 평등하게 웃어 주질 않은

가마니에 덮인 동사자가 다시 얼어 죽을 때
역설적 표현   얼어 죽은 사람
가마니 한 장조차 덮어 주지 않은
최소한의 관심과 인정
무관심한 너의 사랑을 위해

흘릴 줄 모르는 너의 눈물을 위해

나는 이제 너에게도 기다림을 주겠다.
                    소외된 이웃의 아픔에 공감할 수 있는 시간
이 세상에 내리던 함박눈을 멈추겠다.
                가난한 이들에게 가해지는 고난과 시련
보리밭에 내리던 봄눈들을 데리고

추워 떠는 사람들의 슬픔에게 다녀와서

눈 그친 눈길을 너와 함께 걷겠다.

슬픔의 힘에 대한 이야기를 하며
소외된 이웃들에 대한 관심과 사랑
기다림의 슬픔까지 걸어가겠다.

구성

갈래	자유시, 서정시
성격	의지적, 상징적
주제	소외된 이웃들과 함께하려는 따뜻한 삶의 추구
특징	① 상대방에게 말을 건네는 방식으로 전개함 ② '-겠다'의 반복을 통해 운율감을 형성하고 화자의 의지적인 자세를 효과적으로 나타냄

✓ 바로바로 체크

1. 타인에 대한 사랑, 연민, 배려를 의미하는 시어는?
2. 최소한의 관심을 나타내는 시어는?

🗝 1. 눈물 2. 가마니 한 장

핵심정리

- 시어의 상징적 의미

어둠	고통스럽고 소외된 삶
가마니 한 장	최소한의 관심
눈물	타인에 대한 연민과 사랑
기다림	소외된 이웃의 아픔에 공감할 수 있는 시간
함박눈	가난한 이들에게 가해지는 고난과 시련

- 시어의 대립적 이미지

슬픔	기쁨
• 이타적인 존재 • 소외된 이웃들과 더불어 살아가는 따뜻한 마음	• 이기적인 존재 • 타인에게 무관심하며 자신의 이익만을 생각하는 몰인정한 마음

산모퉁이를 돌아 논가 외딴 우물을 홀로 찾아가선 가만히 들여
다봅니다.
자아 성찰의 매개체

▶1연 : 우물을 찾아가 자아를 성찰함

우물 속에는 달이 밝고 구름이 흐르고 하늘이 펼치고 파아란 바
람이 불고 가을이 있습니다.

▶2연 : 우물 속의 평화로운 풍경

그리고 한 사나이가 있습니다.
성찰의 대상, 반성적 자아
어쩐지 그 사나이가 미워져 돌아갑니다.
현실에 안주하려는 자신에 대한 부끄러움

▶3연 : 자아에 대한 미움

돌아가다 생각하니 그 사나이가 가엾어집니다.
자신에 대한 연민
도로 가 들여다보니 사나이는 그대로 있습니다.

▶4연 : 자아에 대한 연민

다시 그 사나이가 미워져 돌아갑니다.

돌아가다 생각하니 그 사나이가 그리워집니다.
과거의 순수했던 모습에 대한 그리움

▶5연 : 자아에 대한 미움과 그리움

우물 속에는 달이 밝고 구름이 흐르고 하늘이 펼치고 파아란 바
2연의 반복. 구성상 균형감과 안정감을 줌
람이 불고 가을이 있고 추억(追憶)처럼 사나이가 있습니다.

▶6연 : 추억 속의 자아에 대한 그리움

구성

갈래	자유시, 서정시
성격	남성적, 상징적
주제	극한 상황에서의 초월적 인식
특징	① 기승전결의 한시적 구성 방식 ② 역설적 표현을 통해 주제 의식을 강화함

핵심정리

• 우물의 기능
  자아 성찰의 매개체

• 화자의 정서 및 태도 변화
  자신에 대한 미움 ➔ 자신에 대한 연민 ➔ 자신에 대한 미움 ➔
  자신에 대한 그리움

바로바로 체크

1. 자아 성찰의 매개체 역할을 하는 시어는?
2. '사나이'에 대한 화자의 태도 변화는?

답 1. 우물 2. 미움-연민-미움-그리움

첫사랑 _ 고재종

흔들리는 나뭇가지에 꽃 한번 피우려고
눈꽃
눈은 얼마나 많은 도전을 멈추지 않았으랴
의인법, 설의법

> 1연 : 눈꽃을 피우기 위한 눈의 도전

싸그락 싸그락 두드려 보았겠지
의성어의 사용
난분분 난분분 춤추었겠지
시각적 이미지 '난분분하다'의 어근. 눈이나 꽃잎 따위가 흩날리어 어지러운 모양
미끄러지고 미끄러지길 수백 번,
눈꽃을 피우기 위한 시련

> 2연 : 눈꽃을 피우기 위한 눈의 시련

바람 한 자락 불면 휙 날아갈 사랑을 위하여

햇솜 같은 마음을 다 퍼부어 준 다음에야
그 해에 새로 난 솜. 직유법
마침내 피워 낸 저 황홀 보아라
눈꽃

> 3연 : 마침내 피워 낸 눈꽃에 대한 예찬

봄이면 가지는 그 한 번 덴 자리에
눈꽃이 피었던 자리
세상에서 가장 아름다운 상처를 터뜨린다
새싹. 역설법, 은유법

> 4연 : 눈꽃이 진 후 봄에 피어난 꽃의 아름다움

구성	
갈래	자유시, 서정시
성격	서정적, 회화적
주제	눈꽃의 아름다움에 대한 예찬
특징	① 대상을 의인화하여 표현함 ② 대상에 사랑이라는 추상적 의미를 부여함

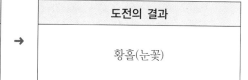

- 시상의 흐름

눈꽃을 피우기 위한 도전		도전의 결과
• 싸그락 싸그락 두드림 • 난분분 난분분 춤을 춤 • 미끄러지기를 반복함	→	황홀(눈꽃)

- 역설적 표현

세상에서 가장 아름다운 상처 : 표면적으로 모순이 되는 '아름다운'과 '상처'를 병치하여 아픔을 겪은 뒤 얻은 성숙한 사랑을 강조함

- 표현상 특징

의인법	'눈'의 의인화
설의법	눈은 얼마나 많은 도전을 멈추지 않았으랴
반복법	'싸그락 싸그락', '난분분 난분분', '미끄러지고 미끄러지길'
역설법	세상에서 가장 아름다운 상처

눈 _ 김수영

눈은 살아 있다
순수한 존재
떨어진 눈은 살아 있다

마당 위에 떨어진 눈은 살아 있다
　　　　　　　반복 – 강조, 운율감 형성

＞ 점층적 반복

▶1연 : 순수한 생명력을 지닌 눈

기침을 하자
불순한 것들을 뱉어 내는 행위
젊은 시인(詩人)이여 기침을 하자
순수함을 추구하는 존재
눈 위에 대고 기침을 하자

눈더러 보라고 마음 놓고 마음 놓고

기침을 하자

▶2연 : 순수한 생명력 회복의 의지

눈은 살아 있다

죽음을 잊어버린 영혼(靈魂)과 육체(肉體)를 위하여
젊은 시인
눈은 새벽이 지나도록 살아 있다
눈의 강인한 생명력

▶3연 : 눈의 강인한 생명력

기침을 하자

젊은 시인(詩人)이여 기침을 하자

눈을 바라보며

밤새도록 고인 가슴의 가래라도
억압과 불의의 시대　　　불순한 것, 소시민성
마음껏 뱉자

▶4연 : 자기 정화를 통한 순수한 삶 소망

▌구성

갈래	자유시, 서정시
성격	비판적, 참여적, 상징적
주제	순수한 삶을 지향하려는 의지
특징	① 청유형 어미를 반복하여 적극적으로 함께 행동할 것을 권유함 ② 상징적, 대립적인 시어를 사용하여 주제를 드러냄

✓ 바로바로 체크

1. 화자가 불의에 맞서 순수함을 지키고자 하는 행위를 표현한 시구는?
2. 이 시는 문장을 (　　　)으로 반복하여 주제를 전달하고 있다.

📋 1. 기침을 하자 2. 점층적

핵심정리

• 시어 및 시구의 상징적 의미

시어 및 시구	상징적 의미
눈	순수한 존재, 양심
기침	마음 속에 고여있는 불순한 것들을 쏟아 내는 행위
젊은 시인	순수한 영혼을 가진 존재
가래	불순하고 부정적인 것

땅끝 _ 나희덕

산 너머 고운 노을을 보려고
　　　　　이상
그네를 힘차게 차고 올라 발을 굴렀지
이상을 향해 갈 수 있게 하는 매개체이면서 결국 현실로 올 수밖에 없음을 상징
노을은 끝내 어둠에게 잡아먹혔지
이상 추구의 좌절
나를 태우고 날아가던 그넷줄이

오랫동안 삐걱삐걱 떨고 있었어

▶ 1연 : 이상이 좌절된 어린 시절에 대한 회상

어릴 때는 나비를 쫓듯

아름다움에 취해 땅끝을 찾아갔지
　　　　　　　　한반도의 최남단 마을, 미지의 세계
그건 아마도 끝이 아니었을지 몰라

그러나 살면서 몇 번은 땅끝에 서게도 되지
　　　　　　　　인생의 고비
파도가 끊임없이 땅을 먹어 들어오는 막바지에서
절망적 상황
이렇게 뒷걸음질 치면서 말야

▶ 2연 : 땅끝이라는 극한 상황에 느끼는 절망감

살기 위해서는 이제

뒷걸음질만이 허락된 것이라고

파도가 아가리를 쳐들고 달려드는 곳

찾아 나선 것도 아니었지만

끝내 발 디디며 서 있는 땅의 끝,
　　　　　　　　절망적 상황, 현실에 대한 부정적 인식
그런데 이상하기도 하지

위태로움 속에 아름다움이 스며 있다는 것이
역설법
땅끝은 늘 젖어 있다는 것이
절망 속의 희망
그걸 보려고

또 몇 번은 여기에 이르리라는 것이

▶ 3연 : 삶의 막다른 골목에서 깨달은 역설적 희망

구성

갈래	자유시, 서정시
성격	성찰적, 역설적, 희망적
주제	절망적 삶 속에서 찾아낸 역설적 희망
특징	① 과거와 현재를 교차하여 시상을 전개함 ② 역설적 인식을 통해 주제를 전달함

바로바로 체크

1. 이상을 향해 화자가 다가갈 수 있도록 매개체 역할을 하는 소재는?
2. '위태로움 속에 아름다움이 스며 있다'에 해당하는 표현 방법은?

답 1. 그네 2. 역설법

- **'땅끝'의 의미**
  ① 한반도의 최남단 마을
  ② 미지의 세계, 모험의 세계
  ③ 인생의 고비

- **'그네'의 의미**
  이상을 향해 갈 수 있게 해 주는 매개체이면서 한편으로는 결국 현실로 돌아올 수밖에 없음을 의미함

- **화자의 정서와 태도의 변화**
  시상 전개에 따라 '절망'에서 '희망'으로의 변화가 나타남

2 고전 시가

1. 고대 가요

(1) 개념
삼국 시대 이전의 노래로 원시 종합 예술에서 분화된 개인적이고 서정적인 내용의 시가를 말한다.

(2) 특징
① 초기에는 집단 활동이나 의식과 관련된 의식요나 노동요가 창작되었고, 이후에는 개인 서정 시가가 주로 창작되었다.
② 주로 배경 설화와 함께 전하며, 입에서 입으로 전해지다가 한역(漢譯)되었다.

2. 향가

(1) 개념
신라에서 고려 초기까지 창작, 향유되었던 서정시로 당대에는 '고유의 노래'라는 뜻으로 쓰였으나, 오늘날에는 향찰(鄕札)로 쓰여진 우리 고유의 시가를 의미한다.

(2) 특징
① 표기 : 한자의 음과 뜻을 이용해 우리말을 주체적으로 표기했던 '향찰(鄕札)'로 표기되어 있다.
② 형식

4구체	향가의 초기 형태. 민요나 동요로 창작
8구체	4구체에서 10구체로 발전하는 과정에서 나타난 과도기적 형태
10구체	• 가장 완성된 형태로, '4구 + 4구 + 2구'의 3장으로 이루어져 있음 • 마지막 '2구'의 첫머리에는 반드시 감탄사 '아으'라는 낙구(落句)를 삽입

3. 한시

(1) 한시의 종류

고체시	고시(古詩)	사언 고시, 오언 고시, 칠언 고시
	악부(樂府)	장구(長句)
근체시	4행시	오언 절구, 칠언 절구
	8행시	오언 율시, 칠언 율시
	12행 이상	오언 배율, 칠언 배율

(2) 시상 전개 방식

    ① 기승전결 : 시상의 제시(기) – 심화(승) – 전환(전) – 정서 제시(결)

    ② 선경후정 : 시의 앞부분에는 풍경을 그리듯이 보여 주고, 뒷부분에는 화자의 정서를 표현하였다.

4. 고려 가요

(1) 개념

고려 시대 평민들이 부르던 민요적 시가를 가리키는 것으로 '고려 속요(高麗俗謠)', '여요(麗謠)'라고도 한다.

(2) 전개 양상

고려 가요는 평민들에 의해 구전되다가, 훈민정음 창제 이후 문자로 정착되기 시작하였고 궁중 음악으로 향유되기도 하였다.

(3) 특징

    ① 형식

        ㉠ 3음보를 기본으로 하며, 3・3・2조의 음수율이 많이 나타난다.

        ㉡ 대부분 연이 구분되는 분연체(分聯體)로 구성되어 있으며, 각 연마다 후렴구가 붙는 것이 보통이다.

    ② 내용 : 주로 남녀 간의 사랑, 자연에 대한 예찬, 이별의 안타까움 등 평민들의 소박하고 풍부한 정서를 진솔하게 표현하였다.

    ③ 수록 문헌 :『악학궤범』,『악장가사』,『시용향악보』등에 수록되어 궁중 음악으로 향유되었다.

5. 경기체가

(1) 개념

고려 중엽 신흥 사대부 계층에 의해 향유된 노래로, 구체적 사물을 나열하면서 객관적인 설명을 더하는 교술적 성격을 지니고 있다. 경기체가라는 명칭은 이 노래에 '~경(景)긔 엇더ᄒ니잇고' 혹은 '경기하여(景幾何如)'라는 구절을 되풀이하는 것을 줄여서 붙인 것이다.

(2) 특징

    ① 형식

        ㉠ 몇 개의 연이 중첩되어 하나의 작품을 이룬다.

        ㉡ 한 연은 6행으로 되어 있으며, 전대절과 후소절로 나뉜다.

        ㉢ 음수율은 제1, 2행이 3・3・4, 제3행이 4・4・4, 제5행이 4・4・4・4의 음절로 되어 있다.

② 내용

㉠ 고려 후기 신흥 사대부들의 호탕한 기상과 자부심이 드러난다.

㉡ 선비들의 학식과 체험을 노래하는 것으로서 글, 경치, 기상 등을 제재로 삼았다.

6. 시조

(1) 개념

시조는 주로 사대부의 서정을 간결한 형식 속에 담아내는 우리 고유의 정형시로 시작되어, 다양한 계층에 의해 발전되고 현재까지 이어지는 국문학의 대표적인 양식이다.

(2) 특징

① 형식 : 일반적으로 3장 6구 45자 내외를 기본형으로 하며, 3·4조 또는 4·4조의 4음보로 이루어지며, 종장의 첫 음보는 3음절로 고정되어 있다.

② 내용 : 유교적 충의 사상, 강호한정가(江湖閑情歌), 이별의 정한과 그리움, 삶의 희로애락(喜怒哀樂) 등

(3) 시조의 형식상 갈래

평시조	시조의 기본형, 3장 6구 45자 내외, 4음보
엇시조	평시조의 초장, 중장 중 어느 한 구가 길어진 시조
사설시조	3장 중 2구 이상이 평시조보다 훨씬 길어진 시조
연시조	2수 이상의 시조를 나열하여 한 편의 작품을 이룬 시조

7. 가사(歌辭)

(1) 개념

3(4)·4조, 4음보의 연속체 시가로서 시조와 더불어 조선 시가 문학을 대표하는 양식이다.

(2) 특징

① 형식 : 3·4조, 4·4조를 바탕으로 4음보 연속체 운문이며 행수에는 제한이 없다. 정격 가사는 마지막에 시조의 종장과 흡사한 낙구(3음보)를 덧붙이고 있다.

② 내용

㉠ **안빈낙도(安貧樂道), 자연친화** : 벼슬길에서 물러나 자연 속에 묻혀 살아가는 군자의 미덕

예 정극인 「상춘곡」, 송순 「면앙정가」, 정철 「관동별곡」

㉡ **충신연주지사(忠臣戀主之詞)** : 임금의 은혜에 대한 신하의 충심

예 정철 「사미인곡」, 정철 「속미인곡」

ⓒ 기행 가사 : 국내와 중국, 일본 등을 다녀온 견문의 기록
　　　　ⓓ 홍순학「연행가」, 김인겸「일동장유가」
ⓔ 유배 가사 : 유배 체험을 기록
　　　　ⓓ 안조환「만언사」
ⓕ 내방 가사 : 부녀자들의 생활과 심정
　　　　ⓓ 작자 미상「규수상사곡」

8. 민요

(1) 개념

민중 속에서 자연적으로 발생하여 오랫동안 전해 오는 구전 가요로, 서민들의 소박한 생활 감정과 삶의 모습이 함축되어 있는 문학 작품이다.

(2) 특징

① 형식 : 연속체의 긴 노래로 대개 후렴이 붙어 있으며, 3음보 혹은 4음보로 이루어져 있다.

② 내용 : 노동의 고달픔이나 보람, 삶의 애환, 남녀의 애틋한 사랑, 윤리 의식 등 다양한 내용을 다룬다.

십 년을 경영하여 _ 송순

십 년(十年)을 경영(經營)ᄒ여 초려 삼간(草廬三間) 지여 내니
　　　　　　　　　　　　세 칸밖에 안되는 작은 초가　안분지족의 태도
나 ᄒ 간 들 ᄒ 간에 청풍(淸風) ᄒ 간 맛겨 두고
물아일체의 경지. (의인법)
강산(江山)은 들일 듸 업스니 둘러 두고 보리라

🖋 핵심정리

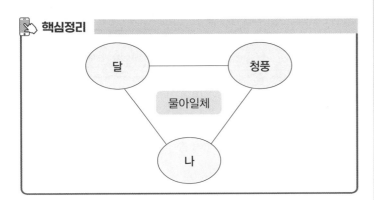

구성	
갈래	평시조, 서정시
성격	풍류적, 낭만적, 전원적
주제	자연에 대한 사랑과 안빈낙도
특징	의인법과 비유적 표현을 사용하여 물아일체의 삶을 드러냄

✓ 바로바로 체크

1. '초려삼간'에 나타나는 작가의 태도는?
2. 자연과 하나되는 (　　　　)의 경지가 나타난다.

📑 1. 안분지족　2. 물아일체

상춘곡 _ 정극인

홍진(紅塵)에 뭇친 분네 이내 생애(生涯) 엇더ᄒᆞᆫ고. 녯 사름 풍류
속세 　　　　　　　　자신의 삶에 대한 자부심
(風流)를 미츨가 못 미츨가.

천지간(天地間) 남자(男子) 몸이 날만ᄒᆞᆫ 이 하건마ᄂᆞᆫ 산림(山林)
에 뭇쳐 이셔 지락(至樂)을 ᄆᆞ를 것가.

수간모옥(數間茅屋)을 벽계수(碧溪水) 앏픠 두고, 송죽(松竹) 울
울리(鬱鬱裏)예 풍월주인(風月主人) 되어셔라.

▶ 자연에 묻혀 사는 즐거움(서사)

엇그제 겨을 지나 새봄이 도라오니, 도화 행화(桃花杏花)ᄂᆞᆫ 석양
　　　　　　　　　　　　　　　　　복숭아꽃, 살구꽃
리(夕陽裏)예 퓌여 잇고,

녹양방초(綠楊芳草)ᄂᆞᆫ 세우 중(細雨中)에 프르도다. 칼로 ᄆᆞᆯ아
푸른 버드나무와 향기로운 풀
낸가 붓으로 그려 낸가.

조화신공(造化神功)이 물물(物物)마다 헌ᄉᆞ롭다.

수풀에 우는 새는 춘기(春氣)를 ᄆᆞᆺ내 계워 소ᄅᆡ마다 교태(嬌態)로다.
감정이입의 대상

▶ 봄의 아름다운 경치(본사 1)

물아일체(物我一體)어니 흥(興)이이 다를소냐.

시비(柴扉)예 거러 보고 정자(亭子)애 안자 보니 소요음영(逍遙
사립문
吟詠)ᄒᆞ야

산일(山日)이 적적(寂寂)ᄒᆞᆫᄃᆡ 한중진미(閑中眞味)를 알 니 업시
호재로다.

▶ 봄의 흥취(본사 2)

이바 니웃드라 산수(山水) 구경 가쟈ᄉᆞ라.

답청(踏靑)으란 오늘 ᄒᆞ고, 욕기(浴沂)란 내일(來日) ᄒᆞ새. 아ᄎᆞᆷ
풀을 밟으며 산책함　　　　목욕
에 채산(採山)ᄒᆞ고, 나조ᄒᆡ 조수(釣水)ᄒᆞ새.
　　　　　　　　　　　낚시

▶ 산수 구경의 권유(본사 3)

구성	
갈래	서정 가사, 양반 가사, 은일 가사
성격	서정적, 묘사적, 자연 친화적, 예찬적
주제	봄 경치를 즐기는 강호가도와 안빈낙도
특징	화자의 시선 이동에 따라 시상을 전개함

ᄀᆞᆺ 괴여 닉은 술을 갈건(葛巾)으로 밧타 노코, 곳나모 가지 것거 수 노코 먹으리라.

화풍(和風)이 건듯 부러 녹수(綠水)를 건너오니, 청향(淸香)은 잔에 지고 낙홍(落紅)은 옷새 진다.

준중(樽中)이 뷔엿거든 날ᄃᆞ려 알외여라.
술동이

소동(小童) 아ᄒᆡ드려 주가(酒家)에 술을 믈어, 얼운은 막대 집고 아ᄒᆡᄂᆞᆫ 술을 메고,

미음완보(微吟緩步)ᄒᆞ야 시냇ᄀᆞ의 호자 안자, 명사(明沙) 조흔
작은 소리로 읊조리며 천천히 걸음
물에 잔 시어 부어 들고,

청류(淸流)를 굽어보니 쩌오ᄂᆞ니 도화(桃花)ㅣ로다. 무릉(武陵)이 갓갑도다 져 ᄆᆡ이 긘 거이고.

▶ 술과 풍류(본사 4)

송간 세로(松間細路)에 두견화(杜鵑花)를 부치 들고, 봉두(峰頭)
진달래꽃
에 급피 올나 구름 소긔 안자 보니,

천촌만락(千村萬落)이 곳곳이 버러 잇ᄂᆡ. 연하일휘(煙霞日輝)ᄂᆞ
안개와 노을과 빛나는 햇살
금수(錦繡)를 재폇ᄂᆞᆫ 듯.

엇그제 검은 들이 봄빗도 유여(有餘)ᄒᆞᆯ샤.

▶ 산봉우리에서 바라본 봄의 경치(본사 5)

공명(功名)도 날 씌우고 부귀(富貴)도 날 씌우니,
주객전도식 표현
청풍명월(淸風明月) 외(外)에 엇던 벗이 잇ᄉᆞ올고.

단표누항(簞瓢陋巷)에 훗튼 혜음 아니 ᄒᆞᄂᆡ.

아모타 백년행락(百年行樂)이 이만흔들 엇지ᄒᆞ리.

▶ 안빈낙도에 대한 만족(결사)

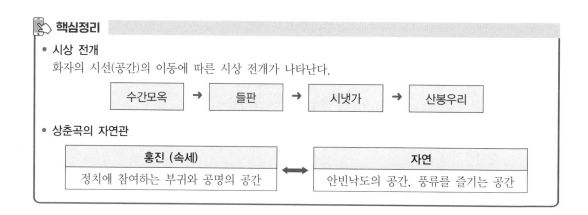

핵심정리

- 시상 전개

  화자의 시선(공간)의 이동에 따른 시상 전개가 나타난다.

  수간모옥 → 들판 → 시냇가 → 산봉우리

- 상춘곡의 자연관

홍진 (속세)		자연
정치에 참여하는 부귀와 공명의 공간	↔	안빈낙도의 공간, 풍류를 즐기는 공간

가시리 _ 작자 미상

가시리 가시리잇고 나는
　　　　　　　여음구
브리고 가시리잇고 나는
3,3,2조 3음보
위 증즐가 대평셩디(大平盛大)
후렴구

▶ 기(起): 뜻밖의 이별에 대한 안타까움과 하소연

날러는 엇디 살라 ᄒ고

브리고 가시리잇고 나는

위 증즐가 대평셩디(大平盛大)

▶ 승(承): 하소연(원망)의 고조

잡ᄉ와 두어리마ᄂᆞᄂᆞᆫ

선ᄒᆞ면 아니 올셰라
　　　　　~할까 두렵다
위 증즐가 대평셩디(大平盛大)

▶ 전(轉): 감정의 절제와 체념

셜온 님 보내ᄋᆞᆸ노니 나는
서러운. 주체:임-서러운 임, 주체:나-나를 서럽게 하는 임
가시는 듯 도셔 오쇼셔 나는
　　　　돌아서서
위 증즐가 대평셩디(大平盛大)

▶ 결(結): 이별 후의 소망과 기원

구성	
갈래	고려가요
성격	서정적, 민요적
주제	이별의 정한
특징	이별의 감정을 소박한 시어를 통해 드러냄

핵심정리

• '셜온' 임의 해석

주체	임	나
의미	이별을 서러워하는 임	나를 서럽게 하는 임

• 후렴구의 기능
① 형식적 기능 : 운율의 형성, 통일성 부여, 형태적 안정감, 연의 구분
② 의미상 기능 : 궁중 속악으로 채택되어 왕 앞에서 불리면서 태평성대의 즐거움을 노래함

바로바로 체크

1. 운율감, 통일성 부여, 분연의 기능을 하는 것은?
2. '셜온'의 주체를 '임'으로 두었을 때 해석은?

답 1. 후렴구 2. 이별을 서러워하는 임

데 가는 뎌 각시 본 듯도 흐뎌이고

<u>텬상(天上) 빅옥경(白玉京)</u>을 엇디ᄒᆞ야 니별(離別)ᄒᆞ고
갑녀   도가(道歌)에서 옥황상제가 산다고 하는 곳. '임금 계신 한양'을 의미

히 다 뎌 져믄 날의 눌을 보라 가시ᄂᆞᆫ고

어와 네여이고 이내 ᄉᆞ셜 드러 보오

내 얼굴 이 거동이 님 괴얌즉 ᄒᆞ가마ᄂᆞᆫ

엇딘디 날 보시고 네로다 녀기실ᄉᆡ

나도 님을 미더 군ᄠᅳ디 젼혀 업서

<u>이릭야 교틱야 어ᄌᆞ러이 ᄒᆞ돗던디</u>
을녀가 생각하는 이별의 이유

반기시ᄂᆞᆫ ᄂᆞᆺ비치 녜와 엇디 다ᄅᆞ신고

누어 싱각ᄒᆞ고 니러 안자 혜여ᄒᆞ니

내 몸의 지은 죄 뫼ᄀᆞ티 빠혀시니

하ᄂᆞᆯ히라 원망ᄒᆞ며 사ᄅᆞᆷ이라 허믈ᄒᆞ랴

<u>셜워 플텨 혜니 조믈(造物)의 타시로다</u>
운명론적 사고관

글란 싱각 마오 민친 일이 이셔이다

님을 뫼셔 이셔 님의 일을 내 알거니

믈 ᄀᆞᄐᆞᆫ 얼굴이 편ᄒᆞ실 적 몃 날일고

<u>츈한고열(春寒苦熱)</u>은 엇디ᄒᆞ야 디내시며
봄 추위와 여름의 괴로운 더위

<u>츄일동텬(秋日冬天)</u>은 뉘라셔 뫼셧ᄂᆞᆫ고
가을날과 겨울 하늘(가을, 겨울의 날씨)

<u>듁조반(粥早飯)</u> 죠셕(朝夕) 뫼 녜와 ᄀᆞᆺ티 셰시ᄂᆞᆫ가
아침밥을 먹기 전에 일찍 먹는 죽

기나긴 밤의 줌은 엇디 자시ᄂᆞᆫ고

님 다히 쇼식(消息)을 아므려나 아쟈 ᄒᆞ니

오늘도 거의로다 ᄂᆡ일이나 사ᄅᆞᆷ 올가

내 ᄆᆞᄋᆞᆷ 둘 ᄃᆡ 업다 어드러로 가쟛 말고

잡거니 밀거니 놉픈 뫼ᄒᆡ 올라가니

구성	
갈래	서정 가사, 양반 가사
성격	서정적, 여성적
주제	임금을 향한 그리움
특징	① 대화 형식으로 내용을 전개함 ② 순우리말의 묘미를 잘 살림

구롬은커니와 안개는 므스 일고
장애물 　　　　장애물

산천(山川)이 어둡거니 일월(日月)을 엇디 보며
　　　　　　　　　　임금

지척(咫尺)을 모르거든 쳔 리(千里)를 브라보랴

출하리 믈ㄱ의 가 빈길히나 보랴 ㅎ니

브람이야 믈결이야 어둥졍 된뎌이고
장애물　　장애물　　어수선하게, 어리둥절하게

샤공은 어디 가고 뷘 비만 걸렷는고
　　　　　　　　　객관적 상관물

강텬(江天)의 혼자 셔셔 디는 히를 구버보니

님다히 쇼식(消息)이 더옥 아득흔뎌이고

모쳠(茅簷) 촌 자리의 밤듕만 도라오니
초가지붕의 처마

반벽쳥등(半壁靑燈)은 눌 위ㅎ야 불갓는고
벽 가운데 걸려 있는 등불. 객관적 상관물

오르며 느리며 헤쓰며 바자니니

져근덧 녁진(力盡)ㅎ야 풋줌을 잠간 드니
　　　　　힘이 다하다

졍셩(精誠)이 지극ㅎ야 꿈의 님을 보니
　　　　　　　　　　화자가 임과 만날 수 있게 하는 매개체

옥(玉) ㄱ튼 얼구리 반(半)이나마 늘거셰라

무옴의 머근 말솜 슬코장 숣쟈 ㅎ니

눈믈이 바라 나니 말솜인들 어이ㅎ며

졍(情)을 못다ㅎ야 목이조차 메여ㅎ니

오뎐된 계셩(鷄聲)의 줌은 엇디 씨돗던고
방정맞은　　장애물

어와 허ᄉ(虛事)로다 이 님이 어디 간고

결의 니러 안자 창(窓)을 열고 브라보니

어엿븐 그림재 날 조출 뿐이로다

출하리 싀여디여 낙월(落月)이나 되야이셔
　　　　　　　화자의 분신－소극적

님 겨신 창(窓) 안히 번드시 비최리라

각시님 돌이야커니와 구준비나 되쇼셔
화자의 분신－적극적

핵심정리

- 소재의 상징적 의미

구롬, 안개, 부람, 믈결, 오뎐된 계성	장애물
븬 빅, 반벽쳥등	객관적 상관물
낙월	화자의 분신 − 소극적
구즌비	화자의 분신 − 적극적

66 제1과목 국어

한숨아 셰 한숨아 _ 작자 미상

한숨아 셰 한숨아 네 어닉 틈으로 드러온다
<u>가는 한숨</u>   <u>의인법</u>

고모장즈 셰살장즈 가로다지 여다지에 암돌져귀 수돌져귀 빈목
고미장지. 고미다락의 장지. 장지는 방과 방 사이 또는 방과 마루 사이에 칸을 막아 끼우는 문을 뜻함
        세살장지. 가는 실을 가로세로로 좁게 대어 짠 장지

걸새 쑥닥 박고 용(龍) 거북 즈물쇠로 <u>수기수기</u> 츠엿는듸 병풍
                                      꼭꼭

(屛風)이라 덜걱 져븐 족자(簇子)ㅣ라 딕딕글 믄다 네 어닉 틈으
                      그림이나 글씨 등을 걸거나 말아 둘 수 있도록 양 끝에 가름
로 드러온다   대를 대고 표구한 물건

어인지 너 온 날 밤이면 줌 못 드러 ᄒ노라

 핵심정리

● **표현 효과**
  '한숨'을 '너'로 지칭하여 인격을 부여하였다. 이는 근심과 걱정을
  대상화하여 기발한 표현의 묘미를 느끼게 한다. 시름을 극복하려
  는 노력을 기발한 방식으로 제시하여 막아 보려 해도 시름에 잠
  길 수밖에 없는 현실을 웃음을 통해 극복하고자 한 당대 서민들
  의 삶의 태도가 나타난다.

┃구성┃

갈래	사설시조
성격	수심가
주제	끝없는 시름과 답답한 삶에서 벗어나고 싶은 마음
특징	다양한 표현법을 통해 심정을 나타냄

✓ 바로바로 체크

1. 이 작품의 갈래는?
2. 이 작품은 한숨을 (   )하여 나타내었다.

답 1. 사설시조 2. 의인화

3 현대 소설

1. 소설

현실 세계에 있음 직한 일을 작가가 상상력을 통해 꾸며 낸 허구의 이야기이다.

(1) 소설의 특징

산문성	줄글로 이루어진 산문 문학
허구성	작가의 상상력을 통해 꾸며 낸 허구적인 이야기
서사성	인물, 사건, 배경을 갖추고 일정한 시간의 흐름에 따른 줄거리가 전개됨
진실성	삶의 진실한 모습과 바람직한 인간상을 추구함
예술성	언어를 통해 형식과 표현의 아름다움을 드러냄
개연성	현실 세계에서 일어날 법한 이야기를 다룸

(2) 소설의 3요소

주제	작가가 작품에서 나타내고자 하는 중심 생각
구성	인물, 사건, 배경으로 이루어지는 이야기의 짜임새
문체	작가의 개성이나 사상이 드러나는 문장 표현

(3) 소설 구성의 3요소

인물	소설에 등장하는 허구적 인물
사건	소설 속의 등장인물이 갈등을 통해 벌이는 이야기
배경	사건이 벌어지는 시간·장소, 시대적·사회적 환경

(4) 소설의 구성 단계

발단	인물과 배경이 제시되고, 사건의 실마리가 드러남
전개	사건이 진행되면서 갈등이 시작됨
위기	갈등이 더욱 깊어지면서 위기감이 더해짐
절정	갈등과 긴장이 최고조에 이름
결말	갈등이 해소되고, 사건이 마무리됨

2. 인물의 유형

(1) 역할에 따라

주동 인물	사건을 주도적으로 이끌어 가는 중심 인물 예「흥부전」의 흥부
반동 인물	주동 인물과 대립하며 갈등을 빚는 인물 예「흥부전」의 놀부

(2) 성격 변화에 따라

평면적 인물	성격이 처음부터 끝까지 변하지 않는 인물 예「홍길동전」의 홍길동
입체적 인물	환경이나 상황의 변화에 따라 성격이 변하는 인물 예「소나기」의 소년과 소녀

(3) 집단의 대표성에 따라

전형적 인물	특정 집단이나 계층을 대표하는 인물 예「춘향전」의 춘향
개성적 인물	한 개인만의 독특한 성격이 드러나는 인물 예「박씨전」의 박씨

3. 인물의 성격 제시 방법

직접 제시 (말해 주기)	서술자가 직접 인물의 행동이나 심리 상태를 말하는 방법이다. 예 일터에서의 그이는 다소 무뚝뚝하고 뻣뻣하다.
간접 제시 (보여 주기)	인물의 대화나 행동을 통해 독자가 짐작하도록 하는 방법이다. 예 그이는 일터에서는 웃는 법이 없고, 대답도 늘 단답형이었다.

4. 소설의 시점

서술자가 인물이나 사건을 어떻게 바라보면서 전달하느냐에 따른 서술자의 위치를 말한다.

1인칭	1인칭 주인공 시점	작품 속 주인공인 '나'가 자신의 이야기를 전달한다. 예 김유정의 「동백꽃」
	1인칭 관찰자 시점	작품 속의 '나'가 다른 인물(주인공)의 이야기를 관찰하여 전달한다. 예 주요섭의 「사랑손님과 어머니」

3인칭	작가 관찰자 시점	작가가 작품 밖에서 겉으로 보이는 인물의 행동이나 말 등을 객관적으로 전달한다. 예 황순원의 「소나기」
	전지적 작가 시점	작가가 인물과 사건에 대해 모든 것을 아는 전지전능한 시점에서 서술한다. 예 허균의 「홍길동전」

5. 소설의 갈등

내적 갈등		인물의 내면에서 일어나는 심리적 갈등
외적 갈등	개인 – 개인	성격이나 상황, 사고방식이 대립되는 인물 사이에서 일어나는 갈등
	개인 – 사회	개인이 속해 있는 현실의 사회적 환경 또는 제도로 인해 겪는 갈등
	개인 – 운명	개인이 타고난 운명 때문에 겪는 갈등
	집단 – 집단	서로 다른 입장과 가치관을 지닌 집단 사이에서 일어나는 갈등

6. 작품의 감상의 관점

내재적 관점		• 인물, 사건, 배경, 문체, 구조 등 작품 내부의 표현 요소를 바탕으로 작품을 해석하는 관점이다. • 절대론적 관점이라고 한다.
외재적 관점	사회적 배경	• 작품에 나타난 현실이 당시의 시대적 배경을 어떻게 반영하고 있는지를 중심으로 해석하는 방법이다. • 반영론적 관점이라고 한다.
	작가	• 작가의 생애, 체험, 사상, 감정 및 의도를 중심으로 작품을 해석하는 방법이다. • 표현론적 관점이라고 한다.
	독자	• 작품이 독자에게 어떤 가르침, 교훈, 감동을 주었는가를 중심으로 작품을 해석하는 방법이다. • 효용론적 관점이라고 한다.

도요새에 관한 명상 _ 김원일

"김병국 부친 되십니다."

중위가 나를 소개했다. 그리고 덧붙여, 내가 예편된 대위 출신으로 육이오 전쟁에 참전한 상이용사라고 말했다.

"그렇습니까. 반갑습니다. 저는 윤영구라 합니다. 앉으시지요."

윤 소령이 나를 회의용 책상으로 안내해 간이 철제 의자를 권했다. 그는 호인다운 인상에 목소리가 시원시원하여, 중위의, 파견 대장은 인간적이란 말에 한결 신뢰감을 주었다.

"불비한 자식을 둬서 죄, 죄송합니다. 자식 놈과 얘기해 보셨다면 아, 알겠지만 천성이 착한 놈입니다."

의자에 앉으며 내가 말했다.

"어젯밤 마침 제가 부대에서 숙식할 일이 있어 장시간 그 친구와 얘기를 나눠 봤지요. 똑똑한 젊은이더군요."

"요즘 제 딴에는 뭐 조류와 환경 오염 실태를 여, 연구한답시고……. 모르긴 하지만 그 일 때문에 시, 심려를 끼치지 않았나 하는데요?"

"그렇습니다. 그러나 자제분은 군 통제 구역 출입이 어떤 처벌을 받는지 알 텐데도 무모한 행동을 했어요. 설령 하는 일이 정당하다면 사전에 부대 양해나 협조부터 요청해야지요."

〈중략〉

윤 소령은 당번병을 불러 김병국 군을 데려오라고 말했다. 한참 뒤, 사병과 함께 병국이 파견 대장실로 들어왔다.

<u>땟국 앉은 꾀죄죄한 그의 몰골이 중병 환자 같았다. 점퍼와 검정 바지도 펄투성이어서 하수도</u>
<small>새떼의 죽음의 원인을 알기 위해 몸을 사리지 않고 돌아다니는 병국의 초췌한 모습</small>
<u>공사를 하다 나온 듯했다.</u>

병국은 움푹 꺼진 동태눈으로 나를 보았다.

"이 녀석아, 넌 도대체 어, 어떻게 돼먹은 놈이냐! 통금 시간에 허가증 없이 해안 일대에 모, 못 다니는 줄 뻔히 알면서."

내가 노기를 띠고 아들에게 소리쳤다.

"본의는 아니었어요. 사흘 사이 동진강 하구 삼각주에서 갑자기 새들이 집단으로 죽기에 그 이유
_{통제 구역에 출입한 이유} _{강이 바다로 들어가는 어귀에 강물이 운반하여 온 모래나 흙이 쌓여 이루어진 편평한 지형}
를 좀 알아보려던 게⋯⋯."

병국이 머리를 떨구었다.

"그래도 변명은!"

"고정하십시오. 자제분 의도나 진심은 충분히 파악했으니깐요."
_{새떼 죽음의 원인을 파악하기 위한 순수한 목적}
윤 소령이 말했다.

병국은 간밤에 쓴 진술서에 손도장을 찍고, 각서 한 장을 썼다. 내가 그 각서에 연대 보증을 섬으
_{보증인이 채무자와 연대하여 채무를 이행할 것을 약속하는 보증}
로써 우리 부자가 파견대 정문을 나서기는 정오가 가까울 무렵이었다. 부대에서 나올 때 집으로
찾아왔던 중위가 병국이 사물을 인계했다. 닭털 침낭과 등산 배낭, 이인용 천막, 그리고 걸레 조각
처럼 늘어진 바다오리와 꼬마물떼새 시신이 각 열 구씩이었다.

"죽은 새는 뭘 하게?"

웅포리 쪽으로 걸으며 내가 물었다.

"해부를 해서 사인을 캐 보려구요."

"폐, 폐수 탓일까?"
_{병국이 하고 있는 일에 관심을 가지고 있음}
"글쎄요⋯⋯."

"너도 시장할 테니 아바이집으로 가서 저, 점심 요기나 하자."

나는 웅포리 정 마담을 만나 이잣돈을 받아 오라던 아내 말을 떠올렸다. 병국이는 식사 따위에
_{새떼 죽음과 관련된 생각만 함}
관심이 없어 보였다.

"아버지, 아무래도 새를 독살하는 치들이 있는 것 같아요."
_{병국이 생각한 새떼 죽음의 원인}
"그걸 어떻게 아니?"

"갑자기 떼죽음당하는 게 이상하잖아요? 물론 전에도 새나 물고기가 떼죽음하는 경우가 있었지
만, 이번은 뭔가 다른 것 같아요."

"물 탓이야. 이제 동진강은 강물이 아니고 도, 독물이야. 조만간 이곳에서 새떼가 자취를 감추고
_{아버지가 생각한 새떼 죽음의 원인 – 동진강의 오염}
말 게야."

☑ **바로바로 체크**

1. 병국이 생각하는 새떼들의 죽음의 원인은?
2. 병국이 통금 시간에 허가증 없이 해안 일대를 다닌 이유는?

📖 1. 새를 독살하는 사람들이 있음 2. 새들이 집단으로 죽은 원인을 찾기 위해서

▶ **구성** ▶

갈래	중편 소설
성격	비판적, 사실적
시점	1인칭 주인공 시점(인물별) → 전지적 작가 시점
주제	분단의 비극과 산업화로 인한 환경 문제에 대한 비판
특징	① 과거와 현재가 교차하는 역순행적 구성을 보임 ② 당대 사회의 문제점을 다양하게 보여줌

🏷 **핵심정리**

- 인물 관계도

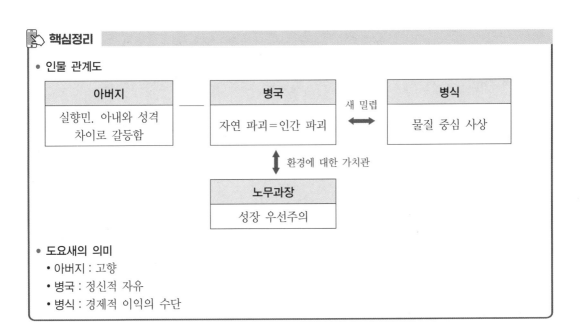

- 도요새의 의미
  - 아버지 : 고향
  - 병국 : 정신적 자유
  - 병식 : 경제적 이익의 수단

엄마의 말뚝 _ 박완서

| 앞부분 줄거리 | '나'의 어머니는 다리 수술 후유증으로 6 · 25 전쟁 중 인민군에게 죽임을 당한 오빠에 관한 환각에 시달리고, 오랫동안 탈진 상태로 지낸다.

나는 어머니에게로 조심스럽게 다가갔다. 어머니의 손이 내 손을 잡았다. 알맞은 온기와 악력이
_{죽은 후 화장을 해 달라는 어머니의 의지를 담고 있음}
나를 놀라게도 서럽게도 했다.

"나 죽거든 행여 묘지 쓰지 말거라."

어머니의 목소리는 평상시처럼 잔잔하고 만만치 않았다.

"네? 다 들으셨군요?"

"그래, 마침 듣기 잘했다. 그렇잖아도 언제고 꼭 일러두려 했는데. 유언 삼아 일러두는 게니 잘
들어 뒀다 어김없이 시행토록 해라. 나 죽거든 내가 느이 오래비한테 해 준 것처럼 해 다오.
_{화장을 해서 유골을 강화도 앞바다에 뿌림}
누가 뭐래도 그렇게 해 다오. 누가 뭐라든 상관하지 않고 그럴 수 있는 건 너밖에 없기에 부탁하
_{'나'는 엄마가 가진 오빠에 대한 집착을 아는 유일한 사람임}
는 거다."

"오빠처럼요?"

"그래, 꼭 그대로, 그걸 설마 잊고 있진 않겠지?"
_{아들에 대한 한과 죽어서 아들 곁에 있고자 하는 마음}
"잊다니요. 그걸 어떻게 잊을 수가……."

어머니의 손의 악력은 정정했을 때처럼 아니, 나를 끌고 농바위 고개를 넘을 때처럼 강한 줏대와
고집을 느끼게 했다.

오빠의 시신은 처음엔 무악재 고개 너머 벌판의 밭머리에 가매장했다. 행려병사자 취급하듯이
_{떠돌아다니다가 타향에서 병들어 죽은 사람}
형식과 절차 없는 매장이었지만 무정부 상태의 텅 빈 도시에서 우리 모녀의 가냘픈 힘만으로 그것
_{6 · 25 전쟁 중의 도시}
이상은 가능한 일이 아니었다.

서울이 수복(收復)되고 화장장이 정상화되자마자 어머니는 오빠를 화장할 것을 의논해 왔다.

그때 우리와 합하게 된 올케는 아비 없는 아들들에게 무덤이라도 남겨 줘야 한다고 공동묘지로
라도 이장할 것을 주장했다. 어머니는 오빠를 죽게 한 것이 자기 죄처럼, 젊어 과부 된 며느리한테
기가 죽어 지냈었는데 그때만은 조금도 양보할 기세가 아니었다. 남편의 임종도 못 보고 과부가
된 것도 억울한데 그 무덤까지 말살하려는 시어머니의 모진 마음이 야속하고 징떨어졌으련만 그런

기세 속엔 거역할 수 없는 위엄과 비통한 의지가 담겨 있어 종당엔 올케도 순종을 하고 말았다.

오빠의 살은 연기가 되고 뼈는 한 줌의 가루가 되었다. 어머니는 앞장서서 강화로 가는 시외버스 정류장으로 갔다. 우린 묵묵히 뒤따랐다. 강화도에서 내린 어머니는 사람들에게 묻고 물어서 멀리 개풍군 땅이 보이는 바닷가에 섰다. 그리고 지척으로 보이되 갈 수 없는 땅을 향해 그 한 줌의 먼지를 훨훨 날렸다. 개풍군 땅은 우리 가족의 <u>선영</u>이 있는 땅이었지만 선영에 못 묻히는 한을 그런
조상의 무덤
방법으로 풀고 있다곤 생각되지 않았다. 어머니의 모습엔 운명에 순종하고 한을 지그시 품고 삭이는 약하고 다소곳한 여자 티는 조금도 없었다. 방금 출전하려는 용사처럼 씩씩하고 도전적이었다.

어머니는 한 줌의 먼지와 바람으로써 너무도 엄청난 것과의 싸움을 시도하고 있었다. 어머니에게 그 한 줌의 먼지와 바람은 결코 미약한 게 아니었다. <u>그야말로 어머니를 짓밟고 모든 것을 빼앗</u>
죽어서라도 고향에 갈 수 있는 방법
<u>아 간, 어머니가 도저히 이해할 수 없는 분단이란 괴물을 홀로 거역할 수 있는 유일한 수단이었다.</u>

어머니는 나더러 그때 그 자리에서 또 그 짓을 하란다. 이젠 자기가 몸소 그 먼지와 바람이 될 테니 나더러 그 짓을 하란다. 그 후 30년이란 세월이 흘렀건만 그 괴물을 무화(無化)시키는 길은 정녕 그 짓밖에 없는가?

"너한테 미안하구나, 그렇지만 부탁한다."

어머니도 그 짓밖에 물려줄 수 없는 게 진정으로 미안한 양 표정이 애달프게 이지러졌다.

아아, 나는 그 짓을 또 한 번 할 수밖에 없을 것 같다.

<u>어머니는 아직도 투병 중이시다.</u>
6·25 전쟁의 상흔이 치유되지 못한 채 분단된 상태가 깊은 한으로 남아 있음

1. 오빠의 비극적 죽음에서 비롯된 어머니의 한을 상징하는 것은?
2. 어머니는 나약하고 소극적인 성격의 인물이다. (○ / ✕)

🔲 1. 말뚝 2. ✕

📘 구성

갈래	중편 소설
성격	자전적, 회고적
시점	1인칭 주인공 시점
주제	전쟁의 상처와 분단 문제의 극복 의지
특징	① 세 편의 연작으로 되어 있는 소설 중의 한 편임 ② 현재 시점에서 과거를 회상하는 역순행적 구성임

📝 핵심정리

- '엄마의 말뚝'의 상징적 의미
  ① 홀로 두 자녀를 억척스럽게 키워낸 엄마의 집념
  ② 아들의 죽음으로 인한 엄마의 한
  ③ 죽어서라도 분단이라는 비극적 현실에 맞서려는 어머니의 의지

- 서술 시점과 효과
  1인칭 주인공 시점으로 서술자와 독자의 거리가 가까워 공감대를 형성할 수 있다. 전쟁 중 오빠를 잃은 인물의 심리와 시간이 지나도 고통을 잊고 사는 어머니를 바라보는 '나'의 시선을 통해 전쟁의 상처를 선명하게 전달하고 있다.

마지막 땅 _ 양귀자

| 앞부분 줄거리 | 원미동에 터를 잡고 사는 강 노인은 자신의 마지막 남은 땅에 밭농사를 지으며 그 땅을 팔지 않으려 하고 있다. 서울 것들이란. 강 노인은 끙끙거리다 토막 난 욕설을 내뱉어 놓았다. 강 노인이 괭이를 내던지고 밭 끄트머리로 걸어가는 사이 언제 나왔는지 부동산의 박 씨가 알은체를 하였다. 자그마한 체구에 검은 테 안경을 쓰고, 머리는 기름 발라 착 달라붙게 빗어 넘긴 박 씨의 면상을 보는 일이 강 노인으로서는 괴롭기 짝이 없었다. 얼굴만 마주쳤다 하면 땅을 팔아 보지 않겠느냐고 은근히 회유를 거듭하더니 지난 겨울부터는 임자가 나섰다고 숫제 집까지 찾아와서 온갖 감언이설을 다 늘어놓는 박 씨였다.

〈중략〉

"영감님, 유 사장이 저 심곡동 쪽으로 땅을 보러 다니나 봅디다. 영감님은 물론이고 우리 동네의 발전을 위해서 그렇게 애를 썼는데……."

박 씨가 짐짓 허탈한 표정을 지으며 말하고 있는데 뒤따라 나온 동업자 고흥댁이 뒷말을 거든다.

"참말로 이 양반이 지난겨울부터 무진 애를 썼구만요. 우리사 셋방이나 언어 주고 소개료 받는 것으로도 얼마든지 살 수 있지라우. 그람시도 그리 애를 쓴 것이야 다 한동네 사는 정리로다가
인정과 도리
그런 것이지요."

강 노인은 가타부타 말이 없고 이번엔 박 씨가 나섰다.
옳다느니 그르다느니
"아직도 늦은 것은 아니고, 한 번 더 생각해 보세요. 여름마다 똥 냄새 풍겨 주는 밭으로 두고
땅을 팔라고 강 노인을 계속해서 회유하고 있음
있느니 평당 백만 원 이상으로 팔아넘기기가 그리 쉬운 일입니까. 이제는 참말이지 더 이상 땅값
지금이 가장 비싼 가격에 땅을 팔 수 있는 시기라는 점을 강조
이 오를 수가 없게 돼 있다 이 말씀입니다. 아, 모르십니까. 팔팔 올림픽 전에 북에서 쳐들어올
시대적 배경을 알려줌
확률이 높다고 신문 방송에서 떠들어 쌓으니 이삼천짜리 집들도 매기가 뚝 끊겼다 이 말입니다."
상품을 사려는 분위기
"영감님도 욕심 그만 부리고 이만한 가격으로 임자 나섰을 때 후딱 팔아 치우시요. 영감님이 아
박 씨 내외는 땅을 경제적 가치로만 생각함
무리 기다리셔도 인자 더 이상 오르기는 어렵다는디 왜 못 알아들으실까잉. 경국이 할머니도 팔
아 치우자고 저 야단인디……."

고흥댁은 이제 강 노인 마누라까지 쳐들고 나선다. 강 노인은 아무런 대꾸도 없이 일하던 자리로
강 노인은 땅을 경제적 가치로 생각하고 있지 않으므로 자신을 회유하는 박 씨 내외를 외면함
돌아가 버린다.

그 등에 대고 박 씨가 마지막으로 또 한마디 던졌다.

"아직도 유 사장 마음은 이 땅에 있는 모양이니께 금액이야 영감님 마음에 맞게 잘 조정해 보기로 하고, 일단 결정해 뿌리시요!"

1. 땅을 삶의 터전으로 생각하는 (   )은 동네 사람들의 회유에도 농사를 계속 지으려고 한다.
2. 땅의 가치를 중요하게 생각하는 강 노인과 땅을 (   ) 수단으로 보는 마을 사람들이 갈등을 겪고 있다.

🗒 1. 강 노인 2. 경제적

▎구성

갈래	단편 소설
성격	세태적, 비판적
시점	전지적 작가 시점
주제	도시화 과정에서 땅의 가치에 대한 인식
특징	① 원미동의 평범한 사람들의 일상적이고 소박한 삶을 사실적으로 드러냄 ② 땅을 둘러싼 갈등을 인물 간의 대화와 행동을 통해 드러냄

🏷 핵심정리

• 등장인물이 추구하는 가치
  • 강 노인 : 전통적 삶의 방식을 중시함
            자본주의적 삶의 태도에서 벗어나 정신적 가치를 중시함

• '땅'을 대하는 인물들의 태도
  • 강 노인 : 삶의 터전이자 생명의 근원이라 생각함
  • 마을 사람들 : 땅을 경제적인 수단으로만 생각함

흐르는 북 _ 최일남

| 앞부분 줄거리 | 한평생 북을 치며 방랑하던 민 노인은 아들 민대찬의 집에 얹혀살게 되면서 아들 내외의 반대로 북 치는 것을 마음대로 하지 못한다. 그러던 중, 손자 성규의 부탁으로 대학생들과 함께한 탈춤 공연에서 북을 치게 된다.

민 노인의 북은 요긴한 대목에서 둥둥 울렸다. 째지는 소리를 내는 꽹과리며 장구에 파묻혀 제값을 하지는 못해도, 민 노인에게는 전혀 괘념할 일이 아니었다. 그전에도 그랬던 것처럼, 공연 전에 마신 술기운도 가세하여, 탈바가지들의 손끝과 발목에 한 치의 오차도 없이 그의 북소리는 턱턱 꽂혔다. 그새 입에서는 얼씨구! 소리도 적시에 흘러나왔다.

아무 생각도 없었다. 가락과 소리와, 그것을 전체적으로 휩싸는 달착지근한 장단에 자신을 내맡기고만 있었다.

그날 밤, 민 노인은 근래에 흔치 않은 노곤함으로 깊은 잠을 잤다. 춤판이 끝나고 아이들과 어울
_{오랜만에 신명나게 놀았기 때문}
려 조금 과음한 까닭도 있을 것이었다. 더 많이는 오랜만에 돌아온 자기 몫을 제대로 해냈다는 느긋함이 꿈도 없는 잠을 거쳐 상큼한 아침을 맞게 했을 것으로 믿었는데 그런 흐뭇함은 오래가지 않았다. 다 저녁때가 되어 외출에서 돌아온 며느리는 집 안에 들어서자마자 성규를 찾았고, 그가
_{민 노인이 성규와 함께 공연한 사실을 며느리가 알게 됨}
안 보이자 민 노인의 방문을 밀쳤다.

"아버님, 어저께 성규 학교에 가셨어요?"

예사로운 말씨와는 달리, 굳어 있는 표정 위로는 낭패의 그늘이 쫙 깔려 있었다. 금방 대답을 못 하고 엉거주춤한 형세로 며느리를 올려다보는 민 노인의 면전에서, 송 여사의 한숨 섞인 물음이 또 떨어졌다.

"북을 치셨다면서요." / "그랬다. 잘못했니?"

우선은 죄인 다루듯 하는 며느리의 힐문에 부아가 꾸역꾸역 치솟고, 소문이 빠르기도 하다는 놀라움이 그 뒤에 일었다.

"아이들 노는 데 구경 가시는 것까지는 몰라도, 걔들과 같이 어울려서 북 치고 장구 치는 게 나이
_{어른으로서의 체면을 생각하지 않았다는 말}
자신 어른이 할 일인가요?"

"하면 어때서. 성규가 지성으로 청하길래 응한 것뿐이고, 나는 원래 그런 사람 아니니. 이번에도 내가 늬들 체면 깎았냐."

"아시니 다행이네요."
비아냥거림

송 여사는 후다닥 문을 닫고 나갔다. 일은 그것으로 끝나지 않았다. 며느리는 퇴근한 남편을 붙들고, 밖에 나갔다가 성규와 같은 과 학생인 진숙이 어머니한테서 들었다는 얘기를 전했다.

진숙이 어머니는 민 노인이 가면극에 나왔다는 귀띔에 잇대어, 성규 어머니는 그렇게 멋있는 시아버지를 두셔서 참 좋겠다며 빈정거리더라는 말도 덧붙였다.

✓ **바로바로 체크**

1. 이 소설에서 나타나는 갈등은 삼대로 이어지는 (   )의 갈등이 두드러진다.
2. 민 노인과 그 아들 민대찬이 갈등하게 된 원인이 된 소재는?

🔖 1. 세대 간 2. 북

▌구성 ▶

갈래	단편 소설
성격	사실적, 비판적
시점	전지적 작가 시점
주제	예술과 삶에 대한 인식의 차이로 인한 세대 간의 갈등
특징	① 할아버지－아버지－손자로 이어지는 세대 간의 갈등과 화합 ② 갈등의 해소를 제시하지 않음으로써 여운을 줌

🐾 **핵심정리**

• **등장인물의 특징과 '북'에 대한 생각**

구분	민 노인(전통 세대)	민대찬(기성세대)	민성규(신세대)
등장인물의 특징	젊은 시절 북에 빠져 가정을 돌보지 않았음. 북에 대한 열정을 지니고 있음	민 노인의 아들. 자신의 체면 때문에 민 노인이 북 치는 것을 싫어함	민 노인의 손자. 민 노인의 삶을 이해하는 인물
'북'에 대한 생각	분신과도 같은 존재	아버지가 가족들을 돌보지 못하게 한 존재. 자신의 체면을 깎는 물건	할아버지와 자신을 이어주는 매개체

• **'흐르는 북'의 의미**

흐르다	할아버지－아버지－아들로 이어지는 세대 간의 연결
북	민 노인의 예술혼

천변 풍경 _ 박태원

소년은, 드디어, 그렇게도 동경하여 마지않던 서울로 올라오고야 말았다. 청량리를 들어서서 질펀한 거리를 달리는 승합자동차의 창 너머로, 소년이 우선 본 것은 전차라는 물건이었다. 시골 '가평'서는 결코 볼 수 없었던 것이, 그야, 전차 한 가지가 아니다. 그래도 그는, 지금 곧, 우선 저 전차에 한번 올라타 보았으면 한다. 그러나 아버지는 어린 아들의 감격을 일일이 아랑곳하지 않고, 동관 앞 자동차부에서 차를 내리자, 그대로 그를 이끌어 종로로 향한다.

『소년은 행길 한복판을 거의 쉴 사이 없이 달리는 전차에 가, 신기하지도 아무렇지도 않은 듯싶게 올라타고 있는 수많은 사람들의 얼굴에, 머리에, 등덜미에, 잠깐 동안 부러움 가득한 눈을 주었다.』
『 』: 서울의 풍경에 대한 신기함과 서울 사람들에 대한 부러움

"아버지. 우린, 전차, 안 타요?"

"아, 바루 저긴데, 전찬 뭣하러 타니?"
목적지가 전차를 탈 필요 없는 가까운 거리에 있음

아무리 '바루 저기'라도, 잠깐 좀 타 보면 어떠냐고, 소년은 적이 불평이었으나, 다음 순간, 그는 언제까지든 그것 한 가지에만 마음을 주고 있을 수 없게, 이제까지 시골구석에서 단순한 모든 것에
　　　　　　　　　　전차를 타 보는 것
익숙하여 온 그의 어린 눈과 또 귀는 어지럽게도 바빴다.

『전차도 전차려니와, 웬 자동차며 자전거가 그렇게 쉴 새 없이 뒤를 이어서 달리느냐. 어디 '장' 이 선 듯도 싶지 않건만, 사람은 또 웬 사람이 그리 거리에 넘치게 들끓느냐. 이 층, 삼 층, 사 층…… 웬 집들이 이리 높고, 또 그 위에는 무슨 간판이 그리 유난스레도 많이 걸려 있느냐. 시골 서, '영리하다', '똑똑하다', 바로 별명 비슷이 불려 온 소년으로도, 어느 틈엔가, 제 풀에 딱 벌려진 제 입을 어쩌는 수 없이, 마분지 조각으로 고깔을 만들어 쓰고, 무엇인지 종잇조각을 돌리고 있는
　　　　　　　　　　　　　　종이의 하나. 주로 짚을 원료로 하여 만드는데, 빛이 누렇고 질이 낮다.
사나이 모양에도, 그의 눈은, 쉽사리 놀라고, 수많은 깃대잡이 아이놈들이 앞장을 서서, 몽당수염 난 이가 신나게 부는 날라리 소리에도, 어린 이의 마음은 걷잡을 수 없게 들떴다.』
『 』: 소년이 바라본 서울 풍경 – 쉼표를 활용한 긴 문장을 사용하여 장면을 묘사

몇 번인가 아버지의 모양을 군중 속에 잃어버릴 뻔하다가는 찾아내고, 찾아내고 한 소년은, 종로 네거리 굉대한 건물 앞에 이르러, 마침내, 아버지의 팔을 잡았다.
　　　　　　　어마어마하게 큰

〈중략〉

"근데, 너 왜 집인 내려가니? 그냥 예 있으면 으때서?"

"그냥 있긴, 그래, 그 빌어먹을 놈의 영감 지랄허는 꼴 보려구? 흥, 어제두 시굴루 편질해서 아버

지를 불러오려는군, 그래, 내 그랬지, 밤낮 아버지는 왜 오라구 그러느냐구, 나가라기 전에 내가 아주 나가 버릴 테니 어서 <u>그동안 밀린 월급이나 계산해 달라구</u>ㅡ. 그랬더니만 이놈의 늙은이가
주인 영감이 월급을 잘 주지 않았음
약이 올라서 아주 펄펄 뛰겠지? 내 참, 어떻게 우습던지."

듣고 있던 두 소년은, 아무러기로서니 어른을 보고 그렇게까지야 할 수 있었겠니ㅡ싶기는 하면서도, 어쨌든 자기들 앞에서라도 그렇게 어림도 없는 수작을 서슴지 않고 할 수 있는 창수를 새삼
창수의 변화에 대한 놀라움
<u>스러이 경이의 눈을 가져 바라보는 것이다.</u>

✓ **바로바로 체크**

1. 이 작품은 다양한 인물을 주인공으로 하여 이들과 관련한 각각의 일화를 특별한 줄거리나 순서 없이 나열하는 (   ) 구성 방식을 취하고 있다.
2. 청계천 변을 배경으로 하여 1930년대 근대화, 도시화의 (   ) 사회상을 보여준다.

📖 1. 삽화적 2. 과도기적

📌 **구성**

갈래	장편 소설
성격	삽화적, 관찰적
시점	전지적 작가 시점과 3인칭 관찰자 시점의 혼용
주제	1930년대 청계천 주변에서 살아가는 서민층의 삶의 애환
특징	① 여러 인물의 일상생활을 삽화식 구성으로 보여줌 ② 다양한 인물들의 일상생활을 카메라가 촬영하는 듯이 객관적으로 서술하는 카메라 아이 기법을 사용함

🏷️ **핵심정리**

• **창수의 변화를 통해 드러내고자 하는 세태**

가평에서 아버지의 손에 이끌려 서울로 올라온 창수는 반 년이 못 되어 가치관이 급변하게 된다.

서울에 올라온 직후 순박하고 어수룩한 시골 소년	→	서울 생활에 적응한 후 탐욕적이고 세속적인 인물

전근대와 근대가 혼재하는 시대 속에서 물질적 가치관으로 변모해가는 도시인의 모습과 혼돈 상태를 나타냄

돌다리 _ 이태준

아버지는 아들의 의견을 끝까지 잠잠히 들었다. 그리고,

"점심이나 먹어라. 나두 좀 생각해 봐야 대답허겠다."

하고는 다시 개울로 나갔고, 떨어졌던 다릿돌을 올려놓고야 들어와 그도 점심상을 받았다.

점심을 자시면서였다.

"원, 요즘 사람들은 힘두 줄었나 봐! 그 다리 첨 놀 제 내가 어려서 봤는데 불과 여나믄 이서 꺼들던 돌인데, 장정 수십 명이 한나절을 씨름을 허다니!"

"나무다리가 있는데 건 왜 고치시나요?"
<u>근대적 사고방식</u>

"너두 그런 소릴 허는구나. 나무가 돌만 하다든? 넌 그 다리서 고기 잡던 생각두 안 나니? 서울로 공부 갈 때 그 다리 건너서 떠나던 생각 안 나니? 시쳇사람들은 모두 인정이란 게 사람헌테만
쓰는 건 줄 알드라! 내 할아버니 산소에 상돌을 그 다리로 건네다 모셨구, 내가 천잘 끼구 그 <u>전통적 사고방식</u>
다리루 글 읽으러 댕겼다. 네 어미두 그 다리루 가말 타구 내 집에 왔어. 나 죽건 그 다리루 건네 <u>돌다리를 가족사의 일부로 봄</u>
다 묻어라……. 난 서울 갈 생각 없다."

"네?"

"천금이 쏟아진대두 난 땅은 못 팔겠다. 내 아버님께서 손수 이룩허시는 걸 내 눈으루 본 밭이구,
<u>땅에 대한 강한 집착</u>
내 할아버님께서 손수 피땀을 흘려 모신 돈으루 작만허신 논들이야. 돈 있다구 어디 가 느르지논 같은 게 있구, 독시장밭 같은 걸 사? 느르지논 둑에 선 느티나문 할아버님께서 심으신 거구, 저 사랑 마당에 은행나무는 아버님께서 심으신 거다. 그 나무 밑에를 설 때마다 난 그 어른들 동상 (銅像)이나 다름없이 경건한 마음이 솟아 우러러보군 헌다."

〈중략〉

"너루선 어떤 수단을 쓰든지 병원부터 확장하려는 게 과히 엉뚱헌 욕심은 아닐 줄두 안다. 그러나 욕심을 부린 못쓰는 거다. 의술은 예로부터 인술(仁術)이라지 않니? 매살 순탄허게 진실허게 해라."

"……."

『"네가 가업을 이어 나가지 않는다군 탄하지 않겠다. 넌 너루서 발전헐 길을 열었구, 그게 또 모리지배의 악업이 아니라 활인(活人)허는 인술이구나! 내가 어떻게 불평을 말허니? 다만 삼사

대 집안에서 공들여 이룩해 논 전장을 남의 손에 내맡기게 되는 게 저윽 애석헌 심사가 없달

순 없구…….』

『 』: 아들의 일을 인정하면서도 아쉬운 마음이 드러남

"팔지 않으면 그만 아닙니까?"

"나 죽은 뒤에 누가 거두니? 너두 이제두 말했지만 너두 문서 쪽만 쥐구 서울 앉어 지주 노릇만

허게? 그따위 지주허구 작인 틈에서 땅들만 얼말 골른지 아니? 안 된다. 팔 테다. 나 죽을 임시엔

다 팔 테다. 돈에 팔 줄 아니? 사람헌테 팔 테다. 건너 용문이는 우리 느르지논 같은 건 한 해만

땅을 잘 돌볼 사람에게 넘기겠다는 의미

부처 보구 죽어두 농군으루 태낳은 걸 한허지 않겠다구 했다. 독시장밭을 내논다구 해 봐라, 문

보나 덕길이 같은 사람은 길바닥에 나앉드라두 집을 팔아 살려구 덤빌 게다. 그런 사람들이 땅임

자 안 되구 누가 돼야 옳으냐? 그러니 아주 말이 난 김에 내 유언이다. 그런 사람들 무슨 돈으로

땅값을 한목 내겠니? 몇몇 해구 그 땅 소출을 팔아 연년이 갚어 나가게 헐 테니 너두 땅값을랑

그렇게 받어 갈 줄 미리 알구 있거라. 그리구 네 모가 먼저 가면 내가 묻을 거구, 내가 먼저 가게

되면 네 모만은 네가 서울로 그때 데려가렴. 난 샘말서 이렇게 야인(野人)으로나 죄 없는 밥을

먹다 야인인 채 묻힐 걸 흡족히 여긴다."

"…….."

"자식의 젊은 욕망을 들어 못 주는 게 애비 된 맘으루두 섭섭하다. 그러나 이 늙은이헌테두 그만

신념쯤 지켜 오는 게 있다는 걸 무시하지 말어다구."

✅ **바로바로 체크**

1. 아버지가 가족의 삶과 역사가 깃든 것으로 생각하는 소재는?
2. 아버지는 땅의 전통적 가치를 더 소중하게 여기나 아들 창섭은 (   ) 가치만을 중시한다.

📝 1. 땅 2. 금전적

구성

갈래	단편 소설
성격	사실적, 교훈적, 비판적
시점	전지적 작가 시점
주제	땅의 가치에 대한 인식과 물질 만능주의 사회에 대한 비판
특징	① 인물 간의 대화와 서술자의 요약적 제시로 주제를 형상화함 ② 대조적인 가치관을 지닌 인물 간의 갈등을 통해 주제를 부각함

핵심정리

• **인물 설명**

인물	아버지	창섭
가치관 사고방식	땅에 대한 애착이 강하며 전통적 가치관과 사고방식을 지님	물질적 가치를 중시하는 근대적 가치관과 사고방식을 지님

• **돌다리와 나무다리의 상징성**

① 돌다리 : 전통적 가치관을 상징. 아버지가 글을 배우러 다니던 다리이자 어머니가 시집올 때 가마 타고 건너 온 다리이다. 또 조상님의 상돌을 옮긴 다리이면서 후에 자신이 죽어서 건널 다리이다. 아버지에게 '돌다리'는 가족의 역사와 추억이 담겨 있는 가족사의 일부이다.

② 나무다리 : 합리성과 효율성을 중요시하는 창섭의 가치관을 보여 주는 것으로, 근대적 가치관을 상징한다.

아버지의 전통적 사고방식과 창섭의 근대적 사고방식의 대립을 '돌다리'와 '나무다리'라는 상징적 소재를 통해 효과적으로 드러내고 있다.

4 고전 산문

1. 고전 소설

(1) 개념

갑오개혁(1894년) 이전에 쓰인 소설을 말한다.

(2) 고전 소설과 현대 소설의 차이점

구분	고전 소설	현대 소설
작가	작자 미상이 많음, 또는 지식인 작가	대체로 작가가 알려짐, 전문 소설가
주제	권선징악, 인과응보	다양한 주제로 표현
구성	평면적, 일대기적 구성	입체적 구성
문체	문어체, 운문체	구어체, 산문체
인물	전형적, 평면적 인물	개성적, 입체적 인물
사건	우연적, 비현실적	필연적, 현실적
배경	비현실적, 막연한 배경	구체적, 확실한 배경
결말	행복한 결말	다양한 결말
시점	전지적 작가 시점	다양한 시점

(3) 고전 소설의 표현상의 특징

① 서술자 개입 : 고전 소설에서는 서술자가 마치 등장인물처럼 작품에 직접 개입하여 인물이나 사건에 대해 논평을 하는 경우가 많은데, 이를 편집자적 논평이라고 하기도 한다.

> ⓔ '이것이 양 승상이 제 낭자로 더불어 놀던 곳이라. 승상의 부귀 풍류와 제 낭자의 옥용화태 이제 다 어디 갔나뇨.' 하리니 어이 인생이 덧없지 아니리오?
> – 김만중, 「구운몽」 –

② 운문체 서술 : 판소리 계열의 소설에서 판소리의 영향을 받아 리듬감이 느껴지는 운문체 서술이 자주 등장한다. 동일한 구조의 문장을 중첩하거나 비슷한 의미의 단어를 나열하는 대구, 열거 등의 방식을 통하여 표현한다.

> ⓔ 거 뉘라서 날 찾는고, 산이 높고 골이 깊은 이 강상 경개 좋은데, 날 찾는 이 거 뉘신고. 수양산의 백이숙제가 고비(고사리) 캐자 날 찾는가, 소부 허유가 영천수에 귀 씻자고 날 찾는가.
> – 작자 미상, 「토끼전」 –

③ 풍자와 해학

풍자적 어조	다른 것에 빗대어 부정적인 인물이나 불합리한 현실을 비판하는 어조이다. ⑩ 개잘량이라는 '양'자에 개다리소반이라는 '반'자 쓰는 양반이 나오신단 말 이오. <div style="text-align:right">- 「봉산 탈춤」 -</div>
해학적 어조	익살을 통해 낙관적인 웃음을 유발하는 어조이다. ⑩ 날이 차차 해동허여 뭇놈들이 멍석 벗고 양지발로 나앉으니, 아궁이에서 자 고 난 듯 불고양이 모양이요. 한데 엉켜 노는 것은 문쥐 떼 노는 형상인디, <div style="text-align:right">- 「흥부가」 -</div>

2. 고전 수필

(1) 조선 후기 사회 변동에 따라 개인의 체험이나 역사적 사실에 대해 기록하는 '수필'의 형식
이 발달하게 되었다.

(2) 일기, 기행문, 서간문 등의 다양한 수필 작품이 활발하게 창작되었다.

3. 판소리

(1) 개념
판소리는 전문 예술가인 광대가 고수(鼓手)의 장단에 맞추어 일정한 내용을 창과 아니리
로 부르는 민속 예술 형태의 한 갈래이다.

(2) 판소리의 특징
① 서민들의 현실적인 생활을 주로 그려 낸다.
② 극적 내용이 많고 민속적이며 풍자와 해학이 풍부하다.

4. 민속극

(1) 개념
예로부터 전승되어 온 연극으로, 무극(舞劇), 가면극(假面劇), 인형극(人形劇) 등이 있다.

(2) 민속극의 특징
① 농민이나 사당 등 서민들에 의해 주도되었고, 서민들의 언어와 삶의 모습이 생생히
드러난다.
② 당시 지배층에 대한 비판 의식이 드러난다.

각설 대명(大明) 성화 년간에 형주(荊州) 구계촌(九溪村)에 한 사람이 있으되, 성은 홍(洪)이요 이름은 무라. 세대 명문거족(名門巨族)으로 소년 급제하여 벼슬이 이부시랑에 있어 충효 강직하니, 천자 사랑하사 국사를 의논하시니, 만조백관이 다 시기하여 모함하매, 죄 없이 벼슬을 빼앗기고 고향에 돌아와 농업에 힘쓰니, 가세는 부유하나 슬하에 일점혈육이 없어 매일 슬퍼하더니, 일일은 부인 양씨(梁氏)와 더불어 탄식하며 말하기를,

"나이 사십에 아들이든 딸이든 자식이 없으니, 우리 죽은 후에 후사를 누구에게 전하며 지하에 돌아가 조상을 어찌 뵈오리오."

부인이 공손하게 말하기를,

"불효삼천(不孝三千)에 무후위대(無後爲大)라 하오니, 첩이 귀한 가문에 들어온 지 이십여 년이라. 한낱 자식이 없사오니, 어찌 상공을 뵈오리까. 원컨대 상공은 다른 가문의 어진 숙녀를 취하여 후손을 보신다면, 첩도 칠거지악을 면할까 하나이다."

시랑이 위로하여 말하기를,

"이는 다 내 팔자라. 어찌 부인의 죄라 하리오. 차후는 그런 말씀일랑 마시오." 하더라.

이때는 추구월 보름이라. 부인이 시비(侍婢)를 데리고 망월루에 올라 월색을 구경하더니 홀연 몸이 곤하여 난간에 의지하매 비몽간(非夢間)에 선녀 내려와 부인께 재배하고 말하기를,

"소녀는 상제(上帝) 시녀옵더니, 상제께 득죄하고 인간에 내치시매 갈 바를 모르더니 세존(世尊)
도교와 불교의 영향을 고루 받음. 적강 화소
이 부인댁으로 지시하옵기로 왔나이다."

하고 품에 들거늘 놀라 깨달으니 필시 태몽이라. 부인이 크게 기뻐하여 시랑을 청하여 몽사를 이야기하고 귀한 자식 보기를 바라더니, 과연 그달부터 태기 있어 열 달이 차매 일일은 집안에 향취 진동하며 부인이 몸이 곤하여 침석에 누웠더니 아이를 탄생하매 여자라. 선녀 하늘에서 내려와 옥병을 기울여 아기를 씻겨 누이고 말하기를,

"부인은 이 아기를 잘 길러 후복(厚福)을 받으소서."

하고 문을 열고 나가며 말하기를,

"오래지 아니하여서 뵈올 날이 있사오리다."

하고 문득 가엽거늘 부인이 시랑을 청하여 아이를 보인대 얼굴이 도화(桃花) 같고 향내 진동하니 진실로 월궁항아(月宮姮娥)더라. 기쁨이 측량 없으나 남자 아님을 한탄하더라. 이름을 계월(桂月)이라 하고 장중보옥(掌中寶玉)같이 사랑하더라.

<u>손안에 있는 보배로운 구슬이란 뜻으로, 귀하고 보배롭게 여기는 존재를 비유적으로 이르는 말</u>

시랑이 계월이 행여 수명이 짧을까 하여 강호 땅에 곽도사라 하는 사람을 청하여 계월의 상(相)을 보인대, 도사 지그시 보다가 말하기를,

"이 아이 상을 보니 다섯 살이 되는 해에 부모를 이별하고 십팔 세에 부모를 다시 만나 공후작록

<u>복선의 역할</u>

(公侯爵祿)을 올릴 것이오, 명망이 천하에 가득할 것이니 가장 길하도다."

시랑이 그 말을 듣고 놀라 말하기를, "명백히 가르치소서."

도사 말하기를, "그 밖에는 아는 일이 없고 천기를 누설치 못하기로 대강 설화하나이다."

하고 하직하고 가는지라. 시랑이 도사의 말을 듣고 도리어 듣지 않은 것만 못하다 여기고, 부인을 대하여 이 말을 이르고 염려 무궁하여 계월을 남복(男服)으로 입혀 초당에 두고 글을 가르치니 한 번 보면 다 기억하는지라. 시랑이 안타까워 말하기를,

"네가 만일 남자 되었다면 우리 문호를 더욱 빛낼 것을 애닯도다." 하더라.

| 중간 줄거리 | 장사랑의 난이 일어나 계월은 부모와 헤어졌지만, 여공의 구원으로 살아나고 그의 아들 보국과 함께 공부하여 과거에 급제한다. 이후 서달의 난을 진압하고 부모와 재회하게 된다. 그러던 중 계월이 여자임이 밝혀지면서 천자의 중매로 보국과 결혼을 한다. 이후 오왕과 초왕이 황성을 침입하자, 계월은 원수로 임명되고 보국과 함께 출전한다.

이튿날, 원수 중군장에게 분부하되,

"오늘은 중군장이 나가 싸워라." 하니, 중군장이 명령을 듣고 말에 올라 삼척장검을 들고 적진을 향해 외치기를,

"나는 명나라 중군장 보국이라, 대원수의 명을 받아 너희 머리를 베라 하니 바삐 나와 내 칼을 받으라."

하니, 적장 운평이 이를 듣고 크게 화를 내며 말을 몰아 싸우더니 세 번도 채 겨루지 못하여 보국의 칼이 빛나며 운평 머리 말 아래 떨어지니 적장 운경이 운평 죽음을 보고 대분하여 말을 몰아 달려들거늘, 보국이 승기 등등하여 장검을 높이 들고 서로 싸우더니 수합이 못하여 보국이 칼을 날려 운경의 칼 든 팔을 치니 운경이 미처 손을 올리지 못하고 칼 든 채 말 아래에 나려지거늘, 보국이 운경의 머리를 베어들고 본진으로 돌아오던 중, 적장 구덕지 대노하여 장검을 높이 들고 말을 몰아 크게 고함하며 달려오고, 난데없는 적병이 또 사방으로 달려들거늘, 보국이 황겁하여 피하고자 하

더니 한순간에 적병이 함성을 지르고 보국을 천여 겹 에워싸는지라 사세 위급하매 보국이 앙천탄식하더니, 이때 원수 장대에서 북을 치다가 보국의 위급함을 보고 급히 말을 몰아 장검을 높이 들고 좌충우돌하며 적진을 헤치고 구덕지 머리를 베어 들고 보국을 구하여 몸을 날려 적진을 충돌할 새, 동에 가는 듯 서장을 베고 남으로 가는 듯 북장을 베고 좌충우돌하여 적장 오십여 명과 군사 천여 명을 한 칼로 베고 본진으로 돌아올 새, 보국이 원수 보기를 부끄러워하거늘, 원수 보국을 꾸짖어 말하기를,

"저러하고 평일에 남자라 칭하고 나를 업신여기더니, 언제도 그리할까." 하며 무수히 조롱하더라.
남성 중심 사회에 대한 비판

✓ **바로바로 체크**

1. 홍계월은 신분을 감추기 위해 (　　　)을 하고 남성들과의 경쟁에서 능력을 발휘하였다.
2. 홍계월이 부모와 헤어지게 된 원인이 되는 것은?

📄 1. 남장   2. 장사랑의 난

▌구성 ▶

갈래	영웅 소설
성격	영웅적, 일대기적
주제	여성인 홍계월의 영웅적 활약상
특징	① 영웅의 일대기 구조를 지님 ② 신분을 감추기 위한 남장 화소가 사용됨

🏷 **핵심정리**

- **영웅의 일대기 구조**

고귀한 혈통	명문거족인 이부시랑 홍무의 딸로 태어남
비정상적 출생	선녀가 적강하여 태어남
비범한 능력	뛰어난 외모와 총명함
어린 시절의 고난	장사랑의 반란으로 부모와 이별
조력자의 도움	여공의 도움으로 보국과 함께 양육됨
성장 후 위기	국란의 발생
고난의 극복, 행복한 결말	적을 물리치고 보국이 계월의 능력을 인정하면서 갈등이 해소됨

- **여성 영웅 소설로서의 의의**
  홍계월이 여성임이 밝혀진 후에도 천자는 계월의 벼슬을 회수하지 않음

최척전 _ 조위한

| 앞부분 줄거리 | 옥영과 혼인하려던 최척은 왜병의 침입을 막기 위해 의병으로 전쟁에 나가게 된다. 전쟁에서 돌아온 최척은 옥영과 혼인해 행복하게 살지만, 또 다른 전란의 발생으로 옥영과 다시 헤어진다.

　최척은 송우를 따라 한마을의 장사꾼들과 함께 배를 타고 안남으로 장사하러 갔다. 이때 일본 배 10여 척도 같은 포구에 정박해 있었다. 열흘 넘게 머물러 4월 초이튿날이 되었다. 하늘엔 구름 한 점 없고 물빛은 비단처럼 고왔다. 바람이 그쳐 물결이 잔잔했으며 사방이 고요해 그림자 하나 보이지 않았다. 뱃사람들은 깊은 잠에 빠져 있었고, 간간이 물새 울음소리가 들려올 뿐이었다. 일본 배에서는 염불하는 소리가 들렸는데, 그 소리가 매우 구슬펐다. 최척은 홀로 선창(船窓)에 기대 자신의 신세를 생각하다가, 짐 꾸러미 안에서 퉁소를 꺼내 슬픈 곡조의 노래를 한 곡 불어 가슴속에 맺힌 슬픔과 원망을 풀어 보려 했다. 최척의 퉁소 소리에 바다와 하늘이 애처로운 빛을 띠고 구름과 안개도 수심에 잠긴 듯했다.
최척과 옥영이 만나게 되는 매개체 ①

　뱃사람들도 그 소리에 놀라 일어나 모두들 서글픈 표정을 지었다. 그때 문득 일본 배에서 염불하던 소리가 뚝 그쳤다. 잠시 후 조선말로 시를 읊는 소리가 들렸다.
최척과 옥영이 만나게 되는 매개체 ②

왕자교(王子喬) 퉁소 불 제 달은 나지막하고
바닷빛 파란 하늘엔 이슬이 자욱하네.
푸른 난새 함께 타고 날아가리니
봉래산 안개 속에서도 길 잃지 않으리.

　시 읊는 소리가 그치더니 한숨 소리, 쯧쯧 혀 차는 소리가 들려왔다. 최척은 시 읊는 소리를 듣고는 깜짝 놀라 얼이 빠진 사람 같았다. 저도 모르는 새 퉁소를 땅에 떨어뜨리고 마치 죽은 사람처럼 멍하니 서 있었다. 송우가 말했다.
　"왜 그래? 왜 그래?"
　거듭 물어도 대답이 없었다. 세 번째 물음에 이르러서야 비로소 최척은 뭔가 말을 하려 했지만 목이 막혀 말을 하지 못하고 눈물만 하염없이 흘렸다. 최척은 잠시 후 마음을 진정시킨 뒤 이렇게 말했다.

"저건 내 아내가 지은 시일세. 우리 부부 말곤 아무도 알지 못하는 시야. 게다가 방금 시를 읊던
옥영이 배 안에 있음을 암시하는 부분. 최척이 시 읊는 소리에 놀란 이유를 드러냄
소리도 아내 목소리와 흡사해. 혹 아내가 저 배에 있는 게 아닐까? 그럴 리 없을 텐데 말야."

그러고는 자기 일가가 왜적에게 당했던 일의 전말을 자세히 말했다. 배 안에 있던 사람들이 모두
놀랍고 희한한 일로 여겼다.

〈중략〉

옥영은 어젯밤 배 안에서 최척의 퉁소 소리를 들었다. 조선 가락인 데다 귀에 익은 곡조인지라,
옥영이 시를 읊은 이유가 드러남
혹시 자기 남편이 저쪽 배에 타고 있는 것이 아닐까 의심하여 시험 삼아 예전에 지었던 시를 읊어
본 것이었다.

그러던 차에 밖에서 최척이 말하는 소리를 듣고는 허둥지둥 엎어질 듯이 배에서 뛰어 내려왔다.

최척과 옥영은 마주 보고 소리치며 얼싸안고 모래밭을 뒹굴었다.
고전 소설의 우연성
기가 막혀 입에서 말이 나오지 않았다. 눈물이 다하자 피눈물이 나왔으며 눈에 아무것도 보이지
않았다.

✅ **바로바로 체크**

1. 시대적 상황과 전쟁으로 인한 민중의 고통을 (   )으로 표현하였다.
2. '만남-이별-재회'를 (   )해서 구성하였다.

🗎 1. 사실적 2. 반복

▶ **구성** ▶

갈래	한문 소설, 애정 소설
성격	사실적, 불교적
주제	전란으로 인한 가족의 이산과 재회
특징	① '만남-이별-재회'를 반복해서 구성함 ② 시대적 상황과 전쟁으로 인한 민중의 고통을 사실적으로 표현함

핵심정리

● 인물관계도

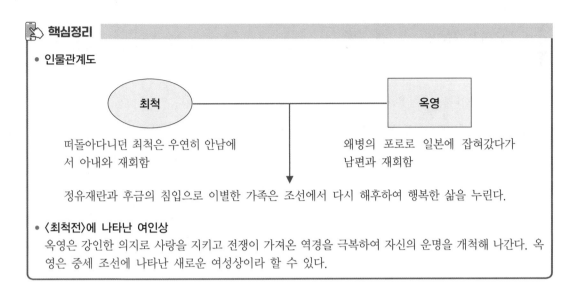

떠돌아다니던 최척은 우연히 안남에
서 아내와 재회함

왜병의 포로로 일본에 잡혀갔다가
남편과 재회함

정유재란과 후금의 침입으로 이별한 가족은 조선에서 다시 해후하여 행복한 삶을 누린다.

● 〈최척전〉에 나타난 여인상
옥영은 강인한 의지로 사랑을 지키고 전쟁이 가져온 역경을 극복하여 자신의 운명을 개척해 나간다. 옥
영은 중세 조선에 나타난 새로운 여성상이라 할 수 있다.

수오재(守吾齋)라는 이름은 큰형님이 자신의 집에다 붙인 이름이다.
나를 지키는 집

나는 처음에 이 이름을 듣고 이상하게 생각하였다. '나와 굳게 맺어져 있어 서로 떨어질 수 없는 가운데 '나'보다 더 절실한 것은 없다. 그러니 굳이 지키지 않더라도 어디로 가겠는가? 이상한 이름이다.'

내가 장기로 귀양 온 뒤에 혼자 지내면서 생각해 보다가, 하루는 갑자기 이 의문점에 대해 해답을 얻게 되었다. 나는 벌떡 일어나 이렇게 스스로 말하였다.

"천하 만물 가운데 지킬 것은 하나도 없지만, 오직 '나'만은 지켜야 한다. 내 밭을 지고 달아날 자가 있는가. 밭은 지킬 필요가 없다. 내 집을 지고 달아날 자가 있는가. 집도 지킬 필요가 없다. 내 정원의 여러 가지 꽃나무와 과일나무들을 뽑아 갈 자가 있는가. 그 뿌리는 땅속 깊이 박혔다. 내 책을 훔쳐 없앨 자가 있는가. 성현의 경전이 세상에 퍼져 물이나 불처럼 흔한데, 누가 능히 없앨 수가 있겠는가. 〈중략〉 그러니 천하 만물은 모두 지킬 필요가 없다. 그런데 오직 '나'라는 것만은 잘 달아나서, 드나드는 데 일정한 법칙이 없다. 아주 친밀하게 붙어 있어서 서로 배반하
사람의 마음이 쉽게 바뀌고 유
혹에 흔들리는 것을 드러냄
지 못할 것 같다가도, 잠시 살피지 않으면 어디든지 못 가는 곳이 없다. 〈중략〉 한번 가면 돌아올 줄을 몰라서, 붙잡아 만류할 수가 없다. 그러니 천하에 나보다 더 잃어버리기 쉬운 것은 없다.
나를 지켜야 하는 이유
어찌 실과 끈으로 매고 빗장과 자물쇠로 잠가서 '나'를 굳게 지켜야 하지 않으리오."

나는 '나'를 잘못 간직했다가 잃어버렸던 자다. 어렸을 때에 과거(科擧)가 좋게 보여서, 십 년 동
예전에. 벼슬아치가 입던 옷과 모자
안이나 과거 공부에 빠져들었다. 그러다가 결국 처지가 바뀌어 조정에 나아가 검은 사모관대에 비
벼슬길에 나섬 – 대유법
단 도포를 입고, 십이 년 동안이나 미친 듯이 대낮에 커다란 길을 뛰어다녔다. 그러다가 또 처지가
예전에, 통상 예복으로 입던 남자 겉옷
바뀌어 한강을 건너고 새재를 넘게 되었다.
귀양길에 오름   문경새재

친척과 선영을 버리고 곧바로 아득한 바닷가의 대나무 숲에 달려와서야 멈추게 되었다. 이때에
조상의 무덤 또는 무덤이 있는 곳
는 나도 땀이 흐르고 두려워서 숨도 쉬지 못하면서, 나의 발뒤꿈치를 따라 이곳까지 함께 오게 되었다.

내가 '나'에게 물었다.

"너는 무엇 때문에 여기까지 왔느냐? 여우나 도깨비에 홀려서 끌려왔느냐? 아니면 바다 귀신이

불러서 왔느냐. 네 가정과 고향이 모두 초천에 있는데, 왜 그 본바닥으로 돌아가지 않느냐?"

그러나 '나'는 끝내 멍하니 움직이지 않으며 돌아갈 줄을 몰랐다. 그 얼굴빛을 보니 마치 얽매인 곳에 있어서 돌아가고 싶어도 돌아가지 못하는 것 같았다. 그래서 결국 붙잡아 이곳에 함께 머물렀다. 이때 둘째 형님 좌랑공도 '나'를 잃고 나를 쫓아 남해 지방으로 오는데, 역시 '나'를 붙잡아서 그곳에 함께 머물렀다.

오직 나의 큰형님만이 '나'를 잃지 않고 편안히 단정하게 수오재에 앉아 계시니, 본디부터 지키는 것이 있어서 '나'를 잃지 않았기 때문이 아니겠는가. 이것이 바로 큰형님이 그 거실에 '수오재'라고 이름 붙인 까닭일 것이다. 〈중략〉

<u>맹자가 "무엇을 지키는 것이 큰가? 몸을 지키는 것이 가장 크다."라고 하였으니,</u> 이 말씀이 진실
맹자의 말을 인용하여 근거로 삼음
하다. 내가 스스로 말한 내용을 써서 큰형님께 보이고, 수오재의 기(記)로 삼는다.

✔ **바로바로 체크**

1. 〈수오재기〉에서 작가는 현상적 자아와 (　　　　) 자아의 모습을 대비하여 주제를 부각하고 있다.
2. '사모관대에 비단 도포를 입고'에서 나타나는 표현 방법은?

🖉 1. 본질적 2. 대유법

▌**구성**

갈래	한문 수필
성격	반성적, 회고적
주제	본질적 자아를 지키는 것의 중요성
특징	자신의 과거를 반성적으로 돌아보고 그 과정에서 얻은 깨달음을 전함

🖍 **핵심정리**

● '수오'의 의미
작가는 관직에 오른 후 자신을 돌보지 않고 다니다 보니 본질적인 '나'는 사라지고 귀양길에 오르게 되었음을 이야기하고 있다. 따라서 '나를 지킨다'는 의미의 '수오'는 나의 본성을 온전한 상태로 유지함을 의미한다고 볼 수 있다.
작가는 본질적 자아를 유지할 때 세상에 흔들리지 않게 된다는 깨달음을 얻고, 큰형님이 자신의 집에다 '수오재'라고 붙인 의미를 알게 되었다.

허생전 _ 박지원

이 대장이 방에 들어와도 허생은 자리에서 일어서지도 않았다. 이 대장은 몸 둘 곳을 몰라 하며 나라에서 어진 인재를 구하는 뜻을 설명하자, 허생은 손을 저으며 막았다.

"밤은 짧은데 말이 길어서 듣기에 지루하다. 너는 지금 무슨 벼슬에 있느냐?"

"대장이오."

"그렇다면 너는 나라의 신임받는 신하로군. 내가 와룡 선생(臥龍先生) 같은 이를 천거하겠으니, 네가 임금께 아뢰어서 <u>삼고초려(三顧草廬)를 하게 할 수 있겠느냐?</u>"
인재 등용을 위한 노력   인재를 맞아들이기 위해 참을성 있게 노력함. 중국 삼국 시대에 촉한의 유비
이 대장은 고개를 숙이고 한참 생각하더니, 가 난양(南陽)에 은거하고 있던 제갈량을 세 번이나 찾아갔다는 데서 유래함

"어렵습니다. 제이(第二)의 계책을 듣고자 하옵니다." 했다.

"나는 원래 '제이'라는 것은 모른다."

하고 허생은 외면하다가, 이 대장의 간청에 못 이겨 말을 이었다.

"명(明)나라 장졸들이 조선은 옛 은혜가 있다고 하여, 그 자손들이 많이 우리나라로 망명해 와서 정처 없이 떠돌고 있으니, 너는 조정에 청하여 <u>종실(宗室)의 딸들을 내어 모두 그들에게 시집보</u>
↗ 지위가 높고 권세가 있음   북벌론의 진실성을 확인하고자 함
<u>내고, 훈척(勳戚) 권귀(權貴)의 집을 빼앗아서</u> 그들에게 나누어 주게 할 수 있겠느냐?"
↘ 나라를 위해 드러나게 세운 공로가 있는 임금의 친척
이 대장은 또 머리를 숙이고 한참을 생각하더니,

"어렵습니다." 했다.

"이것도 어렵다, 저것도 어렵다 하면 도대체 무슨 일을 하겠느냐? 가장 쉬운 일이 있는데, 네가 능히 할 수 있겠느냐?"

"말씀을 듣고자 하옵니다."

"무릇, 천하에 대의(大義)를 외치려면 먼저 천하의 호걸들과 접촉하여 결탁하지 않고는 안 되고, <u>남의 나라를 치려면 먼저 첩자를 보내지 않고는 성공할 수 없는 법이다.</u> 지금 만주 정부가 갑자
지피지기면 백전불태
기 천하의 주인이 되어서 중국 민족과는 친근해지지 못하는 판에, 조선이 다른 나라보다 먼저 섬기게 되어 저들이 우리를 가장 믿는 터이다. 진실로 당(唐) 나라, 원(元) 나라 때처럼 우리 자제들이 유학 가서 벼슬까지 하도록 허용해 줄 것과 상인의 출입을 금하지 말도록 할 것을 간청하면, 저들도 반드시 자기네에게 친근해지려 함을 보고 기뻐 승낙할 것이다. 국중의 자제들을 가려

뽑아 머리를 깎고 되놈의 옷을 입혀서, 그중 선비는 가서 빈공과(賓貢科)에 응시하고, 또 서민은 멀리 강남(江南)에 건너가서 장사를 하면서, 저 나라의 실정을 정탐하는 한편, 저 땅의 호걸들과 결탁한다면 한번 천하를 뒤집고 국치(國恥)를 씻을 수 있을 것이다."

병자호란의 치욕

〈중략〉

이 대장은 힘없이 말했다.

"사대부들이 모두 조심스럽게 예법(禮法)을 지키는데, 누가 변발(辨髮)을 하고 호복(胡服)을 입으려 하겠습니까?"

허생은 크게 꾸짖어 말했다.

"소위 사대부란 것들이 무엇이란 말이냐? 오랑캐 땅에서 태어나 자칭 사대부라 뽐내다니 이런

사대부에 대한 비판 의식

어리석을 데가 있느냐? 의복은 흰 옷을 입으니 그것이야말로 상인(喪人)이나 입는 것이고, 머리 털을 한데 묶어 송곳같이 만드는 것은 남쪽 오랑캐의 습속에 지나지 못한데, 대체 무엇을 가지고 예법이라 한단 말인가? 번오기(樊於期)는 원수를 갚기 위해서 자신의 머리를 아끼지 않았고, 무 령왕(武靈王)은 나라를 강성하게 만들기 위해서 되놈의 옷을 부끄럽게 여기지 않았다. 이제 대명 (大明)을 위해 원수를 갚겠다 하면서, 그까짓 머리털 하나를 아끼고, 또 장차 말을 달리고 칼을 쓰고 창을 던지며 활을 당기고 돌을 던져야 할 판국에 넓은 소매의 옷을 고쳐 입지 않고 딴에 예법이라고 한단 말이냐? 내가 세 가지를 들어 말하였는데, 너는 한 가지도 행하지 못한다면서 그래도 신임받는 신하라 하겠는가? 신임받는 신하라는 게 참으로 이렇단 말이냐? 너 같은 자는

위정자의 무능 비판

칼로 목을 잘라야 할 것이다."

하고 좌우를 돌아보며 칼을 찾아서 찌르려했다. 이 대장은 놀라서 일어나 급히 뒷문으로 뛰쳐나가 도망쳐서 돌아갔다.

이튿날, 다시 찾아가 보았더니, 집이 텅 비어 있고, 허생은 간 곳이 없었다.

1. 허생은 지배층에 대한 비판적인 태도를 보이며 (　　　　　)을 실천하는 인물이다.
2. 작가는 이완이라는 인물을 설정해 명분만 앞세우는 당시 집권층의 무능과 (　　　)의 허구를 비판하고자 하였다.

답 1. 실학사상   2. 북벌론

▌구성 ▶

갈래	한문 소설
성격	풍자적, 비판적
주제	지배층인 사대부의 무능과 허례허식에 대한 비판
특징	실학사상을 바탕으로 당대 사회의 모순을 비판하고 풍자함

핵심정리

• 〈허생전〉에서 허생과 이완의 갈등 양상

허생(실리 중시)	⟷	이완(명분 중시)

허생은 실리적 측면에서 당시 집권층이 주장하던 북벌론을 실천하기 위해 세 가지 방책을 제안하나 이완은 이를 받아들이기 어렵다고 말해 허생의 분노를 유발하고 있다.

유충렬전 _ 작자 미상

이때 강 승상에게는 아들은 없고 다만 딸 하나만 있었다. 부인 소씨가 딸아이를 낳을 때에 한 선녀가 오색구름을 타고 내려와 소씨에게 말하기를,

"소녀는 옥황의 선녀입니다. 자미원 대장성과 연분(緣分)을 맺고 있었는데 옥황께서 소녀를 강씨
<small>천상계에서 이미 유충렬과 인연을 맺고 있었음</small>
의 집안으로 보내기에 왔으니, 부인은 불쌍하게 여겨 주십시오."

하거늘, 부인이 혼미한 가운데 딸아이를 낳으니 용모가 비범하고 거동이 단정하였다.
<small>인물에 대한 직접적 서술</small>
시 짓기와 글쓰기를 잘하고, 모르는 음률(音律)이 없었으니 여자 가운데 군자요, 총명한 지혜는
<small>재자가인형 인물</small>
짝을 이룰 만한 사람이 없었다.

부모가 사랑하여 사윗감을 쉽게 고르지 못하고 염려하였는데, 천만다행으로 충렬을 데려다가 외
당에 거처케 하고 자식같이 길러 내니, 충렬의 고귀한 상(相)은 이루 말로 다 표현하기 어려울 정도
<small>유충렬의 비범함에 대한 직접적 서술</small>
였다.

부귀 작록(富貴爵祿)은 대적할 사람이 없고 영웅 준걸은 만고의 제일이었다.

승상이 매우 기뻐하며 내당으로 들어가 부인에게 혼사를 의논하니, 부인 역시 매우 즐거워하며
말하였다.

"나도 마음속으로 충렬을 사랑하였는데, 승상께서 또한 그렇게 말씀을 하시니 더이상 여러 말
하지 말고 혼사를 치르도록 합시다."

승상이 밖에 나와 충렬의 손을 잡고,

"결혼과 관련하여 너에게 긴히 할 말이 있다. 내가 늙은 말년에 오로지 딸 하나만을 두었는데,
지금 보니 너와 하늘이 정해 준 배필임이 분명하다. 이제 백년고락(百年苦樂)을 너에게 부탁하
겠다."

하시는데, 충렬이 무릎을 꿇고 앉아 눈물을 흘리며 여쭈었다.

"소자의 목숨을 구해 주시고 또 슬하(膝下)에 두고자 하시니 감사하기 이를 데가 없습니다. 다만
가슴속에 통탄할 일이 사무쳐 있습니다. 소자가 복이 없어 양친(兩親)의 생사를 모른 채 결혼하
<small>유충렬의 유교적 의식-효 부모</small>
여 아내를 얻는 것은 자식으로서 할 도리가 아닙니다. 이것이 한스러울 뿐입니다."

승상이 그 말 듣고 슬픔에 젖어서 충렬의 손을 잡고 말하기를,

"이것은 때에 맞추어 임기응변으로 일을 적절하게 처리하는 방법이다. 너의 집 시조 공(始祖公)도 일찍 부모를 여의고 장씨 가문에 장가가서 어진 임금을 만나 개국공신이 되었으니, 조금도 서러워 마라."

하시고, 즉시 좋은 날을 택하여 혼례를 치르니, 아름다운 신랑과 신부의 모습은 하늘에서 죄를 짓고 인간 세상에 내려온 신선이 분명하였다.

✅ **바로바로 체크**

1. 〈유충렬전〉은 유충렬과 간신 (　　) 간의 갈등을 중심으로 내용이 전개된다.
2. 〈유충렬전〉은 천상계와 인간계의 (　　) 구조로 구성되어 있다.

📄 1. 정한담　2. 이원적

📝 **구성**

갈래	영웅 소설, 적강 소설
성격	전기적, 영웅적
주제	유충렬의 고난과 영웅적 행적
특징	천상계와 지상계의 이원적 구성으로 이루어짐

✍ **핵심정리**

• 〈유충렬전〉에 나타난 영웅의 일대기 구조

영웅의 일대기 구조	〈유충렬전〉의 내용
고귀한 혈통	고관 유심의 아들로 태어남
비정상적 출생	산천에 기도하여 얻은 아들(기자치성)
탁월한 능력	하강한 천상인으로 비범한 능력을 지님(적강화소)
어린 시절의 위기	간신 정한담으로 인해 죽을 위기에 처함
조력자의 도움	강희주를 만나 사위가 됨 / 노승에게 도술을 배움
성장 후 위기	정한담의 반란
고난의 극복	반란을 평정하고 부귀 영화를 누림

• 〈유충렬전〉의 이원적 구성

천상계	자미원 대장성	⟷	익성
	↓	적강화소	↓
지상계	유충렬	⟷	정한담

5 극·수필

1. 희곡

(1) 개념

무대에서 상연하는 것을 목적으로 하는 연극의 대본이다.

(2) 희곡의 특징

① 무대 상연을 전제로 한다.

② 등장인물의 대사와 행동으로 사건이 전개된다.

③ 모든 사건이나 행동이 현재형으로 나타난다.

④ 시간적·공간적 배경, 등장인물의 수에 제약이 있다.

⑤ 막, 장을 기본 단위로 한다.

(3) 희곡의 구성 단위

막(幕)	• 몇 개의 장으로 이루어진다. • 휘장을 올리고 내리는 것으로 구분한다.
장(場)	• 막보다 작은 단위, 전체 사건의 한 토막이다. • 배경의 변화, 등장인물의 등장·퇴장으로 구분한다.

(4) 희곡의 형식적 요소

해설		희곡의 첫머리에서 인물, 배경, 무대 등을 설명한다.
지시문	무대 지시문	무대 장치, 조명, 효과음 등 무대에서 필요한 것을 지시한다.
	동작 지시문	등장인물의 동작, 표정, 심리 상태 등을 지시한다.
대사	대화	등장인물들이 서로 주고받는 말이다.
	독백	상대방 없이 혼자 하는 말이다.
	방백	관객에게는 들리지만 무대 위 다른 인물에게는 들리지 않는 것으로 약속하고 하는 말이다.

(5) 희곡의 구성 단계

발단	인물과 배경이 소개되고 사건의 실마리가 제시된다.
전개	사건이 복잡해지며 갈등이 점점 고조된다.
절정	갈등이 최고조에 달한다.
하강	사건이 전환되고 갈등이 점점 해결된다.
대단원	갈등이 완전히 해결되고 사건이 마무리된다.

2. 수필

(1) 개념
개인적인 생각이나 느낌을 형식의 제한 없이 자유롭게 쓴 글이다.

(2) 수필의 특징

내용	• 글쓴이의 인생관이 잘 드러난다. • 자기 고백적이고 주관적이다. • 소재나 내용에 제한이 없다. • 독자에게 교훈을 준다.
형식	• 형식이 자유롭다. • 글의 길이가 비교적 짧다.

(3) 수필의 종류

구분		경수필	중수필
공통점		일정한 형식 없이 자유롭게 쓰며, 글쓴이의 가치관과 개성이 잘 드러난다.	
차이점	의미	개인적 체험, 생각 등 가벼운 내용을 자유롭게 표현한 글	사회적 내용 등 무거운 내용을 논리적·설득적으로 표현한 글
	성격	자기 고백적·체험적·신변잡기적·개인적·주관적	논리적·지적·철학적·사회적·객관적
	문장	가볍고 부드러운 느낌	무겁고 딱딱한 느낌
	내용	일상적인 내용	시사적이고 무거운 내용
	예	일기, 감상문, 편지, 기행문	칼럼, 평론, 사설 등

03 대표 기출문제

정답 및 해설 p. 163

01 현대시

[1~3] 다음 글을 읽고 물음에 답하시오.

> 나 보기가 역겨워
> 가실 때에는
> 말없이 고이 보내 드리우리다.
>
> 영변(寧邊)에 약산(藥山)
> 진달래꽃
> 아름 따다 가실 길에 뿌리우리다.
>
> 가시는 걸음걸음
> 놓인 그 꽃을
> ㉠ 사뿐히 즈려밟고 가시옵소서.
>
> 나 보기가 역겨워
> 가실 때에는
> 죽어도 아니 눈물 흘리우리다.
>
> ― 김소월, 「진달래꽃」 ―

01 윗글의 표현상 특징으로 적절하지 <u>않은</u> 것은?

① 설의법을 사용하여 주제 의식을 강조하고 있다.
② 유사한 종결 어미를 반복해 리듬감을 형성하고 있다.
③ 반어적 표현을 활용하여 화자의 감정을 강조하고 있다.
④ 수미상관 구조를 통해 형태적 안정감을 형성하고 있다.

02 ㉠에 나타난 화자의 정서로 가장 적절한 것은?

① 고향에 대한 그리움
② 무기력한 삶에 대한 후회
③ 임을 향한 헌신적인 사랑
④ 정처 없이 떠도는 삶의 비애

03 윗글과 〈보기〉에 공통으로 나타나는 우리나라 시가 문학의 특징으로 가장 적절한 것은?

> ┤ 보기 ├
> 아리랑 아리랑 아라리요
> 아리랑 고개로 넘어간다
> 나를 버리고 가시는 임은
> 십 리도 못 가서 발병 난다
>
> ― 경기 민요 「아리랑」 ―

① 3음보 율격을 지닌다.
② 자연 친화적 태도를 보인다.
③ 절기에 따른 풍속을 노래한다.
④ 마지막 구절 첫머리에 감탄사를 쓴다.

[4~6] 다음을 읽고 물음에 답하시오.

> ○ 매운 계절(季節)의 채찍에 갈겨
> 마침내 ○ 북방(北方)으로 휩쓸려 오다.
>
> 하늘도 그만 지쳐 끝난 © 고원(高原)
> 서릿발 칼날진 그 위에 서다.
>
> 어데다 무릎을 꿇어야 하나?
> 한 발 재겨 디딜 곳조차 없다.
>
> 이러매 눈 감아 생각해 볼밖에
> 겨울은 강철로 된 ② 무지갠가 보다.
>
> 　　　　　　　　　　 – 이육사, 「절정」 –

04 윗글의 표현상 특징으로 적절한 것은?

① 동일한 구절을 반복하여 주제를 강조하고
　있다.
② 상징적 표현을 사용하여 화자의 상황을 부
　각하고 있다.
③ 의인법을 활용하여 시적 대상과의 친밀감
　을 드러내고 있다.
④ 수미 상관을 활용하여 화자의 암울한 처지
　를 강조하고 있다.

05 다음을 참고할 때, 시인이 윗글을 통해 드러내려
고 한 가치로 가장 적절한 것은?

> 이육사는 조선은행 대구 지점 폭발물 사
> 건에 연루되어 수감 생활을 하는 등 열일곱
> 차례 옥고를 치른 항일 운동가였다.

① 편리성과 효율성을 중요시하는 자세
② 자연과 인간이 공존해야 한다는 신념
③ 운명에 순응하며 현실에 만족하는 태도
④ 극한의 상황에서도 꺾이지 않는 항일 의지

06 ⊙~② 중 시적 의미가 가장 이질적인 것은?

① ⊙　　　　　　　　② ○

③ ©　　　　　　　　④ ②

[7~9] 다음 글을 읽고 물음에 답하시오.

> 나는 이제 너에게도 슬픔을 주겠다.
> 사랑보다 소중한 슬픔을 주겠다.
> 겨울밤 거리에서 귤 몇 개 놓고
> 살아온 추위와 떨고 있는 ⊙ 할머니에게
> 귤값을 깎으면서 기뻐하던 너를 위하여
> 나는 슬픔의 평등한 얼굴을 보여 주겠다.
> 내가 어둠 속에서 너를 부를 때
> 단 한 번도 평등하게 웃어 주질 않은
> 가마니에 덮인 ○ 동사자가 다시 얼어 죽을 때
> 가마니 한 장조차 덮어 주지 않은
> 무관심한 © 너의 사랑을 위해
> 흘릴 줄 모르는 너의 눈물을 위해
> 나는 이제 너에게도 기다림을 주겠다.
> 이 세상에 내리던 함박눈을 멈추겠다.
> 보리밭에 내리던 봄눈들을 데리고
> 추워 떠는 ② 사람들의 슬픔에게 다녀와서
> 눈 그친 눈길을 너와 함께 걷겠다.
> 슬픔의 힘에 대한 이야기를 하며
> 기다림의 슬픔까지 걸어가겠다.
>
> 　　　　　　　 – 정호승, 「슬픔이 기쁨에게」 –

07 윗글의 화자가 추구하는 삶의 모습과 가장 가까
운 것은?

① 이웃과 더불어 사는 삶
② 자연을 동경하며 즐기는 삶
③ 현실에 만족하는 소박한 삶
④ 미래를 예측하여 대비하는 삶

08 윗글에 대한 설명으로 가장 적절한 것은?

① 미각적 심상을 사용하여 대상을 표현하고 있다.
② 역설적 표현을 활용하여 주제를 드러내고 있다.
③ 이국적 소재를 나열하여 시상을 전개하고 있다.
④ 청유형 문장을 반복하여 운율을 형성하고 있다.

09 ㉠~㉣ 중 시적 의미가 가장 이질적인 것은?

① ㉠   ② ㉡
③ ㉢   ④ ㉣

[10~12] 다음 글을 읽고 물음에 답하시오.

흔들리는 나뭇가지에 꽃 한번 피우려고
눈은 ㉠ 얼마나 많은 도전을 멈추지 않았으랴

㉡ 싸그락 싸그락 두드려 보았겠지
난분분[1] 난분분 춤추었겠지
㉢ 미끄러지고 미끄러지길 수백 번,

㉣ 바람 한 자락 불면 휙 날아갈 사랑을 위하여
햇솜[2] 같은 마음을 다 퍼부어 준 다음에야
마침내 피워 낸 저 황홀 보아라

봄이면 가지는 그 한 번 덴 자리에
세상에서 ⓐ 가장 아름다운 상처를 터뜨린다
　　　　　　　　　　　　 – 고재종, 「첫사랑」 –

――――――――――――
1) 난분분 : 눈이나 꽃잎 따위가 흩날리어 어지럽게.
2) 햇솜 : 당해에 새로 난 솜.

10 윗글의 표현상 특징으로 적절하지 <u>않은</u> 것은?

① 자연 현상을 통해 시상을 전개하고 있다.
② 청유형 문장을 통해 화자의 정서를 드러내고 있다.
③ 감각적 이미지를 활용하여 대상을 구체화하고 있다.
④ 비유적 표현을 활용하여 시적 의미를 형상화하고 있다.

11 다음과 관련하여 윗글을 감상할 때, ㉠~㉣ 중 시적 의미가 가장 이질적인 것은?

> 나뭇가지에 쌓이는 눈꽃을 피우기 위한 '눈'의 노력

① ㉠   ② ㉡
③ ㉢   ④ ㉣

12 ⓐ의 시적 의미와 표현 방법으로 적절한 것은?

	시적 의미	표현 방법
①	성숙한 사랑의 가치	역설법
②	첫사랑에 대한 그리움	대구법
③	미래에 대한 불길한 예감	역설법
④	지나간 사랑에 대한 미련	대구법

넓은 벌 동쪽 끝으로
㉠ 옛이야기 지줄대는 실개천이 회돌아 나가고,
얼룩백이 황소가
해설피 ㉮ 금빛 게으른 울음을 우는 곳,

– 그곳이 차마 꿈엔들 잊힐 리야.

질화로에 재가 식어지면
비인 밭에 밤바람 소리 말을 달리고,
엷은 졸음에 겨운 늙으신 아버지가
㉡ 짚베개를 돋아 고이시는 곳,

– 그곳이 차마 꿈엔들 잊힐 리야.

흙에서 자란 내 마음
파아란 하늘빛이 그리워
㉢ 함부로 쏜 화살을 찾으려
풀섶 이슬에 함추름 휘적시던 곳,

– 그곳이 차마 꿈엔들 잊힐 리야.

전설(傳說) 바다에 춤추는 밤물결 같은
검은 귀밑머리 날리는 어린 누이와
㉣ 아무렇지도 않고 예쁠 것도 없는
사철 발 벗은 아내가
따가운 햇살을 등에 지고 이삭 줍던 곳,

– 그곳이 차마 꿈엔들 잊힐 리야.

하늘에는 성근 별
알 수도 없는 모래성으로 발을 옮기고,
서리 까마귀 우지짖고 지나가는 초라한 지붕,
흐릿한 불빛에 돌아앉아 도란도란거리는 곳,

– 그곳이 차마 꿈엔들 잊힐 리야.

– 정지용, 「향수」 –

13 윗글에 대한 설명으로 적절하지 <u>않은</u> 것은?

① 후렴구를 반복하여 운율을 형성하고 있다.
② 설의법을 사용하여 화자의 정서를 강조하고 있다.
③ 향토적 소재를 활용하여 토속적 분위기를 드러내고 있다.
④ 청자를 표면에 내세우며 부끄러운 현실을 고백하고 있다.

14 ㉮에 사용된 감각적 이미지와 가장 가까운 것은?

① 싸늘한 가을바람이 불어
② 향기로운 꽃냄새에 이끌려
③ 소태같이 쓴 맛의 풀잎을 씹고
④ 푸른 휘파람 소리가 귓가에 맴도는데

15 ㉠~㉣ 중 다음 설명에 해당하는 것으로 가장 적절한 것은?

> 사람이 아닌 것을 사람에 빗대어 사람이 행동하는 것처럼 표현하는 기법

① ㉠   ② ㉡
③ ㉢   ④ ㉣

[16~18] 다음 글을 읽고 물음에 답하시오.

> ⊙ 눈은 살아 있다
> 떨어진 눈은 살아 있다
> ⓒ 마당 위에 떨어진 눈은 살아 있다
>
> 기침을 하자
> 젊은 시인(詩人)이여 기침을 하자
> 눈 위에 대고 기침을 하자
> 눈더러 보라고 마음 놓고 마음 놓고
> 기침을 하자
>
> 눈은 살아 있다
> ⓒ 죽음을 잊어버린 영혼(靈魂)과 육체(肉體)를
> 위하여
> 눈은 새벽이 지나도록 살아 있다
>
> 기침을 하자
> 젊은 시인(詩人)이여 기침을 하자
> 눈을 바라보며
> 밤새도록 고인 가슴의 ⓔ 가래라도
> 마음껏 뱉자
>
> – 김수영, 「눈」 –

16 윗글의 표현상 특징으로 가장 적절한 것은?

① 시구를 반복하여 시적 의미를 강조하고 있다.

② 설의적 표현을 사용하여 독자의 공감을 유도하고 있다.

③ 문장을 명사형으로 종결하여 시적 대상에 주목하게 한다.

④ 미각적 심상을 사용하여 주제를 생생하게 표현하고 있다.

17 ⊙~ⓔ 중 '순수한 생명력을 지닌 존재'를 표현한 시어는?

① ⊙   ② ⓒ

③ ⓒ   ④ ⓔ

18 다음 설명을 참고할 때 화자가 추구하는 삶의 모습과 가장 가까운 것은?

> 시인은 4·19 혁명을 계기로 현실 비판 의식을 바탕으로 한 참여시를 발표하였다.

① 현실에 만족하는 삶

② 불의에 저항하는 삶

③ 육체적 건강을 유지하는 삶

④ 자연을 관찰하고 즐기는 삶

[19~21] 다음 글을 읽고 물음에 답하시오.

> 산 너머 고운 노을을 보려고
> 그네를 힘차게 차고 올라 발을 굴렀지
> 노을은 끝내 ⊙ 어둠에게 잡아먹혔지
> 나를 태우고 날아가던 그넷줄이
> 오랫동안 ⓒ 삐걱삐걱 떨고 있었어
>
> 어릴 때는 나비를 쫓듯
> 아름다움에 취해 땅끝을 찾아갔지
> 그건 아마도 끝이 아니었을지 몰라
> 그러나 살면서 몇 번은 땅끝에 서게도 되지
> ⓒ 파도가 끊임없이 땅을 먹어 들어오는 막바지
> 에서
> 이렇게 뒷걸음질 치면서 말야
>
> 살기 위해서는 이제
> 뒷걸음질만이 허락된 것이라고
> 파도가 아가리를 쳐들고 달려드는 곳
> 찾아 나선 것도 아니었지만
> 끝내 발 디디며 서 있는 땅의 끝,
> 그런데 이상하기도 하지
> 위태로움 속에 아름다움이 스며 있다는 것이
> ⓔ 땅끝은 늘 젖어 있다는 것이
> 그걸 보려고
> 또 몇 번은 여기에 이르리라는 것이
>
> – 나희덕, 「땅끝」 –

19 윗글에 대한 설명으로 가장 적절한 것은?

① 역설을 활용하여 주제를 드러내고 있다.

② 후렴구를 반복하여 정서를 드러내고 있다.

③ 후각적 이미지로 상황을 역동적으로 그려내고 있다.

④ 처음과 마지막 행에 같은 구절을 사용하여 의미를 강조하고 있다.

20 윗글의 화자에 대한 설명으로 가장 적절한 것은?

① 1연 : '노을'을 보려고 노력하였다.

② 1연 : '그네'를 타고 이상향에 정착하였다.

③ 2연 : '나비'를 두려운 존재로 여긴다.

④ 3연 : '그런데' 이후 분노를 드러낸다.

21 ㉠~㉣ 중 다음에 해당하는 시어로 가장 적절한 것은?

> 부정적 상황이지만 삶의 희망을 품고 있는 상태

① ㉠　　　　　② ㉡

③ ㉢　　　　　④ ㉣

[22~24] 다음 글을 읽고 물음에 답하시오.

우리가 물이 되어 만난다면
㉠가문 어느 집에선들 좋아하지 않으랴.
우리가 키 큰 나무와 함께 서서
우르르 우르르 비 오는 소리로 흐른다면.

흐르고 흘러서 저물녘엔
저 혼자 깊어지는 강물에 누워
㉡죽은 나무뿌리를 적시기도 한다면.
아아, 아직 처녀인
부끄러운 바다에 닿는다면.

그러나 지금 우리는
불로 만나려 한다.
벌써 ㉢숯이 된 뼈 하나가
세상에 불타는 것들을 쓰다듬고 있나니

　┌ 만 리 밖에서 기다리는 그대여
　│ 저 불 지난 뒤에
[A]│ ㉣흐르는 물로 만나자.
　│ 푸시시 푸시시 불 꺼지는 소리로 말하면서
　│ 올 때는 인적 그친
　└ 넓고 깨끗한 하늘로 오라.

– 강은교, 「우리가 물이 되어」 –

22 윗글의 표현상 특징으로 적절하지 <u>않은</u> 것은?

① 설의적 표현으로 화자의 생각을 강조하고 있다.

② 가정법을 반복하여 소망의 간절함을 표현하고 있다.

③ 명령형으로 종결하여 화자의 불안감을 드러내고 있다.

④ 의성어를 사용하여 상황을 더욱 실감나게 표현하고 있다.

23 ⊙~② 중 함축적 의미가 가장 이질적인 것은?

① ⊙   ② ⓒ
③ ⓒ   ④ ②

24 [A]에서 화자가 추구하는 삶의 모습과 가장 가까운 것은?

① 타인에게 의지하지 않는 독립적인 삶
② 자신의 이익을 추구하는 개인적인 삶
③ 끊임없이 노력하여 경쟁력을 갖추는 삶
④ 서로에게 생명력을 북돋우며 화합하는 삶

[25~27] 다음 글을 읽고 물음에 답하시오.

> 내가 ⊙그의 이름을 불러 주기 전에는
> 그는 다만
> 하나의 ⓒ몸짓에 지나지 않았다.
>
> 내가 그의 이름을 ⓒ불러 주었을 때   [A]
> 그는 나에게로 와서
> ②꽃이 되었다.
>
> 내가 그의 이름을 불러 준 것처럼
> 나의 이 빛깔과 향기에 알맞은
> 누가 나의 이름을 불러다오.
> 그에게로 가서 나도
> 그의 꽃이 되고 싶다.
>
> 우리들은 모두
> 무엇이 되고 싶다.
> 너는 나에게 나는 너에게
> 잊혀지지 않는 하나의 눈짓이 되고 싶다.
>
> — 김춘수, 「꽃」 —

25 윗글의 표현상 특징으로 가장 적절한 것은?

① 유사한 시구를 반복하여 운율을 형성하고 있다.
② 반어적 표현을 사용하여 화자의 소망을 드러내고 있다.
③ 명사형으로 종결하여 화자의 단호한 의지를 강조하고 있다.
④ 촉각적 이미지를 활용하여 시적 대상을 생생하게 표현하고 있다.

26 윗글의 화자가 추구하는 삶의 모습과 가장 가까운 것은?

① 외부 세계와 단절된 삶
② 미래를 예측하여 대비하는 삶
③ 타인과 진정한 관계를 맺는 삶
④ 타인에게 의지하지 않는 독립적인 삶

27 〈보기〉는 [A]를 재구성한 것이다. [A]의 ⊙~②과 〈보기〉의 밑줄 친 부분을 대응시켰을 때, 적절하지 <u>않은</u> 것은?

> ┤ 보기 ├
> 내가 구슬을 <u>꿰기</u> 전에는
> 그것은 다만
> 하나의 <u>돌멩이</u>에 지나지 않았다.
>
> 내가 구슬을 <u>엮어 주었을 때</u>
> 그것은 나에게로 와서
> <u>보배</u>가 되었다.

	[A]		〈보기〉
①	⊙	……	꿰기 전
②	ⓒ	……	돌멩이
③	ⓒ	……	엮어 주었을 때
④	②	……	보배

[28~29] 다음 글을 읽고 물음에 답하시오.

> 속세에 묻힌 분들, 이내 생애 어떠한가.
> 옛사람 풍류에 미칠까 못 미칠까.
> 이 세상 남자 몸이 나만 한 이 많건마는
> 자연에 묻혀 산다고 즐거움을 모르겠는가.
> 초가집 몇 칸을 푸른 시내 앞에 두고
> 송죽 울창한 곳에 풍월주인 되었구나.
> 엊그제 겨울 지나 새 봄이 돌아오니
> 복숭아꽃, 살구꽃은 석양에 피어 있고
> 푸른 버들, 향긋한 풀은 가랑비에 푸르도다.
> 칼로 재단했는가, 붓으로 그려 냈는가.
> 조물주의 솜씨가 사물마다 신비롭구나.
> 수풀에 우는 새는 봄 흥취에 겨워 소리마다 교태
> 로다.
> 물아일체이니 흥이야 다를쏘냐.
>
> – 정극인, 「상춘곡」 –

28 윗글에서 확인할 수 있는 가사의 특징으로 알맞은 것은?

① 4음보의 율격이 주로 나타난다.

② 후렴구를 사용하여 연을 나눈다.

③ 4구체, 8구체, 10구체의 형식이 있다.

④ 초장, 중장, 종장의 3장으로 구성된다.

29 윗글의 화자에 대한 설명으로 적절하지 <u>않은</u> 것은?

① 세속적 공간을 떠나 자연에 묻혀 살고 있다.

② 옛사람의 풍류와 비교하며 자부심을 드러내고 있다.

③ 큰 고을의 주인이 되어 임금의 은혜에 감사하고 있다.

④ 아름다운 봄의 풍경을 감상하며 흥취를 느끼고 있다.

[30~31] 다음 글을 읽고 물음에 답하시오.

> 동짓달 기나긴 밤을 한 허리를 베어 내어
> 춘풍(春風) 이블 아래 서리서리 넣었다가
> 어론 님¹⁾ 오신 날 밤이어든 굽이굽이 펴리라
>
> – 황진이 –
>
> ────────────
> 1) 어론 님 : 사랑하는 임.

30 윗글에 대한 설명으로 가장 적절한 것은?

① 추상적 대상을 구체화하여 표현하고 있다.

② 우의적 표현을 통해 대상을 비판하고 있다.

③ 후렴구의 반복을 통해 운율을 형성하고 있다.

④ 자연과 인간을 대비하여 정서를 강조하고 있다.

31 윗글의 화자에 대한 설명으로 가장 적절한 것은?

① 자신에게 돌아오지 않는 임을 원망하고 있다.

② 임과 이별했던 순간을 떠올리며 자책하고 있다.

③ 임과 함께 더 많은 시간을 보내기를 소망하고 있다.

④ 임과의 추억을 떠올리며 현재의 삶에 만족하고 있다.

[32~33] 다음 글을 읽고 물음에 답하시오.

> 생사(生死) 길은
> 예 있으매 머뭇거리고,
> 나는 간다는 말도
> 못다 이르고 어찌 갑니까.
> 어느 가을 이른 바람에
> 이에 저에 떨어질 잎처럼,
> 한 가지에 나고
> 가는 곳 모르온저.
> 아아, ㉠ 미타찰(彌陀刹)에서 만날 나
> 도(道) 닦아 기다리겠노라.
>
>   – 월명사, 「제망매가(祭亡妹歌)」 –

32 다음을 참고하여 윗글을 탐구한 내용으로 가장 적절한 것은?

> 이 작품은 10구체 향가이다. 1~4행, 5~8행, 9~10행의 세 부분으로 나눌 수 있는데, 그중 마지막 부분이 낙구이다.

① 낙구는 감탄사로 시작되고 있군.
② 세 부분은 각각 연으로 구분되어 있군.
③ 10구체 향가는 후렴구로 마무리되고 있군.
④ 세 부분의 첫 어절은 각각 3음절로 시작되고 있군.

33 ㉠에 나타난 화자의 태도로 가장 적절한 것은?

① 대상과 재회를 염원하고 있다.
② 자신의 처지를 한탄하고 있다.
③ 대상의 업적을 예찬하고 있다.
④ 이별한 대상을 원망하고 있다.

[34~35] 다음 글을 읽고 물음에 답하시오.

> 가시리 가시리잇고 나는
> 바리고 가시리잇고 나는
>   위 증즐가 대평셩되(大平盛代)
>
> 날러는 엇디 살라 ᄒ고
> 바리고 가시리잇고 나는
>   위 증즐가 대평셩되(大平盛代)
>
> 잡ᄉ와 두어리마ᄂᆞᆫ
> 선ᄒ면 아니 올셰라
>   위 증즐가 대평셩되(大平盛代)
>
> 셜온 님 보내ᄋᆞᆸ노니 나는
> 가시ᄂᆞᆫ 듯 도셔 오쇼셔 나는
>   위 증즐가 대평셩되(大平盛代)
>
>   – 작자 미상, 「가시리」 –

34 윗글에 대한 설명으로 적절한 것은?

① 후렴구의 반복을 통해 운율을 형성하고 있다.
② 선경후정을 통해 주제 의식을 강조하고 있다.
③ 자연과 인간을 대비하여 정서를 드러내고 있다.
④ 계절의 변화에 따라 대상의 속성을 드러내고 있다.

35 윗글의 화자에 대한 설명으로 적절하지 <u>않은</u> 것은?

① 1연 : 이별의 상황을 안타까워함.
② 2연 : 임에 대한 헌신과 순종을 다짐함.
③ 3연 : 임을 붙잡고 싶어 함.
④ 4연 : 임과의 재회를 간절히 소망함.

[36~37] 다음 글을 읽고 물음에 답하시오.

내 버디 몃치나 ᄒᆞ니 수석(水石)과 송죽(松竹)이라
동산(東山)의 ᄃᆞᆯ 오르니 긔 더옥 반갑고야
두어라 이 다ᄉᆞᆺ 밧긔 또 더ᄒᆞ야 머엇ᄒᆞ리
(제1수)

㉠ 구룸 빗치 조타 ᄒᆞ나 검기ᄅᆞᆯ ᄌᆞ로¹⁾ ᄒᆞᆫ다
㉡ ᄇᆞ람 소ᄅᆡ ᄆᆞᆰ다 ᄒᆞ나 그칠 적이 하노매라²⁾
조코도 그츨 뉘³⁾ 업기ᄂᆞᆫ ㉢ 믈뿐인가 ᄒᆞ노라
(제2수)

더우면 곳 퓌고 치우면 ㉣ 닙 디거늘
솔아 너ᄂᆞᆫ 얻디 눈 서리ᄅᆞᆯ 모ᄅᆞᄂᆞᆫ다
구천(九泉)⁴⁾의 블희⁵⁾ 고ᄃᆞᆫ 줄을 글로 ᄒᆞ야 아노라
(제4수)

– 윤선도, 「오우가(五友歌)」 –

---

1) ᄌᆞ로 : 자주.
2) 하노매라 : 많구나.
3) 뉘 : 세상이나 때.
4) 구천 : 땅속 깊은 밑바닥.
5) 블희 : 뿌리가.

36 윗글에 대한 설명으로 가장 적절한 것은?

① 후렴구를 유사하게 반복하고 있다.
② 종장의 첫 음보를 3음절로 맞추고 있다.
③ '기-승-전-결'의 4단 구조로 내용을 전개하고 있다.
④ 3·3·2조를 기본으로 한 3음보 율격을 사용하고 있다.

37 ㉠~㉣ 중 다음에서 설명하는 자연물로 적절한 것은?

이 작품은 **자연물**에서 사대부들이 추구하던 윤리적 가치를 발견하고 이들을 예찬하는 마음을 노래하고 있다.

① ㉠   ② ㉡
③ ㉢   ④ ㉣

[38~39] 다음 글을 읽고 물음에 답하시오.

뎨 가ᄂᆞᆫ 뎌 각시 본 듯도 ᄒᆞᆫ뎌이고
텬샹(天上) 빅옥경(白玉京)을 엇디ᄒᆞ야 니별(離別)ᄒᆞ고
ᄒᆡ 다 뎌 져믄 날의 눌을 보라 가시ᄂᆞᆫ고
어와 네여이고 이내 ᄉᆞ셜 드러 보오

〈중략〉

져근덧 녁진(力盡)ᄒᆞ야 픗ᄌᆞᆷ을 잠간 드니
정성(精誠)이 지극ᄒᆞ야 ㉠ 꿈의 님을 보니
옥(玉) ᄀᆞ튼 얼구리 반(半)이 나마 늘거셰라
ᄆᆞ음의 머근 말ᄉᆞᆷ 슬ᄏᆞ장 ᄉᆞᆲ쟈 ᄒᆞ니
눈물이 바라 나니 말ᄉᆞᆷ인들 어이 ᄒᆞ며
정(情)을 못 다ᄒᆞ여 목이조차 몌여 ᄒᆞ니
오뎐된 ㉡ 계셩(鷄聲)의 ᄌᆞᆷ은 엇디 ᄭᅢ돗던고
어와 허ᄉᆞ(虛事)로다 이 님이 어ᄃᆡ 간고
결의 니러 안자 창(窓)을 열고 ᄇᆞ라보니
어엿븐 그림재 날 조칠 ᄲᅮᆫ이로다
출하리 싀여디여 ㉢ 낙월(落月)이나 되야이셔
님 겨신 창(窓) 안ᄒᆡ 번드시 비최리라
각시님 ᄃᆞᆯ이야ᄏᆞ니와 ㉣ 구ᄌᆞᆫ비나 되쇼셔

– 정철, 「속미인곡」 –

38 윗글에 대한 설명으로 가장 적절한 것은?

① 여러 개의 연으로 나누어져 있다.

② 3음보의 행이 제한 없이 나열되어 있다.

③ 노래로 불렀기 때문에 후렴구가 발달되어 있다.

④ 두 명의 화자가 대화하는 형식으로 구성되어 있다.

39 ㉠~㉣에 대한 설명으로 적절하지 않은 것은?

① ㉠ : 임과의 만남이 이루어지는 공간

② ㉡ : 임과의 만남이 중단되는 계기

③ ㉢ : 임을 그리는 마음을 나타내는 소재

④ ㉣ : 임의 소식을 전해 주는 매개체

[40~41] 다음 글을 읽고 물음에 답하시오.

> 한숨아 세(細) 한숨아, 네 어느 틈으로 들어오느냐.
> 고모장지[1] 세살장지 들장지 열장지에 암돌쩌귀[2] 수톨쩌귀 배목 걸쇠 뚝딱 박고 크나큰 자물쇠로 깊숙이 채웠는데 병풍이라 덜컥 접고 족자라 대그르르 말고 네 어느 틈으로 들어 오느냐.
> 아마도 너 온 날 밤이면 잠 못 들어 하노라.
> – 작자 미상 –

1) 장지 : 방과 방 사이, 또는 방과 마루 사이에 칸을 막아 끼우는 문.
2) 돌쩌귀 : 문짝을 문설주에 달아 여닫는 데 쓰는 두 개의 쇠붙이. 암짝은 문설주에, 수짝은 문짝에 박아 맞추어 꽂는다.

40 윗글의 표현상 특징으로 적절하지 않은 것은?

① 대상을 의인화하여 해학성을 드러내고 있다.

② 의태어를 활용하여 상황을 실감 나게 표현하고 있다.

③ 유사한 시어의 반복을 통하여 리듬감을 살리고 있다.

④ 청유형 문장을 사용하여 화자의 의지를 강조하고 있다.

41 윗글에 나타난 화자의 심정으로 가장 적절한 것은?

① 자연과 함께하고 싶은 마음

② 힘든 세상사에서 느끼는 시름

③ 사랑하는 사람을 만났다는 안도감

④ 목표를 위해 시련을 견디는 굳센 의지

[42~43] 다음 글을 읽고 물음에 답하시오.

> (가) 살어리 살어리랏다 청산(靑山)애 살어리랏다.
> ㉠멀위랑 두래랑 먹고 청산(靑山)애 살어리랏다.
> 얄리얄리 얄랑셩 얄라리 얄라
>
> (나) 우러라 우러라 새여 자고 니러 우러라 새여.
> ㉡널라와[1] 시름 한[2] 나도 자고 니러 우니노라.
> 얄리얄리 얄라셩 얄라리 얄라

(다) 이링공 뎌링공 ᄒᆞ야 나즈란 디내와손뎌.
ⓒ오리도 가리도 업슨 바므란 또 엇디 호리라.
얄리얄리 얄라셩 얄라리 얄라

(라) 가다니 빈브른 도긔 설진3) 강수를4) 비조라.
ⓓ조롱곳5) 누로기 미와 잡ᄉᆞ와니 내 엇디
ᄒᆞ리잇고.
얄리얄리 얄라셩 얄라리 얄라

– 작자 미상, 「청산별곡」 –

1) 널라와 : 너보다.
2) 한 : 많은.
3) 설진 : 덜익은 또는 (술의 농도가) 진한.
4) 강수를 : 강한 술을.
5) 조롱곳 : 조롱박꽃.

42 윗글에 대한 설명으로 적절하지 <u>않은</u> 것은?

① 후렴구를 통해 연을 나누고 있다.

② 계절의 순서에 따라 시상을 전개하고 있다.

③ 반복을 사용해 화자의 소망을 강조하고 있다.

④ 'ㄹ, ㅇ' 음을 사용하여 리듬감을 형성하고
있다.

43 ⓐ~ⓓ에 대한 설명으로 적절하지 <u>않은</u> 것은?

① ⓐ : 소박한 삶을 동경하고 있다.

② ⓑ : 시적 대상과 자신을 비교하고 있다.

③ ⓒ : 외로운 상황 속에서 힘겨워하고 있다.

④ ⓓ : 힘겨운 현실을 적극적으로 극복하고
있다.

[44~45] 다음 글을 읽고 물음에 답하시오.

이화(梨花)1)에 월백(月白)하고 은한(銀漢)2)이 삼
경(三更)3)인 제
일지4)춘심(一枝春心)을 자규(子規)5)야 알랴마는
다정(多情)도 병인 양하여 잠 못 들어 하노라.
– 이조년 –

1) 이화 : 배꽃.
2) 은한 : 은하수.
3) 삼경 : 밤 열한 시에서 새벽 한 시 사이.
4) 일지 : 하나의 나뭇가지.
5) 자규 : 두견새.

44 윗글에 대한 설명으로 적절하지 <u>않은</u> 것은?

① 4음보의 율격이 드러나고 있다.

② 후렴구가 반복적으로 나타나고 있다.

③ 색채 이미지를 사용하여 표현하고 있다.

④ 초장, 중장, 종장의 형태로 이루어져 있다.

45 윗글의 화자에 대한 설명으로 가장 적절한 것은?

① 봄밤에 느끼는 애상적인 정서를 드러내고
있다.

② 자신의 운명을 거부하려는 태도를 나타내
고 있다.

③ 이상적인 세계를 동경하는 마음을 나타내
고 있다.

④ 과거를 회상하며 후회하는 감정을 드러내
고 있다.

03 현대 소설

[46~48] 다음 글을 읽고 물음에 답하시오.

"김병국 부친 되십니다."

중위가 나를 소개했다. 그리고 덧붙여, 내가 예편된 대위 출신으로 육이오 전쟁에 참전한 상이용사라고 말했다.

"그렇습니까. 반갑습니다. 저는 윤영구라 합니다. 앉으시지요."

윤 소령이 나를 회의용 책상으로 안내해 간이 철제 의자를 권했다. ㉠그는 호인다운 인상에 목소리가 시원시원하여, 중위의, 파견 대장은 인간적이란 말에 한결 신뢰감을 주었다.

"불비한 자식을 둬서 죄, 죄송합니다. 자식 놈과 얘기해 보셨다면 아, 알겠지만 천성이 착한 놈입니다."

의자에 앉으며 내가 말했다.

"어젯밤 마침 제가 부대에서 숙식할 일이 있어 장시간 ㉡그 친구와 얘기를 나눠 봤지요. 똑똑한 젊은이더군요."

"요즘 제 판에는 뭐 조류와 환경 오염 실태를 여, 연구 한답시고…… 모르긴 하지만 그 일 때문에 시, 심려를 끼치지 않았나 하는데요?"

"그렇습니다. 그러나 자제분은 군 통제 구역 출입이 어떤 처벌을 받는지 알 텐데도 무모한 행동을 했어요. 설령 하는 일이 정당하다면 사전에 부대 양해나 협조부터 요청해야지요."

〈중략〉

[A] ┌ 윤 소령은 당번병을 불러 김병국 군을 데
   │ 려오라고 말했다. 한참 뒤, 사병과 함께 병
   │ 국이 파견 대장실로 들어왔다. 땟국 앉은 꾀
   │ 죄죄한 그의 몰골이 중병 환자 같았다. 점퍼
   │ 와 검정 바지도 펄투성이여서 하수도 공사
   │ 를 하다 나온 듯했다. 병국은 움푹 꺼진 동
   └ 태눈으로 나를 보았다.

"㉢이 녀석아, 넌 도대체 어, 어떻게 돼먹은 놈이냐! 통금 시간에 허가증 없이 해안 일대에

모, 못 다니는 줄 뻔히 알면서."

내가 노기를 띠고 아들에게 소리쳤다.

"본의는 아니었어요. 사흘 사이 동진강 하구 삼각주에서 갑자기 새들이 집단으로 죽기에 그 이유를 좀 알아보려던 게……."

병국이 머리를 떨구었다.

"그래도 변명은!"

"고정하십시오. 자제분 의도나 진심은 충분히 파악했으니깐요."

윤 소령이 말했다.

병국은 간밤에 쓴 진술서에 손도장을 찍고, 각서 한 장을 썼다. 내가 그 각서에 연대 보증을 섬으로써 우리 부자가 파견대 정문을 나서기는 정오가 가까울 무렵이었다. 부대에서 나올 때 집으로 찾아왔던 중위가 병국이 사물을 인계했다. 닭털 침낭과 등산 배낭, 이인용 천막, 그리고 걸레 조각처럼 늘어진 바다 오리와 꼬마물떼새 시신이 각 열 구씩이었다.

"죽은 새는 뭘 하게?"

웅포리 쪽으로 걸으며 내가 물었다.

"해부를 해서 사인을 캐 보려구요."

"폐, 폐수 탓일까?"

"글쎄요……."

"㉣너도 시장할 테니 아바이집으로 가서 저, 점심 요기나 하자."

나는 웅포리 정 마담을 만나 이잣돈을 받아 오라던 아내 말을 떠올렸다. 병국이는 식사 따위에 관심이 없어 보였다.

"아버지, 아무래도 새를 독살하는 치들이 있는 것 같아요."

"그걸 어떻게 아니?"

"갑자기 떼죽음당하는 게 이상하잖아요? 물론 전에도 새나 물고기가 떼죽음하는 경우가 있었지만, 이번은 뭔가 다른 것 같아요."

"물 탓이야. 이제 동진강은 강물이 아니고 도, 독물이야. 조만간 이곳에서 새떼가 자취를 감추고 말 게야."

– 김원일, 「도요새에 관한 명상」 –

46 윗글을 읽고 이해한 것으로 가장 적절한 것은?

① '나'는 '병국'의 일에 무관심하다.

② '병국'은 '윤 소령'의 입장을 동정한다.

③ '나'는 '윤 소령'의 행동에 실망감을 느낀다.

④ '병국'은 새들의 떼죽음에 의혹을 품고 있다.

47 [A]에 대한 설명으로 가장 적절한 것은?

① 과거 회상을 통해 사건의 원인을 밝히고 있다.

② 외양 묘사를 통해 인물의 처지를 보여 주고 있다.

③ 이국적 소재를 활용하여 인물의 상황을 강조하고 있다.

④ 장면의 빈번한 전환으로 갈등의 심화를 보여 주고 있다.

48 ㉠~㉣ 중 가리키는 대상이 <u>다른</u> 것은?

① ㉠   ② ㉡

③ ㉢   ④ ㉣

[49~51] 다음 글을 읽고 물음에 답하시오.

[앞부분의 줄거리] 1930년대의 어느 농촌. 스물여섯 살 '나'는 성례를 시켜 주겠다는 장인의 말에 데릴사위로 들어와 새경 한 푼 받지 못한 채 일을 한다. 하지만 장인은 성례를 계속 미루며, '나'를 머슴처럼 부려 먹기만 한다. 억울한 '나'는 장인과 함께 구장에게 가서 의견을 묻기로 한다.

구장님도 내 이야기를 자세히 듣더니 퍽 딱한 모양이었다. 하기야 구장님뿐만 아니라 누구든지 다 그럴 게다. ㉠ 길게 길러 둔 새끼손톱으로 코를 후벼서 저리 탁 튀기며

"그럼 봉필 씨! 얼른 성롈 시켜 주구려, 그렇게까지 제가 하구 싶다는 걸……."

하고 내 짐작대로 말했다. 그러나 이 말에 장인님이 삿대질로 눈을 부라리고

"아, 성례구 뭐구 기집애년이 미처 자라야 할 게 아닌가?"

하니까 고만 멀쑤룩해서 입맛만 쩍쩍 다실 뿐이 아닌가……

"㉡ 그것두 그래!"

"그래, 거진 사 년 동안에도 안 자랐다니 그 킨은제 자라지유? 다 그만두구 사경1) 내슈……."

"글쎄, 이 자식아! 내가 크질 말라구 그랬니, 왜 날 보구 떼냐?"

"㉢ 빙모님은 참새만 한 것이 그럼 어떻게 앨 낳지유?(사실 장모님은 점순이보다도 귓배기 하나가 적다.)"

그러나 이 말에는 별반 신통한 귀정2)을 얻지 못하고 도루 논으로 돌아와서 모를 부었다. 왜냐면, 장인님이 뭐라구 귓속말로 수군수군하고 간 뒤다. 구장님이 날 위해서 조용히 데리구 아래와 같이 일러 주었기 때문이다. (㉣ 뭉태의 말은 구장님이 장인님에게 땅 두 마지기 얻어 부치니까 그래 꾀였다고 하지만 난 그렇게 생각하지 않는다.)

[가] "자네 말두 하기야 옳지. 암, 나이 찼으니까 아들이 급하다는 게 잘못된 말은 아니야. 하지만 농사가 한창 바쁠 때 일을 안 한다든가 집으로 달아난다든가 하면 손해죄루 그것두 징역을 가거든! (여기에 그만 정신이 번쩍 났다.) 왜 요전에 삼포 말서 산에 불 좀 놓았다구 징역 간 거 못 봤나. 제 산에 불을 놓아두 징역을 가는 이땐데 남의 농사를 버려 주니 죄가 얼마나 더 중한가. 그리고 자넨 정장3)을(사경 받으러 정장 가겠다 했다.) 간대지만, 그러면 괜스레 죌 들쓰고 들어가는 걸세. 또, 결혼두 그렇지. 법률에 성년이란 게 있는데 스물하나가 돼야지 비로소 결혼을 할 수가 있는 걸세. 자넨 물론 아들이 늦을 걸 염려하지만, 점순이로 말하면 인제 겨우

열여섯이 아닌가. 그렇지만 아까 빙장님의 말씀이 올 갈에는 열 일을 제치고라두 성례를 시켜 주겠다 하시니 좀 고마울 겐가. 빨리 가서 모 붓든 거나 마저 붓게. 군소리 말구 어서 가."

– 김유정, 「봄·봄」 –

---

1) 사경 : 새경. 머슴이 주인에게서 일한 대가로 받는 돈이나 물건.
2) 귀정 : 그릇되었던 일이 바른길로 돌아옴.
3) 정장 : 소송을 제기하기 위해 소장(訴狀)을 관청에 냄.

49 윗글의 특징으로 적절하지 **않은** 것은?

① 주로 인물의 대화를 통해 사건이 전개되고 있다.

② 작품 밖의 서술자가 인물의 심리를 묘사하고 있다.

③ 어리숙한 인물의 언행을 통해 해학성을 드러내고 있다.

④ 농촌을 배경으로 설정해 당시의 생활상을 그리고 있다.

50 [가]에 나타난 구장의 설득 방법으로 적절하지 **않은** 것은?

① '나'의 잘못을 언급하며 대화를 시작하고 있다.

② 징역 간다는 말로 '나'에게 겁을 주고 있다.

③ 결혼에 대한 법률적 근거를 제시하고 있다.

④ 성례의 가능성을 제시하며 '나'를 회유하고 있다.

51 ㉠~㉣에 대한 설명으로 적절하지 **않은** 것은?

① ㉠ : 무관심한 '구장'의 모습을 희화화하고 있다.

② ㉡ : '구장'의 우유부단한 성격을 드러내고 있다.

③ ㉢ : '나'는 장인의 말에 근거를 들어 대응하고 있다.

④ ㉣ : '나'는 '뭉태'의 말에 전적으로 동의하고 있다.

[52~54] 다음 글을 읽고 물음에 답하시오.

[앞부분 줄거리] '나'의 어머니는 다리 수술 후유증으로 6·25 전쟁 중 인민군에게 죽임을 당한 오빠에 관한 환각에 시달리고 오랫동안 탈진 상태로 지낸다.

나는 어머니에게로 조심스럽게 다가갔다. 어머니의 손이 내 손을 잡았다. 알맞은 온기와 악력이 나를 놀라게도 서럽게도 했다.

"나 죽거든 행여 묘지 쓰지 말거라."

어머니의 목소리는 평상시처럼 잔잔하고 만만치 않았다.

"네? 다 들으셨군요?"

"그래, 마침 듣기 잘했다. 그렇잖아도 언제고 꼭 일러두려 했는데. 유언 삼아 일러두는 게니 잘 들어 뒀다 어김없이 시행토록 해. 나 죽거든 내가 느이 오래비한테 해 준 것처럼 해 다오. 누가 뭐래도 그렇게 해 다오. 누가 뭐라든 상관하지 않고 그럴 수 있는 건 너밖에 없기에 부탁하는 거다."

"오빠처럼요?"

"그래, 꼭 그대로, 그걸 설마 잊고 있진 않겠지?"

"잊다니요. 그걸 어떻게 잊을 수가……."

어머니의 손의 악력은 정정했을 때처럼 아니, 나를 끌고 농바위 고개를 넘을 때처럼 강한 줏대와 고집을 느끼게 했다.

오빠의 시신은 처음엔 무악재 고개 너머 벌판의 밭머리에 가매장했다. 행려병사자[1] 취급하듯이 형식과 절차 없는 매장이었지만 무정부 상태의 텅 빈 도시에서 우리 모녀의 가냘픈 힘만으로 그것 이상은 가능한 일이 아니었다.

서울이 수복(收復)되고 화장장이 정상화되자마자 어머니는 오빠를 화장할 것을 의논해 왔다. 그때 우리와 합하게 된 올케는 아비 없는 아들들에게 무덤이라도 남겨 줘야 한다고 공동묘지로라도 이장할 것을 주장했다. 어머니는 오빠를 죽게 한 것이 자기 죄처럼, 젊어 과부 된 며느리한테 기가 죽어 지냈었는데 그때만은 조금도 양보할 기세가 아니었다. 남편의 임종도 못 보고 과부가 된 것도 억울한데 그 무덤까지 말살하려는 시어머니의 모진 마음이 야속하고 정떨어졌으련만 그런 기세 속엔 거역할 수 없는 위엄과 비통한 의지가 담겨 있어 종당엔 올케도 순종을 하고 말았다.

오빠의 살은 연기가 되고 뼈는 한 줌의 가루가 되었다. 어머니는 앞장서서 강화로 가는 시외버스 정류장으로 갔다. 우린 묵묵히 뒤따랐다. 강화도에서 내린 어머니는 사람들에게 묻고 물어서 멀리 개풍군 땅이 보이는 바닷가에 섰다. 그리고 지척으로 보이되 갈 수 없는 땅을 향해 그 한 줌의 먼지를 휠휠 날렸다. 개풍군 땅은 우리 가족의 선영[2]이 있는 땅이었지만 선영에 못 묻히는 한을 그런 방법으로 풀고 있다곤 생각되지 않았다. 어머니의 모습엔 운명에 순종하고 한을 지그시 품고 삭이는 약하고 다소곳한 여자 티는 조금도 없었다. 방금 출전하려는 용사처럼 씩씩하고 도전적이었다.

어머니는 ㉠한 줌의 먼지와 바람으로써 너무도 엄청난 것과의 싸움을 시도하고 있었다. 어머니에게 그 한 줌의 먼지와 바람은 결코 미약한 게 아니었다. 그야말로 어머니를 짓밟고 모든 것을 빼앗아 간, 어머니가 도저히 이해할 수 없는 분단이란 괴물을 홀로 거역할 수 있는 유일한 수단이었다.

어머니는 나더러 그때 그 자리에서 또 그 짓을 하란다. 이젠 자기가 몸소 그 먼지와 바람이 될 테니 나더러 그 짓을 하란다. 그 후 30년이란 세월이 흘렀건만 그 괴물을 무화(無化)시키는 길은 정녕 그 짓밖에 없는가?

"너한테 미안하구나, 그렇지만 부탁한다."

어머니도 그 짓밖에 물려줄 수 없는 게 진정으로 미안한 양 표정이 애달프게 이지러졌다.

아아, 나는 그 짓을 또 한 번 할 수밖에 없을 것 같다.

어머니는 아직도 투병 중이시다.

– 박완서, 「엄마의 말뚝 2」 –

---

1) 행려병사자 : 떠돌아다니다가 타향에서 병들어 죽은 사람.
2) 선영 : 조상의 무덤.

52 윗글에 대한 설명으로 가장 적절한 것은?

① 배경 묘사를 통해 인물의 심리를 암시하고 있다.
② 과거 회상을 통해 인물의 상황을 서술하고 있다.
③ 공간의 이동에 따라 인물 간 갈등이 심화되고 있다.
④ 다양한 인물의 경험을 삽화 형식으로 나열하고 있다.

53 윗글을 통해 알 수 있는 내용으로 적절하지 않은 것은?

① '어머니'는 자신의 뼛가루를 개풍군 땅이 보이는 곳에 뿌려달라고 한다.
② '어머니'는 자신의 유언을 지킬 수 있는 사람은 '나'밖에 없다고 생각한다.
③ '올케'는 자신의 아들들을 생각해서 '오빠'를 공동묘지로 이장하자고 주장했다.
④ '올케'는 '오빠'의 죽음을 자신의 탓이라고 생각해 '어머니'와 합하는 것을 반대했다.

54 '어머니'에게 ㉠의 의미로 가장 적절한 것은?

① 자신의 운명에 대한 순종

② 분단의 비극에 맞서려는 의지

③ 자신의 질병 치유에 대한 염원

④ 가족의 선영에 묻히지 못하는 회한

[55~57] 다음 글을 읽고 물음에 답하시오.

> [앞부분의 줄거리] 원미동에 터를 잡고 사는 강 노인은 자신의 마지막 남은 땅에 밭농사를 지으며 그 땅을 팔지 않으려 하고 있다.

서울 것들이란. 강 노인은 끙끙거리다 토막 난 욕설을 내뱉어 놓았다. 강 노인이 괭이를 내던지고 밭 끄트머리로 걸어가는 사이 언제 나왔는지 부동산의 박 씨가 알은체를 하였다. 자그마한 체구에 검은 테 안경을 쓰고, 머리는 기름 발라 착 달라붙게 빗어 넘긴 박 씨의 면상을 보는 일이 강 노인으로서는 괴롭기 짝이 없었다. 얼굴만 마주쳤다 하면 땅을 팔아보지 않겠느냐고 은근히 회유를 거듭하더니 지난 겨울부터는 임자가 나섰다고 숫제 집까지 찾아와서 온갖 감언이설을 다 늘어놓는 박 씨였다.

〈중략〉

"영감님, 유 사장이 저 심곡동 쪽으로 땅을 보러 다니나 봅디다. ㉠영감님은 물론이고 우리 동네의 발전을 위해서 그렇게 애를 썼는데……."

박 씨가 짐짓 허탈한 표정을 지으며 말하고 있는데 뒤따라 나온 동업자 고흥댁이 뒷말을 거든다.

"참말로 이 양반이 지난 겨울부터 무진 애를 썼구만요. 우리사 셋방이나 얻어 주고 소개료 받는 것으로도 얼마든지 살 수 있지라우. 그람시도 그리 애를 쓴 것이야 다 한동네 사는 정리로다가 그런 것이지요."

강 노인은 가타부타 말이 없고 이번엔 박 씨가 나섰다.

"아직도 늦은 것은 아니고, 한 번 더 생각해 보세요. 여름마다 똥 냄새 풍겨 주는 밭으로 두고 있으니 평당 백만 원 이상으로 팔아넘기기가 그리 쉬운 일입니까. 이제는 참말이지 더 이상 땅값이 오를 수가 없게 돼 있다 이 말씀입니다. 아, 모르십니까. 팔팔 올림픽 전에 북에서 쳐들어올 확률이 높다고 신문 방송에서 떠들어 쌓으니 이삼천짜리 집들도 매기[1]가 뚝 끊겼다 이 말입니다."

"영감님도 욕심 그만 부리고 이만한 가격으로 임자 나섰을 때 후딱 팔아 치우시요. 영감님이 아무리 기다리셔도 인자 더 이상 오르기는 어렵다는디 왜 못 알아들으실까잉. 경국이 할머니도 팔아 치우자고 저 야단인디……."

고흥댁은 이제 강 노인 마누라까지 쳐들고 나선다. 강 노인은 아무런 대꾸도 없이 일하던 자리로 돌아가 버린다. 그 등에 대고 박 씨가 마지막으로 또 한마디 던졌다.

"아직도 유 사장 마음은 이 땅에 있는 모양이니께 금액이야 영감님 마음에 맞게 잘 조정해 보기로 하고, 일단 결정해 뿌리시요!"

— 양귀자, 「마지막 땅」—

---
1) 상품을 사려는 분위기 또는 살 사람들의 인기.

55 윗글에 대한 설명으로 가장 적절한 것은?

① 작품 속 서술자가 자신의 이야기를 들려주고 있다.

② 대화를 통해 인물 간 화해의 과정을 드러내고 있다.

③ 비현실적인 배경을 제시하여 신비로운 분위기를 보여 주고 있다.

④ 인물의 외양 묘사를 통해 인물에 대한 강 노인의 못마땅함을 보여 주고 있다.

56 윗글을 통해 알 수 있는 내용으로 적절한 것은?

① 유 사장은 강 노인의 땅을 마음에 두고 있다.

② 고흥댁은 받지 못한 소개료 때문에 생활고를 겪고 있다.

③ 신문 방송의 영향으로 집을 사려는 분위기가 고조되고 있다.

④ 박 씨는 강 노인에게 땅을 팔라고 말한 것을 후회하고 있다.

57 ㉠에 드러난 말하기 방식으로 가장 적절한 것은?

① 상대방의 지난 잘못을 들추며 비난하고 있다.

② 땅값이 앞으로는 오르지 않을 것이라 협박하고 있다.

③ 동네 발전에 애쓴 것을 언급하며 상대방을 회유하고 있다.

④ 상대방의 침묵에 대해 불쾌감을 드러내며 질책하고 있다.

[58~60] 다음 글을 읽고 물음에 답하시오.

> [앞부분의 줄거리] '나'의 집에 세 살던 권 씨는 아내의 수술비를 빌리고자 하지만 나는 거절한다. 뒤늦게 나는 권 씨 아내의 수술비를 마련해 주지만, 권 씨는 그 사실을 모른 채 그날 밤 강도로 들어온다.

얌전히 구두까지 벗고 양말 바람으로 들어온 강도의 발을 나는 그때 비로소 볼 수 있었다. 내가 그렇게 염려를 했는데도 강도는 와들와들 떨리는 다리를 옮기다가 그만 부주의하게 동준이의 발을 밟은 모양이었다. 동준이가 갑자기 칭얼거리자 그는 질겁을 하고 엎드리더니 녀석의 어깨를 토닥거리는 것이었다. 녀석이 도로 잠들기를 기다려 그는 복면 위로 칙칙하게 땀이 밴 얼굴을 들고 일어나서 내 위치를 흘끔 확인한 다음

본격적인 작업에 들어갔다. 터지려는 웃음을 꾹 참은 채 강도의 애교스러운 행각을 시종 주목하고 있던 나는 살그머니 상체를 움직여 동준이를 잠재울 때 이부자리 위에 떨어뜨린 식칼을 집어 들었다.

"연장을 이렇게 함부로 굴리는 걸 보니 당신 경력이 얼마나 되는지 알 만합니다."

내가 내미는 칼을 보고 그는 기절할 만큼 놀랐다. 나는 사람 좋게 웃어 보이면서 칼을 받아 가라는 눈짓을 보였다. 그는 겁에 질려 잠시 망설이다가 내 재촉을 받고 후닥닥 달려들어 칼자루를 낚아채 가지고는 다시 내 멱을 겨누었다. 그가 고의로 사람을 찌를 만한 위인이 못 되는 줄 일찍이 간파했기 때문에 나는 칼을 되돌려준 걸 조금도 후회하지 않았다. 아니나 다를까, 그는 식칼을 옆구리 쪽 허리띠에 차더니만 몹시 자존심이 상한 표정이 되었다.

"도둑맞을 물건 하나 제대로 없는 주제에 이죽거리긴!"

"그래서 경험 많은 친구들은 우리 집을 거들떠도 안 보고 그냥 지나치죠."

"누군 뭐 들어오고 싶어서 들어왔나? 피치 못할 사정 땜에 어쩔 수 없이……."

나는 강도를 안심시켜 편안한 맘으로 돌아가게 만들 절호의 기회라고 판단했다.

"그 피치 못할 사정이란 게 대개 그렇습니다. 가령 식구 중의 누군가가 몹시 아프다든가 빚에 몰려서……."

그 순간 강도의 눈이 의심의 빛으로 가득 찼다. ㉠ 분개한 나머지 이가 딱딱 마주칠 정도로 떨면서 그는 대청마루를 향해 나갔다. 내 옆을 지나쳐 갈 때 그의 몸에서는 역겨울 만큼 술 냄새가 확 풍겼다. 그가 허둥지둥 끌어안고 나가는 건 틀림없이 갈기갈기 찢어진 한 줌의 자존심일 것이었다. 애당초 의도했던 바와는 달리 내 방법이 결국 그를 편안케 하긴커녕 외려 더욱더 낭패케 만들었음을 깨닫고 나는 그의 등을 향해 말했다.

– 윤흥길, 「아홉 켤레의 구두로 남은 사내」 –

58 윗글에 대한 설명으로 적절한 것은?

① 공간의 대비를 통해 주제를 강조하고 있다.

② 과거 회상을 통해 갈등의 원인을 보여 주고 있다.

③ 작품 속 인물의 시각으로 사건을 서술하고 있다.

④ 계절적 배경을 묘사하여 인물의 심리를 암시하고 있다.

59 윗글에 나타난 '나'의 심리로 가장 적절한 것은?

① '강도'의 행위에 대해 두려워하지 않고 있다.

② '강도'에 대해 분노와 적대감을 느끼고 있다.

③ '강도'가 자신의 집에 들어온 까닭을 궁금해 하고 있다.

④ '강도'에게 한 자신의 우호적인 말에 끝까지 만족하고 있다.

60 ㉠의 이유로 가장 적절한 것은?

① 수술비를 마련해 준 것을 알게 되어서

② 주인 가족에 대한 미안한 마음이 들어서

③ 자신을 배려해 준 것에 고마운 마음이 들어서

④ 자신의 정체를 들킨 것 같아 자존심이 상해서

[61~63] 다음 글을 읽고 물음에 답하시오.

[앞부분의 줄거리] 한평생 북을 치며 방랑하던 민 노인은 아들 민대찬의 집에 얹혀살게 되면서 아들 내외의 반대로 북 치는 것을 마음대로 하지 못한다. 그러던 중, 손자 성규의 부탁으로 대학생들과 함께한 탈춤 공연에서 북을 치게 된다.

[A] 민 노인의 북은 요긴한 대목에서 둥둥 울렸다. 째지는 소리를 내는 꽹과리며 장구에 파묻혀 제값을 하지는 못해도, 민 노인에게는 전혀 괘념할 일이 아니었다. 그전에도 그랬던 것처럼, 공연 전에 마신 술기운도 가세하여, 탈바가지들의 손끝과 발목에 한 치의 오차도 없이 그의 북소리는 턱턱 꽂혔다. 그 새 입에서는 얼씨구! 소리도 적시에 흘러나왔다. 아무 생각도 없었다. 가락과 소리와, 그것을 전체적으로 휩싸는 달착지근한 장단에 자신을 내맡기고만 있었다.

그날 밤, 민 노인은 근래에 흔치 않은 노곤함으로 깊은 잠을 잤다. 춤판이 끝나고 아이들과 어울려 조금 과음한 까닭도 있을 것이었다. 더 많이는 오랜만에 돌아온 자기 몫을 제대로 해냈다는 느긋함이 꿈도 없는 잠을 거쳐 상큼한 아침을 맞게 했을 것으로 믿었는데 그런 흐뭇함은 오래가지 않았다. 다 저녁때가 되어 외출에서 돌아온 ㉠며느리는 집 안에 들어서자마자 성규를 찾았고, 그가 안 보이자 민 노인의 방문을 밀쳤다.

"아버님, 어저께 성규 학교에 가셨어요?"

예사로운 말씨와는 달리, 굳어 있는 표정 위로는 낭패의 그늘이 좍 깔려 있었다. 금방 대답을 못 하고 엉거주춤한 형세로 며느리를 올려다보는 민 노인의 면전에서, ㉡송 여사의 한숨 섞인 물음이 또 떨어졌다.

"북을 치셨다면서요."

"그랬다. 잘못했니?"

우선은 죄인 다루듯 하는 며느리의 힐문에 부아가 꾸역꾸역 치솟고, 소문이 빠르기도 하다는 놀라움이 그 뒤에 일었다.

"아이들 노는 데 구경 가시는 것까지는 몰라

도, 개들과 같이 어울려서 북 치고 장구 치는
게 나이 자신 어른이 할 일인가요?"

"하면 어때서. 성규가 지성으로 청하길래 응한
것뿐이고, 나는 원래 그런 사람 아니. 이번
에도 내가 늬들 체면 깎았냐."

"아시니 다행이네요."

송 여사는 후닥닥 문을 닫고 나갔다. 일은 그
것으로 끝나지 않았다. 며느리는 퇴근한 남편을
붙들고, 밖에 나갔다가 성규와 같은 과 학생인 ⓒ
진숙이 어머니한테서 들었다는 얘기를 전했다.
진숙이 어머니는 민 노인이 가면극에 나왔다는
귀띔에 잇대어, ⓔ 성규 어머니는 그렇게 멋있는
ⓜ 시아버지를 두서서 참 좋겠다며 빈정거리더라
는 말도 덧붙였다.

－ 최일남, 「흐르는 북」 －

61 [A]의 서술 방식으로 가장 적절한 것은?

① 대화 상황을 통해 갈등을 제시하고 있다.
② 특정 인물을 중심으로 내용을 전개하고 있다.
③ 고사를 인용하여 인물의 가치관을 나타내
고 있다.
④ 의성어를 활용하여 암울한 상황을 드러내
고 있다.

62 '민 노인'에 대한 며느리의 태도로 가장 적절한 것은?

① 물질적인 가치를 추구하는 민 노인을 비판
한다.
② 무리하게 북을 치는 민 노인의 건강을 걱
정한다.
③ 민 노인이 북을 친 것에 대해 불편함을 드
러낸다.
④ 성규를 위해 공연에 참석한 민 노인에게 고
마워한다.

63 ⓐ~ⓜ 중, 가리키는 대상이 같은 것만을 모두 고
른 것은?

① ⓐ, ⓒ   ② ⓑ, ⓜ
③ ⓐ, ⓑ, ⓔ   ④ ⓒ, ⓔ, ⓜ

[64~66] 다음 글을 읽고 물음에 답하시오.

소년은, 드디어, 그렇게도 동경하여 마지않던
서울로 올라오고야 말았다. 청량리를 들어서서
질펀한 거리를 달리는 승합자동차의 창 너머로,
소년이 우선 본 것은 전차라는 물건이었다. 시골
'가평'서는 결코 볼 수 없었던 것이, 그야, 전차
한 가지가 아니다. 그래도 그는, 지금 곧, 우선
저 전차에 한번 올라타 보았으면 한다. 그러나 아
버지는 어린 아들의 감격을 일일이 아랑곳하지
않고, 동관 앞 자동차부에서 차를 내리자, 그대로
그를 이끌어 종로로 향한다.

소년은 행길 한복판을 거의 쉴 사이 없이 달리
는 전차에 가, 신기하지도 아무렇지도 않은 듯싶
게 올라타고 있는 수많은 사람들의 얼굴에, 머리
에, 등덜미에, 잠깐 동안 부러움 가득한 눈을 주
었다.

"아버지. 우린, 전차, 안 타요?"

"아, 바루 저긴데, 전찬 뭣하러 타니?"

아무리 '바루 저기'라도, 잠깐 좀 타 보면 어떠
냐고, 소년은 적이 불평이었으나, 다음 순간,
ⓐ 그는 언제까지든 그것 한 가지에만 마음을 주
고 있을 수 없게, 이제까지 시골구석에서 단순한
모든 것에 익숙하여 온 그의 어린 눈과 또 귀는
어지럽게도 바빴다.

전차도 전차려니와, 웬 자동차며 자전거가
그렇게 쉴 새 없이 뒤를 이어서 달리느냐. 어
디 '장'이 선 듯도 싶지 않건만, 사람은 또 웬
사람이 그리 거리에 넘치게 들끓느냐. 이 층,
삼 층, 사 층…… 웬 집들이 이리 높고, 또 그
위에는 무슨 간판이 그리 유난스레도 많이 걸

[A] 려 있느냐. 시골서, '영리하다', '똑똑하다', 바로 별명 비슷이 불려 온 소년으로도, 어느 틈엔가, 제 풀에 딱 벌려진 제 입을 어쩌는 수 없이, 마분지[1] 조각으로 고깔을 만들어 쓰고, 무엇인지 종잇조각을 돌리고 있는 ⓒ 사나이 모양에도, 그의 눈은, 쉽사리 놀라고, 수많은 깃대잡이 아이놈들이 앞장을 서서, ⓒ 몽당수염 난 이가 신 나게 부는 날라리 소리에도, ⓔ 어린 이의 마음은 걷잡을 수 없게 들떴다.

몇 번인가 아버지의 모양을 군중 속에 잃어버릴 뻔하다가는 찾아내고, 찾아내고 한 소년은, 종로 네거리 굉대한[2] 건물 앞에 이르러, 마침내, 아버지의 팔을 잡았다.

– 박태원, 「천변 풍경」 –

---

1) 마분지 : 종이의 하나. 주로 짚을 원료로 하여 만드는데, 빛이 누렇고 질이 낮다.
2) 굉대(宏大)한 : 어마어마하게 큰.

64 '소년'과 '아버지'에 대한 설명으로 가장 적절한 것은?

① 아버지는 소년의 마음을 일일이 헤아리고 있다.
② 아버지와 소년은 종로에서 청량리로 이동하였다.
③ 소년은 서울에서 내내 아버지의 손을 잡고 다녔다.
④ 소년은 전차를 타지 못한 것을 못마땅하게 여겼다.

65 [A]에 대한 설명으로 가장 적절한 것은?

① 인물 간의 대화를 통해 갈등을 유발하고 있다.
② 작품 밖 서술자가 인물의 심리를 드러내고 있다.
③ 우의적 표현을 활용하여 주제 의식을 강화하고 있다.
④ 구체적인 시간을 제시하여 사건의 개연성을 높이고 있다.

66 ⓐ~ⓔ 중 가리키는 대상이 같은 것끼리 묶인 것은?

① ⓐ, ⓒ   ② ⓐ, ⓔ
③ ⓒ, ⓒ   ④ ⓒ, ⓔ

[67~69] 다음 글을 읽고 물음에 답하시오.

|아버지|는 |아들|의 의견을 끝까지 잠잠히 들었다. 그리고,
"점심이나 먹어라. 나두 좀 생각해 봐야 대답 허겠다."
하고는 다시 개울로 나갔고, 떨어졌던 다릿돌을 올려놓고야 들어와 그도 점심상을 받았다.
점심을 자시면서였다.
"원, ⓐ 요즘 사람들은 힘두 줄었나 봐! 그 다리 첨 놀 제 내가 어려서 봤는데 불과 여나믄이서 꺼들던 돌인데, 장정 수십 명이 한나절을 씨름을 허다니!"
"나무다리가 있는데 건 왜 고치시나요?"
"너두 그런 소릴 허는구나. 나무가 돌만 하다든? 넌 그 다리서 고기 잡던 생각두 안 나니? 서울로 공부 갈 때 그 다리 건너서 떠나던 생각 안 나니? ⓛ <u>시쳇사람들</u>은 모두 인정이란 게 사람헌테만 쓰는 건 줄 알드라! 내 할아버니 산소에 상돌을 그 다리로 건네다 모셨구, 내가 천잘 끼구 그 다리루 글 읽으러 댕겼다. 네 어미두 그 다리루 가말 타구 내 집에 왔어. 나 죽건 그 다리루 건네다 묻어라……. 난 서울 갈 생각 없다."

"네?"

"천금이 쏟아진대두 난 땅은 못 팔겠다. 내 아버님께서 손수 이룩허시는 걸 내 눈으루 본 밭이구, 내 할아버님께서 손수 피땀을 흘려 모신 돈으루 작만허신 논들이야. 돈 있다구 어디 가 느르지논 같은 게 있구, 독시장밭 같은 걸 사? 느르지논 둑에 선 느티나문 할아버님께서 심으신 거구, 저 사랑 마당에 은행나무는 아버님께서 심으신 거다. 그 나무 밑에를 설 때마다 난 ⓒ <u>그 어른들 동상(銅像)</u>이나 다름없이 경건한 마음이 솟아 우러러보군 헌다."

〈중략〉

"너루선 어떤 수단을 쓰든지 병원부터 확장하려는 게 과히 엉뚱헌 욕심은 아닐 줄두 안다. 그러나 욕심을 부련 못쓰는 거다. 의술은 예로부터 인술(仁術)이라지 않니? 매살 순탄허게 진실허게 해라."

"……."

"네가 가업을 이어 나가지 않는다군 탄하지 않겠다. 넌 너루서 발전헐 길을 열었구, 그게 또 ⓔ <u>모리지배</u>의 악업이 아니라 활인(活人)허는 인술이구나! 내가 어떻게 불평을 말허니? 다만 삼사 대 집안에서 공들여 이룩해 논 전장을 남의 손에 내맡기게 되는 게 저윽 애석헌 심사가 없달 순 없구……."

"팔지 않으면 그만 아닙니까?"

"나 죽은 뒤에 누가 거두니? 너두 이제두 말했지만 너두 문서 쪽만 쥐구 서울 앉어 지주 노릇만 허게? 그따위 지주허구 작인 틈에서 땅들만 얼말 골른지 아니? 안 된다. 팔 테다. 나 죽을 임시엔 다 팔 테다. 돈에 팔 줄 아니? 사람

헌테 팔 테다. 건너 용문이는 우리 느르지논 같은 건 한 해만 부쳐 보구 죽어두 농군으루 태낳은 걸 한허지 않겠다구 했다. 독시장밭을 내논다구 해 봐라, 문보나 덕길이 같은 사람은 길바닥에 나앉드라두 집을 팔아 살려구 덤빌 게다. 그런 사람들이 땅임자 안 되구 누가 돼야 옳으냐? 그러니 아주 말이 난 김에 내 유언이다. 그런 사람들 무슨 돈으로 땅값을 한목 내겠니? 몇몇 해구 그 땅 소출을 팔아 연년이 갚어 나가게 헐 테니 너두 땅값을랑 그렇게 받어 갈 줄 미리 알구 있거라. 그리구 네 모가 먼저 가면 내가 묻을 거구, 내가 먼저 가게 되면 네 모만은 네가 서울로 그때 데려가렴. 난 샘말서 이렇게 야인(野人)으로나 죄 없는 밥을 먹다 야인인 채 묻힐 걸 흡족히 여긴다."

"……."

"자식의 젊은 욕망을 들어 못 주는 게 애비 된 맘으루두 섭섭하다. 그러나 이 늙은이헌테두 그만 신념쯤 지켜 오는 게 있다는 걸 무시하지 말어다구."

– 이태준, 「돌다리」 –

67 윗글에 대한 설명으로 가장 적절한 것은?
① 대화를 통해 인물의 가치관을 드러내고 있다.
② 인물의 겉모습을 구체적으로 묘사하고 있다.
③ 비현실적 공간이 배경으로 설정되어 있다.
④ 인물 사이의 갈등이 드러나지 않는다.

68 [아들] 에 대한 [아버지] 의 심정으로 가장 적절한 것은?
① '아들'이 '아버지'의 신념을 무시하지 않기를 바란다.
② 의리와 명분을 중시하는 '아들'이 못마땅하다.
③ 병원을 확장하려는 '아들'의 계획이 흐뭇하다.
④ '아들'이 가업을 잇지 못하는 것을 탓한다.

69 ㉠~㉣ 중 │아버지│가 바람직하게 여기는 대상은?

① ㉠   ② ㉡

③ ㉢   ④ ㉣

[70~72] 다음 글을 읽고 물음에 답하시오.

이장은 민 씨를 흘기듯 노려보았다.

"왜, 농민보고 농민 궐기 대회¹⁾ 꼭 나오라 캤는데, 뭐가 잘못됐나."

민 씨는 자신도 모르게 따지는 어조가 되었다.

"군 전체가 모두 모여도 몇 명 안 되었다면서요. 그런 자리에 황만근 씨가 꼭 가야 합니까. 아니, 황만근 씨만 가야 할 이유라도 있습니까. 따로 황만근 씨한테 부탁을 할 정도로."

"이 사람이 뭐라 카는 기라. 이장이 동민한테 농가 부채²⁾ 탕감³⁾ 촉구 전국 농민 총궐기 대회가 있다, 꼭 참석해서 우리의 입장을 밝히자 카는데 뭐가 잘못됐단 말이라."

"잘못이라는 게 아니고요, 다른 사람들은 다 돌아왔는데 왜 황만근 씨만 못 오고 있나 하는 겁니다."

"내가 아나. 읍에 가 보이 장날이더라고. 보나 마나 어데서 술 처먹고 주질러 앉았을 끼라. 백 리 길을 깅운기를 끌고 갔으이 시간도 마이 걸릴 끼고."

다른 사람들은 말이 없었고 민 씨와 이장만이 공을 주고 받는 꼴이 되어 버렸다.

"글쎄, 그 자리에 꼭 황만근 씨만 경운기를 끌고 갔어야 했느냐 이 말입니다. 그것도 고장난 경운기를."

"깅운기를 끌고 오라는 기 내 말이라? 투쟁 방침이 그렇다카이. 깅운기도 그렇지, 고장은 무신 고장, ㉠ 만그이가 그걸 하루 이틀 몰았나. 남들이 못 몬다 뿌이지."

"그럼 이장님은 왜 경운기를 안 타고 가고 트럭을 타고 가셨나요. 이장님부터 솔선수범을 해야지 다른 동민들이 따라 할 텐데, 지금 거

꾸로 되었잖습니까."

"내사 민사무소⁴⁾에서 인원 점검하고 다른 이장들하고 의논도 해야 되고 울매나 ㉡ 바쁜 사람인데 깅운기를 타고 언제 가고 말고 자빠졌나. 다른 동네 이장들도 민소 앞에서 모이 가이고 트럭 타고 갔는 거를. 진짜로 깅운기를 끌고 갔으마 군 대회에는 늦어도 한참 늦었지. 군청에 갔는데 비가 와 가이고 온 사람도 및 없더마. 소리마 및 분 지르고 왔지. 군청까지 깅운기를 타고 갈 수나 있던가. 국도에 차들이 미치괘이맨구로 쌩쌩 달리는데 받히마 우애라고. 다른 동네서는 자가용으로 간 사람도 쌨어."

"그러니까 국도를 갈 때는 여러 사람이 한꺼번에 경운기를 여러 대 끌고 가자는 거였잖습니까. 시위도 하고 의지도 보여 준다면서요. 허허, 나 참."

"아침부터 바쁜 사람 불러내 놓더이, 사람 말을 알아듣도 못하고 엉뚱한 소리만 해 싸. 누구맨구로 반동가리가 났나."

기어이 민 씨는 버럭 소리를 지르고야 말았다.

"반편은 누가 반편입니까. 이장이니 지도자니 하는 사람들이 모여서 방침을 정했으면 그대로 해야지, 양복 입고 자가용 타고 간 사람은 오고, 방침대로 ㉢ 경운기 타고 간 사람은 오지도 않고, 이게 무슨 경우냐구요."

"이 자슥이 뉘 앞에서 눈까리를 똑바로 뜨고 소리를 뺙뺙 질러 쌓노. 도시에서 쫄딱 망해 가이고 귀농을 했시모 얌전하게 납작 엎드려 있어도 동네 사람 시키 줄까 말까 한데, 뭐라꼬? 내가 만그이 이미냐, 애비냐. ㉣ 나이 오십 다 된 기 어데를 가든동 오든동 지가 알아서 해야지, 목사리 끌고 따라다니까?"

– 성석제, 「황만근은 이렇게 말했다」 –

---

1) 궐기 대회 : 어떤 문제의 해결책을 촉구하기 위하여 뜻있는 사람들이 함께 일어나 행동하는 모임.
2) 부채 : 남에게 빚을 짐. 또는 그 빚.
3) 탕감 : 빚이나 요금, 세금 따위의 물어야 할 것을 덜어 줌.
4) 민사무소 : '면사무소'의 방언(경상).

70 윗글에 대한 설명으로 가장 적절한 것은?

① 대화를 통해 인물 간의 갈등을 드러내고 있다.

② 서술자가 직접 경험한 사실을 객관적으로 제시하고 있다.

③ 자연물에 인격을 부여하여 인물의 심리를 보여주고 있다.

④ 과거와 현재를 교차하며 인물의 성격 변화를 보여주고 있다.

71 윗글에서 알 수 있는 내용을 〈보기〉에서 골라 바르게 묶은 것은?

┤ 보기 ├

ㄱ. 대규모 토지 거래가 활발하게 이루어졌다.

ㄴ. 도시에서 농촌으로 귀농하는 사람이 있었다.

ㄷ. 산업화로 인해 농촌의 상권이 급격히 발달하였다.

ㄹ. 농촌 사회의 부채 문제 때문에 퀼기 대회가 열렸다.

① ㄱ, ㄴ ② ㄴ, ㄷ

③ ㄴ, ㄹ ④ ㄷ, ㄹ

72 ㉠~㉣ 중 지칭하는 대상이 나머지와 <u>다른</u> 것은?

① ㉠ ② ㉡

③ ㉢ ④ ㉣

---

04 고전 산문

[73~75] 다음 글을 읽고 물음에 답하시오.

[앞부분 줄거리] 명나라 때 홍무와 부인 양씨는 뒤늦게 계월을 낳아, 남자 옷을 입혀 기른다. 난을 피하다가 부모와 헤어진 계월을 여공이 구해 평국이라는 이름을 지어 주고, 아들 보국과 함께 곽 도사에게 수학하게 한다. 평국은 보국과 함께 과거에 급제하고, 서달의 난이 일어나자 출전하여 공을 세운다. 그 후 평국은 병이 들어 어의에게 진맥을 받고 난 뒤 여자임이 밝혀진다.

계월이 천자께 ㉠ 상소를 올리자 임금께서 보셨는데 상소의 내용은 다음과 같았다.

'한림학사 겸 대원수 좌승상 청주후 평국은 머리를 조아려 백 번 절하고 아뢰옵나이다. 신첩이 다섯 살이 되기 전에 장사랑의 난에 부모를 잃었사옵니다. 그리고 도적 맹길의 환을 만나 물속의 외로운 넋이 될 뻔한 것을 여공의 덕으로 살아났사옵니다. 오직 한 가지 생각을 했으니, 곧 여자의 행실을 해서는 규중에서 늙어 부모의 해골을 찾지 못할 것이라는 점입니다. 그래서 여자의 행실을 버리고 남자의 옷을 입어 황상을 속이옵고 조정에 들었사오니 신첩의 죄는 만 번을 죽어도 아깝지 않습니다. 이에 감히 아뢰어 죄를 기다리옵고 내려 주셨던 유지(諭旨)[1]와 인수(印綬)[2]를 올리옵나이다. 임금을 속인 죄를 물어 신첩을 속히 처참하옵소서.'

천자께서 글을 보시고 용상(龍床)을 치며 말씀하셨다.

"평국을 누가 여자로 보았으리오? 고금에 없는 일이로다. 천하가 비록 넓으나 문무(文武)를 다 갖추어 갈충보국(竭忠報國)[3]하고, 충성과 효도를 다하며 조정 밖으로 나가서는 장수가 되고 들어와서는 재상이 될 만한 재주를 가진 이는 남자 중에도 없을 것이로다. 평국이 비록 여자지만 그 벼슬을 어찌 거두겠는가?"

[중간 줄거리] 천자의 중매로 계월과 보국은 혼인을 하게 된다. 혼인 후 계월은 규중에서 지내다가 오랑캐를 진압하라는 천자의 명을 받는다.

평국이 엎드려 아뢰었다.

"신첩이 외람되게 폐하를 속이고 공후의 작록을 받아 영화로이 지낸 것도 황공했사온데 폐하께서는 죄를 용서해 주시고 신첩을 매우 사랑하셨사옵니다. 신첩이 비록 어리석으나 힘을 다해 성은을 만분의 일이나 갚으려 하오니 폐하께서는 근심하지 마옵소서."

천자께서 이에 크게 기뻐하시고 즉시 수많은 군사와 말을 징발해 주셨다. 그리고 벼슬을 높여 평국을 대원수로 삼으시니 원수가 사은숙배(謝恩肅拜)하고 위의를 갖추어 친히 붓을 잡아 보국에게 전령(傳令)을 내렸다.

"적병의 형세가 급하니 중군장은 급히 대령하여 군령을 어기지 마라."

보국이 전령을 보고 분함을 이기지 못해 부모에게 말했다.

"계월이 또 소자를 중군장으로 부리려 하오니 이런 일이 어디에 있사옵니까?"

여공이 말했다.

"전날 내가 너에게 무엇이라 일렀더냐? 계월이를 괄시하다가 이런 일을 당했으니 어찌 계월이가 그르다고 하겠느냐? 나랏일이 더할 수 없이 중요하니 어쩔 수 없구나."

– 작자 미상, 「홍계월전」 –

---

1) 유지(諭旨) : 임금이 신하에게 내리던 글.
2) 인수(印綬) : 벼슬에 임명될 때 임금에게 받는 도장을 몸에 차기 위한 끈.
3) 갈충보국(竭忠報國) : 충성을 다해 나라의 은혜를 갚음.

73 윗글에 대한 설명으로 가장 적절한 것은?

① 인물의 말을 통해 대상을 평가하고 있다.
② 다른 사물에 빗대어 대상을 비판하고 있다.
③ 계절의 변화를 통해 비극적 상황을 강조하고 있다.
④ 꿈과 현실을 교차하여 인물의 과거를 보여주고 있다.

74 윗글의 인물에 대한 설명으로 가장 적절한 것은?

① 천자는 '여공'을 중군장으로 삼고자 한다.
② '평국'은 천자로부터 능력을 인정받고 있다.
③ '보국'은 대원수인 '계월'의 권위를 인정하고 있다.
④ '여공'은 '계월'이 아닌 '보국'의 편을 들어주고 있다.

75 ㉠의 중심 내용으로 가장 적절한 것은?

① 자신의 혼인을 부탁하고 있다.
② 천자를 속인 죄에 대해 벌을 청하고 있다.
③ 벼슬을 거두지 말아 달라고 간청하고 있다.
④ 여성에 대한 차별을 없애 달라고 요구하고 있다.

[76~78] 다음 글을 읽고 물음에 답하시오.

> (가) 좌수(座首) 별감(別監) 넋을 잃고 이방, 호방 혼을 잃고 나졸들이 분주하네. 모든 수령 도망갈 제 거동 보소. 인궤¹⁾ 잃고 강정 들고, 병부(兵符)²⁾ 잃고 송편 들고, 탕건³⁾ 잃고 용수⁴⁾ 쓰고, 갓 잃고 소반 쓰고, 칼집 쥐고 오줌 누기. 부서지는 것은 거문고요 깨지는 것은 북과 장고라. 본관 사또가 똥을 싸고 멍석 구멍 생쥐 눈 뜨듯 하고, 안으로 들어가서,
>
> "어, 추워라. 문 들어온다 바람 닫아라. 물 마르다 목 들여라."
>
> 〈중략〉
>
> 어사또 분부하되,
> "너 같은 년이 수절한다고 관장(官長)⁵⁾에게 포악하였으니 살기를 바랄쏘냐. 죽어 마땅하되 내 수청도 거역할까?"

춘향이 기가 막혀,

"내려오는 관장마다 모두 명관(名官)이로구나. 어사또 들으시오. 충암절벽(層巖絶壁) 높은 바위가 바람 분들 무너지며, 청송녹죽(靑松綠竹) 푸른 나무가 눈이 온들 변하리까. 그런 분부 마옵시고 어서 바삐 죽여 주오." 하며,

"향단아, 서방님 어디 계신가 보아라. 어젯밤에 옥 문간에 와 계실 제 천만당부 하였더니 어디를 가셨는지 나 죽는 줄 모르는가."

어사또 분부하되, "얼굴 들어 나를 보라."

하시니 춘향이 고개 들어 위를 살펴보니, 걸인으로 왔던 낭군이 분명히 어사또가 되어 앉았구나. 반웃음 반울음에,

"얼씨구나, 좋을시고 어사 낭군 좋을시고. 남원 읍내 가을이 들어 떨어지게 되었더니, 객사에 봄이 들어 이화춘풍(李花春風) 날 살린다. 꿈이냐 생시냐? 꿈을 깰까 염려로다."

– 작자 미상, 「춘향전」 –

---

1) 인궤 : 관아에서 쓰는 각종 도장을 넣어 두던 상자.
2) 병부(兵符) : 군대를 동원하는 표지로 쓰던 동글납작한 나무패.
3) 탕건 : 벼슬아치가 갓 아래 받쳐 쓰던 관(冠)의 하나.
4) 용수 : 죄수의 얼굴을 보지 못하도록 머리에 씌우는 둥근 통 같은 기구.
5) 관장(官長) : 관가의 장(長). 고을의 원을 높여 이르던 말.

76 윗글에 대한 설명으로 알맞은 것은?

① 판소리로 공연되기도 하였다.
② 궁중에서 발생하여 민간으로 유입되었다.
③ 조선 시대 양반 계층에 한하여 향유되었다.
④ 우리 문자가 없던 시기라 한자로 기록되었다.

77 (가)에 대한 설명으로 적절하지 않은 것은?

① 유사한 문장 구조를 반복하여 운율감을 드러내고 있다.
② 음성 상징어를 활용하여 긴박한 상황을 나타내고 있다.
③ 비유적 표현을 사용하여 인물의 행동을 보여 주고 있다.
④ 단어의 위치를 의도적으로 뒤바꾸어 웃음을 유발하고 있다.

78 윗글에서 확인할 수 있는 내용으로 알맞은 것은?

① '춘향'은 '어사또'의 수청 제안을 거절했다.
② '어사또'는 지난밤에 옥 문간에서 '걸인'을 만났다.
③ '춘향'은 내려오는 관장을 모두 긍정적으로 평가했다.
④ '향단'은 '어사또'의 정체를 알고 기쁨의 눈물을 흘렸다.

[79~81] 다음 글을 읽고 물음에 답하시오.

집에 오래 지탱할 수 없이 퇴락한 행랑채¹⁾ 세 칸이 있어서 나는 부득이 그것을 모두 수리하게 되었다. 이때 그중 두 칸은 비가 샌 지 오래됐는데, 나는 ㉮ 그것을 알고도 어물어물하다가 미처 수리하지 못하였고, 다른 한 칸은 ㉠ 한 번밖에 비를 맞지 않았기에 급히 기와를 갈게 하였다.

그런데 수리하고 보니, 비가 샌 지 오래된 것은 서까래²⁾ · 추녀³⁾ · 기둥 · 들보⁴⁾가 모두 썩어서 못 쓰게 되었으므로 경비가 많이 들었고, 한 번밖에 비를 맞지 않은 것은 재목들이 모두 완전하여 다시 쓸 수 있었기 때문에 경비가 적게 들었다.

나는 여기에서 이렇게 생각한다. 사람의 몸도 마찬가지다. ⓒ 잘못을 알고도 곧 고치지 않으면 몸이 패망[5]하는 것이 나무가 썩어서 못 쓰게 되는 이상으로 될 것이고, ⓒ 잘못이 있더라도 고치기를 꺼려하지 않으면 다시 좋은 사람이 되는 것이 집 재목이 다시 쓰일 수 있는 이상으로 될 것이다.

이뿐만 아니라, 나라의 정사[6]도 이와 마찬가지다. 모든 일에서, ② 백성에게 심한 해가 될 것을 머뭇거리고 개혁하지 않다가, 백성이 못살게 되고 나라가 위태하게 된 뒤에 갑자기 변경하려 하면, 곧 붙잡아 일으키기가 어렵다. 삼가지 않을 수 있겠는가?

– 이규보, 「이옥설」 –

---

1) 행랑채 : 대문간 곁에 있는 집채.
2) 서까래 : 마룻대에서 도리 또는 보에 걸쳐 지른 나무.
3) 추녀 : 네모지고 끝이 번쩍 들린, 처마의 네 귀에 있는 큰 서까래.
4) 들보 : 칸과 칸 사이의 두 기둥을 건너지른 나무.
5) 패망 : 싸움에 져서 망함.
6) 정사 : 정치 또는 행정상의 일.

79 윗글에 대한 설명으로 가장 적절한 것은?

① 타인에게 들은 이야기를 전달하고 있다.
② 옛 문헌을 인용하여 신뢰성을 높이고 있다.
③ 구체적인 역사적 사건에 대한 견해를 제시하고 있다.
④ 글쓴이의 체험과 깨달음을 통해 교훈을 드러내고 있다.

80 ㉮와 의미가 유사한 것을 ㉠~㉣에서 고른 것은?

① ㉠, ㉡ 　　　　② ㉠, ㉢
③ ㉡, ㉣ 　　　　④ ㉢, ㉣

81 윗글을 읽은 독자의 반응으로 적절하지 <u>않은</u> 것은?

① '쇠뿔도 단김에 빼라.'라는 말처럼 나쁜 습관을 발견하면 바로 고쳐야겠군.
② 나쁜 습관을 바로 고치지 않으면 '호미로 막을 것을 가래로 막는다.'라는 말처럼 되겠군.
③ '까마귀 날자 배 떨어진다.'라는 말처럼 나쁜 습관이 우연히 좋은 결과를 가져오기도 하는군.
④ 사소하더라도 나쁜 습관을 방치하면 '가랑비에 옷 젖는 줄 모른다.'라는 말처럼 상황이 점점 안 좋아지겠군.

[82~84] 다음 글을 읽고 물음에 답하시오.

심청이 들어와 눈물로 밥을 지어 아버지께 올리고, 상머리에 마주 앉아 아무쪼록 진지 많이 잡수시게 하느라고 자반도 떼어 입에 넣어 드리고 김쌈도 싸서 수저에 놓으며,
"진지를 많이 잡수셔요."
심 봉사는 철도 모르고,
"야, 오늘은 반찬이 유난히 좋구나. 뉘 집 제사 지냈느냐?"
그날 밤에 　꿈　을 꾸었는데, 부자간은 천륜지간(天倫之間)이라 꿈에 미리 보여주는 바가 있었다.
"아가 아가, 이상한 일도 있더구나. 간밤에 꿈을 꾸니, 네가 큰 수레를 타고 한없이 가 보이더구나. 수레라 하는 것이 귀한 사람이 타는 것인데 우리 집에 무슨 좋은 일이 있을란가보다. 그렇지 않으면 장 승상 댁에서 가마 태워 갈란가 보다."
심청이는 저 죽을 꿈인 줄 짐작하고 둘러대기를,
"그 꿈 참 좋습니다."
하고 진짓상을 물려 내고 담배 태워 드린 뒤에 밥

상을 앞에 놓고 먹으려 하니 간장이 썩는 눈물은 눈에서 솟아나고, 아버지 신세 생각하며 저 죽을 일 생각하니 정신이 아득하고 몸이 떨려 밥을 먹지 못하고 물렸다. 그런 뒤에 심청이 사당에 하직하려고 들어갈 제, 다시 세수하고 사당문을 가만히 열고 하직 인사를 올렸다.

"못난 여손(女孫) 심청이는 아비 눈 뜨기를 위하여 인당수 제물로 몸을 팔려 가오매, 조상 제사를 끊게 되오니 사모하는 마음을 이기지 못하겠습니다."

울며 하직하고 사당문 닫은 뒤에 아버지 앞에 나와 두 손을 부여잡고 기절하니, 심 봉사가 깜짝 놀라,

"아가 아가, 이게 웬일이냐? 정신 차려 말하거라."

심청이 여쭙기를,

"제가 못난 딸자식으로 아버지를 속였어요. 공양미 삼백 석을 누가 저에게 주겠어요. 남경 뱃사람들에게 인당수 제물로 몸을 팔아 오늘이 떠나는 날이니 저를 마지막 보셔요."

심 봉사가 이 말을 듣고,

[A]
"참말이냐, 참말이냐? 애고 애고, 이게 웬 말인고? 못 가리라, 못 가리라. 네가 날더러 묻지도 않고 네 마음대로 한단 말이냐? 네가 살고 내가 눈을 뜨면 그는 마땅히 할 일이나, 자식 죽여 눈을 뜬들 그게 차마 할 일이냐? 너의 어머니 늦게야 너를 낳고 초이레 안에 죽은 뒤에, 눈 어두운 늙은 것이 품 안에 너를 안고 이집 저집 다니면서 구차한 말 해 가면서 동냥젖 얻어 먹여 이만치 자랐는데, 내 아무리 눈 어두우나 너를 눈으로 알고, 너의 어머니 죽은 뒤에 걱정 없이 살았더니 이 말이 무슨 말이냐? 마라 마라, 못하리라. 아내 죽고 자식 잃고 내 살아서 무엇하리? 너하고 나하고 함께 죽자. 눈을 팔아 너를 살 터에 너를 팔아 눈을 뜬들 무엇을 보려고 눈을 뜨리?"

– 작자 미상, 완판본 「심청전」 –

82 윗글의 내용과 일치하지 <u>않는</u> 것은?

① 심청은 자신이 떠나야 하는 까닭을 아버지에게 밝혔다.

② 심청은 아버지에게 하직 인사를 하기 위해 사당으로 들어갔다.

③ 심 봉사는 자신을 위해 제물이 되려는 심청의 결정을 만류하고 있다.

④ 심청은 자신이 떠난 후 조상의 제사를 지내지 못하는 것을 안타까워하고 있다.

83 꿈 의 기능으로 가장 적절한 것은?

① 심청의 영웅적 능력을 드러낸다.

② 심청의 앞날에 일어날 일을 암시한다.

③ 심 봉사와 심청의 갈등 해소의 계기가 된다.

④ 심청이 겪었던 과거의 위기 상황을 보여 준다.

84 [A]에 대한 설명으로 적절한 것은?

① 설의적 표현을 통해 삶의 희망을 드러내고 있다.

② 의인화를 통해 현실을 우회적으로 비판하고 있다.

③ 해학적 표현을 통해 슬픔을 웃음으로 승화하고 있다.

④ 반복적인 표현을 통해 인물의 안타까운 심정을 드러내고 있다.

[85~87] 다음 글을 읽고 물음에 답하시오.

수오재(守吾齋), 즉 '나를 지키는 집'은 큰형님이 자신의 서재에 붙인 이름이다. 나는 처음 그 이름을 보고 의아하게 여기며, "나와 단단히 맺어져 서로 떠날 수 없기로는 '나'보다 더한 게 없다. 비록 지키지 않는다 한들 '나'가 어디로 갈 것인가. 이상한 이름이다."라고 생각했다.

장기로 귀양 온 이후 나는 홀로 지내며 생각이 깊어졌는데, 어느 날 갑자기 이러한 의문점에 대해 환히 깨달을 수 있었다. 나는 벌떡 일어나 다음과 같이 말했다.

[가]
천하 만물 중에 지켜야 할 것은 오직 ㉠'나' 뿐이다. 내 밭을 지고 도망갈 사람이 있겠는가? 그러니 밭은 지킬 필요가 없다. ㉡ 내 집을 지고 달아날 사람이 있겠는가? 그러니 집은 지킬 필요가 없다. 내 동산의 ㉢ 꽃나무와 과실나무들을 뽑아 갈 수 있겠는가? 나무뿌리는 땅속 깊이 박혀 있다. 내 책을 훔쳐 가서 없애 버릴 수 있겠는가? ㉣ 성현(聖賢)의 경전은 세상에 널리 퍼져 물과 불처럼 흔한 데 누가 능히 없앨 수 있겠는가. 내 옷과 양식을 도둑질하여 나를 궁색하게 만들 수 있겠는가? 천하의 실이 모두 내 옷이 될 수 있고, 천하의 곡식이 모두 내 양식이 될 수 있다. 도둑이 비록 훔쳐 간다 한들 하나둘에 불과할 터, 천하의 모든 옷과 곡식을 다 없앨 수는 없다. 따라서 천하 만물 중에 꼭 지켜야만 하는 것은 없다.

그러나 유독 이 '나'라는 것은 그 성품이 달아나기를 잘하며 출입이 무상하다. 아주 친밀하게 붙어 있어 서로 배반하지 못할 것 같지만 잠시라도 살피지 않으면 어느 곳이든 가지 않는 곳이 없다. 이익으로 유혹하면 떠나가고, 위험과 재앙으로 겁을 주면 떠나가며, 질탕한 음악 소리만 들어도 떠나가고, 미인의 예쁜 얼굴과 요염한 자태만 보아도 떠나간다. 그런데 한번 떠나가면 돌아올 줄 몰라 붙잡아 만류할 수 없다. 그러므로 천하 만물 중에 잃어버리기 쉬운 것으로는 '나'보다 더

한 것이 없다. 그러니 꽁꽁 묶고 자물쇠로 잠가 '나'를 굳게 지켜야 하지 않겠는가?

― 정약용, 「수오재기(守吾齋記)」 ―

85 윗글의 갈래에 대한 설명으로 적절한 것은?

① 행과 연으로 내용을 구분하고 있다.
② 글쓴이의 경험과 깨달음을 전달한다.
③ 등장인물, 대사, 행동이 주된 구성 요소이다.
④ 현실을 반영하여 있을 법한 이야기를 꾸며 낸다.

86 [가]의 내용을 고려할 때 ㉠~㉣ 중 성격이 다른 하나는?

① ㉠   ② ㉡
③ ㉢   ④ ㉣

87 윗글에 드러난 글쓴이의 주된 관점으로 가장 적절한 것은?

① '나'는 나와 맺어져 있어 떠날 수 없다.
② 천하엔 '나'보다 지켜야 할 소중한 것이 많다.
③ 나는 '나'와 타인을 위해서 독서를 해야 한다.
④ 나는 '나'를 잃어버리지 않게 잘 지켜야 한다.

[88~90] 다음 글을 읽고 물음에 답하시오.

이 대장은 힘없이 말했다.
"사대부들이 모두 조심스럽게 예법(禮法)을 지키는데, 누가 변발(辮髮)을 하고 호복(胡服)을 입으려 하겠습니까?"
허생은 크게 꾸짖어 말했다.

[A]
"소위 사대부란 것들이 무엇이란 말이냐? 오랑캐 땅에서 태어나 자칭 사대부라 뽐내다니 이런 어리석을 데가 있느냐? 의복은 흰옷을 입으니 그것이야말로 상인(喪人)이나 입는 것이고, 머리털을 한데 묶어 송곳같이 만드는 것은 남쪽 오랑캐의 습속에 지나지 못한데, 대체 무엇을 가지고 예법이라 한단 말인가? 번오기(樊於期)는 원수를 갚기 위해서 자신의 머리를 아끼지 않았고, 무령왕(武靈王)은 나라를 강성하게 만들기 위해서 되놈의 옷을 부끄럽게 여기지 않았다. 이제 대명(大明)을 위해 원수를 갚겠다 하면서, 그까짓 머리털 하나를 아끼고, 또 장차 말을 달리고 칼을 쓰고 창을 던지며 활을 당기고 돌을 던져야 할 판국에 소매 넓은 옷을 고쳐 입지 않고 딴에 예법이라고 한단 말이냐? 내가 세 가지를 들어 말하였는데, 너는 한 가지도 행하지 못한다면서 그래도 신임받는 신하라 하겠는가? 신임받는 신하라는 게 참으로 이렇단 말이냐? 너 같은 자는 칼로 목을 잘라야 할 것이다."

하고 좌우를 돌아보며 칼을 찾아서 찌르려 했다. 이 대장은 놀라서 일어나 급히 뒷문으로 뛰쳐나가 도망쳐서 돌아갔다.
㉠ 이튿날, 다시 찾아가 보았더니, 집이 텅 비어 있고, 허생은 간 곳이 없었다.

– 박지원, 「허생전」 –

88 윗글에 대한 설명으로 가장 적절한 것은?

① 인간 세상을 자연에 빗대어 풍자하였다.
② 인물의 정서를 3・4조 운율로 표현하였다.
③ 인물 간의 대립을 통하여 이야기를 전개하였다.
④ 무대 상연을 목적으로 대화에 초점을 두어 서술하였다.

89 [A]에 나타난 '허생'의 말하기에 대한 설명으로 적절하지 않은 것은?

① 실리를 부정하며 상대의 의견을 반박하고 있다.
② 상대의 의견에 반론을 제기하며 상대를 꾸짖고 있다.
③ 역사적 인물을 내세워 상대의 태도를 비판하고 있다.
④ 상대의 무능한 태도에 분노하며 상대를 위협하고 있다.

90 ㉠에 대한 설명으로 가장 적절한 것은?

① 결말을 열어 두어 상상의 여지를 남겼다.
② 과거 회상을 통하여 역순행적 구성을 완성하였다.
③ 비극적 결말로 마무리하여 권선징악의 교훈을 주었다.
④ 인물의 현실 순응적 모습을 통해 주제 의식을 강조하였다.

[91~93] 다음 글을 읽고 물음에 답하시오.

홍부 이 말을 듣고 형의 집에 건너갈 제, 치장을 볼작시면, 편자[1] 없는 헌 망건에 박 쪼가리 관자[2] 달고, 물렛줄로 당끈 달아 대가리 터지게 동이고, 깃만 남은 중치막 동강 이은 헌 술띠를 흉복통에 눌러 띠고, 떨어진 헌 고의에 청올치[3]로 대님 매고, 헌 짚신 감발하고[4] 세살부채 손에 쥐고, 서 홉들이 오망자루[5] 꽁무니에 비슥 차고, 바람맞은 병인같이 잘 쏘는 사수같이 어슥비슥 건너 달아 형의 집에 들어가서 전후좌우 바라보니, 앞 노적[6], 뒤 노적, 멍에 노적 담불 담불 쌓였으니, 홍부 마음 즐거우나 놀부 심사 무거하여[7] 형제끼리 내외하여 구박이 태심하니, 홍부 하릴없이 뜰 아래서 문안하니, 놀부가 묻는 말이,

"네가 뉜고?"

"내가 홍부요."

"홍부가 뉘 아들인가?"

"애고 형님 이것이 웬 말이오? 비나이다, 형님 전에 비나이다. 세끼 굶어 누운 자식 살려 낼 길 전혀 없으니, 쌀이 되나 벼가 되나 양단간에 주시면 품을 판들 못 갚으며 일을 한들 공할쏜가. 부디 옛일을 생각하여 사람을 살려 주오."

〈중략〉

탄식하고 돌아오니, 홍부 아내 거동 보소. 홍부 오기를 기다리며 우는 아기 달래 올 제 물레질하며,

"아가 아가 우지 마라. 어제저녁 김 동지 집 용정 방아 찧어 주고 쌀 한 되 얻어다가 너희들만 끓여 주고 우리 양주[8] 어제 저녁 이때까지 그저 있다."

"잉잉잉."

"너 아버지 저 건너 아주버니 집에 가서 돈이 되나 쌀이 되나 양단간에 얻어 오면, 밥을 짓고 국을 끓여 너도 먹고 나도 먹자. 우지 마라."

"잉잉잉."

아무리 달래어도 악 치듯 보채는구나. 홍부 아내 하릴없이 홍부 오기 기다릴 제, 의복 치장 볼작시면, 깃만 남은 저고리, 다 떨어진 누비바지 몽당치마 떨쳐입고, 목만 남은 헌 버선에 뒤축 없는 짚신 신고, 문밖에 썩 나서며 머리 위에 손을 얹고 기다릴 제, 칠년대한[9] 가문 날에 비 오기 기다리듯, 장마 진데 볕 나기 기다리듯, 제갈량 칠성단에 ⊙동남풍 기다리듯, ⓛ강태공 위수상에 시절을 기다리듯, 만 리 전장에 승전하기 기다리듯, 어린아이 경풍에 ⓒ의원을 기다리듯, 독수공방에 ⓔ낭군 기다리듯, 춘향이 죽게 되어 이 도령 기다리듯, 과년한 노처녀 시집가기 기다리듯, 삼십 넘은 노도령 장가가기 기다리듯, 장중에 들어가서 과거 하기 기다리듯, 세끼 굶어 누운 자식 홍부 오기 기다린다.

– 작자 미상, 「홍부전」 –

---

1) 편자 : 망건을 졸라매기 위하여 아래 시울에 붙여 말총으로 좁고 두껍게 짠 띠.
2) 관자 : 망건에 달아 당줄을 꿰는 작은 단추 모양의 고리.
3) 청올치: 칡덩굴의 속껍질. 베를 짤 수도 있고 노를 만드는 재료로도 쓴다.
4) 감발하고 : 발에 발감개를 하고
5) 오망자루 : 볼품없이 생긴 자그마한 자루.
6) 노적 : 곡식 따위를 한데에 수북이 쌓음. 또는 그런 물건.
7) 무거하여 : 성질이 말할 수 없이 흉측하여
8) 양주 : 바깥주인과 안주인이라는 뜻으로, '부부'를 이르는 말.
9) 칠년대한 : 칠 년 동안이나 내리 계속되는 큰 가뭄.

91 윗글에 대한 설명으로 가장 적절한 것은?

① 영웅의 일대기를 그리고 있다.

② 주로 과거형 시제로 서술하고 있다.

③ 비슷한 구조의 어구를 나열하고 있다.

④ 아버지와 아들 간의 갈등을 다루고 있다.

92 윗글의 인물에 대한 설명으로 적절하지 <u>않은</u> 것은?

① 흥부는 초라한 행색으로 놀부를 찾아간다.

② 흥부의 아내는 놀부의 도움을 바라고 있다.

③ 흥부는 잘못을 반성하며 용서를 구하고 있다.

④ 놀부는 흥부의 방문을 탐탁지 않게 생각하고 있다.

93 ㉠~㉣ 중 '흥부'를 비유하지 <u>않은</u> 것은?

① ㉠　　　　　② ㉡

③ ㉢　　　　　④ ㉣

[94~96] 다음 글을 읽고 물음에 답하시오.

이때 강 승상에게는 아들은 없고 다만 딸 하나만 있었다. 부인 소씨가 딸아이를 낳을 때에 한 선녀가 오색구름을 타고 내려와 소씨에게 말하기를,

"소녀는 옥황의 선녀입니다. 자미원 대장성과 연분(緣分)을 맺고 있었는데 옥황께서 소녀를 강씨의 집안으로 보내기에 왔으니, 부인은 불쌍하게 여겨 주십시오."

하거늘, 부인이 혼미한 가운데 딸아이를 낳으니 용모가 비범하고 거동이 단정하였다. 시 짓기와 글쓰기를 잘하고, 모르는 음률(音律)이 없었으니 여자 가운데 군자요, 총명한 지혜는 짝을 이룰 만한 사람이 없었다. 부모가 사랑하여 사윗감을 쉽게 고르지 못하고 염려하였는데, 천만다행으로 충렬을 데려다가 외당에 거처케 하고 자식같이 길러 내니, 충렬의 고귀한 상(相)은 이루 말로 다 표현하기 어려울 정도였다. 부귀 작록(富貴爵祿)은 대적할 사람이 없고 영웅 준걸은 만고의 제일이었다.

〈중략〉

승상이 밖에 나와 충렬의 손을 잡고,

"결혼과 관련하여 너에게 긴히 할 말이 있다. 내가 늙은 말년에 오로지 딸 하나만 두었는데, 지금 보니 너와 하늘이 정해 준 배필임이 분명하다. 이제 백년고락(百年苦樂)을 너에게 부탁하겠다."

하시는데, 충렬이 무릎을 꿇고 앉아 눈물을 흘리며 여쭈었다.

[A] "소자의 목숨을 구해 주시고 또 슬하(膝下)에 두고자 하시니 감사하기 이를 데가 없습니다. 다만 가슴속에 통탄할 일이 사무쳐 있습니다. 소자가 복이 없어 양친(兩親)의 생사를 모른 채 결혼하여 아내를 얻는 것은 자식으로서 할 도리가 아닙니다. 이것이 한스러울 뿐입니다."

승상이 그 말 듣고 슬픔에 젖어서 충렬의 손을 잡고 말하기를,

[B] "이것은 때에 맞추어 임기응변으로 일을 적절하게 처리하는 방법이다. 너의 집 시조공(始祖公)도 일찍 부모를 여의고 장씨 가문에 장가가서 어진 임금을 만나 개국 공신이 되었으니, 조금도 서러워 마라."

하시고, 즉시 좋은 날을 택하여 혼례를 치르니, 아름다운 신랑과 신부의 모습은 하늘에서 죄를 짓고 인간 세상에 내려온 신선이 분명하였다.

– 작자 미상, 「유충렬전」 –

94 윗글에 대한 설명으로 적절하지 <u>않은</u> 것은?

① 비범성이 있는 재자가인(才子佳人)형 인물이 소개되고 있다.

② 사건이 전개되는 과정에서 서술자가 바뀌고 있다.

③ 인물의 성격이나 특성을 직접적으로 제시하고 있다.

④ 기이하고 비현실적인 요소가 드러나 있다.

95 [A]에 나타난 '충렬'의 가치관으로 가장 적절한 것은?

① 사적인 일보다 공적인 일을 먼저 해야 한다.

② 부모에 대한 자식의 도리를 다해야 한다.

③ 사실을 바탕으로 진리를 탐구해야 한다.

④ 출타 전에는 의복을 단정히 해야 한다.

96 [B]에서 '충렬'을 설득하기 위한 '강 승상'의 말하기 방식으로 가장 적절한 것은?

① '충렬'의 부모와 교분이 있었음을 강조하고 있다.

② '충렬'을 구하던 당시 상황을 환기시키고 있다.

③ '충렬'의 조상에 대한 과거 사례를 들고 있다.

④ 관직을 지낸 자신의 업적을 거론하고 있다.

[97~99] 다음 글을 읽고 물음에 답하시오.

"백탑(白塔)이 현신함을 아뢰옵니다."

태복은 정 진사의 마두¹⁾다. 산모롱이에 가려 백탑은 아직 보이지 않는다. 재빨리 말을 채찍질했다. 수십 걸음도 못가서 모롱이를 막 벗어나자 눈앞이 어른어른하면서 갑자기 한 무더기의 검은 공들이 오르락내리락한다. 나는 오늘에야 알았다. 인생이란 본시 어디에도 의탁할 곳 없이 다만 하늘을 이고 땅을 밟은 채 떠도는 존재일 뿐이라는 사실을. 말을 세우고 사방을 돌아보다가, 나도 모르는 사이에 손을 들어 이마에 얹고 이렇게 외쳤다.

"훌륭한 울음터로다! 크게 한번 통곡할 만한 곳이로구나!"

정 진사가 묻는다.

"하늘과 땅 사이의 툭 트인 경계를 보고 별안간 통곡을 생각하시다니, 무슨 말씀이신지?"

"그렇지, 그렇고말고! 아니지, 아니고말고. 천고의 영웅은 울기를 잘했고, 천하의 미인은 눈물이 많았다네. 하지만 그들은 몇 줄기 소리 없는 눈물을 옷깃에 떨굴 정도였기에, 그들의 울음소리가 천지에 가득 차서 쇠나 돌에서 나오는 듯했다는 말은 들어 본 적이 없다네. 사람들은 다만 칠정(七情) 가운데 오직 슬플 때만 우는 줄로 알 뿐, 칠정 모두가 울음을 자아낸다는 것은 모르지. 기쁨[喜]이 사무쳐도 울게 되고, 노여움[怒]이 사무쳐도 울게 되고, 즐거움[樂]이 사무쳐도 울게 되고, 사랑함[愛]이 사무쳐도 울게 되고, 욕심[欲]이 사무쳐도 울게 되는 것이야. 근심으로 답답한 걸 풀어 버리는 데에는 소리보다 더 효과가 빠른 게 없지. 울음이란 천지간에서 우레와도 같은 것일세. ㉮ 지극한 정(情)이 발현되어 나오는 것이 저절로 이치에 딱 맞는다면 울음이나 웃음이나 무에 다르겠는가. ㉠ 사람의 감정이 이러한 극치를 겪지 못하다 보니 교묘하게 칠정을 늘어놓고는 슬픔에다 울음을 짝지은 것일 뿐이야. 이 때문에 상을 당했을 때 ㉡ 처음엔 억지로 '아이고' 따위의 소리를 울부짖지. 그러면서 ㉢ 참된 칠정에서 우러나오는 지극한 소리는 억눌러 버리니 그것이 저 천지 사이에 서리고 엉기어 꽉 뭉쳐 있게 되는 것일세. 일찍이 가생(賈生)²⁾은 울 곳을 얻지 못하고, ㉣ 결국 참다못해 별안간 선실(宣室)³⁾을 향하여 한마디 길게 울부짖었다네. 그러니 이를 듣는 사람들이 어찌 놀라고 괴이하게 여기지 않았겠는가."

– 박지원, 「아, 참 좋은 울음터로구나!」 –

---

1) 마두(馬頭) : 역마(驛馬)에 관한 일을 맡아보던 사람.

2) 가생 : 가의(賈誼). 한나라 문제에게 등용되었으나 뜻을 이루지 못하고 쫓겨났다. 장사왕과 양왕의 대부로 있으면서 당시 정치적 폐단에 대한 상소문을 올린 것으로 유명하다.

3) 선실 : 임금이 제사 지내기 위해 목욕재계를 하는 곳.

97 윗글에 대한 설명으로 적절하지 <u>않은</u> 것은?

① 특정 행동에 대한 통념을 반박하고 있다.

② 특정 행동과 관련한 내용을 나열하여 설명하고 있다.

③ 특정 장소에서 글쓴이가 깨달은 바를 드러내고 있다.

④ 특정 계절에 대한 글쓴이의 인식 변화를 보여주고 있다.

98 ㉠~㉣ 중 ㉮의 의미와 가장 유사한 것은?

① ㉠   ② ㉡

③ ㉢   ④ ㉣

99 윗글에 드러난 글쓴이의 생각으로 가장 적절한 것은?

① 근심을 풀기 위해 울수록 근심은 더 커진다.

② 인간의 칠정이 사무치면 울음과 연결될 수 있다.

③ 웃음과 울음은 원인이 되는 감정이 같을 수 없다.

④ 감정의 극치를 경험한 사람은 울음을 참아낼 수 있다.

04 독서

1 독서의 방법

1. 사실적 읽기

(1) 사실적 읽기의 개념
   ① 글에 드러난 정보를 사실적으로 확인하여 읽는 활동이다.
   ② 글을 이해하는 데 가장 중요하고 기본적인 독서 단계로, 다음 단계인 추론적 읽기, 비판적 읽기, 감상적 읽기 등으로 나아가는 바탕이 된다.

(2) 사실적 읽기의 방법

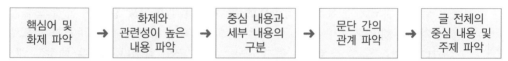

| 핵심어 및 화제 파악 | → | 화제와 관련성이 높은 내용 파악 | → | 중심 내용과 세부 내용의 구분 | → | 문단 간의 관계 파악 | → | 글 전체의 중심 내용 및 주제 파악 |

(3) 글의 구조와 전개 방식 파악하기
   ① 글의 구조는 종류에 따라 다를 수 있으므로, 글의 종류와 그에 따른 글 전체의 논리를 주의 깊게 살펴야 한다.
   ② 글의 내용 전개 방식을 파악하면 글의 내용을 체계적으로 이해할 수 있다.
   ③ 전개 방식에는 정의, 예시, 비교, 대조, 분류, 분석, 인과 등이 있다.
   ④ 글의 전개 방식

정의	대상의 뜻을 명확하게 풀이하여 설명하는 방법이다. 예 씨름은 모래판에서 두 사람이 서로의 샅바를 잡고 싸우는 경기이다.
예시	대상에 대해 구체적인 예를 들어 설명하는 방법이다. 예 설날에 하던 놀이에는 윷놀이, 연날리기 등이 있다.
비교	둘 이상의 대상에 대해 공통점을 중심으로 설명하는 방법이다. 예 문어와 오징어는 모두 위급한 상황에서 먹물을 뿌린다.
대조	둘 이상의 대상에 대해 차이점을 중심으로 설명하는 방법이다. 예 김홍도의 그림은 남성적이고, 신윤복의 그림은 여성적이다.
분류	어떤 대상을 일정한 기준에 따라 종류별로 묶어 설명하는 방법이다. 예 소설은 분량에 따라 장편, 중편, 단편 소설로 나뉜다.
분석	어떤 대상의 구성 요소를 각각 설명하는 방법이다. 예 혈액은 고형 성분인 혈구와 액체 성분인 혈장으로 구성되어 있다.
인과	어떤 일이나 현상에 대해 원인과 결과를 설명하는 방법이다. 예 지구의 기온이 상승하면 남극과 북극의 빙하가 녹게 된다.

2. 추론적 읽기

(1) 추론적 읽기의 개념
① 글에 드러난 내용 이외의 것들을 추측하며 읽는 활동이다.
② 사실적 읽기가 글의 표면에 명시적으로 제시된 내용을 파악하는 활동이라면, 추론적 읽기는 글에서 생략되어 있거나 암시된 내용을 찾는 활동이다.

(2) 추론적 읽기의 방법
① 생략된 내용 추론하기
　　㉠ 담화 표지, 글의 문맥 등을 종합적으로 활용해 생략되거나 암시된 내용을 추론한다.
　　㉡ 독자는 자신의 경험과 배경지식을 적극적으로 활용하여 내용을 추론해야 한다.
② 글쓴이의 의도나 목적 추론하기
　　㉠ 글쓴이의 의도나 목적은 정보 전달, 설득, 정서 표현, 친교나 상호 작용 등으로 분류된다.
　　㉡ 글 전체의 내용과 글의 맥락을 종합적으로 고려하여 글쓴이의 의도나 목적을 추론한다.
　　㉢ 글의 의도나 목적과 직접적으로 관련된 글의 형식을 알면 추론에 도움이 된다.
③ 숨겨진 주제 추론하기 : 광고문, 정치 담화문, 시사 평론과 같이 주제가 겉으로 잘 드러나지 않는 글은 글쓴이의 입장, 글의 예상, 글의 화제나 대상을 대하는 태도 등을 종합하여 숨겨진 주제를 추론한다.

3. 비판적 읽기

(1) 비판적 읽기의 개념
글의 내용, 글의 표현 방법, 글쓴이의 관점, 글의 배경이 되는 사회·문화적 이념 등을 독자가 판단하며 읽는 활동이다.

(2) 비판적 읽기의 방법
① 글쓴이의 관점과 글의 내용 판단하기

내용의 타당성	글에 제시된 정보가 객관적인 사실을 바탕으로 한 것인지, 글쓴이의 관점이나 주장이 논리적으로 타당하고 사회적으로 수용될 수 있는 것인지 판단한다.
내용의 공정성	글의 주제나 내용이 어느 한쪽에 치우치지 않고 공정하게 다루어졌는지 판단한다.
자료의 신뢰성	글에 제시된 자료가 객관적인 사실과 일치하고 출처가 명확하며 인용 과정에서 잘못은 없는지 판단한다.
자료의 적절성	글에 사용된 자료가 내용에 적합하며 필요한 형태로 위치에 적절한 수준으로 들어갔는지 판단한다.

② 글의 표현 방법 판단하기 : 글에 쓰인 표현 방법이 글의 목적과 내용, 글이 쓰인 상황에 비추어 적절한지, 효과적인지 등을 판단하며 읽어야 한다.

③ 숨겨진 의도나 사회·문화적 이념 판단하기 : 글에 숨겨진 의도, 글에 전제되거나 글쓴이가 의도적으로 반영된 사회·문화적 이념을 판단하며 읽어야 한다.

4. 감상적 읽기

(1) 감상적 읽기의 개념

① 글에 대해 정서적으로 반응하면서 읽는 활동이다.

② 독자가 글의 내용에 공감하거나 감동을 느끼거나, 글에 나타난 생각과 가치를 수용하는 태도로 읽는 독서 활동이다.

(2) 감상적 읽기의 방법

① 공감하거나 감동을 느낀 부분 찾기

공감과 감동은 글을 감상하는 과정에서 일어나는 가치 있는 심적 변화로서 글을 통해 독자가 겪는 정서적 경험이다. →	자신의 정서적 반응에 유의하며 글에서 공감하거나 감동을 느낀 부분을 찾아 그 의미를 생각한다.

② 깨달음이나 즐거움 얻기

글에는 글쓴이의 지적 성취나 다양한 정서적 경험이 담긴다. →	독서를 통해 삶의 교훈이나 깨달음, 새롭고 재미있는 정보와 지식 등을 얻을 수 있다.

③ 글을 독자 자신의 것으로 받아들이기

글에는 다양한 지식, 사고, 정서, 가치, 규범, 태도 등이 나타난다. →	공감하거나 감동을 느낀 부분을 중심으로 독자 자신에게 의미 있다고 여기는 것을 수용한다.

5. 창의적 읽기

(1) 창의적 읽기의 개념

① 글의 내용과 글쓴이의 생각을 바탕으로 하여 독자가 자신의 생각과 경험을 더해 새로운 의미를 만들어 내는 활동이다.

② 글에 나타난 글쓴이의 생각을 독자 자신의 관점에 따라 재구성하는 활동이다.

(2) 창의적 읽기의 방법
    ① 개인과 사회 문제를 해결하는 읽기

개인과 사회가 겪고 있는 문제를 파악한다.

문제 해결에 도움이 되는 글이나 책을 고른다.

문제를 해결하는 방법을 모색한다.

↓

해결 방법을 적용해 보고 그 결과를 평가한다.

    ② 대안을 찾으며 능동적으로 읽기

자신이나 사회가 겪는 문제를 확인한다.

글쓴이가 그 문제에 대해 어떤 해결 방안을 제시하는지 파악한다.

해결 방안을 타당성, 실현 가능성, 실효성 등을 기준으로 평가한다.

글쓴이의 해결 방안을 수정하거나 보완하여 새로운 해결 방안을 찾는다.

2 독서의 분야

1. 인문·예술 분야의 글 읽기

(1) 인문·예술 분야의 글의 특성
    ① 인문 분야의 글 : 인간의 사유와 경험, 사건 등 인간을 탐구 대상으로 하여 정신적 가치나 의미를 밝히는 글이다.
    ② 예술 분야의 글 : 예술 철학, 미학 등 예술론이나 음악, 미술, 연극 등 다양한 예술 분야를 다루는 글이다.
    ③ 인문·예술 분야의 글에는 인문학적 세계관, 예술과 삶에 대한 인간의 태도, 인간과 세계에 대한 글쓴이의 성찰, 개성적인 시각 등이 드러나 있다.

(2) 인문·예술 분야의 글이 다루는 세부 분야
    ① 인문 분야의 글 : 문학, 역사, 철학, 언어, 종교 등
    ② 예술 분야의 글 : 미술, 음악, 연극, 무용, 건축 등

(3) 인문 · 예술 분야의 글을 읽는 방법

> - 화제와 관련된 자신의 배경지식을 활용하여 읽는다.
> - 구체적인 현실 혹은 작품들과 연계하며 읽는다.
> - 글의 내용을 자신의 상황에 적용하거나 평가하며 읽는다.

> 글에 담긴 인간과 세계에 대한 관점을 정확하게 파악하기

2. 사회 · 문화 분야의 글 읽기

(1) 사회 · 문화 분야의 글의 특성

① 인간이 모여 구성하는 사회와 그 사회 안에서 이루어지는 다양한 현상을 탐구하는 글이다.

② 사회 현상이나 사회적 행동을 다룬다.

③ 사회 · 문화 현상을 관찰하고 그 성격을 규정하며, 관련된 문제를 제기하고 그 해결 방안을 제시하는 경우가 많다.

(2) 사회 · 문화 분야의 글이 다루는 세부 분야

법, 정치, 경제, 언론, 문화, 사회, 지리, 심리, 교육 등

(3) 사회 · 문화 분야의 글을 읽는 방법

① 글쓴이의 관점이나 이념에 따라 사회 현상의 성격, 원인, 대책 등이 다르게 제시될 수 있으므로 글쓴이의 주장이 논리적이고 타당한지 비판하면서 읽는다.

② 사회 · 문화에 접근하는 방식, 글에 반영된 사회적 요구와 신념을 파악하며 읽는다.

③ 역사적 인물과 사건을 파악할 때는 그와 관계있는 사회 · 문화적 맥락도 이해하며 읽는다.

④ 동일한 사회 현상에 대해 다룬 여러 글을 비교하며 읽음으로써 특정 사회 현상에 대한 이해를 심화시키고 좀 더 바람직한 대안을 생각하게 된다.

3. 과학 · 기술 분야의 글 읽기

(1) 과학 · 기술 분야의 글의 특성

① **과학 분야의 글** : 자연 현상이나 물리적 세계를 대상으로 하여 그 대상의 구조나 변화의 원리를 논리적 · 객관적으로 서술하는 글이다.

② **기술 분야의 글** : 과학의 연구 성과를 실생활에 응용한 기술의 구조나 원리를 논리적 · 객관적으로 서술하는 글이다.

③ 사실이나 법칙을 인과적으로 설명하는 경우가 많고, 도덕적 · 주관적 가치 판단은 최소화한다.

④ 글의 구성은 체계적이고 내용은 분석적인 경향이 있다.

(2) 과학·기술 분야의 글이 다루는 세부 분야

　　물리, 화학, 천문, 생명 과학, 지구 과학, 전자 공학, 기계 공학, 우주 항공, 정보 통신, 컴퓨터 등

(3) 과학·기술 분야의 글을 읽는 방법

　　① 용어와 개념을 정확하게 이해하며 읽는다.

　　② 서술의 대상을 확인하고 설명의 인과관계를 잘 파악하며 읽는다.

　　③ 사용된 자료가 정확하고 믿을 만한지 판단하며 읽는다.

　　④ 도표, 그림, 사진 등 보조 자료를 글의 내용과 관련지어 이해하며 읽는다.

　　⑤ 글에 담긴 지식과 정보의 객관성, 논거의 타당성, 과학적 원리의 응용과 한계 등을 비판적으로 이해하며 읽는다.

대표 기출문제

정답 및 해설 p. 183

[1~3] 다음 글을 읽고 물음에 답하시오.

부탄의 마을 치몽은 한눈에 봐도 가난한 마을이다. 전기가 들어오지 않는 마을답게 변변한 세간도 없다. 그러나 매 순간 몸과 마음을 다해 손님을 접대한다. 활쏘기를 구경하려고 걸음을 멈추면 집으로 뛰어 들어가 돗자리를 꺼내 온다. 논두렁 길을 걷다 보면 어린 소년이 뛰어와 옷 속에 품은 달걀을 수줍게 내민다. 이 동네 사람들은 행복해 보일 뿐만 아니라 우리를 행복하게 해 주기 위해서는 무엇이든 할 준비가 되어 있는 것 같았다. 가진 게 별로 없는데도 아무렇지 않아 보였으며 빈한한 살림마저도 기꺼이 나누며 살아가는 듯했다.

또한 치몽에서는 늘 몸을 움직여야만 한다. 집 바깥에 있는 화장실에 가기 위해서도, 공동 수돗가에서 물을 받기 위해서도 움직여야만 한다. 빨래는 당연히 손으로 해야 하고, 쌀도 키로 골라야 하며, 곡물은 맷돌을 돌려 갈아야 한다. 난방이 되지 않아 실내에서는 옷을 두껍게 입어야만 하며, 생활에 필요한 모든 것은 몸을 써야만 얻을 수 있다. 그런데 그 불편함이 이상하게도 살아 있음을 실감케 한다. 일상의 모든 자질구레한 일에 몸을 써야만 하는 이 나라 사람들에게 부탄 정부가 2005년에 노골적으로 물었다. "당신은 행복합니까?"라고. 그 질문에 단지 3.3퍼센트만이 행복하지 않다고 대답했다고 한다. 이들의 이러한 모습을 보면 몸이 편한 것과 행복은 별 상관이 없는 것 같다는 생각이 들곤 한다.

㉠ 이 나라에서의 삶은 그야말로 사는 것이다. 텔레비전으로 보고, 인터넷으로 검색하고, 카메라로 찍는 삶이 아니라 몸을 움직여 직접 만들고 경험하는 삶이다. 그러다 보니 부탄에서 일과 놀이는 ㉡ 으로 연결되어 있다. 그들은 노는 듯 일하고 일하듯 논다. 진정한 호모 루덴스[1]다. 이런 그들에게 놀이는 돈을 지불해야 얻을 수 있는 상품이 아니다. 이 나라 사람들은 아직 노동하기 위해 살지는 않는다.

– 김남희, 「왜 당신의 시간을 즐기지 않나요」 –

---

1) 호모 루덴스(Homo ludens) : '노는 인간' 또는 '유희하는 인간'이라는 뜻으로 역사학자 하위징아(Huizinga, J.)가 제창한 개념.

01 윗글의 서술상 특징으로 적절한 것을 〈보기〉에서 고른 것은?

보기
ㄱ. 구체적인 예를 들고 있다. ㄴ. 비슷한 상황을 열거하고 있다. ㄷ. 상대의 주장을 반박하고 있다. ㄹ. 새로운 이론을 제시하고 있다.

① ㄱ, ㄴ   ② ㄱ, ㄷ

③ ㄴ, ㄹ   ④ ㄷ, ㄹ

02 ㉠과 가장 거리가 먼 것은?

① 불편해도 살아 있음을 느끼는 삶

② 대중 매체를 통해 놀이를 즐기는 삶

③ 몸을 움직여 직접 만들고 경험하는 삶

④ 가진 것이 별로 없어도 나누며 사는 삶

03 ㉡에 들어갈 말로 가장 적절한 것은?

① 대립적   ② 일시적

③ 유기적   ④ 수동적

[4~6] 다음 글을 읽고 물음에 답하시오.

　　라면이 국수나 우동과 다른 점은 면을 한 번 튀겨서 익혔다는 것이다. 그래서 끓이지 않고도 먹을 수 있고, 끓여서 먹더라도 금방 익혀 먹을 수 있다. 심지어 컵라면은 지속적으로 끓일 필요도 없고 단지 끓는 물을 붓기만 해도 먹을 수 있다. 그런데 왜 하필 3분을 기다려야 하는 걸까? 컵라면을 먹을 때마다 3분이 얼마나 긴 시간인지를 새삼 깨닫는다.

　　컵라면의 면발은 봉지 라면에 비해 더 가늘거나 납작하다. 면발의 표면적을 넓혀 뜨거운 물에 더 많이 닿게 하기 위해서다. 그리고 컵라면의 면을 꺼내 보면 ㉠ 위쪽은 면이 꽉 짜여 빽빽하지만, 아래쪽은 면이 성글게 엉켜 있다. 이는 중량을 줄이기 위해서가 아니고 따뜻한 물은 위로, 차가운 물은 아래로 내려가는 대류 현상 때문이다. 컵라면 용기에 물을 부으면 위쪽보다는 아래쪽이 덜 식는다. 따라서 뜨거운 물이 위로 올라가려고 하는데 이때 면이 아래쪽부터 빽빽하게 들어차 있으면 물의 대류 현상에 방해가 된다. 위아래의 밀집도가 다른 컵라면의 면발 형태는 뜨거운 물의 대류 현상을 원활하게 하여 물을 계속 끓이지 않아도 면이 고르게 익도록 하는 과학의 산물이다.

　　컵라면 면발에는 화학적 비밀도 있다. 봉지 라면과 비교했을 때 컵라면 면발에는 밀가루 그 자체보다 정제된 전분이 더 많이 들어가 있다. 라면은 밀가루로 만든 면을 기름에 튀겨 전분을 알파화[1]한 것이다. 하지만 밀가루에는 전분 외에 단백질을 포함한 다른 성분도 들어 있다. 면에 이런 성분을 빼고 순수한 전분의 비율을 높이면 그만큼 알파화가 많이 일어나므로, 뜨거운 물을 부었을 때 복원되는 시간도 빨라진다. 전분을 많이 넣을수록 면이 불어나는 시간이 빨라져 더 빨리 먹을 수 있게 되는 것이다. 하지만 전분이 너무 많이 들어가면 면발이 익는 시간이 빨라지는 만큼 불어 터지는 속도도 빨라져 컵라면을 다 먹기도 전에 곤죽이 되고 만다.

– 이은희, 「라면의 과학」 –

04 윗글에 반영된 글쓰기 계획으로 적절하지 <u>않은</u> 것은?

① 과학 용어를 사용하여 설명해야지.
② 대상과 관련된 경험을 제시해야지.
③ 다른 대상과 대조하여 설명해야지.
④ 구체적인 통계 자료를 활용해야지.

05 윗글을 통해 알 수 있는 내용으로 가장 적절한 것은?

① 컵라면의 면발은 단백질과 전분으로만 이루어져 있다.
② 국수나 우동의 면발은 모두 한 번 튀겨서 익힌 것이다.
③ 면발이 납작해지면 뜨거운 물에 닿는 표면적이 넓어진다.
④ 면에 전분 외에 다른 성분의 비율을 높이면 알파화가 많이 일어난다.

06 ㉠의 이유로 가장 적절한 것은?

① 대류 현상을 방해하기 위해서
② 전분의 비율을 낮추기 위해서
③ 컵라면의 중량을 줄이기 위해서
④ 면이 고르게 익도록 하기 위해서

[7~8] 다음 글을 읽고 물음에 답하시오.

니체는 '망각은 새로운 것을 수용하게 하는 적극적이고 능동적인 힘'이라고 말했다. 잊어버린다는 사실은 과거에 구속되지 않고 현재를 살아가게 하는 원동력이 된다는 것이다. 그런데 자연스레 잊혀야 할 일들이 도무지 잊히지 않아 괴로워하는 사람들이 있다. 그들은 인터넷에 남아 있는 잊고 싶은 과거의 흔적이나 뜻하지 않게 퍼진 사진 때문에 고통받고 있다.

이러한 현실을 고려하여 '잊힐 권리'의 법적 보장 문제가 논의될 필요가 있다. '잊힐 권리'란 인터넷에 공개된 이용자 정보에 대해 당사자가 검색되는 것을 원하지 않을 경우, 해당 포털 사이트에 검색 결과의 삭제를 요구할 수 있는 권리를 말한다. 노출되길 원하지 않았던 정보가 인터넷에 유출되어 정신적 피해를 입고 있는 사람들에게는 자신의 정보가 올라간 사이트를 찾아다니며 일일이 삭제 요청을 하는 것 외에는 대응 수단이 없다. 그러나 이런 방식에는 분명 한계가 있으므로 법적으로 확실하게 잊힐 권리를 보장해야 한다. 해당 정보가 단순한 개인 정보라면 사생활을 보호하기 위해서라도 그 정보의 삭제를 요청할 수 있는 권리를 지켜 주어야 한다.

㉮ 잊힐 권리의 보장으로 '알 권리'라고 하는 또 다른 권리가 침해된다고 주장하는 사람들도 있다. 잊힐 권리를 보장하게 되면 법적인 권력이나 자본을 소유한 사람들에게 악용될 소지가 크다는 것이다. 그러나 더욱 바람직하고 건강한 사회를 만들기 위해 잊힐 권리의 법적 보장에 대해 꼭 한번 고민해 볼 필요가 있다.

– 윤용아, 「잊힐 권리와 알 권리」 –

07 윗글을 읽은 후, 타인과 소통하며 이해를 확장하기 위해 한 활동으로 적절하지 <u>않은</u> 것은?

① 이 글에 나타난 '잊힐 권리'에 대한 핵심 내용을 요약한다.

② 친구들과 함께 '잊힐 권리'의 필요성을 주제로 토의를 진행한다.

③ 전문가를 대상으로 '잊힐 권리'의 법적 보장에 대한 인터뷰를 실시한다.

④ 인터넷 게시판에서 '잊힐 권리'의 법적 보장을 논제로 한 토론에 참여한다.

08 ㉮가 제시할 근거로 가장 적절한 것은?

① '알 권리'를 인정하면 사생활을 보호할 수 있기 때문이다.

② '알 권리'를 인정하면 망각이 쉽게 일어날 수 있기 때문이다.

③ '잊힐 권리'를 인정하면 정보 비공개로 인해 공익이 저해될 수 있기 때문이다.

④ '잊힐 권리'를 인정하면 정보 유출로 인한 고통이 늘어날 수 있기 때문이다.

인공지능은 컴퓨터 프로그램을 활용해 인간과 비슷한 인지적 능력을 구현한 기술을 말한다. 인공지능이 인간의 말을 알아듣고 명령을 실행하는 똑똑한 기계가 되는 것은 반길 일인가, 아니면 주인과 노예의 관계를 ㉠ 역전시키는 재앙이라고 경계해야 할 일인가? 세계적 물리학자 스티븐 호킹은 "인공지능은 결국 의식을 갖게 되어 인간의 자리를 대체할 것"이라고 말했다. '생각하는 기계'가 축복이 될지 재앙이 될지는 알 수 없으나, 분명한 것은 인류가 이제껏 고민해 본 적이 없는 문제와 마주했다는 점이다.

인공지능 발달이 우리에게 던지는 새로운 과제는 두 갈래다. 첫째는, 인류를 위협할지도 모를 강력한 인공지능을 우리가 어떻게 ㉡ 통제할 것인가의 문제이다. 로봇에 대응하기 위해 입법적 차원에서 로봇이 지켜야 할 도덕적 기준을 만들어 준수하게 하는 것이 방법이 될 수 있다. 또한 기술적 차원에서 다양한 상황에 관한 사회적 합의를 담은 알고리즘을 만들어 사회적 규약을 벗어나지 않는 범위에서 로봇이 작동하게 하는 방법을 모색할 수 있다.

둘째는, 생각하는 기계가 ㉢ 모방할 수 없는 인간의 특징을 찾아 인간의 가치를 높이는 것이다. 인공지능이 마침내 인간의 의식 현상을 구현해 낸다고 하더라도 인간과 인공지능은 여전히 구분될 것이다. 인간에게는 감정과 의지가 있기 때문이다. 감정은 비이성적이고 비효율적이지만 인간됨을 ㉣ 규정하는 본능이며, 인류의 역사와 문명은 결핍과 고통에서 느낀 감정을 동력으로 발달해 온 고유의 생존 시스템이다. 처음 마주하는 위험과 결핍은 두렵고 고통스러웠지만, 인류는 놀라운 유연성과 창의성으로 대응해 왔다. 이것은 기계에 가르칠 수 없는 속성이다. 여기에 ㉮ 인공지능 시대 우리가 가야 할 사람의 길이 있다.

– 구본권, 「로봇 시대, 인간의 일」 –

09 윗글의 내용으로 적절하지 <u>않은</u> 것은?

① 인공지능의 발달이 인간에게 축복이 될지 재앙이 될지는 알 수 없다.

② 입법적 차원과 기술적 차원에서 인공지능을 통제할 방법을 생각할 수 있다.

③ 인공지능이 인간의 의식 현상을 구현하면 인간과 인공지능은 구분될 수 없다.

④ 인류의 역사와 문명은 결핍과 고통에서 느낀 감정을 동력으로 발달해 왔다.

10 ㉠~㉣의 사전적 의미로 적절하지 <u>않은</u> 것은?

① ㉠ : 형세가 뒤집힘. 또는 형세를 뒤집음.

② ㉡ : 힘으로 으르고 협박함.

③ ㉢ : 다른 것을 본뜨거나 본받음.

④ ㉣ : 내용이나 성격, 의미 따위를 밝혀 정함.

11 ㉮에 해당하는 것으로 가장 적절한 것은?

① 인간을 위협하는 인공지능을 없앤다.

② 인간의 자리를 인공지능으로 대체한다.

③ 인간이 가진 감정을 인공지능에 부여할 방법을 찾는다.

④ 인간 고유의 속성을 발휘하여 인공지능 시대에 대응한다.

[12~14] 다음 글을 읽고 물음에 답하시오.

미세 플라스틱이 사람들의 눈길을 ㉠ 끌기 시작한 것은 오래되지 않았다. 불과 십몇 년 전까지만 해도 사람들은 버려진 그물에 걸리거나 떠다니는 비닐봉지를 먹이로 잘못 알고 삼켰다가 죽은 해양 생물의 불행에만 주로 관심이 있었다. 그러다 2004년 세계적인 권위를 지닌 과학 잡지 『사이언스』에 영국 플리머스 대학의 리처드 톰슨 교수가 바닷속 미세 플라스틱이 1960년대 이후 계속 증가해 왔다는 내용의 논문을 발표했다. 그 후로 미세 플라스틱이 해양 생태계에 끼치는 영향을 규명하려는 후속 연구들이 이어졌다.

해양 생물들이 플라스틱 조각을 먹이로 알고 먹으면, 포만감을 주어 영양 섭취를 저해하거나 장기의 좁은 부분에 걸려 문제를 일으킬 수 있다. 또한 플라스틱은 제조 과정에서 첨가된 잔류성 유기 오염 물질을 포함하고 있으며 바다로 흘러들어 간 후에는 물속에 녹아 있는 다른 유해 물질까지 끌어당긴다. 미세 플라스틱을 먹이로 착각하고 먹은 플랑크톤을 작은 물고기가 섭취하고, 작은 물고기를 다시 큰 물고기가 섭취하는 먹이 사슬 과정에서 농축된 미세 플라스틱의 독성 물질은 해양 생물의 생식력을 떨어뜨릴 수 있다.

미세 플라스틱은 인간에게도 위협이 될 수 있다. 한국 해양과학 기술원의 실험 결과, 양식장 부표로 사용하는 발포 스티렌은 나노(10억분의 1) 크기까지 쪼개지는 것으로 확인되었다. 나노 입자는 생체의 주요 장기는 물론 뇌 속까지 침투할 수 있는 것으로 알려져 있다. 내장을 제거하지 않고 통째로 먹는 작은 물고기나 조개류를 즐기는 이들은 수산물의 체내에서 미처 배출되지 못한 미세 플라스틱을 함께 섭취할 위험이 높아지는 셈이다.

– 김정수, 「바닷속 미세 플라스틱의 위협」 –

12 윗글의 서술 방식으로 가장 적절한 것은?

① 미세 플라스틱의 장단점을 비교하고 있다.
② 미세 플라스틱의 위협에 대한 해결책을 나열하고 있다.
③ 미세 플라스틱의 제조 과정을 순차적으로 제시하고 있다.
④ 미세 플라스틱 증가를 뒷받침하는 정보의 출처를 밝히고 있다.

13 윗글의 내용과 일치하지 <u>않는</u> 것은?

① 미세 플라스틱에 대해 사람들이 관심을 가지기 시작한 것은 오래되지 않았다.
② 플라스틱이 바다로 흘러들어 간 후에는 물속에 녹아 있는 유해 물질을 끌어당긴다.
③ 미세 플라스틱에 오염된 해양 생물을 인간이 섭취해도 유해 물질은 모두 몸 밖으로 배출된다.
④ 먹이 사슬 과정에서 미세 플라스틱에 농축된 독성 물질은 해양 생물의 생식력을 떨어뜨릴 수 있다.

14 밑줄 친 부분이 ㉠과 같은 의미로 쓰인 것은?

① 상자가 무거워 들거나 끌기 힘들다.
② 이 제품의 디자인은 관심을 끌기 힘들다.
③ 눈이 많이 내려서 자동차를 끌기 힘들다.
④ 더 이상 할 얘기가 없어 시간을 끌기 힘들다.

[15~17] 다음 글을 읽고 물음에 답하시오.

> "어떻게 살 것인가?"라는 질문에 쉽게 답을 내릴 수 있는 사람은 없습니다. 그래서 저는 이 무거운 질문을 "어떤 삶을 살고 싶은가?"로 살짝 바꾸어 보았습니다. 그랬더니 "오늘 저녁에 뭐 먹을까?"라는 질문처럼 조금 가볍게 느껴지더군요. 이 질문에 대해서 여러분마다 각자 ⊙ 추구하는 바가 있을 텐데요. 저는 그 답을 여러 심리학자의 연구를 바탕으로 세 가지로 정리했습니다.
>
> 첫 번째는 '신나게 살기'입니다. 재미있는 삶, 지루하지 않은 삶, 즐거운 삶을 사는 것이지요. 노벨상을 받은 사람들의 공통점은 ⓛ 심오하고 심각해서 ⓒ 접근하기 어려운 사람인 줄 알았는데 알고 보니 모두 재미있는 사람이더라는 것입니다. 우리가 꿈꾸는 삶 중에 하나는 죽는 순간까지 장난기를 잃지 않는 것입니다.
>
> 두 번째는 '의미 있게 살기'입니다. 가치 있는 삶, 헌신하는 삶, 목적이 이끄는 삶을 사는 것이지요. 남아프리카 공화국 최초의 흑인 대통령이자 인권운동가였던 넬슨 만델라는 "인생의 가장 큰 영광은 넘어지지 않는 게 아니라 넘어질 때마다 다시 일어난 것에 있다."라고 했습니다. 감각적인 즐거움은 덜하더라도 ⓔ 원대한 목표를 위해 헌신하는 것 또한 매우 의미 있는 삶이 될 것입니다.
>
> 세 번째 삶의 형태는 '몰두하며 살기'입니다. 자신이 좋아하고 잘하고 의미 있는 일에 미친 듯이 몰두하는 것이지요. 물론 하루 스물네 시간을 그렇게 살라는 게 아닙니다. 그렇게 살아서도 안 되고요. 다만 가끔 무언가에 미친 듯이 몰두하는 경험은 우리의 삶을 좀 더 긍정적인 방향으로 안내합니다.
>
> – 최인철, 「행복은 몸에 있다」 –

15 윗글의 내용 전개 방식으로 가장 적절한 것은?

① 시간적 순서에 따라 내용을 서술하고 있다.

② 질문에 대한 답을 세 가지로 나누어 제시하고 있다.

③ 대상의 차이점을 중심으로 그 특성을 제시하고 있다.

④ 서로 다른 관점을 절충하여 새로운 이론을 제시하고 있다.

16 ⊙~ⓔ의 뜻풀이로 적절하지 <u>않은</u> 것은?

① ⊙ : 목적을 이룰 때까지 뒤쫓아 구하는

② ⓛ : 사상이나 이론 따위가 깊이가 있으며 오묘하고

③ ⓒ : 어떤 기준점에서 멀어지기

④ ⓔ : 계획이나 희망 따위의 장래성과 규모가 큰

17 윗글에서 알 수 있는 내용이 <u>아닌</u> 것은?

① "어떻게 살 것인가"의 답을 찾기란 쉽지 않다.

② 장난기를 잃지 않고 사는 것은 신나게 사는 것이다.

③ 감각적인 즐거움만을 위해 사는 삶은 의미 있는 삶이다.

④ 몰두하는 경험은 우리의 삶을 긍정적으로 이끈다.

[18~20] 다음 글을 읽고 물음에 답하시오.

전형적인 서양의 풍경화를 눈여겨보면, 설령 화폭에 인물이 그려지지 않은 경우라 할지라도 화면 밖에 반드시 한 사람의 관찰자가 있어서 이젤 앞에 못 박힌 듯이 서서 주위 풍경을 측량하듯이 바라보는 차갑고 단조로운 시선을 느낄 수 있다. 자연 풍경을 그렸다고는 하지만 어디까지나 그 앞에 인간이 있으며, 그 인간이 바로 모든 풍경의 기준점이 되어 있다. 그러므로 풍경화 속의 부분 부분은 한결같이 작품 밖에서 그것을 바라보는 한 개인, 즉 객관적인 관찰자와의 관계 속에서 투시법적으로 형태가 결정되어 그려진다.

이와는 달리, 우리 옛 산수화에서는 어디까지나 ㉠ 산수 자체가 주인공이다. 사람은 주인공인 산을 소중하게 한가운데 모셔 두고서 치켜다 보고, 내려다보고, 비껴 보고, 휘둘러 봄으로써 산수의 다양한 실제 모습에 접근하려 한다. 산수화의 목적이 자연의 ㉡ 형상뿐만 아니라 거기서 우러나는 기운까지 담아내는 것이라고 할 때, 서양의 일점투시는 일견 과학적인 듯 보이지만 카메라 앵글처럼 포용력이 부족한 관찰 방식이다. 일점투시는 인간 중심주의적 사고의 ㉢ 산물인 까닭에 자연의 살아 있는 모습을 따라잡는 데는 실로 많은 어려움을 드러낸다. 애초에 산이란 것이 하나의 숨 쉬는 생명체라면 그것은 자연과 인간의 상호 양보를 ㉣ 전제로 하는 동양의 고차원적 인본주의, 즉 회화적으로는 삼원법에 의해서만 충분히 표현된다.

〈중략〉

옛 그림의 삼원법, 즉 고원, 심원, 평원의 다양한 시각이 어떻게 「몽유도원도」라는 한 화면 속에 무리 없이 소화되고 있는가? 그 점을 눈여겨보는 것이 사실 옛 산수화를 보는 재미의 가장 커다란 부분의 하나다. 얼핏 생각하기에 다양한 시각이 뒤섞여 있으니 작품 전체가 매우 이상하게 보임 직한데, 오히려 옛 산수화를 보면 마음이 평온하기 그지없다. 그것은 서양의 투시 원근법상의 논리로부터 슬그머니 도망쳐 나온, 수없이 많은 자잘한 여백들이 경물과 경물 사이를 매개하기 때문이다.

– 오주석, 「옛 그림의 원근법」 –

18 윗글의 서술상 특징이 <u>아닌</u> 것은?

① 「몽유도원도」를 예로 들어 독자의 이해를 돕고 있다.
② 일점투시의 역사적 변화를 단계적으로 진술하고 있다.
③ 전형적인 서양 풍경화와 우리 옛 산수화의 차이점을 서술하고 있다.
④ 옛 산수화를 볼 때 눈여겨볼 만한 점을 질문의 형식을 활용하여 제시하고 있다.

19 윗글의 내용으로 적절하지 <u>않은</u> 것은?

① 일점투시는 자연의 살아 있는 모습을 포용력 있게 가장 잘 구현하는 방법이다.
② 전형적인 서양 풍경화에서는 화면 밖 관찰자의 차갑고 단조로운 시선이 느껴진다.
③ 산수화의 목적은 산수의 형상과 더불어 그 기운도 화폭에 표현하는 것으로도 볼 수 있다.
④ 인간이 풍경의 기준이 되는 전형적인 서양의 풍경화와 달리 우리 옛 산수화는 산수가 주인공이 된다.

20 ㉠~㉣의 사전적 의미로 적절하지 <u>않은</u> 것은?

① ㉠ : 산과 물이라는 뜻으로 경치를 이르는 말
② ㉡ : 사물의 생긴 모양이나 상태
③ ㉢ : 그릇되어 이치에 맞지 않는 일
④ ㉣ : 어떠한 사물이나 현상을 이루기 위하여 먼저 내세우는 것

세상에 개미가 얼마나 있을까를 연구한 학자가 있습니다. 전 세계의 모든 개미를 일일이 세어 본 절대적 수치는 아니지만 여기저기서 표본 조사를 하고 수없이 곱하고 더하고 빼서 나온 숫자가 10의 16제곱이라고 합니다. 10에 영이 무려 16개가 붙어서 제대로 읽을 수조차 없는 숫자가 되고 맙니다.

전 세계 인구가 65억이라고 합니다. 만약 아주 거대한 시소가 있다고 했을 때 한쪽에는 65억의 인간이, 한쪽에는 10의 16제곱이나 되는 개미가 모두 올라탄다고 생각해 보십시오. 개미와 우리 인간은 함께 시소를 즐길 수 있습니다.

이처럼 엄청난 존재가 개미입니다. 도대체 어떻게 개미가 이토록 생존에 성공할 수 있었을까요? 그건 바로 개미가 인간처럼 협동할 수 있는 존재라서 그렇습니다. 협동만큼 막강한 힘을 보여 줄 수 있는 것은 없습니다.

하나만 예를 들겠습니다. 열대에 가면 수많은 나무들이 조금이라도 더 햇볕을 받으려고 서로 얽히고설켜 빽빽하게 서 있습니다. 이 나무들 중에 개미가 집을 짓고 사는 아카시아 나무가 있는데 자그마치 6천만 년 동안이나 개미와 공생을 해 왔습니다. 아카시아 나무는 개미에게 필요한 집은 물론 탄수화물과 단백질 등 영양분도 골고루 제공하는 대신, 개미는 반경 5미터 내에 있는 다른 식물들을 모두 제거해 줍니다. 대단히 놀라운 일이죠. 이처럼 개미는 많은 동식물과 서로 밀접한 공생 관계를 맺으며 오랜 세월을 살아온 것입니다.

진화 생물학은 자연계에 적자생존의 원칙이 존재한다고 말합니다. 하지만 적자생존이란 어떤 형태로든 잘 살 수 있는, 적응을 잘하는 존재가 살아남는다는 것이지 꼭 남을 꺾어야만 한다는 뜻은 아닙니다. 그동안 우리는 자연계의 삶을 경쟁일변도로만 보아온 것 같습니다. 자연을 연구하는 생태학자들도 십여 년 전까지는 이것이 자연의 법칙인 줄 알았습니다. 그런데 이 세상을 둘러보니 살아남은 존재들은 무조건 전면전을 벌이면서 상대를 꺾는 데만 주력한 생물이 아니라 자기 짝이 있는, 서로 공생하면서 사는 종(種)이라는 사실을 발견한 것입니다.

– 최재천, 「더불어 사는 공생인으로 거듭나기」 –

21 윗글의 내용으로 적절하지 <u>않은</u> 것은?

① 개미는 협동하는 능력을 지니고 있다.
② 아카시아 나무와 개미는 공생 관계에 있다.
③ 자연계에서는 적응을 잘하는 존재가 살아남는다.
④ 적자생존이란 반드시 남을 꺾는 것만을 의미한다.

22 윗글의 내용 전개 방법으로 적절하지 <u>않은</u> 것은?

① 독자의 이해를 돕기 위해 가정하여 설명하고 있다.
② 직접 조사한 내용을 분류하여 제시하고 있다.
③ 구체적인 예를 들어 주장을 뒷받침하고 있다.
④ 학자의 연구 결과를 근거로 제시하고 있다.

23 윗글의 중심 생각으로 가장 적절한 것은?

① 자연계의 생물들이 공생하며 살아가는 것이 중요하다.
② 인간이 자연과 공생하기 위해 개미를 이해해야 한다.
③ 자연계의 생물들이 공생하는 것은 불합리한 일이다.
④ 진화 생물학이 앞으로의 인간 생존을 결정한다.

국어 정답 및 해설

01 화법과 작문

대표 기출문제
문제 p. 8

01 ②	02 ②	03 ①	04 ④	05 ③
06 ①	07 ④	08 ④	09 ③	10 ①
11 ③	12 ④	13 ③	14 ②	15 ②
16 ①	17 ④	18 ①	19 ②	20 ④
21 ①	22 ①	23 ③	24 ②	25 ③
26 ④	27 ③	28 ①	29 ④	30 ④
31 ④	32 ①	33 ①	34 ①	35 ②
36 ③				

01 정답 ②
제시된 대화는 직업에 따른 사회적 방언으로 의료 직종에서 사용하는 전문 용어에 해당한다.

02 정답 ②
공손성의 원리 중 관용의 격률에 해당한다. "제가 잘 이해하지 못해서"라며 자신의 탓으로 돌려 자신의 부담을 높여 공손성을 극대화하고 있다.

03 정답 ①
㉠에는 동물 실험을 반대하는 근거가 들어가야 한다. 동물 실험을 대체할 실험 방안이 있다면 굳이 동물 실험을 할 이유가 없으므로 적절한 근거에 해당한다.

⊗ 오답피하기
②, ④는 오히려 동물 실험을 해야 하는 근거에 해당한다.
③의 동물 실험이 동물 학대가 아니라는 내용은 동물 실험을 반대하는 근거가 될 수 없다. 또한 학대가 아니니 동물 실험을 계속해도 된다는 주장의 근거로 사용될 수도 있다.

04 정답 ④
㉣은 이어지는 문장이 과거와는 다른 지금의 상황을 나타내는 것으로 '그러나' 따위의 접속어를 사용해야 한다.

05 정답 ③
'부추'를 지역마다 다른 이름으로 부르는 것으로 '지역 방언'을 나타낸다.

⊗ 오답피하기
①, ②, ④는 모두 사회 방언을 나타낸다.

06 정답 ①
• '발 없는 말이 천 리 간다.' : 말은 순식간에 멀리까지 퍼져 나가므로 말을 삼가야 함을 의미한다.
• '화살은 쏘고 주워도, 말은 하고 못 줍는다.' : 한번 내뱉은 말은 수습할 수 없으니 말을 삼가야 함을 의미한다.
• '가루는 칠수록 고와지고, 말은 할수록 거칠어진다.' : 말이 많아지면 오해를 불러일으키기 쉬우므로 말을 아끼라는 의미이다.
이러한 속담에서 강조하는 담화 관습은 '말을 신중하게 해야 한다.'이다.

07 정답 ④
글의 초고에는 설문 조사의 결과가 제시되지 않았다.

⊗ 오답피하기
① 매점에서 식품을 사 먹고 배탈이 난 경험을 제시하였다.
② '교내 식품 안전 지킴이' 제도 도입을 해결 방안으로 제시하고 있다.
③ 건의 내용이 받아들여진다면 학생들이 안전한 먹거리를 섭취하고 바람직한 식습관을 형성할 수 있을 것이라는 예상 효과를 제시하고 있다.

08 정답 ④

② '하지만'의 앞 문장과 뒤 문장은 서로 반대의 내용이므로 바꿀 필요가 없다.

> ⊗ 오답피하기

① ㉠ '먹을'은 문맥의 의미상 과거를 나타내는 '먹은'으로 고쳐야 한다.
② ㉡에 해당하는 문장은 학교 매점의 위생 문제와는 관련이 없는 것이므로 삭제한다.
③ ㉢ '들이려고'는 '(물건 따위를) 안으로 들이다'의 뜻이므로 '드리려고'로 바꿔야 한다.

09 정답 ③

'겸양의 격률'은 자신에 대해 칭찬은 최소화하여 겸손하게 대화에 임해야 하는 대화의 방법이다. 그러므로 민아의 칭찬에 대해 나래는 자신을 낮추어 겸손하게 답해야 한다.

10 정답 ①

본문 (나)의 3문단 내용을 보면 1950년대, 1970년대, 2000년대에 걸친 떡볶이의 변모 과정을 나타내고 있으므로 개요의 중간 2 부분에 들어가기에 적절한 내용은 '시대에 따른 떡볶이의 변모 과정'이다.

11 정답 ③

㉢은 전환의 의미를 나타내는 연결 어미를 활용한 이어진 문장으로, 앞뒤 내용을 적절하게 연결하였으므로 고쳐쓰지 않는 것이 적절하다.

> ⊗ 오답피하기

① 이 글의 중심 소재는 '떡볶이'이므로 신선로에 대한 문장은 주제와 상관없는 것으로 삭제하는 것이 좋다.
② '공급하기'와 호응하는 주어는 '가스가'이므로 피동 표현인 '공급되기'로 바꾸어 쓰는 것이 적절하다.

④ '입맛 뿐'의 '뿐'은 조사이므로 붙여쓰기를 하여 '입맛뿐'으로 쓰는 것이 적절하다.

12 정답 ④

'준수'는 '민우'의 상황을 고려하지 않고, 일방적으로 색연필을 빌려달라고 요구하여, 상대방의 기분을 상하게 하고 있다.

13 정답 ③

강당을 사용하고 싶다는 은희의 부탁에 민수는 사정을 설명하며 어렵다고 답하고 있다. 이에 은희는 민수의 말에 공감을 표현하고 해결 방안을 제시하며 요구 사항을 전하고 있다.

14 정답 ②

'봄날처럼 따뜻한 말씨, 보석처럼 빛나는 세상!'은 직유법을 사용하여 고운 말씨와 고운 말씨로 인한 세상을 표현하고 있다. 또한 '봄날처럼 따뜻한 말씨'와 '보석처럼 빛나는 세상'은 유사한 문장 구조가 반복되는 대구법이 쓰인 것이다.

15 정답 ②

㉡ '그러나'의 앞 문장은 습도 조절까지 하는 한지의 특징이고, 뒷 문장은 바람이 잘 통하지 않는 양지의 특징이므로 대조적인 내용이다. 그러므로 접속어 '그러나'가 적절하다.

16 정답 ①

영호는 선생님의 칭찬에 겸손하게 답하고 있다. 이는 자신을 낮추어 겸손하게 말하는 겸양의 격률이라고 한다.

17 정답 ④

손녀는 청소년들이 많이 사용하는 줄임말을 사용하고 있어 할머니와의 의사소통에 어려움을 겪고 있다.

18 정답 ①

㉠에 들어갈 내용은 '공원 내 쓰레기 불법 투기의 해결 방안'을 구체적으로 나타낸 내용이어야 한다. 그러나 '공원 내 목줄 미착용 반려견 출입 제한'은 해당 문단의 중심 내용에서 벗어난 내용이다.

19 정답 ②

㉡ '떨어뜨리기 때문이다'는 이 문장 앞의 '왜냐하면'과 호응하는 서술어이므로 바꾸지 않아도 된다.

20 정답 ④

고객이 고마움을 표현하자 수리 직원은 겸손하게 대응하였다. 고객과 수리 직원 모두 바람직한 대화의 표현 양상을 보여 주고 있으므로 '가는 말이 고와야 오는 말이 곱다'라는 속담이 가장 잘 어울린다.

> **⊗ 오답피하기**
> ① 아무리 힘없는 것이라도 많이 모이면 큰 힘을 낼 수 있다.
> ② 가까운 사람이 잘되면 시기하고 질투한다.
> ③ 누구나 결점을 찾으려고 뜯어보면 조금도 허물이 없는 사람은 없다.

21 정답 ①

소윤이는 '사과하기'에 어울리지 않는 태도로 진심이 느껴지지 않는 사과를 했기 때문에 소윤이의 사과를 받은 은영이가 오히려 화를 내고 있는 것이다.

〈사과하기의 요령〉
• 진정성이 있어야 한다.
• 사과의 내용이 구체적이어야 한다.
• 사과하기에 알맞은 준언어적·비언어적 표현을 사용해야 한다.

22 정답 ①

동생은 '배구 경기'에 대해 질문하지만, 형은 '축구 경기'에 대한 정보를 주고 있다. 그러므로 형은 동생과의 대화

맥락에서 어긋나는 정보를 제공하고 있다.

〈대화에서의 '협력의 원리'〉
• 양의 격률 : 주고받는 대화에 필요한 양만큼만 정보를 제공하라.
• 질의 격률 : 거짓말을 하지 않고, 진실만을 말하라.
• 관련성의 격률 : 대화의 목적이나 주제와 관련된 것을 말하라.
• 태도의 격률 : 모호하거나 중의적인 표현을 피하고, 간결하고 조리 있게 말하라.

23 정답 ③

㉠에 들어갈 내용은 '당류 섭취량을 줄이기 위한 방안'이 구체적으로 제시되어야 하며, '우리 국민의 당류 섭취량이 많은 이유와 대응하는 내용으로 짜임새 있게 구성되어야 한다. 그러나 ③ '당류 함유량이 높은 음식에 대한 가격 인하'는 주어진 문단 '당류 섭취량을 줄이기 위한 방안'과 어울리지 않으므로 적절하지 않다.

> **⊗ 오답피하기**
> ① '1일 당류 권장량에 대한 홍보 포스터 게시'는 '본론 1의 다'와 대응되는 내용으로 적절하다.
> ② '당류 선호 식습관 개선을 위한 캠페인 실시'는 '본론 1의 나'와 대응되는 내용으로 적절하다.
> ④ '과도한 당류 섭취의 부작용을 알리는 광고 배포'는 '본론 1의 가'와 대응되는 내용으로 적절하다.

24 정답 ②

㉡ '그에게'의 '-에게'는 문맥에 적절한 부사격 조사이므로 바꾸지 않아야 한다.

> **⊗ 오답피하기**
> ① '돼어'는 '되어+어'의 형태이므로 '되어'로 수정해야 한다.
> ③ '맞혔습니다.'는 '맞다'의 사동 형태이므로, 문맥상 '끝났다'의 의미인 '마쳤습니다'로 수정해야 한다.

④ '칭찬을 통해 타인과의 관계가 발전할 수 있었습니다.'는 '토론을 통한 문제 해결'이라는 주제에서 어긋나는 내용이므로 삭제해야 한다.

25 정답 ③

공감적 듣기는 상대방의 말을 잘 듣고 있음을 나타내는 준언어, 비언어적 표현과 함께 상대방의 마음에서 이야기를 듣고, 반응하는 것을 말한다. 그러므로 '고개를 끄덕이며'라는 준언어적 동작을 통해 상대방의 말에 공감한다는 표현을 하고, 동시에 위로의 말을 전한 ③이 가장 적절한 공감적 듣기의 예이다.

26 정답 ④

문제를 자신의 탓으로 돌리고 상대방이 이 문제를 너그럽게 받아들이도록 하는 말하기는 대화의 격률 중 '관용의 격률'에 대한 설명이다.
④ '잠깐 딴생각을 하느라 못 들었어.'는 다시 부탁을 하게 된 원인을 자신의 탓으로 돌리고, 상대방에게 공손하게 한 번 더 말해줄 것을 부탁하는 것이므로 관용의 격률에 따른 말하기로 가장 적절한 예이다.

⊗ 오답피하기

① '창문 좀 닫아 줘'는 상대방에게 부담을 주는 말하기로 상대방의 부담을 줄이기 위해서는 '창문 좀 닫아 줄 수 있겠니?'라고 표현하는 것이 적절하다.
② 상대방을 칭찬하는 말하기로서 '찬동의 격률'의 예이다.
③ 시험을 잘 본 것에 대해 겸손하게 말하는 '겸양의 격률'이다.

27 정답 ③

개요는 글의 구조를 작성한 것으로 각 부분이 체계적으로 연결되어야 한다. 이 개요를 보면 '본론 1'에서 기부 참여도가 낮은 원인을 세 가지로 분석했고, '본론 2'에서는 이에 대응하는 해결 방안이 들어가야 일관성 있고 짜임새

있는 글을 완성할 수 있다. 이것으로 보아 '과소비 현상에 대한 비판'은 기부 참여도가 낮은 원인에 대한 해결 방안이 아니므로 '본론 2'에 들어갈 내용으로 적절하지 않다.

28 정답 ①

개요에 드러난 주제는 '기부 문화의 확산'이다. 대구법은 각 구절들이 형식이나 내용의 짝을 이루는 표현 방법이고, 비유법은 표현하고자 하는 대상을 다른 대상에 빗대어 표현하는 방법이다. 이러한 방법을 사용하여 표현한 것은 ① '나 하나의 기부 실천, 우리 모두의 행복 물결'로 이 문장은 '기부 실천'을 '행복 물결'에 빗대어 표현하였고, 앞 구절과 뒷 구절이 대구를 이루는 형식을 취하였으므로 주어진 조건에 맞는 적절한 문장이다.

⊗ 오답피하기

② '건강한 사회를 위한 첫걸음, 지금 시작하세요'는 기부 문화를 '첫걸음'에 빗대어 표현하였으나, 대구법이 쓰이지 않았다.
③ '기부는 생명의 물, 올해도 가득 채워 주실 거죠?'는 기부 문화를 '생명의 물'에 빗대어 표현하였지만, 대구법이 쓰이지 않았다.
④ '천 원으로 만드는 행복, 기부하는 당신을 응원합니다.'는 기부 문화를 '행복'에 빗대어 표현하였지만, 대구법은 쓰이지 않았다.

29 정답 ④

④는 상대방의 도움에 대한 감사의 표현이다. 상대방에 대한 감사의 표현은 구체적으로 드러내야 한다.

⊗ 오답피하기

① 상대방을 격려하기 위한 표현
② 상대방을 위로하기 위한 표현
③ 상대방에게 사과하기 위한 표현

30 정답 ④

'A'가 제안한 산책을 하자는 의견에 대한 공감을 표현하고, 시원해지면 산책을 하자는 제안으로 의견의 차이를 최소화하여 표현한 ④가 동의의 격률을 드러내는 대화로 가장 적절하다.

오답피하기

나머지 선택지는 모두 산책을 하자는 의견과의 차이를 극대화하여(단적으로) 드러내고 있다.

〈대화의 공손성의 원리〉

• **요령의 격률** : 상대방에게 부담이 가는 표현을 최소화하고 상대방의 이익을 극대화하는 표현
• **관용의 격률** : 화자 자신에게 혜택을 주는 표현을 최소화하고 화자 자신에게 부담을 주는 표현은 최대화하는 것
• **찬동의 격률** : 다른 사람에 대한 비방을 최소화하고 칭찬을 극대화하는 것
• **겸양의 격률** : 자기 자신에 대한 칭찬은 최소화하고 자신에 대한 비방을 극대화하는 것
• **동의의 격률** : 자신의 의견과 다른 사람의 의견 사이의 차이점을 최소화하고 자신의 의견과 다른 사람의 의견의 일치점을 극대화하는 것

31 정답 ④

개요의 ㉠은 (나) 글의 셋째 문단에 해당하는 내용이다. 이 문단은 화장품의 화학 성분에 포함된 유해성에 대해 설명하고 있다.

32 정답 ①

㉡은 '~다면'과 호응하는 부사로서, '가정'을 나타내는 의미인 '만약'으로 고쳐 쓰는 것이 적절하다.

오답피하기

② ㉢은 '화장품에 사용되는 화학 성분의 역할'이라는 중심 내용에서 벗어나는 내용이므로 삭제한다.
③ ㉣은 화장품 사용에 따르는 부정적인 작용을 의미하는 것이므로 '부작용'으로 고쳐 쓴다.

④ ㉤의 주어는 '화학 성분'으로 '첨가되어 있는지를'이라는 표현과 호응을 이룬다.

33 정답 ①

상대방의 의견에 공감하고 그 의견과 자신의 의견이 같음을 드러내는 비언어적 표현은 고개를 끄덕이는 것이다.

34 정답 ①

웨이팅, 셰프, 시그니처 메뉴 등의 불필요한 외국어가 사용되었다.

35 정답 ②

오답피하기

① 첫 부분 '따사로운 햇볕이 반가운 듯 나무들도 꽃망울을 터뜨리며 완연한 봄이 되었음을 알립니다.'에 반영되어 있다.
③ 두 번째 문단 '공연과 전시, 체험 활동 등 다채로운 행사가 가득한 축제를 정성껏 준비하였습니다.'에 제시되어 있다.
④ 세 번째 문단 마지막 부분 '참석하시는 분들께는 작은 기념품도 증정할 예정입니다.'에 제시되어 있다.

36 정답 ③

오답피하기

① '오작교'라는 비유적 표현은 사용되었으나 '바랍니다.'는 평서형으로 청유형 문장이 아니다.
② '봅시다'라는 청유형은 사용되었으나 비유법이 사용된 부분이 없다.
④ '꽃망울을 열 듯'이라는 비유법은 사용되었으나 청유형 문장이 사용되지 않았다.

대표 기출문제 　　　　　　　　　　문제 p. 34

01	④	02	①	03	④	04	④	05	③
06	②	07	③	08	④	09	①	10	②
11	④	12	③	13	③	14	④	15	①
16	④	17	②	18	③	19	③	20	③
21	②	22	④	23	①	24	②	25	②
26	②	27	③	28	③	29	①	30	③
31	③	32	②	33	④	34	②	35	③
36	④	37	②	38	④	39	③	40	④

01 정답 ④

떨어지다 : '떨다'의 본뜻이 유지되고 있으므로 한글 맞춤법 제15항에 따라 원형을 밝혀 적어야 한다. 그러나 앞말의 원형을 밝혀 적고 있지 않으므로 한글 맞춤법 규정에 어긋난다.

⊗ 오답피하기

① 늘어나다 : '늘다'의 본뜻이 유지되고 있으므로 원형을 밝혀 적는다.

② 드러나다 : '들다'의 본뜻이 멀어졌으므로 원형을 밝혀 적지 않는다.

③ 돌아가다 : '돌다'의 본뜻이 유지되고 있으므로 원형을 밝혀 적는다.

02 정답 ①

직접 인용의 인칭 대명사는 간접 인용에서 화자의 시점을 기준으로 바뀌므로 '너'는 '나'로 바뀌어야 한다. 또한 인용할 내용에 조사 '고'를 붙인다. 따라서 '나의 취미가 뭐냐고'로 표현해야 한다.

03 정답 ④

불·휘 ⊙ 기·픈 남·ᄀᆞᆫ ⓒ ᄇᆞᄅ·매 아·니: 뮐·ᄊᆡ
곶: 됴·코 여·름·하ᄂᆞ·니
:심·미 기·픈 ⓒ·므·른 ᄀᆞᄆ·래 아·니 그·츨·ᄊᆡ
ⓐ :내·히 이·러 바·ᄅᆞ·래 가ᄂᆞ·니
　　　　　　　　　　 –「용비어천가」제2장 –

현대어 풀이

뿌리가 깊은 나무는 바람에 아니 움직이므로,
꽃이 좋아지고 열매가 많아지니
샘이 깊은 물은 가뭄에 아니 그치므로,
내가 이루어져서 바다에 가느니

'내ㅎ(시내)+이(주격 조사)'가 이어적기로 표기된 것으로 주격 조사는 '이'가 사용되었다.

⊗ 오답피하기

① '깊은'을 소리 나는 대로 이어적기로 표기한 것이다.

② 'ᄇᆞᄅᆞᆷ+애'를 이어적기 한 것으로 현재 쓰이지 않는 ·(아래아)가 사용되었다.

③ '믈+은'으로 음성 모음 '믈' 뒤에 음성 모음의 조사 '은'이 사용되어 모음 조화가 지켜졌다.

04 정답 ④

'그가 친구에게 사실을 밝혔다.'는 주어인 '그가' '사실을 알게 했다'는 의미의 사동 표현이다.

05 정답 ③

'닭을'은 '닭'의 겹받침 중 뒤엣것을 뒤 음절 첫소리로 옮겨 발음하여 [달글]로 발음해야 한다.

06 정답 ②

'선생님께서는 우리를 사랑하신다.'는 주어인 '선생님'을 높이는 주체 높임법이 실현된 문장으로, 주격 조사 '–께서'와 주체 높임 선어말 어미 '–시–'가 쓰였다.

① 목적어인 '어머니'를 높이기 위해 특수 어휘 '모시다'가 사용된 객체 높임법이다.
③ 부사어인 '아버지'를 높이기 위해 부사격 조사 '-께'와 특수 어휘 '여쭙다'가 사용된 객체 높임법이다.
④ 목적어인 '할아버지'를 높이기 위해 특수 어휘 '찾아뵙다'가 사용된 객체 높임법이다.

07 정답 ③

㉠孔·공子·ㅣ曾증子·ㄷ로·려닐·러굴ᄋ·샤·ㄷㅣ·몸·이며얼굴·이며머·리털·이·며·슬·흔㉡父·부母:모·씌받ᄌ·온거·시·라敢·감·히헐·워샹히·오·디아·니·홈·이·효·도·이비·르소미·오·몸·을셰·워道·도·를行힝ᄒ·야㉢일·홈·을後:후世:셰·예·베퍼·뻐㉣父·부母:모롤:현·뎌케·홈·이·효·도·이ᄆ·ᄎ·이니·라
– 『소학언해(小學諺解)』(1587) –

공자가 증자에게 일러 말씀하시길, 몸이며 얼굴이며 머리털이며 살은 부모께 받은 것이라, 감히 헐어 상하지 않게 함이 효도의 비롯함이오, 몸을 세워 도를 행하여 이름을 후세에 알림으로써 부모를 현저하게 함이 효도의 마침이니라.

'일:홈·을'은 체언과 조사를 구분하여 적은 끊어 적기로 표기되었다.

① '공ᄌ' 뒤에 주격 조사 'ㅣ'가 결합한 것이다.
② '씌'의 초성에는 자음 두 개가 한 번에 쓰이는 어두 자음군이 사용되었다.
④ '父·부母:모'가 양성 모음으로 끝났으므로 양성 모음 목적격 조사 '롤'이 결합되었다.

08 정답 ④

'표준 발음법 제17항'은 '구개음화'에 대한 설명이다.
'밭이랑'의 '이랑'은 논이나 밭을 갈아 골을 타서 두두룩하게 흙을 쌓아 만든 곳으로 '실질 형태소'이다. 그러므로 '구개음화'가 적용되지 않는다.
밭이랑 : 'ㄴ'첨가 [밭니랑] – 음절의 끝소리 규칙 [받니랑] – 비음화 현상 [반니랑]

① 끝이[끄치]
② 굳이[구지]
③ 여닫이[여다지]

09 정답 ①

'갈게'는 [갈께]로 발음되더라도 '갈게'로 적는 것이 맞다.

② 웬지 → 왠지
왠지는 '왜인지'의 줄임말로 부사어로 쓰인다.
'웬'은 관형사로 '웬 떡이야'처럼 명사를 꾸며주는 역할로 쓰인다.
③ 어떻게 → 어떡해
'어떡해'는 '어떻게 해'의 줄임말로 서술어로 쓰인다.
'어떻게'는 부사어로 뒤에 꾸밈을 받는 용언이 와야 한다.
④ 덥든지 → 덥던지
'-던지'는 과거의 경험을 나타내는 어미이다.
'-든지'는 선택을 나타내는 어미로 '먹든지 말든지' 등으로 쓰인다.

10 정답 ②

(가)는 '현재' 시제를 나타내는 것이다.
㉠ 내린다 : 현재를 나타내는 선어말 어미 '-ㄴ-'을 활용한 현재 시제이다.
㉡ 근심하던 : 과거의 경험을 나타내는 관형사형 전성어미 '-던'을 활용한 과거 시제이다.
㉢ 웃는다 : 현재를 나타내는 선어말 어미 '-는-'을 활용한 현재 시제이다.
㉣ 없겠다 : 미래를 나타내는 선어말 어미 '-겠-'을 활용한 미래 시제를 나타낸 표현이다.

11 정답 ④

[훈민정음 언해]

㉠·내·이·를爲·윙·ᄒ·야:어엿·비너·겨·새로·스·믈여·듧
㉡字·쫑·ᄅᆞᆯᄆᆡᇰᄀᆞ노·니:사ᄅᆞᆷ:마·다:ᄒᆡ·ᅇᅧ ㉢:수·ᄫᅵ니·겨
·날·로 ㉣·ᄡᅮ·메便뼌安ᅙᅡᆫ·킈ᄒ·고·져ᄒᆞᇙᄯᆞ·ᄅᆞ·미니·라

현대어 풀이

내가 이를 위하여 불쌍히 여겨 새로 스물 여덟 자를 만드니
사람마다 하여금 쉽게 익혀 날마다 씀에 편하게 할 따름이니라.

·ᄡᅮ·메 : 어두자음군이 쓰인 단어로 단어의 첫머리에 두
개 이상의 자음이 올 수 있음을 알 수 있다.

오답피하기

㉠ 내 : '나'에 주격 조사 'ㅣ'가 결합된 것으로서 모음
뒤에서 주격 조사 'ㅣ'가 결합됨을 알 수 있다.

㉡ 쫑·ᄅᆞᆯ : 앞의 체언의 양성 모음에 맞춰 조사 '를/
를' 중 양성 모음으로 이루어진 '를'이 쓰인 것이므
로 모음 조화가 잘 지켜지고 있음을 알 수 있다.

㉢ 수·ᄫᅵ : 'ㅸ'(순경음 비읍)은 지금은 쓰이지 않는
자음이다.

12 정답 ③

'송년[송년]'은 음운의 변동 없이 그대로 발음된다.

오답피하기

① '강릉[강능]'으로 'ㅇ' 뒤에 연결되는 'ㄹ'이 [ㄴ]으
로 발음된다.

② '담력[담녁]'으로 'ㅁ' 뒤에 연결되는 'ㄹ'이 [ㄴ]으
로 발음된다.

④ '항로[항노]'로 'ㅇ' 뒤에 연결되는 'ㄹ'이 [ㄴ]으로
발음된다.

13 정답 ③

'선배는 선생님께 공손히 인사를 드렸다.'는 부사어 '선생
님'을 조사 '께'와 특수 어휘 '드리다'를 통해 높이는 객체
높임법이 드러나 있다.

오답피하기

① '아버지께서는 늘 음악을 들으신다.' : 주어인 '아
버지'를 높이기 위해 조사 '께서'와 선어말 어미
'-시-'를 활용한 주체 높임법이 쓰이고 있다.

② '어머니께서는 지금 집에서 주무신다.' : 주어인
'어머니'를 높이기 위해 조사 '께서'와 특수 어휘
'주무시다'를 활용한 주체 높임법이 쓰이고 있다.

④ '할아버지께서는 어제 죽을 드시고 계셨다.' : 주어
인 '할아버지'를 높이기 위해 조사 '께서'와 특수
어휘 '드시다', '계시다'를 활용한 주체 높임법이
쓰이고 있다.

14 정답 ④

孔·공子·ᄌᆞ ㅣ 曾증子·ᄌᆞᄃᆞ·려닐·러ᄀᆞᄅᆞᄉᆞ·샤·ᄃᆡ ㉠ ·몸·이며
㉡ 얼굴·이며 ㉢ 머·리털·이·며·술·흔父·부母:모·ᄭᅴ받ᄌᆞ·온
㉣ 거·시·라 敢:감·히헐·워샹ᄒᆡ·오·디아·니:홈·이 :효·도·
·이 비·르·소미·오·몸·을셰·워道:도·를行ᅘᆡᆼᄒ·야일:홈·을後
:후世:셰·예·베퍼·써 父·부母:모·ᄅᆞᆯ:현·뎌케:홈·이 :효·도·
·익ᄆᆞ·춤·이니·라

– 『소학언해(小學諺解)』(1587) –

현대어 풀이

공자가 증자에게 일러 말씀하시길, 몸이며, 얼굴이며, 머리털
이며 살은 부모께 받은 것이라. 감히 헐어 상하지 않게 함이
효도의 비롯함이오. 몸을 세워 도를 행하여 이름을 후세에 알
림으로써 부모를 현저하게 함이 효도의 마침이니라.

'거시라'는 현대의 '것이라'로서 체언과 조사를 소리나는
대로 이어적기 한 것이다.

오답피하기

① ㉠ '몸이며' : 체언과 명사를 끊어적기 한 것이다.

② ㉡ '얼굴이며' : 체언과 명사를 끊어적기 한 것이다.

③ ㉢ '머리털이며' : 체언과 명사를 끊어적기 한 것
이다.

15 정답 ①

'다리다'는 '옷이나 천 따위의 주름이나 구김을 펴고 줄을 세우기 위해 다리미나 인두로 문지르다.'는 의미로서, '보약을 다리다.'는 알맞지 않은 표현이다.
'약재 따위에 물을 부어 우러나도록 끓이다.'라는 의미의 단어는 '달이다'로서 '보약을 달이다.'가 적절한 표현이다.

> ⊗ **오답피하기**
>
> ② 배를 <u>주리다</u>. : 제대로 먹지 못하여 배를 곯다.
> ③ 땀을 <u>식히다</u>. : 땀을 말리거나 더 흐르지 아니하게 하다.
> ④ 아들에게 학비를 <u>부치다</u>. : 편지나 물건 따위를 일정한 수단이나 방법을 써서 상대에게 보내다.

16 정답 ④

표준 발음법 제20항은 유음화를 설명하는 것이다. 그러나 '종로[종노]'는 비음 'ㅇ'과 유음 'ㄹ'이 만나 유음이 비음 'ㄴ'으로 바뀐 비음화의 예이다.

> ⊗ **오답피하기**
>
> ① 신라 : [실라]로 유음화 현상이 드러난다.
> ② 논리 : [놀리]로 유음화 현상이 드러난다.
> ③ 설날 : [설랄]로 유음화 현상이 드러난다.

17 정답 ②

(가)는 '과거 시제'에 대한 설명이다. (나)의 ⊙ '읽었다'는 '과거', ⓒ '읽는다'는 '현재', ⓒ '읽은'은 '과거', ② '읽어야겠다'는 '미래'를 나타낸다. 그러므로 '과거 시제'를 나타내는 표현은 ⊙과 ⓒ이다.

18 정답 ③

'식·미'는 '샘'에 주격 조사 '이'가 붙은 '심이'가 '이어적기'로 표기된 것이다. 그러므로 주격 조사가 생략되지 않았다.

> ⊗ **오답피하기**
>
> ① ㉠ '브ᄅ매' → '브름+애'로 'ㆍ', 'ㅘ', 'ㅐ'가 양성모음으로 모음 조화를 이루고 있다.
> ② ⓒ 'ㆍ하ᄂᆞ니'에 아래 아(ㆍ)가 쓰이고 있다.
> ④ ② '므른' → '믈+은'이 이어적기 된 것이다.

> **현대어 풀이**
>
> 뿌리 깊은 나무는 바람에 아니 흔들리므로
> 꽃 좋고 열매 많으니
> 샘이 깊은 물은 가뭄에 아니 그치므로
> 내에 이르러 바다에 이르니

19 정답 ③

'옮기고[옴기고]'는 어간 '옮기-'에 어미 '-고'가 결합한 것으로서 된소리되기 현상이 일어나지 않는다.

> ⊗ **오답피하기**
>
> ① 앉지 : [안찌]로 발음함.
> ② 안고 : [안꼬]로 발음함.
> ④ 감고서 : [감꼬서]로 발음함.

20 정답 ③

'철수가 다친 친구를 등에 업었다.'는 주어인 '철수'의 의지로 서술어의 동작이 이루어졌음을 나타내는 능동문이다. 그러므로 '업었다'는 능동 표현을 나타내는 서술어이다.

> ⊗ **오답피하기**
>
> ① '불길이 바로 잡혔다.'는 주어 '불길이'가 서술어의 동작을 당했음을 나타내는 피동문이다. 그러므로 서술어 '잡혔다'는 '잡았다'에 피동 접미사 '-히-'가 결합된 피동 서술어이다.
> ② '막냇동생의 신발 끈이 풀렸다.'는 주어 '끈이' 서술어의 동작을 당했음을 나타내는 피동문이다. 그러므로 서술어 '풀었다'에 피동 접미사 '-리-'가 결합된 피동 서술어이다.
> ④ '그림을 그릴 때에는 붓이 사용된다.'는 주어 '붓이'

가 서술어의 동작을 당했음을 나타내는 피동문으로 접미사 '-되다'가 결합된 서술어가 사용되었다.

21 정답 ②
'여기 주문하신 음료 나오셨습니다.'는 '음료'를 높이는 표현으로 불필요한 높임 표현이 쓰인 문장이다. 그러므로 '여기 주문하신 음료 나왔습니다.'로 고쳐야 한다.

22 정답 ④
'노미'는 현재의 표기법 '놈이'를 소리나는 대로 '이어적기'한 것이다. 현재는 단어의 원형을 밝혀 적는 '끊어 적기'를 원칙으로 한다.

> **⊗ 오답피하기**
> ① 방점은 글자 왼쪽에 찍는 점으로서 소리의 높낮이를 표시한다.
> ② 현재에는 사라진 'ㆆ(여린히읗)'이 쓰이고 있다.
> ③ 'ㅳ'이 초성에 쓰이는 '어두 자음군'이 쓰이고 있다.

23 정답 ①
한글 맞춤법 제6항은 음운의 변동 중 '구개음화'에 대한 개념을 소개하고, 표기를 할 때는 원형을 밝혀 적는 원칙을 제시하고 있다.
'숱하게[수타게]'는 먼저 음절의 끝소리 규칙에 의해 '[숟하게]'로 발음되고, 다시 [수타게]로 음운의 축약이 일어난다. 그러므로 '구개음화'는 적용되지 않는다.

> **⊗ 오답피하기**
> ② 같이[가치] : 'ㅌ'이 뒤에 오는 'ㅣ'와 만나 'ㅊ'으로 소리나는 구개음화가 적용된다.
> ③ 해돋이[해도지] : 'ㄷ'이 뒤에 오는 'ㅣ'와 만나 'ㅈ'으로 소리나는 구개음화가 적용된다.
> ④ 걷혀[거쳐] : 'ㄷ'과 'ㅎ'이 합쳐져 'ㅌ'으로 소리나는 음운 축약 현상 후 'ㅌ'과 반모음 'ㅣ'가 만나 'ㅊ'으로 소리나는 구개음화가 적용된다.

24 정답 ②
소녀, 할머니, 딸은 상의어인 '여자'에 포함되는 하의어이고, 할아버지와 아들은 상의어인 '남자'에 포함되는 하의어이다. 또한 '여자'와 '남자'는 의미적으로 대립되는 반의 관계이다. ⓒ에는 '남자'에 포함되는 하의어가 들어가야 하므로 '소년'이 적절하다.
㉠ '여자'와 ㉣ '아들'은 대립적인 의미가 성별과 가족 관계 두 가지이기 때문에 반의 관계가 될 수 없다. 반의 관계는 대립적인 의미가 오직 하나일 때만 성립한다.

25 정답 ②
㉠의 '왜'는 단모음 'ㅗ'와 'ㅐ'가 결합된 이중모음으로 발음하는 동안 입술이나 혀의 모양이 달라진다.

> **⊗ 오답피하기**
> ① ㉠의 '녀'와 '냐'의 모음인 'ㅓ'는 혀의 높이가 중간인 중모음이고 'ㅏ'는 저모음이다.
> ③ ㉡의 '방'과 '빵'의 자음인 'ㅂ'과 'ㅃ'은 입술소리로 조음 위치는 같으나, 'ㅂ'은 예사소리, 'ㅃ'은 된소리로 소리를 내는 방식이 다르다.
> ④ ㉢의 '밤[夜]'은 짧게 발음하고, '밤[栗]'은 길게 발음한다.

26 정답 ②
문장의 주성분은 '주어, 목적어, 보어, 서술어'로 이루어져 있다.
'친구가 책을 읽고 있다.'는 '주어+목적어+서술어'로 구성되어 있으므로 주성분만으로 이루어진 문장이다.

> **⊗ 오답피하기**
> ① '우아, 우리가 이겼다.' – '독립어 + 주어 + 서술어'
> ③ '그 사람이 우유를 마셨다.' – '관형어 + 주어 + 목적어 + 서술어'
> ④ '동생이 드디어 가수가 되었다.' – '주어 + 부사어 + 보어 + 서술어'

27 정답 ③

〈보기〉는 주어와 서술어의 호응이 맞지 않는 문장으로, '나의 바람은 네가 잘되었으면 좋겠다는 것이다.'로 수정해야 한다.

주어와 서술어의 호응이 맞지 않는 문장으로, '내가 말하고자 하는 것은 너는 마음씨가 곱다는 것이다.'로 수정해야 한다.

> **오답피하기**
> ① 수식의 범위가 모호한 문장으로 수식어의 위치를 옮겨 중의성을 해소할 수 있다.
> → 그는 소녀의 아름다운 노래를 들었다.
> ② 지나친 외국어식 표현으로 비문이다.
> → 그들은 환경 문제에 대해 회의를 했다.
> ④ 한자어와 고유어의 의미 중복으로 인한 비문이다.
> → 우리는 먹고 남은 반찬을 다시 쓰지 않습니다.

28 정답 ③

'어름'은 어간 '얼-'에 '-음'이 붙어서 명사가 된 것이고, 원형의 뜻에서 멀어지지 않았으므로 원형을 밝혀 적어야 한다. 그러므로 '얼음'이라고 표기해야 맞다.

> **오답피하기**
> ① 어간 '굳-'에 '-이'가 붙어 부사가 된 것으로 원형을 밝혀 적어야 한다.
> ② 어간 '놀-'에 '-음'이 붙어서 명사가 된 것이지만, 어간의 의미인 '놀다'에서 그 뜻이 멀어졌으므로 원형을 밝혀 적지 않아도 된다.
> ④ 어간 '다듬-'에 '-이'가 붙어 명사가 된 것으로 원형을 밝혀 적어야 한다.

29 정답 ①

'물, 불, 풀, 뿔'은 각각 자음 'ㅁ, ㅂ, ㅍ, ㅃ'으로 인해 단어의 뜻이 달라진 것으로 자음이 음운의 하나임을 설명하는 예이다.

30 정답 ③

향찰은 한자를 이용해 우리말을 적으려는 주체적인 노력이 보이는 표기법이다. 그러므로 우리말의 소리 중 '실질 형태소(실질적인 의미를 갖고 있는 부분)'는 뜻에서 소리를 빌려 쓰는 '훈차'를 하고, '형식 형태소(문법적 의미를 갖고 있는 부분)'는 음에서 소리를 빌려 쓰는 '음차'를 한다.

㉠ '主(님 주)'는 실질 형태소인 '님'이라는 소리를 위해 빌려 쓴 한자이므로 훈차를 한 것이고, ㉡ '隱(숨다 은)'은 조사인 형식 형태소 '은'을 위해 빌려 쓴 한자이므로 음차를 한 것이다.

31 정답 ③

'관용 표현'은 원래의 뜻과는 다른 뜻으로 굳어져 쓰인 표현으로 관용어, 속담, 격언 등이 있다.

'나는 농구공을 한 손으로 잡을 만큼 손이 크다.'의 '손이 크다'는 '손의 크기가 크다.'라는 뜻으로 사전적인 의미로 사용되었다.

> **오답피하기**
> ① 관용적 표현 '발이 묶이다'는 '몸을 움직일 수 없거나, 활동할 수 없는 형편이다.'라는 의미이다.
> ② 관용적 표현 '입이 귀에 걸리다'는 '너무 좋아 싱글벙글 웃는 모습'을 의미한다.
> ④ 관용적 표현 '손발이 맞다'는 '함께 일을 하는 데에 마음이나 의견, 행동 방식 따위가 서로 맞다.'라는 의미이다.

32 정답 ②

> **오답피하기**
> ① 깍뚜기(×) → 깍두기(○)
> ③ 김치찌게(×) → 김치찌개(○)
> ④ 몇일(×) → 며칠(○)

33 정답 ④

'제삿날'은 한자어 '제사'와 고유어 '날'로 이루어진 합성어로서 '제사+날'이 결합되어 [제산날]로 발음된다. 그러므로 'ㄴ' 앞에서 'ㄴ' 소리가 덧나 발음되는 ㉠의 규정의 예로 적절하다.

⊗ 오답피하기

① '냇물'은 고유어 '내'와 고유어 '물'의 합성어로서 뒷말의 'ㄴ, ㅁ' 앞에서 'ㄴ' 소리가 덧나는 예이다.
② '잇몸'은 고유어 '이'와 고유어 '몸'의 합성어로서 뒷말의 'ㄴ, ㅁ' 앞에서 'ㄴ' 소리가 덧나는 예이다.
③ '아랫니'는 고유어 '아래'와 고유어 '이'의 합성어로서 뒷말의 첫소리 모음 앞에서 'ㄴㄴ' 소리가 덧나는 예이다.

34 정답 ②

'뱃길'은 순우리말 어근 '배'와 순우리말 어근 '길'이 결합된 합성이다. 또한 '배'와 '길'이 결합하면서 [배낄]로 발음되므로 ㉠ '뒷말의 첫소리가 된소리로 나는 것'이라는 조건에 맞으므로 사이시옷을 받치어 '뱃길'로 표기하는 것이 적절하다.

⊗ 오답피하기

① 순우리말 어근 '깨'와 순우리말 어근 '잎'이 결합하여 [깬닙]으로 발음되므로 제30항의 1. (2)의 조건에 의해 '깻잎'으로 표기한다.
③ 순우리말 어근 '비'와 순우리말 어근 '물'이 결합하여 [빈물]로 발음되므로 제30항의 1. (2)의 조건에 의해 '빗물'로 표기한다.
④ 한자로 된 어근 '후'와 순우리말 어근 '날'이 결합하여 [훈날]로 발음되어 '훗날'로 표기된 것으로, 한자어와 순우리말이 결합하여 'ㄴ'이 덧나 사이시옷을 받치어 적는다.

35 정답 ③

'방관(傍觀)'은 '곁 방'과 '볼 관'을 결합한 어휘로서 '어떤 일에 직접적으로 관여하지 않고 곁에서 지켜봄'이라는 의미이다.

⊗ 오답피하기

① '근절(根絕)' : '뿌리 근'과 '끊을 절'을 결합한 어휘로서 '뿌리째 없애다.'라는 의미이다.
② '봉기(蜂起)' : '벌 봉'과 '일어날 기'가 결합한 어휘로서 '벌처럼 세차게 일어나다.'라는 의미이다.
④ '토로(吐露)' : '토할 토'와 '이슬 로'가 결합한 어휘로 '모두 털어놓다'라는 의미이다.

36 정답 ④

'그녀는 웃으면서 들어오는 친구에게 인사를 했다.'라는 문장의 '웃으면서'는 '그녀는'을 서술하는 의미와 '친구'를 수식하는 두 가지 의미로 해석되는 중의적인 문장이다.

⊗ 오답피하기

① 뜰에 핀 꽃이 여간 탐스럽다. – 부사 '여간'은 부정 서술어와 호응하므로, '뜰에 핀 꽃이 여간 탐스럽지 않다.'로 표현해야 한다.
② 선생님께서 너 오시라고 했어. – 주어 '선생님'을 높이는 서술어 '했어'를 '하셨어'라고 고쳐야 하고, 대화의 상대는 높임의 대상이 아니므로 '오시라고'를 '오라고'로 고쳐야 한다.
③ 내가 하고 싶은 말은 너를 사랑한다. – 주어와 서술어의 호응이 맞지 않으므로, '내가 하고 싶은 말은 너를 사랑한다는 것이다.'로 고쳐야 한다.

37 정답 ②

현대어 풀이 〈독립신문 창간사〉

> 우리 신문이 한문은 쓰지 않고, 다만 국문으로만 쓰는 것은 상하귀천이 다 보게 함이라. 또 국문을 이렇게 구절을 떼어 쓴, 즉 아무라도 이 신문 보기가 쉽고 신문 속에 있는 말을 자세히 알아보게 함이라.

'홈이라'는 어간과 어미를 구분하여 표기하는 끊어적기를 사용한 것이다.

㉠ '쓰는거슨'은 'ㆍ'를 사용하여 표기한 것이다.

㉢ '보기'는 '보-'에 명사형 어미 '-기'를 붙여 사용한 것이다.

㉣ '알어'는 양성 모음 'ㅏ'와 음성 모음 'ㅓ'가 나란히 쓰인 것으로 모음조화가 파괴된 형태이다.

38 정답 ④

된소리되기에 대한 설명이다.

'볶음'은 연음되어 [보끔]으로 발음되는 것뿐이며 음운 변동 현상이 일어나지 않는다. 받침 'ㄲ' 뒤에 'ㄱ, ㄷ, ㅂ, ㅅ, ㅈ' 중 하나가 와야 하는데 '볶음'은 앞말은 'ㄲ'으로 끝났으나 뒤에 오는 음운이 조건에 해당하지 않는다.

39 정답 ③

① 비격식체 중 해요체에 해당한다.

② 비격식체 중 해체에 해당한다.

④ 격식체 중 하십시오체에 해당한다.

40 정답 ④

'불거지다'는 '어떤 사물이나 현상이 두드러지게 커지거나 갑자기 생겨나다'의 뜻을 가진 동사이다. 〈보기〉의 설명은 '소문이 갑자기 생겨나다'의 의미를 갖고 있으므로 '불거져'로 표기하는 것이 옳다.

---

03 문학

01 현대시

대표 기출문제   문제 p. 103

01 ①	02 ③	03 ①	04 ②	05 ④
06 ④	07 ①	08 ②	09 ③	10 ②
11 ④	12 ①	13 ④	14 ④	15 ①
16 ①	17 ①	18 ②	19 ①	20 ①
21 ④	22 ③	23 ④	24 ④	25 ①
26 ③	27 ①			

[1~3] 김소월, 〈진달래꽃〉

갈래 | 자유시, 서정시

성격 | 전통적, 애상적, 민요적

주제 | 이별의 정한

특징 |

• 1연과 4연이 수미상관을 이룸.

• 전통적 정서를 7·5조 3음보의 민요적 율격에 담아 표현함.

• 이별의 상황을 가정함.

01 정답 ①

설의법이 사용된 부분은 없다.

② '-우리다'의 반복을 통해 리듬감을 형성하고 있다.

③ '죽어도 아니 눈물 흘리우리다'에서 반어적 표현을 통해 화자의 슬픔을 강조하고 있음을 확인할 수 있다.

④ 1연과 4연의 대응인 수미상관 구조가 나타난다.

02 정답 ③

자신의 분신인 '꽃'을 밟고 가라는 화자의 말을 통해 자기희생의 헌신적 사랑을 확인할 수 있다.

03 정답 ①

「진달래꽃」과 〈보기〉 모두 3음보의 민요적 율격을 갖고 있다.

> ⊗ 오답피하기
>
> ② 자연 친화적 태도는 「진달래꽃」과 〈보기〉 모두 나타나 있지 않다.
> ③ 「동동」, 「농가월령가」 등 월령체에서 보이는 특징으로 「진달래꽃」과 〈보기〉 모두 해당하는 부분이 없다.
> ④ 10구체 향가, 시조에서 나타나는 특징으로 민요인 〈보기〉와 「진달래꽃」 모두 이와 같은 특성이 나타나 있지 않다.

[4~6] 이육사, 〈절정〉

갈래	자유시, 서정시
성격	의지적, 지사적
주제	극한적 상황을 초극하려는 의지
특징	

- 현재형 시제를 사용하여 긴장감을 유발함.
- 남성적 어조로 강인한 의지를 표출함.
- 역설적 표현을 통해 주제를 강조함.

04 정답 ②

이 시는 '매운 계절'이라는 시어를 통해 일제 강점기의 혹독한 현실을 상징하고 있다. 또한 '북방', '고원'을 통해 극한에 달한 고달픈 현실을 나타내지만 화자는 성찰을 통해 '겨울'이라는 혹독한 시기를 '강철로 된 무지개'로 인식함으로써 고난 속에서 희망을 발견하게 된다.
이와 같이 다양한 상징적 시어를 통해 화자가 처한 현실과 의지의 태도를 강조한다.

05 정답 ④

제시된 내용을 통해 작품을 감상하는 표현론적 감상의 관점으로 이 시를 감상하였을 때, 극한의 상황에서도 꺾이지 않는 작가의 항일 의지를 알 수 있다.

06 정답 ④

ⓔ '무지개'는 '희망'을 상징하는 시어로 화자가 처한 극한의 고난과 역경을 상징하는 시어인 '매운 계절', '북방', '고원'과는 이질적인 시어이다.

[7~9] 정호승, 〈슬픔이 기쁨에게〉

갈래	자유시, 서정시
성격	교훈적, 비판적, 의지적
주제	이기적인 삶에 대한 반성과 더불어 사는 삶의 추구
특징	

- 추상적 개념(기쁨, 슬픔)을 의인화하여 말을 건네는 방식으로 시상을 전개함.
- 역설적 표현(사랑보다 소중한 슬픔)을 활용하여 주제를 효과적으로 드러냄.

07 정답 ①

이 시의 '너'는 추운 겨울 밤 귤 몇 개 파는 할머니에게 귤값을 깎으면서 기뻐하는 이기적인 모습을 보이고 있다. 이러한 '너'에게 타인을 배려하는 사랑의 소중함과 타인의 슬픔을 함께 나누는 가치를 알게 하겠다는 의지를 보이고 있다. 그러므로 이 글의 화자는 '이웃과 더불어 사는 삶'을 추구하고 있음을 알 수 있다.

08 정답 ②

역설법은 모순적인 표현을 통해 의미를 강조하는 표현법이다. 이 시의 '사랑보다 소중한 슬픔'은 슬픔이 사랑보다 소중하다는 모순적인 표현을 통해 '타인을 배려하는 사랑'의 소중함을 강조하고 있다.

09 정답 ③

'너'는 이러한 소외 계층에게 무관심하고 이기적인 시적 대상이다.

> ⊗ 오답피하기
>
> ㉠ '할머니', ㉡ '동사자'(얼어 죽은 사람), ⓔ '사람들'

은 모두 우리 사회의 소외 계층으로 따뜻한 관심과 위로가 필요한 계층이다.

리지 않는 모순적인 표현을 통해 첫사랑을 통한 정신적 성숙의 가치를 강조하고 있다.

[10~12] 고재종, 〈첫사랑〉

갈래 | 자유시, 서정시
성격 | 낭만적, 회화적, 사색적
주제 | 인내와 헌신으로 이뤄낸 아름다운 사랑의 결실
특징 |

• 시간의 흐름에 따라 시상을 전개함.
• 자연 현상에서 사랑의 의미를 발견함.
• 역설적 표현을 통해 주제를 효과적으로 전달함.

10 정답 ②

청유형 문장은 '~자'라는 어미로 끝맺는 것으로서, 이 시에서는 찾아볼 수 없다.

오답피하기

① 꽃이 피고 지는 자연 현상을 통해 시상이 전개되고 있다.
③ 다양한 시각적 심상과 비유적 표현 등 감각적 이미지가 사용되고 있다.
④ 의인법, 직유법, 은유법이 드러나 있다.

11 정답 ④

ㄹ '바람 한 자락 불면'은 '사랑'을 날아가게 할 수 있는 조건으로 '사랑'의 속성이 가벼운 것임을 나타내는 것이다.

오답피하기

㉠, ㉡, ㉢은 모두 '사랑'을 이루기 위한 '눈'의 노력을 의미한다.

12 정답 ①

역설법은 모순적인 표현을 통해 진실을 강조하는 표현법으로, '가장 아름다운 상처'는 '아름다운'과 '상처'라는 어울

[13~15] 정지용, 〈향수〉

갈래 | 자유시, 서정시
성격 | 감각적, 묘사적, 향토적
주제 | 고향에 대한 그리움
특징 |

• 감각적 이미지로 고향을 표현함.
• 후렴구 반복을 통해 화자의 정서 강조

13 정답 ④

이 시에는 '청자'가 드러나지 않는다. 또한 고향에 대한 그리움을 노래하고 있는 것이지, 부끄러운 현실을 고백하지 않는다.

오답피하기

① '그곳이 차마 꿈엔들 잊힐 리야.'라는 후렴구의 반복으로 운율을 형성한다.
② '꿈엔들 잊힐 리야.'는 설의법을 통해 화자가 느끼는 고향에 대한 그리움을 강조하고 있다.
③ 실개천, 황소, 질화로 등 향토적 소재가 쓰이고 있다.

14 정답 ④

㉮ '금빛 게으른 울음'은 청각의 시각화로 공감각적 심상이다. ④ '푸른 휘파람 소리가 귓가에 맴도는데' 역시 청각의 시각화로 공감각적 심상이 드러난다.

오답피하기

① '싸늘한 가을바람이 불어' – 촉각적 심상
② '향기로운 꽃냄새에 이끌려' – 후각적 심상
③ '소태같이 쓴 맛의 풀잎을 씹고' – 미각적 심상

15 정답 ①

'사람이 아닌 것을 사람에 빗대어 사람이 행동하는 것처럼 표현하는 기법'은 의인법이다.

ⓐ '옛이야기 지줄대는 실개천'은 사람이 아닌 '실개천'이 마치 사람이 옛이야기를 말하는 것처럼 표현하였기 때문에 의인법이 쓰인 부분이다.

[16~18] 김수영, 〈눈〉

갈래	자유시, 참여시
성격	의지적, 참여적
주제	순수하고 정의로운 삶에 대한 소망과 부정적인 현실에 대한 극복 의지
특징	• 일상적 언어와 청유형의 문장을 통해 주제를 효과적으로 드러냄. • 긍정적 의미의 시어와 부정적 의미의 시어를 대립하여 의미를 강조함.

16 정답 ①

'눈은 살아 있다', '기침을 하자'의 반복을 통해 순수하고 정의로운 삶에 대한 소망과 부정적인 현실에 대한 극복 의지를 강조하고 있다.

17 정답 ①

ⓐ '눈'은 '순수한 생명력을 지닌 존재'를 의미하는 시어로서 하늘에서 내리는 눈(雪)으로 순수하고 정의로운 삶에 대한 의지를 나타내기도 하고 부정적인 현실을 비판적으로 바라보는 정의로운 눈(目)의 의미를 지니기도 한다.

⊗ 오답피하기

ⓛ '마당' : '눈'이 떨어진 장소로 우리 사회 또는 삶을 의미함.
ⓒ '죽음' : '절망'을 의미함.
ⓔ '가래' : 가슴 속에 쌓인 울분 또는 부조리함을 의미함.

18 정답 ②

시인의 현실 비판 의식과 당시 시대적 상황을 보았을 때, 이 시는 민주주의를 탄압하는 독재 정권에 대한 비판과 자유를 억압하는 불의에 저항하는 태도를 드러낸 것이다.

[19~21] 나희덕, 〈땅끝〉

갈래	자유시, 서정시
성격	회상적, 의지적, 고백적, 역설적
제재	땅끝
주제	절망 속에서 깨달은 삶의 희망
특징	• 역설적 인식을 통해 삶의 의지 표현 • 과거 회상을 통한 시상 전개 • 감각적 이미지 사용

19 정답 ①

'역설법'은 모순적인 표현을 통해 진리를 강조하는 표현법이다. 이 시의 시구 '위태로움 속에 아름다움이 스며 있다는 것'은 '위태로움'과 '아름다움'이라는 모순적인 표현을 통해 '절망 속에 발견한 희망의 아름다움'이라는 진리를 강조하고 있다. 그러므로 역설을 활용하여 주제를 드러내고 있다는 설명이 적절하다.

20 정답 ①

1연은 노을의 아름다움을 보기 위해 그네를 탔던 화자의 과거를 회상하고 있다.

⊗ 오답피하기

② 노을을 보기 위해 그네를 차고 발을 굴렸지만, 노을이 어둠에게 잡아먹히는 모습에 절망하는 화자의 모습을 드러내고 있다.
③ '나비'는 아름다움과 희망을 상징하는 존재이다.
④ '땅끝'에서 절망을 느끼던 화자는 '그런데' 이후 희망을 발견하고 있다.

21 정답 ④

'땅끝'에서 삶의 절망을 느끼던 화자는 '땅끝'이 젖어 있다는 것을 발견하고 바다가 시작하는 곳으로서의 의미인 '희망'을 깨닫는다. 그러므로 부정적 상황이지만 삶의 희망을 품고 있는 의미의 시어는 '땅끝'이다.

[22~24] 강은교, 〈우리가 물이 되어〉

갈래	자유시, 서정시
성격	상징적, 의지적, 비유적
제재	물의 흐름과 만남
주제	충만한 생명력과 조화로운 합일 추구

특징 |
• '물 ↔ 불'이라는 대조적 시어를 통해 주제를 강조함.
• 가정법을 통해 화자의 의지적 태도를 강조함.

22 정답 ③
이 시의 마지막 행에서 명령형 문장 '넓고 깨끗한 하늘로 오라'는 조화로운 합일을 추구하는 화자의 의지를 강조한 것이다.

⊗ 오답피하기
① '가문 어느 집에선들 좋아하지 않으랴.'라는 설의적 표현을 통해 '물'의 생명력이 필요함을 강조한다.
② '우리가 물이 되어 만난다면', '우르르 우르르 비오는 소리로 흐른다면', '죽은 나무뿌리를 적시기도 한다면' 등 가정문을 통해 화자의 소망을 강조한다.
④ '우르르 우르르'라는 의성어를 통해 비가 오는 모습을 실감나게 표현하고 있다.

23 정답 ④
ⓔ '흐르는 물은 세상을 정화시킬 수 있는 '생명력'을 상징한다.

⊗ 오답피하기
ⓐ '가문 어느 집', ⓑ '죽은 나무뿌리', ⓒ '숯이 된 뼈'는 생명력을 상징하는 '물'이 결핍된 대상들로서 '생명력의 결핍'을 의미한다.

24 정답 ④
[A]는 '그대'와 불이 지나간 세상에 생명력을 불어넣고자 하는 화자의 의지가 드러나는 부분으로서 '서로에게 생명력을 북돋우며 화합하는 삶'이 적절한 의미이다.

[25~27] 김춘수, 〈꽃〉

갈래	자유시, 서정시
성격	관념적, 주지적, 상징적
주제	존재의 본질 구현에 대한 소망

특징 |
• 간절한 어조를 사용하여 소망을 드러냄.
• 존재의 의미를 점층적으로 심화, 확대함.
• 사물에 대한 인식론과 존재론을 배경으로 함.

25 정답 ①
'~되고 싶다.'의 시구를 반복하여 운율을 형성하고 있다.

⊗ 오답피하기
②, ③, ④ 모두 시에서 확인할 수 없다.

26 정답 ③
이 시에서 처음에 '그'는 무의미한 존재에 지나지 않았지만, 화자가 '그'에게 이름을 불러 줌으로써 '그'는 화자에게 의미 있는 존재인 '꽃'이 되었다. '나' 역시 '나'의 본질에 맞게 이름이 불림으로써 의미 있는 존재가 되어 서로가 서로에게 의미 있는 존재가 되는 진정한 관계를 맺게 된다. 이처럼 이 작품은 의미 있는 존재들 사이의 진정한 관계를 맺는 과정을 보여주고 있다.

27 정답 ①
'꿰기 전'에 대응되는 것은 '불러주기 전'이다.

[28~29] 정극인, 〈상춘곡〉

갈래 | 가사, 양반 가사

성격 | 묘사적, 예찬적

주제 | 봄 경치에 대한 감상과 안빈낙도

특징 |
- 다양한 표현 방법을 통해 봄의 아름다움을 나타냄.
- 공간의 이동에 따른 봄의 감상을 드러냄.
- 자연을 벗 삼아 살아가는 삶에 대한 자부심을 드러내고 있음.

28 정답 ①

가사는 4음보 연속체의 정형 시가로서, 이 작품도 4음보의 율격이 주로 나타난다.

예 속세에∨묻힌 분들∨이내 생애∨어떠한가(4음보)

> ⊗ 오답피하기
> ② 후렴구를 사용하여 연을 구분하는 것은 민요나 고려 가요이다.
> ③ 4구체, 8구체, 10구체의 형식은 향가이다.
> ④ 초장, 중장, 종장의 3장으로 구성되는 것은 시조이다.

29 정답 ③

이 글의 '초가집 몇 칸을 푸른 시내 앞에 두고 송죽 울창한 곳에 풍월주인 되었구나.'라는 시구를 통해 화자가 자연에 묻혀 소박한 삶을 즐기고 있다는 것을 알 수 있다. 이 시구에서 '풍월주인'은 '신선'을 나타내는 것으로 자연

에서의 삶에 만족하는 화자의 모습을 나타낸 것이다.

[30~31] 황진이, 〈동짓달 기나긴 밤을 ~〉

갈래 | 시조, 평시조

성격 | 낭만적, 서정적, 애상적

제재 | 동짓달의 긴 밤, 임에 대한 연정

주제 | 임에 대한 기다림과 사랑

특징 |
- 추상적 개념을 구체적으로 형상화하여 참신하게 표현함.
- 음성 상징어를 활용하여 우리말의 묘미를 살림.
- 대조적인 시구(동짓달 기나긴 밤 ↔ 어론 님 오신 밤)를 사용하여 임에 대한 그리움을 강조함.

30 정답 ①

이 시조에서는 '동짓달 기나긴 밤'이라는 외로운 시간을 자르고, 넣었다가, 펼 수 있는 사물처럼 표현하고 있다. 즉, 시간이라는 추상적인 관념을 구체적인 사물처럼 표현하고 있으므로 '추상적 대상을 구체화'한 것이다.

31 정답 ③

이 시조의 화자는 홀로 외로운 시간인 '동짓달 기나긴 밤'을 아껴두었다가 '사랑하는 임'이 오신 날 밤에 펼쳐 쓰고 싶다는 창의적인 표현을 사용하고 있다. 이를 통해 임과 재회하게 되었을 때 더 많은 시간을 보내기를 소망하고 있다는 것을 알 수 있다.

[32~33] 월명사, 〈제망매가〉

갈래 | 향가(10구체 향가)

성격 | 서정적, 애상적, 추모적

주제 | 누이의 죽음에 대한 슬픔과 극복

특징 |
- 4-4-2의 3단 구성을 보임.
- 마지막 2구의 첫 부분에 '아야'라는 감탄사가 고정되어 나타남(이러한 감탄사를 '낙구'라고 함).
- 누이의 죽음을 다양한 비유적 표현을 통해 드러냄.

32 정답 ①

이 작품의 9~10행을 낙구라고 하며, 그 첫 부분에 '아야'라는 감탄사가 드러나고 있다.

> **⊗ 오답피하기**
>
> ② 10구체 향가는 연의 구분이 없다.
> ③ 10구체 향가에는 후렴구가 없다.
> ④ 낙구의 첫 감탄사를 제외하고는 고정되어 있는 글자 수는 없다.

33 정답 ①

㉠ '미타찰(彌陀刹)에서 만날 나 도(道) 닦아 기다리겠노라.'에는 화자가 '미타찰', 즉 '극락 세계'에서 누이를 만날 것을 확신하고 도를 닦으며 기다리겠다는 재회에 대한 확신과 염원이 담겨 있다.

[34~35] 작자 미상, 〈가시리〉

> 갈래 | 고려 가요
> 성격 | 서정적, 민요적, 애상적
> 주제 | 이별의 정한
> 특징 |
> • 3 · 3 · 2조 3음보의 율격이 드러남.
> • 간결한 형식과 소박한 시어를 사용하여 이별의 감정을 표현함.
> • 여성 화자를 통해 이별의 상황에서 느끼는 화자의 애절하고 복합적인 감정을 진술하게 드러냄.

● 현대어 풀이

> 가시겠습니까? 가시겠습니까?
> 버리고 가시겠습니까?
>   위 증즐가 대평성대
>
> 나는 어찌 살라 하고
> 버리고 가십니까?
>   위 증즐가 대평성대
>
> 붙잡아 두고 싶지만
> 서운하면 아니 올까 두렵습니다.

> 위 증즐가 대평성대
>
> 서러운 임 보내옵나니
> 가시는 듯 돌아오십시오.
>   위 증즐가 대평성대

34 정답 ①

각 연 뒤에 '위 증즐가 대평성대(大平盛代)'라는 후렴구가 반복되어 운율을 형성한다.

35 정답 ②

2연은 '나는 어찌 살라 하고 버리고 가십니까'라는 내용으로 자신을 버리고 떠나는 임을 원망하는 화자의 마음이 담겨 있다.

[36~37] 윤선도, 〈오우가〉

> 갈래 | 연시조
> 성격 | 서정적, 자연친화적
> 제재 | 수(水), 석(石), 송(松), 죽(竹), 월(月)
> 주제 | 자연(물, 바위, 소나무, 대나무, 달)이 지닌 덕목을 예찬함.
> 특징 |
> • 다섯 벗의 특성을 예찬한 전 6수의 연시조임.
> • 자연물을 의인화하여 그 속성을 인간이 가져야 할 덕목으로 표현함.
> • 우리말의 아름다움을 비교적 잘 살린 작품으로 평가 받음.

● 현대어 풀이

> 내 벗이 몇인가 하니 수석(水石)과 송죽(松竹)이라.
> 동산(東山)의 달 오르니 그 더욱 반갑구나.
> 두어라 이 다섯밖에 또 더하여 무엇하리.   [제1수]
>
> 구름 빛이 좋다 하나 검기를 자주 한다.
> 바람 소리 맑다 하나 그칠 적이 많구나.
> 좋고도 그칠 때 없기는 물뿐인가 하노라.   [제2수]
>
> 더우면 꽃 피고 추우면 잎 지거든

솔아 너는 어찌 눈 서리를 모르는가
구천(九泉)의 뿌리가 곧은 줄을 그것으로 하여 아노라.

[제4수]

36 정답 ②

시조의 종장의 첫 음보는 3음절로 고정되어 있다. 그러므로 제1수의 '두어라', 제2수의 '조코도', 제4수의 '구천의'는 모두 3음절로 표현되어 있다.

37 정답 ③

ⓒ '물'은 좋고도 그치지 않는 것으로 '불변함'을 윤리적 가치로 여기던 이들의 덕목이 반영된 시어이다.

⊗ 오답피하기

ⓐ '구름' : 빛이 좋으나 자주 검게 변하는 가변적인 존재임.
ⓑ '바람' : 소리가 맑으나 자주 그치는 가변적인 존재임.
ⓓ '잎' : 추워지면 나무에서 떨어지는 것으로 나무의 가변적인 속성을 보여주는 소재임.

[38~39] 정철, 〈속미인곡〉

갈래	양반 가사, 서정 가사, 정격 가사
성격	서정적, 여성적, 충신연주지사
제재	임에 대한 그리움
주제	임금을 향한 그리움, 연군지정(戀君之情)
특징	

- 3(4)·4조, 4음보 연속체
- 대화 형식으로 내용 전개
- 순우리말을 절묘하게 구사함.

현대어 풀이

저기 가는 저 각시 본 듯도 하구나.
천상 백옥경을 어찌하여 이별하고
해 다 저문 날에 누구를 보러 가시는가?
아, 너로구나. 내 사정 이야기 들어 보오.

〈중략〉

잠깐 동안에 힘이 다하여 풋잠을 잠깐 드니
정성이 지극하여 꿈에 임을 보니,
옥 같던 모습이 반 넘게 늙었구나.
마음에 먹은 말씀 실컷 아뢰고자 하니
눈물이 계속 나니 말인들 어찌하며,
정을 못다 풀어 목마저 메니,
방정맞은 닭소리에 잠은 어찌 깨었던가?
아, 헛된 일이로구나. 이 임이 어디 갔는가?
꿈결에 일어나 앉아 창을 열고 바라보니
가엾은 그림자만이 나를 따를 뿐이로다.
차라리 죽어 없어져 지는 달이나 되어서
임 계신 창 안에 환하게 비치리라.
각시님 달은 물론이거니와 궂은 비나 되소서.

38 정답 ④

이 시가는 '갑녀'와 '을녀'의 대화를 통해 임과 이별한 '을녀'의 사연을 실감나게 전달하고 있다.

⊗ 오답피하기

① 이 시는 '연'의 구분이 드러나지 않는다.
② 가사는 4음보 연속체의 운율을 지닌다.
③ 각 연의 끝에 반복되는 후렴구가 드러나지 않는다.

39 정답 ④

ⓓ '궂은 비'는 화자를 대신해 화자의 마음을 전하는 '화자의 분신'으로서, 임을 향한 화자의 일편단심의 태도를 드러낸다.

⊗ 오답피하기

① ⓐ '꿈'에서 화자는 임과 만났으므로, 임과의 만남이 이루어지는 공간이다.
② ⓑ '계성'은 화자의 잠을 깨우는 소재로서 임과의 만남이 중단되는 계기이다.
③ ⓒ '낙월'은 '화자의 분신'으로 임을 향한 화자의 일편단심을 드러내는 소재이다.

[40~41] 작자 미상, 〈한숨아 세 한숨아〉

갈래 | 사설 시조
성격 | 애상적, 해학적
제재 | 한숨
주제 | 삶의 고뇌와 비애
특징 |
- 중장의 길이가 길어진 사설 시조의 형태
- 구체적인 사물을 열거
- '한숨'을 아무리 막으려 해도 자꾸 찾아오는 사람처럼 표현

40 정답 ④

이 시는 설의법, 열거법 등을 활용하여 한숨이 나는 답답한 상황을 해학적으로 표현하고 있다.

⊗ 오답피하기

① '한숨'을 문을 꼭꼭 잠가도 몰래 들어오는 사람처럼 표현하였다.
② '뚝딱', '덜컥', '대그르르'와 같은 의태어를 통해 한숨이 들어오지 못하도록 문을 닫는 화자의 모습을 표현하고 있다.
③ '한숨아', '~장지', '~쩌귀' 등의 시어를 반복하여 리듬감을 형성하고 있다.

41 정답 ②

이 시의 화자는 한숨이 들어오지 못하게 아무리 노력하여도 한숨을 쉴 수밖에 없는 답답한 현실을 해학적으로 표현하고 있다.

[42~43] 작자 미상, 〈청산별곡〉

갈래 | 고려 속요, 서정시
성격 | 현실 도피적, 애상적
제재 | 청산, 바다
주제 | 삶의 고뇌와 비애
특징 |
- 'ㄹ, ㅇ'의 반복으로 운율을 살림.
- 전 8연의 분연체
- 3·3·2조의 3음보 율격

현대어 풀이

(가) 살어리 살어리랏다 청산에 살어리랏다.
　　 머루랑 다래랑 먹고 청산에 살어리랏다.
　　 얄리얄리 얄랑셩 얄라리 얄라

(나) 울어라 울어라 새여 자고 일어나 울어라 새여.
　　 너보다 시름 많은 나도 자고 일어나 우는구나.
　　 얄리얄리 얄랑셩 얄라리 얄라

(다) 이럭 저럭 하여 낮은 지내는데,
　　 오는 이도 가는 이도 없는 밤은 또 어찌 하리까.
　　 얄리얄리 얄랑셩 얄라리 얄라

(라) 가다보니 배부른 독의 진한 술을 빚는구나.
　　 조롱박꽃 누룩이 매워 나를 잡으니, 내 어찌하리오.
　　 얄리얄리 얄랑셩 얄라리 얄라

42 정답 ②

이 시가는 화자가 지향하는 공간인 '청산'과 '바다'가 대응되는 시상을 전개하고 있다.

⊗ 오답피하기

① 후렴구 '얄리얄리 얄랑셩 얄라리 얄라'를 반복하여 연을 나누고 있다.
③ '청산에 살어리랏다'라는 시구를 통해 청산에 살고 싶은 화자의 소망을 강조한다.
④ 후렴구에서 'ㄹ, ㅇ'을 반복한다.

43 정답 ④

㉣을 현대어로 해석하면 '조롱박꽃 누룩이 매워 나를 잡으니, 내 어찌하리오.'이다. 이는 힘겨운 현실을 술로써 잊고 체념하고자 하는 화자의 태도를 엿볼 수 있다.

[44~45] 이조년, 〈이화에 월백하고〉

갈래	평시조, 서정시
성격	감각적, 애상적, 다정가
주제	봄날 밤에 느끼는 애상적인 정서
특징	시각적 심상과 청각적 심상의 조화를 통한 감각적 표현이 뛰어남.

44 정답 ②

후렴구가 반복적으로 나타나는 것은 고려가요나 민요의 특징이다. 그러므로 시조인 이 글에 대한 설명으로 적절하지 않다.

> **⊗ 오답피하기**
>
> ①, ④ 이 글은 시조로 초장, 중장, 종장으로 구성되어 있으며 4음보율이 나타난다.
>
> ③ 이화, 월백, 은한에서 시각적 심상이 나타난다.

45 정답 ①

'이화'에서 계절적 배경인 '봄'이 확인된다. 또한 종장 '다정도 병인 양'에서 애상적인 정한이 느껴지므로 정답은 ①이 된다.

문제 p. 115

03 현대 소설

대표 기출문제

46 ④	47 ②	48 ①	49 ②	50 ①
51 ④	52 ②	53 ④	54 ②	55 ④
56 ①	57 ③	58 ③	59 ①	60 ④
61 ②	62 ③	63 ③	64 ④	65 ②
66 ②	67 ①	68 ①	69 ③	70 ①
71 ③	72 ②			

[46~48] 김원일, 〈도요새에 관한 명상〉

갈래	중편 소설, 환경 소설
성격	비판적, 사실적, 생태적
주제	비극적 역사 현실과 산업화의 폐해에 따른 인간성 회복
특징	• 전체 4부로 각 부분마다 서술 시점이 다름. • 당대 사회의 문제점을 다양하게 보여줌. • 도요새와 같은 매개물을 활용하여 인물의 성격과 심리를 효과적으로 제시함.

46 정답 ④

"갑자기 떼죽음당하는 게 이상하잖아요? 물론 전에도 새나 물고기가 떼죽음하는 경우가 있었지만, 이번은 뭔가 다른 것 같아요."라는 말에서 '병국'이 새들의 떼죽음에 의혹을 품고 있음을 알 수 있다.

> **⊗ 오답피하기**
>
> ① '나'는 "죽은 새는 뭘 하게?", "폐, 폐수 탓일까?"라며 '병국'의 일에 관심을 기울이고 있다.
>
> ② '병국'이 '윤 소령'의 입장을 동정하는 부분은 없다.
>
> ③ '나'가 '윤 소령'의 행동에 실망감을 느끼는 부분은 나와 있지 않다.

47 정답 ②

'병국'의 꾀죄죄한 몰골에 대한 묘사를 통해 '병국'의 처지를 나타내 주고 있다.

> **오답피하기**
> ①, ③, ④ 모두 [A]에 나와 있지 않다.

48 정답 ①

㉠은 윤 소령, ㉡, ㉢, ㉣은 모두 '병국'을 의미한다.

[49~51] 김유정, 〈봄·봄〉

갈래	현대 소설, 단편 소설, 농촌 소설
성격	해학적, 토속적
배경	1930년대 봄, 강원도 산골 마을
주제	• 어수룩한 데릴사위와 장인 사이의 갈등 • 산골 남녀의 순박한 사랑
특징	• 비속어와 사투리, 인물의 희극적 행동을 통해 해학성을 유발함. • 시간의 흐름이 순차적이지 않고 과거와 현재를 오가는 역순행적 구성을 사용함.

49 정답 ②

이 글은 작품 속 주인공인 어수룩한 '나'에 의해 사건이 전개되어 해학성이 두드러지고 있다.

> **오답피하기**
> ① 장인과 '나', 구장과의 대화를 통해 사건이 전개된다.
> ③ 주인공인 '나'의 어리숙한 모습이 해학성을 드러낸다.
> ④ 농촌을 배경으로 당시 데릴사위 제도와 마름과 소작농의 모습 등을 드러내고 있다.

50 정답 ①

구장은 "자네 말두 하기야 옳지."라며 '나'의 상황에 공감하는 이야기로 대화를 시작하고 있다.

51 정답 ④

'뭉태'는 상황을 제대로 파악하고 '나'에게 객관적인 사실을 전달하지만 어리숙한 '나'는 뭉태의 말을 믿지 않는다.

[52~54] 박완서, 〈엄마의 말뚝 2〉

갈래	사실주의 소설, 세태소설
성격	자전적, 회고적, 사실적, 비극적
배경	6·25 전쟁 당시의 서울, 현재
주제	전쟁의 상처로 인한 고통, 분단극복 의지
특징	• 현재 시점에서 과거를 회상하는 역순행적 구조 • 과거의 비극이 현재까지 이어지고 있음. • 가족의 고통과 슬픔에서 엄마의 사랑을 느낌.
인물	• 나 : 현재까지 남은 유일한 엄마의 일촌으로 엄마가 겪는 고통을 눈앞에서 지켜봄. • 엄마 : 큰 사고를 당해 수술을 하고, 약의 부작용으로 과거의 고통스러운 일을 겪게 됨. • 오빠 : 가족들을 위해 열심히 살았지만 끝내 전쟁의 피해로 인해 죽는 인물

52 정답 ②

'어머니'가 '오빠'를 화장하고 갈 수 없는 고향을 향해 오빠의 유골을 뿌리던 모습을 회상함으로써, 임종을 앞둔 어머니가 '나'에게 한 유언의 의미와 상황을 드러내고 있다.

53 정답 ④

'어머니'는 '오빠'의 죽음을 자신의 탓이라고 생각해 합해 살고 있는 '올케'에게 늘 기가 죽어 있었으나, 오빠의 화장 문제에 대해서는 강하게 의견을 주장하였다.

① '어머니'는 자신의 뼛가루를 개풍군(북한의 고향)
  이 보이는 곳에 뿌려달라고 부탁함으로써, 분단의
  아픔에 저항하려는 의지를 드러낸다.
② '어머니'는 자신의 뜻을 이해하고 유언을 지킬 수
  있는 사람은 '나'밖에 없다고 생각하고 '나'의 손을
  강하게 잡고 뜻을 남기고 있다.
③ '올케'는 아들들에게 아버지의 빈자리를 대신할
  '무덤'이라도 남겨줘야 한다고 생각해서 공동묘지
  로 이장하자고 주장했다.

54 정답 ②

6·25 전쟁으로 아들을 잃은 어머니는 자신이 죽고 나서
화장한 유골의 재를 북한의 고향을 향해 날려 보냄으로써
분단의 역사를 거슬러 저항하고자 하는 의지를 보이고
있다.

[55~57] 양귀자, 〈마지막 땅〉

갈래 | 사실주의 소설, 세태소설
성격 | 사실적, 현실 비판적
배경 | 1980년대
주제 |

• 급속한 도시화로 인한 전통적 가치관의 몰락
• 땅의 가치에 대한 옹호와 물질만능주의 비판
특징 |

• '땅'을 둘러싼 인물들의 갈등이 잘 드러남.
• 전통적 '땅'의 의미와 산업화 시대의 '땅'의 의미가
  대조적으로 드러남.
인물 |

• 강노인 : 땅에 근원을 둔 정신적 가치를 지키려고 하
  는 인물
• 서울 것들, 원미동 사람들(박 씨, 고흥댁 등) : 이익 창
  출의 수단(물질적 가치)

55 정답 ④

'자그마한 체구에 검은 테 안경을 쓰고, 머리는 기름을
발라 착 달라붙게 빗어 넘긴 박 씨'라는 외양 묘사를 통해
박 씨를 향한 강 노인의 못마땅한 태도를 드러내고 있다.

① 이 글은 전지적 작가 시점으로 작품 밖 서술자가
  등장인물의 내면까지 서술하고 있다.
② 이 글은 대화를 통해 인물 간의 땅을 둘러싼 갈등
  을 드러내고 있다.
③ 1980년대의 현실적인 배경과 사건을 보여 준다.

56 정답 ①

유 사장은 박 씨와 고흥댁을 통해 강 노인의 땅을 구입하
려는 인물로 이 땅을 마음에 두고 있음을 알 수 있다.

② 고흥댁이 생활고를 겪는 내용은 나오지 않는다.
③ 당시 집을 사려는 분위기가 끊겼다는 내용을 박
  씨를 통해 알 수 있다.
④ 박 씨는 강 노인에게 땅을 팔 것을 회유, 설득하고
  있다.

57 정답 ③

강 노인의 땅을 사려는 유 사장이 동네의 발전을 위해
애를 쓴 사람임을 드러내며 땅을 파는 것이 동네 발전을
위해서도 의미 있는 일이 될 것임을 나타내며 강 노인을
회유하고 있다.

[58~60] 윤흥길, 〈아홉 켤레의 구두로 남은 사내〉

갈래	사실주의 소설, 세태소설
성격	사실적, 현실 비판적
배경	1970년대 후반
주제	산업사회에서 소외된 계층의 어려운 삶

특징 |
• 과거와 현재가 교차됨.
• 상징적 사물을 통해 인물의 내면 심리를 표현함.

인물 |
• 권 씨 : 선량한 소시민이었으나 시위 사건 주동자로 몰려 경찰의 감시대상이 되어 도시 빈민으로 전락함. 가난한 생활 속에서도 늘 구두를 깨끗이 닦아 놓으며 끝까지 자존심을 잃지 않으려고 노력함.
• 나(오선생) : 셋방살이를 하다가 어렵게 집을 마련한 학교 교사. 이 작품의 서술자로 온건한 성격의 소유자임. 주변의 소외된 이웃을 외면하지 못하면서도 자신의 안락한 삶도 유지하고 싶어함.

58 정답 ③

이 소설은 1인칭 관찰자 시점으로서, 소설 속 등장인물인 '나(오선생)'의 시선으로 주인공인 '권 씨'와 그에 대한 사건을 서술하고 있다.

59 정답 ①

'나'는 강도가 신발을 벗고 들어오는 모습, 아이가 칭얼거리자 토닥이는 모습 등을 보고 터지려는 웃음을 꾹 참는다. 이것으로 보아 '나'는 강도의 정체가 '권 씨'라는 것을 알아차리고 그의 행동을 지켜보고 있는 것을 알 수 있다.

60 정답 ④

'나'가 '도둑(권 씨)'을 안심시키기 위해 한 말에 '도둑(권 씨)'은 분개한 모습을 보인다. '나'는 이러한 모습이 '권 씨'가 자신의 정체를 들킨 것에 대해 자존심이 상한 것에 대한 분노였음을 알고, '권 씨'를 안심시키기 위해 쓴 방법을 후회한다.

[61~63] 최일남, 〈흐르는 북〉

갈래	가족사 소설
성격	사실적, 비판적
배경	1980년대, 서울의 중산층 가정
제재	북
주제	예술혼과 인간의 본원적 삶에 대한 세대 간의 가치관 차이

특징 |
• 갈등의 해소를 제시하지 않음으로써 여운을 주는 결말
• 중심 소재를 통해 세대 간의 갈등 양상을 드러냄.

61 정답 ②

[A]는 '민 노인'이 공연을 대하는 태도와 공연에 몰입되는 모습을 묘사하고 있다. 그러므로 '민 노인'을 중심으로 한 서술이라는 설명이 적절하다.

62 정답 ③

'민 노인'의 며느리는 '민 노인'이 '성규'의 학교에서 연주한 것을 따지듯 묻고 있으며, 다른 사람이 빈정거리는 평가도 신경을 쓰고 있다. 이런 것으로 보아 '민 노인'이 북을 친 것에 대해 불편한 마음을 가지고 있다는 것을 알 수 있다.

63 정답 ③

㉠ '며느리', ㉡ '송 여사', ㉣ '성규 어머니'는 모두 '민 노인'의 며느리를 가리키는 말이다.

⊗ 오답피하기

㉢ '진숙이 어머니'는 '성규'의 같은 과 친구의 어머니이고 ㉤ '시아버지'는 '민 노인'을 가리키는 말이다.

[64~66] 박태원, 〈천변 풍경〉

갈래	현대 소설, 세태소설
성격	사실적, 관찰적
주제	1930년대 서울의 모습과 변화된 세태
특징	

- '소년'의 관점에서 서울의 모습을 묘사
- '소년'과 '아버지'의 태도를 대조하여 드러냄.

64 정답 ④

이 글의 '소년'은 서울의 화려한 모습에 호기심을 느끼며 '전차'를 타보고 싶어 하지만, '아버지'는 소년의 호기심에는 관심이 없다. 그러므로 소년은 전차를 타지 못한 것에 아쉬움을 느끼고 있다.

65 정답 ②

이 글은 작품 밖 서술자가 사건과 등장인물의 심리를 모두 서술하는 '3인칭 전지적 작가 시점'이다. [A]는 서울의 화려한 풍경과 그에 대한 호기심을 느끼는 '소년'의 내면을 서술하고 있다.

- 우의적 표현 : 주제를 직접적으로 말하는 것이 아니라, 돌려 말하는 방식을 뜻한다.
- 개연성 : 사건과 현실과의 자연스러운 연관성을 뜻한다.

66 정답 ②

㉠ '그'는 서울의 낯선 풍경에 눈과 귀가 어지러운 '아들'을 의미한다.

㉡ '사나이'와 ㉢ '몽당수염 난 이'는 재미있는 행동과 모습으로 '아들'의 눈을 사로잡는 사람들이다.

㉣ '어린 이'는 서울의 흥미로운 광경에 마음을 뺏긴 '아들'을 의미한다.

그러므로 가리키는 대상이 같은 것은 ㉠과 ㉣이다.

[67~69] 이태준, 〈돌다리〉

갈래	단편 소설
성격	사실적, 교훈적, 비판적
시점	전지적 작가 시점
배경	시간 – 일제 말기, 공간 – 농촌 마을
주제	땅의 가치에 대한 인식과 물질 만능 사회에 대한 비판
특징	

- 땅에 대한 아버지와 아들 '창섭'의 대조적인 가치관을 드러냄.
- 작품 밖 서술자가 '창섭'의 시각으로 사건을 전개함.
- 돌다리와 나무다리 등 상징적인 소재를 드러냄.

67 정답 ①

이 글은 아들 창섭과 아버지의 대화를 통해 근대적 가치관과 전통적 가치관의 차이로 인한 갈등이 드러나고 있다.

68 정답 ①

아버지는 아들의 '의사'로서의 삶을 인정하고 아버지로서 도와주지 못하는 미안한 마음을 가지고 있지만, 아들이 자신이 가지고 있는 땅과 고향에 대한 신념을 무시하지 않기를 바란다.

⊗ 오답피하기

② 아들은 실리를 중시하는 인물로서 아버지는 땅에 대한 아들의 이러한 태도를 못마땅하게 여기는 것이다.

③ 땅을 팔아 병원을 확장하려는 '아들'의 계획이 못마땅하다.

④ '아들'이 가업을 잇지 못하는 것을 탓하지는 않으나, 집안의 논밭을 다른 사람에게 넘겨주어야 하는 것에 대한 안타까움은 드러난다.

69 정답 ③

㉢ '그 어른들'은 대대로 땅을 아끼고 가꿔온 집안 어른들을 의미하므로 아버지가 바람직하게 여기고 그 정신을 이어가는 대상이다.

㉠ '요즘 사람들'은 돌다리를 옮기는 데 힘이 약해 고생을 한 인물로, 아버지의 입장에서는 못마땅함을 알 수 있다.

㉡ '시쳇사람들'은 모두 인정이란 게 사람에게만 통하는 줄 안다는 것으로 보아 땅을 생각하는 마음이 부족함을 알 수 있다.

㉣ '모리지배'는 '온갖 수단과 방법을 동원하여 이익을 취하는 사람'이라는 의미이므로 부정적 인식을 엿볼 수 있다.

[70~72] 성석제, 〈황만근은 이렇게 말했다〉

갈래 | 단편 소설, 농촌 소설
성격 | 해학적, 풍자적, 향토적
주제 | 황만근의 생애와 그의 행적
특징 |
① 바보형의 우직한 인물을 통해 이기적인 세태를 비판함.
② '전(傳)'의 양식을 창조적으로 재구성함.

70 정답 ①

이장과 민 씨의 대화를 통해 갈등이 드러나고 있다.

② 이 글은 전지적 작가 시점으로 객관적인 시선을 갖고 있는 민 씨를 통해 '황만근'의 생애를 추적하는 내용이다. 서술자가 직접 경험한 사실이라는 설명은 옳지 않다.

③, ④에 해당하는 부분은 찾을 수 없다.

71 정답 ③

ㄴ. 이장의 말 중 '도시에서 쫄딱 망해 가이고 귀농을 했시모'에서 짐작할 수 있다.

ㄹ. 이장의 말 중 '이장이 동민한테 농가 부채 탕감 촉구 전국 농민 총궐기 대회가 있다'라고 한 부분에서 확인할 수 있다.

72 정답 ②

㉡의 대상은 이장이다.

㉠, ㉢, ㉣은 모두 황만근을 지칭하는 표현이다.

04   고전 산문

대표 기출문제 문제 p. 126

73 ①	74 ②	75 ②	76 ①	77 ②
78 ①	79 ④	80 ③	81 ③	82 ②
83 ②	84 ④	85 ②	86 ①	87 ④
88 ③	89 ①	90 ①	91 ③	92 ③
93 ②	94 ②	95 ②	96 ③	97 ④
98 ④	99 ②			

[73~75] 작자 미상, 〈홍계월전〉

갈래 | 국문 소설, 영웅 소설, 군담 소설
성격 | 전기적, 영웅적
주제 | 여성인 홍계월의 영웅적 활약상
시점 | 전지적 작가 시점
특징 |
• 영웅의 일대기적 구조를 지님.
• 남장 화소가 사용됨.
• 여성이 남자보다 우월한 능력을 가진 영웅으로 등장함.

73 정답 ①

'천자'는 "문무를 다 갖추어 갈충보국하고, 충성과 효도를 다하며 조정 밖으로 나가서는 장수가 되고 들어와서는 재상이 될 만한 재주를 가진 이는 남자 중에도 없을 것이로다."라며 '평국'을 평가하고 있다. 따라서 인물(천자)을 통해 대상(평국)을 평가하고 있다는 설명은 적절하다.

74 정답 ②

'천자'는 '평국'이 여자임을 알게 된 후에도 재주와 공을 높이 평가하며 벼슬을 거두지 않았다. 후에 오랑캐가 침입하자 '평국'을 대원수로 삼는다. 이를 통해 '평국'이 '천자'로부터 능력을 인정받고 있음을 알 수 있다.

① '평국'이 '보국'을 중군장으로 삼고자 한 것이다.
③ '보국'은 '평국(계월)'의 전령을 받고 분함을 이기지 못했다. 따라서 '계월'의 권위를 인정하고 있다는 설명은 옳지 않다.
④ '여공'은 '보국'이 '계월'을 괄시하다가 이런 일을 당했으니 계월이가 그르다고 할 수 없다 말했다. 따라서 '여공'이 '보국'의 편을 들어 주고 있다는 설명은 옳지 않다.

75 정답 ②

'상소'에는 '계월'이 남장을 하게 된 이유가 제시되어 있다. 또한 남장을 하고 황상을 속이고 조정에 든 죄를 아뢰며 그 벌을 달라 청하고 있다.

①, ③, ④의 내용 모두 상소에 언급되어 있지 않다.

[76~78] 작자 미상, 〈춘향전〉

갈래	고전 소설, 판소리계 소설
성격	해학적, 풍자적
주제	

• 신분을 초월한 남녀 간의 사랑
• 불의한 지배 계층에 대한 서민의 항거
특징 |
• 해학과 풍자로 주제가 강조됨.
• 판소리의 영향으로 운문체와 산문체가 혼합됨.

76 정답 ①

판소리계 소설로, 판소리로 가창되기도 하였다.

② 판소리와 판소리계 소설은 민간에서 주로 향유되었다.
③ 조선 시대 다양한 계층에 의해 향유되었다.
④ 구전되다가 한글로 기록되었다.

77 정답 ②

소리나 모양을 흉내 내는 음성 상징어는 드러나지 않는다.

① '~고, ~고' 등 유사한 문장 구조를 반복하고 있다.
③ 본관 사또의 모습을 '멍석 구멍 생쥐 눈 뜨듯'이라는 비유적 표현으로 희화화하고 있다.
④ '문 들어온다 바람 닫아라. 물 마르다 목 들여라.'는 '바람 들어온다 문 닫아라. 목 마르다 물 들여라.'라는 문장 단어의 위치를 의도적으로 뒤바꾸어 웃음을 유발하는 언어유희이다.

78 정답 ①

춘향의 절개를 시험하는 어사또의 수청 제안에 춘향은 '그런 분부 마옵시고 어서 바삐 죽여 주오.'라며 거절하고 있다.

[79~81] 이규보, 〈이옥설〉

갈래	고전 수필, 한문 수필, 설(說)
성격	교훈적, 예시적, 체험적
구성	경험 → 유추를 통한 교훈 도출
주제	잘못을 알고 바로 고쳐 나가는 것의 중요성
특징	

• 실생활의 체험을 예로 들어 주제를 드러냄.
• 작자의 경험과 깨달음을 고백적 어조로 서술함.
• 자신의 경험(집을 고침) → 사람의 경우 → 정치 : 의미를 점차 확장하고 강조함.

79 정답 ④

이 글의 글쓴이는 '집을 수리하는 경험'을 통해 잘못된 것을 알고도 바로 고치지 않으면 수리하기가 어렵지만, 한번 잘못되었을 때 바로 고치면 고치기가 어렵지 않다는 것을 깨닫게 된다. 그리고 이러한 깨달음을 '사람'과 '정사(정치)'에 적용하여 교훈을 드러내고 있다.

80 정답 ③

㉮ '그것을 알고도 어물어물하다가 미처 수리하지 못하였고'는 잘못을 알았지만 바로 고치지 않은 상황을 나타내는 것이다. 사람에 있어서도 ㉡ '잘못을 알고도 곧 고치지 않으면'이 이러한 상황과 같고, 정사(정치)에 있어서도 ㉣ '백성에게 심한 해가 될 것을 머뭇거리고 개혁하지 않다가'도 잘못을 알았지만 바로 고치지 않은 상황과 같다.

81 정답 ③

'까마귀 날자 배 떨어진다.'라는 말은 '우연히 때가 같아 어떤 관계가 있는 것처럼 의심을 받게 됨'을 의미한다. 그러므로 나쁜 습관이 우연히 좋은 결과를 가져온다는 풀이는 적절하지 않다. 또한 이 글의 교훈은 나쁜 습관은 바로 고쳐야 한다는 것이므로 이 속담과의 연결이 적절하지 않다.

> **⊗ 오답피하기**
> ① '쇠뿔도 단김에 빼라' – 무슨 일을 하려고 하면 망설이지 말고 곧 행동으로 옮겨야 함.
> ② '호미로 막을 것을 가래로 막는다.' – 쉽게 해결되었을 일을 방치하여 나중에 큰 힘을 들이게 됨.
> ④ '가랑비에 옷 젖는다.' – 아무리 사소한 일이라도 반복되면 무시하지 못할 정도로 크게 됨.

[82~84] 작자 미상, 〈심청전〉

갈래	고전 소설, 판소리계 소설
성격	교훈적, 비현실적, 우연적
주제	부모에 대한 지극한 효성

특징
- '심청가'가 소설로 정착된 판소리계 소설임.
- 다양한 설화가 모티프가 됨.

이 글의 구성
- **발단** : 심청의 출생과 성장 과정
- **전개** : 심청이 아버지를 봉양하면서 하는 고생과 아버지의 눈을 뜨게 하기 위해 몸을 팔게 됨.
- **위기** : 심청이 인당수에 몸을 던짐.
- **절정** : 다시 살아나 왕후가 됨.
- **결말** : 아버지를 만나고, 심 봉사는 눈을 뜨게 됨.

82 정답 ②

심청은 사당에 들어가 조상들에게 자신이 아비를 위해 인당수 제물로 팔려 가게 되었다는 말을 하며 하직 인사를 하고 나와 심청의 아버지에게 사실을 말한다. 그러므로 심청이 아버지에게 하직 인사를 하기 위해 사당으로 들어갔다는 것은 적절하지 않다.

83 정답 ②

심 봉사의 '꿈'은 심청이가 큰 수레를 타고 좋은 곳으로 가는 것인데, 이는 제물로 팔려 가는 심청이의 처지와 대비되어 비극적인 정서를 고조시킨다. 하지만 이후에 심청이가 황후가 되어 다시 돌아온다는 뒷이야기(본문에는 나오지 않음)와 관련지어 볼 때 심청의 앞날을 암시한다고 할 수 있다.

84 정답 ④

'참말이냐, 참말이냐? 애고 애고, 이게 웬 말인고? 못 가리라, 못 가리라'와 같이 반복적인 표현을 통해 딸을 잃게 된 아버지의 안타깝고 애절한 심정을 표현하고 있다.

[85~87] 정약용, 〈수오재기〉

갈래 | 한문 수필, 기(記)
성격 | 교훈적, 성찰적, 회고적
주제 | 참된 '나'를 지키는 일의 중요성
특징 |

- 전통적인 한문 양식인 기(記)의 형식을 취하고 있음.
- 경험과 사색, 자문자답을 통해 사물의 의미를 밝히고, 성찰의 과정을 보여줌.
- 의문에서 출발하여 깨달음을 얻어 가는 과정을 통해 독자의 공감을 유도함.

85 정답 ②

이 글의 글쓴이는 귀양 온 후 큰형님의 서재에 붙인 이름인 '수오재(守吾齋)'의 이름을 깨닫게 된 과정과 의미를 전달하고 있다.

86 정답 ①

㉠ '나'는 천하 만물 중 꼭 지켜야 하는 것으로 '본질적 자아'를 의미한다.

> **⊗ 오답피하기**
>
> ㉡ '내 집', ㉢ '꽃나무와 과실나무들', ㉣ '성현의 경전'은 모두 물질적인 것으로 움직일 수 없어 다른 사람이 훔쳐갈 수 없거나, 세상에 흔한 것이므로 굳이 지킬 필요가 없는 것들이다.

87 정답 ④

'나'는 '본질적 자아'의 의미로 작은 유혹에도 잃기 쉬운 것이기 때문에 지키기 위해 노력해야 한다는 것이 글쓴이의 관점이다.

[88~90] 박지원, 〈허생전〉

갈래 | 한문 소설, 풍자 소설
성격 | 풍자적, 현실 비판적
주제 | 지배층인 사대부의 무능과 허위의식 비판 및 각성 촉구
특징 |

- 실학사상을 바탕으로 당대 사회의 모습을 풍자함.
- 실존 인물을 등장시켜 작품에 현실성을 부여함.
- 일반적인 고전 소설과는 달리 미완의 열린 결말 구조를 취함.

88 정답 ③

이 글은 '허생'과 '이 대장'의 의견 대립을 통해 무능한 지배계층을 비판하는 주제를 드러내고 있다.

89 정답 ①

[A]에서 '허생'은 조선의 실리를 위해 허례허식과 권위의식을 버려야 한다고 주장하고 있다. 그러므로 실리를 부정하며 상대의 의견을 반박하고 있다는 설명은 적절하지 않다.

> **⊗ 오답피하기**
>
> ② '허생'은 예법을 중시하는 '이 대장'의 의견에 실리를 위해서는 허례허식을 버려야 한다는 반론을 제기하며 상대를 꾸짖고 있다.
> ③ 국가의 실리를 위해 자신을 희생한 역사적 인물인 '번오기'와 '무령왕'을 내세워 상대방을 비판하고 있다.
> ④ 무능한 사대부를 대표하는 '이 대장'의 태도에 분노하며 칼로 상대를 위협하고 있다.

90 정답 ①

이 소설은 '허생'과 '이 대장'의 갈등을 통해 무능력한 지배계층을 비판하는 '허생'의 태도를 드러내고, 이후 '허생'이 사라지는 결말을 통해 '허생'의 의견이 현실에 반영되었는지에 대해서는 알 수 없는 '열린 결말'의 형태를 취하고 있다.

[91~93] 작자 미상, 〈흥부전〉

갈래	고전 소설, 판소리계 소설
성격	해학적, 풍자적, 교훈적
배경	시간적 – 조선 후기
	공간적 – 경상도와 전라도의 경계
시점	3인칭 전지적 작가 시점
주제	형제간의 우애와 권선징악(勸善懲惡)
특징	

- 4·4조의 유사한 구절의 반복으로 운율을 형성
- 과장된 표현으로 흥부와 흥부 아내의 애절한 모습을 드러냄.

91 정답 ③

흥부가 형의 집에 갈 때의 모습을 묘사하는 부분에서 '헌 짚신 감발하고, 세살부채 손에 쥐고'와 같이 '4·4조'의 유사한 문장 구조를 통해 운율을 살리고 있다.

⊗ 오답피하기

① 이 글의 흥부는 '영웅'적 인물은 아니다.
② '흥부 오기 기다린다'와 같은 현재형 시제의 서술을 통해 생동감을 주고 있다.
④ 도움을 청하러 형의 집을 찾아간 '흥부'와 동생에게 인색한 형 '놀부'의 갈등이 드러나고 있다.

92 정답 ③

이 글에는 흥부가 놀부에게 애절하게 도움을 요청하는 장면과 애타는 마음으로 흥부를 기다리는 흥부 아내의 모습이 드러나고 있다. 잘못을 반성하며 용서를 구하는 흥부의 모습은 드러나지 않는다.

93 정답 ②

이 글의 마지막 단락은 애타는 마음으로 흥부를 기다리는 흥부 아내의 모습을 다양한 고사에 빗대어 표현하고 있다.
㉠ '동남풍'은 제갈량이 간절히 기다리는 대상이므로 '흥부'를 의미한다.

㉡ '강태공'은 '위수상에 시절'을 기다리는 인물로 '흥부 아내'를 의미한다.
㉢ '의원'은 아픈 어린아이가 간절히 기다리는 대상이므로 '흥부'를 의미한다.
㉣ '낭군'은 '독수공방' 처지의 여인이 간절히 기다리는 대상이므로 '흥부'를 의미한다.
그러므로 '흥부'를 의미하는 것이 아닌 것은 ㉡ '강태공'이다.

[94~96] 작자 미상, 〈유충렬전〉

갈래	고대 소설, 군담 소설, 영웅 소설
성격	전기적, 우연적, 일대기적, 비현실적
시점	전지적 작가 시점
배경	중국 명나라
주제	위기를 극복하는 유충렬 장군의 영웅담
특징	

- 유충렬의 일대기를 시간적 순서대로 서술함.
- 청나라에 대한 우리 민족의 적개심을 드러냄.
- 천상계에 속한 인물들이 지상계에서 활약하는 이원적 세계관이 반영됨.

이 글의 구성

- **발단** : 유심과 부인 장씨가 기도하여 늦게 자식을 얻음.
- **전개** : 정한담과 최일귀 일당이 유심을 귀향 보내고 가족을 살해하려 하며, 충렬이 강희주를 만나 사위가 되고, 무예를 닦으며 때를 기다림.
- **위기** : 정한담 일당이 외적과 함께 반란을 일으켜 나라가 위기에 처함.
- **절정** : 충렬이 위기에 처한 천자를 구하고, 아버지 유심과 강희주를 구출함.
- **결말** : 정한담 일파를 물리친 후 높은 벼슬에 올라 부귀영화를 누림.

94 정답 ②

이 글은 '3인칭 전지적 작가 시점'으로서 작품 밖 서술자가 등장인물의 심리까지 서술하고 있으며, 중간에 바뀌지 않는다.

① '유충렬'은 비범한 영웅으로 재주가 뛰어나고 고귀
한 상(相)을 타고 난 인물이다.
③ 이 글은 서술자에 의해 성격이나 특성이 직접적으
로 서술되고 있다.
  예 충렬의 고귀한 상(相)은 이루 말로 다 표현하기
    어려울 정도였다.
④ 강 승상의 부인 소씨가 딸이 옥황의 선녀가 땅으로
내려와 맺어진 인연이라는 점은 비현실적인 요소
이다.

95 정답 ②

'충렬'은 부모의 생사를 모른 채 결혼하여 아내를 얻는
것은 도리가 아니라고 생각하며 한스러워하고 있다. 이를
통해 '충렬'이 부모에 대한 도리를 중시하는 '효(孝)'를 강
조한다는 것을 알 수 있다.

96 정답 ③

부모의 생사를 모른 채 결혼을 하는 것에 대해 한스러워하
는 '충렬'에게 승상은 임기응변(臨機應變)으로 일을 처리
할 수 있음을 강조하며, '충렬'의 집 시조 공(始祖公)의
사례를 들어 설득하고 있다.

[97~99] 박지원, 〈아, 참 좋은 울음터로구나!〉

갈래 | 한문 수필, 중수필, 기행 수필
성격 | 체험적, 논리적, 설득적, 사색적, 교훈적
주제 | • 광활한 요동 벌판을 보며 느낀 감회
      • 새로운 세계를 만나는 기쁨
특징 |
• 묻고 답하는 구성 방식을 취함.
• 작가의 창의적 발상이 돋보임.
• 적절한 비유와 구체적인 예시로 대상을 실감나게
  표현하여 설득력을 높임.

97 정답 ④

특정 계절에 대한 언급이나 이에 대한 인식의 변화는 나타
나 있지 않다.

① '사람들은 다만 칠정 가운데서 오직 슬플 때만 우는
  줄로 알 뿐, 칠정 모두가 울음을 자아낸다는 것은
  모르지.'라며 '울음'에 대한 통념을 반박하고 있다.
② '울음'에 대한 내용을 나열하여 설명하고 있다.
③ '요동 벌판'에서 글쓴이가 깨달은 바를 드러내고
  있다.

98 정답 ④

지극한 정(情)이 발현되어 나오는 것을 찾아야 하는데
ⓒ에 가생이 참다못해 선실을 향하여 울부짖었다고 했으
니 가장 유사한 의미라고 볼 수 있다.

① 사람의 감정이 극치를 경험하지 못하였다고 말하
  고 있다. 따라서 '지극한 정(情)'과 관련된 내용으
  로 볼 수 없다.
② '억지로' 내는 소리는 지극한 정(情)의 발현과 관련
  없다.
③ '지극한 소리를 억눌러'라고 했으니 지극한 정(情)
  의 발현으로 볼 수 없다.

99 정답 ②

① '답답한 걸 풀어 버리는 데에는 소리보다 더 효과
  가 빠른 게 없지. 울음이란 천지간에서 우레와도
  같은 것일세.'라며 울음의 가치를 언급하고 있다.
  따라서 근심을 풀기 위해 울수록 근심은 더 커진다
  는 설명은 옳지 않다.
③ '지극한 정이 발현되어 나오는 것이 저절로 이치에
  딱 맞는다면 울음이나 웃음이나 무에 다르겠는가'
  라며 웃음과 울음이 다를 바가 없음을 말하고 있다.

④ '기쁨이 사무쳐도 울게 되고, 노여움이 사무쳐도 울게 되고, 즐거움이 사무쳐도 울게 되고, 사랑함이 사무쳐도 울게 되고, 욕심이 사무쳐도 울게 되는 것이야.'라고 했으므로 감정의 극치를 경험한 사람이 울음을 참아낼 수 있다는 설명은 적절하지 않다.

04 독서

대표 기출문제   문제 p. 143

01 ①	02 ②	03 ③	04 ④	05 ③
06 ④	07 ①	08 ③	09 ③	10 ②
11 ④	12 ④	13 ③	14 ②	15 ②
16 ③	17 ③	18 ②	19 ①	20 ③
21 ④	22 ②	23 ①		

[1~3] 김남희, 〈왜 당신의 시간을 즐기지 않으요〉

01 정답 ①

부탄의 마을 치몽에 사는 사람들이 몸과 마음을 다해 손님을 접대하는 예를 구체적으로 제시하고 있다. 또한 생활에 필요한 일들을 하기 위해 몸을 쓰며 사는 일들을 열거하고 있다. 상대의 주장을 반박하거나 새로운 이론이 제시된 바가 없으므로 정답은 ㄱ, ㄴ이다.

02 정답 ②

세 번째 문단 '㉠이 나라에서의 삶은 ~ 텔레비전으로 보고, 인터넷으로 검색하고, 카메라로 찍는 삶이 아니라 몸을 움직여 직접 만들고 경험하는 삶이다.'라는 부분을 통해 ㉠과 가장 거리가 먼 것은 ② 대중 매체를 통해 놀이를 즐기는 삶이다.

⊗ 오답피하기

① 두 번째 문단 '그런데 그 불편함이 이상하게도 살아 있음을 실감케 한다.'는 부분이 있다.

③ 두 번째 문단 '또한 치몽에서는 늘 몸을 움직여야만 한다. ~ 생활에 필요한 모든 것은 몸을 써야만 얻을 수 있다.'는 부분이 있다.

④ 첫 번째 문단 '가진 게 별로 없는데도 아무렇지 않아 보였으며 빈한한 살림마저도 기꺼이 나누며 살아가는 듯했다.'는 부분이 있다.

03 정답 ③

일과 놀이가 떨어져 있지 않고 연결되어 있음을 나타내고 있다. 따라서 이에 해당하는 말은 '유기적'이다. 유기적이란, '생물체처럼 전체를 구성하고 있는 각 부분이 서로 밀접하게 관련을 가지고 있어서 떼어 낼 수 없는 것'을 의미한다.

> **⊗ 오답피하기**
>
> ① 대립적 : 의견이나 처지, 속성 따위가 서로 반대되거나 모순되는 것
> ② 일시적 : 짧은 한때의 것
> ④ 수동적 : 스스로 움직이지 않고 다른 것의 작용을 받아 움직이는 것

[4~6] 이은희, 〈라면의 과학〉

04 정답 ④

구체적인 통계 자료가 사용된 부분은 없다.

> **⊗ 오답피하기**
>
> ① '알파화'라는 과학 용어가 사용되었다.
> ② 컵라면에 물을 붓고 기다려 본 경험이 제시되어 있다.
> ③ 컵라면과 봉지 라면을 대조하여 설명하고 있다.

05 정답 ③

두 번째 문단에 '컵라면의 면발은 봉지 라면에 비해 더 가늘거나 납작하다. 면발의 표면적을 넓혀 뜨거운 물에 더 많이 닿게 하기 위해서다.'라는 문장이 있다. 따라서 ③의 설명은 옳다.

> **⊗ 오답피하기**
>
> ① 세 번째 문단에 컵라면의 면발에는 밀가루 그 자체보다 정제된 전분이 더 많이 들어 있다고 되어 있다. 밀가루에는 전분 외에 단백질을 포함한 다른 성분도 들어 있으나 면에 이런 성분을 '빼고' 순수한 전분의 비율을 높여 뜨거운 물을 부었을

때 복원되는 시간을 빠르게 한다는 내용을 통해, 컵라면의 면발은 단백질과 전분으로만 이루어져 있다는 설명이 옳지 않음을 알 수 있다.
> ② 첫 번째 문단에 '라면이 국수나 우동과 다른 점은 면을 한 번 튀겨서 익혔다는 것이다'라는 문장을 통해 국수나 우동의 면발이 튀기지 않았음을 알 수 있다.
> ④ 세 번째 문단에 '순수한 전분의 비율을 높이면 그만큼 알파화가 많이 일어나므로'라는 문장을 통해 ④의 설명이 옳지 않음을 알 수 있다.

06 정답 ④

두 번째 문단에 '면이 아래쪽부터 빽빽하게 들어차 있으면 물의 대류 현상에 방해가 된다. 위아래의 밀집도가 다른 컵라면의 면발 형태는 뜨거운 물이 대류 현상을 원활하게 하여 물을 계속 끓이지 않아도 면이 고르게 익도록 하는 과학의 산물이다.'라는 문장을 확인할 수 있다.

> **⊗ 오답피하기**
>
> ① 대류 현상을 방해하지 않기 위해 아래쪽을 성글게 한 것이다.
> ② 전분의 비율과는 관계가 없다.
> ③ 중량을 줄이기 위한 것이 아님을 두 번째 문단에서 밝히고 있다.

[7~8] 윤용아, 〈잊힐 권리와 알 권리〉

갈래	논설문
성격	논리적
제제	'잊힐 권리'의 법적 보장 문제
주제	'잊힐 권리'를 법적으로 보장해야 한다.
특징	• 철학자의 말을 인용하여 자신의 의견을 뒷받침함. • 자신의 의견과 다른 의견에 대한 반론을 제시하여 설득력을 드러냄.

07 정답 ①

이 글에 나타난 '잊힐 권리'에 대한 핵심 내용을 요약하는 것은 독자 자신이 글을 이해하는 수준의 소극적 읽기이다.

08 정답 ③

㉮는 "잊힐 권리의 보장으로 '알 권리'라고 하는 또 다른 권리가 침해된다고 주장하는 사람들"로 '잊힐 권리'보다는 '알 권리'를 우선시하는 입장이다. 이러한 입장으로 보면 '잊힐 권리'를 인정하면 정보 비공개로 인해 그 정보를 알고자 하는 사람들의 '알 권리', 즉 공익이 저해될 것을 우려하고 있다고 할 수 있다.

[9~11] 구본권, 〈로봇 시대, 인간의 일〉

> 갈래 | 설명문
> 성격 | 사실적, 인과적, 설득적
> 주제 | 로봇 시대에 나타날 일자리 감소 문제와 그 해결 방안
> 특징 |
> • 로봇 시대의 현상을 다양한 구체적 사례를 통해 보여 주고 있음.
> • 로봇 시대에 대한 전망과 로봇 시대가 야기하는 문제에 대한 해결 방안을 제시하고 있음.

09 정답 ③

이 글의 인공지능이 인간의 의식을 갖게 되어 인간의 자리를 대체하게 될 것에 대한 우려를 드러내고 있기는 하지만, 세 번째 문단을 통해 인간과 인공지능은 여전히 구분될 것임을 알 수 있다.

> ⊗ 오답피하기
> ① 첫 번째 문단을 통해 이 글이 제시하는 문제임을 알 수 있다.
> ② 두 번째 문단을 통해 인공지능을 통제하는 방법 중 하나라는 것을 알 수 있다.
> ④ 세 번째 문단을 통해 기계가 모방할 수 없는 인간만의 특징이라는 것을 알 수 있다.

10 정답 ②

통제(統制) : 일정한 방침이나 목적에 따라 행위를 제한하거나 제약함.

11 정답 ④

'인공지능 시대 우리가 가야 할 사람의 길'은 인간만이 가지고 있는 '감정과 의지'라는 속성을 발휘하여 유연성과 창의성을 갖고 대응하는 것이다.

[12~14] 김정수, 〈바닷속 미세 플라스틱의 위협〉

> 갈래 | 기사문
> 성격 | 비판적, 성찰적
> 주제 | 미세 플라스틱의 문제점 및 해결책
> 특징 |
> • 미세 플라스틱 생성 과정 및 현황, 문제점을 사실적으로 서술함.
> • 미세 플라스틱의 피해를 해양 생물과 인간으로 나누어 설명하고 있음.

12 정답 ④

미세 플라스틱의 증가는 2004년 세계적인 권위를 지닌 과학 잡지 『사이언스』에 영국 플리머스 대학의 리처드 톰슨 교수가 게재한 논문에서 발표되었다. 이를 통해 정보의 출처를 알 수 있다.

13 정답 ③

수산물의 체내에서 미처 배출되지 못한 미세 플라스틱을 함께 섭취하게 된 이들은 이러한 미세 플라스틱이 생체의 주요 장기는 물론 뇌 속까지 침투할 위험이 있다.

14 정답 ②

㉠ '끌기'는 '남의 관심 따위를 쏠리게 하다.'라는 의미로 ② '관심을 끌기 힘들다.'와 같은 의미로 쓰였다.

① '바닥에 댄 채로 잡아당기다.'라는 의미이다.
③ '바퀴 달린 것을 움직이게 하다.'라는 의미이다.
④ '시간이나 일을 늦추거나 미루다.'라는 의미이다.

[15~17] 최인철, 〈행복은 몸에 있다〉

갈래 | 수필
성격 | 체계적, 구체적
제재 | 행복한 삶
주제 | 구체적인 행동의 변화를 통해 심리적 행복을
　　　느낄 수 있다.
특징 |

• 질문과 답변의 형식으로 삶의 태도를 서술함.
• 대화를 하는 듯한 어조로 쉽고 편하게 자신의 생각을
　서술함.

15 정답 ②

"어떻게 살 것인가?"라는 질문에 대해 '신나게 살기', '의미
있게 살기', '몰두하며 살기'의 세 가지로 나누어 제시하고
있다.

16 정답 ③

ⓒ '접근하기'는 '가까이 다가가기'라는 의미이다.

17 정답 ③

'의미 있게 살기'를 제시하는 문단을 보면, 감각적인 즐거
움은 덜하더라도 원대한 목표를 위해 헌신하는 것 또한
의미 있는 삶이라고 표현하고 있다.

[18~20] 오주석, 〈옛 그림의 원근법〉

갈래 | 설명문
성격 | 객관적, 해설적
제재 | 옛 그림(옛 그림의 원근법)
주제 | 옛 그림의 원근법이 지닌 특징과 그 의미
특징 |

• 동양과 서양의 그림을 대조적으로 설명함.
• 구체적인 그림을 예시로 들어 이해하기 쉽게 설명함.

이 글의 구조 |

구분	서양의 풍경화	우리 옛 산수화
원근법	일점투시도법	삼원법
특징	인간 중심주의	산수가 주인공임.
	움직이지 않는 시선 차갑고 단조로운 공간	움직이는 시선 살아 있는 공간
	자연의 참모습을 담아내 지 못함.	자연의 형상뿐만 아니라 기운까지 담아냄.

18 정답 ②

이 글에서는 서양의 풍경화에 사용된 '일점투시'와 우리
옛 산수화에 사용된 '삼원법'의 비교를 통해 우리가 자연
을 대하는 태도와 우리 옛 산수화의 특징을 설명하고 있
다. 일점투시의 역사적 변화는 드러나지 않는다.

19 정답 ①

'일점투시'는 서양의 풍경화에 쓰이는 표현법으로 한 사람
의 관찰자가 주위 풍경을 바라보는 차갑고 단조로운 시선
을 드러낸다. 자연의 살아 있는 모습을 포용력 있게 나타내
는 방법은 우리 옛 산수화에 사용된 기법인 '삼원법'이다.

20 정답 ③

ⓒ '산물(産物)'은 '어떤 것에 의하여 생겨나는 사물이나
　　현상을 비유적으로 이르는 말을 의미한다.

[21~23] 최재천, 〈더불어 사는 공생인으로 거듭나기〉

갈래 | 수필
성격 | 설명적, 논리적, 교훈적
제재 | 환경 위기를 극복하기 위한 대안으로써의 공생
주제 | 자연과 더불어 살아가며 환경의 위기를 극복하자.
특징 |
• 다양한 사례를 제시하여 환경 파괴 문제의 심각성을 알림.
• 과학적인 근거를 통해 공생하는 태도의 필요성을 강조함.
• 독자에게 말하는 듯한 문체를 사용함.

21 정답 ④

세 번째 문단에서 글쓴이는 적자생존이란 어떤 형태로든 잘 살 수 있는, 적응을 잘하는 존재가 살아남는다는 것이지 꼭 남을 꺾어야만 한다는 뜻은 아니라고 설명하고 있다.

22 정답 ②

② 이 글에는 글쓴이가 직접 조사한 내용이 드러나지 않는다.

> **오답피하기**
> ① 개미의 존재와 생명력에 대해 쉽게 설명하기 위해 전 세계 인구와 개미가 시소에 올라탄다는 가정을 하고 있다.
> ③ 개미와 열대의 빽빽한 나무들의 예를 통해 공생 관계를 설명하고 있다.
> ④ 세상에 개미가 얼마나 있을까를 연구한 학자의 연구 결과를 통해 협동의 힘을 설명하고 있다.

23 정답 ①

이 글의 글쓴이는 개미의 개체 수와 생존력을 통해 자연계 생물들이 공생하며 살아가는 것의 중요성을 강조하고 있다.

EBS 교육방송교재

고졸 검정고시

핵심 총정리

고졸 검정고시

*한권*으로 *합격*하기!

핵심 총정리
수학

구성 및 출제 경향 분석

1 구성

2 출제경향 분석

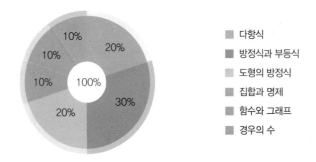

- 다항식
- 방정식과 부등식
- 도형의 방정식
- 집합과 명제
- 함수와 그래프
- 경우의 수

수학 출제 경향

고졸 검정고시의 범위는 총 6개의 대단원으로 이루어져 있으며, 단원별로 꼭 알아야 할 기본 개념에 관련된 문제들이 출제되고 있습니다.

꾸준히 1, 2단원의 비중이 높게 출제되고 있으며, 특히 방정식과 부등식에서 많은 문항이 출제되고 있습니다. 어렵고 난이도 있는 문제들이 출제되기보다는 대부분의 단원에서 기본개념을 묻는 문항들과 기본문제를 해결하는 문항들이 고르게 출제되고 있습니다.

고졸 검정고시 수학을 위해서는 기본개념과 기초계산력, 중등 연계 개념들을 정확히 정리하고 학습하는 것이 중요합니다.

기출문제를 통해 어떠한 난이도로 학습할지 파악한 후 학습에 들어가는 것이 중요하지만,

기초학습이 부족할 경우 기출문제 위주로 학습하다 보면 많은 어려움을 느낄 수 있기 때문에 기본학습은 반드시 튼튼히 하고 차근차근 학습하는 것이 중요하며, 기본공식과 기본개념 이해에 집중한다면 하나하나 큰 어려움 없이 배워나갈 수 있을 것입니다.

기출 분석에 따른 학습 포인트

❶ 다항식

다항식의 용어의 뜻을 익히고, 꾸준한 연습을 통하여 다항식의 사칙연산을 정확히 할 수 있도록 해야 한다. 깊이 있게 공부하기에는 양이 상당히 많고 부담스러운 단원이므로, 다항식의 덧셈과 뺄셈을 정확히 익히고 빈출 개념 위주로 학습하도록 한다.

❷ 방정식과 부등식

가장 많은 문제가 출제되는 단원이며, 가장 많은 내용을 담고 있는 단원이기 때문에 주로 출제되는 주제들에 집중하여 학습하는 것이 중요하다.

복소수, 여러 가지 방정식과 부등식의 해에 관련된 문항들이 주로 출제되며, 이차함수의 최댓값과 최솟값에 대한 문항도 꾸준히 출제되고 있다.

해당 단원을 학습하기에 앞서 일차방정식과 일차부등식의 풀이, 이차함수의 기초, 함숫값의 표현 등 꼭 알아야 할 중등연계개념을 반드시 정리하도록 한다.

❸ 도형의 방정식

네 개의 소단원에서 한 문항씩 꾸준히 출제되고 있으며, 암기해야 할 공식들이 많아 어렵게 느낄 수 있는 단원이지만, 공식만 정확히 암기하면 맞힐 수 있는 난이도의 문제들이 출제된다. 따라서 빈출개념에 집중하여 공식을 정확히 암기하도록 학습하는 것이 중요하다.

해당 단원을 학습하기에 앞서 좌표평면의 기초적인 내용을 알고 학습하는 것이 좋다.

❹ 집합과 명제

집합 단원은 난이도가 높지는 않지만, 수식으로 표현된 여러 가지 용어들이 생소할 수 있으므로 용어에 대한 이해를 정확히 하는 것이 좋다. 자주 출제되는 집합의 연산을 벤다이어그램을 이용하여 정확히 이해할 수 있도록 학습한다.

명제 단원은 이해하기 까다로운 단원이지만, 몇 가지 주제 안에서 돌아가며 출제되고 있으므로 출제경향에 맞춰 난이도를 조절하여 학습하는 것이 중요하다.

❺ 함수

함수에 대한 이해, 합성함수, 역함수, 유리함수, 무리함수 등 여러 가지의 주제가 번갈아 출제되는 단원이다. 다양한 주제에 비해 출제되는 문항의 수는 많지 않으며, 상당히 어렵게 느낄 수 있는 단원이므로, 출제경향에 맞춰 적절한 난이도의 학습을 하는 것이 중요하다.

❻ 경우의 수

순열과 조합의 차이를 알고, 문제에서 원하는 경우의 수를 정확히 구할 수 있도록 학습해야 한다. 복잡한 문항보다는 경우의 수의 원리를 이용하여 해결할 수 있는 문항들이 주로 출제되므로, 기본적인 내용만 선별하여 학습하는 것이 좋다.

01 다항식

1 식의 계산

1. 다항식의 정리방법

① 내림차순 : 다항식을 한 문자에 대하여 차수가 높은 항부터 차례대로 나열하는 것

   예 $x^3 - 2x^2 + 4x - 2$ [3차 ➔ 2차 ➔ 1차 ➔ 상수항]

② 오름차순 : 다항식을 한 문자에 대하여 차수가 낮은 항부터 차례대로 나열하는 것

   예 $-2 + 4x - 2x^2 + x^3$ [상수항 ➔ 1차 ➔ 2차 ➔ 3차]

2. 동류항

문자와 차수가 같은 항을 동류항이라고 한다.

   예 $2x - 6 + x + 4$에서 동류항 : $2x$와 x / -6과 4

   $x^2 + 2x + 3x^2 - 2x + 4$에서 동류항 : x^2과 $3x^2$ / $2x$와 $-2x$

3. 다항식의 덧셈과 뺄셈 빈출개념 ★★

① 동류항의 계산 : 분배법칙을 이용하여 동류항의 계수끼리 계산한다.

   예 $3x + 2x = 3 \times x + 2 \times x = (3+2) \times x = 5x$

   $3x^2 - 2x^2 = 3 \times x^2 - 2 \times x^2 = (3-2) \times x^2 = 1x^2 = x^2$

② 이차 이상의 다항식의 덧셈 : 다항식의 덧셈은 동류항끼리 모아서 정리하여 계산한다.

   예 $A = x^2 + 4x - 3$, $B = 2x^2 - 3x + 2$에서 $A + B$ 구하기

   방법 1

$$
\begin{aligned}
A + B &= \boxed{(x^2 + 4x - 3)} + \boxed{(2x^2 - 3x + 2)} &&\rightarrow\ A,\ B\ \text{대신 식 대입(괄호 사용)} \\
&= x^2 + 4x - 3 + 2x^2 - 3x + 2 &&\rightarrow\ \text{괄호 풀기} \\
&= x^2 + 2x^2 + 4x - 3x - 3 + 2 &&\rightarrow\ \text{동류항끼리 정리} \\
&= (1+2)x^2 + (4-3)x + (-3+2) &&\rightarrow\ \text{동류항끼리 계산} \\
&= 3x^2 + x - 1
\end{aligned}
$$

방법 2

$$+) \begin{array}{r} x^2 + 4x - 3 \\ 2x^2 - 3x + 2 \\ \hline 3x^2 + 1x - 1 \end{array}$$

✏️ **문제 풀이 TIP**

동류항끼리 같은 줄에 두고 계산!

③ 이차 이상의 다항식의 뺄셈 : 다항식의 뺄셈은 빼는 식의 모든 항의 부호를 바꾸어서 더한다.

🔵 예 $A = x^2 + 4x - 3$, $B = 2x^2 - 3x + 2$에서 $A - B$ 구하기

방법 1

$$\begin{aligned} A - B &= \boxed{(x^2 + 4x - 3)} - \boxed{(2x^2 - 3x + 2)} &&\rightarrow \ A, B \text{ 대신 식 대입(괄호 사용)} \\ &= x^2 + 4x - 3 - 2x^2 + 3x - 2 &&\rightarrow \ 괄호 풀기(부호 바꾸기) \\ &= x^2 - 2x^2 + 4x + 3x - 3 - 2 &&\rightarrow \ 동류항끼리 정리 \\ &= (1-2)x^2 + (4+3)x + (-3-2) &&\rightarrow \ 동류항끼리 계산 \\ &= -x^2 + 7x - 5 \end{aligned}$$

방법 2

$$-) \begin{array}{r} x^2 + 4x - 3 \\ 2x^2 - 3x + 2 \\ \hline \end{array} \quad \rightarrow \ominus 를 \oplus \text{ 부호로 바꾸고, 모든 항의 부호를 바꾸어 더한다.}$$

✏️ **문제 풀이 TIP**

세로셈으로 뺄셈할 때 실수를 줄이려면 꼭! 부호를 바꾸고 덧셈을 이용하여 계산!

$$+) \begin{array}{r} x^2 + 4x - 3 \\ -2x^2 + 3x - 2 \\ \hline -x^2 + 7x - 5 \end{array} \quad \rightarrow \text{꼭! 모든 항의 부호를 바꾸어야 해요!}$$

2 다항식의 곱셈과 곱셈공식

1. 다항식과 다항식의 전개

분배법칙을 이용하여 전개하고, 동류항이 있으면 간단히 한다.

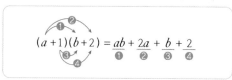

2. 곱셈공식

(1) 곱셈공식

① $(a+b)^2 = a^2 + 2ab + b^2$

② $(a-b)^2 = a^2 - 2ab + b^2$

③ $(a+b)(a-b) = a^2 - b^2$

④ $(x+a)(x+b) = x^2 + (a+b)x + ab$

⑤ $(a+b+c)^2 = a^2 + b^2 + c^2 + 2ab + 2bc + 2ca$

⑥ $(a+b)^3 = a^3 + 3a^2b + 3ab^2 + b^3$ ★★★ 최신기출 공식

⑦ $(a-b)^3 = a^3 - 3a^2b + 3ab^2 - b^3$ ★★★ 최신기출 공식

⑧ $(a+b)(a^2 - ab + b^2) = a^3 + b^3$ ★★★ 최신기출 공식

⑨ $(a-b)(a^2 + ab + b^2) = a^3 - b^3$ ★★★ 최신기출 공식

✏ 문제 풀이 TIP

다 외우면 좋지만, 힘들 땐 기출공식 위주로 점검!
전개의 원리만 알면 일일이 전개해서 공식을 만들 수 있어요!

(2) 곱셈공식의 변형

① $a^2 + b^2 = (a+b)^2 - 2ab$, $a^2 + b^2 = (a-b)^2 + 2ab$

② $\left(x + \dfrac{1}{x}\right)^2 = x^2 + \dfrac{1}{x^2} + 2$, $\left(x - \dfrac{1}{x}\right)^2 = x^2 + \dfrac{1}{x^2} - 2$

③ $x^2 + \dfrac{1}{x^2} = \left(x + \dfrac{1}{x}\right)^2 - 2$, $x^2 + \dfrac{1}{x^2} = \left(x - \dfrac{1}{x}\right)^2 + 2$

④ $a^3 + b^3 = (a+b)^3 - 3ab(a+b)$, $a^3 - b^3 = (a-b)^3 + 3ab(a-b)$

⑤ $(a+b)^2 = (a-b)^2 + 4ab$

⑥ $(a-b)^2 = (a+b)^2 - 4ab$

3 다항식의 나눗셈

1. 다항식의 나눗셈

(1) 다항식의 나눗셈

각 다항식을 내림차순으로 정리한 다음 나눗셈을 한다.

(2) 수의 나눗셈과 다항식의 나눗셈

수의 나눗셈에서 나머지가 나누는 수보다 작아야 하는 것처럼 다항식의 나눗셈의 나머지
는 나누는 식의 차수보다 낮다.

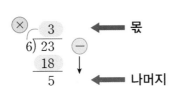

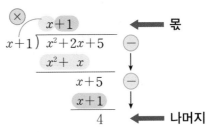

[수의 나눗셈]   [다항식의 나눗셈]

2. 다항식의 나눗셈의 등식표현(검산식)

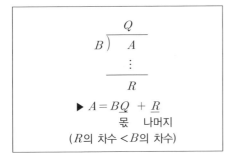

$$A = BQ + R$$
몫 　나머지
(R의 차수 $<B$의 차수)

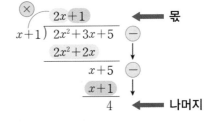

[다항식의 나눗셈]

▶ $2x^2 + 3x + 5 = (x+1)(2x+1) + 4$
　　　　　　　　　몫　　나머지

✏️ **문제 풀이 TIP**

나눗셈의 등식표현은 개념을 정확히 이해하는 데 필요해요!
꼭 출제되는 개념은 아니니 선택사항!

3. 조립제법

다항식을 x에 대한 일차식으로 나눌 때, 계수만을 사용하여 몫과 나머지를 구하는 방법이다.

조립제법을 이용하여 $x^3 + 2x^2 - 5x - 4$를 $x - 2$로 나누어 몫과 나머지를 구해보자.

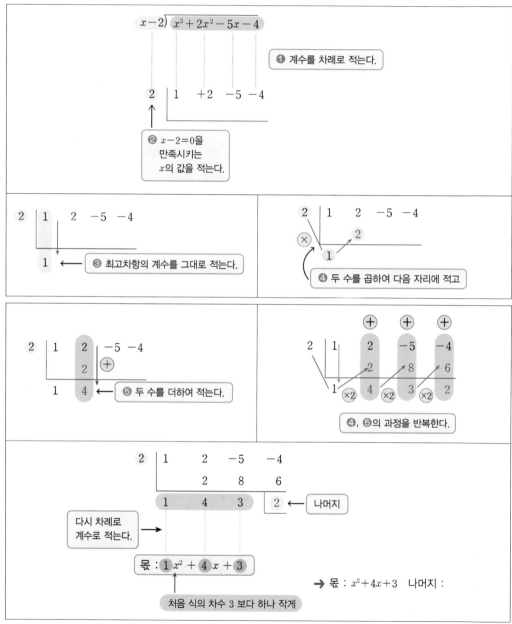

→ 몫: $x^2 + 4x + 3$ 나머지:

4. 조립제법의 결과 읽기 빈출개념^{★★}

다음 $x^3 + 2x^2 - 5x - 4$를 조립제법을 이용하여 $x - 2$로 나눈 몫과 나머지를 알아보자.

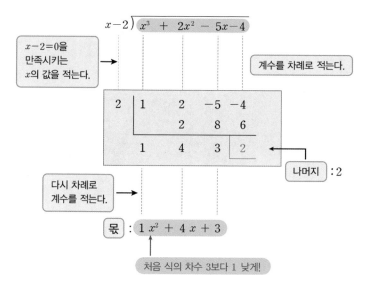

그러므로 몫 $x^2 + 4x + 3$, 나머지 2이다.

4 항등식

1. 등식과 항등식

(1) 등식

등호 '='를 사용하여 나타낸 식

(2) 항등식

미지수에 관계없이 항상 참이 되는 등식

(예) $3x + x = 4x$는 x에 어떤 값을 대입하여도 항상 참이므로 항등식이다.

2. 항등식의 성질과 미정계수법 빈출개념^{★★}

(1) 비교하여 구하기(계수비교법)

① $ax+b=0$이 x에 대한 항등식이면, $a=b=0$이다.

② $ax+b=cx+d$가 x에 대한 항등식이면, $a=c,\ b=d$이다.

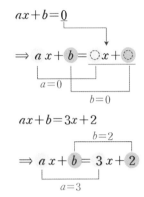

③ $ax^2+bx+c=0$이 x에 대한 항등식이면, $a=b=c=0$이다.

④ $ax^2+bx+c=dx^2+ex+f$가 x에 대한 항등식이면, $a=d,\ b=e,\ c=f$이다.

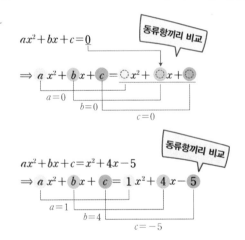

(2) 대입하여 구하기(수치대입법)

x에 대한 항등식은 모든 x에 대해 성립하므로 아무 숫자나 대입해도 성립한다.

예 $x^2+ax+1=(x-1)^2+(x-1)+1$의 양변에 $x=1$을 대입하면

$\therefore\ a=-1$

5 나머지정리와 인수정리

1. 나머지정리 빈출개념★★

다항식 $P(x)$를 $x-a$로 나누었을 때, 나머지를 R이라 하면, 나머지 $R = P(a)$와 같다.

▶ 다항식의 나눗셈을 등식으로 표현하면 $P(x) = (x-a)Q(x) + R$ (R은 상수)이 되고, 등식의 양변에 a를 대입하여 정리하면, 나머지 $R = P(a)$이다.

$$\underline{x-a}\text{로 나눈 나머지는 } P(\underline{a})\text{와 같다.}$$

예 다항식 $P(x) = x^2 + 3x - 1$을 $x-1$로 나눈 나머지를 구해보자.
다항식 $P(x)$를 $x-1$로 나눈 나머지는 $P(1)$이다. $P(1) = 3$, 즉 나머지는 3이다.

2. 인수정리 빈출개념★★

① 다항식 $P(x)$가 $x-a$로 나누어떨어지면, $P(a) = 0$과 같다.
② 다항식 $P(x)$에서 $P(a) = 0$이면, $P(x)$는 $x-a$로 나누어떨어진다.

나누어떨어지면 나머지가 0

$$P(x)\text{가 } \underline{x-a}\text{로 나누어떨어지면 } P(\underline{a}) = 0$$

예 $P(x) = x^2 + x + b$가 $x-2$로 나누어떨어질 때, b의 값을 구해보자.
다항식 $P(x)$가 $x-2$로 나누어떨어지면, $P(2) = 0$이다. 그러므로 $b = -6$이다.

6 인수분해

1. 인수와 인수분해

(1) 인수분해

하나의 다항식을 두 개 이상의 다항식의 곱으로 나타내는 것을 그 다항식을 인수분해한다고 한다.

(2) 인수

하나의 다항식을 두 개 이상의 다항식의 곱으로 나타낼 때, 각각의 식을 처음 식의 인수라고 한다.

예 $x^2 + 5x + 4 \xrightleftharpoons[\text{전개}]{\text{인수분해}} (x+1)(x+4)$ ➔ 인수 : 1, $x+1$, $x+4$, $(x+1)(x+4)$

2. 공통인수를 이용한 인수분해

(1) 공통인수

다항식의 각 항에 공통으로 들어 있는 인수를 공통인수라 한다.

(2) 공통인수를 이용한 인수분해

공통인수가 있으면 그 인수로 묶어내어 인수분해한다.

예 다항식 $ma+mb$를 분배법칙을 이용하여 두 항 ma, mb에 공통으로 들어 있는 인수 m으로 묶어내면

$$\textcircled{m}\,a+\textcircled{m}\,b=\textcircled{m}\,(a+b)$$

문제 풀이 TIP

인수분해는 전개의 반대!
곱셈공식과 함께 연결하여 공부해요!

3. 인수분해 공식

(1) $a^2+2ab+b^2=(a+b)^2$

(2) $a^2-2ab+b^2=(a-b)^2$

(3) $a^2-b^2=(a+b)(a-b)$

(4) $x^2+(a+b)x+ab=(x+a)(x+b)$

(5) $(a+b)^3=a^3+3a^2b+3ab^2+b^3$ ★★★ 최신기출 공식

(6) $(a-b)^3=a^3-3a^2b+3ab^2-b^3$ ★★★ 최신기출 공식

(7) $a^3+b^3=(a+b)(a^2-ab+b^2)$ ★★★ 최신기출 공식

(8) $a^3-b^3=(a-b)(a^2+ab+b^2)$ ★★★ 최신기출 공식

예 다항식 x^2+4x+3은 인수분해 공식에서 $a+b=4$, $ab=3$인 경우이므로 합이 4이고, 곱이 3인 두 정수 a, b를 찾으면 된다. 아래 표를 참고하면,

$$x^2+\;\textcircled{4}x\;+\textcircled{3}$$
$$\vdots\qquad\vdots\qquad\vdots$$
$$x^2+\textcircled{(a+b)}x+\textcircled{ab}$$

곱이 3	합이 4
1, 3	○
-1, -3	×

알맞은 수는 1과 3이므로 $x^2+4x+3=(x+1)(x+3)$

예 멜빵공식을 이용하여

$x^2 + \boxed{(a+b)x} + ab$

$x \diagdown \otimes a \Rightarrow ax$

$x \diagup \otimes b \Rightarrow \underline{bx} \; \boxed{+}$

$\boxed{(a+b)x}$

$= (x+a)(x+b)$

$x^2 + \boxed{+5x} + 6$

$x \diagdown \otimes 2 \Rightarrow 2x$

$x \diagup \otimes 3 \Rightarrow \underline{3x} \; \boxed{+}$

$+5x$

$= (x+2)(x+3)$

4. 완전제곱식 만들기

(1) $x^2 + 2ax + a^2 = (x+a)^2$ ➡ 일차항계수의 반의 제곱 = 상수항

(2) $x^2 - 2ax + a^2 = (x-a)^2$ ➡ 일차항계수의 반의 제곱 = 상수항

예 $x^2 + 6x + b$가 완전제곱식이 되도록 하는 b의 값을 구해보자.

일차항계수의 반의 제곱 = 상수항을 만족하면 완전제곱식이 됨을 이용하여 일차항계수의

반의 제곱 $\left(\dfrac{6}{2}\right)^2 = 9$이므로 $b = 9$일 때, 완전제곱식이 된다.

01 두 다항식 $A = 3x^2 + x$, $B = x^2 + 3x$ 에 대하여 $A + B$ 는?

① $4x^2 - 4x$ ② $4x^2 - 2x$

③ $4x^2 + 2x$ ④ $4x^2 + 4x$

02 두 다항식 $A = 2x^2 + x$, $B = x + 1$ 에 대하여 $A - B$ 는?

① $x^2 + 1$ ② $x^2 - x$

③ $2x^2 - 1$ ④ $2x^2 + x$

03 다음 등식 중 x 에 대한 항등식은?

① $x = 5$

② $x + 2 = 0$

③ $(x + 1)^2 = x + 1$

④ $x^2 - 1 = (x + 1)(x - 1)$

04 등식 $x^2 + x + 3 = x^2 + ax + b$ 가 x 에 대한 항등식일 때, 두 상수 a, b 에 대하여 $a + b$ 의 값은?

① 2   ② 4

③ 6   ④ 8

05 등식 $x^2 + ax + 3 = x^2 + 5x + b$ 가 x 에 대한 항등식일 때, 두 상수 a, b 에 대하여 $a - b$ 의 값은?

① 2   ② 4

③ 6   ④ 8

06 등식 $(x - 2)^2 = x^2 - 4x + a$ 가 x 에 대한 항등식일 때, 상수 a 의 값은?

① 2   ② 4

③ 6   ④ 8

07 등식 $(x+1)(x-1) = x^2 + a$가 x에 대한 항등식일 때, 상수 a의 값은?

① -2 ② -1

③ 0 ④ 1

08 다음은 다항식 $2x^2 + x - 3$을 일차식 $x + 1$로 나누어 몫과 나머지를 구하는 과정이다. (가)에 알맞은 식은?

$$
\begin{array}{r}
2x - 1 \\
x+1 \overline{\smash{\big)}\ 2x^2 + x - 3} \\
\underline{2x^2 + 2x} \\
\boxed{(가)} \\
\underline{-x - 1} \\
-2
\end{array}
$$

① $-x - 3$ ② $-x - 2$

③ $x - 3$ ④ $x - 2$

09 다음은 조립제법을 이용하여 다항식 $x^3 - 2x^2 - x + 5$를 일차식 $x - 1$로 나누어 몫과 나머지를 구하는 과정이다. 이때, 몫은?

1	1	-2	-1	5
		1	-1	-2
	1	-1	-2	3

① $x + 2$ ② $2x + 1$

③ $x^2 - x - 2$ ④ $2x^2 + x + 1$

10 다음은 조립제법을 이용하여 다항식 $x^3 + x^2 - x + 1$을 일차식 $x - 2$로 나누었을 때, 몫과 나머지를 구하는 과정이다. 나머지 R의 값은?

2	1	1	-1	1
		2	6	10
	1	3	5	R

① 2 ② 5

③ 8 ④ 11

11 다항식 x^3+2x^2+2를 $x-1$로 나누었을 때, 나머지는?

① 1 　　　　② 3

③ 5 　　　　④ 7

12 다항식 $2x^3+3x^2-1$을 $x-1$로 나누었을 때, 나머지는?

① 2 　　　　② 3

③ 4 　　　　④ 5

13 다항식 x^3+3x^2+3x+1을 인수분해한 식이 $(x+a)^3$일 때, 상수 a의 값은?

① -2 　　　　② -1

③ 1 　　　　④ 2

14 다항식 $x^3-6x^2+12x-8$을 인수분해한 식이 $(x-a)^3$일 때, 상수 a의 값은?

① 1 　　　　② 2

③ 3 　　　　④ 4

15 다항식 x^3+3^3을 인수분해한 식이 $(x+3)(x^2-3x+a)$일 때, 상수 a의 값은?

① 1 　　　　② 3

③ 6 　　　　④ 9

16 다항식 x^3-2^3을 인수분해한 식이 $(x-a)(x^2+2x+4)$일 때, 상수 a의 값은?

① 2 　　　　② 4

③ 6 　　　　④ 8

02 방정식과 부등식

1 복소수

1. 실수와 복소수

(1) 허수단위 i

① 제곱하여 -1이 되는 수를 i라 하고, $i=\sqrt{-1}$로 약속한다.

② $i^2=(\sqrt{-1})^2=-1$이 된다.

(2) 실수부분과 허수부분

$a+bi$에서 실수부분은 a, 허수부분은 b라 한다.

📕 $2+4i$의 실수부분은 2, 허수부분은 4이다.

　$1-5i=1+(-5i)$이므로 실수부분은 1, 허수부분은 -5이다.

(3) 실수와 복소수

복소수 $z=a+bi$는 다음과 같이 분류한다. (단, a, b는 실수)

$$\text{복소수 } a+bi \begin{cases} \text{실수 } (b=0) \\ \text{허수 } (b\neq 0) \end{cases}$$

$$\text{허수 } a+bi \begin{cases} \text{순허수 } (a=0,\ b\neq 0) \\ \text{순허수가 아닌 허수 } (a\neq 0,\ b\neq 0) \end{cases}$$

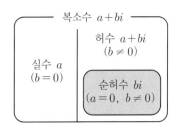

2. 서로 같은 복소수 빈출개념 ★★

두 복소수에서 실수부분은 실수부분끼리, 허수부분은 허수부분끼리 서로 같을 때, 두 복소수는 '서로 같다'고 한다.

① $a+bi=0$이면, $a=0$, $b=0$이다. (단, a, b는 실수)

② $a+bi=c+di$이면, $a=c$, $b=d$이다. (단, a, b, c, d는 실수)

📕 $a+3i=1+bi$ ➡ $a=1$, $b=3$

　$(a+1)+bi=0$ ➡ $a=-1$, $b=0$

3. 켤레복소수

복소수 $a + bi$ (a, b는 실수)에 대하여 허수부분의 부호를 반대로 바꾼 복소수 $a - bi$를 켤레복소수라고 하며, 기호로 $\overline{a + bi} = a - bi$로 표현한다.

① $\overline{a + bi} = a - bi$

② $\overline{a} = a$

③ $\overline{bi} = -bi$

예 $1 + 3i$의 켤레복소수는 $\overline{1 + 3i} = 1 - 3i$

　　 $3 - 2i$의 켤레복소수는 $\overline{3 - 2i} = 3 + 2i$

 문제 풀이 TIP

켤레복소수

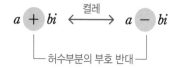

2 복소수의 연산

1. 복소수의 사칙연산 빈출개념**

(1) 복소수의 덧셈과 뺄셈

복소수의 덧셈과 뺄셈은 실수부분은 실수부분끼리, 허수부분은 허수부분끼리 계산한다.

① $(a + bi) + (c + di) = (a + c) + (b + d)i$

예 $(1 + i) + (2 + i) = (1 + 2) + (1 + 1)i = 3 + 2i$

② $(a + bi) - (c + di) = (a - c) + (b - d)i$

예 $(3 + 4i) - (1 + i) = (3 - 1) + (4 - 1)i = 2 + 3i$

(2) 복소수의 곱셈, 나눗셈

곱셈은 분배법칙을 이용하고, 나눗셈은 분모를 유리화하며, $i^2 = -1$을 이용하여 계산한다.

① $(a + bi) \times (c + di) = (ac - bd) + (ad + bc)i$

예 $i(2 + i) = 2i + i^2 = 2i - 1$

② $\dfrac{a + bi}{c + di} = \dfrac{ac + bd}{c^2 + d^2} - \dfrac{ad - bc}{c^2 + d^2}i$ (단, $c + di \neq 0$)

$$\text{예} \quad \frac{1+i}{1-i} = \frac{(1+i)(1+i)}{(1-i)(1+i)} = \frac{1+i+i+i^2}{1-i^2} = \frac{1-1+2i}{2} = \frac{2i}{2} = i$$

2. i의 거듭제곱

허수단위인 i를 계속하여 거듭제곱하면 다음과 같은 규칙을 찾을 수 있다.

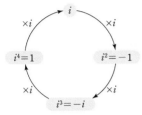

$$i \;\rightarrow\; i^2 = -1 \;\rightarrow\; i^3 = -i \;\rightarrow\; i^4 = 1 \;\rightarrow\; i^5 = i \;\rightarrow\; i^6 = -1 \;\rightarrow\; i^7 = -i \;\rightarrow\; i^8 = 1$$

✏️ 문제 풀이 TIP

i^n은 4개를 주기로 반복되므로, n을 4로 나눈 나머지가 같으면 값이 같아요!

3 이차방정식

1. 이차방정식의 풀이

(1) 인수분해를 이용한 풀이

$AB = 0$이면 $A = 0$ 또는 $B = 0$의 성질을 이용하여 이차방정식을 풀 수 있다.

예 $(x-2)(x-1) = 0$ ➡ $x = 2$ 또는 $x = 1$

(2) 근의 공식을 이용한 풀이

① $ax^2 + bx + c = 0 \; (a \neq 0)$의 근은 $x = \dfrac{-b \pm \sqrt{b^2 - 4ac}}{2a}$

② 특별히 x의 계수 b가 짝수인 경우

$ax^2 + 2b'x + c = 0 \; (a \neq 0)$의 근은 $x = \dfrac{-b' \pm \sqrt{b'^2 - ac}}{a}$

2. 판별식 빈출개념★★

이차방정식 $ax^2 + bx + c = 0$ (단, a, b, c는 실수)의 근을 판별하는 식을 판별식이라 한다. $D = b^2 - 4ac$를 판별식으로 나타내며 판별식의 부호에 따라 이차방정식은 다음과 같은 해를 갖는다.

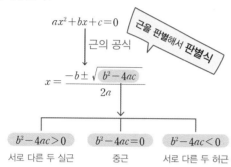

(1) $b^2 - 4ac > 0$ 서로 다른 두 실근
(2) $b^2 - 4ac = 0$ 서로 같은 두 실근(중근)
(3) $b^2 - 4ac < 0$ 서로 다른 두 허근
(4) $b^2 - 4ac \geq 0$ 실근

예 $x^2 - 2x + 5 = 0$ ➡ $D = 4 - 20 = -16$, 서로 다른 두 허근

$x^2 - 4x + 4 = 0$ ➡ $D = 16 - 16 = 0$, 중근

3. 근과 계수의 관계 빈출개념★★

이차방정식 $ax^2 + bx + c = 0$ 의 두 근을 α, β라 하면, 두 근의 합($\alpha + \beta$)과 곱($\alpha\beta$)은 다음과 같다.

① $\alpha + \beta = -\dfrac{b}{a}$

② $\alpha\beta = \dfrac{c}{a}$

예 $x^2 + 3x - 4 = 0$에서 $\alpha + \beta = -3$, $\alpha\beta = -4$

✏️ 문제 풀이 TIP

공식은 자리로 암기!

$a\ x^2 + b\ x + c = 0$

$\alpha + \beta = 합 = -\dfrac{b}{a}$

$\alpha\beta = 곱 = \dfrac{c}{a}$

4 이차방정식과 이차함수

1. 이차방정식과 이차함수의 관계

이차함수 $y = ax^2 + bx + c$의 그래프와 x축과의 교점의 좌표는 이차방정식 $ax^2 + bx + c = 0$의 실근과 같다.

2. 이차함수 그래프와 x축의 위치 관계

	$D > 0$	$D = 0$	$D < 0$
$ax^2 + bx + c = 0$의 실근	2개	1개	0개
$a > 0$일 때, $y = ax^2 + bx + c$			
$a < 0$일 때, $y = ax^2 + bx + c$			
이차함수와 x축의 위치관계	서로 다른 두 점에서 만난다.	한 점에서 만난다. (접한다.)	만나지 않는다.

5 이차함수의 최대와 최소 빈출개념^{★★}

1. 제한된 범위가 수 전체인 경우

$y = ax^2 + bx + c$의 최댓값과 최솟값은 표준형 $y = a(x - p)^2 + q$의 꼴로 바꾸어 꼭짓점의 y좌표의 값을 이용하여 구한다.

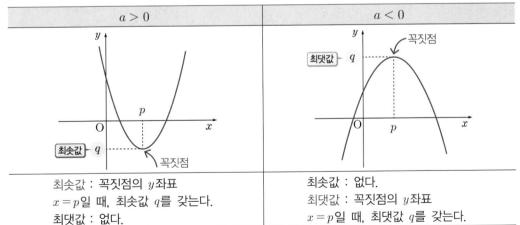

$a > 0$	$a < 0$
최솟값 : 꼭짓점의 y좌표 $x = p$일 때, 최솟값 q를 갖는다. 최댓값 : 없다.	최솟값 : 없다. 최댓값 : 꼭짓점의 y좌표 $x = p$일 때, 최댓값 q를 갖는다.

2. 제한된 범위가 주어진 경우

(1) x의 범위에 꼭짓점이 포함된 경우

꼭짓점의 y좌표의 값과 구간의 양 끝 함숫값 중 가장 큰 값을 최댓값, 가장 작은 값을 최솟값이라고 한다.

$a > 0$	$a < 0$
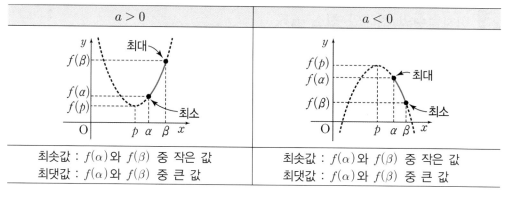	
최솟값 : 꼭짓점의 y좌표	최솟값 : $f(\alpha)$와 $f(\beta)$ 중 작은 값
최댓값 : $f(\alpha)$와 $f(\beta)$ 중 큰 값	최댓값 : 꼭짓점의 y좌표

 문제 풀이 TIP

문제가 그래프와 함께 나오면 그래프만 읽을 줄 알면 끝!

(2) x의 범위에 꼭짓점이 포함되지 않은 경우

구간의 양 끝 함숫값 중 가장 큰 값을 최댓값, 가장 작은 값을 최솟값이라고 한다.

$a > 0$	$a < 0$
최솟값 : $f(\alpha)$와 $f(\beta)$ 중 작은 값	최솟값 : $f(\alpha)$와 $f(\beta)$ 중 작은 값
최댓값 : $f(\alpha)$와 $f(\beta)$ 중 큰 값	최댓값 : $f(\alpha)$와 $f(\beta)$ 중 큰 값

6 삼차방정식과 사차방정식

1. 삼차방정식과 사차방정식

다항식 $P(x)$ 가 x에 대한 삼차식, 사차식일 때 $P(x) = 0$을 각각 삼차방정식, 사차방정식이라고 한다.

2. 삼·사차방정식의 풀이

인수분해 공식을 이용한 풀이

다항식 $P(x)$ 를 인수분해한 후 $AB = 0$이면, $A = 0$ 또는 $B = 0$임을 이용하여 해를 구한다.

예 $x^3 + 1 = 0$ ➜ $x^3 + 1 = (x+1)(x^2 - x + 1) = 0$ ➜ $x = -1$ 또는 $x = \dfrac{1 \pm \sqrt{3}\,i}{2}$

문제 풀이 TIP

방정식의 해(근)의 의미만을 사용하여 풀 수 있는 문제들이 자주 출제되고 있어요!

3. 삼차방정식과 사차방정식의 해(근) 빈출개념★★

삼·사차방정식을 참이 되게 하는 x의 값

예 삼차방정식 $x^3 - x^2 + x + a = 0$의 한 근이 -1일 때 a를 구하면,
방정식 $x^3 - x^2 + x + a = 0$의 근이 $x = -1$이므로 식에 대입한다.
$(-1)^3 - (-1)^2 - 1 + a = 0$ ➜ $-1 - 1 - 1 + a = 0$ ➜ $a = 3$

7 연립방정식

1. 미지수가 2개인 연립일차방정식

(1) 미지수가 2개인 연립일차방정식

미지수가 2개인 두 일차방정식을 한 쌍으로 묶어 나타낸 것을 미지수가 2개인 연립일차방정식 또는 간단히 연립방정식이라고 한다.

예 $\begin{cases} x + y = 3 \\ 2x - 3y = 6 \end{cases}$

(2) 연립방정식의 해

① 두 방정식을 동시에 만족시키는 x, y의 값 또는 그 순서쌍 (x, y)
② 연립방정식에서 각각의 방정식의 공통인 해를 그 연립방정식의 해라 하고, 연립방정식의 해를 구하는 것을 '연립방정식을 푼다'고 한다.

2. 연립방정식의 풀이

(1) 연립방정식의 풀이 1(대입법)

한 미지수를 없애기 위하여 한 방정식을 어떤 미지수에 대하여 정리하여 다른 방정식에 대입하여 연립방정식을 푸는 방법을 대입법이라고 한다.

예 $\begin{cases} x = 2y & \cdots\cdots ㉠ \\ 2x + y = 7500 & \cdots\cdots ㉡ \end{cases}$

이 식에서 미지수 x를 없애기 위하여 ㉠을 ㉡에 대입하면

$2 \times 2y + y = 7500$

이므로, $5y = 7500$과 같이 미지수가 1개인 방정식을 얻는다.

이 방정식을 풀면 $y = 1500$이고, 이것을 ㉠에 대입하면 $x = 3000$이다.

따라서 이 연립방정식의 해는 $x = 3000$, $y = 1500$이다.

(2) 연립방정식의 풀이 2(가감법)

연립방정식의 두 일차방정식을 변끼리 더하거나 빼서 한 미지수를 없앤 후 연립방정식의 해를 구할 수 있다.

예 $\begin{cases} 2x + y = 7 & \cdots\cdots ㉠ \\ 3x - y = 3 & \cdots\cdots ㉡ \end{cases}$

y를 없애기 위하여 ㉠, ㉡을 변끼리 더하면

$5x = 10$, $x = 2$이고, $x = 2$를 ㉠에 대입하면

$2 \times 2 + y = 7$, $y = 3$

따라서 주어진 연립방정식의 해는 $x = 2$, $y = 3$이다.

3. 미지수가 3개인 연립방정식

한 문자를 소거하여 미지수가 2개인 연립방정식의 형태로 바꾸어 푼다.

4. 미지수가 2개인 연립이차방정식

(1) 일차방정식과 이차방정식

일차방정식을 한 문자로 정리하여 이차방정식에 대입하여 푼다.

(2) 이차방정식과 이차방정식

하나의 이차방정식을 두 일차식의 곱으로 인수분해한 후 [(1) 일차방정식과 이차방정식]과 동일한 방법으로 푼다.

 문제 풀이 TIP

연립방정식의 해(근)의 의미만을 사용하여 풀 수 있는 문제들이 자주 출제되고 있어요!

5. 연립방정식의 해 _{빈출개념}★★

연립되어 있는 모든 방정식을 동시에 만족시키는 미지수의 값

예 연립방정식 $\begin{cases} x+y=3 \\ y+z=2 \\ z+x=5 \end{cases}$ 의 해가 $x=3$, $y=a$, $z=b$일 때,

a, b를 구하면, $a=0$, $b=2$이다.

🖊️ **문제 풀이 TIP**

연립방정식의 풀이법을 알면, 여러 가지 연립방정식을 풀 수 있어요!
그러나 방정식의 해의 의미만을 사용해 풀 수 있는 문제들이 출제되므로 선택사항!

8 연립일차부등식

1. 부등식의 성질

(1) 양변에 같은 수를 더하거나 빼어도 부등호의 방향은 바뀌지 않는다.

$a < b$ ➔ $a+c < b+c$, $a-c < b-c$

(2) 양변에 같은 양수를 곱하거나 나누어도 부등호의 방향은 바뀌지 않는다.

$a < b \ (c > 0)$ ➔ $ac < bc$, $\dfrac{a}{c} < \dfrac{b}{c}$

(3) 양변에 같은 음수를 곱하거나 나누면 부등호의 방향이 바뀐다.

$a < b \ (c < 0)$ ➔ $ac > bc$, $\dfrac{a}{c} > \dfrac{b}{c}$

2. 일차부등식의 풀이

(1) 일차부등식

부등식의 모든 항을 좌변으로 이항하여 정리한 식이
(일차식) > 0, (일차식) < 0, (일차식) ≥ 0, (일차식) ≤ 0
중의 한 가지 꼴로 나타나는 부등식을 일차부등식이라고 한다.

🖊️ **문제 풀이 TIP**

부등식 문제는 수직선과 함께 출제되는 경우가 많으니 꼭 알아두기!

(2) 일차부등식의 해와 수직선

부등식의 해를 수직선 위에 나타낼 수 있다.

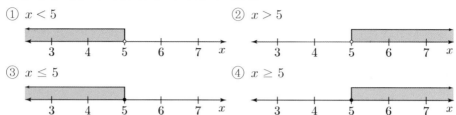

① $x < 5$ ② $x > 5$

③ $x \leq 5$ ④ $x \geq 5$

(3) 일차부등식의 풀이

① x를 포함한 항은 좌변으로, 상수항은 우변으로 이항한다.

② 양변을 간단히 하여 $ax > b,\ ax < b,\ ax \geq b,\ ax \leq b\,(a \neq 0)$의 꼴로 만든다.

③ x의 계수 a로 양변을 나눈다. (단, $a < 0$이면 부등호의 방향을 바꾼다.)

3. 연립부등식

(1) 연립부등식

두 개 이상의 부등식을 한 쌍으로 묶어 놓은 것을 연립부등식이라고 한다.

(2) 연립부등식의 풀이 빈출개념★★

두 개의 부등식의 해를 각각 구하여 공통인 부분을 찾는다.

예 부등식 $\begin{cases} 2x > 4 & \cdots\cdots\ ㉠ \\ x+1 \leq 6 & \cdots\cdots\ ㉡ \end{cases}$ 을 풀면

㉠ $2x > 4$ ➡ $x > 2$ ㉡ $x+1 \leq 6$ ➡ $x \leq 5$

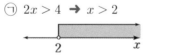 

㉠과 ㉡의 해를 수직선 위에 함께 나타내면

공통인 부분은 $2 < x \leq 5$이다.

✏️ 문제 풀이 TIP

연립부등식의 풀이는 꼭! 수직선을 이용하여 겹치는 부분을 찾는 게 중요해요!

9 절댓값을 포함한 일차부등식

1. 절댓값

수직선 위에서 원점과 어떤 수(x)에 대응하는 점 사이의 거리를 그 수(x)의 절댓값이라 하고, 기호로 $|x|$로 나타낸다.

예 $+2$와 -2의 절댓값은 둘 다 $|+2|=2$, $|-2|=2$이다.

2. 절댓값을 포함한 일차부등식 (Ⅰ) 빈출개념★★

① $|x|<a$ ➜ $-a<x<a$ (단, $a>0$)

예 $|x|<2$ ➜ $-2<x<2$

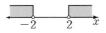

즉, $|x|<2$ ➜ 절댓값이 2보다 작다. ➜ 원점으로부터 2보다 가깝다. ➜ $-2<x<2$

② $|x|>a$ ➜ $x<-a$ 또는 $x>a$ (단, $a>0$)

예 $|x|>2$ ➜ $x<-2$ 또는 $x>2$

즉, $|x|>2$ ➜ 절댓값이 2보다 크다. ➜ 원점으로부터 2보다 멀다. ➜ $x<-2$ 또는 $x>2$

✏️ 문제 풀이 TIP

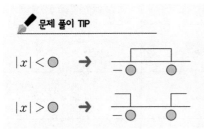

---

3. 절댓값을 포함한 일차부등식 (Ⅱ) 빈출개념★★

③ $|x-a|<b$ ➜ $-b<x-a<b$ (단, $b>0$)

➜ $a-b<x<a+b$

예 부등식 $|x-1|<2$ ➜ $-2<\boxed{x-1}<2$ ➜ $-2+1<x<2+1$

➜ $-1<x<3$

④ $|x-a|>b$ ➜ $x-a<-b$ 또는 $x-a>b$ (단, $b>0$)

➜ $x<a-b$ 또는 $x>a+b$

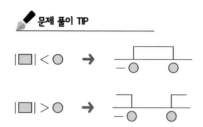

10 이차부등식

1. 이차부등식

부등식의 모든 항을 좌변으로 이항하여 정리한 식이
(이차식)> 0, (이차식)< 0,
(이차식)≥ 0, (이차식)≤ 0
중의 한 가지 꼴로 나타나는 부등식을 이차부등식이라고 한다.

2. 이차부등식의 풀이 빈출개념 ★★

$a < b$일 때	그림	해
$(x-a)(x-b) < 0$	$\quad a \quad\quad b$	$a < x < b$
$(x-a)(x-b) \leq 0$	$\quad a \quad\quad b$	$a \leq x \leq b$
$(x-a)(x-b) > 0$	$\quad a \quad\quad b$	$x < a$ 또는 $x > b$
$(x-a)(x-b) \geq 0$	$\quad a \quad\quad b$	$x \leq a$ 또는 $x \geq b$

이차함수 그래프를 그려보면, 원리를 알 수 있어요!

11 연립이차부등식

1. 연립이차부등식

두 개 이상의 이차부등식을 한 쌍으로 묶어 놓은 것을 연립이차부등식이라 한다.

2. 연립부등식의 풀이

부등식의 해를 각각 구하여 수직선을 이용하여 공통인 부분을 찾는다.

예 부등식 $\begin{cases} (x-1)(x-3) < 0 & \cdots\cdots \ \bigcirc \\ (x-2)(x-5) \geq 0 & \cdots\cdots \ \bigcirc \end{cases}$ 을 풀면

$\bigcirc$ $(x-1)(x-3) < 0$ ➡ $1 < x < 3$

$\bigcirc$ $(x-2)(x-5) \geq 0$ ➡ $x \leq 2$ 또는 $x \geq 5$

$\bigcirc$과 $\bigcirc$의 해를 수직선 위에 함께 나타내면

 공통인 부분은 $1 < x \leq 2$이다.

01 다음 등식을 만족시키는 실수 x, y의 값은? (단, $i = \sqrt{-1}$)

$$(x - 2) + yi = 1 + 4i$$

① $x = 1$, $y = 1$

② $x = 1$, $y = 4$

③ $x = 3$, $y = 1$

④ $x = 3$, $y = 4$

02 $2 - i + i^2 = a - i$일 때, 실수 a의 값은? (단, $i = \sqrt{-1}$)

① -2　　　　② -1

③ 0　　　　④ 1

03 $i(2 + i) = a + 2i$일 때, 실수 a의 값은? (단, $i = \sqrt{-1}$)

① -3　　　　② -1

③ 1　　　　④ 3

04 복소수 $4 + 3i$의 켤레복소수가 $a + bi$일 때, 두 실수 a, b에 대하여 $a + b$의 값은? (단, $i = \sqrt{-1}$)

① 1　　　　② 2

③ 3　　　　④ 4

05 $(6 + 3i) + (-2 + 4i)$를 계산하면? (단, $i = \sqrt{-1}$)

① 4　　　　② 7

③ $4 + 7i$　　　　④ $7 + 4i$

06 다음 이차방정식 중에서 서로 다른 두 실근을 갖는 것은?

① $x^2 + 3 = 0$

② $x^2 + x - 2 = 0$

③ $x^2 + 2x + 1 = 0$

④ $x^2 + 3x + 5 = 0$

07 이차방정식이 $x^2 - 2x + a = 0$이 중근을 가질 때, 상수 a의 값은?

① 1   ② 2

③ 3   ④ 4

08 두 수 2, 4를 근으로 하고 x^2의 계수가 1인 이차 방정식이 $x^2 - 6x + a = 0$일 때, 상수 a의 값은?

① 2   ② 4

③ 6   ④ 8

09 두 수 3, 4를 근으로 하고 x^2의 계수가 1인 이 차방정식이 $x^2 - 7x + a = 0$일 때, 상수 a의 값은?

① 3   ② 6

③ 9   ④ 12

10 이차방정식 $x^2 - 5x + 4 = 0$의 두 근을 α, β라고 할 때, $\alpha + \beta$의 값은?

① -5 ② -1

③ 1   ④ 5

11 이차방정식 $x^2 + 5x + 4 = 0$의 두 근을 α, β라고 할 때, $\alpha\beta$의 값은?

① -2 ② 0

③ 2   ④ 4

12 이차방정식 $x^2 + 3x - 4 = 0$의 두 근을 α, β라고 할 때, $\alpha + \beta$의 값은?

① -3 ② -1

③ 1   ④ 3

13 $-1 \le x \le 1$일 때, 이차함수 $y = x^2 + 4x + 1$의 최솟값은?

① -2

② -1

③ 0

④ 1

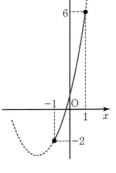

14 $0 \le x \le 3$일 때, 이차함수
$y = -x^2 + 4x + 1$의 최댓값은?

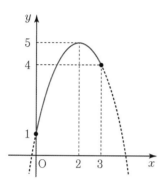

① 2   ② 3
③ 4   ④ 5

15 $-3 \le x \le 0$일 때, 이차함수 $y = x^2 + 2x - 1$의 최솟값은?

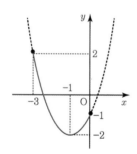

① -2 ② -1
③ 1   ④ 2

16 $-1 \le x \le 2$일 때, 이차함수
$y = -(x-1)^2 + 3$의 최댓값은?

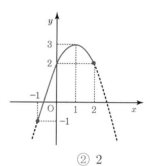

① 1   ② 2
③ 3   ④ 4

17 $0 \le x \le 2$일 때, 이차함수 $y = x^2 + 2x - 3$의 최댓값은?

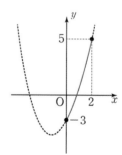

① 1   ② 3
③ 5   ④ 7

18 $1 \le x \le 4$일 때, 이차함수 $y = (x-2)^2 - 3$의 최댓값은?

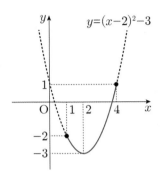

① -3 　　　　② -1

③ 1 　　　　④ 3

19 삼차방정식 $x^3 + ax^2 - 3x - 2 = 0$의 한 근이 1일 때, 상수 a의 값은?

① 3 　　　　② 4

③ 5 　　　　④ 6

20 삼차방정식 $x^3 - 2x + a = 0$의 한 근이 2일 때, 상수 a의 값은?

① -4 　　　　② -3

③ -2 　　　　④ -1

21 사차방정식 $x^4 - 3x^2 + a = 0$의 한 근이 2일 때, 상수 a의 값은?

① -4 　　　　② -1

③ 2 　　　　④ 5

22 사차방정식 $x^4 + 2x^2 + a = 0$의 한 근이 1일 때, 상수 a의 값은?

① -3 　　　　② -1

③ 1 　　　　④ 3

23 사차방정식 $x^4 + 2x - a = 0$의 한 근이 1일 때, 상수 a의 값은?

① -1 　　　　② 1

③ 3 　　　　④ 5

24 연립방정식 $\begin{cases} 2x+y=8 \\ x^2-y^2=a \end{cases}$ 의 해가 $x=3$, $y=b$일 때, 두 상수 a, b에 대하여 $a+b$의 값은?

① 5   ② 7

③ 9   ④ 11

25 연립방정식 $\begin{cases} x+2y=10 \\ x^2+y^2=a \end{cases}$ 의 해가 $x=2$, $y=b$일 때, 두 상수 a, b에 대하여 $a+b$의 값은?

① 15   ② 18

③ 21   ④ 24

26 연립방정식 $\begin{cases} x+y=6 \\ xy=a \end{cases}$ 의 해가 $x=4$, $y=b$일 때, 두 상수 a, b에 대하여 $a+b$의 값은?

① 9   ② 10

③ 11   ④ 12

27 연립방정식 $\begin{cases} x+y=4 \\ x^2-y^2=a \end{cases}$ 의 해가 $x=3$, $y=b$일 때, 두 상수 a, b에 대하여 $a+b$의 값은?

① 3   ② 5

③ 7   ④ 9

28 연립방정식 $\begin{cases} x+y=3 \\ x^2-y^2=a \end{cases}$ 의 해가 $x=2$, $y=b$일 때, 두 상수 a, b에 대하여 $a+b$의 값은?

① 2   ② 4

③ 6   ④ 8

29 연립부등식 $\begin{cases} 3x>6 \\ x<10-x \end{cases}$ 의 해가 $2<x<a$일 때, 상수 a의 값은?

① 5   ② 6

③ 7   ④ 8

30 그림은 부등식 $|x-3| \leq 3$의 해를 수직선 위에 나타낸 것이다. 상수 a의 값은?

① 0   ② 1
③ 2   ④ 3

33 그림은 부등식 $|x+1| \geq 5$의 해를 수직선 위에 나타낸 것이다. 상수 a의 값은?

① -8 ② -7
③ -6 ④ -5

31 그림은 부등식 $|x-2| \leq 2$의 해를 수직선 위에 나타낸 것이다. 상수 a의 값은?

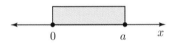

① 4   ② 5
③ 6   ④ 7

34 이차부등식 $(x+1)(x-4) \leq 0$의 해는?

① $x \geq -1$
② $x \leq 4$
③ $-1 \leq x \leq 4$
④ $x \leq -1$ 또는 $x \geq 4$

32 부등식 $|x-3| \leq 1$을 만족하는 정수 x의 개수는?

① 1   ② 2
③ 3   ④ 4

35 이차부등식 $(x+3)(x-2) \geq 0$의 해는?

① $x \geq -3$
② $-3 \leq x \leq 2$
③ $x \geq 2$
④ $x \leq -3$ 또는 $x \geq 2$

03 도형의 방정식

1 두 점 사이의 거리

1. 두 점 사이의 거리 빈출개념★★

(1) 수직선 위의 두 점 사이의 거리

수직선 위의 두 점 $A(x_1)$, $B(x_2)$ 사이의 거리는 $\overline{AB} = |x_2 - x_1|$이다.

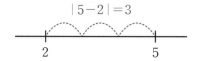

(2) 좌표평면 위의 두 점 사이의 거리

좌표평면에서의 두 점 $A(x_1, y_1)$, $B(x_2, y_2)$에 대하여

① 두 점 A, B 사이의 거리는

$\overline{AB} = \sqrt{(x_2 - x_1)^2 + (y_2 - y_1)^2}$ 이다.

② 원점 O와 점 $A(x_1, y_1)$ 사이의 거리는

$\overline{OA} = \sqrt{x_1^2 + y_1^2}$ 이다.

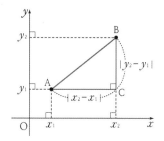

2. 중점 빈출개념★★

(1) 수직선 위의 선분의 중점

두 점 $A(x_1)$, $B(x_2)$를 양 끝으로 하는 선분 AB의 중점의 좌표는 $\dfrac{x_1 + x_2}{2}$이다.

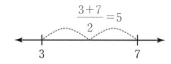

(2) 좌표평면 위의 선분의 중점

두 점 $A(x_1, y_1)$, $B(x_2, y_2)$를 양 끝으로 하는 선분 AB의 중점의 좌표는

$\left(\dfrac{x_1 + x_2}{2}, \ \dfrac{y_1 + y_2}{2} \right)$이다.

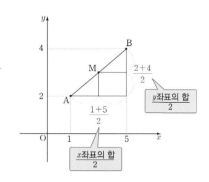

3. 내분점과 외분점

(1) 수직선 위의 내분점과 외분점

수직선 위의 두 점 $A(x_1)$, $B(x_2)$에 대하여 선분 AB를 $m:n$ $(m>0,\ n>0)$으로

내분하는 점 $x = \dfrac{mx_2 + nx_1}{m+n}$, 외분하는 점 $x = \dfrac{mx_2 - nx_1}{m-n}$ $(m \neq n)$

(2) 좌표평면 위의 선분의 내분점과 외분점

좌표평면 위의 두 점 $A(x_1,\ y_1)$, $B(x_2,\ y_2)$에 대하여 선분 AB를 $m:n$ $(m>0,\ n>0)$

으로 내분하는 점을 P, 외분하는 점을 Q라 하면,

$$P\left(\frac{mx_2 + nx_1}{m+n},\ \frac{my_2 + ny_1}{m+n}\right),\ Q\left(\frac{mx_2 - nx_1}{m-n},\ \frac{my_2 - ny_1}{m-n}\right)\ (m \neq n)$$

2 직선의 방정식

1. 일차함수와 그래프

(1) 일차함수

$y =$ (일차식)으로 나타낼 수 있는 함수이며, 일차함수의 그래프는 직선이다.

(2) x절편, y절편

① x절편 : 그래프가 x축과 만나는 점의 x좌표

② y절편 : 그래프가 y축과 만나는 점의 y좌표

(3) 그래프에서의 x절편과 y절편

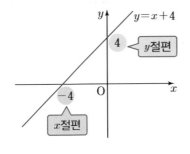

→ y절편 : y축과 만나는 점의 y좌표
x절편 : x축과 만나는 점의 x좌표

(4) 식에서의 y절편

$$y = ax + b$$

y절편

예 $y = x + 2$에서 y절편은 2

2. 기울기

(1) 일차함수의 기울기

일차함수 $y = ax + b$에서 a는 기울기를 뜻한다.

$$y = ax + b$$
기울기

예 $y = -x + 5$에서 기울기는 -1, y절편은 5이다.

✏️ 문제 풀이 TIP

기울기와 y절편은 직선의 방정식의 가장 중요한 성질!

(2) 두 점이 주어졌을 때, 기울기 구하기

좌표평면 위의 두 점 A(x_1, y_1), B(x_2, y_2)를 지나는 직선의 기울기는

기울기 $a = \dfrac{(y \ \text{값의 증가량})}{(x \ \text{값의 증가량})} = \dfrac{y_2 - y_1}{x_2 - x_1}$

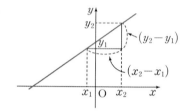

3. 축에 평행한 직선의 방정식

(1) x축에 평행한 직선 $y = n$

예 x축에 평행하고 점 $(2, 4)$를 지나는 직선은 $y = 4$

(2) y축에 평행한 직선 $x = m$

예 y축에 평행하고 점 $(2, 4)$를 지나는 직선은 $x = 2$

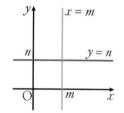

4. 조건에 맞는 직선의 방정식 구하기 빈출개념⭐⭐

(1) 좌표평면 위의 두 점 A(x_1, y_1), B(x_2, y_2)를 지나는 직선의 방정식은

$$y - y_1 = \dfrac{y_2 - y_1}{x_2 - x_1}(x - x_1)$$

(2) x절편이 a, y절편이 b인 직선의 방정식은

$$\dfrac{x}{a} + \dfrac{y}{b} = 1$$

(3) 기울기가 a이고 y절편이 b인 직선의 방정식은

$$y = ax + b$$

5. 직선의 위치 관계 빈출개념 ★★

(1) 일치

두 직선 $y = mx + n$, $y = m'x + n'$이 일치하면, $m = m'$, $n = n'$이다.

(2) 평행

두 직선 $y = mx + n$, $y = m'x + n'$이 평행하면, $m = m'$, $n \ne n'$이다.

예 $y = ax$와 $y = 3x + 2$가 서로 평행할 때, $a = 3$

(3) 수직

두 직선 $y = mx + n$, $y = m'x + n'$이 수직일 때, $m \times m' = -1$이다.

예 $y = ax$와 $y = 2x$가 서로 수직일 때, $a = -\dfrac{1}{2}$

3 원의 방정식

1. 원의 방정식

(1) 원

평면에서 한 점(중심)으로부터 거리가 항상 일정한(반지름) 도형

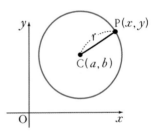

(2) 원의 방정식 표준형 빈출개념 ★★

① 중심의 좌표가 $(a,\ b)$이고 반지름의 길이가 r인 원의 방정식은 ➔ $(x-a)^2 + (y-b)^2 = r^2$

예 중심이 $(1,\ 3)$이고 반지름의 길이가 1인 원의 방정식은 $(x-1)^2 + (y-3)^2 = 1$이다.

② 중심이 원점이고 반지름의 길이가 r인 원의 방정식은 ➔ $x^2 + y^2 = r^2$

예 중심이 원점이고 반지름의 길이가 2인 원의 방정식은 $x^2 + y^2 = 4$이다.

2. 원의 방정식 구하기 빈출개념 ★★

(1) 중심의 좌표와 지나는 점이 주어질 때

중심의 좌표를 이용하여 표준형을 만든 다음, 지나는 점을 대입하여 반지름을 구한다.

예 중심의 좌표가 $(1,\ 1)$이고 원점을 지나는 원의 방정식은

➔ $(x-1)^2 + (y-1)^2 = r^2$ ➔ 원점을 대입하면 $r^2 = 2$

∴ $(x-1)^2 + (y-1)^2 = 2$

(2) 지름의 양 끝이 주어질 때

두 점의 중점이 원의 중심, 두 점 사이의 거리가 원의 지름임
을 이용하여 식을 구한다.
지름의 양 끝점 A, B가 주어질 때,

① 원의 중심 = $\overline{\mathrm{AB}}$ 의 중점

② 반지름의 길이 $= \dfrac{1}{2}\,\overline{\mathrm{AB}}$

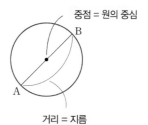

3. 축에 접하는 원의 방정식 빈출개념 ★★

(1) x축에 접하는 원의 방정식

반지름의 길이 $=|$(중심의 y좌표)$|$

➡ $(x-a)^2 + (y-b)^2 = b^2$

예 중심이 $(3, 1)$이고 x축에 접하는 원의 방정식은 $(x-3)^2 + (y-1)^2 = 1$이다.

(2) y축에 접하는 원의 방정식

반지름의 길이 $=|$(중심의 x좌표)$|$

➡ $(x-a)^2 + (y-b)^2 = a^2$

(3) x, y축에 동시에 접하는 원의 방정식

반지름의 길이 $=|$(중심의 x좌표)$| = |$(중심의 y좌표)$|$

제1사분면에 있을 때 : $(x-r)^2 + (y-r)^2 = r^2$

제2사분면에 있을 때 : $(x+r)^2 + (y-r)^2 = r^2$

제3사분면에 있을 때 : $(x+r)^2 + (y+r)^2 = r^2$

제4사분면에 있을 때 : $(x-r)^2 + (y+r)^2 = r^2$

✏️ 문제 풀이 TIP

축에 접하는 원의 방정식은 그림을 통해 이해하는 게 좋아요!

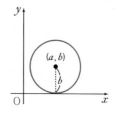
반지름 $=|$ 중심의 y좌표 $|$

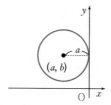
반지름 $=|$ 중심의 x좌표 $|$

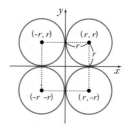
반지름 $=|$ 중심의 x좌표 $|$
$=|$ 중심의 y좌표 $|$

4 평행이동

1. 점의 평행이동 빈출개념★★

점 $P(x, y)$를 평행이동한 점을 $P'(x', y')$이라고 하면
$x' = x + a$, $y' = y + b$이다.
따라서 점 P'의 좌표는 $(x + a, y + b)$이다.

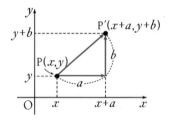

$$(x, y) \xrightarrow[\begin{array}{c}y\text{축의 방향으로 }b\text{만큼}\end{array}]{\begin{array}{c}x\text{축의 방향으로 }a\text{만큼}\end{array}} (x + a, y + b)$$

예 점 $(3, 2)$를 $\xrightarrow[\begin{array}{c}y\text{축의 방향으로 }3\text{만큼}\end{array}]{\begin{array}{c}x\text{축의 방향으로 }1\text{만큼}\end{array}}$ 평행이동한 점의 좌표는 $(3 + 1, 2 + 3) = (4, 5)$

2. 도형의 평행이동

좌표평면 위에서 방정식 $f(x, y) = 0$이 나타내는 도형을 x축의 양의 방향으로 a만큼, y축의 양의 방향으로 b만큼 평행이동한 도형의 방정식은 $f(x - a, y - b) = 0$이다.

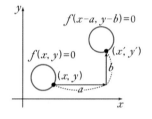

$$f(x, y) = 0 \xrightarrow[\begin{array}{c}y\text{축의 방향으로 }b\text{만큼}\end{array}]{\begin{array}{c}x\text{축의 방향으로 }a\text{만큼}\end{array}}$$
$$f(x - a, y - b) = 0$$

예 $y = x - 1$을 $\xrightarrow[\begin{array}{c}y\text{축의 방향으로 }3\text{만큼}\end{array}]{\begin{array}{c}x\text{축의 방향으로 }2\text{만큼}\end{array}}$ 평행이동한 식은 $y - 3 = (x - 2) - 1$
➜ $y = x$

3. 점의 대칭이동 빈출개념★★

점 $P(x, y)$를 x축, y축, 원점, $y = x$에 대하여 각각 대칭이동한 점을 P_1, P_2, P_3, P_4라 하면 각 점은 다음과 같다.

대칭	공식	특징
x축 대칭	$P(x, y) \rightarrow P_1(x, -y)$	y만 바뀜
y축 대칭	$P(x, y) \rightarrow P_2(-x, y)$	x만 바뀜
원점 대칭	$P(x, y) \rightarrow P_3(-x, -y)$	둘 다 바뀜
$y = x$ 대칭	$P(x, y) \rightarrow P_4(y, x)$	두 좌표를 서로 바꿈

(1) x축 대칭 ➔ $P_1(x,\ -y)$

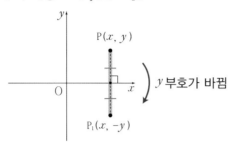

(2) y축 대칭 ➔ $P_2(-x,\ y)$

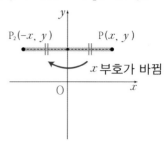

(3) 원점 대칭 ➔ $P_3(-x,\ -y)$

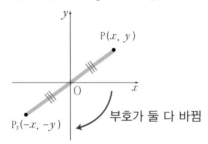

(4) $y=x$ 대칭 ➔ $P_4(y,\ x)$

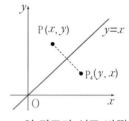

x, y의 좌표가 서로 바뀜

4. 도형의 대칭이동

좌표평면 위에서 방정식 $f(x, y)=0$을 x축, y축, 원점, $y=x$에 대하여 각각 대칭이동한 도형의 방정식은 다음과 같다.

대칭	공식	특징
x축 대칭	$f(x,\ y)=0$ ➔ $f(x,\ -y)=0$	y 대신 $-y$
y축 대칭	$f(x,\ y)=0$ ➔ $f(-x,\ y)=0$	x 대신 $-x$
원점 대칭	$f(x,\ y)=0$ ➔ $f(-x,\ -y)=0$	x 대신 $-x$, y 대신 $-y$
$y=x$ 대칭	$f(x,\ y)=0$ ➔ $f(y,\ x)=0$	x 대신 y, y 대신 x

예 원의 방정식 $(x+1)^2+(y+2)^2=1$을 y축에 대하여 대칭이동하면,
$(-x+1)^2+(y+2)^2=1$ ➔ $(x-1)^2+(y+2)^2=1$이다.

01 수직선 위의 두 점 A(1), B(5)에 대하여 선분 AB를 3 : 1로 내분하는 점 P의 좌표는?

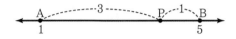

① 3

② $\dfrac{7}{2}$

③ 4

④ $\dfrac{9}{2}$

03 수직선 위의 두 점 A(1), B(6)에 대하여 선분 AB를 2 : 3으로 내분하는 점 P의 좌표는?

① 3

② $\dfrac{7}{2}$

③ 4

④ $\dfrac{9}{2}$

02 좌표평면 위의 두 점 A(−1, 1), B(2, 4)에 대하여 선분 AB를 1 : 2로 내분하는 점의 좌표는?

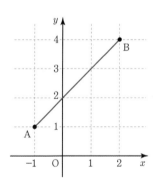

① (−2, 0)

② (0, −2)

③ (0, 2)

④ (2, 0)

04 좌표평면 위의 두 점 A(−3, −2), B(1, 4)에 대하여 선분 AB의 중점의 좌표는?

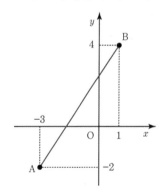

① (−2, 1)

② (−1, 1)

③ (1, −1)

④ (2, −1)

05 좌표평면 위의 두 점 $A(1, 2)$, $B(3, -4)$에 대하여 선분 AB의 중점의 좌표는?

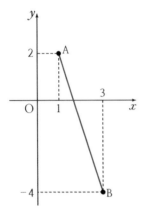

① $(-2, 1)$　　② $(-1, 2)$

③ $(1, -2)$　　④ $(2, -1)$

06 좌표평면 위의 두 점 $A(-2, 1)$, $B(2, 4)$ 사이의 거리는?

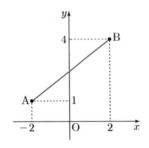

① 3　　　　② 4

③ 5　　　　④ 6

07 좌표평면 위의 두 점 $A(-1, 2)$, $B(1, 4)$ 사이의 거리는?

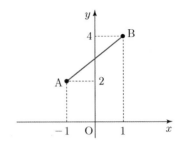

① $\sqrt{5}$　　　　② $\sqrt{6}$

③ $\sqrt{7}$　　　　④ $2\sqrt{2}$

08 좌표평면 위의 두 점 $A(-1, 1)$, $B(2, 3)$ 사이의 거리는?

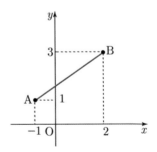

① $\sqrt{11}$　　　　② $2\sqrt{3}$

③ $\sqrt{13}$　　　　④ $\sqrt{14}$

09 직선 $y = x - 3$에 평행하고, 점 $(0, 4)$를 지나는 직선의 방정식은?

① $y = -x + 2$ ② $y = -x + 4$

③ $y = x + 2$ ④ $y = x + 4$

10 직선 $y = x + 2$에 수직이고, 점 $(4, 0)$을 지나는 직선의 방정식은?

① $y = -x + 3$ ② $y = -x + 4$

③ $y = x - 3$ ④ $y = x - 4$

11 점 $(-2, 1)$을 지나고 기울기가 3인 직선의 방정식은?

① $y = -3x + 1$ ② $y = -3x + 7$

③ $y = 3x + 1$ ④ $y = 3x + 7$

12 직선 $y = x - 1$에 수직이고, 점 $(0, 3)$을 지나는 직선의 방정식은?

① $y = -x + 1$ ② $y = -x + 3$

③ $y = x + 1$ ④ $y = x + 3$

13 직선 $y = -2x + 5$에 평행하고 점 $(0, 1)$을 지나는 직선의 방정식은?

① $y = -2x - 3$ ② $y = -2x + 1$

③ $y = \frac{1}{2}x - 3$ ④ $y = \frac{1}{2}x + 1$

14 직선 $y = 2x + 3$에 평행하고, 점 $(0, 6)$을 지나는 직선의 방정식은?

① $y = \frac{1}{2}x + 1$ ② $y = \frac{1}{2}x + 6$

③ $y = 2x + 1$ ④ $y = 2x + 6$

15 직선 $y = x + 1$에 수직이고, 점 $(0, 2)$를 지나는 직선의 방정식은?

① $y = -x + 1$ ② $y = -x + 2$

③ $y = \frac{1}{2}x + 1$ ④ $y = \frac{1}{2}x + 2$

16 원점과 직선 $x+y-2=0$ 사이의 거리는?

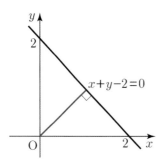

① 1
② $\sqrt{2}$
③ $\sqrt{3}$
④ 2

17 중심의 좌표가 $(3,\ 2)$이고 반지름의 길이가 1인 원의 방정식은?

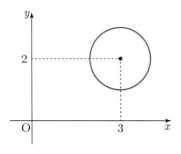

① $(x+3)^2+(y+2)^2=1$
② $(x+3)^2+(y-2)^2=1$
③ $(x-3)^2+(y+2)^2=1$
④ $(x-3)^2+(y-2)^2=1$

18 중심이 $(3,-1)$이고 원점을 지나는 원의 방정식은?

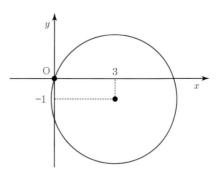

① $(x+3)^2+(y+1)^2=10$
② $(x+3)^2+(y-1)^2=10$
③ $(x-3)^2+(y+1)^2=10$
④ $(x-3)^2+(y-1)^2=10$

19 중심이 $(-2,\ 1)$이고 원점을 지나는 원의 방정식은?

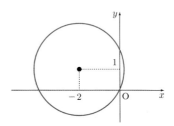

① $(x-1)^2+(y-2)^2=5$
② $(x-1)^2+(y+2)^2=5$
③ $(x+2)^2+(y-1)^2=5$
④ $(x+2)^2+(y+1)^2=5$

20 두 점 $A(-1,\ -1)$, $B(3,\ 3)$을 지름의 양 끝 점으로 하는 원의 방정식은?

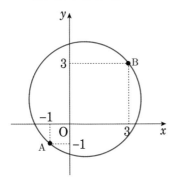

① $(x+1)^2+(y+1)^2=8$

② $(x+1)^2+(y-1)^2=8$

③ $(x-1)^2+(y+1)^2=8$

④ $(x-1)^2+(y-1)^2=8$

21 중심의 좌표가 $(-2,\ 2)$이고 x축과 y축에 동시에 접하는 원의 방정식은?

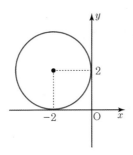

① $(x-2)^2+(y-2)^2=4$

② $(x+2)^2+(y-2)^2=4$

③ $(x-2)^2+(y+2)^2=4$

④ $(x+2)^2+(y+2)^2=4$

22 중심의 좌표가 $(3,\ 1)$이고 x축에 접하는 원의 방정식은?

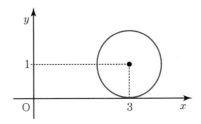

① $(x-3)^2+(y-1)^2=1$

② $(x-3)^2+(y-1)^2=9$

③ $(x-1)^2+(y-3)^2=1$

④ $(x-1)^2+(y-3)^2=9$

23 중심의 좌표가 $(2,\ 1)$이고 x축에 접하는 원의 방정식은?

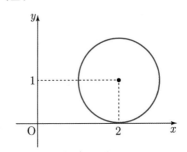

① $(x-1)^2+(y-2)^2=1$

② $(x-1)^2+(y-2)^2=4$

③ $(x-2)^2+(y-1)^2=1$

④ $(x-2)^2+(y-1)^2=4$

24 중심의 좌표가 $(2, 1)$이고 y축에 접하는 원의 방정식은?

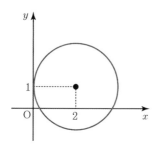

① $(x-2)^2 + (y-1)^2 = 1$

② $(x-2)^2 + (y-1)^2 = 4$

③ $(x-1)^2 + (y-2)^2 = 1$

④ $(x-1)^2 + (y-2)^2 = 4$

25 자연수 a에 대하여 직선 $y=a$와 원 $x^2+y^2=4$가 서로 다른 두 점에서 만날 때, a의 값은?

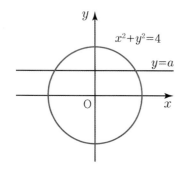

① 1   ② 2

③ 3   ④ 4

26 좌표평면 위의 점 $(2, 1)$을 x축의 방향으로 -2만큼, y축의 방향으로 2만큼 평행이동한 점의 좌표는?

① $(0, 1)$ ② $(0, 3)$

③ $(2, 1)$ ④ $(2, 3)$

27 좌표평면 위의 점 $(-1, 2)$를 x축의 방향으로 3만큼, y축의 방향으로 -2만큼 평행이동한 점의 좌표는?

① $(-4, 0)$ ② $(0, -4)$

③ $(0, 2)$ ④ $(2, 0)$

28 좌표평면 위의 점 $(3, -2)$를 원점에 대하여 대칭이동한 점의 좌표는?

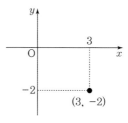

① $(-3, 2)$ ② $(-2, 3)$

③ $(2, -3)$ ④ $(3, 2)$

29 좌표평면 위의 점 $(2,\ 3)$을 직선 $y=x$에 대하여 대칭이동한 점의 좌표는?

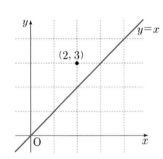

① $(-2,\ -3)$ ② $(-2,\ 3)$

③ $(3,\ -2)$ ④ $(3,\ 2)$

30 좌표평면 위의 점 $(2,\ 4)$를 y축에 대하여 대칭이동한 점의 좌표는?

① $(-2,\ -4)$

② $(-2,\ 4)$

③ $(4,\ -2)$

④ $(4,\ 2)$

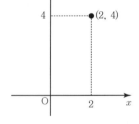

31 좌표평면 위의 점 $(-2,\ 1)$을 원점에 대하여 대칭이동한 점의 좌표는?

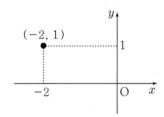

① $(-2,\ -1)$ ② $(-1,\ -2)$

③ $(1,\ -2)$ ④ $(2,\ -1)$

32 좌표평면 위의 점 $(2,\ 5)$를 x축에 대하여 대칭이동한 점의 좌표는?

① $(-2,\ -5)$ ② $(-2,\ 5)$

③ $(2,\ -5)$ ④ $(5,\ 2)$

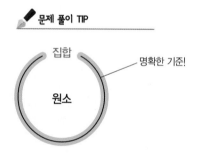

04 집합과 명제

1 집합

1. 집합과 원소 빈출개념★★

기준이 명확하여 주어진 조건에 따라 대상을 분명하게 결정할 수 있는 모임을 집합이라 한다.
예 큰 수의 모임[집합 ×], 10보다 큰 수의 모임[집합 ○]

✏️ 문제 풀이 TIP

집합 ─ 명확한 기준!
원소

2. 원소

집합을 이루는 대상 하나하나를 원소라 한다.
예 5 이하의 자연수의 모임은 집합이며, 원소는 1, 2, 3, 4, 5이다.

3. 집합과 원소의 관계

(1) a가 집합 A의 원소일 때, a는 A에 '속한다' 또는 '포함된다'고 한다.

→ 기호 : $a \in A$

(2) b가 집합 A의 원소가 아닐 때, b는 A에 '속하지 않는다' 또는 '포함되지 않는다'고 한다.

→ 기호 : $b \notin A$

예 3 이하의 자연수의 집합을 A라 하면,
$1 \in A$, $2 \in A$, $3 \in A$, $4 \notin A$, $5 \notin A$ …와 같다.

4. 원소의 개수에 따른 집합의 분류

(1) 유한집합

원소가 유한개인 집합

⑩ 5 이하의 자연수의 모임

(2) 무한집합

원소가 무수히 많은 집합

⑩ 2의 배수의 모임

(3) 공집합

원소가 하나도 없는 집합 → 기호 : ∅

⑩ 1보다 작은 자연수의 모임

2 집합의 표현

1. 집합의 표현

(1) 원소나열법

① 집합기호 { } 안에 모든 원소를 나열하는 방법

② 같은 원소는 중복하여 쓰지 않으며, 나열하는 순서는 달라도 관계없다.

⑩ $\{1,\ 1,\ 2\}$ → ×

1이 중복되므로 $\{1,\ 2\}$

(2) 조건제시법

$\{x \mid x$의 조건$\}$의 형태로 원소가 될 조건을 제시하는 방법

(3) 벤다이어그램

그림 안에 모든 원소를 나열하는 방법

원소나열법	조건제시법	벤다이어그램
$\{1, 2, 4\}$	$\{x \mid x$는 4의 약수$\}$	

문제 풀이 TIP

원소를 대표하는 문자
↓
{ x | x는 8의 약수 }
↑
원소들이 갖는 공통된 성질

2. 부분집합

(1) 집합 A의 모든 원소가 집합 B에 속할 때, A는 B에 포함된다고 하며, $A \subset B$로 나타낸다. 이때, 집합 A를 집합 B의 부분집합이라 한다.

예 $A = \{1, 3\}$, $B = \{1, 2, 3\}$일 때, A의 모든 원소가 B에 포함되므로, A는 B의 부분집합이며, 기호로 $A \subset B$로 나타낸다.

(2) 진부분집합

집합 A가 집합 B의 부분집합이고, $A \neq B$일 때, A를 B의 진부분집합이라 한다.

3. 집합의 포함 관계

(1) A가 B의 부분집합이면, A는 B에 포함된다고 한다.

→ 기호 : $A \subset B$

(2) A가 B의 부분집합이 아니면, A는 B에 포함되지 않는다고 한다.

→ 기호 : $A \not\subset B$

4. 서로 같은 집합 빈출개념 ★★

두 집합의 모든 원소가 같을 때, 두 집합은 서로 같은 집합이라 한다.

→ 기호 : $A = B$

예 $A = \{2, 4\}$, $B = \{x \,|\, x$는 4 이하의 짝수$\}$이면 $B = \{2, 4\}$이므로 두 집합의 모든 원소가 같다. 그러므로 $A = B$

3 집합의 연산 빈출개념★★

1. 전체집합

주어진 어떤 집합에서 그 부분집합을 생각할 때, 처음의 집합

→ 기호 : U

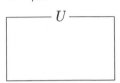

2. 합집합

집합 A에 속하거나 집합 B에 속하는 모든 원소로 이루어진 집합

→ 기호 : $A \cup B$

→ $A \cup B = \{x \mid x \in A$ 또는 $x \in B\}$

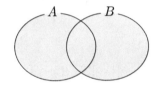

3. 교집합

집합 A에 속하고 집합 B에도 속하는 모든 원소로 이루어진 집합

→ 기호 : $A \cap B$

→ $A \cap B = \{x \mid x \in A$ 그리고 $x \in B\}$

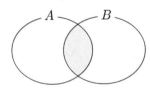

⑩ 집합 A, B가 $A = \{1, 2, 3\}$, $B = \{1, 3, 5, 7\}$일 때 합집합과 교집합을 구해보자.

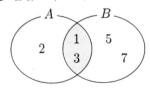

→ $A \cup B = \{1, 2, 3, 5, 7\}$, $A \cap B = \{1, 3\}$

집합의 연산은 벤다이어그램을 이용하면 더 쉽게 할 수 있어요!

4. 여집합

U(전체집합)의 원소 중에서 A에 속하지 않는 모든 원소로 이루어진 집합

→ 기호 : A^C

→ $A^C = \{x \mid x \in U$ 그리고 $x \notin A\}$이다.

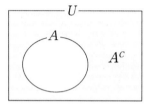

예 전체집합 $U = \{1, 2, 3, 4, 5\}$의 부분집합 $A = \{1, 3\}$의 여집합은 $A^C = \{2, 4, 5\}$

5. 차집합

집합 A에는 속하지만 집합 B에는 속하지 않는 모든 원소로 이루어진 집합
($A - B =$ 집합 A의 원소 중 A에만 속하는 원소들로 이루어진 집합)

→ 기호 : $A - B$

→ $A - B = \{x \mid x \in A$ 그리고 $x \notin B\}$이다.

→ $A - B = A \cap B^C$

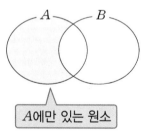

A에만 있는 원소

예 전체집합 $U = \{1, 2, 3, 4, 5\}$의 부분집합 $A = \{1, 2, 5\}$, $B = \{1, 3, 5\}$의
$A - B = \{2\}$, $B - A = \{3\}$

4 집합의 원소의 개수 빈출개념★★

1. 집합 A의 원소의 개수

→ 기호 : $n(A)$와 같이 나타낸다.

① 합집합의 원소의 개수 : $n(A \cup B)$

② 교집합의 원소의 개수 : $n(A \cap B)$

③ 차집합의 원소의 개수 : $n(A - B)$

④ 여집합의 원소의 개수 : $n(A^C)$

2. 합집합의 원소의 개수

$n(A \cup B) = n(A) + n(B) - n(A \cap B)$ [겹치는 원소를 빼야 한다.]

3. 차집합의 원소의 개수

$n(A - B) = n(A) - n(A \cap B)$

 문제 풀이 TIP

$n(A \cup B) \neq n(A) + n(B)$
$n(A - B) \neq n(A) - n(B)$

📝 문제 풀이 TIP

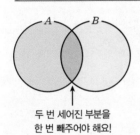

두 번 세어진 부분을
한 번 빼주어야 해요!

$n(A \cup B) = n(A) + n(B) - n(A \cap B)$

5 명제 빈출개념★★

1. 명제

참, 거짓이 명확한 문장 또는 식

예 3은 홀수이다. → 항상 참인 문장이므로 명제이다. (참인 명제)

5는 짝수이다. → 항상 거짓인 문장이므로 명제이다. (거짓인 명제)

$x - 1 = 3$이다. → x의 값에 따라 참, 거짓이 바뀌므로 명제가 아니다.

2. 조건

문자를 포함하는 식(또는 문장)

※ 조건식은 문자의 값에 따라 참, 거짓이 바뀐다.

예 x는 짝수이다. ➜ x가 정해지지 않아서 참, 거짓을 판별할 수 없는 조건식이다.

3. 진리집합

전체집합 U의 원소 중에서 어떤 조건이 참이 되게 하는 모든 원소의 집합

예 $U = \{1, 2, 3, 4, 5, 6\}$에 대하여

조건 : 'x는 홀수이다.'의 진리집합은 $\{1, 3, 5\}$이다.

4. 명제와 조건의 부정

조건 또는 명제 p에 대하여 'p가 아니다.'를 p의 부정이라 한다.

➜ 기호 : $\sim p$

예 조건 'x는 홀수이다.'의 부정 ➜ 'x는 홀수가 아니다.'

명제 '3은 소수이다.'의 부정 ➜ '3은 소수가 아니다.'

✏️ **문제 풀이 TIP**

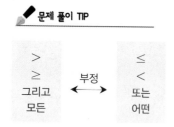

6 명제 $p \rightarrow q$

1. 명제 $p \rightarrow q$의 가정과 결론

두 조건 p, q에 대하여 명제 'p이면 q이다.'를 기호로 $p \rightarrow q$와 같이 나타낸다.

이때, p를 가정, q를 결론이라 한다.

2. 명제 $p \rightarrow q$의 참, 거짓 빈출개념★★

두 조건 p, q의 진리집합을 각각 P, Q라고 할 때

(1) $P \subset Q$이면 명제 $p \to q$는 참이다.

> **예** 명제 '$x = 1$이면 $x^2 = 1$이다.'의 조건 $p : x = 1$의 진리집합은 $P = \{1\}$이고,
> 조건 $q : x^2 = 1$의 진리집합은 $Q = \{-1, 1\}$이다.
> 이때, $P \subset Q$이므로 명제 $p \to q$는 참이다.

(2) $P \not\subset Q$이면 명제 $p \to q$는 거짓이다.

> **예** 명제 '$x^2 = 9$이면 $x = 3$이다.'의 조건 $p : x^2 = 9$의 진리집합은 $P = \{-3, 3\}$이고,
> 조건 $q : x = 3$의 진리집합은 $Q = \{3\}$이다.
> 이때, $P \not\subset Q$이므로 명제 $p \to q$는 거짓이다.

(3) 반례

> 명제 $p \to q$에서 가정 p는 만족시키지만 결론 q는 만족시키지 않는 예가 있을 때,
> 이러한 예를 반례라 한다. 반례는 $P - Q$의 원소이다.
> **예** 명제 '2의 배수이면, 6의 배수이다.'의
> 조건 $p :$ 2의 배수의 진리집합은 $P = \{2, 4, 6, 8, \cdots\cdots\}$이고,
> 조건 $q :$ 6의 배수의 진리집합은 $Q = \{6, 12, 18, \cdots\cdots\}$이다.
> 이때, $P \not\subset Q$이므로 명제 $p \to q$는 거짓이며, 반례는 4 또는 8 등이다.

7 명제의 역과 대우 ^{빈출개념} ★★

1. 역

명제 $p \to q$에서 가정과 결론을 서로 바꾸어 놓은 명제 $q \to p$를 명제 $p \to q$의 역이라고
한다.

2. 대우

명제 $p \to q$에서 가정과 결론을 둘 다 부정하여 서로 바꾸어 놓은 명제 $\sim q \to \sim p$를 명제
$p \to q$의 대우라고 한다.

> **예** 명제 '$x = 1$이면 $x^2 = 1$이다.'에서
> $p : x = 1$, $\sim p : x \neq 1$, $q : x^2 = 1$, $\sim q : x^2 \neq 1$이므로
> 역 : $q \to p$ ➡ $x^2 = 1$이면 $x = 1$이다.
> 대우 : $\sim q \to \sim p$ ➡ $x^2 \neq 1$이면 $x \neq 1$이다.

문제 풀이 TIP

명제 $p \rightarrow q$

역 $q \rightarrow p$

대우 $\sim q \rightarrow \sim p$

명제와 대우는 참, 거짓이 항상 같아요.

8 필요조건과 충분조건

1. 명제의 참

명제 $p \rightarrow q$가 참일 때, 기호로 $p \Rightarrow q$라 나타낸다.

2. 필요조건과 충분조건

명제 $p \rightarrow q$가 참일 때, p는 q이기 위한 충분조건, q는 p이기 위한 필요조건이라 한다.

3. 필요충분조건

$p \Rightarrow q$이고, $q \Rightarrow p$이면 p는 q이기 위한 필요충분조건이라 하고, q는 p이기 위한 필요충분조건이라 한다.

4. 필요조건과 충분조건의 진리집합

두 조건 p, q의 진리집합을 각각 P, Q라 하면,

(1) $P \subset Q$일 때, p는 q이기 위한 충분조건, q는 p이기 위한 필요조건이다.

(2) $Q \subset P$일 때, q는 p이기 위한 충분조건, p는 q이기 위한 필요조건이다.

(3) $P = Q$일 때, p는 q이기 위한 필요충분조건, q는 p이기 위한 필요충분조건이다.

대표 기출문제

정답 및 해설 p. 101

01 다음 중 집합인 것은?

① 아름다운 꽃의 모임
② 정수 중 큰 수의 모임
③ 10보다 작은 자연수의 모임
④ 기부를 많이 하는 사람들의 모임

02 두 집합 $A = \{1, a-1, 5\}$, $B = \{1, 3, a+1\}$에 대하여 $A = B$일 때, 상수 a의 값은?

① 3　　　　　　② 4
③ 5　　　　　　④ 6

03 두 집합 $A = \{1, 3, 6\}$, $B = \{3, 5, 6\}$에 대하여 $A \cap B$는?

① $\{1, 3\}$　　　② $\{1, 5\}$
③ $\{3, 6\}$　　　④ $\{5, 6\}$

04 두 집합 $A = \{1, 2, 3, 4\}$, $B = \{3, 4\}$에 대하여 $A - B$는?

① $\{1\}$　　　　② $\{1, 2\}$
③ $\{3, 4\}$　　　④ $\{1, 2, 3\}$

05 두 집합 $A = \{1, 3, 4, 5\}$, $B = \{2, 4\}$에 대하여 $A - B$는?

① $\{1\}$　　　　② $\{3, 4\}$
③ $\{1, 3, 5\}$　　④ $\{1, 3, 4, 5\}$

06 두 집합 $A = \{1, 2, 3, 4\}$, $B = \{3, 4, 6\}$에 대하여 $n(A - B)$의 값은?

① 1　　　　　　② 2
③ 3　　　　　　④ 4

07 두 집합 $A=\{1,\ 3,\ 4\}$, $B=\{2,\ 4,\ 5\}$에 대하여 $n(A \cup B)$의 값은?

① 3   ② 4

③ 5   ④ 6

08 두 집합 $A=\{1,\ 2,\ 3,\ 6\}$, $B=\{1,\ 2,\ 4,\ 8\}$에 대하여 $n(A \cap B)$의 값은?

① 2   ② 4

③ 6   ④ 8

09 전체집합이 $U=\{x \mid x$는 9 이하의 자연수$\}$일 때, 다음 조건의 진리집합은?

x는 3의 배수이다.

① $\{1,\ 3,\ 5\}$ ② $\{3,\ 6,\ 9\}$

③ $\{1,\ 3,\ 5,\ 7\}$ ④ $\{2,\ 4,\ 6,\ 8\}$

10 전체집합이 $U=\{1,\ 2,\ 3,\ 4,\ 5,\ 6\}$일 때, 다음 조건의 진리집합은?

x는 짝수이다.

① $\{1,\ 3,\ 5\}$ ② $\{2,\ 4,\ 6\}$

③ $\{3,\ 4,\ 5\}$ ④ $\{4,\ 5,\ 6\}$

11 명제 '정삼각형이면 이등변삼각형이다.'의 역은?

① 이등변삼각형이면 정삼각형이다.

② 정삼각형이면 이등변삼각형이 아니다.

③ 정삼각형이 아니면 이등변삼각형이다.

④ 이등변삼각형이 아니면 정삼각형이 아니다.

12 명제 '$x=1$이면 $x^3=1$이다.'의 역은?

① $x=1$이면 $x^3 \neq 1$이다.

② $x \neq 1$이면 $x^3=1$이다.

③ $x^3=1$이면 $x=1$이다.

④ $x^3 \neq 1$이면 $x \neq 1$이다.

13 명제 'a가 짝수이면 a는 4의 배수이다.'의 역은?

① a가 4의 배수이면 a는 짝수이다.

② a가 4의 배수가 아니면 a는 짝수가 아니다.

③ a가 짝수이면 a는 4의 배수가 아니다.

④ a가 짝수가 아니면 a는 4의 배수가 아니다.

14 명제 '평행사변형이면 사다리꼴이다.'의 대우는?

① 사다리꼴이면 평행사변형이다.

② 평행사변형이면 사다리꼴이 아니다.

③ 사다리꼴이 아니면 평행사변형이 아니다.

④ 평행사변형이 아니면 사다리꼴이 아니다.

15 명제 '$x=2$이면 $x^3=8$이다.'의 대우는?

① $x=2$이면 $x^3 \neq 8$이다.

② $x \neq 2$이면 $x^3 = 8$이다.

③ $x^3 = 8$이면 $x=2$이다.

④ $x^3 \neq 8$이면 $x \neq 2$이다.

16 명제 '$x^2 \neq 1$이면 $x \neq 1$이다.'의 대우는?

① $x=1$이면 $x^2=1$이다.

② $x=1$이면 $x^2 \neq 1$이다.

③ $x^2=1$이면 $x \neq 1$이다.

④ $x^2 \neq 1$이면 $x=1$이다.

17 명제 '$x>1$이면 $x^2>1$이다.'의 대우는?

① $x<1$이면 $x^2<1$이다.

② $x \leq 1$이면 $x^2 \leq 1$이다.

③ $x^2>1$이면 $x>1$이다.

④ $x^2 \leq 1$이면 $x \leq 1$이다.

18 두 조건 '$p: x-2=0$', '$q: x^2-a=0$'에 대하여 p가 q이기 위한 충분조건이 되도록 하는 상수 a의 값은?

① 1　　　　② 2

③ 3　　　　④ 4

05 함수

1 함수

1. 대응과 함수

(1) 대응

두 집합 X, Y에 대하여 X의 각 원소에 Y의 원소를 짝지어 주는 것을 집합 X에서 집합 Y로의 대응이라고 한다.

(2) 함수

두 집합 X, Y에 대하여 X의 각 원소에 Y의 원소가 반드시, 그리고 오직 하나만 대응될 때, 이 대응을 집합 X에서 집합 Y로의 함수라 하고, 이 함수 f를 기호로 $f : X \to Y$와 같이 나타낸다.

(3) 정의역, 공역, 치역 빈출개념 ★★

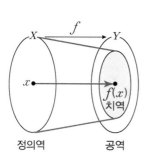

① 정의역 : 집합 X
② 공역 : 집합 Y
③ 함숫값 : x에 대응하는 y의 값 ($x \in X$, $y \in Y$)
　 함수 $y = f(x)$의 $x = a$에서의 함숫값은 기호로 $f(a)$로 나타낸다.
④ 치역 : 함숫값 전체의 집합 $\{f(x)|x \in X\}$으로 Y의 부분집합이다(집합 Y의 원소 중 함수 f에 의해 대응된 원소들로 이루어진 집합).

예 다음 그림의 두 집합 $X = \{1,\ 2,\ 3,\ 4\}$,
$Y = \{a,\ b,\ c,\ d\}$에서 집합 X의 각 원소에 집합 Y의 원소가 오직 하나씩만 대응하므로 X에서 Y로의 대응 f는 함수이다. 이때 함수 f의 정의역은 X, 공역은 Y이고, $f(1) = a$, $f(2) = c$, $f(3) = b$, $f(4) = c$이므로 함수 f의 치역은 $\{a,\ b,\ c\}$이다.

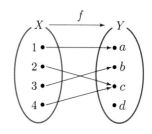

2. 대응 관계에서 함수 구분하기

X에서 Y로의 함수가 되려면 X의 모든 원소에 대해 대응되는 Y의 원소가 오직 하나만 있어야 한다.

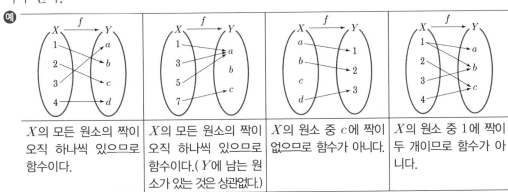

X의 모든 원소의 짝이 오직 하나씩 있으므로 함수이다.	X의 모든 원소의 짝이 오직 하나씩 있으므로 함수이다.(Y에 남는 원소가 있는 것은 상관없다.)	X의 원소 중 c에 짝이 없으므로 함수가 아니다.	X의 원소 중 1에 짝이 두 개이므로 함수가 아니다.

3. 함수의 그래프

(1) 집합 X의 원소 x와 Y의 원소 y를 순서대로 짝지어 만든 쌍 $(x,\ y)$를 순서쌍이라 한다.

(2) 함수 $f : X \rightarrow Y$에서 정의역의 x의 값과 대응하는 함숫값 $f(x)$의 순서쌍 $(x,\ f(x))$ 전체의 집합 $\{(x,\ f(x))\mid x \in X\}$을 함수 f의 그래프라 한다.

(3) 정의역과 공역의 원소가 모두 실수일 때, 이 순서쌍들을 좌표평면 위에 나타내어 그림을 그릴 수 있다.

(4) 함수의 그래프의 특징

함수의 그래프는 정의역의 각 원소 a에 대하여 y축에 평행한 직선 $x = a$와 오직 한 점에서 만난다.

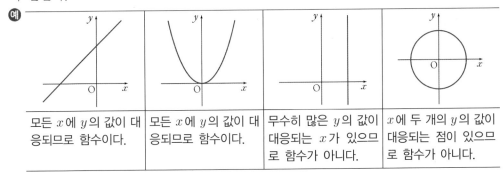

모든 x에 y의 값이 대응되므로 함수이다.	모든 x에 y의 값이 대응되므로 함수이다.	무수히 많은 y의 값이 대응되는 x가 있으므로 함수가 아니다.	x에 두 개의 y의 값이 대응되는 점이 있으므로 함수가 아니다.

2 여러 가지 함수

1. 일대일함수와 일대일대응

(1) 일대일함수

X의 원소가 Y의 모두 다른 원소에 대응되는 함수를 말한다. 이때, Y에는 남는 원소가 있어도 관계없다.

(2) 일대일대응

X의 원소가 Y의 모두 다른 원소에 대응되는 함수를 말한다. 이때, Y에는 남는 원소가 없어야 한다.

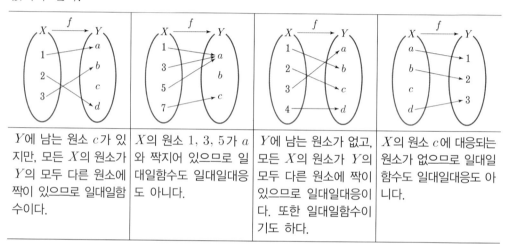

Y에 남는 원소 c가 있지만, 모든 X의 원소가 Y의 모두 다른 원소에 짝이 있으므로 일대일함수이다.	X의 원소 1, 3, 5가 a와 짝지어 있으므로 일대일함수도 일대일대응도 아니다.	Y에 남는 원소가 없고, 모든 X의 원소가 Y의 모두 다른 원소에 짝이 있으므로 일대일대응이다. 또한 일대일함수이기도 하다.	X의 원소 c에 대응되는 원소가 없으므로 일대일함수도 일대일대응도 아니다.

(3) 그래프에서 일대일함수 구분하기

X에서 Y로의 일대일함수가 되려면 X의 모든 원소가 모두 다른 Y에 대응되어야 한다. 그러므로 함수의 그래프 중 x축에 평행한 직선을 그어 찾는다.

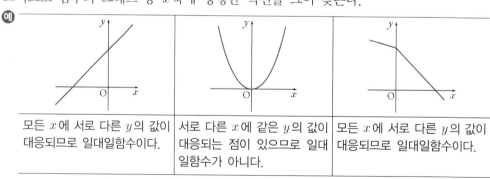

모든 x에 서로 다른 y의 값이 대응되므로 일대일함수이다.	서로 다른 x에 같은 y의 값이 대응되는 점이 있으므로 일대일함수가 아니다.	모든 x에 서로 다른 y의 값이 대응되므로 일대일함수이다.

2. 항등함수와 상수함수 빈출개념

(1) 항등함수

정의역과 공역이 같고, 정의역 X의 각 원소에 자기 자신이 대응하는 함수를 말한다.

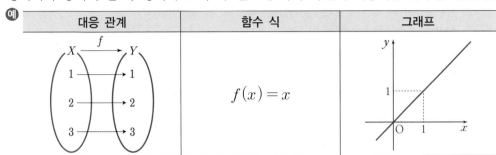

대응 관계	함수 식	그래프
	$f(x) = x$	

(2) 상수함수

정의역 X의 모든 원소에 공역 Y의 오직 한 원소가 대응하는 함수를 말한다.

➔ $f(x) = c$ (c는 상수)

대응 관계	함수 식	그래프
	$f(x) = c$ (c는 상수)	

3 합성함수

1. 합성함수

두 함수 $f : X \to Y$, $g : Y \to Z$가 주어질 때, 집합 X의 각 원소 x에 집합 Z의 원소 $g(f(x))$를 대응시키면 X를 정의역, Z를 공역으로 하는 새로운 함수를 정의할 수 있으며 이 함수를 합성함수라 한다.

➔ 기호 : $g \circ f$

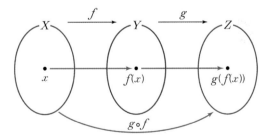

2. 합성함수의 표현

① $g \circ f : X \to Z$에서 x의 함숫값을 기호로 $(g \circ f)(x)$
이때 $(g \circ f)(x) = g(f(x))$ ➡ $y = g(f(x))$

② $f \circ g : Y \to X$에서 x의 함숫값을 기호로 $(f \circ g)(x)$
이때 $(f \circ g)(x) = f(g(x))$ ➡ $y = f(g(x))$

3. 합성함수의 함숫값 구하기 빈출개념 ★★

f와 g의 합성함수에서 $x = a$일 때의 함숫값을 구하면,

① $(f \circ g)(x) = f(g(x))$이므로, $(f \circ g)(a) = f(g(a))$이다.

② $(g \circ f)(x) = g(f(x))$이므로, $(g \circ f)(a) = g(f(a))$이다.

예 함수 $f : X \to Y$, $g : Y \to Z$가 다음 그림과 같을 때, $(g \circ f)(2)$를 구해보자.

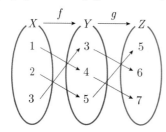

> $(g \circ f)(2) = g(f(2))$ 이므로,
> $f(2)$를 구하면, $f(2) = 5$
> $g(f(2)) = g(5) = 5$이다.

예 $f(x) = x - 2$, $g(x) = x^2$일 때, $(f \circ g)(1)$과 $(g \circ f)(1)$을 구해보면,
$(f \circ g)(1) = f(g(1))$이므로 $g(1) = 1$, $f(g(1)) = f(1) = 1 - 2 = -1$
$(g \circ f)(1) = g(f(1))$이므로 $f(1) = -1$, $g(f(1)) = g(-1) = (-1)^2 = 1$

4. 합성함수의 성질

세 함수 f, g, h에 대하여

① $f \circ g \neq g \circ f$ ⬅ 교환법칙이 성립하지 않는다.

② $f \circ (g \circ h) = (f \circ g) \circ h$ ⬅ 결합법칙이 성립한다.

4 역함수

1. 역함수

함수 $f : X \to Y$가 일대일대응일 때 Y를 정의역,
X를 공역으로 정의하는 새로운 함수를 역함수라 한다.
➡ 기호 : f^{-1}

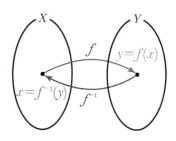

2. 역함수의 표현

$f^{-1}: Y \to X,\ x = f^{-1}(y)$와 같이 나타낸다.

3. 역함수의 성질 빈출개념 ★★

① $(f^{-1})^{-1} = f$ ← 역함수의 역함수는 자기 자신이다.

② $f(a) = \boxed{b}$ → $f^{-1}(\boxed{b}) = a$ ← 역함수의 정의

③ $f^{-1} \circ f = I$ (I는 항등함수) ← 역함수와 자신을 합성하면 항등함수이다.

예 함수 $f: X \to Y$가 다음 그림과 같을 때, 역함수 f^{-1}의 함숫값 $f^{-1}(6)$을 구하면,

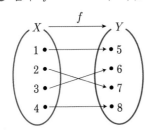

$f^{-1}(6)$은 함수 f의 함숫값이 6인 x를 거꾸로 찾으면 된다. 따라서 화살표를 따라가 보면 3이 됨을 알 수 있다.

→ $f(3) = \boxed{6}$ → $f^{-1}(\boxed{6}) = \boxed{3}$

예 함수 $f: X \to Y$가 다음 그림과 같을 때, $f^{-1} \circ f$를 구하면,

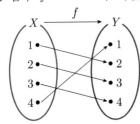

$(f^{-1} \circ f)(1) = f^{-1}(f(1)) = f^{-1}(2) = 1$
$(f^{-1} \circ f)(2) = f^{-1}(f(2)) = f^{-1}(3) = 2$
$(f^{-1} \circ f)(3) = f^{-1}(f(3)) = f^{-1}(4) = 3$
$(f^{-1} \circ f)(4) = f^{-1}(f(4)) = f^{-1}(1) = 4$

4. 역함수 구하기

$y = f(x)$의 역함수가 존재할 때, 역함수를 구하는 방법은 다음과 같다.
① 주어진 함수에서 x를 y에 대한 식으로 나타낸다.
② x와 y를 서로 바꾸어 나타낸다.
③ 주어진 함수의 치역을 역함수의 정의역으로 바꾸어 준다.
예 $y = x - 2$의 역함수를 구해보자.
①단계 $x = y + 2$ → ②단계 $y = x + 2$
그러므로 역함수는 $y = x + 2$이다.

5 유리식과 유리함수

1. 유리식

다항식 A, B에 대하여 $\dfrac{A}{B}$ $(B \neq 0)$ 꼴로 나타내어지는 식을 유리식이라 한다. 이때, 분모에 미지수가 없는 식을 다항식, 미지수가 있는 식을 분수식이라 한다.

2. 유리식의 성질

다항식 A, B, C $(B \neq 0,\ C \neq 0)$에 대하여

① $\dfrac{A}{B} = \dfrac{A \times C}{B \times C}$

② $\dfrac{A}{B} = \dfrac{A \div C}{B \div C}$

예 $\dfrac{1}{x} - \dfrac{1}{x+1} = \dfrac{x+1}{x(x+1)} - \dfrac{x}{x(x+1)} = \dfrac{1}{x(x+1)}$

✏️ **문제 풀이 TIP**

유리식을 더하거나 뺄 때도, 분수의 계산과 같이 통분하여 계산!

3. 유리함수

함수 $y = f(x)$에서 $f(x)$가 x에 대한 유리식일 때, 이 함수를 유리함수라고 한다. 특히, $f(x)$가 x에 대한 다항식일 때, 이 함수를 다항함수라 한다.

4. 유리함수 $y = \dfrac{1}{x}$의 그래프

① 정의역 : $\{x \mid x \neq 0\}$ 치역 : $\{y \mid y \neq 0\}$
② 모양 : 원점에 대하여 대칭인 직각쌍곡선
③ 점근선 : $x = 0,\ y = 0$

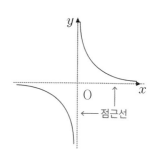

5. 유리함수 $y = \dfrac{a}{x}$ 의 그래프

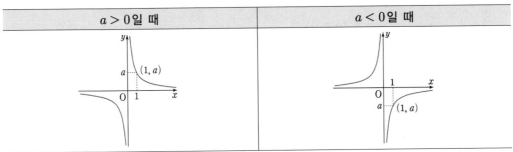

$a > 0$일 때	$a < 0$일 때
정의역 : $\{x \mid x \neq 0\}$, 치역 : $\{y \mid y \neq 0\}$ 점근선 : $x = 0,\ y = 0$ 원점에 대칭인 쌍곡선이다.	
제1사분면과 제3사분면을 지난다.	제2사분면과 제4사분면을 지난다.

 문제 풀이 TIP

점근선 : 그래프가 한없이 가까이 다가가는 선

6. $y = \dfrac{1}{x}$ 과 $y = \dfrac{1}{x-m} + n$ 빈출개념**

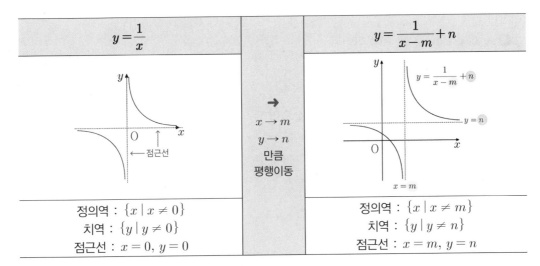

$y = \dfrac{1}{x}$	$x \to m$ $y \to n$ 만큼 평행이동	$y = \dfrac{1}{x-m} + n$
정의역 : $\{x \mid x \neq 0\}$ 치역 : $\{y \mid y \neq 0\}$ 점근선 : $x = 0, y = 0$		정의역 : $\{x \mid x \neq m\}$ 치역 : $\{y \mid y \neq n\}$ 점근선 : $x = m, y = n$

7. 유리함수 $y = \dfrac{a}{x-m} + n$의 그래프

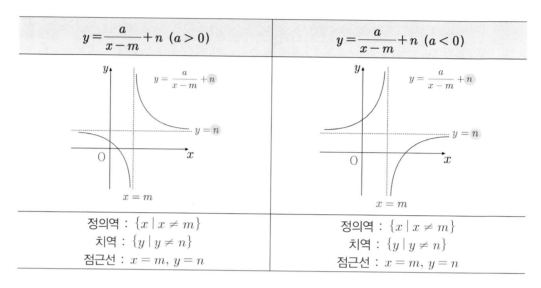

$y = \dfrac{a}{x-m} + n \ (a > 0)$	$y = \dfrac{a}{x-m} + n \ (a < 0)$
정의역 : $\{x \mid x \neq m\}$ 치역 : $\{y \mid y \neq n\}$ 점근선 : $x = m, \ y = n$	정의역 : $\{x \mid x \neq m\}$ 치역 : $\{y \mid y \neq n\}$ 점근선 : $x = m, \ y = n$

6 무리식과 무리함수

1. 무리식

근호 안에 문자가 포함되어 있는 식 중에서 유리식으로 나타낼 수 없는 식을 무리식이라한다.

◉ 예 $\sqrt{3x}$, $\sqrt{x-3}$은 무리식이다.

2. 무리식이 실수가 되기 위한 조건

근호 안의 식의 값이 0보다 크거나 같으면 무리식의 값은 실수가 된다.

◉ 예 $\sqrt{3x}$의 값이 실수가 되려면 $3x \geq 0$, 즉 $x \geq 0$이어야 한다.

　$\sqrt{x-3}$의 값이 실수가 되려면 $x-3 \geq 0$, 즉 $x \geq 3$이어야 한다.

3. 무리함수의 뜻

(1) 무리함수

함수 $y = f(x)$에서 $f(x)$가 x에 대한 무리식일 때, 이 함수를 무리함수라 한다.

◉ 예 $y = \sqrt{3x}$, $y = \sqrt{x-3}$은 무리함수이다.

(2) 무리함수의 정의역

무리함수에서 정의역이 특별히 정해지지 않은 경우에는 근호 안의 식의 값이 0 이상이 되도록 하는 실수 전체의 집합이 정의역이 된다.

예 $y = \sqrt{3x}$ 의 정의역은 $\{x \mid x \geq 0\}$

$y = \sqrt{x-3}$ 의 정의역은 $\{x \mid x \geq 3\}$

4. 무리함수 $y = \sqrt{x}$ 의 그래프

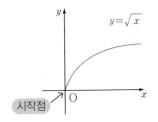

① 정의역 : $\{x \mid x \geq 0\}$ 치역 : $\{y \mid y \geq 0\}$

② 시작점 : $(0, 0)$

③ 모양 : 시작점으로부터 오른쪽 위로 뻗어나가는 곡선

※ 시작점 : 그래프가 시작되는 점

5. $y = \sqrt{x}$ 와 $y = \sqrt{x-m} + n$ 빈출개념 ★★

$y = \sqrt{x}$		$y = \sqrt{x-m} + n$
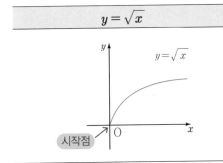	$\rightarrow$ $x \rightarrow m$ $y \rightarrow n$ 만큼 평행이동	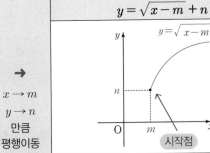
정의역 : $\{x \mid x \geq 0\}$ 치역 : $\{y \mid y \geq 0\}$ 시작점 : $(0, 0)$		정의역 : $\{x \mid x \geq m\}$ 치역 : $\{y \mid y \geq n\}$ 시작점 : (m, n)

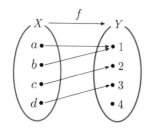
01 그림과 같은 함수 $f : X \to Y$에 대한 설명으로 옳지 <u>않은</u> 것은?

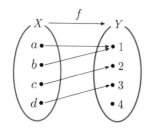

① 정의역은 $\{a, b, c, d\}$이다.
② 공역은 $\{1, 2, 3, 4\}$이다.
③ 치역은 $\{1, 2, 3\}$이다.
④ $f(a) = 2$이다.

02 함수 $f : X \to Y$와 함수 $g : Y \to Z$가 그림과 같을 때, $(g \circ f)(5)$의 값은?

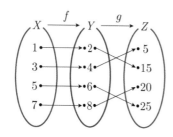

① 5   ② 15
③ 20   ④ 25

03 함수 $f : X \to Y$가 그림과 같을 때, $(f \circ f)(2)$ 의 값은?

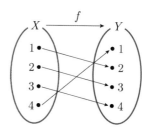

① 1   ② 2
③ 3   ④ 4

04 두 함수 $f : X \to Y$, $g : Y \to Z$가 그림과 같을 때, $(g \circ f)(2)$의 값은?

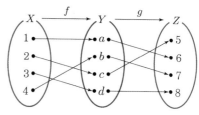

① 5   ② 6
③ 7   ④ 8

05 집합 $X= \{1,\ 2,\ 3,\ 4\}$, $Y= \{a,\ b,\ c,\ d\}$, $Z= \{5,\ 6,\ 7,\ 8\}$에 대하여 함수 $f:X \to Y$, $g:Y \to Z$가 그림과 같을 때, $(g \circ f)(2)$의 값은?

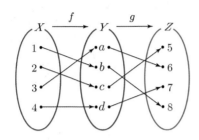

① 5   ② 6

③ 7   ④ 8

06 두 함수 $f:X \to Y$, $g:Y \to Z$가 그림과 같을 때, $(g \circ f)(3)$의 값은?

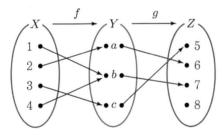

① 5   ② 6

③ 7   ④ 8

07 두 함수 $f:X \to Y$, $g:Y \to Z$가 그림과 같을 때, $(g \circ f)(2)$의 값은?

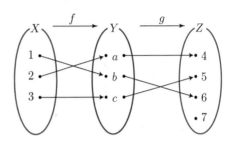

① 4   ② 5

③ 6   ④ 7

08 함수 $f:X \to Y$가 그림과 같을 때, $f^{-1}(a)=4$를 만족하는 상수 a의 값은? (단, f^{-1}는 f의 역함수이다.)

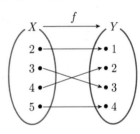

① 2   ② 3

③ 4   ④ 5

09 함수 $f : X \to Y$가 그림과 같을 때, $f^{-1}(c)$의 값은? (단, f^{-1}는 f의 역함수이다.)

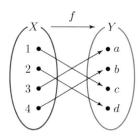

① 1   ② 2

③ 3   ④ 4

11 함수 $f : X \to Y$가 그림과 같을 때, $f^{-1}(4)$의 값은? (단, f^{-1}는 f의 역함수이다.)

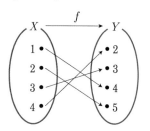

① 1   ② 2

③ 3   ④ 4

10 함수 $f : X \to Y$가 그림과 같을 때, $f^{-1}(5)$의 값은? (단, f^{-1}는 f의 역함수이다.)

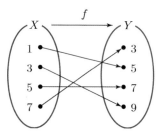

① 1   ② 3

③ 5   ④ 7

12 함수 $f(x) = 2x + 1$에 대하여 $f^{-1}(5)$의 값은? (단, f^{-1}는 f의 역함수이다.)

① 1   ② 2

③ 3   ④ 4

13 유리함수 $y=\dfrac{1}{x-2}-1$의 그래프는 유리함수

$y=\dfrac{1}{x}$의 그래프를 x축의 방향으로 a만큼, y
축의 방향으로 b만큼 평행이동한 것이다. 두
상수 a, b에 대하여 $a+b$의 값은?

① -1 ② 1

③ 3 ④ 5

14 유리함수 $y=\dfrac{1}{x-1}$의 그래프는 유리함수

$y=\dfrac{1}{x}$의 그래프를 x축의 방향으로 a만큼 평행
이동한 것이다. 상수 a의 값은?

① -1 ② 0

③ 1 ④ 2

15 유리함수 $y=\dfrac{1}{x-a}+4$의 그래프의 점근선은
두 직선 $x=3$, $y=4$이다. 상수 a의 값은?

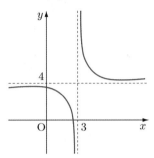

① 1 ② 3

③ 5 ④ 7

16 유리함수 $y=\dfrac{1}{x-1}+a$의 그래프가 그림과 같
을 때, 상수 a의 값은?

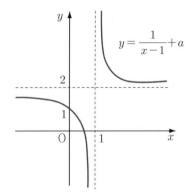

① 1 ② 2

③ 3 ④ 4

17 무리함수 $y = \sqrt{x-a} + b$의 그래프는 무리함수 $y = \sqrt{x}$ 의 그래프를 x축의 방향으로 1만큼, y축의 방향으로 4만큼 평행이동한 것이다. 두 상수 a, b에 대하여 $a+b$의 값은?

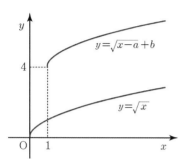

① 4   ② 5
③ 6   ④ 7

18 무리함수 $y = \sqrt{x-a} + b$의 그래프는 무리함수 $y = \sqrt{x}$ 의 그래프를 x축의 방향으로 2만큼, y축의 방향으로 3만큼 평행이동한 것이다. 두 상수 a, b에 대하여 $a+b$의 값은?

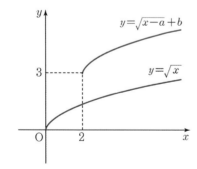

① 1   ② 3
③ 5   ④ 7

19 무리함수 $y = \sqrt{x-1} + a$의 그래프가 그림과 같을 때, 상수 a의 값은?

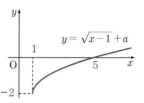

① -2 ② 0
③ 2   ④ 4

20 무리함수 $y = \sqrt{x-1} + 2$의 그래프는 함수 $y = \sqrt{x}$ 의 그래프를 x축 방향으로 a만큼, y축 방향으로 b만큼 평행이동한 것이다. $a+b$의 값은?

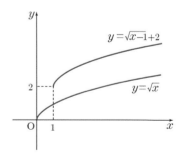

① -3 ② -1
③ 1   ④ 3

06 경우의 수

1 경우의 수

1. 시행

어떤 실험 또는 관찰을 하는 행위를 말한다.

2. 사건

같은 조건에서 반복할 수 있는 실험이나 관찰에 의하여 나타나는 결과를 말한다.

3. 경우

사건이 일어날 수 있는 구체적인 결과를 말한다.

4. 경우의 수

사건이 일어날 수 있는 경우의 가짓수를 경우의 수라고 한다.

⚫️예 주사위를 던질 때, 다음 사건의 경우의 수는

사건	짝수의 눈이 나온다.
경우	
경우의 수	3가지

사건	3의 배수의 눈이 나온다.
경우	
경우의 수	2가지

1~5까지의 숫자카드 중 하나를 택할 때, 다음 사건의 경우의 수는

사건	홀수가 나온다.
경우	1, 3, 5
경우의 수	3가지

2 합의 법칙과 곱의 법칙

사건 A, B가 일어나는 경우의 수가 각각 m, n이라 하면

1. 사건 A 또는 B가 일어나는 경우의 수 [합의 법칙]

사건 A와 사건 B가 동시에 일어나지 않을 때 ➡ 경우의 수 : $m+n$

사건 A 또는 사건 B

예 반팔티 3종류와 긴팔티 2종류가 있을 때, 이 중 하나를 고르는 경우의 수는
$3+2=5$가지이다.

2. 사건 A, B가 동시에 일어나는 경우의 수 [곱의 법칙]

사건 A와 사건 B가 동시에 일어날 때 ➡ 경우의 수 : $m \times n$

어떤 아이스크림 가게에서 컵이나 콘에, 딸기, 바닐라, 초코, 포도 중 한 종류의 아이스크림을 담아 판매한다고 한다.
용기를 고르고(2가지)   동시에   아이스크림 맛을 고른다.(4가지)
         2             $\times$ 4   =   8가지
하나하나 세는 방법으로 확인하면,

로 총 8가지이다.

3 순열

1. 선택하여 나열하는 경우의 수 [순열] 빈출개념★★

서로 다른 n개에서 중복됨 없이 r $(n \geq r)$개를 택하여 일렬로 배열하는 것을 n개에서 r개를 택하는 순열이라 하고, 이 순열의 수를 기호로 $_n\mathrm{P}_r$와 같이 나타낸다.

서로 다른 것의 개수 → $_n\mathrm{P}_r$ ← 택하는 것의 개수

➔ $_n\mathrm{P}_r = n(n-1)(n-2)\cdots(n-r+1)$ (단, $0 \leq r \leq n$)

① $_n\mathrm{P}_r = n(n-1)(n-2)\cdots(n-r+1)$ (단, $0 \leq r \leq n$)

　　예 $_4\mathrm{P}_3 = 4\times3\times2 = 24$, $_5\mathrm{P}_2 = 5\times4 = 20$

② $_n\mathrm{P}_n = n!$

　　* $n! = n\times(n-1)\times\cdots\times1$ ➔ n부터 시작하여 1까지 곱하는 것

　　예 $_3\mathrm{P}_3 = 3! = 3\times2\times1$

③ $_n\mathrm{P}_0 = 1$, $0! = 1$

　　예 숫자카드 1, 2, 3, 4가 있을 때, 이 중 두 장을 선택하여 만들 수 있는 두 자리 정수는 숫자카드 4개 중 2개를 선택하여 일렬로 배열하는 경우의 수이므로 $_4\mathrm{P}_2$이고,
　　$_4\mathrm{P}_2 = 4\times3 = 12$이다.

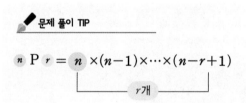

🖊 **문제 풀이 TIP**

$_n\mathrm{P}_r = n \times(n-1)\times\cdots\times(n-r+1)$
　　　　　　└──────── r개 ────────┘

2. 순열 원리를 이용하여 경우의 수 구하기(공식 없이 구하기)

숫자카드 1, 2, 3, 4, 5가 있을 때, 이 중 두 장을 선택하여 만들 수 있는 두 자리 정수를 알아보자.

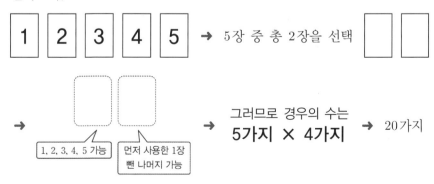

3. 한 줄로 서는 경우의 수

① n명을 한 줄로 세우는 경우의 수

   ➜ ${}_n\mathrm{P}_n = n \times (n-1) \times (n-2) \times \cdots \times 2 \times 1$

② n명 중에서 2명을 뽑아 한 줄로 세우는 경우의 수

   ➜ ${}_n\mathrm{P}_2 = n \times (n-1)$

③ n명 중에서 3명을 뽑아 한 줄로 세우는 경우의 수

   ➜ ${}_n\mathrm{P}_3 = n \times (n-1) \times (n-2)$

   예 3명의 학생이 일렬로 서는 경우의 수는 ${}_3\mathrm{P}_3 = 3! = 3 \times 2 \times 1 = 6$가지

4. 대표 뽑기(구분이 되는)

① n명 중에서 2명의 대표를 뽑는 경우의 수(회장, 부회장과 같이 구분이 되는 대표)

   ➜ ${}_n\mathrm{P}_2 = n \times (n-1)$

   예 3명 중에서 회장 1명과 부회장 1명을 뽑는 경우의 수는 ${}_3\mathrm{P}_2 = 6$가지

② n명 중에서 3명의 대표를 뽑는 경우의 수(회장, 부회장, 총무와 같이 구분이 되는 대표)

   ➜ ${}_n\mathrm{P}_3 = n \times (n-1) \times (n-2)$

   예 4명 중에서 회장 1명과 부회장 1명, 총무 1명을 뽑는 경우의 수는 ${}_4\mathrm{P}_3 = 24$가지

4 조합

1. 선택하는 경우의 수 [조합] 빈출개념 ★★

서로 다른 n개에서 순서를 고려하지 않고 r개를 택하는 것을 n개에서 r개를 택하는 조합이라 하고, 이 조합의 수를 기호로 ${}_n\mathrm{C}_r$와 같이 나타낸다.

서로 다른 것의 개수 → ${}_n\mathrm{C}_r$ ← 택하는 것의 개수

➜ ${}_n\mathrm{C}_r = \dfrac{n(n-1)(n-2)\cdots(n-r+1)}{r!}$ (단, $0 \le r \le n$)

① ${}_n\mathrm{C}_r = \dfrac{n(n-1)(n-2)\cdots(n-r+1)}{r!}$ (단, $0 \le r \le n$)

② ${}_n\mathrm{C}_n = 1$, ${}_n\mathrm{C}_0 = 1$

예 빨강, 파랑, 초록, 검정의 네 개의 구슬이 있을 때, 이 중 두 개의 구슬을 선택하는 경우의 수는 ${}_4\mathrm{C}_2 = \dfrac{4 \times 3}{2 \times 1} = 6$가지

✏️ **문제 풀이 TIP**

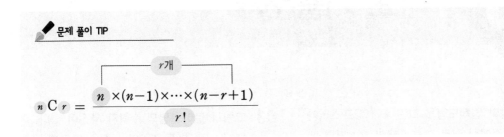

2. 조합의 원리를 이용하여 경우의 수 구하기(공식 없이 구하기)

빨강, 파랑, 초록, 검정, 흰색의 다섯 개의 구슬이 있을 때, 이 중 두 개의 구슬을 선택하는 경우의 수를 알아보자.

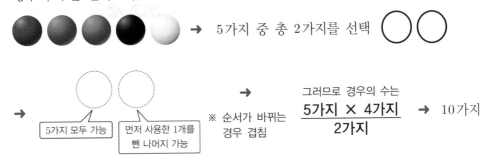

3. 대표 뽑기(구분이 되지 않는)

① n명 중에서 2명의 대표를 뽑는 경우의 수(회장 2명과 같이 구분이 되지 않는 대표)

→ $_nC_2 = \dfrac{n \times (n-1)}{2 \times 1}$

예 3명 중에서 대표 2명을 뽑는 경우의 수는 $_3C_2 = \dfrac{3 \times 2}{2 \times 1} = 3$가지

② n명 중에서 3명의 대표를 뽑는 경우의 수(회장 3명과 같이 구분이 되지 않는 대표)

→ $_nC_3 = \dfrac{n \times (n-1) \times (n-2)}{3 \times 2 \times 1}$

예 4명 중에서 대표 3명을 뽑는 경우의 수는 $_4C_3 = \dfrac{4 \times 3 \times 2}{3 \times 2 \times 1} = 4$가지

대표 기출문제

정답 및 해설 p. 109

01 그림과 같이 입체도형을 그린 4개의 포스터가 있다. 이 중에서 서로 다른 2개의 포스터를 택하여 출입문의 상단과 하단에 각각 붙이는 경우의 수는?

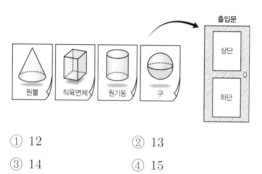

① 12
② 13
③ 14
④ 15

02 그림과 같이 등산로의 입구에서 쉼터까지 가는 길은 4가지, 쉼터에서 전망대까지 가는 길은 2가지가 있다. 입구에서 쉼터를 거쳐 전망대까지 길을 따라 가는 경우의 수는? (단, 같은 지점은 두 번 이상 지나지 않는다.)

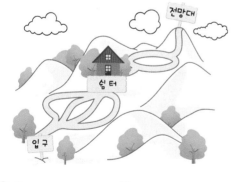

① 5
② 6
③ 7
④ 8

03 그림과 같이 3명의 수학자 사진이 있다. 이 중에서 서로 다른 2명의 사진을 택하여 수학 신문의 1면과 2면에 각각 싣는 경우의 수는?

① 4
② 5
③ 6
④ 7

04 그림과 같이 4점의 작품이 있다. 이 중에서 서로 다른 3점의 작품을 택하여 일렬로 나열하는 경우의 수는?

① 15
② 18
③ 21
④ 24

05 그림과 같이 3곳을 모두 여행하는 계획을 세우려고 한다. 여행 순서를 정하는 경우의 수는? (단, 한 번 여행한 곳은 다시 여행하지 않는다.)

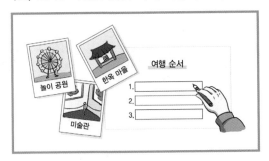

① 4　　　　　　② 6

③ 8　　　　　　④ 10

07 그림과 같이 3장의 글자 카드가 있다. 이 중에서 서로 다른 2장의 카드를 택하여 일렬로 나열하는 경우의 수는?

① 4　　　　　　② 6

③ 8　　　　　　④ 10

06 그림은 어느 하계 올림픽 경기 종목 중 4개의 종목을 나타낸 것이다. 이 4개의 종목에서 서로 다른 2개의 종목을 택하여 일렬로 나열하는 경우의 수는?

① 12　　　　　② 15

③ 18　　　　　④ 21

08 그림과 같이 4종류의 수학 수행 과제가 있다. 이 중에서 서로 다른 3종류의 수학 수행 과제를 선택하는 경우의 수는?

① 1　　　　　　② 2

③ 3　　　　　　④ 4

09 그림과 같이 6종류의 과일이 있다. 이 중에서 서로 다른 2종류의 과일을 선택하는 경우의 수는?

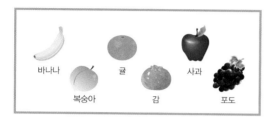

① 15

② 18

③ 21

④ 24

10 그림과 같이 수학 진로 선택 과목이 있다. 이 중에서 서로 다른 2과목을 선택하는 경우의 수는?

① 3

② 4

③ 5

④ 6

11 그림과 같이 5개의 방과 후 프로그램이 있다. 이 중에서 서로 다른 3개의 프로그램을 선택하는 경우의 수는?

① 8

② 10

③ 12

④ 14

12 그림과 같이 4개의 민속놀이가 있다. 이 중에서 서로 다른 2개의 민속놀이를 선택하는 경우의 수는?

① 2

② 4

③ 6

④ 8

13 그림과 같이 4종류의 꽃이 있다. 이 중에서 서로 다른 3종류의 꽃을 선택하는 경우의 수는?

① 4

② 5

③ 6

④ 7

14 그림과 같이 5개의 정다면체가 있다. 이 5개의 정다면체에서 서로 다른 2개의 정다면체를 선택하는 경우의 수는?

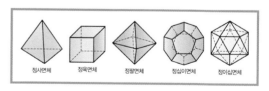

① 8

② 10

③ 12

④ 14

수학 정답 및 해설

01 다항식

01 정답 ④

| 풀이 |

$A = 3x^2 + x$, $B = x^2 + 3x$이므로

$A + B = (3x^2 + x) + (x^2 + 3x)$ ← 괄호 풀기

$\qquad = 3x^2 + x + x^2 + 3x$ ← 동류항끼리 정리

$\qquad = (3+1)x^2 + (1+3)x$ ← 동류항끼리 계산

$\qquad = 4x^2 + 4x$

> **참고**
>
> 다항식의 덧셈과 뺄셈은 동류항끼리 계산한다.
> 이때, 동류항의 계산은 계수끼리 분배법칙을 이용하여 다음과 같이 계산한다.
>
> 계수끼리 계산
>
> $3x^2 - 2x^2 = 3 \times x^2 - 2 \times x^2 = (3-2) \times x^2$
>
> 동류항끼리!
>
> $\qquad = 1x^2 = x^2$

02 정답 ③

| 풀이 |

$A = 2x^2 + x$, $B = x + 1$이므로

$A - B = (2x^2 + x) - (x+1)$ ← 괄호풀기

$\qquad = 2x^2 + x - x - 1$ ← 동류항끼리 정리

$\qquad = 2x^2 + (1-1)x - 1$ ← 동류항끼리 계산

$\qquad = 2x^2 - 1$

> **참고**
>
> 다항식의 덧셈과 뺄셈은 동류항끼리 계산한다.
> 이때, 동류항의 계산은 계수끼리 분배법칙을 이용하여 다음과 같이 계산한다.
>
> 계수끼리 계산
>
>
>
> $3x + 2x = 3 \times x + 2 \times x = (3+2) \times x = 5x$
>
> 동류항끼리!

03 정답 ④

| 풀이 |

항등식을 정확히 구분하는 문제이다.

① $x = 5$는 x의 값에 따라 식의 참과 거짓이 달라지므로 항등식으로 볼 수 없다.

② $x + 2 = 0$는 x의 값에 따라 식의 참과 거짓이 달라지므로 항등식으로 볼 수 없다.

③ $(x+1)^2 = x + 1$은 좌변을 전개하면 $x^2 + 2x + 1$이므로 우변과 식이 다르다. 따라서 항등식으로 볼 수 없다.

④ $x^2 - 1 = (x+1)(x-1) = x^2 - 1$이므로 좌변과 우변이 모두 같음을 확인할 수 있다.

따라서 주어진 보기에서 항등식은 ④이다.

04 정답 ②

| 풀이 |

x에 대한 항등식이므로 동류항의 계수가 같음을 이용하여 a, b의 값을 구할 수 있다.

좌변의 일차항의 계수는 1이고 우변의 일차항의 계수는 a이므로, $a = 1$이다.

또한 상수항을 비교하면, 좌변의 상수항은 3이고 우변의 상수항은 b이므로, $b = 3$이다.

그러므로 $a + b = 1 + 3 = 4$이다.

참고

항등식은 좌변과 우변이 항상 같은 식으로,
$ax^2+bx+c=dx^2+ex+f$가 x에 대한 항등식이면,
$a=d$, $b=e$, $c=f$이다.

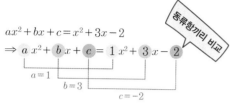

05 정답 ①

| 풀이 |

x에 대한 항등식이므로 동류항의 계수가 같음을 이용하여 a, b의 값을 구할 수 있다.

좌변의 일차항의 계수는 a이고 우변의 일차항의 계수는 5이므로, $a=5$이다.

또한 상수항을 비교하면, 좌변의 상수항은 3이고 우변의 상수항은 b이므로, $b=3$이다.

그러므로 $a-b=5-3=2$이다.

06 정답 ②

| 풀이 |

x에 대한 항등식이므로 동류항의 계수가 같음을 이용하여 a의 값을 구할 수 있다.

좌변을 전개하면, x^2-4x+4이다.

이때, 좌변의 상수항은 4이고 우변의 상수항은 a이므로, $a=4$이다.

07 정답 ②

| 풀이 |

x에 대한 항등식이므로 x에 대해 정리한 후 동류항끼리의 계수를 비교하여 좌변과 우변을 같게 하면, 항등식이 성립한다.

좌변을 전개하여 간단히 하면,
$(x+1)(x-1)=x^2-x+x-1=x^2-1$이고,

$x^2-1=x^2+a$에서
좌변과 우변의 상수항은 각각 -1과 a이므로 $a=-1$

08 정답 ①

| 풀이 |

다항식의 나눗셈을 정확하게 한다.

$$
\begin{array}{r}
2x \qquad -1 \\
x+1 \overline{)\ 2x^2 \qquad x \qquad -3} \\
2x^2 \qquad 2x \\
\hline
\boxed{-x \qquad -3} \\
-x \qquad -1 \\
\hline
-2
\end{array}
$$

따라서, (가)는 $-x-3$이다.

09 정답 ③

| 풀이 |

조립제법을 이용하여 다항식 x^3-2x^2-x+5를 $x-1$로 나누면 가장 아랫줄의 수인 1, -1, -2는 몫을 뜻하는 다항식의 계수가 되며, 3차식을 1차식으로 나누었으므로 몫은 2차식이 되어, 차례로 2차항의 계수, 1차항의 계수, 상수항이 된다.

그러므로 몫은 x^2-x-2이다.

또한, 나머지는 마지막의 숫자인 3이 된다.

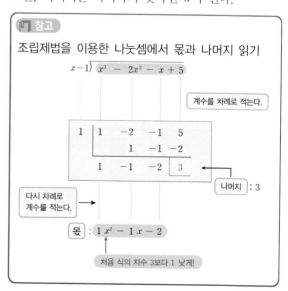 참고

조립제법을 이용한 나눗셈에서 몫과 나머지 읽기

10 정답 ④

| 풀이 |

다항식 x^3+x^2-x+1을 $x-2$로 나눌 때,
다항식 x^3+x^2-x+1의 계수와 2만을 이용하여
몫과 나머지를 구하는 방법을 조립제법이라 한다.

> **참고**
>
> x에 대한 다항식 $P(x)$를 일차식 $x-\alpha$로 나누었을
> 때의 나머지를 R이라 하면 $R=P(\alpha)$

11 정답 ③

| 풀이 |

다항식 x^3+2x^2+2를 $P(x)$라 하면,
$P(x)=x^3+2x^2+2$이다.
$P(x)$를 $x-1$로 나눈 나머지는 나머지정리에 의해
(나머지)$R=P(1)$이다.

➜ $P(1)=1^3+2\times1^2+2=1+2+2=5$

> **참고**
>
> 다항식 $P(x)$를
>
> $\underline{x-a}$로 나눈 나머지는 $P(a)$와 같다.
>
> 나누는 식 $x-a=0$이 되는 x의 값 $x=a$를
> 대입한다.

12 정답 ③

| 풀이 |

다항식 $2x^3+3x^2-1$을 $P(x)$라 하면,
$P(x)=2x^3+3x^2-1$이다.

$P(x)$를 $x-1$로 나눈 나머지는 나머지정리에 의해
(나머지)$R=P(1)$이다.

➜ $P(1)=2\times1^3+3\times1^2-1=2+3-1=4$

13 정답 ③

| 풀이 |

인수분해 공식 $x^3+3x^2y+3xy^2+y^3=(x+y)^3$을 이용
하기 위해 y의 자리에 1을 대입하여 표현하면,
$x^3+3x^2\times1+3x\times1^2+1^3=(x+1)^3$이 된다.
좌변을 정리하여 식을 간단히 하면,
$x^3+3x^2+3x+1=(x+1)^3$이다.
그러므로 $a=1$임을 알 수 있다.

14 정답 ②

| 풀이 |

인수분해 공식 $x^3-3x^2y+3xy^2-y^3=(x-y)^3$의 계수
가 되므로, 공식을 이용하기 위해 y의 자리에 2를 대입
하여 표현하면,
$x^3-3x^2\times2+3x\times2^2-2^3=(x-2)^3$이 된다.
좌변을 정리하여 식을 간단히 하면,
$x^3-6x^2+12x-8=(x-2)^3$이다.
그러므로 $a=2$임을 알 수 있다.

| 다른 풀이 |

다항식을 인수분해한 식의 결과는 원래의 식과 같으므
로, 다음과 같이 등호로 연결할 수 있다.
$x^3-6x^2+12x-8=(x-a)^3$
a의 값을 구하기 위해 양변에 $x=0$을 대입하면,
$-8=-a^3$ ➜ $a^3=8$
그러므로 $a=2$임을 알 수 있다.

15 정답 ④

| 풀이 |

인수분해 공식을 이용하여 a의 값을 찾는다.
$x^3+y^3=(x+y)(x^2-xy+y^2)$이므로 y의 자리에 3을
대입하면,
$x^3+3^3=(x+3)(x^2-3x+9)$

이므로 $a = 9$임을 확인할 수 있다.

16 정답 ①

| 풀이 |

인수분해 공식을 이용하여 문제를 해결한다.

주어진 문제의 인수분해는 다음 공식을 이용한다.

$a^3 - b^3 = (a-b)(a^2 + ab + b^2)$을 이용하면 b의 자리에 2를 대입하여 찾는다.

따라서 $x^3 - 2^3 = (x-2)(x^2 + 2x + 4)$이므로 $a = 2$임을 확인할 수 있다.

> **참고**
>
> 전개해서 식이 같아야 하므로 상수항을 전개하면 $-4a = -8$을 이용하여 a의 값을 구해도 좋다.

---

02 방정식과 부등식

> **대표 기출문제** 문제 p. 30
>
> | | | | | |
> |---|---|---|---|---|
> | **01** ④ | **02** ④ | **03** ② | **04** ① | **05** ③ |
> | **06** ② | **07** ① | **08** ④ | **09** ④ | **10** ④ |
> | **11** ④ | **12** ① | **13** ① | **14** ④ | **15** ① |
> | **16** ③ | **17** ③ | **18** ③ | **19** ② | **20** ① |
> | **21** ① | **22** ② | **23** ③ | **24** ② | **25** ④ |
> | **26** ② | **27** ④ | **28** ② | **29** ① | **30** ① |
> | **31** ① | **32** ③ | **33** ③ | **34** ③ | **35** ④ |

01 정답 ④

| 풀이 |

복소수의 상등을 이용하여 문제를 해결한다.

실수부분과 허수부분을 정확히 구분하여 등식을 세우면 다음과 같다.

- 실수부분 : $x - 2 = 1$이므로 $x = 3$
- 허수부분 : $y = 4$

02 정답 ④

| 풀이 |

복소수의 계산은 실수부분과 허수부분을 나누어 계산해야 하므로 먼저 좌변의 식을 간단히 정리한다.

이때 $i^2 = (\sqrt{-1})^2 = -1$임을 이용하여 정리하면,

좌변 $= 2 - i + i^2 = 2 - i - 1 = 2 - 1 - i = 1 - i$가 되고,

양변을 간단히 나타내면, $1 - i = a - i$이다.

복소수가 서로 같으려면, 실수부분과 허수부분이 각각 같아야 한다.

좌변의 실수부분은 1, 우변의 실수부분은 a이고,

좌변의 허수부분은 -1, 우변의 허수부분은 -1이므로 각각 같음을 이용하면, $a = 1$이다.

> **참고**
>
> $$\boldsymbol{a} + \boldsymbol{b}\,i = \boxed{\text{복소수}}$$
>
> 실수부분   허수부분

03 정답 ②

| 풀이 |

좌변을 분배법칙을 이용하여 전개하면,

$i(2+i)=2i+i^2$ 이고,

$i^2=-1$ 이므로,

$i(2+i)=2i+i^2=2i-1=-1+2i$ 이다.

복소수 상등을 이용하여, 실수부분과 허수부분을 비교하면, 좌변의 실수부분은 -1, 우변의 실수부분은 a 이므로, 복소수가 같기 위해서는 $a=-1$ 임을 알 수 있다.

04 정답 ①

| 풀이 |

켤레복소수는 허수부분의 부호를 반대로 바꾼 수를 말한다.

복소수 $4+3i$ 의 실수부분은 4, 허수부분은 3이므로, $4+3i$ 의 허수부분의 부호를 반대로 바꾸어 켤레복소수를 구하면, $4-3i$ 가 된다.

∴ $a=4$, $b=-3$

$a+b=4+(-3)=1$

> **참고**
>
>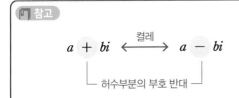
>
> $a \; + \; bi \; \xleftrightarrow{\text{켤레}} \; a \; - \; bi$
>
> └─ 허수부분의 부호 반대 ─┘

05 정답 ③

| 풀이 |

복소수의 덧셈, 뺄셈은 실수부분끼리, 허수부분끼리 계산한다.

$$(6+3i)+(-2+4i)=6+3i-2+4i$$
$$=(6-2)+(3+4)i$$
$$=4+7i$$

06 정답 ②

| 풀이 |

이차방정식의 근의 판별을 정확하게 할 수 있는지를 묻

는 문제이다.

주어진 이차방정식의 인수분해가 힘든 경우에는 판별식을 사용하여 근의 개수에 대해 판단하는 것이 편하다.

각 보기에서 판별식을 사용하여 근의 개수를 판단한다.

$D=b^2-4ac$ 에 해당하는 수를 대입하여 확인한다.

① $D=0^2-4\times1\times3=-12$ ➔ 음수이므로 실근을 갖지 않는다.

② $D=1^2-4\times1\times(-2)=9$ ➔ 양수이므로 서로 다른 두 실근을 갖는다.

③ $D=2^2-4\times1\times1=0$ ➔ 0이므로 중근을 갖는다.

④ $D=3^2-4\times1\times5=-11$ ➔ 음수이므로 실근을 갖지 않는다.

07 정답 ①

| 풀이 |

이차방정식이 중근을 갖기 위한 조건은 판별식

$D=b^2-4ac=0$ 이므로,

$D=(-2)^2-4\times1\times a=0$

➔ $4-4a=0$ ➔ $-4a=-4$ ➔ $a=1$

> **참고** **중근을 가질 조건**
>
> 이차방정식 $ax^2+bx+c=0$ 에서
>
> 판별식 $D=b^2-4ac=0$ 이면 이차방정식은 중근을 갖는다.

08 정답 ④

| 풀이 |

근과 계수의 관계 공식을 이용하여 문제를 해결할 수 있다.

$x^2-6x+a=0$ 에서 두 근이 2, 4이고, 이것을 공식에 대입하면,

$\alpha+\beta=2+4=6$, $\alpha\beta=2\times4=8=a$ 이다.

∴ $a=8$

09 정답 ④

| 풀이 |

근과 계수의 관계 공식을 이용하여 문제를 해결할 수 있다.

$x^2 - 7x + a = 0$에서 두 근을 α, β라 할 때,

공식에 의해, $\alpha + \beta = 7$, $\alpha\beta = a$이다.

두 근이 3과 4이므로 대입하면,

$3 \times 4 = a$ ➡ $a = 12$

| 다른 풀이 |

이차방정식의 근의 성질을 이용하여 a의 값을 구할 수 있다.

$x^2 - 7x + a = 0$의 근이 3과 4이므로, 두 근 중 한 근을 식에 대입하면 식이 성립한다.

$x = 3$을 대입하면 ➡ $3^2 - 7 \times 3 + a = 0$이므로,

$9 - 21 + a = 0$ ➡ $a = 12$

10 정답 ④

| 풀이 |

이차방정식의 근과 계수의 관계를 이용하여 문제를 해결한다.

$\alpha + \beta = -\dfrac{b}{a}$이므로 주어진 이차방정식의 계수에서

a, b를 대입하여 답을 찾는다.

$\therefore -\dfrac{b}{a} = -\dfrac{-5}{1} = 5$

11 정답 ④

| 풀이 |

근과 계수의 관계 공식을 이용하여 문제를 해결할 수 있다.

$x^2 + 5x + 4 = 0$에서 두 근을 α, β라 할 때, 공식에 대입하면, $\alpha + \beta = -5$, $\alpha\beta = 4$이다.

| 다른 풀이 |

이차식의 인수분해를 통해 이차방정식의 두 근을 구할 수 있다.

$x^2 + 5x + 4 = 0$ ➡ $(x+1)(x+4) = 0$이므로,

$x + 1 = 0$ 또는 $x + 4 = 0$이 된다.

[$AB = 0$이면, $A = 0$ 또는 $B = 0$에 의해]

그러므로 $x = -1$ 또는 $x = -4$이다.

이때, $\alpha = -1$, $\beta = -4$라 하고, 두 근의 곱을 구하면,

$\alpha\beta = 4$이다.

12 정답 ①

| 풀이 |

근과 계수의 관계 공식을 이용하여 문제를 해결할 수 있다.

$x^2 + 3x - 4 = 0$에서 두 근을 α, β라 할 때, 공식에 의해 $\alpha + \beta = -3$, $\alpha\beta = -4$이다.

> ⊘ 오답피하기
>
> 근과 계수의 관계 공식은
>
> 이차방정식 $ax^2 + bx + c = 0$의 두 근을 α, β라 할 때,
>
> $\alpha + \beta = -\dfrac{b}{a}$이다. 이때, 공식의 부호를 혼동하여,
>
> $\alpha + \beta = \dfrac{b}{a}$로 생각하여 $\dfrac{3}{1} = 3$과 같이 구하지 않도록 주의한다.

| 다른 풀이 |

인수분해를 통해 이차방정식의 두 근을 구할 수 있다.

$x^2 + 3x - 4 = 0$ ➡ $(x-1)(x+4) = 0$이므로,

$x - 1 = 0$ 또는 $x + 4 = 0$이 된다.

[$AB = 0$이면, $A = 0$ 또는 $B = 0$에 의해]

그러므로 $x = 1$ 또는 $x = -4$이다.

이때, $\alpha = 1$, $\beta = -4$라 하고, 두 근의 합을 구하면,

$\alpha + \beta = 1 - 4 = -3$이다.

13 정답 ①

| 풀이 |

구간이 제한된 이차함수의 최댓값과 최솟값은 꼭짓점과 구간의 양 끝값을 이용하여 구한다.

주어진 구간 $-1 \le x \le 1$은 이차함수의 꼭짓점이 포함되지 않는 구간이므로,

구간의 양 끝값만을 비교하면,

$f(x) = x^2 + 4x + 1 \ (-1 \le x \le 1)$이라 놓으면,

구간의 양 끝값은 $f(-1)=-2$, $f(1)=6$이고
이들 중 가장 작은 값은 -2이므로 최솟값은 -2이다.

> **참고 이차함수의 최대, 최소**
>
> [x의 범위에 꼭짓점이 포함되지 않은 경우]
> 구간의 양 끝 함수값 중 가장 큰 값을 최댓값, 가장 작은 값을 최솟값이라고 한다.
>
>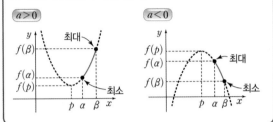

14 정답 ④

| 풀이 |

구간이 제한된 이차함수의 최댓값과 최솟값은 꼭짓점과 구간의 양 끝값을 이용하여 구한다.

$f(x)=-x^2+4x+1$ $(0 \le x \le 3)$이라 놓으면,
구간의 양 끝값은 $f(0)=1$, $f(3)=4$이고, 꼭짓점의 좌표가 $(2, 5)$이므로, $f(2)=5$이다.
이들 중 가장 큰 값은 5이므로 최댓값은 5이다.

> **참고 이차함수의 최대, 최소**
>
> [x의 범위에 꼭짓점이 포함된 경우]
> 구간의 양 끝 함숫값과 꼭짓점의 y좌표 중 가장 큰 값을 최댓값, 가장 작은 값을 최솟값이라고 한다.
>
>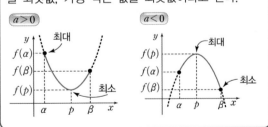

15 정답 ①

| 풀이 |

구간이 제한된 이차함수의 최댓값과 최솟값은 꼭짓점과 구간의 양 끝값을 이용하여 구한다.

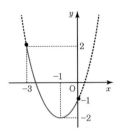

$f(x)=x^2+2x-1$ $(-3 \le x \le 0)$이라 놓으면,
구간의 양 끝값은 $f(0)=-1$, $f(-3)=2$이고,
꼭짓점이 $(-1, -2)$이므로, $f(-1)=-2$이다.
이때, 이들 중 가장 작은 값인 -2가 최솟값이 된다.

16 정답 ③

| 풀이 |

구간이 제한된 이차함수의 최댓값과 최솟값은 꼭짓점과 구간의 양 끝값을 이용하여 구한다.

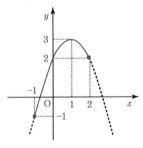

$f(x)=-(x-1)^2+3$ $(-1 \le x \le 2)$라 놓으면,
구간의 양 끝값은 $f(-1)=-1$, $f(2)=2$이고,
꼭짓점의 좌표가 $(1, 3)$이므로, $f(1)=3$이다.
이들 중 가장 큰 값은 3이므로 최댓값은 3이다.

17 정답 ③

| 풀이 |

구간이 제한된 이차함수의 최댓값과 최솟값은 꼭짓점과 구간의 양 끝값을 이용하여 구한다. 그러나 주어진 그래프의 꼭짓점이 구간에 포함되지 않으므로, 이 경우 구간의 양 끝값이 최대, 최소가 된다.

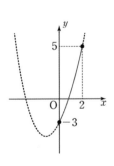

$f(x)=x^2+2x-3$ $(0 \le x \le 2)$라 놓으면,

구간의 양 끝값은

$f(0) = -3$, $f(2) = 2^2 + 2 \times 2 - 3 = 4 + 4 - 3 = 5$이다.

이때, 구간의 양 끝값 중 큰 값인 5가 최댓값이 된다.

18 정답 ③

| 풀이 |

제한된 범위에서 이차함수의 최대, 최소를 찾을 수 있는지를 묻는 문제이다.

그림에서 최댓값은 y의 값이 가장 큰 값을 찾을 수 있어야 한다. 주어진 범위 $1 \leq x \leq 4$에서 최대가 되는 x의 값은 4일 때를 확인할 수 있으므로 $f(4)$의 값인 1이 정답임을 알 수 있다.

19 정답 ②

| 풀이 |

방정식의 근은 식에 대입하면 식을 참이 되게 하는 미지수의 값이므로

$x^3 + ax^2 - 3x - 2 = 0$에 $x = 1$을 대입하면, 식이 참이 되어 a의 값을 구할 수 있다.

$1^3 + a \times 1^2 - 3 \times 1 - 2 = 0$ ➡ $1 + a - 3 - 2 = 0$ ➡ $a = 4$

20 정답 ①

| 풀이 |

방정식의 근은 식에 대입하면 식을 참이 되게 하는 값이므로

$x^3 - 2x + a = 0$에 $x = 2$를 대입하면, 식이 참이 되어 a의 값을 구할 수 있다.

$2^3 - 2 \times 2 + a = 0$ ➡ $8 - 4 + a = 0$ ➡ $a = -4$

21 정답 ①

| 풀이 |

방정식의 근은 식에 대입하면 식을 참이 되게 하는 값이므로

$x^4 - 3x^2 + a = 0$에 $x = 2$를 대입하면, 식이 참이 되어 a의 값을 구할 수 있다.

$2^4 - 3 \times 2^2 + a = 0$ ➡ $16 - 12 + a = 0$ ➡ $4 + a = 0$

➡ $a = -4$

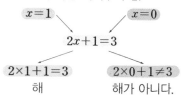

참고 방정식의 해

등식을 참이 되게 하는 미지수의 값

22 정답 ①

| 풀이 |

방정식의 근은 식에 대입하면 식을 참이 되게 하는 값이므로

$x^4 + 2x^2 + a = 0$에 $x = 1$을 대입하면, 식이 참이 되어 a의 값을 구할 수 있다.

$1^4 + 2 \times 1^2 + a = 0$ ➡ $1 + 2 + a = 0$ ➡ $a = -3$

23 정답 ③

| 풀이 |

방정식의 근은 식에 대입하면 식을 참이 되게 하는 값이므로

$x^4 + 2x - a = 0$에 $x = 1$을 대입하면, 식이 참이 되어 a의 값을 구할 수 있다.

$1^4 + 2 \times 1 - a = 0$ ➡ $1 + 2 - a = 0$ ➡ $a = 3$

24 정답 ②

| 풀이 |

연립방정식의 해는 두 식을 동시에 만족시키는 미지수의 값이므로 식에 대입하면 두 식 모두 참이 된다.

$\begin{cases} 2x + y = 8 & \cdots\cdots \ ㉠ \\ x^2 - y^2 = a & \cdots\cdots \ ㉡ \end{cases}$ 이라 놓고,

$x = 3$, $y = b$를 두 식에 각각 대입하면,

㉠ $2x + y = 8$ ➡ $6 + b = 8$이므로 $b = 2$

㉡ $x^2 - y^2 = a$ ➡ $3^2 - b^2 = a$이므로 위에서 구한 b의 값을 식에 대입하면,

$\quad 3^2 - 2^2 = a$ ➡ $9 - 4 = a$ ➡ $a = 5$

$\therefore a+b=5+2=7$

> **참고** **연립방정식의 해**
> 두 개 이상의 식을 동시에 만족시키는 x, y의 값 또는
> 그 순서쌍 (x, y)

25 정답 ④

| 풀이 |

연립방정식의 해는 두 식을 동시에 만족시키는 미지수의 값이므로 식에 대입하면 두 식 모두 참이 된다.

$\begin{cases} x+2y=10 & \cdots\cdots ㉠ \\ x^2+y^2=a & \cdots\cdots ㉡ \end{cases}$ 이라 놓고,

$x=2$, $y=b$를 두 식에 각각 대입하면,

㉠ $x+2y=10$ ➡ $2+2b=10$이므로 $b=4$

㉡ $x^2+y^2=a$ ➡ $2^2+b^2=a$이므로 위에서 구한 b의 값을 식에 대입하면,

$2^2+4^2=a$ ➡ $4+16=a$ ➡ $a=20$

$\therefore a+b=20+4=24$

26 정답 ②

| 풀이 |

연립방정식의 해는 두 식을 동시에 만족시키는 미지수의 값이므로 식에 대입하면 모두 참이 된다.

$\begin{cases} x+y=6 & \cdots\cdots ㉠ \\ xy=a & \cdots\cdots ㉡ \end{cases}$ 이라 놓고,

$x=4$, $y=b$를 두 식에 각각 대입하면,

㉠ $x+y=6$ ➡ $4+b=6$이므로 $b=2$

㉡ $xy=a$ ➡ $4 \times b=a$이므로
위에서 구한 b의 값을 식에 대입하면,

$4 \times 2=a$ ➡ $a=8$

$\therefore a+b=8+2=10$

27 정답 ④

| 풀이 |

연립방정식의 해는 두 식을 동시에 만족시키는 미지수의 값이므로 식에 대입하면 두 식 모두 참이 된다.

$\begin{cases} x+y=4 & \cdots\cdots ㉠ \\ x^2-y^2=a & \cdots\cdots ㉡ \end{cases}$ 이라 놓고,

$x=3$, $y=b$를 두 식에 각각 대입하면,

㉠ $x+y=4$ ➡ $3+b=4$이므로 $b=1$

㉡ $x^2-y^2=a$ ➡ $3^2-b^2=a$이므로 위에서 구한 b의 값을 식에 대입하면,

$3^2-1^2=a$ ➡ $9-1=a$ ➡ $a=8$

$\therefore a+b=8+1=9$

28 정답 ②

| 풀이 |

연립방정식의 해는 두 식을 동시에 만족시키는 미지수의 값이므로 식에 대입하면 모두 참이 된다.

$\begin{cases} x+y=3 & \cdots\cdots ㉠ \\ x^2-y^2=a & \cdots\cdots ㉡ \end{cases}$ 이라 놓고,

$x=2$, $y=b$를 두 식에 각각 대입하면,

㉠ $x+y=3$ ➡ $2+b=3$이므로 $b=1$

㉡ $x^2-y^2=a$ ➡ $2^2-b^2=a$이므로 위에서 구한 b의 값을 식에 대입하면,

$2^2-1^2=a$ ➡ $4-1=a$ ➡ $a=3$

$\therefore a+b=3+1=4$

29 정답 ①

| 풀이 |

주어진 부등식의 해를 각각 구하고 공통된 범위를 찾아 정답을 찾는다.

$3x>6$ ➡ $x>2$

$x<10-x$ ➡ $2x<10$ ➡ $x<5$

이므로 공통된 범위는

$2<x<5$이다.

따라서 $a=5$이다.

30 정답 ①

| 풀이 |

절댓값을 포함한 일차부등식은 상수 a에 대하여

㉠ $|x| \leq a$의 해는 $-a \leq x \leq a$

㉡ $|x| \geq a$의 해는 $x \leq -a$ 또는 $x \geq a$이다.

이 성질을 이용하여 부등식 $|x-3| \leq 3$을 풀면,

$-3 \leq x-3 \leq 3$

모든 변에 +3을 하면, ➔ $0 \leq x \leq 6$

이므로 이것을 수직선에 나타내면,

따라서 $a=0$이다.

31 정답 ①

| 풀이 |

절댓값을 포함한 부등식을 해결하는 문제이다.

$|A| \leq k$ ➔ $-k \leq x \leq k$를 이용하여 문제를 해결한다.

$|x-2| \leq 2$ ➔ $-2 \leq x-2 \leq 2$ ➔ $0 \leq x \leq 4$이므로

$a=4$임을 확인할 수 있다.

32 정답 ③

| 풀이 |

절댓값을 포함한 부등식을 해결한다.

$|x| < a$ ➔ $-a < x < a$이므로

$|x-3| \leq 1$ ➔ $-1 \leq x-3 \leq 1$ ➔ $2 \leq x \leq 4$

따라서 만족하는 정수는 2, 3, 4 총 3개이다.

33 정답 ③

| 풀이 |

절댓값을 포함한 일차부등식은 양수 a에 대하여

㉠ $|x| \leq a$의 해는 $-a \leq x \leq a$

㉡ $|x| \geq a$의 해는 $x \leq -a$ 또는 $x \geq a$이다.

이 성질을 이용하여 부등식 $|x+1| \geq 5$를 풀면,

$x+1 \leq -5$ 또는 $x+1 \geq 5$

➔ $x \leq -6$ 또는 $x \geq 4$

이므로 이것을 수직선에 나타내면,

∴ $a=-6$

34 정답 ③

| 풀이 |

이차부등식 $(x-a)(x-b) \leq 0$의 해는

$a < b$일 때, $a \leq x \leq b$이다.

주어진 이차부등식은 $(x+1)(x-4) \leq 0$이므로,

$a=-1$, $b=4$이다.

그러므로 해는 $-1 \leq x \leq 4$가 된다.

(만약, $b < a$인 경우는 $b \leq x \leq a$이고, $a=4$, $b=-1$

이 된다. 그러나 해를 구하면 $-1 \leq x \leq 4$로 같기 때문

에 둘 중 한 가지로 놓고 풀어도 관계없다.)

35 정답 ④

| 풀이 |

이차부등식 $(x-a)(x-b) \geq 0$의 해는

$a < b$일 때, $x \leq a$ 또는 $x \geq b$이다.

주어진 이차부등식은 $(x+3)(x-2) \geq 0$이므로,

$a=-3$, $b=2$이다.

그러므로 해는 $x \leq -3$ 또는 $x \geq 2$가 된다.

(만약, $b < a$인 경우는 $x \leq b$ 또는 $x \geq a$이고,

$a=2$, $b=-3$이 된다.

그러나 해를 구하면 $x \leq -3$ 또는 $x \geq 2$로 같기 때문

에 둘 중 한 가지로 놓고 풀어도 관계없다.)

03 도형의 방정식

대표 기출문제   문제 p. 43

01 ③	02 ③	03 ①	04 ②	05 ④
06 ③	07 ④	08 ③	09 ④	10 ②
11 ④	12 ②	13 ②	14 ④	15 ②
16 ②	17 ④	18 ③	19 ③	20 ④
21 ②	22 ①	23 ③	24 ②	25 ①
26 ②	27 ④	28 ①	29 ④	30 ②
31 ④	32 ③			

01 정답 ③

| 풀이 |

수직선 위의 두 점 $A(x_1)$, $B(x_2)$에 대하여
선분 AB를 $m : n$ $(m > 0, n > 0)$으로
내분하는 점의 좌표는 $x = \dfrac{mx_2 + nx_1}{m+n}$이다.

이 공식을 이용하여 좌표를 구하면,

$x = \dfrac{3 \times 5 + 1 \times 1}{3+1} = \dfrac{15+1}{4} = 4$

> **참고** **수직선 위에서의 내분점과 외분점 공식**
>
> 수직선 위의 두 점 $A(x_1)$, $B(x_2)$에 대하여
> 선분 AB를 $m : n$ $(m > 0, n > 0)$으로
> 내분하는 점 $x = \dfrac{mx_2 + nx_1}{m+n}$,
> 외분하는 점 $x = \dfrac{mx_2 - nx_1}{m-n}$ $(m \neq n)$

02 정답 ③

| 풀이 |

내분점 공식에 넣어 내분하는 점의 좌표를 구하면,

$\left(\dfrac{1 \times 2 + 2 \times (-1)}{1+2}, \dfrac{1 \times 4 + 2 \times 1}{1+2} \right) = \left(\dfrac{0}{3}, \dfrac{6}{3} \right) = (0, 2)$

이다.

> **참고** **내분점 공식**
>
> 좌표평면 위의 두 점 $A(x_1, y_1)$, $B(x_2, y_2)$에 대하여
> 선분 AB를 $m : n$ $(m > 0, n > 0)$으로 내분하는
> 점을 P라 하면, $P\left(\dfrac{mx_2 + nx_1}{m+n}, \dfrac{my_2 + ny_1}{m+n} \right)$이다.

03 정답 ①

| 풀이 |

내분점 공식에 넣어 내분하는 점의 좌표를 구하면,

$\dfrac{2 \times 6 + 3 \times 1}{2+3} = \dfrac{15}{5} = 3$이다.

> **참고** **내분점 공식**
>
> 수직선 위의 두 점 $A(x_1)$, $B(x_2)$에 대하여 선분 AB
> 를 $m : n (m > 0, n > 0)$으로 내분하는 점을 P라 하
> 면, $P\left(\dfrac{mx_2 + nx_1}{m+n} \right)$이다.

04 정답 ②

| 풀이 |

두 점 $A(x_1, y_1)$, $B(x_2, y_2)$를 양 끝으로 하는 선분
AB의 중점의 좌표는 $\left(\dfrac{x_1 + x_2}{2}, \dfrac{y_1 + y_2}{2} \right)$이다.

이것을 대입하기 쉽게 생각하면,
선분 AB의 중점 M의 좌표는

$\left(\dfrac{x좌표의 합}{2}, \dfrac{y좌표의 합}{2} \right)$이라 할 수 있다.

즉, 주어진 두 점 $A(-3, -2)$, $B(1, 4)$에서

$\dfrac{x좌표의 합}{2} = \dfrac{-3+1}{2} = \dfrac{-2}{2} = -1$이고,

$\dfrac{y좌표의 합}{2} = \dfrac{-2+4}{2} = \dfrac{2}{2} = 1$이므로,

중점의 좌표는 $(-1, 1)$이다.

05 정답 ④

| 풀이 |

두 점 $A(x_1, y_1)$, $B(x_2, y_2)$를 양 끝으로 하는 선분 AB의 중점의 좌표는 $\left(\dfrac{x_1+x_2}{2}, \dfrac{y_1+y_2}{2} \right)$이다.

이것을 대입하기 쉽게 생각하면,

선분 AB의 중점 M의 좌표는

$\left(\dfrac{x좌표의\ 합}{2}, \dfrac{y좌표의\ 합}{2} \right)$이라 할 수 있다.

즉, 주어진 두 점 $A(1, 2)$, $B(3, -4)$에서

$\dfrac{x좌표의\ 합}{2} = \dfrac{1+3}{2} = \dfrac{4}{2} = 2$이고,

$\dfrac{y좌표의\ 합}{2} = \dfrac{2+(-4)}{2} = \dfrac{-2}{2} = -1$이므로,

중점의 좌표는 $(2, -1)$이다.

06 정답 ③

| 풀이 |

좌표평면상에서 떨어진 두 점 사이의 거리를 묻는 문제이다.

공식은 두 점이 (x_1, y_1), (x_2, y_2)로 주어졌을 때 $d = \sqrt{(x_2-x_1)^2+(y_2-y_1)^2}$이므로 숫자를 대입하여 답을 찾는다.

$d = \sqrt{\{2-(-2)\}^2+(4-1)^2} = \sqrt{4^2+3^2} = \sqrt{25} = 5$

이므로 거리는 5이다.

07 정답 ④

| 풀이 |

공식을 이용하여 거리를 구한다.

$A(-1, 2)$, $B(1, 4)$의 거리는

$\overline{AB} = \sqrt{\{1-(-1)\}^2+(4-2)^2} = \sqrt{2^2+2^2} = \sqrt{8} = 2\sqrt{2}$

이다.

08 정답 ③

| 풀이 |

점과 점 사이의 거리를 정확하게 구할 수 있는지를 평가하는 문제이다.

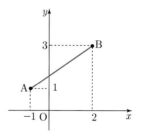

점과 점 사이의 공식을 정확하게 기억을 하고 대입하여 답을 찾는다. $\overline{AB}$의 길이를 l이라 하면

$l = \sqrt{(x_1-x_2)^2+(y_1-y_2)^2}$임을 이용한다.

$A(-1, 1)$, $B(2, 3)$을 식에 대입한다. 따라서

$l = \sqrt{\{2-(-1)\}^2+(3-1)^2} = \sqrt{9+4} = \sqrt{13}$

09 정답 ④

| 풀이 |

직선 $y = x-3$에 평행하므로 기울기가 1이고,

점 $(0, 4)$를 지나므로 y절편이 4인 직선의 방정식이다.

기울기가 a이고 y절편이 b인 직선의 방정식은 $y = ax+b$임을 이용하여 식을 구하면,

$y = x+4$이다.

> **참고**
>
> - 평행한 두 직선
>   두 직선 $y = mx+n$, $y = m'x+n'$이 평행하면, $m = m'$, $n \neq n'$이다.
> - 기울기와 y절편이 주어진 직선의 방정식
>
> $$y = a\,x + b$$
>
> 기울기 y절편

10 정답 ②

| 풀이 |

수직인 두 직선의 기울기의 곱이 -1임을 이용하면,

직선 $y = x+2$에 수직인 직선의 기울기는 -1이다.

기울기가 a이고 y절편이 b인 직선의 방정식은 $y = ax+b$임을 이용하여 식을 구하면,

$y=-x+b$이다.

이 직선은 점 $(4, 0)$을 지나므로 식에 대입하면,

$0=-4+b$ ➡ $b=4$

그러므로 직선의 방정식은 $y=-x+4$이다.

> **참고**
>
> 수직인 두 직선
> 두 직선 $y=mx+n$, $y=m'x+n'$이 수직일 때, 기울기의 곱 $m\times m'=-1$이다.

11 정답 ④

| 풀이 |

기울기가 3이므로 $y=3x+b$이고,

점 $(-2, 1)$을 지나므로 식에 대입하면,

$1=3\times(-2)+b$ ➡ $1=-6+b$ ➡ $b=7$

그러므로 직선의 방정식은 $y=3x+7$이 된다.

| 다른 풀이 |

한 점 (x_1, y_1)을 지나고, 기울기가 m인 직선의 방정식은

$y-y_1=m(x-x_1)$임을 이용하여 공식에 대입하면,

$x_1=-2$, $y_1=1$, $m=3$이므로,

$y-1=3(x+2)$ ➡ $y=3x+7$

> **참고**
>
> (x_1, y_1)을 지나고, 기울기가 m인 직선의 방정식은
> ➡ $y-y_1=m(x-x_1)$

12 정답 ②

| 풀이 |

수직인 두 직선의 기울기의 곱이 -1임을 이용하면,

직선 $y=x-1$에 수직인 직선의 기울기는 -1이고, 이 직선은 점 $(0, 3)$을 지나므로 y절편이 3인 직선의 방정식이다.

기울기가 a이고 y절편이 b인 직선의 방정식은

$y=ax+b$임을 이용하여 식을 구하면,

$y=-x+3$이다.

13 정답 ②

| 풀이 |

직선 $y=-2x+5$에 평행하므로, 기울기가 -2이고,

점 $(0, 1)$을 지나므로 y절편이 1인 직선의 방정식이다.

기울기가 a이고, y절편이 b인 직선의 방정식은

$y=ax+b$임을 이용하여 식을 구하면,

$y=-2x+1$이다.

14 정답 ④

| 풀이 |

직선 $y=2x+3$에 평행하다 하므로 기울기가 2이고,

점 $(0, 6)$을 지나므로 y절편이 6인 직선의 방정식이다.

직선 $y=2x+3$에 평행하고, 점 $(0, 6)$을 지나는 직선의 방정식은 $y=2x+6$이다.

15 정답 ②

| 풀이 |

$y=x+1$에 수직이므로 수직인 두 직선의 기울기의 곱이 -1임을 이용하면, 수직인 직선의 기울기는 -1임을 알 수 있다. 점 $(0, 2)$를 지나므로

$y=-(x-0)+2=-x+2$임을 알 수 있다.

> **참고**
>
> 기울기와 y절편을 알고 있으므로 바로 $y=-x+2$라 찾아도 된다.

16 정답 ②

| 풀이 |

원점 $(0, 0)$과 직선 $x+y-2=0$ 사이의 거리는 점과 직선 사이의 거리 공식을 이용하여 구할 수 있다.

점 $\mathrm{P}(x_1, y_1)$와 직선 $l:ax+by+c=0$ 사이의 거리는

$d=\dfrac{|ax_1+by_1+c|}{\sqrt{a^2+b^2}}$임을 이용하여

$x_1=0$, $y_1=0$, $a=1$, $b=1, c=-2$를 공식에 대입하면,

$d=\dfrac{|1\times0+1\times0-2|}{\sqrt{1^2+1^2}}=\dfrac{2}{\sqrt{2}}=\dfrac{2\sqrt{2}}{2}=\sqrt{2}$

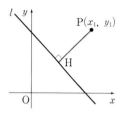
17 정답 ④

| 풀이 |

아래 그림과 같이 원 위의 임의의 점을 $P(x, y)$라 하면 $\overline{CP}=r$이므로 $\sqrt{(x-a)^2+(y-b)^2}=r$이다.

이 식의 양변을 제곱하면 $(x-a)^2+(y-b)^2=r^2$ ······ ㉠

이때 방정식 ㉠은 중심이 (a, b)이고 반지름의 길이가 r인 원의 방정식이라 한다.

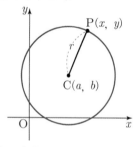

중심이 $(3, 2)$, 반지름이 1이므로

$(x-3)^2+(y-2)^2=1^2$, 즉 $(x-3)^2+(y-2)^2=1$이다.

18 정답 ③

| 풀이 |

중심이 $(3, -1)$이고 반지름의 길이가 r인 원의 방정식은 $(x-3)^2+(y+1)^2=r^2$이다.

이때, 이 원이 원점을 지나므로, 원의 방정식에 점 $(0, 0)$을 대입하면,

$(0-3)^2+(0+1)^2=r^2$ ➜ $r^2=10$

그러므로 중심이 $(3, -1)$이고, 원점을 지나는 원의 방정식은 $(x-3)^2+(y+1)^2=10$이다.

19 정답 ③

| 풀이 |

중심이 $(-2, 1)$이므로 원의 방정식은 $(x+2)^2+(y-1)^2=r^2$으로 나타낼 수 있다. 반지름은 중심과 원 위의 한 점인 원점과의 거리로 구할 수 있으므로 원점과 중심의 거리를 구하면

$r = \sqrt{(-2)^2+1^2}=\sqrt{5}$ 임을 알 수 있다.

따라서 원의 방정식은 $(x+2)^2+(y-1)^2=5$이다.

20 정답 ④

| 풀이 |

두 점 $A(-1, -1)$, $B(3, 3)$이 지름의 양 끝점이므로 A, B의 중점이 원의 중심임을 알 수 있다.

원의 중심을 C라 하면 C의 좌표는

$C\left(\dfrac{-1+3}{2}, \dfrac{-1+3}{2}\right)=C(1, 1)$

중심에서 A 또는 B까지의 거리가 반지름이므로 반지름

$r = \sqrt{\{1-(-1)\}^2+\{1-(-1)\}^2}=\sqrt{2^2+2^2}$
$= \sqrt{8}=2\sqrt{2}$

주어진 그림의 원의 방정식은 $(x-1)^2+(y-1)^2=8$이다.

21 정답 ②

| 풀이 |

중심이 $(-2, 2)$이고 x축과 y축에 동시에 접하므로 반지름의 길이가 2이다.

중심이 (a, b)이고 반지름의 길이가 r인 원의 방정식이 $(x-a)^2+(y-b)^2=r^2$과 같음을 이용하면,

$(x+2)^2+(y-2)^2=2^2$, 즉, $(x+2)^2+(y-2)^2=4$이다.

> **참고** x축, y축에 접하는 원의 방정식
> 중심이 (a, b)이고 y축에 접하는 원의 방정식은
> $(x-a)^2+(y-b)^2=a^2$
> 중심이 (a, b)이고 x축에 접하는 원의 방정식은
> $(x-a)^2+(y-b)^2=b^2$

22 정답 ①
| 풀이 |
중심이 점 $(3, 1)$이고 x축에 접하므로 반지름의 길이가 1이다.
중심이 (a, b)이고 반지름의 길이가 r인 원의 방정식이 $(x-a)^2+(y-b)^2=r^2$과 같음을 이용하면,
$(x-3)^2+(y-1)^2=1^2$, 즉 $(x-3)^2+(y-1)^2=1$이다.

> **⊗ 오답피하기**
> 원의 반지름을 3으로 착각하여 ②로 답을 구하기 쉬우니 그림에서 반지름이 정확히 얼마인지를 구하여 실수하지 않도록 한다.

23 정답 ③
| 풀이 |
x축에 접하는 원이므로 중심의 y좌표의 절댓값이 반지름이다.
|y좌표| = 반지름
y좌표가 1이므로 반지름도 1이다.
중심이 (a, b)이고 반지름의 길이가 r인 원의 방정식 $(x-a)^2+(y-b)^2=r^2$
중심의 좌표가 $(2, 1)$이고, 반지름이 1인 원의 방정식은 $(x-2)^2+(y-1)^2=1^2$
즉, $(x-2)^2+(y-1)^2=1$이다.

24 정답 ②
| 풀이 |
중심이 $(2, 1)$이고 y축에 접하므로 반지름의 길이가 2

이다.
중심이 점 (a, b)이고 반지름의 길이가 r인 원의 방정식은 $(x-a)^2+(y-b)^2=r^2$임을 이용하면,
$(x-2)^2+(y-1)^2=2^2$, 즉 $(x-2)^2+(y-1)^2=4$이다.

25 정답 ①
| 풀이 |
원 $x^2+y^2=4$와 직선 $y=a$를 그려 원과 만나는 관계를 찾아보자.
원 $x^2+y^2=4$는 반지름이 2인 원이므로,
① 원 $x^2+y^2=4$와 직선 $y=1$

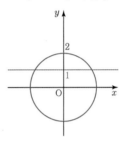

[서로 다른 두 점에서 만난다.]
② 원 $x^2+y^2=4$와 직선 $y=2$

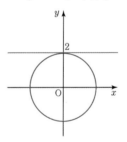

[한 점에서 만난다(접한다).]
③ 원 $x^2+y^2=4$와 직선 $y=3$

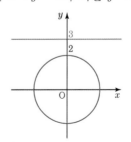

[만나지 않는다.]

정답 및 해설 **99**

④ 원 $x^2+y^2=4$와 직선 $y=4$

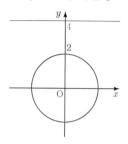

[만나지 않는다.]

서로 다른 두 점에서 만나는 것은 ①임을 알 수 있다.

26 정답 ②

| 풀이 |

점의 평행이동은 이동시킨 만큼 좌표에 그대로 연산해서 찾는다.

점 $(2, 1)$에서 x축의 방향으로 -2만큼 움직인다 하였으므로 이동시킨 x좌표는 $2+(-2)=0$이며, y축의 방향으로 2만큼 움직인다 하였으므로 이동시킨 y좌표는 $1+2=3$이다.

따라서 이동시킨 점의 좌표는 $(0, 3)$이다.

27 정답 ④

| 풀이 |

점의 평행이동을 정확하게 할 수 있는지를 묻는 문제이다. 점 $(-1, 2)$를 x축의 방향으로 3만큼, y축의 방향으로 -2만큼 평행이동하였다고 하였으므로 주어진 점의 x, y좌표에 각각 3, -2를 더해주면 된다.

따라서 $(-1, 2)$ ➡ $\{-1+3, 2+(-2)\}$ ➡ $(2, 0)$이다.

28 정답 ①

| 풀이 |

점 $(3, -2)$를 원점에 대하여 대칭이동하면 x좌표와 y좌표의 부호가 모두 반대로 바뀌므로 $(-3, 2)$가 된다.

29 정답 ④

| 풀이 |

점 $(2, 3)$을 $y=x$에 대하여 대칭이동하면, x좌표와 y좌표가 서로 바뀌므로 $(3, 2)$가 된다.

30 정답 ②

| 풀이 |

점 $(2, 4)$를 y축에 대하여 대칭이동하면, x좌표의 부호가 반대로 바뀌므로 $(-2, 4)$가 된다.

(음수 ➡ 양수, 양수 ➡ 음수)

> **참고** y축 대칭
>
> 점 $P(x, y)$를 y축에 대하여 대칭이동한 점을 P_2라 하면, $P_2(-x, y)$가 된다.
>
>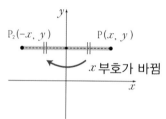
>
> x 부호가 바뀜

31 정답 ④

| 풀이 |

점 $(-2, 1)$을 원점에 대하여 대칭이동하면, x와 y좌표의 부호가 모두 반대로 바뀌므로 $(2, -1)$이 된다.

(음수 ➡ 양수, 양수 ➡ 음수)

> **참고** 원점 대칭
>
> 점 $P(x, y)$를 원점에 대해 대칭이동한 점을 P_3라 하면, $P_3(-x, -y)$가 된다.
>
>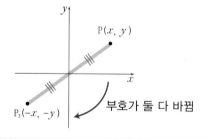
>
> 부호가 둘 다 바뀜

32 정답 ③

| 풀이 |

점 $(2, 5)$를 x축에 대칭이동한다고 하였으므로 (x, y) ➡ $(x, -y)$가 됨을 이용하여 정답을 찾는다.

따라서 $(2, 5)$ ➡ $(2, -5)$이다.

04 집합과 명제

01 정답 ③

| 풀이 |

집합은 조건에 의해 대상을 분명하게 정할 수 있는 대상들의 모임을 말한다. 그러므로 대상을 정확하게 구분할 수 없는 조건들로는 집합을 구성할 수 없다.

① 아름다운 꽃의 기준이 없기 때문에 적절한 조건이라 볼 수 없다.

② 큰 수의 기준이 없기 때문에 적절한 조건이라 볼 수 없다.

③ 10보다 작은 자연수는 $\{1,\ 2,\ 3,\ 4,\ 5,\ 6,\ 7,\ 8,\ 9\}$ 이므로 집합임을 알 수 있다.

④ 기부를 많이 하는 기준이 없기 때문에 적절한 조건이라 볼 수 없다.

02 정답 ②

| 풀이 |

두 집합의 원소가 모두 같을 때 두 집합은 서로 같은 집합이라 한다.

그러므로 $a-1=3$ 이고, $a+1=5$ 이어야 $A=B$ 이므로, $a=4$ 이다.

03 정답 ③

| 풀이 |

$A \cap B$ 는 집합 A 와 B 의 공통원소를 원소로 하는 집합이다.

두 집합의 공통원소를 찾으면, 3, 6이므로, $A \cap B=\{3,\ 6\}$ 이다.

04 정답 ②

| 풀이 |

$A-B=\{x \mid x \in A,\ x \not\in B\}$ 이다. 즉, A 에는 포함되고, B 에는 포함되지 않는 원소를 구하면 된다.

집합 A 의 원소 1, 2, 3, 4 중 B 와 공통인 교집합의 원소는 3, 4이므로 $A-B=\{1,\ 2\}$ 이다.

> **참고** **차집합**
>
> 집합 A 에는 속하지만 집합 B 에는 속하지 않는 모든 원소로 이루어진 집합($A-B=$집합 A 의 원소 중 $\underline{A}$ <u>에만 속하는 원소들로 이루어진 집합</u>)
>
> → 기호 : $A-B$
>
> → $A-B=\{x \mid x \in A$ 그리고 $x \not\in B\}$ 이다.
>
> → $\underline{A-B=A \cap B^C}$
>
>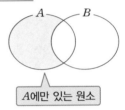
>
> A 에만 있는 원소

05 정답 ③

| 풀이 |

$A-B=\{x \mid x \in A,\ x \not\in B\}$ 이다. 즉, A 에는 포함되고, B 에는 포함되지 않는 원소를 구하면 된다.

집합 A 의 원소 1, 3, 4, 5 중 B 와 공통인 교집합의 원소는 4이므로 $A-B=\{1,\ 3,\ 5\}$ 이다.

06 정답 ②

| 풀이 |

$A-B=\{x \mid x \in A,\ x \not\in B\}$ 이다. 즉, A 에는 포함되고, B 에는 포함되지 않는 원소를 구하면 된다.

집합 A 의 원소 1, 2, 3, 4 중 B 와 공통인 교집합의 원소는 3, 4이므로 $A-B=\{1,\ 2\}$ 이다.

$\therefore\ n(A-B)=2$

> [참고] **집합의 원소의 개수**
>
> 집합 A의 원소의 개수 ➜ 기호 : $n(A)$와 같이 나타낸다.
> 차집합의 원소의 개수 : $n(A-B)$

07 정답 ③

| 풀이 |

합집합을 구하고 원소의 개수를 찾는다.
$A=\{1,\ 3,\ 4\}$, $B=\{2,\ 4,\ 5\}$이므로
$A\cup B=\{1,\ 2,\ 3,\ 4,\ 5\}$이다.
따라서 합집합의 원소의 개수는 5이다.

08 정답 ①

| 풀이 |

집합의 원소의 개수를 정확히 찾는 문제이다.
$A\cap B=\{1,\ 2\}$이므로 $n(A\cap B)=2$임을 확인할 수 있다.

09 정답 ②

| 풀이 |

진리집합이란 전체집합 U의 원소 중에서 주어진 조건이 참이 되게 하는 모든 원소의 집합을 뜻한다.
즉, 전체집합 $U=\{1,\ 2,\ 3,\ 4,\ 5,\ 6,\ 7,\ 8,\ 9\}$의 원소 중에서「3의 배수」라는 조건을 참이 되게 하는 모든 원소의 집합이므로, 주어진 조건의 진리집합은 $\{3,\ 6,\ 9\}$이다.

> [참고]
>
> 진리집합이란 전체집합 U의 원소 중에서 어떤 조건이 참이 되게 하는 모든 원소의 집합이다.
> (예) $U=\{1,\ 2,\ 3,\ 4,\ 5,\ 6\}$에 대하여 조건 : '$x$는 홀수이다.'의 진리집합은 $\{1,\ 3,\ 5\}$이다.

10 정답 ②

| 풀이 |

진리집합이란 전체집합 U의 원소 중에서 주어진 조건이 참이 되게 하는 모든 원소의 집합을 뜻한다.

즉, 전체집합 $U=\{1,\ 2,\ 3,\ 4,\ 5,\ 6\}$의 원소 중에서「짝수」라는 조건을 참이 되게 하는 모든 원소의 집합이므로, 주어진 조건의 진리집합은 $\{2,\ 4,\ 6\}$이다.

11 정답 ①

| 풀이 |

명제 $p\rightarrow q$에 대하여 가정 p와 결론 q의 위치를 바꾼 명제 $q\rightarrow p$를 명제의 역이라 한다.
주어진 명제 '정삼각형이면 이등변삼각형이다.'에서 가정과 결론을 각각 구하면,
[가정(p) : 정삼각형이다.],
[결론(q) : 이등변삼각형이다.]와 같다.
가정과 결론의 위치를 바꾸어 역을 구하면 '이등변삼각형이면 정삼각형이다.'가 된다.

> [참고] **명제의 역**
>
>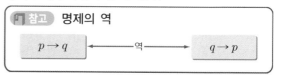

12 정답 ③

| 풀이 |

주어진 명제 '$x=1$이면 $x^3=1$이다.'의 역은 가정과 결론을 뒤바꾸면 된다.
따라서 주어진 명제의 역은 '$x^3=1$이면 $x=1$이다.'이다.

13 정답 ①

| 풀이 |

명제 'a가 짝수이면 a는 4의 배수이다.'
가정 → a가 짝수, 결론 → a는 4의 배수이므로 가정과 결론을 바꾸면,
가정 → a는 4의 배수, 결론 → a가 짝수이므로 주어진 명제의 역은 'a가 4의 배수이면 a는 짝수이다.'

> [참고] **명제의 부정, 역, 대우**
>
> ❶ 명제 또는 조건 p에 대하여 'p가 아니다.'를 p의 부정이라 하고, 기호 $\sim p$로 나타낸다.
> ❷ 명제 $p\rightarrow q$에 대하여
> 역 : $q\rightarrow p$

대우 : $\sim q \to \sim p$

14 정답 ③

| 풀이 |

주어진 명제 '평행사변형이면 사다리꼴이다.'에서 가정
과 결론을 각각 구하면,

[가정(p) : 평행사변형이다.]

[결론(q) : 사다리꼴이다.]와 같다.

[가정의 부정($\sim p$) : 평행사변형이 아니다.],

[결론의 부정($\sim q$) : 사다리꼴이 아니다.]

명제의 대우는 가정과 결론을 부정하여 순서를 바꾼 것
으로, '사다리꼴이 아니면 평행사변형이 아니다.'가 된다.

참고 **명제의 역과 대우**

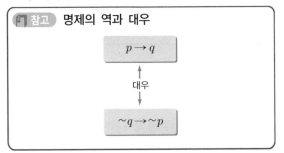

15 정답 ④

| 풀이 |

주어진 명제 '$x=2$이면 $x^3=8$이다.'에서 가정과 결론
을 각각 구하면,

[가정(p) : $x=2$이다.],

[결론(q) : $x^3=8$이다.]와 같다.

[가정의 부정($\sim p$) : $x \neq 2$이다.],

[결론의 부정($\sim q$) : $x^3 \neq 8$이다.]

명제의 대우는 가정과 결론을 부정하여 순서를 바꾼 것
으로, '$x^3 \neq 8$이면 $x \neq 2$이다.'가 된다.

16 정답 ①

| 풀이 |

명제의 대우를 정확하게 찾을 수 있는지를 평가하는 문
제이다.

명제 $p \to q$의 대우는 $\sim q \to \sim p$이다. 따라서 '$x^2 \neq 1$
이면 $x \neq 1$이다.'의 대우는 '$x=1$이면 $x^2=1$이다.'임
을 알 수 있다.

17 정답 ④

| 풀이 |

명제 $p \to q$에 대하여 가정 p와 결론 q의 위치를 바꾸고
각각 부정하여 얻어지는 명제 $\sim q \to \sim p$를
명제 $p \to q$의 대우라 한다.

명제 '$x>1$이면 $x^2>1$이다.'에서

가정 : $x>1$, 결론 : $x^2>1$이므로

가정과 결론의 위치를 바꾸면 '$x^2>1$이면 $x>1$이다.'
이고

가정과 결론을 각각 부정하면 '$x^2 \leq 1$이면 $x \leq 1$이다.'

참고

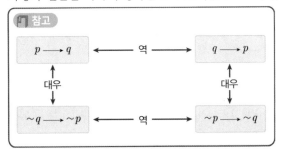

18 정답 ④

p가 q이기 위한 충분조건이 되기 위해서는

명제 $p \to q$가 참이어야 하므로,

조건 $p : x=2$를 조건 $q : x^2-a=0$에 대입하였을 때
참이 되어야 한다.

$2^2-a=0 \ \rightarrow\ 4-a=0 \ \rightarrow\ a=4$

참고

명제 $p \to q$가 참일 때, p는 q이기 위한 충분조건,
q는 p이기 위한 필요조건이라 한다.

05 함수

대표 기출문제				문제 p. 72
01 ④	02 ④	03 ④	04 ①	05 ①
06 ①	07 ①	08 ①	09 ①	10 ①
11 ①	12 ②	13 ②	14 ③	15 ②
16 ②	17 ②	18 ③	19 ①	20 ④

01 정답 ④

| 풀이 |

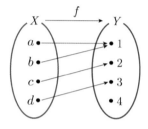

함수의 용어들을 정확하게 이해하고 있는지를 묻는 문제이다.

주어진 그림에서 X는 정의역을 말하며, Y는 공역을 말한다.

또한 X의 원소에 대응이 된 Y의 원소들은 치역이라 말한다.

① 정의역은 X의 원소들을 말하므로 $\{a, b, c, d\}$임을 알 수 있다.

② 공역은 Y의 원소들을 말하므로 $\{1, 2, 3, 4\}$임을 알 수 있다.

③ 치역은 공역에서 X의 원소에 대응된 값들을 말하므로 $\{1, 2, 3\}$임을 알 수 있다.

④ $f(a)$는 2가 아니라 1임을 확인할 수 있다.

02 정답 ④

| 풀이 |

두 함수 $f : X \to Y$, $g : Y \to Z$에 대하여 X의 각 원소 x에 Z의 원소 $g(f(x))$를 대응시켜 X를 정의역, Z를 공역으로 하는 새로운 함수를 정의할 수 있다.

이 새로운 함수를 f와 g의 합성함수라 하고, 기호로

$g \circ f : X \to Z$

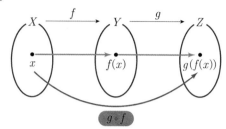

즉, 두 함수 $f : X \to Y$, $g : Y \to Z$의 합성함수 $g \circ f$는 $(g \circ f)(x) = g(f(x))$

$f(5) = 6$, $g(6) = 25$이므로

$(g \circ f)(5) = g(f(5)) = g(6) = 25$

> **참고** 합성함수
>
> 두 함수 $f : X \to Y$, $g : Y \to Z$의 합성함수는
> $g \circ f : X \to Z$, $(g \circ f)(x) = g(f(x))$

03 정답 ④

| 풀이 |

합성함수의 함숫값을 찾는 문제이다.

$f(2) = 3$, $f(3) = 4$임을 이용하면

$(f \circ f)(2) = f(f(2)) = f(3) = 4$이다.

04 정답 ①

| 풀이 |

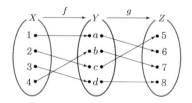

$(g \circ f)(2) = g(f(2))$와 같다.

위의 그림을 보고 $f(2)$를 먼저 구하면, c가 됨을 알 수 있으므로, $(g \circ f)(2) = g(f(2)) = g(c)$

$g(c)$ 역시 위의 그림을 보면 5가 된다.

그러므로 $(g \circ f)(2) = g(f(2)) = g(c) = 5$

05 정답 ①

| 풀이 |

합성함수의 값을 정확히 찾는다.

$(g \circ f)(2)$의 값은 $f(2) = c$에서 다시 한번 g에 대응시켜 찾는다. 화살표 순서대로 찾아가면 편하다.

그러므로 $(g \circ f)(2) = g(f(2)) = g(c) = 5$

06 정답 ①

| 풀이 |

$(g \circ f)(3) = g(f(3))$이다.

그림을 보고 $f(3)$을 먼저 구하면, c가 됨을 알 수 있으므로, $(g \circ f)(3) = g(f(3)) = g(c)$

$g(c)$ 역시 그림을 보면 5가 된다.

그러므로 $(g \circ f)(3) = g(f(3)) = g(c) = 5$

07 정답 ①

| 풀이 |

주어진 대응을 순차적으로 찾아가서 정답을 찾는다.

$f(2) = a$이며 $g(a) = 4$이다.

따라서 $(g \circ f)(2) = g(a) = 4$이다.

08 정답 ①

| 풀이 |

함수 $f : X \to Y$가 일대일 대응일 때,

Y의 임의의 원소 y에 대하여 $f(x) = y$인 X의 원소 x가 오직 하나 존재한다.

그러므로 Y의 원소 y에 $f(x) = y$인 X의 원소 x를 대응시켜 Y를 정의역, X를 공역으로 하는 새로운 함수를 정의할 수 있다.

이 새로운 함수를 함수 f의 역함수라 하고, 기호로 f^{-1}과 같이 나타낸다.

즉, $f^{-1} : Y \to X$, $x = f^{-1}(y)$이다.

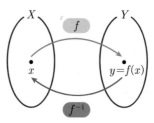

$f(2) = 1 \; \to \; f^{-1}(1) = 2$

$f(3) = 3 \; \to \; f^{-1}(3) = 3$

$f(4) = 2 \; \to \; f^{-1}(2) = 4$

$f(5) = 4 \; \to \; f^{-1}(4) = 5$

이므로 $f^{-1}(a) = 4$를 만족하는 상수 a의 값은 2이다.

> **참고** **역함수의 성질**
>
> 함수 $f : X \to Y$가 일대일 대응일 때
>
> ❶ 역함수 $f^{-1} : Y \to X$가 존재한다.
>
> ❷ $y = f(x) \Leftrightarrow x = f^{-1}(y)$
>
> ❸ $(f^{-1} \circ f)(x) = x \; (x \in X)$
>
> $\quad (f \circ f^{-1})(y) = y \; (y \in Y)$

09 정답 ①

| 풀이 |

$f^{-1}(c) = k$라 놓고, 역함수의 성질을 이용하면,

$f^{-1}(c) = k$이면 $f(k) = c$이다.

$f : X \to Y$에서 1에 대응하는 Y의 원소가 c이므로 $k = 1$이다.

그러므로 $f^{-1}(c) = 1$이 된다.

> **참고**
>
> 역함수의 정의에 의해 다음이 성립한다.
>
> $f(a) = b \; \to \; f^{-1}(b) = a$

10 정답 ①

| 풀이 |

$f^{-1}(5) = a$라 놓고, 역함수의 성질을 이용하면,

$f^{-1}(5) = a$이면 $f(a) = 5$이다.

$f: X \to Y$에서 1에 대응하는 Y의 원소가 5이므로 $a = 1$이다.

그러므로, $f^{-1}(5) = 1$이 된다.

⊗ 오답피하기

$f^{-1}(5)$의 값을 구할 때, $f(5)$로 생각하여 $f(5) = 7$과 같이 풀지 않도록 주의해야 한다.

11 정답 ①

| 풀이 |

$f^{-1}(4) = a$라 놓고, 역함수의 성질을 이용하면,

$f^{-1}(4) = a$이면 $f(a) = 4$이다.

$f: X \to Y$에서 1에 대응하는 Y의 원소가 4이므로 $a = 1$이다. 그러므로, $f^{-1}(4) = 1$이 된다.

⊗ 오답피하기

$f^{-1}(4)$의 값을 구할 때, $f(4)$로 생각하여 $f(4) = 2$와 같이 풀지 않도록 주의해야 한다.

12 정답 ②

| 풀이 |

$f^{-1}(5) = k$라 놓으면 $f(k) = 5$이다.

$f(k) = 2k + 1 = 5$이므로,

$2k = 4 \ \to \ k = 2$

$\therefore f^{-1}(5) = 2$

| 다른 풀이 |

역함수를 직접 구해서 푸는 방법도 있다.

$y = 2x + 1$의 역함수는 x, y를 바꾸는 것이므로

$x = 2y + 1$, 이 식을 y에 대하여 정리하면,

$2y + 1 = x \ \to \ 2y = x - 1 \ \to \ y = \dfrac{1}{2}x - \dfrac{1}{2}$이 된다.

그러므로 $f^{-1}(x) = \dfrac{1}{2}x - \dfrac{1}{2}$

$f^{-1}(5) = \dfrac{1}{2} \times 5 - \dfrac{1}{2} = \dfrac{5-1}{2} = \dfrac{4}{2} = 2$

참고 역함수의 성질

$$f(\ a\ ) = b$$

$$f^{-1}(\ b\ ) = a$$

13 정답 ②

| 풀이 |

$y = \dfrac{1}{x-2} - 1$의 점근선은 $x = 2$, $y = -1$이고,

$y = \dfrac{1}{x}$의 점근선은 $x = 0$, $y = 0$이므로

유리함수 $y = \dfrac{1}{x}$의 그래프를 x축의 방향으로 2만큼, y축의 방향으로 -1만큼 평행이동한 그래프가

$y = \dfrac{1}{x-2} - 1$임을 알 수 있다.

$\therefore a = 2$, $b = -1$

$a + b = 2 + (-1) = 1$

| 다른 풀이 |

도형의 평행이동을 이용하여 유리함수 $y = \dfrac{1}{x}$의 그래프를 x축의 방향으로 a만큼, y축의 방향으로 b만큼 평행이동하면, $y = \dfrac{1}{x-a} + b$가 되고, 주어진 식은 $y = \dfrac{1}{x-2} - 1$이므로, $a = 2$, $b = -1$임을 알 수 있다.

⊗ 오답피하기

$y = \dfrac{1}{x-2} - 1$의 그래프가 $y = \dfrac{1}{x}$의 그래프를 x축의 방향으로 -2만큼, y축의 방향으로 -1만큼 평행이동한 것이라 실수하기 쉬우니 주의해야 한다.

14 정답 ③

| 풀이 |

유리함수 $y = \dfrac{1}{x}$의 그래프를 x축의 방향으로 a만큼, y축의 방향으로 b만큼 평행이동한 그래프는

$y = \dfrac{1}{x-a} + b$ 이므로 $y = \dfrac{1}{x-1}$ 의 그래프는 $y = \dfrac{1}{x}$ 의 그래프를 x축의 방향으로 1만큼 평행이동한 것임을 알 수 있다.

$\therefore a = 1$

| 다른 풀이 |

도형의 평행이동을 이용하여 유리함수 $y = \dfrac{1}{x}$ 의 그래프를 x축의 방향으로 a만큼 평행이동하면, $y = \dfrac{1}{x-a}$ 이 되고, 주어진 식은 $y = \dfrac{1}{x-1}$ 이므로, $a = 1$임을 알 수 있다.

> **⊗ 오답피하기**
>
> $y = \dfrac{1}{x-1}$ 의 그래프가 $y = \dfrac{1}{x}$ 의 그래프를 x축의 방향으로 -1만큼 평행이동한 것이라 실수하기 쉬우니 주의해야 한다.

15 정답 ②

| 풀이 |

유리함수의 그래프를 이용하여 유리함수의 식을 구하는 문제이다. $x = p$, $y = q$를 점근선으로 하는 유리함수는 $y = \dfrac{k}{x-p} + q$임을 이용한다.

주어진 문제에서는 $x = 3$, $y = 4$가 점근선이므로 $y = \dfrac{k}{x-3} + 4$임을 알 수 있는데, k의 값은 문제에서 1로 주어진 상황이다.

따라서 주어진 유리함수의 그래프의 식은 $y = \dfrac{1}{x-3} + 4$ 임을 알 수 있고 $a = 3$임을 확인할 수 있다.

16 정답 ②

| 풀이 |

유리함수에 대한 용어와 약속을 정확히 알고 있는지를 평가하는 문제이다.

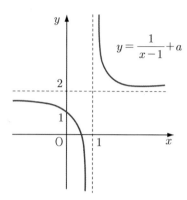

주어진 식 $y = \dfrac{1}{x-1} + a$에서 a는 수평으로 그은 점근선의 값을 알려 준다. 따라서 $a = 2$임을 알 수 있다. 분모가 0이 되는 1은 수직으로 그은 점근선임을 주의한다.

17 정답 ②

| 풀이 |

무리함수 $y = \sqrt{x-a} + b$의 그래프는 함수 $y = \sqrt{x}$ 의 그래프를 x축의 방향으로 a만큼, y축의 방향으로 b만큼 평행이동한 그래프이다.

그러므로 $a = 1$, $b = 4$임을 알 수 있다.

$\therefore a + b = 1 + 4 = 5$

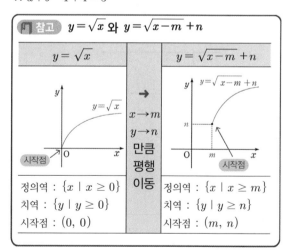

참고 $y = \sqrt{x}$ 와 $y = \sqrt{x-m} + n$

$y = \sqrt{x}$		$y = \sqrt{x-m} + n$
정의역 : $\{x \mid x \geq 0\}$	$x \to m$ $y \to n$ 만큼 평행 이동	정의역 : $\{x \mid x \geq m\}$
치역 : $\{y \mid y \geq 0\}$		치역 : $\{y \mid y \geq n\}$
시작점 : $(0, 0)$		시작점 : (m, n)

18 정답 ③

| 풀이 |

무리함수 $y = \sqrt{x-a} + b$의 그래프는 함수 $y = \sqrt{x}$ 의 그래프를 x축의 방향으로 a만큼, y축의 방향으로 b만큼 평행이동한 것이다.

문제에서 $y = \sqrt{x}$ 의 그래프를 x축의 방향으로 2만큼, y축의 방향으로 3만큼 평행이동하였으므로,

$a = 2$, $b = 3$

$\therefore a + b = 5$가 된다.

⊗ 오답피하기

$y = \sqrt{x}$ 의 그래프를 x축의 방향으로 '$-a$'만큼, y축의 방향으로 b만큼 평행이동하여 $y = \sqrt{x-a} + b$가 된다고 실수하기 쉬우니 주의해야 한다.

⊓ 참고

함수 $y = \sqrt{x}$ 의 그래프를 x축의 방향으로 m만큼, y축의 방향으로 n만큼 평행이동하면,

$y = \sqrt{x-m} + n$이 된다.

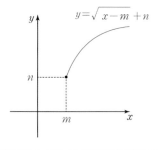

19 정답 ①

| 풀이 |

무리함수 $y = \sqrt{x-1} + a$에 점 $(1, -2)$를 대입하면
$-2 = a \rightarrow a = -2$이다.

⊓ 참고

꼭짓점이 $(1, -2)$임을 알고 있으므로 a가 꼭짓점의 y좌표임을 이용하면 바로 $a = -2$임을 알 수 있다.

20 정답 ④

| 풀이 |

무리함수의 그래프의 평행이동에 관한 문제이다.

무리함수 전체를 움직이지 말고 꼭짓점이 얼마만큼 이동했는지를 통해 이동된 정보를 얻는다.

이동 전 무리함수의 꼭짓점은 $(0, 0)$이고, 이동 후 꼭짓점의 좌표는 $(1, 2)$이므로 x축으로 1만큼, y축으로 2만큼 움직였다.

따라서, $a = 1$, $b = 2$이므로 $a + b = 3$

06 경우의 수

01 정답 ①
| 풀이 |

4개의 포스터 중 2개를 골라 출입문의 상단과 하단에 각각 붙이는 경우의 수는 4가지 중 2가지를 순열로 택하는 경우의 수와 같으므로 $_4\mathrm{P}_2 = 4 \times 3 = 12$가지이다.

02 정답 ④
| 풀이 |

입구에서 쉼터까지 가는 방법이 4가지이고, 쉼터에서 전망대로 가는 방법이 2가지이므로 곱의 법칙을 이용하여 경우의 수를 구하면,

$4 \times 2 = 8$이다.

> **참고** **곱의 법칙**
>
> 사건 A, B가 동시에 일어나는 경우의 수[곱의 법칙]
> : 사건 A와 사건 B가 동시에 일어날 때
> → 경우의 수 : $m \times n$

03 정답 ③
| 풀이 |

3명 중 2명을 골라 신문의 1면과 2면에 각각 싣는 경우의 수는 3가지 중 2가지를 순열로 택하는 경우의 수와 같으므로

$_3\mathrm{P}_2 = 3 \times 2 = 6$가지이다.

| 다른 풀이 |

3명 중 2명을 모두 골라 신문의 1면과 2면에 각각 싣는 경우의 수는 3×2로 6가지이다.

이때, 정확히 구했는지 다음과 같이 수형도를 그려 확인할 수 있다.

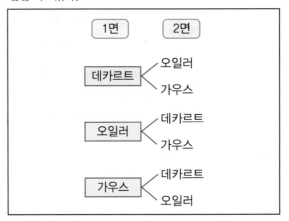

04 정답 ④
| 풀이 |

4점의 작품 중 서로 다른 3점의 작품을 택하여, 일렬로 나열하는 경우의 수는 $4 \times 3 \times 2$로 24가지이다.

위와 같이 연속적으로 일어나는 사건은 동시에 일어날 수 있으므로, 곱의 법칙을 사용한다.

| 다른 풀이 |

서로 다른 4개 중 3개를 골라 일렬로 나열하는 경우의 수는 순열로 계산할 수 있다.

따라서 $_4\mathrm{P}_3 = 4 \times 3 \times 2 = 24$가지이다.

05 정답 ②
| 풀이 |

서로 다른 3곳의 여행 순서를 정하는 경우의 수는 $3 \times 2 \times 1$로 6가지이다.

이때, 정확히 구했는지 다음과 같이 수형도를 그려 확인할 수 있다.

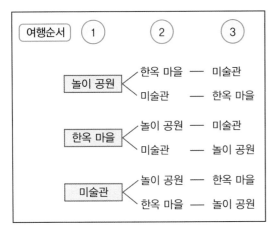

| 다른 풀이 |

서로 다른 3곳 중 3곳을 모두 골라 여행하는 경우의 수는 순열로 계산할 수 있다.

따라서 $_3P_3 = 3! = 3 \times 2 \times 1 = 6$가지이다.

06 정답 ①

| 풀이 |

순열을 이용하여 문제를 해결한다. 서로 다른 4개의 종목에서 2개의 종목을 선택하여 나열한다 하였으므로 $_4P_2 = 4 \times 3 = 12$가지이다.

07 정답 ②

| 풀이 |

서로 다른 3장의 카드에서 2장을 뽑아 나열하는 방법의 수를 말하므로 순열로 문제를 해결한다.

따라서 $_3P_2 = 3 \times 2 = 6$가지이다.

08 정답 ④

| 풀이 |

4종류의 수행 과제 중에서 서로 다른 3종류의 수행 과제를 선택하는 경우의 수는

$\dfrac{4 \times 3 \times 2}{3 \times 2 \times 1} = 4$로, 4가지이다.

[이때, $3 \times 2 \times 1$로 나누는 이유는 수행 과제를 3가지 선택하였을 때, 순서가 바뀌어도 같은 결과로 보기 때문이다.]

예 일기, 신문, 보고서 = 보고서, 일기, 신문 = 일기, 보고서, 신문 등

| 다른 풀이 |

4종류의 수행 과제 중에서 서로 다른 3종류의 수행 과제를 선택하는 경우의 수는 수행 과제를 선택하는 순서가 바뀌어도 같은 결과이기 때문에 조합을 이용하여 구할 수 있다.

따라서 $_4C_3 = \dfrac{4 \times 3 \times 2}{3!} = \dfrac{4 \times 3 \times 2}{3 \times 2 \times 1} = 4$이므로,

경우의 수는 4가지이다.

09 정답 ①

| 풀이 |

6종류의 과일 중에서 서로 다른 2종류의 과일을 선택하는 경우의 수는

$\dfrac{6 \times 5}{2 \times 1} = 15$로, 15가지이다.

[이때, 2×1로 나누는 이유는 과일을 2종류 선택하였을 때, 순서가 바뀌어도 같은 결과로 보기 때문이다.]

예 바나나, 귤 = 귤, 바나나

| 다른 풀이 |

6종류의 과일 중에서 서로 다른 2종류의 과일을 선택하는 경우의 수는 과일을 선택하는 순서가 바뀌어도 같은 결과이기 때문에 조합을 이용하여 구할 수 있다.

따라서 $_6C_2 = \dfrac{6 \times 5}{2!} = \dfrac{6 \times 5}{2 \times 1} = 15$이므로,

경우의 수는 15가지이다.

10 정답 ④

| 풀이 |

4종류의 과목 중에서 서로 다른 2종류의 과목을 선택하는 경우의 수는

$\dfrac{4 \times 3}{2 \times 1} = 6$으로, 6가지이다.

[이때, 2×1로 나누는 이유는 책을 2가지 선택하였을 때, 순서가 바뀌어도 같은 결과로 보기 때문이다.]

| 다른 풀이 |

4종류의 과목 중에서 서로 다른 2종류의 과목을 선택

하는 경우의 수는 과목을 선택하는 순서가 바뀌어도 같은 결과이기 때문에 조합을 이용하여 구할 수 있다.

따라서 $_4C_2 = \dfrac{4 \times 3}{2!} = \dfrac{4 \times 3}{2 \times 1} = 6$이므로,

경우의 수는 6가지이다.

11 정답 ②
| 풀이 |

서로 다른 5개의 방과 후 프로그램 중에서 3개를 선택하는 경우의 수이므로 $\dfrac{5 \times 4 \times 3}{3 \times 2 \times 1} = 10$가지이다.

[이때, $3 \times 2 \times 1$로 나누어주는 이유는 선택된 3개의 순서가 바뀌면 겹치는 경우가 생기기 때문이다.]

📌 기타, 댄스, 드럼 = 댄스, 기타, 드럼 = 기타, 드럼, 댄스 등

| 다른 풀이 |

서로 다른 5개의 방과 후 프로그램 중에서 3개를 선택하는 경우의 수는 $_5C_3 = \dfrac{5 \times 4 \times 3}{3 \times 2 \times 1} = 10$이다.

선택하는 순서가 다르다고 해도 다른 사건으로 구별하지 않으므로 조합으로 계산한다.

12 정답 ③
| 풀이 |

서로 다른 4개의 민속놀이에서 2개를 뽑는 방법의 수이므로 조합으로 문제를 해결한다.

$_4C_2 = \dfrac{4 \times 3}{2 \times 1} = 6$이다.

13 정답 ①
| 풀이 |

4종류의 꽃 중에서 서로 다른 3종류의 꽃을 선택하는 경우의 수는 $\dfrac{4 \times 3 \times 2}{3 \times 2 \times 1} = 4$로, 4가지이다.

[이때, $3 \times 2 \times 1$로 나누는 이유는 꽃을 3가지 선택하였을 때, 순서가 바뀌어도 같은 결과로 보기 때문이다.]

| 다른 풀이 |

4종류의 꽃 중에서 서로 다른 3종류의 꽃을 선택하는

경우의 수는 꽃을 선택하는 순서가 바뀌어도 같은 결과이기 때문에 조합을 이용하여 구할 수 있다.

따라서 $_4C_3 = \dfrac{4 \times 3 \times 2}{3!} = \dfrac{4 \times 3 \times 2}{3 \times 2 \times 1} = 4$이므로, 경우의 수는 4가지이다.

| 다른 풀이 |

직접 세는 방법으로 경우의 수를 구할 수 있다. 선택한 꽃 3종류를 순서쌍으로 나타내면, '(백합, 장미, 튤립), (백합, 장미, 프리지어), (백합, 튤립, 프리지어), (장미, 튤립, 프리지어)'로 총 4가지이다.

14 정답 ②
| 풀이 |

조합을 이용하여 문제를 해결한다. 서로 다른 5가지의 정다면체에서 2개를 선택하라 하였으므로

$_5C_2 = \dfrac{5 \times 4}{2 \times 1} = 10$이다.

> 📖 참고
>
> 조합을 계산할 때에는 $_nC_r = \dfrac{_nP_r}{r!} = \dfrac{n!}{(n-r)!r!}$을 이용하여 계산한다.
>
> 따라서 $_5C_2 = \dfrac{_5P_2}{2!} = \dfrac{5 \times 4}{2 \times 1} = 10$으로 계산되는 것을 확인할 수 있다.

EBS 교육방송교재

고졸 검정고시

핵심 총정리

고졸 검정고시

한권으로 합격하기!

핵심 총정리
영어

구성 및 출제 경향 분석

1 구성

2 출제경향 분석

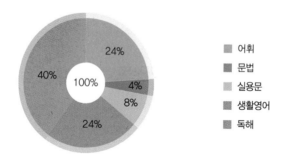

■ 어휘	
■ 문법	
■ 실용문	
■ 생활영어	
■ 독해	

영어 출제 경향

최근 고졸 검정고시 영어는 위의 분석표에서 볼 수 있듯이 독해 > 생활영어 > 어휘 > 실용문 > 문법의 출제비중과 구성이 기존의 문제들과 동일하다는 것을 알 수 있습니다. 하지만 출제되는 어휘와 독해 지문의 난이도가 조금씩 상승하고 있고, 문법 문제의 경우 그동안 출제가 되지 않던 부분이 문제로 출제되는 경향이 있었기 때문에 이에 대한 대비가 필요합니다.

❶ 어휘

어휘는 합격을 좌우하는 가장 중요한 학습 포인트입니다. 어휘 문제는 기존 출제 유형과 동일하게 [단어의 의미] [빈칸에 들어갈 단어] [두 단어의 관계]를 묻는 문제 유형이 출제되었습니다. 어휘 학습은 어휘 문제를 풀기 위해서만이 아니라 독해, 실용문, 생활영어 등 모든 유형의 문제를 풀 때 기본 되는 능력이기 때문에 꾸준한 암기가 필요합니다. 매일 일정한 양의 어휘를 암기하고 외운 것을 테스트하면서 단어 실력을 확인하고 점검해야 합니다.

❷ 독해

매년 독해 문제의 지문 길이나 사용되는 어휘의 수준이 조금씩 올라가고 있지만 매년 출제되는 문제의 유형과 구성은 그대로 유지되고 있습니다. 목적, 요지, 제목, 주제를 찾는 [중심 내용 파악], 내용 일치·불일치나 언급되거나 언급되지 않은 내용을 묻는 [세부 내용 파악], 글의 흐름을 파악하는 [문장 삽입] [이어질 내용 파악] 그리고 [빈칸 넣기] [지칭 추론] 유형이 출제되었습니다. 독해 문제를 학습할 때 가장 중요한 것은 문제를 많이 풀어보는 것입니다. 기출문제, 예상문제를 충분히 풀고 분석하면 출제되는 문제 유형에 익숙해지게 되고 답을 찾는 요령이 생기며, 문제를 푸는 시간도 단축할 수 있게 됩니다. 또한 문제를 풀면서 지문 속에 나오는 모르는 단어와 숙어는 꼭 정리하고 암기합니다.

❸ 문법

문법은 특정 부분(의문사, 관계사, 시제, 비교 표현)에서만 주로 출제가 되어왔지만 최근 출제되지 않았던 파트에서도 간혹 문제가 출제가 되고 있습니다. 게다가 독해 문항이 점차 길고 복잡해짐에 따라 빠르고 정확한 해석을 위해 전체적인 문법 학습은 꼭 필요합니다. 정리된 문법 내용을 예문을 통해 확실하게 이해하고 문제를 풀면서 이해한 내용을 확인합니다.

❹ 생활영어

생활영어는 최근에도 쉬운 난이도로 출제가 되고 있습니다. 지문에 나오는 생활영어 표현이나 격언, 속담을 모르더라도 문맥을 통해 충분히 유추할 수 있는 문제가 나오기 때문에 기본 독해 실력을 가지고 충분히 풀 수 있는 문제가 출제되고 있습니다. 기출문제를 충분히 풀어보면서 모르는 단어나 숙어를 암기하는 것으로 생활영어 문제를 대비할 수 있습니다.

❺ 실용문

실용문 역시 기존과 동일하게 쉬운 난이도로 출제가 되고 있습니다. 기출문제에 등장하는 광고, 도표, 안내문 등을 충분히 풀어서 실용문 유형의 문제에 익숙해지면 평소에 암기한 어휘력을 가지고 어렵지 않게 풀 수 있습니다.

01 어휘

- 숙어

001 **a lot of** 많은 = a great deal(number) of

002 **above all** 무엇보다도

003 **according to** ⓝ ~에 따르면, 의하면

004 **account for** ① 설명하다
② 비율을 차지하다

005 **agree to** 사물, **with** 사람 ~에 동의하다

006 **all of a sudden** 갑자기

007 **all thumbs** 서투른

008 **and so on** 기타 등등

009 **apply for** 신청하다, 지원하다

010 **apply to** ⓝ ~에 적용되다

011 **around the clock** 24시간 내내, 밤낮으로 쉬지 않고

012 **arrive at(in)** ~에 도착하다

013 **as Ⓐ as possible** 가능한 A하게

014 **as a result** 결과적으로

015 **as far as** ~까지, ~하는 한

016 **as if** 마치 ~인 것처럼 = as though

017 **as it were** 말하자면 = so to speak

018 **as soon as (S+V)** ~하자마자

019 **as usual** 평소처럼

020 **as well as** ~뿐만 아니라

021 **ask for** ~을 요구하다, 요청하다

022 **at a time** 한 번에

023 **at any time** 언제든지, 언제라도

024 **at last** 드디어, 마침내 = in the end

025 **at least** 적어도

026 **at most** 많아야 = not more than

027 **at once** ① 즉시, ② 동시에

028 **at that time** 그 당시, 그때에

029 **at the age of** ~의 나이에

030 **at the same time** 동시에

031 **be about to** ⓥ 막 ~하려고 하다

032 **be absent from** 결석하다
↔ be present at 참석하다

033 **be accustomed to** ⓝ ~에 익숙하다

034 **be afraid of** ~을 두려워하다

035 **be anxious about** ~을 걱정하다

036 **be anxious for** ⓝ ~을 열망하다

037 **be ashamed of** ~을 부끄러워하다

038 **be aware of** ~을 알고 있다

039 **be badly off** 가난하다, 궁핍하다
= be poor

040 **be based on** ~에 근거(기초)를 두다

041 **be bound for** ~행(行)이다, 향하다

042 **be bound to** Ⓥ 반드시 ~하다, ~해야 한다

043 **be busy (in) ~ing** ~하느라 바쁘다

044 **be capable of** ~할 능력이 있다

045 **be conscious of** ~을 알고 있다, ~을 의식하다

046 **be covered with** ~로 덮여 있다

047 **be crowded with** ~로 붐비다

048 **be curious about** ~에 호기심이 있다

049 **be different from** ~와 다르다

050 **be divided into** ~로 나누어져 있다

051 **be due to** Ⓝ ~ 때문이다
Ⓥ ~할 예정이다

052 **be dying to** Ⓥ ~하고 싶어 죽겠다

053 **be engaged in** ~에 바쁘다, 열중하다, 종사하다

054 **be equal to** Ⓝ ~할 능력이 있다

055 **be familiar to (somebody)** ~에게 잘 알려져 있다, 친숙하다

056 **be familiar with (something)** ~을 잘 알다

057 **be famous for** ~로 유명하다

058 **be filled with** ~로 채워져 있다 = be full of

059 **be fond of** ~을 좋아하다

060 **be full of** ~로 가득 차다 = be filled with

061 **be good at** ~에 능숙하다, ~을 잘하다

062 **be good for** ~에 좋다

063 **be held** 개최되다, 열리다 = take place

064 **be ignorant of** ~을 모르다

065 **be interested in** ~에 관심이 있다

066 **be involved in** ~에 관련되어 있다, ~에 빠져 있다

067 **be late for** ~에 지각하다

068 **be likely to** Ⓥ ~할 가능성이 있다, ~할 것 같다

069 **be made up of** ~로 이루어져 있다

070 **be on good terms with** ~와 관계·사이가 좋다

071 **be planning to** Ⓥ ~할 계획이다

072 **be pleased with** ~에 기뻐하다, 만족하다

073 **be poor at** ~에 서툴다

074 **be proud of** ~을 자랑스러워하다

075 **be ready for** Ⓝ, **to** Ⓥ ~할 준비가 되다

076 **be related to** ~와 관계있다, 관련 있다

077 **be responsible for** ~에 책임이 있다

078 **be satisfied with** ~에 만족하다

079 **be short of** ~가 부족하다

080 **be sick of** ~이 지긋지긋하다 = be tired of

081 **be similar to** Ⓝ ~와 비슷하다

082 **be sorry for(about)** ~에 미안해하다

083 **be supposed to** ⓥ ~하기로 되어 있다, ~을 해야 한다

084 **be sure of** ~을 확신하다

085 **be surprised at** ~에 놀라다

086 **be used to** ⓝ ~에 익숙해져 있다

087 **be well off** 부유하다, 잘살다

088 **be willing to** ⓥ 기꺼이 ~하다

089 **be worried about** ~에 대해 걱정하다

090 **be worth** ~할 가치가 있다

091 **beat around the bush** 빙빙 돌려서 말하다

092 **behind the times** 시대에 뒤떨어진

093 **belong to** ⓝ ~에 속하다, ~의 소유이다

094 **best of all** 무엇보다 좋은 것은

095 **between** Ⓐ **and** Ⓑ A와 B 사이에

096 **blame** Ⓐ **for** Ⓑ A를 B 때문에 비난하다, 탓하다

097 **blow one's nose** 코를 풀다

098 **both** Ⓐ **and** Ⓑ A와 B 둘 다

099 **break a leg** 행운을 빌다

100 **break down** 고장 나다, 무너지다, 잘게 쪼개다

101 **break into** 침입하다, 갑자기 ~하기 시작하다

102 **break out** 갑자기 발생하다, 전쟁·화재 등이 일어나다

103 **break the ice** 서먹한 분위기를 깨다

104 **break up** 해산시키다, 헤어지다

105 **breathe in** 숨을 들이쉬다

106 **breathe out** 숨을 내쉬다

107 **bring** Ⓐ **to life** A에 활기를 불어넣다

108 **bring about** 발생시키다, 야기하다, 초래하다

109 **bring up** 기르다, 양육하다, 키우다

110 **burst into** 갑자기 ~하다

111 **by accident** 사고로, 우연히 = by chance

112 **by means of** ~라는 수단에 의해서

113 **by mistake** 실수로

114 **by oneself** 혼자서 = alone

115 **by the time (S+V)** ~할 때쯤

116 **by the way** 그런데

117 **by way of** ~을 경유해서 = via

118 **call for** 요구하다

119 **call it a day** 일과를 끝내다

120 **call off** 취소하다 = cancel

121 **call up** 전화하다

122 **calm down** 진정시키다, 진정하다

123 **can afford to** ⓥ ~할 여유가 있다

124 **cannot but** ⓥ ~할 수밖에 없다 = can't help

125 **carry out** 수행하다, 실행하다

126 **catch one's eye** 시선을 끌다

127 **catch sight of** ~을 얼핏 보다

128 **catch up with** ~을 따라잡다

129 **check in** 수속을 밟다, 체크인하다

130 **check out** 대출하다, 체크아웃하다, 확인하다

131 **cheer for** ~을 응원하다

132 **come about** 발생하다, 일어나다

133 **come across** 우연히 만나다, 우연히 발견하다

134 **come by** 얻다, 획득하다 = get, obtain

135 **come down with** 병에 걸리다

136 **come to one's mind** 생각이 나다

137 **come true** 실현되다

138 **come up with** 생각해 내다, 따라잡다

139 **compare Ⓐ to Ⓑ** A를 B에 비유하다

140 **compare Ⓐ with Ⓑ** A와 B를 비교하다

141 **compensate for** 보상하다, 보충하다

142 **complain about(of)** ~에 대해 불평하다

143 **concentrate on** ~에 집중하다 = focus on

144 **congratulate on** ~을 축하하다

145 **consist of** ~로 구성되다

146 **contribute to ⓝ** ~에 공헌하다, 기여하다

147 **cope with** 대처하다, 처리하다

148 **cross one's fingers** 행운을 빌어 주다

149 **cut down on** ~을 줄이다

150 **cut in** 끼어들다, 방해하다 = interrupt

151 **deal with** 다루다, 처리하다 = treat

152 **depend on** 의존하다, 의지하다, ~에 달려 있다

153 **devote Ⓐ to Ⓑ** A를 B에 바치다

154 **die out** 멸종하다, 사멸하다, 소멸하다

155 **distinguish Ⓐ from Ⓑ** A와 B를 구별하다

156 **do Ⓐ good** A에게 도움이 되다, 이익이 되다

157 **do a good job** 잘하다, 잘 해내다

158 **do away with** 제거하다, 폐지하다

159 **do one's best** 최선을 다하다 = try one's best

160 **due to ⓝ** ~ 때문에

161 **each other** 서로서로

162 **end up (~ing)** 결국 ~로 끝나다, 결국 ~하게 되다

163 **even if** 비록 ~일지라도 = even though

164 **every time (S+V)** ~할 때마다

165 **except for** ~을 제외하고

166 **fall in love with** ~와 사랑에 빠지다

167 **fall short of** ~이 부족하다

168 **far from** 결코 ~이 아닌 = not ~ at all

169 **feed on** ~에 (의존하여) 먹고 살다

170 **feel down** 의기소침하다

171 **feel free to Ⓥ** 편하게 ~하다

172 **feel like ~ing** ~하고 싶다
= feel inclined to

173 **figure out** ① 계산하다
② 알아내다, 이해하다

174 **fill in(out)** 기입하다, 적어 넣다, 채우다

175 **find fault with** ~을 비난하다, 트집 잡다

176 **find out** 알아내다, 찾아내다

177 **first of all** 우선, 먼저

178 **focus on** ~에 집중하다

179 **for a long time** 오랫동안 = in ages

180 **for ever** 영원히 = for good

181 **for free** 무료로 = for nothing, free of charge

182 **for fun** 재미로

183 **for the first time** 처음으로

184 **free from(of)** ~이 없는 = without

185 **from now on** 지금부터 계속

186 **gain weight** 체중이 늘다 = put on weight

187 **generally speaking** 일반적으로 말해서

188 **get along with** ~와 사이좋게 지내다

189 **get married to** ⓝ ~와 결혼하다

190 **get off** 내리다

191 **get on** 타다

192 **get over** ① 극복하다, ② 회복하다

193 **get rid of** ~을 없애다, 제거하다

194 **get through** 끝내다, 끝마치다 = finish

195 **get to** ⓝ 도착하다, **to** ⓥ ~하게 되다

196 **give a big hand** 박수갈채를 보내다

197 **give a hand** 도와주다

198 **give a shot** 주사를 놓다

199 **give a try** 시도하다

200 **give birth to** ⓝ 낳다, 야기시키다

201 **give my regards to** ⓝ ~에게 안부를 전하다

202 **give off** 내뿜다, 발하다, 방출하다 = emit

203 **give out** 나누어 주다, 배부하다, 배포하다
= distribute

204 **give up** 포기하다

205 **go ahead** 어서 하세요

206 **go away** 가 버리다, 떠나다, 사라지다

207 **go bad** 상하다

208 **go off** ① 폭발하다, ② 울리다

209 **go on** 계속하다

210 **go on a diet** 다이어트를 하다

211 **go through** (고통을) 겪다, 경험하다

212 **go wrong** 잘못되다

213 **graduate from** ~을 졸업하다

214 **grow up** 성장하다, 자라다

215 **had better** ~하는 게 낫다

216 **hand in** 제출하다

217 **hand out** 나누어 주다, 배포하다
= give out

218 **hand over** 넘겨주다, 양도하다
= give over

219 **hang out with** ～와 어울려 다니다(놀다)

220 **have Ⓐ in common** A를 공통점으로 가지다

221 **have a cold** 감기에 걸리다

222 **have a long face** 낙담하다, 시무룩하다, 침울하다

223 **have a runny nose** 콧물이 나다

224 **have a sore throat** 목이 아프다

225 **have an effect on** ～에 영향을 미치다

226 **have butterflies in one's stomach** 긴장되다

227 **have difficulty (in) ～ing** ～하는 데 어려움이 있다

228 **have no idea** 모르다

229 **have to do with** ～와 관계가 있다

230 **help yourself to** ～을 마음껏 드세요

231 **hold good** 유효하다, 효력이 있다

232 **hurry up** 서두르다 = hasten, make haste

233 **in addition to Ⓝ** ～에다가, ～ 이외에도

234 **in advance** 미리, 사전에

235 **in case of** ～한 경우에

236 **in charge of** ～을 담당하는, 책임지고 있는

237 **in danger** 위험에 빠진

238 **in detail** 상세히, 자세하게

239 **in fact** 사실은

240 **in favor of** ～에 찬성하는, ～을 위하여

241 **in general** 일반적으로, 전체적으로
= generally

242 **in honor of** ～을 기념·축하하여, 경의를 표하여

243 **in need** 궁핍한, 어려움에 처한

244 **in one's opinion** ～의 의견으론

245 **in order to Ⓥ** ～하기 위해서 = so as to

246 **in other words** 다시 말하면

247 **in particular** 특히

248 **in person** ① 몸소, 직접, 친히
② 개인적으로

249 **in place of** ～ 대신에

250 **in public** 공개적으로, 공공연히

251 **in short** 간단히 말해, 요컨대, 짧게 말해서

252 **in summary** 요약해서

253 **in the future** 미래에, 장래에

254 **in the past** 과거에

255 **in time** 늦지 않게, 제시간에

256 **in turn** ① 교대로, 차례로
② 결과적으로, 결국

257 **in vain** 헛되이

258 **inform Ⓐ of Ⓑ** A에게 B를 알리다

259 **insist on** 고집하다, 주장하다

260 **instead of** ～ 대신에

261 **introduce Ⓐ to Ⓑ** A를 B에게 소개하다

262 **invite Ⓐ to Ⓑ** A를 B에 초대하다

263 **just in case** 만약의 경우에 대비하여

264 **keep(stop) Ⓐ from Ⓑ** A가 B 못하게 막다

265 **keep Ⓐ in mind** A를 명심하다
= bear in mind

266 **keep (on) ~ing** 계속해서 ~하다

267 **keep a diary** 일기를 쓰다

268 **keep an eye on** 감시하다, 지키다
= guard, watch

269 **keep away from** ~을 멀리하다

270 **keep company with** ~와 교제하다, 친해지다

271 **keep in touch with** ~와 연락하다, 접촉을 유지하다

272 **keep one's fingers crossed** 행운을 빌다

273 **keep one's promise** 약속을 지키다

274 **keep up with** 뒤떨어지지 않다, 연락하고 지내다

275 **know Ⓐ by heart** A를 암기하다, 외우다

276 **laugh at** ~을 보고 웃다, 비웃다

277 **lead Ⓐ by the nose** A를 억지로 끌고 가다

278 **lead to ⓝ** ~로 이어지다, 야기하다, 초래하다

279 **leave for** ~을 향해 떠나다, 출발하다

280 **leave nothing to be desired** 완벽하다

281 **leave out** 빠뜨리다, 생략하다

282 **lest Ⓢ should Ⓥ** ~하지 않기 위해서

283 **let down** 실망시키다 = disappoint

284 **let go of** (쥐고 있던 것을) 놓다, 풀어 주다

285 **live on** ~을 주식으로 먹고 살다

286 **long for** ~을 갈망하다

287 **look after** 돌보다
= care for, take care of

288 **look down on** 무시하다, 얕보다

289 **look for** ~을 찾다
= be in search of, search for

290 **look forward to ⓝ** ~을 고대하다, 기대하다

291 **look like** ~처럼 보이다, 닮다

292 **look up** ~을 (사전 등에서) 찾아보다

293 **look up to** 존경하다

294 **lose weight** 체중이 줄다

295 **major in** ~을 전공하다

296 **make (a) noise** 시끄럽게 하다

297 **make a call** 전화하다

298 **make a choice** 선택하다

299 **make a difference** 중요하다, 차이가 생기다

300 **make a face** 얼굴을 찡그리다 = frown

301 **make a fortune** 많은 돈을 벌다, 부자가 되다

302 **make a mistake** 실수하다

303 **make a reservation** 예약하다

304 **make a speech** 연설하다

305 **make an effort** 노력하다

306 **make friends with** ~와 친구가 되다

307 **make fun of** ~을 놀리다 = make a fool of

308 **make it a rule to** Ⓥ ~하는 것을 규칙으로 삼다

309 **make one's living** 생계를 꾸리다

310 **make oneself at home** 맘 편히 계세요

311 **make sense** 말이 되다, 이치에 맞다, 이해되다

312 **make sure** ① 반드시 ~하다, ② 확인하다

313 **make up** 지어내다, 화장하다, 화해하다

314 **make up for** ~을 보상하다, 보완하다, 보충하다

315 **make up one's mind** 결심하다, 결정하다

316 **make up with** ~와 화해하다

317 **make use of** ~을 이용하다

318 **manage to** Ⓥ 가까스로 ~하다, 용케도 ~하다

319 **may as well** ~하는 것이 낫다

320 **may well** ~하는 것도 당연하다

321 **most of all** 무엇보다도

322 **near at hand** 가까이에

323 **neither** Ⓐ **nor** Ⓑ A도 B도 아닌

324 **no longer** 더 이상 ~가 아니다

325 **not** Ⓐ **but** Ⓑ A가 아니라 B다

326 **not only** Ⓐ **but also** Ⓑ A뿐만 아니라 B도

327 **nothing but** 단지 = no more than

328 **now that (S+V)** ~이니까, ~하기 때문에

329 **object to** ⓝ ~에 반대하다

330 **of no use** 쓸모없는 = useless

331 **on behalf of** ~을 대신·대표하여, ~을 위해서

332 **on business** 사업상, 일하는

333 **on duty** 근무 중, 업무 중; 당번인

334 **on fire** 불난

335 **on one's way to** ~로 가는 도중에

336 **on purpose** 고의로, 의도적으로, 일부러

337 **on sale** 판매 중, 할인 중

338 **on the contrary** 그와는 반대로

339 **on the other hand** 반면에

340 **on the spot** 그 자리에서, 즉시, 현장에서

341 **on time** 정각에, 정시에, 제시간에

342 **once in a blue moon** 매우 드물게

343 **once in a while** 가끔, 때때로

344 **once upon a time** 옛날에

345 **one another** 서로

346 **only a few** 소수의

347 **only a little** 소량의

348 **other than** ~ 이외에

349 **out of box** 독창적으로, 창조적으로

350 **out of breath** 숨이 찬, 숨을 헐떡이는

351 **out of control** 통제 불능인 = out of hand

352 **out of date(fashion, style)** 구식의

353 **out of order** 고장 난

354 **out of season** 제철이 아닌

355 **out of sight** 보이지 않는 (곳에)

356 **over and over (again)** 반복해서 계속

357 **owe Ⓐ to Ⓑ** A를 B에게 빚지다

358 **owing to ⓝ** ~ 때문에 = because of

359 **participate in** ~에 참가하다

360 **pass away** 돌아가시다, 죽다

361 **pass out** 기절하다, 의식을 잃다 = faint

362 **pay attention to ⓝ** ~에 주의를 기울이다

363 **pick up** ~을 줍다, 집다, 차로 태워 주다

364 **play a role** 역할을 하다 = play a part

365 **play a trick on** ~을 놀리다, 속이다, 장난치다

366 **play it by ear** 임기응변으로 대처하다

367 **plenty of** 많은 = a lot of, lots of

368 **point of view** 관점, 입장

369 **prefer Ⓐ to Ⓑ** A를 B보다 더 좋아하다

370 **prepare for** ~을 준비하다

371 **prevent Ⓐ from Ⓑ** A가 B하는 것을 막다

372 **provide Ⓐ with Ⓑ** A에게 B를 제공하다

373 **pull one's leg** 놀리다

374 **punish Ⓐ for Ⓑ** A를 B 때문에 벌주다, 처벌하다

375 **put off** 미루다, 연기하다

376 **put on** ~을 입다, 쓰다, 신다, 착용하다

377 **put on a play** 공연하다

378 **put on airs** 잘난 척하다

379 **put out** 끄다 = extinguish

380 **put the cart before the horse** 앞뒤가 뒤바뀌다

381 **put together** 조립하다

382 **put up at** ~에 묵다, ~에 숙박하다

383 **put up with** 참다

384 **quite a few** 상당수의, 상당히 많은

385 **quite a little** 상당량의

386 **rather than** ~보다 오히려, ~보다는 차라리

387 **refer to** ~을 가리키다, 말하다, 참조하다

388 **regard Ⓐ as Ⓑ** A를 B라고 간주하다, 여기다

389 **regardless of** ~에 상관없이

390 **remind Ⓐ of Ⓑ** A에게 B를 생각나게 하다

391 **respond to** ⓝ ~에 대답하다, 반응(응답)하다

392 **result from** ~이 원인이다

393 **result in** ~라는 결과를 낳다, 야기하다, 초래하다

394 **right away** 바로, 즉시 = right now

395 **rob** Ⓐ **of** Ⓑ A에게서 B를 빼앗다

396 **root for** 응원하다 = cheer for

397 **root out** 근절하다

398 **run across** 우연히 만나다

399 **run after** 뒤쫓다

400 **run away** 도망가다

401 **run for** ~에 입후보하다, 출마하다

402 **run into** ~와 우연히 만나다, 충돌하다

403 **run out of** ~을 다 써버리다, 바닥나다

404 **run over** ① (차로) 치다, ② 대충 읽다

405 **save one's face** 체면이 서다, 체면을 잃지 않다

406 **search for** ~을 찾다, 수색하다

407 **see a doctor** 진찰을 받다

408 **see off** 배웅하다

409 **set free** 풀어 주다

410 **set up** 설치하다, 세우다

411 **shake hands with** ~와 악수하다

412 **shake one's head** 고개를 가로젓다

413 **show off** 과시하다, 자랑하다

414 **show up** 나타나다

415 **sign up for** ~에 가입하다, 등록하다, 참가하다

416 **so far** 지금까지 = until now

417 **so to speak** 말하자면

418 **sold out** 매진된

419 **speak ill(badly) of** ~을 욕하다

420 **speak well of** ~을 좋게 말하다, 칭찬하다

421 **stand for** 나타내다, 대표하다, 상징하다, 의미하다

422 **stand in line** 줄을 서다

423 **stand out** 눈에 띄다, 두드러지다

424 **stand up for** ~을 옹호(지지)하다, 편을 들다

425 **starve to death** 굶어 죽다

426 **stay away from** 가까이 하지 않다, 떨어져 있다

427 **stay in good shape** 건강을 유지하다

428 **stay up** 자지 않고 깨어 있다

429 **stem from** ~에서 생겨나다, ~에서 유래하다

430 **step on** ~을 밟다

431 **stick out** ① 밖으로 내밀다, ② 눈에 띄다

432 **stick to** ⓝ ~을 고수하다

433 **stop by** 잠깐 들르다 = call by, drop by

434 **stretch the truth** 진실을 왜곡하다

435	**strictly speaking** 엄격히 말해서
436	**succeed in** 성공하다
437	**such as** ~와 같은 = like
438	**suffer from** ~로 고생하다, 시달리다
439	**supply Ⓐ with Ⓑ** A에게 B를 공급하다, 제공하다
440	**switch off** 끄다
441	**switch on** 켜다
442	**take Ⓐ for granted** A를 당연하게 생각하다
443	**take Ⓐ into account** A를 고려하다, 참작하다
444	**take a look at** ~을 보다
445	**take a picture** 사진을 찍다
446	**take a rain check** 다음을 기약하다
447	**take a rest** 쉬다 = get some rest, take a break
448	**take a walk** 산책하다
449	**take advantage of** 이용하다
450	**take after** ~을 닮다 = look like, resemble
451	**take apart** 분해하다
452	**take care of** ① ~을 돌보다, ② 처리하다
453	**take notes** 필기하다
454	**take off** ① 벗다, ② 이륙하다, ③ 휴가를 내다
455	**take over** ~을 넘겨받다, 인계받다, 인수하다

456	**take part in** ~에 참가·참여하다 = participate in
457	**take place** ① 발생하다, ② 개최되다
458	**take pride in** ~을 자랑스러워하다
459	**take the place of** ~을 대신하다, 대체하다
460	**take up** ① 차지하다, ② 시작하다
461	**tell a lie** 거짓말하다
462	**tell one's fortune** 점을 치다
463	**tend to Ⓥ** ~하는 경향이 있다
464	**thank Ⓐ for Ⓑ** A에게 B에 대해 감사하다
465	**thanks to Ⓝ** ~ 덕분에, ~ 때문에
466	**the number of** ~의 수
467	**these days** ① 요즘, ② 오늘날
468	**think highly of** 높이 평가하다, 중요시하다
469	**think of Ⓐ as Ⓑ** A를 B라고 생각하다, 여기다
470	**think outside the box** 고정 관념을 깨다
471	**throw away** 버리다
472	**to be honest** 솔직히 말해서
473	**to begin with** 우선 = to start with
474	**to make matters worse** 설상가상으로
475	**to one's surprise** 놀랍게도
476	**to sum up** 요약하면 = in sum, in summary

477 **to tell you the truth** 네게 진실을 말하면

478 **too Ⓐ to Ⓑ** 너무 A해서 B할 수 없다

479 **try on** 입어 보다

480 **turn Ⓐ into Ⓑ** A를 B로 바꾸다

481 **turn down** ① 거절하다, ② 소리를 줄이다

482 **turn off** 끄다

483 **turn on** 켜다

484 **turn out** 판명되다

485 **under the weather** 몸이 좀 안 좋은

486 **up to** ① ~까지, ② ~에 달려 있는

487 **up to date** 최신의

488 **upside down** 거꾸로

489 **use up** 다 써 버리다 = consume completely

490 **wait for** ~을 기다리다

491 **wake up** 깨어나다, 깨우다

492 **warm up** 준비 운동하다

493 **waste of time** 시간 낭비

494 **watch out for** ~을 조심하다

495 **within reach** 가까이에, 손닿는 곳에

496 **worry about** ~에 관해 걱정하다

497 **worst of all** 무엇보다도 나쁜 점은

498 **would like to Ⓥ** ~하고 싶다

499 **would rather Ⓐ than Ⓑ** B보다는 차라리 A하겠다

500 **write down** 적다

대표 기출문제

정답 및 해설 p. 118

[1~3] 다음 밑줄 친 부분의 뜻으로 가장 적절한 것을 고르시오.

01

> I will call the restaurant and make a <u>reservation</u>.

① 변경   ② 예약
③ 취소   ④ 칭찬

02

> You need to <u>keep in mind</u>, "Slow and steady wins the race."

① 명심하다   ② 사용하다
③ 정돈하다   ④ 참여하다

03

> Do not use your cellphone <u>while</u> you are driving.

① 대신에   ② 동안에
③ 만약에   ④ 처음에

04 다음 밑줄 친 두 단어의 의미 관계와 <u>다른</u> 것은?

> It's <u>easy</u> to say you'll do something, but <u>difficult</u> to actually do it.

① heavy − light
② noisy − silent
③ painful − painless
④ rapid − quick

[5~6] 다음 빈칸에 공통으로 들어갈 말로 가장 적절한 것을 고르시오.

05

> - Could you _____ my bag for me?
> - My school will _____ a music festival next month.

① hold   ② like
③ meet   ④ walk

06

> - About 60 to 70% of your body consists _____ water.
> - The garden is full _____ beautiful flowers.

① for   ② in
③ of   ④ to

[7~9] 다음 밑줄 친 부분의 뜻으로 가장 적절한 것을 고르시오.

07

> Reading books is a great way to gain <u>knowledge</u>.

① 균형   ② 목표
③ 우정   ④ 지식

08

> She is never going to give up her dream even if she meets difficulties.

① 서두르다　　② 자랑하다
③ 포기하다　　④ 화해하다

09

> Many animals like to play with toys. For example, dogs enjoy playing with balls.

① 갑자기　　② 반면에
③ 예를 들면　　④ 결론적으로

10 다음 밑줄 친 두 단어의 의미 관계와 다른 것은?

> Spring is my favorite season because of the beautiful flowers and warm weather.

① apple － fruit
② nurse － job
③ triangle － shape
④ shoulder － country

[11~12] 다음 빈칸에 공통으로 들어갈 말로 가장 적절한 것을 고르시오.

11

> • Are you ready to _____ your project to the class?
> • Stop worrying about the past and live in the _____.

① grow　　② lose
③ forget　　④ present

12

> • He needs to focus _____ studying instead of playing games.
> • Bring a jacket which is easy to put _____ and take off.

① as　　② of
③ on　　④ like

[13~15] 다음 밑줄 친 부분의 뜻으로 가장 적절한 것을 고르시오.

13

> It is my duty to take out the trash at home on Sundays.

① 갈등　　② 노력
③ 의무　　④ 자유

14

> People need to depend on each other when working as a team.

① 찾다　　② 내리다
③ 의존하다　　④ 비난하다

15

> I have met a lot of nice people, thanks to you.

① 덕분에　　② 대신에
③ 불구하고　　④ 제외하고

16 다음 밑줄 친 두 단어의 의미 관계와 <u>다른</u> 것은?

> A <u>polite</u> gesture in one country may be a <u>rude</u> one in another.

① smart — wise
② right — wrong
③ safe — dangerous
④ same — different

[17~18] 다음 빈칸에 공통으로 들어갈 말로 가장 적절한 것을 고르시오.

17

> • We had to _____ up in order to get a better view.
> • I can't _____ people who don't follow rules in public.

① fail
② begin
③ stand
④ remind

18

> • My tastes are different _____ yours.
> • English words come _____ a wide variety of sources.

① for
② off
③ from
④ about

[19~21] 다음 밑줄 친 부분의 뜻으로 가장 적절한 것을 고르시오.

19

> To speak English well, you need to have <u>confidence</u>.

① 논리력
② 자신감
③ 의구심
④ 창의력

20

> The country had to <u>deal with</u> its food shortage problems.

① 생산하다
② 연기하다
③ 처리하다
④ 확대하다

21

> Sunlight comes in through the windows and, <u>as a result</u>, the house becomes warm.

① 그 결과
② 사실은
③ 예를 들면
④ 불행하게도

22 다음 밑줄 친 두 단어의 의미 관계와 <u>다른</u> 것은?

> Patience is <u>bitter</u>, but its fruit is <u>sweet</u>.

① new — old
② clean — dirty
③ fine — good
④ easy — difficult

[23~24] 다음 빈칸에 공통으로 들어갈 말로 가장 적절한 것을 고르시오.

23
- Let's _____ in front of the restaurant at 2 o'clock.
- The hotel manager did his best to _____ guests' needs.

① dive   ② meet
③ wear   ④ happen

24
- Welcome. What can I do _____ you, today?
- I've spent almost an hour waiting _____ the bus.

① up   ② for
③ out   ④ with

[25~27] 다음 밑줄 친 부분의 뜻으로 가장 적절한 것을 고르시오.

25
For children, it is important to encourage good behavior.

① 행동   ② 규칙
③ 감정   ④ 신념

26
She had to put off the trip because of heavy rain.

① 계획하다   ② 연기하다
③ 기록하다   ④ 시작하다

27
Many online lessons are free of charge. Besides, you can watch them anytime and anywhere.

① 마침내   ② 게다가
③ 그러나   ④ 예를 들면

28 다음 밑줄 친 두 단어의 의미 관계와 다른 것은?

While some people say that a glass is half full, others say that it's half empty.

① high — low   ② hot — cold
③ tiny — small   ④ fast — slow

[29~30] 다음 빈칸에 공통으로 들어갈 말로 가장 적절한 것을 고르시오.

29
- When you _____ the train, make sure you take all your belongings.
- Please _____ the book on the table after reading it.

① open   ② learn
③ leave   ④ believe

30
- Dad's heart is filled _____ love for me.
- Alice was satisfied _____ her performance.

① at   ② in
③ for   ④ with

[31~33] 다음 밑줄 친 부분의 뜻으로 가장 적절한 것을 고르시오.

31

> Science has brought many <u>benefits</u> to the world.

① 규칙　　　　② 목표

③ 의미　　　　④ 혜택

32

> I will <u>get along with</u> my classmates better this year.

① 감탄하다　　② 어울리다

③ 실망하다　　④ 경쟁하다

33

> <u>After all</u>, the news turned out to be true.

① 결국　　　　② 만약에

③ 적어도　　　④ 예를 들면

34 다음 밑줄 친 두 단어의 의미 관계와 <u>다른</u> 것은?

> When people ask me about my favorite <u>food</u>, I always answer that it is <u>pizza</u>.

① animal　−　horse

② danger　−　safety

③ vegetable　−　onion

④ emotion　−　happiness

[35~36] 다음 빈칸에 공통으로 들어갈 말로 가장 적절한 것을 고르시오.

35

> • She has a big smile on her _____.
> • You should learn to _____ your problem.

① face　　　　② heat

③ meet　　　　④ walk

36

> • Please calm _____ and listen to me.
> • Could you turn _____ the volume?

① down　　　　② for

③ into　　　　④ with

02 문법

PART 1 | 기초편

1 기초 용어

1. 품사

① 모음과 자음, 즉 알파벳이 모여 단어가 된다.
② 단어는 "동사, 명사, 대명사, 형용사, 부사, 전치사, 접속사, 감탄사"의 "품사" 8개로 나눌 수 있다.
③ 간단한 정의와 함께 품사별로 10개 정도의 단어를 암기해 두면 품사를 구분하는 데 큰 도움이 된다.

(1) 동사

동사는 동작과 상태를 나타내는 "~다"의 단어다.

- am, are, is 이다, 있다
- come 오다
- do 하다
- go 가다
- have 가지다
- make 만들다
- run 달리다
- should 해야 한다

(2) 명사

명사는 사람과 비사람(동물, 식물, 사물)의 이름을 나타내는 단어다.

- apple 사과
- cat 고양이
- dog 개
- Julie 줄리
- Korea 한국
- pen 펜
- rose 장미
- student 학생
- Tom 톰
- tree 나무

(3) 대명사

대명사는 명사를 대신해서 사용하는 단어다.

- I 나는
- my 나의
- me 나를
- mine 나의 것
- you 당신은
- he 그는
- she 그녀는
- it 그것은
- they 그들은
- this 이것은

(4) 형용사

명사를 꾸며 주는 단어다.

- angry 화난
- big 큰
- good 좋은
- hungry 배고픈
- tall 키가 큰

- beautiful 아름다운
- easy 쉬운
- happy 행복한
- old 낡은, 늙은
- warm 따뜻한

※ good은 "좋다"가 아닌 "좋은", happy는 "행복하다"가 아닌 "행복한"으로 정리해 두는 것이 좋다. 그래야 형용사와 동사를 혼동하지 않고 구분하는 데 도움이 된다.

(5) 부사

형용사, 부사, 동사를 꾸며 주는 단어다. 즉, 명사를 제외한 나머지를 수식한다.

- again 다시
- always 항상
- here 여기에
- there 저기에
- very 매우

- also 또한, 역시
- happily 행복하게
- then 그때
- too 너무나, 또한
- well 잘

(6) 전치사

명사 또는 대명사 앞에 사용하여 장소, 방법, 시간 등을 구체적으로 표시해 주는 단어다.

- about ~에 관해
- by ~ 옆에, ~에 의해, ~까지
- for ~을 위해, ~ 동안, ~ 때문에
- on ~ 위에
- under ~ 아래에

- at ~에
- from ~로부터
- in ~ 안에
- to ~로
- with ~와 함께, ~을 가지고

(7) 접속사

단어와 단어 또는 문장과 문장을 연결해 주는 단어다.

- and 그리고
- or 또는
- as ~할수록, ~할 때, ~ 때문에
- if 만약 ~한다면
- when ~할 때

- but 그러나
- so 그래서
- because ~ 때문에
- though 비록 ~일지라도
- while ~하는 동안

(8) 감탄사

감탄하는 말과 주로 인사말을 표현하는 단어다.

- Aha! 아하!
- Hello! 안녕!
- Hurrah! 만세!
- Ouch! 아야!
- Alas! 아, 슬퍼!
- Hey! 헤이!
- Hurray! 만세!
- Wow! 와우!
- Bravo! 브라보!
- Hi! 안녕!
- Oh! 오!

2. 문장 성분

① 단어가 모여 문장 성분이 된다.
② 문장 성분으로는 주어, 목적어, 보어, 수식어가 있다.

(1) 주어(Subject)

① 주어는 주로 동사 왼쪽에 사용하며, 동사의 주체가 되는 명사, 대명사다.
② 우리말에서 "누가, 무엇이"에 해당되는 단어다.

- My father is a farmer.
  나의 아버지는 농부다. (동사 is 왼쪽 My father가 주어)
- He grows vegetables.
  그는 채소를 기른다. (동사 grows 왼쪽 He가 주어)
- He is happy.
  그는 행복하다. (동사 is 왼쪽 He가 주어)

(2) 목적어(Object)

① 목적어는 주로 동사 오른쪽에 나온다.
② 목적어는 주어와 다른 대상이다.
③ 우리말에서 "누구를, 무엇을"에 해당되는 명사, 대명사다. 주어를 A, 목적어를 B라고 보면 A ≠ B의 관계가 된다.

- My brother has a cute dog. (My brother ≠ a cute dog이므로 a cute dog은 목적어)
  내 남동생은 귀여운 개를 가지고 있어.
- I like the dog.
  나는 그 개가 좋다. (I ≠ the dog이므로 the dog은 목적어)

(3) 보어(Complement)

① 보어는 주로 동사 오른쪽에 나온다.
② 보어는 주어나 목적어와 같은 대상, 같은 상태를 나타내는 명사, 대명사, 형용사다.
③ 주어를 A, 보어를 B라고 보면 A = B의 관계가 된다.

- My mother is a doctor.

  나의 어머니는 의사다. (My mother = a doctor이므로 a doctor가 보어)

- She is nice to sick people.

  그녀는 아픈 사람들에게 친절합니다. (She = nice이므로 nice가 보어)

(4) 수식어(Modifier)

① 수식어는 주로 부사(구)와 전명구다.

② "전치사 + (대)명사"를 줄여서 전명구 또는 전치사구라고 한다.

- He gets up early in the morning.

  그는 아침에 일찍 일어납니다. (early 부사이므로 수식어, in the morning 전명구이므로 수식어)

- She is nice to sick people.

  그녀는 아픈 사람들에게 친절합니다. (to sick people 전명구이므로 수식어)

3. 구와 절

(1) 구

문장의 일부로 2단어 이상이 모인 표현에서 "주어+동사"가 없으면 "구"라고 한다.

- He is good at cooking.

  그는 요리를 잘한다. (at cooking에는 주어와 동사가 없으므로 구)

(2) 절

문장의 일부로 2단어 이상이 모인 표현에서 "주어+동사"가 있으면 "절"이라고 한다.

- I know that he is good at cooking.

  나는 그가 요리를 잘한다는 것을 알고 있다. (he 주어와 is 동사가 있으므로 절)

4. 동사의 종류

(1) be동사, 조동사, 일반동사

① am, is, are, was, were를 "be동사"라고 한다.

② can, may, must, should, will 등을 "조동사"라고 한다.

③ come, go, play처럼 be동사와 조동사를 제외한 나머지를 "일반동사"라고 한다.

④ be동사는 주로 "이다, 있다"란 의미를 나타낸다.

⑤ "이었다, 있었다" 과거의 의미로는 "was, were"를 사용한다.

⑥ 현재시제에서 주어가 "I"면 "am"을 사용한다.

⑦ 주어가 "You"면 "are"를 사용한다.

⑧ 줄여서 "I'm, You're"로 쓴다.

- I'm 10 years old.

  나는 10살이다. (am은 be동사)

- You're 10, too.

  너도 또한 10살이다. (are는 be동사)

- We will help each other.

  우리는 서로를 도와줄 것이다. (will은 조동사, help는 일반동사)

5. 단수와 복수

① 단수는 1개 또는 1명을 의미한다.

② 복수는 2개 이상 또는 2명 이상을 의미한다.

③ be동사를 사용할 때, 주어가 단수면 is를, 복수면 are를 사용한다.

- Tom is tall.

  톰은 키가 크다. (Tom 1명이므로 단수)

- Tom and Jack are tall.

  톰과 잭은 키가 크다. (Tom과 Jack은 2명이므로 복수)

6. 인칭과 수

(1) 인칭

① I(나는), We(우리들은)를 "1인칭"이라고 한다.

② You(너, 당신)를 "2인칭"이라고 한다.

③ I, we, you를 제외한 나머지 모든 명사와 대명사를 "3인칭"이라고 한다.

④ 예를 들어, She는 I, We, You가 아니므로 3인칭이다.

⑤ Tom은 I, We, You가 아니므로 3인칭이다.

⑥ My brother은 I, We, You가 아니므로 3인칭이다.

(2) 인칭과 수

① 단수와 복수의 의미까지 추가하면, I는 1명이므로 "1인칭 단수"라고 한다.

② We는 2명 이상이므로 "1인칭 복수"라고 한다.

③ You는 1명(당신, 너)이면 "2인칭 단수", 2명 이상(당신들, 너희들)이면 "2인칭 복수"라고 한다.

④ He는 I, We, You가 아니고, 1명을 나타내므로 "3인칭 단수"라고 한다.

⑤ He and Tom은 I, We, You가 아니고, 2명을 나타내므로 "3인칭 복수"라고 한다.

⑥ Her sisters도 I, We, You가 아니고 복수를 나타내므로 "3인칭 복수"가 된다.

7. 3인칭 단수 주어와 일반동사 현재형

주어가 3인칭 단수일 때 일반동사 현재형에 (e)s를 붙인다.

- I like coffee.

  나는 커피를 좋아한다.

- You like coffee.

  당신은 커피를 좋아한다.

- He likes coffee.

  그는 커피를 좋아한다. (주어 He는 3인칭 단수)

- We like coffee.

  우리는 커피를 좋아한다.

- They like coffee.

  그들은 커피를 좋아한다.

- Ann likes coffee.

  앤은 커피를 좋아한다. (주어 Ann은 3인칭 단수)

- Sam and Julie like coffee.

  샘과 줄리는 커피를 좋아한다.

2 다양한 문장

1. 부정문

① not이 있는 문장을 부정문이라고 한다.
② be동사와 조동사 뒤에 not을 써서 부정문을 만든다.
③ 현재형 일반동사 앞에 don't를 사용해 부정문을 만든다.
④ 주어가 3인칭 단수일 때 일반동사 현재형의 부정문엔 doesn't를 사용한다.

- I'm hungry now.

  ➜ I'm not hungry now.

   나는 지금 배고프지 않다.

- I can play the piano.

  ➜ I can't play the piano.

   나는 피아노를 칠 수 없다.

- I like spiders.

  ➜ I don't like spiders.

   나는 거미를 좋아하지 않는다.

• She likes spiders.

→ She doesn't like spider.
그녀는 거미를 좋아하지 않는다.

2. 의문문

① 물음표(?)가 있는 문장을 의문문이라고 한다.
② be동사와 조동사를 주어 앞으로 옮겨 의문문을 만든다.
③ 현재형 일반동사가 있는 문장은 주어 앞에 do를 사용해서 의문문을 만든다.
④ 주어가 3인칭 단수일 때 일반동사 현재형의 의문문엔 does를 사용한다.

• You are hungry.

→ Are you hungry?

→ Yes, I am. / No, I'm not.
넌 배가 고프니?
응, 배고파. / 아니, 배고프지 않아.

• You can play the piano.

→ Can you play the piano?

→ Yes, I can. / No, I can't.
넌 피아노를 칠 수 있니?
응, 칠 수 있어. / 아니, 칠 수 없어.

• You like dogs.

→ Do you like dogs?

→ Yes, I do. / No, I don't.
넌 개를 좋아하니?
응, 좋아해. / 아니, 좋아하지 않아.

• He likes dogs.

→ Does he like dogs?

→ Yes, he does. / No, he doesn't.
그는 개를 좋아하니?
응, 좋아해. / 아니, 좋아하지 않아.

3. 의문사 의문문

① who, whose, whom, what, which, when, where, why, how를 의문사라고 한다.
② 의문사는 의문대명사, 의문형용사, 의문부사로 나눌 수 있다.
③ 의문사로 물으면 "Yes, No"로 답할 수 없다.

(1) 의문대명사 : who, whose, whom, what, which

- A: Who are you?

  B: I am Hong Gildong.
  A: 너는 누구니?
  B: 나는 홍길동이야.

- A: Whose is this book?

  B: It's Tom's.
  A: 이 책은 누구의 것이니?
  B: 그것은 톰의 것이야.

- A: Whom do you like?

  B: I like Jack.
  A: 넌 누구를 좋아하니?
  B: 난 잭이 좋아.

- A: What is this?

  B: It's a new smart phone.
  A: 이것은 무엇이니?
  B: 그것은 새로운 스마트폰이야.

- A: What's the date today?

  B: It's October (the) seventh.
  A: 오늘 며칠이니?
  B: 10월 7일이야.

- A: What's wrong?

  B: I have a cold.
  A: 무슨 일이야?
  B: 나 감기야.

- A: What do you do (for a living)?

  B: I am a cook.
  A: 무슨 일을 하시나요?
  B: 요리사입니다.

- A: Which do you like better, coffee or tea?

  B: I like coffee better.
  A: 넌 커피와 차 중에 어느 것이 더 좋으니?
  B: 난 커피가 더 좋아.

(2) 의문형용사 : what, which, whose + 명사

- A: What time is it now?

  B: It's seven thirty.

  A: 지금 몇 시야?

  B: 7시 30분이야.

- A: What day is it today?

  B: Today is Saturday.

  A: 오늘 무슨 요일이야?

  B: 오늘은 토요일이야.

- A: Which color do you like better, blue or red?

  B: I like blue better.

  A: 넌 파란색과 빨간색 중에 어느 색이 더 좋아?

  B: 난 파란색이 더 좋아.

- A: Whose book is this?

  B: It's mine.

  A: 이것은 누구의 책이니?

  B: 내 거야.

(3) 의문부사 : how, when, where, why

- A: When does Ann go to school?

  B: She goes to school at 8 o'clock.

  A: 앤은 언제 학교에 가니?

  B: 그녀는 8시에 학교에 가.

- A: Where are you from?

  B: I'm from China.

  A: 어디에서 왔어?

  B: 난 중국에서 왔어.

- A: Why are you late for school?

  B: Because I missed the bus.

  A: 넌 학교에 왜 지각이니?

  B: 전 버스를 놓쳤어요.

- A: How does Sam go to school?

  B: He goes to school by bus.

  A: 샘은 학교에 어떻게 가?

  B: 그는 버스를 타고 가.

- A: How's the weather today?

  B: It's sunny.

  A: 오늘 날씨가 어때?
  B: 화창해.

- A: How far is it from here?

  B: It's about 2 km from here.

  A: 여기서 얼마나 머니?
  B: 여기서 대략 2km야.

- A: How long does it take?

  B: It takes about 10 minutes.

  A: 시간이 얼마나 걸리니?
  B: 대략 10분 걸려.

- A: How many apples do you want?

  B: Four, please.

  A: 사과 몇 개를 원하시나요?
  B: 4개 주세요.

- A: How much is it?

  B: It's two thousand won.

  A: 그것은 얼마인가요?
  B: 2,000원입니다.

- A: How often do you eat out?

  B: Twice a week.

  A: 얼마나 자주 외식을 하나요?
  B: 1주일에 2번이요.

- A: How old is Jack?

  B: He is 11 years old.

  A: 잭은 몇 살이니?
  B: 그는 11살이야.

4. 부가의문문

① 말을 한 뒤 확인이나 동의를 구하기 위해 되물어 보는 의문문이다.
② 주로 "동사+주어" 2단어로 부가의문문을 만든다.
③ 긍정문은 부정문으로, 부정문은 긍정문으로 부가의문문을 만든다.
④ be동사는 be동사로, 조동사는 조동사로, 일반동사는 do(es)를 사용하여 만든다.
⑤ 주어가 명사인 경우는 대명사로 바꾼다.
⑥ This, That 주어는 He, She, It으로, These, Those는 They로 바꾸어 만든다.

⑦ Let's로 시작되는 문장은 shall we, 명령문은 will you를 사용한다.

- He is very smart, <u>isn't he</u>?

  그는 매우 똑똑해, 그렇지 않니?

- She can play the guitar, <u>can't she</u>?

  그녀는 기타를 연주할 수 있어, 그렇지 않니?

- You like cats, <u>don't you</u>?

  넌 고양이를 좋아하지, 그렇지 않니?

- You don't like cats, <u>do you</u>?

  넌 고양이를 좋아하지 않아, 그렇지?

- Sam likes cats, <u>doesn't he</u>?

  샘은 고양이를 좋아해, 그렇지 않니?

- Let's go fishing, <u>shall we</u>?

  낚시 가자, 그럴래?

- Open the door, <u>will you</u>?

  문을 열어, 그럴 거지?

- This is your brother, <u>isn't he</u>?

  얘가 네 남동생이지, 그렇지 않니?

- That is your book, <u>isn't it</u>?

  저것은 네 책이지, 그렇지 않니?

- These are your brothers, <u>aren't they</u>?

  얘들은 네 남동생들이지, 그렇지 않니?

5. 감탄문

(1) What으로 시작하는 감탄문 공식

  ① What + a(n) + 형용사 + 단수명사 + 주어 + 동사!

  ② What + 형용사 + 복수명사/셀 수 없는 명사 + 주어 + 동사!

  ③ 주어 + 동사는 생략이 가능하다.

  - He is a very tall boy.

    ➜ What a tall boy (he is)!

      그는 정말 키 큰 소년이구나!

  - They are very sweet apples.

    ➜ What sweet apples (they are)!

      그것들은 정말 달콤한 사과구나!

(2) How로 시작하는 감탄문 공식

　　① How + 부사 + 주어 + 동사!

　　② How + 형용사 + 주어 + 동사!

　　③ 주어 + 동사는 생략이 가능하다.

　　• He runs very fast.

　　　➡ How fast (he runs)!
　　　　그는 정말 빨리 달리는구나!

　　• She is very kind.

　　　➡ How kind (she is)!
　　　　그녀는 정말 친절하구나!

6. 명령문과 청유문

① 대부분 명령은 상대방 You에게 하므로 주어 You를 지우고 동사원형을 이용하여 명령문을 만든다.

② 동사원형이란 be동사는 be가 동사원형이고, 나머지 일반동사는 ~ed, ~ing, ~s가 붙지 않은 모양을 말한다.

③ 즉, play, played, playing, plays 중에 play가 동사원형이다.

• You are quiet.
　당신은 조용하다.

• Be quiet.
　조용히 해라.

• Don't be quiet.
　조용히 하지 마라.

• Let's be quiet.
　조용히 하자.

• Let's not be quiet.
　조용히 하지 말자.

• Let me open the door.
　내가 문을 열게요.

• Hurry up, and you won't be late.
　서둘러, 그러면 늦지 않을 거야.

• Hurry up, or you will be late.
　서둘러, 그렇지 않으면 늦을 거야.

7. There 도치 구문

There is + 단수 주어, There are + 복수 주어는 "~있다"란 의미를 가지는 문장이다.

- There is a book on the desk.
  책상 위에 책이 한 권 있다.
- There are two books on the desk.
  책상 위에 책이 두 권 있다.
- There aren't any flowers in the vase.
  = There are no flowers in the vase.
  꽃병에 꽃이 조금도 없다.
- A: Is there a map on the wall?
  B: Yes, there is. / No, there isn't.
  A: 벽에 지도가 있니?
  B: 응, 있어. / 아니, 없어.
- A: Are there many cars on the street?
  B: Yes, there are. / No, there aren't.
  A: 길에 차가 많니?
  B: 응, 많이 있어. / 아니, 많이 없어.

PART 2 | 동사편 (1)

1 문장의 5형식

① 수식어(M)는 주로 부사(구)와 전명구다.
② 문장을 1형식부터 5형식까지 구분할 때 조동사와 수식어는 빼고 나머지로 형식을 구분한다.
③ S 주어, V 동사, C 보어, O 목적어, OC 목적보어로 표시한다.

1. 1형식

1형식은 "S + V"로 구성된 문장이다.

- Birds / can fly.
  새는 날 수 있다. (S + V, 1형식)
- It / happened / in the morning.
  그것은 아침에 일어났다. (in the morning 전명구는 수식어)

2. 2형식

① 2형식은 "S + V + C"로 구성된 문장이다.

② 2형식에 사용되는 동사는 주로 be동사, become형 동사, 오감동사다.

(1) be동사 + 보어

- I am a vet.

  나는 수의사다. (S + V + C, I = a vet, 2형식)

(2) become형 동사 + 보어

come, fall, get, go, grow, run, turn + 형용사 보어로 사용된 동사는 모두 "become 되다"라는 의미를 가진다.

- come true   실현되다

- fall asleep   잠들다

- get angry   화를 내다

- go bad   상하다

- grow old   늙다

- run dry   마르다

- Dreams will come true.

  꿈은 실현될 것이다. (come true 실현되다, S + V + C, Dreams = true)

- Sam fell asleep.

  샘은 잠들었다. (fall asleep 잠들다, S + V + C, Sam = asleep)

- Sam got angry.

  샘은 화가 났다. (get angry 화나다, S + V + C, Sam = angry)

- This food went bad.

  이 음식은 상했다. (go bad 상하다, S + V + C, This food = bad)

- Everyone grows old.

  누구나 늙는다. (grow old 늙다, S + V + C, Everyone = old)

- This well will run dry soon.

  이 우물은 곧 마를 것이다. (run dry 마르다, S + V + C, This well = dry)

(3) 오감동사 = 감각동사

① feel, look, smell, sound, taste + 형용사 보어로 사용하는 5개 감각동사를 오감동 사라고 한다.

② (대)명사가 나오면 오감동사 뒤에 like를 사용한다.

- I feel good.

  난 기분이 좋다. (오감동사 + good 형용사 보어, I = good, S + V + C)

• You look happy today.
넌 오늘 행복해 보여. (오감동사 + happy 형용사 보어, You = happy, S + V + C)

• You look like a bear today.
너 오늘 곰처럼 보여. (오감동사 + like + 명사)

3. 3형식

(1) 3형식

3형식은 "S + V + O"로 구성된 문장이다.

• I love you. (I ≠ you이므로 you는 목적어, S + V + O, 3형식)

(2) 조심해야 할 타동사

• Tom discussed about the matter yesterday. ✘

→ Tom discussed the matter yesterday.
톰은 그 문제에 대해서 논의했다. (Tom ≠ the matter이므로 the matter는 목적어, S + V + O)

• approach   ~에 다가가다 (approach at, approach to ✘)

• attend   ~에 참석하다, 다니다 (attend to ✘)

• enter   들어가다 (enter into ✘)

• explain   설명하다 (explain about ✘)

• marry   ~와 결혼하다 (marry with ✘)

• reach   ~에 도착하다 (reach at, reach to ✘)

4. 4형식

① 4형식은 "S + V + IO(간접목적어) + DO(직접목적어)"로 구성된 문장이다.
② IO 간접목적어는 주로 사람, DO 직접목적어는 주로 사물이 오는 경우가 많다.
③ '~에게 ~을 주다'라는 의미 구조를 가진다.
④ 4형식 문장은 간접목적어와 직접목적어의 순서를 바꿔서 3형식 문장으로 만들 수 있다.
⑤ 이때, 3형식 문장 뒤로 간 간접목적어 앞에 전치사 for, of, to 중 하나가 생긴다.

(1) for를 사용하는 4형식 동사

buy, cook, find 찾아 주다, get 가져다주다, 사 주다, make

• Mom bought me a bike. (S+V+IO+DO 4형식, Mom ≠ me, me ≠ a bike)

→ Mom bought a bike for me. (for her는 전명구로 수식어, 3형식)
엄마가 나에게 자전거를 사줬다.

(2) of를 사용하는 4형식 동사

ask 묻다, 질문하다

- Mom asked me a question. (S + V + IO + DO 4형식, Mom ≠ me, me ≠ a question)

  ➔ Mom asked a question of me. (of me는 전명구이므로 수식어, 3형식)
    엄마는 나에게 질문 하나를 했다.

(3) to를 사용하는 4형식 동사

give, lend, offer, pay, send, show, sing, teach, write

- She gave Sam the bike. (S + V + IO + DO 4형식)

  ➔ She gave the bike to Sam. (to Sam 전명구는 수식어, 3형식)
    그녀는 그 자전거를 샘에게 줬다.

5. 5형식

(1) 5형식

① 5형식은 "S + V + O + OC"로 구성된 문장이다.

② call, find, keep, leave, make는 5형식 구조로 잘 쓰이는 동사들이다.

- We call them "Books".
  우리는 그것들을 "Books"라고 부른다. (We ≠ her, them = Books)
- Books keep us wise.
  책은 우리를 현명하게 유지해 준다. (Books ≠ us, us = wise)
- Books make us wise.
  책은 우리를 현명하게 만들어 준다. (Books ≠ us, us = wise)
- Books leave our mind open.
  책은 우리 마음을 열어 두게 한다. (Books ≠ our mind, our mind = open)

(2) 사역동사, 준사역동사, 유발동사

① 사역동사 have, let, make + O + 동사원형 목적보어 구조로 사용된다.

② 준사역동사 help + O + 동사원형 또는 to부정사 목적보어 구조로 사용된다.

③ 유발동사 + O + to부정사 목적보어 구조로 사용된다.

④ 유발동사는 advise, allow, ask, cause, enable, encourage, expect, force, get, order, tell, want 등이 있다.

⑤ 사역동사, 준사역동사, 유발동사는 모두 원서에서 causative verb라고 한다.

- Books make us think deeply.
  책은 우리를 깊게 생각하게 만든다.
- Books help us (to) think deeply.
  책은 우리가 깊게 생각하게 도와준다.

- Books enable us to think deeply.
  책은 우리가 깊게 생각할 수 있게 해 준다.

(3) 지각동사

① 지각동사 + O + 동사원형 또는 현재분사(~ing) 목적보어 구조로 사용된다.

② 지각동사는 feel, hear, listen to, look at, notice, observe, see, smell, watch 등이 있다.

- I saw my son read(ing) a book.
  난 아들이 책 읽고 있는 것을 봤다.

(4) 목적어와 목적보어가 수동 관계일 때

목적어와 목적보어가 수동 관계일 때 목적보어에 과거분사를 사용한다.

- I had the mechanic fix my car.
  나는 그 정비사가 내 차를 수리하게 했다.
- I had my car fixed. (fix ✖)
  나는 내 차가 수리되게 했다.
- I got the mechanic to fix my car.
  나는 그 정비사가 내 차를 수리하게 했다.
- I got my car fixed. (to fix ✖)
  나는 내 차가 수리되게 했다.
- I saw the mechanic fix(ing) my car.
  나는 그 정비사가 내 차를 수리하는 것을 봤다.
- I saw my car fixed. (fix, fixing ✖)
  나는 내 차가 수리되는 것을 봤다.

2 시제

1. 동사의 변화

(1) 동사의 규칙변화

① 동사원형 + ed: open ➡ opened

② e로 끝나는 동사 + d: like ➡ liked

③ 모음 + y + ed: play ➡ played

④ 자음 + y는 y를 i로 바꾸고 ed: study ➡ studied

⑤ 단모음 + 단자음은 마지막 자음 한 번 더 쓰고 ed: stop ➡ stopped

(2) 동사의 불규칙변화

동사원형 - 과거형 - 과거분사형

A-A-A 형

- bet - bet - bet 걸다, 내기하다
- broadcast - broadcast - broadcast 방송하다
- burst - burst - burst 갑자기 ~하다, 터지다
- cost - cost - cost 비용이 들다
- cut - cut - cut 자르다, 베다
- hit - hit - hit 치다, 때리다
- hurt - hurt - hurt 아프다, 상처 주다
- let - let - let 시키다, 허락하다
- put - put - put 두다
- read - read - read 읽다
- quit - quit - quit 그만두다
- set - set - set 놓다, 배치하다
- shut - shut - shut 닫다
- spread - spread - spread 펼치다, 뻗다

A-B-A 형

- become - became - become 되다, 어울리다
- come - came - come 오다
- run - ran - run 달리다, 경영하다

A-B-B 형

- bend - bent - bent 굽히다, 구부리다
- bleed - bled - bled 피 흘리다
- bring - brought - brought 가져오다
- build - built - built 만들다, 건설하다
- buy - bought - bought 사다

- catch - caught - caught 잡다, 걸리다
- creep - crept - crept 기다
- deal - dealt - dealt 다루다, 처리하다, 거래하다
- dig - dug - dug 파다, 파내다
- feed - fed - fed 음식을 주다, 먹이다, 먹다
- feel - felt - felt 느끼다
- fight - fought - fought 싸우다
- find - found - found 발견하다, 알다
- flee - fled - fled 달아나다
- hang - hung - hung 걸다, 매달다
- have - had - had 가지다, 먹다, 시키다
- hear - heard - heard 듣다
- hold - held - held 잡다, 쥐다, 개최하다
- keep - kept - kept 두다, 유지하다, 계속하다, 막다
- kneel - knelt - knelt 무릎을 꿇다
- lay - laid - laid 두다, 놓다, 낳다
- lead - led - led 이끌다, 인도하다
- leave - left - left 떠나다, 남겨 놓다
- lend - lent - lent 빌려주다
- light - lit - lit 불을 붙이다, 밝게 하다
- lose - lost - lost 잃어버리다
- make - made - made 만들다, 시키다, 하다
- mean - meant - meant 의미하다
- meet - met - met 만나다, 만족시키다
- pay - paid - paid 지불하다
- say - said - said 말하다
- seek - sought - sought 찾다, 노력하다, 추구하다
- sell - sold - sold 팔다
- send - sent - sent 보내다
- shine - shone - shone 빛나다, 빛내다
- shoot - shot - shot 쏘다, 발사하다
- sit - sat - sat 앉다

- sleep – slept – slept 자다
- slide – slid – slid 미끄러지다
- smell – smelt – smelt 냄새나다
- spend – spent – spent 쓰다, 소비하다
- spit – spat – spat 침을 뱉다
- stand – stood – stood 일어서다
- stick – stuck – stuck 찌르다, 붙이다, 끼워 넣다
- sting – stung – stung 찌르다, 쏘다
- strike – struck – struck 때리다, 충돌하다
- sweep – swept – swept 청소하다, 쓸다
- swing – swung – swung 흔들다, 회전시키다
- teach – taught – taught 가르치다
- tell – told – told 말하다, 알다, 구별하다
- think – thought – thought 생각하다
- understand – understood – understood 이해하다
- weep – wept – wept 울다
- win – won – won 이기다, 얻다
- wind – wound – wound 휘다, 감다

A–A–B 형

- beat – beat – beaten 치다, 이기다, 깨뜨리다

A–B–C 형

- be – was/were – been 이다, 있다
- bear – bore – born 참다, 낳다
- begin – began – begun 시작하다
- bite – bit – bitten 물다
- blow – blew – blown 바람이 불다, 숨을 내쉬다, 폭발하다
- break – broke – broken 부수다, 고장 나다
- choose – chose – chosen 선택하다

- do - did - done 하다
- draw - drew - drawn 당기다, 꺼내다, 그리다
- drink - drank - drunk 마시다
- eat - ate - eaten 먹다
- fall - fell - fallen 떨어지다, 넘어지다, 빠지다
- fly - flew - flown 날다
- forbid - forbade - forbidden 금지하다
- forget - forgot - forgotten 잊다
- freeze - froze - frozen 얼다
- get - got - got(ten) 받다, 사다, 도착하다, 시키다
- give - gave - given 주다
- go - went - gone 가다
- grow - grew - grown 자라다, 기르다, 재배하다
- hide - hid - hidden 숨기다, 감추다
- know - knew - known 알다, 분간하다
- lie - lay - lain 눕다, 놓여 있다
- mistake - mistook - mistaken 잘못 알다, 오해하다
- ride - rode - ridden 타다
- ring - rang - rung 울리다
- rise - rose - risen 솟다, 오르다, 일어서다
- see - saw - seen 보다, 알다
- sew - sewed - sewn(sewed) 꿰매다
- shake - shook - shaken 흔들다, 악수하다
- show - showed - shown(showed) 보여 주다
- shrink - shrank - shrunk 오그라들다, 줄다, 피하다
- sing - sang - sung 노래하다
- sink - sank - sunk 내려가다, 가라앉다
- speak - spoke - spoken 말하다
- spring - sprang - sprung 뛰다, 도약하다, 갑자기 ~되다
- steal - stole - stolen 훔치다
- stink - stank - stunk 악취가 나다, 평판이 나쁘다
- swear - swore - sworn 맹세하다

- swim - swam - swum   수영하다
- take - took - taken   가져가다, 잡다, 먹다, 걸리다
- tear - tore - torn   찢다
- throw - threw - thrown   버리다, 던지다
- wake - woke - woken   일어나다, 깨다, 깨우다
- wear - wore - worn   입다
- write - wrote - written   쓰다

2. 현재, 과거, 미래

(1) 현재

- Honesty is the best policy.
  정직이 최고의 방책이다. (격언, 속담)
- The Earth moves around the sun.
  지구는 태양 둘레를 돈다. (진리)
- I'm sad now.
  난 지금 슬퍼. (현재 상태)
- I brush my teeth every day.
  나는 매일 양치질을 한다. (현재 습관)

(2) 과거

- Did she watch TV last night?
  그녀는 어젯밤 TV를 봤나요? (과거 시점)
- World War Ⅱ broke out in 1939.
  제2차 세계 대전은 1939년에 발발했다. (역사적 사건)
- a few days ago   며칠 전 (과거시제에 잘 나오는 표현들)
- last month   지난달
- last Sunday   지난주 일요일
- last week   지난주
- then   그때
- yesterday   어제

(3) 미래

- It will rain tomorrow.
  = It is going to rain tomorrow.
    내일 비가 올 거야.

• If it will rain a lot tomorrow, we won't go to the movies. ✖

→ If it rains a lot tomorrow, we won't go to the movies.

내일 비가 온다면, 우리는 영화를 보러 가지 않을 거야.

시간 조건 부사절에는 미래시제 대신 현재시제를 사용한다.

시간 조건 부사절은 주로 after, before, until, when, if, unless + S + V를 말한다.

3. 진행

(1) 현재분사 만들기

① 동사원형 + ing: watch → watching

② e로 끝나면 e를 지우고 ing: live → living

③ 단모음 + 단자음은 마지막 자음 한 번 더 쓰고 ing: swim → swimming

④ ie로 끝나면 ie를 y로 바꾸고 ing: lie → lying

(2) 진행형 만들기

be동사 + 현재분사 = 진행형

• I watch TV.

나는 TV를 본다.

→ I am watching TV.

나는 TV를 보는 중이다.

• I watched TV yesterday.

나는 어제 TV를 봤다.

→ I was watching TV yesterday.

나는 어제 TV를 보는 중이었다.

4. 완료

(1) have/has + 과거분사

① 주로 "과거 + 현재"를 합친 의미를 나타낸다.

② 4가지 용법으로 해석을 할 수 있다.

③ 경험 용법에는 before, ever, never, once, 횟수 표현이 잘 나온다.

④ 결과 용법에는 has/have gone, left, lost 표현이 잘 나온다.

⑤ 계속 용법에는 for + 시간, since + 과거 시점 표현이 잘 나온다.

⑥ 완료 용법에는 already, just, yet 표현이 잘 나온다.

- Have you ever seen Tom?

  Yes, I have. / No, I haven't.

  톰을 본 적 있나요? (경험)

  예, 본 적 있어요. / 아니요, 본 적 없어요.

- Tom has gone to America.

  톰은 미국에 가 버렸다. (결과적으로 현재 이곳에 없다.)

- It has rained for 3 days.

  3일 동안 비가 (계속) 내렸다.

- I have already eaten lunch.

  나는 이미 점심을 먹었다. (완료)

(2) 현재완료 진행형

has/have been ~ing 형태로 과거 + 현재 + 진행을 합친 의미를 나타낸다.

- It started to rain two days ago. + It's still raining.

  → It's been raining for two days.

    비가 2일 동안 (계속) 내리고 있다. (지금도 진행 중)

(3) 과거완료

① 과거 이전을 대과거라고 한다.

② "had + 과거분사"로 표현한다.

③ 대과거 + 과거를 과거완료라고 하고 역시 "had + 과거분사"로 표현한다.

- I lost the watch that my dad had bought me.

  아빠가 사 준 시계를 잃어버렸다.

  (산 것이 먼저이므로 대과거 had bought, 그 후 잃어버린 것이 과거인 lost)

3 조동사

1. do

- I don't help you.

  나는 당신을 돕지 않는다. (부정문을 만드는 조동사)

- Do you help me?

  당신은 나를 돕나요? (의문문을 만드는 조동사)

- I did help him yesterday.

  난 정말로 어제 그를 도왔다. (강조구문을 만드는 조동사, do/did + 동사원형)

- I do the dishes every day.
  나는 매일 설거지를 한다. (설거지하다, do는 일반동사)

2. can

- I can help you.
  난 당신을 도울 수 있다. (능력, ~할 수 있다)
- Can I help you?
  내가 당신을 도울 수 있을까요? (허가, 해도 되니?)
- It can't be true.
  그것은 사실일 리가 없다. (부정적 추측, ~일 리가 없다)
- I couldn't help but laugh at the baby. (can't help but + 동사원형 ~할 수밖에 없다)
  = I couldn't help laughing at the baby. (can't help + 동명사)
  = I couldn't but laugh at the baby. (can't but + 동사원형)
  난 그 아기를 보고 웃을 수밖에 없었다.

3. may

- It may be true.
  그것은 사실일지 모른다. (약한 추측, ~일 거야, ~일지 몰라)
- May I help you?
  제가 도와드릴까요? (공손한 허가, 해도 될까요?)
- She may well be proud of her son.
  그녀가 아들을 자랑스러워하는 것도 당연하다. (may well ~하는 것이 당연하다)
- You may as well go home.
  넌 집으로 가는 게 낫겠다. (may as well ~하는 것이 낫겠다)

4. must

- I must help you.
  = I have to help you.
  난 당신을 도와야만 한다. (의무)
- It must be true.
  그것은 사실임에 틀림없다. (강한 추측)
- You don't have to help him.
  = You need not help him.
  당신이 그를 도울 필요는 없다. (불필요)

- You must not help him.

  당신은 그를 돕지 말아야 한다. (금지)

5. should

- You should help me.

  (당연히) 당신은 나를 도와야 한다. (당연 = ought to)

- I think you should help me.

  난 당신이 날 도와야 한다고 생각해. (가벼운 충고)

- You had better help me.

  당신은 날 돕는 게 낫겠어. (강한 충고)

- I should have helped you.

  난 너를 도왔어야 했는데. (하지만 돕지 않았다. 과거 후회)

6. used to

- I used to help you.

  내가 당신을 돕곤 했었지. (지금은 아니지만, 과거 습관)

7. will

- I will help you next week.

  내가 당신을 다음 주에 도울 거야. (미래 추측)

- I will help you.

  난 당신을 도울 거야. (의지)

- Will you help me?

  당신이 나를 좀 도와줄래요? (부탁, 요청)

- I would like to help you.

  = I want to help you.

  난 당신을 돕고 싶다. (소망)

- I would rather stay home.

  난 차라리 집에 있겠다. (would rather 차라리 ~하겠다)

8. 조동사의 기본 성질

- Sam must goes home now. ✘

  → Sam must go home now. (조동사 + 동사원형, go, goes, going 중에 go가 동사원형)

  샘은 지금 집에 가야만 한다.

• Sam will can drive a car next year. ✘

→ Sam will be able to drive a car next year. (조동사 2개는 연속 사용 불가)
샘은 내년에 차를 운전할 수 있을 것이다.

PART 3 | 동사편 (2)

1 to부정사

① "to + 동사원형"을 to부정사라고 한다.
② to부정사는 주어, 목적어, 보어로 사용하면 "명사적 용법"이다.
③ 명사를 수식하면 "형용사적 용법"이다.
④ 명사적 용법과 형용사적 용법을 제외한 나머지가 "부사적 용법"이다.

1. 명사적 용법

① 주어, 목적어, 보어로 사용한다.
② 의문사 바로 뒤 to부정사도 명사적 용법이다.

• To master English is difficult. (동사 is 왼쪽 주어 To master)

= It is difficult to master English. (It 가주어, to master 진주어)
영어를 마스터하는 것은 어렵다.

• I want to master English.
나는 영어를 마스터하기를 원한다. (decide, hope, need, plan, promise, want, wish + to부정사 목적어)

• My goal is to master English.
내 목표는 영어를 마스터하는 것이다. (주로 be동사 뒤에 주격보어 사용)

• I want you to master English.
난 네가 영어를 마스터하기를 원한다. (advise, allow, ask, expect, get, tell, want + O + to부정사 목적보어)

• I know how to English master.
난 영어를 마스터하는 법을 안다. (의문사 뒤 to부정사는 명사적 용법)

2. 형용사적 용법

① 명사를 수식한다.
② place, ~thing, time, way, work 같은 명사를 잘 수식한다.

- Give me something to drink.
  마실 것 좀 주세요.
- It's time to go to bed.
  자러 갈 시간이다.

3. 부사적 용법

- I study every day to master English.
  나는 영어를 마스터하기 위해서 매일 공부한다. (~하기 위해서, 목적)
- She lived to be 80.
  그녀는 살아서 80살이 되었다. (grow up, live, only + to부정사, 결과)
- I'm happy to master English.
  나는 영어를 마스터해서 행복하다. (감정형용사 + to부정사, 원인)
- I will be happy to master English.
  영어를 마스터한다면 행복할 텐데. (will/would + ~ 감정형용사 + to부정사, 조건)
- You must be smart to master English.
  영어를 마스터한 것을 보니 넌 똑똑함에 틀림없다. (can't be, must be + ~ to부정사, 판단의 근거)

4. 독립부정사

to부정사의 부사적 용법 중에 하나로 to부정사가 들어간 숙어라고 보면 된다.

- needless to say   말할 필요도 없이
- so to speak   말하자면
- to be frank(honest) with you   사실은, 솔직히
- to be sure   확실히
- to begin with, to start with   우선
- to make matters worse   설상가상으로
- to say nothing of   ~는 말할 것도 없이
- to tell (you) the truth   사실대로 말하면

5. to부정사 의미상 주어

① 준동사(to부정사, 동명사, 분사) 바로 왼쪽의 주어를 의미상 주어라고 한다.
② 문장의 주어와 to부정사의 주어가 같으면 "생략"하고, 다르고 목적어 자리면 "목적격"을 사용한다.
③ 목적어 자리가 아니면 "for + 목적격"을 사용한다.

④ 사람 판단 형용사 다음에는 "of + 목적격"을 사용한다.

• I want to solve this math problem.

나는 이 수학문제를 풀기를 원한다. (문장의 주어 I = to solve 하는 사람이 같아서 me 생략됨)

• I want you to solve this math problem.

나는 네가 이 수학문제를 풀기를 원한다. (I ≠ you, want + 목적어이므로 목적격 you 사용)

• It's difficult for you to solve this math problem.

네가 이 수학문제를 풀기는 어렵다. (목적어 자리가 아니므로 for you 사용)

• It's smart of you to solve this math problem.

이 수학문제를 풀다니 넌 똑똑하구나. (사람 판단 형용사 smart 뒤에 of you 사용)

⑤ 사람 판단 형용사는 주로 똑똑하거나 멍청한, 예의 바르거나 그렇지 않은 의미의 단어들이 대부분이다. 예를 들어, kind, nice, polite, impolite, rude, foolish, silly, smart, stupid, wise 같은 형용사를 말한다.

6. to부정사 문장 전환

(1) 의문사 + to부정사

= 의문사 + 주어 + should + 동사원형

• I don't know how to drive a car.

→ I don't know how I should drive a car.

나는 차를 어떻게 운전하는지 모른다.

(2) too + 부사/형용사 + to 동사원형

= so + 부사/형용사 + that + 주어 + can't + 동사원형

• I'm too young to drive a car.

→ I'm so young that I can't drive a car.

나는 너무 어려서 차를 운전할 수 없다.

(3) 부사/형용사 + enough to 동사원형

= so + 부사/형용사 + that + 주어 + can + 동사원형

• I'm old enough to drive a car.

→ I'm so old that I can drive a car.

나는 차를 운전할 만큼 충분한 나이다.

(4) S + seem to + V

= It seems that S + V

- She seems to drive a car.
  - → It seems that she drives a car.
    그녀는 운전을 하는 것 같다.

2 동명사

1. 동명사의 쓰임

동사원형에 ing를 붙여 "~하는 것, ~하기"라는 의미로 주어, 보어, 목적어에 사용한다.

- Taking pictures is interesting.
  사진을 찍는 것은 재미있다. (동사 is 왼쪽 주어 Taking pictures)
- My hobby is taking pictures.
  내 취미는 사진을 찍는 것이다. (My hobby = taking pictures, 주로 be동사 오른쪽에 보어)
- I enjoy taking pictures.
  나는 사진 찍는 것을 즐긴다. (enjoy, finish, give up, mind 꺼리다, stop + 동명사 목적어)

2. 구분해야 할 동명사와 to부정사

(1) decide, hope, need, plan, promise, want + to부정사 목적어

- I want to read this book.
  나는 이 책을 읽고 싶다.

(2) enjoy, finish, give up, mind, stop + 동명사 목적어

- I enjoy reading this book.
  나는 이 책을 읽는 것을 즐긴다.

(3) begin, start, hate, like, love, continue + 동명사 = to부정사

- I started reading this book.
  = I started to read this book.
  나는 이 책을 읽기 시작했다.

(4) forget, remember + 동명사(한 일) / to부정사(할 일)

- I remember reading this book.
  나는 이 책을 읽은 것이 기억난다.
- I remember to read this book.
  나는 이 책을 읽어야 하는 것을 기억하고 있다.

3. 동명사 구문

(1) be afraid of ~ing ~하는 것이 두렵다

- I'm afraid of playing games.
  나는 게임하는 것이 두렵다.

(2) be ashamed of ~ing ~하는 것이 부끄럽다

- I'm ashamed of playing games.
  나는 게임하는 것이 부끄럽다.

(3) be busy ~ing ~하느라 바쁘다

- I'm busy playing games.
  나는 게임하느라 바쁘다.

(4) be sure of ~ing ~할 것을 확신하다

- I'm sure of playing games.
  나는 게임할 것을 확신한다.

(5) be used to ~ing ~하는 데 익숙해져 있다

- I'm used to playing games.
  나는 게임하는 데 익숙해져 있다.

(6) be worth ~ing ~할 가치가 있다

- This game is worth playing.
  이 게임은 할 가치가 있다.

(7) by ~ing ~함으로써, ~해서

- By playing games, I take a rest.
  게임을 함으로써, 나는 휴식을 취한다.

(8) can't help ~ing ~할 수밖에 없다

- I can't help playing games.
  나는 게임을 할 수밖에 없다.

(9) feel like ~ing ~하고 싶은 마음이 들다

- I feel like playing games.
  나는 게임을 하고 싶은 마음이 든다.

(10) have a hard time ~ing ~하는 데 어려움이 있다

- I have a hard time playing games.
  나는 게임하는 데 어려움을 겪고 있다.

(11) how about ~ing ~하는 게 어때?

• How about playing games?
게임하는 게 어때?

(12) It is no use ~ing ~해도 소용없다

• It is no use playing games.
게임해도 소용없다.

(13) keep (on) ~ing 계속 ~하다

• I keep playing games.
나는 계속 게임을 한다.

(14) look forward to ~ing ~하기를 기대하다

• I'm looking forward to playing games.
나는 게임하는 것을 기대하고 있다.

(15) on ~ing ~하자마자

• On playing games, I felt good.
게임을 하자마자, 나는 기분이 좋아졌다.

(16) spend 시간 ~ing ~하는 데 시간을 쓰다

• I spent an hour playing games.
나는 게임하는 데 1시간을 썼다.

3 분사

1. 과거분사와 현재분사

① 분사는 과거분사와 현재분사가 있다.
② 과거분사는 수동과 완료의 의미를 나타낸다. 현재분사는 능동과 진행의 의미를 나타낸다.
③ 분사는 형용사에 가까워 명사를 꾸미거나 보어로 잘 사용한다.

• The novel was written by Tom.
그 소설은 톰에 의해 쓰여졌다. (소설은 쓰여지는 수동이므로 written)

• Tom was writing the novel.
톰은 그 소설을 쓰는 중이었다. (톰은 소설을 쓰는 능동이므로 writing)

• The game was exciting.
그 게임은 흥미진진했다. (게임은 흥분을 시키는 능동이므로 exciting)

- I was excited to play the game.

  나는 그 게임을 해서 흥분되었다. (나는 게임을 해서 흥분되는 수동이므로 excited)

- The interesting book is sold out.

  그 재미있는 책은 매진이다. (책이 재미를 주는 능동이므로 interesting)

- I'm interested in books.

  나는 책에 관심이 있다. (나는 책 때문에 재미를 얻는 수동이므로 interested)

2. 분사구문

접속사를 지우고, 주어를 지운 후 동사원형에 ing를 붙이면 분사구문이 된다.

- Because I have no time, I can't help you.

  → Having no time, I can't help you.

  시간이 없어서, 난 널 도울 수 없어.

- If you turn to the left, you will find the building.

  → Turning to the left, you will find the building.

  왼쪽으로 돌면, 넌 그 건물을 찾을 수 있을 거야.

- As it was written in haste, the book has a lot of errors.

  → Having been written in haste, the book has a lot of errors.

  → Written in haste, the book has a lot of errors. (Being, Having been은 생략 가능)

  급하게 써서, 그 책은 오류가 많다. (시제가 다르면 Having + 과거분사를 사용한다.)

- If we speak generally, people like buying cheaply.

  → Generally speaking, people like buying cheaply.

  일반적으로 말하면, 사람들은 싸게 사는 것을 좋아한다. (일반인 주어는 생략한다.)

4 수동태

1. 능동태와 수동태

① "S + V"의 형태로 "주어가 한다"는 의미를 가진 문장이 능동태다.

② "S + be동사 + 과거분사"의 형태로 "주어가 당한다, 받는다"는 의미를 가진 문장이 수동태다.

2. 수동태를 만드는 방법

① 능동태의 목적어를 수동태의 주어로 옮기기
② 동사를 be동사 + 과거분사로 바꾸기
③ 남은 부분 쓰기
④ 능동태의 주어를 문장 뒤에 by + 목적격으로 바꾸어 쓰기

- I love movies.
  - ➜ Movies are loved by me.
    영화는 나에게 사랑받는다.

- I loved movies.
  - ➜ Movies were loved by me.
    영화는 나에게 사랑받았다.

- I will love movies.
  - ➜ Movies will be loved by me.
    영화는 나에게 사랑받을 것이다.

- They don't love movies.
  - ➜ Movies aren't loved by them.
    영화는 그들에게 사랑받지 않는다.

- Do you love movies? (의문문)
  - ➜ Movies are loved by you. (평서문)
  - ➜ Are movies loved by you? (의문문)
    영화는 당신에게 사랑받고 있나요?

- I am writing a book.
  - ➜ A book is being written by me.
    책 한 권이 나에 의해 쓰여지는 중이다.

- I have written a book.
  - ➜ A book has been written by me.
    책 한 권이 나에 의해 쓰여졌다.

- I made her play the piano.
  - ➜ She was made to play the piano by me.
    그녀는 나에 의해 피아노를 치게 되었다.

- I saw her play the piano.
  - ➜ She was seen to play the piano by me.
    그녀는 나에게 피아노 연주하는 모습을 보였다.

3. by를 사용하지 않는 수동태

- Her room was covered with dust.
  그녀의 방은 먼지로 덮여 있었다.
- Her room is filled with books.
  그녀의 방은 책으로 가득하다.
- She is interested in books.
  그녀는 책에 관심이 있다.
- Paper is made from wood.
  종이는 나무로 만들어진다.
- The desk is made of wood.
  그 책상은 나무로 만들어진다.
- People are satisfied with her works.
  사람들은 그녀 작품들에 만족한다.
- I was surprised at the news.
  난 그 뉴스에 놀랐다.

PART 4 | 동사편 (3)

1 가정법

1. 직설법과 가정법

① 현실을 있는 그대로 직접적으로 표현하면 "직설법"이다.
② 현실을 반대로 가정해서 표현하면 "가정법"이다.
③ 예를 들어, "나는 부자가 아니다"는 직설법, "내가 부자라면"은 가정법이다.
④ 직설법 현재는 가정법 과거로 표현한다.
⑤ 직설법 과거는 가정법 과거완료로 표현한다.

2. If + 가정법

- As he doesn't have time, he can't study enough.
  시간이 없어서, 그는 충분히 공부를 할 수가 없다.
  → If he had time, he could study enough.
  시간이 있으면, 그는 충분히 공부할 수 있을 텐데.

• As he didn't have time yesterday, he couldn't study enough.
어제 시간이 없었기 때문에, 그는 충분히 공부할 수 없었다.

  ➔ If he had had time yesterday, he could have studied enough.
    어제 시간이 있었으면, 충분히 공부할 수 있었을 텐데.

3. I wish + 가정법

• I'm sorry he doesn't have time.
그가 시간이 없는 것이 안타깝다.

  ➔ I wish he had time.
    그가 시간이 있으면 좋을 텐데.

• I'm sorry he didn't have time yesterday.
그가 어제 시간이 없었던 것이 안타깝다.

  ➔ I wish he had had time yesterday.
    어제 그가 시간이 있었으면 좋았을 텐데.

4. as if + 가정법

• In fact, he doesn't study enough.
사실, 그는 충분히 공부하지 않아.

  ➔ He talks as if he studied enough.
    그는 마치 충분히 공부하는 것처럼 말한다.

• In fact, he didn't study enough yesterday.
사실, 그는 어제 충분히 공부를 하지 않았다.

  ➔ He talks as if he had studied enough yesterday.
    그는 어제 충분히 공부했던 것처럼 말한다.

2 간접의문문

① 어떤 문장 뒤에 의문문을 합치면 그 의문문을 간접의문문 순서로 써야 한다.
② 간접의문문은 의문사가 있는 경우 "의문사 + 주어 + 동사" 순서로 사용한다.
③ 의문사가 없는 경우 "if/whether + 주어 + 동사" 순서로 사용한다.

• I wonder. + What is this?

  ➔ I wonder what this is.
    나는 이것이 무엇인지 궁금하다.

• I wonder. + Is it his car?

  ➔ I wonder if(whether) it is his car.
    난 그것이 그의 차인지 아닌지 궁금하다.

3 강조 구문

1. It ~ that 강조 구문

① 주어, 목적어, 수식어를 강조할 때 사용한다.
② "It is(was) + 강조하는 것 + that + 강조하고 남은 것 + ~" 형태로 표현한다.

• Tom met Jack in the park.

➡ It was Tom that met Jack in the park. (주어 강조 구문)
공원에서 잭을 만난 것은 바로 톰이었다.

➡ It was Jack that Tom met in the park. (목적어 강조 구문)
공원에서 톰이 만난 것은 바로 잭이었다.

➡ It was in the park that Tom met Jack. (수식어 강조 구문)
톰이 잭을 만난 것은 바로 공원이었다.

2. 일반동사 강조 구문

"do, does, did + 동사원형"의 형태로 일반동사를 강조한다.

• Tom met Jack in the park.

➡ Tom did meet Jack in the park.
톰은 잭을 공원에서 정말 만났다.

4 도치

1. 도치

대부분의 영어 문장은 S + V ~의 순서가 일반적인데 그 순서를 바꾸어 사용하는 것을 도치라고 한다. 문장 앞으로 단어를 옮기는 여러 가지 이유가 있겠지만 주로 앞으로 옮긴 단어들을 강조하려는 목적이 크다.

2. Here/There 도치

① Here/There + 동사 + 명사 주어 순서로 도치한다.
② Here/There + 대명사 주어 + 동사 순서로 도치한다.

- Our teacher comes <u>here</u>.
  - → Here comes our teacher.

    우리 선생님이 여기로 오신다.
- He comes <u>here</u>.
  - → Here he comes.

    그가 여기로 온다.

3. 부정어 도치

① hardly, never 등의 "부정어 + be동사 · 조동사 + 주어 + ~" 순서로 도치한다.

② 일반동사만 있는 경우는 "부정어 + do(does, did) + 주어~" 순서로 도치한다.

- I have <u>never</u> seen the teacher.
  - → Never have I seen the teacher.

    난 그 선생님을 결코 본 적이 없다.
- I <u>never</u> saw the teacher then.
  - → Never did I see the teacher then.

    난 그 선생님을 그때 결코 보지 못했다.

5 일치

주어가 단수면 단수동사를, 주어가 복수면 복수동사를 사용하여 주어와 동사의 일치를 시킨다.

- Every student likes games.

  모든 학생은 게임을 좋아한다. (every + 단수명사로 단수 취급한다.)
- Each student has a smart phone to play games.

  학생들 각각 게임을 할 스마트폰을 가지고 있다. (each + 단수명사로 단수 취급한다.)
- Both you and Tom like games.

  당신과 톰 둘 다 게임을 좋아한다. (both A and B는 복수 취급한다.)
- Either you or Tom likes games.

  당신 또는 톰 중에 하나는 게임을 좋아한다. (either A or B는 B에 동사를 일치시킨다.)
- Neither you nor Tom likes games.

  당신과 톰 둘 다 게임을 좋아하지 않는다. (neither A nor B는 B에 동사를 일치시킨다.)

• Not only you but also Tom likes games. (not only A but also B는 B에 동사를 일치시킨다.)

= Tom as well as you likes games. (B as well as A는 B에 동사를 일치시키므로 Tom에 일치시킨
likes를 사용)

당신뿐만 아니라 톰도 게임을 좋아한다.

• Half of the money was lost.

그 돈의 절반이 분실되었다. (분수 + 단수명사는 단수 취급한다.)

• Half of the coins were lost.

그 동전들 절반이 분실되었다. (분수 + 복수명사는 복수 취급한다.)

• A number of coins are lost.

많은 동전이 분실된 상태다. (a number of는 "많은", 그 뒤의 복수명사 주어에 일치)

• The number of coins is decreasing.

동전의 수가 줄어들고 있는 중이다. (the number of는 "~의 수", the number가 주어임)

PART 5 | 품사편

1 대명사

① 명사를 대신해 사용하는 단어를 대명사라고 한다.
② 예를 들어, Tom을 He로 바꾸어 사용할 때 He를 대명사라고 한다.
③ 대명사는 인칭, 소유, 재귀, 부정, 의문, 지시대명사가 있다.

1. 인칭대명사, 소유대명사, 재귀대명사

수와 인칭	인칭대명사			소유대명사	재귀대명사
	주격	소유격	목적격		
1인칭 단수	I 나는	my 나의	me 나를	mine 나의 것	myself 내 자신
1인칭 복수	We 우리는	our 우리의	us 우리를	ours 우리의 것	ourselves 우리 자신
2인칭 단수	You 너는	your 너의	you 너를	yours 너의 것	yourself 너 자신
2인칭 복수	You 너희들은	your 너희들의	you 너희들을	yours 너희들 것	yourselves 너희들 자신

3인칭 단수	He 그는	his 그의	him 그를	his 그의 것	himself 그 자신
	She 그녀는	her 그녀의	her 그녀를	hers 그녀의 것	herself 그녀 자신
	It 그것은	its 그것의	it 그것을	✘	itself 그 자체
3인칭 복수	They 그(것)들은	their 그(것)들의	them 그(것)들을	theirs 그(것)들의 것	themselves 그들 자신

① 인칭대명사 주격은 주어에, 소유격은 명사 앞에, 목적격은 목적어에 사용한다.
② 소유대명사는 "~의 것"이란 뜻으로 "소유격 + 명사"를 줄여 사용한 것이다.
③ 재귀대명사는 단수에 self, 복수에 selves가 붙어 "~자신"이란 뜻으로 사용한다.

- He gave me a book. It's my book. It's mine.
  그는 나에게 책 한 권을 줬어. 그것은 나의 책이다. 그것은 나의 것이다.
- I gave her a ring. It's her ring. It's hers.
  나는 그녀에게 반지 하나를 줬어. 그것은 그녀의 반지다. 그것은 그녀의 것이다.
- I myself washed the dishes. (강조하는 사람 바로 다음에 재귀대명사 사용, 생략 가능, 강조 용법)
  = I washed the dishes myself. (문장 끝에 재귀대명사 사용 가능, 생략 가능, 강조 용법)
    내 자신이 직접 설거지를 했다.
- He looked at himself in the mirror.
  그는 거울로 자신을 봤다. (동사나 전치사 바로 뒤 재귀용법, 생략 불가능)
- He cut himself shaving.
  그는 면도하다가 베었다. (동사나 전치사 바로 뒤 재귀용법, 생략 불가능)
- cut oneself   베다
- enjoy oneself   즐거운 시간을 보내다
- help oneself to   ~을 마음껏 먹다
- hurt oneself   다치다
- make oneself at home   편하게 있다, 편하게 지내다
- talk to oneself   혼잣말하다
- by oneself   혼자서
- for oneself   혼자 힘으로
- of itself   저절로

2. 부정대명사

정해지지 않은 대상을 표현하는 대명사란 의미로 부정대명사라고 한다.

• I don't have any pens. Please lend me one.

　펜이 없어. 내게 (아무) 펜 하나만 빌려줘. (아무거나 하나 one)

• I bought a pen yesterday. I lent it to Tom.

　어제 펜을 하나 샀어. 난 그것을 톰에게 빌려줬어. (어제 산 그 펜 it)

• I have two sons.

　One is a doctor. (둘 중 아무나 하나는 one)

　The other is a cook. (둘 중 나머지 하나는 the other)

　나는 아들이 둘 있다.
　하나는 의사다.
　나머지 하나는 요리사다.

• I have three sons.

　One is a doctor. (셋 중 아무나 하나는 one)

　Another is a cook. (다른 하나는 another)

　The other is a soccer player. (나머지 하나는 the other)

　나는 아들이 셋 있다.
　하나는 의사다.
　다른 하나는 요리사다.
　나머지 하나는 축구 선수다.

• I don't like this.

　Show me another. (another 다른 하나)

　Show me others. (others 다른 것들)

　난 이것이 마음에 안 들어요.
　다른 하나 좀 저에게 보여 주세요.
　다른 것들 좀 저에게 보여 주세요.

• Some of them are playing computer games. (몇몇은 some)

　The others are sleeping in the room. (나머지가 복수일 때는 the others)

　그들 중 몇몇은 게임을 하고 있다.
　나머지는 방에서 자고 있다.

• Some people took a walk slowly. (몇몇은 some)

　Others jogged in the park. (다른 몇몇, 다른 사람들은 others)

　몇몇 사람들은 천천히 산책을 했다.
　다른 사람들은 공원에서 조깅을 했다.

• I met somebody.

　나는 누군가 만났다. (somebody = someone 누군가, 어떤 사람, 긍정문에 사용)

- I bought something yesterday.

  나는 어제 뭔가를 샀다. (something 뭔가, 어떤 것, 긍정문에 사용)

- I bought nothing yesterday. (nothing = not + anything)

  = I didn't buy anything yesterday. (anything 아무것도, 어떤 것도, 부정문에 사용)

  나는 어제 아무것도 사지 않았다.

- I met no one yesterday. (no one = nobody = not + anybody/anyone)

  = I met nobody yesterday.

  = I didn't meet anyone(anybody) yesterday. (anybody = anybody 누구도, 아무도, 부정문에 사용)

  나는 어제 어느 누구도 만나지 않았다.

- I don't like this pen. I want to buy a better one.

  이 펜이 마음에 들지 않아요. 더 좋은 것을 사고 싶어요. (형용사가 앞에서 수식하는 one, 단수)

- These shoes are too small. Show me bigger ones.

  신발이 너무 작네요. 더 큰 것을 보여 주세요. (형용사가 앞에서 수식하는 ones, 복수)

3. 의문대명사

의문문에 사용하는 what 무엇, which 어느 것, who 누가, whose 누구의 것, whom 누구를, 누구에게가 있다.

- What did you do yesterday?

  넌 어제 무엇을 했니?

- Who are you?

  넌 누구니?

- Which do you like better, tea or coffee?

  넌 차와 커피 중에 어느 것을 더 좋아하니?

4. 지시대명사

- This is my friend, Tom.

  얘는 내 친구 톰이야. (This 이것, 이 사람)

- These are my friends.

  얘들은 내 친구들이야. (These는 This의 복수)

- That's my book.

  저것은 내 책이다. (That 저것, 저 사람)

- Those are my books.

  저것들은 내 책들이다. (Those는 That의 복수)

- The climate of Seoul is colder than that of Hong Kong.

  서울의 기후는 홍콩의 기후보다 더 춥다. (전명구가 뒤에서 수식하는 that = the climate)

• The buildings of New York is higher than those of Seoul.

뉴욕의 건물은 서울의 건물보다 더 높다. (전명구가 뒤에서 수식하는 those = the buildings)

5. 비인칭주어

① 거리, 날씨, 명암, 시간 등을 표현할 때 사용하는 It을 비인칭주어라고 한다.

② 비인칭주어 It은 해석을 하지 않는다.

③ "그것은"이란 뜻으로 해석되는 It은 인칭대명사다.

(1) 비인칭주어 it

• It's about 10 km. (거리)

대략 10km이다.

• It's raining now. (날씨)

지금 비가 오는 중이다.

• It's dark outside. (명암)

밖이 어둡다.

• It's October 7th. (시간 - 날짜)

10월 7일이다.

• It's ten twenty. (시간 - 시간)

10시 20분이다.

• It's Sunday. (시간 - 요일)

일요일이다.

• It's two thirty.

= It's thirty (minutes) past two.

= It's half past two.

= It's half after two.

2시 30분이다.

• It's four forty-five.

= It's fifteen (minutes) to five.

= It's a quarter to five.

= It's a quarter before five.

4시 45분이다.

2 비교

1. 형용사와 부사의 규칙변화: 원급 – 비교급 – 최상급

- old – older – oldest
  오래된, 더 오래된, 가장 오래된
- cute – cuter – cutest
  귀여운, 더 귀여운, 가장 귀여운 (e로 끝나면 r, st만 붙임)
- busy – busier – busiest
  바쁜, 더 바쁜, 가장 바쁜 (자음 + y는 y를 i로 바꾸고 er, est)
- big – bigger – biggest
  큰, 더 큰, 가장 큰 (단모음 + 단자음인 경우 마지막 자음을 한 번 더 쓰고 er, est)
- beautiful – more beautiful – most beautiful
  아름다운, 더 아름다운, 가장 아름다운 (ed, ful, ing, ish, ive, ly, ous 등으로 끝나거나 3음절 이상의 단어는 more, most를 사용해 만든다.)

2. 불규칙변화: 원급 – 비교급 – 최상급

- bad – worse – worst 나쁜, 더 나쁜, 가장 나쁜
- good – better – best 좋은, 더 좋은, 가장 좋은
- little – less – least 적은, 더 적은, 가장 적은
- many – more – most 많은, 더 많은, 가장 많은
- much – more – most 많은, 더 많은, 가장 많은

3. 라틴계 비교급

라틴계 비교급은 than 대신 to를 사용한다.

- interior 안의 ↔ exterior 외부의
- inferior 못한 ↔ superior 우수한
- junior 손아래의 ↔ senior 손위의
- minor 작은 ↔ major 큰
- prefer A to B A를 B보다 더 좋아하다

4. 비교 구문

- Tom is as tall as me.
  톰은 나만큼 키가 크다.

- Ann is taller than I am.
  앤은 나보다 키가 더 크다.
- Sam is the tallest student in his class.
  = Sam is taller than any other student in his class. (비교급 than any other 단수명사)
  = Sam is taller than all the other students in his class. (비교급 than all the other 복수명사)
  = No (other) student in his class is as tall as Sam. (No ~ as 원급 as)
  = No (other) student in his class is taller than Sam. (No ~ 비교급 than)
  샘이 그의 반에서 가장 크다.
- Leave here as soon as possible. (as 원급 as possible, 가능한 ~하게)
  = Leave here as soon as you can. (as 원급 as 주어 can = as 원급 as possible)
  가능한 빨리 이곳을 떠나라.
- It was getting colder and colder.
  점점 더 추워지고 있었다. (비교급 and 비교급, 점점 더 ~한)
- Julia is much taller than he is.
  줄리아가 그보다 훨씬 키가 더 크다. (비교급을 강조하는 a lot, even, far, much, still + 비교급)
- The higher we go up, the colder we feel.
  우리는 위로 더 높이 올라갈수록, 우리는 더 춥게 느낀다. (The 비교급 S1 + V1~, the 비교급 S2 + V2~)
- Seoul is one of the biggest cities in the world.
  서울은 세상에서 가장 큰 도시들 중 하나다. (one of the 최상급 + 복수명사, 가장 ~한 것들 중 하나)
- This car is three times as fast as that one.
  이 차는 저 차에 3배 빠르다.
- This car is less fast than that one.
  이 차는 저것보다 덜 빠르다.
- This is the fastest car (that) I have ever seen.
  이것은 내가 본 것 중 가장 빠른 차다.

3 접속사

1. 등위접속사 and, but, or, so

- She is pretty and nice. (그리고)
  그녀는 예쁘고 그리고 친절해.
- I am sorry, but I can't help you. (그러나, 하지만)
  미안해, 하지만 널 도울 수 없어.

- Will you go by bus or by train? (또는)
  넌 버스로 갈 거니 또는 기차로 갈 거니?
- The box was very heavy, so I couldn't carry it. (그래서)
  그 상자는 매우 무거웠다, 그래서 난 옮길 수 없었다.
- Hurry up, and you will catch the bus. (명령문, and ~해라, 그러면)
  서둘러, 그러면 그 버스를 탈 거야.
- Hurry up, or you will miss the bus. (명령문, or ~해라, 그렇지 않으면)
  서둘러, 그렇지 않으면 그 버스를 놓칠 거야.

2. 명사절 종속접속사 that, whether = if

- I think that he loves Kate. (that, ~라고, ~라는 것)
  난 그가 케이트를 사랑한다고 생각해.
- I wonder if he loves Kate. (if, whether, ~인지 아닌지)
  난 그가 케이트를 사랑하는지 아닌지 궁금해.

3. 부사절 종속접속사

- Let's have dinner after Daddy is home. (after ~ 이후에)
  아빠가 집에 온 후에 저녁을 먹자.
- Do as I tell you. (as ~하는 대로)
  내 말대로 해라.
- I didn't go as it rained hard. (as ~하기 때문에 = because)
  비가 심하게 왔기 때문에 나는 가지 않았다.
- He came up as she was speaking. (as ~ 때 = when)
  그녀가 이야기 하고 있을 때 그가 왔다.
- As soon as he saw a police officer, he ran away. (as soon as ~하자마자)
  = (Up)on seeing a police officer, he ran away. (upon = on ~ing ~하자마자)
    그는 경찰을 보자마자, 그는 도망갔다.
- Because I'm busy, I can't go. (because ~하기 때문에)
  나는 바쁘기 때문에, 난 갈 수 없다.
- Turn off the light before you go to bed. (before ~하기 전에)
  자러 가기 전에 불을 꺼라.
- If it doesn't rain tomorrow, I'll go for a walk. (if 만약 ~한다면)
  = Unless it rains tomorrow, I'll go for a walk. (If + not = unless, ~하지 않는다면)
    내일 비가 오지 않는다면, 나는 산책을 갈 거야.
- I have lived here since I came here in 2002. (since ~한 이후로 지금까지)
  내가 2002년 이곳에 온 이후로 난 이곳에서 계속 살았다.

- Though she is young, she is wise. (though ~일지라도)
  비록 그녀가 어릴지라도, 그녀는 현명하다.
- I waited for him until he came back. (until ~할 때까지)
  그가 돌아올 때까지 난 그를 기다렸다.
- When we are busy, time goes very fast. (when ~할 때)
  우리가 바쁠 때, 시간은 빨리 간다.
- While I was having dinner, someone knocked on the door. (while ~하는 동안)
  내가 저녁을 먹는 동안, 누군가 문에 노크를 했다.
- She doesn't eat too much so that she may not get fat. (so that ~하기 위해서)
  = She doesn't eat too much in order that she may not get fat. (in order that ~하기 위해서)
  그녀는 뚱뚱해지지 않기 위해서 너무 많이 먹지 않는다.
- Get up early, and you will catch the school bus. (명령문, and ~해라 그러면)
  = If you get up early, you will catch the school bus.
  일찍 일어나라, 그러면 넌 스쿨버스를 탈 수 있을 거야.
- Hurry up, or you will miss the school bus. (명령문, or ~해라 그렇지 않으면)
  = If you don't hurry up, you will miss the school bus.
  = Unless you hurry up, you will miss the school bus.
  서둘러라, 그렇지 않으면 넌 스쿨버스를 놓칠 거야.

4. 상관접속사

- Both he and I are right. (both A and B A와 B 둘 다)
  그와 나 둘 다 맞다.
- Either he or I am right. (either A or B A와 B 중에 하나)
  그와 나 둘 중에 하나가 맞다.
- Neither he nor I am right. (neither A nor B A와 B 둘 다 아닌)
  그도 나도 둘 다 맞지 않다.
- Not he but I am right. (not A but B A가 아니라 B인)
  그가 아니라 내가 맞다.
- Not only he but also I am right. (not only A but also B = B as well as A A뿐만 아니라 B도)
  = I as well as he am right.
  그뿐만 아니라 나도 맞다.

4 관계사

① 문장을 합칠 때 같은 (대)명사를 지우고 대신 사용하는 것이 관계대명사다.
② 부사나 부사구를 지우고 대신 사용하는 것이 관계부사다.
③ 관계사 앞에 있는 명사를 선행사라고 한다.
④ 대부분의 관계사 문장은 선행사를 꾸며 주는 역할을 한다.
⑤ 관계대명사 뒤에 "주어 + 동사"가 나오는 목적격 관계대명사는 생략이 가능하다.

1. 관계대명사

(1) 관계대명사 who, whose, whom

- This is the girl. + She likes Sam.

  → This is the girl who likes Sam.

  → This is the girl that likes Sam.
    얘가 샘을 좋아하는 그 소녀야.

- This is the girl. + Her father is my teacher.

  → This is the girl whose father is my teacher.
    얘가 아버지가 내 선생님인 그 소녀야.

- This is the girl. + Sam likes her.

  → This is the girl who(m) Sam likes.

  → This is the girl that Sam likes.
    얘가 샘이 좋아하는 그 소녀야.

(2) 관계대명사 which, whose, which

- This is the book. + It is famous for creative stories.

  → This is the book which is famous for creative stories.

  → This is the book that is famous for creative stories.
    이 책은 창의적인 이야기들로 유명한 그 책이다.

- This is the book. + Its stories are creative.

  → This is the book whose stories are creative.
    이 책이 이야기들이 창의적인 그 책이다.

- This is the book. + Sam likes it.

  → This is the book which Sam likes.

  → This is the book that Sam likes.
    이 책이 샘이 좋아하는 그 책이다.

2. 관계대명사 that만 사용하는 경우

- This is all the money that she has.
  이것이 그녀가 가진 모든 돈이다. (선행사에 all, every, no가 있으면 주로 관계대명사 that 사용)
- This is the best car that I have ever seen.
  이것이 내가 본 가장 좋은 차다. (선행사에 최상급이 있는 경우 주로 that 사용)
- Sam is the first student that solved this problem.
  샘이 이 문제를 푼 첫 번째 학생이다. (선행사에 서수가 있는 경우 주로 that 사용)
- I use the same book that my sister used.
  나는 내 누나가 사용했던 똑같은 책을 사용한다. (선행사에 the same이 있는 경우 주로 that 사용)
- They are the girl and the cat that I helped yesterday.
  그들이 내가 어제 도왔던 그 소녀와 고양이다. (선행사에 사람 + 비사람이 있는 경우 that 사용)

3. 관계대명사 what

what = the thing that = the thing which

- This is the thing. + Sam wants to have it.
  → This is the thing which Sam wants to have.
  → This is what Sam wants to have.
    이것은 샘이 가지고 싶어 하는 것이다.

4. 관계부사

① 관계부사는 when, where, why, how 4가지가 있다.
② 시간 선행사에 when, 장소 선행사에 where, 이유 선행사에 why, 방법 선행사에 how를 사용한다.
③ 관계대명사에서 관계부사로 변화되는 과정은 아래와 같다.

(1) when

- This is the day. I met you first on the day.
  → This is the day which I met you first on.
  → This is the day on which I met you first.
  → This is the day when I met you first.
    이 날이 내가 널 처음 만난 날이야.

(2) where

- This is the place. I met you first at the place.
  → This is the place which I met you first at.

→ This is the place at which I met you first.

→ This is the place where I met you first.
이곳이 내가 널 처음 만났던 장소야.

(3) why

• This is the reason. I like you for the reason.

→ This is the reason which I like you for.

→ This is the reason for which I like you.

→ This is the reason why I like you.
이것이 내가 널 좋아하는 이유야.

(4) how

• This is the way. I solved it in that way.

→ This is the way which I solved it in.

→ This is the way in which I solved it.

→ This is the way I solved it. (how는 선행사와 함께 사용할 수 없다.)

→ This is how I solved it.
이것이 내가 그것을 해결했던 방법이야.

5. 복합 관계사

(1) 복합 관계대명사

• Anyone who loves movies will be welcome.

= Whoever comes will be welcome. (Anyone who = Whoever)
영화를 사랑하는 사람은 누구나 환영한다.

• Do anything that you like.

= Do whatever you like. (anything that = whatever)
네 마음에 드는 것은 무엇이든 해라(좋을 대로 해라).

• No matter who says so, I don't believe it.

= Whoever says so, I don't believe it. (No matter who = Whoever)
누가 그렇게 말하든 간에, 나는 그것을 믿지 않는다.

• No matter what happens, I will help you.

= Whatever happens, I will help you. (No matter what = Whatever)
무슨 일이 있어도, 난 너를 도울 거야.

(2) 복합 관계부사

- Wherever you go, I'll follow you.

  = No matter where you go, I'll follow you.
  네가 어디를 갈지라도, 나는 너를 따라갈 것이다.

- Whenever you want to see me, I'll visit you.

  = No matter when you want to see me, I'll visit you.
  네가 나를 언제 보고 싶어 할지라도, 내가 널 방문할 것이다.

- However rich you may be, you can't buy happiness.

  = No matter how rich you may be, you can't buy happiness.
  네가 아무리 부자일지라도, 행복을 살 수는 없다.

- She gives me a rose whenever I meet her.

  = She gives me a rose at any time when(that) I meet her.
  내가 그녀를 만날 때는 언제나, 그녀는 나에게 장미를 준다.

- Sit wherever you like.

  = Sit at any place where(that) you like.
  네 마음에 드는 곳 어디나 앉아라.

대표 기출문제

정답 및 해설 p. 122

[1~10] 다음 빈칸에 공통으로 들어갈 말로 가장 적절한 것을 고르시오.

01

- I don't know _____ he is honest or not.
- You will miss the bus _____ you don't leave now.

① if   ② that
③ what   ④ which

02

- John, _____ many countries are there in Asia?
- He doesn't know _____ far it is from here.

① how   ② when
③ where   ④ which

03

- Jinsu, _____ museum will you visit tomorrow?
- A dictionary is a book _____ has explanations of words.

① how   ② which
③ when   ④ where

04

- Jim, _____ are you going to come home?
- Listening to music can be helpful _____ you feel bad.

① how   ② who
③ what   ④ when

05

- Minsu, _____ are you going to do this weekend?
- No one knows exactly _____ happened.

① what   ② that
③ who   ④ if

06

- Tom, _____ are you planning to go?
- There is a safe place _____ we can stay.

① who   ② what
③ where   ④ which

07

- He doesn't know _____ old she is.
- I want to learn _____ to make spaghetti.

① who   ② how
③ when   ④ where

08

- _____ don't we go hiking this weekend?
- _____ do you want to join the soccer club?

① Why   ② How
③ What   ④ Where

09

- _____ kind of food do you like the most?
- _____ time do you want to go to the movies?

① How   ② When
③ What   ④ Where

10

- She looks _____ to her parents the most.
- You shouldn't give _____ in the middle of doing something.

① up   ② off
③ out   ④ away

03 생활영어 필수 40개 포인트

1 감사

① I appreciate your help. 네 도움 고마워.

② I'm very grateful for your kindness. 당신의 친절에 정말 감사드립니다.

③ Thank you for your help. 네 도움 고마워.

2 감정

(1) 기쁨

① How happy I am! 나 정말 행복해!

② I feel good about that. 그거 기분 좋다.

③ I'm flying. 날아가는 기분이군.

④ I'm glad to hear that. 그런 얘기 들어 기뻐.

⑤ I'm happy to hear that. 그런 얘기 들어 행복해.

(2) 놀람

① I can't believe it. (놀라워서) 믿을 수가 없어.

② It's amazing. 놀랍군.

③ That's incredible! (놀라워서) 믿을 수가 없어!

④ That's surprising! 놀랍군!

(3) 슬픔

① I'm (deeply, so) sad. (너무) 슬프다.

② I'm depressed. 우울해.

(4) 안타까움

① I'm sorry to hear that.   그런 얘기 들어 안타깝다.

② That's a pity.   안됐다. 안타깝다.

③ That's too bad.   너무 안됐다.

(5) 화남

① I got so upset.   나는 너무 화났어.

② I'm angry with you.   나는 네게 화가 나.

(6) 후회

① I regret that.   나 그거 후회해.

② I should have finished my homework last night.
어젯밤 내 숙제를 끝냈어야 했는데. (안 해서 후회된다.)

3 격려

① Cheer up!   힘내! 기운 내!

② Come on!   힘내! 기운 내!

③ Don't worry about it.   그거 걱정하지 마.

4 계획

① What are you going to do this weekend?   이번 주말에 뭐 할 거니?

② What are you planning to do?   뭘 할 계획이니?

5 공공 기관

(1) 병원

① Are you taking any medication right now?   현재 복용하시는 약 있나요?

② Do you have an appointment?   예약하셨나요?

③ Do you have any allergies?   알레르기 있습니까?

④ Have you been here before?   이전에 내원하신 적이 있나요?

⑤ I have a severe headache.   두통이 심합니다.

(2) 우체국

① How much is the postage for this box?　이 상자 택배 요금은 얼마인가요?

② I'd like to send it by airmail.　그것을 항공우편으로 보내고 싶어요.

③ I'd like to send this box to this address.　이 상자를 이 주소로 보내고 싶어요.

(3) 은행

① Can you exchange these bills for coins, please?　이 지폐를 동전으로 바꾸어 주실래요?

② I would like to open an account.　계좌를 개설하고 싶어요.

6 관심

① Are you interested in cooking?　넌 요리에 관심 있니?

② I have (an) interest in listening to music.　난 음악 듣는 것에 관심 있어.

③ What are you interested in?　넌 무엇에 관심 있니?

7 기대

① I expect to have good grades.　난 좋은 성적이 나오길 기대해.

② I'm looking forward to seeing you again.　난 널 다시 보길 학수고대하고 있어.

8 기원

① Good luck to you.　행운을 빌어.

② I hope everything goes well.　모든 것이 잘 되길 바란다.

③ I wish you good luck.　행운을 빌어.

④ I'll keep my fingers crossed for you.　행운을 빌어 줄게.

9 길 찾기

① Can I walk there?　그곳까지 걸어갈 수 있나요?

② Can you show me the way to the department store?　그 백화점이 어디 있는지 가르쳐 줄 수 있나요?

③ Can you tell me where I am?　제가 있는 곳이 어딘가요?

④ Can you tell me where the post office is?   그 우체국이 어디에 있는지 알려 줄 수 있나요?

⑤ How can I get to the National Museum?   국립박물관에 어떻게 가나요?

10 날씨

① How's the weather today?   오늘 날씨 어때요?

② What's the weather like today?   오늘 날씨 어때요?

③ It's cloudy.   흐려.

④ It's raining.   비가 오고 있어.

11 동의

① I agree (with you).   네게 동의해.

② I couldn't agree more.   전적으로 동의해.

③ I think so, too.   나도 역시 그렇게 생각해.

12 되묻기

① Come again?   다시 한번 말해 줄래요?

② Could(Can) you say that again?   다시 한번 말해 줄래요?

③ Excuse me?   다시 한번 말해 줄래요?

④ I beg your pardon?   다시 한번 말해 줄래요?

⑤ Pardon?   다시 한번 말해 줄래요?

13 문제 묻기

① Is there anything wrong?   무슨 일이야?

② What happened (to you)?   무슨 일이야?

③ What's the matter (with you)?   무슨 일이야?

④ What's the problem?   무슨 일이야?

⑤ What's up?   무슨 일이야?

⑥ What's wrong (with you)?   무슨 일이야?

14 반대

① I don't agree with you. 네 말에 동의하지 않아.

② I don't think so. 난 그렇게 생각하지 않아.

③ I object to the plan. 난 그 계획에 반대야.

④ I'm against that. 난 그거 반대해.

15 부탁 · 요청

① Can I ask you a favor? 부탁 하나 해도 될까요?

② Can you do me a favor? 부탁 하나 해도 될까요?

③ Can you give me a hand? 도와줄 수 있나요?

④ Can you help me? 도와줄 수 있나요?

⑤ Could you do me a favor? 부탁 하나 해도 될까요?

⑥ May I ask you a favor? 부탁 하나 해도 될까요?

⑦ Will you do me a favor? 부탁 하나 들어줄래요?

⑧ Will you give me a hand? 도와줄 수 있나요?

16 불평

① I want to complain about this food. 이 음식 별로예요.

② I'm really disappointed. 정말 실망이야.

③ It's not fair. 그건 불공평해.

④ This is unsatisfactory. 이건 불만이야.

17 사과

① I apologize for losing my temper. 화를 내서 미안해.

② I'm sorry (about that). 미안해요.

③ I'm sorry to have kept you waiting. 기다리게 해서 미안해요.

18 선호

① What do you like to do most?　무엇을 가장 하고 싶니?

② What do you love to do best?　무엇을 가장 하고 싶니?

③ Which fruit do you prefer, apples or grapes?　사과 또는 포도 중에 어떤 과일이 더 맘에 드니?

19 소개

① I'd like you to meet my sister, Julia.　얘가 내 여동생 줄리아야.

② Let me introduce my friend to you. This is Julia.　내 친구 소개할게. 얘가 줄리아.

③ Let me introduce myself. I'm Sam Brown.　소개할게. 난 샘 브라운이야.

④ This is my friend, Sam.　얘가 내 친구 샘이에요.

20 소망

① I hope that he will get well.　그가 건강해지면 좋겠어.

② I wish I had enough time.　내게 충분한 시간이 있으면 좋을 텐데.

21 쇼핑

① Can I help you?　무엇을 도와드릴까요?

② Can you give me a discount?　조금만 깎아 줄래요?

③ Cash or credit?　현금입니까, 카드입니까?

④ Here's your change.　잔돈 여기요.

⑤ How much does it cost?　얼마예요?

⑥ How much is it?　얼마예요?

⑦ I'm just looking around.　그냥 둘러보는 중이에요.

⑧ I'm looking for a cap.　모자를 사러 왔어요.

⑨ May I try it on?　입어 봐도 되나요?

22 안부

① How are you?　어떻게 지내?

② How are you doing?   어떻게 지내?

③ How have you been?   그동안 어떻게 지냈어?

④ How's everything?   어떻게 지내?

⑤ How's it going?   어떻게 지내?

23 약속

① Are you free tomorrow?   내일 시간 되니?

② Shall we make it at seven?   7시에 만날까?

③ What time shall we make it?   몇 시에 만날까?

④ Where do you want to meet?   어디서 만날까?

⑤ Where shall we meet?   어디서 만날까?

24 여행

① Can I ask you for directions?   길 좀 물어볼 수 있을까요?

② Can I borrow your phone?   전화기 좀 빌릴 수 있을까요?

③ Can I get a room for tonight?   오늘 밤 방이 있나요?

④ Can you give me a ride?   저 좀 태워 줄 수 있나요?

⑤ I have lost my passport.   여권을 잃어버렸습니다.

⑥ I have travel insurance.   여행자 보험에 들었어요.

⑦ I just want a one-way ticket.   그냥 편도표 주세요.

25 외모

① He is handsome.   그는 잘생겼어.

② She has curly hair.   그녀는 곱슬머리야.

③ She has long hair.   그녀는 긴 머리야.

④ She has straight hair.   그녀는 직모야.

⑤ She is tall.   그녀는 키가 커.

⑥ She's wearing glasses.   그녀는 안경을 쓰고 있어.

⑦ What does she look like?   그녀는 어떻게 생겼어?

26 외식

① Are you ready to order?   주문하실래요?

② Anything else?   다른 건요?

③ Can I change my order?   주문을 바꿔도 될까요?

④ Can I see the menu, please?   메뉴 좀 볼 수 있나요?

⑤ Can I take your order?   주문하실래요?

⑥ Could you please clear the table?   식탁 좀 치워 주시겠어요?

27 음식

① Do you want some pizza?   피자 좀 먹을래?

② Help yourself to this pizza.   이 피자 맘껏 먹어.

③ How about having some pizza?   피자 좀 먹을래?

④ Why don't you get some salad?   샐러드 좀 먹을래?

⑤ Would you like some more pizza?   피자 좀 더 드실래요?

28 의견

① How about you?   넌 어때?

② How did you like the movie?   그 영화 어땠어?

③ What about you?   넌 어때?

④ What do you think of the movie?   그 영화에 대해 어떻게 생각해?

29 의무

① You have to study hard.   공부 열심히 해야 해.

② You must study hard.   공부 열심히 해야 해.

③ You ought to study hard.   공부 열심히 해야 해.

④ You should study hard.   공부 열심히 해야 해.

30 이유

① Can you tell me the reason why you hate him?　왜 그가 싫은지 말해 줄래?
② Do you know why he was absent from school?　그가 결석한 이유를 아니?
③ How come you came home so late?　어째서 그렇게 늦게 집에 왔어?
④ What makes you think so?　뭐가 그렇게 생각하게 만들어?
⑤ Why did you come home so late?　왜 그렇게 늦게 집에 왔어?
⑥ Why do you think so?　왜 그렇게 생각해?

31 이해 점검

① Am I clear?　이해 가나요?
② Are you following me?　이해 가나요?
③ Are you with me?　이해 가나요?
④ Can you understand what I am saying?　무슨 말인지 이해 가나요?
⑤ Do you follow me?　이해 가나요?
⑥ Do you get it?　이해 가나요?
⑦ Do you know what I mean?　무슨 뜻인지 알겠어요?
⑧ Does that make sense to you?　이해 가나요?
⑨ Is that clear?　이해 가나요?

32 전화

① Can(May) I speak to Mr. Brown?　브라운 씨와 통화할 수 있나요?
② Can(May) I talk to Mr. Brown?　브라운 씨와 통화할 수 있나요?
③ Is Mr. Brown there?　브라운 씨와 통화할 수 있나요?
④ Can I take a message?　제가 메시지를 받아 둘까요?
⑤ He is on another line.　그는 통화 중입니다.
⑥ Hold on, please.　잠깐만 기다리세요.
⑦ Speaking.　접니다.
⑧ This is (s)he (speaking).　접니다.
⑨ Who's calling, please?　전화 거신 분 누구세요?

33 제안

① How about going to the movies? 영화 보러 갈래?

② Let's go to the movies. 영화 보러 가자.

③ Shall we go to the movies? 영화 보러 가자.

④ What about going to the movies? 영화 보러 갈래?

⑤ Why don't we go to the movies? 영화 보러 갈래?

34 조언 · 충고

① Do you think I should buy the CD? 그 CD를 사야 한다고 생각하니?

② What do you think I should do? 내가 무엇을 해야 하니?

③ What would you do if you were in my shoes? 네가 나라면 무엇을 할 거니?

④ I advise you to take a rest. 쉬는 것이 낫겠어.

⑤ I suggest you go and see a doctor. 진찰받는 것이 좋겠어.

⑥ I think you should go and see a doctor. 내 생각에 너 진찰받아야 해.

35 주의 끌기

① Guess what? 무엇인지 맞춰 봐.

② I've got news for you! 뉴스가 있어!

③ Listen! We should finish it right now. 들어 봐! 우리는 지금 당장 그것을 끝내야 해.

④ Look! It's a nice car, isn't it? 여기 봐! 멋진 차야, 그렇지 않니?

⑤ You know what? 너 그거 아니?

36 축하

① Congratulations (on your exam results)! (시험 잘 본 것) 축하해!

② Happy birthday to you! 생일 축하해!

③ I wish you a merry Christmas! 메리 크리스마스!

37 칭찬

① Excellent! 잘했어!

② Fantastic! 환상적이군!

③ Good for you! 잘했어! 잘됐다!

④ Good job! 잘했어!

⑤ You did a good job. 잘했어.

38 허락

① Can I use your computer? 네 컴퓨터를 쓸 수 있을까?

② Do you mind if I use your computer? 네 컴퓨터를 써도 되니? (대답 조심)

③ I wonder if I may go home now. 지금 집에 가도 되는지 궁금해요.

④ Is it okay if I sit here? 여기 앉아도 되나요?

⑤ May I sit here? 여기 앉아도 되나요?

⑥ Would you mind if I open the window? 창문을 열어도 되니? (대답 조심)

⑦ Go ahead. 어서 하세요.

39 확신 · 불확실

① Certainly, he will show up to the party. 확실히(반드시), 그는 그 파티에 나타날 거야.

② I don't think it's possible. 그게 가능하다고 생각하지 않아.

③ I doubt if I can make it. 내가 해낼까 의심이 들어.

④ I'm confident that we will win the game. 우리가 그 시합을 이길 거라 확신해.

⑤ I'm not quite certain. 그렇게 확실한 것은 아니고.

⑥ I'm not sure whether it is true or not. 그것이 사실인지 아닌지 확실치 않아.

⑦ I'm sure Brian will win the game. 브라이언이 그 게임을 이길 거라 확신해.

⑧ It is certain that she is innocent. 난 그녀가 결백하다고 확신해.

40 후회

① I regret that. 나 그거 후회해.

② I should have finished my homework last night. 어젯밤 내 숙제를 끝냈어야 했는데. (못했다)

③ I shouldn't have said so yesterday. 어제 그렇게 말하지 말았어야 했는데. (했다)

④ I wish I didn't waste my time. 내 시간을 낭비하지 않으면 좋을 텐데.

대표 기출문제

정답 및 해설 p. 123

01 다음 대화에서 밑줄 친 표현의 의미로 가장 적절한 것은?

> A : I'm having a hard time right now.
> B : Don't worry. I'm here for you, no matter what.
> A : Thank you. Your support means everything to me.
> B : Anytime. <u>A friend in need is a friend indeed.</u>

① 진정한 배움에는 지름길이 없다.
② 몸이 건강해야 마음도 건강하다.
③ 필요할 때 있는 친구가 진정한 친구다.
④ 사귀는 친구를 보면 그 사람을 알 수 있다.

02 다음 대화에서 알 수 있는 B의 심정으로 가장 적절한 것은?

> A : I've been waiting for 30 minutes. What happened?
> B : Sorry, but I thought we were meeting at 2 o'clock.
> A : No, that's the time the baseball game starts, so we were supposed to meet 30 minutes earlier.
> B : Oh, I totally forgot. I'm sorry for keeping you waiting.

① 미안하다   ② 안심하다
③ 지루하다   ④ 행복하다

03 다음 대화가 이루어지는 장소로 가장 적절한 것은?

> A : Did you get our tickets? Where are our seats?
> B : Let me see. J11 and J12.
> A : Great. Let's buy some snacks before we go in.
> B : That sounds good.

① 병원   ② 약국
③ 은행   ④ 영화관

[4~5] 다음 대화의 빈칸에 들어갈 말로 가장 적절한 것을 고르시오.

04
> A : The speech contest is tomorrow. I have cold feet.
> B : Sorry, _____?
> A : I have cold feet. I'm nervous about tomorrow.
> B : Oh, I see. Don't worry. I'm sure that you will do well.

① how would you like it
② would you say that again
③ what is the weather like today
④ where should I go for the contest

05

> A : What do you like most about Korea?
>
> B : _____ .

① That is what lots of people think

② That's because I prefer tea to coffee

③ I like the food delivery service most

④ I'm not satisfied with the monitor you chose

06 다음 대화의 주제로 가장 적절한 것은?

> A : My lower back hurts a lot these days.
>
> B : I think you should do something before it gets worse.
>
> A : Do you have any tips to reduce the pain?
>
> B : Well, sit in a chair, not on the floor. And try to walk and stretch gently often.

① 의자를 고르는 방법

② 바닥을 청소하는 방법

③ 바른 자세로 걷는 방법

④ 허리 통증을 줄이는 방법

07 다음 대화에서 밑줄 친 표현의 의미로 가장 적절한 것은?

> A : How would you describe your personality, Sumi?
>
> B : I tend to be cautious. I try to follow the saying, "Look before you leap."
>
> A : Oh, you think carefully before you do something.

① 많으면 많을수록 좋다.

② 남이 가진 것이 더 좋아 보인다.

③ 행동하기 전에 신중하게 생각해라.

④ 오늘 할 일을 내일로 미루지 마라.

08 다음 대화에서 알 수 있는 A의 심정으로 가장 적절한 것은?

> A : I'd like to return these headphones.
>
> B : Why? Is there a problem?
>
> A : I'm not satisfied with the sound. It's not loud enough.

① 감사 　　　　② 불만

③ 안도 　　　　④ 행복

09 다음 대화가 이루어지는 장소로 가장 적절한 것은?

> A : There are so many people in this restaurant!
>
> B : Right. This place is well known for its pizza.
>
> A : Yeah. Let's order some.

① 식당 　　　　② 은행

③ 문구점 　　　④ 소방서

[10~11] 다음 대화의 빈칸에 들어갈 말로 가장 적절한 것을 고르시오.

10

A : _____, cycling or walking?

B : I like cycling rather than walking.

A : Why do you like it?

B : Because I think cycling burns more calories.

① Where can I rent a car
② When does the show start
③ Why do you want to learn English
④ Which type of exercise do you prefer

11

A : How can we show respect to others?

B : I believe we should _____.

A : That's why you are a good listener.

① watch a movie
② exchange this bag
③ turn left at the next street
④ listen carefully when others speak

12 다음 대화의 주제로 가장 적절한 것은?

A : Whenever I see koalas in trees, I wonder why they hug trees like that.

B : Koalas hug trees to cool themselves down.

A : Oh, that makes sense. Australia has a very hot climate.

① 코알라의 사회성
② 코알라 연구의 어려움
③ 코알라가 나무를 껴안고 있는 이유
④ 코알라처럼 나뭇잎을 먹는 동물들의 종류

13 다음 대화에서 밑줄 친 표현의 의미로 가장 적절한 것은?

A : Look, Junho. I finally got an A on my math exam!

B : You really did well on your exam. What's your secret?

A : I've been studying math everyday, staying up late even on weekends.

B : You are a good example of 'no pain, no gain.'

① 철이 뜨거울 때 내려쳐라.
② 수고 없이 얻는 것은 없다.
③ 시간은 화살처럼 빨리 지나간다.
④ 필요할 때 친구가 진정한 친구이다.

14 다음 대화에서 알 수 있는 B의 심정으로 가장 적절한 것은?

> A : It's raining cats and dogs.
> B : Raining cats and dogs? Can you tell me what it means?
> A : It means it's raining very heavily.
> B : Really? I'm interested in the origin of the expression.

① 불안   ② 슬픔
③ 흥미   ④ 실망

15 다음 대화가 이루어지는 장소로 가장 적절한 것은?

> A : Good morning, how may I help you?
> B : Wow, it smells really good in here.
> A : Yes, the bread just came out of the oven.
> B : I'll take this freshly baked one.

① 제과점   ② 세탁소
③ 수영장   ④ 미용실

[16~17] 다음 대화의 빈칸에 들어갈 말로 가장 적절한 것을 고르시오.

16

> A : Matt, _____?
> B : How about the N Seoul Tower? We can see the whole city from the tower.
> A : After that, let's walk along the Seoul City Wall.
> B : Perfect! Now, let's go explore Seoul.

① where shall we go first
② what do you do for a living
③ how often do you come here
④ why do you want to be an actor

17

> A : What should I do to make more friends?
> B : It's important to _____.

① get angry easily
② cancel your order now
③ check your reservation
④ be nice to people around you

18 다음 대화의 주제로 가장 적절한 것은?

> A : Can you share any shopping tips?
> B : Sure. First of all, always keep your budget in mind.
> A : That's a good point. What else?
> B : Also, don't buy things just because they're on sale.
> A : Thanks! Those are great tips.

① 현명하게 쇼핑하는 방법
② 일기를 써야 하는 이유
③ 건축 시 기둥의 중요성
④ 계단을 이용할 때의 장점

19 다음 대화에서 밑줄 친 표현의 의미로 가장 적절한 것은?

> A : I want to do something to help children in need.
> B : That's great. Do you have any ideas?
> A : I will sell my old clothes and use the money for the children. But it's not going to be easy.
> B : Don't worry. <u>A journey of a thousand miles starts with a single step.</u>

① 모든 일에는 원인이 있다.
② 몸이 건강해야 마음도 건강하다.
③ 친구를 보면 그 사람을 알 수 있다.
④ 어려운 일도 일단 시작해야 이룰 수 있다.

20 다음 대화에서 알 수 있는 B의 심정으로 가장 적절한 것은?

> A : Is this your first time to do bungee jumping?
> B : Yes, it is. And I'm really nervous.
> A : Bungee jumping is perfectly safe. You'll be fine.
> B : That's what I've heard, but I'm still not sure if I want to do it.

① 만족
② 불안
③ 실망
④ 행복

21 다음 대화가 이루어지는 장소로 가장 적절한 것은?

> A : Hello, I'm looking for a dinner table for my house.
> B : Come this way, please. What type would you like?
> A : I'd like a round one.
> B : Okay. I'll show you two different models.

① 세탁소
② 가구점
③ 도서관
④ 체육관

22

> A : Mary's birthday is coming. _____?
> B : Good idea. What about giving her a phone case?
> A : She just got a new one. How about a coffee mug?
> B : Perfect! She likes to drink coffee.

① What is it for
② Where did you get it
③ Why don't we buy her a gift
④ What do you usually do after school

23

> A : What do you do for a living?
> B : _____.

① I prefer winter to summer
② That wasn't what I wanted
③ I teach high school students
④ It'll take an hour to get to the beach

24 다음 대화의 주제로 가장 적절한 것은?

> A : I don't know what career I'd like to have in the future.
> B : Why don't you get experience in different areas?
> A : Hmm... how can I do that?
> B : How about participating in job experience programs? I'm sure it will help.

① 자원 개발의 필요성
② 진로 선택을 위한 조언
③ 자존감을 높이는 방법
④ 자원봉사 활동의 어려움

25 다음 대화에서 밑줄 친 표현의 의미로 가장 적절한 것은?

> A : What are you doing, Junho?
> B : I'm trying to solve this math problem, but it's too difficult for me.
> A : Let's try to figure it out together.
> B : That's a good idea. <u>Two heads are better than one.</u>

① 수고 없이 얻는 것은 없다.
② 사공이 많으면 배가 산으로 간다.
③ 겉모습만으로 사람을 판단해서는 안 된다.
④ 혼자보다 두 명이 함께 생각하는 것이 낫다.

26 다음 대화에서 알 수 있는 B의 심정으로 가장 적절한 것은?

A : Did you get the results for the English speech contest?

B : Yeah, I just got them.

A : So, how did you do?

B : I won first prize. It's the happiest day of my life.

① 행복   ② 실망
③ 분노   ④ 불안

27 다음 대화가 이루어지는 장소로 가장 적절한 것은?

A : Good morning. How may I help you?

B : Hi, I'd like to open a bank account.

A : All right. Please fill out this form.

B : Thanks. I'll do it now.

① 은행   ② 경찰서
③ 미용실   ④ 체육관

[28~29] 다음 대화의 빈칸에 들어갈 말로 가장 적절한 것을 고르시오.

28

A : _____?

B : I'm going to teach Korean to foreigners.

A : Great. Remember you should volunteer with a good heart.

B : I'll keep that in mind.

① When is your birthday

② What did you do last Friday

③ What do you think about Korean food

④ What kind of volunteer work are you going to do

29

A : Have you decided which club you're going to join this year?

B : _____.

① I left Korea for Canada

② I went to see a doctor yesterday

③ I've decided to join the dance club

④ I had spaghetti for dinner last night

30 다음 대화의 주제로 가장 적절한 것은?

> A : Doctor, my eyes are tired from working on the computer all day. What can I do to look after my eyes?
> B : Make sure you have enough sleep to rest your eyes.
> A : Okay.
>   Then what else can you recommend?
> B : Eat fruits and vegetables that have lots of vitamins.

① 비타민의 부작용
② 눈 건강을 돌보는 방법
③ 수면 부족의 원인
④ 시력 회복에 도움 되는 운동

31 다음 대화에서 밑줄 친 표현의 의미로 가장 적절한 것은?

> A : I'm going to Germany next week. Any advice?
> B : Remember to cut your potato with a fork, not a knife.
> A : Why is that?
> B : That's a German dining custom. <u>When in Rome, do as the Romans do.</u>

① 기회가 왔을 때 잡아야 한다.
② 진정한 배움에는 지름길이 없다.
③ 사귀는 친구를 보면 그 사람을 알 수 있다.
④ 다른 나라에 가면 그 나라의 풍습을 따라야 한다.

32 다음 대화에서 알 수 있는 B의 심정으로 가장 적절한 것은?

> A : How do you like your new job?
> B : It's a lot of work, but I like it very much.
> A : Really? That's great.
> B : Thanks. I'm very satisfied with it.

① 불안하다   ② 실망하다
③ 만족하다   ④ 지루하다

33 다음 대화가 이루어지는 장소로 가장 적절한 것은?

> A : I'd like to get a refund for this jacket.
> B : May I ask you what the problem is?
> A : It's too big for me.
> B : Would you like to exchange it for a smaller size?
> A : No, thank you.

① 옷 가게   ② 경찰서
③ 은행   ④ 가구점

[34~35] 다음 대화의 빈칸에 들어갈 말로 가장 적절한 것을 고르시오.

34

> A : _____?
> B : Sure, Mom. What is it?
> A : Can you pick up some eggs from the supermarket?
> B : Okay. I'll stop by on my way home.

① Why are you so upset
② Will you teach me how
③ Can you do me a favor
④ How far is the bus stop

36 다음 대화의 주제로 가장 적절한 것은?

> A : What can we do to save electricity?
> B : We can switch off the lights when we leave rooms.
> A : I see. Anything else?
> B : It's also a good idea to use the stairs instead of the elevator.

① 조명의 중요성
② 전기 절약 방법
③ 대체 에너지의 종류
④ 엘리베이터 이용 수칙

35

> A : How long have you been skating?
> B : _____.

① I went skiing last month
② I have been skating since I was 10
③ I will learn how to skate this winter
④ I want to go skating with my parents

04 독해

☑ 만점 독해 스킬

첫째, '어휘 + 문법 = 독해'라는 점을 명심할 것
둘째, 기출문제의 출제 유형을 정확하게 파악해 둘 것
셋째, 기출문제를 충분히 풀어 보고 지문 속의 단어와 숙어를 반드시 자기 것으로 만들 것
넷째, 문제를 해결하는 데 실제로 필요한 독해 스킬을 충분히 익힐 것(본 '만점 독해 스킬' 참고)

01 밑줄 친 It이 가리키는 것으로 가장 적절한 것은?

It is used to sell a product or service. People see it in newspapers, on TV, and on the Internet. It makes people want to buy something. After they see or hear it, they may buy the product or service.

It?
→ 상품 또는 서비스 판매에 사용
→ + 신문, TV, 인터넷에서 봄.
= ① 문화(×), ② 행동(×),
　③ 악기(×), ④ **광고(○)**

① culture
② behavior
③ instrument
④ advertisement

02 글을 쓴 목적으로 가장 적절한 것은?

I bought a pair of running shoes from your website. When they arrived, there were some scratches on the side of the shoes. Also, you sent me the wrong size. I want to return them and get my money back.

목적?
→ 운동화 구매
→ + 스크래치
→ + 사이즈 잘못 보냄.
= get my money back 환불 요청

① 환불 요청
② 제품 추천
③ 부탁 거절
④ 배송비 문의

03 글의 주제로 가장 적절한 것은?

Your hair can be damaged in many ways, such as by coloring or heat from hair dryers. To keep your hair healthy, you can try some of the following tips. First, get a haircut once a month. This will remove damaged hair. Second, use a low heat on your hair dryer. Third, find a shampoo that is good for your hair.

주제?
→ 헤어 데미지, 손상
→ + 헤어 건강 팁
+ ① 세차(X), ② 직업(X), ③ 샴푸 (△), ④ 머리카락 건강(O)
+ 샴푸 고르는 방법은 아님.
= 주제는 ④ 머리카락 건강 유지 방법

① 세차를 효율적으로 하는 방법
② 직업을 선택할 때의 유의사항
③ 가장 좋은 샴푸를 고르는 방법
④ 머리카락을 건강하게 유지하는 방법

04 글의 빈칸에 들어갈 말로 가장 적절한 것은?

These days, students spend too much time on smartphones. For this reason, we are going to hold a 'No Smartphone Day' at our school on September 24th. Students will not be _____ to use smartphones at school on that day. Also, a short film about the negative effects of using smartphones too much will be shown in the auditorium at lunchtime.

빈칸?
→ 스마트폰에 너무 많은 시간을 씀.
+ 스마트폰 없는 날
= 그 날에 스마트폰 사용 ① 허가 안 됨, 자연스러움.
② 치료, ③ 재활용, ④ 빌리는 것은 안 됨, 어색함.

① allowed
② treated
③ recycled
④ borrowed

05 글의 바로 뒤에 이어질 내용으로 가장 적절한 것은?

Many health experts believe that there is no better medicine than laughter. A lot of studies support the health benefits of laughter. Here are some <u>reasons why laughing a lot is good for health</u>.

① 과식을 하지 않아야 하는 이유
② 많이 웃는 것이 건강에 좋은 이유
③ 운동이 체중 관리에 필수인 이유
④ 약을 규칙적으로 복용해야 하는 이유

뒤에 이어질 내용은?
➤ 마지막 문장이 핵심!
　+ 웃는 것이 건강에 좋은 이유
　= **정답은 ②**

06 글의 흐름으로 보아, 다음 문장이 들어가기에 가장 적절한 곳은?

She took <u>the eggs home</u> and kept them warm in her room.

그 알을 집으로?

Amy was walking through the forest one day. (①) Under a tree, she <u>found five eggs</u>. (②) Two weeks later, <u>five baby birds</u> were born in her room. (③) Now they think Amy is their mother. (④)

+ 5개 알 발견 ➔ ② 그 알을 집으로
+ 그 알이 2주 후 새가 됨.
= **정답은 ②**

04 대표 기출문제

정답 및 해설 p. 130

---

01 지칭추론

01 다음 글에서 밑줄 친 them이 가리키는 것으로 가장 적절한 것은?

> Studies have shown that flowers have positive effects on our moods. Participants reported feeling less depressed and anxious after receiving them. In addition, they showed a higher sense of enjoyment and overall satisfaction.

① flowers ② moods
③ participants ④ studies

02 다음 글에서 밑줄 친 it이 가리키는 것으로 가장 적절한 것은?

> These days I'm reading a book, *Greek and Roman Myths*. The book is so interesting and encourages imagination. Moreover, it gives me more understanding about western arts because the myths are a source of western culture.

① book ② pencil
③ language ④ password

03 다음 글에서 밑줄 친 It이 가리키는 것으로 가장 적절한 것은?

> Smiling reduces stress and lowers blood pressure, contributing to our physical well-being. It also increases the amount of feel-good hormones in the same way that good exercise does. And most of all, a smile influences how other people relate to us.

① friend ② smiling
③ country ④ exercising

04 다음 글에서 밑줄 친 It(it)이 가리키는 것으로 가장 적절한 것은?

> A donation is usually done for kind and good-hearted purposes. It can take many different forms. For example, it may be money, food or medical care given to people suffering from natural disasters.

① donation ② nature
③ people ④ suffering

05 다음 글에서 밑줄 친 It이 가리키는 것으로 가장 적절한 것은?

> One day, Michael saw an advertisement for a reporter in the local newspaper. It was a job he'd always dreamed of. So he made up his mind to apply for the job.

① actor   ② teacher
③ reporter   ④ designer

06 다음 글에서 밑줄 친 it이 가리키는 것으로 가장 적절한 것은?

> One day in math class, Mary volunteered to solve a problem. When she got to the front of the class, she realized that it was very difficult. But she remained calm and began to write the answer on the blackboard.

① blackboard   ② classroom
③ problem   ④ school

07 다음 글에서 밑줄 친 It이 가리키는 것으로 가장 적절한 것은?

> All animals and plants depend on water to live. Our body is about 60 to 70 percent water. We can go weeks without food. But without water, we would die in a few days. It is very important for our lives.

① animal   ② body
③ plant   ④ water

02   주제

08 다음 글의 주제로 가장 적절한 것은?

> When you go abroad, you may find yourself in a place where the people, language, and customs are different from your own. Learning about cultural differences can be a useful experience. It can help you understand the local people better. It could also help you understand yourself and your own culture more.

① 사람들과 소통하는 방법
② 지역 문화 보존의 필요성
③ 해외여행을 할 때 주의할 점
④ 문화적 차이를 배우는 것의 유용성

09 다음 글의 주제로 가장 적절한 것은?

> Do you suffer from feelings of loneliness? In such cases, it may be helpful to share your feelings with a parent, a teacher or a counselor. It is also important for you to take positive actions to overcome your negative feelings.

① 인터넷의 역할
② 여름 피서지 추천
③ 외로움에 대처하는 방법
④ 청소년의 다양한 취미 활동 소개

10 다음 글의 주제로 가장 적절한 것은?

Recent research shows how successful people spend time in the morning. They wake up early and enjoy some quiet time. They exercise regularly. In addition, they make a list of things they should do that day. Little habits can make a big difference towards being successful.

① 인간의 기본적인 욕구와 특성
② 운동 전 스트레칭이 중요한 이유
③ 합창에서 반드시 지켜야 할 규칙
④ 성공한 사람들의 아침 시간 활용 방법

11 다음 글의 주제로 가장 적절한 것은?

Gestures can have different meanings in different countries. For example, the OK sign means "okay" or "all right" in many countries. The same gesture, however, means "zero" in France. French people use it when they want to say there is nothing.

① 세계의 음식 문화
② 예술의 교육적 효과
③ 다문화 사회의 특징
④ 국가별 제스처의 의미 차이

12 다음 글의 주제로 가장 적절한 것은?

I'd like to tell you about appropriate actions to take in emergency situations. First, when there is a fire, use the stairs instead of taking the elevator. Second, in the case of an earthquake, go to an open area and stay away from tall buildings because they may fall on you.

① 지진 발생 원인
② 에너지 절약의 필요성
③ 환경 보호 실천 방안
④ 비상사태 발생 시 대처 방법

13 다음 글의 주제로 가장 적절한 것은?

The increasing amount of food trash is becoming a serious environmental problem. Here are some easy ways to decrease the amount of food trash. First, make a list of the food you need before shopping. Second, make sure not to prepare too much food for each meal. Third, save the food that is left for later use.

① 분리수거 시 유의 사항
② 장보기 목록 작성 요령
③ 음식물 쓰레기를 줄이는 방법
④ 올바른 식습관 형성의 필요성

14 다음 글의 주제로 가장 적절한 것은?

> Walking can be just as beneficial to your health as more intense exercise. A physical benefit of walking is that it can reduce body fat. It also has a mental health benefit because it can help reduce stress. So get up and walk!

① 걷기의 장점
② 부상 예방 방법
③ 스트레스의 위험
④ 운동 시 주의 사항

03 목적

15 다음 글을 쓴 목적으로 가장 적절한 것은?

> I'm worried about not having confidence in myself. My friends always seem to know what they're doing, but I'm never sure I'm doing the right thing. I want to build my confidence. I wonder whether you could give me some solutions to my problem. I hope you can help.

① 책을 추천하려고
② 방송을 홍보하려고
③ 조언을 구하려고
④ 초대를 수락하려고

16 다음 글을 쓴 목적으로 가장 적절한 것은?

> I'm writing this e-mail to confirm my reservation. I booked a family room at your hotel for two nights. We're two adults and one child. We will arrive in the afternoon on December 22nd. I look forward to your reply.

① 확인하려고
② 안내하려고
③ 소개하려고
④ 홍보하려고

17 다음 글을 쓴 목적으로 가장 적절한 것은?

> Many people have difficulty finding someone for advice. You may have some personal problems and don't want to talk to your parents or friends about them. Why don't you join our online support group? We are here to help you.

① 거절하려고
② 권유하려고
③ 비판하려고
④ 사과하려고

18 다음 글을 쓴 목적으로 가장 적절한 것은?

> We would like to ask you to put trash in the trash cans in the park. We are having difficulty keeping the park clean because of the careless behavior of some visitors. We need your cooperation. Thank you.

① 요청하려고
② 사과하려고
③ 거절하려고
④ 칭찬하려고

19 다음 글을 쓴 목적으로 가장 적절한 것은?

> This is an announcement from the management office. As you were informed yesterday, the electricity will be cut this afternoon from 1 p.m. to 2 p.m. We're sorry for any inconvenience. Thank you for your understanding.

① 공지하려고   ② 불평하려고
③ 거절하려고   ④ 문의하려고

20 다음 글을 쓴 목적으로 가장 적절한 것은?

> I want to express my thanks for writing a recommendation letter for me. Thanks to you, I now have a chance to study in my dream university. I will never forget your help and kindness.

① 감사하려고   ② 거절하려고
③ 사과하려고   ④ 추천하려고

21 다음 글을 쓴 목적으로 가장 적절한 것은?

> I'm writing this email to say sorry to you because of what I did the last couple of days. I thought you and Jessica were ignoring me on purpose, so I treated you unkindly. Now I know I have misunderstood you. I want to say I'm really sorry.

① 거절하려고   ② 문의하려고
③ 사과하려고   ④ 소개하려고

04 　　　**내용일치**

22 다음 rice에 대한 설명과 일치하지 <u>않는</u> 것은?

> Rice is one of the major crops in the world. Since its introduction and cultivation, rice has been the main food for most Asians. In fact, Asian countries produce and consume the most rice worldwide. These days, countries in Africa have also increased their rice consumption.

① 세계의 주요 작물 중 하나이다.
② 대부분의 아시아 사람들의 주식이다.
③ 아시아 국가에서 가장 많이 생산한다.
④ 아프리카 국가에서 소비가 감소하고 있다.

23 다음 Santa Fun Run에 대한 설명과 일치하지 <u>않는</u> 것은?

> The Santa Fun Run is held every December. Participants wear Santa costumes and run 5 km. They run to raise money for sick children. You can see Santas of all ages walking and running around.

① 매년 12월에 열린다.
② 참가자들은 산타 복장을 입는다.
③ 멸종 위기 동물을 돕기 위해 모금을 한다.
④ 모든 연령대의 산타를 볼 수 있다.

24 다음 Earth Hour campaign에 대한 설명과 일치하지 <u>않는</u> 것은?

> Why don't we join the Earth Hour campaign? It started in Sydney, Australia, in 2007. These days, more than 7,000 cities around the world are participating. Earth Hour takes place on the last Saturday of March. On that day people turn off the lights from 8:30 p.m. to 9:30 p.m.

① 호주 시드니에서 시작했다.
② 칠천 개 이상의 도시가 참여한다.
③ 3월 마지막 주 토요일에 열린다.
④ 사람들은 그날 하루 종일 전등을 끈다.

25 다음 학교 신문 기자 모집에 대한 설명과 일치하지 <u>않는</u> 것은?

> We're looking for reporters for our school newspaper. If you're interested, please submit three articles about school life. Each article should be more than 500 words. Our student reporters will evaluate your articles. The deadline is September 5th.

① 학교 생활에 관한 기사를 세 편 제출해야 한다.
② 각 기사는 500단어 이상이어야 한다.
③ 담당 교사가 기사를 평가한다.
④ 마감일은 9월 5일이다.

26 다음 2022 Science Presentation Contest에 대한 설명과 일치하지 <u>않는</u> 것은?

> The 2022 Science Presentation Contest will be held on May 20, 2022. The topic is global warming. Contestants can participate in the contest only as individuals. Presentations should not be longer than 10 minutes. For more information, see Mr. Lee at the teachers' office.

① 5월 20일에 개최된다.
② 발표 주제는 지구 온난화이다.
③ 그룹 참가가 가능하다.
④ 발표 시간은 10분을 넘지 않아야 한다.

27 다음 International Mango Festival에 대한 설명과 일치하지 <u>않는</u> 것은?

> The International Mango Festival, which started in 1987, celebrates everything about mangoes. It is held in India in summer every year. It has many events such as a mango eating competition and a quiz show. The festival provides an opportunity to taste more than 550 kinds of mangoes for free.

① 1987년에 시작되었다.
② 매년 여름 인도에서 열린다.
③ 망고 먹기 대회가 있다.
④ 망고를 맛보려면 돈을 내야 한다.

28 다음 Lascaux 동굴에 대한 설명과 일치하지 <u>않는</u> 것은?

> The Lascaux cave is located in southwestern France. It contains ancient paintings of large animals. No one knew about the cave until 1940. Four teenagers accidentally discovered it while running after their dog. In 1963, in order to preserve the paintings, the cave was closed to the public.

① 프랑스 남서부에 있다.
② 커다란 동물의 그림이 있다.
③ 십대 청소년 네 명이 발견하였다.
④ 1963년에 대중에게 개방되었다.

05 빈칸추론

[29~30] 다음 글의 빈칸에 들어갈 말로 가장 적절한 것을 고르시오.

29

> Eating dinner lasts a long time in France because it is meant to be enjoyed with family and friends. French people don't _____ this process. Trying to finish dinner quickly can be interpreted as a sign of being impolite.

① enjoy   ② rush
③ serve   ④ warn

30

> In life, it's important to take _____ for any choices that you make. If the result of your choice isn't what you wanted, don't blame others for it. Being in charge of your choices will help you learn from the results.

① conflict   ② desire
③ help   ④ responsibility

[31~32] 다음 글의 빈칸에 들어갈 말로 가장 적절한 것을 고르시오.

31

> For most people, the best _____ for sleeping is on your back. If you sleep on your back, you will have less neck and back pain. That's because your neck and spine will be straight when you are sleeping.

① letter   ② position
③ emotion   ④ population

32

> Here are several steps to _____ your problems. First, you need to find various solutions by gathering all the necessary information. Second, choose the best possible solution and then put it into action. At the end, evaluate the result. I'm sure these steps will help you.

① solve   ② dance
③ donate   ④ promise

33

People who improve themselves try to understand what they did wrong, so they can do better the next time. The process of learning from mistakes makes them smarter. For them, every _____ is a step towards getting better.

① love   ② nation

③ village   ④ mistake

34

I'd like to have a parrot as a _____. Let me tell you why. First, a parrot can repeat my words. If I say "Hello" to it, it will say "Hello" to me. Next, it has gorgeous, colorful feathers, so just looking at it will make me happy. Last, parrots live longer than most other animals kept at home.

① pet   ② word

③ color   ④ plant

35

Many power plants produce energy by burning fossil fuels, such as coal or gas. This causes air pollution and influences the _____. Therefore, try to use less energy by choosing energy-efficient products. It can help save the earth.

① environment   ② material

③ product   ④ weight

36

The Internet makes our lives more convenient. We can pay bills and shop on the Internet. However, personal information can be easily stolen online. There are ways to _____ your information. First, set a strong password. Second, never click on unknown links.

① cancel   ② destroy

③ protect   ④ refund

[37~38] 다음 글의 빈칸에 들어갈 말로 가장 적절한 것을 고르시오.

37

These days, many people make reservations at restaurants and never show up. Here are some tips for restaurants to reduce no-show customers. First, ask for a deposit. If the customers don't show up, they'll lose their money. Second, call the customer the day before to _____ the reservation.

① cook   ② forget

③ confirm   ④ imagine

38

Weather forecasters _____ the amount of rain, wind speeds, and paths of storms. In order to do so, they observe the weather conditions and use their knowledge of weather patterns. Based on current evidence and past experience, they decide what the weather will be like.

① ignore   ② predict

③ violate   ④ negotiate

[39~40] 다음 글의 빈칸에 들어갈 말로 가장 적절한 것을 고르시오.

39

The students at my high school have _____ backgrounds. They are from different countries such as Russia, Thailand, and Chile. I am quite happy to be in a multicultural environment with my international classmates.

① close   ② diverse

③ negative   ④ single

40

Tate Modern is a museum located in London. It used to be a power station. After the station closed down in 1981, the British government decided to _____ it into a museum instead of destroying it. Now this museum holds the national collection of modern British artwork.

① balance   ② forbid

③ prevent   ④ transform

41 글의 흐름으로 보아 다음 문장이 들어가기에 가장 적절한 곳은?

> On the other hand, there is a big advantage to it.

> Taking online classes can be good and bad. (①) If you take classes online, you may worry about the lack of face-to-face communication. (②) Taking courses online makes it difficult to create strong relationships with your teachers and classmates. (③) You are free to take online classes anywhere, anytime. (④) By simply turning on your computer, you can start studying.

42 글의 흐름으로 보아 다음 문장이 들어가기에 가장 적절한 곳은?

> Instead, we start with a casual conversation about less serious things like the weather or traffic.

> When you first meet someone, how do you start a conversation? (①) We don't usually tell each other our life stories at the beginning. (②) This casual conversation is referred to as small talk. (③) It helps us feel comfortable and get to know each other better. (④) It's a good way to break the ice.

43 글의 흐름으로 보아 다음 문장이 들어가기에 가장 적절한 곳은?

> However, despite its usefulness, plastic pollutes the environment severely.

> Plastic is a very useful material. (①) Its usefulness comes from the fact that plastic is cheap, lightweight, and strong. (②) For example, plastic remains in landfills for hundreds or even thousands of years, resulting in soil pollution. (③) The best solution to this problem is to create eco-friendly alternatives to plastic. (④)

44 글의 흐름으로 보아 다음 문장이 들어가기에 가장 적절한 곳은?

> But nowadays maps are more accurate because they are made from photographs.

(①) Thousands of years ago, people made maps when they went to new places. (②) They drew maps on the ground or on the walls of caves, which often had incorrect information. (③) These photographs are taken from airplanes or satellites. (④)

45 글의 흐름으로 보아 다음 문장이 들어가기에 가장 적절한 곳은?

> To overcome this problem, soap can be made by volunteer groups and donated to the countries that need it.

(①) Washing your hands with soap helps prevent the spread of disease. (②) In fact, in West and Central Africa alone, washing hands with soap could save about half a million lives each year. (③) However, the problem is that soap is expensive in this region. (④) This way, we can help save more lives.

46 글의 흐름으로 보아 다음 문장이 들어가기에 가장 적절한 곳은?

> What if your favorite flavor is strawberry?

Do you love ice cream? (①) Like most people, I love ice cream very much. (②) According to a newspaper article, your favorite ice cream flavor could show what kind of person you are. (③) For example, if your favorite flavor is chocolate, it means that you are very creative and enthusiastic. (④) It means you are logical and thoughtful.

47 글의 흐름으로 보아 다음 문장이 들어가기에 가장 적절한 곳은?

> However, I think science does us more good than harm.

Some people argue that science can be dangerous. (①) They say the atomic bomb is the perfect example of the dangers of science. (②) For instance, science helps make better medicine. (③) It definitely improves the quality of our lives. (④) I believe that science will continue to make a better world for us.

48 다음 글의 바로 뒤에 이어질 내용으로 가장 적절한 것은?

> Walking dogs is a common activity in the park. But with more people doing this, problems are arising in the park. To avoid these issues, please follow these guidelines when you walk your dog.

① 반려견을 키우면 좋은 점
② 반려견 산책 시 지켜야 할 사항
③ 반려견 관련 산업의 발전 가능성
④ 반려견이 아이들 정서에 미치는 영향

49 다음 글의 바로 뒤에 이어질 내용으로 가장 적절한 것은?

> English proverbs may seem strange to non-native speakers and can be very hard for them to learn and remember. One strategy for remembering English proverbs more easily is to learn about their origins. Let's look at some examples.

① 꽃말의 어원에 관한 예시
② 영어 속담의 기원에 관한 예시
③ 긍정적인 마음가짐에 대한 예시
④ 친환경적인 생활 습관에 대한 예시

50 다음 글의 바로 뒤에 이어질 내용으로 가장 적절한 것은?

> Beans have been with us for thousands of years. They are easy to grow everywhere. More importantly, they are high in protein and low in fat. These factors make beans one of the world's greatest superfoods. Now, let's learn how beans are cooked in a variety of ways around the world.

① 콩 재배의 역사
② 콩의 수확 시기
③ 콩 섭취의 부작용
④ 콩의 다양한 요리법

51 다음 글의 바로 뒤에 이어질 내용으로 가장 적절한 것은?

> Sometimes we hurt others' feelings, even if we don't mean to. When that happens, we need to apologize. Then, how do we properly apologize? Here are three things you should consider when you say that you are sorry.

① 규칙 준수의 중요성
② 대화를 시작하는 방법
③ 효과적인 암기 전략의 종류
④ 사과할 때 고려해야 할 것들

52 다음 글의 바로 뒤에 이어질 내용으로 가장 적절한 것은?

In the future, many countries will have the problem of aging populations. We will have more and more old people. This means jobs related to the aging population will be in demand. So when you're thinking of a job, you should consider this change. Now, I'll recommend some job choices for a time of aging populations.

① 노령화와 기술 발전
② 성인병을 관리하는 방법
③ 노화 예방 운동법 소개
④ 노령화 시대를 위한 직업 추천

53 다음 글의 바로 뒤에 이어질 내용으로 가장 적절한 것은?

As you know, many young people these days suffer from neck pain. This is because they spend many hours per day leaning over a desk while studying or using smartphones. But don't worry. We have some exercises that can help prevent and reduce neck pain. This is how you do them.

① 현대인들의 목 통증의 원인
② 목 통증을 유발하기 쉬운 자세
③ 목 통증을 예방하고 줄일 수 있는 운동법
④ 스마트폰 사용 시간과 목 통증의 상관관계

54 다음 글의 바로 뒤에 이어질 내용으로 가장 적절한 것은?

If you go to South Africa or Madagascar, you can see huge and strange-looking trees, called baobobs. Known as "upside-down trees," their branches look like their roots are spreading towards the sky. Why do you think the baobob tree has this unique shape? Let's find out.

① 바오바브나무의 유익한 성분
② 바오바브나무를 재배하는 방법
③ 바오바브나무의 모습이 특이한 이유
④ 바오바브나무가 생태계에 미치는 영향

[55~56] 다음 글을 읽고 물음에 답하시오.

Have you noticed that shoes and socks are displayed together? They are items strategically placed with each other. Once you've already decided to buy a pair of shoes, why not buy a pair of socks, too? Remember that the placement of items in a store is not _____. It seems that arranging items gives suggestions to customers, in a way that is not obvious, while they shop.

55 윗글의 빈칸에 들어갈 말로 가장 적절한 것은?

① accurate　　② enough
③ positive　　④ random

56 윗글의 주제로 가장 적절한 것은?

① 소비자 교육의 효과
② 상품 가격 결정의 원리
③ 전략적 상품 진열 방식
④ 매체 속 다양한 광고의 유형

[57~58] 다음 글을 읽고 물음에 답하시오.

A book review is a reader's opinion about a book. When you write a review, begin with a brief summary or description of the book. Then state your _____ of it, whether you liked it or not and why.

57 윗글의 빈칸에 들어갈 말로 가장 적절한 것은?

① flight　　② opinion
③ gesture　　④ architecture

58 윗글의 주제로 가장 적절한 것은?

① 창의력의 중요성
② 진로 탐색의 필요성
③ 온라인 수업의 장점
④ 독서 감상문 쓰는 법

[59~60] 다음 글을 읽고 물음에 답하시오.

Volunteering gives you a healthy mind. According to one survey, 96% of volunteers report feeling happier after doing it. If you help others in the community, you will feel better about yourself. It can also motivate you to live with more energy that can help you in your ordinary daily life. Therefore, you will have a more _____ view of life.

59 윗글의 빈칸에 들어갈 말로 가장 적절한 것은?

① shy   ② useless

③ unhappy   ④ positive

60 윗글의 주제로 가장 적절한 것은?

① 외로움의 유용함

② 달 연구의 어려움

③ 자원봉사가 주는 이점

④ 온라인 수업 도구의 다양성

[61~62] 다음 글을 읽고 물음에 답하시오.

Many people have trouble falling asleep, thus not getting enough sleep. It can have _____ effects on health like high blood pressure. You can prevent sleeping problems if you follow these rules. First, do not have drinks with caffeine at night. Second, try not to use your smartphone before going to bed. These will help you go to sleep easily.

61 윗글의 빈칸에 들어갈 말로 가장 적절한 것은?

① harmful   ② helpful

③ positive   ④ calming

62 윗글의 주제로 가장 적절한 것은?

① 스마트폰의 변천사

② 운동 부족의 위험성

③ 카페인 중독의 심각성

④ 수면 문제를 예방하는 방법

Do you know flowers provide us with many health benefits? For example, the smell of roses can help _____ stress levels. Another example is lavender. Lavender is known to be helpful if you have trouble sleeping. These are just two examples of how flowers help with our health.

63 윗글의 빈칸에 들어갈 말로 가장 적절한 것은?

① insist   ② reduce

③ trust   ④ admire

64 윗글의 주제로 가장 적절한 것은?

① 고혈압에 좋은 식품
② 충분한 수면의 필요성
③ 꽃이 건강에 주는 이점
④ 아름다운 꽃을 고르는 방법

[65~66] 다음 글을 읽고 물음에 답하시오.

When comparing tennis with table tennis, there are some similarities and differences. First, they are both racket sports. Also, both players hit a ball back and forth across a net. _____, there are differences, too. While tennis is played on a court, table tennis is played on a table. Another difference is that a much bigger racket is used in tennis compared to table tennis.

65 윗글의 빈칸에 들어갈 말로 가장 적절한 것은?

① Finally   ② However

③ Therefore   ④ For example

66 윗글의 주제로 가장 적절한 것은?

① 탁구와 테니스의 경기 방법
② 탁구와 테니스의 운동 효과
③ 탁구와 테니스의 라켓 사용법
④ 탁구와 테니스의 유사점과 차이점

09 실용문

67 다음 콘서트 안내문에서 언급되지 <u>않은</u> 것은?

Fundraising Concert

- When : April 17th, 6 — 9 p.m.
- Where : Lobby of Children's
  Hospital
- Light snacks will be offered.
  All funds will be donated to Children's Hospital.

① 날짜　　　　　② 장소
③ 출연진　　　　④ 기금 용도

68 다음 배드민턴장에 대한 안내문의 내용과 일치하지 <u>않는</u> 것은?

Central Badminton Center

Open Times:
- Monday to Friday, 10 a.m.
  to 9 p.m.

We provide:
- lessons for beginners only
- free parking for up to 4 hours a day
  Proper shoes and clothes are required.

① 평일 오전 10시부터 오후 9시까지 운영한다.
② 상급자를 위한 수업이 준비되어 있다.
③ 하루 4시간까지 무료 주차가 가능하다.
④ 적절한 신발과 옷이 필요하다.

69 다음 광고문에서 언급되지 <u>않은</u> 것은?

Cheese Fair

- **Date** : September 10th (Sunday), 2023
- **Activities** :
  - Tasting various kinds
    of cheese
  - Baking cheese cakes
- **Entrance Fee** : 10,000 won

① 날짜　　　　　② 장소
③ 활동 내용　　　④ 입장료

70 다음 경기 안내문의 내용과 일치하지 <u>않는</u> 것은?

Tennis Competition

- Only beginners can participate.
- We will start at 10:00 a.m.
  and finish at 5:00 p.m.
- Lunch will not be served.
- If it rains, the competition
  will be canceled.

① 초보자만 참여할 수 있다.
② 오전 10시에 시작해서 오후 5시에 끝난다.
③ 점심은 제공되지 않는다.
④ 비가 와도 경기는 진행된다.

71 다음 행사 광고문에서 언급되지 <u>않은</u> 것은?

K-POP CONCERT 2023

Eight World-famous K-Pop Groups Are Performing!

Date : June 8th (Thursday), 2023
Location : World Cup Stadium
Time : 7:30 p.m. − 9:30 p.m.

---

① 날짜   ② 장소
③ 시간   ④ 입장료

---

72 다음 기타 판매 광고문의 내용과 일치하지 <u>않는</u> 것은?

Q   ***For Sale***

- Features : It's a guitar with six strings.
- Condition : It's used but in good condition.
- Price : $150 (original price : $350)
- Contact : If you have any questions, call me at 014-4365-8704.

---

① 줄이 여섯 개 있는 기타이다.
② 새것이라 완벽한 상태이다.
③ 150달러에 판매된다.
④ 전화로 문의 가능하다.

---

73 다음 축제 안내문에서 언급되지 <u>않은</u> 것은?

Gimchi Festival

Place : Gimchi Museum
Events :
   - Learning to make gimchi
   - Tasting various gimchi
Entrance Fee : 5,000 won
Come and taste traditional Korean food!

---

① 날짜   ② 장소
③ 행사 내용   ④ 입장료

---

74 다음 캠프 안내문의 내용과 일치하지 <u>않는</u> 것은?

Q   ***Summer Sports Camp***

- Fun and safe sports programs for children aged 7-12
- From August 1st to August 7th
- What you will do : Badminton, Basketball, Soccer, Swimming
* Every child should bring a swim suit and lunch each day.

---

① 7세부터 12세까지 어린이들을 대상으로 한다.
② 기간은 8월 1일부터 8월 7일까지이다.
③ 네 가지 스포츠 활동을 할 수 있다.
④ 매일 점심이 제공된다.

75 다음 포스터에서 언급되지 <u>않은</u> 것은?

> ### *Happy Earth Day Event*
>
> When : April 22, 2022
> Where : Community Center
> What to do :
> • Exchange used things
> • Make 100% natural shampoo

① 참가 자격　　② 행사 날짜
③ 행사 장소　　④ 행사 내용

76 다음 박물관에 대한 안내문의 내용과 일치하지 <u>않는</u> 것은?

> ### *Shakespeare Museum*
> **Hours**
> • Open daily : 9:00 a.m.
> 　　　　　　 - 6:00 p.m.
> **Admission**
> • Adults : $12
> • Students and children : $8
> • 10% discount for groups of ten or more
> **Photography**
> • Visitors can take photographs.

① 오전 9시부터 오후 6시까지 개방한다.
② 어른은 입장료가 12달러이다.
③ 10명 이상의 단체는 입장료가 10% 할인된다.
④ 모든 사진 촬영은 금지된다.

77 다음 자선 달리기 행사 안내문에서 언급되지 <u>않은</u> 것은?

> ### CHARITY RUN
> Come out and show your support
> for cancer patients!
> • Date : September 24th
> • Time : 9 a.m. - 4 p.m.
> • Place : Asia Stadium
> * Free T-shirts for participants

① 행사 날짜　　② 행사 시간
③ 행사 장소　　④ 행사 참가비

78 다음 수영장 이용 규칙에 대한 안내문의 내용과 일치하지 <u>않는</u> 것은?

> ### SWIMMING POOL RULES
> You must :
> • take a shower before entering the pool.
> • always wear a swimming cap.
> • follow the instructions of the lifeguard.
> 　* Diving is not permitted.

① 수영 후에는 샤워를 해야 한다.
② 항상 수영모를 착용해야 한다.
③ 안전 요원의 지시를 따라야 한다.
④ 다이빙은 허용되지 않는다.

79 다음 전시회 안내문에서 언급되지 <u>않은</u> 것은?

Art Exhibition
Date : November 12th - 25th
Time : 10 a.m. - 6 p.m.
Place : Central Art Museum
Tickets : Adults $15, Students $10
We are closed on Tuesdays.

① 전시 기간　　② 환불 규정
③ 티켓 가격　　④ 휴관일

80 다음 관광 안내문의 내용과 일치하지 <u>않는</u> 것은?

Saturday Tour to Tongyeong
What you will do :
• ride a cable car on Mireuksan
• visit the undersea tunnel and Jungang Market
Lunch is provided.
You must reserve the tour by Thursday.

① 케이블카를 탄다.
② 해저 터널과 시장을 방문한다.
③ 점심은 각자 준비한다.
④ 목요일까지 관광 예약을 해야 한다.

81 광고문에서 언급되지 <u>않은</u> 것은?

HOT SUMMER SALE
All music CDs 30% off!
- Great opportunity to buy CDs
  at a discounted price
- From July 15 to July 29, 2020
- Open Monday~Saturday,
  10 a.m. to 9 p.m.

① 할인율
② 매장 위치
③ 할인 판매 기간
④ 영업 요일과 영업 시간

82 다음 중 숙소 이용 안내문의 내용과 일치하지 <u>않는</u> 것은?

Home Sweet Home Guesthouse

- Location : Close to Itaewon Station
- Price : $30 a night
- Contact : sweethome77@kmail.com
** Free Internet provided **

① 위치가 이태원역과 가깝다.
② 하룻밤에 30달러이다.
③ 숙소는 전화로만 연락이 가능하다.
④ 인터넷이 무료로 제공된다.

83 마스크 판매 안내문에서 언급되지 <u>않은</u> 것은?

Information about mask sales

Each person can buy two masks per week.

○ Time : 9 a.m – 8 p.m.
○ Place : at any pharmacy
○ Price : 1,500 won each

① 판매 시간
② 판매 장소
③ 구입 시 준비 서류
④ 마스크 개당 가격

85 게시판에서 실종견에 대해 언급하지 <u>않은</u> 것은?

Lost Dog

• Name : Popo
• Breed : Mixed
• Weight : 6kg
• Feature : White with black spots
• Personality : Very friendly

① 이름　　　　② 나이
③ 몸무게　　　④ 성격

84 다음 중 학교 도서관 이용에 관한 안내문 내용과 일치하지 <u>않는</u> 것은?

School Library

• All students can use the library.
• The library is open from 9a.m. to 5p.m.
• Students can borrow up to two books at a time.
• Food is not allowed in the library.

① 모든 학생들이 이용할 수 있다.
② 오전 9시부터 오후 5시까지 개방한다.
③ 한 번에 최대 다섯 권의 책을 대출할 수 있다.
④ 음식 반입이 금지된다.

86 Hello Burger 광고에서 알 수 있는 내용은?

Hello Burger

The most popular burger place in town!
Our secret sauce makes our burgers delicious.
Special offer: Get 3 for the price of 2.
　*No deliveries.

① 가장 인기 있는 음료
② 비밀 소스의 재료
③ 특별 행사의 기간
④ 배달 가능 여부

영어 정답 및 해설

01 어휘

대표 기출문제 문제 p. 16

01 ②	02 ①	03 ②	04 ④	05 ①
06 ③	07 ④	08 ③	09 ③	10 ④
11 ④	12 ③	13 ③	14 ③	15 ①
16 ①	17 ③	18 ③	19 ②	20 ③
21 ①	22 ③	23 ②	24 ②	25 ①
26 ②	27 ②	28 ③	29 ③	30 ④
31 ④	32 ②	33 ①	34 ②	35 ①
36 ①				

01 정답 ②

해석 저는 레스토랑에 전화해서 <u>예약</u>을 할 것입니다.

해설 reservation 예약
　　① 변경 change
　　③ 취소 cancellation
　　④ 칭찬 praise

02 정답 ①

해석 "느리고 꾸준한 것이 경주에서 이긴다"는 것을 <u>명심할</u> 필요가 있다.

해설 keep in mind 명심하다
　　② 사용하다 use
　　③ 정돈하다 tidy up
　　④ 참여하다 participate in, join

어휘 • steady 꾸준한

03 정답 ②

해석 운전 중에는 휴대전화를 사용하지 마십시오.

해설 운전하는 <u>동안</u> : while [접] ~ 동안에, ~ 반면에
　　① 대신에 instead, instead of
　　③ 만약에 if
　　④ 처음에 at first

04 정답 ④

해석 뭔가를 할 거라고 말하기는 <u>쉽지만</u> 실제로 하기는 <u>어렵다</u>.

해설 easy – difficult [반의어 관계]
　　①~③ 반의어 관계
　　④ rapid 빠른 – quick 신속한 [유의어 관계]
　　① heavy 무거운 – light 가벼운 [반의어 관계]
　　② noisy 시끄러운 – silent 조용한 [반의어 관계]
　　③ painful 고통스러운 – painless 고통이 없는 [반의어 관계]

05 정답 ①

해석 • 내 가방 좀 들어 줄래?
　　• 우리 학교는 다음 주에 음악 축제를 개최합니다.

해설 가방을 <u>들다</u>, 축제를 <u>개최하다</u> [hold 1. 들다 2. 개최하다]

어휘 • like 좋아하다
　　• meet 만나다
　　• walk 걷다

06 정답 ③

해석 • 너의 몸의 대략 60~70%가 물로 구성되어 있다.
　　• 정원은 아름다운 꽃으로 가득 차 있다.

해설 consist <u>of</u> ~로 구성되어 있다
　　be full <u>of</u> ~로 가득 차다

어휘 • about 대략

07 정답 ④

해석 독서는 <u>지식</u>을 얻는 훌륭한 방법이다.

어휘 • knowledge 지식
  • way 방법
  • gain 얻다

08 정답 ③

해석 비록 어려움을 만날지라도 그녀는 그녀의 꿈을 <u>포기하지</u> 않을 것이다.

어휘 • give up 포기하다
  • difficulty 어려움

09 정답 ③

해석 많은 동물들이 장난감을 가지고 놀기를 좋아한다. 예를 들면, 개는 공을 가지고 노는 것을 즐긴다.

어휘 • for example 예를 들면
  • toy 장난감

10 정답 ④

해석 아름다운 꽃과 따뜻한 날씨 때문에 봄은 내가 가장 좋아하는 계절이다.

해설 봄은 계절에 속하는 관계이다.
  ① 사과 – 과일, ② 간호사 – 직업, ③ 삼각형 – 모양
  ④ 어깨와 국가는 그런 관계가 아니다.

11 정답 ④

해석 • 네 과제를 반 친구들에게 발표할 준비가 되었니?
  • 과거에 대한 걱정은 멈추고 현재를 살아라.

해설 공통으로 들어갈 present는 동사로 발표하다, 제공하다 의미와 명사로 현재, 그리고 선물의 의미가 있다.

어휘 • project 과제, 프로젝트
  • past 과거

12 정답 ③

해석 • 그는 게임을 하는 대신 공부에 집중할 필요가 있다.
  • 입고 벗기 쉬운 재킷을 가져와.

어휘 • focus on ~에 집중하다
  • put on 입다
  • take off 벗다
  • instead of ~ 대신에

13 정답 ③

해석 일요일마다 집에서 쓰레기를 버리는 것이 내 의무(임무)이다.

어휘 • duty 의무, 임무
  • take out 버리다
  • trash 쓰레기

14 정답 ③

해석 사람들은 팀으로 일할 때 서로에게 의존할 필요가 있다.

어휘 • depend on ~에 의존하다
  • each other 서로

15 정답 ①

해석 난 네 덕분에 많은 좋은 사람들을 만났다.

어휘 • thanks to ~ 덕분에, ~ 때문에

16 정답 ①

해석 어떤 나라에서 <u>예의 바른</u> 제스처가 다른 나라에서는 <u>무례한</u> 행동일 수 있다.
  ① 똑똑한 – 현명한   ② 옳은 – 틀린
  ③ 안전한 – 위험한   ④ 같은 – 다른

해설 ②, ③, ④는 반의어 관계인데 ①은 동의어 관계이다.

어휘 • polite 예의 바른
  • gesture 제스처
  • rude 무례한

17 정답 ③

해석 • 우리는 더 잘 보기 위해서 일어서야 했다.
   • 난 공공장소에서 규칙을 지키지 않는 사람들을 참을 수가 없어.

어휘 • stand 일어서다, 참다
   • can't stand ~을 참을 수 없다.

18 정답 ③

해석 • 내 입맛(취향)은 너와 다르다.
   • 영어 단어는 다양한 출처(기원)에서 유래한다(온다).

어휘 • be different from ~와 다르다
   • come from ~에서 유래하다
   • taste 입맛, 취향
   • a (wide) variety of 다양한
   • source 출처

19 정답 ②

해석 영어를 잘하기 위해서, 당신은 자신감이 필요하다.
해설 confidence는 '자신감, 확신'이란 뜻이다.

20 정답 ③

해석 그 나라는 식량 부족 문제를 처리해야 한다.
해설 deal with는 '다루다, 처리하다'란 뜻이다.
어휘 • shortage 부족

21 정답 ①

해석 햇빛이 창문을 통해 들어와서, 그 결과, 그 집은 따뜻해진다.
해설 as a result는 '그 결과'란 뜻이다.
어휘 • sunlight 햇빛
   • become warm 따뜻해지다

22 정답 ③

해석 인내는 쓰지만, 그 열매는 달다.
   ① 새로운 – 오래된   ② 깨끗한 – 더러운
   ③ 좋은 – 좋은   ④ 쉬운 – 어려운

해설 제시문은 반의어 관계인데 ③은 동의어 관계이다.
어휘 • bitter 쓴
   • sweet 단, 달콤한
   • patience 인내, 참을성
   • fruit 과일, 열매

23 정답 ②

해석 • 식당 앞에서 2시에 만나자.
   • 그 호텔 매니저는 고객의 욕구를 충족시키기 위해서 최선을 다했다.

해설 두 문장에 공통으로 들어갈 단어는 '만나다'와 '충족시키다'의 뜻을 함께 갖고 있는 meet가 적합하다.
어휘 • meet 만나다, 충족시키다
   • restaurant 식당
   • manager 매니저
   • do one's best 최선을 다하다
   • guest 고객, 손님
   • need 욕구, 필요

24 정답 ②

해석 • 환영합니다. 오늘 당신을 위해 무엇을 해드릴까요 (무엇을 도와드릴까요)?
   • 나는 버스를 기다리는 데 거의 한 시간을 썼다.

해설 'for you'는 '당신을 위해', 'wait for'는 '~를 기다리다'의 뜻으로 사용되었으므로, 공통으로 들어갈 단어는 for가 된다.
어휘 • spend - spent + 시간 ~ing ~하는 데 시간을 쓰다

25 정답 ①

해석 아이들에게, 좋은 행동을 권장하는 것은 중요하다.
해설 good behavior는 좋은 행동이라는 의미로 사용되었다.
어휘 • behavior 행동
   • encourage 권장하다, 장려하다

26 정답 ②

해석 그녀는 폭우 때문에 여행을 연기해야 했다.

해설 put off는 (여행을) 연기했다는 의미로 사용되었다.

어휘 • put off 연기하다
• heavy rain 폭우

27 정답 ②

해석 많은 온라인 수업이 무료이다. 게다가, 언제 어디서나 볼 수 있다.

해설 besides는 '게다가'로 해석하는 것이 적절하다.

어휘 • besides 게다가
• online lesson 온라인 수업
• free of charge 공짜인, 무료의

28 정답 ③

해석 몇몇은 잔이 절반이 찼다고 말하는 반면, 다른 몇몇은 절반이 비었다고 말한다.
① 높은 – 낮은   ② 더운 – 추운
③ 아주 작은 – 작은   ④ 빠른 – 느린

해설 모두 반의어 관계인데 ③만 동의어 관계이다.

29 정답 ③

해석 • 당신이 기차에서 떠날 때, 모든 소지품을 챙기세요.
• 책은 읽은 후 테이블 위에 두세요.

해설 leave 남겨놓다, 떠나다란 의미로 빈칸에 공통으로 들어가기 적절하다.

어휘 • make sure 반드시 ~하다
• belongings 소지품

30 정답 ④

해석 • 아빠의 마음은 나를 사랑하는 마음으로 가득하다.
• 앨리스는 그녀의 공연(성과, 연기)에 만족했다.

해설 be filled with ~로 가득하다
be satisfied with ~에 만족하다

어휘 • performance 공연, 성과, 연기

31 정답 ④

해석 과학은 세상에 많은 혜택을 가져왔다.

해설 • benefit 이익, 이점, 혜택

32 정답 ②

해석 나는 올해 반 친구들과 더 잘 어울릴 거야.

해설 • get along with ~와 사이좋게 지내다, 어울리다

33 정답 ①

해석 결국, 뉴스는 사실로 판명되었다.

해설 • after all 결국
• turn out to be ~으로 판명되다
• true 사실의

34 정답 ②

해석 사람들이 나에게 내가 가장 좋아하는 음식을 물을 때, 나는 항상 피자라고 대답한다.
① 동물 – 말   ② 위험 – 안전
③ 야채 – 양파   ④ 감정 – 행복

해설 음식 속에 피자가 속하는 관계이며 ②는 위험 – 안전이란 뜻으로 반의어 관계이다.
• favorite 가장 좋아하는
• answer 대답하다

35 정답 ①

해석 • 그녀는 얼굴에 큰 미소를 띠고 있다.
• 넌 네 문제에 맞서는 것을 배워야 해.

해설 • face 얼굴, 맞서다, 직면하다, 향하다
• learn to ~하는 것을 배우다
• problem 문제

36 정답 ①

해석 • 진정하고 내 말을 들어봐.
• 볼륨을 낮춰 줄 수 있나요?

해설 • calm down 진정하다
• turn down 소리를 줄이다, 거절하다
• volume 볼륨

01 ①	02 ①	03 ②	04 ④	05 ①
06 ③	07 ②	08 ①	09 ③	10 ①

01 정답 ①

해석 • 나는 그가 정직한 <u>지</u> 아닌지 모르겠다.
     • 너는 지금 떠나<u>지 않으면</u> 버스를 놓칠 것이다.

해설 if는 부사절(조건절)을 이끌어 '만약 ~한다면'으로 해석되며, 명사절을 이끌어 '~인 지 아닌 지'로 해석될 수 있다.

어휘 • honest 정직한
     • leave 떠나다
     • miss 놓치다

02 정답 ①

해석 • 존, 아시아에 몇 개국이 있니?
     • 그는 그곳이 여기서 얼마나 멀리 떨어져 있는지 모른다.

해설 how many 개수와 how far 거리를 묻는 표현으로 how가 공통으로 알맞다.

03 정답 ②

해석 • 진수, 내일 어느 박물관을 방문할 거니?
     • 사전은 단어 설명을 해 주는 책이다.

해설 어느, 어떤 = which, 사물 선행사 + which 관계대명사로 공통으로 들어가기에 적절한 것은 which이다.

어휘 • museum 박물관
     • dictionary 사전
     • explanation 설명
     • word 단어, 말

04 정답 ④

해석 짐, 넌 언제 집에 올 예정이니?
     당신이 기분이 나쁠 때 음악을 듣는 것은 도움이 될 수 있다.

해설 when에는 '언제'와 '~할 때'라는 뜻이 함께 있다.

어휘 • when 언제, ~할 때
     • helpful 도움이 되는

05 정답 ①

해석 • 민수야, 주말에 <u>무엇을</u> 할 거야?
     • 누구도 정확히 <u>무슨 일이</u> 발생할지는 알지 못한다.

해설 무엇을, 또는 무슨 일을 뜻하는 표현으로는 what이 적절하다.

어휘 • exactly 정확히

06 정답 ③

해석 • 톰, 넌 어디를 갈 계획이니?
     • 우리가 머무를 수 있는 안전한 장소가 있어.

해설 장소를 묻고, 선행사를 장소로 사용하는 관계부사는 where가 적절하다.

07 정답 ②

해석 • 그는 그녀가 몇 살인지 모른다.
     • 난 스파게티 만드는 법을 알고 싶다.

해설 how old 몇 살, how to ~하는 방법의 의미로 공통으로 들어갈 말로는 how가 적절하다.

어휘 • spaghetti 스파게티

08 정답 ①

해석 • 이번 주말에 하이킹(도보 여행) 가는 건 어때?
     • 왜 너는 축구 동아리에 가입하길 원하니?

해설 why don't you ~? ~하는 건 어때?, 그리고 동아리 가입 이유를 묻는 표현으로 공통으로 why가 적절하다.

어휘 • go hiking 도보 여행을 가다, 하이킹을 가다
     • want to ~하고 싶다, ~하기를 원하다
     • join 가입하다, 함께 하다

• soccer club 축구 동아리, 축구 클럽

09 정답 ③

해석 • 넌 어떤 종류의 음식을 가장 좋아하니?
• 넌 몇 시에 영화를 보러 가고 싶니?
어휘 • What kind of 무슨 종류의, 어떤 종류의
• What time 몇 시

10 정답 ①

해석 • 그녀는 그녀의 부모님을 가장 존경한다.
• 넌 뭔가를 하는 도중에 포기해서는 안 된다.
어휘 • look up to ~을 존경하다
• give up 포기하다
• in the middle of ~하는 도중에

03　생활영어

대표 기출문제　　　　문제 p. 85

01 ③	02 ①	03 ④	04 ②	05 ③
06 ④	07 ③	08 ②	09 ①	10 ④
11 ④	12 ③	13 ②	14 ③	15 ①
16 ①	17 ④	18 ①	19 ④	20 ②
21 ②	22 ③	23 ③	24 ②	25 ④
26 ①	27 ①	28 ④	29 ③	30 ②
31 ④	32 ③	33 ①	34 ③	35 ②
36 ②				

01 정답 ③

해석 A : 나 지금 너무 힘든 시간을 보내고 있어.
B : 걱정하지 마. 무슨 일이 있어도 널 위해 여기 있을 거야.
A : 고마워. 너의 응원이 나에게 전부를 의미해.
B : 천만에. 어려울 때 친구가 진짜 친구야.
해설 in need 어려움에 처한, indeed 정말, 진정한 어려운 상황에 처했을 때(필요할 때) 옆에 있어주는 친구가 진정한 친구라는 의미이다.
어휘 • have a hard time 힘든 시간을 보내다
• no matter what 무엇이더라도
• support 응원, 지지

02 정답 ①

해석 A : 30분이나 기다렸는데 어떻게 된 거야?
B : 미안해. 근데 나 2시에 만난다고 생각했었어.
A : 아니, 그 시간은 야구 경기가 시작되는 시간이고 그래서 우리는 30분 일찍 만나기로 했던거야.
B : 아, 깜빡했다. 기다리게 해서 미안해.
해설 마지막 말에 I'm sorry로 보아 미안함을 알 수 있다.
어휘 • happen 발생하다
• be supposed to ~하기로 되어 있다
• totally 완전히

03 정답 ④

해석 A : 너 우리 티켓 구했어? 우리 자리가 어디야?
　　 B : 어디 보자. J11, J12.
　　 A : 좋아. 들어가기 전에 간식을 좀 사 먹자.
　　 B : 좋은 생각이야.

해설 좌석 번호를 묻고 간식을 사자는 말을 통해 영화관임을 알 수 있다.

어휘 • seat 좌석

04 정답 ②

해석 A : 말하기 대회가 내일이에요. 저 발이 너무 차가워요.
　　 B : 죄송한데, <u>다시 한 번 말해주시겠어요?</u>
　　 A : 저 발이 너무 차갑다고요. 내일이 너무 긴장돼요.
　　 B : 아, 그렇군요. 걱정 마세요. 분명 잘할 거예요.

해설 빈칸의 질문 뒤로 A가 같은 말을 반복하고 있으므로 <u>다시 말해달라는 요청</u>의 ②가 알맞다.
　　 ① 기분이 어떻겠니?, 어떻게 해 드릴까요?
　　 ③ 오늘 날씨는 어떤가요?
　　 ④ 대회는 어디로 가야 하나요?

어휘 • feet 발
　　 • nervous 긴장한
　　 • sure 확신하는

05 정답 ③

해석 A : 한국의 어떤 점을 가장 좋아하시나요?

해설 한국의 좋은 점을 말하는 ③이 알맞다.
　　 ① 그것이 많은 사람들이 생각하는 것이다.
　　 ② 커피보다 차를 더 좋아하기 때문입니다.
　　 ④ 당신이 선택한 모니터가 만족스럽지 않습니다.

어휘 • lots of 많은
　　 • prefer A to B B보다 A를 선호하다
　　 • delivery 배달
　　 • be satisfied with ~에 만족하지 않다

06 정답 ④

해석 A : 요즘 허리 아랫부분이 너무 아파요.
　　 B : 더 악화되기 전에 어떻게 해야 할 것 같아요.

A : 통증을 줄일 수 있는 방법이 있나요?
B : 글쎄요, 바닥 말고 의자에 앉으세요. 그리고 부드럽게 걷고 스트레칭을 자주 해보세요.

해설 허리가 아픈 사람 A가 통증을 줄일 수 있는 방법을 묻고 B는 그에 대한 답변을 하고 있으므로 대화의 주제는 ④가 알맞다.

어휘 • lower 더 낮은 쪽의
　　 • hurt 아프다
　　 • should ~해야 한다
　　 • get worse 악화되다
　　 • tip 방법
　　 • reduce 줄이다
　　 • floor 바닥
　　 • stretch 스트레칭하다

07 정답 ③

해석 A : 수미야, 넌 네 성격을 어떻게 설명할래?
　　 B : 난 신중한 경향이 있어. "뛰기 전에 봐라."라는 속담을 따르려고 노력해.
　　 A : 오, 넌 뭔가를 하기 전에 신중하게 생각하는구나.

해설 '뛰기 전에 보라'는 속담은 행동하기 전에 신중하게 생각하라는 의미이다.

어휘 • describe 묘사하다, 설명하다
　　 • personality 성격
　　 • tend to ~하는 경향이 있다
　　 • cautious 신중한, 조심하는
　　 • follow 따르다
　　 • leap 껑충 뛰다

08 정답 ②

해석 A : 이 헤드폰을 반품하고 싶어요.
　　 B : 왜요? 문제가 있나요?
　　 A : 소리가 만족스럽지 못해요. 소리가 충분히 크지 않아요.

해설 소리가 작아 헤드폰을 반품하고 싶다는 소비자 불만의 대화이다.

어휘 • return 돌려주다, 반품하다
　　 • be satisfied with ~에 만족하다

• loud 시끄러운, 큰 소리의

09 정답 ①

해석 A : 이 식당에 사람이 정말 많다!
　　 B : 맞아. 이곳은 피자로 유명해.
　　 A : 그래. 주문하자.
해설 피자가 유명한 식당에서 이루어지는 대화이다.
어휘 • restaurant 식당
　　 • be well known for ~로 유명하다
　　 • order 주문하다

10 정답 ④

해석 A : 자전거 타기와 걷기 중 어느 운동을 더 좋아하니?
　　 B : 걷기보다 자전거 타기가 더 좋아.
　　 A : 왜 그것이 좋아?
　　 B : 왜냐하면 자전거 타기가 더 많은 열량을 소비한다고 생각하기 때문이지.
　　 ① 어디서 차를 빌리니
　　 ② 언제 그 쇼가 시작하니
　　 ③ 왜 영어를 배우고 싶니
어휘 • cycling 자전거 타기
　　 • walking 걷기
　　 • rather than ~보다 오히려
　　 • burn calories 열량을 소비하다

11 정답 ④

해석 A : 우리가 다른 사람에 대한 존중심을 어떻게 보여 줄 수 있을까?
　　 B : 난 우리가 다른 사람들이 말할 때 주의 깊게 들어 줘야 한다고 믿어.
　　 A : 그것이 네가 잘 들어주는 이유구나.
　　 ① 영화를 보다
　　 ② 이 가방을 교환하다
　　 ③ 다음 도로에서 좌회전하다
어휘 • respect 존경, 존중
　　 • others 다른 사람들
　　 • good listener (집중해서) 잘 들어주는 사람
　　 • exchange 교환하다

12 정답 ③

해석 A : 내가 나무에 있는 코알라를 볼 때마다, 그들은 왜 저렇게 나무를 껴안고 있는지 궁금해.
　　 B : 코알라는 자신을 식히기 위해서 나무를 껴안지.
　　 A : 오, 그거 말이 된다. 호주는 매우 더운 기후니까.
해설 코알라가 몸을 식히기 위해 나무를 껴안는 주제로 대화를 하고 있다.
어휘 • whenever ~할 때마다
　　 • wonder 궁금해하다
　　 • hug 껴안다
　　 • cool down 식히다
　　 • make sense 말이 되다, 이해되다
　　 • climate 기후

13 정답 ②

해석 A : 이것 좀 봐, 준호야. 나 수학 시험에 마침내 A를 받았어.
　　 B : 시험 정말 잘 쳤구나. 비결이 뭐니?
　　 A : 심지어 주말에도 늦게까지 안 자고 매일 수학 공부를 했어.
　　 B : 네가 '수고가 없으면 얻는 것도 없다.'는 말의 좋은 사례구나.
어휘 • finally 마침내
　　 • math exam 수학 시험
　　 • secret 비결, 비밀
　　 • stay up late 늦게까지 깨어 있다
　　 • even 심지어

14 정답 ③

해석 A : 비가 억수같이 오네.
　　 B : 비가 억수같이 온다고? 그게 무슨 뜻이니?
　　 A : 그것은 비가 매우 심하게(많이) 온다는 의미야.
　　 B : 정말? 난 표현의 기원에 관심이 있어.
해설 be interested in ~에 관심이(흥미가) 있다란 의미로 ③이 적절하다.
어휘 • rain cats and dogs 비가 억수같이 오다
　　 • mean 의미하다
　　 • heavily 심하게

- origin 기원
- expression 표현

15 정답 ①
해석 A : 좋은 아침입니다. 어떻게 도와드릴까요?
B : 와우, 여기 냄새가 정말 좋군요.
A : 예, 빵이 오븐에서 방금 나왔거든요.
B : 이 방금 구운 빵을 살게요.
해설 빵을 사고파는 제과점이 적절한 장소이다.
어휘 • smell 냄새가 나다
- bread 빵
- oven 오븐
- freshly baked (신선하게) 방금 구운

16 정답 ①
해석 A : 맷, ① 우리 어디를 먼저 갈까?
B : N서울타워는 어때? 우리는 그 타워에서 도시 전체를 볼 수 있어.
A : 그 후에는, 서울 한양도성을 따라 걷자.
B : 완벽해! 자, 서울 탐험을 하러 가자.
② 당신은 생계를 위해 무엇을 하나요(직업이 뭐가요)?
③ 당신은 얼마나 자주 이곳에 오나요?
④ 왜 당신은 배우가 되기를 원하나요?
어휘 • whole 전체의
- along ~을 따라서
- explore 탐험하다

17 정답 ④
해석 A : 친구를 더 만들려면 무엇을 해야 할까?
B : ④ 네 주변 사람들에게 친절하게 대하는 것이 중요해.
① 쉽게 화를 내는 것
② 지금 네 주문을 취소하는 것
③ 예약을 확인하는 것
어휘 • important 중요한
- get angry 화를 내다
- cancel 취소하다
- order 명령, 주문

- reservation 예약

18 정답 ①
해석 A : 넌 쇼핑 팁 좀 나누어 줄 수 있어?
B : 물론이지. 먼저, 항상 예산을 명심해.
A : 좋은 지적이야. 다른 것은?
B : 또한, 단지 세일(할인)한다고 물건을 사지는 마.
A : 고마워! 그것들은 멋진 팁이네.
어휘 • share 공유하다, 함께 나누다
- tip 조언, 팁
- point 요점, 핵심

19 정답 ④
해석 A : 난 어려움에 처한 아이들을 돕기 위해 뭔가를 하고 싶어.
B : 좋은데. 어떤 아이디어라도 있니?
A : 내 오래된 옷을 팔아서 아이들에게 그 돈을 사용하고 싶어. 하지만 쉽지는 않을 것 같아.
B : 걱정하지 마. 천리 길도 한 걸음부터야.
해설 밑줄 친 문장은 천 마일의 여행도 한 걸음으로 시작한다. 즉, '천리 길도 한 걸음부터'라는 의미이다. 따라서, 일단 시작을 해야 뭔가를 이룰 수 있다는 ④가 적절하다.
어휘 • in need 궁핍한, 어려움에 처한
- clothes 옷
- journey 여행
- thousand 1000, 천
- single 하나
- single step 한 걸음

20 정답 ②
해석 A : 번지점프가 이번이 처음이니?
B : 응. 나 정말 긴장 돼.
A : 번지점프는 완벽하게 안전해. 너 괜찮을 거야.
B : 그 말을 내가 듣긴 했는데, 하지만 내가 그것(번지점프)을 하고 싶은지 아닌지 여전히 확실하지가 않아(여전히 잘 모르겠어).
해설 번지점프가 처음이어서 긴장되고 불안한 심정이다.

어휘 • bungee jumping 번지점프
 • nervous 긴장된, 불안한
 • perfectly 완벽하게
 • safe 안전한
 • what ~한 것
 • if ~인지 아닌지, 만약 ~한다면

21 정답 ②

해석 A : 안녕하세요, 집에 놓을 식탁을 사러 왔어요.
 B : 이쪽으로 오세요. 어떤 종류를 원하세요?
 A : 둥근 것이 좋겠어요.
 B : 알겠습니다. 제가 2개의 다른 모델을 보여드리겠습니다.
해설 식탁을 구매하려는 장소로 가구점이 적절하다.
어휘 • look for 찾다
 • round 둥근
 • different 다른
 • model 모델

22 정답 ③

해석 A : 메리 생일이 오고 있어. 그녀에게 선물을 사주는 것이 어때?
 B : 좋은 생각이야. 휴대폰 케이스는 어때?
 A : 새것을 산 지 얼마 안 돼. 머그잔은 어때?
 B : 완벽해! 그녀는 커피를 좋아하거든.
 ① 이건 뭐야?
 ② 그거 어디서 났어?
 ③ 그녀에게 선물을 사주는 것이 어때?
 ④ 방과 후에 주로 뭘 하니?
해설 A가 메리의 생일을 이야기하고, 이어진 질문에 B가 좋은 생각이라며 선물이 될 만한 것을 제시하였으므로, 빈칸에는 메리를 위한 선물을 사자고 제안하는 내용이 적절하다.
어휘 • why don't we ~ 하는 게 어때?
 • phone case 휴대폰 케이스
 • mug 머그잔

23 정답 ③

해석 A : (생계로, 직업으로) 무엇을 하시나요?
 B : 저는 고등학생을 가르칩니다.
 ① 난 여름보다 겨울이 더 좋아요.
 ② 그것은 내가 원한 것이 아니었어요.
 ③ 저는 고등학생을 가르칩니다.
 ④ 그 해변으로 가는 데 1시간 걸립니다.
해설 무엇으로 생계를 꾸리는지, 즉 직업이 무엇인지를 물어보았으므로, 빈칸에는 직업의 내용이 될 수 있는 것이 들어와야 한다.
어휘 • do for a living 생계로 ~을 하다

24 정답 ②

해석 A : 난 장래에 어떤 직업을 갖고 싶은지 모르겠어.
 B : 다양한 분야에서 경험을 해보는 것이 어때?
 A : 음... 어떻게 할 수 있지?
 B : 직업 체험 프로그램에 참가해 보는 것은 어때? 확실히 그것이 도움이 될 거야.
해설 장래의 직업을 선택하기 위하여 직업 체험 프로그램에 참가해 보라는 제안은, 진로 선택을 위한 조언에 해당된다.
어휘 • career 경력, 직업
 • experience 경험, 경험하다
 • area 분야, 영역, 지역
 • participate in ~에 참가하다, 참여하다

25 정답 ④

해석 A : 준호야, 뭐 하고 있어?
 B : 이 수학 문제 풀려고 하는데, 나에게 너무 어려워.
 A : 함께 풀어보자.
 B : 좋은 생각이야. 머리 2개가 하나보단 낫겠지.
해설 머리 2개, 즉 두 명이 생각하는 게 한 명보다 더 낫다는 뜻으로 사용된 표현이다.
어휘 • solve 풀다
 • figure out 풀다, 해결하다

26 정답 ①

해석 A : 영어 말하기 대회 결과 나왔어?

　　B : 응, 방금 받았어.

　　A : 그래서, 어떻게 됐어?

　　B : 1등 했어. 오늘이 내 인생 가장 행복한 날이야.

해설 해석에서 알 수 있듯이 B는 행복한 심정을 표현하고 있다.

어휘 • result 결과

　　• speech 말하기, 연설

　　• first prize 1등

27 정답 ①

해석 A : 좋은 아침입니다. 어떻게 도와드릴까요?

　　B : 안녕하세요. 은행 계좌 하나 만들고 싶어요.

　　A : 좋아요. 이 양식을 작성해 주세요.

　　B : 고마워요. 지금 작성할게요.

해설 은행에서 계좌를 만들려고 하는 내용이다.

어휘 • bank account 은행 계좌

　　• fill out 작성하다

　　• form 서류, 양식

28 정답 ④

해석 A : 어떤 종류의 자원봉사 일을 할 예정이니?

　　B : 한국어를 외국인들에게 가르칠 예정이야.

　　A : 멋지다. 좋은 마음으로 지원해야 하는 것 명심해.

　　B : 명심할게.

　　① 생일이 언제니?

　　② 지난 주 금요일에 뭐했어?

　　③ 한국 음식에 대해 어떻게 생각해?

　　④ 어떤 종류의 자원봉사 일을 할 예정이니?

해설 be going to로 묻고 be going to로 답한 것으로 빈칸의 질문 내용은 ④가 가장 적절하다.

어휘 • foreigner 외국인

　　• volunteer 자원봉사의

　　• keep in mind 명심하다

29 정답 ③

해석 A : 올해 어느 동아리에 가입하기로 결정했니?

　　B : 댄스 동아리에 가입하기로 결정했어.

　　① 한국을 떠나 캐나다로 향했어.

　　② 어제 진찰받으러 갔어.

　　③ 댄스 동아리에 가입하기로 결정했어.

　　④ 어제 저녁으로 스파게티 먹었어.

해설 어느 동아리(club)에 들어갈지(join)에 대한 답변이므로, dance club에 대한 내용이 들어오는 것이 자연스럽다.

어휘 • decide 결심하다, 결정하다

　　• club 동아리, 클럽

　　• see a doctor 진찰받다

　　• spaghetti 스파게티

30 정답 ②

해석 A : 의사 선생님, 하루 종일 컴퓨터 작업을 해서 눈이 피곤해요. 눈을 돌보기 위해 무엇을 할 수 있나요?

　　B : 눈을 쉬게 하기 위해 꼭 충분한 수면을 취하세요.

　　A : 좋아요. 추천해 줄 다른 것은요?

　　B : 비타민 많은 과일과 야채를 드세요.

해설 눈 건강을 돌보는 방법에 관한 대화를 나누고 있다.

어휘 • look after 돌보다

　　• make sure 꼭 ~하다

　　• rest 쉬게 하다

　　• recommend 추천하다

　　• vegetable 야채

31 정답 ④

해석 A : 나 다음 주에 독일 가. 조언이라도?

　　B : 감자를 포크로 잘라야 해 기억해, 칼로 하지 말고.

　　A : 왜?

　　B : 그게 독일 식사 풍습이야. 로마에선 로마법을 따라야지.

해설 밑줄 친 부분은 다른 나라에서는 그 나라 풍습을 따르라는 의미다.

　　• Germany 독일

　　• advice 조언, 충고

- remember 기억하다
- potato 감자
- fork 포크
- knife 칼
- German 독일의
- dining custom 식사 풍습
- Rome 로마
- Roman 로마의, 로마인

32 정답 ③

해석 A : 새 직장 마음에 들어?
　　 B : 일이 많아, 하지만 너무 좋아.
　　 A : 정말? 잘됐다.
　　 B : 고마워. 난 만족해.
해설 B는 새 직장에 만족하고 있다.
- be satisfied with ~에 만족하다

33 정답 ①

해석 A : 이 자켓 환불하고 싶어요.
　　 B : 문제가 뭔지 물어봐도 되나요?
　　 A : 나에게 너무 커요.
　　 B : 좀 더 작은 사이즈로 교환해드릴까요?
　　 A : 아니요, 고맙지만 괜찮습니다.
해설 옷 가게에서 옷을 환불하고 있는 내용이다.
- refund 환불
- jacket 상의, 자켓
- problem 문제
- exchange 교환하다

34 정답 ③

해석 A : 부탁 좀 들어줄래?
　　 B : 물론이죠, 엄마. 뭔데요?
　　 A : 슈퍼마켓 가서 계란 좀 사올래?
　　 B : 네. 집에 오는 길에 들를게요.
① 넌 왜 그렇게 화가 났니?
② 방법 좀 가르쳐 줄래?
③ 부탁 좀 들어줄래?
④ 버스정거장이 얼마나 머나요?

해설 A는 필요한 물품을 부탁하려 한다.
- pick up 사가지고 오다, 집어 들다, 태워주다

35 정답 ②

해석 A : 넌 얼마나 스케이트를 탔니?
　　 B : 10살 이후로 죽 탔어.
① 난 지난달에 스키 타러 갔어.
② 난 10살 이후로 죽 스케이트를 타왔어.
③ 난 이번 겨울에 스케이트 타는 법을 배울 거야.
④ 난 부모님과 스케이트를 타러 가고 싶어.
해설 스케이트를 얼마나 오래 탔는지를 묻고 있다.
- how long 얼마나 오랫동안
- skate 스케이트를 타다
- learn 배우다

36 정답 ②

해석 A : 전기를 절약하기 위해 우리는 무엇을 할 수 있을까?
　　 B : 우리가 방을 나갈 때 불을 끌 수 있지.
　　 A : 알겠어. 다른 것은?
　　 B : 엘리베이터 대신 계단을 사용하는 것도 또한 좋은
　　　　 생각이야.
해설 전기 절약 방법에 관한 대화이다.
- save 절약하다
- electricity 전기
- switch off 스위치를 끄다
- light 전등
- leave 떠나다
- stair 계단
- instead of ~ 대신에
- elevator 엘리베이터

04 독해

<table>
<tr><td>대표 기출문제</td><td colspan="4" style="text-align:right">문제 p. 97</td></tr>
<tr><td>01 ①</td><td>02 ①</td><td>03 ②</td><td>04 ①</td><td>05 ③</td></tr>
<tr><td>06 ③</td><td>07 ④</td><td>08 ④</td><td>09 ③</td><td>10 ④</td></tr>
<tr><td>11 ④</td><td>12 ④</td><td>13 ③</td><td>14 ①</td><td>15 ③</td></tr>
<tr><td>16 ①</td><td>17 ②</td><td>18 ①</td><td>19 ①</td><td>20 ①</td></tr>
<tr><td>21 ③</td><td>22 ④</td><td>23 ③</td><td>24 ④</td><td>25 ③</td></tr>
<tr><td>26 ③</td><td>27 ④</td><td>28 ④</td><td>29 ②</td><td>30 ④</td></tr>
<tr><td>31 ②</td><td>32 ①</td><td>33 ④</td><td>34 ①</td><td>35 ①</td></tr>
<tr><td>36 ③</td><td>37 ③</td><td>38 ②</td><td>39 ②</td><td>40 ④</td></tr>
<tr><td>41 ③</td><td>42 ②</td><td>43 ②</td><td>44 ③</td><td>45 ④</td></tr>
<tr><td>46 ④</td><td>47 ②</td><td>48 ②</td><td>49 ②</td><td>50 ④</td></tr>
<tr><td>51 ④</td><td>52 ④</td><td>53 ②</td><td>54 ④</td><td>55 ④</td></tr>
<tr><td>56 ③</td><td>57 ②</td><td>58 ④</td><td>59 ④</td><td>60 ③</td></tr>
<tr><td>61 ①</td><td>62 ④</td><td>63 ②</td><td>64 ③</td><td>65 ②</td></tr>
<tr><td>66 ④</td><td>67 ③</td><td>68 ②</td><td>69 ②</td><td>70 ④</td></tr>
<tr><td>71 ④</td><td>72 ②</td><td>73 ①</td><td>74 ④</td><td>75 ①</td></tr>
<tr><td>76 ④</td><td>77 ④</td><td>78 ①</td><td>79 ②</td><td>80 ③</td></tr>
<tr><td>81 ②</td><td>82 ③</td><td>83 ③</td><td>84 ③</td><td>85 ②</td></tr>
<tr><td>86 ④</td><td></td><td></td><td></td><td></td></tr>
</table>

01 정답 ①

해석 연구에 따르면 꽃은 우리의 기분에 긍정적인 영향을 미친다고 합니다. 참가자들은 꽃을 받은 후 우울감과 불안감이 덜하다고 보고했습니다. 또한, 그들은 더 높은 즐거움과 전반적인 만족감을 보여주었습니다.

해설 꽃이 기분에 긍정적인 영향을 미친다는 연구의 결과가 있으므로 참가자들이 <u>우울감과 불안감이 덜해지는 것</u>(기분이 긍정적인 영향)은 꽃을 받고 나서이다.

어휘 • study 연구
  • show 보여주다
  • positive 긍정적인
  • effect 효과
  • mood 기분
  • participant 참가자
  • report 보고하다

• depressed 우울한
• anxious 불안한
• receive 받다
• In addition 게다가
• sense 감각
• overall 전반적인
• satisfaction 만족감

02 정답 ①

해석 요즘 난 그리스 로마 신화라는 책을 읽고 있다. 그 책은 너무 재미있고 상상력을 자극한다. 게다가 <u>그 책은</u> 나에게 서양 예술에 관한 더 많은 이해력을 주는데 왜냐하면 신화는 서양 문화의 근원이기 때문이다.
② 연필, ③ 언어, ④ 암호

어휘 • myth 신화
  • encourage imagination 상상력을 자극하다
  • western art 서양 예술
  • source 근원, 원천
  • culture 문화

03 정답 ②

해석 웃는 것은 스트레스를 줄이고 혈압을 낮추며 우리의 신체 건강에 기여한다. 웃는 것은 또한 좋은 운동이 주는 같은 방식으로 기분을 좋게 하는 호르몬의 양을 증가시킨다. 그리고 무엇보다, 웃음은 다른 사람들과 우리가 어떻게 관계를 갖는지에 영향을 준다.

어휘 • reduce 줄이다
  • stress 스트레스
  • lower 낮추다
  • blood pressure 혈압
  • contribute to ~에 기여하다
  • physical well-being 신체 건강
  • increase 증가시키다
  • amount 양
  • hormone 호르몬
  • exercise 운동
  • most of all 무엇보다
  • influence 영향(을 미치다)

• relate to ~와 (사회적) 관계를 갖다

04 정답 ①

해석 기부는 보통 친절하고 마음 따뜻한 목적으로 이루어
진다. 그것은(기부는) 다양한 형태를 가질 수 있다. 예
를 들어, 기부는 자연 재해로 고생하는 사람들에게 주
어지는 돈, 음식, 또는 의료가 될 수도 있다.
① 기부, ② 자연, ③ 사람들, ④ 고생

해설 it은 기부를 가리킨다.

어휘 • donation 기부, 기증품
   • good-hearted 마음 따뜻한
   • purpose 목적
   • different forms 다양한 형태
   • medical care 의료, 치료
   • suffer from ~를 겪다, 고생하다
   • natural disaster 자연 재난, 재해

05 정답 ③

해석 어느 날, 마이클은 지역 신문사에 기자 광고를 봤다.
그 일은 그가 늘 꿈꾸던 직업이었다. 그래서 그는 지
원하기로 결심을 했다.

해설 지문 속 It은 마이클이 꿈꾸던 직업인 기자에 해당
한다.

어휘 • advertisement 광고
   • reporter 기자
   • local 지역의
   • dream of ~에 관해 꿈을 꾸다
   • make up one's mind 결심하다
   • apply for 신청하다, 지원하다

06 정답 ③

해석 어느 날 수학 시간에, 매리는 문제를 풀겠다고 지원했
다. 그녀가 교실 앞으로 갔을 때, 그 문제가 어렵다는
것을 깨달았다. 그러나 그녀는 차분함을 유지하며 칠
판에 답을 쓰기 시작했다.

해설 it은 내용상 a problem인 것을 알 수 있다.
   • one day 어느 날
   • math 수학

• volunteer to 자진하여 ~하다, 지원하다
• solve 풀다, 해결하다
• get to ~로 가다
• realize 깨닫다
• difficult 어려운
• remain calm 차분함을 유지하다
• begin – began 시작하다
• write 쓰다
• answer 답
• blackboard 칠판

07 정답 ④

해석 모든 동식물은 살기 위해 물에 의존한다. 우리 몸은 대
략 60~70%가 물이다. 우리는 음식 없이 몇 주를 살
수 있다. 그러나 물 없이는, 며칠이면 죽을 것이다. 물
은(= It) 우리 삶에 매우 중요하다.

해설 물의 중요성에 대한 글이다.

어휘 • plant 식물
   • depend on ~에 의존하다
   • important 중요한
   • life - lives 삶, 생활

08 정답 ④

해석 외국에 가면 사람, 언어, 관습이 자신과 다른 곳에 있
는 자신을 발견할 수 있습니다. 문화적 차이에 대해
배우는 것은 유용한 경험이 될 수 있습니다. 그것은
당신이 현지인들을 더 잘 이해하도록 도울 수 있습니
다. 그것은 또한 당신 자신과 당신 자신의 문화를 더
이해하도록 도울 수 있습니다.

해설 외국에 나가서 겪는 문화적 차이를 배우는 것이 현지
인을 이해하고 더 나아가 자신의 문화까지 이해할 수
있는 유용한 경험이 된다고 말하고 있으므로 글의 주
제는 ④ 문화적 차이를 배우는 것의 유용성이다.

어휘 • abroad 해외에, 해외로
   • custom 관습
   • different from ~와 다른
   • own 자신의
   • difference 차이점

- cultural 문화적인
- useful 유용한
- local 현지의

09 정답 ③

해석 당신은 외로운 감정으로 고생을 하고 있나요? 그런 경우에는, 당신의 감정을 부모님, 선생님 또는 상담선생님과 공유하는 것이 도움이 될 수도 있습니다. 또한 당신이 부정적인 감정을 극복하기 위해 적극적인 조치를 취하는 것이 중요합니다.

어휘 • suffer from ~로 고생하다
- loneliness 외로움
- share 공유하다
- counselor 상담 선생님
- take actions 조치를 취하다
- positive 긍정적인, 적극적인
- overcome 극복하다
- negative 부정적인, 소극적인

10 정답 ④

해석 최근 연구는 성공한 사람들이 아침에 어떻게 시간을 보내는지를 보여 준다. 그들은 일찍 일어나 조용한 시간을 즐긴다. 그들은 규칙적으로 운동을 한다. 게다가, 그들은 그날 해야 할 것들의 목록을 작성한다. 작은 습관들이 성공을 위한 큰 차이를 만들 수 있다.

어휘 • recent 최근의
- research 연구, 조사
- successful 성공한
- spend 보내다, 쓰다
- exercise 운동하다
- regularly 규칙적으로
- habit 습관
- difference 차이

11 정답 ④

해석 제스처는 다른 나라에서 다른 의미를 가질 수 있다. 예를 들어, OK 사인은 많은 나라에서 "좋아" 또는 "괜찮아"를 의미한다. 하지만, 같은 제스처가 프랑스에서

는 "숫자 영(또는 쓸모없는 것)"을 의미한다. 프랑스 사람들은 그들이 아무것도 없다고 말하고 싶을 때 그것을 사용한다.

해설 OK 사인의 경우 다른 나라들과 프랑스에서 의미하는 것이 서로 다르다는 것을 예시하고 있으므로, 국가별 제스처의 의미 차이가 이 글의 주제이다.

어휘 • gesture 제스처
- meaning 의미
- sign 기호, 사인, 표시

12 정답 ④

해석 비상사태 발생 시 취해야 하는 적절한 조치에 대해 말하겠습니다. 첫째, 화재가 난 경우, 승강기 대신 계단을 이용하세요. 둘째, 지진이 난 경우, 낙하물이 있을 수 있으니 높은 건물은 피하고 개방된 곳으로 가세요.

해설 화재나 지진 등 비상사태 발생 시 대처 방안에 대하여 설명하고 있다.

어휘 • appropriate 적절한
- take actions 조치를 취하다
- stair 계단
- instead of ~ 대신에
- elevator 승강기
- in case of ~하는 경우에
- earthquake 지진

13 정답 ③

해석 증가하고 있는 음식물 쓰레기는 심각한 환경 문제가 되고 있다. 여기에 음식물 쓰레기를 줄이는 몇 가지 방법이 있다. 첫째, 쇼핑하기 전에 필요한 음식 목록을 만들어라. 둘째, 식사를 위해 너무 많은 음식을 준비하지 않도록 해라. 셋째, 나중에 사용할 수 있도록 음식을 절약해라.

해설 음식물 쓰레기를 줄이는 방법 3가지에 관한 글이다.
- increasing 증가하는
- amount 양
- food trash 음식물 쓰레기
- serious 심각한
- environmental problem 환경 문제

- way 방법
- decrease 줄이다
- make sure 반드시 ~하다
- prepare 준비하다
- meal 식사
- save 절약하다
- for later use 나중에 사용하기 위해서

14 정답 ①

해석 걷기는 더 격렬한 운동보다 건강에 이로울 수 있다. 걷기의 신체적 이점은 체지방을 줄일 수 있다. 또한 스트레스를 줄이는 데 도움을 줄 수 있기 때문에 정신 건강의 이점이 있다. 그러니 일어서서 걸으세요!

해설 걷기의 장점에 관한 글이다.

어휘 • beneficial 이로운
- health 건강
- intense 격렬한
- physical 물리적인, 신체적인
- benefit 이점, 혜택
- reduce 줄이다
- body fat 체지방
- mental 정신적인

15 정답 ③

해석 저는 제 자신에 대한 자신감이 없는 것이 걱정돼요. 친구들은 항상 자신들이 무엇을 하고 있는지 알고 있는 것처럼 보이지만, 저는 제가 옳은 일을 하고 있는지 확신이 서지 않아요. 저는 자신감을 키우고 싶어요. 제 문제에 대한 해결책을 좀 알려주실 수 있는지 궁금합니다. 저는 당신이 도와줄 수 있기를 바랍니다.

해설 문제에 대한 해결책을 좀 알려주실 수 있는지 궁금하다는 말로 보아 ③ 조언을 구하고 있다는 것을 알 수 있다.

어휘 • confidence 자신감
- seem to ~인 것 같다
- wonder 궁금하다
- whether ~인지 아닌지
- solution 해결책

16 정답 ①

해석 난 내 예약 확인을 위해 이 이메일을 씁니다. 이틀 밤을 당신 호텔에 패밀리룸을 예약을 했어요. 우리는 어른 두 명과 아이 한 명입니다. 12월 22일 오후에 도착이고요. 답장 기다리고 있겠습니다.

해설 호텔 예약 확인을 위한 글이다.

어휘 • confirm 확인하다
- reservation 예약
- book 예약하다
- adult 어른
- look forward to ~을 기대하다
- reply 답장

17 정답 ②

해석 많은 사람들이 조언해 줄 누군가를 찾는 것을 힘들어한다. 여러분은 약간의 개인적인 문제가 있을 수도 있고 그것에 관해 부모님 또는 친구들에게 말하고 싶지 않을 수도 있다. 우리 온라인 협력 단체와 함께 하는 것은 어떤가? 우리는 여러분을 돕기 위해 이곳에 있다.

해설 협력 단체 가입을 권하는 목적으로 쓴 글이다.

어휘 • have difficulty ~ing ~하는 데 어려움을 겪다
- advice 조언, 충고
- personal 개인적인
- online support group 온라인 협력 단체

18 정답 ①

해석 우리는 여러분들에게 쓰레기를 공원 쓰레기통에 넣어 달라고 부탁하고 싶습니다. 우리는 몇몇 방문객들의 부주의한 행동 때문에 공원을 깨끗하게 유지하기가 힘듭니다. 우리는 여러분들의 협력이 필요합니다. 고맙습니다.

해설 도움을 요청하는 목적으로 쓴 글이다.

어휘 • trash 쓰레기
- trash can 쓰레기통
- have difficulty ~ing ~하는 데 어려움을 겪다
- careless 부주의한
- behavior 행동

- visitor 방문객
- cooperation 협동, 협력

19 정답 ①

해석 이곳 관리사무실에서 공지할 것이 있습니다. 어제 통지된 것과 같이, 오후 1시에서 2시까지 단전이 될 것입니다. 불편을 드려 죄송합니다. 이해해주셔서 고맙습니다.

해설 단전을 공지하려고 쓴 글이다.

어휘 • announcement 공고, 알림
- management office 관리사무실
- inform 알리다, 통지하다
- electricity 전기
- inconvenience 불편

20 정답 ①

해석 저를 위해 추천서를 써주신 것에 대해 감사를 표현하고 싶어요. 선생님 덕분에, 저는 지금 꿈의 대학교에서 공부할 기회를 가지게 되었어요. 저는 선생님의 도움과 친절을 결코 잊지 못할 겁니다.

해설 추천서를 써 주신 선생님이나 어떤 분에게 감사하려고 쓴 글이다.

- want to ~하고 싶다
- express 표현하다
- thanks 감사
- recommendation letter 추천서
- thanks to ~덕분에
- chance 기회
- university 대학교
- forget 잊다
- kindness 친절

21 정답 ③

해석 지난 며칠 전에 내가 했던 짓 때문에 당신에게 사과하려고 이 이메일을 씁니다. 난 당신과 제시카가 고의로 나를 무시한다고 생각했고, 그래서 난 당신에게 불친절하게 대했습니다. 이제 내가 당신을 오해했다는 것을 알게 되었습니다. 난 정말 미안하다고 말하고 싶어요.

해설 사과가 목적인 글이다.

어휘 • ignore 무시하다
- on purpose 고의로
- treat 대하다
- unkindly 불친절하게
- misunderstand 오해하다

22 정답 ④

해석 쌀은 세계의 주요 농작물 중 하나입니다. 쌀이 도입되고 재배된 이후로, 대부분의 아시아인들의 주식이 되었습니다. 사실, 아시아 국가들이 전 세계적으로 쌀을 가장 많이 생산하고 소비합니다. 요즘, 아프리카 국가들도 쌀 소비가 늘어오고 있습니다.

해설 아프리카 국가에서 소비가 감소하지 않고 증가 (increase)하고 있다.

① 세계의 주요 작물 중 하나이다.
   Rice is one of the major crops in the world.
② 대부분의 아시아 사람들의 주식이다.
   Rice has been the main food for most Asians.
③ 아시아 국가에서 가장 많이 생산한다.
   Asian countries produce the most rice worldwide.

어휘 • crops 농작물
- cultivation 경작, 재배
- consume 소비하다, 먹다, 마시다
- consumption 소비, 소모

23 정답 ③

해석 산타 재미 달리기는 12월마다 열린다. 참가자들은 산타 복장을 하고 5km를 달린다. 그들은 아픈 아이들을 위한 모금을 위해 달린다. 당신은 모든 연령대의 산타가 걷고 달리는 것을 볼 수 있다.

해설 멸종 위기 동물이 아닌 아픈 아이들을 위한 모금 행사이다.

어휘 • be held 열리다
- participant 참가자
- costume 복장
- raise money 돈을 모금하다
- age 나이

24 정답 ④

해석 지구의 시간 캠페인에 동참하는 것은 어떤가? 그 캠페인은 2007년 호주 시드니에서 시작되었다. 요즘은 전 세계 7,000개 이상의 도시들이 참여하고 있다. 지구의 시간 캠페인은 3월 마지막 주 토요일에 열린다. 그날에 사람들은 저녁 8시 30분에서 9시 30분까지 전등을 끈다.

해설 하루 종일이 아닌 저녁에 1시간 전등을 끈다.

어휘 • Earth Hour 어스아워, 지구촌 불끄기 캠페인
• participate 참가하다
• take place 개최되다, 열리다
• turn off 끄다
• light 전등

25 정답 ③

해석 우리는 학교 신문 기자를 모집하고 있습니다. 만약 관심이 있으시면, 학교 생활에 관한 기사 세 편을 제출해주세요. 각각의 기사는 500자 이상이어야 합니다. 학생 기자들이 당신의 기사를 평가할 것입니다. 마감일은 9월 5일입니다.

해설 담당 교사가 아닌 학생 기자들이 평가한다.

어휘 • reporter 기자
• submit 제출하다
• article 기사
• word 단어
• evaluate 평가하다
• deadline 마감일

26 정답 ③

해석 2022년 과학 발표대회가 5월 20일에 개최됩니다. 주제는 지구 온난화입니다. 참가자들은 개인으로만 참가가 가능합니다. 발표는 10분보다 더 길면 안 됩니다. 더 많은 정보가 필요하시면, 교무실에서 Mr. Lee 선생님을 만나보세요.

해설 그룹이 아닌 개인 참가만 가능하다.

어휘 • presentation 발표, 프레젠테이션
• be held 개최되다
• topic 주제

• global warming 지구 온난화
• participate in ~에 참가하다
• individual 개인

27 정답 ④

해석 1987년에 시작된 국제 망고 축제는 망고에 관한 모든 것을 경축한다. 그 축제는 매년 여름마다 인도에서 열린다. 망고 먹기 대회와 퀴즈쇼와 같은 많은 행사가 있다. 그 축제는 550 종류 이상의 망고를 무료로 맛볼 수 있는 기회를 제공한다.

해설 • International 국제적인
• festival 축제
• start 시작하다
• celebrate 경축하다, 기리다
• mango 망고
• be held 열리다
• event 이벤트, 행사
• such as ~와 같은
• competition 대회, 시합
• quiz show 퀴즈쇼
• provide 제공하다
• opportunity 기회
• taste 맛보다
• kind 종류
• for free 공짜로

28 정답 ④

해석 라스코 동굴은 프랑스 남서부에 위치하고 있다. 그곳에 고대의 커다란 동물 그림이 있다. 1940년까지는 그 동굴에 대해 아무도 알지 못했다. 4명의 십대들이 우연히 개를 쫓다가 발견하게 되었다. 1963년, 그림을 보존하기 위해, 동굴은 대중에게 폐쇄되었다.

해설 1963년에 대중에게 폐쇄되었다.

어휘 • be located in ~에 위치하다
• contain 담고 있다, 포함하다
• accidentally 우연히
• discover 발견하다
• in order to ~하기 위해서

- preserve 보존하다
- the public 대중

29 정답 ②

해석 프랑스에서 저녁을 먹는 것은 가족, 친구들과 함께 즐기기 위한 것이기 때문에 오래 지속된다. 프랑스 사람들은 이 과정을 <u>서두르지</u> 않는다. 저녁을 빨리 끝내려고 하는 것은 예의가 없다는 뜻으로 해석될 수 있다.

해설 프랑스에서는 저녁을 <u>오래 지속해서</u>(last a long time) 먹는다고 했으므로 이 과정을 <u>서두르지</u> (rush) 않는 것이 내용의 흐름에 알맞다.

어휘 • last [동] 계속되다, 오래가다
- be meant to ~하기로 되어있다
- process 과정
- interpret 해석하다, 이해하다
- sign 의미, 징후
- impolite 무례한, 예의 없는
- enjoy 즐기다
- serve (음식을) 제공하다
- warn 경고하다

30 정답 ④

해석 인생에서, 여러분이 한 어떤 선택에 대해서도 <u>책임을</u> 지는 것이 중요합니다. 만약 여러분의 선택의 결과가 여러분이 원했던 것이 아니라면, 그것 때문에 다른 사람들을 비난하지 마세요. 여러분의 선택을 책임지는 것은 여러분이 그 결과로부터 배우는 데 도움이 될 것입니다.

해설 당신이 했던 선택의 결과로 다른 사람을 비난하지 말아야 하며, 그 결과를 통해 당신은 배울 수 있다는 내용이다. 이를 통해 선택에 '책임'을 지는 것이 중요하다는 것을 말하고 있음을 알 수 있다.

어휘 • important 중요한
- result 결과
- blame 비난하다
- in charge of ~을 맡고 있는, ~책임을 지는
- learn 배우다
- conflict 갈등

- desire 욕구, 갈망
- help 도움

31 정답 ②

해석 대부분의 사람들은, 자는 가장 좋은 <u>자세</u>는 등으로 자는 것이다. 만약 당신이 등으로 누워 자면, 당신은 목과 등(허리) 통증이 더 적어질 것이다. 그것은 당신이 잘 때 목과 척추가 일직선이 되기 때문이다.
① 글자, 편지, ② 자세, ③ 감정, ④ 인구

어휘 • back 등, 허리
- pain 고통
- spine 척추
- straight 일직선의

32 정답 ①

해석 여기에 당신의 문제를 <u>해결하는</u> 몇 가지 단계가 있다. 첫째, 모든 필요한 정보를 모아서 다양한 해결책을 찾을 필요가 있다. 둘째, 가능한 가장 좋은 해결책을 찾아 실행에 옮겨라. 마지막으로, 결과를 평가해라. 이 단계들이 당신에게 도움이 될 것이라 난 확신한다.
① 풀다, 해결하다, ② 춤을 추다, ③ 기부하다,
④ 약속하다

어휘 • several 몇몇의
- step 단계
- various 다양한
- solution 해결책
- gather 모으다
- information 정보
- choose 고르다
- put into action 실행하다
- evaluate 평가하다
- result 결과

33 정답 ④

해석 자신을 발전시키는 사람들은 그들이 무엇을 잘못했는지 이해하려고 노력하고, 그래서 그들은 다음에 더 잘할 수 있다. 실수에서 배우는 그 과정은 그들을 더 똑

똑하게 만든다. 그들에게, 모든 실수는 더 나은 곳으로 향하는 단계이다.

어휘 • improve 발전시키다, 향상시키다
 • process 과정
 • step 계단, 단계

34 정답 ①

해석 난 애완동물로 앵무새를 키우고 싶다. 네게 그 이유를 말해줄게. 첫째, 앵무새는 내 말을 따라 한다(반복한다). 내가 앵무새에게 "안녕"이라고 말하면, 그 녀석은 나에게 "안녕"이라 말할 것이다. 다음은, 멋지고 화려한 깃털을 가지고 있어서 그것을 보는 것이 나를 행복하게 만들 것이다. 마지막으로, 앵무새는 집에서 키우는 대부분의 다른 동물들보다 더 오래 산다.

어휘 • parrot 앵무새
 • repeat 반복하다
 • gorgeous 멋진
 • feather 깃털
 • keep 키우다

35 정답 ①

해석 많은 발전소들이 석탄 또는 (천연)가스 같은 화석 연료를 태워서 에너지를 생산한다. 이것은 공기 오염을 유발하고 환경에 영향을 미친다. 그러므로, 에너지 효율적인 제품을 선택해서 에너지를 더 적게 사용하려고 노력해라. 그것이 지구를 살리는 데 도움이 될 수 있다.
 ① 환경, ② 물질, 재료, ③ 제품, ④ 무게
해설 화석 연료의 사용은 공기 및 환경에 영향을 미친다.
어휘 • power plant 발전소
 • produce 생산하다
 • burn 태우다
 • fossil fuel 화석 연료
 • coal 석탄
 • cause 유발하다
 • pollution 오염
 • influence 영향을 미치다
 • choose 선택하다

 • efficient 효율적인
 • product 제품

36 정답 ③

해석 인터넷은 우리 삶을 더 편리하게 만든다. 우리는 인터넷에서 쇼핑을 하고 계산을 한다. 하지만, 온라인에서는 개인 정보가 쉽게 도난당할 수 있다. 당신의 (개인) 정보를 보호하는 방법이 있다. 첫째, 풀기 힘든 암호를 설정하라. 둘째, 모르는 링크는 클릭하지 마라.
 ① 취소하다, ② 파괴하다, ③ 보호하다, ④ 환불하다
해설 풀기 힘든 암호 설정, 모르는 링크 클릭하지 않기 등의 행동은 정보를 보호하기 위한 방법이다.
어휘 • Internet 인터넷
 • convenient 편리한
 • pay bills (계산서를) 지불하다
 • personal information 개인 정보
 • steal 훔치다
 • be stolen 도난당하다
 • password 암호, 패스워드
 • click 클릭하다
 • unknown link 모르는 링크

37 정답 ③

해석 요즘, 많은 사람들이 식당에 예약을 하고 나타나지 않는다. 여기에 식당에 나타나지 않는 고객들을 줄이기 위한 팁이 있다. 첫째, 예치금을 요구하라. 만약 고객들이 나타나지 않으면, 그들은 그 돈을 잃는 것이다. 둘째, 예약을 확인하기 위해 전날에 고객들에게 전화를 해라.
 ① 요리하다, ② 잊다, ③ 확인하다, ④ 상상하다
해설 예약을 확인한다는 의미이므로 confirm이 적절하다.
어휘 • make reservations 예약하다
 • show up 나타나다
 • tip 팁
 • reduce 줄이다
 • customer 고객
 • deposit 예치금

38 정답 ②

해석 일기 예보관들은 비의 양, 바람의 속도, 그리고 폭풍의 방향을 <u>예측한다</u>. 그렇게 하기 위해서, 그들은 날씨 상태를 관찰하고 날씨 패턴에 관한 지식을 이용한다. 현재의 증거와 과거의 경험을 바탕으로, 그들은 날씨가 어떻게 될 것인지 결정하게 된다.
① 무시하다, ② 예측하다, ③ 위반하다, ④ 협상하다

해설 날씨를 예측한다는 내용으로 predict가 적절하다.

어휘 • weather forecaster 일기 예보관
• amount 양
• path 길, 방향
• observe 관찰하다
• knowledge 지식
• pattern 패턴
• based on ~에 근거하여
• current 현재의
• evidence 증거
• experience 경험

39 정답 ②

해석 나의 고등학교 학생들은 다양한 배경을 가지고 있다. 그들은 러시아, 태국, 칠레 같은 다양한 나라에서 왔다. 나의 국제적인 반 친구들과 함께 하는 다문화 환경 속에 있다는 것이 너무 행복하다.
① 가까운, ② 다양한, ③ 부정적인, ④ 하나의

해설 다양한 나라에서 온 학생들은 다양한 배경을 가지고 있다.
• background 배경
• different 다른, 다양한
• such as ~와 같은
• quite 꽤, 상당히
• multicultural 다문화의
• environment 환경
• international 국제적인
• classmate 반친구

40 정답 ④

해석 테이트 모던은 런던에 위치한 미술관(박물관)이다. 그곳은 예전에 발전소였다. 발전소가 1981년에 문을 닫고, 영국 정부는 그곳을 부수는 대신 미술관(박물관)으로 바꾸기로 결정했다. 지금 이 미술관은 현대 영국 미술품의 국립 소장품을 가지고 있다.
① 균형을 맞추다, ② 금지하다, ③ 막다,
④ 바꾸다, 변형시키다

해설 발전소가 미술관으로 바뀌었다.
• located in ~에 위치한
• used to (예전에) ~였었다 (지금은 아니지만)
• power station 발전소
• close down 문을 닫다
• government 정부
• transform Ⓐ into Ⓑ A를 B로 바꾸다, 변형시키다
• instead of ~ 대신에
• destroy 부수다, 파괴하다
• hold 가지고 있다, 보관하다

41 정답 ③

해석 온라인 수업을 듣는 것은 좋을 수도 있고 나쁠 수도 있습니다. (①) 만약 여러분이 온라인 수업을 듣는다면, 여러분은 대면 의사소통의 부족에 대해 걱정할 수 있습니다. (②) 온라인 수업을 듣는 것은 여러분의 선생님들, 반 친구들과 강한 관계를 만드는 것을 어렵게 만듭니다. (③ 반면에, 그것에는 큰 장점이 있습니다.) 여러분은 언제, 어디서든 자유롭게 온라인 수업을 들을 수 있습니다. (④) 컴퓨터를 켜기만 하면, 여러분은 공부를 시작할 수 있습니다.

해설 제시된 문장은 상반되는 내용을 연결하는 역접 연결사 On the other hand(반면에)로 문장이 시작되며 '장점'(advantage)이 언급되어 있다. 그러므로 온라인 수업의 단점(대면 소통 부족, 관계 만들기의 어려움)을 말하는 문장들이 끝나는 부분인 (③)에 들어가는 것이 올바르다.

어휘 • advantage 장점
• lack 부족
• face-to-face 대면
• communication 소통
• course 강좌
• relationship 관계

- be free to 자유롭게 ~하다
- turn on 켜다

42 정답 ②

해석 우리가 처음 누군가를 만날 때, 대화를 어떻게 시작하는가? 처음에는 보통 우리가 서로에게 우리 삶의 이야기를 하지는 않는다. (대신에, 우리는 날씨와 교통 같은 덜 심각한 것들에 관한 가벼운 대화를 가지고 시작한다.) 이런 가벼운 대화는 스몰토크라고 불린다. 스몰토크는 편안하게 느끼며 서로를 더 잘 알 수 있게 도와준다. 서먹한 분위기를 없애는 좋은 방법이다.

어휘 • instead 대신에
- casual 가벼운, 격식을 차리지 않는
- conversation 대화
- serious 심각한, 진지한
- traffic 교통
- be referred to as ~라고 불리다
- small talk 가벼운 대화, 스몰토크
- comfortable 편안한
- get to ~하게 되다
- break the ice 서먹한 분위기를 없애다

43 정답 ②

해석 플라스틱은 매우 유용한 물질이다. 그 유용성은 플라스틱이 싸고, 가볍고, 그리고 강하다는 사실에서 나온다. (하지만, 그 유용성에도 불구하고, 플라스틱은 환경을 심하게 오염시킨다.) 예를 들어, 플라스틱은 쓰레기 매립지에 수백 또는 심지어 수천 년 동안 남아서, 토양을 오염시킨다. 이 문제의 가장 좋은 해결책은 플라스틱의 친환경적인 대안을 만드는 것이다.

어휘 • despite ~에도 불구하고
- usefulness 유용성
- plastic 플라스틱
- pollute 오염시키다
- environment 환경
- severely 심하게
- useful 유용한
- material 물질

- fact 사실
- lightweight 가벼운
- remain 남아 있다
- landfill 쓰레기 매립지
- result in ~라는 결과를 낳다
- soil pollution 토양 오염
- solution 해결책
- create 만들다
- eco-friendly 친환경적인
- alternative 대안

44 정답 ③

해석 수천 년 전에는, 사람들이 새로운 장소를 갈 때 지도를 만들었다. 그들은 땅에 또는 동굴 벽에 지도를 그렸고, 그것은 종종 부정확한 정보를 가지고 있었다. (하지만 요즘은 지도를 사진으로 만들기 때문에 더 정확하다.) 이 사진들은 비행기 또는 인공위성에서 찍힌다.

해설 제시된 문장은 지도가 예전보다 더 정확하다는 내용으로, 지도의 정보가 부정확했다는 내용 바로 뒤인 ③에 들어가는 것이 가장 적절하다.

어휘 • accurate 정확한
- photograph 사진
- place 장소
- draw - drew 그리다
- wall 벽
- cave 동굴
- incorrect 부정확한
- information 정보
- be taken 찍히다
- satellite 인공위성

45 정답 ④

해석 비누로 손을 씻는 것은 질병 확산을 막는 데 도움이 된다. 사실, 서아프리카와 중앙아프리카에서만, 비누로 손을 씻는 것으로 매년 50만 명의 목숨을 구할 수 있다. 하지만, 문제는 이 지역에서 비누가 비싸다는 것이다. (④ 이 문제를 극복하기 위해, 비누는 자원봉사자들에 의해 만들어져서 필요한 나라에 기부될 수 있

<u>다</u>.) 이런 식으로, 우리는 더 많은 목숨을 구하는 데 도움을 줄 수 있다.

해설 주어진 문장은 문제(problem)를 극복하기 위한 방법이므로, 비누가 비싸다는 문제가 제시된 문장 뒤인 ④에 들어가는 것이 적절하다.

어휘 • overcome 극복하다
• volunteer 자원봉사의
• donate 기부하다
• prevent 막다, 예방하다
• spread 퍼짐, 확산
• disease 질병
• in fact 사실은
• life – lives 목숨

46 정답 ④

해석 아이스크림을 좋아하는가? 대부분 사람처럼, 난 아이스크림을 굉장히 좋아한다. 신문 기사에 따르면, 당신이 가장 좋아하는 아이스크림 맛이 당신이 어떤 사람인지를 보여줄 수 있다고 한다. 예를 들어, 가장 좋아하는 맛이 초콜릿이면, 그것은 당신이 매우 창의적이고 열정적인 사람이란 것을 의미한다. (가장 좋아하는 것이 딸기 맛이면 어떨까?) 그것은 당신이 논리적이고 생각이 깊다는 의미이다.

해설 좋아하는 맛에 따라 사람의 특징이 구분된다는 내용을 예를 들어 제시하고 있다.

• what if ~라면 어떨까?
• favorite 가장 좋아하는
• flavor 맛
• strawberry 딸기
• ice cream 아이스크림
• like ~처럼
• according to ~에 따르면, 의하면
• article 기사
• kind 종류
• person 사람
• chocolate 초콜릿
• creative 창의적인
• enthusiastic 열정적인
• logical 논리적인

• thoughtful 생각이 깊은

47 정답 ②

해석 몇몇 사람들은 과학이 위험할 수 있다고 주장한다. 그들은 과학의 위험성으로 원자폭탄이 완벽한 예라고 말한다. (하지만, 난 과학이 해보다 이로움이 더 많다고 생각한다.) 예를 들어, 과학은 더 좋은 약을 만드는 데 도움을 준다. 명확히 삶의 질을 개선시켜 준다. 난 과학이 우리 세상을 더 좋게 계속 만들어 줄 거라 믿는다.

해설 과학의 위험성 뒤에 과학의 이로움이 이어지므로 주어진 문장의 위치는 ②가 적절하다.

어휘 • do good 이롭게 하다
• do harm 해를 끼치다
• argue 주장하다
• dangerous 위험한
• atomic bomb 원자폭탄
• perfect 완벽한
• example 예
• danger 위험
• medicine 약
• definitely 명확히
• improve 개선시키다, 향상시키다
• quality 질, 품질

48 정답 ②

해석 개를 산책시키는 것은 공원에서 흔한 활동입니다. 그러나 더 많은 사람들이 이렇게 하면서 공원에서 문제가 발생하고 있습니다. 이러한 문제를 피하기 위해 개를 산책시킬 때 이러한 지침을 따르십시오.

해설 마지막 문장에서 이러한 지침을 따르라고 했으므로 이어지는 문장에서는 이러한 지침들에 대한 설명이 이어질 것임을 알 수 있다.

어휘 • walk 산책시키다
• common 흔한
• activity 활동
• with＋목적어＋Ving 목적어가 V한 채로/하면서
• arise 발생하다, 생기다

- avoid 피하다
- issue 쟁점
- follow 따르다
- guidline 지침

49 정답 ②

해석 영어 속담은 비영어권 사용자에게는 이상하게 보일 수 있고 그들이 배우고 기억하기 매우 어려울 수 있다. 영어 속담을 더 쉽게 기억하는 한 가지 전략은 속담 기원에 관해 배우는 것이다. 몇 가지 예를 보자.

해설 마지막 부분에서 영어 속담 기원에 관해 배우는 이야기를 하고 몇 가지 예를 보자고 했으므로 ②가 이어지는 것이 적절하다.

어휘 • proverb 속담
- seem ~인 것 같다, ~처럼 보이다
- strange 이상한
- non-native speaker (이 글에서는) 비영어권 사용자
- strategy 전략
- origin 기원
- example 사례, 예시

50 정답 ④

해석 콩은 수천 년 동안 우리와 함께 있어왔다. 콩은 어디서나 키우기 쉽다. 더 중요한 것은, 콩은 단백질이 많고 지방은 적다. 이 요인들이 콩을 전 세계 가장 위대한 슈퍼푸드 중 하나로 만든다. 이제, 콩이 전 세계에서 어떻게 다양하게 요리되는지를 배워 보자.

해설 이 글 뒤에 콩의 다양한 요리법이 이어지는 것이 적절하다.

어휘 • bean 콩
- grow 기르다, 키우다
- protein 단백질
- fat 지방
- factor 요인
- superfood 슈퍼푸드, 훌륭한 음식
- a variety of 다양한

51 정답 ④

해석 비록 우리가 의도하지는 않았지만, 가끔 우리는 다른 사람들의 감정을 다치게 한다. 그런 일이 발생할 때, 우리는 사과를 할 필요가 있다. 그렇다면, 우리는 어떻게 적절하게 사과를 하는가? 여기에 우리가 사과할 때 고려해야 할 세 가지가 있다.

해설 사과할 때 고려해야 할 세 가지가 뒤에 이어지는 것이 적절하다.

어휘 • hurt 다치게 하다, 상처주다
- mean to ~할 의도이다
- apologize 사과하다
- properly 적절하게
- consider 고려하다, 생각하다

52 정답 ④

해석 미래에, 많은 국가가 노령화 인구 문제를 가지게 될 것이다. 우리는 점점 더 많은 노령 인구를 가지게 된다. 이것은 노령화 인구와 관련된 직업의 수요가 있을 것이라는 것을 의미한다. 그래서 당신이 직업을 생각할 때, 이런 변화를 고려해야 한다. 자 이제, 난 노령화 인구 시대를 위한 직업 선택 몇 가지를 추천할 것이다.

해설 노령화 시대를 위한 직업을 추천한다고 했으므로 ④의 내용이 뒤에 이어질 내용으로 적절하다.

어휘 • aging population 노령화 인구
- mean 의미하다
- related to ~와 관련된
- in demand 수요가 있는
- recommend 추천하다
- choice 선택

53 정답 ③

해석 당신도 알다시피, 요즘 많은 젊은 사람들이 목 통증으로 고생을 한다. 이것은 그들이 하루에 많은 시간을 공부나 스마트폰을 사용하며 책상 위로 몸을 구부리기 때문이다. 그러나 걱정하지 마라. 우리는 목 통증을 예방하고 줄이는 데 도움을 줄 수 있는 몇 가지 운동이 있다. 이것이 당신이 그 운동을 하는 방법이다.

해설 글의 마지막 내용에 따르면 목 통증을 예방하고 줄이는 데 도움을 주는 방법이라고 했으니 ③이 뒤에 이어지는 것이 가장 적절하다.
- as you know 당신도 알다시피
- these days 요즘
- suffer from ~로 고생하다
- neck pain 목 통증
- This is because ~ 때문이다
- spend (돈이나 시간을) 보내다, 쓰다
- lean over ~ 위로 기대다, 몸을 구부리다
- exercise 운동
- prevent 막다, 예방하다
- reduce 줄이다
- This is how 이것이 ~하는 방법이다

54 정답 ③

해석 만약 남아프리카나 마다가스카르에 간다면, 거대하고 이상하게 생긴 바오바브라 불리는 나무를 볼 수 있을 것이다. 뒤집어진 나무로 알려져 있는, 그들의 나뭇가지는 뿌리가 하늘로 뻗어가는 것처럼 보인다. 바오바브나무가 왜 이런 독특한 모양을 가지게 되었다고 생각하는가? 알아보자.

해설 마지막 문장에 모습이 특이한 이유를 알아보자고 한 것으로 그 내용이 이어지는 것이 적절하다.

어휘
- huge 거대한
- strange 이상한
- known as ~로 알려진
- branch 가지
- root 뿌리
- spread 벌리다, 펴다, 펼치다
- unique 독특한
- shape 모양

55 정답 ④

해석 여러분은 신발과 양말이 함께 진열되어 있다는 것을 알아차렸나요? 그것들은 전략적으로 서로 함께 배치되는 물품들입니다. 일단 신발을 사기로 결정했다면, 양말도 한 켤레 사는 것은 어떠세요? 가게에 물품을 배치하는 것은 무작위가 아니라는 것을 기억하세요. 물품을 배치하는 것은 고객들이 쇼핑을 하는 동안, 명확하지 않은 방식으로, 제안을 하는 것처럼 보입니다.

해설 가게의 물품 배치(arranging)는 판매를 늘리기 위한 전략적 제안(suggestion)이다. 신발과 양말이 함께 진열되어 있는 것이 무작위(④ random)가 아니라 전략적인 진열이라는 예를 제시하고 있다.

어휘
- notice 알아차리다
- display 진열하다
- item 물품
- strategically 전략적으로
- place 배치하다
- each other 서로
- once [접] 일단 ~하면
- a pair of 한 쌍의 ~
- arrange 배열하다
- suggestion 제안
- customer 고객
- obvious 명백한
- while [접] ~ 반면에, ~ 동안에
- accurate 정확한
- enough 충분한
- positive 긍정적인

56 정답 ③

해설 상품을 진열하는 것은 판매를 위한 전략이라는 주제이다.

57 정답 ②

해석 독서 감상문(북리뷰, 서평)은 책에 관한 독자의 의견이다. 당신이 감상문(논평, 리뷰, 비평)을 쓸 때, 그 책의 짧은 요약 또는 설명으로 시작해라. 그리고 나서 그 책이 좋은지 아닌지 그리고 왜 좋은지 당신의 의견을 말해라.

어휘
- book review 독서 감상문, 서평
- opinion 의견
- brief 간결한, 짧은
- summary 요약

- description 묘사, 설명
- state 말하다

58 정답 ④
해설 독서 감상문 쓰는 법에 관한 글이다.

59 정답 ④
해석 자원봉사를 하는 것은 당신에게 건강한 정신을 준다. 한 설문조사에 따르면, 자원봉사자의 96%가 자원봉사를 한 후 더 행복함을 느낀다고 한다. 만약 당신이 지역사회에서 다른 사람들을 돕는다면, 당신은 자신에 대해 더 좋게 느낄 것이다. 또한 그것은 당신이 일상생활에서 당신을 도울 수 있는 더 많은 에너지를 가지고 살 수 있는 동기를 줄 수 있다. 그러므로, 당신은 삶에 더 ④ 긍정적인 관점을 가지게 될 것이다.
① 부끄러운, ② 쓸모없는, ③ 불행한
어휘 • volunteer 자원봉사를 하다, 자원봉사자
- healthy 건강한
- mind 마음, 정신
- according to ~에 따르면
- survey 설문조사
- report 보고하다, ~라고 (말)하다
- community 지역사회
- motivate 동기를 부여하다
- in one's ordinary daily life 일상생활에서
- therefore 그러므로
- view 관점, 보기

60 정답 ③
해설 자원봉사의 이점에 관한 글이다.

61 정답 ①
해석 많은 사람들이 잠드는 데 어려움을 겪는다. 그래서 충분히 잠을 자지 못한다. 그것은 고혈압 같은 건강에 부정적인(해로운) 영향을 가질 수 있다. 만약 이 규칙을 따른다면 당신은 수면 문제를 예방할 수 있다. 첫째, 밤에 카페인 음료를 마시지 마라. 둘째, 자기 전에

스마트폰을 사용하지 않도록 노력하라. 이것들이 쉽게 잠들 수 있게 하는 데 도움이 될 것이다.
① 해로운, ② 도움이 되는
③ 긍정적인, ④ 차분한
해설 고혈압은 건강에 해로운 영향을 준다. 따라서 빈칸에 들어갈 단어로는 harmful이 적절하다.
어휘 • have trouble ~ing ~하는 데 어려움을 겪다
- fall asleep 잠들다
- thus 그래서
- effect 효과
- health 건강
- high blood pressure 고혈압
- prevent 예방하다
- follow 따르다
- caffeine 카페인

62 정답 ④
해설 이 글은 건강에 해로운 수면 문제를 예방하는 방법들을 제시하고 있으므로, 이것이 글의 주제이다.

63 정답 ②
해석 꽃이 우리에게 많은 건강상의 이점을 준다는 것을 알고 있는가? 예를 들어, 장미향은 스트레스 수준을 낮추는(줄이는) 도움을 줄 수 있다. 다른 예로 라벤더가 있다. 라벤더는 수면에 문제가 있다면 도움이 되는 것으로 알려져 있다. 이것들이 꽃이 어떻게 우리 건강에 도움이 되는지의 2가지 예이다.
해설 스트레스 수준을 낮춘다는 해석이므로 빈칸에 reduce가 들어가는 것이 적절하다.
어휘 • provide 제공하다, 주다
- health 건강
- benefit 이점, 혜택
- smell 냄새, 향
- stress level 스트레스 수준, 스트레스 수치
- helpful 도움이 되는
- have trouble ~ing ~하는 데 문제가 있다, 어려움을 겪다
- example 예

64 정답 ③

해설 꽃이 우리의 건강에 주는 이점에 대하여 설명하는 글이다.

65 정답 ②

해석 테니스와 탁구를 비교할 때, 몇 가지 유사점과 차이점이 있다. 첫째, 둘 다 라켓을 사용하는 스포츠다. 또한, 선수 둘 다 네트를 왔다갔다 하게 공을 친다. 그러나, 또한 차이점도 있다. 테니스는 코트에서 경기를 하지만, 탁구는 테이블 위에서 한다. 다른 차이점은 탁구와 비교하면 테니스는 훨씬 더 큰 라켓이 사용된다는 것이다.
① 마침내, ② 그러나, 하지만
③ 그러므로, ④ 예를 들면

해설 빈칸 앞은 유사점, 빈칸 뒤는 차이점을 예시하고 있다. 따라서 빈칸에는 However가 들어가는 것이 적절하다.
- compare Ⓐ with Ⓑ A와 B를 비교하다
- tennis 테니스
- table tennis 탁구
- similarity 유사점
- difference 차이점
- both 둘 다
- racket 라켓
- back and forth 앞뒤로, 왔다갔다
- net 그물, 네트
- court 경기장, 코트
- compared to ~와 비교하면

66 정답 ④

해설 탁구와 테니스의 유사점과 차이점에 관한 글이다.

67 정답 ③

해석 모금 콘서트
- 언제 : 4월 17일, 저녁 6~9시
- 어디서 : Chidren's Hospital의 로비
- 가벼운 간식이 제공될 예정입니다.

- 모든 모금액은 Chidren's Hospital에 기부될 것입니다.

해설 출연진에 대한 언급은 없다.
어휘 • light 가벼운
• donate 기부하다
• offer 제공하다

68 정답 ②

해석 Central 배드민턴 센터
- 오픈 시간 : 월요일~금요일, 오전 10시~밤 9시
- 우리가 제공하는 것 : 초급자들만을 위한 수업, 하루에 4시간까지 무료 주차
- 적절한 신발과 옷이 필요합니다.

해설 초급자들만을 위한 수업만 개설되고 상급자를 위한 수업은 없다.
어휘 • provide 제공하다
• beginner 초급자
• up to ~까지
• proper 적절한
• require 요구하다, 필요로 하다

69 정답 ②

해석 치즈 박람회
- 날짜 : 2023년 9월 10일(일요일)
- 활동 : 다양한 치즈 맛보기, 치즈 케이크 굽기
- 입장료 : 10,000원

해설 장소는 언급되지 않았다.
어휘 • fair 박람회　　• activity 활동
• taste 맛을 보다　• various 다양한
• bake 굽다　　• entrance fee 입장료

70 정답 ④

해석 테니스 경기
- 오직 초보자만 참가할 수 있음.
- 오전 10시에 시작해서 오후 5시에 끝남.
- 점심은 제공되지 않음.
- 만약 비가 오면, 그 경기는 취소될 것임.

해설 비가 오면 경기는 취소되므로 ④가 일치하지 않는다.

어휘 • competition 경기
• beginner 초보자
• participate 참가하다
• serve 제공하다
• cancel 취소하다

71 정답 ④

해석 2023년 K팝 콘서트
8팀의 세계적으로 유명한 K팝 그룹이 공연을 한다!
– 날짜 : 2023년 6월 8일 (목요일)
– 장소 : 월드컵 경기장
– 시간 : 저녁 7시 30분 – 저녁 9시 30분

어휘 • concert 콘서트
• world-famous 세계적으로 유명한
• perform 공연하다, 연주하다
• location 위치, 장소
• stadium 경기장

72 정답 ②

해석 판매
– 특징 : 6줄 기타입니다.
– 상태 : 중고지만 좋은 상태입니다.
– 가격 : 150달러 (원래 가격은 350달러)
– 연락 : 질문이 있으시면, 014–4365–8704로 전화
주세요.

해설 새것이 아니라 중고이므로 ②가 일치하지 않는다.

어휘 • sale 판매
• feature 특징
• string 줄
• condition 상태
• used 사용한, 중고의
• original 원래의
• contact 연락, 접촉

73 정답 ①

해석 김치 축제
– 장소 : 김치 박물관
– 행사 : 김치 만드는 것 배우기, 다양한 김치 맛보기

– 입장료 : 5천원
– 오셔서 전통 한국 음식을 맛보세요!

해설 날짜는 언급되지 않았다.

어휘 • festival 축제
• event 행사
• taste 맛보다
• entrance fee 입장료
• traditional 전통적인
• place 장소
• learn 배우다
• various 다양한

74 정답 ④

해석 여름 스포츠 캠프
– 7~12세 아이들을 위한 재미있고 안전한 스포츠 프
로그램
– 8월 1일부터 8월 7일까지
– 할 수 있는 것 : 배드민턴, 농구, 축구, 수영
– 모든 아이들은 수영복과 점심식사를 매일 가져와
야 합니다.

해설 점심은 제공되지 않고 가져와야 한다.

어휘 • aged 나이가 ~세인
• swim suit 수영복

75 정답 ①

해석 행복한 지구의 날 행사
– 언제 : 2022년 4월 22일
– 어디서 : 시민 문화 회관
– 무엇을 하나 : 중고품 교환, 100% 천연 샴푸 만
들기

해설 참가 자격은 언급되지 않았다.

어휘 • community center 시민 회관
• exchange 교환하다
• used thing 중고품
• natural 천연의

76 정답 ④

해석 셰익스피어 박물관
– 시간 : 매일 오전 9시에서 오후 6시까지
– 입장료 : 성인 12달러, 학생과 아이들 8달러, 10명
이상 단체는 10% 할인

－ 사진 촬영 : 방문객은 사진 촬영을 할 수 있습니다.
해설 사진 촬영은 가능하다.
어휘 • adult 성인, 어른
    • discount 할인
    • photography 사진 촬영

77 정답 ④

해석 자선 달리기
    － 와서 암환자들에게 당신이 후원한다는 것을 보여주세요!
    － 날짜 : 9월 24일
    － 시간 : 오전 9시 ~ 오후 4시
    － 장소 : 아시아 스타디움(경기장)
    － 참가자들에게 무료 티셔츠를 드립니다.
해설 행사 참가비는 언급되지 않았다.
    • charity 자선
    • support 지원, 후원
    • cancer patient 암환자
    • date 날짜
    • place 장소
    • stadium 경기장
    • free 공짜의, 무료의, 자유로운
    • participant 참가자

78 정답 ①

해석 수영장 규칙
    － 수영장에 들어가기 전에 샤워를 해야 한다.
    － 항상 수영모를 착용해야 한다.
    － 안전요원의 지시를 따라야 한다.
    － 다이빙은 허용되지 않는다.
해설 수영 후가 아닌 수영 전에 샤워를 해야 한다.
    • rule 규칙
    • take a shower 샤워를 하다
    • enter 들어가다
    • wear 착용하다
    • swimming cap 수영모
    • follow 따르다
    • instruction 지시

    • lifeguard 수영장 구조원, 안전요원
    • diving 다이빙
    • permit 허락하다

79 정답 ②

해석 미술 전시회
    － 날짜 : 11월 12일 ~ 25일
    － 시간 : 오전 10시 ~ 오후 6시
    － 장소 : 중앙 미술관(또는 미술 박물관)
    － 티켓 : 성인 15달러, 학생 10달러
    우리는 화요일에 문을 닫습니다.
해설 환불에 관한 내용은 언급되지 않았다.
어휘 • exhibition 전시(회)
    • adult 성인, 어른
    • be closed 문을 닫다

80 정답 ③

해석 통영 토요 관광
    － 당신이 할 일 : 미륵산 케이블카 타기, 해저 터널과 중앙 시장 방문
    － 점심은 제공됩니다.
    － 목요일까지 여행을 예약해야 합니다.
해설 점심은 제공되므로 ③이 일치하지 않는 내용이다.
어휘 • cable car 케이블카
    • undersea 해저
    • provide 제공하다
    • reserve 예약하다

81 정답 ②

해석 핫 여름 세일, 모든 음악 CD 30% 할인!
    － 할인된 가격에 CD를 살 수 있는 좋은 기회
    － 2020년 7월 15일부터 7월 29일까지
    － 월요일부터 토요일 오전 10시부터 오후 9시까지
해설 ②의 매장 위치는 언급되지 않았다.

82 정답 ③

해석 홈 스윗 홈 게스트하우스(숙소)
  – 위치 : 이태원역에서 가까움
  – 가격 : 하룻밤에 30달러
  – 연락처 : sweethome77@kmail.com(이메일)
  – 공짜 인터넷이 제공됨.

해설 숙소 연락처는 전화가 아닌 이메일이다.

어휘 • guesthouse 숙소, 여관
  • location 위치
  • contact 연락, 연락처
  • free 공짜의, 무료의
  • provide 제공하다

83 정답 ③

해석 마스크 판매에 관한 정보
  각 개인은 1주일당 마스크 2장을 구매할 수 있다.
  – 시간 : 오전 9시~오후 8시
  – 장소 : 모든 약국에서
  – 가격 : 1장에 1,500원

해설 구입 시 필요한 준비 서류에 관한 내용은 언급되지 않았다.

어휘 • information 정보
  • sale 판매
  • each 각각

84 정답 ③

해석 학교 도서관
  – 모든 학생들이 도서관을 이용할 수 있다.
  – 도서관은 오전 9시부터 오후 5시까지 개방한다.
  – 학생들은 한 번에 두 권까지 빌릴 수 있다.
  – 도서관에 음식 반입은 허락되지 않는다.

해설 한 번에 2권까지 빌릴 수 있다.

어휘 • library 도서관
  • from A to B A부터 B까지
  • borrow 빌리다
  • up to ~까지
  • at a time 한 번에
  • be allowed 허락되다

85 정답 ②

해석 실종된 개
  – 이름 : 포포
  – 종 : 잡종
  – 몸무게 : 6kg
  – 특징 : 검은 점의 흰색 개
  – 성격 : 매우 다정함

해설 나이는 언급되어 있지 않다.

어휘 • lost 실종된
  • breed 종
  • weight 무게
  • feature 특징
  • personality 성격

86 정답 ④

해석 헬로 햄버거
  시내에서 가장 인기 있는 햄버거 가게!
  우리의 비밀 소스가 우리 햄버거를 맛있게 만듭니다.
  특별 제공 : 2개의 가격으로 3개를 구입하세요.
  단, 배달은 안 함.

해설 마지막 줄의 No deliveries로 배달을 하지 않는다는 것을 알 수 있다.

어휘 • popular 인기 있는
  • secret 비밀의
  • sauce 소스
  • delicious 맛있는
  • offer 제공, 제안
  • delivery 배달

EBS 교육방송교재

고졸 검정고시

핵심 총정리

EBS 〇〇● 검정고시 방송교재 **저자직강**

기본서

**新 출제유형
100% 반영!**

국어, 수학, 영어, 사회,
과학, 한국사, 도덕,
기술 · 가정

기출문제집

**기출을 보면
합격이 보인다!**

2020~2024년의 5개년 기출문제
➕ 상세하고 친절한 해설 수록

핵심총정리

핵심이론으로 합격하기!

시험에 꼭 나오는 핵심이론
➕ 대표기출문제 수록

실전모의고사

연습은 실전처럼!

실전모의고사 5회
➕ 핵심 쏙쏙 해설 수록

2025 고졸 검정고시
핵심총정리

1권 | 국어·수학·영어

인터넷강의 검스타트 www.gumstart.co.kr

EBS 고졸 검정고시 핵심총정리

발행일 2025년 1월 5일 | **편저** EBS검정고시집필진 | **발행인** 최현동 | **발행처** 신지원
전화 (02)2013-8080 | **팩스** (02)2013-8090 | **등록** 제16-1242호
주소 07532 서울특별시 강서구 양천로 551-17, 813호(가양동, 한화비즈메트로 1차)
※ 본서의 독창적인 부분에 대한 무단 인용·전재·복제를 금합니다.

ISBN 979-11-6633-430-6
ISBN 979-11-6633-446-7(SET)
정가 40,000원

EBS
교육방송교재

인터넷 강의
검스타트
www.gumstart.co.kr

핵심이론으로 합격하기!
2025 고졸 검정고시
핵심총정리

2권 | 사회·과학·한국사·도덕

EBS검정고시집필진 편저

검정고시 합격을 위한 최적의 교재!

• 시험에 꼭 나오는 핵심이론 수록
• 대표기출문제로 유형 잡고, 실력 잡고!

신지원

핵심이론으로 합격하기!

2025 고졸 검정고시

핵심총정리

2권 | 사회·과학·한국사·도덕

검정고시 합격을 위한 최적의 교재!

• 시험에 꼭 나오는 핵심이론 수록
• 대표기출문제로 유형 잡고, 실력 잡고!

시험 안내

고졸 검정고시는 부득이한 이유로 정규 고등학교 과정을 마치지 못한 사람들을 대상으로 실시하는 국가 자격 시험으로, 고졸 검정고시에 합격한 자는 고등학교를 졸업한 자와 동등한 자격을 인정받습니다.

※ 자세한 사항은 각 시·도별 공고문을 참고하십시오.

① 시행 기관
- 시·도 교육청 : 시행 공고, 원서 교부 및 접수, 시험 실시, 채점, 합격자 발표
- 한국교육과정평가원(KICE) : 문제 출제, 인쇄 및 배포

② 시험 일정*

구분	공고 기간	접수 기간	시험일	합격자 발표
제1회	1월 말 ~ 2월 초	2월 초 ~ 중순	4월 초·중순	5월 초·중순
제2회	5월 말 ~ 6월 초	6월 초 ~ 중순	8월 초·중순	8월 하순

※ 상기 일정은 시·도 교육청 협의에 따라 변경될 수 있습니다. 반드시 해당 시험 공고문을 참조하세요.

③ 시험 과목 및 시간표

구분	1교시	2교시	3교시	4교시		5교시	6교시	7교시
시간	09:00~09:40	10:00~10:40	11:00~11:40	12:00~12:30	중식 12:30~13:30	13:40~14:10	14:30~15:00	15:20~15:50
	40분	40분	40분	30분		30분	30분	30분
시험 과목	국어	수학	영어	사회		과학	한국사	선택 과목

※ 필수 과목 : 국어, 수학, 영어, 사회, 과학, 한국사(6과목)
※ 7교시 선택 과목은 '도덕, 기술·가정, 체육, 음악, 미술' 중 1과목(따라서 총 7과목 응시)

④ 출제 형식 및 배점
- 문항 형식 : 객관식 4지 택 1형
- 출제 문항 수 및 배점

구분	문항 수	배점
고졸	각 과목별 25문항(단, 수학은 20문항)	각 과목별 1문항당 4점(단, 수학은 1문항당 5점)

⑤ 합격자 결정 및 취소
- 고시 합격 ➜ 각 과목을 100점 만점으로 하여 결시 없이 평균 60점 이상을 취득한 자(과락제 폐지)
- 과목 합격 ➜ 과목당 60점 이상 취득한 과목
- 합격 취소 ➜ 응시 자격에 결격이 있는 자, 제출 서류를 위조 또는 변조한 자, 부정행위자

❻ 응시 자격 및 제한

◆ 응시자격 및 응시과목

응시자격	응시과목
중학교 졸업자	• 국어, 수학, 영어, 사회, 과학, 한국사【필수 : 6과목】 • 도덕, 기술 · 가정, 체육, 음악, 미술【선택 : 1과목】
중학교 졸업학력 검정고시 합격자	
초 · 중등교육법시행령 제97조 · 제101조 및 제102조 해당자	
보호소년 등의 처우에 관한 법률 시행령 제69조 제3호의 규정에 의한 자	
3년제 고등기술학교 및 고등학교에 준하는 각종학교 졸업자 또는 졸업예정자	국어, 수학, 영어 【총 3과목】
3년제 직업훈련과정의 수료자	
3년제 고등기술학교 및 고등학교에 준하는 각종학교 졸업자 또는 졸업예정자, 3년제 직업훈련과정의 수료자 해당자로서 '89.11.22 이후 국가기술자격법에 의한 기능사 이상의 자격 취득자	국어, 수학 또는 영어 【총 2과목】
3년제 고등기술학교 및 고등학교에 준하는 각종학교 졸업자 또는 졸업예정자, 3년제 직업훈련과정의 수료자 해당자로서 '89.11.21 이전 국가기술자격법에 의한 기능사 이상의 자격 취득자	수학 또는 영어 【총 1과목】
만 18세 이후에 평생교육법 제23조 제2항에 따라 평가인정한 학습과정 중 고시 과목에 관련된 과정을 교육부장관이 정하는 바에 따라 과목당 90시간 이상 이수한자	국어, 수학, 영어【3과목】와 미이수 과목

◆ 응시 자격 제한
- 고등학교 또는 초 · 중등교육법 시행령 제98조 제1항 제2호의 학교를 졸업한 자 또는 재학 중인 자 (휴학 중인 자 포함)
- 공고일 이후 중학교 또는 초 · 중등교육법 시행령 제97조 제1항 제2호의 학교를 졸업한 자
- 고시에 관하여 부정행위를 한 자로서 2년이 경과되지 아니한 자
- 고등학교 또는 초 · 중등교육법 시행령 제98조 제1항 제2호의 학교에서 퇴학된 사람으로서 퇴학일 부터 공고일까지의 기간이 6개월이 되지 않은 사람(다만, 장애인복지법에 제32조에 따라 등록한 장애인으로서 신체적 · 정신적 장애로 학업을 계속하는 것이 불가능하여 퇴학된 사람은 제외)

❼ 제출 서류

◆ 응시자 전원 제출 서류(공통)
- 응시원서(소정 서식) 1부(현장 접수 시, 온라인 접수 시는 전자파일 형식의 사진 1매만 필요)
- 동일한 사진 2매(탈모 상반신, 3.5㎝×4.5㎝, 응시원서 제출 전 3개월 이내 촬영)
- 본인의 해당 최종학력증명서 1부(아래 해당 서류 중 한 가지)
  - 중졸 검정고시 합격자 : 합격증서 사본(원본 지참)
  - 고등학교 재학 중 중퇴자 : 제적증명서
  - 중학교 졸업 후 상급학교 미진학자 : 상급학교 진학 여부가 표시된 '검정고시용' 중학교 졸업(졸 업 예정)증명서, 미진학사실확인서

◆ 과목 면제 대상자 추가 제출 서류
- 과목합격증명서 또는 성적증명서, 평생학습이력증명서 등(이상 해당자만 제출)

◆ 장애인 시험 시간 연장 및 편의 제공 대상자 제출 서류
- 복지카드 또는 장애인등록증 사본(원본 지참), 장애인 편의 제공 신청서

8 출제 수준, 세부 출제 기준 및 방향

◆ 출제 수준
- 고등학교 졸업 정도의 지식과 그 응용 능력을 측정할 수 있는 수준

◆ 세부 출제 기준 및 방향
- 각 교과의 검정(또는 인정) 교과서를 활용하는 출제 방식
  - 가급적 최소 3종 이상의 교과서에서 공통으로 다루고 있는 내용으로 출제
    (단, 국어와 영어 지문의 경우 공통으로 다루고 있는 교과서 종수와 관계없으며, 교과서 외 지문도 활용 가능)
- 문제은행(기출문항 포함) 출제 방식을 학교 급별로 차등 적용
  - 초졸 : 50% 내외, 중졸 : 30% 내외, 고졸 : 적용하지 않음.
- 출제 난이도 : 최근 5년간 평균 합격률을 고려하여 적정 난이도 유지

9 응시자 시험 당일 준비물

◆ 중졸 및 고졸

> **(필수) 수험표, 신분증, 컴퓨터용 수성사인펜**
> **(선택) 아날로그 손목시계, 수정 테이프, 도시락**

※ 수험표 분실자는 응시원서에 부착한 동일한 사진 1매를 지참하고 시험 당일 08시 20분까지 해당 고사장 시험 본부에서 수험표를 재교부 받을 수 있다.

※ 시험 당일 고사장에는 차량을 주차할 수 없으므로 대중교통을 이용해야 한다.

10 고졸 검정고시 교과별 출제 대상 과목

구분	교과(고시 과목)	출제범위(과목)
필수	국어	국어
	수학	수학
	영어	영어
	사회	통합사회
	과학	통합과학
	한국사	한국사
선택	도덕	생활과 윤리
	기술 · 가정	기술 · 가정
	체육	체육
	음악	음악
	미술	미술

검정고시 온라인 원서 접수, 이렇게 해요!

※ 사전 준비 : 본인의 '공동인증서' 발급 받기

1. <u>온라인 접수 기간</u>에 시·도 교육청의 검정고시 서비스 사이트에 접속

   http://kged.sen.go.kr

2. 검정고시 전체 서비스 메인 화면에서, 화면 왼쪽의 `검정고시 온라인 접수` 클릭

3. 왼편의 검정고시 온라인 접수에서 해당하는 '시·도 교육청'을 선택하여 이동

4. 상단의 〈온라인 원서 접수〉 메뉴에서 본인이 희망하는 자격의 검정고시 선택
   ☞ 해당 자격의 `원서 접수하기` 버튼을 클릭하면 '온라인 원서 접수 페이지'로 이동

5. 성명과 주민등록번호(또는 외국인등록번호)를 입력하고, 원서 접수 허위 사실 기재에 관한 안내 및 서약서와 개인식별번호 처리 동의에 체크(✔)한 뒤, `인증서 로그인`을 클릭한 후 본인의 공동인증서를 통해 로그인

6. 응시자 정보 → 학력 과목 정보 → 고사장 선택 → 접수 완료 순으로 작성

   (1) 응시자 정보에서 본인의 기본 신상 정보와 검정고시 응시 기본 정보를 입력한 후 `저장` 버튼을 클릭하여 저장 (*표시는 필수 입력 항목으로, 미입력 시 다음 순서로 진행되지 않음) → `다음` 버튼 클릭
      • 사진 파일은 100kb 크기 미만의 jpg와 gif 파일만 저장 가능

   (2) 학력 과목 정보에서 응시자 본인의 학력 정보와 과목 응시 정보를 등록, 관련된 서류를 첨부한 후 `저장` 버튼을 클릭하여 저장 → `다음` 버튼 클릭

   (3) 고사장 선택에서 금회차의 고사장이 조회되며, 고사장별 수용 인원이 도달할 때까지 응시자가 신청할 수 있음 → `다음` 버튼 클릭
      ※ 고사장을 변경할 시에는 상단의 〈원서 조회〉 메뉴에서 '3. 고사장 선택 입력 단계 화면'에서 수정

   (4) 접수 완료에서 이전 단계에서 등록했던 주요 항목을 다시 한번 확인한 후, `제출` 버튼을 클릭하여, 최종적으로 원서 제출
      ※ 입력을 완료하였으나 제출을 하지 않을 경우 오프라인으로 재접수를 해야만 응시 가능
      ※ 제출 완료한 응시원서에 수정이 필요한 경우, 〈수정후제출〉 버튼을 클릭하여 수정

7. 상단의 〈원서 조회〉 메뉴를 통해 본인이 응시한 검정고시 원서 조회 가능(공동인증서로 로그인)

8. 상단의 〈수험표 출력〉 메뉴에서 수험표 출력 가능(해당 자격의 `수험표 출력하기` 버튼 클릭)
   ※ 식별이 가능하도록 가급적 컬러프린터로 출력하여 시험 당일 소지할 것

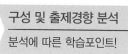

이 책의 구성과 특징

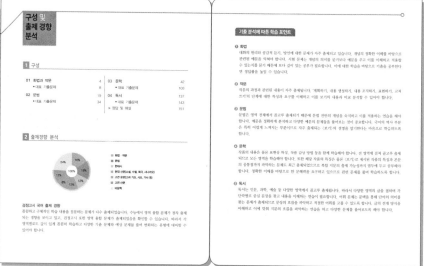

• 각 과목별 구성을 보여주고, 출제경향을 분석하여 학습 방향을 제시하였습니다.

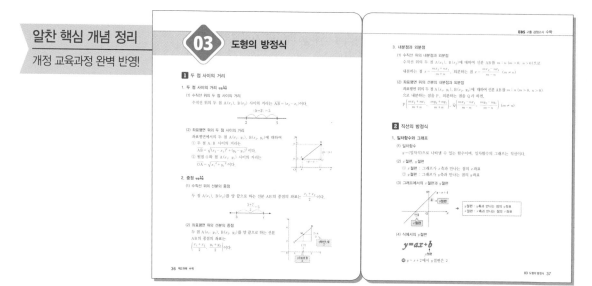

• 국어, 수학, 영어, 사회, 과학, 한국사, 도덕' 기본서에서 시험에 꼭 나오는 핵심 개념만을 엄선하여 수록하였습니다.

대표 기출문제

기출을 보면 합격이 보인다!

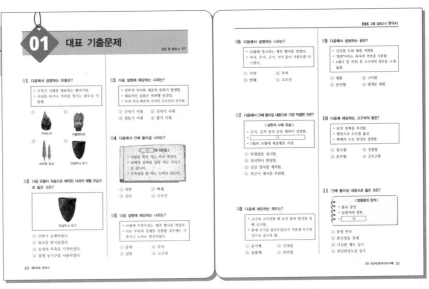

• 시험에 자주 나오는 기출문제를 모아 집중적으로 학습할 수 있도록 하였습니다.

친절하고 상세한 해설

정답으로 직행하는 명쾌하고 알찬 해설 수록!

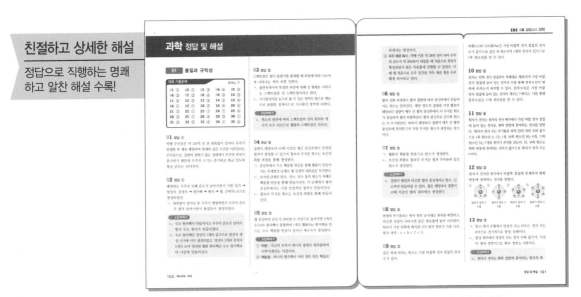

• 정답이 왜 정답인지, 오답이 왜 오답인지를 정확하게 알 수 있도록 명쾌하게 해설

차례

본 교재(핵심 총정리)는 말 그대로 과목별 핵심 개념을 모두 모아놓은 책입니다. 과목별 개념서(기본서), 기출문제집, 실전 모의고사 문제집과 더불어 고졸 검정고시 시리즈의 한 축을 담당하고 있습니다.

1 전체 공부 순서[우선순위]

본 교재를 어떤 순서로 공부하는 것이 좋을까요? 두 가지 유형을 소개합니다.

◆ **Type 1** : 실제 시험 보는 순서대로 공부하기 [권장]

》 실제 시험 보는 순서대로 공부하는 방식으로, 실제 시험 현장에 적응하기에 가장 적합한 유형입니다. 본 교재 역시 이와 같은 순서로 구성되어 있습니다. 가장 자연스러운 공부 순서로, 본 교재에서 권장하는 순서이기도 합니다.

◆ **Type 2** : 취약한 과목부터 공부하기

》 수험생 여러분의 가장 취약한 과목부터 순서대로 공부하는 방식입니다. 시험에 대비해 공부하는 일반적인 방식을 그대로 적용한 방식이기도 합니다. 취약 과목을 먼저 공부(취약한 과목 순서대로 공부)하고 상대적으로 강한 전략 과목을 뒤에 공부하는 방식이 효율적이라는 점은 널리 알려진 사실입니다(시험 직전 취약 과목을 포함해 복습해야 함). 만약 이 순서대로 공부하겠다면 빈칸에 해당 과목을 여러분이 직접 적어 보세요.

◆ **시리즈 전체 공부 순서**

(Type 1) ① 과목별 개념서 ➡ ② 핵심 총정리(개념서 학습 정리용으로 활용) ➡ ③ 기출문제집 ➡ ④ 실전 모의고사 ➡ ⑤ 과목별 개념서 혹은 핵심 총정리로 최종 정리 [권장]

(Type 2) ① 핵심 총정리(예습용으로 활용) ➡ ② 과목별 개념서 ➡ ③ 기출문제집 ➡ ④ 실전 모의고사 ➡ ⑤ 과목별 개념서 혹은 핵심 총정리로 최종 정리 [하위권 수험생]

(Type 3) ① 기출문제집 ➡ ② 과목별 개념서 ➡ ③ 핵심 총정리 ➡ ④ 실전 모의고사 ➡ ⑤ 과목별 개념서 혹은 핵심 총정리로 최종 정리 [상위권 수험생]

2 과목 내 한 강[챕터] 공부 순서

개별 과목은 다음과 같이 구성되어 있습니다.

❶ 과목별 개념서에 수록된 개념들 중에서 출제 빈도가 높은 가장 핵심적인 개념들만을 뽑아 제시한 것이니 만큼 반드시 정독을 하시기 바랍니다. 예습 및 최종 정리용으로 사용합니다.

❷ 대표 기출문제를 통해 어떤 유형의 문제가 실제 시험에서 출제되었는지를 알 수 있습니다.

❸ 대표 기출문제에 대한 올바른 정답과 해설을 제시한 부분입니다. 정답만 확인하고 넘어갈 것이 아니라 정답이 왜 정답인지, 오답이 왜 오답인지까지를 명확하게 확인해야 실력이 향상됩니다.

◎ 합격! 목표 3단계 로드맵 작성하기

본 교재를 마스터할 3단계 로드맵을 직접 작성해 보세요.

1단계 기초 다지기

◆ 목표 : _____

◆ 공부 시작일 :
　　　　　　년　　월　　일

◆ 공부 종료일 :
　　　　　　년　　월　　일

◆ 1단계 종료 후 셀프 평가 :
_____
_____

2단계 도약하기

◆ 목표 : _____
_____

◆ 공부 시작일 :
　　　　　　년　　월　　일

◆ 공부 종료일 :
　　　　　　년　　월　　일

◆ 2단계 종료 후 셀프 평가 :
_____
_____

3단계 완성하기

◆ 목표 : _____
_____

◆ 공부 시작일 :
　　　　　　년　　월　　일

◆ 공부 종료일 :
　　　　　　년　　월　　일

◆ 3단계 종료 후 셀프 평가 :
_____
_____

합격

EBS

고졸 검정고시

핵심 총정리

고졸 검정고시

한권으로 합격하기!

핵심 총정리
사회

구성 및 출제 경향 분석

1 구성

2 출제경향 분석

- 인간, 사회, 환경과 행복
- 자연환경과 인간
- 생활 공간과 사회
- 인권 보장과 헌법
- 시장 경제와 금융
- 사회 정의와 불평등
- 문화와 다양성
- 세계화와 평화
- 미래와 지속 가능한 삶

사회 출제 경향

검정고시 사회 시험에서 가장 많은 문제 유형은 개념을 명확하게 알고 있는지 확인하는 문제이다. 평가원은 지속적으로 기존의 출제 경향을 유지할 것으로 보이기 때문에 기본 개념과 용어의 의미를 명확하게 이해하고 있어야 한다. '01. 인간, 사회, 환경과 행복'은 1문항만이 지속적으로 출제되고 있으며 '06. 사회 정의와 불평등'의 출제 비중은 낮은 것을 확인할 수 있다. 하지만 '06. 사회 정의와 불평등'은 출제 비중이 늘어날 것으로 예상된다. '03. 생활 공간과 사회', '04. 인권 보장과 헌법', '07. 문화와 다양성'의 단원은 매회 출제 비중이 높게 출제되고 있다.

기출 분석에 따른 학습 포인트

검정고시 사회의 학습 포인트는 용어와 개념의 명확화이다.

기출 문제를 중심으로 반복적으로 출제되는 개념은 정확하게 학습해야 한다. 기출 문제로 시험 난이도를 파악하고 용어와 개념 중심으로 학습하면 좋은 결과가 있을 것이다.

기출문제에 선지로 제시된 개념들은 충분히 학습하고 익히는 것을 추천한다.

❶ 1부 삶의 이해와 환경(01. 인간·사회·환경과 행복, 02. 자연환경과 인간, 03. 생활 공간과 사회)
 • 인간·사회·환경과 행복 : 교육과정 변경에 따라 편성된 단원으로 아직 출제 비중은 낮다.
 • 자연환경과 인간 : 기후에 따른 생활 양식의 차이, 자연재해, 환경 문제의 유형 등의 문제가 매회 출제되고 있다.
 • 생활 공간과 사회 : 산업화와 도시화에 따른 변화, 교통 통신의 발달과 정보화에 따른 변화를 주제로 많이 출제되고 있다.

❷ 2부 인간과 공동체(04. 인권 보장과 헌법, 05. 시장 경제와 금융, 06. 사회 정의와 불평등)
 난이도가 높은 파트에 해당한다.
 • 시장 경제와 금융 : 수험생들이 어려워 하지만 출제 비중이 높은 단원으로, 심화 내용보다 기본적인 개념과 용어를 중심으로 반복 학습하는 것이 중요하다.
 • 사회 정의와 불평등 : 사상가 중심으로 학습을 해야 한다. 민주적 기본 질서를 위한 제도와 기본권, 경제와 관련된 개념은 100% 매회 출제되고 있기 때문에 많은 학습이 필요한 부분이다.

❸ 3부 사회 변화와 공존(07. 문화와 다양성, 08. 세계화와 평화, 09. 미래와 지속 가능한 삶)
 최근 가속화되고 있는 세계화 시대에 대한 긍정적 영향과 부정적 영향에 대한 출제 비중이 높다.
 • 미래와 지속 가능한 삶 : 저출산 고령화에 따른 문제점과 해결 방법이 많이 출제되고 있다.

01 인간, 사회, 환경과 행복

1 인간, 사회, 환경의 탐구와 통합적 관점

1. 인간, 사회, 환경의 탐구와 다양한 관점

(1) 시간적 관점
  ① 의미 : 특정 사회 현상이 나타나게 된 시대적 배경과 맥락을 고려하여 살펴보는 것
  ② 특징 : 시대의 변화 속에서 나타나는 현상을 살펴봄으로써 현재의 사회 현상에 대해서 보다 정확하게 파악할 수 있다.
    예 • 우리나라의 시대별 이주민 인구 변동과 그 배경을 살펴본다.
      • 1, 2, 3차 및 4차 산업 혁명의 역사를 살펴본다.

(2) 공간적 관점
  ① 의미 : 사회 현상이나 인간 활동을 장소, 영역, 네트워크 등 공간 정보에 대한 이해를 바탕으로 살펴보는 것
  ② 특징 : 공간 속에서 서로 영향을 주고받으며 얽혀 있는 인간, 사회, 환경의 관계를 파악하는 데 도움을 준다.
    예 농촌 지역과 도시 지역의 고령화 양상에 대하여 살펴본다.

(3) 사회적 관점
  ① 의미 : 특정 사회 현상을 사회 제도 및 사회 구조와의 관련성 속에서 이해하는 것
  ② 특징 : 사회 구조와 제도가 사회 현상에 미치는 영향을 파악하고, 사회 문제에 대한 정책 대안을 마련하는 데 도움을 준다.
    예 사회 갈등을 해결하기 위해 법과 제도를 정비해야 한다.

> **✓ 개념 Check**
> • **사회 구조** : 일정한 사회관계 속에서 지위와 역할에 따라 개인들이 상호 작용하면서 행동할 수 있는 범위나 행동 양식을 정하여 주는 사회적 정의나 틀을 말한다.

(4) 윤리적 관점
  ① 의미 : 인간의 어떤 행위가 도덕적 행위인지, 그 기준을 탐색하고 바람직한 삶의 모습을 살펴보는 것 ➡ 사회 현상을 좋고 나쁨, 선악, 옳고 그름과 같은 도덕적 가치 판단을 바탕으로 살펴본다.

② 특징 : 사회 현상은 인간의 의지에 따라 나타나기 때문에 가치 판단이 가능하며, 규범
적인 판단을 통해 보다 바람직한 사회가 될 수 있도록 도움을 준다.

예 세계화로 인한 다문화 사회에 어떤 태도를 취하는 것이 바람직한가?

2. 통합적 관점으로 사회문제 탐구하기

(1) 사회 현상의 특징

① 사회 현상의 복잡성 : 사회 현상은 시·공간적으로 다양한 요인들이 서로 영향을 주고
받으면서 일어나는 사실과 가치의 문제가 함께 섞여 나타난다.

② 개별 관점의 한계 : 개별 관점만을 통해 탐구하면 사회 현상의 다양한 측면을 종합적
으로 파악하기 어렵다.

예 군맹무상(群盲撫象) : 무리 군(群), 소경 맹(盲), 어루만질 무(撫), 코끼리 상(象)이라는 한
자를 합한 말. '맹인 여럿이 코끼리를 만진다.'는 의미로 사물을 좁은 소견과 주관으로
잘못 판단하는 것을 비유할 때 사용하는 말

(2) 통합적 관점

① 의미 : 사회 현상을 탐구할 때 시간적 관점, 공간적 관점, 사회적 관점, 윤리적 관점을
모두 고려하여 통합적으로 살펴보는 것

② 필요성

㉠ 다양한 측면에서 사회 현상을 종합적으로 이해할 수 있어, 인간과 사회에 대한 통
찰력을 기를 수 있다.

㉡ 복잡한 사회 현상을 정확하고 깊이 있게 이해하고, 이를 바탕으로 사회 문제에 대
한 해결책을 찾아 개선할 수 있다.

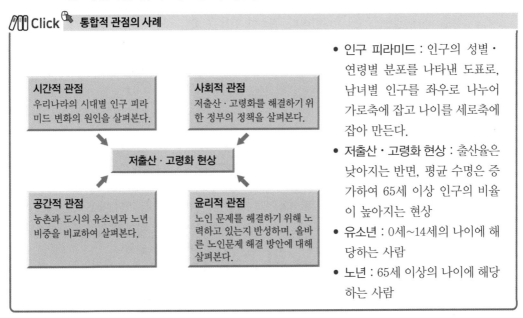

Click 통합적 관점의 사례

시간적 관점
우리나라의 시대별 인구 피라
미드 변화의 원인을 살펴본다.

사회적 관점
저출산·고령화를 해결하기 위
한 정부의 정책을 살펴본다.

→ **저출산·고령화 현상** ←

공간적 관점
농촌과 도시의 유소년과 노년
비중을 비교하여 살펴본다.

윤리적 관점
노인 문제를 해결하기 위해 노
력하고 있는지 반성하며, 올바
른 노인문제 해결 방안에 대해
살펴본다.

- **인구 피라미드** : 인구의 성별·
연령별 분포를 나타낸 도표로,
남녀별 인구를 좌우로 나누어
가로축에 잡고 나이를 세로축에
잡아 만든다.
- **저출산·고령화 현상** : 출산율은
낮아지는 반면, 평균 수명은 증
가하여 65세 이상 인구의 비율
이 높아지는 현상
- **유소년** : 0세~14세의 나이에 해
당하는 사람
- **노년** : 65세 이상의 나이에 해당
하는 사람

2 행복의 의미와 기준

1. 행복의 의미와 다양한 기준

(1) 행복의 의미
  ① 행복의 일반적 의미 : 삶에서 충분한 만족감이나 기쁨을 느끼는 상태
  ② 행복의 성격
    ㉠ 생활에서 느끼는 충분한 만족과 기쁨을 행복으로 본다는 점은 공통적이다.
    ㉡ 행복의 구체적인 기준은 지역적 여건과 시대적 상황에 따라 다르게 나타난다.
    ㉢ 행복의 보편성과 상대성 : 행복의 기준은 시대나 지역에 따라 차이를 보이지만(상대성), 인간의 기본적인 욕구 충족이나 신체적·정신적 건강, 원만한 인간관계 등은 시대나 지역을 초월하여 누구나 원하는 공통된 기준(보편성)이 있다.

(2) 시대와 지역에 따른 행복의 기준
  ① 시대적 상황에 따른 행복의 기준

선사 시대	생존을 위한 식량 확보, 외부의 위험으로부터 안전한 삶
일제 강점기 시대	빼앗긴 주권을 되찾아 독립을 이루는 것
현대 사회	물질적 풍요뿐만 아니라 건강, 일과 취미, 인간관계, 사회 복지 등과 같은 다양한 요소

  ② 지역적 여건에 따른 행복의 기준

자연적 여건	건조 기후 지역 등은 생존에 필요한 식수 확보
경제적 여건	가난한 지역은 일정 수준의 물질적 안정, 빈곤 탈출, 의료 혜택 등
정치적 여건	차별이나 구속이 있는 사회는 자유 보장, 민족이나 종교 간 갈등의 해소와 평화, 정치적 안정 등
종교적 여건	종교가 큰 영향을 미치는 사회는 교리를 충실히 따르는 삶

2. 동서양의 행복론

(1) 동양의 행복론

유교	• 하늘로부터 부여받은 도덕적 본성을 보존하고 함양하면서 다른 사람과 더불어 살아가며 인(仁)을 실현하는 삶 • 인(仁) : 공자 사상의 핵심용어로 '사람을 사랑하는 것', '인간다운 마음씨'를 의미함
불교	• 청정한 불성(佛性)을 바탕으로 '나'라는 의식을 벗어 버리기 위한 수행과 고통받는 중생을 구제하는 실천을 통해 해탈의 경지에 이르는 삶 • 불성(佛性) : 부처를 이룰 수 있는 근본 성품, 중생이 본래 가지고 있는 부처가 될 성질

도교	• 타고난 그대로의 본성에 따라 인위적인 것이 더해지지 않은 자연 그대로의 모습으로 살아가는 것 ➡ 무위자연(無爲自然)적 삶을 강조 • 인위(人爲) : 자연의 힘이 아닌 사람의 힘에 의해 억지로 이루어지는 것

(2) 서양의 행복론

고대 그리스	① 아리스토텔레스는 행복을 삶의 궁극적 목적으로 보았으며, 행복은 이성의 기능을 잘 발휘할 때 달성된다고 봄 ② 고대 그리스 시대 철학자인 소크라테스, 플라톤, 아리스토텔레스는 진리에 대한 올바른 깨달음을 통해 덕을 실천할 때 행복해질 수 있다는 지덕복 합일을 주장한다.
헬레니즘 시대	① 알렉산드로스 대왕의 제국 건설 이후 고대 그리스의 뒤를 이어 나타난 문명. 제국의 출현과 정복 전쟁 등으로 정치적·사회적 혼란이 발생함. 행복은 전쟁과 사회적 혼란에 따른 불안에서 벗어나는 것 ② 에피쿠로스 학파 : 육체에 고통이 없고 마음에 불안이 없는 평온한 삶 ③ 스토아 학파 : 정념에 방해받지 않는 초연한 태도로 자연의 질서에 따라 사는 것 • 정념(감정, pathos) : 모든 정념의 제거가 아니라 정념에 초연(超然)한 태도를 중시함
중세	유한한 인간이 참된 행복에 도달하려면 신앙을 통해 영원하고 완전한 신과 하나가 되어야 한다고 봄

근대	① 칸트(의무론)
	• 행복을 자신의 복지와 처지에 관한 만족으로 간주함
	• 인간으로서 마땅히 지켜야 할 도덕 법칙을 실천하는 사람만이 행복을 누릴 자격이 있다고 봄
	• 결과에 상관없이 의무를 따르는 행위를 중시함
	• 도덕 법칙 : 이성적 존재가 따라야 할 절대적이고 보편타당한 실천 법칙
	② 벤담과 밀(공리주의)
	• 행복을 쾌락과 같은 것으로 여기고, 이를 삶의 목적으로 제시함
	• 최대 다수에게 최대 행복을 가져오는 행위를 할 것을 강조함
	• 공리주의의 특징
	  – 결과주의 : 행위의 옳고 그름은 그 행위의 결과에 의해서 판단될 수 있음
	  – 쾌락주의 : 결과를 평가하는 데 고려되는 유일한 요인은 행위에 의해 생겨날 쾌락과 고통임

3. 삶의 목적으로서의 행복

(1) 삶의 목적으로서의 행복
① 행복은 그 자체로 가치 있는 삶의 진정한 목적이다.
② 비교적 장기간에 걸쳐 자신의 삶 전체를 통해 느끼는 지속적이고 정신적인 즐거움

(2) 삶의 목적으로서의 행복을 위한 노력

자기 삶의 주인임을 자각하고, 적극적이고 궁극적인 자세와 좋은 습관을 가지기 위해 노력해야 한다.

① 물질적·정신적 가치를 함께 추구해야 한다.

② 의미 있는 목표의 설정과 추구·자아실현의 과정에서 행복에 더 가까워질 수 있다.

③ 개인이 내면적으로 느끼는 주관적 만족감과 사회 구성원으로서 누리는 사회적 여건도 중시해야 한다.

3 행복한 삶을 실현하기 위한 조건

1. 질 높은 정주 환경의 조성

(1) 정주 환경의 의미

좁은 의미	주거 환경
넓은 의미	문화, 여가, 자연환경 등 일상생활의 전 영역

(2) 질 높은 정주 환경을 위한 구체적 노력

자연환경	인간과 자연이 조화와 공존을 이룰 수 있도록 도심 내 녹지 공간을 확대
사회적 환경	편리한 삶을 위한 교통과 통신 시설 확충, 학교나 병원, 삶의 질 개선을 위한 문화·예술·체육·복지 시설 마련
주거 환경	국민들의 쾌적하고 살기 좋은 주거 생활을 보장하기 위한 정부의 주택 개발 정책

🍹 개념 Check

이중환, 『택리지』의 이상적인 정주 환경

• 지리(地理) : 풍수지리적으로 사람이 살기 좋은 곳

• 생리(生利) : 그 땅에서 생산되는 이익, 풍부한 산물로 사람이 살아가기 좋은 곳

• 인심(人心) : 넉넉하고 좋은 이웃 간의 정이 있는 곳

• 산수(山水) : 빼어난 경치가 있어 아름다운 곳

2. 경제적 안정

(1) 경제적 안정의 중요성과 이를 위한 국가의 노력

① 경제적 안정의 중요성

㉠ 생계유지에만 급급하게 되면 삶의 여유를 갖거나 새로운 일에 도전하기 어렵다.

㉡ 생활에 필요한 기본 조건을 충족해야 이를 바탕으로 자아실현의 기회를 가질 수 있다.

② 경제적 안정을 위한 노력

고용 안정	• 경제를 활성화하고 일자리를 창출하여 실업자를 줄이고 최저임금을 보장해야 함 • 최저임금제 : 국가가 법으로 최저임금을 정하여 노동자의 생활 안정을 보장하는 제도
복지 제도 확충	• 다양한 복지 정책을 통해 사회 구성원들이 인간다운 생활을 유지할 수 있도록 노력해야 함
경제적 불평등 해소	• 경제적 불평등으로 인해 사회 구성원이 느끼는 상대적 박탈감을 해소해야 함 • 상대적 박탈감 : 다른 대상과 자신의 상황을 비교함으로써 자신이 불리하다는 것을 느끼는 것

🧨 개념 Check

• 이스털린의 역설 : 미국 경제학자 리처드 이스털린이 주장한 개념이다. 소득이 증가해도 행복이 정체되는 현상으로, 소득이 낮다가 어느 정도 높아지는 상태가 되면 비례적으로 행복도가 높아지지만, 소득이 일정 수준을 넘으면 행복도는 더 이상 비례적으로 증가하지 않는다는 주장이다.

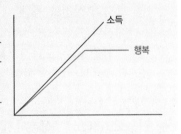

3. 민주주의 실현

(1) 민주주의 실현의 필요성
 ① 민주주의 : 시민이 주권을 가지고 스스로 국가를 다스려야 한다는 이념
 ② 독재 국가나 권위주의적인 정치가 이루어지는 국가에서는 국민이 기본적 인권을 누리기 어렵고, 사람들이 자신의 삶에 만족하고 행복감을 느끼기 어렵다.
 ③ 민주 국가에서는 국민은 정치적 의사를 자유롭게 표출하고 국민의 의사가 정책으로 반영되기 때문에 국민들이 자신의 삶에 대한 만족감과 행복감이 높다.

(2) 민주주의 실현을 위한 구체적인 노력

민주적 제도의 마련	독재나 권력의 횡포 등을 막기 위한 의회 제도, 복수 정당 제도, 권력 분립 제도 등의 민주적 절차 마련 ※ 정당 : 정치적인 견해가 같은 사람들이 정권 획득을 통해 정치적 이상을 실현하기 위한 단체 ※ 권력 분립 : 국가 권력을 입법·사법·행정의 세 부분으로 나누어 서로 견제하여 균형을 이루려는 제도
시민 참여 정치 문화	시민들이 자신의 권리와 의무를 이해하고 주인의식을 바탕으로 적극적으로 정치에 참여하는 정치 문화 형성

(3) 정치 참여의 다양한 방법
　① 주권자로서 선거를 통해 자신의 의사를 표현
　② 정당, 이익 집단, 시민 단체 등에 가입하여 참여
　③ 집회, 시위, 언론 매체에 투고, 행정 기관에 건의 및 청원 등

4. 도덕적 실천과 성찰하는 삶

(1) 도덕적 성찰의 필요성
성찰하는 삶을 통해 자신과 타인의 행복을 함께 추구하여 공동체의 행복을 실현해야
한다.

(2) 도덕적 실천의 필요성
　① 공동체의 행복을 실현하기 위해 도덕적 실천이 필요하다.
　② 도덕적 실천을 통해 사회적 신뢰가 형성되고, 나와 공동체 모두의 행복 실현이 가능
　　해진다.
　③ 타인을 돕는 도덕적 실천은 자신이 필요한 사람이라는 인식을 높여 자존감과 만족감
　　을 높이는 데 기여할 수 있다.

(3) 성찰을 강조한 사상가
　① 소크라테스 : "성찰하지 않는 삶은 살 가치가 없다."
　② 증자 : "일일삼성(一日三省)", 하루에 세 번 자신의 행동을 반성함.

대표 기출문제

정답 및 해설 p. 98

01 ㉠에 들어갈 것은?

> • 모든 국민은 인간으로서의 존엄과 가치를 가지며, (㉠)을/를 추구할 권리를 가진다. ……
>
> – 헌법 제10조 –
>
> • 아리스토텔레스는 (㉠)을/를 인간 존재의 목적이고 이유라고 하였다.

① 복지　　　　　② 봉사
③ 준법　　　　　④ 행복

02 다음에서 강조하는 행복한 삶을 실현하기 위한 조건으로 가장 적절한 것은?

> 민주주의가 성숙한 나라일수록 국민의 인권이 존중되어 국민 각자가 원하는 삶의 방식을 자유롭게 추구할 수 있다. 독재 국가나 권위주의적 정치 체제에서는 국민의 의사가 자유롭게 표출되거나 정책으로 산출되기 어렵기 때문이다.

① 과밀화된 주거 환경
② 참여 중심의 정치 문화
③ 타인을 위한 무조건적인 희생
④ 분배를 지양한 경제적 효율성

03 질 높은 정주 환경을 위한 조건으로 가장 적절한 것은?

① 빈곤의 심화　　　② 불평등의 증가
③ 안락한 주거 환경　④ 생활 시설의 부족

04 다음에서 강조하는 행복한 삶을 실현하기 위한 조건으로 가장 적절한 것은?

> 남을 돕고 남과 더불어 살아가려는 노력은 다른 사람을 행복하게 만들 뿐만 아니라 자신에게도 진정한 행복감을 가져다준다. 내적으로 성찰하고 옳은 일을 실천하는 것을 통해 개인은 만족감과 행복감을 얻을 수 있다.

① 경제 성장　　　　② 기업가 정신
③ 도덕적 실천　　　④ 낙후된 주거 환경

05 질 높은 정주 환경을 조성하기 위한 조건으로 적절한 것을 〈보기〉에서 고른 것은?

> ┤ 보기 ├
> ㄱ. 깨끗한 자연환경
> ㄴ. 안락한 주거 환경
> ㄷ. 생활 시설의 부족
> ㄹ. 빈부 격차의 심화

① ㄱ, ㄴ　　　　② ㄱ, ㄷ
③ ㄴ, ㄷ　　　　④ ㄷ, ㄹ

02 자연환경과 인간

1 자연환경과 인간의 생활 양식

1. 자연환경이 인간 생활에 미치는 영향

(1) 기후와 인간 생활
  ① 세계의 기후 구분
    ㉠ 기후 : 기온, 강수, 바람 등으로 구성되어 위도, 해발 고도, 수륙 분포 등에 따라 달라진다.
    ㉡ 저위도에서 고위도로 가면서 열대, 건조, 온대, 냉대, 한대 기후가 나타난다.

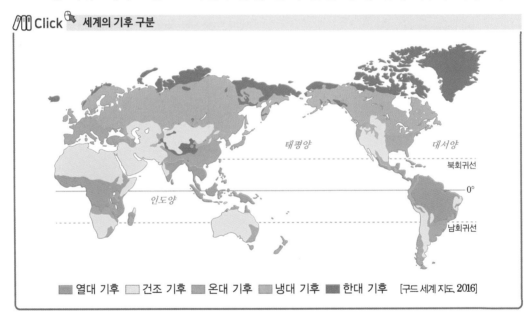

📖 Click 🖐 세계의 기후 구분

🟥 열대 기후 ⬜ 건조 기후 🟩 온대 기후 🟪 냉대 기후 🟫 한대 기후 [구드 세계 지도, 2016]

🎯 개념 Check

• **기후의 수평적 분포** : 지구가 둥글기 때문에 지역에 따라 일사량의 차이가 발생한다. 적도 부근에서 극지방으로 갈수록 일사량이 줄어들어 연평균 기온이 낮아진다.

② 기후에 따른 생활 양식의 차이
　㉠ 열대 기후
　　ⓐ 기후 특징 : 일 년 내내 기온이 높고 강수량이 많다.
　　ⓑ 생활 양식

의복	통풍을 위해 얇고 간편한 옷
농목업	수렵 및 채집, 이동식 화전 농업, 플랜테이션, 벼농사(계절풍의 영향을 받는 아시아 지역)
음식	기름에 볶는 요리와 향신료를 많이 사용
가옥	• 개방적 구조, 수상 가옥, 고상 가옥(지붕의 경사가 급하며 뜨거운 열기, 습기를 차단하기 위해 바닥을 지면에서 띄워 만든 가옥) • 강수량이 많아 지붕의 경사가 급함

> 🔖 **개념 Check**
> • 플랜테이션 : 선진국의 자본과 기술, 원주민의 노동력을 바탕으로 열대 기후에서 이루어지는 농업 방식
> • 계절풍 : 계절에 따라 바람의 방향이 바뀌는 바람
> 　- 여름 : 바다에서 육지로
> 　- 겨울 : 육지에서 바다로

　㉡ 건조 기후
　　ⓐ 기후 특징 : 강수량이 매우 적다(연 강수량 500mm 미만).
　　ⓑ 생활 양식

의복	모래 바람을 막기 위해 온몸을 감싸는 옷
농목업	오아시스 농업과 관개 농업(인위적으로 물을 공급해주는 방식의 농업 형태, 주로 사막), 유목(초원)
음식	• 초원 : 가축의 고기와 우유로 만든 음식 • 사막 : 외래 하천(습윤 지역에서 발원하여 사막을 관통하여 흐르는 하천)이나 오아시스 주변에서 재배한 대추야자, 밀
가옥	• 초원 : 이동식 가옥(게르) • 사막 : 흙집(평평한 지붕, 작은 창문, 두꺼운 벽)

　㉢ 온대 기후
　　ⓐ 기후 특징 : 계절의 변화가 뚜렷하고, 기온이 온화하다.
　　ⓑ 생활 양식

의복	계절에 따른 옷차림
농목업	수목 농업, 벼농사 등

음식	• 여름철이 고온 건조한 지중해성 기후에서는 올리브, 포도, 오렌지 등을 재배(수목 농업 : 고온 건조한 기후에서도 잘 견디는 나무를 주요 농작물로 재배) • 여름철에 강수량이 많은 지역에서는 벼농사가 발달하여 쌀을 주식으로 함
가옥	• 지중해성 기후 : 하얗게 칠한 외벽, 작은 창문 • 계절풍 기후 : 냉·난방 시설 함께 발달

ㄹ 냉대 기후

ⓐ 기후 특징 : 계절의 변화가 크고, 겨울이 비교적 길고 춥다.

ⓑ 전통 가옥 : 주변에 침엽수를 이용한 통나무집

• 침엽수 : 냉대 기후는 잎사귀가 뾰족한 침엽수가 주로 자라며 침엽수림 지역을 타이가 지대라 한다.

ㅁ 한대 기후

ⓐ 기후 특징 : 일 년 내내 기온이 낮다.

ⓑ 생활 양식

의복	보온을 위해 동물의 가죽·털로 만든 두꺼운 옷
농목업	순록 유목
음식	날고기·날생선 등의 육류 위주 섭취, 저장 음식
가옥	폐쇄적 구조, 이글루, 고상 가옥

Click 기후에 따른 가옥 형태

▲ 고상 가옥   ▲ 게르   ▲ 이글루

(2) 지형과 인간 생활

① 산지 지역

특징	해발 고도가 높고 경사가 급함 → 인간 거주에 불리
생활 양식	• 밭농사, 가축 사육, 관광업 등 발달 • 열대 지역 중 해발 고도가 높은 지역은 연중 봄과 같은 날씨가 지속되어 고산 도시가 발달함

② 평야 지역

특징	지표면이 평평하여 농경에 유리
생활 양식	• 인구 밀도가 높으며 도시 발달 • 넓은 경지를 이용한 농업 발달(벼농사, 밀농사)

③ 해안 지역

특징	육지와 바다가 만나는 곳으로 인간 거주에 유리함
생활 양식	농업과 어업, 항구 발달, 염전 또는 양식업 발달

④ 독특한 지형 경관이 나타나는 지역

    ㉠ 화산 지형, 카르스트 지형, 빙하 지형 등이 발달한 곳

    ㉡ 카르스트 지형 : 석회암이 물의 용식 작용으로 형성된 지형으로 탑 모양의 석회암 봉우리인 탑 카르스트, 석회 동굴, 돌리네 등이 형성된다.

        • 탑 카르스트 : 석회암이 깎여 만들어진 봉우리로 베트남의 하롱베이, 중국의 구이린이 유명하다.

    ㉢ 세계적인 관광지로 발달

2. 안전하고 쾌적하게 살아갈 시민의 권리

(1) 자연재해의 특징과 유형

    ① 자연재해의 특징 : 기후, 지형 등의 자연환경 요소들이 인간의 안전한 생활을 위협하며 피해를 주는 현상

    ② 유형

기상 재해	홍수	• 일시적으로 많은 비가 내릴 때 발생 • 도시와 농경지 침수, 인명 및 재산 피해
	가뭄	• 오랫동안 비가 내리지 않아 발생 • 식수 부족, 농업용수 부족으로 식물이 말라 죽음
	폭설	• 많은 눈이 단시간에 집중해서 내리는 현상 • 교통 혼잡, 비닐하우스 붕괴 등
	열대성 저기압	• 강한 바람과 많은 강수를 동반하여 피해를 유발함 • 태풍, 허리케인, 사이클론 등 다양한 명칭으로 불림
	황사	• 주로 봄철 중국 내륙에서 발생한 흙먼지가 편서풍을 타고 우리나라로 날아옴 • 호흡기와 안구 질환을 유발, 정밀기계 오작동의 피해 발생

지형(지질) 재해	화산 활동	• 용암, 화산 가스, 화산재 등에 의한 피해가 발생
	지진	• 땅이 갈라지고 흔들리면서 건축물과 도로 등이 붕괴 • 바다 밑에서 지진이 발생하면 대규모의 지진 해일이 일어남 • 지진 해일(쓰나미) : 해수면이 급격히 상승하여 바닷물이 육지로 밀려드는 현상

(2) 자연재해에 따른 피해와 대응 방안

   ① 자연재해의 피해

      ㉠ 인명과 재산상의 피해

      ㉡ 농경지, 산업 시설, 주택 등 생활 공간 파손

      ㉢ 재해 지역의 산업 및 경제에 악영향을 끼친다.

   ② 대응 방안

      ㉠ 내진 설계 의무화, 조기 경보 체계 및 대피 요령 마련 등

      ㉡ 재해민에 대한 보상과 지원 대책 마련

(3) 안전하고 쾌적한 환경에서 살아갈 시민의 권리

   ① 시민의 권리[헌법 제35조] : 모든 국민은 건강하고 쾌적한 환경에서 생활할 권리를 가지며, 국가와 국민은 환경 보전을 위해 노력해야 한다.

   ② 정부의 의무[헌법 제34조] : 국가는 재해를 예방하고 그 위험으로부터 국민을 보호하기 위한 노력을 해야 한다.

2 자연에 대한 다양한 관점

1. 자연을 바라보는 다양한 관점

(1) 인간 중심주의

   ① 인간 중심주의의 의미와 특징

의미	인간을 다른 자연적 존재들보다 가치 있는 존재로 여기고, 인간과 자연의 관계에서 인간의 이익이나 행복을 먼저 고려하는 관점
특징	• 이분법적 관점 : 인간을 자연과 구별되는 우월한 존재로 인식함 • 도구적 자연관 : 자연을 인간의 욕구 충족을 위한 도구로 봄 ➜ 인간은 자신의 이익과 행복을 위해 자연을 수단으로 이용할 수 있음

Click 🔑 인간 중심주의 서양 사상가

고대	아리스토텔레스	"식물은 동물의 생존을 위해, 동물은 인간의 생존을 위해 존재한다."
중세	아퀴나스	"신의 섭리에 따라 동물은 인간이 사용하도록 운명 지어졌다."
근대	베이컨	"아는 것이 힘이다. 방황하고 있는 자연을 사냥해 노예로 만들어 인간의 이익에 봉사하도록 해야 한다."
	데카르트	"우리는 자연의 주인이자 소유자가 될 수 있다. 육체와 영혼의 혼합체인 인간과 달리 자연은 영혼이 없는 물질이다."
	칸트	"자연에 대한 우리의 의무는 인간성 실현을 위한 간접적인 도덕 의무에 불과하다."

② 인간 중심주의에 대한 평가

긍정적 평가	과학 기술의 발전과 경제 성장을 이루는 데 도움을 줌
부정적 평가	인간의 필요와 물질적 욕망을 지나치게 강조하여 자연을 남용하고 훼손한 결과 자원 고갈, 생태계 파괴, 환경 오염 등과 같은 환경 위기를 초래함
극복 방안	• 인간 중심주의 관점에서 벗어나 인간과 자연을 유기적 관계로 바라보는 인식의 변화가 필요 • 유기적 관계 : 전체를 구성하고 있는 각 부분이 서로 밀접하게 관련되어 있어서 떼어 낼 수 없는 관계

(2) 생태 중심주의

① 생태 중심주의의 의미와 특징

의미	자연 그 자체의 가치를 인정하고 무생물을 포함한 자연 전체를 도덕적 고려 대상으로 여기는 관점
특징	• 인간뿐만 아니라 동물, 식물, 그리고 무생물을 포함한 생태계 전체를 도덕적으로 고려해야 할 대상으로 봄 • 인간은 자연으로부터 독립된 우월한 지배자가 아니라 자연의 한 구성원이라고 보는 관점 ➡ 전일론적 관점 • 자연의 가치는 인간의 이익과 무관하게 그 자체로 가치를 지니고 있음 ➡ 자연의 내재적 가치 강조 • 인간과 자연은 상호 보완적 관계로서 서로 조화와 균형을 이루어야 함을 강조

② 레오폴드의 대지 윤리
ㄱ 대지 윤리 : 생태계 전체를 하나의 유기체로 보고 공동체의 범위를 동물, 식물, 토양, 물을 포함한 대지까지 확대하려는 입장
ㄴ 대지는 경제적 가치로만 평가될 수 없으며, 인간 역시 생명 공동체의 한 구성원으로 자연과 조화와 균형을 유지해야 함.

→ "어떤 것이 생명 공동체의 온전성, 안정성, 아름다움의 보존에 이바지한다면 그것은 옳고, 그렇지 않다면 그르다."

ⓒ 생태 중심주의의 의의와 한계

의의	인간과 자연의 공존을 모색하는 새로운 관점을 제시하여 오늘날의 환경 문제를 해결하기 위한 시사점을 제공함
한계	생태계 전체의 이익을 우선하여 개별 구성원의 희생을 강요할 수 있다는 점에서 환경 파시즘으로 흐를 수 있음

개념 Check

- 생명 공동체 : 생태계 내의 무생물과 생물들이 상호 의존하고 있는 균형 잡힌 먹이 사슬
- 환경 파시즘 : 생태계 전체의 선(善)을 위해 개체의 선을 희생할 수 있다고 보는 생태 중심주의의 한 입장을 비판적으로 가리키는 용어

2. 인간과 자연의 바람직한 관계

(1) 인간과 자연의 유기적 관계

인간과 자연을 분리하여 바라보는 인간 중심주의에서 벗어나 인간과 자연을 유기적 관계로 바라보는 변화가 필요하다.

(2) 인간과 자연의 조화를 강조한 동양의 자연관

유교	만물이 본래적 가치를 지닌다고 보며, 인간과 자연이 조화를 이루는 천인합일(天人合一 : 하늘과 인간이 하나로 일치하는 유교의 이상적인 경지)의 경지를 지향함
불교	만물이 서로 연결되어 상호 의존하고 있다는 연기(緣起 : 만물이 서로 독립적으로 존재할 수 없는 상호 의존적인 존재임을 나타내는 불교 용어)를 깨닫고 모든 생명을 소중히 여기며 자비를 베풀 것을 강조함
도교	인간이 자연의 한 부분으로서 자연의 섭리에 순응하고 자연과 조화를 이루어야 함 → 자연 그대로의 질서에 따르는 무위자연(無爲自然)의 삶을 추구함

(3) 인간과 자연의 조화로운 공존을 위한 노력

① 다른 생명체를 존중하고, 인간의 욕망을 절제할 수 있어야 한다.

② 자연 친화적인 삶을 살기 위해서 생태계 전체를 도덕적으로 고려하는 생태 공동체 의식을 정립해야 한다.

3 환경 문제 해결을 위한 노력

1. 다양한 환경 문제

(1) 환경 문제의 발생 원인과 특징
① 발생 원인
㉠ 산업 발달, 인구 증가에 따른 자원 소비의 증가
㉡ 무분별한 자연의 개발에 따른 생태계의 자정 능력 상실
② 환경 문제의 특징
㉠ 피해를 복구하는 데 오랜 시간과 비용이 들어간다.
㉡ 오염 물질 발생 지역과 피해 지역이 일치하지 않는 경우가 많아 전 지구에 영향을
준다.

(2) 환경 문제의 유형과 주요 국제 협약
① 지구 온난화 : 온실가스 농도 증가로 지구의 평균 기온 상승 현상

원인	화석 연료 사용 증가, 삼림 파괴, 가축 사육 증가, 무분별한 경작지 확대 등
영향	빙하 축소, 해수면 상승, 이상 기후 현상 발생, 생태계 변화 등
대책	화석 연료 사용량 감축, 조림 사업 실시 등
국제 협약	기후 변화 협약, 교토 의정서, 파리 기후 변화 협약

• 화석 연료 : 석탄·석유·천연가스와 같은 지하 매장 자원을 이용하는 연료
② 오존층 파괴 : 프레온 가스(CFCs) 사용 증가로 오존층 파괴

원인	염화 플루오린화 탄소(CFCs)의 사용량 증가
영향	피부암·백내장 발병률 증가, 식물 성장 저해 등
대책	염화 플루오린화 탄소 배출 규제, 대체 냉매제 개발 등
국제 협약	몬트리올 의정서

• 염화 플루오린화 탄소(CFCs) : 주로 냉장고와 에어컨의 냉매제, 발포제 등으로 사용되는
화합물
③ 산성비 : pH 5.6 미만의 강한 산성의 비

원인	공장·자동차 등에서 나오는 황산화물과 질소 산화물
영향	삼림 파괴, 호수의 산성화와 무생물화, 구조물 및 건물의 부식, 오염 물질의 이동으로 인한 주변 국가와의 분쟁
대책	공장, 자동차에 탈황 시설 설치, 대체 에너지 자원 개발, 국가 간 협력 등
국제 협약	제네바 협약

④ 사막화 : 건조, 반건조 지역의 토양이 황폐해지면서 사막화하는 현상

원인	사막 주변의 장기간 가뭄, 인간의 과도한 방목·개간
영향	식량 생산 감소, 황사 현상 심화 등
발생 지역	사헬 지대, 사막 주변 지역
국제 협약	사막화 방지 협약

• 사헬 지대 : 아랍어로 변두리를 뜻하는 단어로 사하라 사막의 남쪽

🎯 개념 Check

국제 협약
• 바젤 협약 : 유해 폐기물의 국가 간 이동 및 그 처리 통제 협약
• 생물 다양성 협약 : 지구상의 생물 종을 보호하기 위한 협약
• 람사르 협약 : 습지의 파괴를 막고 물새가 서식하는 습지대 보호 협약

2. 환경 문제 해결을 위한 노력

(1) 정부
① 적정한 환경 기준에 대한 법률·제도 정비
  ㉠ 환경 영향 평가 제도 실시 : 환경 영향 평가란 정부 기관 또는 민간에서 대규모 개발 사업 계획을 수립할 때 개발 사업이 환경에 미치는 영향을 미리 예측, 평가하는 제도이다.
  ㉡ 친환경 사업자에 대한 보조금 지급, 오염 물질 배출 사업자 처벌, 부담금 부과
② 환경 문제 해결을 위한 국제 협약에 참여
  🔢 탄소 배출권 거래제 참여 : 정부에서 기업에 온실가스 배출 허용량을 정해 주고, 기업에서는 그 범위 내에서 온실가스를 사용해야 한다. 남거나 부족한 배출권은 시장에서 거래할 수 있다.

(2) 기업(생산 과정에서의 환경 보호 노력)
① 오염 물질 정화 시설 설치
② 친환경 기술 개발 및 제품 생산
③ 신·재생 에너지 개발 : 태양광, 풍력, 수력, 지열 등의 재생 에너지와 연료 전지, 수소 에너지 등의 신에너지의 합성어

(3) 시민 단체
① 환경 문제의 심각성 홍보
② 환경 보호 활동에 시민의 참여 유도
③ 정부의 환경 정책과 기업의 환경 오염 유발 활동 견제 및 감시

(4) 개인의 노력
    ① 자원 및 에너지 절약 실천
    ② 친환경적 제품 구매 등의 녹색 소비
    ③ 시민 단체에 가입하여 환경 감시 활동

대표 기출문제

정답 및 해설 p. 98

01 다음과 같은 특징이 나타나는 기후 지역은?

> • 기후 : 강수량이 적음.
> • 농업 : 오아시스나 외래 하천 부근에서 관개 시설을 이용해 밀, 대추야자 등을 재배함.
> • 전통 가옥 : 지붕이 평평한 흙벽돌집

① 열대 기후 지역　　② 건조 기후 지역
③ 온대 기후 지역　　④ 한대 기후 지역

02 다음에 해당하는 지역을 지도의 A~D에서 고른 것은?

> • '지구의 허파'라 불리는 열대림 지역
> • 무분별한 열대림 개발로 동식물의 서식지가 파괴되어 생물 종 다양성이 감소

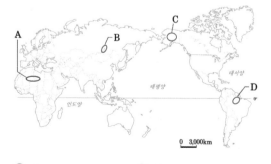

① A　　　　　　② B
③ C　　　　　　④ D

03 다음에서 설명하는 지역을 지도에서 고르면?

> • 자연환경 : 겨울이 길고 몹시 추운 날씨
> • 전통 생활 양식 : 순록 유목, 털가죽 의복, 폐쇄적 가옥 구조

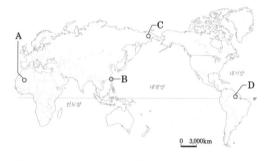

① A　　　　　　② B
③ C　　　　　　④ D

04 열대 기후 지역의 전통 생활 모습으로 옳은 것을 〈보기〉에서 고른 것은?

> ┤ 보기 ├
> ㄱ. 순록 유목
> ㄴ. 오아시스 농업
> ㄷ. 얇고 간편한 의복
> ㄹ. 개방적인 가옥 구조

① ㄱ, ㄴ　　　　② ㄱ, ㄷ
③ ㄴ, ㄷ　　　　④ ㄷ, ㄹ

05 한대 기후의 특성에 따른 생활 모습으로 옳은 것을 〈보기〉에서 고른 것은?

┤ 보기 ├
ㄱ. 순록 유목
ㄴ. 이동식 화전 농업
ㄷ. 가축의 털로 만든 옷
ㄹ. 통풍을 위한 큰 창문

① ㄱ, ㄴ ② ㄱ, ㄷ
③ ㄴ, ㄹ ④ ㄷ, ㄹ

06 다음에서 설명하는 자연재해는?

• 저위도의 열대 해상에서 발생하여 우리나라에 영향을 미치는 열대 저기압
• 강한 바람에 많은 비를 동반하여 큰 피해를 유발함.

① 가뭄 ② 지진
③ 태풍 ④ 폭설

07 ㉠, ㉡에 해당하는 자연재해로 옳은 것은?

• (㉠) : 강한 바람과 많은 비를 동반하여 피해를 주는 열대 저기압
• (㉡) : 지각판의 경계에서 주로 발생하고, 땅이 갈라지고 흔들리면서 도로 등이 붕괴됨.

	㉠	㉡		㉠	㉡
①	태풍	지진	②	화산	한파
③	황사	태풍	④	황사	지진

08 다음에서 설명하는 자연재해는?

　주로 여름철 장마와 태풍의 영향으로 집중 호우 시 발생한다. 피해를 줄이기 위해서 제방 건설, 댐과 저수지 건설, 삼림 조성 등의 대책을 수립하고 시행해야 한다. 또한 예보와 경보 체계를 구축하고 지속적인 하천 관리가 필요하다.

① 가뭄 ② 지진
③ 홍수 ④ 화산

09 다음에서 설명하는 자연재해는?

• 분류 : 지형적 요인에 의한 자연재해
• 원인 : 급격한 지각 변동
• 현상 : 높은 파도가 빠른 속도로 해안으로 밀려옴.

① 가뭄 ② 폭설
③ 지진 해일 ④ 열대 저기압

10 다음 글에 나타나는 자연에 대한 관점은?

레오폴드
(Leopold, A.)

바람직한 대지 이용을 오직 경제적 문제로만 생각하지 말라. 윤리적, 심미적으로 무엇이 옳은가의 관점에서 검토하라. 생명 공동체의 통합성과 안정성 그리고 아름다움의 보전에 이바지한다면, 그것은 옳다. 그렇지 않다면 그르다.

① 물질 만능주의 ② 생태 중심주의
③ 수정 자본주의 ④ 인간 중심주의

11 다음 사례에 나타난 자연관은?

> - 인간이 만든 시설물 때문에 야생 동물의 서식지가 파괴되는 것을 막기 위해 조성한 길
> - 인간과 자연환경이 조화를 이루며 공생할 수 있는 지속 가능한 체계를 갖춘 도시 설계

① 인간 중심주의   ② 생태 중심주의
③ 개인주의 가치관   ④ 이분법적 세계관

12 ㉠, ㉡에 들어갈 자연관으로 옳은 것은?

> - (㉠) 자연관 : 자연은 영혼이 없는 물질로, 인간이 마음대로 이용하고 지배할 수 있는 대상이다.
> - (㉡) 자연관 : 모든 생명체가 자연의 일부이며, 인간도 자연을 구성하는 일부이다.

	㉠	㉡
①	생태 중심주의	자원 민족주의
②	자원 민족주의	인간 중심주의
③	인간 중심주의	생태 중심주의
④	생태 중심주의	인간 중심주의

13 ㉠에 들어갈 것으로 가장 적절한 것은?

(㉠)는 극심한 가뭄이나 인간의 과도한 농경 및 목축으로 인해 토지가 황폐화되는 현상으로, 사헬 지대에서 대표적으로 나타난다.

① 사막화   ② 산성비
③ 열대림 파괴   ④ 폐기물 해양 투기

14 다음 중 ㉠에 들어갈 국제 환경 협약은?

> 〈 ㉠ 〉
> - 1992년 브라질의 리우데자네이루에서 개최함.
> - 지구 온난화를 방지하기 위해 온실 가스 감축에 합의함.

① 런던 협약   ② 바젤 협약
③ 람사르 협약   ④ 기후 변화 협약

15 다음 조약의 체결 목적으로 가장 적절한 것은?

> - 몬트리올 의정서
> - 파리 기후 변화 협약

① 난민 문제 해결
② 국제 테러 방지
③ 국제 환경 문제 해결
④ 생산자 서비스 기능 확대

16 다음에서 설명하는 것은?

> 각종 개발 사업이 시행되기 전에 환경에 미치게 될 영향을 예측하고 평가하여 환경 오염을 줄이려는 방안을 마련하는 제도이다.

① 용광로 정책
② 공적 개발 원조
③ 환경 영향 평가
④ 핵 확산 금지 조약

생활 공간과 사회

1 산업화 · 도시화에 따른 변화

1. 산업화와 도시화

(1) 산업화

① 의미 : 농업 중심의 사회에서 공업, 서비스업 중심으로 변화하는 현상

② 특징 : 산업화로 인해 대량 생산이 가능해지고, 광공업과 서비스업의 종사자 비중이 늘어난다.

(2) 도시화

① 의미 : 한 국가 내에서 도시 거주 인구 비율이 높아지고, 도시적 생활 양식과 도시적 경관이 확대되는 현상

② 특징 : 산업화가 진행되면서 촌락에서 도시로의 인구 이동이 활발해져 도시화의 가속화에 영향을 준다.

> **개념 Check**
>
> - 우리나라의 산업 변화 특징 : 1960년대 이전까지 농림 · 어업 중심의 1차 산업 중심의 사회였으나, 1960년대 이후 산업화로 광공업과 서비스업의 비중이 점차 늘어났다.
> - 우리나라의 도시화 변화 특징 : 1960년대 이전 대부분의 인구는 촌락에 거주하였다. 1960년대에 시작된 산업화와 함께 이촌 향도 현상으로 도시 인구가 증가하면서 도시화도 빠르게 진행되어 현재는 전체 인구의 90% 이상이 도시에 거주하고 있다.
> - 도시화율 : 전체 인구 중에서 도시에 사는 인구가 차지하는 비율을 말한다.
> - 이촌 향도 : 현재 개발 도상국가에서 주로 나타나는 현상으로 농촌인구가 일자리를 찾아 도시로 향하는 것을 말한다.

(3) 산업화 · 도시화에 따른 생활 공간의 변화

① 거주 공간의 변화

㉠ 집약적 토지 이용 : 도시에 많은 인구와 기능이 집중되면서 제한된 공간을 효율적으로 이용하기 위해 고층 건물, 아파트 등이 등장하였다.

㉡ 도시 내부 공간의 분화 : 도시의 규모가 커질수록 도시 내부의 공간 분화가 뚜렷해짐. ➡ 지대(건물이나 토지를 빌린 대가로 지급하는 임대료)에 따라 상업 · 업무 지구, 공업 지구, 주거 지구로 분화

② 생태 환경의 변화

    ㉠ 녹지 면적 감소 : 산업 지역이나 도시의 확대로 농경지, 산림과 같은 자연 상태의 토지가 감소

    ㉡ 포장 면적 증가 : 도시 지표면 중 콘크리트와 같은 인공 구조물이 증가 ➡ 불투수층 (빗물이 흡수되지 못하는 지층) 면적 증가로 홍수 발생 위험 증가

(3) 산업화·도시화에 따른 생활 양식의 변화

도시성의 확산	• 도시성의 의미 : 도시에 거주하는 사람들이 가지는 사고 및 행동 양식 • 교통·통신의 발달로 도시·촌락 간 교류 증가 ➡ 도시성이 보편적인 생활 양식으로 확산됨 • 자율성과 다양성이 존중되었으나 사회적 유대감이 약화됨
직업 분화 촉진	2·3차 산업의 발달로 인해 직업이 분화되고 전문성이 증가함. 특히, 도시 거주민의 직업이 다양하게 나타남
개인주의적 가치관의 확산	농업 사회에서는 집단, 공동체에 대한 의무를 중시하지만 산업화·도시화로 인해 공동체보다 개인을 강조하는 경향이 커짐 ➡ 개인주의적 가치관이 확산되고 개인 간 경쟁이 치열해짐

2. 산업화·도시화에 따른 문제점과 해결 방안

(1) 산업화·도시화로 인한 문제

    ① 주택 문제 : 도시 인구 급증으로 인해 주택 부족, 집값 상승, 불량 주택 지역이 형성된다.

    ② 교통 문제 : 교통량 증가에 비해 교통 시설 부족으로 인해 교통 혼잡, 주차난 등의 문제가 발생한다.

    ③ 환경 문제

수질 오염	산업 폐수 및 가정에서 배출되는 폐수 증가
토양 오염	산업 폐기물이나 생활 쓰레기의 증가로 인한 토양 오염 발생
대기 오염	공장, 자동차 등에서 배출되는 매연 증가
열섬 현상	• 도시 내 콘크리트나 아스팔트로 포장된 면적 증가 • 인공열 증가로 도시의 평균 기온이 주변 지역보다 높아짐 • 인공열 : 인간 활동에 의해 만들어진 열 예 자동차 엔진 열, 난방열

    ④ 여러 가지 사회 문제 : 노사 갈등, 실업 문제, 물질 만능주의, 빈부 격차 심화, 인간 소외 현상 등

(2) 산업화·도시화로 인한 문제의 해결 방안

① 사회적 차원에서의 해결 방안

주택 문제 해결	낙후된 지역의 생활 환경 개선, 도시 재개발 사업 추진
교통 문제 해결	대중교통 수단 확충, 공영 주차장 확대
환경 문제 해결	환경 관련 법적 규제 강화, 환경과 조화를 이루는 개발 추진
사회 문제 해결	노동자를 위한 제도 마련, 저소득층에 대한 제도적 지원 강화

② 개인적 차원에서의 해결 방안

㉠ 대중교통을 이용하고 환경 오염 물질 배출을 최소화하는 생활을 실천해야 한다.

㉡ 인간 소외 문제를 해결하기 위해 공동체 의식 함양, 타인을 존중하려는 의식을 가져야 한다.

• 인간 소외 현상 : 노동 과정에서 인간이 도구나 기계로 전락하여 소외되는 현상이다.

2 교통·통신의 발달과 정보화에 따른 변화

1. 교통·통신의 발달에 따른 생활 공간과 생활 양식의 변화

(1) 교통·통신 발달에 따른 생활 공간의 변화(생활 공간의 확대)

① 교통의 발달로 이동 시간과 비용이 감소되어 생활 공간 범위가 확대된다.

② 시·공간적 제약이 완화되어 지구촌 사회 형성

③ 누리 소통망(SNS)을 이용한 의사소통이 보편화된다.

• 누리 소통망(SNS) : 온라인을 통해 인적 관계망을 연결하여 시간이나 장소에 제약받지 않고, 자유롭게 의사소통을 할 수 있다.

(2) 교통·통신 발달에 따른 생활 양식의 변화

① 경제 활동 범위의 확대

㉠ 자본, 상품, 노동력의 국제적 이동이 활발해짐. ➡ 다국적 기업 등장

㉡ 다국적 기업 : 여러 나라에 계열 회사를 확보하여 상품을 생산·판매하는 기업

② 여가 공간의 확대 : 장거리 이동이 가능해지면서 국내외 여행 증가 ➡ 다양한 문화 체험 기회 증가

③ 정보 교류 증가 : 전자 상거래 활성화, 다양한 소통과 인간관계 형성

• 전자 상거래 : 인터넷, TV 홈쇼핑 등을 이용하여 물건을 사고파는 행위

(3) 교통·통신의 발달에 따른 문제점과 해결 방안

① 생활 공간의 격차

문제점	• 접근성이 좋은 대도시가 주변의 중소 도시, 농촌의 경제력을 흡수하여 지역 격차 심화 ➡ 빨대 효과 • 교통·통신 발달의 혜택에서 소외된 지역은 경제가 쇠퇴

| 해결 방안 | • 지역 격차 해소를 위한 정책 수립
• 지역 특성을 살린 개발 전략을 통해 지역 경쟁력 강화
　예 지역 축제, 특산물 홍보 |

- 접근성 : 특정 지역이나 시설로 얼마만큼 쉽게 접근할 수 있는가를 말한다.
- 빨대 효과 : 빨대로 컵의 음료를 빨아들이듯이, 교통이 편리한 지역이 상대적으로 교통이 불편한 지역의 경제력을 흡수하는 현상이다.

② 생태 환경의 변화

| 문제점 | • 새로운 도로, 교통 시설 건설로 생태계 파괴
• 교통량의 증가로 교통 체증과 대기 오염 및 각종 소음 공해 발생
• 항공기, 선박의 국제적 이동 증가로 외래 생물 종 전파, 해양 기름 유출사고 증가 |
| 해결 방안 | • 개발 계획 수립 시 환경 영향 평가 실시
• 도로 건설 시 생태 통로 건설
• 자동차 배기가스 저감 장치 설치
• 선박 평형수 처리 장치 의무화 : 선박 평형수는 선박의 무게 중심을 유지하기 위해 선박 내에 채워 넣거나 빼는 바닷물이다. 이 과정에서 외래종이 유입되며 생태계가 교란될 수 있다. |

2. 정보화에 따른 생활 양식의 변화

(1) 정보화 사회의 의미

　과학 기술의 발달로 컴퓨터, 인터넷, 인공위성 등을 이용한 신속, 정확한 정보 수집이 가능해지고, 지식과 정보가 부의 원천이 되는 사회를 말한다.

(2) 정보화로 인한 공간 이용 방식의 변화

① 위치정보시스템(GPS)

　　㉠ 의미 : 인공위성이 보내는 신호를 수신하여 현재 위치를 알려주는 시스템

　　㉡ 활용 : 자동차 내비게이션, 대중교통 도착 알림 시스템

② 지리정보시스템(GIS)

　　㉠ 의미 : 지리 정보를 수치화하여 컴퓨터에 입력·저장하고, 이를 다양한 방법으로 분석·종합하여 제공하는 시스템

　　㉡ 활용 : 입지 분석, 상권 분석 및 입지 선정, 자원 개발 및 재난 예방

(3) 정보화에 따른 생활 양식 변화

정치적 영역	누리 소통망(SNS)을 이용하여 선거 운동, 인터넷 게시판을 활용한 여론 형성 등 시민의 정치적 참여 확대
경제적 영역	재택 근무를 통한 효율적인 업무, 전자 상거래를 통한 소비 생활
사회적 영역	유비쿼터스 구축으로 온라인 교육·진료 서비스 확대

> 🕐 **개념 Check**
>
> - **원격 탐사** : 인공위성, 항공기를 이용하여 인간이 접근하기 어려운 지역의 정보를 수집하는 기술이다.
> - **유비쿼터스** : 사물을 네트워크로 연결하여 시간·장소에 관계없이 이용할 수 있게 하는 기술이다.

(4) 정보화에 따른 문제점과 해결 방안
   ① 인터넷 중독
      ㉠ 문제점 : 인터넷 사용을 스스로 조절하지 못해 일상 생활에 지장을 초래
      ㉡ 해결 방안 : 인터넷 중독 예방 및 치료 프로그램 운영
   ② 사이버 범죄
      ㉠ 문제점 : 개인 정보 유출, 사생활 침해, 인터넷 금융 사기, 악성 댓글
      ㉡ 해결 방안 : 정보 윤리 강화, 사이버 범죄 관련 법령 강화 등
   ③ 사생활 침해
      ㉠ 문제점 : 개인 정보 유출, CCTV·휴대전화 위치 추적 등을 통한 감시나 통제
      ㉡ 해결 방안 : 개인정보 보호법, 지능정보화 기본법 등의 법률 정비 및 강화
         • 지능정보화 기본법 : 지능정보화 관련 정책의 수립 추진에 필요한 사항을 규정함으로써 지능정보사회의 구현에 이바지하고 국가경쟁력을 확보하기 위한 법이다.
   ④ 정보 격차
      ㉠ 정보의 소유 정도에 따라 지역·계층 간의 격차 발행
      ㉡ 해결 방안 : 정보 소외 지역과 계층에 컴퓨터 보급, 컴퓨터 활용 교육 프로그램 지원, 사회 복지 제도 확충

3 지역과 공간 변화

1. 내가 사는 지역 변화

(1) 지역과 지역성
   ① 지역 : 지리적 특성이 다른 지역과 구별되는 지표상의 공간 범위
   ② 지역성
      ㉠ 자연환경과 인문환경의 상호 작용으로 형성된 지역의 고유한 특성
      ㉡ 고정된 것이 아니며 시간에 따라 변화한다.
      ㉢ 교통·통신의 발달 및 교류의 활성화로 지역의 고유성이 약화되는 추세
      ㉣ 지역성은 지역의 정체성을 반영하기 때문에 최근에는 지역성에 바탕을 두고 지역 발전을 추구하는 지역이 많아지고 있다.

(2) 지역 조사
① 지역에 대한 정보를 수집·분석하여 지역의 변화 및 문제점을 파악하는 활동이다.
② 지역 조사 과정

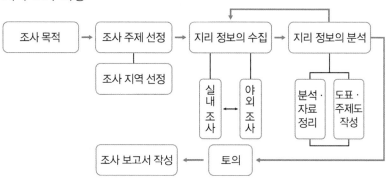

ⓐ 실내 조사 : 문헌, 지도, 사진, 항공 사진 등을 통해 지역 정보를 수집하고 야외 조사(현지 조사)를 위한 준비를 한다.
  • 항공 사진 : 항공기를 타고 공중에서 지표를 촬영한 것
ⓑ 야외 조사(현지 조사) : 해당 지역을 직접 방문하여 면담, 설문, 촬영 등을 통해 지리 정보를 수집한다.

(3) 공간 변화에 따른 문제점과 대책
① 도시에서 발생하는 문제점과 해결 방안

문제점	인구 과밀로 인한 각종 기반시설 부족, 도시 내의 낙후된 공간으로 주민들의 삶의 질 저하
해결 방안	도시 기반시설 확충, 재개발을 통한 주거 환경 개선 등

② 중소 도시의 공간 변화에 따른 문제점과 해결 방안

문제점	일자리나 문화 공간 등의 부족, 대도시로의 인구 유출 등
해결 방안	지역 특성화 사업 추진, 업무 기능 확충을 통한 자족 기능 확대

③ 촌락의 지역 문제점과 해결 방안

도시와 가까운 촌락	도시화가 진행되면서 도시의 인구가 촌락으로 유입 ➜ 공동체 의식과 전통문화가 약화됨
도시와 멀리 떨어진 촌락	인구 감소로 인한 노동력 부족, 성비 불균형으로 인한 농촌 총각 결혼 문제 발생, 교육 및 의료, 문화 생활 여건 등이 악화
해결 방안	교육·의료·문화 시설 확충, 지역 브랜드화, 지리적 표시제, 지역 축제 등의 사업 추진

개념 Check

- **성비 불균형** : 성비는 여성 인구 수에 대한 남성 인구 수의 비율을 나타낸 것이다. 촌락은 20~30대 여성의 인구 유출이 지속되면서 성비 불균형이 심화되고 있다.
- **지역 브랜드** : 지역이나 지역의 상품을 특별한 브랜드로 인식시키고 홍보하는 것이다.
- **지리적 표시제** : 농산물 및 그 가공품의 특징이 지리적 특성에 기인하는 경우 그 지역의 특산품임을 인증하는 제도이다.

03 대표 기출문제

정답 및 해설 p. 100

01 개발 제한 구역을 설정한 목적으로 옳은 것을 〈보기〉에서 고른 것은?

┤ 보기 ├
ㄱ. 도시 녹지 환경 보전
ㄴ. 도시 내 시가지 개발
ㄷ. 도시의 무분별한 팽창 방지
ㄹ. 도시 내 각종 산업 시설 용지 확보

① ㄱ, ㄴ
② ㄱ, ㄷ
③ ㄴ, ㄹ
④ ㄷ, ㄹ

02 열섬 현상의 원인으로 옳지 않은 것은?

① 녹지 면적의 증가
② 아스팔트 도로의 증가
③ 콘크리트 건물의 증가
④ 자동차의 배기가스 배출 증가

03 다음에서 설명하는 것으로 가장 적절한 것은?

산업화로 생산 과정의 자동화가 이루어졌지만 이로 인해 인간을 마치 기계의 부속품처럼 여기게 되어 노동에서 얻는 만족감이나 성취감이 약화되는 현상을 의미한다.

① 연고주의
② 인간 소외
③ 공간 불평등
④ 계층의 양극화

04 ㉠에 들어갈 내용으로 적절하지 않은 것은?

도시에서는 인공 구조물과 아스팔트, 콘크리트 등의 포장 면적이 증가하여 (㉠).

① 녹지 면적이 감소한다.
② 농경지 확보가 유리해진다.
③ 도심에 열섬 현상이 나타난다.
④ 빗물이 토양에 잘 흡수되지 않는다.

05 다음 현상의 사례로 적절하지 않은 것은?

도시에 거주하는 사람들과 도시 수가 빠르게 증가하면서 도시적 생활 양식과 도시 경관이 확대되는 현상

① 농경지 증가
② 상업 시설 증가
③ 인공 건축물 증가
④ 지표의 포장 면적 증가

06 다음에서 설명하는 것은?

• 대도시의 기능과 영향력이 주변 지역으로 확대되면서 형성되는 생활권이다.
• 집과 직장의 거리가 멀어지는 사람들이 많아진다.

① 대도시권
② 누리 소통망(SNS)
③ 커뮤니티 매핑
④ 지리 정보 시스템

07 산업화가 가져온 변화로 옳은 것을 〈보기〉에서 고른 것은?

┌─ 보기 ┐
ㄱ. 녹지 면적 증가
ㄴ. 농업 중심 사회 형성
ㄷ. 직업의 다양성 증가
ㄹ. 도시화의 촉진
└────────┘

① ㄱ, ㄴ   ② ㄱ, ㄷ
③ ㄴ, ㄹ   ④ ㄷ, ㄹ

08 다음 설명에 해당하는 용어로 가장 적절한 것은?

• 한 국가 내에서 도시에 거주하는 사람들과 도시 수가 증가하면서 도시적 생활 양식과 도시 경관이 확대되는 현상
• 영향 : 인공 건축물 증가, 지표의 포장 면적 증가

① 도시화   ② 남초 현상
③ 유리 천장   ④ 지리적 표시제

09 다음 중 교통과 통신의 발달로 나타나는 특징으로 적절하지 <u>않은</u> 것은?

① 인간의 공간 인식이 확대된다.
② 지역 간의 상호 작용이 활발해진다.
③ 많은 양의 정보를 주고받을 수 있다.
④ 산업 구조의 중심이 2차에서 1차 산업으로 바뀐다.

10 다음과 같은 생활 모습이 나타나게 된 원인은?

• 전자 상거래와 원격 근무의 활성화
• 누리 소통망(SNS)의 보편화로 인한 정치 참여 기회 확대

① 정보화   ② 공정 무역
③ 윤리적 소비   ④ 공간적 분업

11 정보화로 인한 생활 양식의 변화로 적절하지 <u>않은</u> 것은?

① 시공간의 제약이 완전히 사라졌다.
② 원격 진료나 원격 교육이 가능해졌다.
③ 전자 상거래를 통해 물건을 구매할 수 있게 되었다.
④ 가상공간을 통해 개인의 정치적 의견을 토론할 수 있게 되었다.

12 교통·통신의 발달이 가져온 변화로 가장 적절한 것은?

① 시공간의 제약이 크게 줄었다.
② 지역 간의 교류가 단절되었다.
③ 경제 활동의 범위가 축소되었다.
④ 다른 지역과의 접근성이 낮아졌다.

13 ㉠에 들어갈 내용으로 옳은 것은?

학습 주제 : (㉠)의 문제점
• 개인 정보 유출로 인한 사생활 침해
• 프로그램 불법 복제 같은 사이버 범죄 증가

① 교외화   ② 정보화
③ 님비 현상   ④ 열섬 현상

04 인권 보장과 헌법

1 인권의 의미와 변화 양상

1. 인권

(1) 의미

인간 존엄성을 유지하며 살아갈 수 있도록 모든 사람이 누려야 하는 기본적인 권리이다.

(2) 특징

천부성	태어나면서 하늘로부터 부여된 자연적 권리
보편성	나이, 인종, 성별, 사회적 신분 등과 관계없이 모든 인간이 누려야 할 권리
불가침성	타인이 함부로 빼앗거나 양도할 수 없는 권리
항구성	일정 기간에만 보장받는 것이 아니라 영원히 보장되는 권리

2. 인권의 발달 과정

(1) 인권 보장의 역사적 전개 과정

① 시민 혁명

ㄱ 의의 : 계몽사상, 사회 계약설, 천부인권 사상의 영향을 받아 자유와 평등을 요구한 것으로 시민의 인권 보장에 큰 영향을 미쳤다.

ㄴ 사례 : 영국의 명예 혁명(1688년), 미국의 독립 혁명(1775년), 프랑스 혁명(1789년)

ㄷ 인권문서 : 영국의 권리 장전(1689년), 미국의 독립 선언(1776년), 프랑스 인권 선언(1789년)

ㄹ 결과 : 인권을 강조하는 선언들이 발표되고 자유권, 평등권, 참정권의 등장으로 인권이 신장되었다.

② 참정권 확대 과정 : 시민 혁명 이후 참정권을 보장받지 못한 노동자, 농민, 여성 중심으로 참정권 확대 운동 전개

예 영국의 차티스트 운동(영국 노동자들이 보통 선거권을 획득하기 위한 사회 운동), 여성 참정권 운동

③ 사회권의 등장 : 산업 혁명 이후 빈부 격차, 사회 불평등 심화로 사회적 약자의 인간다운 생활을 보장하고자 국가에 대하여 적극적인 배려를 요구할 수 있는 사회권 등장

예 독일 바이마르헌법(1919년) : 최초로 헌법에 사회권적 기본권 명시

④ 연대권의 등장
  ㉠ 인종이나 국적에 관계없이 인권 문제를 해결하기 위한 인류 공동의 노력 강조
  ㉡ 국제 연합(UN)에서 세계 인권 선언(1948년) 채택 : 두 차례 세계 대전 이후 세계 평화와 인권 보호를 위해 국제 연합(UN)에서 채택함. 국제기구가 채택한 포괄적 인권 문서로, 국제 인권법의 토대가 되었다.

(2) 바자크(Karel Vasak)의 인권 3세대론

1세대 인권 (자유권, 평등권)	시민 혁명 이후 국가로부터의 불간섭을 요구하는 권리 예 신체의 자유, 사상의 자유, 집회·결사의 자유
2세대 인권 (사회권)	약자의 인간다운 삶을 보장받기 위해 국가가 적극적으로 개입할 것을 요구하는 경제·사회·문화적 권리 예 교육을 받을 권리, 근로 3권, 사회 보장을 받을 권리
3세대 인권 (연대권, 단결권)	인류 보편적인 가치라는 인식 확산으로 여성, 장애인, 아동, 난민 등 차별받는 집단의 인권 보호에 주목하여 연대와 단결을 강조하는 집단의 권리 예 자결권, 평화의 권리, 재난 구제를 받을 권리 등

💡 **개념 Check**

- 바자크(Karel Vasak) : 프랑스 법학자 바자크(Karel Vasak)는 제1세대 인권, 제2세대 인권, 제3세대 인권이라는 말을 처음 쓰기 시작했다. 프랑스 혁명의 기조 '자유·평등·박애'에 따른 것이다.
- 근로 3권
  - 단결권 : 노동조합을 결성할 수 있는 권리
  - 단체 교섭권 : 노동조합이 사용자와 교섭할 수 있는 권리
  - 단체 행동권 : 파업, 태업 등의 쟁의 행위를 할 수 있는 권리
- 자결권(自決權) : 정치적 지위를 자유롭게 결정하고, 경제·사회·문화적 발전을 자유롭게 추구할 수 있는 권리

2. 현대 사회에서 인권의 확장

(1) 배경
  인권 의식 향상, 사회 변화로 새롭게 요구되는 인권 등장

(2) 확장된 인권의 내용(다양한 영역으로 확장되는 인권)

환경권	건강하고 쾌적한 환경에서 살 권리
주거권	쾌적하고 안정적인 주거 환경에서 인간다운 주거 생활을 할 권리
안전권	국민이 각종 위험으로부터 안전을 보호받을 권리

문화권	국민 누구나 문화 생활에 참여하고, 자신의 문화적 정체성을 유지할 권리
잊혀질 권리	인터넷상 유통되는 개인 정보를 당사자가 삭제하거나 수정해 달라고 요청할 권리

2 인권 보장을 위한 다양한 노력

1. 인권 보장을 위한 헌법의 역할과 제도적 장치

(1) 헌법과 인권
 ① 헌법 : 국민의 기본적 인권과 국가 운영 원리를 규정한 국가의 최고 상위법이다.
 ② 인권과 헌법 : 인권을 국민의 기본권으로 명시하여 헌법에서 보장한다.

(2) 헌법으로 보장하는 기본권
 ① 인권에 대한 우리 헌법의 기본 입장 : [헌법 제10조] 모든 국민은 인간으로서의 존엄과 가치를 가지며, 행복을 추구할 권리를 가진다. 국가는 개인이 가지는 불가침의 기본적인 인권을 확인하고 이를 보장할 의무를 진다.
 ② 우리나라 헌법상의 기본권

자유권	가장 오래된 기본권으로 국가로부터 개인의 자유로운 생활을 간섭받지 않을 권리 ➡ 소극적 권리 예 신체의 자유, 정신적 자유, 경제적 자유
평등권	성별, 종교, 사회적 신분 등에 의해 불합리한 차별을 받지 않을 권리 ➡ 다른 기본권 보장의 전제 조건 예 법 앞의 평등
참정권	국가의 의사 결정 과정에 참여할 수 있는 권리 ➡ 능동적 권리 예 선거권, 공무 담임권(공직을 맡을 수 있는 권리), 국민 투표권
청구권	국가에 대해 일정한 행위를 청구할 수 있는 권리 ➡ 다른 기본권을 보장하기 위한 수단적 권리 예 청원권(국민의 바람이나 어려움을 해결해 달라고 문서로 신청할 수 있는 권리), 재판 청구권, 국가 배상 청구권
사회권	국가에 대하여 인간다운 생활의 보장을 요구할 수 있는 권리 ➡ 적극적 권리 예 근로의 권리, 교육을 받을 권리

(3) 인권 보장을 위한 제도적 장치

국민 주권의 원리	• 주권이 국민에게 있다는 원리, 국민 투표를 통한 헌법 개정, 국민 선거에 의한 대통령 및 국회의원 선출 • 대한민국의 주권은 국민에게 있고, 모든 권력은 국민으로부터 나온다.[헌법 제1조 제2항]
권력 분립 제도	국가 권력을 입법부, 사법부, 행정부로 나누어 서로 견제하고, 균형을 이루게 함
법치주의	국가 운영은 국회가 제정한 법률에 근거하여 수행해야 함
복수 정당제	하나의 정당만이 존재하는 것이 아니라, 시민들의 다양한 의견을 반영할 수 있는 여러 정당의 활동을 보장함
기본권 구제 제도	• 국가 기관에 의한 개인의 침해를 구제하는 제도 마련 • 헌법 재판소 : 위헌 법률 심판 제도나 헌법 소원 심판 제도를 통해 법률이나 공권력이 개인의 기본권을 침해했는지를 판단하여 구제함 • 위헌 법률 심판 : 국회가 만든 법률이 헌법에 위반되는지를 심사하고 헌법에 위반된다고 판단되는 경우에 그 법률의 효력을 잃게 하거나 적용하지 못하게 하는 것이다. • 헌법 소원 심판 : 공권력의 행사 또는 불행사, 헌법에 위배되는 법률 때문에 기본권을 침해받은 자가 직접 헌법 재판소에 그 권리를 구제해 주도록 청구하는 제도이다.

(4) 기본권의 제한과 한계

① 기본권의 제한

㉠ 기본권의 행사가 타인의 기본권을 침해하거나 공익에 해를 끼치지 않도록 국가가 개인의 기본권 행사의 범위에 일정한 제한을 둔다.

㉡ 기본권 제한(「헌법」 제37조 제2항) : 국민의 모든 자유와 권리는 국가 안전 보장·질서 유지 또는 공공복리를 위하여 필요한 경우에 한하여 법률로써 제한할 수 있으며, 제한하는 경우에도 자유와 권리의 본질적인 내용을 침해할 수 없다.

② 기본권 제한의 목적과 한계

㉠ 목적상 한계 : 국가 안전 보장, 질서 유지, 공공복리를 위한 기본권의 제한이 가능하다.

㉡ 방법상 한계 : 필요한 경우에 한하여 제한한다.

㉢ 형식상 한계 : 국회에서 제정한 법률로써 제한한다.

㉣ 내용상 한계 : 자유와 권리의 본질적인 내용은 침해할 수 없다.

Click 기본권 제한

헌법 제37조 제2항
국민의 모든 자유와 권리는 국가 안전 보장·질서 유지 또는 공공복리를 위하여 필요한 경우에 한하여 법률로써 제한할 수 있으며, 제한하는 경우에도 자유와 권리의 본질적인 내용을 침해할 수 없다.

2. 준법 의식과 시민 참여

(1) 준법 의식

① 의미 : 사회 구성원들이 법을 지키고자 하는 자세

② 필요성 : 개인의 권리와 이익 보호, 공동선(개인을 위한 것이 아닌 국가나 사회, 또는 온 인류를 위한 선) 실현

(2) 시민 참여

① 의미 : 정부의 정책 결정과 집행에 일반 시민이 직접 참여해 영향을 미치는 행위이다.

② 필요성 : 적극적인 시민 참여를 통해 시민의 의사를 정책에 반영시킬 수 있고, 시민들이 자신의 권리를 지킬 수 있다.

③ 시민 참여 방법

   ㉠ 선거, 국민 투표, 민원 제기, 1인 시위, 집회 참가, 이익 집단 활동, 시민 단체 활동 등이 있다.

   ㉡ 이익 집단 : 자신들의 특수 이익을 실현하기 위해 모인 단체

   ㉢ 시민 단체 : 공동의 이익을 실현하기 위해 시민들이 자발적으로 조직한 단체

④ 시민 참여의 기능 : 선거를 통해 국민의 대표자를 선출하여 대표자가 국정을 운영하기 때문에 국민의 의사가 잘 반영되지 못하거나 반하는 행위를 할 수 있다. 선거 이외에도 시민 참여를 통해 대의 민주주의를 보완한다.

(3) 시민 불복종(위법적인 시민 참여 방법)

① 의미 : 정의롭지 못한 법이나 정책을 변혁시키려는 목적으로 행하는 의도적인 위법 행위

② 시민 불복종 정당화 조건

공익성	자신의 이익 추구가 아니라, 사회 정의 실현을 목적으로 삼아야 함
공개적	비밀리에 이루어지는 것이 아니라, 공개적으로 이루어져야 함
비폭력	폭력적인 불복종은 정당화될 수 없음
처벌 감수	위법 행위에 대한 처벌을 감수해야 함
최후의 수단	합법적 수단을 사용해서도 해결되지 않을 때 최후의 수단으로 시도되어야 함

③ 시민 불복종 사례

   ㉠ 간디(Gandhi, M. K.)의 '소금법' 거부 운동 : 1900년대 초반, 인도를 지배하던 영국은 인도의 소금 채취를 금지하고 영국이 소금을 판매하여 많은 세금을 징수하는 '소금법(제염 금지법)'을 시행하였다. 이에 따라 간디는 소금법의 부당함을 알리고자 소금법에 반대하는 시민 불복종 운동을 전개하였다.

   ㉡ 마틴 루서 킹(King, M. L.)의 흑인 인권 운동 : 1955년 시내버스 이용의 흑인 차별 대우에 반대하여, 5만 명의 흑인 시민이 참여한 몽고메리 버스 승차 거부 운동을 비폭력적으로 이끌어 승리하였다.

/\[]Click 헨리 데이비드 소로(Thoreau, H. D.)의 시민 불복종

나는 우리가 국민이기보다 먼저 인간이어야 한다고 생각한다. 법에 대한 존경심보다 먼저 정의에 대한 존경심을 기르는 것이 바람직하다. 내가 떠맡을 권리가 있는 나의 유일한 책무는, 어떤 때이고 간에 내가 옳다고 생각하는 일을 행하는 일이다.

－ 소로, 『시민 불복종』 －

소로는 미국 정부의 멕시코 전쟁과 노예제도에 반대하여 인두세 납부를 거부함으로써 감옥에 갇혔다. 이때 쓴 책이 『시민 불복종』이다. 소로의 사상은 간디의 '비폭력 운동', 미국 마틴 루서 킹 목사의 '흑인 인권 운동', 존 롤스의 '시민 불복종' 등에 큰 영향을 끼쳤다.

3 국내외 인권 문제와 해결 방안

1. 우리 사회의 인권 문제

(1) 사회적 소수자 차별 문제
  ① 사회적 소수자 : 신체적 또는 문화적 특징 때문에 사회의 다른 구성원에게 차별을 받기 쉬우며, 차별받는 집단에 속해 있다는 의식을 가진 사람들을 말한다.
  ② 사회적 소수자의 유형 : 장애인, 이주 외국인, 노인, 북한 이탈 주민 등
  ③ 사회적 소수자의 인권 문제 사례
    ㉠ 장애인 : 이동권 침해, 교육 및 취업에서의 차별 등
    ㉡ 외국인 노동자 : 노동 조건에서 당하는 차별, 임금 체불 등
    ㉢ 결혼 이민자 : 언어 소통의 불편, 문화적 차이로 인한 차별 등
  ④ 사회적 소수자 차별의 해결 방안

개인적 차원	사회적 소수사에 대한 편견을 버리고 인간은 누구나 존엄한 존재라는 인식을 가져야 함
사회적 차원	사회적 소수자를 차별하는 정책과 법률을 정비해야 함

(2) 청소년 노동권 침해 문제와 해결 방안
  ① 청소년 노동의 권리
    ㉠ 청소년은 기본적으로 성인들이 보장받는 노동 조건에 대한 권리를 보장받으며, 근로기준법에 청소년을 위한 특별한 규정을 두어 보호를 받는다.
    ㉡ 위험한 일이나 유해 업종에서 일할 수 없도록 보호받는다.
  ② 청소년 노동권 침해 문제
    ㉠ 최저 임금을 받지 못하는 등 부당한 대우를 받는 경우
      • 최저 임금 : 노동자의 생활 안정과 노동력의 질적 향상을 목적으로 임금의 최저 수준을 보장하고 매년 정하는 1시간당 임금을 말한다.
    ㉡ 근로계약서를 작성하지 않아 권리를 제대로 보장받지 못하는 경우

③ 청소년 노동 인권 문제의 해결 방안

개인적 차원	• 청소년은 스스로 노동권에 대한 지식을 갖추고 적극적으로 행사해야 함 • 고용주는 준법의식을 함양하여 청소년의 노동권 보장을 위한 법규를 준수해야 함
사회적 차원	청소년 노동 관련 법률이나 제도를 보완해야 함

Click 청소년 근로 십계명

❶ 만 15세 이상이어야 근로가 가능함.

❷ 부모님 동의서와 나이를 알 수 있는 증명서 필요

❸ 근로계약서를 반드시 작성하도록 함.

❹ 청소년도 성인과 동일한 최저 임금을 적용받음.

❺ 근로 시간은 하루 7시간, 일주일에 35시간을 넘겨서는 안 됨.

> 근로기준법 【제69조】
> 15세 이상 18세 미만인 사람의 근로 시간은 1일에 7시간, 1주에 35시간을 초과하지 못한다. 다만, 당사자 사이의 합의에 따라 1일에 1시간, 1주에 5시간을 한도로 연장할 수 있다.

❻ 휴일 및 초과 근무 시 50%의 가산 임금을 받을 수 있음.

❼ 일주일 개근하고 15시간 이상 일하면 하루의 유급 휴일을 받을 수 있음.

❽ 위험한 일이나 유해한 업종의 일은 할 수 없음.

❾ 일을 하다 다치면 산재 보험으로 치료와 보상을 받을 수 있음.

❿ 청소년 근로권익센터(1644-3119)로 전화하면 상담을 받을 수 있음.

2. 세계 인권 문제의 양상과 해결 방안

(1) 세계 인권 문제의 양상

① 정치·경제 체제의 문제로 자유권을 제한받는 경우

② 국가의 경제 수준이 낮아 사회권을 제대로 보장받지 못하는 경우

③ 특정 종교나 문화적인 이유로 여성이나 아동 등과 같은 특정 집단이 권리를 보장받지 못하는 경우

(2) 대표적인 세계 인권 문제

① 빈곤 문제, 인종 차별, 성차별, 아동 노동, 난민의 생존권 문제 등

② 난민 : 빈곤과 식량 부족, 전쟁이나 천재 지변, 종교·정치·인종의 차이로 인해 곤란에 빠진 이재민을 말한다.

(3) 인권 지수

① 국제 사회에서 발생하는 인권 문제를 객관적으로 파악할 수 있는 도구 ➡ 국가별 인권 보장 실태와 그 변동 상황의 비교를 위해 각종 국제기구들이 정기적으로 발표한다.

② 세계 기아 지수 : 영양 실조 상태 인구 비율, 5세 이하 아동의 영양 결핍과 사망률 등의 항목으로 산출한다.

③ 세계 언론 지수 : 180개 국가를 대상으로 '국경 없는 기자회'가 매년 표현의 자유와 관련된 18개 비정부 기구에 설문지를 발송해 집계한다.

④ 유리 천장 지수 : 이코노미스트가 2013년부터 직장 내 여성 차별 수준을 평가해 발표하는 지수이다. 지수가 낮을수록 직장 내 여성 차별이 심하다는 뜻이다.

(4) 세계 인권 문제의 해결 방안

개인적 차원	세계 시민 의식 함양 → 국제 사회의 인권 문제 해결을 위해 적극적으로 참여해야 함
사회적 차원	인권 문제 해결을 위해 국제적 연대가 필요 → 국제 연합, 비정부 기구들을 통해 경제적 지원 방안을 마련하며, 국제적인 여론 조성, 국제 형사 재판소에 제소하는 방법이 있음

> **개념 Check**
>
> • 비정부 기구(NGO) : 지역, 국가, 국제적으로 조직된 자발적인 비영리 시민 단체
> • 국제 형사 재판소 : 집단 살인죄, 전쟁 범죄, 반인도적 범죄 등 국제 범죄자에 대한 재판을 맡는 국제 재판소

01 인권의 특성에 대한 설명으로 적절한 것을 〈보기〉에서 고른 것은?

┤ 보기 ├

ㄱ. 누구나 침범할 수 있는 권리이다.

ㄴ. 타인에게 양도할 수 있는 권리이다.

ㄷ. 인간이 태어나면서부터 가지는 천부적 권리이다.

ㄹ. 인간이라면 누구나 누릴 수 있는 기본적 권리이다.

① ㄱ, ㄴ
② ㄱ, ㄷ
③ ㄴ, ㄷ
④ ㄷ, ㄹ

02 (가)~(다)는 인권 보장과 관련된 사건이다. 발생 시기가 이른 순서대로 나열한 것은?

(가) 영국의 권리 장전 승인

(나) 독일의 바이마르 헌법 제정

(다) 국제 연합[UN]의 세계 인권 선언 채택

① (가) - (나) - (다)

② (가) - (다) - (나)

③ (나) - (가) - (다)

④ (나) - (다) - (가)

03 ㉠에 들어갈 용어로 옳은 것은?

(㉠)은/는 인간이라면 누구나 누릴 수 있는 기본적인 권리이다. 모든 사람이 차별 없이 누리는 보편성, 사람이라면 누구나 태어나면서부터 가지는 천부성, 박탈당하지 않고 영구히 보장되는 항구성, 누구도 침범할 수 없는 불가침성을 특성으로 한다.

① 능력
② 의무
③ 인권
④ 정의

04 다음에서 설명하는 것은?

두 차례의 세계 대전을 겪은 뒤, 국제 연합(UN) 총회에서 인류가 당연히 누려야 할 권리를 규정하고 인권 보장의 국제적 기준을 제시한 선언이다.

① 권리 장전
② 바이마르 헌법
③ 세계 인권 선언
④ 미국 독립 선언

05 다음에서 설명하는 근로자의 권리는?

근로자들이 근로 조건의 향상을 위하여 자주적으로 노동조합이나 그 밖의 단결체를 조직·운영하거나 그에 가입하여 활동할 수 있는 권리이다.

① 단결권
② 선거권
③ 청구권
④ 환경권

06 ㉠에 들어갈 내용으로 옳은 것은?

> • 노동조합을 통해 사용자와 자주적으로 교
> 섭할 수 있는 권리이다.
> • **헌법 제33조 ①** 근로자는 근로 조건의 향상
> 을 위하여 자주적인 단결권·(㉠) 및 단
> 체 행동권을 가진다.

① 문화권   ② 자유권
③ 행복 추구권   ④ 단체 교섭권

07 다음에서 설명하는 기본권은?

> • 국가로부터 최소한의 인간다운 생활을 보
> 장받을 권리이다.
> • 교육권, 환경권 등이 해당한다.

① 사회권   ② 자유권
③ 참정권   ④ 청구권

08 다음에서 설명하는 기본권으로 가장 적절한 것은?

> • 국가 권력으로부터 간섭받지 않고 자유롭
> 게 생활할 권리
> • 외부의 구속과 강제를 받지 않고 자신의 의
> 지에 따라 스스로 선택할 수 있는 권리

① 사회권   ② 자유권
③ 참정권   ④ 청구권

09 다음에서 설명하는 기본권은?

> • 국가의 의사 결정 과정에 참여할 수 있는 권
> 리이다.
> • 선거권, 공무 담임권, 국민 투표권 등이 있다.

① 사회권   ② 평등권
③ 청구권   ④ 참정권

10 다음 설명에 해당하는 기본권은?

> 다른 기본권이 침해되었을 때, 이를 구제
> 하도록 요구할 수 있는 권리이다. 청원권 등
> 이 이에 해당한다.

① 자유권   ② 참정권
③ 청구권   ④ 평등권

11 다음 헌법 조항에 나타난 제도로 가장 적절한
것은?

> **제40조** 입법권은 국회에 속한다.
> **제66조 ④** 행정권은 대통령을 수반으로 하
> 는 정부에 속한다.
> **제101조 ①** 사법권은 법관으로 구성된 법원
> 에 속한다.

① 권력 분립 제도   ② 사회 보장 제도
③ 위헌 법률 심판   ④ 헌법 소원 심판

12 ⑤에 들어갈 내용으로 가장 적절한 것은?

학습 주제 : (⑤)의 의미와 목적
- 의미 : 국민의 기본권을 제한하거나 국민에게 의무를 부과할 때에는 의회에서 제정된 법률에 근거해야 함.
- 목적 : 통치자의 자의적 지배 방지, 국민의 자유와 권리 보장

① 법치주의　　　　② 인권 침해
③ 준법 의식　　　　④ 시민 불복종

13 다음에서 설명하는 기관은?

법원의 제청에 의한 법률의 위헌 여부 심판과 법률이 정하는 헌법 소원에 관한 심판 등을 관장한다.

① 정당　　　　　　② 행정부
③ 지방 법원　　　　④ 헌법 재판소

14 ⑤에 들어갈 것은?

헌법 제37조 제2항
국민의 모든 자유와 권리는 국가 안전 보장·질서 유지 또는 공공복리를 위하여 필요한 경우에 한하여 (⑤)(으)로써 제한할 수 있으며, …….

① 관습　　　　　　② 규칙
③ 법률　　　　　　④ 조례

15 다음 내용에 해당하는 것은?

- 양심적이고 비폭력적이며 공공성을 가진 행위이다.
- 잘못된 법이나 정책을 바로잡기 위해 의도적으로 법을 위반하는 행위이다.

① 선거　　　　　　② 국민 투표
③ 민원 제기　　　　④ 시민 불복종

16 ⑤에 들어갈 용어로 가장 적절한 것은?

인종, 성별, 장애, 종교, 사회적 출신 등을 이유로 다른 사회 구성원으로부터 소외와 차별을 받는 사람들을 (⑤)(이)라고 한다.

① 소호　　　　　　② 바우처
③ 사회적 소수자　　④ 사물인터넷

17 사회적 소수자에 대한 설명으로 가장 적절한 것은?

① 사회에서 항상 평등하게 대우받는다.
② 인종이라는 단일 기준에 의해 규정된다.
③ 우리 사회에서 장애인, 이주 외국인만 해당된다.
④ 자신들이 차별받는 집단의 구성원이라는 인식이 존재한다.

05 시장 경제와 금융

1 자본주의의 발달과 시장 경제

1. 자본주의의 역사적 전개 과정과 그 특징

(1) 자본주의 의미와 특징
  ① 의미 : 사유 재산 제도를 바탕으로 자유로운 경제 활동이 보장되는 시장 경제 체제이다.
  ② 특징 : 사유 재산 제도의 법적 보장, 시장 가격에 의한 자원 분배, 경제 활동의 자유 보장

(2) 자본주의의 전개 과정과 그 특징

상업 자본주의	• 신항로 개척 이후 절대 왕정의 중상주의 정책을 통해 발전 • 상품의 유통 과정에서 이윤을 추구하는 형태
산업 자본주의	• 영국의 산업 혁명으로 공장제 기계 공업을 통한 대량 생산이 가능해짐 • 시장의 역할을 강조하며, 정부 개입의 최소화 및 자유방임주의 추구 – 애덤 스미스 • 애덤 스미스 : 정부의 시장 개입을 비판하며 『국부론』에서 시장의 작동 원리를 '보이지 않는 손'에 비유하며 정부의 역할 축소를 강조하였다.
수정 자본주의	• 1929년 대공황으로 기업이 도산하고 실업자가 증가함(시장 실패) ➔ 정부의 시장 개입이 필요하다는 케인스의 경제 이론이 확산됨 • 미국은 수정 자본주의에 입각한 뉴딜 정책을 실시
신자유주의	• 정부의 시장 개입으로 비효율이 초래되고(정부 실패), 1970년대 석유 파동으로 스태그플레이션이 발생 • 정부의 역할을 제한하고 시장의 자유로운 경제 활동을 강조하는 신자유주의가 등장

🔔 개념 Check

- 대공황 : 1929년에 시작되어 1939년까지 유효 수요의 부족으로 지속된 세계의 경제 침체
- 시장 실패 : 시장에서 자원이 효율적으로 배분되지 않는 현상
- 뉴딜 정책 : 실업 구제 사업과 대규모 공공사업 등을 통해 유효 수요를 늘리려고 한 정부 정책
- 정부 실패 : 시장 실패를 개선하기 위한 정부의 개입이 더 나쁜 결과를 초래하는 것
- 스태그플레이션 : 스태그플레이션은 석유 가격 상승에 의한 공급 부족으로 발생한 경기 침체로, 정부의 개입으로 적절한 대응이 어려웠으며, 이로 인하여 정부 기능의 한계에 대한 문제가 제기되며 신자유주의가 등장하게 되었다.

2. 합리적 선택과 시장의 한계

(1) 합리적 선택

① 합리적 선택의 의미 : 최소의 비용으로 최대의 편익을 얻을 수 있는 선택 → 자원의 희소성으로 인해 사람들은 항상 선택의 문제에 직면하게 되어, 비용 편익 분석을 통한 합리적인 선택이 필요하다.

② 합리적 선택의 고려 요인

편익	어떤 대안을 선택함에 따라 얻을 수 있는 만족이나 이득
기회비용	• 의미 : 어떤 것을 선택함으로써 포기한 것들 가운데 가장 가치가 큰 것으로 명시적 비용과 암묵적 비용을 합한 값 • 명시적 비용 : 어떤 대안을 선택함으로써 실제로 지불하는 비용 • 암묵적 비용 : 실제로 지불한 것은 아니지만 어떤 대안을 선택함에 따라 얻을 수 있었으나 포기한 경제적 이익
매몰 비용	이미 지불하여 회수할 수 없는 비용으로 어떤 선택을 함에 있어 고려해서는 안 되는 비용

③ 합리적 선택의 방법

㉠ 비용보다 편익이 더 큰 쪽을 선택할 것

㉡ 선택에 따른 비용이 같다면 편익이 가장 큰 것을 선택하고, 편익이 같다면 비용이 가장 적게 드는 것을 선택하는 것이 합리적이다.

(2) 합리적 선택의 과정과 한계

① 합리적 선택의 과정

문제 인식	문제의 명확화, 구체화
대안 나열	관련 자료 및 정보 수집
평가 기준 설정	대안을 평가하는 기준을 마련
대안 평가	기준에 따라 각 대안의 점수를 매겨 보는 과정
선택 및 실행	최선의 대안을 선택하여 실행

② 합리적 선택의 한계

㉠ 정보의 제약에 따라 편익과 비용을 정확하게 계산하기 어려운 경우가 있다.

㉡ 특정 경제 주체의 합리적 선택이 다른 경제 주체의 이익을 침해하거나 공익을 침해할 수 있다.

㉢ 타인을 의식하여 바람직한 소비를 하지 못하는 경우가 있다.

ⓐ 밴드왜건 효과 : 다른 사람이나 유행에 따라 소비하는 현상
例 연예인의 패션을 모방한 소비

ⓑ 스노브 효과 : 타인이 소비하는 것은 무조건 거부하고 남과 다른 것만을 소비하는 현상
例 한정판 상품 구매

ⓒ 베블런 효과 : 자신의 부를 과시하기 위해 가격이 비싸도 소비하는 현상
예 명품 소비, 고급 자동차 수요 증가

2 시장 경제의 발전과 경제 주체의 역할

1. 시장의 기능과 한계

(1) 시장의 의미와 기능
① 시장의 의미 : 상품의 교환 및 거래가 이루어지는 장소
② 시장의 기능
㉠ 거래에 드는 비용을 줄여 주고 특화(어떠한 부분에 전문화하는 것)와 교환을 가능
하게 하여 생산성 향상과 생산비 절감을 가능하게 도와준다.
㉡ 자유로운 경제 활동을 통해 자원의 효율적 배분을 가능하게 한다.

(2) 시장의 한계(시장 실패)

독과점 문제	• 시장에 하나(독점) 또는 소수의(과점) 공급자만 존재하는 상태로 이들 기업이 생산량이나 가격을 임의로 조정(담합)하여 소비자에게 피해를 끼칠 수 있음 • 담합 : 유사한 제품을 생산하는 기업끼리 가격, 판매 지역 등에 관한 협정을 맺어 서로 경쟁을 제한하는 것을 말한다.
공공재 공급 부족	공공재는 대가를 지불하지 않은 사람도 사용할 수 있는 무임승차 문제로 시장에서 충분히 공급되지 못하여 공공재 부족 문제 발생 예 공원, 도로. 국방 서비스, 치안 서비스 등
외부 효과	경제 주체가 경제 활동을 하는 과정에서 의도치 않게 타인에게 이익을 주거나(외부 경제), 의도치 않게 피해를 입히고도 대가를 치르지 않는 현상(외부 불경제)으로 효율적 경제 활동을 방해함

2. 시장의 경제 참여자의 바람직한 역할

(1) 정부의 역할

공정한 경쟁 촉진	• 기업의 경제적 집중을 방지하고 불공정한 거래 행위를 규제 • 독과점과 같은 불공정 거래 행위를 규제하여 공정한 경쟁 유도
공공재 생산	공공재는 무임승차 문제로 필요한 만큼 생산되지 않아 정부가 직접 생산 공급함
외부 효과 개선	• 외부 경제에 대해서는 세금 감면, 보조금 지급 등의 혜택을 제공하여 생산과 소비를 늘리도록 유도함 • 외부 불경제에 대해서는 세금, 벌금을 부과하여 생산이나 소비를 줄이도록 유도함

빈부 격차 문제 개선	• 사회 보장 제도 : 소득이 적거나 실업·질병·재해 등의 사유로 어려움에 처한 사회 구성원들의 생활을 국가가 공공 지원을 통하여 해결해 주는 제도 • 누진세를 통한 소득 재분배 정책 강화 : 누진세는 세금 부과의 대상이 되는 소득이나 재산이 많을수록 세율을 높여 세금을 부과하는 제도

(2) 기업 및 기업가의 역할

기업의 역할	• 노동, 토지, 자본 등의 생산 요소를 공급받고, 그에 대한 대가로 임금, 이자, 지대 등을 제공함 • 사회에 필요한 재화와 서비스를 생산하여 공급함으로써 소비자들의 수요를 충족시킴 • 최소의 비용으로 최대 이윤 추구
기업가 정신	• 미래의 위험과 불확실성을 감수하고, 혁신과 창의성을 바탕으로 새로운 상품 개발, 새로운 시장 개척을 통해 이윤을 추구하는 기업가의 자세 • 생산성 향상, 소비자 만족으로 이어져 경제 발전에 도움이 됨
기업의 사회적 책임	• 이윤 추구 과정에서 기업 윤리와 사회적 책임 고려 • 노동자 및 소비자의 권리를 존중하고 생산 과정에서 법규 준수

(3) 노동자의 역할과 권리

노동자의 역할	• 성실하게 업무를 수행하여 생산성 향상에 이바지해야 함 • 사용자와 협력하며 상생의 관계를 형성해야 함
노동자 권리	• 헌법상 노동 3권을 통해 노동자의 기본 권리를 보장 • 노동 3권 : 노동조합을 결성할 수 있는 단결권, 사용자와 교섭할 수 있는 단체 교섭권, 집단 행동을 할 수 있는 단체 행동권이 헌법상 보장된 노동 3권이다.

(4) 소비자의 역할

합리적 소비	한정된 자원 내에서 최대의 만족을 얻기 위해 비용과 편익을 고려하여 소비 하는 것
윤리적 소비	공익과 공동체를 고려하여 윤리적 판단에 따라 소비하는 것
소비자 주권	시장의 가격 결정이나 기업의 생산에 영향을 끼침으로써 시장에서 자원 분배 의 방향을 결정함

3 국제 분업과 무역의 영향

1. 국제 분업과 무역의 필요성

(1) 국제 분업과 무역의 의미

무역	• 국가 간 상품, 서비스, 생산 요소 등을 사고파는 국제 거래 • IT기술이 발달하고 자유 무역이 확대됨에 따라 교역 대상의 범위가 넓어지고 있음

국제 분업	• 국가별로 각자의 특수한 환경에 맞추어 가장 유리한 상품을 특화하여 생산하는 현상 • 특화 : 자신이 갖고 있는 생산 요소를 특정 재화나 서비스 생산에 집중함으로써 생산성을 높여 자급자족 방식보다 자원을 효율적으로 활용 가능

(2) 국제 분업과 무역의 필요성
① 생산 조건의 차이 : 각 국가는 자연 조건이 다르고, 생산 요소의 양과 질도 차이가 남.
→ 같은 상품을 만들더라도 생산비가 서로 다름.
② 특화를 통한 이익 증대 : 생산 조건에 따라 상대적으로 더 저렴하게 생산할 수 있는 상품을 특화하여 생산하고 이를 교환함으로써 이익을 얻는다.

(3) 무역 발생 원리

절대 우위	• 특정 상품을 상대 국가보다 낮은 생산비로 생산할 수 있을 때 그 상품에 대해 절대 우위를 가진다고 함 • 절대 우위를 가진 상품을 생산하여 수출하고, 절대 우위가 없는 상품을 수입함 • 두 나라 사이의 무역에서 한 나라가 모든 상품의 생산 비용에 절대 우위를 가지는 경우 무역이 발생할 수 없음
비교 우위	• 특정 상품을 다른 국가에 비해 상대적으로 더 작은 기회비용으로 생산할 수 있을 때 비교 우위를 가진다고 함 • 다른 나라에 비해 생산의 기회비용이 작은 상품을 생산하고, 기회비용이 큰 상품을 수입함 • 두 나라 사이의 무역에서 한 나라가 모든 상품의 생산 비용에 절대 우위를 가진 경우의 국제 무역을 설명할 수 있음 • 기회비용과 비교 우위 : 기회비용은 특정 재화의 생산을 위해 포기해야 하는 것의 가치이며, 각국은 기회비용이 작은 재화의 생산에 비교 우위를 가진다.

Click 절대 우위와 비교 우위의 이해

〈절대 우위 교역의 발생〉

구분	X재	Y재
갑국	10달러	20달러
을국	5달러	30달러

갑국과 을국에서 X재와 Y재 생산에 소요되는 비용이 위의 표와 같다면, X재는 을국이, Y재는 갑국이보다 저렴하게 생산이 가능하다(갑국 Y재에 절대 우위, 을국 X재에 절대 우위). 따라서 상대국에 비해 생산 비용이 작은 재화를 특화하여 생산한 후 교역할 경우 교역 이전보다 더 많은 재화를 소비할 수 있다.

〈기회비용을 통한 비교 우위〉

구분	X재	Y재
갑국	Y재 1/2단위	X재 2단위
을국	Y재 1/6단위	X재 6단위

X재와 Y재 1단위 생산의 기회비용을 계산하면 위의 표와 같다. 기회비용을 비교하면 X재의 경우 을국이 갑보다 기회비용이 작으며, Y재의 경우 갑국이 을국보다 기회비용이 작다(갑국 Y재에 비교 우위, 을국 X재에 비교 우위). 비교 우위를 가진 재화를 특화하여 교역할 경우 교역 이전보다 더 많은 재화를 소비할 수 있게 된다.

2. 국제 무역의 확대에 따른 긍정적·부정적 영향

(1) 국제 무역 확대 배경
① 교통 및 통신 기술의 발달로 인해 시간과 공간의 거리 축소
② 다양한 경제 협력

세계 무역 기구(WTO)	자유 무역을 확대하기 위해 1995년에 설립된 국제기구로 회원국 간의 무역 분쟁 조정, 관세 인하 요구 등의 법적 권한과 구속력을 행사함
자유 무역 협정(FTA)	개별 국가끼리 상품이나 서비스의 자유로운 이동을 위해 물품의 관세를 낮추거나 무관세로 상품과 서비스의 수출입 거래가 이루어지도록 하는 협정
지역 경제 협력체	지리적으로 가까운 국가끼리 지역 경제 협력체를 구성함 예 유럽 연합(EU), 동남아시아 국가 연합(ASEAN) 등

• 관세 : 우리나라에 수입되는 외국물품에 대해서 부과하는 세금이다.

(2) 국제 무역 확대의 긍정적 영향
① 소비자 : 다양한 상품이나 서비스를 낮은 가격에 소비할 기회가 늘어난다.
② 국가 : 국내 경제 활성화, 일자리 창출로 국가 경제 성장
③ 기업
  ㉠ 규모의 경제 실현 : 생산량이 늘어남에 따라 제품 단위당 평균 생산비가 하락하는 것이다.
  ㉡ 외국 기업과 경쟁 과정에서 기업 기술 수준의 향상

(3) 국제 무역 확대의 부정적 영향
① 세계 시장에서 경쟁력이 떨어지는 국내 산업이 위축될 수 있다.
② 국외의 경제적 충격이 국내 경제에 큰 영향을 주며, 독자적인 경제 정책을 시행하기 어렵다.
③ 선진국과 개발 도상국 간의 무한 경쟁으로 국가 간 빈부 격차가 심화될 수 있다.

4 자산 관리와 금융 생활

1. 자산 관리와 다양한 금융 자산

(1) 자산 관리의 의미와 필요성
① 의미 : 안정적인 경제 생활을 위해 저축이나 투자 등을 통해 개인의 자산을 관리하는 것
② 필요성 : 생애에 걸쳐 소비 활동은 지속되나, 소득을 얻을 수 있는 시기는 한정됨.
  → 평균 수명의 증가로 자산 관리가 더욱 중요해짐.

(2) 다양한 금융 자산
  ① 예금

의미	금융 기관에 자금을 맡기고 이자를 받는 금융 상품
특징	수익성이 상대적으로 낮지만 안전성이 높음
종류	입출금이 자유로운 요구불 예금과, 이자 수익을 목적으로 일정 기간 동안 돈을 맡겨두는 저축성 예금이 있음

  ② 주식

의미	기업이 사업 자금 조달을 위해 발행하는 것으로 자금을 투자한 사람에게 그 대가로 회사 소유권의 일부를 지급하는 증서
특징	• 배당금을 받을 수 있고, 시세 차익을 누릴 수 있어서 수익률은 높으나 주식 가격 변동에 따라 원금 손실이 발생할 수 있어 안전성이 낮음 • 배당 : 주식을 발행하여 사업 자금을 조달하는 주식회사가 회사 경영을 통해 얻은 이익의 일부를 투자자의 투자 지분에 따라 나눠 주는 것

  ③ 채권

의미	국가나 공공 기관, 기업 등이 미래에 일정한 이자를 지급할 것을 약속하고 돈을 빌린 후 제공하는 증서
특징	예금보다 안전성은 낮지만 수익성이 높고, 주식보다 수익성은 낮지만 안전성이 높은 편임

  ④ 기타 금융 자산

펀드	금융 기관에 돈을 맡겨서 대신 투자하도록 하는 금융 상품으로, 예금 상품보다 높은 수익을 기대할 수 있으나 자산 운용의 결과 원금 손실이 발생할 수 있음
보험	미래에 발생할지 모르는 위험을 대비하여 정기적으로 보험료를 납부하고 사고가 발생할 경우 보험금을 받는 금융 상품
연금	노후 생활의 안정을 위해 평소에 돈을 적립하고 은퇴 후에 받는 금융 상품

(3) 자산 관리의 원칙과 합리적 자산 관리
  ① 자산 관리 원칙

안전성	금융 상품의 원금과 이자가 보전될 수 있는 정도
수익성	금융 상품의 가격 상승이나 이자 수익을 기대할 수 있는 정도
유동성	필요할 때 쉽게 현금으로 전환할 수 있는 정도

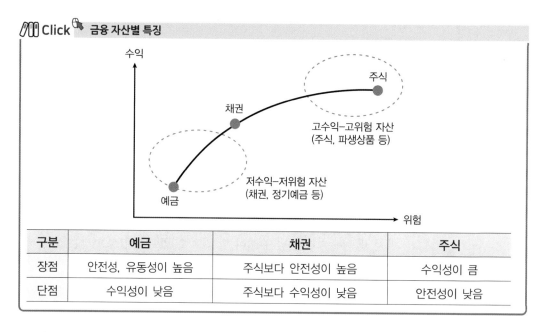

Click 금융 자산별 특징

구분	예금	채권	주식
장점	안전성, 유동성이 높음	주식보다 안전성이 높음	수익성이 큼
단점	수익성이 낮음	주식보다 수익성이 낮음	안전성이 낮음

② 합리적인 자산 관리
 ㉠ 일반적으로 투자 수익이 크면 투자 위험도 커지므로 분산 투자가 필요하다.
 ㉡ 투자 목적과 기간에 따라 안전성, 수익성, 유동성을 고려하여 다양한 금융 상품에 적절히 배분하는 자산 관리가 필요하다.

2. 생애 주기별 금융 설계

(1) 생애 주기와 생애 주기별 특징
 ① 생애 주기의 의미 : 시간의 흐름에 따른 인간 삶의 변화를 나타낸 것이다.
 ② 생애 주기별 특징

생애 주기	발달 과업
아동기	사회 생활에 필요한 지식과 규범을 습득하며, 자아 정체성이 형성됨
청년기	경제적 독립을 위한 취업 준비, 결혼을 위한 준비, 수입 발생 시기
중·장년기	자녀 양육, 주택 마련, 노후 대비, 지출이 증가하나 수입의 증가폭이 큰 시기, 저축 가능
노년기	은퇴 이후의 삶에 적응, 수입보다 지출이 큰 시기

Click 생애 주기 곡선

생애 주기에 따른 소득과 소비를 곡선 형태로 나타낸 것이다.

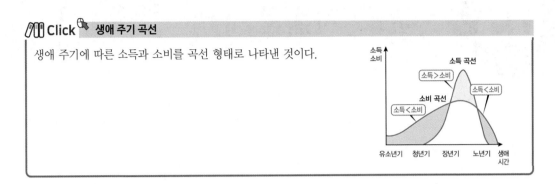

(2) 생애 주기를 고려한 금융 설계
  ① 금융 설계의 필요성 : 제한된 소득을 활용하여 평균 수명 연장에 따른 은퇴 이후 삶에 대한 대비가 필요하다.
  ② 금융 설계의 원칙 : 현재의 소득만을 기준으로 하는 것이 아니라, 전 생애 동안의 예상 소득을 기준으로 장기적 관점에서 소비와 저축을 결정해야 한다.

대표 기출문제

정답 및 해설 p. 105

01 신자유주의에 대한 설명으로 적절한 것을 〈보기〉에서 고른 것은?

┤ 보기 ├
ㄱ. 케인스(Keynes, J. M.)가 지지하였다.
ㄴ. 1930년대 대공황이 발생하면서 등장하였다.
ㄷ. 대표적인 정책으로 복지 축소, 공기업 민영화 등이 있다.
ㄹ. 정부의 지나친 시장 개입을 비판하고 민간의 자유로운 경제 활동을 옹호한다.

① ㄱ, ㄴ   ② ㄱ, ㄷ
③ ㄴ, ㄹ   ④ ㄷ, ㄹ

02 수정 자본주의에 대한 옳은 설명을 〈보기〉에서 고른 것은?

┤ 보기 ├
ㄱ. 정부의 시장 개입을 강조한다.
ㄴ. 대공황을 계기로 1930년대에 등장하였다.
ㄷ. 절대 왕정의 중상주의로 인해 발달하였다.
ㄹ. 개인의 경제적 자유를 최대한 보장해야 한다고 본다.

① ㄱ, ㄴ   ② ㄱ, ㄷ
③ ㄴ, ㄹ   ④ ㄷ, ㄹ

03 ㉠에 들어갈 것은?

> **경 제 신 문**   ○○○○년 ○○월 ○○일
> **대공황 극복의 길을 열다!**
> 1933년 미국의 루스벨트 대통령은 (㉠)으로 대공황 극복에 나섰다. (㉠)은 실업 구제 사업과 대규모 공공사업 등을 통해 유효 수요를 늘리려는 의도로 시작되었다.

① 뉴딜 정책   ② 석유 파동
③ 시민 불복종   ④ 보이지 않는 손

04 다음 설명에 해당하는 것은?

> 어떤 것을 선택함으로써 포기하게 되는 대안 중 가장 가치가 큰 것으로 명시적 비용과 암묵적 비용으로 구성됨.

① 편익   ② 기회비용
③ 매몰 비용   ④ 물가 지수

05 다음에서 설명하는 경제 체제로 적절한 것은?

> • 시장에서의 자유로운 경쟁을 통해 상품의 생산, 교환, 분배, 소비가 이루어진다.
> • 개인이 재산을 자유롭게 획득하고 사용할 수 있는 사유 재산 제도를 바탕으로 한다.

① 법치주의   ② 자본주의
③ 공동체주의   ④ 자문화 중심주의

06 편익에 대한 설명으로 적절한 것을 〈보기〉에서 고른 것은?

┤ 보기 ├

ㄱ. 선택을 통해 얻게 되는 이익이다.

ㄴ. 경기 침체와 동시에 물가가 상승하는 현상이다.

ㄷ. 대가를 지급하고 난 뒤 회수할 수 없는 비용이다.

ㄹ. 금전적인 이익뿐 아니라 비금전적인 것도 포함한다.

① ㄱ, ㄴ   ② ㄱ, ㄹ

③ ㄴ, ㄷ   ④ ㄷ, ㄹ

07 다음에 해당하는 것은?

• 개인이나 집단이 사업 아이디어를 가지고 새로운 기업을 설립하는 것이다.

• 혁신적 사고를 바탕으로 하는 기업가 정신이 중요하다.

① 소비   ② 여가

③ 창업   ④ 취업

08 다음에서 설명하는 것은?

• 의미 : 비슷한 상품을 생산하는 기업들끼리 생산량과 가격을 사전에 협의하여 결정하는 것

• 영향 : 시장의 자유로운 경쟁 제한, 소비자의 선택권 침해

① 신용   ② 예금

③ 담합   ④ 채권

09 ㉠에 들어갈 것으로 가장 적절한 것은?

(㉠)의 사례

• ○○기업은 오염 물질을 배출하여 사람들에게 피해를 주지만 어떠한 보상도 해주지 않는다.

• 양봉업자가 과수원 주변에 꿀벌을 쳐서 과수원 주인은 더 많은 과일을 수확할 수 있게 되었지만 양봉업자에게 그 대가를 지급하지 않는다.

① 외부 효과   ② 공정 무역

③ 규모의 경제   ④ 윤리적 소비

10 ㉠에 해당하는 것은?

(㉠)은/는 모든 사람이 대가를 지불하지 않고 공동으로 이용할 수 있는 재화나 서비스를 의미한다.

① 공공재   ② 비교 우위

③ 외부 효과   ④ 기업가 정신

11 ㉠에 들어갈 용어로 가장 적절한 것은?

탐구 활동 보고서

주제 : ㉠

• 정의 : 시장에서 자원의 배분이 효율적으로 이루어지지 못하는 상태

• 사례 : 독과점 문제 발생, 외부 효과의 발생, 공공재의 공급 부족

① 남초 현상   ② 시장 실패

③ 규모의 경제   ④ 소비자 주권

12 다음에서 설명하는 것은?

> 국가가 보유한 생산 요소를 특정 상품 생산에 집중 투입하여 전문성과 생산성을 높이는 생산 방식이다.

① 화폐   ② 펀드
③ 편익   ④ 특화

13 ㉠, ㉡에 들어갈 용어로 가장 적절한 것은?

> 일부 재화 및 서비스 생산의 경우에는 생산량이 (㉠)할수록 평균비용이 (㉡)하는 현상이 나타나는데 이를 규모의 경제라고 한다.

	㉠	㉡		㉠	㉡
①	증가	감소	②	증가	증가
③	감소	감소	④	감소	증가

14 다음에서 설명하는 것은?

> • 일정 금액의 돈을 일정 기간 금융 기관에 맡기는 것이다.
> • 정해진 이자 수익이 있으며, 특정 한도 내에서 원금을 보호하는 제도가 있다.

① 예금   ② 신용
③ 직업   ④ 채무

15 다음에서 설명하는 금융 자산은?

> • 주식회사가 사업 자금 조달을 위해 발행한다.
> • 시세 차익과 배당 수익을 통해 이익을 실현할 수 있다.

① 대출   ② 주식
③ 국민연금   ④ 정기예금

16 다음 중 금융 자산은?

① 건물   ② 예금
③ 토지   ④ 자동차

17 다음에서 설명하는 투자 개념으로 가장 적절한 것은?

> • 투자의 안전성을 위해 포트폴리오를 구성하여 다양한 금융 자산에 투자하는 것이다.
> • '계란을 한 바구니에 모두 담지 마라'는 말로 비유한다.

① 분산 투자   ② 벤처 투자
③ 집중 투자   ④ 충동 투자

18 다음에서 설명하는 자산 관리의 원칙은?

> 모든 금융 상품은 정도의 차이가 있을 뿐 원금을 보전하는 데 위험이 따른다. 따라서 금융 상품을 선택할 때에는 투자한 자산의 가치가 온전하게 보전될 수 있는 가능성의 정도를 고려해야 한다.

① 공익성   ② 안전성
③ 접근성   ④ 정당성

19 바람직한 생애 주기별 금융 설계에 대한 설명으로 가장 적절한 것은?

① 현재의 소득만을 고려한다.
② 생애 주기 전체를 고려하여 설계한다.
③ 중·장년기에는 저축하지 않고 소득의 전액을 지출한다.
④ 생애 주기의 각 단계에 따라 필요한 자금의 크기는 같다고 본다.

06 사회 정의와 불평등

1 정의의 의미와 실질적 기준

1. 정의의 의미와 정의가 요청되는 이유

(1) 정의의 의미와 정의에 대한 여러 사상가들의 입장

정의의 의미		• 시대와 장소에 따라 다양함 • 사회를 구성하고 유지하는 공정하고 올바른 도리로서, 개인이나 사회가 추구해야 할 기본적이고 핵심적인 덕목
공자		• 천하의 바른 정도(正道)를 이루는 것을 삶의 목표로 함
아리스토텔레스	일반적 정의	• 법을 준수하는 것 • "법을 준수하는 사람은 정의로운 사람이고, 법을 지키지 않는 사람은 부정의 하다."
	특수적 정의	• 분배적 정의(기하학적 비례) : 각자의 가치 및 공동체에 대한 기여도에 따라, 재화·명예·권력을 비례적으로 분배하는 것 • 교정적 정의(산술적 비례) : 타인에게 해를 끼치면 그만큼 보상해 주고, 타인에게 이익을 준 경우 그만큼 보상을 받아 이익과 손해의 균등을 회복시켜 주는 것 • 교환적 정의 : 같은 가치를 지닌 두 물건을 교환함으로써 교환의 결과에서 공정함을 추구하는 것

(2) 정의가 요청되는 이유
  ① 인간의 존엄성 보장
   ㉠ 사회 구성원들이 기본적 권리를 누리며 인간다운 삶을 살 수 있음.
   ㉡ 행복 추구권, 자유권, 평등권, 사회권 등의 기본권 보장을 통해 인간다운 삶을 실현
  ② 사회 통합 기반 마련
   ㉠ 법 앞에서의 평등, 자기 몫의 공정한 분배를 통한 사회 운영으로 사회 구성원들 간의 신뢰도 향상
   ㉡ 개인선과 공동선을 조화롭게 유지시켜 사회 갈등을 최소화한다.
    ⓐ 개인선 : 개인의 행복 추구나 자아실현 등 개인이 사적으로 누릴 수 있는 이익이다.
    ⓑ 공동선 : 공동체 구성원 모두에게 이익이 되거나 공동체의 발전을 이루게 하는 것이다.

③ 옳고 그름에 관한 판단 기준 제공 : 정의를 바탕으로 갈등과 분쟁을 조절하여 사회 문제를 공정하게 처리한다.

2. 정의의 실질적 기준

(1) 분배적 정의

의미	사회적 지위와 권리, 재화와 서비스 등 사회적·경제적 가치를 공정하게 분배하는 것과 관련된 정의
특징	시대와 사회에 따라 분배 기준이 달라짐, 사회적 합의를 통해 각각의 분배 상황에 맞는 기준을 마련해야 함
필요성	사회적·경제적 가치는 모든 사람의 욕구를 충족할 만큼 충분하지 못하므로 분배적 정의에 따라 사회적 갈등을 해결할 수 있음

(2) 다양한 분배적 정의의 기준
① 업적에 따른 분배

의미	당사자들이 성취하고 이바지한 정도에 따라 분배하는 것
장점	업적에 대한 보상으로 성취 의욕과 창의성을 높임
한계	• 서로 다른 종류의 업적은 비교하기가 어려움 • 경쟁이 과열되어 비인간적인 사회가 될 수 있음 • 사회적 약자에 대한 배려가 부족해질 수 있음

② 능력에 따른 분배

의미	개인이 지닌 잠재력과 재능, 육체적·정신적 능력에 따라 분배하는 것
장점	개인이 지닌 잠재력을 실현할 기회를 제공하여 성취동기를 높이고 업무의 효율성을 높일 수 있음
한계	• 능력을 평가하는 정확한 기준을 마련하기가 쉽지 않음 • 노력 이외에 선천적 자질이나, 부모의 사회·경제적 지위 등 우연적인 요소에 영향을 받을 수 있음

③ 필요에 따른 분배

의미	인간다운 삶을 보장하기 위해 사람들의 필요에 따라 분배
장점	• 사회적 약자를 위해 더 많은 재화를 사용할 수 있음 • 구성원들의 인간다운 삶을 보장할 수 있음 • 사회적 불평등을 완화시킬 수 있음
한계	• 한정된 자원으로 모두의 필요를 충족시키기 어려움 • 기여도와 상관없이 분배가 이루어져 생산 동기를 약화시키고, 경제적 비효율성이 증가함

☑ 개념 Check

- 자본주의 분배 : 능력, 노력, 업적에 따른 결과의 불평등을 인정하며, 자연스러운 것으로 본다.
- 사회주의 분배 : 능력에 따라 일하고, 필요에 따른 분배를 주장한다.

2 자유주의와 공동체주의의 정의관

1. 자유주의적 정의관

(1) 자유주의의 의미와 특징

의미	개인의 자유를 존중하고 보장하는 것에 우선적 가치를 부여하는 사상
특징	• 자유주의와 개인주의에 기반을 두고 개인의 자유와 권리를 최대한 보장하는 것을 정의로운 것으로 봄 • 개인이 사회에 우선하고, 사회는 개인들의 합에 지나지 않는다고 봄 • 타인의 자유도 존중되어야 한다고 보기 때문에 극단적 이기주의와 구별됨

(2) 자유주의적 정의관과 국가관
  ① 정의관 : 개인의 자유롭고 평등한 기본권을 보장하는 것이 정의임 ➡ 개인선의 추구를 통해 공동선이 달성될 수 있음
  ② 국가관 : 국가는 중립적 입장을 지키고, 개인의 자유로운 선택과 기회를 보장해야 함.
    ➡ 개인에게 특정한 가치나 삶의 방식을 강제해서는 안 됨

(3) 현대 사상가들의 자유주의적 정의관

구분	롤스의 정의관	노직의 정의관
정의관	공정으로서의 정의	소유 권리로서의 정의
특징	모든 사람은 기본적 자유를 최대한 누려야 하며, 최소 수혜자에게 최대의 이익이 되도록 분배가 되어야 함	부정의나 불법을 저지르지 않는 한 개인의 자유와 소유 권리는 최대한 보장되어야 함
공통점	• 자유주의적 정의관 • 정의 실현을 위해 개인의 자유와 권리가 보장되어야 함	
차이점	롤스는 사회적 약자를 위한 국가의 복지 정책에 찬성하지만, 노직은 국가는 최소 국가만이 정의로우며 사회적 약자를 위한 국가의 복지정책에 반대함	

- 최소 수혜자(사회적 약자) : 신체적·문화적 특징으로 인해 경제 수준이나 사회적 지위 등에서 열악한 위치에 있는 사람들이다.
- 최소 국가(야경국가) : 치안 유지와 외적 방어의 기능만을 수행하는 국가이다.

/// Click 🔖 롤스와 노직의 정의의 원칙

- 롤스의 정의 원칙

제1원칙	평등한 자유의 원칙	모든 사람은 평등한 기본적 자유를 최대한 누려야 함
제2원칙	기회균등의 원칙	사회적·경제적 불평등의 계기가 되는 직위나 직책은 모든 사람에게 열려 있어야 함
	차등의 원칙	사회적·경제적 불평등은 최소 수혜자에게 최대의 이익이 되도록 편성될 때 정당화됨

- 노직의 정의 원칙

취득의 원칙	노동을 통해 정당하게 취득한 재화는 취득한 사람에게 소유 권리가 있음
양도의 원칙	타인에 의해 자유로이 양도받은 재화에 대한 정당한 소유 권리가 있음
교정의 원칙	재화를 취득하고 양도받는 과정에서 부정의가 있었다면 바로잡아야 함

2. 공동체주의적 정의관

(1) 공동체주의 의미와 특징

의미	인간의 삶이 공동체에 뿌리를 두고 있음을 강조하는 사상
특징	• 개인과 공동체는 상호 유기적 관계에 있음 • 개인을 공동체의 문화와 역사 등의 영향을 받으며 살아가는 존재로 봄 • 공동체는 개인의 정체성을 형성하고 삶의 방향을 상정하는 기반이라고 봄

(2) 공동체주의적 정의관

① 정의관 : 공동선을 실현하는 것이 정의 ➡ 공동선이 실현되어야 개인선이 실현될 수 있다고 본다.

② 국가관 : 국가는 개인에게 공동체의 미덕을 제시하고 권장하는 역할을 해야 한다.

🎯 **개념 Check**

- **공동체주의와 집단주의의 차이점** : 집단의 이익과 목적을 위해 개인의 희생을 강요하는 집단주의 또는 전체주의와는 달리 공동체주의는 개인과 공동체의 유기적 관계 속에서 개인과 사회의 행복 증진을 추구한다는 점에서 차이가 있다.

우리는 누구나 특정한 사회적 정체성을 지닌 사람으로서 자신을 둘러싼 환경을 이해한다. 나는 누군가의 아들이거나 딸이고, 누군가의 사촌이거나 삼촌이다. 나는 이 도시 저 도시의 시민이며, 이 조합 또는 저 직업 집단의 구성원이다. … (중략) … 즉, 나는 나의 민족으로부터 다양한 빚과 유산, 정당한 기대와 의무를 물려받는다. 이것들은 내 삶의 주어진 바와 나의 도덕적 출발점을 구성한다.

– 매킨타이어, 『덕의 상실』 –

매킨타이어는 개인의 삶은 공동체의 역사와 전통으로부터 출발한다고 보았다. 이는 개인과 공동체가 상호 유기적인 관계에 있음을 의미한다. 또한 공동체의 구성원으로 '관계적 자아'와 '연고적 자아'를 강조한다.
- **연고적 자아** : 공동체에 소속된 존재로서, 공동체가 추구하는 가치에 따라 바람직한 역할을 요구받으며 살아가는 인간을 말한다.

(3) 개인과 공동체의 바람직한 관계

① 자유주의와 공동체주의

구분	자유주의	공동체주의
차이점	자유주의는 개인의 권리와 사익을 중시하며, 공동체를 개인의 자유와 권리를 실현하기 위한 수단으로 여김	공동체에 대한 의무와 공익을 강조하며, 공동체는 개인의 정체성을 형성하고 삶의 방향을 설정하는 기반으로 여김
공통점	상호 보완적인 관계로 모두 개인의 행복한 삶과 정의로운 사회를 지향함	

② 개인선과 공동선의 조화를 위한 노력
- ㉠ 개인의 권리와 공동체에 대한 의무, 사익과 공익의 조화를 추구해야 한다.
- ㉡ 공동체는 개인의 자유와 권리를 최대한 보장하고, 개인은 의무를 다하여 공익을 함께 지향해야 한다.

3 사회 및 공간 불평등 현상과 개선 방안

1. 다양한 사회 불평등 현상

(1) 사회 불평등 현상의 의미와 특징
① 의미 : 부, 명예, 권력 등의 희소한 자원이 개인이나 집단에 차등적으로 분배되어 사회 구성원들이 차지하는 위치가 서열화되어 있는 상태이다.
② 특징 : 모든 사회에서 보편적으로 나타나는 현상이지만, 사회나 시대에 따라 불평등의 기준이 다양하게 나타난다.

(2) 사회 계층의 양극화
① 사회 계층 : 사회적 희소가치의 소유 정도에 따라 사회 구성원들 간에 위계가 발생하게 되는데, 그 위계가 같거나 비슷한 사람들의 집합체이다.

② 사회 계층의 양극화 현상
　　㉠ 의미 : 불평등이 심화되어 사회 계층에서 중간 계층의 비중이 줄어들고 상층과 하층의 비중이 늘어나는 현상이다.
　　㉡ 원인 : 일반적으로 경제적 측면의 불평등이 대표적인 원인이다.
　　㉢ 문제점 : 계층 간 갈등이 심화, 사회 불안 증가, 사회 발전의 동력이 줄어들게 된다.

(3) 사회적 약자 차별
　① 사회적 약자 : 성별, 장애, 나이, 출신 국가, 소득 수준 등 다양한 측면에서 사회적으로 불리한 위치에 있는 개인이나 집단을 말한다.
　② 원인 : 사회적 주류 집단과 다르다는 비합리적인 이유에서 오는 차별

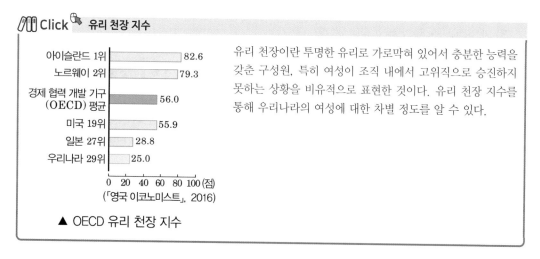

유리 천장이란 투명한 유리로 가로막혀 있어서 충분한 능력을 갖춘 구성원, 특히 여성이 조직 내에서 고위직으로 승진하지 못하는 상황을 비유적으로 표현한 것이다. 유리 천장 지수를 통해 우리나라의 여성에 대한 차별 정도를 알 수 있다.

▲ OECD 유리 천장 지수

(4) 공간 불평등 현상의 양상과 원인
　① 공간 불평등의 양상

도시와 농촌	• 도시 지역 : 이촌 향도 현상으로 인구, 각종 편의 시설이 집중됨 • 농촌 지역 : 지속적 인구 유출과 고령화 현상으로 지역 경제 침체와 각종 편의 시설 부족 현상이 나타남
수도권과 비수도권	• 수도권 : 전체 국토의 약 12%를 차지하지만 각종 기반 시설이 집중되어 있음 • 비수도권 : 인구뿐만 아니라 금융, 교육, 문화, 의료 시설 등 부족 현상이 지속되고 있음

　② 공간 불평등 현상의 원인 : 정부 주도의 성장 위주의 경제 개발 정책을 추진하여 성장 가능성이 큰 수도권 또는 대도시에 많은 투자가 이루어진 반면, 비수도권이나 농촌은 개발 투자가 이루어지지 않았다.
　③ 공간 불평등의 문제점 : 공간 불평등이 경제·교육·의료·문화 등의 불평등으로 이어져 불평등을 심화시켜 사회 발전에 악영향을 미친다.

2. 정의로운 사회를 위한 제도와 실천 방안

(1) 사회 복지 제도
  ① 의미 : 누구나 경험할 수 있는 다양한 사회적 위험에서 벗어나 최소한의 인간다운 삶을 살 수 있도록 지원하는 제도이다.
  ② 사회 복지 제도의 유형

사회 보험	개인과 정부, 기업이 보험료를 분담하여 사회적 위험에 대비하는 제도 예 국민 건강 보험, 고용 보험, 국민연금, 산업 재해 보상 보험
공공 부조	국가가 전액 지원하여 저소득 계층의 최저 생활을 보장하는 제도 예 국민 기초 생활 보장 제도, 기초 연금, 의료 급여
사회 서비스	도움이 필요한 모든 국민을 대상으로 다양한 서비스 혜택을 지원하는 제도 예 노인 돌봄 서비스, 가사·간병 서비스

(2) 적극적 우대 조치
  ① 의미 : 사회적 약자를 우대함으로써 그들이 경험하는 불평등을 적극적으로 개선하려는 제도이다.
  ② 우리나라의 적극적 우대 정책
    ㉠ 여성 할당제 : 정치·경제·교육·고용 등의 분야에서 채용이나 승진 시 여성에게 일정 비율 이상의 자리를 보장하는 제도이다.
    ㉡ 장애인 의무 고용 제도 : 전체 근로자의 일정 비율에 해당하는 장애인을 고용하도록 하는 제도이다.
  ③ 역차별 문제 : 적극적 우대 조치로 인해 오히려 반대편이 차별을 받게 되는 경우 생기는 문제이다.

(3) 공간 불평등 완화 정책과 필요성
  ① 필요성 : 지역 불평등 해소를 통해 사회적 통합을 실현할 수 있으며, 전 국토를 효율적으로 사용할 수 있다.
  ② 공간 불평등 완화 정책
    ㉠ 균형 개발 : 수도권에 집중되어 있는 기업, 공공기관 등을 지방으로 분산
    ㉡ 지역 경쟁력 확보 : 지역의 특성을 살릴 수 있는 축제, 지역 브랜드 개발

06 대표 기출문제

정답 및 해설 p. 108

01 ㉠에 들어갈 내용으로 적절한 것은?

> **수업 주제 : 분배적 정의의 실질적 기준**
> • 분배적 정의의 실질적 기준 : (㉠), 업적, 능력
> • (㉠)에 따른 분배의 의미 : 인간다운 삶을 보장하기 위해 기본적인 욕구를 충족할 수 있도록 분배하는 것이다. 사회적 약자를 위해 더 많은 재화를 사용할 수 있다.

① 담합　　　　② 독점
③ 필요　　　　④ 특화

02 자유주의적 정의관에 대한 설명으로 옳은 것은?

① 개인보다 국가나 사회가 우선한다.
② 개인의 자유에 최고의 가치를 부여한다.
③ 개인의 이익 추구보다 공동선의 달성을 중시한다.
④ 인간의 삶에서 개인보다 공동체가 가지는 의미를 중시한다.

03 자유주의적 정의관에 관한 설명으로 적절하지 **않은** 것은?

① 국가와 사회보다 개인이 우선한다.
② 개인은 독립적이고 자율적인 존재이다.
③ 개인의 자유를 가장 소중한 가치로 본다.
④ 국가가 개인의 삶의 목적과 방식을 결정한다.

04 ㉠, ㉡에 들어갈 사회 복지 제도는?

> • (㉠)은/는 일정 수준의 소득이 있는 개인과 정부, 기업이 보험료를 분담하여 구성원의 사회적 위험에 대비하는 제도이다. 그 예로 국민 건강 보험이 있다.
> • (㉡)은/는 저소득 계층이 최소한의 삶을 꾸릴 수 있도록 국가가 전액 지원하여 돕는 제도이다. 그 예로 국민 기초 생활 보장 제도가 있다.

	㉠	㉡
①	사회 보험	공공 부조
②	공공 부조	사회 보험
③	개인 보험	공공 부조
④	공공 부조	개인 보험

05 다음에서 설명하는 사회 복지 제도로 옳은 것은?

> • 의미 : 국가가 국민에게 발생하는 사회적 위험을 사전에 대비하여 건강과 소득을 보장하는 제도로, 일정액의 보험료를 개인과 정부, 기업이 분담함.
> • 종류 : 국민 건강 보험, 고용 보험, 국민 연금 등

① 개인 보험　　② 공공 부조
③ 기초 연금　　④ 사회 보험

06 다음에서 설명하는 것은?

> • 의미 : 국가가 생활 유지 능력이 없거나 생활이 어려운 국민의 최저 생활을 보장하고 자립을 지원하는 제도
> • 종류 : 국민 기초 생활 보장 제도 등

① 공공 부조　　② 재무 설계
③ 정주 환경　　④ 지리적 표시제

07 퀴즈에 대한 정답으로 옳은 것은?

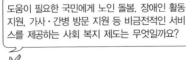

도움이 필요한 국민에게 노인 돌봄, 장애인 활동 지원, 가사·간병 방문 지원 등 비금전적인 서비스를 제공하는 사회 복지 제도는 무엇일까요?

① 공공 부조　　② 사회 보험
③ 사회 서비스　　④ 적극적 우대 조치

08 다음에서 설명하는 것은?

> • 주로 교육이나 고용 분야에서 차별받아 온 집단의 구성원에게 우선적으로 기회를 주는 것이다.
> • 대입 농어촌 학생 특별 전형, 여성 고용 할당제 등이 해당한다.

① 셧다운제
② 부당 노동 행위
③ 환경 영향 평가제
④ 적극적 우대 조치

09 다음 중 ㉠에 들어갈 말로 가장 적절한 것은?

〈'여성 고용 할당제'에 대한 찬반 토론〉

찬성 측: 사회로부터 차별받아 온 여성에 대해 그동안의 불이익을 보상해 주는 제도이므로 찬성합니다.

반대 측: 하지만 여성 채용 비율이 지나치게 높아 오히려 남성들이 불이익을 받는 (㉠)이/가 발생하므로 반대합니다.

① 과소비　　② 역차별
③ 익명성　　④ 텔레뱅킹

07 문화와 다양성

1 다양한 문화권의 특징

1. 문화권 형성에 영향을 미치는 자연 · 인문환경

(1) 문화와 문화권

① 문화 : 한 사회의 구성원이 만들어 낸 공통의 생활 양식으로 인문 · 자연환경에 따라 다양하게 나타난다.

② 문화권

　ㄱ 의미 : 문화적 특성이 비교적 넓은 지표 공간에 걸쳐 유사하게 나타나는 범위

　ㄴ 특징

　　ⓐ 문화권 내에서는 비슷한 생활 양식과 문화 경관이 나타난다.

　　ⓑ 문화권의 경계는 주로 산맥 · 하천 등의 지형에 의해 정해지며 문화권과 문화권이 만나는 곳에서 점이 지대가 존재한다.

　　ⓒ 문화 경관 : 자연 경관에 인간의 영향이 더해져서 이루어진 경관이다.

　　ⓓ 점이 지대 : 한 지역에 두 지역의 특성이 함께 나타나는 지리적 범위를 말한다.

(2) 문화 형성에 영향을 미치는 요인

① 자연환경 : 기후, 지형 등은 의복, 음식, 주거 형태에 영향을 준다.

의복	기후에 따라 의복의 형태가 달라짐 • 열대 기후 지역 : 통풍이 잘되는 가벼운 옷 • 건조 기후 지역 : 얇은 천으로 온몸을 감싸는 헐렁한 옷 • 한대 기후 지역 : 보온에 유리한 동물의 가죽이나 털로 만든 옷
음식	• 아시아 계절풍 기후 지역 : 쌀을 주식으로 하는 음식 문화 발달 • 건조 기후 지역과 유럽 : 빵과 고기를 중심으로 하는 음식 문화 발달 • 남아메리카 고산 지역 : 감자와 옥수수를 이용한 요리 발달
주거	• 열대 기후 지역 : 수상 가옥, 고상 가옥 발달 → 지붕의 경사가 급함 • 건조 기후 지역 : 이동식 천막이나 창문이 작고 벽이 두꺼운 흙벽돌집 → 지붕이 평평함 • 냉대 기후 지역 : 통나무집 • 한대 기후 지역 : 이글루

② 인문환경 : 산업, 종교 등의 인문환경이 문화권 형성에 영향을 준다.

산업	• 주민들의 경제 활동에 영향을 줌 • 농경 문화권은 정착 생활과 공동체 문화가 발전 • 상공업 중심의 문화권은 현대적이고 도시적 생활 양식이 나타남
종교	• 크리스트교 : 십자가를 세운 성당이나 교회, 크리스마스 등 • 이슬람교 : 모스크, 돼지고기와 술 금기, 할랄 식품 먹음, 여성들은 얼굴과 몸을 가리는 베일(히잡, 부르카 등)을 착용함 • 힌두교 : 소를 신성시하며, 갠지스강에서 종교의식으로 목욕을 함 • 불교 : 불교 사원, 탑, 불상의 경관이 나타나며, 육식을 피함

🔖 개념 Check

• 모스크 : '이마를 땅에 대고 절하는 곳'이란 뜻으로 이슬람에서 예배하는 건물을 이르는 말이다.
• 할랄 : 이슬람 율법에 제시되어 있는 이슬람교도에게 허용된 것을 '할랄'이라 하며, 할랄에서 허용하는 재료와 조리법으로 만든 식품을 할랄 식품이라고 한다.
• 히잡 : 이슬람의 여성들의 전통복식 가운데 하나로 머리와 목 등을 가리기 위해서 쓰는 두건의 일종이다.
• 부르카 : 이슬람 여성들의 전통복식 가운데 하나로서 머리에서 발목까지 덮어쓰는 통옷으로 눈 부위도 망사로 가리는 형태이다.

2. 세계의 다양한 문화권

(1) 유럽 문화권

북서 유럽	• 게르만족과 개신교의 비율이 높음 • 서안 해양성 기후를 바탕으로 혼합농업과 낙농업이 발달 • 산업 혁명의 발상지로 경제 발전 수준이 높음
남부 유럽	• 라틴족과 가톨릭의 비율이 높음 • 지중해성 기후를 바탕으로 수목 농업과 관광 산업 발달
동부 유럽	• 슬라브족과 그리스 정교의 비율이 높음 • 농업에 종사하는 비율이 높음

🔖 개념 Check

• 혼합 농업 : 농작물 재배와 가축 사육을 결합한 농업 형태
• 낙농업 : 우유를 생산하거나, 우유를 원료로 하여 유제품을 제조하는 산업

(2) 건조 문화권

분포	북부 아프리카, 서남아시아, 중앙아시아의 건조 기후 지역
특징	• 주민 대부분 이슬람교를 믿고 아랍어 사용 • 유목과 오아시스 농업이 발달

(3) 아프리카 문화권

분포	사하라 사막 이남 지역, 대부분 열대 기후가 나타남
특징	• 유럽 식민 지배의 영향으로 부족과 국경이 불일치하여 지역 분쟁이 발생 • 이동식 화전 농업, 플랜테이션 농업 발달

(4) 아시아 문화권 : 계절풍의 영향으로 벼농사 발달

동아시아	유교와 불교 문화 발달, 젓가락 사용과 한자를 공통으로 사용
동남아시아	• 불교, 이슬람교, 크리스트교 등 다양한 종교, 문화가 혼재 • 세계적인 벼농사 지역, 플랜테이션 발달
남부아시아	• 힌두교를 중심으로 이슬람교와 불교가 혼재 • 민족, 언어, 종교가 다양하게 분포

🎯 개념 Check

- 계절풍 : 대륙과 해양의 온도 차이에 의해 계절에 따라 바람의 풍향이 바뀌는 바람이다.
- 플랜테이션 : 선진국의 자본과 기술, 원주민의 노동력을 결합해 대규모 상품 작물을 재배하는 농업 방식

(5) 아메리카 문화권 : 유럽인의 진출로 영어, 크리스트교 등 유럽 문화 전파

앵글로 아메리카	북서 유럽의 영향으로 주로 영어를 사용, 개신교 우세
라틴 아메리카	• 남부 유럽의 영향으로 주로 에스파냐어와 포르투갈어 사용, 가톨릭 우세 • 원주민, 백인, 흑인의 다양한 문화가 나타남, 혼혈 인종이 많음

(6) 오세아니아 문화권과 북극 문화권

오세아니아 문화권	북서 유럽 문화의 전파로 영어 사용, 개신교 비중이 높음
북극 문화권	순록의 유목 및 수렵 생활을 함

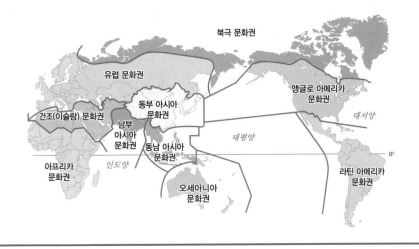

Click 세계의 문화권

종교, 민족, 언어, 전통적인 산업 등의 문화 요소를 복합적으로 고려하여 구분한다. 하나의 문화권은 다른 문화권에 영향을 주기도 하는데, 특히 유럽 문화권은 아메리카 문화권과 오세아니아 문화권에 많은 영향을 주었다.

2 문화 변동과 전통문화

1. 문화 변동의 요인과 양상

(1) 문화 변동의 의미
  새로운 문화 요소가 등장하거나 다른 문화 요소와의 접촉을 통해 한 사회의 문화가 끊임없이 변화하는 현상을 말한다.

(2) 문화 변동의 요인
  ① 내재적 요인 : 발명, 발견

발명	기존에 존재하지 않았던 새로운 문화 요소를 만들어 내는 것
발견	기존에 존재하고 있었지만 알려지지 않았던 것을 찾아내는 것

  ② **외재적 요인(문화 전파)** : 한 사회가 다른 사회와 교류하고 접촉하는 과정에서 새로운 문화 요소가 전달되는 현상

직접 전파	서로 다른 구성원과의 직접적인 교류를 통해 새로운 문화 요소가 전파되는 것 ⑩ 종교의 전파
간접 전파	인쇄물이나 인터넷, TV 등과 같은 매개체를 통해 이루어지는 전파 ⑩ 인터넷을 통해 전파된 한류 열풍
자극 전파	다른 사회의 문화 요소에서 아이디어를 얻어 새로운 문화요소가 발명되는 것 ⑩ 한자에서 아이디어를 얻어 만들어진 신라 이두 문자

(3) 문화 변동의 양상
　① 문화 접변 : 전파에 의해 둘 이상의 다른 문화가 장기간 접촉하여 문화 변화 등이 일어나는 것
　② 문화 접변의 유형

자발적 문화 접변	스스로 필요에 따라 외부 문화를 수용하면서 일어나는 문화 접변
강제적 문화 접변	외부의 강제 압력에 의해 일어나는 문화 접변

　③ 문화 접변의 결과

문화 동화	• 기존의 문화 요소가 다른 사회의 문화 요소로 흡수되어 정체성을 상실하는 현상 • A+B=A 예 미국 인디언이 백인 문화와 접촉하면서 자신의 문화를 상실한 것
문화 병존	• 다른 사회의 문화 요소와 기존의 문화 요소가 각각의 고유한 문화 특성을 유지하며 한 사회에서 함께 공존하는 현상 • A+B=A·B 예 우리 사회에 불교, 천주교 등이 종교 문화로 함께 존재하는 것
문화 융합	• 다른 사회 문화 요소가 전통문화 요소와 결합하여 제3의 새로운 문화 요소가 만들어지는 현상 • A+B=C 예 한국의 온돌 문화와 서양의 침대 문화가 결합하여 만들어진 온돌침대

　※ A·B·C는 문화 요소이며, A는 다른 사회의 문화 요소임.

2. 전통문화

(1) 전통문화의 의미와 특성
　① 의미 : 한 사회에서 오랜 기간 유지되면서 그 사회의 고유한 가치로 인정되는 문화
　② 특성 : 전통문화는 고정된 상태로 이어져 온 것이 아니며 끊임없이 변화한다.

(2) 전통문화의 기능
　① 세계 문화의 다양성을 증진시킨다.
　② 문화 정체성을 유지하고 자긍심을 고취시킨다.
　③ 구성원의 유대감을 강화하고, 사회 유지와 통합에 기여한다.

(3) 전통문화의 창조적 계승
　① 의미 : 과거의 것을 단순히 유지하는 것이 아니라 전통문화가 가진 가치를 깨닫고 시대적 변화에 맞게 재창조한다는 것이다.
　② 전통문화 창조적 계승 방안
　　㉠ 전통문화가 지닌 고유성과 독창성을 유지하면서 세계 문화와 교류한다.
　　㉡ 새로운 문화나 외래 문화를 비판적으로 수용하면서 전통문화와의 조화를 이루려는 노력이 필요하다.

3 문화 상대주의와 보편 윤리

1. 문화의 이해 태도

(1) 문화의 특성

① 보편성 : 모든 문화에 내재된 공통적인 문화 요소가 있다.

  예 의·식·주

② 특수성 : 자연환경, 역사적 배경, 사회적 환경 등의 차이에 따라 문화는 다양한 양상으로 나타남. → 문화의 다양성

(2) 문화를 이해하는 태도

① 자문화 중심주의

의미	자기 사회의 문화는 우수하며 다른 사회의 문화는 열등하다고 여기는 태도
순기능	자문화의 정체성 유지 및 사회통합에 기여
역기능	• 국수주의 : 다른 민족이나 국가의 문화를 열등하다고 여겨, 자기 민족이나 국가의 문화만 고수하려는 태도이다. • 문화 제국주의 : 다른 나라에 자기의 문화를 강제적으로 이식하려는 것을 의미한다. • 국제 분쟁의 원인이 될 수 있음

② 문화 사대주의

의미	다른 사회의 문화가 우월하며 자신의 문화를 열등하다고 여기는 태도
순기능	선진 문물 수용, 자기 문화를 개선하는 데 기여함
역기능	자문화의 주체성을 상실할 우려가 있음

③ 문화 상대주의

의미	다른 사회의 문화를 해당 사회의 맥락에서 이해하는 태도
순기능	• 각각의 문화가 고유성과 가치를 지닌다고 봄 • 절대적인 기준으로 문화 간에 우열을 나눌 수 없음 • 다양한 문화가 평화롭게 공존할 수 있음
역기능	극단적 문화 상대주의

④ 극단적 문화 상대주의

의미	인류의 보편적 가치를 무시하는 문화도 인정하는 태도
문제점	• 인류의 보편적 가치를 훼손함 • 사회적 혼란을 야기할 수 있음 **예** 식인 문화, 명예 살인, 전족(발을 천으로 꽁꽁 동여매어 성장을 멈추게 하는 중국의 풍습) 등을 인정하는 태도

2. 보편 윤리와 문화

(1) 보편 윤리의 의미와 필요성
  ① 보편 윤리의 의미 : 시대와 사회를 초월하여 모든 사람이 존중하고 따라야 하는 윤리
    → 인간의 존엄성, 생명 존중, 자유와 평등
  ② 보편 윤리의 필요성
    ㉠ 극단적 문화 상대주의를 경계할 수 있게 한다.
    ㉡ 보편 윤리를 통해 자문화와 타 문화를 성찰할 수 있다.
    ㉢ 문화가 지닌 고유한 가치를 보존하고 문제점을 개선하여 문화를 발전시킬 수 있다.

(2) 바람직한 문화 이해 방법
  각 문화가 해당 사회의 맥락에서 고유한 가치를 지닌다는 것을 인정하면서 보편 윤리를 통해 문화를 비판적으로 성찰한다.

4 다문화 사회와 문화 다양성 존중

(1) 다문화 사회의 의미와 양상
  ① 의미 : 언어·인종·종교 등 문화적 배경이 서로 다른 다양한 집단이 하나의 공동체를 구성함으로써 문화 다양성이 나타나는 사회
  ② 등장 배경 : 교통·통신 수단의 발달로 세계화에 따른 교류의 증가
  ③ 우리나라의 다문화 양상 : 국제결혼 이민자 증가, 외국인 노동자 증가 등으로 다문화 사회의 진전이 가속화되고 있다.

(2) 다문화 사회의 긍정적 측면과 부정적 측면

긍정적 측면	• 다양한 문화적 경험과 문화 선택의 기회가 확대됨 • 노동력 부족 문제를 해결하여 경제 성장에 기여함
부정적 측면	• 다양한 문화 유입으로 문화적 충돌 발생 가능 • 외국인에 대한 사회적 편견과 차별 발생 가능 • 문화적 차이와 의사소통의 어려움 등으로 사회 적응에 어려움을 겪을 수 있음

(3) 다문화 사회에서의 갈등 해결 방안
  ① 개인적 차원의 노력
    ㉠ 다른 문화를 깊이 이해하도록 노력해야 한다.
    ㉡ 관용과 문화 상대주의적 태도를 함양해야 한다.
      • 관용 : 다른 문화에 대하여 편견이나 차별적인 태도를 버리고 문화적 차이를 인정하는 것이다.
    ㉢ 개방적인 자세로 다른 민족 문화를 인정하고 포용하는 세계 시민 의식을 함양해야 한다.

- 세계 시민 의식 : 지구촌 구성원 모두를 이웃으로 생각하고, 세계에서 발생하는 다양한 문제를 함께 해결해 나가야 할 공동의 문제로 받아들이는 태도를 말한다.

② 사회적·국가적 차원의 노력

    ㉠ 다문화 교육을 강화해야 한다.

    ㉡ 다문화 가정, 외국인 근로자의 지원을 위한 법 또는 제도를 마련해야 한다.

(4) 다문화 사회의 문화 정체성

용광로 이론 (동화주의)	이민자가 출신국의 언어·문화·사회적 특성을 포기하고, 주류 사회의 일원이 되도록 주류 문화로 편입시켜야 한다고 보는 입장
샐러드 볼 이론	다른 맛을 가진 채소와 과일들이 서로 조화를 이루어 샐러드를 만들듯이, 다양한 문화가 서로 대등하게 조화를 이루어야 한다고 보는 입장
국수 대접 이론	국수가 주된 역할을 하고 고명이 부수적이 역할을 하여 맛을 내듯이, 주류 문화와 비주류 문화가 공존해야 한다고 보는 입장

대표 기출문제

정답 및 해설 p. 109

01 지도에 표시된 (가) 문화권에 대한 설명으로 옳은 것은?

■ (가)

① 한자를 주로 사용한다.
② 크리스트교의 비율이 높다.
③ 계절풍의 영향으로 벼농사가 발달하였다.
④ 전통적으로 유목과 오아시스 농업이 발달하였다.

02 ㉠, ㉡에 해당하는 종교는?

> • (㉠) : 주로 인도에서 신봉하는 다신교로, 소를 신성시한다.
> • (㉡) : 성지인 메카를 향해 기도하며, 돼지고기와 술을 금기시한다.

	㉠	㉡
①	불교	힌두교
②	이슬람교	힌두교
③	불교	이슬람교
④	힌두교	이슬람교

03 다음에서 설명하는 종교는?

> • 모스크에서 예배하며, 돼지고기와 술을 금기시한다.
> • 라마단 기간에 단식을 한다.

① 불교
② 힌두교
③ 이슬람교
④ 크리스트교

04 다음 내용에 해당하는 종교는?

> • 수많은 신들이 새겨진 사원
> • 소를 신성시하여 소고기 식용을 금기시함.
> • 죄를 씻기 위해 갠지스강에 모여든 사람들

① 유대교
② 힌두교
③ 이슬람교
④ 크리스트교

05 다음에서 설명하는 문화권은?

> • 역사 : 에스파냐와 포르투갈의 진출로 유럽 문화가 전파됨.
> • 언어 및 종교 : 에스파냐어와 포르투갈어, 가톨릭교
> • 인종(민족) : 원주민(인디오), 백인, 흑인, 혼혈인

① 북극 문화권
② 동아시아 문화권
③ 오세아니아 문화권
④ 라틴 아메리카 문화권

06 다음에서 설명하는 문화권을 지도의 A~D에서 고른 것은?

> 사하라 사막 이남의 중·남부 아프리카 일대로, 열대 기후 지역이 넓게 분포한다. 토속 종교의 영향이 남아 있으며, 부족 단위의 공동체 생활을 하는 주민이 많다.

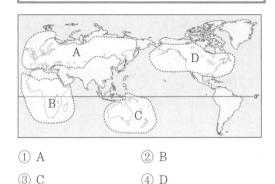

① A ② B
③ C ④ D

07 다음에서 설명하는 문화권을 지도의 A~D에서 고른 것은?

> 리오그란데강 이남 지역으로, 남부 유럽의 문화가 전파되어 주로 에스파냐어와 포르투갈어를 사용하고 가톨릭을 믿는다. 원주민(인디오)과 아프리카인, 유럽인의 문화가 혼재되어 나타난다.

① A ② B
③ C ④ D

08 ㉠~㉢에 들어갈 문화 변동의 요인을 알맞게 짝지은 것은? (단, ㉠~㉢은 각각 발명, 발견, 문화 전파 중 하나이다.)

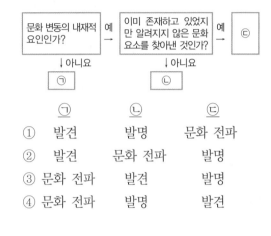

	㉠	㉡	㉢
①	발견	발명	문화 전파
②	발견	문화 전파	발명
③	문화 전파	발견	발명
④	문화 전파	발명	발견

09 다음에서 설명하는 문화 변동의 요인은?

> • 문화 변동의 내재적 변동 요인이다.
> • 이미 존재하고 있었지만 알려지지 않은 문화 요소를 찾아낸 것이다.

① 발견 ② 전파
③ 비교 우위 ④ 절대 우위

10 다음에 해당하는 문화 변동 양상은?

> 한 문화가 다른 문화에 흡수되어 소멸하는 현상

① 문화 갈등 ② 문화 성찰
③ 문화 병존 ④ 문화 동화

11 다음에서 설명하는 문화 변동의 양상은?

> • 의미 : 한 사회 내에 기존의 문화 요소와 전파된 다른 사회의 문화 요소가 각각 나란히 존재하는 것
> • 사례 : 필리핀 사람들은 미국에서 전파된 영어와 자국의 필리핀어를 공용어로 사용함.

① 문화 갈등　　② 문화 융합

③ 문화 성찰　　④ 문화 병존

12 다음에서 설명하는 것은?

> 여러 민족의 다양한 문화를 하나로 녹여 그 사회의 주류 문화에 동화시키고자 하는 다문화 정책이다.

① 용광로 정책

② 셧다운제 정책

③ 고용 보험 정책

④ 샐러드 볼 정책

13 ㉠에 들어갈 것으로 가장 적절한 것은?

> 〈 　㉠　 의 사례〉
> • 우리나라에 전래된 불교와 전통 토착 신앙이 결합하여 만들어진 새로운 산신각
> • 아프리카 흑인의 고유 음악과 서양의 악기가 결합하여 만들어진 새로운 재즈 음악

① 발명　　② 발견

③ 문화 소멸　　④ 문화 융합

14 퀴즈에 대한 정답으로 옳은 것은?

> **다문화 정책 퀴즈**
>
> 서로 다른 문화가 각각의 정체성을 유지하면서 조화를 이루도록 하는 정책은 무엇인가요?

① 뉴딜 정책　　② 셧다운 정책

③ 용광로 정책　　④ 샐러드 볼 정책

15 ㉠에 들어갈 것은?

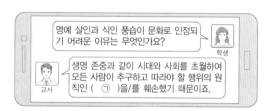

> 명예 살인과 식인 풍습이 문화로 인정되기 어려운 이유는 무엇인가요? 　학생
>
> 교사　생명 존중과 같이 시대와 사회를 초월하여 모든 사람이 추구하고 따라야 할 행위의 원칙인 (㉠)을/를 훼손했기 때문이죠.

① 공정 무역　　② 보편 윤리

③ 권력 분립　　④ 외부 효과

16 문화 사대주의에 대한 설명으로 옳은 것은?

① 문화의 우열을 평가하지 않는다.

② 자기 문화를 가장 우수한 것으로 생각한다.

③ 자기 문화를 기준으로 다른 문화를 부정적으로 본다.

④ 다른 문화를 자기 문화보다 우월한 것으로 믿고 동경한다.

17 다음에서 설명하는 것으로 가장 적절한 것은?

> 인류의 보편적 가치에 어긋나는 식인 풍습, 명예 살인 등의 문화까지도 해당 사회에서 고유한 의미와 가치가 있다는 이유로 인정하는 태도

① 문화 절대주의
② 문화 사대주의
③ 자문화 중심주의
④ 극단적 문화 상대주의

18 ㉠에 들어갈 용어로 옳은 것은?

> **1. 문화를 이해하는 태도**
> 가. (㉠)
> - 개념 : 합리적인 이유 없이 자기 사회의 문화는 우월하고 다른 사회의 문화는 열등하다고 여기는 태도
> - 장점 : 자기 문화에 대한 자부심이 높아져 사회 통합에 기여함.
> - 단점 : 다른 사회의 문화를 배척하는 태도로 이어질 수 있음.

① 문화 사대주의
② 문화 상대주의
③ 자문화 중심주의
④ 극단적 문화 상대주의

19 문화를 우열 관계로 인식하는 태도로 옳은 것을 〈보기〉에서 고른 것은?

> ┤ 보기 ├
> ㄱ. 문화 상대주의
> ㄴ. 자유 방임주의
> ㄷ. 문화 사대주의
> ㄹ. 자문화 중심주의

① ㄱ, ㄴ
② ㄱ, ㄹ
③ ㄴ, ㄷ
④ ㄷ, ㄹ

20 ㉠에 들어갈 내용으로 가장 적절한 것은?

> 자문화 중심주의는 자기 문화를 기준으로 다른 문화를 부정적으로 평가하고, 문화 사대주의는 다른 문화를 우월한 것으로 믿고 자기 문화를 낮게 평가한다. 즉, 자문화 중심주의와 문화 사대주의는 문화의 상대성을 인정하지 않고 (㉠)는 공통점이 있다.

① 다양한 문화의 공존을 추구한다
② 문화의 우열을 가릴 수 없다고 본다
③ 특정 문화를 기준으로 다른 문화를 평가한다
④ 각 문화가 해당 사회의 맥락에서 갖는 고유한 의미를 존중한다

08 세계화와 평화

1 세계화에 따른 변화

1. 세계화에 따른 다양한 양상

(1) 세계화와 지역화

① 세계화

의미	국제 사회의 상호 의존성 증가로 세계가 하나로 통합되는 현상
배경	교통·통신의 발달과 세계 무역 기구(WTO)의 출범
영향	• 국경의 의미 약화로 동질적인 문화 경관이 확산됨 • 전 지구적 규모로 경제적 상호 의존과 협력, 경쟁 증가

② 지역화

의미	지역의 독특한 사회·문화적 특성이 세계적 가치를 지니게 되는 현상
배경	다양한 차원의 지역들이 세계를 움직이는 주요 단위로 성장함
지역화 전략	장소 마케팅, 지리적 표시제, 지역 브랜드, 지역 축제 등의 전략을 통해 특정 지역이 세계적인 가치를 가지게 되어 지역 경제가 활성화됨

개념 Check

- 세계 무역 기구(WTO) : 국제 무역 확대, 회원국 간의 통상 분쟁 해결을 위해 1995년에 설립된 국제기구이다.
- 장소 마케팅 : 특정 장소를 매력적인 상품이 되도록 하기 위해 독특한 이미지를 만들고, 이를 통해 부가가치를 창출하는 전략이다.
- 지리적 표시제 : 지리적 표시제는 상품의 품질, 명성, 특성 등이 근본적으로 해당 지역에서 비롯되는 경우 그 지역의 생산품임을 증명하고 표시하는 제도이다.
- 지역 브랜드 : 특정 지역이나 그 지역의 대표적인 상품을 특별한 브랜드로 인식시킴으로써 지역의 이미지와 지역 경쟁력을 향상시키려는 전략이다.

(2) 세계 도시와 다국적 기업

① 세계 도시 : 경제·정치·문화 등 다양한 측면에서 전 세계적으로 중심지 역할을 하는 도시를 말한다.

② 다국적 기업의 국제 분업과 영향

㉠ 다국적 기업 : 세계 각 지역에 자회사, 지점, 생산 공장 등을 운영하고, 세계적으로 제품을 생산·판매하는 기업

㉡ 다국적 기업의 국제 분업 : 기업의 이윤을 극대화하기 위해 본사, 연구소, 생산 공장 등의 입지를 세계적인 범위에서 공간적 분업을 한다.

본사	경영 기획 및 관리	주로 본국의 대도시에 입지
연구소	핵심 기술 및 디자인의 개발	대학 및 연구 시설이 밀집한 곳, 쾌적한 연구 환경 등
생산공장	제품 생산	• 주로 저렴한 노동력이 풍부한 개발 도상국 • 시장 개척을 위해 선진국에 입지하기도 함.

㉢ 영향

긍정적 영향	산업 시설 유치 지역은 일자리 증가, 경제 활성화, 기술 습득 등
부정적 영향	다국적 기업에 대한 경제적 의존도 심화, 기술 수준이 낮은 산업은 경쟁력이 약화됨

2. 세계화에 따른 문제점과 해결 방안

(1) 문화의 획일화의 의미와 해결 방안

의미	전 세계의 문화가 비슷해져 가는 현상
문제점	각 지역의 문화의 고유성이 사라지고 전통문화의 정체성이 약화됨
해결방안	자문화의 정체성을 유지하며 외래 문화를 능동적으로 수용해야 함

(2) 국가 간의 빈부 격차 심화와 해결 방안

의미	세계화에 따른 자유 무역의 확대로 기술과 자본이 풍부한 선진국과 기업은 경쟁에서 유리한 반면, 상대적으로 경쟁력을 키우지 못한 개발 도상국과 기업은 경쟁에서 불리해짐
문제점	전 세계적으로 부는 증가하고 있지만, 부가 선진국에 집중되어 선진국과 개발 도상국의 소득 격차가 확대됨
해결 방안	• 공적 개발 원조를 통한 개발 도상국 지원 : 공적 개발 원조란 선진국 정부를 비롯한 공공 기관이 개발 도상국의 경제 발전과 사회 복지 증진을 목표로 제공하는 원조이다. • 공정 무역을 통한 불공정한 무역 구조 문제 해결 : 공정 무역이란 개발 도상국에서 생산하는 제품에 정당한 가격을 지급하여, 생산자가 경제적으로 자립할 수 있도록 해주는 무역 방식이다.

(3) 보편 윤리와 특수 윤리 간의 갈등과 해결 방안

　　① 보편 윤리 : 모든 사회의 구성원의 행위를 규제하고 사회 질서를 유지하며 통합하는 윤리

　　② 특수 윤리 : 특정 사회에서만 준수하는 특수한 윤리

　　③ 해결 방안

　　　　㉠ 세계 시민 의식을 바탕으로 갈등의 평화적 해결을 위한 노력

　　　　　　• 세계 시민 의식 : 지구촌의 문제에 책임 의식을 갖고 그 문제를 해결하기 위해 적극적으로 행동하려는 마음가짐이다.

　　　　㉡ 특정 사회의 가치가 인류의 보편적 가치를 훼손하는지에 대한 비판적 사고

　　　　㉢ 특수 윤리를 인정하되 인간의 존엄성이나 자유, 평등 등 인류의 보편적 가치를 무시하는 행위까지 특수 윤리로 인정해서는 안 된다.

2 국제 사회의 행위 주체와 평화를 위한 노력

1. 국제 사회의 갈등과 협력

(1) 국제 갈등

　　① 원인 : 자원, 영토, 민족, 인종, 종교, 인권 문제 등 다양한 원인으로 발생한다.

　　② 특징 : 여러 가지 원인에 의해 복합적으로 발생하며, 지구촌의 다른 구성원이나 다른 국가에도 많은 영향을 미쳐 지구촌 전체의 문제로 보아야 한다.

　　③ 해결 방법

　　　　㉠ 갈등 당사자 간의 대화와 양보를 통한 평화적 해결 노력

　　　　㉡ 국제 협약 : 세계 여러 나라가 어떤 문제에 대해 서로 협의한 뒤 맺는 약정이다.

　　　　㉢ 국제법 : 국가 간의 협약에 따라 국가 간 권리·의무 등을 규정한 국제 사회의 법률이다.

 세계 분쟁 지역

대표적인 분쟁 지역
- 카스피해 : 러시아, 이란, 카자흐스탄, 아제르바이잔, 투르크메니스탄 등 연안 국가들의 유전 지대와 관련된 갈등지역이다.
- 팔레스타인 분쟁 : 2차 세계 대전 이후 팔레스타인 지역에 이스라엘 건국 ➡ 유대인(유대교)과 아랍인(이슬람교) 간 갈등지역이다.
- 카슈미르 분쟁 : 카슈미르 지역에서의 힌두교(인도 중심)와 이슬람교(파키스탄의 지원) 사이의 갈등이다.

(2) 국제 사회의 행위 주체의 종류 및 역할

국가	• 국제 사회를 구성하는 가장 기본적인 행위 주체 • 일정한 영토, 국민을 바탕으로 주권을 가진 행위 주체 • 자국의 이익 추구와 자국민의 안전 보호를 위한 외교 활동을 함 • 국제 사회에서 법적 지위를 갖고 공식적인 활동을 할 수 있는 자격을 지님
국제 정부 기구	• 세계의 각 국가를 구성원으로 하는 국제 사회 행위 주체 • 국가 간 이해관계 조정, 국가 간 분쟁 중재, 국가의 행위를 규제하는 국제 규범 정립 등의 역할을 담당함 예 국제 연합(UN), 세계 보건 기구(WHO), 국제 통화 기금(IMF) 등
비정부 기구 (NGO)	• 개인이나 민간단체 주도로 만들어진 국제 사회 행위 주체 • 국제 사회의 보편적 가치인 환경 보호, 인권 보장 등을 위해 노력함 예 국경 없는 의사회(MSF), 그린피스(Greenpeace), 국제 사면 위원회(AI)
기타	다국적 기업, 개별 국가 내의 지방 정부, 국제적 영향력이 강한 개인 등

2. 국제 평화의 중요성

(1) 국제 평화의 중요성

① 전쟁의 위협에서 벗어나 인류의 안전과 생존 보장

② 빈곤과 기아, 각종 차별과 불평등 때문에 발생하는 문제들을 해결함으로써 인간다운 삶을 보장한다.

(2) 소극적 평화와 적극적 평화

소극적 평화	• 전쟁, 테러, 범죄, 폭행 등의 물리적 폭력이 발생하지 않아 직접적 폭력이 제거된 상태 • 빈곤, 인권 침해와 같은 낮은 삶의 질에 대한 고통을 설명하기 어렵다는 한계를 지님

적극적 평화	• 직접적 폭력뿐만 아니라 구조적, 문화적 폭력이 제거된 상태
	  − 구조적 폭력 : 부정의한 사회 제도나 구조를 통하여 이루어지는 폭력
	  − 문화적 폭력 : 문화적 영역이 직접적 폭력이나 구조적 폭력을 정당화하는 데 이용되는 형태의 폭력
	• 실질적인 국제 평화를 이루려면 소극적 평화에 머무르지 말고 적극적 평화를 실현하도록 노력해야 함
	  − 갈퉁 : 인간 존엄성, 삶의 질을 중시하는 적극적 평화의 실현을 강조하였다.

3 남북 분단과 동아시아의 역사 갈등

1. 남북 분단의 배경과 통일의 필요성

(1) 남북 분단의 배경

① 국제적 배경 : 냉전 체제에서 비롯한 국제적 환경

② 국내적 배경

    ㉠ 8·15 광복 이후 통일 정부를 수립하려는 노력들의 실패

    ㉡ 1950년 6·25전쟁으로 남북 분단을 고착시키는 결과를 가져왔다.

(2) 통일의 필요성과 통일을 위한 노력

① 통일의 필요성

개인·민족적 측면	• 이산가족의 고통을 해소 • 민족의 동질성 회복
정치적 측면	• 전쟁의 위협에서 벗어나 정치적 안정과 평화를 얻을 수 있음 • 구성원의 자유와 인권 보장
경제적 측면	• 군비 경쟁에서 소모적인 비용을 절감하여 이를 경제 발전과 복지 사회 건설을 위해 사용할 수 있음 • 국토의 일체성을 회복하고 효율적인 국토 운영이 가능함

사회·문화적 측면	• 민족의 이질화 현상을 극복하고 동질성을 회복하여 민족의 역사와 전통을 발전시킬 수 있음

② 통일을 위한 노력

　ⓐ 군사적 긴장 상태를 완화하고 신뢰를 회복하기 위해 평화적 교류와 협력을 지속적으로 추진해야 한다.

　ⓑ 한반도의 통일이 국제 사회의 평화와 번영을 가져올 수 있다는 점을 주변 국가에 설득해야 한다.

📖Click 통일 관련 비용

분단 비용	• 분단에 따른 대립과 갈등으로 발생하는 비용 • 외교, 국방 비용과 같은 유형적 비용과 이산가족의 고통, 전쟁의 공포와 같은 무형적 비용이 분단 비용에 해당함 → 소모적 성격의 비용
평화 비용	• 통일 이전에 평화 정착 및 유지를 위해 지불하는 비용 • 북한의 사회 간접 자본 확충, 남북 경제 협력과 관련된 비용
통일 비용	• 통일 이후에 남북한의 정치·경제·문화의 통합 비용 • 통일에 따른 편익을 증진하기 위한 투자 성격의 비용

2. 동아시아 역사 갈등과 해결을 위한 노력

(1) 동아시아의 역사 갈등

　① 영토 분쟁

● 동아시아 영토 분쟁 지역

쿠릴 열도	1905년 러·일 전쟁 이후 일본의 영토로 편입되었고, 제2차 세계 대전 이후 소련이 점령함으로써 영토 분쟁 발생
센카쿠 열도	청·일 전쟁 이후 일본이 차지하였으나 이 지역에 석유와 천연가스가 풍부하다는 사실이 밝혀지면서 중국, 타이완이 자국의 영토라고 주장함
시사 군도	베트남이 점유하고 있던 시사 군도를 중국이 무력 점령하면서 영토 분쟁이 발생함
난사 군도	중국, 필리핀, 베트남, 말레이시아, 브루나이, 타이완 등이 영유권을 주장함

　② 역사 인식 문제

　　ⓐ 일본의 역사 왜곡

　　　ⓐ 일본군 위안부 문제 : 제2차 세계 대전 과정에서 한국 여성들을 강제로 징용하여 인권을 유린하였지만 현재 일본 정부는 이 사실을 부정하고 있다.

ⓑ 역사 교과서 왜곡 문제 : 일본의 강압적 지배와 침략 전쟁을 정당화하고 있다.

ⓒ 야스쿠니 신사 참배 문제 : 제2차 세계 대전의 전쟁 범죄자들이 안치되어 있는 신사를 일본 정치인들이 참배하고 있다.

ⓛ 중국의 동북공정 문제

ⓐ 고조선, 고구려, 발해 등 우리나라의 역사를 중국의 역사에 포함하고자 한다.

ⓑ 동북공정 : 중국의 동북 3성인 랴오닝성, 지린성, 헤이룽장성의 역사, 지리, 민족 문제를 다루는 국가적 연구 사업이다.

(2) 우리나라가 국제 사회의 평화에 기여할 수 있는 방안

① 우리나라가 국제 사회에서 갖는 중요성

㉠ 지정학적 측면 : 유라시아 대륙과 태평양을 연결하는 지리적 요충지에 위치한다.

㉡ 정치적 측면 : 국제 연합, 안전보장 이사회를 역임하는 등 정치적 영향력이 증가하였다.

㉢ 경제적 측면 : 경제 협력 개발 기구(OECD) 가입, 경제 대국으로 성장하였다.

㉣ 문화적 측면 : 많은 문화재가 유네스코 세계 문화 유산으로 등재되었으며, 한류 열풍 확산으로 문화적 위상이 높아졌다.

② 국가적 차원의 노력

㉠ 분단 극복 : 동아시아 지역의 군사적 대립과 긴장을 완화시켜야 한다.

㉡ 해외 원조 : 경제적으로 어려운 나라들을 돕거나 빈곤으로 고통받는 사람들에 대해 해외 원조를 실시한다.

㉢ 평화 유지 활동 : 국제 연합 회원국으로서 평화 유지군을 파견하는 등의 활동을 통해 분쟁이나 테러, 전쟁 등에 대응해 나가야 한다.

㉣ 환경 보호 : 친환경적 산업 발전으로 탄소 배출량을 줄여 나감으로써 지구 온난화 방지와 환경 보호에 적극 동참한다.

08 대표 기출문제

정답 및 해설 p. 113

01 다음에서 설명하는 것은?

> • 자유 무역의 확대와 세계 교역을 촉진하는 역할을 수행함.
> • 관세 인하 요구 및 통상 분쟁 조정 등의 법적인 구속력을 가지고 있음.

① 소호(SOHO)
② 비정부 기구(NGO)
③ 유네스코(UNESCO)
④ 세계 무역 기구(WTO)

02 다음 중 ㉠에 들어갈 용어로 가장 적절한 것은?

> 〈 ㉠ 〉
> • 정의 : 국가 간의 상호 의존성이 높아지고 국경을 초월하여 하나의 지구촌으로 통합되어 가는 과정이다.
> • 사례 : K-Pop이 유럽에서 유행하고 있다. 베트남 쌀국수를 우리나라에서 접할 수 있다.

① 도시화　　　② 양극화
③ 세계화　　　④ 지역화

03 ㉠에 들어갈 것으로 적절하지 <u>않은</u> 것은?

> 세계화에 따라 지역 간 교류와 협력이 강화되면서 뉴욕, 런던, 도쿄, 파리 등과 같이 전 세계적으로 중심지 역할을 하는 세계 도시들이 등장하였다. 이들 세계 도시는 (㉠) 등이 집중되어 있다.

① 플랜테이션 농장
② 다국적 기업의 본사
③ 생산자 서비스 기능
④ 국제 금융 업무 기능

04 ㉠에 들어갈 내용으로 가장 적절한 것은?

> □□신문　　○○○○년 ○월 ○일
> ### 세계화, 어떻게 바라보아야 할까
> 세계화에 따라 자유 무역이 확대되면서 높은 기술력과 자본을 가진 선진국과 상대적으로 경쟁력을 갖추지 못한 개발 도상국 간의 경제적 차이로 국가 간 (㉠)이/가 초래될 수 있다.

① 사생활 침해
② 인터넷 중독
③ 빈부 격차 심화
④ 문화 다양성 보장

05 두 지역에서 발생하는 공통적인 갈등으로 가장 적절한 것은?

> • 북극해   • 카스피해

① 자원을 둘러싼 갈등
② 남북문제에 의한 갈등
③ 크리스트교와 불교의 종교 갈등
④ 네덜란드어와 프랑스어의 언어 갈등

06 다음에서 설명하는 국제 사회의 행위 주체는?

> 일정한 영역과 국민을 바탕으로 주권을 가진 국제 사회의 가장 기본적이고 대표적인 행위 주체이다.

① 개인
② 국가
③ 이익 집단
④ 비정부 기구

07 다음 내용에 해당하는 지역은?

> 이스라엘과 주변 이슬람교 국가들 간의 민족 · 종교 · 영토 등의 문제가 얽힌 분쟁 지역

① 난사 군도
② 쿠릴 열도
③ 카슈미르
④ 팔레스타인

08 다음 설명에 해당하는 사례는?

> 주권 국가들을 구성원으로 하고 있으며, 다양한 국제 사회의 문제를 조정하는 역할을 하는 정부 간 국제기구

① 국제 연합
② 그린피스
③ 다국적 기업
④ 국경 없는 의사회

09 다음에 해당하는 분쟁 지역을 지도의 A~D에서 고른 것은?

> 카슈미르 지역에서 발생한 인도와 파키스탄의 분쟁

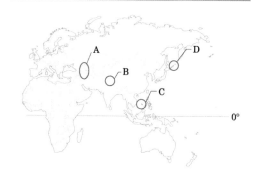

① A
② B
③ C
④ D

10 ㉠에 들어갈 내용으로 옳은 것은?

> **〈환경 문제 해결을 위한 노력〉**
> 1. 환경 보호를 위한 국제 비정부 기구의 노력
>   • 주요 활동 : 환경 오염 유발 행위 감시 활동
>   • 단체 :   ㉠

① 그린피스(Greenpeace)
② 브렉시트(Brexit)
③ 국제 통화 기금(IMF)
④ 세계 보건 기구(WHO)

11 다음 설명에 해당하는 것은?

> • 국제 사회의 행위 주체에 해당함.
> • 대표적인 예로 주권 국가들을 구성원으로 하는 국제 연합(UN), 세계 무역 기구(WTO)가 있음.

① 국가
② 다국적 기업
③ 자유 무역 협정
④ 정부 간 국제기구

12 다음에 대해 설명한 내용으로 가장 적절한 것은?

> • 그린피스(Greenpeace)
> • 국경 없는 의사회(MSF)

① 국제 비정부 기구이다.
② 자국의 이익 실현을 최우선으로 한다.
③ 국제 분쟁 지역에 평화 유지군을 파견한다.
④ 국가를 회원으로 하는 정부 간 국제기구이다.

13 다음에 해당하는 갈등 지역은?

> • 갈등 당사국 : 중국, 필리핀, 브루나이, 말레이시아, 베트남 등
> • 내용 : 원유 및 천연가스 매장지 영유권 분쟁

① 기니만
② 카슈미르
③ 난사 군도
④ 쿠릴 열도

14 지도에 ◌로 표시된 지역에서 영토 분쟁 중인 두 나라는?

① 중국 – 러시아
② 중국 – 필리핀
③ 이란 – 이라크
④ 일본 – 러시아

15 다음 설명에 해당하는 지역으로 옳은 것은?

> 중국의 남쪽에 위치한 바다로, 중국, 타이완, 베트남, 필리핀, 말레이시아 및 브루나이 등 여섯 나라로 둘러싸인 해역을 말한다. 다량의 원유와 천연가스가 매장되어 있는 것으로 추정되고 있어 영유권 갈등이 발생하고 있다.

① 북극해
② 남중국해
③ 카스피해
④ 쿠릴 열도

09 미래와 지속 가능한 삶

1 인구 문제의 양상과 해결 방안

1. 세계의 인구

(1) 세계의 인구 변화
  ① 세계의 인구 성장 : 산업화 이전과 달리 산업화 이후 급격히 증가
  ② 선진국과 개발 도상국의 인구 성장
    ㉠ 선진국 : 1960년대 이후 출생률 감소로 낮은 인구 증가율이 나타난다.
    ㉡ 개발 도상국 : 제2차 세계 대전 이후 산업화로 높은 인구 증가율을 보인다.

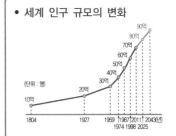

• 세계 인구 규모의 변화

세계 인구는 산업 혁명 이후 급속도로 증가했고 2011년 약 70억 명이며, 2050년에는 90억 명이 넘을 것으로 전망된다.

(2) 인구 분포
  ① 세계의 인구 분포 : 지역의 특성에 따라 불균등하게 분포한다.
  ② 인구 분포의 요인

자연적 요인	기후, 지형 – 온화한 기후, 넓은 평야, 해안 지역에 인구 밀집
사회·경제적 요인	산업, 교통, 문화 – 농업이나 공업이 발달한 지역, 일자리가 풍부하며 교통이 편리한 지역에 인구 밀집

(3) 세계의 인구 구조와 인구 이동
  ① 세계의 인구 구조

선진국	노년층 인구 비중은 높고 출생률이 낮아 유소년층 인구 비중이 낮음 ➡ 노령화 지수와 중위 연령이 높음 – 유소년 부양비 : 청·장년층 인구에 대한 유소년층 인구의 비율을 말한다.
개발 도상국	노년층 인구 비중은 낮고, 유소년층 인구 비중은 높음 ➡ 유소년 부양비가 높으며 선진국보다 중위 연령이 낮음 – 노령화 지수 : 유소년층 인구에 대한 노년층 인구의 비율을 말한다. – 중위 연령 : 전체 인구를 연령 순서대로 세웠을 때 중간에 있는 사람의 나이를 말한다.

② 세계의 인구 이동

경제적 이동	개발 도상국에서 선진국으로 이동 **예** 라틴 아메리카에서 미국으로 이동, 아프리카에서 유럽으로 이동
정치적 이동	전쟁이나 분쟁에 의한 이동 **예** 소말리아 내전, 시리아 내전으로 인한 이동
환경적 이동	사막화, 해수면 상승 등 기후 변화에 따른 환경 재앙을 피해 이동 **예** 투발루섬 주민이 뉴질랜드, 오스트레일리아로 이동

Click 인구 피라미드

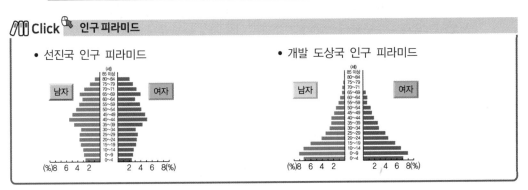

- 선진국 인구 피라미드
- 개발 도상국 인구 피라미드

※ 인구 구조 : 일정한 지역 안의 인구 구조를 성별과 연령 등을 통해 인구 피라미드로 파악할 수 있다. 선진국은 방추형, 개발도상국은 피라미드형 인구 피라미드가 나타난다.

2. 세계의 인구 문제

(1) 저출산·고령화 문제와 해결 방안 : 선진국에서 주로 나타난다.

구분	저출산	고령화
원인	여성의 사회적 진출 증가, 초혼 연령 상승, 결혼 및 출산에 대한 가치관 변화 등	• 저출산 현상 • 의학 발달과 생활 수준 향상으로 평균 수명 연장
문제점	생산 연령 인구 감소에 따른 노동력 부족, 잠재 성장률 하락	노년 부양비 증가로 세대 간 갈등 문제 발생
해결 방안	출산 및 육아 비용의 사회적 지원 강화, 남녀 가사와 양육 분담 등	노인 연금 제도 및 사회 보장 제도 강화, 일자리 확대와 정년 연장 등

(2) 인구 과잉 문제와 해결 방안 : 개발 도상국에서 주로 나타난다.

구분	인구 과잉	대도시 인구 과밀
원인	사망률의 빠른 감소, 높은 출생률에 따른 인구 급증	급속한 산업화·도시화에 따른 이촌 향도 현상
문제점	식량 및 자원의 부족, 기아와 빈곤, 실업 문제 발생 등	일자리 부족으로 인한 실업 문제, 주택 부족 등의 도시 문제 발생

해결 방안	• 산아 제한 정책 시행 • 인구 부양력을 높이기 위한 경제 발전과 식량 증산 정책 실시 등	• 촌락의 생활 환경 개선 • 중소 도시 육성 정책 등

🎯 개념 Check

- **고령화 현상** : 총인구 중에서 65세 이상 노년층 인구가 차지하는 비율이 높아지는 현상이다.
- **생산 연령 인구** : 생산 활동에 참여할 수 있는 15세 이상 65세 미만의 인구이다.
- **노년 인구 부양비** : 생산 인구인 청장년 인구에 대한 노년 인구의 비율
- **인구 부양력** : 한 나라의 인구가 그 나라의 사용 가능한 자원에 의해 생활할 수 있는 능력으로, 지역이 어느 정도의 인구를 수용할 수 있는지 나타낸다.

Click ▶ 세계의 인구 성장

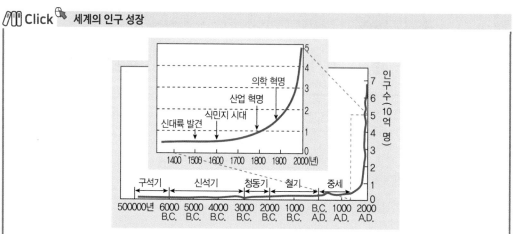

산업 혁명 이전에는 기아, 질병, 전쟁 등으로 사망률이 높아 세계의 인구가 오랜 기간 동안 느린 속도로 증가하였다. 산업 혁명 이후에는 의학 기술이 발달하고 생활 수준이 향상되면서 사망률이 감소하고, 경제 발전으로 인구 부양력이 높아지면서 세계의 인구가 급속히 증가하기 시작하였다.

(3) 인구 변천 단계

성장 단계	제1단계	제2단계	제3단계	제4단계
성장 유형	다산 다사형	다산 감사형	감산 소사형	소산 소사형
인구증가율	낮음	높음	감소	낮음
인구 증감	정체	급증	증가	정체
특징	높은 영아 사망률	의학 발달 등으로 사망률 급락	가족 계획으로 출생률 감소	인구 고령화
우리나라의 시기	1920년 이전	일제강점기, 1950~60년대	1970~80년대	1990년대 이후

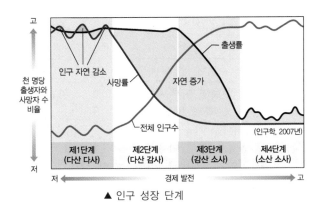
▲ 인구 성장 단계

2 지속 가능한 발전을 위한 노력

1. 자원의 분포와 특징

(1) 자원의 의미와 특성

① **자원의 의미** : 자연물 중에서 일상생활과 경제 활동에 쓸모와 가치가 있으며, 기술적·경제적으로 개발이 가능한 것을 말한다.

② **자원의 특징**

유한성	• 대부분의 매장량은 한정되어 있음 • 가채 연수 : 어떤 자원의 확인된 매장량을 연간 생산량으로 나눈 값으로, 현재와 같은 수준으로 채굴할 경우 앞으로 몇 년이나 더 채굴이 가능한가를 보여준다. 즉, 자원의 고갈 시기를 나타내는 지표이다. 자원의 고갈 시기란 그 자원의 부존량이 모두 채굴되어 전혀 남아 있지 않은 상태가 아니라 매장량의 80%가 채굴되었을 때를 말한다. 예 화석 연료(석유, 석탄, 천연가스)
편재성	• 자원은 특정 지역에 편중되어 분포함 • 석유의 편재성 : 석유는 세계 에너지 소비량에서 가장 높은 비중을 차지할 정도로 수요가 많지만 서남아시아를 비롯한 일부 지역에 매장되어 있어 편재성이 큰 편이다. 이로 인해 석유 자원을 둘러싼 지역 간 갈등과 분쟁이 끊이지 않고 있으며, 공급 불안정에 따른 국제 석유 가격의 변화도 큰 편이다. 예 서남아시아에 석유가 집중적으로 매장되어 있음
가변성	기술·경제·문화적 조건 등에 따라 자원의 의미와 가치가 달라짐 예 이슬람 문화에서는 돼지고기를 식량 자원으로 이용하지 않음

(2) 주요 에너지 자원의 분포와 소비

① 석탄

분포	고기 조산대 주변에 주로 매장
특징	• 18세기 산업 혁명 이후 동력 자원으로 이용되면서 주요 자원이 됨 • 제철 공업 및 화력 발전의 연료로 이용 • 석유보다 수송·이용 면에서 불리하고, 연소 시 대기 오염 물질을 많이 배출함 • 가정용 연료로 많이 이용하였으나, 최근 소득 수준이 높아지고 주된 연료로 석유와 천연가스가 이용되면서 소비 감소
이동	• 주요 수출국 : 오스트레일리아, 러시아 등 • 주요 수입국 : 중국, 우리나라, 일본 등

② 석유

분포	• 신생대 제3기층의 배사 구조에 주로 매장 • 페르시아만을 중심으로 서남아시아 지역에 세계 석유의 약 60% 이상이 매장되어 있음
특징	• 수송 기관 및 화력 발전 연료용, 난방 연료 및 화학 공업의 원료 • 19세기 후반 내연 기관의 발명으로 본격 사용 • 지역적 편재성이 큼, 소비지와 생산지가 달라 국제적 이동이 많음
이동	우리나라, 일본, 유럽의 많은 나라들은 대부분 수입에 의존

Click 배사 구조

퇴적 당시 수평이었던 지층이 지각의 변동으로 밀리고 구부러져 둥근 모양을 형성한 구조를 말하는데, 석유가 모일 수 있는 조건이 된다.

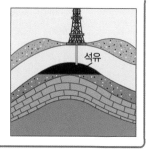

③ 천연가스

분포	신생대 제3기층에 석유와 함께 매장되어 있는 경우가 많음
특징	• 주로 가정용으로 이용, 수송 기관 및 화력 발전 연료용 등으로 이용 • 에너지 효율이 높고 오염 물질의 배출이 적은 청정 에너지 • 냉동 액화 기술과 파이프라인 건설 등으로 저렴한 수송과 저장이 가능해지면서 이용 증가
이동	• 생산국 : 이란, 미국, 러시아 등 • 주요 수입국 : 우리나라, 일본, 독일 등

④ 세계 에너지 소비 실태
  ㉠ 산업화 이후 에너지 자원으로 석탄과 석유가 많이 사용되었으며, 최근에는 천연가
    스의 사용이 늘어나고 있다.
  ㉡ 에너지 소비 구조 : 석유 > 석탄 > 천연가스

/// Click 🔖 주요 에너지 자원의 분포와 이동

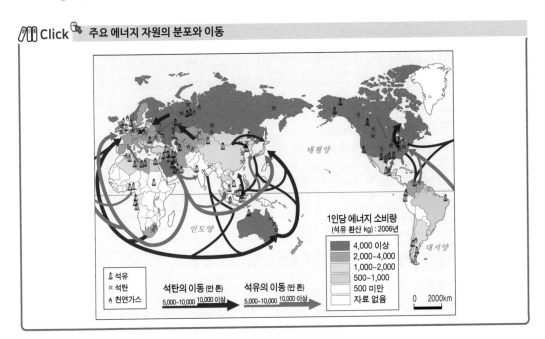

(3) 자원의 분포와 소비에 따른 문제

자원 확보를 둘러싼 갈등	• 자원의 생산자와 소비자의 불일치로 인해 발생 → 편재성 • 자원 민족주의의 확산으로 갈등이 심화
자원 고갈 문제	자원의 소비량 증가, 자원의 유한성으로 인해 발생
환경 문제	자원을 개발·소비하는 과정에서 오염 물질이 발생하여 환경 문제 발생 예 지구 온난화, 산성비 문제
에너지 소비 격차	선진국과 개발 도상국 간의 생활 수준 및 경제 발달 차이로 인해 1인당 자원 소비량의 격차 발생

2. 지속 가능한 발전을 위한 노력

(1) 지속 가능한 발전의 의미와 필요성
  ① 의미 : 현재와 미래 세대의 삶이 원활하게 유지될 수 있는 범위 내에서 현재 세대의
    필요를 충족시키는 개발과 발전 방식이다.
  ② 필요성 : 자원 고갈, 환경 오염, 생태계 파괴, 빈부 격차 확대, 갈등과 분쟁 등의 문제
    를 해결하기 위한 대안으로 '지속 가능한 발전'이 주목받게 되었다.

개념 Check

지속 가능한 발전

- 지속 가능성의 개념은 원래 생물학적 논리에서 출발하였으나 이후 경제, 복지, 의료, 문화, 예술 등 사회 전반의 문제로까지 확대되었으며, 그 파급 효과도 크다.
- 지속 가능한 발전은 개발 대상이 무엇이냐에 따라 여러 가지로 달라질 수 있다. 그러나 크게 자연의 재생 능력의 범위 안에서 자연 조건을 만족시키는 개발, 세대 간의 자연 자원 이용의 형평성이 보장되는 개발, 절대 빈곤의 추방을 통한 사회 정의 실현으로서의 개발 등으로 압축된다. 즉, 사회, 경제, 환경이 조화를 이룬 발전이 되어야 함을 의미한다.

(2) 지속 가능한 발전을 위한 노력
　① 국제·국가적 차원의 노력

경제적 측면	• 신·재생 에너지의 보급 확대 • 개발 도상국의 빈곤 문제 해결 및 경제·사회 발전과 복지 향상을 위한 공적 개발 원조(ODA) 실시
환경적 측면	국제 환경 협약 체결, 온실가스 감축을 위한 제도 실시
사회적 측면	사회 계층 간 통합을 위한 사회 취약 계층 지원 제도 마련

　② 개인적 노력
　　㉠ 윤리적 소비 실천 : 윤리적 소비란 소비자가 윤리적인 가치 판단에 따라 상품이나 서비스를 구매하는 것이다.
　　㉡ 공정 무역 제품 이용
　　㉢ 로컬 푸드 구매 : 로컬 푸드란 장거리 운송을 거치지 않은, 가까운 지역에서 생산되는 농산물이다.
　③ 지속 가능한 발전의 지향점
　　㉠ 자원 남용 및 환경 파괴를 막음. ➜ 환경과 경제 개발을 조화시키는 발전
　　㉡ 절대적 빈곤을 퇴치하여 사회 불안 해소
　　㉢ 생태계 수용 능력 내에서의 개발 ➜ 환경 용량을 초과하지 않는 개발

Click 지속 가능한 발전의 구조

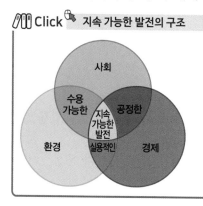

➜ 1987년 세계 환경 개발 위원회에서 처음 정의되었다. 지속 가능한 발전을 위해서는 경제 성장, 사회 안정과 통합, 환경 보전의 균형이 필요하다.

3 미래 지구촌의 모습과 우리의 삶

1. 미래 지구촌의 모습

(1) 미래 예측의 필요성과 방법
① 미래 예측의 필요성 : 미래 예측을 통해 미래 사회에 대한 유연한 대처가 가능해지면 개인, 국가는 안정적인 발전을 할 수 있다.
② 미래 예측 방법
㉠ 전문가 합의법(델파이 기법) : 각 분야의 전문가에게 설문을 반복하여 특정한 주제에 대한 전문가 집단의 합의를 도출하는 방식
㉡ 시나리오 기법 : 일반적으로 3~4가지의 시나리오를 작성하여 미래에 대비하는 방법으로, 미래의 위험을 줄일 수 있지만 미래에 중요할 수도 있는 시나리오가 무시될 수도 있다.

(2) 지구촌의 미래 사회 모습 : 긍정적 관점과 부정적 관점이 공존한다.

구분	긍정적 관점	부정적 관점
정치·경제·사회적 측면	• 정치적 협력, 국제기구의 활동이 증가할 것으로 예상됨 • 영토나 종교를 둘러싼 분쟁이 줄어들 수 있음	• 다양한 원인으로 국가 간, 지역 간 갈등의 발생 빈도가 증가할 것으로 예상됨 • 특정 직업의 소멸로 인한 실업 문제가 나타날 수 있음
환경적 측면	국가 간 협력 강화로 전 지구적으로 나타나는 환경 문제가 해결될 수 있음	현재의 환경 문제를 해결하지 못할 경우 지구촌의 생태 환경은 더욱 악화될 것으로 예상됨
과학 기술의 발달과 미래 사회	• 고도화된 정보화로 시민들의 정치 참여가 활발하여 개인의 영향력이 커질 것으로 예상됨 • 생명 공학의 발달로 난치병 치료가 가능해 수명이 더욱 길어질 수 있음 • 사물 인터넷(자동차, 냉장고와 같은 사물에 센서와 통신 기능을 내장하여 인터넷에 연결하는 기술) 발달, 자율 주행 자동차 등으로 편리성 증대	• 과학 기술의 오작동에 따른 안전 문제가 발생할 수 있음 • 개인 정보 유출에 따른 사생활 침해와 감시 문제가 발생할 수 있음 • 유전자 조작, 인간 복제와 관련하여 윤리적 문제가 발생할 수 있음

(3) 미래 사회를 위한 준비
① 올바른 가치관 정립 : 개방적 태도, 관용 등을 바탕으로 올바른 인성과 가치관을 키우기 위해 노력해야 한다.
② 비판적 사고력 증진 : 사회 현상을 비판적으로 분석하여 합리적인 문제 해결 과정에 적극적으로 참여할 수 있는 능력 함양
③ 세계 시민으로서의 공동체 의식 함양

대표 기출문제

정답 및 해설 p. 115

01 인구 분포에 영향을 미치는 사회적 요인으로 옳은 것은?

① 사막
② 온화한 기후
③ 험준한 산지
④ 풍부한 일자리

02 고령화에 대한 대책으로 적절한 것을 〈보기〉에서 고른 것은?

┤ 보기 ├
ㄱ. 의무 투표제 시행
ㄴ. 노인 복지 시설 확충
ㄷ. 노인 연금 제도 확대
ㄹ. 산아 제한 정책 시행

① ㄱ, ㄴ
② ㄱ, ㄹ
③ ㄴ, ㄷ
④ ㄷ, ㄹ

03 저출산 문제 해결 방안으로 적절한 것을 〈보기〉에서 고른 것은?

┤ 보기 ├
ㄱ. 보육 시설 확충
ㄴ. 산아 제한 정책 실시
ㄷ. 출산 장려금 지원
ㄹ. 개발 제한 구역 확대

① ㄱ, ㄷ
② ㄱ, ㄹ
③ ㄴ, ㄷ
④ ㄴ, ㄹ

04 ㉠, ㉡에 들어갈 인구 문제는?

• (㉠)을/를 해결하기 위해 정년 연장, 노인 복지 시설 확충, 노인 연금 제도 등이 필요하다.
• (㉡)을/를 해결하기 위해 출산과 양육 지원, 양성 평등을 위한 고용 문화 확산 등이 필요하다.

	㉠	㉡
①	고령화	노인 빈곤
②	저출산	노인 빈곤
③	남초 현상	이촌 향도
④	고령화	저출산

05 ㉠, ㉡에 들어갈 내용으로 옳은 것은?

• (㉠) : 자원이 지구상에 고르게 분포하지 않고 특정한 지역에 치우쳐 분포한다.
• (㉡) : 자민족이나 자국의 이익을 위해 보유하고 있는 자원을 전략적으로 사용하는 것이다.

	㉠	㉡
①	편재성	자원 민족주의
②	희소성	연고주의
③	유한성	지역 이기주의
④	가변성	다원주의

06 ㉠에 들어갈 내용으로 옳은 것은?

> 자원의 특징 중 하나로 언젠가는 고갈된다
> 는 성질을 자원의 (㉠)이라고 한다.

① 도시성　　　　② 동질성
③ 유한성　　　　④ 편리성

07 ㉠, ㉡에 해당하는 화석 연료로 옳은 것은?

> • (㉠) : 18세기 산업 혁명기에 증기기관의
> 연료로 사용
> • (㉡) : 현재 세계에서 가장 소비량이 많은
> 에너지 자원

	㉠	㉡
①	석유	천연가스
②	석유	석탄
③	석탄	천연가스
④	석탄	석유

08 밑줄 친 ㉠, ㉡에 대한 설명으로 옳은 것은?

> 에너지 자원은 각종 산업의 원료이며 일상
> 생활과 경제 활동에 필요한 에너지를 생산하
> 는 데 이용된다. 에너지 자원에는 ㉠ 석유,
> ㉡ 태양광 등이 있다.

① ㉠은 화석 에너지 자원이다.
② ㉡은 18세기 산업 혁명의 원동력이 되었다.
③ ㉠은 ㉡에 비해 고갈 위험이 낮다.
④ ㉡은 ㉠보다 세계 에너지 소비 비중이 높다.

09 다음에서 설명하는 에너지 자원은?

> • 화석 연료이며, 연소 시 대기 오염 물질의
> 배출이 적음.
> • 냉동 액화 기술의 발달과 수송선이 개발되
> 면서 소비량이 증가함.

① 석유　　　　② 석탄
③ 원자력　　　　④ 천연가스

10 ㉠에 들어갈 검색어로 적절한 것은?

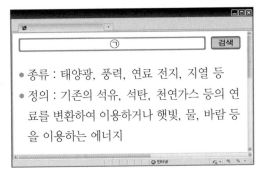

> • 종류 : 태양광, 풍력, 연료 전지, 지열 등
> • 정의 : 기존의 석유, 석탄, 천연가스 등의 연
> 료를 변환하여 이용하거나 햇빛, 물, 바람 등
> 을 이용하는 에너지

① 사물 인터넷
② 브렉시트(Brexit)
③ 신·재생 에너지
④ 지리 정보 시스템(GIS)

11 다음 설명에 해당하는 것은?

> • 의미 : 미래 세대가 필요로 하는 자원과 환
> 경을 훼손하지 않으면서 현재를 살아가는
> 우리의 욕구를 동시에 충족시키는 것
> • 채택 : 1992년 국제 연합 환경 개발 회의의
> '의제 21'

① 유비쿼터스　　② 플랜테이션
③ 성장 거점 개발　④ 지속 가능한 발전

사회 정답 및 해설

01 인간, 사회, 환경과 행복

대표 기출문제
문제 p. 11

| 01 ④ | 02 ② | 03 ③ | 04 ③ | 05 ① |

01 정답 ④
㉠에 들어갈 것은 행복이다. 헌법 제10조에는 인간의 존엄과 가치 및 행복 추구권이 명시되어 있다. 아리스토텔레스는 인간의 목적을 행복이라고 하였다.

02 정답 ②
행복한 삶을 실현하기 위한 조건으로 질 높은 정주 환경 조성, 경제적 안정, 민주주의의 발전 및 도덕적 실천이 필요하다. 제시된 내용에서 독재 국가나 권위주의적 정치 체제에서는 국민의 의사가 자유롭게 표출되거나 정책으로 산출되기 어렵다는 내용을 통해 행복한 삶을 실현하기 위해 시민들이 자신의 권리와 의무를 이해하고, 주인의식을 바탕으로 적극적으로 정치에 참여하는 정치 문화 형성이 필요하다는 것을 알 수 있다.

⊗ 오답피하기
① 행복한 삶을 실현하기 위해 질 높은 정주 환경이 필요하다.
③ 타인을 위한 무조건적인 희생은 행복한 삶을 위해 적절하지 않다.
④ 지양이란 어떤 것을 하지 아니함을 뜻한다. 경제적 효율성뿐만 아니라 정당한 분배를 지향해야 행복한 삶을 실현할 수 있다.

03 정답 ③
질 높은 정주 환경을 위한 조건으로 도심 내 녹지 공간 확대, 문화·예술·체육·복지 등의 생활 시설, 안전한 주거 환경이 필요하다.

04 정답 ③
내적으로 성찰하고 옳은 일을 실천하는 것을 통해 개인은 만족감과 행복감을 얻을 수 있다는 제시된 내용을 통해 행복한 삶을 실천하기 위해 도덕적 실천이 필요함을 강조하고 있다.

05 정답 ①
행복한 삶을 실현하기 위한 조건으로 질 높은 정주 환경의 조성, 경제적 안정, 민주주의 실현, 도덕적 실천과 성찰하는 삶 등이 있다. 정주 환경이란 좁은 의미로는 주거지를, 넓은 의미로는 일상생활 전 영역을 말한다. 질 높은 정주 환경을 갖추기 위해서는 깨끗한 자연환경과, 안락한 주거 환경, 문화·예술·체육·복지 시설 마련 등의 사회적 환경이 필요하다.

02 자연환경과 인간

대표 기출문제
문제 p. 22

01 ②	02 ④	03 ③	04 ④	05 ②
06 ③	07 ①	08 ③	09 ③	10 ②
11 ②	12 ③	13 ①	14 ④	15 ③
16 ③				

01 정답 ②
- 건조 기후의 강수량은 매우 적다(연 강수량 500mm 미만).
- 사막에서는 오아시스 농업과 관개 농업을, 초원에서는 유목을 한다.
- 가옥은 초원은 이동식 가옥 게르, 사막은 평평한 지붕, 작은 창문, 두꺼운 벽의 흙집이 나타난다.

02 정답 ④

'지구의 허파'라 불리는 열대림은 브라질에 위치한 아마존이다. 최근 과도한 벌목으로 열대림이 파괴되고 생물종 다양성이 감소되고 있다.

⊗ 오답피하기

① A는 사하라 사막이다.
② B는 러시아 남부 지역이다.
③ C는 알래스카이다.

03 정답 ③

한대 기후는 일 년 내내 기온이 낮기 때문에 보온을 위해 동물의 가죽·털로 만든 두꺼운 옷을 입는다. 순록 유목을 하며 날고기·날생선 등의 육류를 섭취한다. 가옥은 폐쇄적 구조가 나타나며, 이글루가 대표적이다.

04 정답 ④

열대 기후는 주로 적도 주변에 분포하며 최한월 평균기온이 18℃ 이상이다. 일 년 내내 기온이 높고 강수량이 많다. 의복은 통풍을 위해 얇고 간편한 옷을 입고, 고상 가옥 또는 수상 가옥이 나타난다.

⊗ 오답피하기

ㄱ. 순록 유목은 한대 기후인 툰드라 기후에서 나타난다.
ㄴ. 오아시스 농업은 건조 기후에서 이루어진다.

05 정답 ②

한대 기후는 평균 기온 10℃ 미만이다. 무수목 기후로 순록의 유목과 사냥을 통해 식량을 공급한다. 의복은 가축의 털로 만든 옷을 입고, 주 생활은 얼음집 이글루를 짓는다.

⊗ 오답피하기

ㄴ, ㄹ. 이동식 화전 농업과 통풍을 위한 큰 창문은 열대 우림 지역에서 나타난다.

06 정답 ③

제시된 설명의 자연재해는 태풍이다. 태풍은 필리핀 동쪽 해상에서 발생하며, 우리나라에 강한 바람과 많은 비를 동반하여 피해를 유발한다. 지역마다 태풍, 허리케인, 사이클론 등 다양한 명칭으로 불리고 있다.

07 정답 ①

㉠은 태풍, ㉡은 지진에 해당한다.
열대성 저기압인 태풍은 강한 바람과 많은 비를 동반하여 인적·물적 피해를 준다. 지진은 지형 재해로 지각판과 판의 충돌로 건축물과 도로 등이 붕괴된다.

08 정답 ③

홍수는 태풍이나 집중 호우 등 일시적으로 많은 비가 내릴 때 발생한다.

09 정답 ③

바다에서 급격한 지각 변동으로 높은 파도가 해안으로 밀려와 많은 물적·인적 자원의 피해를 주는 것은 지진해일이다.

⊗ 오답피하기

① 가뭄은 오랫동안 비가 내리지 않아 발생하며 식수 부족, 농업용수 부족으로 식물이 말라 죽는다.
② 폭설은 많은 눈이 단시간에 집중해서 내리는 현상으로 교통 혼잡, 비닐하우스 붕괴 등의 피해가 나타난다.
④ 열대 저기압은 강한 바람과 많은 강수를 동반하여 재산과 인명 피해를 유발한다. 지역에 따라 태풍, 허리케인, 사이클론 등 다양한 명칭으로 불린다.

10 정답 ②

레오폴드는 생태 중심주의의 대표적인 사상가이다. 생태 중심주의는 자연 그 자체의 가치를 인정하고 무생물을 포함한 자연 전체를 도덕적 고려 대상으로 여기는 관점이다.

11 정답 ②

제시된 내용은 생태 중심주의 관점에 해당한다. 생태 중심주의는 자연 그 자체의 가치를 인정하고 무생물을 포함한 자연 전체를 도덕적 고려 대상으로 여기는 관점이다.

> **오답피하기**
> ① 인간 중심주의는 인간을 다른 자연적 존재들보다 가치 있는 존재로 여기고, 인간과 자연의 관계에서 인간의 이익이나 행복을 먼저 고려하는 관점이다.
> ③ 개인주의는 국가나 사회보다 개인이 우선한다는 사상이다.
> ④ 이분법적 세계관은 한 가지 특징을 기준으로 두 개의 범위로 나누는 것이다.

12 정답 ③

㉠ 인간 중심주의 자연관은 인간을 다른 자연적 존재들보다 가치 있는 존재로 여기고, 인간의 이익이나 행복을 먼저 고려하는 관점이다.
㉡ 생태 중심주의는 자연 그 자체의 가치를 인정하고 무생물을 포함한 자연 전체를 도덕적 고려 대상으로 여기는 관점이다.

13 정답 ①

사헬 지대는 사막화가 나타나는 대표적인 지역이다. 사막화는 사막 주변의 장기간 가뭄, 인간의 과도한 방목·개간으로, 식량 생산 감소, 황사 현상 심화 등이 나타난다. 이를 방지하기 위해 사막화 방지 협약을 체결하였다.

14 정답 ④

제시된 내용은 지구 온난화를 방지하기 위해 온실 가스 감축에 합의한 리우 협약 또는 기후 변화 협약에 대한 것이다.

> **오답피하기**
> ① 런던 협약은 폐기물 투기에 의한 해양오염방지에 관한 협약이다.
> ② 바젤 협약은 유해폐기물의 국가 간 이동 및 처리에 관한 국제 협약이다.

③ 람사르 협약은 중요 습지를 보호하기 위해 국제적인 협력으로 맺은 조약이다.

15 정답 ③

오존층 파괴 현상에 대한 대책으로 몬트리올 의정서를 국제 협약으로 채택하였고, 지구 온난화 현상에 대한 대책으로 파리 기후 변화 협약을 체결하였다.

16 정답 ③

정부 기관 또는 민간에서 대규모 개발 사업 계획을 수립할 때 개발 사업이 환경에 미치는 영향을 미리 예측하고 평가하는 제도를 '환경 영향 평가'라 한다.

> **오답피하기**
> ① 비주류 문화를 주류 문화로 편입시키는 것을 용광로 이론이라 한다.
> ② 공적 개발 원조는 선진국에서 개발도상국의 경제, 사회, 복지 증진을 목적으로 하는 정부 개발 원조이다.
> ④ 비핵보유국이 새로 핵무기를 보유하는 것을 금지하는 조약을 핵 확산 금지 조약이라 한다.

---

03 생활 공간과 사회

대표 기출문제

01 ②	02 ①	03 ②	04 ②	05 ①
06 ①	07 ④	08 ①	09 ④	10 ①
11 ①	12 ①	13 ②		

01 정답 ②

개발 제한 구역(greenbelt)은 도시의 무질서한 팽창을 막고, 도시 주변의 자연환경을 보전하기 위해 설치되었다.

02 정답 ①

열섬 현상은 도시 내 콘크리트나 아스팔트로 포장된 면적 증가, 인공열 증가로 도시의 평균 기온이 주변 지역보다 높아지는 현상을 말한다. 열섬 현상을 줄일 수 있는 방법은 녹지 면적을 증가시키고 바람길을 조성하는 것이다.

03 정답 ②

인간 소외 현상은 노동 과정에서 인간이 도구나 기계로 전락하여 소외되는 현상이다.

오답피하기

① 연고주의는 혈연, 지연, 학연이라는 전통적 관계를 우선시하거나 중요하게 여기는 사고방식을 가리키는 사회 현상이다.

04 정답 ②

산업화와 도시화에 따라 녹지 면적이 감소하고, 콘크리트와 같은 인공 구조물이 증가하여 빗물이 토양에 잘 흡수되지 않아 홍수 발생 위험이 증가한다.

오답피하기

③ 인공열 증가로 도시의 평균 기온이 주변 지역보다 높아지는 열섬 현상이 나타난다.

05 정답 ①

제시된 내용은 도시화에 대한 설명이다. 도시화는 도시 인구 증가, 상업 시설 증가, 인공 건축물 증가, 지표의 포장 면적 증가 등의 현상이 나타난다.
① 농경지 증가는 도시화에 대한 현상이 아니며, 오히려 도시화로 인해 농경지 면적이 감소하고 있다.

06 정답 ①

교통의 발달로 교외화 현상이 나타나며 대도시의 영향력이 확대되면서 형성되는 생활권을 대도시권이라 한다.

오답피하기

② 누리 소통망(SNS)은 온라인상에서 다른 사람들과 교류할 수 있는 서비스이다.
③ 커뮤니티 매핑은 사람들이 특정 주제와 관련한 지도를 만드는 제작 활동이다.
④ 지리 정보 시스템(GIS)은 지리 정보를 분석 가공하여 활용하는 시스템이다.

07 정답 ④

농업 중심의 사회에서 공업, 서비스업 중심으로 변화하는 현상을 산업화라 한다. 산업화와 함께 도시화가 나타나기 때문에 녹지 면적은 감소된다. 농업 사회에서 산업 사회로 변화되면서 다양한 직업이 등장하였다.

08 정답 ①

도시화는 한 국가 내에서 도시 거주 인구 비율이 높아지고 도시적 생활 양식과 도시적 경관이 확대되는 현상이다. 산업화가 진행되면서 촌락에서 도시로의 인구 이동이 활발해져 도시화의 가속화에 영향을 준다. 도시화 과정에서 인공 건축물 증가, 지표의 포장 면적이 증가한다.

오답피하기

② 한 집단 내에서 남성의 수가 여성의 수보다 많은 상태를 남초 현상이라 한다.
③ 유리 천장 지수는 직장 내 여성 차별 수준을 평가해 발표하는 지수이다. 지수가 낮을수록 직장 내 여성 차별이 심하다는 뜻이다.
④ 지리적 표시제는 농산물 및 그 가공품의 특징이 지리적 특성에 기인하는 경우 그 지역의 특산품임을 인증하는 제도이다.

09 정답 ④

교통·통신의 발달로 농업 중심의 1차 산업에서 2·3차 산업으로 바뀌어 가고 있다. 교통·통신의 발달로 지역 간의 상호 작용이 활발해지며, 인간의 공간 인식이 확대된다.

10 정답 ①

과학 기술의 발달로 컴퓨터, 인터넷, 인공위성 등을 이용한 신속, 정확한 정보 수집이 가능해지고, 지식과 정보가 부의 원천이 되는 사회를 정보화 사회라 한다. 정보화 사회 생활 모습은 누리 소통망(SNS)을 이용하여 선거 운동, 인터넷 게시판을 활용한 여론 형성 등 시민의 정치적 참여가 확대되며 재택 근무를 통한 효율적인 업무, 전자 상거래를 통한 소비 생활, 유비쿼터스 구축으로 온라인 교육·진료 서비스가 확대된다.

⊗ 오답피하기

② 개발 도상국에서 생산하는 제품에 정당한 가격을 지급하여, 생산자가 경제적으로 자립할 수 있도록 해주는 무역 방식을 공정 무역이라 한다.
③ 소비자가 윤리적인 가치 판단에 따라 상품이나 서비스를 구매하는 것을 윤리적 소비라 한다.
④ 다국적 기업의 본사, 연구소, 생산 공장이 각각 유리한 입지에 따라 분산되는 현상을 공간적 분업이라 한다.

11 정답 ①

정보 통신의 발달로 원격 진료나 원격 교육, 전자 상거래가 가능해지면서 생활의 많은 부분이 변화되었다. 정보화로 인해 시공간의 제약이 약화되었지만 완전히 사라진 것은 아니다.

12 정답 ①

교통·통신 발달에 따라 생활 공간이 확대되고 시공간적 제약이 완화되어 지구촌 사회가 형성되었다. 또한 경제 활동 범위와 여가 공간이 확대되어 다양한 문화 체험 기회가 증가하였다.

13 정답 ②

제시된 개인 정보 유출, 사생활 침해, 사이버 범죄 등은 정보화 사회의 문제점이다. 정보화 사회란 지식과 정보가 부의 원천이 되는 사회로 인터넷 중독, 사이버 범죄, 사생활 침해, 정보 격차 등의 문제가 나타난다.

⊗ 오답피하기

① 교외화란 중심 도시가 가지고 있는 여러 기능이 주변 지역으로 확산되는 현상이다.
③ 님비 현상은 자신이 속한 지역에 이익이 되지 않는 일을 반대하는 지역 이기주의의 예이다.
④ 열섬 현상은 도시 내 콘크리트나 아스팔트로 포장된 면적 증가, 인공열 증가로 도시의 평균 기온이 주변 지역보다 높아지는 현상이다.

04 　인권 보장과 헌법

대표 기출문제

문제 p. 42

01 ④	02 ①	03 ③	04 ③	05 ①
06 ④	07 ①	08 ②	09 ④	10 ③
11 ①	12 ①	13 ④	14 ③	15 ④
16 ③	17 ④			

01 정답 ④

인권의 특성
• 태어나면서 하늘로부터 부여받는 자연적 권리인 천부성
• 나이, 사회적 신분 등과 관계없이 모든 인간이 누려야 할 권리인 보편성
• 타인이 함부로 빼앗거나 양도할 수 없는 권리인 불가침성
• 영원히 보장되는 권리인 항구성

⊗ 오답피하기

ㄱ, ㄴ. 인권은 타인이 침범할 수 없으며 양도할 수 없는 불가침성의 권리이다.

02 정답 ①

제시된 사건을 순서대로 나열해 보면, (가) 영국의 권리 장전(1689년), (나) 독일의 바이마르 헌법(1919년), (다)

세계 인권 선언 채택(1948년)이다.

03 정답 ③
㉠은 인권이다. 인권은 인간 존엄성을 유지하며 살아갈 수 있도록 모든 사람이 누려야 하는 기본적인 권리이다. 천부성, 보편성, 불가침성, 항구성을 특성으로 한다.

04 정답 ③
세계 인권 선언은 2차례의 세계 대전 이후 국제 연합 총회에서 채택된 인권에 관한 세계 선언이다.

> **⊗ 오답피하기**
> ① 권리 장전은 영국의 명예 혁명의 결과로 이루어진 권리 선언이다.
> ② 바이마르 헌법은 1919년 바이마르 공화국의 헌법으로 사회권이 최초로 규정된 헌법이다.

05 정답 ①
근로자의 권리인 노동 3권은 단결권, 단체 교섭권, 단체 행동권이다.
• 단결권은 노동조합을 결성할 수 있는 권리이다.
• 단체 교섭권은 노동조합이 사용자와 교섭할 수 있는 권리이다.
• 단체 행동권은 파업, 태업 등의 쟁의 행위를 할 수 있는 권리이다.

06 정답 ④
근로 3권은 헌법에서 보장하는 노동자의 권리이다. 노동조합을 결성할 수 있는 권리를 단결권, 노동조합이 사용자와 교섭할 수 있는 권리를 단체 교섭권, 파업 등의 쟁의 행위를 할 수 있는 권리를 단체 행동권이라 한다.

07 정답 ①
국가로부터 최소한의 인간다운 생활을 보장받을 권리는 사회권에 해당한다. 사회권은 교육권, 환경권, 주거권, 안전권, 문화권 등이 해당된다.

> **⊗ 오답피하기**
> ② 자유권은 소극적이며 가장 오래된 기본권이다. 신체의 자유가 대표적이다.
> ③ 국민이 정치에 참여할 수 있는 권리로 선거권, 피선거권이 대표적인 참정권이다.
> ④ 국가에 의해 기본권이 침해받았을 때 국가에게 청구, 청원할 수 있는 권리이다. 수단적이며 적극적 권리이다.

08 정답 ②
자유권은 국가의 간섭을 받지 않고 자신의 의지에 따라 행동할 수 있는 권리로 소극적 권리, 포괄적 권리이다.

> **⊗ 오답피하기**
> ① 사회권은 국가로부터 인간다운 생활을 보장받을 수 있는 권리로 적극적 권리이다.
> ③ 참정권은 국가의 의사 결정 과정에 참여할 수 있는 권리로 적극적 권리, 능동적 권리이다.
> ④ 청구권은 국가에 대하여 일정한 행위를 요구할 수 있는 권리로 기본권 보장을 위한 기본권이며, 수단적 권리이자 적극적 권리이다.

09 정답 ④
우리나라 헌법상의 기본권 중 참정권은 국가의 의사 결정 과정에 참여할 수 있는 능동적 권리로 선거권, 공무담임권, 국민 투표권 등이 있다.

> **⊗ 오답피하기**
> ① 사회권은 국가에 대하여 인간다운 생활의 보장을 요구할 수 있는 권리이다.
> ② 평등권은 다른 기본권 보장의 전제 조건으로 성별, 종교, 사회적 신분 등에 의해 불합리한 차별을 받지 않을 권리이다.
> ③ 청구권은 다른 기본권을 보장하기 위한 수단적 권리로 국가에 대해 일정한 행위를 청구할 수 있는 권리이다.

10 정답 ③

청구권은 국가에 대해 일정한 행위를 청구할 수 있는
권리로 다른 기본권을 보장하기 위한 수단적 권리이다.
청구권에는 청원권, 재판 청구권, 국가 배상 청구권이
있다.

> ⊗ 오답피하기
>
> ① 자유권은 가장 오래된 기본권으로 국가로부터 개
> 인의 자유로운 생활을 간섭받지 않을 권리이다.
> ② 참정권은 국가의 의사 결정 과정에 참여할 수 있
> 는 권리이다.
> ④ 평등권은 성별, 종교, 사회적 신분 등에 의해 불
> 합리한 차별을 받지 않을 권리이며 다른 기본권
> 보장의 전제 조건이다.

11 정답 ①

헌법 제3장 제40조는 국회, 제4장 제66조는 정부, 제5장
제101조는 법원의 내용이다. 이를 통해 국회, 정부, 법원
이 서로 견제하는 권력 분립 제도가 적절함을 알 수 있다.

> ⊗ 오답피하기
>
> ② 사회 보장 제도는 어려움에 처한 사회 구성원들
> 의 생활을 사회 정책을 통하여 해결해 주는 복지
> 제도이다.
> ③ 위헌 법률 심판은 국회에서 정한 법률이 헌법에
> 위반되는지 여부를 헌법 재판소가 심판하는 일
> 이다.
> ④ 헌법 소원 심판은 국가의 공권력 행사나 불행사
> 로 국민의 기본권이 침해된 경우에 국민이 헌법
> 재판소에 이의 구제를 직접 청구하고 헌법 재판
> 소가 심판하는 제도이다.

12 정답 ①

• 국가 운영은 국회가 제정한 법률에 근거하여 수행되어
 야 한다는 것이 법치주의이다.
• 통치자의 자의적 지배가 아닌 법에 의한 통치는 국민
 의 인권을 보장하기 위한 제도적 장치이다.

> ⊗ 오답피하기
>
> ④ 시민 불복종은 정의롭지 못한 법이나 정책을 변
> 혁시키려는 목적으로 행하는 의도적인 위법 행위
> 이다.

13 정답 ④

헌법 재판소는 위헌 법률 심판 제도나 헌법 소원 심판 제
도, 탄핵 심판, 정당해산 심판, 권한쟁의 심판 등을 관장
한다.

> ⊗ 오답피하기
>
> ① 정당은 정치적인 견해가 같은 사람들이 정권 획득
> 을 통해 정치적 이상을 실현하기 위한 단체이다.
> ② 행정부는 행정을 맡아보는 국가 기관이다.
> ③ 지방 법원은 특정 지역의 민사, 형사 소송을 처리
> 하는 1심법원이다.

14 정답 ③

우리나라는 기본권을 헌법으로 보장하고 있다. 하지만
기본권의 행사가 타인의 기본권을 침해하거나 공익에 해
를 끼치지 않도록 국가가 개인의 기본권 행사의 범위에
일정한 제한을 둔다. 그 제한은 국회에서 정한 법률로써
가능하다.

15 정답 ④

정의롭지 못한 법이나 정책을 변혁시키려는 목적으로 행
하는 의도적인 위법 행위를 시민 불복종이라 한다. 시민
불복종의 정당화 조건으로는 공익성, 공개적, 비폭력,
처벌 감수, 최후의 수단 등이 있다.

> ⊗ 오답피하기
>
> ① 선거는 국민의 가장 기본적인 정치 참여 방법이다.
> ② 국가의 중요한 일을 국민에게 물어 결정하기 위
> 한 투표를 국민 투표라 한다.
> ③ 주민이 행정 기관에 원하는 바를 요구하는 일을 민
> 원 제기라 한다.

16 정답 ③

사회적 소수자란 신체적 또는 문화적 특징 때문에 사회의 다른 구성원에게 차별을 받기 쉬우며, 차별받는 집단에 속해 있다는 의식을 가진 사람들을 말한다. 장애인, 이주 외국인, 북한 이탈 주민 등이 대표적이다.

> **⊗ 오답피하기**
> ① 소호(SOHO)란 소규모 개인 사업을 의미한다.
> ② 바우처(Voucher)제도란 소비자에게 지급하는 쿠폰을 의미한다.
> ④ 사물인터넷은 사물, 사람, 장소 등이 연결된 것을 의미한다.

17 정답 ④

사회적 소수자는 신체적 또는 문화적 특징 때문에 사회의 다른 구성원에게 차별을 받기 쉬우며, 차별받는 집단에 속해 있다는 의식을 가진 사람들을 말한다. 장애인, 이주 외국인, 노인, 북한 이탈 주민 등이 대표적인 사회적 소수자이다.

05 시장 경제와 금융

대표 기출문제
문제 p. 54

01 ④	02 ①	03 ①	04 ②	05 ②
06 ②	07 ③	08 ③	09 ①	10 ①
11 ②	12 ④	13 ①	14 ①	15 ②
16 ②	17 ①	18 ②	19 ②	

01 정답 ④

정부의 시장 개입으로 비효율이 초래되고, 1970년대 석유 파동으로 스태그플레이션이 발생한다. 이에 대한 대책으로 정부의 역할을 제한, 시장의 자유로운 경제 활동을 강조, 복지 축소를 주장하는 신자유주의가 등장하였다.

> **⊗ 오답피하기**
> ㄱ, ㄴ. 1930년대 대공황이 발생하여 정부의 시장 개입을 주장한 것은 케인스가 주장한 수정 자본주의이다.

02 정답 ①

수정 자본주의는 1929년 대공황으로 발생한 시장 실패를 해결하기 위해 정부의 적극적 시장 개입이 필요하다는 케인스의 경제 이론이다.

> **⊗ 오답피하기**
> ㄷ. 절대 왕정의 중상주의로 인해 상업 자본주의가 발전하였다.
> ㄹ. 산업 자본주의는 자유방임주의를 추구하며 개인의 경제적 자유를 최대한 보장한다.

03 정답 ①

1929년 대공황으로 기업이 도산하고 실업자가 증가함에 따라 정부의 시장 개입이 필요하다는 케인스의 수정 자본주의가 등장하였다. 미국은 수정 자본주의에 입각하여 루스벨트 대통령이 1933년 뉴딜 정책을 실시하였다.

> **⊗ 오답피하기**
> ② 1970년대 석유의 생산량이 급감하여 석유 파동이 일어났다.
> ③ 정의롭지 못한 법이나 정책을 변혁시키려는 목적으로 행하는 의도적인 위법 행위를 시민 불복종이라 한다.
> ④ '보이지 않는 손'은 애덤 스미스가 사용한 말로 개인의 이기심이 자연적으로 조화를 이룬다는 시장 경제의 자율작동 원리이다.

04 정답 ②

기회비용은 어떤 것을 선택함으로써 포기한 것들 가운데 가장 가치가 큰 것으로 명시적 비용과 암묵적 비용을 합한 값이다.

05 정답 ②

자본주의는 사유 재산 제도를 바탕으로 자유로운 경제 활동이 보장되는 시장 경제 체제이다.

06 정답 ②

편익은 어떤 대안을 선택함에 따라 얻을 수 있는 만족이나 이득을 의미한다.

07 정답 ③

창업은 개인이나 집단이 사업 아이디어를 가지고 새로운 기업을 설립하는 것이다. 기업가 정신이란 새로운 상품 개발, 새로운 시장 개척 등 새로움에 도전하는 정신이며 창업에 필요한 자세이다.

08 정답 ③

유사한 제품을 생산하는 기업끼리 가격, 판매 지역 등에 관한 협정을 맺어 서로 경쟁을 제한하는 것을 담합이라 한다. 담합은 대표적인 시장 실패로 기업이 생산량이나 가격을 임의로 조정하여 소비자에게 피해를 끼칠 수 있다.

09 정답 ①

외부 효과란 경제 주체가 경제 활동을 하는 과정에서 의도치 않게 타인에게 이익을 주거나, 의도치 않게 피해를 입히고도 대가를 치르지 않는 현상을 말한다. 제시된 첫 번째 내용은 외부 불경제, 두 번째 내용은 외부 경제의 사례이다.

10 정답 ①

공공재는 대가를 지불하지 않은 사람도 사용할 수 있는 재화나 서비스로, 비배제성·비경합성의 특징을 지닌다. 때문에 무임승차 문제가 발생하여 시장에서 충분히 공급되지 못하고 공공재 부족 문제가 발생한다.

기회비용으로 상품을 생산할 수 있을 때 비교 우위를 가진다고 한다.
③ 외부 효과는 금전적 거래 없이 다른 주체에게 영향을 미치는 현상을 말한다.
④ 기업가 정신이란 혁신과 창의성을 바탕으로 새로운 상품 개발, 새로운 시장 개척을 통해 이윤을 추구하는 기업가의 자세를 말한다.

11 정답 ②

독과점 문제, 외부 효과, 공공재 부족은 시장 실패 사례이다. 시장 실패는 시장에서 자원의 배분이 효율적으로 이루어지지 못하는 상태이다. 시장 실패의 해결을 위해 시장에 정부가 개입하는 수정 자본주의가 등장하였다.

⊗ 오답피하기

① 남초 현상은 한 집단 내에서 남성의 수가 여성의 수보다 많은 상태를 말한다.
③ 규모의 경제는 생산 규모의 확대에 따라 원료 대량 구입으로 생산비가 절감되는 현상을 말한다.
④ 소비자 주권은 소비자가 재화와 서비스의 생산 형태나 수량 등을 결정하는 데 결정적인 권한을 가지고 있음을 의미한다.

12 정답 ④

④ 어떠한 부분에 전문화하는 것을 특화라 한다.

⊗ 오답피하기

① 화폐란 상품 교환을 원활하게 하기 위한 일반적인 교환수단 내지 유통수단이다.
② 펀드는 금융 기관에 돈을 맡겨서 대신 투자하도록 하는 금융 상품이다.
③ 편익이란 어떤 대안을 선택함에 따라 얻을 수 있는 만족이나 이득을 말한다.

13 정답 ①

규모의 경제는 생산량이 늘어남에 따라 제품 단위당 평

균 생산비가 하락하는 것을 말한다. 기업이 원료를 대량으로 구입할 때에 좀더 저렴하게 구입할 수 있어 생산비가 하락하게 된다.

14 정답 ①

제시된 설명은 예금에 대한 내용이다. 예금은 정해진 이자를 기대하고 금융 기관에 돈을 맡기는 것으로, 예금자 보호법으로 안전적으로 수익을 얻을 수 있으나, 수익성이 낮다.

15 정답 ②

주식은 기업이 사업 자금 조달을 위해 발행하는 것으로 자금을 투자한 사람에게 그 대가로 회사 소유권의 일부를 지급하는 증서이다.

⊗ 오답피하기

① 대출이란 돈이나 물건을 빌려주거나 빌리는 것을 말한다.
③ 국민연금은 국가에서 시행하는 사회 보장 제도로 소득 획득 능력이 없어졌을 때 생활 보장을 위해 정기적으로 지급하는 금액이다.
④ 정기예금은 일정 금액을 일정 기간 동안 금융 기관에 맡기고 정한 기한 안에는 찾지 아니하겠다는 것을 약속으로 하는 예금이다.

16 정답 ②

자산은 실물 자산과 금융 자산으로 나눌 수 있다. 토지·건물·자동차 등은 실물 자산에 해당하며, 금융 자산으로는 예금·주식·채권·펀드·보험·연금 등이 있다.

17 정답 ①

'계란을 한 바구니에 모두 담지 마라'는 말은 한 곳에 집중 투자를 하는 것이 아니라 분산 투자를 하여 위험을 줄이는 투자 개념으로 사용된다.

18 정답 ②

자산 관리의 원칙 : 안전성, 수익성, 유동성
- 안전성 : 금융 상품의 원금과 이자가 보전될 수 있는 정도이다.
- 수익성 : 금융 상품의 가격 상승이나 이자 수익을 기대할 수 있는 정도이다.
- 유동성 : 필요할 때 쉽게 현금으로 전환할 수 있는 정도이다.

19 정답 ②

생애 주기별 금융 설계가 필요한 이유는 평균 수명 연장에 따른 삶의 대비가 필요하기 때문이다. 금융 설계의 원칙은 현재의 소득만을 기준으로 하는 것이 아니라, 전 생애 동안의 예상 소득을 기준으로 장기적 관점에서 소비와 저축을 결정해야 한다.

⊗ 오답피하기

④ 생애 주기의 발달 과업에 따라 필요한 자금의 크기는 다르다.

---

06 사회 정의와 불평등

대표 기출문제   문제 p. 64

01 ③	02 ②	03 ④	04 ①	05 ④
06 ①	07 ③	08 ④	09 ②	

01 정답 ③

분배적 정의란 사회적 지위와 권리, 재화와 서비스 등 사회적·경제적 가치를 공정하게 분배하는 것과 관련된 정의이다. 분배적 정의 기준은 업적, 능력, 필요 등 다양한 실질적 기준이 존재한다.
㉠에 따른 분배는 인간다운 삶을 보장하기 위한 필요에 따른 분배에 해당한다.

⊗ 오답피하기

① 담합은 유사한 제품을 생산하는 기업끼리 가격, 판매 지역 등에 관한 협정을 맺어 서로 경쟁을 제한하는 것을 말한다.
④ 특화는 자신이 갖고 있는 생산 요소를 특정 재화나 서비스 생산에 집중함으로써 생산성을 높이는 것을 말한다.

02 정답 ②

자유주의적 정의관은 개인의 자유롭고 평등한 기본권을 보장하는 것이 최고의 가치이고, 개인선의 추구를 통해 공동선이 달성될 수 있다는 입장이다.

⊗ 오답피하기

①, ③, ④는 공동체주의에 대한 설명이다.

03 정답 ④

자유주의적 정의관은 개인의 권리와 사익을 중시하며, 개인의 자유롭고 평등한 기본권을 보장하는 것을 우선으로 한다.
④ 공동체주의적 정의관으로 공동체가 개인의 정체성을 형성하고 삶의 방향을 설정하는 기반이라고 본다.

04 정답 ①

사회 복제 제도의 유형에는 사회 보험, 공공 부조, 사회 서비스가 있다.
- 사회 보험은 개인과 정부, 기업이 보험료를 분담하여 사회적 위험에 대비하는 제도로 국민 건강 보험, 고용 보험, 국민연금, 산업 재해 보상 보험 등이 있다.
- 공공 부조는 국가가 전액 지원하여 저소득 계층의 최저 생활을 보장하는 제도로 국민 기초 생활 보장 제도가 대표적이다.
- 사회 서비스는 도움이 필요한 전 국민 대상으로 다양한 서비스 혜택을 지원하는 제도로 노인 돌봄 서비스가 있다.

05 정답 ④

사회 보험은 개인과 정부, 기업이 보험료를 분담하여 사회적 위험에 대비하는 제도이다.

⊗ 오답피하기

① 개인 보험은 개개인이 각자의 생명·재산 등에 관한 경제적 보장을 위해 이용하는 보험이다.
② 공공 부조는 국가가 전액 지원하여 저소득 계층의 최저 생활을 보장하는 제도이다.
③ 기초 연금은 국민이 노후에 최소한의 기본적인 생활을 유지할 수 있도록 국가가 주는 연금이다.

06 정답 ①

공공 부조는 국가가 전액 지원하여 저소득 계층의 최저 생활을 보장하는 제도이다. 공공 부조의 종류로는 국민 기초 생활 보장 제도, 기초 연금, 의료 급여 등이 있다.

⊗ 오답피하기

④ 지리적 표시제는 농산물 및 그 가공품의 특징이 지리적 특성에 기인하는 경우 그 지역의 특산품임을 인증하는 제도이다.

07 정답 ③

정의로운 사회를 위해 사회 복지 제도가 필요하다. 사회 복지 제도의 유형으로 사회 보험, 공공 부조, 사회 서비스가 있다. 사회 서비스는 비금전적 지원을 원칙으로 도움이 필요한 모든 국민을 대상으로 다양한 서비스 혜택을 지원하는 제도이다.
🔹 노인 돌봄 서비스, 가사·간병 서비스 등

⊗ 오답피하기

① 공공 부조는 금전적 지원을 원칙으로 국가가 전액 지원하여 저소득 계층의 최저 생활을 보장하는 제도이다. 🔹 국민 기초 생활 보장 제도, 기초 연금, 의료 급여
② 사회 보험은 금전적 지원을 원칙으로 개인과 정부, 기업이 보험료를 분담하여 사회적 위험에 대비하

는 제도이다. 🔹 국민 건강 보험, 고용 보험, 국민 연금, 산업 재해 보상 보험
④ 사회적 약자를 우대함으로써 그들이 경험하는 불평등을 적극적으로 개선하려는 제도를 적극적 우대 조치라 한다. 🔹 여성 할당제, 장애인 의무 고용 제도 등

08 정답 ④

적극적 우대 조치란 과거에 차별받아 온 집단에게 우선적으로 기회를 주는 것을 말한다. 대표적인 예로 농어촌 전형, 여성 고용 할당제 등이 이에 해당한다.

09 정답 ②

여성 고용 할당제는 적극적 우대 조치로 사회적 차별을 줄이기 위해 사회적 약자에게 우선적으로 기회를 부여해 주는 것이다. 하지만 여성 고용 할당제에 대한 반대 측 입장처럼 여성 채용 비율이 지나치게 높아 오히려 남성들이 불이익을 받는 역차별이 발생할 수도 있다.

---

07 **문화와 다양성**

대표 기출문제 문제 p. 74

01 ④	02 ④	03 ③	04 ②	05 ④
06 ②	07 ④	08 ④	09 ①	10 ④
11 ④	12 ①	13 ④	14 ④	15 ②
16 ④	17 ④	18 ③	19 ④	20 ③

01 정답 ④

(가)는 북부 아프리카, 서남아시아, 중앙아시아의 건조 기후 지역으로, 건조 문화권이 나타난다. 주민 대부분이 이슬람교를 믿고 아랍어를 사용하며 유목과 오아시스 농업이 발달한다.

02 정답 ④

• 힌두교는 다신교이며 소를 신성시한다. 힌두교의 성지는 갠지스강이다.

• 이슬람교는 돼지고기와 술을 금기시하며 여성들은 얼굴과 몸을 가리는 베일을 착용한다. 이슬람교의 성지는 메카이다.

03 정답 ③

• 이슬람교는 돼지고기와 술을 금기시하며, '이마를 땅에 대고 절하는 곳'이란 의미의 예배하는 건물인 모스크가 있다.

• 이슬람의 5대 의무로는 신앙 고백, 하루에 다섯 번 기도, 기부, 라마단 기간에 금식, 성지 순례 등이 있다.

• 여성들은 얼굴과 몸을 가리는 베일을 착용한다.

04 정답 ②

힌두교는 인도의 민족 종교이다. 소를 신성시하며, 갠지스강에서 종교의식으로 목욕을 한다.

05 정답 ④

라틴 아메리카 문화권은 남부 유럽의 영향으로 주로 에스파냐어와 포르투갈어를 사용하며 종교는 가톨릭이다. 원주민, 백인, 흑인의 다양한 문화가 나타나며, 혼혈 인종이 많다.

06 정답 ②

사하라 사막 이남 지역은 아프리카 문화권으로 대부분 열대 기후가 나타난다. 유럽 식민 지배의 영향으로 부족과 국경이 불일치하여 지역 분쟁이 자주 발생한다.

07 정답 ④

세계 문화권은 유럽 문화권, 건조 문화권, 아프리카 문화권, 아시아 문화권, 아메리카 문화권, 오세아니아 문화권으로 구분한다. 아메리카는 리오그란데강을 기준으로 북쪽은 앵글로 아메리카, 남쪽은 라틴 아메리카로 구분한다. 에스파냐어와 포르투갈어를 사용하고 가톨릭을 믿는 문화권은 라틴 아메리카인 D이다.

08 정답 ④

문화 변동의 요인으로 내재적 요인은 발명과 발견이 있고 외재적 요인은 직접 전파, 간접 전파, 자극 전파가 있다. 발명은 기존에 존재하지 않았던 새로운 문화 요소를 만들어 내는 것이며, 발견은 기존에 존재하고 있었지만 알려지지 않았던 것을 찾아내는 것이다. 직접 전파는 서로 다른 구성원과의 직접적인 교류를 통해 새로운 문화 요소가 전파되는 것이며, 간접 전파는 인터넷, TV 등과 같은 매개체를 통해 이루어지는 전파이다. 자극 전파는 다른 사회 문화 요소에서 아이디어를 얻어 새로운 문화 요소가 발명되는 것이다.

09 정답 ①

- 문화 변동 요인으로는 내재적 요인과 외재적 요인이 있다.
- 내재적 요인으로 기존에 존재하지 않았던 새로운 문화 요소를 만들어 내는 발명과 기존에 존재하고 있었지만 알려지지 않았던 것을 찾아내는 발견이 있다.
- 내재적 요인으로는 직접 전파, 간접 전파, 자극 전파가 있다.

> **⊗ 오답피하기**
>
> ③ 무역 상대국에 비해 상대적으로 더 작은 기회비용으로 상품을 생산할 수 있을 때 비교 우위를 가진다고 한다.
> ④ 무역 상대국에 비해 낮은 생산비로 생산할 수 있을 때 그 상품에 대해 절대 우위를 가진다고 한다.

10 정답 ④

둘 이상의 다른 문화가 장기간 접촉하여 문화 변화 등이 일어나는 현상을 문화 접변이라 한다. 문화 접변의 결과 문화 동화, 문화 병존, 문화 융합이 나타나며 문화가 다른 문화에 흡수되어 소멸되는 현상을 문화 동화라 한다.

> **⊗ 오답피하기**
>
> ③ 문화 병존은 다른 사회의 문화 요소와 기존의 문화 요소가 각각의 고유한 문화적 특성을 유지하며 한 사회에서 함께 공존하는 현상이다.

11 정답 ④

문화 병존은 다른 사회의 문화 요소와 기존의 문화 요소가 각각의 고유한 문화 특성을 유지하며 한 사회에서 함께 공존하는 현상이다. 우리나라에 불교, 천주교 등이 종교 문화로 함께 존재하는 것이 대표적인 사례이다.

> **⊗ 오답피하기**
>
> ② 문화 융합은 다른 사회 문화 요소가 전통문화 요소와 결합하여 제3의 새로운 문화 요소가 만들어지는 현상이다.

12 정답 ①

비주류 문화를 주류 문화에 동화시키고자 하는 문화 정책을 용광로 정책이라 한다. 용광로 정책은 문화의 다양성을 침해한다.

> **⊗ 오답피하기**
>
> ④ 하나의 샐러드 그릇에 여러 재료를 넣더라도 각 재료 고유의 특성은 살아 있다. 이처럼 다양한 문화가 각각의 정체성을 유지하며 조화를 이루어야 한다는 정책이 샐러드 볼 정책이다.

13 정답 ④

다른 사회 문화 요소가 전통문화 요소와 결합하여 제3의 새로운 문화 요소가 만들어지는 현상을 문화 융합이라 한다.

> **⊗ 오답피하기**
>
> ① 기존에 존재하지 않았던 새로운 문화 요소를 만들어 내는 것을 발명이라 한다.
> ② 기존에 존재하고 있었지만 알려지지 않았던 것을 찾아내는 것을 발견이라 한다.

14 정답 ④

샐러드 볼 정책은 각각의 문화의 정체성을 유지하면서 조화를 이루도록 하는 정책이다.

> **⊗ 오답피하기**
>
> ① 뉴딜 정책은 미국의 루스벨트 대통령이 세계 대공황을 극복하기 위해 실업 구제 사업과 대규모 공공사업 등을 통해 유효 수요를 늘리려고 한 정부 정책이다.
> ② 셧다운 정책은 한국에 있는 청소년이 자정부터

오전 6시까지 인터넷 게임을 할 수 없도록 시행한 정책이다.

③ 용광로 정책은 비주류 문화를 주류 문화에 편입시켜야 한다는 정책이다.

15 정답 ②

보편 윤리란 시대와 사회를 초월하여 모든 사람이 존중하고 따라야 하는 윤리를 말한다. 인간의 존엄성에 위배되는 명예 살인이나 식인 풍습은 보편 윤리 관점에서 문화로 인정되기 어렵다.

🗨 오답피하기

④ 외부 효과란 경제 주체가 경제 활동을 하는 과정에서 의도치 않게 타인에게 이익을 주거나 의도치 않게 피해를 입히고도 대가를 치르지 않는 현상을 말한다.

16 정답 ④

문화 사대주의는 다른 사회의 문화가 우월하고 자신의 문화를 열등하다고 여기는 태도이다.

장점으로는 선진 문물 수용, 자기 문화를 개선하는 데 기여하며, 단점으로는 자문화의 주체성을 상실할 우려가 있다.

17 정답 ④

극단적 문화 상대주의는 인류의 보편적 가치를 무시하는 문화까지도 인정하는 태도로 인류의 보편적 가치를 훼손하며 사회적 혼란을 야기할 수 있다.

🗨 오답피하기

① 문화 사대주의와 자문화 중심주의와 같이 문화 평가 기준이 존재하는 태도를 문화 절대주의라고 한다.

18 정답 ③

문화를 이해하는 태도에는 자문화 중심주의, 문화 사대주의, 문화 상대주의가 있다.

제시된 내용은 자문화 중심주의에 대한 내용이다. 자문화 중심주의는 자기 사회의 문화는 우수하며 다른 사회의 문화는 열등하다고 여기는 태도이다.

🗨 오답피하기

② 문화 상대주의는 다른 사회 문화를 해당 사회의 맥락에서 이해하는 바람직한 문화 이해 태도이다.

19 정답 ④

문화의 이해 태도는 문화를 평가의 대상으로 보는 자문화 중심주의와 문화 사대주의, 문화를 이해의 대상으로 보는 문화 상대주의가 있다.

ㄷ. 문화 사대주의는 다른 사회의 문화가 우월하며 자신의 문화를 열등하다고 여기는 태도이다.

ㄹ. 자문화 중심주의는 자기 사회의 문화는 우수하며 다른 사회의 문화는 열등하다고 여기는 태도이다.

🗨 오답피하기

ㄱ. 문화 상대주의는 다른 사회의 문화를 해당 사회의 맥락에서 이해하는 태도이다.

ㄴ. 자유 방임주의는 국가 권력의 간섭을 최소한도로 제한하고 사유재산과 기업의 자유를 강조하는 이론이다.

20 정답 ③

자문화 중심주의와 문화 사대주의는 문화를 맥락을 고려한 이해의 대상이 아닌 특정 문화를 기준으로 다른 문화를 평가한다.

🗨 오답피하기

①, ②, ④는 문화 상대주의의 특징으로 볼 수 있다.

08 세계화와 평화

대표 기출문제
문제 p. 85

01 ④	02 ③	03 ①	04 ③	05 ①
06 ②	07 ④	08 ①	09 ②	10 ①
11 ④	12 ①	13 ③	14 ④	15 ②

01 정답 ④

세계 무역 기구(WTO)는 모든 회원국에게 최혜국 대우를 보장해 주는 다자주의를 원칙으로 하는 무역 기구이다. 관세 인하 요구 및 통상 분쟁 조정 등의 법적 구속력을 가지고 있다.

오답피하기

① 소호(SOHO)는 인터넷 등과 같은 컴퓨터 통신망을 이용하여 소규모 사업을 하는 직업 형태이다.
② 비정부 기구(NGO)는 공동의 이해를 가진 사람들에 의해 자발적으로 조직된 비영리 시민단체이다.
③ 유네스코(UNESCO)는 교육·과학·문화의 보급 및 교류를 통하여 국가 간의 협력 증진을 목적으로 설립된 국제 연합 전문 기구이며, 인류가 보존해야 할 문화와 자연유산을 세계유산으로 지정하여 보호한다.

02 정답 ③

세계화는 교통·통신의 발달과 세계 무역 기구(WTO)의 출범으로 국제 사회의 상호 의존성이 증가하면서 세계가 하나로 통합되는 현상을 말한다.

03 정답 ①

세계 도시는 경제·정치·문화 등 다양한 측면에서 전 세계적으로 중심지 역할을 하는 도시를 말한다.
① 플랜테이션은 선진국의 자본과 기술, 원주민의 노동력을 바탕으로 열대 기후에서 이루어지는 농업 방식이다.

04 정답 ③

세계화에 따른 문제점으로 전 세계의 문화가 비슷해져 가는 문화의 획일화와 국가 간의 빈부 격차가 있다. 자유 무역의 확대로 기술과 자본이 풍부한 선진국과 기업은 경쟁에서 유리한 반면, 상대적으로 경쟁력을 키우지 못한 개발 도상국과 기업은 경쟁에서 불리해짐에 따라 자본이 선진국에 집중하여 선진국과 개발 도상국의 소득 격차가 확대된다.

05 정답 ①

북극해에서 석유와 천연가스가 발견되면서 북극 주변 국가들이 이를 차지하기 위한 분쟁이 발생되고 있다. 카스피해 역시 석유와 천연가스를 차지하기 위해 카스피해를 호수로 봐야 한다는 입장과 바다로 봐야 한다는 입장으로 나뉘어져 갈등이 나타나는 지역이다.

06 정답 ②

국제 사회의 행위 주체에는 국가, 국제기구, 비정부 기구, 다국적 기업, 국가 내의 지방 정부, 국제적 영향력이 강한 개인 등이 있다. 영토와 국민을 바탕으로 주권을 가진 국제 사회의 행위 주체는 국가이다.

오답피하기

③ 자신들의 특수 이익 추구를 위해 조직된 집단을 이익 집단이라 한다.

07 정답 ④

제2차 세계 대전 이후 팔레스타인 지역에 이스라엘을 건국한 유대인(유대교)과 팔레스타인 지역에 거주하던 아랍인(이슬람교) 간의 영토 분쟁 지역이다.

오답피하기

① 난사 군도는 중국, 필리핀, 베트남, 말레이시아, 브루나이, 타이완 등이 영유권을 주장하는 영토 분쟁 지역이다.
② 쿠릴 열도는 러시아와 일본의 영토 분쟁 지역이다.
③ 카슈미르 지역은 힌두교(인도 중심)와 이슬람교

(파키스탄의 지원) 사이의 영토 분쟁이 일어나는 지역이다.

08 정답 ①

국제기구는 세계의 각 국가를 구성원으로 하는 국제 사회 행위 주체로 국가 간 이해관계 조정, 국가 간 분쟁 중재, 국가의 행위를 규제하는 국제 규범 정립 등의 역할을 담당한다. 대표적인 국제기구로는 국제 연합(UN), 국제 통화 기금(IMF)이 있다.

⊗ 오답피하기

②, ④ 비정부 기구인 그린피스와 국경 없는 의사회는 개인이나 민간단체 주도로 만들어진 국제 사회 행위 주체이다.
③ 다국적 기업은 여러 나라에 계열 회사를 확보하여 상품을 생산·판매하는 기업이다.

09 정답 ②

인도와 파키스탄의 분쟁 지역인 카슈미르는 B지역에 해당한다.

⊗ 오답피하기

① A지역은 카스피해이다. 카스피해는 많은 양의 석유와 천연가스가 매장되어 있으며 카스피해를 바다로 보자는 입장과 호수로 보자는 입장의 갈등 지역이다.
③ C지역은 난사 군도이다. 이 지역은 중국, 필리핀, 베트남, 말레이시아, 브루나이, 타이완 등이 영유권을 주장하고 있다.
④ D지역은 쿠릴 열도이다. 1905년 러·일 전쟁 이후 일본의 영토로 편입되었고, 제2차 세계 대전 이후 소련이 점령함으로써 영토 분쟁이 발생되었다.

10 정답 ①

그린피스(Greenpeace)는 비정부 기구로 1971년에 설립된 국제 환경 보호 단체이다.

⊗ 오답피하기

② 브렉시트(Brexit)는 영국의 유럽 연합(EU) 탈퇴를 뜻하는 말이다.
③ 국제 통화 기금(IMF)은 세계 무역 안정을 목적으로 설립한 국제 금융 기관이다.
④ 세계 보건 기구(WHO)는 보건 분야의 국제적인 협력을 위하여 설립한 국제 연합(UN)의 전문 기구이다.

11 정답 ④

국제 사회의 행위 주체는 국가, 국제기구, 비정부 기구, 다국적 기업, 영향력이 강한 개인 등이 있다. 주권 국가를 구성원으로 하는 국제 사회의 행위 주체는 정부 간 국제기구이다.

12 정답 ①

그린피스(Greenpeace)와 국경 없는 의사회(MSF)는 비정부 기구(NGO)이다. 개인이나 민간단체 주도로 만들어진 국제 사회 행위 주체로 환경 보호, 인권 보장 등을 위해 노력하고 있다.

⊗ 오답피하기

③ 국제 연합(UN)은 정부 간 국제기구로 평화 유지군을 파견한다.
④ 국가를 회원으로 하는 정부 간 국제기구로는 국제 연합(UN), 세계 보건 기구(WHO), 국제 통화 기금(IMF) 등이 있다.

13 정답 ③

난사 군도는 원유 및 천연가스 매장지 영유권 분쟁 지역으로 중국, 필리핀, 베트남, 말레이시아, 브루나이, 타이완 등이 영유권을 주장하고 있다.

14 정답 ④

쿠릴 열도는 1905년 러·일 전쟁 이후 일본의 영토로 편입되었으나, 제2차 세계 대전 이후 소련이 점령함으로써 러시아와 일본의 영토 분쟁이 발생한 지역이다.

15 정답 ②
남중국해의 분쟁 지역은 시사 군도와 난사 군도가 있다. 난사 군도는 중국, 필리핀, 베트남, 말레이시아, 브루나이, 타이완이 다량의 원유와 천연가스가 매장되어 있어 영유권을 주장하고 있다.

> **오답피하기**
> ① 북극해는 매장되어 있는 지하자원을 둘러싸고 러시아, 캐나다, 미국, 덴마크, 노르웨이의 분쟁이 일어나는 지역이다.

09 미래와 지속 가능한 삶

대표 기출문제   문제 p. 96

01 ④	02 ③	03 ①	04 ④	05 ①
06 ③	07 ④	08 ①	09 ④	10 ③
11 ④				

01 정답 ④
인구 분포의 사회적 요인으로 산업, 교통, 문화 등이 있으며 자연적 요인으로는 기후와 지형이 있다.

> **오답피하기**
> ①, ②, ③은 자연적 요인에 해당한다.

02 정답 ③
고령화 사회에 대한 대책으로 노인 연금 제도 및 사회 보장 제도 강화, 일자리 확대와 정년 연장, 노인 복지 시설 확충 등이 있다.

> **오답피하기**
> ㄹ. 산아 제한 정책 시행은 고령화 사회를 촉진한다.

03 정답 ①
• 저출산의 원인으로는 초혼 연령 상승, 여성의 사회 진출 증가 · 결혼 및 출산에 대한 가치관 변화 등이 있다.
• 저출산의 문제점으로 생산 연령 인구 감소에 따른 노동력 부족, 잠재 성장률 하락 등이 있다.
• 해결 방안으로 보육 시설 확충, 출산 장려금 지원 등 사회적 지원 강화가 있다.

04 정답 ④
㉠, ㉡에 들어갈 단어는 고령화, 저출산으로 각각 고령화와 저출산의 해결 방안이다.

> **오답피하기**
> ③ 여성이 100명일 때 남성이 100보다 많을 경우 남초라 한다.
> 이촌 향도 현상은 농촌인구가 일자리를 찾아 도시로 향하는 것을 말한다.

05 정답 ①
자원은 특정 지역에 편중되어 분포하는 편재성이 나타난다. 자원 민족주의는 자원을 많이 보유하고 있는 개발 도상국들이 자원을 국유화하여 국제 정치적으로 무기화하려는 현상을 말한다.

> **오답피하기**
> ② 인간의 욕구는 무한한 데 비해 이를 충족시켜 줄 자원은 부족한 상태를 희소성이라 한다.
> 혈연, 지연, 학연과 같이 대부분 자연 발생적으로 주어진 인간관계를 우선시하는 사고방식을 연고주의라 한다.
> ③ 대부분 자원의 매장량은 한정되어 있다. 이러한 특징을 유한성이라 한다.
> 지역 이기주의란 지역 갈등의 한 양상으로, 자기

지역의 이익을 배타적으로 추구하는 것을 말한다.
④ 기술·경제·문화적 조건 등에 따라 자원의 의미와 가치가 달라지는 특징을 가변성이라 한다. 다원주의란 각 개인이나 집단이 갖고 있는 가치관, 이념, 추구하는 목표 등이 서로 다를 수 있다는 것을 인정하는 견해이다.

06 정답 ③

자원은 유한성, 편재성, 가변성의 특징을 가진다. 유한성은 자원의 매장량이 한정되어 있어 언젠가 고갈되고, 편재성은 자원이 특정 지역에 편중되어 분포하며 가변성은 기술·경제·문화적 조건 등에 따라 자원의 의미와 가치가 달라짐을 의미한다.

07 정답 ④

㉠ 석탄은 산업 혁명의 동력 자원이며 고생대 지층에 매장되어 있다.
㉡ 석유는 동력 자원과 석유 화학의 원료로 사용되며 세계에서 소비량이 가장 많은 화석 연료이다. 신생대 지층에 매장되어 있다.

> ### ⊗ 오답피하기
>
> 천연가스는 액화 기술의 발달로 사용량이 증가하고 있다. 오염물질 배출이 적으며 가정용으로 많이 사용된다. 신생대 지층에 매장되어 있다.

08 정답 ①

① 석유, 석탄, 천연가스는 화석 에너지이다.

> ### ⊗ 오답피하기
>
> ② 18세기 산업 혁명의 원동력은 석탄이다.
> ③ 석유는 유한하며 태양광은 재생 가능한 에너지이기 때문에 석유가 고갈 위험이 높다.
> ④ 석유가 세계 에너지 소비 비중이 가장 높다.

09 정답 ④

천연가스는 신생대 제3기층에 석유와 함께 매장되어 있다. 에너지 효율이 높고 오염 물질의 배출이 적은 청정 에너지이다. 주로 가정용으로 이용하며 냉동 액화 기술과 파이프라인 건설 등으로 저비용 수송과 저장이 가능해지면서 이용이 증가하고 있다.

10 정답 ③

제시된 내용은 신·재생 에너지의 종류와 정의이다. 신·재생 에너지는 태양광, 풍력, 수력, 지열 등의 재생 에너지와 연료 전지, 수소 에너지 등의 신에너지의 합성어이다.

> ### ⊗ 오답피하기
>
> ① 사물 인터넷은 자동차, 냉장고와 같은 사물에 센서와 통신 기능을 내장하여 인터넷에 연결하는 기술을 의미한다.
> ② 브렉시트(Brexit)는 영국의 유럽 연합 탈퇴를 뜻하는 용어이다.
> ④ 지리 정보 시스템(GIS)은 지리 정보를 수치화하여 컴퓨터에 입력·저장하고, 이를 다양한 방법으로 분석·종합하여 제공하는 시스템이다.

11 정답 ④

현재와 미래 세대의 삶이 원활하게 유지될 수 있는 범위 내에서 현재 세대의 필요를 충족시키는 개발과 발전 방식을 '지속 가능한 발전'이라 한다.

> ### ⊗ 오답피하기
>
> ① 어디서나 접속 가능한 정보 통신 환경을 유비쿼터스라 한다.
> ② 선진국의 자본과 기술, 원주민의 노동력을 바탕으로 열대 기후에서 이루어지는 농업 방식을 플랜테이션이라 한다.
> ③ 성장 가능성이 높은 지역을 집중적으로 개발하는 방식을 성장 거점 개발이라 한다.

고졸 검정고시

한권으로 합격하기!

핵심 총정리
과학

구성 및 출제 경향 분석

1 구성

2 출제경향 분석

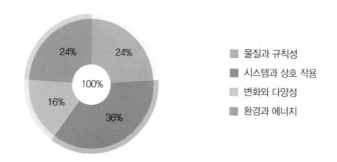

■ 물질과 규칙성
■ 시스템과 상호 작용
■ 변화와 다양성
■ 환경과 에너지

과학 출제 경향

고졸 검정고시 과학은 통합과학 교과에서 다루는 내용을 출제 범위로 다루고 있습니다. 총 4개의 대단원으로 구성된 교과 내용 중 소단원별로 자주 출제되는 유형 및 개념이 있지만, 전체적으로 단원별 출제 비중의 치우침은 없으므로 각 영역을 모두 고르게 학습해야 합니다.

검정고시의 특성상 문제에 주어진 표현이나 그림, 자료를 읽어보면 출제자가 요구하는 정답이 녹아있는 경우들이 많이 있으므로 모든 개념을 암기하기보다는 기본 개념을 활용하여 주어진 자료, 문제 속에서 정보를 찾아낼 수 있는 능력을 키우는 것이 필요합니다.

대체로 기본 개념 및 주어진 자료를 분석하는 간단한 형태의 문제가 출제되지만 최근 들어 주어진 선지나 보기 내에 지엽적인 개념 및 용어를 알고 있는지 묻는 문제들이 출제되고 있으므로 고득점을 위해서는 기본기에서 확장된 용어들의 학습이 필요하고, 기출 문제로 익숙했던 자료를 변형하여 다른 형태로 물었을 때 구분할 수 있도록 개념을 살피는 것이 필요합니다.

기출 분석에 따른 학습 포인트

❶ 물질과 규칙성

- 빅뱅 우주론부터 별의 진화 과정에서 생기는 다양한 원소에 대한 이해가 필요하다.
- 주기율표 및 원자의 전자배치를 이해하고 원자가 전자 개수를 파악할 수 있어야 한다.
- 이온 결합, 공유 결합과 같은 화학 결합을 파악해야 한다.
- 규산염 사면체, 다양한 탄소 화합물의 특징과 구조를 이해해야 한다.
- 신소재의 특성과 이용을 설명할 수 있어야 한다.

❷ 시스템과 상호 작용

역학적 시스템

- 힘의 개념을 이해하고 자유 낙하 운동 및 수평으로 던진 물체의 운동을 자료 해석부터 계산까지 할 수 있어야 한다.
- 운동량과 충격량 각각의 개념을 이해하고, 운동량과 충격량의 관계를 파악한 후 개념을 적용하고 계산할 수 있어야 한다.

지구 시스템

- 지구 시스템의 구성 요소 간 상호작용을 다양한 예시를 통해 판단할 수 있어야 한다.
- 지권, 기권, 수권의 층상 구조를 구분하고 해당 특징을 이야기할 수 있어야 한다.
- 발산형 경계, 수렴형 경계, 보존형 경계의 판의 이동 및 지형을 구분할 수 있어야 한다.

생명 시스템

- 세포 소기관의 명칭과 그림, 역할을 짝지을 수 있어야 한다.
- 동화 작용과 이화 작용을 구분할 수 있고, 효소와 활성화 에너지의 관계를 파악해야 한다.
- 세포막을 통한 물질 이동인 확산과 삼투를 구분해야 한다.
- 전사, 번역과 같은 유전 정보의 흐름을 파악할 수 있어야 한다.

❸ 변화와 다양성

- 산화 환원의 의미를 구분하고 산화된 물질과 환원된 물질을 찾을 수 있어야 한다.
- 산과 염기의 특징을 알고 중화 반응이 일어나는 과정까지 확장할 수 있어야 한다.
- 산화 환원 반응과 중화 반응의 생활 속 예시를 구분할 수 있도록 한다.
- 지질 시대별 특징 및 화석을 짝지을 수 있어야 한다.
- 생물 다양성의 의미 및 유전적 다양성, 종 다양성, 생태계 다양성의 세부적 의미를 파악한다.
- 생물 다양성의 감소 원인 및 보존 방법을 알아야 한다.

❹ 환경과 에너지

- 생태계 구성 요소 및 생물의 적응과 환경 요소를 짝지어본다.
- 생태 피라미드 내에서 개체 수, 에너지양 등의 개념을 파악하고 이를 먹이 그물과 연관지어 생각할 수 있도록 한다.
- 온실 효과, 온실 기체, 지구 온난화의 관계를 익힌다.
- 엘니뇨, 사막화와 같은 기후 변화의 원인과 결과, 대처 방법 등을 파악한다.
- 전자기 유도의 의미를 알고 송전, 손실 전력 등을 용어 중심으로 개념을 확장해서 이해한다.
- 변압기에서 감은 수, 전압, 전류의 관계를 파악한다.
- 열기관을 통해 열효율을 구할 수 있어야 한다.
- 신재생 에너지의 의미 및 종류를 파악한다.
- 다양한 발전 방식의 명칭, 그림, 장단점을 구분할 수 있어야 한다.

물질과 규칙성

1 물질의 규칙성과 화학 결합

1. 빅뱅 우주론과 증거

(1) 빅뱅(대폭발) 우주론

① 빅뱅 우주론 : 약 138억 년 전 초고온, 초고밀도의 한 점에서 빅뱅(대폭발)이 일어나 우주가 탄생하였고, 지금까지 계속 팽창하고 있다고 설명하는 우주론이다.

구분	빅뱅 우주론
모형	 팽창
우주 팽창	팽창
질량	일정
밀도, 온도	감소

② 빅뱅 우주론 증거 : 우주 배경 복사, 수소와 헬륨의 질량비

(2) 스펙트럼

① 스펙트럼 : 빛이 분광기를 통과할 때 파장에 따라 나누어져 나타나는 색의 띠를 말한다.

② 스펙트럼 종류

종류	모습	생성
연속 스펙트럼		고온의 별이 빛을 방출하는 경우에 생긴다.
방출 스펙트럼		고온의 별 주위에서 에너지를 얻어 가열된 기체가 빛을 방출하는 경우에 생긴다.
흡수 스펙트럼		별빛이 저온의 기체를 통과할 때 흡수되고 남은 빛에 의해 생긴다.

③ 선 스펙트럼으로 원소 분석

㉠ 원소의 종류에 따라 선의 위치와 개수가 모두 다르다.

㉡ 우주에서 오는 스펙트럼을 분석하면 우주에 분포하는 원소의 종류와 양을 알 수 있다.

2. 원소의 생성

(1) 물질을 구성하는 입자

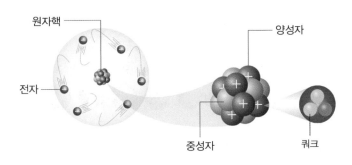

원자 = 원자핵(양성자 + 중성자) + 전자

원자		원자핵과 전자로 이루어진 입자, 전기적으로 중성
원자핵	양성자	3개의 쿼크로 이루어짐, 양전하를 띰
	중성자	3개의 쿼크로 이루어짐, 전기적으로 중성
기본 입자		• 더 이상 분해되지 않는 가장 작은 입자로 전자와 쿼크가 있음 • 전자 : 음전하를 띠는 기본 입자

(2) 빅뱅과 입자의 생성

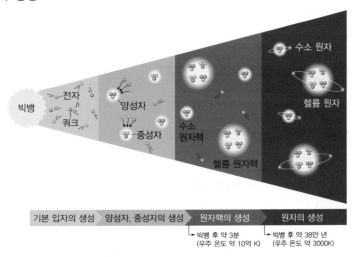

한 점의 초고온, 초고밀도 상태에서 폭발이 일어난 후,
우주가 계속 팽창하면서 온도와 밀도가 낮아진다.

↓

빅뱅 후 기본 입자인 쿼크와 전자가 만들어진다.

↓

쿼크의 결합으로 양성자와 중성자가 형성된다.

↓

우주의 온도가 점차 낮아지면서 양성자와 중성자의 개수비가 7 : 1이 된다.

↓

양성자가 수소의 원자핵이 되고, 2개의 양성자와 2개의 중성자가 모여 헬륨 원자핵이 형성된다.

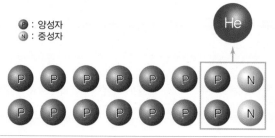

↓

우주의 온도가 낮아지면서 빅뱅 이후 약 38만 년이 지났을 때
원자핵 주위로 전자가 끌려오며 중성 원자가 생성된다.

↓

원자가 생성되면서 우주로 빛이 퍼져 나가는데, 이를 우주 배경 복사라고 한다.

(3) 빅뱅 우주론의 증거

① 우주 배경 복사 : 빅뱅 약 38만 년 후 우주 온도가 약 3000K으로 낮아졌을 때 원자가
생성되면서 우주로 퍼져 나간 빛을 우주 배경 복사라고 한다.

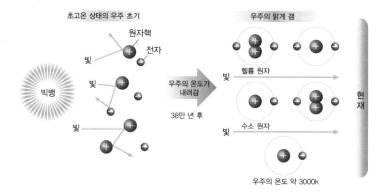

빅뱅 우주론(예측)	우주 탄생 초기에는 빛이 직진할 수 없지만 우주의 온도가 낮아져 약 3000K일 때 원자가 형성되고 우주로 빛이 퍼져 나갈 것이다. 이 빛은 현재 파장이 길어진 상태로, 약 2.7K에 해당하는 복사로 우주 전체에서 관측될 것이다.
관측 결과	펜지어스와 윌슨이 우주 모든 방향에서 온도 약 2.7K인 물체가 방출하는 파장의 전파를 관측하였다.

② 수소와 헬륨의 질량비

빅뱅 우주론(예측)	우주의 수소와 헬륨의 질량비는 3 : 1일 것이다.
관측 결과	우주에서 온 빛의 선 스펙트럼을 통해 우주를 구성하는 원소의 종류와 질량을 분석한 결과 우주는 수소 약 74%, 헬륨 약 24%로 이루어져 있고 질량비가 3 : 1임을 알아냈다.

3. 별의 탄생과 진화

(1) 별의 탄생

① 별의 탄생 과정

성운 형성	성간 물질이 모여 만들어진 성운 중 밀도가 크고 온도가 낮은 부분이 중력 수축하여 별이 탄생할 수 있는 성운이 형성된다.
원시별	밀도가 크고 온도가 낮은 부분에서 중력 수축이 일어나면서 온도가 높아지며 원시별이 형성된다.
별	원시별의 중심 온도가 1000만 K에 도달하면 수소 핵융합 반응을 하는 별(주계열성)이 탄생한다.

② 주계열성

4H → He + 에너지

㉠ 별의 중심부에서 수소 핵융합 반응이 일어난다.

㉡ 별의 진화 과정 중 가장 긴 시기로, 별의 일생의 90%를 차지한다.

㉢ 주계열성은 내부 압력과 중력이 평형을 이루어 별의 크기가 일정하게 유지된다.

㉣ 질량이 큰 주계열성일수록 수소 핵융합 반응이 활발하여 수소를 급격히 소모하므로 수명이 더 짧다.

(2) 별의 진화

① 질량이 태양 정도인 별 : 별의 내부에서 핵융합 반응으로 탄소, 산소까지 생성된다.

원시별 → 주계열성 → 적색 거성 < 백색 왜성 / 행성상 성운

적색 거성	중심부에서 탄소, 산소까지 생성된다.
백색 왜성과 행성상 성운	• 별의 중심부는 핵융합 반응이 마무리되며 백색 왜성이 된다. • 팽창하는 별의 바깥 부분은 중심부와 분리된 행성상 성운이 된다.

② 질량이 태양의 10배 이상인 별 : 별의 내부에서 핵융합 반응으로 철까지 생성된다.

원시별 → 주계열성 → (적색) 초거성 → 초신성 폭발 < 중성자별 / 블랙홀

(적색) 초거성	주계열성 중심부에 수소가 고갈되면 중심부는 다시 수축하고 바깥층이 팽창하면서 초거성이 된다. 이 과정에서 중심부 온도가 매우 높아지면서 탄소, 산소, 규소 등 차례로 핵융합 반응이 일어나 만들어지고 철까지 만들어진다.
초신성 폭발	철까지 만들어지면 별의 중심부에서 원소는 더 이상 만들어지지 않고 계속 수축하다가 폭발이 일어나는데, 이것을 초신성 폭발이라고 한다. 이때 철보다 무거운 원소가 생성되어 우주로 방출된다.
중성자별과 블랙홀	초신성 폭발 후 중심부가 압축되어 중성자별이 되고, 질량이 매우 큰 경우 블랙홀이 된다.

(3) 태양계와 지구의 형성

① 태양계의 형성

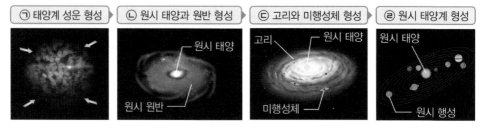

③ 태양계 성운 형성 : 우리은하 나선팔에 있던 성운 주변에서 초신성 폭발이 일어나 태양계 성운이 형성되고 태양계 성운은 중력 수축하면서 회전하기 시작하였다.

ⓒ 원시 태양과 원반 형성 : 태양계 성운이 수축하면서 중심부의 온도가 높아지면서 원시 태양이 형성되고 원시 태양 주변부로 물질이 퍼져 나가 납작한 원시 원반이 형성되었다.

ⓒ 고리와 미행성체 형성 : 중심부의 온도는 계속 높아지고 원시 원반은 회전하면서 고리가 형성된다. 각 고리에서 기체와 티끌이 뭉쳐져 미행성체가 형성되며 원시 태양 주위를 공전하게 되었다.

ⓔ 원시 태양계 형성과 태양계 형성 : 원시 태양은 수소 핵융합 반응이 일어나면서 태양이 되고 미행성체들은 서로 충돌하고 합쳐지면서 원시 행성이 되었고 점점 성장하여 현재와 같은 행성이 되었다.

② 지구형 행성과 목성형 행성

지구형 행성 (수성, 금성, 지구, 화성)	구분	목성형 행성 (목성, 토성, 천왕성, 해왕성)
작다	질량, 반지름	크다
크다	평균 밀도	작다
녹는점이 높은 철, 규소 등 무거운 물질	성분	녹는점이 낮은 메테인, 수소, 헬륨 등 기체
고리가 없고, 위성은 없거나 적다.	고리, 위성 수	고리가 있고, 위성이 많다.

(4) 지구의 형성 과정

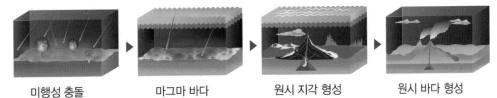

| 미행성 충돌 | 마그마 바다 | 원시 지각 형성 | 원시 바다 형성 |

원시 지구에 미행성체들이 충돌하면서 지구의 크기와 질량이 증가하였다.

미행성체 충돌로 인한 열과 대기 중 수증기, 이산화 탄소의 온실 효과로 지구의 온도가 높아져 마그마 바다가 형성되었다.

철과 니켈 등 무거운 금속 성분이 가라앉아 핵을 형성하고 가벼운 규산염 물질은 떠올라 맨틀을 형성한다.

미행성체 충돌의 감소로 지구 표면의 온도가 낮아지면서 원시 지각이 형성되었다.

지구 온도가 낮아지면서 대기 중의 수증기가 비가 되어 내리고 빗물이 모여 원시 바다가 형성되었다.

바다에서 최초의 생명체가 탄생하였다.

4. 원소와 원자

(1) 원소와 주기율표

① 원소

　　㉠ 물질을 이루는 기본 성분이다.

　　㉡ 더 이상 다른 물질로 분해되지 않는다.

　　㉢ 원소는 종류에 따라 성질이 다르고 현재까지 약 110종이 알려져 있다.

　　㉣ 한 종류의 원소로만 구성된 물질도 있고, 다른 종류의 원소 간 화학 결합을 하여 물질이 구성되기도 한다.

② 현대의 주기율표 : 원소들을 원자 번호 순으로 배열하며 화학적 성질이 비슷한 원소들이 같은 세로줄에 오도록 배열하였다.

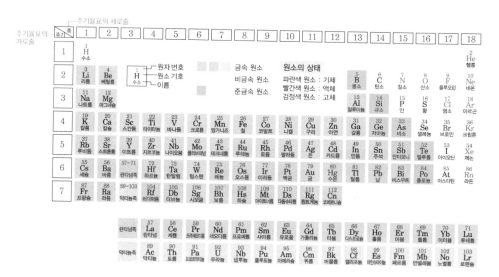

주기(1주기~7주기)	족(1족~18족)
주기율표의 가로줄	주기율표의 세로줄
같은 주기의 원소는 전자 껍질 수가 같다.	같은 족 원소들은 원자가 전자의 수가 같아 화학적 성질이 비슷하다(수소 제외).

(2) 원자의 구조

① 원자의 특징

　　㉠ 원자는 원자핵과 전자로, 원자핵은 양성자와 중성자로 이루어져 있다.

　　㉡ 원자는 양성자 수와 전자 수가 같아 전기적으로 중성이다.

　　㉢ 원자 번호는 양성자 수와 같다.

　　㉣ 전자는 특정한 에너지를 갖는 궤도상으로 운동한다.

② 원자의 전자 배치

전자 껍질	원자가 전자
전자가 돌고 있는 특정한 에너지 준위의 궤도를 말한다.	원자의 전자 배치에서 가장 바깥 전자 껍질에 들어 있는 전자로, 화학 결합에 참여하는 전자를 말한다.
전자는 원자핵에서 가까운 전자 껍질부터 차례대로 채워진다.	원자가 전자의 수가 같으면 화학적 성질이 같다.
같은 주기의 원소는 전자 껍질 수가 같다.	같은 족이면 원자가 전자 수가 같다.

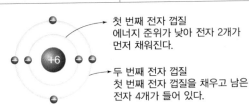

첫 번째 전자 껍질
에너지 준위가 낮아 전자 2개가 먼저 채워진다.

두 번째 전자 껍질
첫 번째 전자 껍질을 채우고 남은 전자 4개가 들어 있다.

- 원자가 전자가 4개이므로 14족 원소이다.
- 전자 껍질 수가 2개이므로 2족 원소이다.

(3) 원소의 구분
① 금속 원소와 비금속 원소

구분	금속 원소	비금속 원소
주기율표 위치	왼쪽과 가운데	오른쪽(수소 예외)
실온 상태	고체(수은은 액체)	고체나 기체(브로민은 액체)
열과 전기 전도성	크다	작다(흑연은 예외)
광택	있다	없다

② 알칼리 금속과 할로젠 원소
　㉠ 알칼리 금속 : 주기율표의 1족 원소 중에서 수소를 제외한 리튬(Li), 나트륨(Na), 칼륨(K) 등이 해당한다.

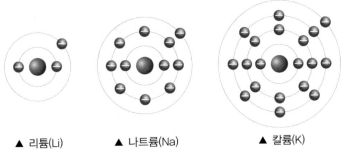

▲ 리튬(Li)　　　▲ 나트륨(Na)　　　▲ 칼륨(K)

상태	실온에서 고체 상태
특징	밀도가 작고 무르다.
광택	은백색 광택을 띠지만 공기 중의 산소와 반응하여 광택을 잃는다.
반응성	반응성이 매우 커서 물, 공기와 빠르게 반응한다.
물과 반응	물과 격렬히 반응하여 수소 기체를 발생하고, 생성된 수용액은 염기성을 띤다.

ⓒ 할로젠 원소 : 주기율표의 17족 원소에 속하는 플루오린(F), 염소(Cl), 브로민(Br), 아이오딘(I) 등이다.

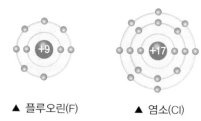

▲ 플루오린(F)   ▲ 염소(Cl)

상태	실온에서 플루오린(F_2), 염소(Cl_2)는 기체, 브로민(Br_2)은 액체, 아이오딘(I_2)은 고체 상태이다.
특징	플루오린(F_2) : 담황색, 염소(Cl_2) : 황록색, 브로민(Br_2) : 적갈색, 아이오딘(I_2) : 흑자색과 같이 특유의 색을 나타낸다.
반응성	금속이나 수소와 쉽게 반응하여 화합물을 만든다.
물과 반응	할로젠화 수소(HF, HCl 등)는 물에 녹아 산성을 나타낸다.

5. 화학 결합

(1) 비활성 기체의 전자 배치

① 비활성 기체

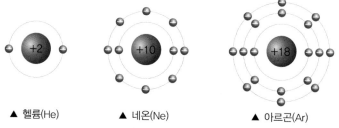

▲ 헬륨(He)   ▲ 네온(Ne)   ▲ 아르곤(Ar)

ⓐ 주기율표 18족에 해당하는 원소를 말한다.

　　예 헬륨(He), 네온(Ne), 아르곤(Ar)

ⓑ 가장 바깥 전자 껍질에 전자가 모두 채워져 안정한 전자 배치를 이룬다.

ⓒ 다른 물질과 반응하려는 성질이 매우 작아 원자 상태로 존재한다.

ㄹ 옥텟 규칙(여덟 전자 규칙) : 원소들은 전자를 얻거나 잃어서 가장 바깥 전자 껍질에
　　전자 8개를 채워 안정한 전자 배치를 가지려는 경향이 있다(단, 헬륨(He)은 2개).
② 화학 결합의 종류 : 이온 결합, 공유 결합

(2) 이온 결합
　① 이온의 형성

양이온	음이온
금속 원소는 가장 바깥 전자 껍질의 전자를 잃고 양이온이 되기 쉽다.	비금속 원소는 가장 바깥 전자 껍질에 전자를 얻어 음이온이 되기 쉽다.
나트륨 원자(Na) → (전자 잃음) → 나트륨 이온(Na^+)	염소 원자(Cl) → (전자 얻음) → 염화 이온(Cl^-)
금속 원자의 이름 뒤에 '이온'을 붙인다. 예 Na^+(나트륨 이온)	비금속 원자의 이름 뒤에 '~화 이온'을 붙인다(단, '~소'로 끝나는 경우 '~소'를 생략한다). 예 O^{2-}(산화 이온), F^-(플루오린화 이온)

　② 이온 결합
　　ㄱ 금속 원소와 비금속 원소의 원자들은 비활성 기체와 같은 전자 배치를 이루기 위
　　　해 서로의 전자를 주고받아 각각 양이온과 음이온이 되어 결합한다.
　　ㄴ 양이온과 음이온의 정전기적 인력에 의한 결합이다.

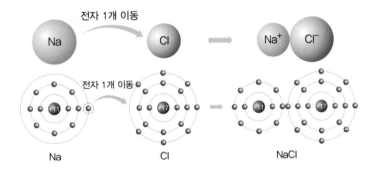

(3) 공유 결합
　① 공유 결합
　　ㄱ 비금속 원소의 원자들이 각각 전자를 내놓아 전자쌍을 공유하면서 형성된다.
　　ㄴ **공유 전자쌍** : 두 원자에 서로 공유되어 결합에 참여하는 전자쌍을 말한다.
　　ㄷ 옥텟 규칙에 만족하도록 전자를 공유한다.

② 공유 결합의 종류

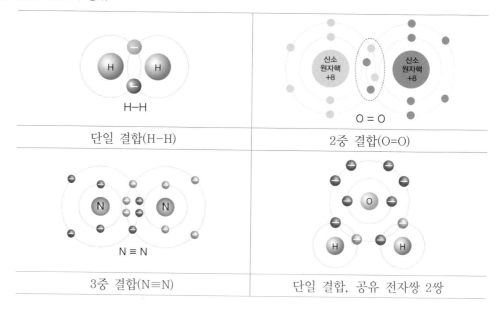

단일 결합(H−H)	2중 결합(O=O)
3중 결합(N≡N)	단일 결합, 공유 전자쌍 2쌍

(4) 이온 결합 물질과 공유 결합 물질

구분	이온 결합 물질	공유 결합 물질
녹는점과 끓는점	비교적 높다.	비교적 낮다.
실온 상태	고체 상태	대부분 액체나 기체
물에 대한 용해성	대체로 잘 녹는다.	대부분 잘 녹지 않는다(잘 녹는 물질 : 설탕, 암모니아).
전기 전도성	고체 상태에서 없고, 액체나 수용액 상태에서 있다.	전기 전도성이 거의 없다. (예외) 염화 수소나 암모니아는 수용액 상태에서 전기 전도성 있음
예	• 염화 나트륨(소금) • 염화 칼슘(제설제)	• 산소(호흡, 연소) • 이산화 탄소(드라이아이스) • 에탄올(소독용 알코올) 등

2 자연의 구성 물질

1. 지각과 생명체의 구성 물질

(1) 지각과 생명체의 물질 비교

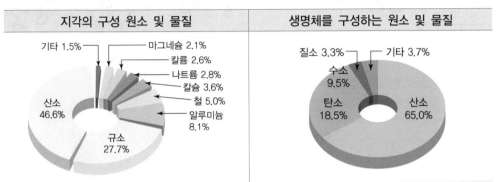

지각의 구성 원소 및 물질	생명체를 구성하는 원소 및 물질
암석을 이루는 광물의 대부분이 규소와 산소를 주성분으로 하는 규산염 광물이다.	생물의 몸을 이루는 유기물은 탄소를 기본 골격으로 하는 탄소 화합물이다.

- 지각과 생명체에 공통으로 산소가 많다.
- 산소는 탄소, 규소 등 다른 원소와 쉽게 결합하여 다른 물질을 만들기 때문이다.

(2) 지각의 구성 물질

① 규소와 규산염 사면체

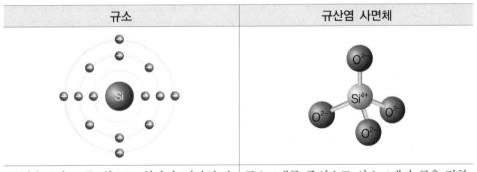

규소	규산염 사면체
주기율표의 14족 원소로 원자가 전자의 수가 4개이다.	규소 1개를 중심으로 산소 4개가 공유 결합한 사면체로 음전하를 띤다.

② 규산염 광물의 규칙성

　　㉠ 음전하를 띠는 규산염 사면체는 양이온과 결합하거나 다른 규산염 사면체와 산소를 공유하여 다양한 규산염 광물을 형성한다.

　　㉡ 규산염 광물은 결합 방식에 따라 독립형 구조, 단사슬 구조, 복사슬 구조, 판상 구조, 망상 구조로 구분할 수 있다.

독립형 구조	단사슬 구조	복사슬 구조	판상 구조	망상 구조
감람석	휘석	각섬석	흑운모	석영, 장석

③ 탄소와 탄소 화합물

탄소	탄소 화합물
주기율표의 14족 원소로 원자가 전자의 수가 4개이다.	탄소를 기본 골격으로 한 화합물을 탄소 화합물이라고 한다.

④ 탄소 화합물의 결합 규칙성

　㉠ 탄소와 탄소 원자 사이에 단일 결합, 2중 결합, 3중 결합이 가능하다.

　㉡ 탄소는 다른 탄소와 결합하여 사슬 모양, 고리 모양, 가지 모양 등을 만들 수 있다.

　㉢ 탄소는 다양한 종류의 원자와 결합할 수 있다.

　㉣ 탄소는 다양한 화합물을 만들 수 있다.

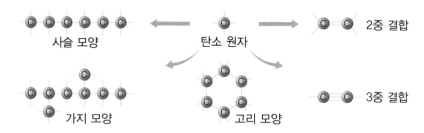

2. 생명체 구성 물질의 다양성

(1) 생명체의 구성 물질

① 탄소 화합물

종류	구성 원소	특징
탄수화물	탄소(C), 수소(H), 산소(O)	• 주된 에너지원으로 몸을 구성하는 비율이 적다. • 녹말, 포도당, 셀룰로스 등이 해당한다.
단백질	탄소(C), 수소(H), 산소(O), 질소(N)	• 근육이나 세포 등 몸의 구성 성분으로 에너지원이다. • 효소, 호르몬의 성분으로 생리 작용 조절, 방어 작용 등에 관여한다.
지질	탄소(C), 수소(H), 산소(O)	• 중성 지방, 인지질, 스테로이드 등이 해당한다. • 인지질은 단백질과 함께 세포막의 성분이다.
핵산	탄소(C), 수소(H), 산소(O), 인(P), 질소(N)	• DNA와 RNA가 있다. • 유전 정보를 저장하고, 전달 및 단백질 합성에 관여한다.

② 비탄소 화합물

물	• 생물체의 구성 물질 중 가장 많다. • 체온 유지, 물질 운반에 관여한다.
무기염류	• 생리 작용을 조절한다. • 칼슘, 나트륨, 철 등이 해당한다.

③ 단위체 : 고분자 화합물을 구성하는 기본 단위 물질

탄수화물	포도당
단백질	아미노산
핵산	뉴클레오타이드

(2) 단백질

① 아미노산과 펩타이드 결합

ⓐ 아미노산 : 단백질을 구성하는 단위체로 약 20종류가 있다.

ⓑ 펩타이드 결합 : 아미노산과 아미노산 사이에서 물이 빠져나오면서 일어나는 결합을 말한다.

② 단백질의 형성

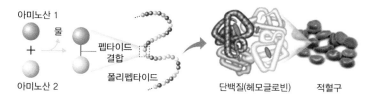

아미노산 1   물   펩타이드 결합   폴리펩타이드   단백질(헤모글로빈)   적혈구

아미노산 2

    ㉠ 아미노산은 펩타이드 결합을 통해 폴리펩타이드를 형성하며, 폴리펩타이드가 입체 구조를 형성하며 단백질이 만들어진다.
    ㉡ 단백질의 변성 : 열, 산, 염기를 가하면 입체 구조가 변형되어 단백질 고유의 기능을 잃을 수 있다.

③ 단백질의 기능
    ㉠ 에너지원으로 사용될 수 있다.
    ㉡ 근육, 세포막 등 몸의 주요 구성 물질이다.
    ㉢ 효소와 호르몬의 성분으로 체내의 화학 작용을 조절한다.
    ㉣ 항체의 성분으로 몸의 방어 작용에 관여한다.

(3) 핵산
① 뉴클레오타이드
    ㉠ 핵산(DNA, RNA)의 단위체이다.
    ㉡ 인산 : 당 : 염기 = 1 : 1 : 1로 결합되어 있다.

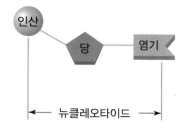

인산   당   염기

◄——— 뉴클레오타이드 ———►

② 핵산의 종류

구분	DNA	RNA
단위체	뉴클레오타이드	뉴클레오타이드
당	디옥시리보스	리보스
염기	A(아데닌), G(구아닌), T(타이민), C(사이토신)	A(아데닌), G(구아닌), U(유라실), C(사이토신)
상보 결합	• A(아데닌)은 T(타이민)과 결합 • G(구아닌)은 C(사이토신)과 결합	• A(아데닌)은 U(유라실)과 상보적 관계 • G(구아닌)은 C(사이토신)과 상보적 관계
기능	유전 정보 저장	유전 정보 전달, 단백질 합성에 관여

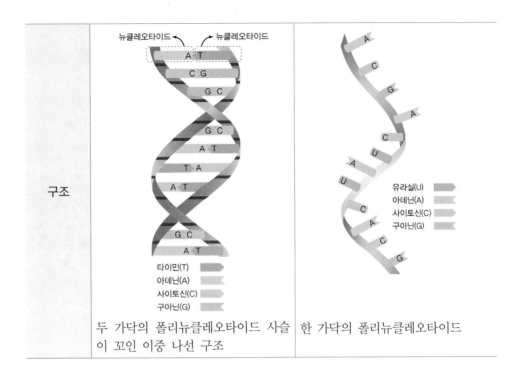

구조	두 가닥의 폴리뉴클레오타이드 사슬이 꼬인 이중 나선 구조	한 가닥의 폴리뉴클레오타이드

3. 신소재

(1) 액정

　① 가늘고 긴 분자가 나란히 있는 고체와 액체의 중간 물질을 말한다.

　② 전압을 걸어 주면 액정 분자의 배열이 변하는 성질을 이용하여 액정 디스플레이(LCD)를 만든다.

(2) 반도체

　① 온도와 압력에 따라 전기 저항을 변화시킬 수 있다.

　② 순수 반도체인 규소와 저마늄은 전류가 잘 흐르지 않는데 여기에 불순물을 첨가하여 전류가 잘 흐르게 한다. 이를 불순물 반도체라고 한다.

　③ 반도체의 이용 : 다이오드, 트랜지스터, 발광 다이오드, 태양 전지 등

(3) 초전도체

　① **초전도 현상** : 특정 온도 이하에서 물질의 저항이 0이 되는 현상이다.

　② **임계 온도** : 초전도 현상이 나타나는 온도를 말한다.

　③ 임계 온도 이하에서 전기 저항이 0이기 때문에 전기 저항에 의한 열이 발생하지 않아 전력 손실이 없고 센 전류에 의한 강한 자기장을 만들 수 있다.

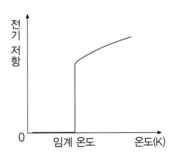

④ 마이스너 효과 : 초전도체가 외부 자기장을 밀어내는 것을 말한다.

⑤ 이용 : 자기 부상 열차, 자기 공명 영상 장치(MRI), 초전도 전력 케이블, 핵융합 장치 등

(4) 네오디뮴 자석

① 철 원자 사이에 네오디뮴과 붕소를 첨가하여 만든 강한 자석이다.

② 부피가 작거나 질량이 작고 강한 자기장이 필요할 때 사용한다.

③ 이용 : 마이크, 확성기, 이어폰 등

(5) 나노 기술을 이용한 신소재

① 그래핀

㉠ 탄소 원자가 육각형 형태로 배열된 평면적인 구조를 이룬 물질을 말한다.

㉡ 열을 잘 전달하고 전기 전도성이 좋다.

㉢ 두께가 매우 얇아 빛을 통과시킬 수 있으므로 투명하고 유연성이 있다.

㉣ 휘어지는 디스플레이, 야간 투시용 콘택트렌즈 등에 이용한다.

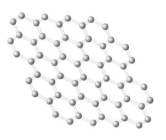

② 탄소 나노 튜브

㉠ 그래핀이 원통 튜브 모양으로 말려 있는 구조이다.

㉡ 열과 전기 전도성이 높다.

㉢ 강철보다 강하다.

㉣ 나노 핀셋에 이용한다.

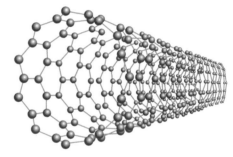

(6) 자연을 모방한 신소재

생물	특징	이용
도꼬마리 열매	가시 끝의 갈고리 구조로 옷이나 털에 붙으면 잘 떨어지지 않는다.	벨크로 테이프
상어 비늘	상어 피부의 돌기들이 물의 저항을 줄여 주는 특징을 활용한다.	수영복
연잎	연잎 표면에 난 작은 돌기가 물이 스며들지 않게 해준다.	코팅제
거미줄	강도와 신축성이 뛰어나다.	방탄복, 인공 힘줄
홍합	물속에서 강한 접착력을 나타낸다.	수술용 접착제

대표 기출문제

정답 및 해설 p. 100

01 그림은 빅뱅 우주론을 모형으로 나타낸 것이다. 빅뱅 이후 시간의 흐름에 따라 증가하는 물리량으로 옳은 것만을 〈보기〉에서 모두 고른 것은?

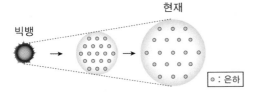

┤ 보기 ├
ㄱ. 우주의 크기
ㄴ. 우주의 평균 밀도
ㄷ. 우주의 평균 온도

① ㄱ   ② ㄷ
③ ㄱ, ㄴ   ④ ㄴ, ㄷ

02 빅뱅 우주론에 따른 우주의 생성 과정에 대한 설명으로 옳은 것만을 〈보기〉에서 모두 고른 것은?

┤ 보기 ├
ㄱ. 우주가 팽창하면서 우주의 온도가 낮아진다.
ㄴ. 수소 원자가 수소 원자핵보다 먼저 만들어졌다.
ㄷ. 헬륨 원자핵이 수소 원자핵보다 먼저 만들어졌다.

① ㄱ   ② ㄴ
③ ㄱ, ㄷ   ④ ㄴ, ㄷ

03 그림은 수소 기체 방전관에서 나온 빛의 방출 스펙트럼을 분광기를 이용하여 맨눈으로 관찰한 것을 나타낸 것이다. 이에 대한 설명으로 옳은 것만을 〈보기〉에서 모두 고른 것은?

┤ 보기 ├
ㄱ. 선 스펙트럼이다.
ㄴ. 가시광선 영역에 속한다.
ㄷ. 헬륨의 스펙트럼도 같은 위치에 선이 나타난다.

① ㄱ   ② ㄷ
③ ㄱ, ㄴ   ④ ㄴ, ㄷ

04 그림은 질량이 태양의 15배인 별의 진화 단계 중 일부(Ⅰ~Ⅲ)를 나타낸 것이다. 이에 대한 설명으로 옳은 것만을 〈보기〉에서 모두 고른 것은?

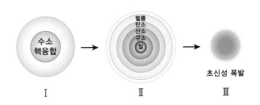

┤ 보기 ├
ㄱ. Ⅰ에서 중심부에 헬륨이 생성된다.
ㄴ. Ⅱ에서 중심부에 철이 생성된다.
ㄷ. Ⅲ에서 철보다 무거운 원소가 생성된다.

① ㄱ   ② ㄴ
③ ㄱ, ㄷ   ④ ㄱ, ㄴ, ㄷ

05 다음은 별의 진화 과정에서 발생하는 어떤 현상을 설명한 것이다. ㉠에 해당하는 것은?

> 태양과 질량이 비슷한 별의 내부에서 중심부의 온도가 충분히 높아지면 수소 원자핵이 융합하여 헬륨 원자핵으로 바뀌는 ㉠ 이/가 발생한다.

① 빅뱅
② 핵분열
③ 핵융합
④ 우주 배경 복사

06 그림은 질량이 서로 다른 2개의 별 중심부에서 모든 핵융합 반응이 끝난 직후 내부 구조의 일부를 각각 나타낸 것이다. 지점 A~D 중 가장 무거운 원소가 생성된 곳은?

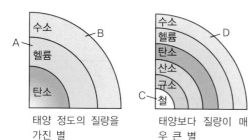

태양 정도의 질량을 가진 별 / 태양보다 질량이 매우 큰 별

① A
② B
③ C
④ D

07 별의 진화 과정에서 원소의 생성에 대한 설명으로 옳은 것만을 〈보기〉에서 모두 고른 것은?

> ┤ 보기 ├
> ㄱ. 헬륨의 핵융합 반응으로 탄소가 생성된다.
> ㄴ. 초신성 폭발로 철보다 무거운 원소가 생성된다.
> ㄷ. 질량이 태양과 비슷한 별의 중심에서 철이 생성된다.

① ㄱ
② ㄷ
③ ㄱ, ㄴ
④ ㄴ, ㄷ

08 그림은 주기율표의 일부를 나타낸 것이다. 임의의 원소 A~D 중 원자 번호가 가장 큰 것은?

주기 \ 족	1	2		17	18
1	A				
2		B		C	
3					D

① A
② B
③ C
④ D

09 표는 몇 가지 원소의 가장 바깥쪽 전자 껍질에 배치되어 있는 전자 수를 나타낸 것이다. 이 중 주기율표에서 같은 족에 속하는 원소를 고른 것은?

원소	가장 바깥쪽 전자 껍질의 전자 수
He	2개
Li	1개
Na	1개
Cl	7개

① Li, Cl
② He, Cl
③ Li, Na
④ He, Na

10 그림은 플루오린 원자(F)의 전자 배치를 나타낸 것이다. 가장 바깥 전자 껍질에 들어 있는 전자의 개수는?

① 5개
② 6개
③ 7개
④ 8개

11 그림은 주기율표의 일부를 나타낸 것이다. 임의의 원소 A~D 중 원자가 전자 수가 가장 큰 원소는?

족 주기	1	2	16	17	18
1					
2	A		B		
3	C				D

① A ② B
③ C ④ D

12 다음 원자의 전자 배치 중 원자가 전자가 4개인 것은?

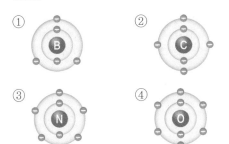

① B ② C
③ N ④ O

13 그림은 탄소의 원자 모형을 나타낸 것이다. 이에 대한 설명으로 옳은 것만을 〈보기〉에서 모두 고른 것은?

┤ 보기 ├
ㄱ. 전기적으로 중성이다.
ㄴ. 원자 번호는 6번이다.
ㄷ. 원자가 전자는 5개이다.

① ㄱ ② ㄷ
③ ㄱ, ㄴ ④ ㄴ, ㄷ

14 그림은 산소와 네온 원자의 전자 배치를 나타낸 것이다. 산소 원자가 안정한 원소인 네온과 같은 전자 배치를 하기 위해 얻어야 하는 전자의 개수는?

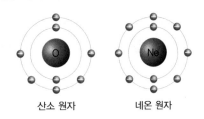

산소 원자   네온 원자

① 1개 ② 2개
③ 3개 ④ 4개

15 그림 (가)와 (나)는 각각 수소(H_2)와 물(H_2O)의 전자 배치를 나타낸 것이다. 이에 대한 설명으로 옳은 것만을 〈보기〉에서 모두 고른 것은?

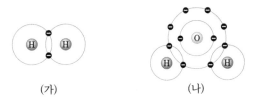

(가)   (나)

┤ 보기 ├
ㄱ. (가)에서 공유 전자쌍은 2쌍이다.
ㄴ. (나)에서 수소 원자와 산소 원자는 공유 결합을 한다.
ㄷ. 공유 전자쌍의 수는 (가)보다 (나)에서 많다.

① ㄱ ② ㄴ
③ ㄱ, ㄷ ④ ㄴ, ㄷ

16 다음 설명에 해당하는 물질은?

• 같은 원자 2개가 공유 결합을 이루고 있다.
• 동물과 식물의 호흡에 이용되는 기체이다.

① 산소(O_2) ② 암모니아(NH_3)
③ 염화 칼슘($CaCl_2$) ④ 질산 칼륨(KNO_3)

17 그림은 나트륨 이온의 생성 과정을 모형으로 나타낸 것이다. 나트륨 원자가 잃은 전자의 개수는?

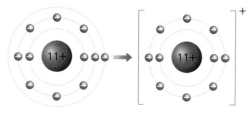

나트륨 원자(Na)　　나트륨 이온(Na⁺)

① 1개　　　　　　② 2개

③ 3개　　　　　　④ 4개

18 소금의 주성분인 염화 나트륨(NaCl)에 대한 설명으로 옳은 것만을 〈보기〉에서 모두 고른 것은?

┤ 보기 ├

ㄱ. 공유 결합 물질이다.

ㄴ. 고체 상태에서 전기가 잘 흐른다.

ㄷ. 물에 녹으면 양이온과 음이온으로 나누어진다.

① ㄱ　　　　　　② ㄷ

③ ㄱ, ㄴ　　　　　④ ㄴ, ㄷ

19 다음 중 그림과 같이 양이온과 음이온의 정전기적 인력에 의해 형성된 이온 결합 물질은?

양이온　　음이온

① 철(Fe)

② 구리(Cu)

③ 마그네슘(Mg)

④ 염화 나트륨(NaCl)

20 다음에서 설명하는 화학 결합에 의해 형성된 물질은?

- 금속 원소와 비금속 원소 사이에서 형성된다.
- 양이온과 음이온의 정전기적 인력에 의해 형성된다.

① 은(Ag)　　　　② 구리(Cu)

③ 산소(O_2)　　　④ 염화 나트륨(NaCl)

21 설탕과 염화 나트륨(NaCl)에 대한 설명으로 옳은 것만을 〈보기〉에서 모두 고른 것은?

┤ 보기 ├

ㄱ. 설탕은 이온 결합 물질이다.

ㄴ. 설탕을 물에 녹이면 대부분 이온이 된다.

ㄷ. NaCl은 수용액 상태에서 전기가 통한다.

① ㄱ　　　　　　② ㄷ

③ ㄱ, ㄴ　　　　　④ ㄴ, ㄷ

22 다음 중 인체의 약 70%를 차지하며, 수소 원자 2개와 산소 원자 1개가 공유 결합하여 생성된 물질은?

① 물(H_2O)

② 암모니아(NH_3)

③ 염화 나트륨(NaCl)

④ 수산화 나트륨(NaOH)

23 다음 중 전기가 잘 통하며 광택이 있는 금속 원소는?

① 구리　　　　　② 염소

③ 헬륨　　　　　④ 브로민

24 다음은 규산염 사면체에 대한 설명이다. ㉠에 해당하는 것은?

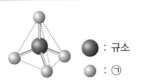

: 규소

: ㉠

규산염 광물을 구성하는 기본 구조는 규소 원자 1개와 ㉠ 원자 4개가 공유 결합을 이룬 사면체이다.

① 산소
② 질소
③ 탄소
④ 마그네슘

25 생명체를 구성하는 물질 중 지질, 단백질, 핵산은 탄소 화합물이다. 이 탄소 화합물들을 이루는 기본 골격의 중심 원소는?

① 산소
② 수소
③ 질소
④ 탄소

26 그림은 메테인(CH_4)의 분자 구조 모형을 나타낸 것이다. 메테인을 구성하는 탄소(C) 원자와 수소(H) 원자의 개수비는?

	C		H
①	1	:	2
②	1	:	3
③	1	:	4
④	2	:	3

27 그림은 DNA의 염기 서열 중 일부를 나타낸 것이다. ㉠에 해당하는 염기는? (단, 돌연변이는 없다.)

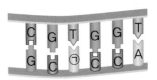

① A
② C
③ G
④ T

28 다음 설명에 해당하는 것은?

- 이중 나선 구조이다.
- A, G, C, T의 염기 서열로 유전 정보를 저장한다.

① 지방
② 효소
③ 단백질
④ DNA

29 다음 중 세포에서 유전 정보를 저장하거나 전달하는 물질은?

① 물
② 지질
③ 핵산
④ 탄수화물

30 다음 설명에 해당하는 물질은?

- 핵산의 한 종류이다.
- 염기로 아데닌(A), 구아닌 (G), 사이토신(C), 유라실 (U)을 가진다.

① RNA
② 지방
③ 단백질
④ 탄수화물

31 다음 설명에 해당하는 물질은?

- 단위체는 아미노산이다.
- 탈수 축합 중합 반응으로 만들어진다.

① 녹말
② DNA
③ 단백질
④ 암모니아

32 그림은 단위체의 결합으로 물질 A가 만들어지는 과정을 나타낸 것이다. A에 해당하는 물질은?

① 핵산
② 단백질
③ 포도당
④ 글리코젠

33 다음에서 설명하는 초전도체의 특성을 이용한 것은?

- 임계 온도 이하에서 저항이 0이다.
- 초전도 상태에서 자석을 뜨게 할 수 있다.

① 자전거
② 텔레비전
③ 신용카드
④ 자기 부상 열차

34 다음 설명에 해당하는 신소재는?

- 탄소 원자가 육각형 벌집 모양의 구조를 이루고 있다.
- 휘어지는 투명한 디스플레이의 소재로 사용되고 있다.

① 그래핀
② 초전도체
③ 네오디뮴 자석
④ 형상 기억 합금

35 다음 설명에 해당하는 신소재는?

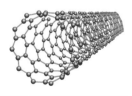

- 그래핀이 튜브 형태로 결합된 구조이다.
- 구리보다 열전도율이 뛰어나다.

① 고무
② 유리
③ 나무
④ 탄소 나노 튜브

시스템과 상호 작용

1 역학적 시스템

1. 역학적 시스템과 중력

(1) 역학적 시스템과 여러 가지 힘
  ① 역학적 시스템
    ㉠ 시스템이란 여러 구성 요소들이 일정 규칙에 따라 상호 작용하면서 균형을 유지하는 집합을 말한다.
    ㉡ 역학적 시스템 : 여러 가지 힘이 물체들 사이에서 상호 작용하면서 일정한 운동 체계를 유지하고 있는 것을 말한다.
  ② 힘의 종류

중력	지구 중심 방향으로 지구가 물체를 당기는 힘
탄성력	변형된 물체가 원래 모양으로 되돌아가려는 힘
마찰력	물체의 접촉면에서 물체의 운동을 방해하는 힘
전기력	전기를 띤 물체 사이에서 작용하는 힘
자기력	자석과 자석, 자석과 쇠붙이 사이에서 작용하는 힘

(2) 중력

정의	• 지구와 물체 사이에 상호 작용하는 힘 • 질량을 가진 모든 물체 사이에 상호 작용하는 힘이다.
크기	• 두 물체의 질량이 클수록, 두 물체 사이의 거리가 가까울수록 크다. • 천체에 따라 중력의 크기가 다르다.
방향	• 지구에서 물체에 작용하는 중력의 방향은 지구 중심 방향(연직 방향)이다.
무게와 질량	• 물체에 작용하는 중력의 크기는 무게이다. • 무게(N) = 질량 × 9.8

(3) 중력이 시스템에 미치는 영향
  ① 중력과 지구 시스템
    ㉠ 지구 대기 형성
    ㉡ 높은 곳으로 갈수록 대기가 희박해지고 기압이 감소함.
    ㉢ 밀물과 썰물

    ⓔ 대류 현상과 기상 현상

    ⓜ 중력에 의해 흐르는 물이나 빙하로 인한 지표 변화

  ② 중력과 생명 시스템

    ㉠ 몸집이 큰 동물의 단단한 골격과 근육

    ㉡ 기린의 발달한 심장과 높은 혈압

    ㉢ 땅속을 향해 자라는 식물의 뿌리

    ㉣ 귀의 전정 기관을 통한 평형 감각 유지

2. 중력에 의한 운동

(1) 자유 낙하 운동

정의	공기의 저항을 무시할 때 물체가 중력만 받아 낙하하는 운동
힘	중력
운동 방향	연직 방향(지구 중심 방향)으로 직선 운동을 한다.
속력 변화	속력이 질량에 상관없이 1초마다 9.8m/s씩 증가한다.
중력 가속도	중력에 의해 운동하는 물체의 단위 시간당 속력 변화량으로 질량에 관계없이 1초마다 9.8m/s씩 증가하므로 중력 가속도는 $9.8m/s^2$이다.

진공 중	공기 저항이 없으므로 깃털과 구슬은 같은 높이에서 떨어뜨렸을 때 동시에 바닥에 떨어진다.
공기 중	공기 저항이 작용하므로 공기 저항을 적게 받는 구슬이 깃털보다 빨리 떨어진다.

진공 중 공기 중

(2) 수평 방향으로 던진 물체의 운동

구분	수평 방향	수직 방향
힘	없다	중력
속력	변화 없음	일정하게 증가
운동	등속 직선 운동	자유 낙하 운동

연직 방향 (낙하 운동)

운동 방향

힘(중력) 방향

수평 방향

3. 물체의 운동과 안전

(1) 관성

① 관성

㉠ 물체가 원래의 운동 상태를 유지하려고 하는 성질을 말한다.

㉡ 물체의 질량이 클수록 관성이 크다.

㉢ 정지한 물체의 관성 : 계속 정지 상태를 유지하려고 한다.

㉣ 운동하는 물체의 관성 : 운동하는 물체의 빠르기와 방향을 유지하려고 한다.

② 관성에 의한 현상

㉠ 버스가 갑자기 출발하면 승객이 뒤로 넘어진다.

㉡ 갑자기 정지하면 서 있는 승객은 앞으로 쏠린다.

㉢ 달리던 사람이 돌부리에 걸려 넘어진다.

(2) 운동량과 충격량

① 운동량

정의	운동하는 물체의 운동 정도를 나타내는 물리량이다.
방향	속도 방향과 같다.
크기	• 질량이 클수록, 속도가 빠를수록 크다. • 운동량(p) = 질량(m) × 속도(v)
단위	$kg \cdot m/s$

② 충격량

정의	물체가 받은 충격의 정도를 나타내는 양을 말한다.
방향	힘의 방향과 같다.
크기	• 충돌하는 동안 물체에 작용한 힘과 힘이 작용한 시간에 비례한다. • 충격량(I) = 힘(F) × 시간(Δt)
단위	$N \cdot s$
시간–힘 그래프	아랫부분의 넓이는 충격량을 나타낸다.

두 물체가 충돌할 경우	
힘의 크기	같다
힘의 방향	반대 방향
힘이 작용한 시간	같다
충격량의 크기	같다

③ 운동량과 충격량의 관계

　㉠ 충격량은 운동량의 변화량과 같다.

　㉡ 물체가 받은 충격량 = 운동량의 변화량 = 나중 운동량 − 처음 운동량

$$I = F\Delta t = mv - mv_0 = \Delta p$$

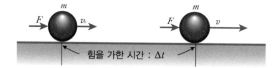

④ 운동량의 변화량을 크게 하는 방법

　㉠ 대포를 쏠 때 포신이 길수록 힘을 받는 시간이 길어져 충격량이 커진다.

　㉡ 테니스에서 라켓을 끝까지 휘두를수록 공이 힘을 받는 시간이 길어진다.

(3) 충돌과 안전

① 충돌 시간과 안전

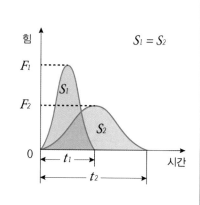

힘-시간 그래프에서 밑넓이는 충격량을 의미하고, $S_1 = S_2$이므로 충격량의 크기는 같다.	
↓	
시간이 짧은 S_1은 힘의 크기가 크고 시간이 긴 S_2는 힘의 크기가 작다.	
↓	
충돌 시간이 길어질 때 물체가 받는 힘의 크기가 작아진다. → 피해를 줄일 수 있다.	
↓	
자동차 에어백, 공기가 충전된 포장재, 야구공을 포수가 받을 때 손을 뒤로 뺀다.	

② 관성과 안전 : 관성으로 움직이는 물체는 그 운동 상태를 유지하려고 한다. 이로 인해
몸이 쏠리는 것을 방지하여 피해를 줄일 수 있다.
　📝 자동차 안전띠

2 지구 시스템

1. 지구 시스템(지구계)

(1) 지구 시스템의 구성 요소
　① 기권
　　㉠ 지표면 ～ 높이 1000km까지 지구를 둘러싸고 있는 대기층을 말한다.
　　㉡ 질소가 가장 많고 산소가 두 번째로 많다.
　　㉢ 높이에 따른 기온 변화를 기준으로 4개의 층으로 구분한다.
　　㉣ 역할 : 지구 보온, 생물체에게 필요한 기체 공급, 에너지 순환 등을 한다.

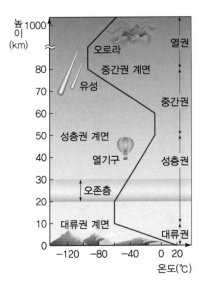

구분	기온	대류 현상	특징
대류권	낮아짐	있음	수증기 존재, 기상 현상 나타남
성층권	올라감	없음	오존층, 자외선 흡수
중간권	낮아짐	있음	수증기가 거의 없어 기상 현상 없음, 유성 나타남
열권	올라감	없음	오로라, 공기 희박, 일교차 큼

② 지권

　　㉠ 지각과 지구 내부를 포함한다.

　　㉡ 지각에는 산소와 규소가 가장 많고 지구 전체에는 철과 산소가 가장 많다.

　　㉢ 지진파의 속도 변화를 기준으로 지각, 맨틀, 외핵, 내핵으로 나눈다.

　　㉣ 역할 : 생물의 서식지 및 필요한 물질을 공급해 준다.

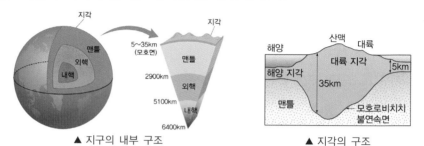

▲ 지구의 내부 구조　　　　　　　　　　　　　　▲ 지각의 구조

구분	물질 상태	특징
지각	고체	• 대륙 지각과 해양 지각으로 구분 • 규산염 물질로 이루어짐
맨틀	고체	• 지권 전체 부피의 80%를 차지 • 유동성이 있음
외핵	액체	• 철과 니켈로 이루어짐 • 액체 상태로 추정됨
내핵	고체	• 철과 니켈로 이루어짐 • 고밀도, 고온, 고압

③ 수권

　　㉠ 지구에 분포하는 물을 말한다.

　　㉡ 해수 > 빙하 > 지하수 > 강과 호수

　　㉢ 깊이에 따른 수온 분포를 기준으로 혼합층, 수온 약층, 심해층으로 구분할 수 있다.

　　㉣ 역할 : 생물의 서식지 및 필요한 물질 공급, 에너지 수송 역할 등을 한다.

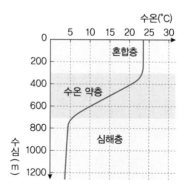

혼합층	• 태양 복사 에너지를 흡수하여 수온이 높음 • 바람의 혼합 작용으로 깊이와 관계없이 수온이 거의 일정한 층
수온 약층	• 수심이 급격하게 낮아지는 안정한 층 • 혼합층과 심해층 사이의 물질과 에너지 교환을 차단함
심해층	• 수온 변화가 거의 나타나지 않는 층

④ 생물권
　　㉠ 지구에 살고 있는 모든 생물을 말한다.
　　㉡ 지권, 기권, 수권에 걸쳐 모두 분포한다.
⑤ 외권
　　㉠ 기권 바깥의 우주 공간을 말한다.
　　㉡ 외권으로부터 오는 태양 복사 에너지는 지구 시스템의 주요 에너지원이다.
　　㉢ 역할 : 지구 자기장은 외권으로부터 오는 유해한 우주선이나 태양풍을 차단하여
　　　　생명체를 보호할 수 있다.

(2) 지구 시스템 상호 작용
　① 지구계의 구성 요소들은 끊임없이 상호 작용을 하면서 물질과 에너지를 순환시킨다.
　② 지구 시스템의 상호 작용은 각 권 안에서도 일어나고 다른 권 사이에서도 일어난다.

	지권 – 기권	바람에 의한 침식 작용이 일어나 지형의 변화가 일어난다.
	지권 – 수권	지하수가 흐른 석회암 지대에 석회 동굴이 형성된다.
	기권 – 수권	태풍, 눈, 비 등 다양한 기상 현상이 나타난다.
	생물권 – 기권	광합성과 호흡에 필요한 기체가 교환된다.
	외권 – 기권	유성체가 지구 대기로 들어오면서 공기와의 마찰로 타면서 유성이 된다.

(3) 지구 시스템의 에너지원 및 물질 순환
　① 지구 시스템의 에너지원 : 태양 에너지 > 지구 내부 에너지 > 조력 에너지

태양 에너지	• 태양 수소 핵융합 반응에 의한 에너지이다. • 지구 시스템의 에너지원 중 가장 큰 영향을 준다. • 기상 현상, 대기와 해수의 순환에 영향을 준다.
지구 내부 에너지	• 지구 내부 방사성 원소의 붕괴로 발생한다. • 맨틀의 대류를 일으켜 지진, 화산 활동과 같은 지각 변동을 일으킨다.
조력 에너지	• 태양과 달의 인력에 의해 생기는 에너지이다. • 밀물과 썰물을 일으킨다.

② 지구 시스템의 에너지 흐름
  ㉠ 위도별 에너지 불균형

저위도(에너지 남음)	고위도(에너지 부족)
흡수한 태양 복사 E > 방출한 지구 복사 E	흡수한 태양 복사 E < 방출한 지구 복사 E

  ㉡ 대기와 해수의 순환에 의해 저위도의 남는 에너지가 고위도로 이동한다.
③ 물질의 순환
  ㉠ 물의 순환

주요 에너지원	태양 에너지	
물의 양 변화	지구 시스템 전체의 물의 양은 일정하다.	
에너지 출입	물의 순환 과정에서 에너지 출입이 일어나고 에너지를 지구 전체에 고르게 분산한다.	
예	수권 - 기권	바다, 강물이 수증기가 된다.
	생물권 - 기권	식물이 증산 작용을 통해 체내 수분을 수증기 형태로 내보낸다.

  ㉡ 탄소 순환

탄소 양 변화	지구 시스템 전체의 탄소의 양은 일정하다.	
주요 탄소 존재 형태	• 기권 : 이산화 탄소, 메테인 • 생물권 : 유기물(탄소 화합물) • 지권 : 화석 연료, 석회암 • 수권 : 탄산 이온	
예	지권 - 기권	화석 연료의 연소를 통해 대기 중 이산화 탄소가 증가한다.
	생물권 - 기권	대기 중 이산화 탄소를 사용하여 광합성을 하여 유기 양분을 만든다.

  ㉢ 질소 순환
    ⓐ 대기 중 질소는 세균이나 번개 등에 의해 질산 이온이나 암모늄 이온의 형태로 전환되어 생물권으로 이용된다.
    ⓑ 질소는 세균에 의해 다시 기권으로 이동한다.

2. 지권의 변화

(1) 판 구조론

① 판

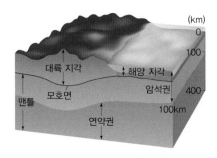

㉠ **암석권** : 지각과 상부 맨틀로 이루어진 두께 약 100km의 단단한 부분으로 암석권의 조각을 판이라고 한다.

㉡ 대륙 지각을 포함한 판을 대륙판, 해양 지각을 포함한 판을 해양판이라고 한다.

㉢ 암석권 아래 맨틀의 대류에 의해 판이 이동한다.

② 판 구조론

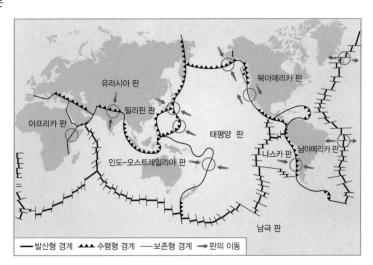

㉠ 지구 표면은 10여 개의 크고 작은 판으로 이루어져 있다.

㉡ 판의 상대적 운동으로 판의 경계에서 화산 활동이나 지진과 같은 여러 지각 변동이 일어난다.

㉢ 판은 약 1년에 1~10cm 정도 이동하며 판마다 이동하는 속도와 방향이 다르다.

(2) 판의 경계

① 발산형 경계

맨틀 운동	맨틀 상승	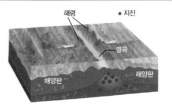
판	판과 판이 멀어짐, 판의 생성	
지각 변동	지진, 화산	
지형	해령, 열곡	

② 수렴형 경계

맨틀 운동	맨틀 하강		
판	판과 판이 가까워짐, 판의 소멸		
	섭입형 경계		충돌형 경계
지각 변동	대륙판–해양판	해양판–해양판	대륙판–대륙판
지각 변동	지진, 화산		지진
지형	해구, 습곡 산맥, 호상 열도		습곡 산맥

③ 보존형 경계

판	• 판과 판이 어긋남 • 판의 생성과 소멸이 없음	
지각 변동	지진	
지형	변환 단층	

(3) 지각 변동

① 지각 변동

ⓐ 지구 내부 에너지에 의해 지각 변동이 일어난다.

ⓑ 화산 활동, 지진, 습곡 산맥 형성 등을 말한다.

② 변동대

ⓐ 화산 활동이나 지진과 같이 지각 변동이 자주 일어나는 지역을 변동대라고 말한다.

ⓑ 지진대 : 지진이 자주 발생한 지점을 연결한 띠 모양의 지역

ⓒ 화산대 : 화산이 자주 발생한 지점을 연결한 띠 모양의 지역

ⓓ 지진대와 화산대가 대체로 일치하며 주로 판의 경계와 일치함을 알 수 있다.

→ 화산 활동과 지진은 대부분 판의 경계에서 일어나기 때문이다.

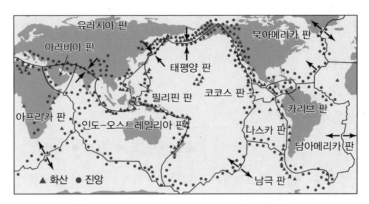

▲ 판의 경계 및 지진대와 화산대의 분포

(4) 화산과 지진

① 화산 활동과 지구 시스템

ⓐ 지권에서 일어나는 화산 활동은 기후 변화(기권), 지형의 변화(지권), 해저 화산 폭발로 인한 해일(수권), 생태계 변화(생물권) 등 지구 시스템에 영향을 줄 수 있다.

ⓑ 화산 활동의 피해와 이용

피해	이용
• 용암이 농경지나 건물을 뒤덮고 산불을 일으켜 인명과 재산 피해 발생 • 화산 기체에 의해 산성비가 내려 생태계에 피해를 줄 수 있음 • 화산재가 햇빛을 가려 평균 기온이 내려가고 항공기 운항에 방해가 됨	• 화산재가 땅에 쌓여 토양을 비옥하게 만들어 줌 • 화산 활동을 활용하여 관광지로 활용 가능 • 지열을 활용하여 난방을 하거나 전기를 생산할 수 있음

② 지진과 지구 시스템

ⓐ 지권에서 일어나는 지진은 지형 변화(지권), 지진 해일(수권) 등 지구 시스템에 영향을 줄 수 있다.

ⓑ 지진 활동의 피해와 이용

피해	이용
• 땅의 진동으로 건물이나 다리 등이 붕괴된다. • 누전이나 가스관 파괴로 화재가 발생할 수 있다. • 지진 해일로 인명, 재산의 피해가 발생한다.	• 지진파를 활용하여 지구 내부 구조를 알 수 있다. • 인공 지진을 통해 지질 구조를 파악하여 건물, 도로 건설, 지하자원 탐사 등에 이용할 수 있다.

3 생명 시스템

1. 생명 시스템

(1) 생명 시스템
① 생물의 구성 단계

세포 ➔ 조직 ➔ 기관 ➔ 개체

㉠ 세포 : 생명 시스템을 구성하는 구조적·기능적 단위를 말한다.
㉡ 조직 : 모양과 기능이 비슷한 세포의 모임이다.
㉢ 기관 : 여러 조직이 모여 고유한 형태와 기능을 나타낸다.
㉣ 개체 : 기관들이 모여 이루어진 독립된 생명체를 말한다.

동물의 구성 단계	식물의 구성 단계
세포 ➔ 조직 ➔ 기관 ➔ 기관계 ➔ 개체	세포 ➔ 조직 ➔ 조직계 ➔ 기관 ➔ 개체
세포 조직 기관 기관계 개체 ▲ 동물체	세포 조직 조직계 기관 개체 ▲ 식물체

② 세포의 구조

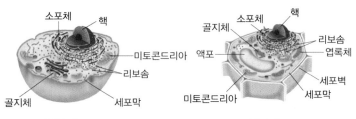

▲ 동물 세포   ▲ 식물 세포

핵	핵막으로 둘러싸여 있으며 유전 정보를 저장한 DNA가 있다.
리보솜	유전 정보에 따라 단백질이 합성되는 장소이다.
소포체	리보솜에서 합성된 단백질을 골지체나 세포 다른 부위로 운반한다.
골지체	소포체에서 운반된 물질을 세포 내 다른 부위로 운반하거나 세포 밖으로 분비한다.
세포막	• 세포 모양을 유지하고 세포 안팎의 물질 출입 조절에 관여한다. • 선택적 투과성이 있다.

미토콘드리아	세포 호흡이 일어나는 장소로 생명 활동에 필요한 에너지를 생성한다.
액포(식물)	생명 활동 결과 생긴 노폐물이나 물, 색소 등을 저장하는 장소이다.
엽록체(식물)	광합성이 일어나는 장소로 물과 이산화 탄소를 이용하여 포도당을 만든다.
세포벽(식물)	세포 형태를 유지하고 세포를 보호할 수 있다.

③ 세포 내에서 단백질 합성과 이동

핵 (유전 정보 저장)	→	리보솜 (단백질 합성)	→	소포체 (단백질 운반)	→	골지체 (단백질 운반 분비)	→	세포 밖

(2) 세포막을 통한 물질의 이동

① 세포막의 구조

	구조	인지질과 막단백질로 이루어짐
		인지질 : 머리(친수성), 꼬리(소수성)
		막단백질 : 고정되어 있지 않고 움직일 수 있다.
	기능	선택적 투과성이 있어 물질 출입을 조절
	물질 이동	확산, 삼투

세포막   인지질

② 확산

   ⊙ 입자가 스스로 운동하여 농도가 높은 쪽에서 낮은 쪽으로 퍼져 나가는 현상을 말한다.

   ⓒ 인지질 2중층을 직접 통과하는 확산과 막단백질을 통한 확산으로 구분할 수 있다.

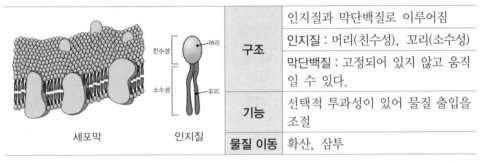

구분	인지질 2중층을 통한 확산	막단백질을 통한 확산
이동 형태		
이동 물질	• 크기가 작은 기체 분자(산소, 이산화 탄소) • 지용성 물질	• 크기가 큰 수용성 물질(포도당, 아미노산 등) • 전하를 띤 이온
예	폐포와 모세 혈관 사이 기체 교환	혈액 속 포도당이 조직 세포로 확산

③ 삼투
  ㉠ 세포막을 경계로 농도가 낮은 용액에서 농도가 높은 용액으로 물이 이동하는 현상
  ㉡ 동물 세포와 식물 세포에서의 삼투 현상

구분	저농도 용액	같은 농도 용액	고농도 용액
동물 세포	 (부피가 증가하다 터지기도 함)		
식물 세포	 (부피가 증가하다 일정해짐)		
세포 변화	세포 안으로 물이 들어와 세포 부피가 커짐	물의 유입량이 같아 세포 크기의 변화가 없음	세포에서 물이 빠져나가 세포 부피가 작아짐

2. 물질대사와 효소

(1) 물질대사
  ① 물질대사
    ㉠ 생명체 내에서 일어나는 화학 반응을 말한다.
    ㉡ 생체 촉매인 효소가 필요하다.
    ㉢ 에너지 출입이 있어 에너지 대사라고 말한다.
  ② 동화 작용과 이화 작용

구분	동화 작용	이화 작용
물질 변화와 에너지 출입		
정의	저분자 물질 → 고분자 물질	고분자 물질 → 저분자 물질
예	단백질 합성, 광합성	세포 호흡, 소화

③ 세포 호흡과 연소의 비교

구분	세포 호흡	연소
반응 온도	체온 범위	매우 높은 온도(약 400℃)
반응 속도	느림	빠름
에너지 출입	에너지가 여러 단계에 걸쳐 소량씩 단계적으로 방출됨 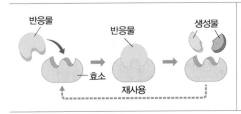	한 번에 다량의 에너지가 한꺼번에 방출됨 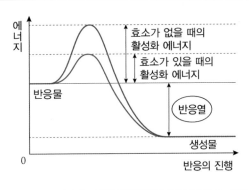
촉매	효소(생체 촉매) 필요	필요 없음

(2) 효소

① 효소(생체 촉매)

ㄱ 주성분은 단백질로 온도와 pH에 따라 변성될 수 있다.

ㄴ 활성화 에너지를 감소시켜 반응 속도를 증가시킨다.

ㄷ 반응열의 크기는 변하지 않는다.

② 효소의 작용 원리

- 기질 특이성 : 입체 구조에 맞는 반응물(기질)과 결합하여 활성화 에너지를 낮춘다.
- 효소는 반응 전후에 소모되거나 변하지 않으므로 재사용된다.

③ 효소의 이용

ㄱ 김치, 된장, 식혜 등 발효 식품

ㄴ 소화제, 소변 검사지

ㄷ 효소를 이용한 세탁 세제, 치약

ㄹ 하천 정화, 공장 폐수 오염 물질 제거

3. 유전 정보의 흐름

(1) DNA와 유전자

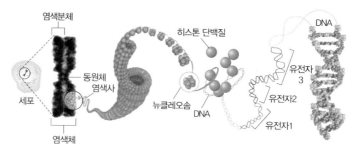

① DNA
  ㉠ 세포 핵 속에 DNA는 단백질이 결합된 상태로 존재한다.
  ㉡ 세포 분열 시 실 형태로 결합되어 있는 DNA와 단백질이 응축되어 염색체가 되어
    자손에게 유전 물질을 전달한다.
② 유전자
  ㉠ 유전자는 DNA의 특정 부위에 있으며 각 유전자는 특정 단백질에 대한 정보가 저
    장되어 있다.
  ㉡ 한 분자의 DNA에는 수많은 유전자가 있다.
  ㉢ 유전자의 유전 정보에 따라 다양한 단백질이 합성되고 이 단백질에 의해 다양한
    형질이 나타난다.

(2) 유전 정보의 흐름
① 생명 중심 원리
  ㉠ 세포 내에서 이루어지는 유전 정보의 흐름을 설명하는 원리를 말한다.
  ㉡ DNA의 유전 정보를 RNA에 전달하고 RNA를 이용하여 단백질이 합성되는 흐름
    이다.

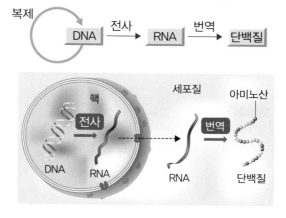

전사(핵)	• DNA의 유전 정보를 RNA로 전달하는 과정이다. • DNA의 이중 나선 중 한쪽 가닥을 바탕으로 상보적 서열을 갖는 RNA가 합성된다.
번역(세포질)	• RNA에 유전 정보에 따라 단백질이 합성되는 과정이다.

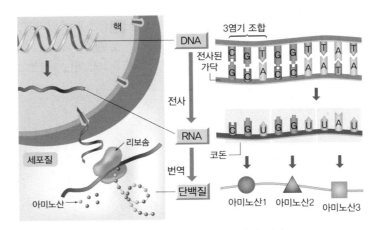

▲ 유전 정보에 따른 단백질 합성 과정

② 유전 정보의 전달과 발현

3염기 조합	코돈
DNA에서 하나의 아미노산을 지정하는 연속된 3개의 염기이다.	RNA에서 하나의 아미노산을 지정하는 연속된 3개의 염기이다.
DNA 염기에 상보적인 염기를 가진 RNA가 합성된다. A → U / T → A / G → C / C → G	코돈이 지정하는 아미노산이 리보솜으로 운반되어 리보솜에서 단백질이 합성된다.

③ 유전 암호 체계의 공통성

㉠ 지구에 사는 다양한 생명체는 서로 다른 유전 정보를 가지고 있어 생활 방식과 모습이 다양하지만 거의 모든 생명체의 유전 암호 전달 체계가 같다.

㉡ 모든 생명체가 공통 조상으로부터 진화해 왔을 것으로 추정해 볼 수 있다.

④ 유전 질환

㉠ 유전자 이상 : 유전자를 구성하는 DNA의 염기 서열에 이상이 생기는 것을 말한다.

㉡ DNA의 염기 서열 변화로 비정상 단백질이 합성되어 유전 질환이 발생할 수 있다.

　　예 낫 모양 적혈구 빈혈증, 페닐케톤뇨증

02 대표 기출문제

정답 및 해설 p. 105

01 다음 중 질량이 있는 물체 사이에서 항상 당기는 방향으로 작용하는 힘은?

① 중력　　　　　② 마찰력

③ 자기력　　　　④ 전기력

02 그림은 자유 낙하하는 물체를 같은 시간 간격으로 나타낸 것이다. 구간 A~C에서 물체의 운동에 대한 설명으로 옳은 것은? (단, 공기 저항은 무시한다.)

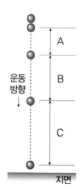

① A에서 가속도는 0이다.

② B에서 속도는 일정하다.

③ C에서 물체에 작용하는 힘은 0이다.

④ A와 B에서 물체에 작용하는 힘의 방향은 같다.

03 그림은 자유 낙하하는 물체 A의 운동을 1초 간격으로 촬영한 것이다. ㉠ 구간의 거리는? (단, 공기 저항은 무시하고, 중력 가속도는 10m/s²으로 한다.)

① 30m　　　　　② 35m

③ 40m　　　　　④ 45m

04 그림은 자유 낙하하는 물체의 위치를 일정한 시간 간격으로 나타낸 것이다. A~D 지점 중 물체의 속도가 가장 빠른 지점은? (단, 중력 가속도는 10m/s²이고, 공기 저항은 무시한다.)

① A　　　　　② B

③ C　　　　　④ D

05 그림과 같이 공이 자유 낙하하는 동안 시간에 따른 속력의 그래프로 옳은 것은? (단, 공기 저항은 무시한다.)

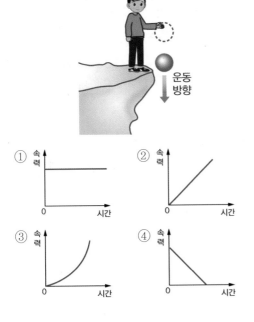

07 그림은 수평 방향으로 던져진 공의 위치를 같은 시간 간격으로 나타낸 것이다. 공의 운동에 대한 설명으로 옳지 <u>않은</u> 것은? (단, 공기 저항은 무시한다.)

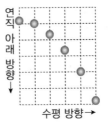

① 수평 방향의 속력은 일정하다.
② 수평 방향으로 힘이 계속 작용한다.
③ 연직 아래 방향의 속력은 증가한다.
④ 연직 아래 방향으로 힘이 계속 작용한다.

06 표는 수평 방향으로 던진 물체의 수평 방향 속도와 연직 방향 속도를 시간에 따라 나타낸 것이다. ㉠ + ㉡의 값은? (단, 중력 가속도는 $10m/s^2$이고, 공기 저항은 무시한다.)

시간(s)	속도(m/s)	
	수평 방향	연직 방향
1	5	10
2	㉠	20
3	5	㉡
4	5	40

① 35   ② 40
③ 45   ④ 50

08 그림은 수평 방향으로 10m/s의 속도로 던져진 공의 운동을 나타낸 것이다. 공이 2초 후 지면에 도달할 때 A~D 중 공의 도달 지점은? (단, 모든 마찰은 무시하고, 인접한 두 점선 사이의 거리는 10m이다.)

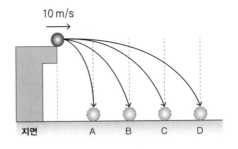

① A   ② B
③ C   ④ D

09 표는 같은 직선상에서 운동하는 물체 A~C의 처음과 나중 운동량을 나타낸 것이다. 물체 A~C가 모두 같은 크기의 충격량을 받아 운동량이 증가하였을 때 ㉠의 값은?

운동량(kg · m/s) 물체	처음 운동량	나중 운동량
A	3	6
B	4	7
C	5	㉠

① 6 ② 7
③ 8 ④ 9

10 다음 물체 A~D 중 운동량이 가장 큰 것은?

물체	질량(kg)	속도(m/s)
A	2	1
B	2	2
C	3	1
D	3	2

① A ② B
③ C ④ D

11 그림과 같이 수평면에서 질량이 3kg인 물체가 4m/s의 일정한 속도로 운동하다가 벽에 충돌하여 정지했다. 물체가 벽으로부터 받은 충격량의 크기는 몇 N · s인가? (단, 모든 마찰은 무시한다.)

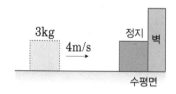

① 11 ② 12
③ 13 ④ 14

12 그림은 질량이 다른 두 물체 A, B가 수평면에서 각각 일정한 속도로 운동하고 있는 모습을 나타낸 것이다. 두 물체의 운동량의 크기가 같을 때 B의 속도 v는?

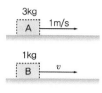

① 3m/s ② 5m/s
③ 7m/s ④ 9m/s

13 그림과 같이 물체에 한 방향으로 10N의 힘이 5초 동안 작용했을 때 이 힘에 의해 물체가 받은 충격량의 크기는?

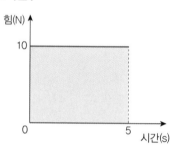

① 12N · s ② 30N · s
③ 50N · s ④ 80N · s

14 표는 같은 직선상에서 운동하는 물체 A~D의 처음 운동량과 나중 운동량을 나타낸 것이다. 물체 A~D 중 받은 충격량의 크기가 가장 큰 것은?

운동량(kg · m/s) 물체	처음 운동량	나중 운동량
A	2	5
B	3	7
C	3	8
D	4	10

① A ② B
③ C ④ D

15 그림은 높이에 따른 기권의 기온 분포를 나타낸 것이다. A~D 중 자외선을 흡수하는 오존층이 있으며 대류가 일어나지 <u>않는</u> 안정된 층은?

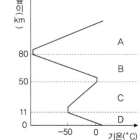

① A
② B
③ C
④ D

16 그림은 지각과 맨틀의 일부를 나타낸 것이다. A~D에 대한 설명으로 옳은 것은?

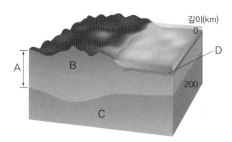

① A는 암석권이다.
② B는 맨틀이다.
③ C는 유동성이 없다.
④ D는 대륙 지각이다.

17 그림은 지구 내부의 층상 구조를 나타낸 것이다. A~D는 각각 지각, 맨틀, 외핵, 내핵 중 하나이다. 액체 상태인 층은?

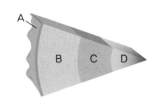

① A
② B
③ C
④ D

18 그림은 어떤 지역의 해수 깊이에 따른 수온 분포를 나타낸 것이다. 이에 대한 설명으로 옳은 것만을 〈보기〉에서 모두 고른 것은?

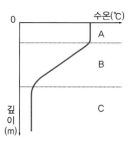

| 보기 |
ㄱ. A에서는 바람에 의해 해수가 잘 섞인다.
ㄴ. B는 수온 약층이다.
ㄷ. 수온은 A에서가 C에서보다 낮다.

① ㄱ
② ㄷ
③ ㄱ, ㄴ
④ ㄴ, ㄷ

19 그림은 물의 순환을 나타낸 것이다. 다음 중 이 현상을 일으키는 지구 시스템의 주된 에너지원은?

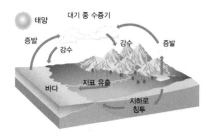

① 전기 에너지
② 조력 에너지
③ 태양 에너지
④ 지구 내부 에너지

20 화산 활동과 관련된 설명으로 옳은 것만을 〈보기〉에서 모두 고른 것은?

┤ 보기 ├

ㄱ. 화산 활동은 태양 에너지에 의해 일어난다.
ㄴ. 대규모의 화산 폭발은 주변의 지형을 변화시킨다.
ㄷ. 화산 활동은 온천, 지열 발전 등과 같이 이롭게 활용되기도 한다.

① ㄱ
② ㄷ
③ ㄱ, ㄴ
④ ㄴ, ㄷ

21 다음 설명에 해당하는 지구 시스템의 에너지원은?

화산 폭발

• 화산 활동을 일으킨다.
• 지구 내부의 물질로부터 나오는 에너지이다.

① 조력 에너지
② 풍력 에너지
③ 바이오 에너지
④ 지구 내부 에너지

22 다음 중 밑줄 친 ㉠에서 상호 작용하는 지구 시스템의 구성 요소는?

태풍

수온이 따뜻한 열대 해상에서 ㉠ 해수가 활발히 증발해 대기로 공급된 수증기가 응결하여 태풍이 발생한다.

① 수권과 기권
② 수권과 지권
③ 외권과 지권
④ 기권과 생물권

23 그림은 지구 시스템을 이루는 각 권의 상호 작용을 나타낸 것이다. A~D 중 화산 활동에 의한 화산 가스가 대기 중에 방출되는 것에 해당하는 상호 작용은?

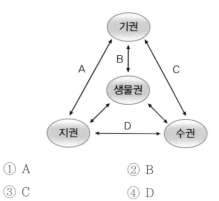

① A
② B
③ C
④ D

24 다음은 지구 시스템 각 권의 상호 작용에 의한 자연 현상이다. 이와 관련된 지구 시스템의 구성 요소는?

• 지하수의 용해 작용으로 석회 동굴이 형성되었다.
• 파도의 침식 작용으로 해안선의 모양이 변하였다.

① 기권, 외권
② 수권, 지권
③ 외권, 생물권
④ 지권, 생물권

25 다음 중 대기 중의 이산화 탄소가 바닷물에 녹아들어가는 과정에서 상호 작용하는 지구 시스템의 구성 요소는?

① 기권과 수권
② 지권과 수권
③ 기권과 생물권
④ 지권과 생물권

26 그림은 지구 시스템을 이루는 각 권의 상호 작용을 나타낸 것이다. 해저 지진 활동으로 인해 지진 해일이 발생하는 것에 해당하는 상호 작용은?

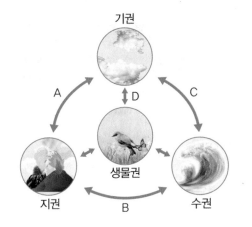

① A
② B
③ C
④ D

27 다음 중 탄소의 순환 과정에서 화석 연료가 연소되어 기체가 발생할 때 상호 작용하는 지구 시스템의 권역은?

① 기권과 수권
② 지권과 기권
③ 수권과 생물권
④ 외권과 생물권

28 그림은 단층이 존재하는 판의 경계를 모식적으로 나타낸 것이다. 이 경계에서 발달하는 지형은?

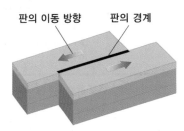

① 해구
② 변환 단층
③ 습곡 산맥
④ 호상 열도

29 그림은 남아메리카 판과 아프리카 판의 경계와 두 판의 이동 방향을 화살표로 나타낸 것이다. 다음 중 발산형 경계 A에서 나타나는 지형은?

① 해구
② 해령
③ 습곡 산맥
④ 호상 열도

30 다음 판의 경계에 발달하는 지형은?

- 발산형 경계이다.
- 맨틀 대류 상승부이다.
- 판이 생성되는 곳이다.

① 해령
② 해구
③ 호상 열도
④ 변환 단층

31 그림은 판의 이동과 맨틀 대류를 나타낸 것이다. A~D 중 발산형 경계에 해당하는 것은?

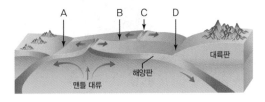

① A
② B
③ C
④ D

32 다음 설명에 해당하는 지형은?

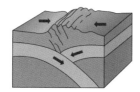

➡ 판의 이동 방향

- 두 판이 충돌하면서 높이 솟아올라 형성된 거대한 산맥이다.
- 수렴형 경계가 존재하는 지역에서 발달할 수 있다.

① 해령　　　　　② 열곡
③ 습곡 산맥　　　④ 변환 단층

33 그림은 식물 세포의 구조를 나타낸 것이다. A~D 중 세포막 바깥쪽에 있는 단단한 구조물로서 세포의 형태를 유지하는 역할을 하는 것은?

① A
② B
③ C
④ D

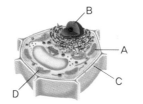

34 그림과 같이 광합성이 일어나는 식물의 세포 소기관은?

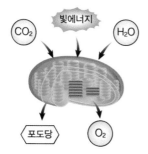

① 핵　　　　　② 엽록체
③ 세포막　　　④ 미토콘드리아

35 그림은 어떤 동물 세포의 구조를 나타낸 것이다. A~D 중 세포 호흡이 일어나 생명 활동에 필요한 에너지를 생산하는 세포 소기관은?

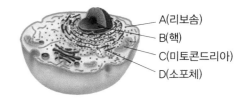

A(리보솜)
B(핵)
C(미토콘드리아)
D(소포체)

① A　　　　　② B
③ C　　　　　④ D

36 그림과 같이 물질을 종류에 따라 선택적으로 이동시키는 세포막의 특성은?

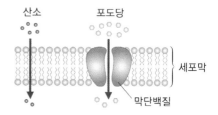

산소　　　포도당

세포막
막단백질

① 내성　　　　　② 주기성
③ 종 다양성　　　④ 선택적 투과성

37 다음은 세포막을 경계로 물질이 이동하는 방법을 설명한 것이다. ㉠에 해당하는 것은?

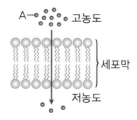

A → 고농도
세포막
저농도

　　물질 A는 세포막을 통해 농도가 높은 쪽에서 낮은 쪽으로 　㉠　 된다.

① 확산　　　　　② 합성
③ 이화　　　　　④ 복제

38 그림은 세포막의 구조와 세포막을 통한 물질의 이동을 나타낸 것이다. 이에 대한 설명으로 옳은 것만을 〈보기〉에서 모두 고른 것은?

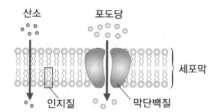

| 보기 |
ㄱ. 세포막은 인지질로만 구성되어 있다.
ㄴ. 산소는 인지질 2중층을 직접 통과한다.
ㄷ. 포도당은 막단백질을 통해 이동한다.

① ㄱ   ② ㄷ
③ ㄱ, ㄴ   ④ ㄴ, ㄷ

39 세포막을 경계로 세포 안팎에 농도가 다른 용액이 있을 때, 물 분자가 세포막을 통해 농도가 낮은 곳에서 높은 곳으로 이동하는 현상은?

① 삼투   ② 호흡
③ 광합성   ④ 이화 작용

40 물질대사에 대한 설명으로 옳은 것만을 〈보기〉에서 모두 고른 것은?

| 보기 |
ㄱ. 세포 호흡은 물질대사에 속한다.
ㄴ. 에너지의 출입이 일어나지 않는다.
ㄷ. 효소는 물질대사에서 반응 속도를 변화시킨다.

① ㄱ   ② ㄴ
③ ㄱ, ㄷ   ④ ㄴ, ㄷ

41 다음 중 생물이 생명 유지를 위해 생명체 내에서 물질을 분해하거나 합성하는 모든 화학 반응을 무엇이라고 하는가?

① 삼투   ② 연소
③ 확산   ④ 물질대사

42 다음 중 생명체 내에서 화학 반응에 관여하는 생체 촉매는?

① 물   ② 녹말
③ 효소   ④ 셀룰로스

43 다음은 생명 시스템 유지에 필요한 물질에 대한 설명이다. ㉠에 해당하는 것은?

- 만일 [㉠]이/가 없다면 음식을 먹어도 영양소를 소화, 흡수할 수 없다.
- 생명체는 물질대사를 하며, 물질대사에는 [㉠]이/가 관여한다.

① 녹말   ② 효소
③ 인지질   ④ 셀룰로스

44 그림은 과산화 수소의 분해 반응에서 효소인 카탈레이스가 있을 때와 없을 때의 에너지 변화를 나타낸 것이다. 이 반응에서 효소가 있을 때의 활성화 에너지는?

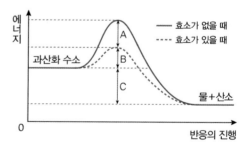

① A   ② B
③ A+B   ④ B+C

45 그림은 DNA에서 단백질이 만들어지는 과정을 나타낸 것이다. (가)와 (나)에 해당하는 것은?

	(가)	(나)
①	복제	전사
②	전사	번역
③	전사	복제
④	번역	복제

46 그림은 세포 내 유전 정보의 흐름을 나타낸 것이다. ㉠과 ㉡에 해당하는 물질은?

	㉠	㉡
①	단백질	단백질
②	단백질	RNA
③	RNA	단백질
④	RNA	RNA

47 그림은 두 가닥으로 구성된 DNA와 이 DNA에서 전사된 RNA를 나타낸 것이다. ㉠과 ㉡에 해당하는 염기는?

	㉠	㉡	
①	T	A	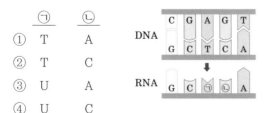
②	T	C	
③	U	A	
④	U	C	

48 그림은 DNA에서 RNA가 전사되는 과정을 나타낸 것이다. ㉠에 해당하는 염기는? (단, 돌연변이는 없다.)

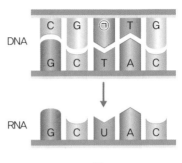

① A   ② T
③ G   ④ C

49 그림은 세포 내 유전 정보의 흐름 중 일부를 나타낸 것이다. 과정 (가)와 염기 ㉠은?

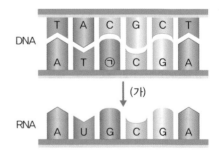

	(가)	㉠
①	전사	A
②	전사	G
③	번역	C
④	번역	T

03 변화와 다양성

1 화학 변화

1. 산화 환원 반응

(1) 산소의 이동에 따른 산화 환원 반응

① 산화 환원 반응

산화	환원
산소를 얻는 반응	산소를 잃는 반응

산화 환원 반응의 동시성 : 어떤 물질이 산소를 잃으면 산소를 포함하지 않은 물질이 산소를 얻기 때문에 산화와 환원은 동시에 일어난다.

② 산화 구리(Ⅱ)와 탄소의 반응

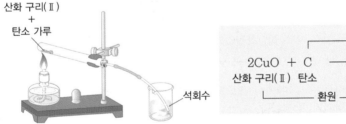

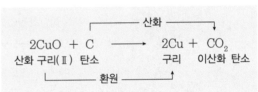

$$2CuO + C \longrightarrow 2Cu + CO_2$$

산화 구리(Ⅱ) 탄소 → 구리 이산화 탄소

㉠ 검은색 산화 구리(Ⅱ)와 탄소 가루를 넣고 충분히 가열하였더니 석회수가 뿌옇게 흐려지고, 시험관 속에 붉은색 물질이 생성되었다.

㉡ 시험관 속 붉은색 물질 : 검은색 산화 구리(Ⅱ)가 산소를 잃고 붉은색 구리가 되었다.

㉢ 석회수가 뿌옇게 흐려진 이유 : 탄소가 산소를 얻어 이산화 탄소 기체가 되었기 때문이다.

(2) 전자의 이동에 따른 산화 환원 반응

① 산화 환원 반응

산화	환원
전자를 잃는 반응	전자를 얻는 반응

산화 환원 반응의 동시성 : 어떤 물질이 전자를 잃으면 다른 물질이 그 전자를 얻기 때문에 산화와 환원은 동시에 일어난다.

② 황산 구리(Ⅱ)와 아연의 반응

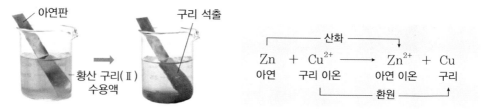

① 푸른색의 황산 구리(Ⅱ) 수용액에 아연판을 넣으면 아연판 표면에 구리가 석출되면서 수용액의 푸른색이 점점 엷어진다.

ⓒ 산화 : 아연은 전자를 잃어 아연 이온이 된다.

ⓒ 환원 : 구리 이온은 전자를 얻어 구리 금속이 된다.

ⓔ 푸른색을 띠는 구리 이온의 수가 점차 감소하면서 수용액의 푸른색이 점점 엷어진다.

(3) 여러 산화 환원 반응

① 광합성과 호흡

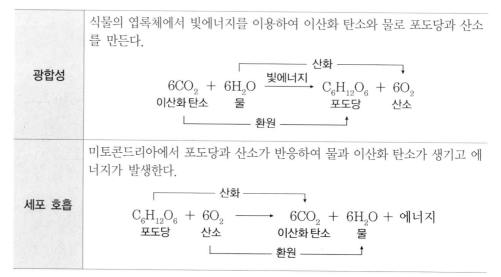

광합성	식물의 엽록체에서 빛에너지를 이용하여 이산화 탄소와 물로 포도당과 산소를 만든다. 산화 ─ 빛에너지 $6CO_2 + 6H_2O \longrightarrow C_6H_{12}O_6 + 6O_2$ 이산화 탄소 물 포도당 산소 ── 환원 ──
세포 호흡	미토콘드리아에서 포도당과 산소가 반응하여 물과 이산화 탄소가 생기고 에너지가 발생한다. 산화 $C_6H_{12}O_6 + 6O_2 \longrightarrow 6CO_2 + 6H_2O + 에너지$ 포도당 산소 이산화 탄소 물 ── 환원 ──

② 메테인의 연소 반응 : 화석 연료인 메테인이 공기 중에서 연소할 때 산소와 반응하여 이산화 탄소와 물이 생성된다.

산화
$$CH_4 + 2O_2 \longrightarrow CO_2 + 2H_2O$$
메테인   산소   이산화 탄소   물
환원

③ 철의 제련

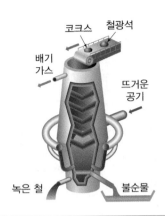

코크스 철광석
배기 가스
뜨거운 공기
녹은 철   불순물

코크스가 산소를 얻어 일산화 탄소로 산화된다.

$$2C + O_2 \longrightarrow 2CO$$
탄소　　산소　　　　일산화 탄소

산화 철은 산소를 잃고 철이 되고 일산화 탄소는 산소를 얻고 이산화 탄소가 된다.

$$Fe_2O_3 + 3CO \longrightarrow 2Fe + 3CO_2$$
산화 철(Ⅲ) 일산화 탄소　　　철　　이산화 탄소

④ 철의 부식
  ㉠ 철의 부식 : 철은 공기 중의 산소와 반응하여 녹이 슨다(산화).

$$4Fe + 3O_2 \longrightarrow 2Fe_2O_3$$
철　　　산소　　　　산화 철(Ⅲ)

  ㉡ 철의 부식은 공기 중 산소나 물에 의해 쉽게 부식된다.
  ㉢ 철의 부식 방지를 위해 철이 공기 중 산소나 수분 접촉을 줄인다.
    예 기름칠, 페인트칠, 다른 금속으로 막 입히기 등
⑤ 생활 속 산화 환원 반응
  ㉠ 음식물의 부패
  ㉡ 사과의 갈변
  ㉢ 철의 부식 및 일회용 손난로
  ㉣ 반딧불이의 불빛
  ㉤ 불꽃놀이 폭죽 폭발
  ㉥ 섬유 표백
  ㉦ 머리카락 염색

2. 산과 염기의 중화 반응

(1) 산

① 산

ㄱ 물에 녹아 수소 이온(H^+)을 내놓는 물질을 산이라고 한다.

ㄴ 산의 이온화

구분	산	→	H^+ (공통성)	+	음이온(특이성)
염산	HCl	→	H^+	+	Cl^-
질산	HNO_3	→	H^+	+	NO_3^-
황산	H_2SO_4	→	$2H^+$	+	SO_4^{2-}
탄산	H_2CO_3	→	$2H^+$	+	CO_3^{2-}
아세트산	CH_3COOH	→	H^+	+	CH_3COO^-

ㄷ 산의 종류에 따라 성질이 다른 이유 : 음이온이 다르기 때문이다.

② 산성

ㄱ 산성 : 산의 공통적인 성질을 말한다.

ㄴ 수소 이온(H^+) 때문에 나타난다.

ㄷ 신맛이 나고 금속과 반응하여 수소 기체를 발생시킨다.

ㄹ 탄산 칼슘(달걀 껍데기)과 반응하여 이산화 탄소 기체를 발생시킨다.

ㅁ 푸른색 리트머스 종이를 붉게 변화시킨다.

ㅂ 수용액에서 이온이 존재하므로 전류가 흐른다.

(2) 염기

① 염기

ㄱ 물에 녹아 수산화 이온(OH^-)을 내놓는 물질을 염기라고 한다.

ㄴ 염기의 이온화

구분	염기	→	양이온(특이성)	+	OH⁻ (공통성)
수산화 나트륨	NaOH	→	Na^+	+	OH^-
수산화 칼륨	KOH	→	K^+	+	OH^-
수산화 칼슘	$Ca(OH)_2$	→	Ca^{2+}	+	$2OH^-$
수산화 암모늄	NH_4OH	→	NH_4^+	+	OH^-

ⓒ 염기의 종류에 따라 성질이 다른 이유 : 양이온이 다르기 때문이다.

② 염기성

ㄱ 염기성 : 염기의 공통적인 성질을 말한다.

ㄴ 수산화 이온(OH^-) 때문에 나타난다.

ㄷ 대부분 쓴맛이 난다.

ㄹ 단백질을 녹이는 성질이 있어 손으로 만지면 미끈거린다.

ㅁ 붉은색 리트머스 종이를 푸르게 변화시킨다.

ㅂ 수용액에서 이온이 존재하므로 전류가 흐른다.

(3) 지시약과 pH

① 지시약 : 용액의 액성에 따라 색이 변하는 물질

구분	산성	중성	염기성
리트머스 종이	푸른색 → 붉은색		붉은색 → 푸른색
페놀프탈레인 용액	무색	무색	붉은색
BTB 용액	노란색	초록색	파란색
메틸오렌지	붉은색	노란색	노란색

② pH

ㄱ 수용액 속에 들어 있는 수소 이온의 농도를 간단히 숫자로 나타낸 것을 말한다.

ㄴ 수소 이온의 농도가 진할수록 산성이 강하고, pH는 작아진다.

산성	중성	염기성
pH<7	pH = 7	pH>7

(4) 중화 반응

① 중화 반응 : 산의 수소 이온(H^+)과 염기의 수산화 이온(OH^-)이 반응하여 중성인 물이 생성되는 반응을 말한다.

산 + 염기 → 물 + 염

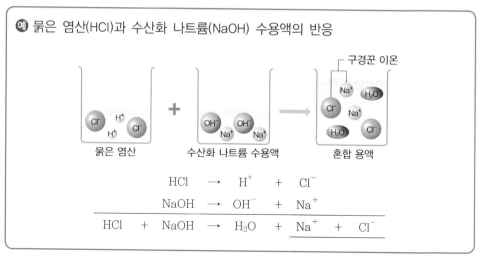

예 묽은 염산(HCl)과 수산화 나트륨(NaOH) 수용액의 반응

$$HCl \rightarrow H^+ + Cl^-$$
$$NaOH \rightarrow OH^- + Na^+$$
$$HCl + NaOH \rightarrow H_2O + \underline{Na^+ + Cl^-}$$

㉠ 산의 수소 이온(H^+)과 염기의 수산화 이온(OH^-)이 1 : 1의 개수비로 반응한다.
㉡ 혼합 용액 속의 수소 이온(H^+)과 수산화 이온(OH^-)의 수에 따라 중화 반응 후 용액의 액성이 달라진다.

$H^+ > OH^-$	$H^+ = OH^-$	$H^+ < OH^-$
H^+이 남음	1 : 1로 모두 반응함	OH^-이 남음
산성	중성	염기성

② 중화 반응의 변화
  ㉠ 중화열과 온도 변화

중화열	중화 반응이 일어날 때 발생하는 열
온도 변화	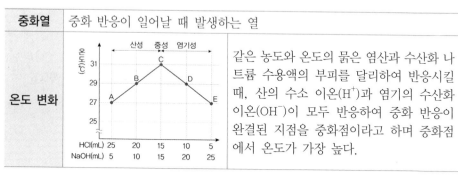 같은 농도와 온도의 묽은 염산과 수산화 나트륨 수용액의 부피를 달리하여 반응시킬 때, 산의 수소 이온(H^+)과 염기의 수산화 이온(OH^-)이 모두 반응하여 중화 반응이 완결된 지점을 중화점이라고 하며 중화점에서 온도가 가장 높다.

  ㉡ 지시약의 색 변화 및 이온 수 변화
    ⓐ 중화점을 지나면서 용액의 액성 변화에 따라 지시약의 색 변화를 관찰할 수 있다.
    ⓑ 중화 반응이 일어나면서 이온 수의 변화가 나타난다.

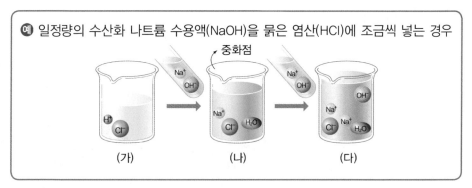

예 일정량의 수산화 나트륨 수용액(NaOH)을 묽은 염산(HCl)에 조금씩 넣는 경우

구분	(가)	(나)	(다)	이온 수 변화 그래프
수소 이온 수	1	0	0	
염화 이온 수	1	1	1	
수산화 이온 수	0	0	1	
나트륨 이온 수	0	1	2	
용액의 액성	산성	중성	염기성	
BTB 용액	노란색	초록색	파란색	
페놀프탈레인 용액	무색	무색	붉은색	
메틸오렌지 용액	빨간색	노란색	노란색	

(5) 생활 속 중화 반응

예	중화 반응
산성화된 토양 중화	산성화된 토양에 염기성 물질인 석회 가루를 뿌린다.
벌에 쏘인 경우	벌이나 벌레의 독이 산성을 나타내므로 염기성인 암모니아수를 바른다.
김치의 신맛 제거	김치의 신맛을 제거하기 위해 염기성인 소다를 넣어 준다.
제산제	위산이 과다 분비되어 속이 쓰릴 때 약한 염기성 물질을 포함한 제산제를 먹는다.
치약	충치의 원인인 산성 물질의 영향을 줄이기 위해 염기성 치약을 사용한다.
생선 비린내 제거	비린내의 원인은 염기성 물질이므로 이를 제거하기 위해 산성 물질인 레몬즙을 뿌린다.

2 생물 다양성

1. 지질 시대

(1) 지질 시대

① 지질 시대

| 선캄브리아 시대 (88.2%) | 고생대 (6.3%) | 중생대 (4.1%) | 신생대 (1.4%) |

46.00   5.41   2.52   0.66(억 년 전)

㉠ 약 46억 년 전 지구가 탄생한 후부터 현재까지의 기간을 말한다.

㉡ 선캄브리아 시대, 고생대, 중생대, 신생대로 구분된다.

㉢ 지질 시대 구분 기준 : 생물계의 큰 변화(화석의 변화), 대규모의 지각 변동(부정합)

② 화석

정의	지질 시대에 살았던 생물의 유해나 흔적이 지층에 남아 있는 것	
생성 조건	• 생물의 개체 수가 많아야 한다. • 생물체에 단단한 부분이 있어야 한다. • 생물의 유해나 흔적이 훼손되기 전에 빨리 매몰되어야 한다.	
화석의 종류	**표준 화석**	**시상 화석**
	• 지층이 생성된 시대를 알려 주는 화석 • 특정 시대에 살았던 생물 화석	• 지층의 생성 환경을 알려 주는 화석 • 특정 환경에서 살았던 생물 화석
	생존 기간이 짧고, 분포 면적이 넓다.	생존 기간이 길고, 분포 면적이 좁다.
	▶ 고생대 : 삼엽충, 갑주어 삼엽충 갑주어 ▶ 중생대 : 암모나이트, 공룡 암모나이트 공룡 ▶ 신생대 : 화폐석, 매머드 화폐석 매머드	▶ 고사리 : 따뜻하고 습한 육지 고사리 ▶ 산호 : 따뜻하고 얕은 바다 산호 ▶ 조개 : 얕은 바다나 갯벌 조개

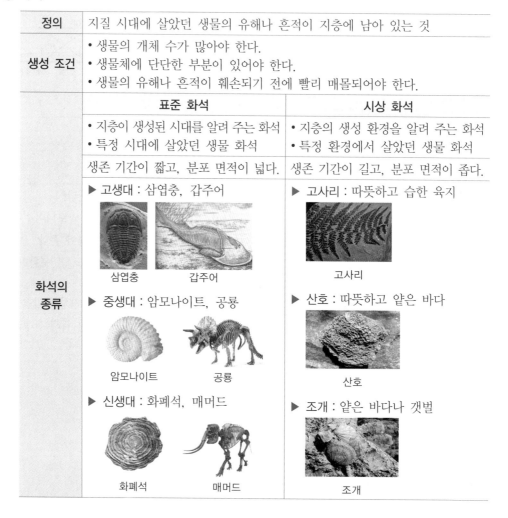

화석의 이용	• 지질 시대의 평균 기온이나 수륙 분포 등을 알 수 있다. • 자원 탐사에 이용할 수 있다.

(2) 지질 시대의 환경과 생물

① 선캄브리아 시대

환경	지각 변동이 많았고 화석이 드물게 발견되므로 수륙 분포 및 환경 추정이 어렵다.
생물	• 몸에 단단한 부분이 거의 없고 강한 자외선으로 생물이 바다에 살았다. • 광합성 세균의 등장으로 바다와 대기에 산소량이 증가하였다. • 말기에 최초의 다세포 생물이 등장하였다.
화석	스트로마톨라이트, 에디아카라 동물군 화석

② 고생대

환경	• 대체로 온난하였고 말기에 빙하기가 있었다. • 말기에 모든 대륙이 모인 초대륙 판게아가 형성되었다. • 말기에 급격한 환경 변화로 생물의 대멸종이 일어났다. 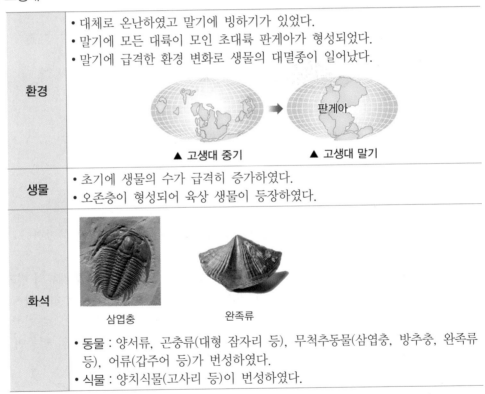 ▲ 고생대 중기　　　　　　▲ 고생대 말기
생물	• 초기에 생물의 수가 급격히 증가하였다. • 오존층이 형성되어 육상 생물이 등장하였다.
화석	삼엽충　　　　　　완족류 • 동물 : 양서류, 곤충류(대형 잠자리 등), 무척추동물(삼엽충, 방추충, 완족류 등), 어류(갑주어 등)가 번성하였다. • 식물 : 양치식물(고사리 등)이 번성하였다.

③ 중생대

환경	• 빙하기 없이 전반적으로 온난한 시기였다. • 판게아가 분리되면서 지각 변동이 활발해지고 대륙과 해양의 분포가 다양해졌다.
생물	• 파충류가 번성하였다.

화석	
	공룡 암모나이트
	• 동물 : 파충류(공룡 등), 암모나이트가 번성하였다. • 식물 : 겉씨식물(소철, 은행나무 등)이 번성하였다.

④ 신생대

환경	• 전기에는 대체로 온난하였으나 말기에 빙하기와 간빙기가 반복되었다(4번 빙하기, 3번 간빙기). • 현재와 비슷한 수륙 분포가 형성된 시기이다.
생물	• 포유류가 번성하였다. • 현생 인류의 조상이 출현하였다.
화석	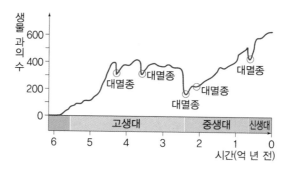 화폐석 매머드 • 동물 : 화폐석, 매머드가 번성하였다. • 식물 : 속씨식물(단풍나무, 참나무 등)이 번성하였다.

(3) 대멸종과 생물 다양성

① 생물 대멸종

    ㉠ 지질 시대에 있었던 많은 생물종이 한꺼번에 멸종하는 것을 말한다.

    ㉡ 대멸종의 원인

        • 판게아 형성 및 분리와 같이 대륙 이동에 따른 수륙 분포 및 해류의 변화가 생겨남

        • 소행성 충돌로 생긴 재와 먼지가 햇빛을 차단하여 기온이 하강함

        • 화산 폭발에 따른 온실 기체 증가와 화산재의 태양 빛 차단으로 인한 기온 변화

    ㉢ 대멸종이 일어난 횟수 : 5번 ➡ 고생대 말기에 가장 큰 규모의 멸종이 일어났다.

② 대멸종과 생물 다양성 : 급격하게 변한 환경에 적응하지 못한 생물은 멸종하고 새로운 환경에 적응한 생물은 다양한 종으로 진화하면서 생물 다양성이 증가하게 되었다.

2. 변이와 진화

(1) 변이

① 변이

㉠ 같은 종의 개체 사이에서 나타나는 형질의 차이를 말한다.

㉡ 개체가 살아가는 환경의 차이나 개체의 유전자 차이로 변이가 나타난다.

㉢ 일반적으로 말하는 변이는 유전적 변이를 나타낸다.

② 변이의 구분

비유전적 변이	유전적 변이
환경의 영향으로 나타나는 변이로 형질이 자손에게 전달되지 않는다. 예 운동을 위해 근육이 발달하였다.	유전자의 차이로 나타나는 변이로 형질이 자손에게 유전될 수 있어 진화의 원동력이 될 수 있다. 예 무당벌레의 무늬가 조금씩 다르다.

(2) 진화

① 진화

㉠ 생물이 오랜 시간에 걸쳐 환경에 적응하며 변하는 현상을 말한다.

㉡ 진화를 통해 지구에 생물종이 다양해지게 되었다.

② 진화론 : 다윈의 자연 선택설, 라마르크의 용불용설 등

3. 자연 선택설

(1) 다윈의 자연 선택설

① 자연 선택설과 용불용설

자연 선택설	용불용설
다윈	라마르크
 초기의 기린은 목 길이가 다양했다. 목이 긴 기린이 생존 경쟁에서 살아남았다. 목이 긴 기린의 형질이 유전되어 진화되었다.	 원래 기린은 목이 짧았다. 높은 곳의 잎을 먹기 위해 목을 자꾸 길게 뻗어 목이 점차 길어졌다. 오늘날 기린은 긴 목을 갖게 되었다.
한계점 : 다양한 변이가 나타나는 원인을 설명하지 못했다. 부모의 형질이 자손에게 유전되는 원리를 명확하게 설명하지 못했다.	한계점 : 후천적으로 얻어진 형질은 유전되지 않는다.

② 자연 선택설

과잉 생산과 변이	• 과잉 생산 : 생물은 주어진 환경에서 살아남을 수 있는 것보다 더 많은 수의 자손이 태어난다. • 변이 : 과잉 생산된 개체들 사이에서 다양한 형질이 나타난다.

↓

생존 경쟁	과잉 생산된 자손들 간에 먹이, 서식지, 배우자 등을 두고 생존 경쟁이 일어난다.

↓

자연 선택	• 적자생존 : 환경에 잘 적응한 개체가 생존 경쟁에서 살아남아 더 많은 자손을 남긴다. • 해당 환경에 유리한 형질을 가진 개체의 비율이 높아진다.

↓

진화	자연 선택 과정이 오랫동안 누적되어 진화가 일어난다.

③ 다윈의 진화론의 영향
　　㉠ 과학 : 유전학, 생명 과학의 이론적 기반을 제시해 주었다.
　　㉡ 사회 : 제국주의, 자본주의 사회 발달 및 약육강식, 인종 차별 등을 정당화하고 설명하는 데 이용되기도 하였다.

(2) 자연 선택에 의한 생물의 진화
① 핀치의 자연 선택

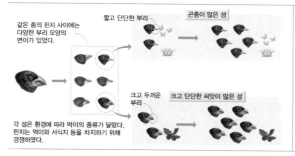

각 환경에 유리한 변이를 가진 핀치가 자연 선택되었고 오랜 시간 동안 서로 다른 먹이 환경에 적응한 결과 서로 다른 종으로 진화하게 되었다.

② 낫 모양 적혈구 자연 선택

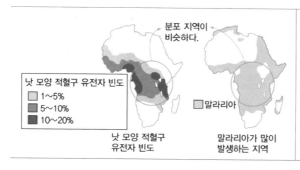

말라리아가 유행하는 지역에서는 낫 모양 적혈구를 가진 사람이 생존에 더 유리하므로 말라리아가 자주 발생하는 아프리카 일부 지역에서는 낫 모양 적혈구를 가진 사람의 비율이 다른 지역보다 높게 나타난다.

③ 항생제 내성 세균의 자연 선택

	항생제를 지속적으로 사용하는 환경에서는 항생제 내성 세균이 자연 선택되어 항생제 내성 세균 집단이 주를 이루게 된다.

4. 생물 다양성

(1) 생물 다양성

생물의 다양한 정도를 의미하며, 생물이 지닌 유전자의 다양성, 생물종의 다양성, 생물이 서식하는 생태계의 다양성을 모두 포함한다.

유전적 다양성	• 같은 종 사이에서 유전자의 차이로 나타나는 다양한 형질의 차이를 의미한다. • 유전적 다양성이 높을수록 급격한 환경 변화에도 적응하여 살아남는 개체가 존재할 가능성이 높다. 〈예〉 얼룩말의 줄무늬, 무당벌레의 겉날개 무늬와 색 등
종 다양성	• 일정한 지역에 얼마나 많은 생물종이 고르게 분포하며 살고 있는지를 의미한다. • 생물종이 많을수록, 종의 분포 비율이 균등할수록 종 다양성이 높다.
생태계 다양성	• 생물 서식지의 다양한 정도를 의미한다. • 서식 환경의 차이로 인해 다양한 생태계가 존재한다. • 생태계가 다양할수록 종 다양성과 유전적 다양성이 높아진다.

(2) 생물 다양성의 중요성

① 생태계 평형 유지

유전적 다양성이 높은 경우	개체들의 형질이 다양하기 때문에 급격한 환경 변화에 적응하여 살아남기에 유리한 형질을 가진 개체가 존재할 가능성이 높다.
종 다양성이 높은 경우	한 생물종이 사라졌을 때 다른 생물종이 연속적으로 사라질 가능성이 낮으므로 생태계가 안정적으로 유지된다.

② 생물 자원 : 인간은 다양한 생물로부터 의식주, 의약품의 원료 등 필요한 여러 가지 자원을 얻어 살아간다.

의복	목화(면), 누에(비단) 등은 의복을 만드는 재료로 이용된다.
식량	벼, 밀, 옥수수, 사과 등은 식량으로 이용할 수 있다.
주택	나무, 풀 등을 이용하여 집을 지을 수 있다.
의약품의 원료	푸른곰팡이(항생제), 주목(항암제), 버드나무(진통제) 등
생물 유전자 자원	다른 생물로부터 유용한 유전자를 얻을 수 있다.
생물 에너지 자원	생물의 유해로부터 형성된 석탄, 석유, 천연가스 등의 화석 연료를 얻을 수 있고 식물, 미세 조류 등으로 바이오 연료를 얻는다.
관광과 여가	휴양림, 올레길, 국립 공원과 같이 사람에게 휴식 장소, 여가 활동 장소, 관광 장소 등을 제공한다.

(3) 생물 다양성 감소
① 생물 다양성의 감소 원인

서식지 파괴와 단편화	• 생물 다양성 감소의 가장 큰 원인이다. • 삼림의 벌채, 습지 매립 등으로 서식지가 줄어들고 도로나 댐 건설 등으로 서식지가 분리되면 생물의 이동이 제한되어 고립되므로 생물종과 개체 수가 감소한다.
불법 포획과 남획	불법 포획이나 남획을 통해 생물의 개체 수가 급격하게 감소하면 생물의 멸종이 일어날 수 있고 특정 생물종의 감소로 먹이 사슬에 영향을 줄 수 있다.
외래종 유입	원래 살고 있던 서식지가 아닌 다른 지역으로 이동한 생물로 새로운 환경에서 적응하여 대량 번식할 경우 고유종의 생존을 위협할 수 있다. ⑩ 뉴트리아, 가시박, 배스, 블루길 등
환경 오염	대기, 하천, 토양 등의 오염으로 생물의 생존이 어렵고 중금속은 생물 농축을 일으켜 생태계 평형을 깨뜨린다.

② 생물 다양성 보전을 위한 노력

개인의 노력	쓰레기 분리 배출, 자원 재활용 등 자원과 에너지를 절약한다.
사회적·국가적 노력	• 법률 제정을 통해 야생 생물과 서식지를 보호한다. • 생태 통로를 건설하여 서식지 분리를 줄여 준다. • 멸종 위기종 복원 사업과 생물의 유전자를 관리한다. ⑩ 종자 은행 • 생물 다양성이 높은 지역은 국립 공원으로 관리한다. • 외래종 유입을 감시하고 관리한다. • 희귀 생물의 불법 포획과 남획을 금지한다.
국제적 노력	생물 다양성에 관한 협약을 체결한다. ⑩ 람사르 협약, 생물 다양성 협약 등

01 다음 화학 반응식에서 산소와 결합하여 산화되는 물질은?

$$2CuO + C \longrightarrow 2Cu + CO_2$$

① CuO
② C
③ Cu
④ CO_2

02 다음 화학 반응식에서 산화되는 반응 물질은?

$$2Ag^+ + Cu \longrightarrow 2Ag + Cu^{2+}$$

① Ag^+
② Cu
③ Ag
④ Cu^{2+}

03 다음 화학 반응식은 마그네슘(Mg)과 산소(O_2)의 반응을 나타낸 것이다.

$$2Mg + O_2 \longrightarrow 2MgO$$

이 반응에 대한 설명으로 옳은 것은?

① MgO은 생성물이다.
② 반응물의 종류는 1가지이다.
③ Mg은 환원된다.
④ O_2는 전자를 잃는다.

04 다음 설명의 ㉠에 해당하는 것은?

질산 은($AgNO_3$) 수용액에 구리(Cu) 선을 넣어 두면 구리는 전자를 잃어 구리 이온(Cu^{2+})으로 산화되고, 은 이온(Ag^+)은 전자를 얻어 은(Ag)으로 ㉠ 된다.

① 산화
② 연소
③ 중화
④ 환원

05 다음은 철의 제련 과정에서 일어나는 산화 환원 반응의 화학 반응식이다. 이 반응에서 산소를 잃어 환원되는 반응 물질은?

$$Fe_2O_3 + 3CO \longrightarrow 2Fe + 3CO_2$$

산화 철(Ⅲ)　　일산화 탄소　　철　　이산화 탄소

① Fe_2O_3
② CO
③ Fe
④ CO_2

06 다음은 몇 가지 산의 이온화를 나타낸 것이다. 산의 공통적인 성질을 나타내는 이온은?

- $HCl \longrightarrow H^+ + Cl^-$
- $H_2SO_4 \longrightarrow 2H^+ + SO_4^{2-}$
- $CH_3COOH \longrightarrow H^+ + CH_3COO^-$

① 수소 이온(H^+)
② 염화 이온(Cl^-)
③ 황산 이온(SO_4^{2-})
④ 아세트산 이온(CH_3COO^-)

07 다음 중 물에 녹아 산성을 나타내는 물질은?

① HCl
② KOH
③ NaOH
④ Ca(OH)₂

08 그림은 묽은 염산과 묽은 황산의 이온화된 모습을 나타낸 것이다. 두 수용액에 공통적으로 존재하는 ㉠에 해당하는 이온은? (단, ●, □, ○는 서로 다른 이온이다.)

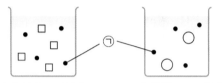

묽은 염산(HCl 수용액)   묽은 황산(H₂SO₄ 수용액)

① 산화 이온(O²⁻)
② 수소 이온(H⁺)
③ 염화 이온(Cl⁻)
④ 황산 이온(SO₄²⁻)

09 수산화 나트륨(NaOH) 수용액은 붉은색 리트머스 종이를 푸른색으로 변하게 하는 성질이 있다. 다음 물질의 수용액 중 이와 같은 성질을 나타내는 것은?

① HCl
② KOH
③ HNO₃
④ H₂SO₄

10 다음은 몇 가지 염기의 이온화를 나타낸 것이다. 염기의 공통적 성질을 나타내는 이온은?

- KOH → K⁺ + OH⁻
- NaOH → Na⁺ + OH⁻
- Ca(OH)₂ → Ca²⁺ + 2OH⁻

① 칼륨 이온(K⁺)
② 칼슘 이온(Ca²⁺)
③ 나트륨 이온(Na⁺)
④ 수산화 이온(OH⁻)

11 그림은 묽은 염산(HCl)과 수산화 나트륨(NaOH) 수용액의 중화 반응 모형을 나타낸 것이다. 이온 ㉠은?

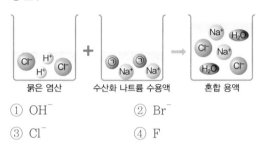

묽은 염산   수산화 나트륨 수용액   혼합 용액

① OH⁻
② Br⁻
③ Cl⁻
④ F

12 다음은 염산(HCl)과 수산화 나트륨(NaOH) 수용액의 중화 반응을 나타낸 화학 반응식이다. ㉠에 해당하는 물질은?

$$HCl + NaOH → \boxed{\quad ㉠ \quad} + NaCl$$

① H₂O
② KCl
③ KOH
④ HNO₃

13 다음 화학 반응식에서 수소 이온(H⁺)과 수산화 이온(OH⁻)이 반응하는 개수비는?

$$H⁺ + OH⁻ → H₂O$$

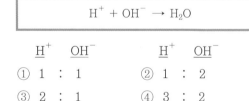

   H⁺   OH⁻   H⁺   OH⁻
① 1 : 1
② 1 : 2
③ 2 : 1
④ 3 : 2

14 다음 중 산과 염기의 중화 반응 사례가 <u>아닌</u> 것은?

① 속이 쓰릴 때 제산제를 먹는다.
② 철이 공기 중의 산소와 만나 녹슨다.
③ 생선 요리에 레몬이나 식초를 뿌린다.
④ 산성화된 토양에 석회 가루를 뿌린다.

15 다음 중 산화 환원 반응의 사례가 <u>아닌</u> 것은?

① 도시가스를 연소시킨다.

② 철이 공기 중에서 붉게 녹슨다.

③ 산성화된 토양에 석회 가루를 뿌린다.

④ 사과를 깎아 놓으면 산소와 반응하여 색이 변한다.

16 다음 설명에 해당하는 표준 화석은?

- 신생대에 번성하였다.
- 육지에 살았던 생물이다.

① 매머드   ② 삼엽충

③ 화폐석   ④ 암모나이트

17 그림은 우리나라 어느 퇴적층에서 발견된 공룡 발자국 화석을 나타낸 것이다. 이 퇴적층이 생성된 지질 시대는?

① 선캄브리아대
② 고생대
③ 중생대
④ 신생대

18 그림은 지질 시대 A~D의 길이를 상대적으로 나타낸 것이다. A~D 중 삼엽충이 번성한 시기는?

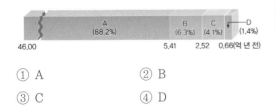

| A (88.2%) | B (6.3%) | C (4.1%) | D (1.4%) |

46.00   5.41   2.52   0.66(억 년 전)

① A   ② B

③ C   ④ D

19 그림은 어느 지질 시대의 표준 화석을 나타낸 것이다. 이 생물이 번성하였던 지질 시대는?

공룡

① 신생대   ② 중생대

③ 고생대   ④ 선캄브리아 시대

20 다음 설명에 해당하는 지질 시대는?

매머드

- 지질 시대 중 기간이 가장 짧다.
- 매머드와 같은 포유류가 매우 번성하였고 인류의 조상이 출현하였다.

① 선캄브리아 시대
② 고생대
③ 중생대
④ 신생대

21 다음 설명에 해당하는 지질 시대는?

- 판게아가 분리되었다.
- 다양한 공룡이 번성하였다.

① 선캄브리아 시대
② 고생대
③ 중생대
④ 신생대

22 그림은 지질 시대 동안 생물 과의 수 변화와 대멸종 시기를 나타낸 것이다. A에서 멸종한 생물은?

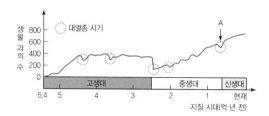

① 공룡
② 매머드
③ 삼엽충
④ 화폐석

23 일정한 지역 내에 살고 있는 생물종의 다양한 정도를 나타낸 것은?

① 개체 수
② 소비자
③ 영양 단계
④ 종 다양성

24 생물 다양성에 대한 설명 중 옳은 것만을 〈보기〉에서 모두 고른 것은?

┤ 보기 ├
ㄱ. 종 다양성은 동물에서만 나타난다.
ㄴ. 생태계 다양성은 종 다양성에 영향을 주지 않는다.
ㄷ. 유전적 다양성은 개체군 내에 존재하는 유전자의 변이가 다양한 정도를 말한다.

① ㄱ
② ㄷ
③ ㄱ, ㄴ
④ ㄴ, ㄷ

25 다음 설명에 해당하는 것은?

• 특정한 지역 또는 지구 전체에 존재하는 생태계의 다양한 정도를 뜻한다.
• 사막, 숲, 갯벌, 습지, 바다 등 생물이 살아가는 서식 환경의 다양함을 뜻한다.

① 내성
② 개체군
③ 분해자
④ 생태계 다양성

26 다음 중 생물 다양성 보전을 위한 노력으로 적절한 것은?

① 폐수 방류
② 서식지 파괴
③ 무분별한 벌목
④ 멸종 위기종 보호

27 다음 설명의 ㉠에 해당하는 것은?

한 생물종 내에서도 개체마다 유전자가 달라 다양한 형질이 나타난다. 하나의 종에서 나타나는 유전자의 다양한 정도를 [㉠] 이라고 한다.

① 군집
② 개체군
③ 유전적 다양성
④ 생태계 다양성

28 다음 설명의 ㉠에 해당하는 것은?

[㉠]은 생태계 내에 존재하는 생물의 다양한 정도를 의미하며 유전적 다양성, 종 다양성, 생태계 다양성을 포함한다.

① 초원
② 개체군
③ 외래종
④ 생물 다양성

환경과 에너지

1 생태계와 환경

1. 생태계

(1) 생태계

① 생태계

개체	개체군	군집	생태계
하나의 생명체	일정한 지역에 같은 종의 개체가 무리를 이루는 것	일정한 지역에서 서로 관계를 맺고 살아가는 여러 개체군 집단	일정한 공간에서 자연환경과 생물이 밀접한 관계를 맺으며 서로 영향을 주고받는 체계

- ㉠ 생물이 다른 생물 및 환경과 밀접한 관계를 맺으며 영향을 주고받는 하나의 시스템을 말한다.
- ㉡ 생태계는 열대 우림, 삼림, 초원, 갯벌, 사막, 연못, 공원, 어항 등 작은 생태계부터 큰 생태계까지 다양하다.

② 생태계의 구성 요소

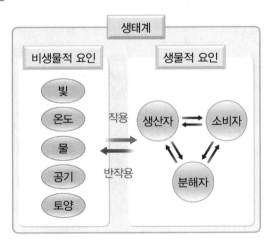

생산자	• 빛에너지를 이용하여 광합성을 통해 스스로 양분을 합성할 수 있다. • 식물, 조류, 식물 플랑크톤
소비자	• 스스로 양분을 만들지 못하여 다른 생물을 먹이로 하여 살아간다. • 초식 동물, 육식 동물
분해자	• 스스로 양분을 만들지 못하고 생물의 사체나 배설물을 분해하여 양분을 얻는다. • 버섯, 곰팡이, 세균

ㄱ 생물적 요인 : 생태계에 존재하는 모든 생물로 역할에 따라 생산자, 소비자, 분해자로 구분한다.

ㄴ 비생물적 요인 : 빛, 온도, 물, 공기, 토양과 같이 생물을 둘러싸고 있는 모든 환경 요인이다. 생물에게 필요한 물질 및 환경을 제공한다.

(2) 생물과 환경의 관계

① 빛과 생물

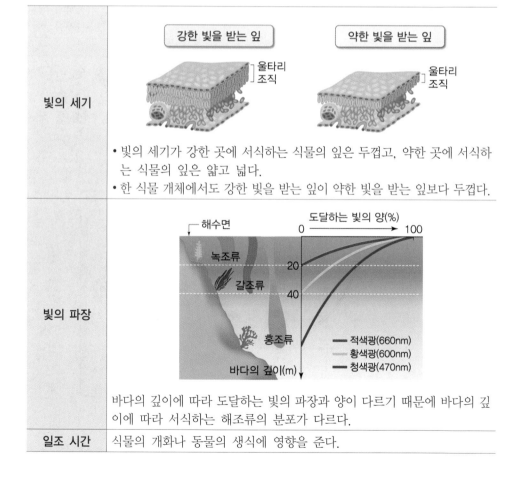

빛의 세기	• 빛의 세기가 강한 곳에 서식하는 식물의 잎은 두껍고, 약한 곳에 서식하는 식물의 잎은 얇고 넓다. • 한 식물 개체에서도 강한 빛을 받는 잎이 약한 빛을 받는 잎보다 두껍다.
빛의 파장	바다의 깊이에 따라 도달하는 빛의 파장과 양이 다르기 때문에 바다의 깊이에 따라 서식하는 해조류의 분포가 다르다.
일조 시간	식물의 개화나 동물의 생식에 영향을 준다.

② 온도와 생물

식물	• 털송이풀은 잎이나 꽃에 털이 나 있어 체온이 낮아지는 것을 막는다. • 겨울의 추위를 견디기 위해 잎을 떨어뜨리고, 상록수는 잎의 큐티클층이 두꺼워 잎을 떨어뜨리지 않고 겨울을 난다.
동물	• 겨울잠을 잔다. • 북극여우는 몸집이 크고 몸의 말단부가 작아 열이 방출되는 것을 막지만, 사막여우는 몸집이 작고 몸의 말단부가 커서 열을 잘 방출한다.

③ 공기와 생물
  ㉠ 공기 중 산소는 생물의 호흡에 이용되고 호흡을 통해 공기 중으로 이산화 탄소가 배출된다.
  ㉡ 공기 중 이산화 탄소는 광합성에 이용되고 광합성을 통해 공기 중으로 산소가 배출된다.
  ㉢ 공기가 희박한 고산 지대에 사는 사람들은 산소의 효율적 운반을 위해 평지에 사는 사람들에 비해 적혈구가 많다.

④ 물과 생물

동물	• 곤충 몸 표면이 키틴질로 되어 있어 수분 손실을 줄인다. • 조류와 파충류의 알은 수분을 보호하기 위해 단단한 껍데기로 싸여 있다. • 파충류의 몸 표면이 비늘로 덮여 있어 수분 증발을 막는다. • 사막에 사는 캥거루쥐는 수분 배출을 줄이기 위해 농도가 진한 오줌을 배설한다.
식물	• 물이 적은 곳에 사는 식물은 물을 저장하는 저수 조직이 발달하고, 일부 식물은 잎이 가시의 형태로 바뀐다. • 물이 많은 곳에 사는 식물은 관다발이나 뿌리가 발달하지 않았고 물 위에 떠서 살 수 있다.

⑤ 토양과 생물
  ㉠ 토양은 생물이 살아가는 터전을 제공하고 생물에게 다양한 물질을 제공한다.
  ㉡ 지렁이와 두더지가 토양을 돌아다니며 토양의 통기성을 높여 준다.
  ㉢ 미생물이 사체나 배설물을 분해함으로써 토양의 성분을 변화시킬 수 있다.
  ㉣ 토양이 깊지 않은 곳은 호기성 세균, 토양이 깊은 곳은 혐기성 세균이 살기 적합하다.

2. 생태계 평형

(1) 먹이 관계와 에너지 흐름
① 먹이 관계

먹이 사슬	생물 사이의 먹고 먹히는 관계를 사슬 모양으로 나타낸 것을 말한다.
먹이 그물	여러 생물의 먹이 사슬이 복잡하게 얽혀 그물처럼 나타나는 것이다.

② 에너지 흐름

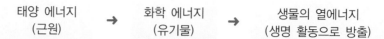

태양 에너지   화학 에너지   생물의 열에너지
(근원)   →   (유기물)   →   (생명 활동으로 방출)

ⓐ 생태계에서 에너지는 먹이 사슬을 통해 상위 영양 단계로 이동한다.

ⓑ 태양 에너지는 근원 에너지로 광합성을 통해 화학 에너지로 저장된다.

ⓒ 각 영양 단계의 생물이 가진 에너지의 일부는 생명 활동에 쓰이거나 열에너지로 방출되고 상위 영양 단계로 이동한다.

ⓓ 상위 영양 단계로 갈수록 에너지양은 감소한다.

ⓔ 에너지는 순환하지 않고 흐르기 때문에 생태계가 유지되기 위해서는 에너지가 공급되어야 한다.

③ **생태 피라미드** : 먹이 사슬에서 각 영양 단계에 속하는 생물의 에너지양, 생물량, 개체 수를 상위 영양 단계로 쌓아 올린 것으로 에너지양, 생물량, 개체 수가 상위 영양 단계로 갈수록 줄어드는 피라미드 형태로 나타난다.

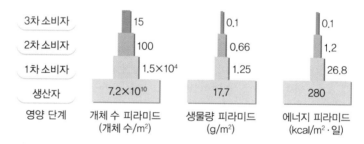

영양 단계	개체 수 피라미드 (개체 수/m²)	생물량 피라미드 (g/m²)	에너지 피라미드 (kcal/m²·일)
3차 소비자	15	0.1	0.1
2차 소비자	100	0.66	1.2
1차 소비자	1.5×10^4	1.25	26.8
생산자	7.2×10^{10}	17.7	280

(2) 생태계 평형

① 생태계 평형

ⓐ 생태계를 구성하는 생물의 종류와 개체 수, 물질의 양, 에너지 흐름 등이 안정된 상태를 유지하는 것을 말한다.

ⓑ 생물 다양성이 높아 먹이 그물이 복잡할수록 생태계 평형이 잘 유지된다.

② 생태계 평형 유지 원리

ⓐ 안정된 생태계는 어떤 요인에 의해 일시적으로 생태계 평형이 깨지더라도 시간이 지나면 먹이 사슬에 의해 대부분 생태계 평형이 회복된다.

ⓑ 생태계 평형이 회복되는 과정

2차 소비자 1차 소비자 생산자

생태계 평형 상태 → 증가 생태계 평형이 깨짐 → 증가 감소 → 감소 → 감소 증가 생태계 평형 회복

1차 소비자의 개체 수가 일시적으로 증가 → 생산자 개체 수 감소, 2차 소비자 개체 수 증가
↓
2차 소비자 개체 수 증가 → 1차 소비자 감소
↓
1차 소비자 감소 → 생산자 개체 수 증가, 2차 소비자 개체 수 감소
↓
생태계 평형 회복

③ 생태계 평형 유지를 위한 노력

㉠ 환경 변화와 생태계 : 안정된 생태계에서는 환경 변화로 인해 일시적인 생물 종류와 개체 수가 변하더라도 대부분 생태계 평형을 회복할 수 있지만 회복할 수 있는 한계를 넘는 환경 변화가 일어나면 생태계 평형이 깨질 수 있다.

㉡ 생태계 평형이 깨지는 원인

원인	생태계 평형에 끼치는 영향
자연재해	홍수, 산사태, 화산 폭발과 같은 자연재해로 생물의 서식지가 감소하고 먹이 그물의 변화를 일으켜 생태계 평형을 깨뜨린다.
무분별한 벌목	숲의 생태계를 파괴하고 생물의 서식지를 감소시킨다.
도심화	건물이 무질서하게 세워지고 공기 순환이 원활해지지 못하면서 오염 물질이 쌓이고 기온이 높아지는 열섬 현상이 나타난다.
환경 오염	생활 하수, 공장 폐수, 축산 폐수로 인한 환경 오염은 생물의 생존을 위협한다.
기후 변화	화석 연료의 사용이 증가하고 온실 기체의 증가는 지구 온난화를 일으킨다. 지구의 평균 기온 상승은 기후 변화를 야기하여 서식지 감소나 생물종의 멸종을 일으킨다.
인구 증가	식량 대량 생산을 위해 경작지를 개발하면서 숲이 파괴되어 서식지 감소가 일어난다.

㉢ 생태계 보전을 위한 노력

서식지	생물의 서식지를 보호하고 훼손된 서식지를 복원한다.
	분리된 서식지를 연결하는 생태 통로를 설치하고 생태적 가치가 있는 곳은 국립 공원으로 지정한다.
	멸종 위기 생물을 천연기념물로 지정하여 보호한다.
도심화	열섬 현상을 완화하기 위해 옥상 정원을 가꾸고, 도시 중심부에 숲을 조성한다.

3. 기후 변화

(1) 기후 변화 및 연구 방법

  ① 기후 변화 : 일정 지역에서 오랜 기간에 걸쳐 기후가 변하는 현상을 말한다.

  ② 기후 변화 연구 방법

나이테 연구	기후가 온난하면 나무의 생장 속도가 빨라 나이테의 간격이 넓어진다.
빙하 코어 연구	빙하 코어 속 공기 방울에는 과거의 대기 성분이 들어 있으므로 기후를 알 수 있다.
화석 연구	퇴적물이나 지층 속에서 과거 생물의 화석이 발견되므로 과거에 번성하였던 생물의 종을 연구하여 기후를 알 수 있다.

  ③ 기후 변화의 원인

지구 내적 요인	화산 활동, 수륙 분포 변화, 온실 기체 농도 변화, 빙하 면적 변화 등
지구 외적 요인	지구 자전축 기울기, 각도, 방향 변화, 지구 공전 궤도 모양 변화 등

(2) 지구 온난화

  ① 온실 효과

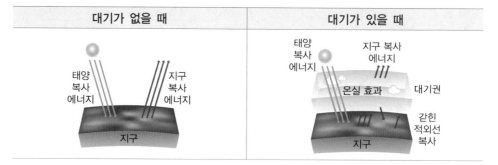

  ㉠ 지구가 태양으로부터 받은 태양 복사 에너지를 지구 복사 에너지로 방출하는 과정에서 지구 복사 에너지의 일부를 온실 기체가 지표로 재복사하여 지구의 온도가 높아지는 현상을 말한다.

  ㉡ 온실 기체 : 온실 효과를 일으키는 기체로 이산화 탄소, 메테인 등이 있다.

  ② 지구 온난화

정의	지구 평균 기온이 상승하는 현상을 말한다.
원인	대기 중 온실 기체의 양이 증가하면서 온실 효과가 강화되었기 때문이다.
영향	• 빙하의 융해와 해수의 열팽창으로 해수면이 상승한다. • 해수면 상승으로 인해 저지대가 침수되고 생물의 서식지가 감소한다. • 수온 상승으로 기상 이변이 발생한다. • 이상 기후로 생태계 변화 및 사막화가 진행된다. • 해수에 녹은 이산화 탄소가 해양 산성화를 일으킨다.

한반도의 지구 온난화	• 우리나라의 평균 기온 상승률은 지구 전체 평균 기온 상승률보다 높다. • 온난화로 인해 한반도의 여름이 길어지고 겨울이 짧아진다. • 봄꽃의 개화 시기가 빨라졌다.
대책	• 온실 기체의 배출량을 줄이기 위해 화석 연료의 사용을 억제한다. • 화석 연료를 대체할 수 있는 대체 에너지를 개발한다. • 광합성을 통해 이산화 탄소 양을 감소시킬 수 있도록 산림 면적을 확대한다. • 이산화 탄소 배출 감소를 위한 국제 협약을 준수한다.

(3) 대기와 해수의 순환

① 위도별 에너지 불균형

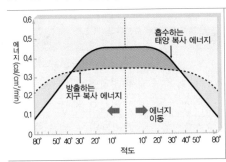

• 저위도 : 태양 복사 에너지 > 지구 복사 에너지
  → 에너지 과잉
• 고위도 : 태양 복사 에너지 < 지구 복사 에너지
  → 에너지 부족
• 저위도의 남는 에너지가 대기와 해수에 의해 고위도로 이동한다.

② 대기 대순환 모형 : 지구 자전에 의한 영향으로 북반구와 남반구에 3개의 순환이 대칭적으로 형성된다.

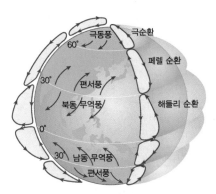

구분	위도	바람
해들리 순환	적도 ~ 위도 30°	무역풍
페렐 순환	위도 30° ~ 위도 60°	편서풍
극순환	위도 60° ~ 위도 90°	극동풍

③ 해수의 순환

    ㉠ 해수의 표층 순환은 주로 해수면 위에서 지속적으로 부는 바람에 의해 발생한다.

    ㉡ 대기 대순환이 적도를 경계로 대칭으로 분포하기 때문에 해수의 표층 순환도 적도를 경계로 대칭적인 분포를 보인다.

구분	이동 방향	예
무역풍대	동 → 서	북적도 해류, 남적도 해류
편서풍대	서 → 동	북태평양 해류, 남극 순환 해류
난류	저위도 → 고위도	쿠로시오 해류
한류	고위도 → 저위도	캘리포니아 해류

(4) 엘니뇨와 사막화

    ① 엘니뇨

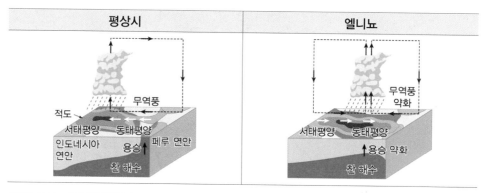

무역풍 약화 ➜ 남적도 해류 약화 ➜ 용승 약화 ➜ 페루 연안의 수온 상승

    ㉠ 평상시보다 무역풍이 약해지면서 적도 부근의 따뜻한 해수가 동쪽으로 이동한다.

    ㉡ 서태평양의 기후(인도네시아 연안) : 평상시보다 수온이 낮아진다.

      ➔ 수증기 증발이 감소하여 날씨가 건조해지고 가뭄, 산불이 자주 발생한다.

    ㉢ 동태평양의 기후(페루 연안) : 평상시보다 표층 수온이 높아진다.

      ➔ 상승 기류를 형성하여 강수량 증가하고 홍수와 폭우가 발생할 수 있다.

      ➔ 용승이 약화되어 산소와 영양 염류가 부족해 어획량이 감소한다.

② 사막화

■ 사막 지역　　■ 사막화 지역

의미	사막 주변 지역의 토지가 자연적·인위적 원인으로 황폐해지면서 사막이 점차 넓어지는 현상이다.
원인	• 대기 대순환의 변화로 증발량이 많아지고 강수량이 감소 • 인간의 활동으로 과잉 경작, 과잉 방목, 삼림 벌채로 인한 토양 황폐화
영향	• 황사 발생 일수와 빈도가 증가하였다. • 생물의 서식지 변화로 인해 생태계 변화가 나타난다. • 농경지 감소로 작물 재배가 어려워진다.
대책	• 나무를 심고 숲의 면적을 늘린다. • 삼림 벌채를 최소화한다. • 가축의 방목을 줄인다. • 사막화 피해를 줄이기 위한 국제 협약을 준수한다.

4. 에너지 전환

(1) 여러 가지 에너지

　① 에너지

　　㉠ 일을 할 수 있는 능력을 말한다.

　　㉡ 단위는 일의 단위와 같은 J(줄)을 사용한다.

　② 에너지 종류

종류		의미
빛에너지		빛의 형태로 전달되는 에너지이다.
열에너지		온도가 높은 물체에서 낮은 물체로 이동하는 에너지이다.
역학적 에너지	퍼텐셜 에너지	높은 곳에 있는 물체가 가지는 에너지이다.
	운동 에너지	운동하는 물체가 가지는 에너지이다.
화학 에너지		화학 결합을 통해 물질에 저장된 에너지이다
핵에너지		핵분열이나 핵융합이 일어날 때 발생하는 에너지이다.
전기 에너지		전하가 이동하며 전류가 흐를 때 사용되는 에너지이다.
파동 에너지		소리나 파도와 같이 진동으로 전달되는 에너지이다.

(2) 에너지 전환과 보존

① 에너지 전환

ⓐ 한 형태의 에너지가 다른 형태의 에너지로 바뀌는 것을 말한다.

ⓑ 자연과 일상에서 일어나는 모든 변화 속에서 에너지 전환이 일어난다.

현상 및 이용	에너지 전환
광합성	빛에너지 → 화학 에너지
폭포	퍼텐셜 에너지 → 운동 에너지
음식 섭취	화학 에너지 → 운동 에너지, 열에너지
세탁기	전기 에너지 → 운동 에너지
배터리 충전	전기 에너지 → 화학 에너지
휴대 전화 배터리 사용	• 전기 에너지 → 운동 에너지(진동) • 전기 에너지 → 빛에너지(화면) • 전기 에너지 → 소리 에너지(스피커) • 전기 에너지 → 열에너지(핸드폰 몸체)

② 에너지 보존 법칙

ⓐ 한 에너지가 다른 형태의 에너지로 전환될 때, 에너지는 새로 생겨나 소멸되지 않고, 그 총량이 항상 일정하게 보존된다.

ⓑ 에너지 총량은 보존되지만 전환된 형태의 에너지가 다시 사용하기 어려운 형태로 전환되기 때문에 사용 가능한 형태의 에너지양은 계속 감소한다. 따라서 에너지를 절약해야 한다.

(3) 에너지 효율

① 에너지 효율 : 공급한 에너지 중에서 유용하게 사용된 에너지의 비율(%)을 말한다.

$$에너지\ 효율(\%) = \frac{사용한\ 에너지의\ 양}{공급된\ 에너지의\ 양} \times 100$$

② 열기관과 열효율

ⓐ 열기관 : 연료를 연소시켜 발생한 열에너지를 일로 전환하는 장치를 말한다.

ⓑ 열효율(e) : 공급한 열량 중 열기관이 한 일의 비율을 말한다.

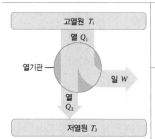

$$열효율(e) = \frac{한\ 일의\ 양}{공급된\ 열량} = \frac{W}{Q_1} = \frac{Q_1 - Q_2}{Q_1} = 1 - \frac{Q_2}{Q_1} < 1$$

공급한 열에너지(Q_1) = 한 일(W) + 방출된 열에너지(Q_2)
열기관에 공급된 열에너지가 모두 일로 전환되지 못하므로 열효율은 항상 1보다 작다.

(4) 에너지의 효율적 이용

① 하이브리드 자동차 : 엔진과 전기 모터를 함께 사용하여 운행 중 버려지는 에너지를 전기 에너지로 전환하여 사용하므로 에너지 효율이 높다.

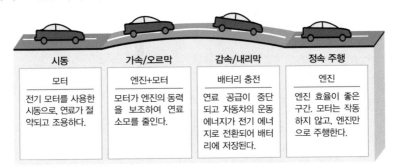

시동	가속/오르막	감속/내리막	정속 주행
모터	엔진+모터	배터리 충전	엔진
전기 모터를 사용한 시동으로, 연료가 절약되고 조용하다.	모터가 엔진의 동력을 보조하여 연료 소모를 줄인다.	연료 공급이 중단되고 자동차의 운동 에너지가 전기 에너지로 전환되어 배터리에 저장된다.	엔진 효율이 좋은 구간. 모터는 작동하지 않고, 엔진만으로 주행한다.

② 에너지 제로 하우스 : 필요한 에너지를 태양, 지열, 풍력 등의 재생 에너지를 통해 얻고, 단열로 외부와의 열 출입을 차단하는 미래형 주택이다.

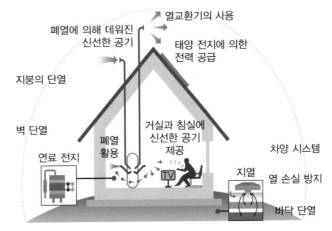

③ LED 전구 : 전기 에너지가 열에너지로 손실되는 비율을 낮추고 효율을 높인 전구로, 형광등에 비해 수명과 효율이 모두 높다.

④ 에너지 소비 효율 등급 표시

▲ 에너지 소비 효율 등급 표시

- 가전제품의 등급은 에너지 소비 효율을 5단계로 구분하여 나타낸다.
- 에너지 소비 효율 1등급인 제품의 에너지 효율이 가장 우수하다.
- 에너지 소비 효율 등급이 높을수록 에너지를 절약할 수 있다.

2 발전과 신재생 에너지

1. 전자기 유도와 발전기

(1) 전자기 유도

① 코일 근처에서 자석을 움직이거나 자석 근처에서 코일을 움직일 때 코일에 전류가 흐르는 현상이다.

② 유도 전류 : 전자기 유도에 의해 코일에 흐르는 전류로 자기장의 변화를 방해하는 방향으로 흐른다.

③ 자석을 코일 속에 넣고 가만히 있으면 자기장의 변화가 없어 전류가 흐르지 않는다.

코일에 자석을 가까이 가져갈 때 유도 전류 방향 바꾸는 방법 (검류계 바늘의 방향을 바꾸는 방법)	유도 전류 세기를 세게 바꾸는 방법 (검류계 바늘이 많이 돌아가는 방법)
• 자석의 극을 그대로 두고 자석을 멀리한다. • 자석의 극을 바꾸고 가까이 가져간다.	• 더 강한 자석을 사용한다. • 코일의 감은 수를 늘린다. • 자석을 더 빠르게 움직인다.

(2) 전자기 유도의 이용

① 발전기

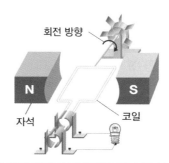

원리	전자기 유도
전기 에너지 생성	영구 자석 사이에서 코일이 회전할 때 코일을 통과하는 자기장이 변하여 전기 에너지가 만들어진다.
에너지 전환	역학적 에너지(운동 에너지) ➜ 전기 에너지
생활 속 간이 발전기	흔들이 손전등, 자전거 발전기 등

② 교통카드 : 자기장이 형성된 단말기에 코일이 내장된 카드를 가까이하면 유도 전류가 흘러 카드에 내장된 메모리칩의 정보가 기록, 변화가 일어난다.

③ 무선 충전기, 전기 기타 등도 전자기 유도가 이용되었다.

(3) 여러 가지 발전 방식

① 발전소의 발전기

⊙ 발전소에서는 터빈을 회전시키면, 터빈과 연결된 발전기가 함께 회전하면서 전기 에너지를 생산한다.

ⓒ 발전기에서는 터빈의 운동 에너지가 전기 에너지로 전환된다.

ⓒ 발전기에 연결된 터빈을 돌리는 에너지원에 따라 화력 발전, 수력 발전, 핵발전 등으로 구분된다.

② 여러 가지 발전

구분	에너지원	원리	에너지 전환
화력 발전	화석 연료의 화학 에너지	화석 연료의 연소로 물을 끓여 얻은 고온, 고압의 수증기로 터빈을 돌린다.	화학 에너지 ➜ 열에너지 ➜ 운동 에너지 ➜ 전기 에너지
수력 발전	물의 퍼텐셜 에너지	댐에 의해 높은 곳에 있던 물이 낮은 곳으로 떨어지면서 터빈을 돌린다.	퍼텐셜 에너지 ➜ 운동 에너지 ➜ 전기 에너지
핵발전	핵연료의 핵에너지	핵에너지로 물을 끓여 얻은 고온, 고압의 수증기로 터빈을 돌린다.	핵에너지 ➜ 열에너지 ➜ 운동 에너지 ➜ 전기 에너지

2. 전기 에너지의 효율적 수송

(1) 전력

① 전기 에너지

$$전기\ 에너지(E) = 전압(V) \times 전류(I) \times 시간(t)$$

⊙ 전류가 흐를 때 전기 기구에 공급하는 에너지를 말한다.

ⓒ 단위 : J

② 전력

$$전력(P) = \frac{전기\ 에너지(E)}{시간(t)} = \frac{전압(V) \times 전류(I) \times 시간(t)}{시간(t)} = 전압(V) \times 전류(I)$$

㉠ 단위 시간 동안 생산 또는 사용하는 전기 에너지를 말한다.
㉡ 단위 : J/s, W(와트)

(2) 전력 수송
① 전력 수송 과정

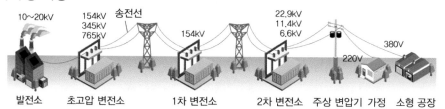

발전	발전소에서 전기 에너지를 생산한다.
송전	발전소에서 생산한 전력을 공장이나 빌딩, 가정 등으로 수송하는 과정이다.
변전	전압을 높이거나 낮추는 과정이다.
배전	전기를 사용하는 장소까지 분배하여 공급하는 과정이다.

② 전력 손실
㉠ 송전 과정에서 송전선에 전류가 흐를 때 저항에 의해 발생하는 손실되는 전력이다.
㉡ 전기 에너지의 일부가 열에너지로 전환되면서 손실된다.
㉢ 손실 전력의 크기

$$손실\ 전력(P_{손실}) = 전압(V) \times 전류(I) = 전류^2(I^2) \times 저항(R)$$

㉣ 손실 전력을 줄이는 방법

송전선의 저항을 줄여 준다.	• 저항이 작은 송전선을 사용한다. • 송전선을 굵게 만든다. • 송전선의 길이를 짧게 만든다.
송전 전류의 세기를 줄여 준다.	• 일정한 전력이 송전될 때 전압을 높여 주면 전류의 세기를 줄여 줄 수 있다. • 전류의 세기가 $\frac{1}{n}$로 줄어들면 손실 전력은 $\frac{1}{n^2}$만큼 줄어든다.

③ 변압기
㉠ 송전 과정에서 전압을 변화시키는 장치이다.
㉡ 전자기 유도를 이용하여 전압을 변화시킨다.

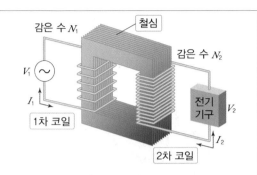

V_1 : 1차 코일 전압	V_2 : 2차 코일 전압
N_1 : 1차 코일 감은 수	N_2 : 2차 코일 감은 수
I_1 : 1차 코일 전류	I_2 : 2차 코일 전류

- 변압기에서 전력 손실이 없을 때 1차 코일의 전력과 2차 코일의 전력이 같다.

$$\frac{V_1}{V_2} = \frac{N_1}{N_2} = \frac{I_2}{I_1}$$

- 전압은 코일의 감은 수에 비례한다.
- 전류의 세기는 코일의 감은 수에 반비례한다.

(3) 안전하고 효율적인 전력 수송

① 안전한 전력 수송

전선 지중화	전기 시설을 땅속에 묻어 도시 미관 개선, 통행 불편 해소, 사고의 위험 등으로부터 보호한다.
안전장치 설치	고압 송전선 주변에 구조물이나 안전장치를 설치하여 사람의 접근을 막는다.
로봇의 이용	로봇이 선로를 점검하고 수리하여 고전압 송전에 의한 안전사고를 줄일 수 있다.

② 효율적인 전력 수송

고전압 송전	송전선에 흐르는 전류를 줄여 손실되는 전력을 줄인다.
초전도체 활용	송전선으로 저항이 0인 초전도체를 이용한 케이블을 사용하면 열이 발생하지 않아 기존 전선보다 전력 손실이 적다.
거미줄 같은 송전 전력망	거미줄처럼 복잡한 송전망을 구축하면 송전 문제 발생 시 우회 송전할 수 있고 전력 수송 거리를 줄일 수 있다.
지능형 전력망 (스마트 그리드)	소비자의 전력 수요량과 전력 공급량에 대한 정보를 실시간으로 주고받아 효율적으로 전력 관리를 할 수 있다.

3. 태양 에너지 생성과 전환

(1) 태양

　① 태양

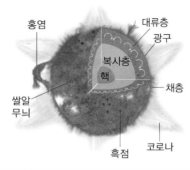

특징	• 태양은 태양계 전체 질량의 약 99.8%를 차지한다. • 대부분 수소와 헬륨으로 구성되어 있다.
내부 구조	• 핵 : 수소 핵융합 반응이 일어나 온도가 매우 높고 원자핵과 전자가 분리된 상태로 존재한다. • 복사층 : 핵에서 생성된 에너지가 복사 형태로 외부로 전달된다. • 대류층 : 복사층에 의해 전달된 에너지에 의해 상하부 온도 차로 대류가 일어나 열이 태양 표면으로 전달된다.

　② 태양 에너지 생성

질량 결손	핵반응 후 질량의 합이 핵반응 전 질량의 합보다 줄어드는데, 이때 질량 차이를 말한다.
수소 핵융합 반응	수소 원자핵 4개가 융합하여 1개의 헬륨 원자핵으로 변하는 과정에서 질량 결손이 생긴다. ➡ 감소된 질량이 에너지로 전환된다.
태양 에너지 생성	질량 합 : 4,032 H H H H E He 질량 합 : 4,003 $4H \longrightarrow He + 에너지$ 태양 중심부에서 일어나는 수소 핵융합 반응에 의해 생성된다.

(2) 태양 에너지 전환

　① 태양 에너지

　　㉠ 태양 에너지는 지구에서 일어나는 에너지 순환의 근원이 된다.

ⓛ 태양 에너지는 직접 다른 에너지로 전환이 되기도 하고 다른 형태로 축적된 후 또 다른 에너지로 전환되기도 한다.

② 태양 에너지 전환과 이용

태양광 발전	태양 빛에너지 ➡ 전기 에너지
태양열 발전	태양 열에너지 ➡ 전기 에너지
광합성	태양 빛에너지 ➡ 화학 에너지
수력 발전	태양 열에너지 ➡ 퍼텐셜 에너지 ➡ 전기 에너지
풍력 발전	바람의 운동 에너지 ➡ 전기 에너지
화력 발전	태양 빛에너지 ➡ 생물 화학 에너지(먹이 사슬 이동) ➡ 화석 연료 화학 에너지 ➡ 열에너지 ➡ 전기 에너지
기상 현상	태양 열에너지 ➡ 퍼텐셜 에너지(증발) ➡ 운동 에너지(비, 눈)

(3) 태양 에너지 순환

① 물과 대기의 순환

  ㉠ 지구는 구형이므로 위도에 따라 태양 에너지 흡수량이 달라진다.

  ⓐ 저위도는 에너지가 남고, 고위도는 에너지가 부족하다.

  ⓑ 저위도의 남는 에너지가 대기와 해수의 순환에 의해 고위도로 이동한다.

  ㉡ 물의 순환은 지표면의 다양한 변화를 만들고 생명 활동을 유지시키며, 우리 생활의 다양한 측면에 이용된다.

  ㉢ 대기가 순환하면서 일으킨 바람과 파도의 운동 에너지를 이용하면 전기 에너지를 생산할 수 있다.

② 탄소 순환 : 화석 연료가 가진 화학 에너지의 근원은 태양 에너지이고 화석 연료의 연소를 통해 화학 에너지로 저장된 에너지는 다양한 다른 형태의 에너지로 전환될 수 있다.

기권 ➡ 생물권	대기 중의 이산화 탄소는 광합성을 통해 화학 에너지인 포도당으로 저장된다(빛에너지 ➡ 화학 에너지).
생물권 ➡ 생물권	화학 에너지로 저장된 유기물은 먹이 사슬을 거치며 탄소 이동이 일어난다.
생물권 ➡ 지권	생물의 유해는 화석 연료가 된다.
지권 ➡ 기권	화석 연료가 연소되어 공기 중 이산화 탄소가 된다.

(4) 여러 가지 발전

① 핵발전

  ㉠ 우라늄이 핵분열할 때 발생하는 열로 물을 끓이고 이때 발생하는 수증기로 터빈을 돌려 전기 에너지를 생산한다.

  ㉡ 핵발전에서 에너지 전환 : 핵에너지 ➡ 열에너지 ➡ 운동 에너지 ➡ 전기 에너지

장점	단점
• 화력 발전에 비해 연료비가 저렴하다. • 에너지 효율이 높아 대용량 발전이 가능하다. • 이산화 탄소를 거의 배출하지 않는다. • 원료가 전 세계에 고루 분포하여 에너지원의 안정적인 공급이 가능하다.	• 우라늄의 매장량이 한정되어 있다. • 발전 과정에서 사용한 냉각수가 바다로 배출되면 해수의 온도를 높인다. • 핵발전에서 발생하는 방사성 폐기물의 처리가 어렵다. • 방사능 유출의 위험이 있고 유출될 경우 피해 규모가 크다.

② 태양광 발전

    ㉠ 태양광 발전 : 태양의 빛에너지를 반도체로 만든 태양 전지를 이용하여 전기 에너지로 전환한다.

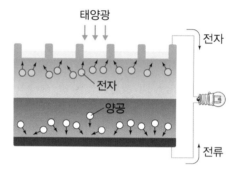

태양 전지에 태양광이 흡수되면 태양 전지 내부에서 자유 전자의 이동이 발생한다.

전자들이 태양 전지 내부에서 한쪽으로 몰리면서 기전력이 생긴다.

외부 회로를 연결하면 한쪽 전극으로 이동한 전자의 이동이 발생하면서 전류가 흐른다.

    ㉡ 태양광 발전에서 에너지 전환 : 태양 빛에너지 ➡ 전기 에너지

장점	단점
• 에너지원이 청정하고 발전 과정의 공해가 없다. • 자원 고갈의 염려가 없다. • 발전 과정에서 이산화 탄소와 같은 온실 기체나 오염 물질, 폐기물이 발생하지 않는다.	• 계절과 일조량에 따라 전력 생산량 및 발전 시간이 제한적이다. • 설치 시 큰 면적이 필요하고 초기 설치 비용이 많이 든다. • 태양 전지에서 반사되는 빛이 주변에 피해를 줄 수 있다.

③ 풍력 발전

    ㉠ 풍력 발전의 원리 : 바람의 운동 에너지를 이용해 터빈을 돌려 전기를 얻을 수 있다.

바람

날개 ─────── 발전기

ⓛ 풍력 발전에서 에너지 전환 : 운동 에너지 ➜ 전기 에너지

장점	단점
• 운영 비용이 거의 들지 않아 전력 생산 단가가 저렴하다. • 오염 물질을 만들어 내지 않고 고갈의 위험이 없다. • 국토를 효율적으로 이용할 수 있다.	• 바람의 세기가 일정하지 않아 발전량을 예측하기 어렵다. • 소음에 의한 피해 및 새들이 충돌하는 문제가 발생할 수 있다. • 일정 수준의 바람을 유지하는 지리적 조건이 어렵다. • 설치 과정에서 자연 경관을 훼손할 수 있다.

4. 미래를 위한 기술

(1) 화석 연료

① 화석 연료의 종류

ㄱ 석탄 : 식물의 유해가 오랜 시간에 걸쳐 열과 압력을 받아 형성된다.

ㄴ 석유, 천연가스 : 미생물들이 오랜 시간에 걸쳐 열과 압력을 받아 형성된다.

② 화석 연료의 문제점

ㄱ 화석 연료의 사용으로 인해 발생하는 이산화 탄소, 메테인 등은 온실 효과를 일으키는 온실 기체로, 화석 연료 사용의 급증은 지구 온난화의 원인이 된다.

ㄴ 화석 연료의 매장량이 한정되어 있어 고갈될 에너지이다.

ㄷ 매장 지역이 편중되어 있어 국가 간 갈등의 원인이 된다.

(2) 신재생 에너지

① 신재생 에너지

신에너지	재생 에너지
기존에 사용하지 않았던 형태의 에너지 예 연료 전지, 석탄 액화 가스화 등	자원의 고갈 없이 재사용이 가능한 에너지 예 태양열, 태양광, 풍력, 수력, 해양, 폐기물, 바이오, 지열 에너지 등

ㄱ 신재생 에너지 : 신에너지와 재생 에너지를 합한 에너지를 말한다.

ㄴ 화석 연료와 같은 자원 고갈의 염려가 없다.

ⓒ 지속적인 에너지 공급이 가능하여 지속 가능한 발전이 가능하다.

ⓔ 온실 기체 배출로 인한 기후 변화나 환경 오염 문제가 거의 없다.

ⓜ 기존의 에너지원에 비해 초기 투자 비용이 많이 든다.

ⓗ 화석 연료에 비해 에너지 효율이 낮아 개발이 필요하다.

② 조력 발전

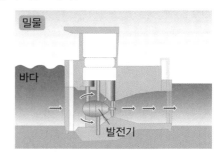

㉠ 밀물과 썰물 때 생기는 해수면의 높이차를 이용하여 전기 에너지를 생산한다.

㉡ 조수 간만의 차가 큰 곳에 방조제를 쌓아 밀물 때 바닷물을 받아들여 해수면의 높이 차를 이용해 터빈을 돌리고 전기 에너지를 생산한다.

장점	단점
• 고갈의 염려가 없다. • 발전에 드는 비용이 비교적 저렴하다. • 밀물과 썰물이 매일 일어나므로 발전량을 예측할 수 있다. • 발전소가 한번 건설되면 오랫동안 이용할 수 있다.	• 초기 건설비가 많이 든다. • 조수 간만의 차가 큰 곳에 설치해야 하므로 설치 장소가 제한적이다. • 갯벌이 파괴되어 해양 생태계에 혼란을 줄 수 있다.

③ 파력 발전

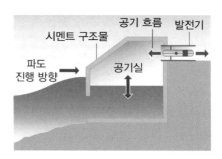

㉠ 파도가 칠 때 해수면의 움직임을 이용하여 전기 에너지를 생산한다.

㉡ 파도와 함께 해수면의 높이 차이가 생기고 발전기 안의 공기가 압축될 때 공기의 흐름으로 터빈을 돌려 전기 에너지를 생산한다.

장점	단점
• 고갈의 염려가 없다. • 연료비가 들지 않고, 소규모로 설치할 수 있다. • 방파제로 활용할 수 있다. • 오염 물질을 만들지 않는다.	• 날씨에 따라 파도가 약해지면 발전량이 적다. • 파도에 노출되므로 내구성이 약하다.

④ 여러 가지 발전 방식

구분	태양열 발전	지열 발전	조류 발전
원리	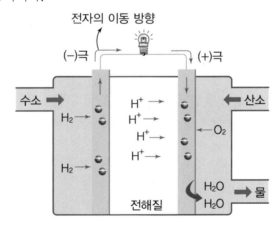 태양열로 물을 끓여 얻은 수증기로 터빈을 돌려 전기를 얻는다.	땅속 뜨거운 지하수나 수증기로 물을 끓여 전기 에너지를 생산한다.	조석 현상에 따른 해수의 흐름을 이용하여 전기 에너지를 생산한다.
장점	환경 오염이 적고 설치 후 지속적으로 사용이 가능하다.	날씨의 영향이 없고 지열 발전과 난방 효과를 동시에 얻을 수 있다.	환경 오염이 적고 대규모 발전이 가능하다.
단점	넓은 설치 면적이 필요하고 계절과 기후의 영향을 많이 받는다.	설치 장소가 제한적이다.	전기 에너지 생산 효율이 낮다.

⑤ 연료 전지

㉠ 연료의 화학 반응을 통해 화학 에너지를 전기 에너지로 전환하는 장치이다.

㉡ 수소 연료 전지 : 수소와 산소의 화학 반응으로 만들어진 화학 에너지를 전기 에너지로 바꾸는 장치이다.

(−)극	수소의 산화	$2H_2 \rightarrow 4H^+ + 4e^-$
(+)극	산소의 환원	$O_2 + 4H^+ + 4e^- \rightarrow 2H_2O$
연료 전지(전체) 반응식		$2H_2 + O_2 \rightarrow 2H_2O + $ 에너지

ⓐ (−)극으로 공급된 수소는 전자를 내놓고 수소 이온이 된다.

ⓑ 전해질을 통해 수소 이온은 (+)극으로 이동하고, 도선을 따라 전자가 (+)극으로 이동한다.

ⓒ (+)극으로 이동한 수소 이온은 전자와 공급된 산소와 결합하여 물을 형성한다.

장점	단점
• 연료의 화학 에너지로부터 전기 에너지로 직접 전환되었으므로 에너지 효율이 높다. • 수소와 산소의 반응을 통해 최종 생성물로 물만 생성되므로 환경 오염 물질이 거의 배출되지 않는다.	• 수소를 생산하는 데 비용과 초기 비용이 많이 든다. • 수소의 저장과 보관이 어렵고 폭발의 위험이 있다.

(3) 에너지 문제 해결을 위한 노력

① 친환경 에너지 도시

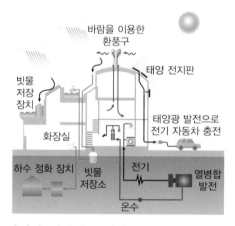

㉠ 지역 환경에 맞는 신재생 에너지를 활용하여 에너지를 생산한다.

㉡ 단열 및 공기 순환 등을 고려하여 버려지는 열을 활용할 수 있다.

㉢ 태양광 발전을 통해 전기 자동차를 충전하여 사용한다.

② 적정 기술

㉠ 공동체의 문화, 정치, 환경적 특성에 맞는 단순한 수준의 기술을 적정 기술이라고 한다.

㉡ 대규모 사회 기반 시설 없이 지속적인 생산과 소비가 가능한 기술이다.

㉢ 삶의 질을 개선할 수 있어야 하고 친환경적인 기술이다.

㉣ 적정 기술을 적용한 예

▲ 항아리 냉장고   ▲ 생명 빨대   ▲ 큐 드럼   ▲ 페트병 전구

대표 기출문제

정답 및 해설 p. 115

01 그림은 생태계의 구성 요소 중 생물적 요인을 나타낸 것이다. A에 해당하는 생물은?

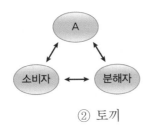

① 벼
② 토끼
③ 독수리
④ 곰팡이

02 그림은 서로 다른 지역에 서식하는 여우의 형태를 나타낸 것이다. 이러한 여우의 형태 차이에 영향을 주는 환경 요인은?

북극여우　　　붉은여우　　　사막여우

① 물
② 산소
③ 온도
④ 토양

03 다음 설명의 ㉠에 해당하는 것은?

> 생태계를 구성하는 생물의 종류와 개체 수, 에너지의 흐름이 급격히 변하지 않아 생태계가 안정적으로 유지되는 상태를 ┌─㉠─┐ (이)라고 한다.

① 생산자
② 서식지
③ 생태계 평형
④ 유전적 다양성

04 그림은 생태계 평형이 유지되고 있는 생태계에서의 먹이 그물을 나타낸 것이다. 이 먹이 그물에서 개체 수가 가장 많은 생물은?

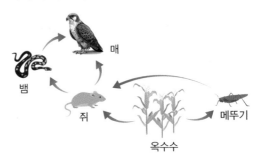

① 뱀
② 쥐
③ 메뚜기
④ 옥수수

05 그림은 안정된 생태계의 생태 피라미드를 나타낸 것이다. 이에 대한 설명으로 옳은 것은?

① 식물은 1차 소비자에 해당한다.
② 생물량은 2차 소비자가 가장 많다.
③ 초식 동물은 3차 소비자에 해당한다.
④ 상위 영양 단계로 갈수록 에너지양은 줄어든다.

06 다음 중 벼, 메뚜기, 개구리 세 개체군이 살고 있는 지역의 안정된 생태계 평형 상태를 나타낸 것은? (단, 각 영양 단계의 면적은 생물량을 나타낸다.)

07 다음은 안정된 생태계의 개체 수 피라미드에서 생태계 평형이 깨진 후 평형을 회복하는 과정의 일부를 설명한 것이다. ㉠과 ㉡에 들어갈 말로 옳게 짝지어진 것은?

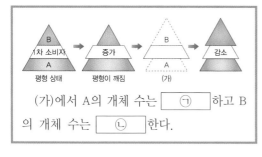

(가)에서 A의 개체 수는 [㉠]하고 B의 개체 수는 [㉡]한다.

	㉠	㉡		㉠	㉡
①	감소	감소	②	감소	증가
③	증가	감소	④	증가	증가

08 지구 대기 중에 온실 기체가 증가하여 현재 나타나는 현상으로 옳은 것은?

① 해수면이 높아진다.
② 지구의 평균 기온이 낮아진다.
③ 빙하의 분포 면적이 넓어진다.
④ 바다의 평균 수온이 낮아진다.

09 다음 설명에 해당하는 현상은?

화석 연료 등의 사용으로 온실 기체의 농도가 크게 증가하여 지구의 평균 기온이 상승하는 현상이다.

① 황사   ② 사막화
③ 엘니뇨   ④ 지구 온난화

10 지구 온난화로 인한 최근의 지구 환경 변화로 옳은 것만을 〈보기〉에서 모두 고른 것은?

┤ 보기 ├
ㄱ. 지구의 평균 기온 하강
ㄴ. 해수면의 평균 높이 상승
ㄷ. 대륙 빙하의 분포 면적 증가

① ㄱ   ② ㄴ
③ ㄱ, ㄷ   ④ ㄴ, ㄷ

11 그림은 지구 대기 대순환을 나타낸 것이다. 이에 대한 설명으로 옳은 것만을 〈보기〉에서 모두 고른 것은?

┤ 보기 ├
ㄱ. 무역풍과 극동풍의 방향은 서로 반대이다.
ㄴ. 30°N 지표 부근에는 상승 기류가 발달한다.
ㄷ. 30°N~60°N에서는 주로 편서풍의 영향을 받는다.

① ㄱ   ② ㄷ
③ ㄱ, ㄴ   ④ ㄴ, ㄷ

12 다음 설명의 ㉠에 해당하는 것은?

> 태평양의 적도 부근에서 부는 무역풍이 몇 년에 한 번씩 약해지면서 남적도 해류의 흐름이 느려져서, 동태평양 적도 해역의 표층 수온이 평상시보다 높아진다. 이러한 현상을 ㉠ 라고 한다.

① 사막화 ② 산사태
③ 엘니뇨 ④ 한파

13 다음 설명에 해당하는 현상은?

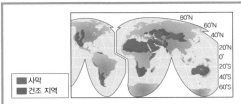

- 건조한 지역일수록 발생하기 쉽다.
- 무분별한 삼림 벌채 등과 같은 인위적 원인에 의해 심화되고 있다.

① 장마 ② 라니냐
③ 사막화 ④ 엘니뇨

14 다음 중 사용 중인 전기 기구에서의 에너지 전환에 대한 설명으로 옳지 <u>않은</u> 것은?

① 전등에서 전기 에너지가 빛에너지로 전환된다.
② 다리미에서 전기 에너지가 열에너지로 전환된다.
③ 전열기에서 운동 에너지가 전기 에너지로 전환된다.
④ 선풍기에서 전기 에너지가 운동 에너지로 전환된다.

15 다음 중 수소와 산소의 화학 반응을 이용한 연료 전지에서의 에너지 전환은?

① 소리 에너지 → 열에너지
② 운동 에너지 → 핵에너지
③ 파동 에너지 → 빛에너지
④ 화학 에너지 → 전기 에너지

16 그림은 열기관의 1회 순환 과정을 나타낸 것이다. 이에 대한 설명으로 옳은 것만을 〈보기〉에서 모두 고른 것은? (단, 열기관이 흡수한 열은 Q_1, 방출한 열은 Q_2, 한 일은 W이다.)

> ┤ 보기 ├
> ㄱ. $Q_1 > Q_2$
> ㄴ. $W = Q_1 + Q_2$
> ㄷ. W가 클수록 열효율이 크다.

① ㄱ ② ㄴ
③ ㄱ, ㄷ ④ ㄴ, ㄷ

17 열효율이 20%인 열기관에 공급된 열에너지가 100J일 때 이 열기관이 한 일은?

① 10J ② 20J
③ 30J ④ 40J

18 그림은 고열원에서 1000J의 열에너지를 흡수하여 일 W를 하고 저열원으로 600J의 열에너지를 방출하는 열기관의 1회 순환 과정을 나타낸 것이다. 이 열기관의 열효율은?

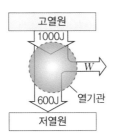

① 20%   ② 40%
③ 80%   ④ 100%

19 그림은 고열원에서 100J의 열에너지를 공급받아 W의 일을 하는 열기관을 나타낸 것이다. 열기관에서 저열원으로 50J의 열에너지를 방출할 때, 열기관이 한 일 W의 양은?

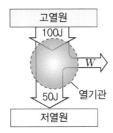

① 30J   ② 40J
③ 50J   ④ 60J

20 그림과 같이 막대자석을 코일 속에 넣었다 뺐다 하면 코일의 도선에 전류가 유도되어 검류계의 바늘이 움직인다. 이 현상은?

① 대류   ② 삼투
③ 초전도   ④ 전자기 유도

21 그림과 같이 자석을 코일 속에 넣었다 뺐다 하면 검류계의 바늘이 움직인다. 이 현상에 대한 설명으로 옳은 것만을 〈보기〉에서 모두 고른 것은?

| 보기 |
ㄱ. 코일에 유도 전류가 흐른다.
ㄴ. 검류계의 바늘은 한 방향으로만 움직인다.
ㄷ. 발전기는 이러한 현상을 이용한다.

① ㄱ   ② ㄴ
③ ㄱ, ㄷ   ④ ㄴ, ㄷ

22 그림과 같이 자석을 코일 속에 넣을 때 발생하는 유도 전류의 방향을 변화시킬 수 있는 요인으로 옳은 것만을 〈보기〉에서 모두 고른 것은?

┤ 보기 ├
ㄱ. 자석의 극을 바꾼다.
ㄴ. 자석을 더 빠르게 넣는다.
ㄷ. 더 강한 자석을 사용한다.

① ㄱ ② ㄷ
③ ㄱ, ㄴ ④ ㄱ, ㄷ

23 그림과 같이 코일에 자석을 가까이 가져갈 때 검류계의 바늘이 왼쪽으로 움직였다. 다음 중 검류계의 바늘이 오른쪽으로 움직이는 경우는? (단, 다른 조건은 모두 같다.)

① 더 강한 자석을 사용한다.
② 코일의 감은 수를 늘린다.
③ 자석을 더 빠르게 가까이 한다.
④ 자석을 코일에서 멀어지게 한다.

24 그림은 전기 에너지의 생산과 수송 과정을 나타낸 것이다. 이에 대한 설명으로 옳지 <u>않은</u> 것은?

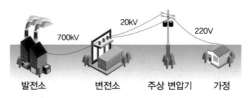

① 발전소는 전기 에너지를 생산하는 곳이다.
② 변전소는 전압을 바꾸는 역할을 한다.
③ 전력 수송 과정에서 전력 손실은 발생하지 않는다.
④ 주상 변압기는 전압을 220V로 낮춰 가정으로 전기 에너지를 공급한다.

25 그림은 전기 에너지의 생산과 수송 과정을 나타낸 것이다. 이에 대한 설명으로 옳은 것만을 〈보기〉에서 모두 고른 것은?

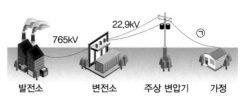

┤ 보기 ├
ㄱ. 발전소에서 전기 에너지를 생산한다.
ㄴ. ㉠에 해당하는 전압은 22.9kV보다 작다.
ㄷ. 수송 과정에서 손실되는 전기 에너지는 없다.

① ㄱ ② ㄷ
③ ㄱ, ㄴ ④ ㄴ, ㄷ

26 전력 수송 과정에 대한 설명으로 옳은 것만을 〈보기〉에서 모두 고른 것은?

┤ 보기 ├
ㄱ. 변전소에서 전압을 변화시킨다.
ㄴ. 송전 전압을 낮추면 전력 손실을 줄일 수 있다.
ㄷ. 송전선에서 열이 발생하여 전기 에너지의 일부가 손실된다.

① ㄱ   ② ㄴ
③ ㄱ, ㄷ   ④ ㄴ, ㄷ

27 그림은 변압기의 구조를 나타낸 것이다. 1차 코일과 2차 코일에 걸리는 전압 크기의 비 $V_1 : V_2$는? (단, 도선과 변압기에서 에너지 손실은 무시한다.)

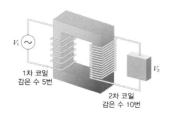

1차 코일
감은 수 5번

2차 코일
감은 수 10번

① 1 : 1   ② 1 : 2
③ 2 : 1   ④ 3 : 1

28 다음은 태양 내부에서 일어나는 반응에 대한 설명이다. ㉠에 해당하는 원소는?

고온·고압인 태양에서 수소 원자핵이 융합하여 ┃ ㉠ ┃ 원자핵이 생성되는 동안 줄어든 질량이 에너지로 전환된다.

① 질소   ② 칼슘
③ 헬륨   ④ 나트륨

29 그림은 수소 핵융합 반응을 나타낸 것이다. 헬륨 원자핵 1개가 생성될 때 융합하는 수소 원자핵의 개수는?

에너지 방출
핵융합

① 2개   ② 4개
③ 8개   ④ 16개

30 그림은 핵분열 반응을 나타낸 것이다. 다음 중 이 반응을 이용하는 핵발전의 연료에 해당하는 것은?

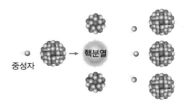

중성자 핵분열

① 바람   ② 석탄
③ 수소   ④ 우라늄

31 그림과 같은 원자로를 사용하는 핵발전에 대한 설명으로 옳은 것만을 〈보기〉에서 모두 고른 것은?

제어봉
감속재

┤ 보기 ├
ㄱ. 발전 과정에서 방사성 폐기물이 발생한다.
ㄴ. 핵분열에서 발생하는 열에너지를 이용하여 발전한다.
ㄷ. 발전 과정에서 배출되는 이산화 탄소의 양이 화력 발전보다 많다.

① ㄱ   ② ㄷ
③ ㄱ, ㄴ   ④ ㄴ, ㄷ

32 그림과 같이 핵분열로 발생한 열에너지로 터빈을 돌려 전기 에너지를 생산하는 발전 방식은?

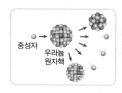 

① 핵발전　　　　② 파력 발전
③ 풍력 발전　　　④ 태양광 발전

33 태양광 발전의 특징으로 옳은 것만을 〈보기〉에서 모두 고른 것은?

┤ 보기 ├
ㄱ. 태양 전지를 이용한다.
ㄴ. 날씨의 영향을 받는다.
ㄷ. 우라늄을 연료로 사용한다.

① ㄱ　　　　　② ㄷ
③ ㄱ, ㄴ　　　④ ㄴ, ㄷ

34 다음 중 바람의 운동 에너지를 전기 에너지로 전환하는 발전 방식은?

① 수력 발전　　② 풍력 발전
③ 화력 발전　　④ 태양광 발전

35 다음 설명에 해당하는 재생 에너지는?

• 고구마, 사탕수수 등의 유기물을 이용해 만든 연료로부터 에너지를 얻는다.
• 대규모로 에너지를 얻는 과정에서 농작물의 가격이 상승하고, 환경오염을 일으킬 수 있다.

① 풍력 에너지　　② 바이오 에너지
③ 태양광 에너지　④ 핵융합 에너지

36 신재생 에너지에 대한 설명으로 옳은 것만을 〈보기〉에서 모두 고른 것은?

┤ 보기 ├
ㄱ. 화석 연료보다 친환경적이다.
ㄴ. 태양광 에너지는 신재생 에너지의 한 종류이다.
ㄷ. 인류 문명의 지속 가능한 발전을 위해 신재생 에너지 개발이 필요하다.

① ㄱ, ㄴ　　　　② ㄱ, ㄷ
③ ㄴ, ㄷ　　　　④ ㄱ, ㄴ, ㄷ

37 다음 사례 중 파력 에너지를 이용하는 것은?

① 태양열을 이용하여 난방을 한다.
② 경유를 자동차의 연료로 이용한다.
③ 파도의 운동을 이용하여 전기를 생산한다.
④ 지구 내부의 열로 데워진 지하수를 가정에서 이용한다.

38 다음 중 밀물과 썰물에 의한 해수면의 높이차인 조차를 이용하여 전기 에너지를 생산하는 발전 방식은?

① 핵발전　　　　② 조력 발전
③ 풍력 발전　　　④ 화력 발전

39 다음에서 설명하는 발전 방식은?

• 파도 상황에 따라 전력 생산량이 일정하지 않다.
• 파도의 운동 에너지를 전기 에너지로 전환한다.

① 파력 발전　　　② 화력 발전
③ 원자력 발전　　④ 태양광 발전

과학 정답 및 해설

01 　물질과 규칙성

문제 p. 21

대표 기출문제

01 ①	02 ①	03 ③	04 ④	05 ③
06 ③	07 ③	08 ④	09 ③	10 ③
11 ④	12 ②	13 ③	14 ②	15 ④
16 ①	17 ①	18 ②	19 ④	20 ④
21 ②	22 ①	23 ①	24 ①	25 ④
26 ③	27 ①	28 ④	29 ③	30 ①
31 ③	32 ②	33 ④	34 ①	35 ④

01 정답 ①
빅뱅 우주론은 약 138억 년 전 대폭발이 일어나 우주가 탄생한 후 계속 팽창하여 현재와 같은 우주를 이루었다는 우주론으로, 질량의 변화가 없는 상태에서 우주의 부피가 증가하기 때문에 우주의 크기는 증가하고 평균 밀도와 평균 온도는 낮아진다.

02 정답 ①
팽창하는 우주로 인해 온도가 낮아지면서 '기본 입자 → 양성자, 중성자 → 원자핵 → 원자 → 별, 은하'의 순으로 생성되었다.
ㄱ. 대폭발이 일어난 후 우주가 팽창하면서 우주의 온도가 점차 낮아지면서 물질들이 생성되었다.

> **⊗ 오답피하기**
> ㄴ. 수소 원자핵이 만들어지고 우주의 온도가 낮아지면서 수소 원자가 만들어졌다.
> ㄷ. 수소 원자핵은 양성자 1개와 같으므로 양성자 생성 시기에 이미 생성되었고, 양성자 2개와 중성자 2개가 모여 생성된 헬륨 원자핵은 수소 원자핵보다 나중에 만들어진다.

03 정답 ③
스펙트럼은 빛이 분광기를 통과할 때 파장에 따라 나누어져 나타나는 색의 띠를 말한다.
ㄱ. 불연속적이며 특정한 파장에 대해 선 형태로 나타나는 스펙트럼을 선 스펙트럼이라고 한다.
ㄴ. 가시광선이란 눈으로 볼 수 있는 영역의 빛으로 맨눈으로 관찰한 결과이므로 가시광선 영역에 속한다.

> **⊗ 오답피하기**
> ㄷ. 원소의 종류에 따라 스펙트럼의 선의 위치와 개수가 모두 다르므로 헬륨의 스펙트럼은 다르다.

04 정답 ④
질량이 태양보다 10배 이상인 별은 중심부에서 안정된 철까지 생성될 수 있으며 철보다 무거운 원소는 초신성 폭발 과정을 통해 생성된다.
ㄱ. 중심부에서 수소 핵융합 반응을 통해 헬륨이 만들어지는 주계열성 단계로 별 일생의 대부분을 차지한다.
ㄴ. 초거성 단계로 탄소, 산소, 규소 등의 원소가 차례로 핵융합 반응을 통해 만들어진다. 이 단계에서 별의 중심부에서는 가장 안정적인 철까지 만들어진다.
ㄷ. 철보다 무거운 원소는 초신성 폭발을 통해 만들어진다.

05 정답 ③
별 중심부의 온도가 1000만 K 이상으로 높아지면 4개의 수소(H) 원자핵이 융합하여 1개의 헬륨(He) 원자핵을 만드는 수소 핵융합 반응이 일어나 에너지가 생성된다.

> **⊗ 오답피하기**
> ① 빅뱅 : 지금의 우주가 하나의 점에서 대폭발하여 이루어졌다는 이론이다.
> ② 핵분열 : 하나의 원자핵이 여러 개의 작은 핵들로

쪼개지는 현상이다.

④ **우주 배경 복사** : 빅뱅 이후 약 38만 년이 되어 우주의 온도가 약 3000K이 되었을 때 처음으로 원자가 형성되면서 빛은 자유롭게 진행할 수 있었다. 이때 맨 처음으로 우주 공간을 가득 채운 빛을 우주 배경 복사라고 한다.

06 정답 ③

별의 진화 과정에서 별의 질량에 따라 중심부에서 만들어지는 원소는 달라진다. 태양 정도의 질량을 가진 별보다 태양보다 질량이 매우 큰 별의 중심부에서 더 무거운 원소가 생성되며 별의 바깥쪽보다 별의 중심부로 갈수록 원소는 더 무거워진다. 따라서 태양보다 질량이 매우 큰 별의 중심부에 위치한 C가 가장 무거운 원소가 생성되는 장소이다.

07 정답 ③

ㄱ. 헬륨의 핵융합 반응으로 탄소가 생성된다.
ㄴ. 초신성 폭발로 철보다 무거운 철과 우라늄과 같은 원소가 생성된다.

> **⊗ 오답피하기**
>
> ㄷ. 질량이 태양과 비슷한 별의 중심에서는 탄소, 산소까지 만들어질 수 있다. 철은 태양보다 질량이 10배 이상인 별의 내부에서 생성된다.

08 정답 ④

현대의 주기율표는 원자 번호 순서대로 원자를 배열하고, 비슷한 성질이 나타나면 같은 세로줄에 놓아 나타낸다. 따라서 가장 뒤쪽에 배치된 D가 원자 번호가 가장 크다.
원자 번호 : A < B < C < D

09 정답 ③

같은 족에 속하는 원소는 가장 바깥쪽 전자 껍질의 전자 수가 같다.

리튬(Li)과 나트륨(Na)은 가장 바깥쪽 전자 껍질의 전자 수가 같으므로 같은 족 원소이며 1개의 전자가 있으므로 1족 원소임을 알 수 있다.

10 정답 ③

전자는 안쪽 전자 껍질부터 차례대로 채워지며 가장 바깥 전자 껍질에 들어 있는 전자의 수를 통해 플루오린이 몇 족에 속하는지 파악할 수 있다. 플루오린은 가장 바깥 전자 껍질에 들어 있는 전자의 개수는 7개이고, 이를 통해 플루오린은 17족 원자임을 알 수 있다.

11 정답 ④

원자가 전자는 원자의 전자 배치에서 가장 바깥 전자 껍질에 들어 있는 전자로, 화학 결합에 참여하는 전자를 말한다. 원자가 전자 수는 주기율표 족의 일의 자리 수와 같으므로 1족 원소인 A, C는 1개, 16족 원소인 B는 6개, 17족 원소인 D는 7개의 원자가 전자를 갖는다. 단, 18족 원소는 화학 반응에 참여하는 전자가 없으므로 원자가 전자 수는 0이다.

12 정답 ②

원자가 전자란 원자에서 바깥쪽 껍질에 존재하며 화학 반응에 참여하는 전자를 말한다.

① 원자가 전자 수 3개   ② 원자가 전자 수 4개   ③ 원자가 전자 수 5개   ④ 원자가 전자 수 6개

13 정답 ③

ㄱ. 탄소 원자 모형에서 양성자 수는 6이고, 전자 수는 6이므로 전기적으로 중성 상태이다.
ㄴ. 중성 원자에서 양성자 수는 전자 수와 같으며, 이것이 원자 번호이므로 원자 번호는 6번이다.

> **⊗ 오답피하기**
>
> ㄷ. 원자가 전자는 화학 결합에 참여하는 원자의 최

외각에 존재하는 전자이므로 탄소의 원자가 전자
는 4개이다.

14 정답 ②

네온은 가장 바깥 전자 껍질의 전자 수가 8개로 안정한
비활성 기체이다. 산소는 가장 바깥 전자 껍질의 전자
수가 6개 있으므로 네온과 같은 전자 배치를 갖기 위해서
는 2개의 전자가 더 필요하다.

15 정답 ④

ㄱ. 2개의 수소 원자는 각각 전자를 1개씩 내놓아 1쌍의
   공유 전자쌍을 만들며 안정된 전자 배치를 갖는 수소
   분자가 형성된다.
ㄴ. 물 분자를 형성할 때 수소 원자와 산소 원자는 전자쌍
   을 각각 1쌍씩 공유한다.
ㄷ. (나)는 공유 전자쌍이 총 2개이다.

16 정답 ①

산소는 산소 원자 2개가 전자쌍을 2쌍 공유하여 형성된
기체로 생물의 호흡이나 물질의 연소에 사용되는 기체
이다.

⊗ 오답피하기

② 암모니아는 물에 잘 녹는 공유 결합 물질이다.
③ 염화 칼슘은 제설제로 사용되는 이온 결합 물질
   이다.
④ 질산 칼륨은 이온 식품 첨가물로 이용되는 이온
   결합 물질이다.

17 정답 ①

원자가 전자를 잃으면 양이온이 된다. 이온식을 쓸 때
원소 기호 오른쪽 위에 잃어버린 전자의 수와 '+'를 붙여
나타낸다. 나트륨 이온은 Na^+이므로 나트륨 원자가 잃은
전자의 개수는 1개이다.

18 정답 ②

이온 결합 물질은 물에 녹아 양이온과 음이온으로 나눠지
며, 이온들이 물속에서 자유롭게 이동하여 전기 전도성을
갖는다.

⊗ 오답피하기

ㄱ. 염화 나트륨(NaCl)은 나트륨 이온과 염화 이온이
   정전기적 인력으로 결합된 이온 결합 물질이다.
ㄴ. 고체 상태에서 양이온과 음이온이 강하게 결합하
   고 있어 전기 전도성이 없다.

19 정답 ④

양이온과 음이온의 정전기적 인력에 의한 결합은 이온
결합이다. 염화 나트륨은 나트륨 이온(Na^+)과 염화 이온
(Cl^-)이 이온 결합하여 만들어진 이온 결합 물질이다.

⊗ 오답피하기

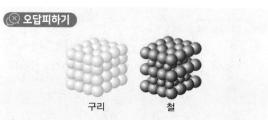

철, 구리, 마그네슘과 같은 원자는 독립적으로 존재하
지 못하고 이웃 원자들과 연속적으로 결합되어 있어,
철은 Fe, 구리는 Cu, 마그네슘은 Mg와 같이 원소
기호로 나타낸다.

20 정답 ④

이온 결합은 금속 원소와 비금속 원소가 각각 양이온과
음이온이 된 후 정전기적 인력에 형성된 결합으로, 염화
나트륨(NaCl)이 가장 대표적인 이온 결합 물질이다.

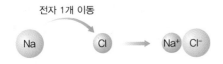

전자 1개 이동

Na → Cl → Na⁺ Cl⁻

21 정답 ②

ㄷ. 염화 나트륨(NaCl)은 이온 결합 물질로 물에 잘 녹고 물에 녹아 양이온과 음이온으로 나뉘어 전기가 통한다.

> **⊗ 오답피하기**
>
> ㄱ, ㄴ. 설탕은 공유 결합 물질로 물에 잘 녹지만 물에 녹아 이온으로 나뉘지 않으므로 전류가 흐르지 않는다.

22 정답 ①

물(H_2O)은 수소 원자 2개와 산소 원자 1개로 이루어진 공유 결합 화합물로, 순수한 물은 색깔·냄새·맛이 없다. 물은 지구에 살고 있는 모든 생물에게 없어서는 안 될 중요한 물질이며, 사람 몸의 약 70%를 차지한다.

> **⊗ 오답피하기**
>
> ② 암모니아는 질소 원자 1개와 수소 원자 3개가 공유 결합한 물질이다.
> ③ 염화 나트륨은 염화 이온과 나트륨 이온이 결합한 이온 결합 물질이다.

23 정답 ①

금속 원소는 주기율표상 왼쪽에 위치하며 상온에서 대부분 고체 상태이다. 전기가 잘 통하며 광택이 있는 구리는 금속 원소이다.

> **⊗ 오답피하기**
>
> ② 염소는 비금속 원소이다.
> ③ 헬륨은 비금속 원소이다.
> ④ 브로민은 비금속 원소이다.

24 정답 ①

규산염 사면체는 규소 1개를 중심으로 산소 4개가 공유 결합한 사면체로, 규산염 사면체를 기본 골격으로 이루어진 광물을 규산염 광물이라고 한다.

25 정답 ④

탄소로 이루어진 기본 골격에 수소, 산소, 질소, 황, 인 등 여러 원소가 공유 결합하여 이루어진 고분자 물질로 생명체를 구성하고, 에너지원으로 사용되므로 생명 활동을 하는 데 중요하다. 탄소 화합물의 예로 탄수화물, 단백질, 지질, 핵산 등이 있다.

26 정답 ③

메테인은 탄소 원자 1개와 수소 원자 4개가 모여 이루어진 분자이다.

27 정답 ①

DNA의 염기는 A(아데닌), G(구아닌), T(타이민), C(사이토신) 4가지가 있으며 A(아데닌)은 T(타이민)과 G(구아닌)은 C(사이토신)과 상보적 결합을 한다.
㉠은 T(타이민)과 상보적 결합을 하는 염기가 된다.

28 정답 ④

DNA는 이중 나선 구조로 유전 정보를 저장하는 역할을 한다. DNA의 구성 염기는 A(아데닌), G(구아닌), T(타이민), C(사이토신)이다.

29 정답 ③

핵산은 DNA와 RNA로 구분할 수 있다. DNA는 유전 정보를 저장하고 RNA는 유전 정보를 전달하고 단백질을 합성하는 데 관여한다.

30 정답 ①

핵산은 DNA와 RNA가 있고 RNA는 폴리뉴클레오타이드 한 가닥으로 구성된 단일 가닥 구조이다. RNA의 염기는 아데닌(A), 구아닌(G), 사이토신(C), 유라실(U)이 있다.

⊗ 오답피하기

② (중성)지방 : 지질의 한 종류로 1g당 9kcal를 낼 수 있는 에너지원이다.
③ 단백질 : 생명체의 구성 성분이자 에너지원이다. 단위체는 아미노산이다.
④ 탄수화물 : 주 에너지원으로 몸을 구성하는 비율이 낮다. 포도당, 녹말, 글리코젠, 셀룰로스 등이 해당한다.

31 정답 ③

아미노산은 단백질의 단위체로 아미노산의 펩타이드 결합을 통해 폴리펩타이드가 형성되며 입체 구조를 형성하면서 단백질이 형성된다. 펩타이드 결합은 두 아미노산이 결합하여 물이 빠져나오는 방식으로 결합하며 이를 탈수 축합 중합 반응이라고 한다.

32 정답 ②

아미노산은 단백질의 단위체다. 아미노산은 펩타이드 결합을 통해 폴리펩타이드를 형성하고, 폴리펩타이드가 입체 구조를 형성하며 단백질이 만들어진다.

33 정답 ④

초전도체는 임계 온도 이하에서 외부 자기장을 밀어내는 특성(마이스너 효과)을 가지고 있으므로 이를 이용하여 자기 부상 열차를 만들 수 있다. 자기 부상 열차는 초전도 현상을 이용해 열차를 띄워 바닥과의 마찰이 없으므로 소음과 진동이 적고 빠르게 이동할 수 있다.

34 정답 ①

그래핀은 탄소 원자가 육각형 벌집 모양의 구조를 이룬 것으로 열과 전기 전도성이 크고 강철보다 강한 특징을

가지고 있다. 또한 투명하면서 유연성이 있어 휘어지는 디스플레이나 의복형 컴퓨터, 야간 투시용 콘텍트 렌즈 등에 사용할 수 있다.

35 정답 ④

탄소 나노 튜브는 신소재 중 하나로 그래핀이 원통 튜브 모양으로 말려 있는 구조이다. 탄소 나노 튜브는 열과 전기 전도성이 높고 강철보다 강도가 뛰어난 특징을 갖는다.

02 시스템과 상호 작용

대표 기출문제   문제 p. 44

01 ①	02 ④	03 ②	04 ④	05 ②
06 ①	07 ②	08 ②	09 ③	10 ④
11 ②	12 ①	13 ③	14 ④	15 ③
16 ①	17 ③	18 ③	19 ③	20 ④
21 ④	22 ①	23 ①	24 ②	25 ①
26 ②	27 ②	28 ②	29 ②	30 ①
31 ③	32 ③	33 ③	34 ②	35 ③
36 ④	37 ①	38 ④	39 ①	40 ③
41 ④	42 ①	43 ②	44 ②	45 ②
46 ③	47 ④	48 ①	49 ②	

01 정답 ①

중력은 질량이 있는 물체 사이에 상호 작용하는 힘으로 거리에 가까울수록, 질량이 클수록 크다.

⊗ 오답피하기

② 마찰력은 물체의 운동을 방해하는 힘이다.
③ 자기력은 자석과 자석, 자석과 쇠붙이 사이에서 작용하는 힘을 말한다.
④ 전기력은 전기를 띤 물체 사이에서 작용하는 힘이다.

02 정답 ④

자유 낙하 운동은 물체가 중력만 받아 낙하하는 운동으로 1초마다 9.8m/s씩 일정하게 증가하는 등가속도 운동이다.
④ 중력의 방향은 모두 지구 중심 방향(연직 아래 방향)으로 같다.

⊗ 오답피하기

① 가속도는 물체의 단위 시간당 속도 변화량으로 자유 낙하 운동은 1초마다 일정한 빠르기로 증가하므로 가속도가 일정하다.
② 자유 낙하 운동은 점점 빠르기가 빨라지는 운동이므로 속도가 증가한다.

③ 자유 낙하 운동은 중력을 받아 낙하하는 운동을 말한다.

03 정답 ②

자유 낙하 운동은 등가속도 운동으로 단위 시간 동안 속도 증가량이 일정하다. 중력 가속도가 $10m/s^2$이므로 단위 시간 동안 빠르기는 10m/s씩 증가한다. 빠르기가 10m/s 증가한다는 의미는 1초당 추가로 10m를 더 이동할 수 있다는 뜻이다. 따라서 ㉠ 구간은 25m + 10m = 35m를 1초간 이동한다.

04 정답 ④

공기의 저항을 무시할 때 물체가 중력만 받아 낙하하는 운동으로, 운동 방향과 중력의 방향이 같아 1초당 10m/s씩 점점 속력이 증가하는 운동을 한다. 따라서 낙하 시간이 가장 긴 D의 속도가 가장 빠르다.

05 정답 ②

공기 저항이 없는 조건에서 물체를 가만히 떨어뜨리면 물체는 중력만을 받아 자유 낙하 운동한다. 자유 낙하 운동은 물체 운동 방향과 같은 방향으로 일정한 크기의 중력을 받아 속력이 일정하게 증가하는 등가속도 운동을 한다.

06 정답 ①

수평 방향으로 던진 물체의 운동은 수평 방향으로는 등속 운동, 연직 방향으로는 등가속도 운동을 한다. 따라서 수평 방향의 속도 ㉠은 시간이 지나도 5m/s로 모두 같다. 연직 방향은 등가속도 운동으로 시간이 지남에 따라 속도가 일정하게 증가하는데 중력 가속도가 $10m/s^2$이므로 1초당 10m/s씩 증가한다. 따라서 ㉡은 3초가 지났으므로 30이다. ㉠ + ㉡ = 5 + 30 = 35이다.

07 정답 ②

수평 방향으로 던진 공의 운동은 수평 방향으로는 힘이 작용하지 않아 등속 운동을 하고 연직 방향으로는 중력이 작용하여 속력이 일정하게 증가하는 운동을 한다.

08 정답 ②

수평 방향으로 던져진 공이 2초 후 중력에 의해 지면에 도착한다. 수평 방향으로 받는 힘이 없어 등속 운동을 하며 10m/s의 속력으로 2초 이동했으므로 10m/s × 2초 = 20m이다. 두 점선 사이의 거리가 각 10m이므로 공의 도달 지점은 B이다.

09 정답 ③

충격량은 운동량의 변화량과 같다. A, B, C 모두 같은 크기의 충격량을 받았기 때문에 운동량의 변화량이 모두 같다. 운동량의 변화량은 나중 운동량 – 처음 운동량으로 계산할 수 있으므로 A와 B 모두 충격량이 3임을 알 수 있다. 따라서 C는 ㉠ – 5 = 3이 나와야 하므로 ㉠은 8이 된다.

10 정답 ④

운동량은 운동하는 물체의 운동 정도를 나타내는 물리량으로 질량과 속도를 곱하여 계산한다. 따라서 A의 운동량은 2kg · m/s, B의 운동량은 4kg · m/s, C의 운동량은 3kg · m/s, D의 운동량은 6kg · m/s가 된다. 운동량이 가장 큰 것은 D이다.

11 정답 ②

충격량은 물체가 받은 충격의 정도를 나타내는 양으로 운동량의 변화량과 같다. 따라서 충격량 = 운동량의 변화량 = 나중 운동량 – 처음 운동량으로 계산할 수 있다. 운동량은 질량 × 속도로 계산할 수 있고 물체가 정지했으므로 나중 운동량은 0이 된다. 따라서 충격량은 (3kg × 0) – (3kg × 4m/s)= –12kg · m/s이므로 12N · s 가 된다.

12 정답 ①

운동량은 운동하는 물체가 갖는 물리량으로 물체의 질량과 속도의 곱으로 계산한다.

물체 A와 B의 운동량의 크기가 같으므로
A의 운동량 3kg × 1m/s는 B의 운동량이 된다.
따라서 3kg · m/s = 1kg × (B의 속도)가 된다.
이를 계산하면 B의 속도는 3m/s이다.

13 정답 ③

시간에 따른 힘 그래프에서 아랫부분의 넓이는 충격량의 크기와 같다. 따라서 10N×5s=50N · s가 물체가 받은 충격량이다.

14 정답 ④

물체가 받은 충격량 = 운동량의 변화량 = 나중 운동량 – 처음 운동량이므로 충격량의 크기는 A : 3N · s, B : 4N · s, C : 5N · s, D : 6N · s로 D의 충격량이 가장 크다.

15 정답 ③

기권은 높이에 따른 기온 분포로 열권(A), 중간권(B), 성층권(C), 대류권(D)으로 나뉜다. 성층권(C)은 오존층이 자외선을 흡수하여 높이 올라갈수록 기온이 높아져 대류 현상이 일어나지 않는 안정한 층이다.

16 정답 ①

A : 암석권, B : 대륙 지각, C : 연약권, D : 해양 지각
① 암석권은 고체 상태의 지각과 상부 맨틀로 이루어진 부분으로 두께는 약 100km이다.

⊗ 오답피하기
② B는 대륙 지각이다.
③ C는 연약권으로 암석권 아래에 위치하며, 고온의 고체 상태인 맨틀이 부분적으로 녹아 맨틀의 대류가 나타난다.
④ D는 해양 지각이다.

17 정답 ③

A : 지각 B : 맨틀 C : 외핵 D : 내핵

지구 내부의 층상 구조 중 외핵(C)만 액체 상태이다.

18 정답 ③

A : 혼합층, B : 수온 약층, C : 심해층

ㄱ. 햇빛에 의해 표층이 가열되어 수온이 높고 바람에 의해 혼합되어 깊이에 관계없이 수온이 거의 일정한 층이다.

ㄴ. 수온 약층으로 수심이 깊어짐에 따라 수온이 급격하게 낮아지는 해수층이다.

> **오답피하기**
>
> ㄷ. 심해층은 수온이 가장 낮고 수온 변화가 거의 나타나지 않는다.

19 정답 ③

지구 시스템에 영향을 주는 에너지에는 태양 에너지, 지구 내부 에너지, 조력 에너지가 있고, 이 중 물의 순환의 주요 에너지원은 태양 에너지이다. 태양 에너지는 태양의 수소 핵융합 반응에 의해 생성된 에너지이다.

20 정답 ④

ㄴ. 화산 폭발에 의해 기후 변화, 지형의 변화, 생태계 변화 등이 일어날 수 있다.

ㄷ. 화산 활동은 분출된 화산재에 의해 토양이 비옥해지는 것, 화산 활동을 활용하여 관광지로 활용하는 것, 지열을 활용하여 난방과 전기 에너지를 생산하는 것과 같은 이로운 점이 있다.

> **오답피하기**
>
> ㄱ. 화산 활동과 같은 지각 변동은 지구 내부 에너지에 의해 지각 변동이 일어난다.

21 정답 ④

지구 내부 에너지는 고온의 지구 내부에서 방사성 원소의 붕괴열이 지표로 이동하는 것이다. 지각 변동으로 화산 활동과 지진이 동반된다.

> **오답피하기**
>
> ① 조력 에너지 : 조석에 따라 조류의 방향이 주기적으로 변해서 생기는 에너지이다.
> ② 풍력 에너지 : 풍차를 이용하여 자연의 바람 에너지를 기계 에너지로 변환시켜 얻는 에너지이다.
> ③ 바이오 에너지 : 나무, 작물, 해조류 같은 유기체나 음식물 쓰레기, 폐식용유 같은 유기성 폐기물 등을 이용해 만든 연료에서 얻는 에너지이다.

22 정답 ①

태풍은 수권에 해당하는 해수의 온도가 높아져 다량의 수증기가 기권인 대기로 공급되어 형성된다. 따라서 수권과 기권의 상호 작용이다.

23 정답 ①

화산 활동은 지권에서 일어나는 현상이고 대기 중으로 방출되는 것은 기권에 영향을 주는 것이므로 기권과 지권 사이의 상호 작용인 A가 해당한다.

24 정답 ②

지하수와 파도는 수권에 해당하고, 석회 동굴과 해안선의 모양 변화는 지권의 변화에 해당한다. 따라서 수권과 지권의 상호 작용이다.

25 정답 ①

기권에 속한 이산화 탄소가 수권에 해당하는 바닷물에 녹아 들어갔으므로 기권과 수권의 상호 작용으로 볼 수 있다.

26 정답 ②

지진 해일은 지권에서 일어난 지진에 의해 수권의 해일이 발생한 것으로 지권과 수권의 상호 작용이다.

27 정답 ②

화석 연료는 동물과 식물의 유해가 땅속에 묻혀 형성된 것으로 지권에 포함된다. 화석 연료의 연소 과정을 통해 탄소는 기권인 대기 중으로 이산화 탄소 형태로 이동하므로 지권과 기권의 상호 작용이다.

28 정답 ②

판과 판이 어긋나면서 형성되는 단층을 변환 단층이라고 하며, 이러한 판의 경계를 보존형 경계라고 한다. 보존형 경계는 판의 생성과 소멸은 없고 지진만 나타나는 특징이 있다. 해구, 습곡 산맥, 호상 열도는 수렴형 경계에서 발달한다.

29 정답 ②

판과 판이 멀어지는 발산형 경계에서는 해령과 열곡이 발달한다. 해구, 습곡 산맥, 호상 열도는 판과 판이 가까워지는 수렴형 경계에서 발달하는 지형이다.

30 정답 ①

판과 판이 멀어지는 발산형 경계는 맨틀 상승에 의해 새로운 판이 생성되는 경계를 말한다. 발산형 경계에 발달하는 지형은 해령과 열곡이다.

> **⊗ 오답피하기**
>
> ②, ③ 해구와 호상 열도는 맨틀이 하강하며 판이 소멸되는 수렴형 경계에 발달하는 지형이다.
> ④ 변환 단층은 판과 판이 어긋나는 보존형 경계에서 나타나는 지형으로 판의 생성과 소멸은 없다.

31 정답 ③

A, D : 해구(수렴형 경계), B : 변환 단층(보존형 경계), C : 해령(발산형 경계)
발산형 경계는 맨틀이 상승하면서 판과 판이 멀어지는 경계이다.

32 정답 ③

수렴형 경계 중 대륙판과 대륙판이 가까워지는 충돌형 경계에서는 습곡 산맥이 형성될 수 있다. 히말라야 산맥이 가장 대표적이다.

33 정답 ③

A : 엽록체, B : 핵, C : 세포벽, D : 미토콘드리아
세포벽은 식물 세포에 존재하는 것으로 세포를 보호하고 세포 형태를 유지하는 기능을 한다.

> **⊗ 오답피하기**
>
> ① **엽록체**(A) : 광합성을 통해 물과 이산화 탄소를 이용하여 포도당을 합성한다.
> ② **핵**(B) : 핵막으로 둘러싸여 있으며 유전 정보를 저장하는 DNA가 있다.
> ④ **미토콘드리아**(D) : 세포 호흡이 일어나 에너지를 생성한다.

34 정답 ②

광합성은 식물의 엽록체에서 이산화 탄소, 물을 이용하여 포도당과 산소가 생성되는 반응으로 빛에너지가 화학 에너지로 전환되는 과정이다.

> **⊗ 오답피하기**
>
> ① 핵 : 생명 활동의 중심으로 유전 물질이 저장되어 있다.
> ③ 세포막 : 물질 출입 조절에 관여한다. 선택적 투과성이 있다.
> ④ 미토콘드리아 : 세포 호흡이 일어나는 장소이다.

35 정답 ③

세포 호흡은 영양소를 이용하여 에너지를 생성하는 것으로 주로 미토콘드리아에서 일어난다.

> **⊗ 오답피하기**
>
> ① 리보솜 : 막으로 둘러싸여 있지 않은 작은 알갱이

모양으로 DNA의 유전 정보에 따라 단백질을 합성한다.
② 핵 : 유전 물질인 DNA가 있어 세포의 생명 활동을 조절한다.
④ 소포체 : 리보솜에서 합성된 단백질을 골지체나 세포의 다른 부위로 운반한다.

36 정답 ④

세포막은 선택적 투과성이 있어 물질의 출입을 조절한다. 산소, 이산화 탄소와 같이 입자의 크기가 작고 소수성인 물질은 인지질 2중층을 통해, 포도당과 같이 분자 크기가 크고 친수성인 물질은 막단백질을 통해 물질의 확산이 일어난다.

37 정답 ①

세포막을 경계로 물질이 이동하는 방법 중 하나인 확산은 물질이 농도가 높은 쪽에서 낮은 쪽으로 퍼져 나가는 현상이다.

38 정답 ④

세포막을 통한 물질의 이동 중 확산을 나타낸 것으로 물질의 농도가 높은 곳에서 낮은 곳으로 이동한다. 물질의 크기나 성질에 따라 인지질 2중층이나 막단백질을 통해 확산이 일어난다.
ㄴ. 산소와 같이 크기가 매우 작은 기체 분자는 인지질 2중층을 통해 확산된다.
ㄷ. 포도당과 같이 비교적 크기가 큰 수용성 물질은 인지질 2중층을 통과하지 못하고 막단백질을 통해 이동한다.

> ⊗ **오답피하기**
> ㄱ. 세포막은 인지질 2중층에 단백질이 파묻히거나 관통하는 구조를 하고 있다.

39 정답 ①

삼투는 세포막을 경계로 농도가 낮은 용액에서 농도가 높은 용액으로 물이 이동하는 현상이다.

40 정답 ③

물질대사는 생물체 내에서 일어나는 화학 반응이다.
ㄱ. 세포 호흡과 같이 고분자 물질이 저분자 물질로 나뉘는 것을 이화 작용이라고 하고 물질대사에 해당한다.
ㄷ. 효소는 화학 반응이 일어나기 위한 최소한의 에너지인 활성화 에너지 크기를 조절하여 반응 속도를 변화시킬 수 있다.

> ⊗ **오답피하기**
> ㄴ. 물질대사는 에너지 출입을 동반하여 에너지 대사라고도 한다. 동화 작용은 흡열 반응, 이화 작용은 발열 반응이다.

41 정답 ④

물질대사는 생명체 내에서 일어나는 화학 반응으로 물질을 합성하는 동화 작용과 물질을 분해하는 이화 작용으로 구분할 수 있다. 물질대사 과정에는 에너지 출입이 일어나 에너지 대사라고도 한다.

> ⊗ **오답피하기**
> ① 삼투 : 세포막을 경계로 농도가 낮은 용액에서 농도가 높은 용액으로 물이 이동하는 현상이다.
> ② 연소 : 물질이 빛과 열을 내며 타는 것을 말한다.
> ③ 확산 : 입자가 스스로 운동하여 농도가 높은 쪽에서 낮은 쪽으로 퍼져 나가는 현상을 말한다.

42 정답 ③

효소는 생명체 내에서 합성되어 물질대사를 촉진하는 물질로 생체 촉매라고 부른다. 효소는 화학 반응이 일어나는 데 필요한 최소한의 에너지인 활성화 에너지를 감소시켜 반응 속도를 증가시킨다.

① 물 : 생물을 구성하는 비율이 가장 높다. 체온 조절, 물질 운반에 관여한다.
②, ④ 녹말, 셀룰로스 : 탄수화물의 한 종류로 포도당이 규칙적으로 반복 결합한 탄소 화합물이다.

43 정답 ②

물질대사는 생명체 내에서 일어나는 화학 반응으로 생체 촉매인 효소가 필요하다. 소화 효소에 의해 음식물을 흡수할 수 있는 크기로 분해할 수 있다.

44 정답 ②

활성화 에너지는 화학 반응이 일어나는 데 필요한 최소한의 에너지로 생체 촉매인 효소는 활성화 에너지를 감소시켜 반응 속도를 증가시킨다.
• A+B : 효소가 없을 때 활성화 에너지
• B : 효소가 있을 때 활성화 에너지
• C : 반응열 ➡ 반응물과 생성물의 에너지 차이로 효소의 유무와 관계없이 일정함.

45 정답 ②

DNA의 유전 정보를 RNA로 전달하는 과정인 (가)는 전사, RNA의 정보를 이용하여 단백질이 합성되는 과정을 (나) 번역이라고 한다. 전사는 핵 안에서, 번역은 세포질에서 일어난다.

46 정답 ③

유전 정보의 전달 과정은 생명 중심 원리에 따른다. 생명 중심 원리는 DNA의 유전 정보를 RNA에 전달하고 RNA를 이용하여 단백질이 합성되는 흐름이다. 전사는 DNA의 유전 정보를 ㉠ RNA로 전달하는 과정이고, 번역은 RNA에 유전 정보에 따라 ㉡ 단백질이 합성되는 과정이다.

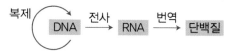

47 정답 ④

전사는 이중 나선으로 되어 있는 DNA의 한 가닥을 기준으로 하여 상보적 염기를 갖는 RNA가 생성되는 것을 말한다. 전사된 RNA의 염기를 보았을 때 CGAGT 염기를 가진 가닥을 기준으로 RNA가 전사되었음을 알 수 있다. 따라서 ㉠은 A의 상보적인 U, ㉡은 G에 상보적인 C가 전사된다.
▶ 염기의 상보적 관계

DNA 염기	A	G	C	T
↓ (전사)	↓	↓	↓	↓
RNA 염기	U	C	G	A

48 정답 ①

DNA는 2중 나선 구조로 2가닥의 염기는 A(아데닌)-T(타이민) / G(구아닌)-C(사이토신)과 같이 상보 결합하고 있다. DNA의 이중 나선 중 한쪽 가닥을 바탕으로 상보적 서열을 갖는 RNA가 합성되는 것을 전사라고 한다.

49 정답 ②

DNA는 이중 나선 구조로 염기가 상보적으로 결합되어 있다. ㉠은 C(사이토신)과 결합되어 있으므로 ㉠은 G(구아닌)임을 알 수 있다. 또한 DNA 염기 서열에 상보적인 염기 서열인 RNA가 합성되는 것을 (가) 전사라고 한다.

03 변화와 다양성

대표 기출문제 문제 p. 67

01 ②	02 ②	03 ①	04 ④	05 ①
06 ①	07 ①	08 ②	09 ②	10 ④
11 ①	12 ①	13 ①	14 ②	15 ③
16 ①	17 ③	18 ②	19 ②	20 ④
21 ③	22 ①	23 ④	24 ②	25 ④
26 ④	27 ③	28 ④		

01 정답 ②

산화는 물질이 산소를 얻거나 전자를 잃어버리는 것을 말한다. 탄소는 산소를 얻어 이산화 탄소가 되었으므로 탄소가 산화되었다. 산화 구리(Ⅱ)는 산소를 잃고 구리가 되었으므로 환원되었다.

02 정답 ②

산화는 산소를 얻거나 전자를 잃는 반응을 말한다. 구리(Cu)는 전자를 잃고 구리 이온(Cu^{2+})이 되었으므로 산화되었다.

오답피하기

① 은이온(Ag^+)은 전자를 얻고 은(Ag)이 되었으므로 환원되었다.

03 정답 ①

화학 반응식은 화살표(→)를 기준으로 왼쪽에 반응물, 오른쪽에 생성물을 쓰며 반응물이나 생성물이 2개 이상인 경우 (+)로 연결한다. 마그네슘(Mg)과 산소(O_2)의 반응 결과 산화 마그네슘(MgO)이 형성되는 화학 반응식에서 마그네슘(Mg)과 산소(O_2)는 반응물, 산화 마그네슘(MgO)은 생성물이다.

오답피하기

② 마그네슘(Mg)과 산소(O_2)는 반응물이므로 반응물의 종류는 2가지이다.

③ 환원은 물질이 산소를 잃거나 전자를 얻는 반응으로 마그네슘(Mg)은 산화 마그네슘(MgO)이 되었으므로 산소를 얻어 산화되었다.

④ 산화 마그네슘(MgO)은 마그네슘 양이온(Mg^{2+})과 산화 이온(O^{2-})인 음이온의 결합으로 생성된 이온 결합 물질이다. 따라서 산소(O_2)는 산화 이온(O^{2-})이 되면서 전자를 얻었으므로 환원되었다.

04 정답 ④

전자를 얻거나 산소를 잃는 반응을 환원이라고 한다. 은 이온은 전자를 얻었으므로 환원되어 은이 된다.

오답피하기

① 산화 : 전자를 잃거나 산소를 얻는 반응
② 연소 : 물질이 산소와 결합하여 빛과 열을 내며 타는 현상
③ 중화 : 산과 염기가 반응하여 물을 생성하는 반응

05 정답 ①

산화는 산소를 얻거나 전자를 잃는 것, 환원은 산소를 잃거나 전자를 얻는 것을 뜻한다. 또한 화학 반응식에서 반응 물질은 화학 반응식의 화살표에서 왼편에 놓인 산화 철(Ⅲ)과 일산화 탄소이다. 산화 철(Ⅲ)과 일산화 탄소 중 산화 철(Ⅲ)은 산소를 잃고 철이 되었으므로, 산소를 잃어 환원되었고, 일산화 탄소는 산소를 얻어 이산화 탄소가 되었으므로 산화되었다.

06 정답 ①

산의 공통적인 성질인 산성은 수소 이온(H^+)에 의해 나타난다. 산의 종류에 따라 성질의 차이가 나는 것은 산의 음이온 때문이다.

07 정답 ①

물에 녹아 수소 이온을 내놓아 산성을 나타내는 물질을 산이라고 한다.

① HCl은 물에 녹아 수소 이온을 내놓는 산이다.

오답피하기

② 수산화 칼륨(KOH), ③ 수산화 나트륨(NaOH), ④ 수산화 칼슘($Ca(OH)_2$)은 모두 물에 녹아 수산화 이온(OH^-)을 내놓는 염기이다.

08 정답 ②

묽은 염산(HCl)과 묽은 황산(H_2SO_4)은 산으로 물에 녹아 수소 이온(H^+)을 내놓아 산성을 나타낸다.

염산	HCl	→	H^+	+	Cl^-
황산	H_2SO_4	→	$2H^+$	+	SO_4^{2-}

09 정답 ②

붉은색 리트머스 종이를 푸른색으로 변하게 하는 것은 염기로 염기의 공통 성질은 염기가 물에 녹아 내놓는 수산화 이온(OH^-)에 의해 나타난다.
② KOH(수산화 칼륨)은 물에 녹아 수산화 이온(OH^-)을 내놓는 염기이다.

오답피하기

① HCl, ③ HNO_3, ④ H_2SO_4은 모두 물에 녹아 수소 이온(H^+)을 내놓는 산이다.

10 정답 ④

염기는 수용액에서 이온화하여 수산화 이온(OH^-)을 내는 물질이다. 염기의 예로는 수산화 나트륨, 수산화 칼륨, 수산화 칼슘, 암모니아 등이 있다.

오답피하기

칼륨 이온, 칼슘 이온, 나트륨 이온은 염기성을 나타내는 음이온인 수산화 이온과 만나 염기의 종류마다 다른 특이성을 나타내는 양이온이다.

11 정답 ①

중화 반응은 산의 수소 이온(H^+)과 염기의 수산화 이온(OH^-)이 반응하여 물(H_2O)을 생성하는 반응으로 묽은 염산의 수소 이온(H^+)과 수산화 나트륨의 수산화 이온(OH^-)이 반응하여 물(H_2O)이 만들어진다. 따라서 수산화 나트륨 수용액 안에는 수산화 이온(OH^-)이 존재해야 한다.

12 정답 ①

중화 반응은 산의 수소 이온(H^+)과 염기의 수산화 이온(OH^-)이 반응하여 중성인 물이 생성되는 반응을 말한다. 염산의 수소 이온(H^+)과 수산화 나트륨의 수산화 이온(OH^-)이 반응하여 물(H_2O)을 형성한다.

13 정답 ①

산의 수소 이온(H^+)과 염기의 수산화 이온(OH^-)이 반응하여 물이 생성될 때 수소 이온(H^+)과 수산화 이온(OH^-)은 1 : 1의 개수비로 반응한다.

14 정답 ②

철이 공기 중의 산소를 만나 녹이 스는 것은 산화 환원 작용이다. 산화란 물질이 산소를 얻거나 전자를 잃는 것을 말한다.

15 정답 ③

산화 환원 반응은 물질이 산소나 전자를 잃거나 얻어서 형성되는 반응으로 연소 반응, 철이 녹스는 반응, 사과의 갈변 현상이 대표적인 예이다.
③ 산성화된 토양에 석회 가루를 뿌리는 것은 산과 염기의 중화 반응이다.

16 정답 ①

신생대를 알려 주는 대표 화석은 매머드, 화폐석 등이 있다. 그림에 해당하는 것은 매머드이다.

② 삼엽충은 고생대에 바닷속에서 살았던 생물이다.

③ 화폐석은 신생대에 바닷속에서 살았던 생물이다.

④ 암모나이트는 중생대에 바닷속에서 살았던 생물이다.

17 정답 ③
공룡은 중생대에 번성했던 생물이므로 공룡 발자국이 나타난 퇴적층은 중생대에 생성되었다고 볼 수 있다.

18 정답 ②
A : 선캄브리아 시대, B : 고생대, C : 중생대,
D : 신생대
삼엽충은 고생대에 번성한 생물이다.

19 정답 ②
공룡은 중생대의 표준 화석이다. 중생대의 표준 화석은 공룡, 암모나이트가 있다.

20 정답 ④
매머드는 신생대 표준 화석이다. 신생대는 지질 시대 중 기간이 가장 짧다.

21 정답 ③
판게아가 분리되고 파충류인 공룡이 번성한 시대는 중생

대이다.

① 선캄브리아 시대는 지질 시대 중 가장 긴 시기로 생물에 껍질이나 뼈 등 단단한 부분이 없고 지각 변동을 많이 받아 화석이 드물게 발견된다.
② 고생대 말기에 판게아가 형성된다. 이 시기 표준 화석은 삼엽충, 갑주어 등이 있다.
④ 신생대는 포유류의 시대로 최초의 인류가 출현하고 매머드, 화폐석이 표준 화석이다.

22 정답 ①
A 시기는 중생대의 대멸종을 뜻하므로 중생대 생물인 공룡이 해당한다.

매머드, 화폐석은 신생대, 삼엽충은 고생대의 표준 화석이다.

23 정답 ④
종 다양성은 일정한 지역에 얼마나 많은 생물종이 고르게 분포하며 살고 있는지를 의미한다.

① 개체 수 : 일정 범위 내 존재하는 생물 각각의 수를 말한다. 종 다양성은 생물종 수 및 분포 정도를 비교한다.
② 소비자 : 스스로 양분을 만들지 못하고 다른 생물을 먹이로 살아가는 생물을 말한다.
③ 영양 단계 : 먹이 그물에서 에너지를 얻는 생물 집단을 말한다.

24 정답 ②
생물 다양성은 생물의 다양한 정도를 나타내는 것으로 유전적 다양성, 종 다양성, 생태계 다양성을 포함한다.
ㄷ. 유전적 다양성은 어떤 종의 개체군(같은 종의 집단)

이 가지고 있는 모든 유전자의 변이(차이)이다. 같은 생물종이라도 서로 다른 유전자를 가지고 있어 다양한 형질이 나타난다.

⊗ 오답피하기

ㄱ. 종 다양성은 특정 지역에 얼마나 많은 생물종이 고르게 분포하여 살고 있는지를 나타낸 것으로 동물, 식물 모두 포함한다.

ㄴ. 생태계 다양성은 생물 서식지의 다양한 정도로 생태계가 다양성이 높을수록 종 다양성과 유전적 다양성도 높아진다.

25 정답 ④

생물 다양성은 유전적 다양성, 종 다양성, 생태계 다양성으로 구분할 수 있다. 생태계 다양성은 생태계의 다양한 정도, 서식 환경의 다양함을 뜻하며, 생태계 다양성이 높을수록 종 다양성과 유전적 다양성도 높다.

⊗ 오답피하기

① 내성 : 약물 등의 반복적인 사용에 의해 효과가 저해되어 이전과 동일한 효과를 얻기 위해 사용량이나 강도를 높여야 하는 것을 말한다.

② 개체군 : 일정한 지역에 사는 같은 종의 개체들의 무리를 말한다.

③ 분해자 : 스스로 양분을 합성하지 못해 죽은 동물의 사체나 배설물을 분해하여 살아가는 생태계의 구성 요소 중 하나이다.

26 정답 ④

멸종 위기종 보호를 통해 생물 다양성 보전을 할 수 있다.

⊗ 오답피하기

① 폐수 방류를 통한 환경 오염은 생물 다양성 감소를 유발한다.

② 서식지 파괴는 생물 다양성 감소의 가장 큰 원인이다.

③ 무분별한 벌목은 생물 서식지를 감소시킨다.

27 정답 ③

하나의 종에서 나타나는 유전자의 다양한 정도를 유전적 다양성이라고 한다. 유전적 다양성이 높으면 급격한 환경 변화가 일어났을 때 멸종될 확률이 낮아진다.

⊗ 오답피하기

① 군집 : 일정한 지역에서 서로 관계를 맺고 살아가는 여러 개체군의 집단이다.

② 개체군 : 일정한 지역에 같은 종의 개체가 무리를 이루는 것이다.

④ 생태계 다양성 : 생물 서식지의 다양한 정도를 의미한다.

28 정답 ④

생물 다양성은 생태계 내에 존재하는 생물의 다양성을 의미한다. 생물 다양성은 같은 종 사이에서 유전자의 차이로 나타나는 형질의 다양함을 의미하는 유전적 다양성, 일정한 지역에 얼마나 많은 생물종이 고르게 분포하며 살고 있는지를 의미하는 종 다양성, 생물 서식지의 다양한 정도를 의미하는 생태계 다양성으로 구분할 수 있다.

04 환경과 에너지

문제 p. 93

01 ①	**02** ③	**03** ③	**04** ④	**05** ④
06 ④	**07** ②	**08** ①	**09** ④	**10** ②
11 ②	**12** ③	**13** ③	**14** ③	**15** ④
16 ③	**17** ②	**18** ②	**19** ③	**20** ④
21 ③	**22** ①	**23** ④	**24** ③	**25** ③
26 ③	**27** ②	**28** ③	**29** ②	**30** ④
31 ③	**32** ①	**33** ③	**34** ②	**35** ②
36 ④	**37** ③	**38** ②	**39** ①	

01 정답 ①

생태계의 구성 요소 중 생물적 요인은 역할에 따라 생산자, 소비자, 분해자로 구분된다.
A는 생산자로 스스로 양분을 만들 수 있는 벼와 같은 식물이 대표적인 예이다.

오답피하기

②, ③ 토끼, 독수리는 다른 생물을 먹이로 하여 양분을 얻는 소비자이다.
④ 곰팡이는 다른 생물의 사체나 배설물을 분해하여 양분을 얻는 분해자이다.

02 정답 ③

생물은 환경에 적응하여 몸의 형태나 구조의 차이가 생기는데 여우의 형태는 온도에 따른 차이다. 추운 지방에 사는 동물일수록 깃털이나 털이 발달되어 있고, 피하 지방층이 두꺼우며, 몸 말단부의 크기가 작고, 더운 지방에 사는 동물은 몸집이 작고 말단부가 커서 열을 잘 방출한다.

03 정답 ③

생태계 평형이란 생태계를 구성하는 생물의 종류와 개체 수, 물질의 양, 에너지 흐름 등이 안정된 상태를 유지하는 것을 말한다.

오답피하기

① 생산자 : 생태계를 구성하는 요소 중 생물적 요소로 스스로 양분을 합성할 수 있는 독립 영양 생물이다.
② 서식지 : 생물이 살아가는 공간을 말한다.
④ 유전적 다양성 : 한 지역에 살고 있는 같은 생물종 간의 형질의 차이를 말한다.

04 정답 ④

생태계 평형이 유지되고 있는 생태계에서 생산자인 옥수수의 개체 수가 가장 많고 상위 영양 단계로 갈수록 개체 수가 줄어든다.

05 정답 ④

생태 피라미드는 먹이 사슬에서 각 영양 단계에 속하는 생물의 에너지양, 생물량, 개체 수를 하위 영양 단계부터 상위 영양 단계로 쌓아 올린 것으로 상위 영양 단계로 갈수록 생물의 개체 수, 생물량, 에너지양이 줄어드는 피라미드 형태로 나타난다.

오답피하기

① 식물은 광합성을 통해 스스로 양분을 합성할 수 있는 생산자에 해당한다.
② 생물량은 생산자가 가장 많다.
③ 초식 동물은 1차 소비자에 해당한다.

06 정답 ④

생태 피라미드는 먹이 사슬에서 각 영양 단계에 속하는 생물의 에너지양, 생물량, 개체 수를 상위 영양 단계로 쌓아 올린 것이다. 일반적으로 안정적인 생태계의 생태 피라미드는 하위 영양 단계에서 상위 영양 단계로 갈수록 줄어드는 피라미드 형태로 나타난다. 따라서 벼>메뚜기>개구리 순으로 생물량이 많은 형태의 피라미드가 안정된 생태계 평형 상태이다.

07 정답 ②

1차 소비자의 개체 수가 증가하면 1차 소비자의 먹이인 생산자의 개체 수는 감소하고, 1차 소비자를 먹이로 하는 2차 소비자의 개체 수는 증가한다.

08 정답 ①

지구 온난화로 지구의 평균 기온이 상승한다. 평균 기온 상승으로 인해 빙하가 녹고 해수의 열팽창에 의해 해수면이 높아진다. 바다의 평균 수온이 높아져 기상 이변이 발생한다. 해수에 녹은 이산화 탄소에 의해 해양 산성화가 일어나 해양 생태계에 영향을 줄 수 있는 등 지구 온난화는 지구 시스템에 많은 영향을 준다.

09 정답 ④

지구 온난화는 이산화 탄소, 수증기, 메테인과 같은 대기 중 온실 기체의 양이 증가하면서 온실 효과가 강화되어 지구 평균 기온이 상승하는 현상을 말한다.

> **⊗ 오답피하기**
> ① **황사** : 사막에서 발생하는 모래 폭풍과 흙먼지
> ② **사막화** : 사막 주변 지역의 토지가 자연적 · 인위적 원인으로 황폐해지면서 사막이 점차 넓어지는 현상
> ③ **엘니뇨** : 평상시보다 무역풍이 약해지면서 페루 연안의 수온이 상승하는 현상

10 정답 ②

지구 온난화는 온실 효과가 강화되어 지구 표면 평균 기온이 상승하는 현상으로 평균 기온 상승으로 인해 해수의 열팽창이 일어나고 빙하가 녹아 해수면의 평균 높이가 상승한다.

> **⊗ 오답피하기**
> ㄱ. 지구의 평균 기온이 높아지는 현상이 지구 온난화이다.
> ㄷ. 빙하가 녹기 때문에 대륙 빙하의 분포 면적은 감소한다.

11 정답 ②

ㄷ. 위도 $30°\sim60°$는 서 → 동으로 부는 편서풍이 분다. 따라서 위도 $30°\sim60°$에서 표층 해류는 서 → 동으로 해류가 흐른다.

> **⊗ 오답피하기**
> ㄱ. 무역풍과 극동풍은 동 → 서로 바람이 분다.
> ㄴ. 위도 $30°$는 하강 기류가 발생하여 아열대 고압대가 형성되고 건조하다. 따라서 위도 $30°$ 부근에 사막이 많이 분포한다.

12 정답 ③

엘니뇨는 평상시보다 무역풍이 약해지면서 적도 부근의 따뜻한 해수가 동쪽으로 이동하여 동태평양은 평상시보다 표층 수온이 높아져 홍수나 폭우가 나타나고, 서태평양은 평상시보다 수온이 낮아져 수증기 증발이 감소하여 날씨가 건조해지고 가뭄, 산불이 자주 발생하는 것을 말한다.

13 정답 ③

사막화는 자연적인 기후 변동이나 인간 활동에 의해 기존의 사막이 확대되는 현상이다.

> **⊗ 오답피하기**
> ① **장마** : 6월 하순에서 7월 하순 사이에 지속적으로 내리는 비이다.
> ② **라니냐** : 엘니뇨의 반대 현상으로 평상시보다 남동 무역풍이 강해지면서 따뜻한 해수가 서쪽으로 많이 이동하고 적도 부근 동태평양의 표층 수온이 낮아지는 현상이다.
> ④ **엘니뇨** : 무역풍이 약해지면서 적도 부근 동태평양의 표층 수온이 높아지는 현상이다.

14 정답 ③

전열기는 전기 에너지를 열에너지로 전환하여 사용한다.

15 정답 ④

연료 전지는 수소와 산소의 화학 반응에 의해 전기 에너지가 생산되는 장치로 화학 에너지가 전기 에너지로 전환된다.

16 정답 ③

ㄱ. 열기관이 흡수한 열(Q_1) = 한 일(W) + 방출한 열(Q_2)이므로 열기관이 흡수한 열(Q_1)이 방출한 열(Q_2)보다 크다.

ㄷ. 열효율은 열기관이 흡수한 열량(Q_1) 중 일(W)로 전환된 비율이므로 일(W)이 클수록 열효율이 크다.

> ⊗ 오답피하기
>
> ㄴ. 한 일(W) = 열기관이 흡수한 열(Q_1) – 방출한 열(Q_2)이다.

17 정답 ②

열효율은 공급된 열량 중 열기관이 한 일의 비율을 말한다.

열효율 = $\dfrac{\text{한 일의 양}}{\text{공급된 열량}} \times 100$이므로

$20\% = \dfrac{\text{열기관이 한 일}}{100J} \times 100$이다.

따라서 열기관이 한 일은 20J이다.

18 정답 ②

열기관의 열효율은 열기관에 공급한 열량 대비 열기관이 한 일을 나타낸 것으로 1000J의 열에너지를 흡수하여 저열원으로 600J이 빠져나갔으므로 열기관이 한 일의 양은 400J이다. 따라서 이 열기관의 열효율은

$\dfrac{\text{열기관이 한 일}}{\text{공급한 열량}} \times 100 = \dfrac{400J}{1000J} \times 100 = 40\%$이다.

19 정답 ③

열기관은 연료를 연소시켜 발생한 열에너지를 일로 전환

하는 장치로 열기관이 한 일의 양은 고열원에서 공급한 열에너지 – 저열원으로 빠져나간 열에너지로 구할 수 있다.

열기관이 한 일 = 100J – 50J = 50J

20 정답 ④

전자기 유도는 코일을 통과하는 자기장의 변화가 생기면 코일에 전류가 흐르는 현상으로 이때 흐르는 전류를 유도 전류라고 한다.

> ⊗ 오답피하기
>
> ① 대류 : 입자가 직접 이동하여 열을 전달하는 방법
> ② 삼투 : 물이 농도가 낮은 쪽에서 농도가 높은 쪽으로 이동하는 현상
> ③ 초전도 : 임계 온도 이하에서 전기 저항이 0이 되는 현상

21 정답 ③

자석을 코일 속에 넣었다 뺐다 하면 코일을 통과하는 자기장이 변하면서 코일에 전류가 유도되어 흐르는 전자기 유도 현상이 나타나고 검류계 바늘이 움직인다.

ㄱ. 전자기 유도에 의해 발생하는 전류를 유도 전류라고 한다.

ㄷ. 발전기는 전자기 유도를 이용하여 전기를 생산한다.

> ⊗ 오답피하기
>
> ㄴ. 유도 전류의 방향은 코일을 통과하는 자기장의 변화를 방해하는 방향으로 생기므로 자석을 넣을 때와 뺄 때 유도전류의 방향이 달라지면서 검류계 바늘이 반대로 움직인다.

22 정답 ①

전자기 유도는 코일 근처에서 자석을 움직이거나 자석 근처에서 코일을 움직일 때 코일에 전류가 흐르는 현상으로 자석의 극을 바꾸거나 자석이 움직이는 방향을 바꾸면 유도 전류의 방향이 변한다.

ㄴ, ㄷ. 자석을 빨리 움직일수록, 자석의 세기가 셀수록, 코일을 감은 수가 많을수록 유도 전류가 세게 흐른다.

23 정답 ④

유도 전류는 자기장의 변화를 방해하는 방향으로 흐른다. 따라서 같은 극의 자석을 가까이 가져갈 때와 자석이 멀어질 때 전류의 방향은 바뀐다. 또한 자석의 극을 바꾸어 자석을 코일에 가까이 가져가도 유도 전류의 방향이 변하여 검류계 바늘이 반대로 움직인다.

①, ②, ③ 자석의 세기가 세지거나 코일의 감은 수가 늘어나거나 자석의 움직임이 빨라져서 자기장의 변화가 커지면 유도 전류의 세기가 세진다.

24 정답 ③

③ 전력 수송 과정에서 전류가 흐를 때 저항에 의해 전기 에너지의 일부가 열에너지로 전환되어 전력 손실이 발생한다.

① 발전은 발전소에서 전기 에너지를 생산하는 것으로 발전소에서는 전기 에너지가 생산된다.
② 변전은 전압을 높이거나 낮추는 과정이다.
④ 주상 변압기를 통해 높은 전압을 낮추어 가정으로 전기 에너지를 공급한다.

25 정답 ③

ㄱ. 발전소에서 전기 에너지를 생산한다.
ㄴ. 손실 전력을 줄이기 위해 발전소에서 생산한 전력은 초고압 변전소에서 전압을 높여 송전한 후 여러 변전소나 주상 변압기를 거치며 전압을 낮춰 공급된다.

ㄷ. 발전소에서 생산한 전력을 공장이나 빌딩, 가정 등으로 수송하는 과정에서 저항에 의해 손실되는 전기 에너지를 손실 전력이라고 말한다.

26 정답 ③

ㄱ. 변전은 전력 수송 과정에서 전압을 높이거나 낮추는 것을 말한다.
ㄷ. 전력 손실은 송전 과정에서 송전선의 저항 때문에 열이 발생하여 전기 에너지의 일부가 열에너지로 전환되면서 발생한다.

ㄴ. 손실 전력의 크기는 송전선에 흐르는 전류의 세기가 셀수록, 송전선의 저항이 클수록 크다. 따라서 전력 손실을 줄이기 위해서는 전압을 높여 송전 전류의 세기를 낮춘다.

27 정답 ②

변압기는 전자기 유도를 이용하여 전압을 변화시키는 장치로 전압은 1차 코일과 2차 코일의 감은 수에 비례한다. 1차 코일 : 2차 코일 감은 수의 비율이 1 : 2이므로 전압의 비율도 $V_1 : V_2 = 1 : 2$가 된다.

28 정답 ③

태양 내부에서는 수소 원자핵 4개가 융합하여 1개의 헬륨 원자핵으로 변하는 과정에서 질량 결손이 생기고 감소된 질량이 에너지로 전환된다.

29 정답 ②

수소 핵융합 반응은 4개의 수소 원자핵이 융합하여 헬륨 원자핵 1개로 변하는 과정이다. 이 반응에서 질량이 감소하는데 감소한 질량에 해당하는 만큼 에너지가 생성되어 방출된다.

30 정답 ④

핵발전은 우라늄이 핵분열할 때 발생하는 열로 물을 끓이고 이때 발생하는 수증기로 터빈을 돌려 전기 에너지를 생산한다.

31 정답 ③

핵발전은 핵분열 과정에서 발생하는 열에너지로 증기를 만들어 터빈을 돌려 전기 에너지를 생산하는 것으로 에너지 효율이 높지만 발전 과정에서 발생하는 방사성 폐기물의 처리가 어려운 단점이 있다.

⊗ 오답피하기

ㄷ. 핵발전 과정에서는 이산화 탄소를 거의 배출하지 않는다.

32 정답 ①

핵발전은 우라늄과 같은 무거운 원소의 핵분열을 통해 결손된 질량이 에너지로 전환되는 것을 이용한다. 핵분열 결과 발생한 열에너지를 이용하여 물을 끓이고 수증기로 터빈을 돌려 전기 에너지를 얻는다.

33 정답 ③

태양광 발전은 태양의 빛에너지를 전기 에너지로 전환하는 발전 방식으로 태양광이 태양 전지에 닿아 흡수되면 전류가 흐른다. 자원 고갈의 염려가 없고 발전 과정에서 환경 오염이 없는 장점이 있지만, 초기 설치 비용이 많이 들고 계절과 날씨의 영향을 많이 받는 단점이 있다.

⊗ 오답피하기

ㄷ. 우라늄을 원료로 사용하는 발전은 핵발전에 해당한다.

34 정답 ②

풍력 발전은 바람을 이용하여 터빈을 돌려 전기를 얻는 발전 방식이다.

⊗ 오답피하기

① 수력 발전 : 물이 가지고 있는 위치 에너지를 운동 에너지로 변환시켜 전기를 생산하는 발전 방식이다.
③ 화력 발전 : 석유, 석탄, 가스 등 화석 연료의 연소에 의한 열에너지를 터빈에 의해 운동 에너지로 바꾸고, 다시 발전기를 회전시켜서 전기 에너지로 변환시키는 발전 방식이다.
④ 태양광 발전 : 태양의 빛에너지를 변환시켜 전기 에너지를 생산하는 방식이다.

35 정답 ②

바이오 에너지는 생물체를 분해하거나 발효시켜 얻는 에너지로 다량의 유기물을 활용하기 위해 농작물의 경작지를 확장하면서 환경 오염을 유발하거나 농작물 가격 상승이 일어날 수 있다.

36 정답 ④

신재생 에너지는 신에너지와 재생 에너지를 포함한 것으로 신에너지는 기존에 사용하지 않거나 새로운 방식으로 사용하는 에너지를 말하고, 재생 에너지는 재생 가능한 에너지를 뜻한다.

ㄱ. 신재생 에너지는 화석 연료보다 환경 오염의 위험이 적어 친환경적이다.
ㄴ. 태양광 에너지는 신재생 에너지 중 재생 에너지에 속한다.
ㄷ. 지속 가능한 발전이란 미래 세대가 그들의 필요를 충족할 수 있는 능력을 손상시키지 않는 범위에서 현재 세대의 필요를 충족하는 발전으로 화석 연료 사용으로 인해 지구 온난화 등의 여러 환경 문제가 발생하는 것을 막기 위해 신재생 에너지의 개발이 필요하다.

37 정답 ③

바람에 의해 생기는 파도의 운동 에너지인 파력 에너지를 이용하여 전기 에너지를 생산한다.

38 정답 ②

조력 발전은 밀물과 썰물에 의해 생기는 해수면의 높이차를 이용해 전기를 생산하는 발전 방식이다.

오답피하기
① **핵발전** : 핵분열을 통해 발생하는 에너지로 전기 에너지를 생산
③ **풍력 발전** : 바람의 운동 에너지를 이용하여 전기 에너지를 생산
④ **화력 발전** : 화석 연료의 화학 에너지를 이용하여 전기 에너지를 생산

39 정답 ①

파력 발전은 파도가 칠 때 해수면의 움직임을 이용하여 전기 에너지를 생산하는 발전 방식으로 파도 상황에 따라 전력 생산량이 일정하지 않다.

고졸 검정고시

한권으로 **합격**하기!

핵심 총정리
한국사

구성 및 출제 경향 분석

1 구성

2 출제경향 분석

- 전근대 한국사의 이해
- 근대 국민 국가 수립 운동
- 일제 식민지 지배와 민족 운동의 전개
- 대한민국의 발전

한국사 출제 경향

고졸 검정고시 한국사는 지금까지 '한국사 이해에 필요한 기초 소양을 확인한다'는 기조를 유지하고 있다. 이는 수능에서 한국사가 필수 과목이지만 과거에 비해 난이도를 대폭 낮춘 것과 비슷한 맥락이라고 할 수 있다. 따라서 연도 암기에 따른 사건 나열이나 지엽적 사실 확인이 아닌 한국사의 굵직한 사건과 주요 인물, 각 시대의 최고 권력 기구, 시대를 대표하는 문화재 위주로 공부해야 한다.

한국사 교과서 개정에 따라 중학교 과정에서 선사 시대~조선까지를 중점적으로 다루고, 고등학교 과정에서는 근현대사라고 불리는 개화기~현대를 집중적으로 공부한다. 이러한 영향으로 고졸 검정고시에서도 2022년부터는 근현대사 비중이 약 75%를 차지하고 있다. 기출 문제를 최대한 숙지하되, 근현대사는 문항수가 대폭 늘어남으로 인해 기존에 출제되지 않았던 사건과 인물, 조직, 개념 등이 출제될 수 있음을 유의하며 학습 폭을 넓혀야 한다.

기출 분석에 따른 학습 포인트

❶ 전근대 한국사의 이해

(1) **선사 시대 ~ 남북국 시대** : 선사 시대의 주요 유물과 생활 방식의 차이, 각국의 주요 왕(단군왕검, 광개토 대왕, 장수왕, 근초고왕, 성왕, 내물왕, 진흥왕, 신문왕, 대조영 등), 중요 전투(살수대첩, 안시성 전투, 기벌포 전투 등)가 자주 출제된다.

(2) **고려와 조선** : 두 왕조의 주요 왕(고려의 광종, 성종, 공민왕과 조선의 태종, 세종, 성종 등)과 중앙 정치 기구, 고려-거란 전쟁, 대몽 항쟁, 임진왜란 등 정치사가 매우 중요하다.

❷ 국제질서의 변동과 근대 국민국가 수립 운동

과거에는 흥선 대원군의 정책, 임오군란, 갑신정변 등이 반복적으로 출제되었으나, 최근에는 근대화를 위한 각종 운동이 고루 출제되고 있다. 이 시기 조약 중에서는 강화도 조약, 조·미 수호 통상 조약, 을사늑약이 매우 중요하며, 1907년의 각종 사건도 출제 가능성이 높다.

❸ 일제 식민지 지배와 민족 운동의 전개

시기별 일제의 통치 방식, 3·1 운동, 대한민국 임시 정부, 독립운동가, 해외에서 활약한 주요 독립군, 국내의 독립운동 등 약 6개의 주제가 각 1문제씩 출제되고 있다.

❹ 대한민국의 발전과 현대 세계의 변화

1945~1948년 사이의 주요 사건과 6·25 전쟁, 주요 민주화 운동(4·19 혁명, 유신 체제 반대 운동, 5·18 민주화 운동, 6월 민주 항쟁), 각 정부의 경제 정책과 통일 정책에 대한 꼼꼼한 비교가 필요하다.

01 전근대 한국사의 이해

1 고대 국가의 지배 체제

(1) 구석기 시대와 신석기 시대

구분	구석기 시대	신석기 시대
도구	뗀석기 : 찍개, 슴베찌르개, 주먹도끼(경기도 연천 전곡리에서 최초 발견)	• 간석기 : 갈돌, 갈판 • 빗살무늬 토기 • 가락바퀴, 뼈바늘 : 의복・그물 제작에 이용
경제	채집, 사냥, 어로	• 농경 시작 : 조, 피 등 잡곡류 재배 • 목축 시작
주거	동굴, 막집	강가의 움집
사회	무리 생활, 이동 생활, 평등 사회	부족 사회, 평등 사회

▲ 주먹도끼　　　▲ 빗살무늬 토기　　　▲ 가락바퀴　　　▲ 움집

(2) 청동기 시대와 철기 시대

구분	청동기 시대	철기 시대
도구	• 청동기 : 비파형 동검, 거친무늬 거울 • 간석기 : 반달 돌칼 • 토기 : 민무늬 토기, 미송리식 토기	• 한반도의 독자적인 청동기 문화 발달 • 청동기 : 세형 동검, 잔무늬 거울, 거푸집 • 철기 : 철제 농기구, 철제 무기
경제	일부 지역에서 벼농사 보급	농업 생산력 향상
사회	• 사유 재산 발생 • 계급 발생, 족장(군장) 출현	부여, 고구려 등 연맹 왕국 등장
문화	고인돌(군장의 권위 상징), 돌널무덤	• 널무덤, 독무덤 • 중국과 교류를 시작하여 명도전・반량전 등 화폐와 붓 전래

▲ 비파형 동검   ▲ 반달 돌칼   ▲ 북방식 고인돌   ▲ 명도전

(3) 고조선(기원전 2333~기원전 108)

① 건국 : 이주민 세력(환웅 부족)과 토착 세력(곰 숭배 부족)의 연합으로 건국 → 단군왕검의 통치(통치자와 제사장을 겸직한 제정일치 사회)

② 비파형 동검, 미송리식 토기, 북방식 고인돌 : 고조선의 문화 범위를 추정

③ 홍익인간의 통치 이념 : '널리 인간을 이롭게 하라'

④ 발전 : 상·대부·장군 등의 관직 마련 → 위만의 즉위 → 철기 문화 수용, 중계 무역으로 번영 → 한 무제의 침략으로 멸망

⑤ 8조법

　ⓐ '사람을 죽인 자는 사형에 처한다.' - 생명 중시 반영

　ⓑ '남에게 상처를 입힌 자는 곡식으로 갚게 한다.' - 농경 사회 반영

　ⓒ '도둑질한 자는 노비로 삼는다.' - 사유 재산제와 계급 사회 반영

(4) 여러 나라의 성장

구분	정치	풍습
부여	5부족 연맹 : 왕은 중앙 통치, 마가·우가·저가·구가는 사출도 통치	1책 12법(절도죄는 12배 배상), 순장, 영고(제천 행사, 12월)
고구려	5부족 연맹	서옥제(데릴사위제), 동맹(제천 행사, 10월)
옥저, 동예	• 왕 없음 • 고구려에 복속	• 옥저 : 민며느리제, 가족 공동묘 • 동예 : 족외혼, 책화(다른 부족의 영역을 침범하면 소, 말로 배상), 무천(제천 행사, 10월)
삼한	• 신지, 읍차 : 정치 담당 • 천군 : 소도에 머물며 제사 담당 • 제정분리 사회	• 벼농사 발달, 변한의 철 생산 • 5월제와 10월제(제천 행사)

🔖 개념 Check

• 호우명 그릇 : 신라 경주의 호우총에서 발견된 청동 그릇으로, 광개토 대왕 관련 내용이 기록되어 있음.

• 담로 : 백제가 지방 통제를 위해 설치한 특수 행정 구역

• 세속 5계 : 신라 화랑이 지켜야 하는 5가지 계율

(5) 삼국 · 가야의 성장(기원전 1세기~4세기)

고구려	• 주몽 : 부여에서 이주하여 압록강 유역에 건국 • 태조왕 : 계루부 고씨 왕위 세습 • 고국천왕 : 진대법 실시(곡식 대여), 부족적 전통의 5부를 행정적 성격의 5부로 개편 • 소수림왕 : 율령 반포, 불교 수용, 태학 설립(유학 교육)
백제	• 온조 : 고구려에서 이주하여 한강 유역에 건국 • 고이왕 : 한강 유역 장악, 율령 반포, 관등제와 관복제 정비 • 근초고왕 : 마한 정복, 고구려를 공격하여 황해도 일대 차지, 규슈 지방과 교류
신라	• 박혁거세 : 경주에서 건국 • 내물왕 이전 : 박·석·김씨의 3성이 교대로 왕위 계승, 왕을 이사금(연장자 의미)으로 부름 • 내물왕 : 김씨의 왕위 계승 확립, 왕을 마립간(대군장 의미)으로 부름, 고구려 광개토 대왕의 도움으로 왜 격퇴
가야	• 6가야 연맹 왕국 형성, 중앙집권화에 이르지 못함 • 금관가야 : 김해에 위치, 중계 무역으로 번성, 4세기까지 가야 연맹의 맹주 역할

(6) 삼국 · 가야의 발전(5~6세기)

고구려	• 5세기에 전성기 • 광개토 대왕 : 연호 '영락'(우리 민족 최초로 연호 사용), 만주·요동 정복, 신라에 침입한 왜 격퇴(➔ 호우명 그릇에 반영), 광개토 대왕릉비에 업적 기록 • 장수왕 : 평양 천도 후 남진 추진 ➔ 한강 이남 지역 점령, 충주 고구려비 건립
백제	• 5세기 : 고구려 남하로 웅진 천도(현 충남 공주시) ➔ 나·제 동맹을 체결하여 고구려에 대항 • 무령왕 : 22담로에 왕족 파견해 지방 통제 시도, 중국 남조와 교류(무령왕릉에 반영) • 성왕 : 사비 천도(현 충남 부여군), 남부여로 국호 개칭 ➔ 한강 유역 일시 회복 ➔ 관산성 전투로 사망
신라	• 6세기에 전성기 • 지증왕 : 우경 실시, 마립간에서 왕으로 명칭 변경, 우산국 정복(울릉도와 독도 복속) • 법흥왕 : 율령 반포, 불교 공인(이차돈의 순교), 귀족 대표로 상대등 선출, 금관가야 정복 • 진흥왕 : 화랑도 조직(원광의 세속 5계 따름), 한강 유역 확보(백제 성왕과 함께 고구려를 공격 ➔ 신라가 한강 독차지), 대가야 정복, 함경도 지역 진출, 단양 적성비와 4개의 순수비 건립
가야	• 5세기 후반, 대가야 중심의 후기 가야 연맹 성립 • 6세기, 신라에 병합 : 금관가야 멸망(법흥왕) ➔ 대가야 멸망(진흥왕)

(7) 고구려의 대외 항쟁(7세기 초)

여·수 전쟁	수 군사 113만 명 침입 → 을지문덕의 활약(살수대첩 승리) → 수 멸망
여·당 전쟁	고구려의 천리장성 축조, 연개소문의 정변(대막리지에 오름), 대당 강경책 실시 → 당의 침입 → 안시성 전투 승리

(8) 신라의 삼국 통일(7세기 중반)

① 경과 : 나·당 동맹 체결(648)

　→ 백제 멸망(660) : 황산벌 전투에서 백제 계백의 군대가 신라 김유신 군대에 패함, 멸망 후 복신, 도침 등이 부흥 운동 전개

　→ 연개소문 사망 후 고구려 멸망(668)

　→ 매소성·기벌포 전투에서 당군을 격퇴, 삼국 통일 달성(676)

② 의의 : 우리 민족 최초의 통일, 민족 문화 융합에 기여

③ 한계 : 외세 이용, 대동강 이남의 통일에 그침.

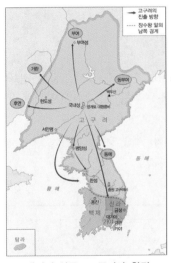

▲ 5세기의 삼국 : 고구려가 한강 일대를 장악

▲ 6세기의 삼국 : 신라가 한강 일대를 차지하고, 동해안을 따라 함경도까지 진출

▲ 신라의 삼국 통일 : 나·당 전쟁에서 승리한 신라는 대동강 이남을 통일

(9) 통일 신라(676~935)

전제 왕권 시기 (7세기 중반 ~8세기 중반)	• 무열왕(김춘추) : 나·당 동맹 성사, 최초의 진골 출신 왕, 이후 직계 자손이 왕위 세습, 집사부 시중의 위상 강화 • 문무왕 : 삼국 통일 완성 • 신문왕 : 진골 김흠돌의 난 진압, 9주 5소경 완비(전국을 9주로 나누고, 주요 도시 5곳에 소경을 설치함)

신라 말 (8세기 말 ~9세기)	• 왕권 다툼 : 진골들의 왕권 다툼으로 혜공왕 피살, 김헌창의 난, 장보고의 난 • 원종과 애노의 난 : 정부의 세금 독촉에 반발하여 농민이 봉기함 • 호족의 성장 : 지방에서 대토지와 사병을 거느리며 성장 • 6두품의 반발 : 골품제의 모순을 비판, 최치원의 낙향 • 새로운 사상의 유행 : 선종(개인의 정신 수양과 해탈 강조), 풍수지리설
후삼국 시대 (10세기 초)	• 견훤의 후백제 건국 : 충청도·전라도 장악, 신라 수도를 공격 • 궁예의 후고구려 건국 : 경기도·강원도 장악, 미륵 신앙을 이용한 전제 정치

🎯 개념 Check

- 집사부 : 왕명을 받아 실무 행정을 지휘하던 신라의 관청
- 시중 : 집사부의 장관

(10) 발해(698~926)

① 정치 과정

  ㉠ 대조영 : 고구려 유민과 말갈족을 모아 만주 동모산에서 건국(698)

  ㉡ 무왕 : 당의 산둥 지방 공격, 돌궐·일본과 교류

  ㉢ 문왕 : 당과 친선(➜ 3성 6부제 수용, 정당성 중심 운영), 신라와 교류, 상경 천도

  ㉣ 선왕 : 최대 영토 확장, 지방 제도 완비, '해동성국'(바다 동쪽의 융성한 나라)으로 불림.

  ㉤ 멸망 : 거란의 침략으로 멸망(926)

② 고구려 계승 : 고려 또는 고려 국왕 명칭 사용, 고구려 문화 계승

③ 남북국 시대 형성 : 대동강을 두고 발해와 통일 신라가 위치함.

④ 독자적 연호 사용 : 무왕의 '인안', 문왕의 '대흥'

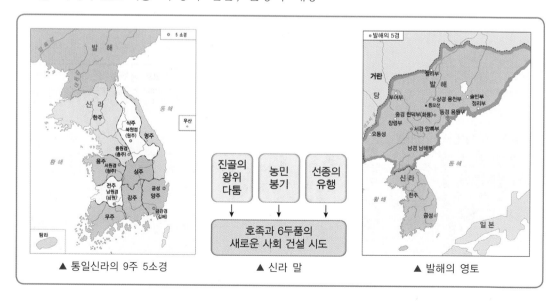

▲ 통일신라의 9주 5소경　　　▲ 신라 말　　　▲ 발해의 영토

2 고대의 사회와 문화

(1) 고대의 경제
① 지증왕 때 우경 시작
② 신라의 토지 제도
  ㉠ 관료전 : 관리에게 수조권(조세 징수권)만 허용함, 신문왕 때 마련
  ㉡ 녹읍 : 관리에게 수조권과 노동력 징발권을 지급함, 신라 귀족의 경제적 토대, 신문왕 때 폐지되었으나 신라 말에 부활
③ 신라 촌락 문서(민정 문서)
  ㉠ 촌주가 촌락의 인구, 토지, 경제 상황 등을 조사하여 기록
  ㉡ 서원경의 일부 촌락에 대한 기록이 남아 있음.
④ 장보고의 청해진 : 전남 완도에 설치한 해군 기지, 이곳을 기반으로 해외 무역 발달

(2) 고대의 사회
① 신라의 골품제
  ㉠ 왕족과 귀족을 성골, 진골, 6두품, 5두품, 4두품 등으로 구분
  ㉡ 특징 : 골품에 따라 관직 승진뿐만 아니라 집의 크기, 옷 등을 제한
  ㉢ 진골 : 김춘추(무열왕)를 시작으로 왕위 차지, 최고 관직 독점
  ㉣ 6두품 : 신라 말에 골품제의 한계를 절감하고 새로운 사회 건설을 시도
② 귀족 회의
  ㉠ 주요 귀족들이 모여 국가 중대사 논의
  ㉡ 고구려의 제가 회의, 백제의 정사암 회의, 신라의 화백 회의(만장일치제 방식)

(3) 고대의 종교와 사상
① 삼국의 불교

고구려	소수림왕 때 수용, 금동 연가 7년명 여래 입상 제작
백제	침류왕 때 수용, 미륵사지 석탑(우리나라에서 가장 오래된 탑) 제작
신라	법흥왕 때 이차돈의 순교로 공인, 분황사 모전 석탑 제작

▲ 고구려의 금동 연가 7년명 여래 입상

▲ 백제의 미륵사지 석탑

▲ 신라의 분황사 모전석탑

▲ 금동 미륵보살 반가 사유상

② 통일 신라의 불교

통일 직후	• 원효 : 화쟁 사상 주장(종파 통합 시도), '나무아미타불' 염불 강조(불교의 대중화에 기여) • 의상 : 당 유학 후 화엄 사상 발전, 부석사 건립 • 혜초 : 인도 방문 후 『왕오천축국전』 저술 • 불교 문화 융성 : 불국사, 석굴암, 다보탑, 불국사 3층 석탑 제작
신라 말	선종 확산 : 호족 세력의 후원을 받음, 9산선문 형성, 승려의 사리를 보관하는 승탑 유행

▲ 불국사　　　　　　▲ 석굴암　　　　　　▲ 승탑

③ 삼국의 유학

교육	태학 · 경당 설립(고구려), 오경박사 마련(백제), 임신서기석 제작(신라)
역사서	이문진의 『신집 5권』(고구려), 고흥의 『서기』(백제), 거칠부의 『국사』(신라)

④ 통일 신라의 유학

교육	신문왕의 국학 설립, 원성왕의 독서삼품과 실시
유학자	김대문(『화랑세기』 저술), 설총(이두 정리), 최치원(6두품, 『계원필경』 저술)

⑤ 도교 전래
　㉠ 불로장생과 현세구복 추구
　㉡ 고구려(사신도, 연개소문의 도교 장려), 백제(사택지적비, 금동 대향로)

⑥ 풍수지리설 전래
　㉠ 산세나 지형적 요인이 인간의 길흉화복에 영향을 끼친다는 사상
　㉡ 신라 말 유행 : 도선이 중국에서 들여옴. ➡ 지방의 중요성을 부각하여 호족 세력의 성장에 영향

▲ 임신서기석　　　　　　▲ 사신도　　　　　　▲ 금동 대향로

🎯 **개념 Check**
- 화쟁 사상 : 각 종파의 서로 다른 이론을 인정하고 보다 높은 차원에서 통합을 시도하려는 이론
- 독서삼품과 : 국학 학생들을 대상으로 유교 경전의 이해 수준을 시험하여 관리 선발에 활용

(4) 고대의 문화

① 고분

고구려	장군총(피라미드 형식의 돌무지무덤), 강서대묘(사신도 유명)
백제	서울 석촌동 고분(고구려 영향), 무령왕릉(중국 남조의 영향, 벽돌무덤)
신라	천마총(천마도 유명), 호우총(호우명 그릇 출토), 도굴이 어려운 돌무지덧널무덤

▲ 장군총　　　▲ 무령왕릉　　　▲ 천마도　　　▲ 호우명 그릇

② 과학 기술의 발달
ㄱ 첨성대 : 천문 관측
ㄴ 성덕대왕 신종
ㄷ 무구정광대다라니경 : 세계에서 가장 오래된 목판 인쇄물

(5) 일본으로의 문화 전파 : 아스카 문화 형성에 기여

고구려	담징의 호류사 금당 벽화 제작, 다카마쓰 고분 벽화에 영향
백제	• 일찍부터 활발하게 교류 • 아직기의 한자 전수, 왕인의 천자문과 논어 전수, 노리사치계의 불교 전파, 칠지도 하사
신라	조선술과 축제술 전파
가야	철 수출, 스에키 토기에 영향

3 고려의 성립과 발전

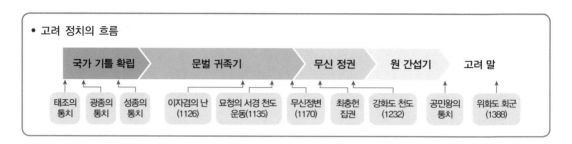

• 고려 정치의 흐름

국가 기틀 확립 〉 문벌 귀족기 〉 무신 정권 〉 원 간섭기 〉 고려 말

태조의 통치 / 광종의 통치 / 성종의 통치 / 이자겸의 난(1126) / 묘청의 서경 천도 운동(1135) / 무신정변(1170) / 최충헌 집권 / 강화도 천도(1232) / 공민왕의 통치 / 위화도 회군(1388)

(1) 국가 기틀의 확립

① 태조

   ㉠ 고려 건국(918) ➜ 후백제 격퇴하고 후삼국 통일(936)

   ㉡ 흑창 설치 : 백성에게 곡식 대여

   ㉢ 호족 통합 시도 : 정략 결혼(부인 29명), 성씨 하사

   ㉣ 호족 견제 시도 : 사심관 제도, 기인 제도

   ㉤ 북진 정책 : 고구려 계승 의식을 표방함, 평양을 서경으로 승격, 거란 배척과 만부교 사건, 국경선을 대동강에서 청천강으로 확장

   ㉥ 훈요 10조 제시 : 후대 왕들에게 정책 방향 제시

② 광종

   ㉠ 왕권 강화, 호족 견제 : 노비안검법 실시(호족들이 불법적으로 소유한 노비를 본래 신분으로 해방시킴), 과거제 시행, 공복 제정

   ㉡ '광덕', '준풍'의 독자적인 연호 사용

③ 성종

   ㉠ 최승로의 시무 28조 수용

   ㉡ 유교 이념에 따른 통치 체제 정비

🧨 개념 Check

• **사심관** : 지방에 연고가 있는 고위 관직자를 출신 지역의 사심관으로 임명하여 지방을 통제하도록 함.

• **기인** : 호족의 아들을 인질로 삼아 수도에 머물러 있게 함.

• **만부교 사건** : 거란의 사신을 귀양 보내고, 거란이 보낸 낙타 50마리를 만부교에서 굶겨 죽임.

• **시무 28조** : 최승로가 성종에게 당면한 과제들에 대한 자신의 견해를 서술한 정책서
   – [제20조] 부처의 가르침을 행하는 것은 자기 자신을 닦는 근본이요, 유교의 가르침을 행하는 것은 나라를 다스리는 근원이니, 자신을 닦는 것은 다음 생을 위한 것이고, 나라를 다스리는 것은 곧 오늘날에 힘쓸 일입니다.

(2) 통치 체제의 정비

① 중앙 정치 체제 : 2성 6부제

중서문하성	최고 관서, 장관인 문하시중이 국정을 총괄
상서성	6부를 총괄하며 정책 집행
중추원	군사 기밀과 왕명 출납 담당
어사대	관리의 비리 감찰
도병마사 · 식목도감	• 중서문하성과 중추원의 고위 관리가 모여 중대사 논의 • 도병마사 : 국방 문제 논의, 원 간섭기에 도평의사사로 변경 • 식목도감 : 제도와 시행 규칙 제정 • 고려의 독자적인 기구

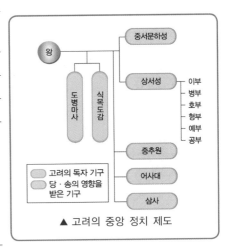

▲ 고려의 중앙 정치 제도

② 지방 행정 제도 : 5도 양계

　㉠ 5도 : 일반 행정 구역, 안찰사 파견하여 통치

　㉡ 양계 : 군사 행정 구역, 병마사 파견하여 통치

　㉢ 3경 : 개경, 서경, 동경(➔ 남경)

　㉣ 향 · 부곡 · 소 : 특수 행정 구역으로 세금 부담이 큼, 다른 지역으로 이주 불가

　㉤ 수령이 파견되는 주현보다 파견되지 않는 속현이 더 많음.

③ 군사 제도 : 2군 6위(중앙 수호), 주진군(양계 수호), 주현군(5도 수호)

④ 관리 등용 제도

과거제	• 문과 : 제술과와 명경과를 통해 문관 선발 • 잡과 : 기술관 선발 • 무과 : 없음(고려의 무신 차별 분위기를 반영함)
음서	공신이나 5품 이상 고위 관료의 자제들을 과거를 거치지 않고 임용(고려 귀족의 특권)

▲ 고려의 지방 행정

(3) 고려 전기의 대외 관계
① 고려 초 : 고려-송-거란(요)의 세력 균형
② 거란(요)의 침입(10세기 초)

1차 침입	서희의 외교 담판으로 강동 6주 확보(압록강까지 영토 확장)
2차 침입	강조의 정변을 구실로 재침입 → 개경 함락 → 양규의 활약으로 격퇴
3차 침입	• 강감찬의 귀주 대첩으로 격퇴 • 결과 : 개경을 보호하기 위해 나성 축조, 국경선에 천리장성 축조

③ 여진과 대립(12세기)

윤관의 활약	별무반 조직, 여진 토벌 후 동북 9성 축조
금 사대	여진이 금을 건국한 후 고려에 군신 관계 요구 → 당시 집권자였던 이자겸이 금 요구를 수용

10~11C	거란	1차 : 서희 2차 : 양규 3차 : 강감찬(귀주 대첩)
12C	여진	윤관 : 별무반 동북 9성
13C	몽골	김윤후 : 처인성 전투 삼별초
14C	왜구·홍건적	최영, 이성계

▲ 고려를 침입한 외세

▲ 거란의 침입과 격퇴

개념 Check

• 강조의 정변 : 목종의 모후인 천추태후와 김치양이 불륜 관계를 맺고 왕위를 빼앗으려 하자, 강조가 군사를 일으켜 김치양 일파를 제거한 후 목종을 폐위하고 현종을 옹립한 사건
• 별무반 : 유목민족을 상대하기 위해 기마병 위주로 편성한 특수 군대

(4) 문벌 귀족 사회
① 문벌 귀족
　㉠ 특징 : 과거와 음서를 통한 관직 독점, 공음전 세습, 왕실의 외척
　㉡ 대표적 가문 : 경원 이씨(이자겸), 경주 김씨(김부식)

② 이자겸의 난(1126)
  ㉠ 경과 : 이자겸·척준경의 반란 ➜ 척준경이 이자겸 축출 ➜ 이자겸 세력 몰락
  ㉡ 영향 : 문벌 귀족 사회의 붕괴 촉진
③ 묘청의 서경 천도 운동(1135)
  ㉠ 배경 : 문벌 귀족 사회의 분열, 지역 대립(서경파 vs 개경파)
  ㉡ 서경파의 주장 : 서경 천도(풍수지리설 바탕), 황제국 표방, 독자 연호 사용, 금 정벌
  ㉢ 경과 : 서경 천도를 위한 궁궐 공사 진행 ➜ 개경파 관료들의 반대로 천도 계획 취소
    ➜ 묘청이 대위국을 수립하고 반란을 일으킴. ➜ 김부식이 이끈 정부군에 의해 진압

> 🎯 **개념 Check**
>
> • **공음전** : 5품 이상의 관리에게 지급된 고려 시대의 토지
> • **외척** : 왕후, 후궁의 집안 사람들

(5) 무신 정권

① 무신 정변(1170)
  ㉠ 배경 : 무신에 대한 차별, 군인전 미지급에 따른 하급 군인의 불만 팽배
  ㉡ 경과 : 인종과 문신의 보현원 행차 ➜ 이동 과정에서 5품 문신이 3품 무신의 뺨을 때
    리는 사건 발생 ➜ 정중부, 이의방 등이 정변을 일으켜 무신 정권 수립
② 무신 집권자와 권력 기관

정중부 ~ 이의민	• 무신 회의 기구인 중방을 중심으로 정치 운영 • 경대승 : 도방(사병 집단) 조직 • 이의민 : 천민 출신으로 최고 무신 권력자에 오름
최씨 정권	• 최충헌 : 봉사 10조 개혁안 제시, 교정도감 설치(국정 총괄), 도방 확대(사병 집단) • 최우 : 정방 설치(인사 업무), 삼별초 조직(군사 기구), 몽골과의 전쟁 시작 • 4대 60여 년간 권력 장악

③ 농민과 천민의 봉기
  ㉠ 망이·망소이의 난 : '소' 지역 수탈에 저항
  ㉡ 만적의 난 : 개경의 노비들을 모아 신분 해방을 시도, '무신의 난 이래 고관대작이 천
    민에서 많이 나왔다. 왕후장상에 씨가 따로 있는가' 주장
④ 몽골과의 전쟁(1231~1270)
  ㉠ 박서의 귀주성 전투
  ㉡ 최우의 강화도 천도 : 몽골군이 수전에 취약한 점을 이용
  ㉢ 김윤후의 처인성 전투 : 처인 부곡민을 이끌고 몽골 장수 살리타를 사살

ⓔ 황룡사 9층 목탑과 초조대장경 소실, 팔만대장경 제작

ⓜ 삼별초의 항쟁 : 개경 환도 거부하며 강화도, 진도, 제주도에서 저항

(6) 원의 내정 간섭

① 고려의 위상 약화 : 이 시기의 왕은 '충○왕'으로 부름.

② 영토 상실 : 동녕부, 탐라총관부, 쌍성총관부를 설치하여 원이 직접 지배

③ 정동행성 설치 : 일본 원정을 위해 연락 기구 담당 → 내정 간섭 기구로 변질

④ 물자 수탈 : 막대한 공물·공녀 요구, 매 징발을 위해 응방 설치

⑤ 권문세족의 횡포 : 친원적, 음서를 통한 관직 진출, 대농장 경영

⑥ 몽골풍 유행, 원에서 성리학 전래

(7) 공민왕의 개혁

① 배경 : 원·명 교체기

② 반원 자주 정책

ⓐ 변발 금지

ⓑ 기철 등 친원파 제거

ⓒ 정동행성 철폐

ⓓ 쌍성총관부를 공격하여 철령 이북의 영토 회복

③ 왕권 강화 정책

ⓐ 정방 폐지

ⓑ 신돈의 전민변정도감 운영 : 권문세족이 불법적으로 차지한 토지와 노비를 조사하여 시정

▲ 공민왕의 영토 수복

(8) 고려의 멸망(14세기 말)

① 신진 사대부의 성장 : 성리학을 바탕으로 개혁 시도

ⓐ 온건파 사대부 : 정몽주 중심, 고려 왕조 유지 주장

ⓑ 급진파 사대부 : 정도전 중심, 토지 개혁과 새 왕조 개창 주장

② 이성계의 권력 장악 : 홍건적과 왜구를 토벌하는 과정에서 신흥 무인 세력 성장(최영, 이성계) → 명이 철령 이북을 차지하려 함. → 우왕의 요동 정벌 추진 → 위화도 회군으로 이성계가 우왕을 몰아내고 권력 장악(1388)

③ 고려의 멸망 : 과전법 제정(이성계와 급진파 사대부가 권문세족의 토지를 몰수하고 개혁 단행, 1391) → 정몽주 등 온건파 사대부 숙청 → 조선 건국, 이성계의 즉위(1392)

4 고려의 사회와 문화

(1) 고려의 경제
① 전시과 제정
   ㉠ 관리에게 지급한 고려의 토지 제도
   ㉡ 관료를 18등급으로 구분, 전지(토지)와 시지(임야) 지급, 5품 이상 관리에게 공음전 지급
② 화폐 발행 : 성종 때 건원중보, 숙종 때 삼한통보·해동통보·해동중보·활구(은병)
③ 벽란도가 국제 무역항으로 발전 : 예성강 하구에 위치

(2) 고려의 사회
① 신분 제도

귀족	호족 ➡ 문벌 귀족 ➡ 무신 ➡ 권문세족 순으로 등장
중류층	• 고려 때 새롭게 등장 • 주로 행정 실무를 담당 • 남반(궁궐 근무), 서리(중앙 관청 근무), 향리(지방 행정의 실무 담당), 하급 장교
양민	• 농민(백정으로 불림), 상인, 수공업자 • 향·부곡·소민 : 하층 양민, 일반민에 비해 조세 부담이 큼, 거주 이전 불가능
천민	대부분 노비(매매·상속·증여 가능)

② 사회 시책
   ㉠ 의창 : 고구려의 진대법 계승, 빈민에게 곡식 대여
   ㉡ 상평창 : 물가 관리 담당
   ㉢ 제위보 : 기금 운영으로 발생한 이자를 이용해 빈민 구제
   ㉣ 동·서 대비원 : 의료를 위해 개경에 설치
③ 향도 : 매향 활동을 위해 조직된 농민 공동체
④ 여성의 지위 : 가정 내에서는 남성과 대등
   ㉠ 여성도 호주 가능
   ㉡ 태어난 순서대로 호적에 기록
   ㉢ 아들·딸에게 재산 균분 상속
   ㉣ 여성의 재혼에 제약 없음.

> **개념 Check**
> • **백정** : 고려 시대에는 평범한 백성의 의미, 조선 시대에는 도살업에 종사하는 천민을 의미
> • **매향** : 미래에 미륵불의 세계에 태어날 것을 기원하며 향나무를 묻는 의식
> • **호주** : 한집안의 주장이 되는 사람

(3) 고려의 종교와 사상

① 불교

    ㉠ 연등회, 팔관회 개최 : 국가적으로 불교 행사를 개최

    ㉡ 의천의 해동 천태종 개창 : 교관겸수(교는 교종, 관은 선종) 주장, 교종의 입장에서 선종 통합

    ㉢ 지눌의 조계종 융성 : 수선사 설립하여 불교의 세속화 비판, 정혜쌍수(깨달음을 위한 수행과 지혜를 얻는 수행을 병행해야 한다는 이론)・돈오점수 주장, 선종의 입장에서 교종 통합

    ㉣ 고려 말, 권문세족과 밀착하며 사회적 폐단 심화 → 신진 사대부의 불교 비판

    ㉤ 불교 문화유산 : 관촉사 석조 미륵보살입상, 경천사지 10층 석탑(원 영향), 수월관음도

▲ 관촉사 석조 미륵보살입상　　▲ 월정사 8각 9층 석탑　　▲ 경천사지 10층 석탑　　▲ 수월관음도

② 유학

    ㉠ 교육 기관 : 국자감(개경에 위치, 장학 재단 양현고를 설립해 지원), 향교(지방에 위치), 최충의 문헌 공도(9재 학당)와 사학 12도(고려 중기에 인기)

    ㉡ 신진 사대부의 성리학 수용 : 고려 말 안향이 원에서 도입, 개혁적 사상으로 인식

(4) 고려의 문화

① 역사서

    ㉠ 김부식의 『삼국사기』 : 유교적 합리주의 사관, 우리 역사책 중 현존 최고

    ㉡ 이규보의 『동명왕편』 : 주몽의 업적 서술

    ㉢ 일연의 『삼국유사』 : 단군 신화를 최초로 기록, 민족적 자주 의식 반영

    ㉣ 이승휴의 『제왕운기』

② 인쇄술

    ㉠ 목판 인쇄 : 초조대장경(거란 격퇴 기원), 팔만대장경(몽골 격퇴 기원, 해인사에 보관)

    ㉡ 금속 활자 : 『상정고금예문』, 『직지심체요절』(현존 세계 최고)

③ 건축 : 주심포 양식 유행, 봉정사 극락전, 부석사 무량수전

④ 청자 : 순수 비취색(11세기) → 상감 청자(12세기 중엽)

▲ 상감 청자

5 조선의 성립과 발전

- 조선 정치의 흐름

| 국가 기틀 확립 (15세기) | 사화 정치 (16세기) | 붕당 정치 (16세기 말~17세기) | 탕평 정치 (18세기) | 세도 정치 (19세기) |

| 태종의 통치 | 세종의 통치 | 성종의 통치 | 무오사화 (1498) | 기묘사화 (1504) | 임진왜란 발발(1592) | 광해군 통치 | 병자호란 (1636) | 영조의 통치 | 정조의 통치 | 홍경래의 난(1811) | 동학 창시 (1860) |

(1) 국가 기틀의 확립(15세기)

① 태조 이성계
  ㉠ 급진파 사대부와 함께 조선 건국(1392) ➜ 한양 천도, 경복궁 축조
  ㉡ 정도전 등용 : 재상(오늘날의 총리급) 중심의 정치 강조, 『불씨잡변』 저술(불교 교리 비판), 이방원이 일으킨 왕자의 난으로 숙청

② 태종 이방원 : 왕권 강화 시도
  ㉠ 6조 직계제 실시 : 6조가 의정부를 거치지 않고 왕에게 곧장 보고함.
  ㉡ 사병 폐지
  ㉢ 양전 사업 : 토지 조사
  ㉣ 호패 발급 : 모든 남성에게 신분증 지급

③ 세종
  ㉠ 집현전 설치 : 궁궐에 학문 연구 기관 설치, 성종 때 홍문관으로 계승
  ㉡ 의정부 서사제 실시 : 의정부 위상 향상, 왕권과 신권의 조화 추구
  ㉢ 최윤덕·김종서의 4군 6진 개척 : 여진족 격퇴 후 오늘날의 국경선 확정
  ㉣ 이종무의 쓰시마 토벌

④ 세조
  ㉠ 계유정난으로 집권 ➜ 조카인 단종을 폐위
  ㉡ 왕권 강화 : 6조 직계제 부활, 집현전 폐지, 『경국대전』 편찬 시작

⑤ 성종
  ㉠ 통치 체제 정비 : 홍문관 설치(집현전 계승), 경연 활성화
  ㉡ 『경국대전』 완성 : 조선의 기본 법전

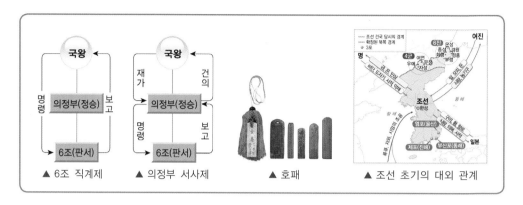

▲ 6조 직계제   ▲ 의정부 서사제   ▲ 호패   ▲ 조선 초기의 대외 관계

(2) 통치 체제의 정비

① 중앙 정치 체제

의정부	최고 관부, 3정승의 합의로 정책 결정	
6조	정책 집행	
승정원	왕명 출납(국왕 비서 기관)	왕권 뒷받침
의금부	국가의 중죄 담당	
3사	• 권력의 독점을 견제하는 언론 기능 담당 • 사헌부(관리 감찰), 사간원(왕이 바른 정치를 하도록 일깨움), 홍문관(국왕 자문, 경연)	

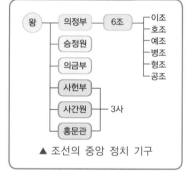

▲ 조선의 중앙 정치 기구

② 지방 행정 제도 : 8도 ➡ 부 · 목 · 군 · 현

수령	군현의 지방관 : 모든 군현에 파견, 행정 · 사법 · 군사권 행사
향리	6방으로 나뉘어 수령을 보좌해 행정 실무 처리
유향소	• 군 · 현의 양반이 조직한 자치 기구 • 수령 보좌와 향리 감찰 등 담당

③ 군사 제도 : 5위(중앙 수비), 지방군, 잡색군(예비군)

④ 관리 등용

    ㉠ 과거 : 사마과(소과), 문과(대과), 무과, 잡과를 통해 관리 선발

    ㉡ 음서 : 고려에 비해 위상 약화

▲ 조선의 8도

(3) 훈구와 사림의 대립(16세기)

① 훈구 : 급진파 사대부의 사상 계승, 세조 즉위와 중종 반정에 참여

② 사림 : 온건파 사대부의 사상을 계승한 재야 사대부, 성종 때 중앙 정계 진출

③ 사화

의미	사림이 훈구의 정치적 공격으로 참혹한 화를 입은 사건
경과	• 무오사화(연산군) : 김종직의 '조의제문'을 문제 삼아 사림 공격 • 갑자사화(연산군) : 연산군이 생모 윤씨의 폐위와 관련된 세력을 제거 • 기묘사화(중종) : 조광조 등용(도교 기관인 소격서 폐지, 추천으로 관리를 등용하는 현량과 실시, 위훈 삭제 추진) → 조광조의 급진적인 개혁에 부담 → 조광조 숙청 • 을사사화(명종) : 외척 간의 권력 다툼 계기

> 🔖 **개념 Check**
>
> • 조의제문 : 김종직이 단종을 항우에게 죽임을 당한 의제에 비유해 그 죽음을 슬퍼하고 세조의 찬탈을 비난한 내용의 글
> • 위훈 삭제 : 중종반정 때 공을 세운 공신 중 자격이 없다고 평가된 사람들의 훈장을 박탈하고 토지와 노비를 환수한 사건

(4) 선조(16세기 말)

① 붕당 정치 시작

붕당	• 학문적, 정치적 입장에 따라 이루어진 사림의 집단 • 동인(이황·조식·서경덕 학풍 계승), 서인(이이·성혼 학풍 계승)
형성 과정	사화로 어려움을 겪던 사림이 서원과 향약을 바탕으로 성장 → 선조 초에 사림 집권 → 이조 전랑의 자리를 둘러싸고 사림이 동인과 서인으로 분리

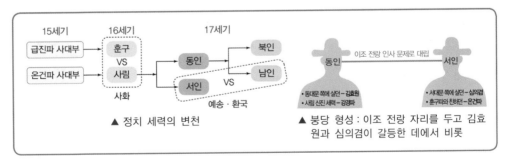

▲ 정치 세력의 변천

▲ 붕당 형성 : 이조 전랑 자리를 두고 김효원과 심의겸이 갈등한 데에서 비롯

② 임진왜란(1592~1597)

㉠ 도요토미 히데요시의 전쟁 준비 → 부산진과 동래성 함락 → 신립의 충주 방어 실패 → 선조의 피란, 한양 함락

  ㅠ 조선의 반격 : 이순신과 수군의 활약(제해권 장악), 의병 활약(곽재우 최초, 향토 지리 이용), 명 지원군 파병

  ㅡ 3대 대첩 : 이순신의 한산도 대첩, 김시민의 진주 대첩, 권율의 행주 대첩

 ③ 정유재란(1597~1598) : 이순신의 명량 대첩과 노량 해전 승리 ➜ 일본군 철수

 ④ 전후의 상황

  ㅡ 정치 : 비변사의 국정 총괄, 의정부의 위상 약화

  ㅡ 군사 : 훈련도감 조직(한양 수호 담당, 급료를 받는 직업 군인으로 구성)

  ㅡ 경제 : 인구 급감에 따른 재정 궁핍

  ㅡ 사회 : 노비 문서 소실

  ㅡ 문화 : 경복궁·불국사 소실, 수많은 도공이 일본으로 끌려감.

  ㅡ 외교 : 일본에 통신사 파견(조선인 포로 귀환, 일본에 선진 문물 전파)

  ㅡ 일본 : 도쿠가와 이에야스의 에도 막부 수립

  ㅡ 중국 : 명의 국력 약화, 여진족이 성장하며 후금 건국 ➜ 광해군의 중립 외교 시행

명을 정벌하러 가는 데 필요한 길을 빌려 달라.

▲ 도요토미 히데요시

판옥선과 거북선을 이용하여 일본군의 보급로를 끊겠다.

▲ 이순신

▲ 통신사

개념 Check

- 이조 전랑 : 이조의 중간직 관리들, 이들은 3사 관리의 인사권을 행사함.
- 비변사 : 본래 국방 문제를 논의하던 임시 기구였으나, 왜란을 거치면서 국정 전반을 관리함.
- 막부 : 쇼군을 중심으로 한 일본의 무사 정권

(5) 17세기의 정치

 ① 광해군

  ㅡ 왜란 후 전후 복구 사업 : 대동법 실시, 토지 대장과 호적 정비, 성곽과 무기 수리, 허준의 『동의보감』 완성

  ㅡ 중립 외교 : 명과 후금 사이에서 정세를 파악한 실리적 외교 실시

  ㅡ 서인이 일으킨 인조반정으로 폐위

② 인조와 호란

정묘호란 (1627)	• 배경 : 인조와 서인의 친명 배금 정책 • 경과 : 후금이 광해군의 보복을 내세우며 침입 ➡ 인조의 강화도 피란 • 결과 : 후금과 형제 관계 맺으며 화의 체결
병자호란 (1636)	• 배경 : 후금이 나라 이름을 청으로 바꾸고 조선에 군신 관계 요구 ➡ 인조의 거부 • 경과 : 청 태종의 침입 ➡ 인조가 남한산성으로 피신 ➡ 척화파(맞서 싸우자는 입장)와 주화파(외교적으로 해결하자는 입장)의 대립 • 결과 : 삼전도의 굴욕(인조가 청 태종에게 항복), 삼전도비 건립, 청과 군신 관계 체결, 소현세자와 수많은 조선인이 청에 인질로 끌려감

③ 효종과 북벌
　㉠ 북벌 : 무력으로 북쪽 지방(청)을 치는 일
　㉡ 청에 당한 치욕을 씻고 명에 대한 의리를 지키려는 의도에서 비롯됨. ➡ 송시열 등의 지지를 받아 효종 때 적극 추진 ➡ 18세기에 이르러 북학론으로 대체

④ 현종과 예송
　㉠ 예송 : 조대비의 상복 착용 기간을 둘러싼 성리학 예절에 대한 논란
　㉡ 2차례 예송으로 서인과 남인의 대립 격화

⑤ 숙종과 환국
　㉠ 환국 : 정국을 주도하던 붕당이 급격하게 다른 붕당으로 교체된 현상
　㉡ 경신환국으로 서인 집권 ➡ 기사환국으로 남인 집권 ➡ 갑술환국으로 서인 재집권
　㉢ 연이은 환국으로 붕당 간 대립 극심

　　🎯 개념 Check
　• 북학론 : 청의 발전을 인정하고 그들의 선진 문물을 수용할 것을 주장

(6) 탕평 정치(18세기)

① 영조
　　㉠ 이조 전랑의 인사권 약화, 서원 대폭 정리, 탕평비 건립
　　㉡『속대전』편찬 :『경국대전』을 보완

② 정조
　　㉠ 규장각 설치 : 학술·정책 연구 기관, 박제가, 유득공, 이덕무 등 서얼을 규장각 검서
　　　관으로 등용
　　㉡ 초계문신제 시행 : 37세 이하의 관리를 규장각에서 재교육함.
　　㉢ 왕의 친위 부대인 장용영 설치
　　㉣ 수원 화성 건설 : 정약용의 설계, 거중기를 이용하여 축조
　　㉤『대전통편』편찬 :『경국대전』과『속대전』및 그 후의 법령을 통합

남과 두루 친하되 편당 짓지 않는 것은 군자의 공정한 마음이고, 편당만 짓고 남과 두루 친하지 못하는 것은 소인의 사사로운 생각이다.

▲ 탕평비　　　　▲ 규장각　　　　▲ 수원 화성

(7) 세도 정치(19세기)

① 의미 : 순조~철종 시기에 외척 가문을 중심으로 통치가 이루어짐.
② 정치적 문제 : 비변사의 요직을 안동 김씨 등이 장악 ➜ 매관매직 성행, 과거 비리 만연
③ 삼정의 문란
　　㉠ 전정의 문란 : 정해진 액수의 몇 배 징수
　　㉡ 군정의 문란 : 죽은 사람이나 어린아이에게도 군포 징수
　　㉢ 환곡의 문란 : 곡식 대여가 고리대처럼 운영되거나 강제로 빌려주는 등 부정 만연

6 조선의 경제와 사회

(1) 조선의 경제

① 토지 제도의 변천

과전법(태조)	경기 지역 토지에 한하여 전·현직 관리에게 토지의 수조권 지급
직전법(세조)	현직 관리에게만 수조권 지급, 유가족에게 지급하던 수신전·휼양전 폐지
관수 관급제(성종)	관청에서 수조를 대행 ➡ 국가의 토지 지배권 강화 시도

② 수취 제도의 정비

구분	조선 전기	왜란 후
전세	공법 : 세종, 연분9등법 제정(풍흉을 고려하여 세액을 9단계로 조정)	영정법 : 인조, 풍흉에 관계없이 토지 1결당 미곡 4두로 고정
공납	• 현물 징수 • 16세기, 방납(공납을 대리 납부하는 방식)의 폐단 발생	대동법 : 광해군, 경기도에서 첫 시행, 현물 대신 쌀(1결당 미곡 12두)·삼베·동전 등으로 징수
군역	• 16세 이상 양인 남성 담당 • 16세기, 군포 2필(매년) 납부로 변경	균역법 : 영조, 군포 1필(매년) 납부로 변경, 감소한 재정은 결작(토지 1결당 미곡 2두)·선무군관포 등으로 충당

③ 조선 후기, 상품 화폐 경제의 발달

농업	• 모내기법의 전국 보급 : 광작(넓은 농토 경작) 증가, 부농층 등장 • 담배, 인삼 등 상품 작물 재배로 농민 소득 증가
수공업	• 민영 수공업 발달 • 선대제 등장 : 상인이 수공업자에게 원료와 자금을 지원하는 방식
광업	• 배경 : 청과의 무역으로 은의 수요 증가 • 덕대 등장 : 상인 물주의 자본으로 광산을 개발
상업	• 시전 상인의 금난전권 축소 : (조선 전기) 국가가 필요한 물품을 조달하는 대신 한양의 판매 독점권을 확보 ➡ (정조) 금난전권 폐지 • 공인 등장 : 대동법으로 새로이 등장, 도고(독점적 도매 상인)로 성장 • 사상 등장 : 개성의 송상·의주의 만상·동래의 내상 등 • 객주와 여각 등장 : 포구에서 활동, 상품 매매 중개·보관·운송·숙박·금융 등을 담당 • 장시의 전국 확대 : 전국 1,000여 곳에 형성, 보부상의 활약 • 상평통보의 전국 유통
무역	• 대청 무역 활발 : 의주의 만상 활약 • 대일 무역 : 동래의 내상 활약

(2) 조선의 사회

① 신분 제도

양반	• 문반과 무반 • 향촌에서 향약과 서원 주도하며 영향력 행사 • 조선 후기에 양반 수 증가로 위상 약화
중인	• 기술관, 서리, 향리, 서얼(양반과 첩 사이에 태어난 자식) • 기술 교육을 받아 잡과에 응시 • 조선 후기에 신분 상승 시도 : 집단 상소 제기
상민	• 농민, 상인, 수공업자 : 생산과 조세 담당 • 조선 후기에 부유한 상민이 양반으로 신분 상승 : 공명첩 구입, 족보 매매 등
천민	• 노비(재산으로 취급), 백정(도살업에 종사) • 조선 후기에 도망, 군공, 납속으로 상민이 됨

② 서원과 향약

성균관	한양에 설립된 최고의 유학 교육 기관
서원	• 기능 : 선현에 대한 제사와 교육 → 사림의 결속 강화 • 설립 : 주세붕이 최초로 백운동 서원 설립(소수 서원으로 사액) • 영향 : 성리학과 지방 문화 발전에 기여, 붕당의 근거지가 됨
향약	• 의미 : 전통적 향촌 규약에 유교 윤리를 가미한 향촌의 자치 규약 • 시행 : 중종 때 조광조에 의해 시행된 후 향촌 사회에 확산 • 영향 : 유교적 사회 질서 확립에 기여, 사림의 지방민 통제력 강화

③ 19세기 농민 봉기

배경	세도 정치, 삼정의 문란
홍경래의 난	• 배경 : 평안도 지역 차별에 대한 불만 • 전개 : 몰락 양반 홍경래 주도, 영세 농민·중소 상인·광산 노동자 합세
임술 농민 봉기	진주에서 시작, 전국으로 확대 → 정부의 삼정이정청 설치

벼슬받는 사람의 이름을 적는 곳

▲ 공명첩 : 나라의 재정을 보충하기 위하여 부유층으로부터 돈이나 곡식을 받고 팔았던 명예직 관리 임명장이다.

▲ 서원 : 사림 세력은 덕망 높은 유학자를 기리고 지방 양반의 자제를 교육하기 위해 지방 곳곳에 서원을 설립하였다.

▲ 19세기의 농민 봉기

7 조선의 사상과 문화

(1) 민족 문화의 발달

훈민정음	• 세종 때 창제·반포, '백성을 가르치는 바른 소리'라는 뜻 • 「용비어천가」: 훈민정음으로 쓴 최초의 작품
역사서	• 『조선왕조실록』: 국왕 사후 춘추관 실록청에서 사초와 시정기 등으로 편찬, 편년체(날짜순으로 정리), 사고에 보관, 유네스코 세계 기록 유산 • 『동국통감』: 우리나라 최초의 통사(고조선~고려) • 안정복의 『동사강목』: 조선 후기를 대표하는 통사, 민족적 사관 반영 • 유득공의 『발해고』: 통일 신라와 발해를 '남북국'으로 부름, 잊혀진 발해 역사에 대한 재조명 시도
지도	• 「혼일강리역대국도지도」: 중국 중심의 세계 지도, 조선 전기에 제작 • 『동국여지승람』: 조선 각 지역의 정보를 수록한 지리서 • 「곤여만국전도」: 중국에서 전래된 근대식 세계 지도, 조선 후기에 조선인의 세계관 확장에 기여 • 이중환의 『택리지』: 전국의 자연환경, 풍속 등을 정리한 지리서 • 김정호의 「대동여지도」: 산맥, 하천, 포구, 도로망 등의 표시가 매우 정밀
윤리, 의례서	• 『삼강행실도』: 세종 때 편찬, 충신, 효자, 열녀의 사례를 기록 • 『국조오례의』: 성종 때 편찬, 국가 행사를 글과 그림으로 정리
천문	「천상열차분야지도」(천문도), 『칠정산』(세종 때 제작, 한양 기준 역법 계산)
무기	신기전(로켓형 화살)
농법서	『농사직설』: 세종 때 편찬, 농부들의 실제 경험 수집, 우리 풍토에 맞는 농사법 정리

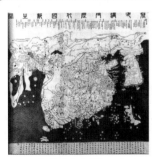
▲ 혼일강리역대국도지도

▲ 곤여만국전도

▲ 대동여지도

(2) 성리학의 발달
① 성리학 : 우주의 원리와 인간의 심성을 탐구하는 철학적인 유학의 갈래
② 퇴계 이황 : 주리론 주장하며 영남학파 형성, 『성학십도』 제작
③ 율곡 이이 : 주기론 주장하며 기호학파 형성, 『성학집요』 집필
④ 양명학 전래 : 지행합일을 중시한 유학의 한 갈래, 성리학과 대립하며 소수의 학자들 사이에서 계승

⏱ 개념 Check
• 주리론 : 절대적이고 이론적인 이(理)를 중요시하는 성리학 사상
• 주기론 : 우주의 근원적 존재를 추상적인 이(理)보다는 현실적이고 물질적인 기(氣)에서 구하여야 한다고 주장한 성리학 사상

(3) 실학의 발달(18세기)

농업 중심 개혁론	• 토지 개혁 주장 : 유형원의 균전론, 이익의 한전론, 정약용의 여전론 • 정약용 : 『목민심서』・『경세유표』 저술, 거중기 발명
상공업 중심 개혁론	• 상공업 진흥과 청 문물 수용을 주장 : 유수원, 홍대용, 박지원, 박제가 • 박지원 : 『열하일기』・「양반전」 저술, 수레와 화폐 사용 강조 • 박제가 : 『북학의』 저술, 소비 장려

⏱ 개념 Check
• 목민심서 : 지방관의 올바른 마음가짐 및 몸가짐에 대해 기록한 책
• 열하일기 : 청나라 방문 경험을 담은 여행기

(4) 새로운 사상의 등장(18~19세기)

『정감록』	조선 왕조가 망하고 정씨 왕조가 들어선다는 예언
천주교 (서학)	• 청에 다녀온 사신을 통해 조선에 전래 • 인간 평등, 내세적 신앙관, 제사 거부로 인해 정부가 사교로 규정 • 신유박해 발생(순조 때) : 정약용 유배
동학	• 최제우의 창시 ➡ 최시형의 『동경대전』과 『용담유사』 편찬 • 인내천(인간 평등 사상)・후천 개벽을 주장하자 정부가 사교로 규정

(5) 서민 문화의 유행
① 배경 : 조선 후기의 경제 성장 ➡ 서당 확산, 서민의 지위 향상
② 한글 소설(허균의 『홍길동전』 등), 판소리, 탈춤, 민화 등 유행

▲ 홍길동전 : 서얼 차별을 비판하며 새로운 세   ▲ 민화 : 주로 비전문적인 화가나 일반 대중들이
　상 건설을 꿈꾸는 허균의 의도가 담겨 있다.　　장식이나 기원을 위해 그린 그림이다.

(6) 회화, 공예

① 조선 전기 : 안견의 〈몽유도원도〉, 강희안의 〈고사관수도〉, 분청사기, 백자

▲ 몽유도원도　　　　　▲ 고사관수도　　▲ 분청사기　　　▲ 백자

② 조선 후기 : 정선의 진경산수화, 김홍도와 신윤복의 풍속화, 민화, 청화 백자

▲ 정선 〈금강전도〉　　　▲ 김홍도 〈서당도〉　　　　▲ 신윤복 〈단오풍정〉

🔥 개념 Check

- **백자** : 백토 위에 투명한 유약을 입혀 만든 자기
- **진경산수화** : 기존의 산수화에서 벗어나 우리나라의 자연을 사실적으로 묘사함.
- **풍속화** : 민간의 생활상을 그린 그림
- **청화 백자** : 백자에 푸른 물감으로 그림을 그린 자기

대표 기출문제

정답 및 해설 p. 107

01 다음에서 설명하는 유물은?

> • 구석기 시대를 대표하는 뗀석기임.
> • 사냥을 하거나 가죽을 벗기는 용도로 사용함.

주먹도끼

이불병좌상

비파형 동검

빗살무늬 토기

02 다음 유물이 처음으로 제작된 시대의 생활 모습으로 옳은 것은?

빗살무늬 토기

① 민화가 유행하였다.
② 불교를 받아들였다.
③ 농경과 목축을 시작하였다.
④ 철제 농기구를 사용하였다.

03 다음 설명에 해당하는 시대는?

> • 빈부의 차이와 계급의 분화가 발생함.
> • 대표적인 유물은 비파형 동검임.
> • 우리 역사 최초의 국가인 고조선이 건국됨.

① 구석기 시대　　② 신석기 시대
③ 청동기 시대　　④ 철기 시대

04 다음에서 ㉠에 들어갈 나라는?

> 〈　㉠　의 8조법〉
> • 사람을 죽인 자는 즉시 죽인다.
> • 남에게 상처를 입힌 자는 곡식으로 갚는다.
> • 도둑질을 한 자는 노비로 삼는다.

① 마한　　　　② 백제
③ 신라　　　　④ 고조선

05 다음 설명에 해당하는 나라는?

> • 10월에 무천이라는 제천 행사를 열었다.
> • 다른 부족의 경계를 침범할 경우에는 가축이나 노비로 변상하였다.

① 동예　　　　② 부여
③ 삼한　　　　④ 고구려

06 다음에서 설명하는 나라는?

> • 12월에 영고라는 제천 행사를 열었다.
> • 마가, 우가, 구가, 저가 등이 사출도를 다스렸다.

① 가야　　　　② 부여

③ 발해　　　　④ 고조선

07 다음에서 ㉠에 들어갈 내용으로 가장 적절한 것은?

> 〈 삼한의 사회 모습 〉
> • 신지, 읍차 등의 군장 세력이 성장함.
> • ㉠ .
> • 5월과 10월에 계절제를 지냄.

① 진대법을 실시함.

② 성리학이 발달함.

③ 상감 청자를 제작함.

④ 천군이 제사를 주관함.

08 다음에 해당하는 제도는?

> • 고구려 고국천왕 때 농민 몰락 방지를 위해 실시함.
> • 봄에 곡식을 빌려주었다가 가을에 추수한 것으로 갚도록 함.

① 음서제　　　　② 진대법

③ 골품제　　　　④ 과전법

09 다음에서 설명하는 왕은?

> • 신라를 도와 왜를 격퇴함.
> • '영락'이라는 독자적 연호를 사용함.
> • 4세기 말 즉위 후 고구려의 영토를 크게 넓힘.

① 세종　　　　② 고이왕

③ 공민왕　　　　④ 광개토 대왕

10 다음에 해당하는 고구려의 왕은?

> • 남진 정책을 추진함.
> • 평양으로 수도를 옮김.
> • 백제의 수도 한성을 점령함.

① 장수왕　　　　② 진흥왕

③ 문무왕　　　　④ 근초고왕

11 ㉠에 들어갈 내용으로 옳은 것은?

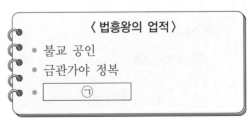

> 〈 법흥왕의 업적 〉
> • 불교 공인
> • 금관가야 정복
> • ㉠

① 율령 반포

② 훈민정음 창제

③ 사심관 제도 실시

④ 전민변정도감 설치

12 다음에서 ㉠에 들어갈 사건은?

〈 고구려와 수·당의 전쟁 〉
- ㉠ : 수나라의 침입을 을지문
덕이 물리침.
- 안시성 싸움 : 당나라의 침입을 성주와 백
성들이 결사적으로 저항하여 물리침.

① 기묘사화　　② 신미양요
③ 무신 정변　　④ 살수 대첩

13 ㉠에 들어갈 내용으로 옳은 것은?

〈 삼국 통일 과정 〉
백제 멸망 → 고구려 멸망 → ㉠ →
삼국 통일

① 귀주 대첩
② 매소성 전투
③ 봉오동 전투
④ 한산도 대첩

14 다음에서 설명하는 문화유산은?

문화유산 카드
- 위치 : 경상북도 토함산
- 특징 : 불국사와 함께 불국토의 이상 세
계를 표현한 통일신라 시기의 대
표적 건축물

① 경복궁　　② 무령왕릉
③ 수원 화성　　④ 경주 석굴암

15 다음에서 설명하는 문화유산은?

공주에서 발견된 백제 고분으로 중국 남
조의 영향을 받아 만들어진 벽돌무덤이다.
또한 출토된 묘지석을 통해 무덤에 묻힌 왕
이 누구인지 알 수 있다.

① 천마총　　② 장군총
③ 강서대묘　　④ 무령왕릉

16 ㉠에 들어갈 신라의 왕으로 옳은 것은?

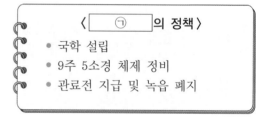

〈 ㉠ 의 정책 〉
- 국학 설립
- 9주 5소경 체제 정비
- 관료전 지급 및 녹읍 폐지

① 신문왕　　② 장수왕
③ 근초고왕　　④ 광개토 대왕

17 다음에서 ㉠에 들어갈 정치 세력은?

〈 신라 말의 사회 〉
- 중앙 귀족들 사이에 왕위 쟁탈전 전개
- 지방에서는 ㉠ 이/가 성장하여 지
배권 행사
- 선종과 풍수지리설의 유행

① 사림　　② 호족
③ 권문세족　　④ 신진 사대부

18 다음 중 발해에 대한 설명으로 옳은 것을 〈보기〉에서 고른 것은?

┤ 보기 ├
ㄱ. 고구려 계승 의식을 내세웠다.
ㄴ. 당으로부터 해동성국이라 불리었다.
ㄷ. 화랑도를 국가적 조직으로 정비하였다.
ㄹ. 이성계가 건국한 후 한양으로 천도하였다.

① ㄱ, ㄴ   ② ㄱ, ㄷ
③ ㄴ, ㄹ   ④ ㄷ, ㄹ

19 다음 설명에 해당하는 문서는?

일본 도다이사 쇼소인에서 발견된 문서이다. 이 문서에는 서원경(충북 청주)에 속한 촌락을 비롯한 4개 촌락의 인구 수, 토지의 종류와 크기, 소와 말의 수 등이 기록되어 있어 당시의 경제 상황을 알 수 있다.

① 공명첩   ② 시무 28조
③ 영남 만인소   ④ 신라 촌락 문서

20 다음에서 설명하는 신라의 인물은?

• 아미타 신앙을 전파하여 불교 대중화에 기여함.
• 여러 종파의 대립을 없애고자 화쟁 사상을 주장함.

① 원효   ② 일연
③ 김부식   ④ 정약용

21 다음에서 ㉠에 들어갈 내용으로 옳은 것은?

〈 조선 성종의 정책 〉
• 경연 활성화
• 홍문관 설치
•   ㉠

① 경국대전 반포
② 기인 제도 실시
③ 삼청 교육대 운영
④ 전민변정도감 설치

22 ㉠에 들어갈 내용으로 옳은 것은?

〈 수행 평가 계획서 〉
• 주제 : 고려 광종의 정책
• 조사할 내용 :   ㉠   , 과거제 등

① 신문지법   ② 노비안검법
③ 치안 유지법   ④ 국가 총동원법

23 다음에서 ㉠에 해당하는 지역은?

  ㉠ 는 군사 전략 요충지로 큰 역할을 해 왔다. 고려 시대에는 몽골의 침입을 피해 이곳으로 수도를 옮긴 적이 있었고, 조선 시대에는 이곳에서 병인양요가 발발하였다.

① 강화도   ② 거문도
③ 울릉도   ④ 제주도

24 ㉠에 들어갈 정책으로 옳은 것은?

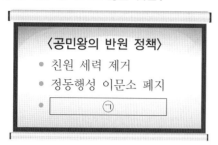

〈공민왕의 반원 정책〉
- 친원 세력 제거
- 정동행성 이문소 폐지
- ㉠

① 장용영 설치
② 금관가야 정복
③ 쌍성총관부 공격
④ 치안 유지법 제정

25 다음에서 설명하는 정치 세력은?

- 고려 말 권문세족의 부정부패를 비판함.
- 성리학을 바탕으로 사회 모순을 개혁하고자 함.
- 대표적 인물로는 조준, 정도전, 정몽주 등이 있음.

① 6두품   ② 보부상
③ 독립 협회   ④ 신진 사대부

26 다음에서 설명하는 고려의 정치 기구는?

- 관리의 비리를 감찰하는 기구임.
- 중서문하성의 낭사와 함께 대간으로 불림.

① 어사대   ② 집사부
③ 제가 회의   ④ 통리기무아문

27 다음 설명에 해당하는 제도는?

고려 때 직위에 따라 18등급으로 나누어, 관직 복무와 직역의 대가로 곡물을 수취할 수 있는 전지와 땔감을 얻을 수 있는 시지를 주었다.

① 녹읍   ② 전시과
③ 독서삼품과   ④ 관수 관급제

28 ㉠에 들어갈 내용으로 가장 적절한 것은?

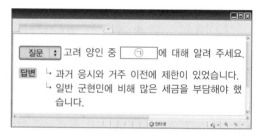

질문 : 고려 양인 중 ㉠ 에 대해 알려 주세요.
답변 ↳ 과거 응시와 거주 이전에 제한이 있었습니다.
     ↳ 일반 군현민에 비해 많은 세금을 부담해야 했습니다.

① 노비   ② 향리
③ 하급 장교   ④ 향·소·부곡민

29 다음에서 설명하는 역사서는?

- 김부식이 왕명을 받아 편찬함.
- 현존하는 우리나라 역사서 중 가장 오래됨.

① 경국대전   ② 삼국사기
③ 조선책략   ④ 팔만대장경

30 ㉠에 해당하는 인물은?

> 고려 무신 집권기 보조 국사 ㉠ 은/는 세속화된 불교를 개혁하기 위해 정혜쌍수와 돈오점수를 내세우며 수선사를 중심으로 결사 운동을 펼쳤다.

① 지눌
② 원효
③ 이순신
④ 장수왕

31 조선 태종이 실시한 정책을 〈보기〉에서 고른 것은?

> ┤ 보기 ├
> ㄱ. 호패법 실시
> ㄴ. 훈민정음 창제
> ㄷ. 척화비 건립
> ㄹ. 6조 직계제 채택

① ㄱ, ㄴ
② ㄱ, ㄹ
③ ㄴ, ㄷ
④ ㄷ, ㄹ

32 조선 세종의 정책으로 옳은 것을 〈보기〉에서 고른 것은?

> ┤ 보기 ├
> ㄱ. 집현전 설치
> ㄴ. 『경국대전』 완성
> ㄷ. 훈민정음 창제
> ㄹ. 노비안검법 실시

① ㄱ, ㄴ
② ㄱ, ㄷ
③ ㄴ, ㄹ
④ ㄷ, ㄹ

33 ㉠에 들어갈 용어로 옳은 것은?

> 조선에서는 사헌부, 사간원, 홍문관의 ㉠ 을/를 두어 정사를 비판하고 관리의 비리를 감찰하게 하여 권력의 독점과 부정을 방지하였다.

① 3사
② 비변사
③ 식목도감
④ 군국기무처

34 다음에서 설명하는 제도는?

> 조선은 이상적인 유교 정치 구현을 위해 노력하였다. 특히 세종은 왕권과 신권의 조화를 추구하여 군사 업무, 특정 인사 등을 제외한 대부분의 일들을 의정부에서 논의하여 보고하도록 하였다.

① 골품제
② 6조 직계제
③ 헌병 경찰제
④ 의정부 서사제

35 다음 설명에 해당하는 사건은?

> 청나라는 조선에 군신 관계를 맺을 것을 요구하면서 대군을 이끌고 침입해 왔다. 인조는 남한산성으로 피란하여 청나라 군대에 맞섰으나, 결국 청나라에 굴복하고 말았다.

① 병자호란
② 병인양요
③ 임진왜란
④ 청·일 전쟁

36 ㉠에 들어갈 내용으로 옳은 것은?

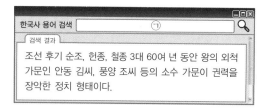

한국사 용어 검색 [㉠] 🔍

검색 결과

조선 후기 순조, 헌종, 철종 3대 60여 년 동안 왕의 외척 가문인 안동 김씨, 풍양 조씨 등의 소수 가문이 권력을 장악한 정치 형태이다.

① 도병마사   ② 세도 정치
③ 무신 정권   ④ 동북공정

37 (가)에 해당하는 것은?

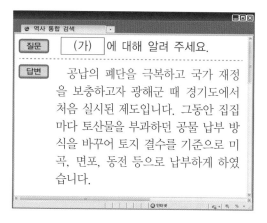

역사 통합 검색

질문 (가) 에 대해 알려 주세요.

답변 공납의 폐단을 극복하고 국가 재정을 보충하고자 광해군 때 경기도에서 처음 실시된 제도입니다. 그동안 집집마다 토산물을 부과하던 공물 납부 방식을 바꾸어 토지 결수를 기준으로 미곡, 면포, 동전 등으로 납부하게 하였습니다.

① 영정법   ② 균역법
③ 대동법   ④ 과전법

38 다음 문서의 발급으로 인해 증가된 조선의 신분 계층은?

공명첩

① 상민   ② 양반
③ 중인   ④ 천민

39 다음 설명에 해당하는 사건은?

- 배경 : 세도 정권의 수탈과 평안도 지역에 대한 차별
- 전개 : 빈농, 광산 노동자, 소상인 등이 봉기하여 청천강 이북 지역 대부분을 장악함.
- 결과 : 정주성에서 관군에게 진압됨.

① 만적의 난   ② 홍경래의 난
③ 이자겸의 난   ④ 원종과 애노의 난

40 다음에서 설명하는 조선의 법전은?

- 세조 때 편찬을 시작하여 성종 때 완성함.
- 조선의 기본 법전으로 이·호·예·병·형·공전의 6전으로 구성됨.

① 경국대전   ② 농사직설
③ 목민심서   ④ 삼국사기

41 다음에서 ㉠에 들어갈 조선 후기의 화가는?

[㉠]은 중국의 것을 모방하던 기존의 산수화에서 벗어나 우리나라의 산천을 사실대로 묘사하는 진경산수화를 그렸다. 대표적인 작품으로 '금강전도', '인왕제색도' 등이 있다.

① 담징   ② 안견
③ 정선   ④ 강희안

근대 국민 국가 수립 운동

1 서구 열강의 접근과 흥선 대원군의 체제 정비(1860년대)

▲ 흥선 대원군

(1) 흥선 대원군 집권 이전의 국내 상황
① 60여 년에 걸친 세도 정치로 정치 기강 문란
② 삼정의 문란과 임술 농민 봉기 발생
③ 동학과 천주교의 확산

(2) 흥선 대원군의 개혁 정치
① 통치 체제의 정비

비변사 폐지	의정부와 삼군부의 기능 부활 : 각각 행정권과 군사권 담당
고른 인재 등용	세도 정치를 펴던 안동 김씨 세력 축출
『대전회통』 편찬	통치 규범 정리
경복궁 중건	• 왕실의 권위 회복 목적 • 백성과 양반의 불만을 산 이유 : 원납전(기부금) 징수, 고액 화폐인 당백전 발행(➔ 물가 폭등), 토목 공사에 백성 동원
서원 철폐	• 서원이 순수한 기능을 상실하고 붕당의 근거지이자 백성을 수탈하는 공간으로 전락 • 47개소만 남기고 철폐 • 양반 유생의 거센 반발 초래

② 삼정의 개혁 : 민생 안정과 재정 확충
　㉠ 양전 실시 : 토지 대장에서 누락된 토지를 찾아내 조세 부과
　㉡ 호포제 실시 : 평민에게만 징수하던 군포를 양반까지 확대
　㉢ 사창제 실시 : 지방관이 담당하던 환곡을 폐지하고, 마을에서 자치적으로 곡식 대여
③ 개혁 정치의 의의 : 세도 정치로 인한 각종 사회 문제 개선과 양반 특권 축소에 기여
④ 개혁 정치의 한계 : 성리학적 질서에 대한 근본적 개혁 부족

자료
서원 철폐
대원군이 명령을 내려 서원을 모두 허물고 서원 유생들을 쫓아 버리도록 하였다. …… "진실로 백성에게 해되는 것이 있으면 비록 공자가 다시 살아난다 하더라도 나는 용서하지 않겠다. 하물며 서원은 우리나라 선유를 제사하는 곳인데 지금은 도둑의 소굴이 됨에 있어서랴."
－ 박제형, 『근세 조선 정감』

🗒️ 자료

흥선 대원군의 인사 정책

흥선 대원군이 집권한 후 어느 회의 석상에서 여러 대신에게 말하기를 "나는 천리(千里)를 끌어다 지척을 삼겠으며, 태산을 깎아 내려 평지를 만들고 또한 남대문을 3층으로 높이려 하는데, 여러 공들은 어떠시오?"라고 하였다. … 천리 지척이라 함은 종친을 높이다는 뜻이요, 태산 평질이라 함은 노론을 억압하겠다는 뜻이요, 남대문 3층이라 함은 남인을 천거하겠다는 말이다.　　　　　　　　　　　　　　　　– 황현, 『매천야록』

(3) 19세기 중반의 대외 상황

① 제국주의 출현 : 서구 열강이 식민지와 새로운 통상로 확보를 위해 대외 팽창을 시도

② 동아시아의 개항

　　㉠ 청 : 영국과의 아편 전쟁에서 패배 ➡ 난징 조약으로 강제 개항

　　㉡ 일본 : 미국의 무력 시위를 계기로 개항

③ 이양선의 출몰 : 조선과의 통상을 원하는 서구 세력이 조선에 접근

▲ 아편 전쟁 : 당시 영국군의 공격을 받는 청 함대를 표현한 그림

▲ 당시의 이양선 : '모양이 다른 배'라는 뜻

(4) 흥선 대원군의 통상 수교 거부 정책

① 병인박해(1866)

　　㉠ 배경 : 흥선 대원군이 러시아를 견제하기 위해 국내에 있던 프랑스 선교사를 통해 프랑스와 교섭을 시도했으나 실패 ➡ 유생과 양반들을 중심으로 천주교 금지 여론 고조

　　㉡ 경과 : 8,000여 명의 천주교도와 9명의 프랑스 선교사를 처형

② 병인양요(1866)

　　㉠ 경과 : 프랑스군의 강화도 점령 ➡ 한성근 부대(문수산성), 양헌수 부대(정족산성)의 활약으로 1달여 만에 프랑스군 격퇴

　　㉡ 영향 : 프랑스군이 철수하며 의궤 등 외규장각 도서 약탈 ➡ 약탈된 의궤는 2011년에 반환, 유네스코 세계 기록 유산으로 등재

③ 오페르트 도굴 사건(1868)
  ㉠ 독일 상인 오페르트가 무장한 선원을 동원하여 남연군(흥선 대원군의 아버지)의 묘
    를 도굴하려다가 실패
  ㉡ 영향 : 서양인에 대한 반감 심화
④ 신미양요(1871)
  ㉠ 배경 : 제너럴 셔먼호 사건(미국 상선이 통상을 요구하다 대동강에서 침몰함)
  ㉡ 전개 : 미국이 5척의 군함을 앞세워 강화도 침략 ➡ 초지진·덕진진 함락, 광성보에
    서 어재연 부대가 항전
⑤ 척화비 건립 : '서양 오랑캐가 침범하는데도 싸우지 않으면 화친하는 것이요, 화친을 주
  장하는 것은 나라를 파는 것이다.'라고 기록, 통상 수교 거부 의지를 천명
⑥ 통상 수교 거부 정책의 의의 : 서양 세력의 침략을 저지
⑦ 통상 수교 거부 정책의 한계 : 급변하는 국제 정세에 대처 미흡, 조선의 근대화 지연

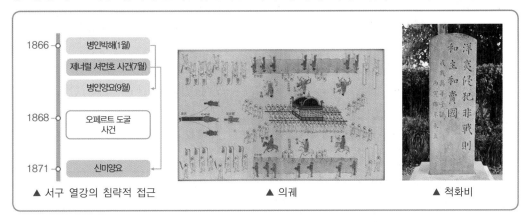

▲ 서구 열강의 침략적 접근   ▲ 의궤   ▲ 척화비

📖 자료

제너럴 셔먼호 사건(1866)

평안 감사 박규수의 장계에서, "평양부에 와서 정박한 이양선이 더욱 미쳐 날뛰면서 포와 총을 쏘아 우리쪽 사람들을 살해하였습니다. 그들을 제압하고 이기는 방책으로는 화공 전술보다 더 좋은 것이 없으므로 일제히 불을 질러서 보내어 그 불길이 저들의 배에 번지도록 하였습니다."라고 하였다.

－『고종실록』

🔧 개념 Check

• **열강** : 여러 강한 나라
• **양요** : 서양인들이 일으킨 난리
• **외규장각** : 정조가 강화도에 설치한 규장각의 부속 도서관
• **의궤** : 조선 시대에 왕실이나 국가에 큰 행사가 있을 때 후세에 참고할 수 있도록 그림과 글로
  정리한 책

2 개항과 개화를 둘러싼 다양한 움직임(1870~1880년대)

(1) 강화도 조약(조·일 수호 조규, 1876)

① 배경

통상 개화론자의 성장	• 박규수, 오경석, 유홍기 등이 통상의 필요성 주장 • 이들은 세계 지리서인 『해국도지』, 『영환지략』을 국내에 소개
일본의 개항 압박	1850년대에 미국에 문호 개방 → 메이지 유신으로 근대화 추진 → 조선에 개항을 요구하면서 동시에 정한론(조선을 정벌하자는 주장) 주장
운요호 사건(1875)	일본 군함 운요호가 조선 바다에서 무력 시위 전개

② 주요 내용

ⓐ 청 간섭 배제 시도 : [제1조] 조선국은 자주국이며 일본국과 동등한 권리를 가진다.

ⓑ 부산·인천·원산 개항 : [제4조] 조선국 정부는 부산 외 두 곳의 항구를 열도록 한다.

ⓒ 해안 측량권 허용 : [제7조] 일본국 항해자가 조선국의 해안을 자유롭게 측량하도록 허가한다.

ⓓ 치외 법권 허용(영사 재판권) : [제10조] 일본국 국민이 조선국 항구에서 죄를 지은 것이 조선국 국민에 관계되는 사건일 때는 모두 일본국 관원이 심판한다.

③ 의의 : 외국과 맺은 최초의 근대적 조약

④ 한계 : 조선에 불리한 불평등 조항 포함(해안 측량권, 치외 법권)

⑤ 수신사를 일본에 파견하여 부속 조약 체결

조·일 수호 조규 부록	• 거류지 설정 : 일본인은 거류지 밖으로 나갈 수 없음 • 개항장에서 일본 화폐 사용 허용
조·일 무역 규칙	• 양곡의 수출입 허용 : 조선의 곡물이 일본으로 대량 수출됨 • 수출입 상품에 대한 무관세 허용

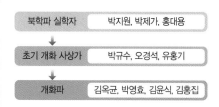

▲ 개화파의 형성

▲ 일본의 운요호

▲ 강화도 조약의 체결 모습 (상상화)

🛡 **개념 Check**

• 영사 재판권 : 국제법에서 외국인이 현재 거주하는 국가의 법률을 적용받지 않을 권리

• 거류지 : 한 나라가 영토의 일부를 외국인에게 개방한 지역

(2) 조 · 미 수호 통상 조약(1882)

① 배경 : 러시아의 남하로 조선의 위기 의식 고조 ➜ 2차 수신사로 일본에 다녀온 김홍집
이 황준헌의 『조선책략』(미국과의 수교를 제안한 외교 문서)을 고종에게 전달
② 주요 내용 : 미국에 치외 법권과 최혜국 대우 인정, 거중 조정 약속
③ 조약 체결 후 : 미국에 보빙사 파견

> ### 🔍 개념 Check
>
> • 최혜국 대우 : 한 나라가 어떤 외국에 부여하고 있는 가장 유리한 대우를 조약 상대국에도 부여
> 하는 것
> • 거중 조정 : 양국 중 한 나라가 다른 나라의 핍박을 받을 경우 반드시 서로 돕고 분쟁을 원만히
> 해결하도록 주선

(3) 정부의 개화 추진

새로운 관청 수립	• 통리기무아문 : 개화 정책 총괄 • 별기군 : 신식 군대 • 전환국 : 다양한 화폐 발행 • 기기창 : 근대 무기 제조 • 박문국 : 인쇄 · 출판에 관한 사무 관장, 한성순보 발행하여 개화 소식을 전달 • 우정총국 : 우편 사무 담당
외국에 사절단 파견	• 일본의 조사 시찰단 : 일본 정세와 개화 정책 조사 • 청의 영선사 : 청의 근대 무기 공장 견학 • 미국의 보빙사

▲ 별기군　　　　　　　　　　　　　　▲ 보빙사

(4) 개화 정책에 대한 입장차

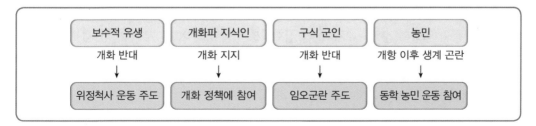

(5) 위정척사 운동

① 의미 : 성리학을 지키고 사학(서양 학문)을 배격하자는 운동
② 전개 과정

구분	배경	주장
1860년대	병인양요	척화주전론(서양 배척)과 통상 반대 주장
1870년대	강화도 조약	최익현의 왜양일체론 주장 – 강화도 조약 체결에 반대
1880년대	『조선책략』 유포	이만손의 영남 만인소 제출 – 미국과의 수교에 반대
1890년대 이후	을미사변, 단발령	을미의병을 시작으로 항일 의병 운동 전개

📖 자료

왜양일체론

저들이 비록 왜인이라고 하나 실은 서양의 적이옵니다. 강화가 한번 이루어지면 사학의 서적과 천주의 초상화가 교역하는 속에서 들어올 것입니다. 그렇게 되면 얼마 안 가서 선교사와 신자 간의 전수를 거쳐 사학이 온 나라 안에 퍼질 것입니다.   – 최익현, 『면암집』

영남 만인소

미국을 끌어들일 경우 그들이 재물을 요구하고 우리의 약점을 알아차려 어려운 청을 하거나 과도한 경우를 떠맡긴다면 응하지 않을 도리가 없습니다. 러시아는 우리와 혐의가 없는 바, 공연히 남의 말만 들어 틈이 생기게 된다면 우리의 위신이 손상될 뿐만 아니라 만약 이를 구실로 침략해 온다면 구제할 길이 없습니다.   – 영남 만인소, 『일성록』

✅ 개념 Check

- 왜양일체론 : 일본(왜)과 서양은 한 몸이라는 주장
- 영남 만인소 : 이만손 등 1만여 명의 영남 지방 유생들이 『조선책략』 유포에 반발하여 올린 집단 상소

(6) 임오군란(1882)

① 배경 : 신식 군대인 별기군 우대, 구식 군인에 대한 차별 심화(장기간 임금 체불)
② 경과 : 구식 군인의 봉기(구식 군인들이 정부 관리와 별기군의 일본인 교관을 살해)
   ➜ 흥선 대원군이 재집권하여 개화 정책을 중단시킴.
   ➜ 정부의 요청을 받은 청군이 봉기를 진압하고 흥선 대원군을 청으로 압송
③ 결과
   ㉠ 청의 영향력 강화 : 내정 간섭 심화, 조·청 상민 수륙 무역 장정 체결(청 상인에게 서울과 내륙 통상 허용)
   ㉡ 일본과 제물포 조약 체결 : 배상금 지불, 일본 공사관 경비병의 주둔 허용

(7) 임오군란 이후 개화파의 분화

   ① 온건 개화파

       ㉠ 대표적 인물 : 김윤식, 김홍집 등

       ㉡ 동도서기론 주장 : 청의 양무 운동을 모델로 삼아 점진적인 개화를 선호

   ② 급진 개화파

       ㉠ 대표적 인물 : 김옥균, 박영효 등

       ㉡ 문명개화론 주장 : 일본의 메이지 유신을 모델로 삼아 근대적 사상과 제도의 수용을 적극 주장

> 🌀 **개념 Check**
>
> • 동도서기 : 동양 東 + 제도와 사상 道 + 서양 西 + 기술 器, 전통적인 제도와 사상[동도] 은 지키면서 서구의 근대 기술[서기]을 받아들이자는 주장

(8) 갑신정변(1884)

배경	개화를 둘러싸고 급진 개화파의 불만 고조
경과	급진 개화파가 우정총국 개국 축하연을 이용하여 정변을 일으킴 ➜ 급진 개화파가 개혁 정강(문벌 폐지, 입헌 군주제 시도) 등을 발표 ➜ 청군의 개입으로 3일 만에 진압
결과	• 청의 내정 간섭 심화 • 일본과 한성 조약 체결 : 갑신정변 과정에서 불탄 일본 공사관 신축 비용을 지불 • 일본과 청의 톈진 조약 체결 : 조선에 파병할 때 사전 통보를 약속
평가	• 의의 : 근대 국가 건설을 위한 우리나라 최초의 정치 개혁 운동 • 한계 : 성급한 개혁 시도로 민중의 지지를 받지 못함, 일본에 의존

▲ 갑신정변의 주역들

▲ 우정총국(복원)

(9) 중립화론 제기

거문도 사건(1885)
• 배경 : 갑신정변 이후 청의 내정 간섭 심화 ➜ 고종은 러시아와 우호를 강화하여 청 견제를 시도
• 경과 : 러시아와 대립 중이던 영국이 거문도를 불법으로 점령

➜ **한반도 중립화론 제기**
독일인 부들러와 유길 준이 주장

3 근대 국민 국가 수립을 위한 노력(1890년대)

(1) 동학 농민 운동(1894)

① 배경

    ㉠ 일본의 경제 침탈로 농촌 경제 붕괴 ➜ 농민층에서 동학 확산

    ㉡ 동학의 교조 신원 운동 : 삼례 집회에서 교조 최제우의 억울함을 풀어 줄 것을 요구

② 전개 과정

고부 농민 봉기	• 원인 : 고부 군수 조병갑의 탐학(만석보를 짓고 과도하게 물세를 징수) • 경과 : 전봉준과 농민들이 관아를 습격 ➜ 정부의 조병갑 파면
1차 봉기	• 원인 : 안핵사 이용태의 농민 탄압 • 경과 : 전봉준과 남접의 봉기(4대 강령과 격문 발표) ➜ 농민군의 황토현 전투, 황룡촌 전투 승리 후 전주성 점령
전주 화약 체결	• 배경 : 정부가 청에 군사 지원 요청 ➜ 청군과 일본군의 조선 상륙 • 경과 : 농민군이 정부와 전주 화약을 체결하고 봉기 중단 ➜ 전라도 각지에 집강소(자치 개혁 기구)를 설치하며 폐정 개혁안을 실천
2차 봉기	• 원인 : 일본군이 철수를 거부하며 경복궁을 점령 • 경과 : 농민군의 재봉기 ➜ 우금치 전투에서 패배

📖 **자료**

동학 농민 운동의 폐정 개혁안

2. 탐관오리의 죄상을 조사하여 이를 엄중히 처벌한다.

5. 노비 문서를 불태워 없앤다.

7. 젊은 과부의 재혼을 허락한다.

10. 일본인과 몰래 통하는 자는 엄벌한다.

11. 공·사채는 물론이고, 농민이 이전에 진 빚은 모두 무효로 한다.

12. 토지는 골고루 나누어 경작한다

▲ 사발통문   ▲ 동학 농민 운동(백산 봉기, 기록화)   ▲ 재판을 받으러 가는 전봉준

🎯 **개념 Check**

• **사발통문** : 누가 주모자인가를 알지 못하도록 서명에 참여한 사람들의 이름을 사발 모양으로 둥글게 삥 돌려 적은 글

(2) 갑오개혁(1894~1895)

① 1차 갑오개혁 전개 : 일본군의 경복궁 점령 ➡ 김홍집 내각 구성, 군국기무처 중심의 개혁 추진

② 2차 갑오개혁 전개 : 청·일 전쟁의 주도권을 장악한 후 조선에 대한 내정 간섭 본격화 ➡ 김홍집·박영효 연립 내각 구성 ➡ 홍범 14조(국정 개혁의 강령) 반포

③ 개혁 내용

정치	• 중국의 연호 대신 개국 기년을 사용 – 조선이 건국된 1392년을 원년으로 하여 연도를 표기 • 왕실 사무와 정부 사무 분리 – 국왕의 권한 약화 • 과거제 폐지
사회	• 신분제 철폐 : 공·사노비제 타파 • 조혼 금지, 과부의 재가 허용, 고문과 연좌제 폐지 – 악습 폐지
경제	• 탁지아문(재정 담당 관청)으로 재정 일원화 • 조세의 금납제 시행
교육	교육입국 조서 발표 – 신식 교육의 의지를 표명

④ 의의

㉠ 우리 민족 최초의 근대적 개혁

㉡ 갑신정변과 동학 농민 운동에서 제기된 신분제 폐지를 실현

자료

홍범 14조

1. 청국에 의존하는 관념을 버리고 자주독립의 기초를 세운다.
4. 왕실 사무와 국정 사무는 분리하여 뒤섞이는 것을 금한다.
7. 조세의 부과와 징수, 경비의 지출은 모두 탁지아문에서 관할한다.
14. 문벌을 가리지 않고, 선비를 두루 구하여 인재를 등용한다. – 『고종실록』

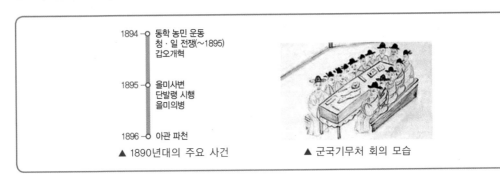

1894 동학 농민 운동 / 청·일 전쟁(~1895) / 갑오개혁
1895 을미사변 / 단발령 시행 / 을미의병
1896 아관 파천

▲ 1890년대의 주요 사건   ▲ 군국기무처 회의 모습

(3) 을미개혁(1895)

① 배경 : 일본은 청·일 전쟁 승리 후 요동반도 획득

→ 삼국 간섭(러시아가 독일, 프랑스와 함께 일본을 압박하여 요동반도를 청에 반환하게 함)

→ 조선의 친러화(조선은 일본 견제를 위해 러시아와의 협력을 강화)

→ 을미사변(일본은 세력 만회를 위해 러시아 세력을 등용하는 명성 황후를 시해)

② 개혁 내용 : 태양력·'건양'('양력을 세운다'라는 뜻) 연호 사용, 종두법·단발령·우편 사무 실시

(4) 아관 파천(1896)

① 아관 파천 : 고종이 러시아 공사관으로 처소를 옮김.

② 결과 : 러시아의 영향력 강화, 서구 열강의 이권 침탈 심화

(5) 독립 협회(1896~1898)

① 창립 : 서재필이 개화파 지식인들과 독립 협회 창립 → 민중 누구나 참여 가능

② 독립 협회의 활동

목표	활동 내용
국민 계몽	• 독립신문 발행 : 한글과 영문으로 구성 • 각종 토론회 개최 : 근대화를 주제로 민중 계몽을 시도
자주 국권	• 독립문 건립 : 청 사신을 맞이하던 영은문 터에 독립문을 건립 • 고종의 환궁 요구 • 러시아의 이권 침탈 저지 : 절영도 조차 요구를 철회시킴
자유 민권	신체의 자유, 언론·출판·집회·결사의 자유를 요구
민중 대회 개최	• 만민 공동회 개최 : 서울 종로에서 상인, 학생 등 참여 • 관민 공동회 개최 : 시민뿐만 아니라 정부 관리까지 참여, 헌의 6조(정책 제안서)를 채택하여 고종에게 올림 → 고종이 중추원을 의회로 개편하는 안을 허가함

③ 독립 협회의 해산

㉠ 배경 : 보수 관료들은 '독립 협회가 왕을 없애고 공화정을 실시하려 한다'는 모함을 퍼 트림.

㉡ 해산 과정 : 독립 협회와 보부상 단체인 황국 협회가 충돌 → 고종이 독립 협회를 강제적으로 해산시킴.

🔖 자료

헌의 6조

1. 외국인에게 의지하지 말고 관민이 합심하여 황제권을 공고히 할 것
2. 외국과의 이권에 관한 계약과 조약은 해당 부처의 대신과 중추원 의장이 함께 날인하여 시행할 것
4. 중대한 범죄는 공판하고 피고의 인권을 존중할 것

▲ 서재필과 독립신문

▲ 독립문

▲ 만민 공동회

🎯 **개념 Check**

- **조차** : 한 나라가 다른 나라 영토의 일부를 빌려 일정한 기간 동안 통치하는 일, 러시아는 숯과 석탄의 저장 창고를 설치하기 위해 부산의 절영도를 조차하고자 함.
- **공화정** : 국민이 선출한 대표자에 따라 주권이 행사되는 정치 형태

(6) 대한 제국(1897~1910)

① **성립** : 고종이 1년 만에 경운궁(현재의 덕수궁)으로 환궁

→ 환구단에서 황제로 즉위한 후 새 국호 '대한 제국'을 선포

② **광무개혁**

원칙	구본신참 : '옛것을 근본으로 삼고 새것을 참고한다'는 의미, 점진적 개혁 추구
개혁 내용	• 대한국 국제(대한 제국의 법) 반포 : 대한 제국이 전제 왕권 국가임을 명확히 함 • 원수부 설치 : 황제가 군사권 장악 • 양전 실시 후 지계(새로운 토지 소유권 증서) 발급 • 상공업 진흥 시도 : 각종 공장과 회사 설립

📑 **자료**

대한국 국제

제2조 대한국의 정치는 만세불변의 전제 정치이다.

제3조 대한국 대황제는 무한한 군주권을 누린다.

제6조 대한국 대황제는 법률을 제정하여 그 반포와 집행을 명하고, 대사·특사·감형·복권을 명한다.

▲ 환구단

▲ 고종 황제

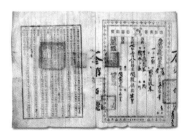
▲ 지계

4 일본의 침략 확대와 국권 수호 운동(1900년대)

(1) 한반도 독점을 위한 일본의 도발

① 러·일 전쟁(1904~1905) : 전쟁 후 포츠머스 조약을 체결하여 일본의 한반도 지배를 인정
② 가쓰라·태프트 비밀 협약(1905) : 미국은 일본의 한국 지배를 사실상 인정
③ 제2차 영·일 동맹(1905) : 영국은 일본의 한국 지배를 사실상 인정

(2) 일본의 국권 침탈

한·일 의정서(1904)	군사적 요충지 점령 : 러·일 전쟁 수행에 필요한 경우 일본이 대한 제국의 영토를 마음대로 사용할 수 있게 됨
제1차 한·일 협약(1904)	외교와 재정에 외국인 고문 채용(외교의 스티븐스, 재정의 메가타)
을사늑약(1905)	• 배경 : 러·일 전쟁에서 일본 승리 • 경과 : 이토 히로부미가 을사5적을 앞세워 체결 강요 • 내용 : 대한 제국의 외교권 박탈, 통감부 설치 • 국민적 저항 : 장지연의 '시일야방성대곡' 발표, 민영환 자결, 을사의병 조직
고종 강제 퇴위(1907)	• 배경 : 헤이그 특사 파견(고종이 을사늑약의 불법성과 부당함을 국제 사회에 호소하고자 헤이그에서 열리는 만국 평화 회의에 이준, 이상설, 이위종을 특사로 파견함) • 이를 구실로 일본이 고종을 퇴위시킴
한·일 신협약(1907) (정미 7조약)	• 차관 정치 실시 : 정부 각 부에 일본인 차관을 배치 • 재정 부족을 핑계로 대한 제국의 군대 해산
신문지법, 보안법(1907)	신문과 애국 계몽 운동 단체를 탄압함
기유각서(1909)	사법권 박탈
한·일 병합 조약(1910)	일본의 식민지로 전락, 총독부 설치

📋 자료

을사늑약

제2조 한국 정부는 지금부터 일본국 정부의 중개를 거치지 않고서는 국제적 성질을 가진 어떠한 조약이나 약속도 맺지 않을 것을 서로 약속한다.

제3조 일본국 정부는 그 대표자로 한국 황제 폐하 밑에 1명의 통감을 두되 통감은 오로지 외교에 관한 사항을 관리하기 위해 경성에 주재하고 직접 한국 황제 폐하를 만날 수 있는 권리를 가진다.
— 『고종실록』

🎯 개념 Check

• 늑약 : 억지로 맺은 조약
• 을사5적 : 을사늑약 체결에 가담한 이완용, 이지용, 박제순, 이근택, 권중현을 일컬음.

(3) 항일 의병 운동과 의거 활동

① 항일 의병 운동

구분	특징
을미의병 (1895)	• 결성 계기 : 을미사변, 단발령 선포 • 주도 세력 : 유인석, 이소응 등 양반 유생 의병장 • 특징 : 단발령 철회와 고종의 해산 권고에 따라 해산
을사의병 (1905)	• 결성 계기 : 을사늑약 체결 • 주도 세력 : 최익현 등 양반 유생 의병장, 신돌석 등 평민 출신 의병장 • 특징 : 평민 출신 의병장의 등장, 의병의 전국 확산
정미의병 (1907)	• 결성 계기 : 고종의 강제 퇴위, 대한 제국의 군대 해산 • 주도 세력 : 양반 유생, 농민, 상인, 학생, 해산 군인, 노동자 등 다양 • 특징 : 해산 군인의 가담으로 전투력 상승 　➡ 전국의 의병을 모아 13도 창의군 결성 ➡ 서울 진공 작전 전개(실패) • 의병 운동의 위축 : 일본의 '남한 대토벌' 작전(1909)으로 활동 위축 　➡ 국내 활동이 어려워진 의병은 만주나 연해주로 이동하여 독립군이 됨

▲ 정미의병

▲ 남한 대토벌로 체포된 호남 지역 의병장들

② 의거 활동

ㄱ 나철·오기호의 자신회 조직 : 을사5적 암살 시도

ㄴ 장인환과 전명운의 외교 고문 스티븐스 저격

ㄷ 안중근 : 중국 하얼빈에서 이토 히로부미 처단, 동양 평화론(한·중·일 삼국의 협력과 평화를 구상) 주장

ㄹ 이재명의 이완용 습격

▲ 안중근 의사

개념 Check

• 서울 진공 작전 : 서울로 진격하여 통감부를 타격하고 일본과 맺은 조약의 파기, 친일 정부의 축출 등을 목표로 내건 작전

• 남한 대토벌 작전 : 1909년 9월부터 약 2개월간 일본군이 대규모 병력을 동원하여 의병 부대와 한국인을 학살한 작전

(4) 애국 계몽 운동

① 특징 : 교육과 산업 진흥을 통한 민족의 실력 양성 추구

② 대표적인 단체

구분	활동
보안회	일본이 황무지 개간권을 요구하자 반대 운동을 전개(저지 성공)
헌정 연구회	• 입헌 정치 체제 수립 지향 • 일진회(일제의 대한 제국 강제 점령을 도와준 친일 단체)의 친일 행위 규탄
대한 자강회	• 전국에 지회 설립, 월보 간행, 강연회 개최 • 고종의 강제 퇴위 반대 운동 전개
신민회 (1907~1911)	• 안창호 · 양기탁 등이 비밀 결사 단체로 조직 • 공화정에 바탕을 둔 근대 국민 국가 건설을 시도 • 대성 학교 · 오산 학교 설립 • 태극 서관(계몽 서적 출판) · 자기 회사(민족 산업 육성) 운영 • 남만주 삼원보에 독립운동 기지 건설 : 신흥 강습소 설립하여 독립군 양성 • 105인 사건으로 국내 조직 와해 : 일제가 총독 암살 미수 사건을 조작해서 수백 명의 애국지사를 검거함

③ 의의 : 민족 의식 · 근대 의식 고취, 근대적 국민 국가 건설을 지향

④ 한계 : 의병 투쟁을 비판

▲ 국권 수호 운동　　　　　▲ 대성 학교　　　　　▲ 안창호

(5) 간도

① 백두산정계비 건립

　㉠ 시기 : 조선 숙종

　㉡ 청과 조선의 관리가 국경선에 합의, 그 내용을 비문에 기록('서쪽으로는 압록강, 동쪽으로는 토문강을 경계로 한다')

② 간도 관리사 파견(1903)

　　㉠ 배경 : 19세기 후반, 조선인의 간도 이주 증가

　　㉡ 대한 제국은 이범윤을 파견하여 간도에 거주하는 한국인을 보호

③ 간도 협약 체결(1909) : 일본이 만주 철도 부설권 획득 대가로 간도를 청의 영토로 인정

(6) 독도

신라 지증왕	이사부가 우산국을 정벌 : 삼국 시대 때부터 우리나라의 영토였음
안용복의 활약	조선 숙종, 일본에 건너가 울릉도와 독도가 우리 영토임을 확인받음
일본의 은주시청합기	일본의 서북쪽 경계를 독도가 아닌 오키섬으로 명시
일본의 태정관 지령 (1877)	울릉도·독도는 일본과 관계없음을 일본 정부가 인정
대한 제국 칙령 제41호 (1900)	울릉도에 군을 설치하여 독도까지 관리하도록 함
일제의 독도 강탈 (1905)	• 러·일 전쟁 중 한·일 의정서를 빌미로 불법적으로 강탈 • 일본은 독도를 다케시마라 부름
연합국 최고 사령관 각서 제677호 (1946)	• 배경 : 제2차 세계 대전 직후 연합국이 일본을 점령함 • 내용 : 울릉도, 제주도, 독도 등을 일본 주권에서 제외

🔖 개념 Check

• 태정관 : 일본 메이지 시대의 최고 국가 기관

5 개항 이후 나타난 경제적 변화

(1) 열강의 경제 침탈

시기	특징
개항 초기의 거류지 무역	• 일본인은 개항장에 머물며 거래, 조선 상인이 중개업에 참여 • 미면 교환 : 일본 상인은 영국산 면제품을 판매하고 조선의 곡물을 구입
임오군란 이후 청·일의 상권 경쟁	• 조·청 상민 수륙 무역 장정 체결(1882) : 청 상인의 내륙 진출 허용 • 청·일 전쟁(1894~1895)에서 일본이 승리하자 청 상인의 세력 약화
아관 파천 이후 이권 침탈	• 러시아 : 압록강·두만강·울릉도 삼림 채벌권 획득 • 미국 : 운산 금광 채굴권 획득, 한성 전기 회사를 설립하여 전등·전차 가설 • 일본 : 경인선·경부선·경의선 부설권 획득 ➜ 철도 부설 과정에서 막대한 토지 약탈
러·일 전쟁 이후 일본의 독점	• 메가타의 화폐 정리 사업(1905) : 상평통보, 백동화 등을 일본 제일 은행권으로 교환 ➜ 백동화의 교환 거부로 한국인의 재산 피해 발생 • 동양 척식 주식회사 설립(1908) : 일본인의 토지 투자 및 농업 이민 지원

(2) 경제적 구국 운동

① 시전 상인의 황국 중앙 총상회 조직 : 외국 상인의 불법적인 상업 활동을 규탄함.

② 방곡령 사건(1889)

  ㉠ 배경 : 일본 상인의 곡물 반출과 흉년으로 인한 곡물 부족

  ㉡ 전개 : 함경도 관찰사 조병식이 방곡령 선포

  ㉢ 결과 : 일본이 조·일 통상 장정의 규정을 구실로 방곡령 철회, 막대한 배상금 지불

③ 국채 보상 운동(1907)

  ㉠ 배경 : 일본의 차관 도입 강요로 단기간에 국채가 1,300만 원으로 급증

  ㉡ 전개 : 대구에서 서상돈 등이 국채 보상 운동 시작 ➜ 전국에서 모금 운동 전개

  ㉢ 결과 : 통감부의 방해로 중단

📋 자료

국채 보상 운동

국채 1,300만 원은 대한 제국의 존망에 직결된 것이라. 국채를 갚으면 나라가 존재하고, 갚지 못하면 나라가 망할 것은 필연적인 사실이다. …… 국채를 갚는 방법으로는 2천만 인민들이 3개월 동안 금연하고, 그 대금으로 한 사람이 매달 20전씩 모은다면 1,300만 원을 모을 수 있을 것이다.

– 대한매일신보

🎯 개념 Check

• 시전 상인 : 조선 시대에 한양에서 독점으로 장사하던 상인

• 방곡령 : 곡물 시장을 안정시킬 목적으로 어느 지역의 곡물을 다른 곳으로 옮기지 못하게 막는 조치

6 개항 이후 사회·문화적 변화

(1) 근대 문물의 수용

전차	한성 전기 회사가 서대문~청량리 구간 설치
철도	• 일본의 경인선·경부선·경의선 건설 • 이중 경부선과 경의선은 러·일 전쟁 중 설립하여 군사적 목적으로 이용
의료	• 광혜원 : 최초의 서양식 병원, 갑신정변 당시 칼에 맞아 목숨이 위태롭던 민영익을 알렌이 살려낸 일을 계기로 한동안 그가 운영을 맡음 • 지석영의 종두법 도입
건축	명동 성당, 덕수궁 석조전 등 서양식 건축물 건설

▲ 전차

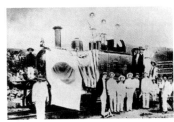
▲ 경인선 기관차 도입 기념식(1899)

▲ 덕수궁 석조전

(2) 근대적 교육 기관의 설립

① 원산학사 : 최초의 근대식 교육 기관, 함경도 덕원·원산 주민이 설립
② 육영 공원 : 정부가 설립한 근대 교육 기관, 영어·수학·지리학 등 근대 학문 교육
③ 배재 학당, 이화 학당 : 개신교 선교사의 설립

(3) 언론의 발달

한성순보	박문국에서 발행, 우리나라 최초의 신문, 정부의 개화 정책 홍보
독립신문	• 최초의 민간 신문, 서재필이 근대적 민권 의식 고취를 시도함 • 순한글·영문(국내 사정을 외국인에게 전하기 위해 영문으로도 작성)
제국신문	서민층과 부녀자 대상
황성신문	양반 유생층 대상, 을사늑약이 체결되자 장지연의 「시일야방성대곡」 게재
대한매일신보	• 양기탁과 영국인 베델 주도 • 영국인 신분을 이용해 국채 보상 운동과 의병 운동을 호의적으로 보도

(4) 국학 발달

① 한국어 : 정부의 국문 연구소 설립, 주시경의 국어 문법 정리
② 한국사 : 역사를 통해 애국심 고취, 신채호의 「독사신론」 집필

대표 기출문제

정답 및 해설 p. 114

01 자료와 관련한 정책으로 옳은 것은?

> 유생들이 반발하자 흥선 대원군이 크게 노하여 "이곳은 존경받는 선현을 제사하는 곳인데 지금은 붕당의 근거지로 도둑의 소굴이 되지 않았더냐."라고 말하였다.

① 서원 철폐
② 녹읍 설치
③ 교정도감 폐지
④ 동·서 대비원 설치

02 다음에서 설명하는 흥선 대원군의 정책은?

> • 군정의 폐단을 시정하기 위함.
> • 상민에게만 거두던 군포를 양반에게도 징수함.

① 태학 설립
② 호포제 실시
③『칠정산』편찬
④ 수원 화성 건설

03 흥선 대원군의 정책으로 옳은 것을 〈보기〉에서 고른 것은?

> **보기**
> ㄱ. 서원 철폐
> ㄴ. 경복궁 중건
> ㄷ. 22담로 설치
> ㄹ. 노비안검법 실시

① ㄱ, ㄴ
② ㄱ, ㄹ
③ ㄴ, ㄷ
④ ㄷ, ㄹ

04 ㉠에 들어갈 내용으로 옳은 것은?

> 1866년 프랑스는 병인박해를 구실로 강화도를 공격하였다. 이에 맞서 양헌수 부대가 정족산성에서 승리하여 프랑스군이 철수하였다. 이 과정에서 조선은 ㉠

① 쌍성총관부를 탈환하였다.
② 나·제 동맹을 결성하였다.
③ 백두산정계비를 건립하였다.
④ 외규장각 도서를 약탈당하였다.

05 다음에서 ㉠에 해당하는 것은?

> 신미양요 이후 흥선 대원군은 전국 각지에 ㉠ 을/를 세워 서양과의 통상을 거부한다는 의지를 널리 알렸다.

① 규장각
② 독립문
③ 척화비
④ 임신서기석

06 다음에서 설명하는 조약은?

> • 조선이 외국과 맺은 최초의 근대적 조약임.
> • 조약 체결의 결과로 부산 외 2개 항구를 개항함.
> • 해안 측량권과 영사 재판권을 인정한 불평등 조약임.

① 간도 협약
② 전주 화약
③ 톈진 조약
④ 강화도 조약

07 다음 강화도 조약의 내용에 대한 설명으로 옳은 것은?

〈조약의 일부〉

제1관 조선은 자주국이며 일본과 똑같은 권리를 갖는다.

⋮

제10관 일본국 인민이 조선국이 지정한 항구에서 죄를 범하였을 경우 모두 일본국에 돌려보내 심리하여 판결한다.

① 세도 정치의 원인이 되었다.

② 척화비 건립의 배경이 되었다.

③ 금난전권 폐지의 계기가 되었다.

④ 치외 법권이 포함된 불평등 조약이었다.

08 밑줄 친 '기구'에 해당하는 것은?

1880년대 조선 정부는 개화 정책을 총괄하기 위한 기구를 설치하였다. 그 아래에 실무를 담당하는 12사를 두어 외교, 통상, 재정 등의 업무를 맡게 하였다. 또한 군사 제도를 개편하고 신식 군대인 별기군을 창설하였다.

① 집현전

② 교정도감

③ 통리기무아문

④ 동양 척식 주식회사

09 다음에서 설명하는 조선의 사절단은?

왜란 이후, 에도 막부의 요청에 의해 19세기 초까지 일본에 12차례 파견되었다. 외교 사절의 의미를 넘어 일본에 조선의 문화를 전파하는 역할도 하였다.

① 영선사

② 보빙사

③ 통신사

④ 연행사

10 ㉠에 해당하는 군대의 명칭은?

개항 이후 정부는 개화 정책을 추진하면서 신식 군대인 ㉠ 을/를 창설하고, 구식 군대의 규모를 축소하였다. 이런 상황에서 구식 군인들은 밀린 급료로 받은 쌀에 겨와 모래가 섞여 있자 분노하여 봉기하였다.

① 별기군

② 삼별초

③ 화랑도

④ 한국광복군

11 다음에서 ㉠에 해당하는 내용으로 적절한 것은?

〈 임오군란 〉

• 배경 : ㉠

• 전개 : 군란 발생 → 흥선 대원군 재집권 → 청군 개입

• 영향 : 청의 내정 간섭, 제물포 조약 체결

① 평양 천도

② 신사 참배 강요

③ 금의 군신 관계 요구

④ 구식 군인에 대한 차별

12 다음에서 설명하는 사건은?

○○○○년 ○○월 ○○일

개화당, 새로운 세상을 꿈꾸다

개화당의 김옥균, 박영효, 홍영식, 서재필 등은 우정총국 개국 축하연을 기회로 변란을 일으켜 근대 국가를 건설하고자 하였다.

① 갑신정변   ② 묘청의 난
③ 삼별초 항쟁   ④ 위화도 회군

13 (가)에 들어갈 인물은?

■ 역사 인물 카드 ■
• 이름 : (가)
• 생몰 연도 : 1851년~1894년
• 주요 활동
 - 정부의 근대 개혁 추진 자금 확보를 위해 일본으로부터 차관 도입을 시도했으나 실패함.
 - 1884년 갑신정변을 주도함.

① 김옥균   ② 정약용
③ 최익현   ④ 전봉준

14 다음에서 ㉠에 들어갈 내용으로 옳은 것은?

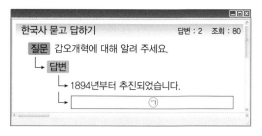

한국사 묻고 답하기   답변 : 2 조회 : 80
질문 갑오개혁에 대해 알려 주세요.
 답변
  1894년부터 추진되었습니다.
  ㉠

① 별무반이 창설되었습니다.
② 신분제가 폐지되었습니다.
③ 척화비가 건립되었습니다.
④ 세도 정치가 시작되었습니다.

15 다음 질문에 대한 학생의 답으로 옳은 것은?

한국사 골든벨

동학 농민군이 탐관오리 처벌, 조세 제도 개혁, 사회적 악습 폐지 등을 위해 설치한 농민 자치 기구는 무엇일까요?

① 집강소   ② 성균관
③ 국문 연구소   ④ 조선 총독부

16 ㉠에 해당하는 사건은?

〈 ㉠ 의 역사적 의의 〉

양반 중심의 신분 질서를 개혁하려는 반봉건적 성격과 일본을 비롯한 외세의 침략을 물리치려는 반침략적 성격을 띠고 있다.

① 무신 정변
② 나·당 전쟁
③ 동학 농민 운동
④ 민립 대학 설립 운동

17 을미개혁의 내용으로 옳은 것을 〈보기〉에서 고른 것은?

┤ 보기 ├
ㄱ. 단발령 시행
ㄴ. 태양력 사용
ㄷ. 노비안검법 실시
ㄹ. 독서삼품과 실시

① ㄱ, ㄴ ② ㄱ, ㄹ
③ ㄴ, ㄷ ④ ㄷ, ㄹ

18 다음 질문에 대한 답으로 옳은 것은?

1907년에 1,300만 원에 달하는 대한 제국의 빚을 갚기 위해 서상돈 등이 대구에서 시작한 국권 회복 운동은 무엇일까요?

① 새마을 운동 ② 위정척사 운동
③ 국채 보상 운동 ④ 서경 천도 운동

19 다음에서 설명하는 자주 국권 운동을 전개한 단체는?

대한 사람 모두 모이시오!
만민 공동회는 남녀노소 누구나 참여할 수 있습니다.
• 일자 : 1898년 ○월 ○○일
• 취지 : 러시아 내정 간섭과 이권 요구 규탄
• 운영 방법 : 토론회와 강연회

① 의열단
② 독립 협회
③ 북로 군정서
④ 미·소 공동 위원회

20 다음에서 설명하는 종교는?

나철 등을 중심으로 단군 신앙을 내세웠으며, 중광단을 조직하여 독립운동을 전개하였다.

① 도교 ② 기독교
③ 대종교 ④ 천주교

21 ㉠에 들어갈 내용으로 옳은 것은?

일본은 [㉠] 체결에 따라 대한 제국의 외교권을 빼앗고 통감부를 설치하였다. 초대 통감으로 부임한 이토 히로부미는 대한 제국의 내정 전반을 간섭하기 시작하였다.

① 을사늑약 ② 헌의 6조
③ 남북 협상 ④ 간도 협약

22 다음에서 ㉠에 해당하는 통치 기구는?

 을사늑약의 결과는 무엇일까요?
 ㉠ 이/가 설치됐어요.
 대한 제국의 외교권을 빼앗겼어요.

① 삼별초 ② 집현전
③ 통감부 ④ 화랑도

23 ㉠에 들어갈 내용으로 옳은 것은?

> 학습 주제 : 을사조약(을사늑약)의 결과
> – 통감부 설치
> – _____㉠_____
> – 초대 통감으로 이토 히로부미 부임

① 척화비 건립
② 조선 통신사 파견
③ 관민 공동회 개최
④ 대한 제국의 외교권 박탈

24 다음 질문에 대한 답으로 옳은 것은?

한국사 골든벨

이들은 누구일까요? 고종이 을사늑약의 불법성을 알리기 위해 만국 평화 회의에 파견한 이준, 이상설, 이위종을 일컫는 말입니다.

① 중추원
② 도병마사
③ 중서문하성
④ 헤이그 특사

25 다음 사건이 일어난 시기를 연표에서 옳게 고른 것은?

> 고종은 일제의 침략성을 알리고 국제 사회의 지원을 받고자 네덜란드 헤이그에서 열리는 제2차 만국 평화 회의에 이상설, 이준, 이위종을 특사로 파견하였다.

	(가)		(나)		(다)		(라)	
대한 제국 수립		한·일 의정서 체결		을사늑약 체결		고종 퇴위		한국 병합 조약 체결

① (가)
② (나)
③ (다)
④ (라)

26 ㉠에 해당하는 지역은?

> (㉠)는 고구려, 발해 등의 영토였다. 조선과 청은 모호한 영토 경계를 확정하기 위하여 백두산정계비를 세웠다. 1909년 일본은 (㉠)를 청의 영토로 인정한다는 협약을 맺었다.

① 간도
② 독도
③ 거문도
④ 위화도

27 (가)에 해당하는 지역은?

> • 조선 숙종 때 안용복이 일본으로 건너가 (가) 가 우리 땅임을 주장하였다.
> • 일본이 러·일 전쟁 중 (가) 를 자국의 영토로 불법 편입하였다.

① 독도
② 간도
③ 거문도
④ 제주도

28 ㉠에 들어갈 내용으로 옳은 것은?

> 개항 이후 일본으로 곡물 수출이 늘어나자 곡물 가격이 오르고 사람들의 피해가 커졌다. 이에 일부 지방관들은 ㉠ 을/를 선포하여 곡물 유출을 막고자 하였다.

① 방곡령
② 봉사 10조
③ 교육 입국 조서
④ 좌우 합작 7원칙

29 밑줄 친 ㉠의 회원들이 벌인 활동으로 옳은 것은?

> 1907년 안창호, 양기탁 등이 설립한 ㉠ 비밀 결사 단체로 교육 진흥과 국민 계몽을 강조하고 해외에 독립운동 기지를 건설하였다.

① 강동 6주 개척
② 대동여지도 제작
③ 남북 기본 합의서 채택
④ 대성 학교와 오산 학교 설립

30 다음에서 설명하는 근대적 교육 기관은?

> 개항 이후 근대적 교육의 필요성이 확대되었다. 이에 1883년 근대 학문과 외국어를 가르치는 최초의 근대적 교육 기관이 함경도 덕원 주민들에 의해 세워졌다.

① 태학　　　　② 국자감
③ 성균관　　　④ 원산 학사

31 다음에서 설명하는 신문은?

> • 순한글, 국한문, 영문 세 종류로 발행
> • 영국인 베델이 발행인으로 참여한 일간 신문

① 독사신론　　② 동경대전
③ 대한매일신보　④ 조선왕조실록

32 다음에서 설명하는 신문은?

> • 한글판과 영문판으로 발행됨.
> • 서재필 등이 정부의 지원을 받아 창간함.
> • 국민을 계몽하고 국내 사정을 외국인에게도 전달함.

① 독립신문　　② 동아일보
③ 조선일보　　④ 한성순보

33 ㉠에 해당하는 인물은?

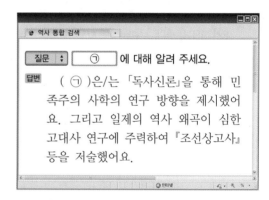

> 질문 : ㉠ 에 대해 알려 주세요.
> 답변　(㉠)은/는 「독사신론」을 통해 민족주의 사학의 연구 방향을 제시했어요. 그리고 일제의 역사 왜곡이 심한 고대사 연구에 주력하여 『조선상고사』 등을 저술했어요.

① 백남운　　　② 신채호
③ 이상설　　　④ 장지연

34 다음에서 설명하는 종교는?

> • 경주의 몰락 양반인 최제우가 창시함.
> • 인내천 사상을 바탕으로 인간의 평등을 강조함.
> • 1894년 전봉준, 손화중 등 교도들이 농민 운동에 참여함.

① 도교　　　　② 동학
③ 대종교　　　④ 원불교

03 일제 식민지 지배와 민족 운동의 전개

1 일제의 식민지 지배 정책

(1) 조선 총독부 설치

① 조선 총독부 : 식민 통치의 최고 기구, 고위 관리의 대부분은 일본인
② 조선 총독 : 육·해군 대장 출신 중에서 임명, 입법·사법·행정·군사에 관한 모든 권한 행사

▲ 경복궁 앞에 세워진 조선 총독부

(2) 1910년대, 무단 통치와 수탈 체제의 확립

① 무단 통치

구분	내용
헌병 경찰제	• 헌병이 경찰을 지휘하며 한국인을 통제 • 즉결 처분권 행사, 태형 실시 : 정식 재판 없이도 한국인에게 벌금, 태형을 행사할 수 있게 됨
언론·출판·집회·결사의 자유 박탈	• 신문지법으로 대한매일신보 등을 폐간시킴 • 보안법으로 신민회 등을 해산시킴
교육 차별	• 제1차 조선 교육령 제정 : 보통 교육과 실업 교육 위주 • 교사가 제복을 입고 칼 착용

📖 자료

조선 태형령

제11조 태형은 감옥 또는 즉결 관서에서 비밀리에 행한다.
제13조 본령은 조선인에 한하여 적용한다.

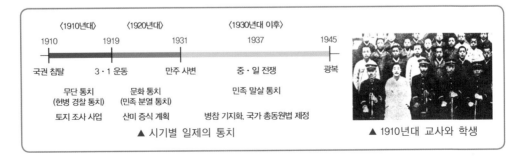

▲ 시기별 일제의 통치   ▲ 1910년대 교사와 학생

② 토지 조사 사업

목적	일본인 토지 소유 용이, 안정적 지세 확보
전개	• 토지 조사령 공포 • 전국 토지의 소유주 · 가격 등을 조사, 신고주의 방식으로 진행
결과	• 미신고 토지와 소유권이 불분명한 공유지를 국유화함(토지 약탈) ➡ 조선 총독부는 이를 동양 척식 주식회사와 일본인에게 싼값에 넘김 • 농민의 관습적인 경작권 부정 : 이로 인해 소작농 지위 약화

📖 **자료**

토지 조사령(1912)

제4조 토지 소유자는 조선 총독이 정하는 기간 내에 주소, 씨명, 명칭 및 소유지의 소재, 지목, 지번호, 사표, 등급, 지적, 결수를 임시 토지 조사 국장에게 신고해야 한다. 단, 국유지는 보관 관청이 임시 토지 조사 국장에게 통지해야 한다.

▲ 토지 조사 사업

▲ 동양 척식 주식회사

③ 회사령

㉠ 내용 : 회사 설립 시 총독의 허가 필요

㉡ 결과 : 한국인의 기업 활동을 제한하여 민족 자본 육성을 방해함.

📖 **자료**

회사령(1910)

제1조 회사의 설립은 조선 총독의 허가를 받아야 한다.

제5조 회사가 본령이나 혹 본령에 의거하여 발하는 명령과 허가 조건에 위반하거나 또는 공공질서와 선량한 풍속에 반하는 행위를 할 때 조선 총독은 사업의 정지, 지점의 폐쇄 또는 회사의 해산을 명할 수 있다.

④ 임야 조사 사업 : 방대한 임야를 국유림으로 편입

💭 **개념 Check**

• 즉결 처분권 : 헌병 경찰이 구류, 태형, 3개월 이하의 징역 등에 해당하는 범죄에 대해 법 절차나 재판 없이 형벌을 가할 수 있는 권리

• 동양 척식 주식회사 : 일제가 식민지 농업 경영과 일본인 이민 사업을 위해 1908년 설립한 회사, 토지 조사 사업으로 조선 총독부가 차지한 토지를 넘겨받아 조선 최대의 지주가 됨.

• 경작권 : 소작인이 지주에게 일정한 소작료를 내면 소작지를 경작할 수 있는 권리

(3) 1920년대, 문화 통치와 경제 수탈의 확대

① 문화 통치

ㄱ 배경 : 일제는 3·1 운동을 계기로 무단 통치의 한계를 인식 → 한민족의 문화와 관습을 존중한다는 구실을 내세움.

ㄴ 문화 통치의 실상

내용	실상
문관 총독 임명 표방	실제로 임명되지 않음
보통 경찰제	• 오히려 경찰 관서·인원·비용 증가 • 치안 유지법(1925)으로 감시와 탄압 강화
한국인 신문 허용	조선일보·동아일보 창간됐으나 사전 검열 강화
교육 기회 확대	• 보통학교(오늘날의 초등학교) : 여전히 학교 수 부족 • 한국인의 대학 설립 방해
지방 행정 참여	도 평의회, 면 협의회를 설치했으나 의결권 없는 자문 기구에 불과함

ㄷ 친일파 양성 : 민족 분열 통치로 독립운동 세력을 분열시키려 함.

📋 자료

치안 유지법(1925)

제1조 국체(천황제)를 변혁하거나 사유 재산 제도를 부인할 목적으로 결사를 조직하거나 그 사정을 알고 가입한 자는 10년 이하의 징역 또는 금고에 처함.

② 산미 증식 계획

배경	일본의 쌀 부족 심화 → 부족한 쌀을 한국에서 확보하고자 함
전개	일본 벼 품종 보급, 수리 시설 확대, 화학 비료 사용 등
결과	• 국내의 식량 사정 악화 : 계획만큼 쌀 생산이 늘지 않았으나 반출은 예정대로 진행 • 수리 조합비 등을 농민에게 부담시킴 → 화전민·해외 이주민 증가

③ 회사령 폐지 : 회사 설립을 신고제로 전환 → 일본 기업의 국내 진출 용이

④ 일본 상품에 대한 관세 철폐

▲ 신문 검열

▲ 일본으로의 곡물 유출(군산항)

2 3·1 운동과 대한민국 임시 정부

(1) 1910년대 국내외 민족 운동

① 국내의 비밀 결사 단체

단체	활동
독립 의군부	• 임병찬 주도, 조선 총독에게 국권 반환 요구서 제출 시도 • 고종을 황제로 복위시켜야 한다는 복벽주의 추구
대한 광복회	• 박상진 주도 • 공화제 정부 수립 시도, 독립군 양성을 위해 의연금 모금

② 국외의 독립운동 기지 건설

지역	활동
남만주 (서간도)	• 신민회의 이회영(막대한 자금 기부)·이상룡 주도 • 경학사 조직, 신흥 강습소(이후 신흥 무관 학교로 개편) 설립
동만주 (북간도)	• 김약연·이상설 등이 간민회 조직, 명동 학교 설립 • 대종교가 무장 단체인 중광단 설립
상하이	대동단결 선언 발표 : 독립 의지와 국민이 나라의 주인임을 밝힘
연해주	• 블라디보스토크에 신한촌 건설 • 권업회 조직 ➡ 대한 광복군 정부(최초의 임시 정부) 수립 • 1937년 스탈린의 강제 이주 정책으로 중앙아시아로 이동
미주	• 대한인 국민회 조직 • 대조선 국민 군단 조직 : 박용만이 하와이에서 조직, 노동과 군사 훈련 병행하며 인재 양성

▲ 1910년대 국외 독립운동 기지

◀ 이회영 : 이회영의 6형제는 국내의 재산을 처분하여 최소 600억 원 이상의 자금을 마련하였다. 이들은 이 돈으로 삼원보에 한국인 거주지를 건설하고 신흥 강습소를 운영하였다.

🎯 개념 Check

• 신흥 무관 학교 : 신흥 강습소로 출발하여 신흥 중학교, 신흥 무관 학교로 발전하면서 폐교될 때까지 3,000명 이상의 졸업생 배출, 무장 독립 전쟁에 중추적인 역할 담당
• 경학사, 간민회, 권업회, 대한인 국민회의 공통점 : 한국인이 외국에서 조직한 자치 단체

(2) 3·1 운동(1919)

① 배경

ㄱ 제1차 세계대전 후 미국의 대통령 윌슨의 민족 자결주의 제기 : '피지배 민족의 정치적 운명은 그들 스스로 결정할 권리가 있다'는 주장

ㄴ 파리 강화 회의에 김규식 파견 : 국제 사회에 한국의 독립을 청원

ㄷ 조선 청년 독립단이 일본에서 2·8 독립 선언 발표

ㄹ 고종 서거 : 고종의 장례식을 기회로 만세 시위 계획

② 전개 과정

ㄱ 도시에서 시작 : 손병희, 이승훈, 한용운 등 민족 대표 33인이 서울 태화관에서 기미 독립 선언서 낭독

　→ 같은 시각 탑골 공원에서 학생과 시민이 독립 선언식 진행

ㄴ 농촌으로 확산 : 유관순을 비롯한 학생들이 고향으로 내려가 시위 주도

　→ 헌병 경찰과 일본군의 폭력 진압(제암리 학살 사건)

　→ 일부 지역에서 식민 통치 기관 습격 등 폭력 투쟁 전개

ㄷ 만주, 연해주, 미국 필라델피아 등으로 확산

▲ 태화관에서의 독립 선언식　　　▲ 3·1 운동　　　▲ 유관순 열사(1902~1920)

③ 의의와 영향

ㄱ 일제의 통치 방식 변화 : 무단 통치 포기, 문화 통치 도입

ㄴ 대한민국 임시 정부의 수립

ㄷ 1920년대 노동 운동과 농민 운동의 밑거름이 됨.

ㄹ 중국의 5·4 운동과 인도 간디의 비폭력·불복종 운동에 영향을 줌.

개념 Check

- 제암리 학살 사건 : 1919년 4월 15일 일본군은 제암리 주민을 교회에 모이게 한 뒤, 밖에서 문을 잠그고 무차별 사격을 가하여 23명을 학살하였고, 이웃 마을에서도 6명을 살해함.
- 5·4 운동 : 중국 대학생을 중심으로 일어난 반제국주의, 반봉건 운동으로, 일본의 '21개조 요구' 철폐, 군벌 타도 등을 주장함.

(3) 대한민국 임시 정부(1919~1945)

① 3·1 운동 직후의 상황

   ㉠ 국내에 한성 정부 조직
   ㉡ 상하이에 임시 정부 조직 ──┐ → 중국 상하이에서 대한민국 임시 정부로 통합
   ㉢ 연해주에 대한 국민 의회 조직 ──┘ (1919.9)

② 대한민국 임시 정부의 구성

   ㉠ 우리 역사상 최초의 민주 공화제 정부
   ㉡ 삼권 분립 실현 : 임시 의정원(입법부), 국무원(행정부), 법원(사법부)
   ㉢ 대통령 이승만, 국무총리 이동휘 선출

③ 1920년대 초까지의 주요 활동

행정 조직	• 연통제 조직 : 임시 정부의 비밀 행정 조직 • 교통국 설치 : 임시 정부의 통신 기관
문화 활동	• 독립신문 발간 : 독립운동 소식 전달 • 일제의 선전에 대항하기 위해 한·일 관계 사료집 발행
외교 활동	• 파리 강화 회의에 독립 청원서 제출 • 미국에 구미 위원부 설치
자금 모금	독립 공채 발행

④ 국민 대표 회의(1923)

배경	1920년대 초 일제의 탄압으로 연통제와 교통국 붕괴, 외교 활동에서 뚜렷한 성과를 거두지 못함 → 독립운동의 노선을 둘러싼 입장 충돌
경과	창조파(임정을 대신할 새로운 정부를 세우자)와 개조파(임시 정부의 잘못된 점만을 고치자)의 대립 → 5개월간에 걸친 회의 결렬

⑤ 임시 정부의 조직 재정비

   ㉠ 제1대 대통령 이승만 탄핵 → 제2대 대통령에 박은식 선출
   ㉡ 2차 개헌(1925, 국무령 중심 지도 체제로 개편) → 3차 개헌(1927, 국무위원 중심의 집단 지도체제로 개편)
   ㉢ 김구의 한인 애국단 조직(1931) : 독립운동의 새로운 활로 모색

▲ 대한민국 임시 정부(초기)

▲ 독립 공채

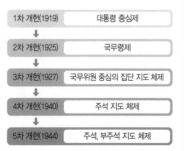

1차 개헌(1919)	대통령 중심제
2차 개헌(1925)	국무령제
3차 개헌(1927)	국무위원 중심의 집단 지도 체제
4차 개헌(1940)	주석 지도 체제
5차 개헌(1944)	주석, 부주석 지도 체제

▲ 대한민국 임시 정부의 개헌 과정

3 다양한 민족 운동의 전개

(1) 무장 투쟁

① 봉오동 전투(1920. 6) : 홍범도의 대한 독립군과 여러 부대가 연합하여 일본군 격파

② 청산리 대첩(1920. 10)
  ㉠ 김좌진의 북로 군정서와 홍범도의 대한 독립군 등이 연합하여 백두산 인근으로 이동
    ➡ 백운평, 어랑촌 등에서 일본군을 격파(6일 동안 10여 차례 전투 전개)
  ㉡ 의의 : 독립군 최대의 승리

③ 간도 참변(1920~1921) : 일본군이 독립군의 근거지를 없앤다는 명분으로 간도의 한인 촌락을 습격하여 한인 학살

④ 자유시 참변(1921) : 일제를 피해 만주의 독립군 부대가 러시아 혁명 세력의 지원을 기대하고 러시아의 자유시로 이동 ➡ 지휘권을 둘러싼 대립 과정에서 많은 사상자 발생

⑤ 3부 성립(1920년대 중반)
  ㉠ 3부(참의부, 정의부, 신민부) : 자유시에서 돌아와 진용 정비
  ㉡ 군정 조직과 민정 기관의 역할 담당 : 독립군으로 활동하면서 동시에 동포 사회를 이끎.

⑥ 3부 통합 운동(1920년대 후반)
  ㉠ 배경 : 일제가 만주 군벌과 미쓰야 협정(1925)을 체결하여 독립군의 활동을 방해
  ㉡ 남만주에서 국민부 결성 : 조선 혁명당과 조선 혁명군 조직
  ㉢ 북만주에서 혁신 의회 결성 : 한국 독립당과 한국 독립군 조직

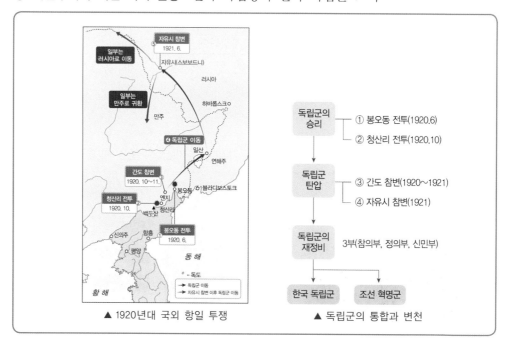

▲ 1920년대 국외 항일 투쟁　　　　▲ 독립군의 통합과 변천

📍 **개념 Check**

• **미쓰야 협정** : 일본군이 만주에 들어가지 않는 대신에 만주 군벌이 독립군을 체포해서 넘겨 줄 경우 현상금 지급을 약속함.

(2) 의열단

① 만주에서 김원봉이 조직(1919) : 일제 통치 기 관 파괴와 일제 고관 암살 등 시도

② 신채호의 「조선 혁명 선언」 : 의열단의 정신을 정리

③ 김익상 : 조선 총독부에 폭탄 투척

④ 김상옥 : 종로 경찰서에 폭탄 투척

⑤ 나석주 : 동양 척식 주식회사에 폭탄 투척

◀ 김원봉
- 1919. 의열단 조직
- 1935. 민족 혁명당 조직
- 1938. 조선 의용대 조직
- 1942. 한국광복군 합류

📋 **자료**

조선 혁명 선언(1923)

강도 일본을 쫓아내려면 오직 혁명으로만 가능하며, 혁명이 아니고는 강도 일본을 쫓아낼 방법이 없는 바이다. …… 민중은 우리 혁명의 대본영(大本營)이다. 폭력은 우리 혁명의 유일한 무기이다. 우리는 민중 속으로 가서 민중과 손을 맞잡아 끊임없는 폭력으로써 강도 일본의 통치를 타도하고, …… 이상적 조선을 건설할지니라.

(3) 민족 실력 양성 운동

① 의미 : '실력을 키워 독립을 준비하자!'고 주장, 교육과 산업 발달에 집중

② 대표적 운동

구분	특징
물산 장려 운동	• 배경 : 회사령 폐지로 일본 기업의 국내 진출 본격화, 관세 철폐 움직임에 따른 한국인 자본가의 위기감 고조 • 조만식 등이 평양에서 시작 → 조선 물산 장려회 조직 → 전국으로 확산 • 토산품 애용, 근검저축, 금주, 단연 등 주장 • 쇠퇴 : 물건값이 상승하자 일부 사회주의자들은 자본가와 상인의 이익만을 위한 운동이라고 비난
민립 대학 설립 운동	• 이상재 등이 '한민족 1천만이 한 사람이 1원씩'을 주장하며 모금 전개 • 쇠퇴 : 일제가 회유책으로 경성 제국 대학 설립, 가뭄과 홍수로 모금 저조
문맹 퇴치 운동	• 조선일보의 문자 보급 운동 : '아는 것이 힘, 배워야 산다' 구호 • 동아일보의 브나로드 운동 : 러시아어로 '민중 속으로'라는 뜻

입어라! 조선 사람이 짠 것을 먹어라! 조선 사람이 만든 것을 쓰라! 조선 사람이 지은 것을 조선 사람, 조선 것.
– 동아일보

▲ 물산 장려 운동

▲ 브나로드 운동

③ 자치 운동과 참정권 운동의 대두

ㄱ 배경 : 물산 장려 운동과 민립 대학 설립 운동의 성과가 미흡하자 이광수, 최린 등 일부 민족주의자들이 새로운 주장을 제기

ㄴ 자치 운동 : 조선 총독부 아래에 자치 정부나 자치 의회를 설립하자고 주장

ㄷ 참정권 운동 : 일본 의회에 한국인 대표를 참여시키자는 주장

ㄹ 한계 : 민족주의 세력의 분열 초래, 1930년대 이후 친일로 변질

(4) 민족 유일당 운동

① 배경

ㄱ 사회주의 사상의 확산 : 3·1 운동 이후 청년과 지식인들 사이에서 확산 ➔ 민족 운동 이 민족주의계와 사회주의계로 분화

ㄴ 일제 타도를 위해 중국의 국민당과 공산당이 연합함(제1차 국공 합작). ➔ 안창호의 민족 유일당 운동 제기 ➔ 정우회 선언 발표(사회주의 단체인 정우회가 비타협적인 민족주의 계열과 제휴를 모색하겠다고 선언)

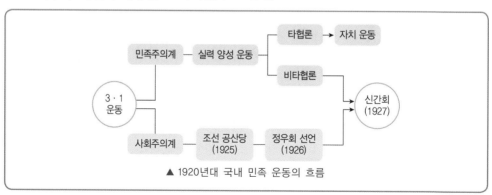

▲ 1920년대 국내 민족 운동의 흐름

② 신간회(1927~1931)

창립	비타협적 민족주의 세력과 사회주의 세력의 결합 : 기회주의 배격
활동	• 전국 강연회 개최 : 민중 계몽, 일제의 식민 통치 정책 비판 • 원산 총파업 지원 • 광주 학생 항일 운동 지원 : 조사단 파견, 민중 대회 계획
해소	• 새 집행부가 타협적 합법 운동을 주장하자 내부에서 반발 • 국제 공산당 코민테른에서 사회주의자들에게 새로운 노선을 제시하자 사회주의자들이 신간회 해소를 주장

📖 자료

신간회 강령
1. 우리는 정치적·경제적으로 각성을 촉진한다.
2. 우리는 단결을 공고히 한다. ➡ 비타협적 민족주의 세력과 사회주의 세력의 결합
3. 우리는 기회주의를 일체 부인한다. ➡ 타협적 민족주의 세력 배제

4 사회·문화의 변화와 사회 운동

(1) 다양한 사회 운동

① 농민 운동
  ㉠ 소작료 인하 등을 요구하며 소작 쟁의 전개
  ㉡ 암태도 소작 쟁의(1923) : 소작료 70%에 저항 ➡ 1년여에 걸친 투쟁 끝에 소작료를 40%로 인하

② 노동 운동
  ㉠ 낮은 임금과 가혹한 노동 조건에 항의
  ㉡ 원산 총파업(1929) : 일본인 감독관의 한국인 구타 사건 계기 ➡ 4개월 지속

③ 청년 운동 : 강연회, 토론회 등을 통해 계몽 운동 전개

④ 학생 운동
  ㉠ 6·10 만세 운동(1926)

배경	조선 공산당과 천도교 일부 세력이 거족적인 만세 시위를 계획 ➡ 일제에 사전 발각
경과	순종 장례일에 학생들이 만세 시위 전개
의의	• 학생들이 항일 민족 운동의 주체로서 적극적인 역할을 담당 • 사회주의 계열과 민족주의 계열의 연대 경험 ➡ 민족 협동 전선 결성의 공감대 형성

ⓒ 광주 학생 항일 운동(1929)

배경	기차에서 일본인 남학생이 한국인 여학생을 희롱하자 한·일 학생 간에 충돌 발생 ➡ 경찰과 교육 당국이 일본인 학생을 두둔하고 한국인 학생을 체포
경과	광주 지역 학생들이 대규모 시위 전개 ➡ 전국으로 시위 확산 ➡ 신간회가 광주에 조사단을 파견하여 진상 파악 노력
의의	3·1 운동 이후 일어난 최대 규모의 항일 민족 운동

⑤ 여성 운동 : 여성 해방과 여성의 지위 향상 요구, 근우회 결성(1927)
⑥ 소년 운동 : 방정환 주도, '어린이' 용어 제안, '어린이날' 제정
⑦ 형평 운동 : 백정 출신에 대한 차별 철폐 운동 전개, 진주에서 조선 형평사 조직(1923)

▲ 원산 총파업에 참여한 사람들

▲ 6·10 만세 운동

▲ 조선 형평사 포스터

(2) 민족 문화 수호 운동

① 한국사
ⓐ 일제의 역사 왜곡 : 조선사 편수회를 설치하여 『조선사』 편찬, 식민 사관 주장
ⓑ 우리 역사를 지키기 위한 노력

민족주의 사학	• 박은식 : '민족혼(民族魂)' 강조, 『한국통사』, 『한국독립운동지혈사』 저술 • 신채호 : 낭가 사상 주장, 『조선상고사』, 『조선사연구초』 저술 • 정인보, 안재홍 : '조선학 운동' 전개하여 실학 연구
사회 경제 사학	• 마르크스의 유물 사관의 입장에서 한국사 연구 • 백남운 : 정체성론 비판(한국사가 세계사의 보편적 발전 법칙에 따라 발전하였음을 강조), 『조선사회경제사』 등 저술
실증주의 사학	• 문헌 고증을 통해 우리 역사를 객관적으로 서술 • 이병도, 손진태 : 진단 학회 조직, 『진단 학보』 간행

📑 자료

박은식의 '국혼'

옛사람이 말하기를 나라는 멸망할 수 있으나 그 역사는 결코 없어질 수 없다고 했으니, 이는 나라가 형체라면 역사는 정신이기 때문이다. 이제 우리나라의 형체는 없어져 버렸지만, 정신은 살아남아야 할 것이다. 이것이 내가 역사를 쓰는 까닭이다. 정신이 살아서 없어지지 않으면 형체도 부활할 때가 있을 것이다.

– 박은식, 『한국통사』

◀ 박은식
- 유교 구신론 주장
- 『한국통사』 저술
- 대한민국 임시 정부 제2대 대통령

◀ 신채호
- 「독사신론」 작성
- 의열단의 「조선 혁명 선언」 작성
- 고대사 연구에 주력

② 국어

조선어 연구회	한글 보급, 가갸날 제정, 잡지 『한글』 간행
조선어 학회	• 한글 맞춤법 통일안·표준어 제정 • 우리말 큰사전 편찬 시도 ➡ 조선어 학회 사건(1942)으로 해체

🔰 개념 Check

- 조선학 운동 : 조선의 역사와 문화를 자주적으로 연구하려는 역사 운동
- 조선어 학회 사건(1942) : 1942년 10월 일제가 국어를 말살하기 위하여 조선어 학회를 독립 운동 단체로 간주하여 회원들과 관련 인사들을 체포하고, 강제로 해산시킴.

(3) 종교계의 민족 운동

① 대종교
  ㉠ 나철, 오기호가 단군 숭배 사상을 바탕으로 창시
  ㉡ 국권 피탈 이후 본부를 만주로 옮김.
  ㉢ 항일 무장 투쟁 전개 : 중광단 조직 ➡ 북로 군정서로 개편(청산리 대첩의 주역)
② 천도교
  ㉠ 3대 교주 손병희가 동학에서 천도교로 명칭 변경
  ㉡ 3·1 운동에서 주도적 역할, 제2의 독립 선언 준비
  ㉢ 『개벽』, 『신여성』 등의 잡지 발간
③ 불교 : 한용운 등이 사찰령(총독의 사찰 지휘권을 명시한 일제 강점기의 법령) 폐지 운동 전개
④ 원불교 : 박중빈 창시, 허례허식 폐지와 남녀평등 주장, 저축 운동 전개
⑤ 개신교 : 교육 운동과 신사 참배 거부 운동 전개
⑥ 천주교 : 고아원과 양로원 설립 등 사회사업에 주력

(4) 예술 활동

문학	• 조선 프롤레타리아 예술가 동맹(KAPF, 카프) 결성 : 사회주의 영향을 받아 형성 • 윤동주, 이육사의 시 : 저항 문학 발표
예술	• 음악 : 안익태의 '애국가' 작곡 • 미술 : 나혜석, 이중섭의 활동 • 연극 : 토월회의 신극 운동 전개 • 영화 : 나운규의 '아리랑' 제작
기타	• 손기정 : 1936년 베를린 올림픽 마라톤 우승 • 전형필 : 사재를 털어 『훈민정음 해례본』 등의 문화재 수집

▲ 나혜석 〈자화상〉

▲ 이중섭 〈황소〉

▲ 원래 전송받은 손기정(왼쪽)과 동아일보에 보도된 손기정 선수의 사진(오른쪽)

(5) 생활 모습의 변화

① X자형 철도망 완성

　㉠ 개화기에 경인선, 경부선, 경의선 부설 → 일제 강점기에 호남선, 경원선 부설

　㉡ 일제의 부설 : 침략 전쟁을 위한 군사적 수단과 물자 수탈을 위해서 건립

② 서울의 변화

　㉠ 한국인 거주 지역(북촌)과 일본인 거주 지역(남촌)으로 구분

　㉡ 토막민 등장 : 토지 조사 사업과 산미 증식 계획의 영향으로 농민 몰락 → 도시로 이주하여 빈민촌 형성

③ 의생활 변화 : 모던걸과 모던보이 등장(서양식 복장 착장), 중·일 전쟁 이후 몸뻬(근로복) 강요

▲ 토막민의 생활 모습

▲ 모던걸과 모던보이

▲ 몸뻬

5 전시 동원 체제와 민중의 삶

(1) 민족 말살 통치

① 시대적 상황 : 1929년 미국에서 대공황 발생(기업 도산, 대량 실업자 발생)

ㄱ 일제는 대공황을 극복하기 위해 본격적으로 침략 전쟁을 일으킴.

ㄴ 만주 사변(1931) : 일제는 만주를 침략해 꼭두각시 국가인 만주국을 수립

ㄷ 중·일 전쟁(1937) : 일제가 중국 본토를 공격

ㄹ 일제의 미국 하와이 공격(1941) : 이로 인해 태평양 전쟁 발발

▲ 대공황 : 실업자의 행렬

▲ 일본의 하와이 진주만 기습 공격

② 특징 : 한국인의 민족의식을 말살하여 전쟁에 동원 시도

③ 민족 말살 통치

황국 신민화	• 내선일체 제기 : 내지(일본)와 조선이 하나라는 주장 • 황국 신민 서사 암송, 신사 참배, 궁성 요배, 창씨개명 강요 • 소학교의 명칭을 '국민학교'로 변경
우리말 사용 금지	한국어·한국사 과목 폐지
언론 통제	손기정 사건을 계기로 동아일보를 정간시킴 → 조선일보, 동아일보 폐간

▲ 내선일체 선전 엽서

▲ '황국 신민의 서사'를 암송하는 학생들

우리는 마음을 합하여 천황 폐하께 충의를 다 합니다.

▲ 신사 참배하는 학생들

개념 Check

• 황국 신민 : 천황이 다스리는 나라의 신하 된 백성, 즉 일본 국민

• 신사 : 일본 천황의 조상신과 나라에 공을 세운 사람 등을 신으로 받드는 사원

(2) 전시 동원 체제

① 1930년대 초의 병참 기지화 정책

㉠ 북부 지방에 발전소와 중화학 공장 건설

㉡ 남면북양 정책 : 공업 원료 확보를 위해 남부에서 면화 재배, 북부에서 양 사육 강요

㉢ 농촌 진흥 운동 : 농촌의 가난을 농민의 게으름이나 낭비 등 개인 탓으로 돌림, 자력 갱생 주장

② 중·일 전쟁 이후의 전시 동원 체제

㉠ 국가 총동원법 제정(1938)

㉡ 자원 수탈

물적 수탈	• 금속 공출 : 무기를 만들기 위해 절이나 교회의 종, 가정의 놋그릇과 숟가락까지 빼앗음 • 미곡 공출 : 군량미 확보를 위해 식량 배급제 실시
인적 수탈	• 노동력 동원 : 징용으로 광산·공사장 등에 동원, 여자 근로 정신대를 조직하여 여성을 공장에 동원 • 병력 동원 : 징병제와 지원병제 실시 ➔ 청년, 학생들을 전쟁터에 동원 • 일본군 '위안부' : 인권 유린

📜 자료

국가 총동원법(1938)

제4조 정부는 전시에 국가 총동원상 필요할 때는 정하는 바에 따라 제국 시민을 징용하여 총동원 업무에 종사하게 할 수 있다.

제8조 물자의 생산·수리·배급·양도 기타의 처분, 사용·소비·소지 및 이동에 관하여 필요한 명령을 내릴 수 있다.

▲ 공출제

▲ 징용

▲ 여자 근로 정신대

💪 개념 Check

• **공출** : 식량과 물자의 자유로운 유통을 통제하고, 할당받은 일정량의 식량과 물자를 정부에 강제로 팔도록 한 제도

6 광복을 위한 노력

(1) 한인 애국단

① **결성** : 국민 대표 회의가 별다른 성과 없이 끝난 이후 대한민국 임시 정부의 침체를 극복하기 위해 김구가 조직(1931)

② **이봉창** : 도쿄에서 일왕에게 폭탄 투척

③ **윤봉길**

㉠ 일왕의 생일과 상하이 점령의 승리를 축하하는 기념식이 열리던 상하이의 훙커우 공원에 폭탄 투척(1932)

㉡ **영향** : 윤봉길의 의거를 높이 평가한 중국 국민당 정부가 대한민국 임시 정부의 활동을 지원하는 계기가 됨.

◀ 김구
- 1931. 한인 애국단 조직
- 1940. 대한민국 임시 정부의 주석에 취임
- 1948. 남북 협상 추진

◀ 윤봉길

(2) 1930년대 무장 독립 전쟁

① 한국 독립군과 조선 혁명군

시기	만주 사변(1931) 이후 만주에서 활동
특징	한·중 연합 작전 전개
활동	• 지청천의 한국 독립군 : 북만주에서 활동, 쌍성보·대전자령 전투 승리 • 양세봉의 조선 혁명군 : 남만주에서 활동, 영릉가·흥경성 전투 승리

② 조선 의용대

㉠ **배경** : 김원봉의 민족 혁명당 조직(1935) ➡ 중·일 전쟁 직후 중국 관내(우한)에서 김원봉의 조선 의용대 창설(1938)

㉡ **활동** : 중국 국민당과 함께 대일 전선에 참여, 포로 심문·후방 교란 등 담당

㉢ **세력 분화** : 일부는 중국 화북 지역으로 이동(조선 의용대 화북 지대 조직 ➡ 조선 의용군으로 개편), 남은 세력은 김원봉과 함께 한국광복군에 합류

▲ 1930년대의 항일 무장 투쟁   ▲ 조선 의용대

(3) 대한민국 임시 정부

① 중국 충칭에 정착(1940) : 일제의 상하이 점령 후 항저우, 광저우 등을 거쳐 이동
② 4차 개헌(1940, 주석제 제정, 김구 주석 선출) ➡ 5차 개헌(1944, 주석·부주석제 제정, 김구 주석, 김규식 부주석 선출)
③ 한국광복군 창설(1940)

구성	지청천을 총사령으로 임명, 1942년에 김원봉과 조선 의용대 일부 합류
활동	• 태평양 전쟁 발발 후 대일 선전 포고 • 영국군의 요청에 따라 인도·미얀마 전선에 파병 • 국내 진공 작전 준비(1945) : 미국 전략 정보국(OSS)의 특수 훈련을 받은 국내 정진군 조직 ➡ 일제의 항복으로 작전을 실현하지 못함

④ 건국 강령 발표(1941)
　㉠ 조소앙의 삼균주의 바탕
　㉡ 민주 공화국 건설, 토지와 주요 산업의 국유화, 무상 교육 등 명시

▲ 광복 직전 국내외 독립운동 단체   ▲ 연합군의 일원으로 참가한 한국광복군의 모습

(4) 조선 독립 동맹

① 사회주의자들이 중국 옌안에서 조직한 단체
② 조선 의용군 창설(1942) : 조선 의용대 화북 지대를 개편·확대
③ 건국 강령 발표(1942) : 민주 공화국 건설, 대기업 국유화, 토지 분배 등 명시

(5) 한국의 독립을 약속하는 국제 사회

① 카이로 회담(1943) : 미국, 영국, 중국 대표가 만나 한국의 독립을 최초로 약속
② 포츠담 회담(1945) : 한국의 독립에 대한 기존의 약속을 재확인

01 ㉠에 들어갈 내용으로 옳은 것은?

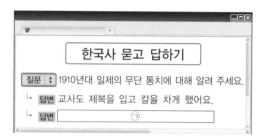

한국사 묻고 답하기

질문 ÷ | 1910년대 일제의 무단 통치에 대해 알려 주세요.
↳ 답변 교사도 제복을 입고 칼을 차게 했어요.
↳ 답변 [㉠]

① 골품제를 실시했어요.
② 삼청 교육대를 설치했어요.
③ 사사오입 개헌을 단행했어요.
④ 헌병 경찰 제도를 실시했어요.

02 (가)에 들어갈 내용으로 옳은 것은?

▌수행 평가 보고서 ▌

• 주제 : 1910년대 일제의 식민지 지배 정책
• 조사 내용
 – 헌병 경찰 제도
 – [(가)]

① 방곡령
② 국채 보상 운동
③ 토지 조사 사업
④ 물산 장려 운동

03 ㉠에 들어갈 말로 적절한 것은?

3·1 운동으로 무단 통치의 한계를 느낀 일제가 실시한 통치 정책에는 어떤 것이 있을까요?

[㉠]

① 한·일 협정을 체결하였습니다.
② 조선 총독부를 설치하였습니다.
③ 민족 분열 정책을 실시하였습니다.
④ 헌병 경찰 제도를 도입하였습니다.

04 ㉠에 들어갈 내용으로 옳은 것은?

1910년대 일제는 한국의 산업 성장을 방해하기 위한 정책을 실시하였다. 특히 회사를 설립할 때는 조선 총독의 허가를 받도록 하는 [㉠]을 공포하여 한국인의 회사 설립을 억제하려 하였다.

① 회사령   ② 균역법
③ 공명첩   ④ 대동법

05 일제의 식민지 경제 정책으로 옳지 <u>않은</u> 것은?

① 영정법 실시
② 남면북양 정책 추진
③ 산미 증식 계획 시행
④ 토지 조사 사업 실시

06 다음에서 설명하는 일제의 식민 지배 방식은?

> 일제는 침략 전쟁을 확대하면서 한국인을 전쟁에 동원하고자 하였다. 이에 황국 신민 서사 암송, 궁성 요배, 신사 참배를 강요하고 한국인의 성과 이름도 일본식으로 바꾸게 하였다.

① 호포제
② 금융 실명제
③ 민족 말살 통치
④ 4 · 13 호헌 조치

07 다음에서 일제 강점기 국가 총동원법이 적용된 시기의 상황으로 옳은 것은?

① 공출 제도가 실시되었다.
② 만적의 난이 발생하였다.
③ 강화도 조약이 체결되었다.
④ 전국에 척화비가 세워졌다.

08 다음에서 ㉠에 해당하는 내용으로 적절한 것은?

> 〈전시 동원 체제와 인력 수탈〉
> • 일제가 1938년에 「국가 총동원법」을 공포함.
> • 지원병제와 징병제로 청년을 침략 전쟁에 투입함.
> • 근로 정신대와 ㉠ 등으로 여성을 강제 동원함.

① 정미의병
② 금융 실명제
③ 서울 올림픽
④ 일본군 '위안부'

09 다음에서 설명하는 인물은?

출생	1902. 3. 15.
직업	이화 학당 학생
활동	3 · 1 운동이 일어나자 천안에서 만세 운동 주도
특징	서대문 형무소에서 사망

① 김흠돌
② 나운규
③ 유관순
④ 윤원형

10 다음 질문에 대한 답으로 옳은 것은?

> 민족 자결주의와 2 · 8 독립 선언의 영향을 받아 1919년에 일어난 일제 강점기 최대의 민족 운동은 무엇일까요?

① 3 · 1 운동
② 제주 4 · 3 사건
③ 금 모으기 운동
④ 부 · 마 민주 항쟁

11 다음 설명에 해당하는 민족 운동의 영향으로 옳은 것은?

> 1919년 3월 1일 시작된 대규모 만세 시위는 모든 계층이 참여한, 우리 역사상 최대 규모의 민족 운동으로 전국적으로 확산되었다. 일제는 헌병 경찰, 군대 등을 동원하여 무력으로 진압하였고, 시위에 참여한 사람을 체포하였다.

① 단발령을 실시하였다.
② 광무개혁을 시작하였다.
③ 독립 협회를 창설하였다.
④ 대한민국 임시 정부를 수립하였다.

12 다음 설명에 해당하는 것은?

> • 3·1 운동 이후 여러 지역의 독립운동 단체가 통합되어 수립됨.
> • 삼권 분립에 기초한 민주 공화제를 채택함.
> • 연통제와 교통국을 조직하여 독립운동을 전개함.

① 집강소
② 독립 협회
③ 조선어 연구회
④ 대한민국 임시 정부

13 자료에 해당하는 인물은?

> ■ 이달의 역사 인물 ■
> • 생몰 연도 : 1868년~1943년
> • 활동 : 대한 독립군 총사령관으로 봉오동 전투를 승리로 이끌었다. …(중략)… 이후 중앙아시아로 강제 이주되어 사망하였다.

① 김구   ② 김옥균
③ 홍범도   ④ 서재필

14 다음에서 설명하는 무장 독립 투쟁은?

> 1920년 김좌진이 이끄는 북로 군정서와 홍범도의 대한 독립군을 중심으로 한 독립군 연합 부대는 백운평과 어랑촌 등지에서 일본군을 크게 격파하였다.

① 병자호란   ② 청산리 대첩
③ 한산도 대첩   ④ 황토현 전투

15 의열단에 대한 설명으로 옳지 <u>않은</u> 것은?

① 1919년 만주에서 김원봉이 주도하여 조직하였다.
② 조선 총독부, 종로 경찰서 등에 폭탄을 투척하였다.
③ 신채호의 '조선 혁명 선언'을 행동 강령으로 삼았다.
④ 쌍성총관부를 공격하여 철령 이북의 땅을 회복하였다.

16 (가)에 해당하는 단체는?

> 김구는 [(가)]을/를 조직하여 의열 투쟁을 벌임으로써 어려움에 빠진 대한민국 임시 정부에 활기를 불어넣으려 하였다. 그 일원인 윤봉길은 상하이 훙커우 공원에서 폭탄을 던져 일본군 장성과 다수의 고관을 처단하였다.

① 근우회   ② 신민회
③ 조선 형평사   ④ 한인 애국단

17 다음에서 설명하는 군사 조직은?

> • 1940년에 대한민국 임시 정부가 창설함.
> • 총사령관에 지청천, 참모장에 이범석이 취임함.
> • 미국 전략 정보국(OSS)과 협력하여 국내 진공 작전을 계획함.

① 별무반   ② 삼별초
③ 장용영   ④ 한국 광복군

18 다음 중 한국광복군의 활동으로 옳지 <u>않은</u> 것은?

① 국내 진공 작전을 준비하였다.

② 청산리 전투에서 일본군을 격파하였다.

③ 태평양 전쟁 때 일본에 선전 포고를 하였다.

④ 인도와 미얀마 전선에서 연합군과 공동 작전을 전개하였다.

19 다음 밑줄 친 ㉠에 해당하는 것은?

> 일제는 한국인을 전쟁에 효율적으로 동원하고 일왕에 충성하는 백성으로 만들고자 ㉠ 황국 신민화 정책을 실시하였다.

① 골품제 실시

② 사사오입 개헌

③ 신사 참배 강요

④ 사심관 제도 시행

20 ㉠에 들어갈 내용으로 옳은 것은?

> 〈 역사의 한 장면 〉
>
> 이 사진은 1920년대 조선 물산 장려회의 거리 행진 모습입니다. 행진에 참여한 사람들은 '㉠'라는/이라는 구호를 외쳤습니다.

① 선 건설 후 통일

② 유신 헌법 철폐하라

③ 조선 사람 조선 것

④ 근로 기준법 준수하라

21 ㉠에 들어갈 내용으로 옳은 것은?

> 1920년대 농민들은 소작료 인하, 소작권 이동 반대 등을 요구하는 쟁의를 벌였다. 특히 ㉠ 은/는 소작료를 낮추는 데 성공하여 전국의 농민 운동을 자극하였다.

① 6 · 3 시위

② 이자겸의 난

③ 강조의 정변

④ 암태도 소작 쟁의

22 다음과 같이 주장한 일제 강점기의 사회 운동은?

> 신분제가 폐지되었지만 백정에 대한 편견이 여전합니다. 백정을 차별하는 것에 항의하고 평등한 대우를 요구합시다.

① 병인박해

② 형평 운동

③ 거문도 사건

④ 서경 천도 운동

23 ㉠에 들어갈 내용으로 옳은 것은?

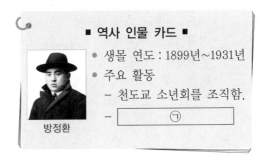

> ■ 역사 인물 카드 ■
>
> • 생몰 연도 : 1899년~1931년
> • 주요 활동
>   - 천도교 소년회를 조직함.
>   - ㉠
>
> 방정환

① 현량과를 시행함.

② 『삼국사기』를 저술함.

③ 어린이날 제정을 주도함.

④ 이토 히로부미를 처단함.

24 다음 설명에 해당하는 단체는?

▌ **민족 유일당 운동이 전개되다** ▌

1927년 비타협적 민족주의자들과 사회주의자들이 협력하여 창립한 단체로, 광주 학생 항일 운동이 일어나자 민중 대회를 열어 전국적인 항일 운동으로 확산시키려 하였다.

① 신간회   ② 북로 군정서
③ 조선어 학회   ④ 구미 위원부

25 다음에서 ㉠에 들어갈 내용으로 가장 적절한 것은?

〈 다큐멘터리 기획안 〉

• 제목 : 일제의 역사 왜곡에 맞선 신채호
• 기획 의도 : 역사학자 신채호의 활동을 조명한다.
• 내용 : 1부 대한매일신보에 '독사신론'을 연재하다.
         2부   ㉠

① 동의보감을 편찬하다.
② 임오군란을 주도하다.
③ 해동 천태종을 창시하다.
④ 민족주의 사학을 연구하다.

26 다음에서 설명하는 단체는?

• 일제 강점기에 한글을 지키려는 노력을 전개하여 한글 맞춤법 통일안을 제정하였다.
• 『우리말 큰사전』 편찬을 시도하였으나 일제의 방해로 성공하지 못하였다.

① 황국 협회   ② 한국광복군
③ 한인 애국단   ④ 조선어 학회

27 다음에서 설명하는 것은?

• 국제 사회가 한국의 독립을 처음으로 약속함.
• 1943년 미·영·중 정상들이 모여 전후 처리를 논의함.

① 팔관회   ② 화백 회의
③ 만민 공동회   ④ 카이로 회담

04 대한민국의 발전

1 8·15 광복과 통일 정부 수립을 위한 노력

(1) 8·15 광복과 국토의 분단

① 8·15 광복(1945. 8. 15)
- ㉠ 미국의 원자 폭탄 투하 → 일본의 무조건 항복
- ㉠ 의의 : 연합국의 승리이자 한국인의 오랜 민족 운동의 결실

② 38도선 분할
- ㉠ 배경 : 일본군 무장 해제를 명분으로 소련과 미국이 한반도를 분할 점령
- ㉡ 상황

미국	• 미군정청을 설치하여 38도선 이남을 직접 통치 : 대한민국 임시 정부와 조선 인민 공화국을 인정하지 않음 • 현상 유지 정책 실시 : 총독부 관료와 경찰 등을 유임시킴
소련	• 김일성을 앞세워 38도선 이북 간접 통치 • 북조선 임시 인민 위원회 조직 : 무상 몰수·무상 분배 방식의 토지 개혁 실시, 주요 산업의 국유화 추진

③ 조선 건국 준비 위원회(건준) 조직(1945. 8. 15)
- ㉠ 조직 : 조선 건국 동맹을 바탕으로 하여 여운형, 안재홍 등이 좌익과 우익을 망라함.
- ㉡ 전국에 지부 조직, 치안 유지와 행정 업무 담당, 조선 인민 공화국으로 개편
- ㉢ 한계 : 미군정이 조선 인민 공화국을 정부로 인정하지 않음, 좌익 주도에 반발한 우익이 대거 이탈함.

④ 기타 정치 세력 : 송진우·김성수의 한국 민주당, 이승만의 독립 촉성 중앙 협의회, 김구의 한국 독립당 등이 정부 수립을 위한 활동 전개

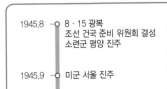

1945.8 ─○ 8·15 광복
　　　　　 조선 건국 준비 위원회 결성
　　　　　 소련군 평양 진주

1945.9 ─○ 미군 서울 진주

1945.10 ─○ 이승만 귀국

1945.11 ─○ 김구 귀국

▲ 1945년의 주요 사건

▲ 8·15 광복

▲ 38도선 분단

개념 Check

- **좌익** : 급진적이거나 사회주의적·공산주의적인 세력
- **우익** : 보수적이거나 점진적인 세력, 한국 현대사에서는 자유민주주의와 자본주의를 수호하는 세력을 의미함.

(2) 모스크바 3국 외상 회의(1945. 12)

① 미국·영국·소련 3국 외무 장관이 모스크바에 모여 한반도 문제 논의

▲ (좌) 신탁 통치 반대 운동
　 (우) 모스크바 3국 외상 회의 결정 지지 운동

② 결정 내용
- ㉠ 한국인들로 구성되는 임시 정부 수립
- ㉡ 미·소 공동 위원회 설치
- ㉢ 미·소·영·중 4개국에 의한 최장 5년간의 신탁 통치 실시

③ 국내 반응 : 신탁 통치 '찬·반'을 둘러싼 좌·우익 간의 대립 심화
- ㉠ 우익 세력 : 김구, 이승만 등이 신탁 통치 반대 운동 전개
- ㉡ 좌익 세력 : 처음에는 신탁 통치에 반대 ➜ 총체적 지지 입장으로 선회

자료

모스크바 3국 외상 회의 결정 사항

1. 조선을 독립 국가로 재건하고 민주주의적으로 발전시키기 위하여 조선 민주주의 임시 정부를 수립할 것이다.
2. 조선 민주주의 임시 정부 구성을 원조할 목적으로 미·소 공동 위원회가 설치될 것이다.
3. 미·소 공동 위원회는 조선 임시 정부와 협의하여 최고 5년 기한의 신탁 통치 방안을 마련한다.

개념 Check

- **신탁 통치** : 국제 연합(UN)의 위임을 받은 나라가 자치 능력이 없다고 판단한 지역을 일정 기간 통치하는 것

(3) 미·소 공동 위원회와 좌우 합작 운동

① 제1차 미·소 공동 위원회(1946.3~5) : 임시 정부 수립에 참여할 단체 구성을 둘러싸고 미·소 간 의견 대립 ➜ 협상 결렬
- ㉠ 미국 주장 : 참가를 희망하는 모든 단체를 참여시켜야 한다!
- ㉡ 소련 주장 : 모스크바 3국 외상 회의의 결정을 지지하는 단체만 참여시키자!

② 이승만의 정읍 발언(1946.6) : 이승만이 남한만의 단독 정부 수립 주장

◀ 이승만의 정읍 발언
무기한 휴회된 미·소 공동 위원회가 재개될 기색도 보이지 않으며, 우리는 남한만이라도 임시 정부를 조직해야 한다.

▲ 미·소 공동 위원회 : 덕수궁 석조전에서 1946년과 1947년 두 차례 열렸다.

③ 좌우 합작 운동(1946.7~1947.7)
　　㉠ 의미 : 여운형, 김규식 등 중도 세력이 주도한 남북한 통일 정부 수립 운동
　　㉡ 경과 : 대중의 지지와 미군정의 지원을 받아 좌우 합작 위원회 구성 ➡ 좌우 합작 7원칙 발표
　　㉢ 활동 중단 이유 : 좌우 합작 7원칙을 둘러싼 좌우의 의견 충돌, 냉전 격화로 미군정이 지지를 철회함, 여운형 암살

▲ 좌우 합작 운동 : 극좌 세력과 극우 세력이 좌우 합작을 방해하는 모습을 풍자하고 있다.

🔖 **자료**

좌우 합작 7원칙의 주요 내용
• 모스크바 3국 외상 회의 결정에 따라 남북을 통한 좌우 합작으로 민주주의 임시 정부 수립
• 미·소 공동 위원회 속개를 요청하는 성명 발표
• 토지는 몰수·유조건 몰수·매수하여 농민에게 무상 분배, 중요 산업 국유화, 지방 자치제 확립
• 친일파, 민족 반역자 처리 법안 마련

④ 제2차 미·소 공동 위원회(1947.5~10) : 미·소의 대립이 해소되지 않아 결렬되자 미국이 한반도 문제를 유엔(국제 연합)에 이관

(4) 유엔의 한반도 문제 논의
① 유엔 총회에서 인구 비례에 따른 총선거 결정(1947.11) ➡ 유엔 한국 임시 위원단을 파견 → 소련이 위원단의 입북 거부
② 유엔 소총회에서 선거 가능한 지역의 총선거 결정(1948.2) ➡ 남한 단독 선거 결정

(5) 통일 정부 수립을 위한 노력

남북 협상 (1948. 4)	• 김구, 김규식은 단독 선거 저지를 위해 남북 협상을 추진 • 경과 : 평양에서 남북 연석 회의 개최 ➡ 공동 성명서 발표(외국 군대 즉시 철수와 통일 정부 수립 등) • 결과 : 남북에서 각각 정부 수립 준비 진행, 김구 암살(1949.6)

제주 4·3 사건 (1948~1954)	• 전개 : 단독 선거 저지를 위해 제주도 남로당 세력이 무장 봉기함 • 시민 피해 : 1948년 4월 3일 무장대가 봉기한 이래 1954년까지 제주도에서 발생한 무력 충돌과 진압 과정에서 수많은 주민이 희생당함
여수·순천 10·19 사건 (1948)	• 전개 : 제주도에 파견될 예정이었던 여수 주둔 국군 부대가 출동 명령을 거 부하고 봉기 → 여수·순천 일대에서 군경과 유혈 충돌 발생 • 결과 : 다수의 사상자 발생

📑 자료

김구의 '삼천만 동포에게 읍고함'

현시(現時)에 있어서 나의 유일한 염원은 3천만 동포와 손을 잡고 통일된 조국의 달성을 위하여 공동 분투하는 것뿐이다. …… 나는 통일된 조국을 건설하려다 38도선을 베고 쓰러질지언정 일신에 구차한 안일을 취하여 단독 정부를 세우는 데는 협력하지 아니하겠다.

2 대한민국 정부의 수립

(1) 정부 수립 과정

① 5·10 총선거(1948. 5. 10)
  ㉠ 우리나라 최초의 민주 선거 : 21세 이상 모든 국민에게 투표권 부여
  ㉡ 제헌 국회 의원 198명 선출
  ㉢ 단, 김구·김규식 등 남북 협상파 불참, 제주도는 4·3 사건으로 일부 선거구에서 투표가 진행되지 못함.
② 제헌 헌법 공포(1948. 7. 17)
  ㉠ 주요 내용 : 민주 공화정 체제, 삼권 분립, 대통령제(임기 4년, 중임, 간선제 선출)
  ㉡ 제헌 국회에서 대통령 이승만과 부통령 이시영 선출
③ 정부 수립(1948. 8. 15) : 유엔 총회에서 유일한 합법 정부임을 승인

📑 자료

제헌 헌법(1948. 7. 17)

유구한 역사와 전통에 빛나는 우리들 대한국민은 기미년 3·1 운동으로 대한민국을 건립하여 …… 우리들의 정당, 또 자유로이 선거된 대표로서 구성된 국회에서 단기 4281년 7월 12일 이 헌법을 제정한다.

제1조 대한민국은 민주 공화국이다.

제2조 대한민국의 주권은 국민에게 있고 모든 권력은 국민으로부터 나온다.

제4조 대한민국의 영토는 한반도와 그 부속 도서로 한다.

제5조 대한민국은 정치, 경제, 사회, 문화의 영역에서 각인의 자유, 평등, 창의를 존중하고, 공공복리의 향상을 위하여 이를 보호하고 조정하는 의무를 진다.

▲ 5·10 총선거(1948)

▲ 제헌 국회 개회식(1948.5.31)

▲ 대한민국 정부 수립 축하식(1948.8.15)

🔖 개념 Check

• 제헌 : '헌법을 제정하다'는 뜻, 우리나라 초대 국회는 헌법을 만드는 임무를 갖고 구성되었기 때문에 제헌 국회라고 불림.

(2) 친일파 청산(1948~1949)

경과	제헌 국회에서 「반민족 행위 처벌법」 제정(1948.9) ➡ 반민족 행위 특별 조사 위원회(반민특위) 구성 ➡ 박흥식, 노덕술, 최린, 이광수 등 친일 혐의자 체포 및 기소 ➡ 정부의 반민 특위 활동 방해로 1년 만에 활동 중단
한계	• 이승만 정부의 소극적 태도와 비협조 • 친일파의 노골적 방해 • 경찰의 반민 특위 습격 : 친일 경찰 노덕술 체포에 반발하여 반민 특위 사무실을 급습

📋 자료

반민족 행위 처벌법(1948)

제1조 일본 정부와 통모하여 한·일 합병에 적극 협력한 자, 한국의 주권을 침해하는 조약 또는 문서에 조인한 자와 모의한 자는 사형 또는 무기 징역에 처하고 그 재산과 유산의 전부 혹은 2분의 1 이상을 몰수한다.

▲ 체포된 친일 혐의자들

(3) 농지 개혁(1950~1957)

배경	광복 당시 남한 농민 중 상당수는 자기 땅을 갖지 못한 소작농이었음 ➡ 농지 개혁에 대한 요구 증가
경과	제헌 국회에서 농지 개혁법 제정(1949)
한계	• 가구당 3정보의 토지 소유 상한선 설정 • 유상 매입·유상 분배 방식 : 3정보 이상의 토지는 정부가 지가 증권을 발급하여 매입하고, 농민은 평균 수확량의 30%씩 5년 동안 정부에 지급하는 방식으로 거래 ※ 1정보 : 약 1만 ㎡로 3,000평에 해당
결과	지주제 해체, 자영농 증가(농민 중심의 토지 소유 확립)

자료

농지 개혁법(1949)

제5조 정부는 다음에 의하여 농지를 취득한다.

  2. 다음 농지는 적당한 보상으로 정부가 매수한다.

    ㈎ 농가가 아닌 자의 농지

    ㈏ 자경하지 않는 자의 농지

    ㈐ 본 법 규정의 한도를 초과하는 부분의 농지

▲ 지가 증권

3 6·25 전쟁(1950~1953)과 남북 분단의 고착화

(1) 6·25 전쟁의 배경

① 38도선 일대에서 잦은 군사적 충돌 발생

② 소련과 중국의 대북 군사 지원 약속

③ 미국의 애치슨 선언 발표 : 미국 국무 장관 애치슨은 미국의 태평양 지역 방위선에서 한반도를 제외한다고 발표함.

▲ 애치슨 선언

(2) 6·25 전쟁의 경과

① 북한군의 기습 남침(1950.6.25) ➔ 3일 만에 서울 함락 ➔ 낙동강 유역까지 후퇴

② 국군의 반격 : 남한을 지원하기 위해 유엔군 참전 ➔ 국군과 유엔군의 인천 상륙 작전 성공(1950.9.15) ➔ 서울 수복 ➔ 압록강 유역까지 진격

③ 중국군 개입 : 중국군 개입(1950.10) ➔ 1·4 후퇴(1951, 중국군의 공세에 밀려 서울을 다시 빼앗김) ➔ 서울 재탈환(1951.3) ➔ 38도선 부근에서 전선 교착

④ 휴전 협상 시작(1951.7) ➔ 군사 분계선, 포로 교환 등을 둘러싼 입장차로 협상 장기화 ➔ 정전 협정 체결(1953.7.27, 휴전선 확정, 포로 송환, 비무장 지대 설정)

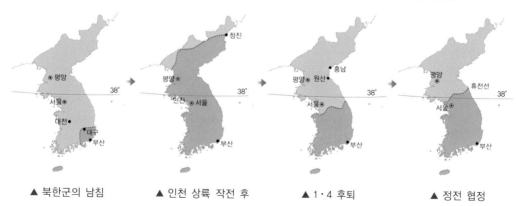

▲ 북한군의 남침   ▲ 인천 상륙 작전 후   ▲ 1·4 후퇴   ▲ 정전 협정

▲ 서울로 들어온 북한군 전차　　▲ 인천 상륙 작전　　▲ 압록강을 건너 남하하는 중국군　　▲ 정전 협정 체결(판문점)

(3) 전쟁의 피해와 영향

① 인적·물적 피해

　㉠ 산업 시설·주택·건물·도로 등 사회 기반 시설 파괴

　㉡ 수백만 명의 사상자 발생, 전쟁고아 및 이산가족 발생

② 남북 분단의 고착화 및 이념 대립 심화

③ 한·미 상호 방위 조약 체결(1953.10) : 주한 미군의 주둔 합의

(4) 남한의 반공 독재

① 장기 집권을 위한 이승만 정부의 개헌

발췌 개헌 (1952.7)	• 배경 : 제2대 국회 의원 선거에서 이승만 정부에 비판적인 무소속 의원이 과반 이상 당선 → 이승만 대통령의 재선에 어려움 예상 • 경과 : 부산 정치 파동으로 야당 인사 탄압 → 개헌안(대통령 직선제 선출) 가결 • 결과 : 이승만의 제2대 대통령 당선(1952.8)
사사오입 개헌 (1954)	• 배경 : 이승만 대통령이 중임 제한에 걸려 다음 대통령 선거에 출마 불가능 • 경과 : 초대 대통령에 한해 '3선 금지' 조항을 적용하지 않는 개헌안 발의 → 1표 차이로 개헌안 부결 → 사사오입 논리를 내세워 개헌안 통과 선포 • 결과 : 이승만의 제3대 대통령 당선(1956)

② 반공주의 강화와 이승만의 독재

　㉠ 반공주의(공산주의를 반대하는 정치 이념) : 정치 이념으로 전면 제시, 6·25 전쟁을 거치면서 더욱 강화

　㉡ 진보당 사건으로 조봉암 숙청

　㉢ 정부에 비판적인 경향신문 폐간

③ 원조 경제

　㉠ 미국이 농산물과 소비재 산업의 원료를 중심으로 원조

　㉡ 긍정적 결과 : 식량 문제 해결, 삼백 산업 발달

　㉢ 부정적 측면 : 국내 농산물 가격 폭락으로 농가 소득 감소, 미국에 대한 경제 의존도 증가

　㉣ 1950년대 말 기존의 무상 원조에서 유상 차관으로 변화 : 경제 불안 초래

▲ 서울 남산 공원의 이승만 동상(1950년대)

▲ 발췌 개헌(1952)

▲ 조봉암 재판 모습(1958)

🦭 개념 Check

- **부산 정치 파동(1952.5)** : 이승만 정부는 임시 수도인 부산 인근에 계엄령을 선포하고 국회 의원을 태운 통근 버스를 통째로 연행하여 대통령 직선제에 반대하는 야당 의원 50여 명을 간첩 혐의를 씌워 겁박함.
- **사사오입 개헌** : 헌법을 개정하려면 국회 재적 의원 203명 중 3분의 2(135.333···명)를 넘는 136명이 찬성해야 하는데, 투표 결과는 찬성이 135표였음, 자유당은 사사오입(반올림)의 논리를 앞세워 개헌안을 통과시킴.
- **진보당 사건** : 평화 통일론을 주장하였던 조봉암을 간첩죄로 몰아 처형한 사건
- **삼백 산업** : 밀, 사탕수수, 면화를 원료로 밀가루, 설탕, 면직물을 생산하는 산업을 일컬음, 원료들이 모두 흰색(백색)이어서 삼백이라 불림.

(5) 북한의 사회주의 독재

① 사회주의 경제 강화

ㄱ. **협동 농장화 추진** : 농지를 협동조합 소유로 전환하고 농민을 조합원으로 삼음.

ㄴ. **천리마 운동 전개** : '하루에 천 리를 달리는 천리마와 같은 속도로 사회주의 경제를 건설하자'는 생산력 강화 운동

② **김일성 1인 독재 체제 성립** : 박헌영 등 경쟁 세력 제거

▲ 천리마 운동

4 민주화를 위한 노력

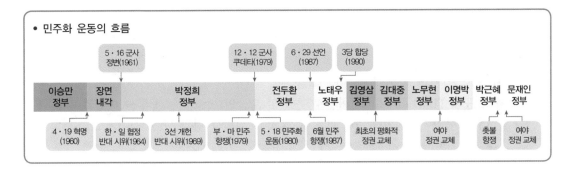

- 민주화 운동의 흐름

(1) 4·19 혁명(1960)

① 배경
  ㉠ 이승만 정부의 독재와 부정부패
  ㉡ 3·15 부정 선거 : 제4대 대통령·부통령 선거에서 각종 부정(⑩ 투표함 바꿔치기, 4할 사전 투표 등)이 자행됨.

② 전개 과정 : 여러 도시에서 부정 선거 규탄 시위 → 마산 앞바다에서 김주열의 시신 발견(4.11) → 마산 시민과 학생의 시위 전국으로 확산 → 경찰의 발포, 대통령의 계엄 선포 → 대학교수단의 시국 선언(4.25) → 이승만 하야(4.26)

③ 의의
  ㉠ 학생과 시민이 주도한 민주 혁명
  ㉡ 한국 민주주의 발전의 새로운 계기 마련

▲ 1960년 ▲ 3·15 부정 선거 당시 5인조 투표 행렬 ▲ 4·19 혁명

(2) 장면 내각(1960~1961)

① 새 정부 수립 : 4·19 혁명 직후 내각 책임제와 양원제 국회를 핵심으로 한 헌법 개정 추진(3차 개헌) → 총선거에서 민주당 승리 → 대통령 윤보선, 국무총리 장면 취임

② 특징 : 우리 역사상 유일한 내각 책임제 정부(실질적인 권한은 국무총리가 행사)

▲ 민주당의 분열을 풍자한 만평
(『새벽』, 1960년 10월호)

③ 정책 : 지방 자치제 확대·시행, 경제 개발 5개년 계획안 마련
④ 한계
　㉠ 민주당 내부의 파벌 대립으로 지도력 부족
　㉡ 부정 선거 책임자와 부정 축재자 처벌에 소극적
　㉢ 다양한 통일 운동이 제기되었으나, 장면 정부는 민간 차원의 통일 운동 세력과 대립

(3) 5·16 군사 정변과 박정희 정부의 출범
① 5·16 군사 정변(1961) : 박정희를 비롯한 일부 군인 세력의 쿠데타 ➡ 반공과 경제 재건을 내건 '혁명 공약' 발표 ➡ 국가 재건 최고 회의를 통해 군정 실시

> 📜 **자료**
>
> **혁명 공약**
> 1. 반공을 제1의 국시(國是)로 한다.
> 4. 민생고를 해결하고 국가 자주 경제 재건에 총력을 기울인다.
> 6. 이와 같은 과업이 성취되면 참신하고도 양심적인 정치인들에게 언제든지 정권을 이양하고 우리들 본연의 임무로 복귀할 준비를 갖춘다.

② 대통령 직선제 개헌(5차 개헌) ➡ 박정희 대통령 당선(1963)
③ 한·일 협정 체결(1965)
　㉠ 과정 및 결과 : 한·일 국교 정상화 회담 시작 ➡ 굴욕 외교에 반대하는 학생과 시민의 6·3 시위 발생(1964) ➡ 비상계엄 선포, 시위 진압 ➡ 한·일 국교 재개(1965)
　㉡ 의의 : 경제 개발에 필요한 자금 마련
　㉢ 한계 : 식민 지배에 대한 일본의 사죄와 배상을 받아내지 못함.
④ 베트남 파병(1965~1973)
　㉠ 배경 : 미국의 파병 요청
　㉡ 브라운 각서 체결 : 파병 대가로 한국군의 현대화와 경제 지원을 약속 받음.
　㉢ 베트남 특수 : 미국과 베트남에 대한 수출 증가로 경제 성장을 위한 발판 마련
　㉢ 문제점 : 고엽제 후유증, 베트남 민간인들 희생, '라이따이한' 문제 등
⑤ 3선 개헌(1969)
　㉠ 배경 : 북한 게릴라의 청와대 습격 사건, 미 첩보함 푸에블로호 나포 사건(1968)
　㉡ 경제 발전과 국가 안보 강화를 명분으로 대통령 3선 개헌안 통과시킴.

▲ 5·16 군사 정변을 일으킨 박정희(가운데)(1961)

▲ 한·일 회담을 반대하는 학생 시위(1964)

▲ 베트남 파병

🌀 개념 Check

- 계엄 : 군사적 필요나 사회의 안녕과 질서 유지를 위하여 일정한 지역의 행정권과 사법권의 전부 또는 일부를 군이 맡아 다스리는 일
- 고엽제 : 식물의 잎을 인위적으로 떨어뜨리는 약제를 통틀어 이르는 말로, 특히 베트남 전쟁 때 미국이 밀림에 뿌린 제초제

(4) 유신 체제(1972~1979)

① 유신 체제의 성립

㉠ 배경

대외적	냉전 완화 분위기 조성 : 미국의 닉슨 독트린 발표, 주한 미군의 일부 철수
대내적	• 1960년대 후반 경제 성장률 하락 • 7 · 4 남북 공동 성명 발표(1972) : 분단 이후 남북이 최초로 통일의 3대 원칙(자주, 평화, 민족 대단결)에 합의

㉡ 경과 : 국가 안보와 경제 성장을 명분으로 계엄 선포 ➜ 10월에 개헌안 의결(10월 유신)

㉢ 유신 헌법의 주요 내용

대통령 권한 강화	• 대통령의 입법권 장악 : 국회 의원의 3분의 1 추천, 국회 해산권 행사 • 대법원장과 대법관 임명 : 대통령의 사법권 장악 • 긴급 조치권 행사 : 국민의 기본권 제한, 각종 법률의 효력을 대통령이 임의로 정지시킬 수 있음
장기 독재 기반 마련	• 대통령 중임 횟수의 제한 폐지 • 통일 주체 국민 회의에서 간접 선거로 대통령 선출

📋 자료

유신 헌법(1972)

제39조 대통령은 통일 주체 국민 회의에서 토론 없이 무기명 투표로 선거한다.

제40조 통일 주체 국민 회의는 국회 의원 정수의 3분의 1에 해당하는 수의 국회 의원을 선거한다.

제53조 대통령은 …… 국가의 안전 보장 또는 공공의 안녕질서가 중대한 위협을 받거나 받을 우려가 있어, 신속한 조치를 할 필요가 있다고 판단할 때에는 내정, 외교, 국방, 경제, 재정, 사법 등 국정 전반에 걸쳐 필요한 긴급 조치를 할 수 있다.

긴급 조치 9호(1975)

(1) 다음 각 호의 행위를 금한다.
  ㈎ 유언비어를 날조, 유포하거나 사실을 왜곡하여 전파하는 행위
  ㈏ …… 대한민국 헌법을 부정, 반대, 왜곡 또는 비방하거나 그 개정 또는 폐지를 주장, 청원, 선동 또는 선전하는 행위

(8) 이 조치 또는 이에 의한 주무부 장관의 조치에 위반한 자는 법관의 영장 없이 체포 · 구금 · 압수 또는 수색할 수 있다.

② 유신 체제에 대한 저항

　　㉠ 장준하 등의 개헌 청원 1백만 인 서명 운동 전개

　　㉡ 재야 세력의 3·1 민주 구국 선언(1976)

📑 자료

3·1 민주 구국 선언(1979)

1. 이 나라는 민주주의 기반 위에 서야 한다. 민주주의는 대한민국의 국시다.
2. 경제 입국의 구상과 자세가 근본적으로 검토되어야 한다. …… 현 정권은 경제력이 곧 국력이라는 좁은 생각을 가지고 모든 것을 희생시켜 가면서 경제 발전에 전력을 쏟아 왔다.
3. 민족 통일은 오늘 이 겨레가 짊어진 최대의 과업이다.

③ 유신 체제 붕괴(1979)

　　㉠ 배경 : 1978년 총선거에서 야당 승리, 제2차 석유 파동으로 경제 위기 심화

　　㉡ 경과 : YH 무역 사건 → 부·마 민주화 운동 전개(부산과 마산에서 반유신 운동 전개)
　　　　　　 → 시위 진압 대책을 두고 정권 내부에서 의견 충돌 → 박정희 피살(10·26 사태)

1969 —○ 닉슨 독트린 발표
1971 —○ 박정희 대통령 당선
1972 —○ 유신 선포
1975 —○ 긴급 조치 제9호 발표
1976 —○ 3·1 민주 구국 선언
1979 —○ YH 무역 사건
　　　　　 부·마 민주화 운동
　　　　　 10·26 사태

▲ 유신 체제의 주요 사건

▲ 통일 주체 국민 회의 : 제8대 대통령 선거에 단독으로 출마한 박정희는 통일 주체 국민 회의에서 99.9%의 득표로 대통령에 당선되었다.

▲ YH 무역 사건(1979) : 박정희 정부는 당시 야당인 신민당사에서 농성 중인 YH 무역 여공들을 강제로 해산하였다. 이때 여공 한 명이 추락사하였다.

　　🎯 **개념 Check**

- 유신 : 낡은 제도를 고쳐 새롭게 함.
- 유신 체제 : 1972년 10월 대통령 박정희가 장기 집권을 목적으로 단행한 초헌법적 비상조치
- 닉슨 독트린 : 1969년 미국 닉슨 대통령이 베트남 전쟁 개입 종결 등을 위해 발표한 외교 정책, 아시아 자유 국가들의 자주적 방위 노력을 촉구함으로써 미국의 군사적 부담을 줄이고자 선언
- YH 무역 사건 : 1978년에 발생한 제2차 석유 파동으로 경제적 어려움이 확산됨, 가발 회사였던 YH 무역 회사 측의 일방적인 폐업 조치에 항의하여 노동자들이 파업을 전개함.

(5) 신군부의 등장과 5 · 18 민주화 운동
① 신군부의 등장과 서울의 봄

12 · 12 사태 (1979)	• 신군부 : 12 · 12 군사 쿠데타를 통해 권력을 장악한 전두환 · 노태우 등의 군인 • 10 · 26 사태 직후 비상계엄 선포 ➡ 같은 해 12월, 전두환과 노태우를 비롯한 신군부 세력이 쿠데타 일으킴
'서울의 봄' (1980)	• 1979년 가을부터 1980년 5월까지 일어난 민주화 운동, 1968년에 일어난 체코의 민주화 운동 '프라하의 봄'에 비유한 표현 • '비상계엄 해제, 신군부 퇴진, 민주화 이행'을 요구하며 시위 전개

② 5 · 18 민주화 운동(1980)

배경	신군부의 비상계엄 전국 확대(1980. 5. 17)
경과	광주 학생들이 비상계엄 확대와 휴교령 반대 시위 전개(5.18) ➡ 신군부의 공수 부대 투입, 무자비하게 진압 ➡ 시민의 합류로 시위 확산 ➡ 계엄군의 무차별 발포(5.21) ➡ 시위대는 시민군을 조직하여 계엄군에 맞섬 ➡ 계엄군의 무력 진압(5.27)
의의	• 1980년대 이후 전개된 민주화 운동의 밑거름이 됨 • 필리핀, 타이완 등 아시아 국가의 민주화 운동에 영향 • 5 · 18 민주화 운동 기록물의 유네스코 세계 기록 유산 등재(2011)

③ 전두환 정부(1980~1987)
㉠ 집권 과정 : 5 · 18 민주화 운동 무력 진압(1980) ➡ 국가 보위 비상 대책 위원회 구성 ➡ 8차 개헌(대통령 7년 단임제, 대통령 선거인단에 의한 간선제 선출) ➡ 전두환의 대통령 취임
㉡ 유화 조치 : 교복 · 두발 자유화, 야간 통행금지 해제, 해외여행 자유화, 프로 스포츠 도입
㉢ 강압 통치 : 언론사 통폐합, 삼청 교육대 설치

▲ 1980년 '서울의 봄'　　▲ 5 · 18 민주화 운동　　▲ 삼청 교육대

💣 **개념 Check**
• 삼청 교육대 : 신군부가 사회 정화를 명분으로 설치한 특수 교육 기관

(6) 6월 민주 항쟁(1987)

① 전개 : 시민의 대통령 직선제로의 개헌 요구 ➡ 박종철 고문치사 사건 축소·은폐 시도 ➡ 정부의 4·13 호헌 조치(시민의 개헌 요구를 거부함) ➡ 이한열 최루탄 피격 ➡ 시민과 학생의 6·10 국민 대회 개최

② 결과 : 여당 대표 노태우의 6·29 민주화 선언(개헌 약속) ➡ 5년 단임의 대통령 직선제로 개헌(9차 개헌)

③ 의의 : 오랜 독재 정치를 끝내고 우리 사회의 민주화가 진전되는 토대 마련

📖 자료

6·29 민주화 선언

첫째, 여야 합의하에 대통령 직선제로 개헌하고, 새 헌법에 의한 대통령 선거로 1988년 2월 평화적으로 정부를 이양한다.

둘째, 대통령 선거법을 개정하여 자유로운 출마와 경쟁을 공개적으로 보장한다.

다섯째, 언론 자유의 창달을 위해 관련 제도와 관행을 획기적으로 개선하며 언론의 자율성을 최대한 보장한다.

(7) 민주주의의 진전

노태우 정부 (1988.2~1993.2)	• 1988년 국회 의원 선거에서 야당 의석수가 여당보다 많은 여소야대 상황 전개 ➡ 3당 합당으로 여소 야대 국면에서 벗어남 • 서울 올림픽 개최(1988) • 북방 외교 : 사회주의 체제가 붕괴하자 동유럽·중국 등과 수교
김영삼 정부 (1993.2~1998.2)	• 금융 실명제 도입(금융 기관에서의 가명 거래 금지), 지방 자치제 실시, 경제 협력 개발 기구(OECD) 가입 • 외환 위기 발생(1997)
김대중 정부 (1998.2~2003.2)	• 분단 이후 처음으로 선거를 통한 평화적인 여야 정권 교체 • 외환 위기 극복에 주력 : 금 모으기 운동 ➡ 국제 통화 기금의 구제 금융 조기 상환(2001) • 한·일 월드컵 개최(2002)
노무현 정부 (2003.2~2008.2)	과거사 정리 위원회 설치, 한·미 FTA 체결
이명박 정부 (2008.2~2013.2)	노인 장기 요양 보험 시행, 4대강 살리기 사업 추진
박근혜 정부 (2013.2~2017.5)	최초의 여성 대통령, 기초 연금제 시행, 헌법 재판소의 대통령 파면 결정
문재인 정부 (2017.5~2022.5)	사회 문제의 해결·한반도 평화 정착 등을 국정 과제로 제시

5 경제 성장

(1) 박정희 정부(1960~1970년대)

① 특징 : 국가 주도적 경제 개발 추진, 수출 확대에 집중 선성장 후분배 전략

② 시기별

제1차 경제 개발 5개년 계획 (1962~1966)	• 해외 차관, 한·일 협정, 베트남 파병, 파독 근로자(광부, 간호사) 등으로 자금 마련 • 노동 집약적 경공업 육성 : 섬유·가발 등 수출 증가
제2차 경제 개발 5개년 계획 (1967~1971)	• 경공업 위주의 성장 계획 유지 • 도로, 항만 등 사회 간접 자본 확충 : 경부 고속 국도 개통(1970) • 베트남 특수
제3·4차 경제 개발 5개년 계획 (1972~1981)	• 배경 : 경공업 중심 경제 성장의 한계 직면 • 석유 화학, 조선, 철강, 비철 금속, 전자를 포함한 기계 산업 투자 증가, 경상도 해안 지역에 대규모 공업 단지 조성

③ 경제 성장의 결과

㉠ 1960년대 : 높은 경제 성장률(연평균 약 9.2%) 달성 ➡ 박정희 대통령의 3번 연임의 토대가 됨.

㉡ 1970년대 : 중화학 공업 생산액이 경공업 생산액을 앞섬, 수출액 100억 달러 달성

㉢ 문제점 : 세계 경제에 대한 의존성 심화, 정경 유착, 재벌 중심의 경제 구조 발생

④ 석유 파동

㉠ 제1차 석유 파동(1973) : 중동의 건설 사업에 투자하여 극복

㉡ 제2차 석유 파동(1979) : 기업 도산, 실업률 증가, 경제 성장률 감소

▲ 경부 고속 국도(1970 준공) ▲ 100억 불 수출 기념 아치(1977) ▲ 석유 파동 때 석유를 구매하고자 길게 줄을 서 있는 사람들

🎯 개념 Check

• 정경 유착 : 정치인과 기업가 사이에 이루어지는 부도덕한 밀착 관계

• 석유 파동 : 원유 가격이 큰 폭으로 상승하면서 나타난 세계 경제의 혼란을 일컫는 말, 중동 전쟁으로 시작된 제1차 석유 파동과 이란의 원유 수출 중단으로 시작된 제2차 석유 파동이 있음.

(2) 전두환 정부(1980년대)

① 3저 호황 : 1980년대 중반 이후 저유가, 저달러, 저금리 상황을 배경으로 경제 성장 → 최초로 무역 수지 흑자 달성(1986)

② 자동차, 반도체 등 기술 집약적 산업 육성

(3) 외환 위기(1997)

① 배경 : 급속한 시장 개방으로 정부의 시장 감독 기능 미비, 일부 기업의 무분별한 사업 확장, 금융권의 부실 무역 수지 적자, 단기 외채 급증

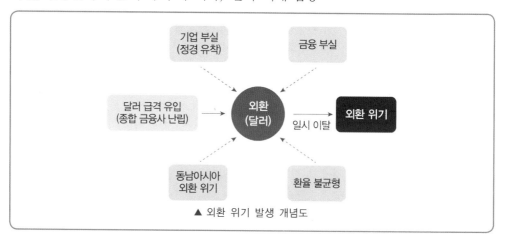

▲ 외환 위기 발생 개념도

② 과정 : 세계 경기의 불황으로 다수의 기업 도산 → 한국의 국가 신용도 하락 → 외환 보유고 고갈 → 국제 통화 기금(IMF)에 구제 금융 신청

③ 외환 위기의 극복 노력

　㉠ 강도 높은 구조 조정 추진 : 이 과정에서 일부 대기업·은행을 해외에 매각, 대량 해고 사태로 인한 실업자 급증

　㉡ 노사정 위원회 설치 : 근로자, 사용자, 정부를 대표하는 위원으로 협의체를 구성

　㉢ '금 모으기 운동' 전개 : 시민의 자발적인 동참

(4) 2000년대 이후 경제 환경의 변화

① 자유 무역 협정(FTA) 체결 : 시장 개방 확대

② 첨단 기술·정보 산업을 바탕으로 하여 성장

③ 1인당 국민 소득 3만 달러 돌파(2018)

④ 인공 지능(AI) 기술을 활용한 4차 산업 육성

6 사회·문화의 변화

(1) 경제 성장에 따른 사회의 변화

급격한 도시화	• 배경 : 농촌 인구가 일자리를 찾아 도시로 이동 • 문제점 : 주거 문제, 빈민촌 형성, 교통 문제 등 도시 문제 발생 ➔ 광주 대단지 사건 발생, 땅값 상승, 부동산 투기 붐 발생
새마을 운동	• 배경 : 산업화로 인한 도시와 농촌 간의 소득 격차 심화 • 전개 : 박정희 정부가 1970년부터 시작, '근면·자조·협동' 정신 강조, 농가 소득 증대와 농촌 환경 개선에 역점 ➔ 농어촌 근대화에 기여
전태일 분신 사건 (1970)	• 배경 : 정부의 저임금 정책 지속, 열악한 작업 환경과 장시간 노동 등으로 노동자의 생존권 위협 • 전태일의 「근로기준법」 준수 요구, 이후 노동 운동 본격화
함평 고구마 사건 (1976)	• 배경 : 1970년대 저임금을 위한 저곡가 정책 지속 • 전개 : 함평 농협이 고구마 전량 수매 약속을 지키지 않자, 농민들은 3년간 투쟁을 전개하여 피해를 보상받음

📖 자료

저희들은 근로기준법의 혜택을 조금도 못 받으며 더구나 2만 명이 넘는 종업원의 90% 이상이 평균 연령 18세의 여성입니다. …… 40%를 차지하는 시다공들은 평균 연령 15세의 어린이들로서, …… 1주 98시간의 고된 작업에 시달립니다. …… 1일 15시간의 작업 시간을 1일 10~12시간으로 단축해 주십시오. 1개월 휴일 2일을 늘려서 일요일마다 쉬기를 원합니다. 건강 진단을 정확하게 하여 주십시오. …… 절대로 무리한 요구가 아님을 맹세합니다. 인간으로서의 최소한의 요구입니다.

– 대통령에게 드리는 글, 1969. 12.

▲ 전태일

🎯 개념 Check

• 광주 대단지 사건(1971) : 경기도 광주 대단지(지금의 경기도 성남시)에서 주민 수만 여 명이 정부의 무계획적인 도시 정책과 졸속 행정에 반발하며 도시를 점거하며 시위를 일으킴.

• 저임금·저곡가 정책 : 국가 권력이 수출 경쟁력을 유지하기 위한 저임금 정책을 지속하고자 농산물 가격을 인하한 정책

(2) 대중문화의 발달

① 1960년대 : 가요와 영화 등 대중문화 확산, TV 방송국 개국

② 1970년대 : 정부의 금서와 금지곡 지정, 청년 문화 유행(장발·청바지·통기타 등이 청년들 사이에 유행)

③ 1980년대 : 민중 문화 운동(탈춤·사물놀이 등 우리 전통에 토대), 프로 스포츠 출범

7 남북 화해와 동아시아 평화를 위한 노력

(1) 남북 화해를 위한 노력

박정희 정부	7・4 남북 공동 성명(1972) : 자주・평화・민족 대단결의 통일 원칙에 합의
전두환 정부	이산가족 최초 상봉(1985)
노태우 정부	• 남북한 UN 동시 가입(1991) • 남북 기본 합의서(1991) : 상호 불가침, 남북의 교류와 협력 등을 확인 • 한반도 비핵화 공동 선언
김영삼 정부	3단계 통일 방안 제시(1994) : 화해와 협력・남북 연합・통일 국가 실현
김대중 정부	• 대북 화해 협력 정책 추진 : 햇볕 정책으로 불림 • 1차 남북 정상 회담 개최(2000) • 6・15 남북 공동 선언 : 남측의 남북 연합안과 북측의 낮은 단계의 연방제의 공통점을 인정 • 경제 교류 협력 사업 확대 → 금강산 관광 확대, 개성 공단 조성에 합의
노무현 정부	• 2차 남북 정상 회담 개최(2007) • 10・4 남북 공동 선언 : 남북 경제의 균형적 발전과 공동 번영을 위해 경제 협력 사업을 발전시켜 나가기로 합의
문재인 정부	• 3차 남북 정상 회담 개최(2018) • 4・27 판문점 선언 : 남북이 비정상적인 정전 체제를 종식하고, 한반도의 항구적이며 공고한 평화 체제 구축을 위해 적극 협력해 나갈 것을 합의

▲ 7・4 남북 공동 성명 발표 (1972)   ▲ 최초의 이산가족 고향 방문단 (1985)   ▲ 6・15 남북 공동 선언에 서명한 남북 정상(2000)

(2) 동아시아 갈등과 이를 해결하기 위한 노력

① 일본과의 갈등 : 침략 전쟁과 식민 지배 미화, 야스쿠니 신사 참배, 강제 징용 피해자들의 손해 배상과 진상 규명 거부, 일본군 '위안부' 동원에 대한 책임 회피 등

② 중국과의 갈등 : 동북공정(중국 정부가 추진한 역사 연구 프로젝트) 진행 → 우리의 역사인 고조선, 부여, 고구려, 발해의 역사를 중국사로 편입 시도

③ 해결 노력 : 역사 NGO 세계 대회 개최, 동아시아 공동 역사 교재 출간, 일본군 '위안부' 문제 해결을 위한 아시아 연대 회의 개최, 한・일 시민 단체의 일본 전범 기업 규탄 시위 등

대표 기출문제

정답 및 해설 p. 126

01 ㉠에 들어갈 내용으로 옳은 것은?

> 1945년 개최된 [㉠]에서 한국의 임시 민주 정부 수립, 이를 위한 미·소 공동 위원회 설치, 신탁 통치 실시 등이 결정되었다.

① 신민회
② 화백 회의
③ 조선 물산 장려회
④ 모스크바 3국 외상 회의

02 ㉠에 들어갈 내용으로 옳은 것은?

> 【모스크바 3국 외상 회의 결정 내용 요약문】
> 1. 한국의 독립을 위하여 임시 민주 정부를 수립한다.
> 2. 임시 정부 수립을 위하여 미국과 소련은 [㉠]를 설치하고 한국의 정당 및 사회단체와 협의한다.

① 신간회
② 조선 형평사
③ 국민 대표 회의
④ 미·소 공동 위원회

03 다음 설명에 해당하는 것은?

> • 1948년에 김구와 김규식 등이 추진함.
> • 김구 일행이 38도선을 넘어 평양으로 감.
> • 남북의 지도자들이 통일 정부 수립을 결의함.

① 남북 협상
② 아관 파천
③ 우금치 전투
④ 쌍성총관부 공격

04 다음에서 ㉠ 시기에 들어갈 사건은?

① 기묘사화
② 5·10 총선거
③ 오페르트 도굴 사건
④ 6·15 남북 공동 선언 발표

05 다음에서 설명하는 기구는?

> • 1948년 10월에 설치
> • 반민족 행위자 조사 및 처벌을 위한 기구

① 정당성
② 식목도감
③ 건국 준비 위원회
④ 반민족 행위 특별 조사 위원회

06 ㉠에 들어갈 내용으로 옳은 것은?

> 일제의 식민 지배에 협력했던 민족 반역자를 청산하는 것은 민족정기를 바로잡기 위해 필요한 일이었다. 이에 1948년 제헌 국회는 국민적 여론과 제헌 헌법에 따라 ㉠ 을/를 제정하였다.

① 시무 28조
② 미쓰야 협정
③ 남북 기본 합의서
④ 반민족 행위 처벌법

07 ㉠에 들어갈 내용으로 옳은 것은?

> 〈6·25 전쟁의 전개 과정〉
> ㉠ → 인천 상륙 작전 → 1·4 후퇴
> → 정전 협정

① 자유시 참변
② 미쓰야 협정
③ 별기군 창설
④ 북한군의 남침

08 다음에서 ㉠에 해당하는 사건으로 적절한 것은?

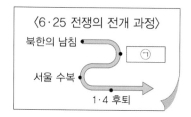

> 〈6·25 전쟁의 전개 과정〉
> 북한의 남침
> 서울 수복 ㉠
> 1·4 후퇴

① 녹읍 폐지
② 후삼국 통일
③ 자유시 참변
④ 인천 상륙 작전

09 다음 전쟁의 결과로 옳지 않은 것은?

> 1950년 6월 25일, 북한의 남침으로 발발하였다. 이후 인천 상륙 작전, 1·4 후퇴를 거쳐 38도선 일대에서 공방전이 지속되다가 1953년 7월 27일 정전 협정이 체결되었다.

① 강화도 조약이 체결되었다.
② 남북 분단이 고착화되었다.
③ 많은 군인과 민간인이 희생되었다.
④ 이산가족과 전쟁고아가 발생하였다.

10 다음에서 설명하는 사건은?

> • 배경 : 3·15 부정선거(1960)
> • 과정 : 전국에서 시위 발생, 대학교수단 시국 선언
> • 결과 : 이승만 대통령 하야

① 4·19 혁명
② 제주 4·3 사건
③ 12·12 사태
④ 5·18 민주화 운동

11 다음에서 ㉠에 들어갈 내용으로 옳은 것은?

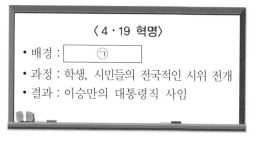

> 〈4·19 혁명〉
> • 배경 : ㉠
> • 과정 : 학생, 시민들의 전국적인 시위 전개
> • 결과 : 이승만의 대통령직 사임

① 브나로드 운동
② 농촌 진흥 운동
③ 3·15 부정 선거
④ 민족 유일당 운동

12 밑줄 친 ㉠에 해당하는 정부 형태는?

> 4·19 혁명으로 이승만 자유당 정권이 붕괴된 후, 새 헌법에 따라 ㉠새로운 정부 형태가 만들어졌다.

① 내각 책임제
② 입헌 군주제
③ 대통령 중심제
④ 국무령 체제

13 다음에서 설명하는 정부는?

> • 삼백 산업 발달
> • 3·15 부정 선거 자행

① 이승만 정부
② 노태우 정부
③ 김대중 정부
④ 이명박 정부

14 ㉠에 들어갈 내용으로 옳은 것은?

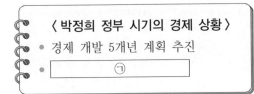

> 〈 박정희 정부 시기의 경제 상황 〉
> • 경제 개발 5개년 계획 추진
> • ㉠

① 원산 총파업
② 상평창 설치
③ 당백전 발행
④ 경부 고속 국도 건설

15 다음에서 설명하는 정부는?

> • 경제개발 5개년 계획을 추진함.
> • 근면·자조·협동 정신을 강조한 새마을 운동을 시작함.
> • 전태일 사건, YH 무역 사건 등의 노동 문제에 직면함.

① 장면 정부
② 박정희 정부
③ 김영삼 정부
④ 김대중 정부

16 박정희 정부 시기에 있었던 사실로 옳은 것을 〈보기〉에서 고른 것은?

> ┤ 보기 ├
> ㄱ. 베트남 파병
> ㄴ. 전주 화약 체결
> ㄷ. 유신 헌법 제정
> ㄹ. 서울 올림픽 개최

① ㄱ, ㄴ
② ㄱ, ㄷ
③ ㄴ, ㄹ
④ ㄷ, ㄹ

17 ㉠에 들어갈 내용으로 옳은 것은?

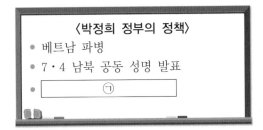

> 〈박정희 정부의 정책〉
> • 베트남 파병
> • 7·4 남북 공동 성명 발표
> • ㉠

① 별기군 창설
② 유신 헌법 제정
③ 독서삼품과 실시
④ 한·일 월드컵 대회 개최

18 다음 대본에서 ㉠에 들어갈 말로 가장 적절한 것은?

> 장면 #27 평화 시장에서 시위하는 모습
> 전태일 : 우리 노동자들은 열악한 작업 환경에서 장시간 노동으로 고통받고 있다. 우리는 기계가 아니다!
>
> ㉠

① 신탁 통치를 반대한다!
② 근로기준법을 준수하라!
③ 군사력을 강화하여 청을 정벌하자!
④ 교조 최제우의 억울함을 풀어 주시오!

19 다음에서 ㉠에 해당하는 것은?

> 1972년, 서울과 평양에서 ㉠ 이/가 동시에 발표되었다. 이는 분단 후 남북한이 통일과 관련하여 최초로 합의한 것이며, 자주·평화·민족 대단결의 통일 원칙을 명시하였다.

① 시무 28조
② 전주 화약
③ 4·13 호헌 조치
④ 7·4 남북 공동 성명

20 다음에서 설명하는 사건은?

> 전두환 등 신군부 세력이 불법적으로 병력을 동원하여 계엄 사령관을 비롯한 군의 주요 지휘관들을 몰아내고 군권을 장악하였다.

① 3포 왜란　② 거문도 사건
③ 임술 농민 봉기　④ 12·12 군사 반란

21 다음에서 설명하는 사건은?

> 1980년 신군부 세력은 비상계엄을 전국적으로 확대하였어. 이에 맞서 광주의 학생과 시민들은 격렬하게 저항하였지.
>
> 그래. 그리고 당시 관련 기록물은 2011년 유네스코 세계 기록 유산에 등재되었어.

① 갑신정변　② 교조 신원 운동
③ 물산 장려 운동　④ 5·18 민주화 운동

22 다음에서 설명하는 사건은?

> 1980년 5월, 비상계엄을 전국으로 확대한 신군부에 맞서 광주의 학생과 시민들은 '광주 시민 궐기문'을 발표하고 격렬하게 저항하였다. 당시의 관련 기록물은 2011년 유네스코 세계 기록 유산에 등재되었다.

① 병인박해
② YH 무역 사건
③ 교조 신원 운동
④ 5·18 민주화 운동

23 밑줄 친 ㉠에 해당하는 민주화 운동은?

> 1987년 전두환 대통령의 4·13 호헌 조치에 맞서 시민들은 ㉠ 호헌 철폐와 독재 타도를 외치며 전국적으로 시위를 전개하였다. 결국 전두환 정부는 국민의 요구에 굴복하여 대통령 직선제 개헌안을 수용하였다.

① 3·1 운동　② 6월 민주 항쟁
③ 국채 보상 운동　④ 금 모으기 운동

24 다음에서 ㉠에 해당하는 내용으로 적절한 것은?

> 〈 수행 평가 보고서 〉
> • 주제 : 6월 민주 항쟁
> • 조사 내용
>   – 인물 탐구 : 박종철, 이한열
>   – 항쟁 결과 :   ㉠

① 집강소 설치
② 정전 협정 체결
③ 노비안검법 실시
④ 대통령 직선제 개헌

25 다음에서 ㉠에 해당하는 것은?

한국사 스피드 퀴즈

1997년 우리나라 경제가 위기에 빠지면서 국제 통화 기금(IMF)에 구제 금융을 요청한 것이야.

① 외환 위기   ② 베트남 파병
③ 원산 총파업   ④ 서울 진공 작전

26 밑줄 친 ㉠에 해당하는 운동은?

㉠ 국민 여러분의 적극적인 협조로 국제 통화 기금(IMF) 지원금을 조기 상환했습니다.

속보 외환 위기 극복, IMF 지원금 200억 달러 전액 상환

① 형평 운동   ② 금 모으기 운동
③ 교조 신원 운동 ④ 문자 보급 운동

27 다음에서 설명하는 정부는?

> • 대북 화해 협력 정책(햇볕 정책) 추진
> • 남북 정상 회담 개최와 6·15 남북 공동 선언 발표

① 장면 내각   ② 김대중 정부
③ 노태우 정부   ④ 이명박 정부

28 다음에서 ㉠에 들어갈 내용으로 옳은 것은?

> ㉠
> • 2000년에 개최된 남북 정상 회담의 결과로 발표됨.
> • 이산가족 방문, 개성 공단 건설 등 남북 교류에 합의함.

① 홍범 14조
② 교육입국 조서
③ 6·15 남북 공동 선언
④ 조·청 상민 수륙 무역 장정

29 ㉠에 들어갈 내용으로 옳지 <u>않은</u> 것은?

> 〈 수행 평가 계획서 〉
> • 주제 : 통일을 위한 남과 북의 협력 과정
> • 조사할 내용 : 남북 기본 합의서,
>   ㉠

① 방곡령
② 금강산 관광 사업
③ 남북한 UN 동시 가입
④ 6·15 남북 공동 선언

30 다음에서 ㉠에 들어갈 내용으로 옳은 것은?

〈노태우 정부의 정책〉
- 북방 외교 추진
- 남북한 유엔 동시 가입
- ㉠

① 교정도감 설치
② 관수관급제 실시
③ 개성 공단 건설
④ 남북 기본 합의서 채택

31 김대중 정부의 대북 화해 협력 정책으로 옳은 것은?

① 5·10 총선거 실시
② 국가 총동원법 제정
③ 7·4 남북 공동 성명 발표
④ 최초의 남북 정상 회담 개최

한국사 정답 및 해설

01 전근대 한국사의 이해

대표 기출문제
문제 p. 30

01 ①	02 ③	03 ③	04 ④	05 ①
06 ②	07 ④	08 ②	09 ④	10 ①
11 ①	12 ④	13 ②	14 ④	15 ④
16 ①	17 ②	18 ①	19 ④	20 ④
21 ①	22 ②	23 ①	24 ③	25 ④
26 ①	27 ②	28 ④	29 ②	30 ①
31 ②	32 ②	33 ①	34 ④	35 ④
36 ②	37 ③	38 ②	39 ②	40 ①
41 ③				

01 정답 ①

구석기 시대의 대표적인 유물로는 주먹도끼, 찍개, 슴베찌르개 등이 있다.

오답피하기
② 이불병좌상은 발해 시대에 제작되었다.
③ 비파형 동검은 청동기 시대에 제작되었다.
④ 빗살무늬 토기는 신석기 시대에 제작되었다.

02 정답 ③

빗살무늬 토기는 신석기 시대의 대표적인 토기이다. 신석기 시대에는 농경과 목축 생활을 시작하였고, 간석기로 농기구를 제작하였다.

오답피하기
① 조선 후기에 민화가 유행하였다.
② 4~5세기경에 삼국은 불교를 받아들였다.
④ 철기를 수용한 후로 철제 무기와 철제 농기구를 제작하였다.

03 정답 ③

신석기 시대까지는 평등 사회였으나, 청동기를 사용하는 세력이 지배층을 형성하며 계급이 발생하였다. 고조선 시대에 제작된 고인돌에서는 이 시기에 제작된 비파형 동검, 거친무늬 거울 등이 발견된다.

04 정답 ④

고조선의 8조법 중 현재 3개 조항이 전해지고 있다. 여기에는 살인, 상해, 도둑질을 처벌하는 내용이 담겨 있다.

05 정답 ①

동예는 부족마다 족장(읍군, 삼로)이 있었고, 다른 부족의 경계를 침범할 경우 가축이나 노비로 변상하는 책화의 전통이 남아 있었다. 이로 인해 전체 사회를 통합하는 데까지는 이르지 못하였다.

06 정답 ②

제시된 자료가 설명하는 나라는 초기 국가, 부여임을 알 수 있다.

07 정답 ④

④ 삼한의 군장은 신지와 읍차로 불렸다. 이 나라들은 남부 지역에 위치하여 일찍부터 벼농사가 발달하였고, 5월과 10월 두 번에 걸쳐 계절제를 지냈다.

오답피하기
① 고구려 고국천왕은 진대법을 실시하여 춘궁기 때 가난한 백성에게 곡식을 빌려주었다.
② 성리학은 고려 말에 전래되어, 조선 시대에 발달하였다.
③ 상감 청자는 고려 중기에 제작되었다.

08 정답 ②

자료를 통해 고구려 고국천왕 16년인 194년에 처음 시행된 진대법이라는 구휼 제도임을 알 수 있다.

> **⊗ 오답피하기**
>
> ① 음서제는 고려와 조선 시대에 공을 세운 신하 또는 지위가 높은 관리의 자손을 과거를 치르지 아니하고 관리로 채용하던 제도이다.
> ③ 골품제는 성분에 따라 골과 품으로 등급을 나누는 신라의 독특한(폐쇄적 성격이 강한) 신분 제도이다.
> ④ 과전법은 고려 공양왕 3년(1391)에 귀족들의 대토지 소유에 따른 국가 재정의 고갈 문제를 해결하기 위하여 이성계를 비롯한 조준 등 신진 사대부들이 주동이 되어 실시한 토지 제도이다.

09 정답 ④

광개토 대왕은 우리 역사상 최초로 연호를 사용했으며, 신라에 침입한 왜를 격퇴하여 신라에 정치적 영향력을 행사했다.

10 정답 ①

고구려의 제20대 왕인 장수왕(413~491)과 관련된 사실들이다.
• 장수왕의 남진 정책으로 백제와 신라는 고구려의 위협에 대처하기 위해 나·제 동맹(433) 결성
• 평양 천도는 장수왕 15년(427)
• 백제의 수도 한성 점령은 장수왕 63년(475, 이 때문에 백제는 개로왕이 전사하고 웅진으로 천도)

11 정답 ①

① 법흥왕은 6세기의 신라 왕으로, 불교를 공인하고 율령을 반포하였으며 금관가야를 정복하였다.

> **⊗ 오답피하기**
>
> ② 훈민정음은 조선 세종 때 창제되었다.
> ③ 고려 태조는 호족 통제를 위해 사심관 제도를 마련하였다.
> ④ 고려 공민왕은 전민변정도감을 설치하여 권문세족이 불법적으로 소유한 토지를 원주인에게 돌려주고 억울하게 노비가 된 사람을 해방시켰다.

12 정답 ④

수의 양제가 대규모 군대를 동원하여 고구려를 침공하였으나, 살수에서 을지문덕이 이끄는 고구려 군대에 패하였다.

> **⊗ 오답피하기**
>
> ① 기묘사화는 조광조가 개혁을 추진하다 훈구파에게 밀려 숙청당한 사건이다.
> ② 흥선 대원군 시기에 미국은 제너럴 셔먼호 사건을 계기로 강화도를 침공하였다. 어재연 부대가 이들과 싸웠는데, 이를 신미양요라고 한다.
> ③ 무신 정변(1170)은 고려의 무신들이 쿠데타를 일으켜 정권을 장악한 사건이다.

13 정답 ②

② 나·당 동맹군은 백제와 고구려를 순차적으로 무너뜨렸다. 하지만 당이 신라와의 약속을 어기고 한반도 전체를 지배하려 하자 적대적 관계가 되었다. 신라는 매소성 전투와 기벌포 전투에서 당군을 몰아내고 삼국 통일을 완성하였다.

> **⊗ 오답피하기**
>
> ① 귀주 대첩에서 고려 강감찬은 거란 3차 침입을 물리쳤다.
> ③ 봉오동 전투에서 홍범도가 이끄는 대한 독립군은 일본군을 격파하였다.
> ④ 한산도 대첩에서 이순신이 이끄는 수군이 일본군을 격파하였다.

14 정답 ④

불국사와 석굴암은 통일신라 시대의 대표적인 불교 문화유산이다.

> **⊗ 오답피하기**
>
> ① 경복궁은 조선의 정궁으로, 정도전이 건설을 주도했다.
> ② 무령왕릉은 백제의 왕릉으로, 벽돌무덤으로 조성된 점이 특이하다.
> ③ 수원 화성은 조선 정조가 축조하였으며, 정약용이 설계와 건설에 참여하였다.

15 정답 ④

④ 무령왕릉은 백제 성왕 시기에 축조된 무덤으로, 우리나라에서 흔하지 않은 벽돌무덤 양식으로 조성되었다. 무령왕 시기에 중국 남조의 양나라와 외교 관계를 굳건히 하여, 중국의 벽돌 제작 기술을 도입할 수 있었다. 또한 무덤의 주인이 무령왕과 왕비임을 알려 주는 묘지석이 발견되어 백제 왕릉 중 유일하게 주인이 밝혀졌다.

> **⊗ 오답피하기**
>
> ① 천마총은 신라 왕의 무덤으로, 천마도가 발견된 돌무지덧널무덤이다.
> ② 장군총은 고구려 왕의 무덤으로, 돌무지무덤이다.
> ③ 강서대묘는 고구려 무덤으로, 굴식 돌방무덤 안에 사신도가 그려져 있다.

16 정답 ①

통일 신라의 신문왕은 진골을 견제하기 위해 국학을 설립해 6두품을 교육시켰으며, 녹읍을 폐지하고 관료전을 지급하였다. 또한 통일로 넓어진 영토를 효율적으로 다스리기 위해 전국을 9주로 나누고, 주요 도시에는 5소경을 설치하였다.

17 정답 ②

② 통일 신라 말 중앙 정치가 불안정해지자, 지방에서 호족 세력이 성장하였다. 이들은 독자적인 군사를 보유하며 세력을 키웠고, 선종 승려를 후원하며 새로운 사회 건설을 시도하였다. 대표적인 인물로는 궁예, 견훤, 왕건이 있다.

> **⊗ 오답피하기**
>
> ① 사림은 온건파 사대부를 계승한 양반 세력으로, 16세기에 훈구와 정치적 갈등을 빚었다.
> ③ 권문세족은 원 간섭기에 권력을 장악한 세력이다.
> ④ 신진 사대부는 고려 말 성리학을 수용한 세력으로, 고려의 통치 방향을 둘러싸고 권문세족과 대립하였다. 이 중 급진파 사대부는 조선을 건국하였다.

18 정답 ①

ㄱ. 발해는 고구려 유민들이 주도하여 건국한 나라이고, 고구려 계승 의식을 가지고 있었다.
ㄴ. 발해는 선왕 시기에 당으로부터 해동성국이라 불렸다.

> **⊗ 오답피하기**
>
> ㄷ. 화랑도는 신라의 청소년 단체로, 진흥왕 시기에 조직되었다.
> ㄹ. 이성계는 조선을 건국한 후 2년 뒤에 한양으로 천도하였다.

19 정답 ④

④ 신라 촌락 문서(민정 문서라고도 함)는 통일 신라의 경제 상황을 알려 주는 귀한 문서이다. 이 문서에는 4개 마을의 인구와 토지, 가축 수, 과일나무 수 등이 상세히 기록되어 있다.

> **⊗ 오답피하기**
>
> ① 공명첩은 '이름이 비어 있는 임명장'으로 조선 후기에 신분제 동요의 원인이 되었다.

② 시무 28조는 고려 성종 때 최승로가 왕에게 올린 개혁안이다.

③ 영남 만인소는 개화기 때 경상도 유생들이 『조선책략』 유포와 개화 정책에 반대하며 올린 상소문이다. 위정 척사 운동의 대표적인 사례이다.

20 정답 ①

원효는 신라가 삼국을 통일하는 시기의 승려이다. 당시 불교는 삼국에 따라 특징이 달랐는데, 원효는 화쟁 사상을 주장하며 불교 통합을 시도하였다. 또한 이전까지의 불교가 귀족 중심이었던 점을 극복하기 위해서, "나무아미타불"을 외우면 누구나 극락왕생할 수 있다는 아미타 신앙을 보급해 불교를 평민층까지 보급하였다.

오답피하기

② 일연은 고려 후기의 승려로, 『삼국유사』를 집필하였다.

③ 김부식은 고려 중기의 유학자로 『삼국사기』 편찬을 주도했으며, 묘청의 서경 천도를 반대하였다.

④ 정약용은 조선 후기의 실학자로, 수원 화성 건설을 주도하고, '여전론'과 같은 토지 개혁을 주장하였다.

21 정답 ①

『경국대전』은 세조 때 편찬이 시작되었고, 성종 때 완성되었다.

오답피하기

② 기인 제도는 고려 태조가 호족을 견제하기 위해 그들의 자식을 수도에 머물게 한 제도이다.

③ 삼청 교육대는 전두환 정부 때 설치되었다. 부랑자, 조직 폭력배 등의 관리를 위해 운영하였다고 했으나, 심각한 인권 침해를 일으켰다.

④ 전민변정도감은 고려 공민왕이 권문세족의 불법성을 해소하기 위해 설치하여 토지와 노비에 대한 조사를 추진하였다.

22 정답 ②

② 고려 광종은 왕권 강화를 위해 호족과 대립하였다. 이 과정에서 노비안검법과 과거제를 시행하였다.

오답피하기

① 신문지법은 1907년에 일제가 대한 제국의 언론 자유를 탄압하기 위해 제정하였다. 이로 인해 대한매일신보, 제국신문, 황성신문 등이 폐간되었다.

③ 치안 유지법은 1925년에 일제가 사회주의 세력과 독립운동가를 탄압하기 위해 제정하였다.

④ 국가 총동원법은 1938년에 일제가 전쟁 수행에 필요한 인적, 물적 자원을 동원하기 위해 제정하였다. 이로 인해 공출제가 시행되고, 많은 남성들이 징병과 징용으로 고통받았다.

23 정답 ①

강화도는 대몽 항쟁 기간 동안 임시 수도였다. 최우는 몽골군이 수전에 약하다고 판단하여 장기 항전을 위해 강화도로 천도하였다.

24 정답 ③

공민왕은 원(몽골족)이 쇠락하는 틈을 타 반원 정책을 추진하였다. 기철과 같은 친원 세력을 숙청하고, 고려 내정을 간섭하는 정동행성을 폐지하였다. 또한 원이 직접 지배하던 철령 이북의 땅을 되찾기 위해 쌍성총관부를 공격하였다.

오답피하기

① 장용영은 조선 정조가 설립한 국왕 친위 부대이다.

② 신라 법흥왕은 금관가야를 정복하였다.

④ 일제는 사회주의 세력이 확산되는 것을 막기 위해 1925년에 치안 유지법을 제정하였다.

25 정답 ④

정도전, 정몽주 등 신진 사대부는 고려 말에 권문세족과 갈등을 빚었다. 성리학을 받아들인 이들은 개혁을 시도하였고, 이 중 정도전과 조준은 이성계와 연합하여 조선을 건국하였다.

오답피하기
① 6두품은 신라 골품제에 따르면 성골과 진골에 이어 귀족 서열 3위에 해당한다. 신라 말에 이르러 진골이 권력을 독점하자 호족과 연합하여 새로운 사회 건설을 시도하였다.
② 보부상은 장시를 돌아다니는 상인으로, 조선 후기 때 급증하였다.
③ 독립 협회는 민중 계몽을 시도한 시민 단체로, 1896~1898년에 활동하였다.

26 정답 ①
① 관리 감찰 기구로는 고려의 어사대와 조선의 사헌부가 있다. 이 기관의 관리들은 대간으로 불리며, 왕이 관리를 임명할 때 서경권(임명 동의권)을 행사하며 왕권의 남용을 견제하였다.

오답피하기
② 집사부는 신라의 중앙 정치 기구로, 왕명을 집행하는 기관이다.
③ 제가 회의는 고구려의 귀족 회의이다.
④ 통리기무아문은 강화도 조약 체결 직후에 설립된 조직으로, 개화를 전담하는 기구이다.

27 정답 ②
자료에 '고려 때 직위에 따라 18등급으로 나누어, 관직 복무와 직역의 대가로 곡물을 수취할 수 있는 전지와 땔감을 얻을 수 있는 시지를 주었다.'는 내용이 나와 있다. 이에 해당하는 제도로는 고려 전기의 토지 제도인 전시과이다. 고려의 관료들은 국가로부터 지급받은 전지와 시지(이상 수조지)에서 '조세'를 거두었다(수조권 행사).

오답피하기
① 녹읍은 신라 및 고려 초기에 관료들에게 직무의 대가로 지급한 특정 지역의 논밭이다.

③ 독서삼품과는 신라 원성왕 때 설치된 관리 등용 제도이다(788). 골품보다 학력에 의해 관리를 채용하려던 제도로, 태학감에서 수학한 학생들의 성적에 따라 상·중·하 3등급으로 나누어 등용하였다.
④ 관수 관급제는 조선 성종 때 시행된 토지 분급 제도이다. 국가가 직접 토지를 관리하고, 관리에게는 녹봉을 지급하였다.

28 정답 ④
④ 향·부곡·소는 고려의 특수 행정 구역으로, 이곳에 사는 사람들은 양인임에도 불구하고 일반 농민에 비해 더 많은 세금을 부과받았다. 명학소의 난을 일으킨 망이, 망소이가 대표적인 인물들이다.

오답피하기
② 향리는 고려와 조선의 하층 관리로, 이들은 수령을 도와 지방 행정을 담당하였다.

29 정답 ②
고려 인종은 김부식에게 고대 역사서를 편찬하라고 명령하였다. 이에 김부식은 고구려, 백제, 신라의 역사를 정리하여 『삼국사기』를 집필하였다. 이 책은 현존하는 우리나라 역사서 중 가장 오래되었으며, 이 책 이전에 편찬된 역사서는 각종 전쟁을 거치는 과정에서 소실되었다.

오답피하기
① 『경국대전』은 조선 성종 때 완성된 법전이다.
③ 『조선책략』은 중국인 외교관 황준헌이 조선과 미국의 수교를 주선한 글이다.
④ 팔만대장경은 고려 최우 때 몽골 격퇴를 기원하며 제작되었다.

30 정답 ①

지눌은 고려 중기의 승려로, 불교계의 세속화를 비판하며 수선사라는 단체를 조직하였다. 또한 선종을 중심으로 교종을 통합한 조계종을 이끌었다.

② 원효는 신라가 삼국을 통일하는 시기의 승려이다. 원효는 화쟁 사상을 주장하며 불교 통합을 시도하였다. 또한 이전까지의 불교가 귀족 중심이었던 점을 극복하기 위해서, "나무아미타불"을 외우면 누구나 극락왕생할 수 있다는 아미타 신앙을 보급해 불교를 평민층까지 보급하였다.
④ 장수왕은 고구려 5세기의 왕으로, 한강 일대까지 영토를 확장시켰다.

31 정답 ②

태종은 국왕을 중심으로 통치 체제를 정비하려고 하였다. 6조 직계제를 실시하여 의정부에 집중된 권력을 분산시키고, 사병 제도 폐지와 호패법 실시 등의 개혁을 추진하여 국가 기반을 탄탄히 하였다.

오답피하기

ㄴ은 세종, ㄷ은 흥선 대원군 시기에 해당한다.

32 정답 ②

② ㄱ. 집현전은 세종이 학문 연구와 정책 제안을 위해 설치한 왕실 학술 조직이다.
ㄷ. 세종은 훈민정음을 창제하여 백성의 문자 생활을 가능케 하였다.

오답피하기

ㄴ. 『경국대전』은 세조 때 편찬을 시작하여, 성종 때 완성된 법전이다.
ㄹ. 노비안검법은 고려 때 광종이 실시하여 호족이 불법적으로 차지한 노비들을 양민으로 해방시켰다.

33 정답 ①

① 조선은 3사로 권력을 견제하였다. 3사에는 관리 감찰을 맡은 사헌부, 간쟁을 담당하는 사간원, 왕의 자문에 응대하는 홍문관이 있다.

오답피하기

② 비변사는 조선 중기에 긴급한 국방 문제를 처리하기 위해 조직된 임시 기구이다. 왜란을 거치면서 국정 전반을 총괄하는 최고 조직이 되었고, 이로 인해 의정부의 위상이 약해졌다.
③ 식목도감은 도병마사와 더불어 고려의 귀족 회의 기구이다.
④ 군국기무처는 1차 갑오개혁을 이끈 기관이다.

34 정답 ④

조선 초에 실시된 국정 운영 방식은 6조 직계제와 의정부 서사제로 나뉜다.

태종과 세조는 왕이 6조를 직접 챙기며 국정을 이끈 '6조 직계제'를 실시한 반면, 세종과 성종은 의정부의 권한을 강화한 '의정부 서사제'를 시행하였다. 의정부 서사제에서 왕은 군사권과 인사권은 장악하고, 나머지 상당수의 업무는 의정부에 일임하였다. 이를 통해 왕권과 신권이 조화를 이룰 수 있었다.

35 정답 ①

자료에 '청나라가 조선에 군신 관계를 맺을 것을 요구하면서 대군을 이끌고 침입해 왔다', 이어 '인조가 남한산성으로 피란하여 청나라 군대에 맞섰으나, 결국 청나라에 굴복하고 말았다'는 내용이 나와 있다. 이를 통해 제시된 자료는 조선 인조 14년인 1636년 12월에 발발하여 이듬해 1월까지 전개된 병자호란과 관련된 것임을 알 수 있다. 조선은 결국 청에게 굴복하여 군신 관계를 맺을 것을 약속하였다(삼전도의 굴욕).

② 병인양요가 일어난 것은 1866년(고종 3)의 일이다.
③ 임진왜란이 일어난 것은 1592년(선조 25)의 일이다.
④ 청·일 전쟁이 일어난 것은 1894년(고종 31)의 일이다.

36 정답 ②
정조 사망 후 순조와 헌종이 어린 나이에 즉위하자 안동 김씨, 풍양 조씨 등 외척 가문이 정권을 장악했다. 이를 세도 정치라 부른다.

① 도병마사는 군사 문제가 발생했을 때 고위 관리들이 모여 논의하던 고려의 국방 회의 기구이다.
④ 동북공정은 중국이 만주의 동북 3성 지역을 연구한 프로젝트로, '하나의 중국'을 뒷받침하려는 정치적 의도에서 추진되었다. 동북 3성에 위치했던 고구려와 발해를 중국의 지방 정권이라고 주장하고 있다.

37 정답 ③
공납은 토지 결수에 상관없이 가호 단위로 부과되어 가난한 농민에게 큰 부담이 되었다. 여기에 16세기 이후 방납의 폐단까지 더해지자 커다란 사회 문제가 되었다. 이를 바로잡기 위해 왜란 이후 대동법을 시행하여 공물을 현물 대신 쌀이나 면포, 동전 등으로 징수하였다.

38 정답 ②
조선은 왜란을 거치면서 국가 재정을 늘리기 위해 공명첩을 대량 발급하였다. 일정 수준의 재산을 국가에 바친 사람은 공명첩을 하사받고 양반으로 신분 상승할 수 있었다. 이로 인해 조선 후기에는 양반 수가 급격히 증가하였다.

39 정답 ②
홍경래는 순조 11년에 서북 지방에 대한 차별과 세도 정권의 부패를 비판하면서 평안도 지역에서 대규모 봉기를 일으켰다. 이 봉기에는 농민, 중소 상인, 광산 노동자들이 대거 참여하였다.

①, ③은 고려 시대에 일어났으며, ④는 신라 말에 일어난 최초의 농민 봉기이다.

40 정답 ①
『경국대전』은 조선의 기본 법전으로, 성종 때 완성되었다.

② 『농사직설』은 세종 때 편찬된 농서이며, 각 지방의 농부들에게 농사법을 배워 정리한 책이다.
③ 정약용은 지방관(수령)이 지켜야 할 원칙을 정리한 『목민심서』를 집필하였다.
④ 김부식은 왕명을 받고 『삼국사기』를 편찬하였다.

41 정답 ③
③ 정선은 진경산수화를 탄생시킨 인물로, 풍속화가인 김홍도, 신윤복과 더불어 조선 후기의 대표적인 화가이다.

① 담징은 고구려의 승려이자 화가로, 일본에 건너가 호류사의 금당 벽화를 그렸다.
② 안견은 조선 전기 화원으로, 〈몽유도원도〉를 그렸다.
④ 강희안은 조선 전기의 문인으로 그림에도 능통했다. 그가 그린 작품으로 〈고사관수도〉가 있다.

02 근대 국민 국가 수립 운동

01 ①	02 ②	03 ①	04 ④	05 ③
06 ④	07 ④	08 ③	09 ③	10 ①
11 ④	12 ①	13 ①	14 ②	15 ①
16 ③	17 ①	18 ③	19 ②	20 ③
21 ①	22 ③	23 ④	24 ④	25 ③
26 ①	27 ①	28 ①	29 ④	30 ④
31 ③	32 ①	33 ②	34 ②	

01 정답 ①

흥선 대원군은 서원 철폐와 호포제 실시로 양반과 갈등을 빚었다. 양반은 그들의 자식을 서원 학생으로 입학시켜 면역(군대 면제) 특혜를 누렸고, 서원은 붕당의 근원지로 여겼기 때문에 크게 갈등하였다.

⊗ 오답피하기

② 녹읍은 신라의 토지로, 귀족의 경제적 기반이었다. 통일 직후 신문왕이 폐지하였으나 경덕왕 시기에 다시 부활하였다.

③ 교정도감은 고려 최씨 정권의 최고 정치 기구로, 최충헌이 설립하였다.

④ 동·서 대비원은 고려의 의료 기관으로 수도 개경에 설치되었다.

02 정답 ②

② 흥선대원군 이전까지 군역과 군포 납부는 평민의 몫이었다. 군포 부담으로 백성들이 도망을 갈 정도로 고통을 받자, 흥선 대원군은 양반에게도 군포를 징수하여 백성의 부담을 낮춰 주었다. 이를 호포제라 부른다.

⊗ 오답피하기

① 태학은 고구려의 중앙 교육 기관이다.

③ 『칠정산』은 조선 세종 때 한양을 기준으로 제작된 역법서이다.

④ 정조는 사도세자의 무덤을 옮기는 과정에서 수원 화성을 건설하였다.

03 정답 ①

흥선 대원군이 추진한 정책들을 찾는 문제이다.

ㄱ. 흥선 대원군은 집권 후 붕당 정치와 농민 수탈의 근거지로 작용하던 전국의 서원을 47개를 제외하고는 모두 철폐하였다(600여 곳).

ㄴ. 또한 흥선 대원군은 왕실의 권위를 높이기 위해 임진왜란 때 불탄 경복궁을 중건하는 일을 벌였다(당백전 발행, 원납전 징수).

⊗ 오답피하기

ㄷ. 22담로를 설치한 것은 백제 제25대 왕인 무령왕 대(재위 501~523)의 일이다.

ㄹ. (노비가 된 사람을 안검하여 방량하게 한) 노비 안검법을 실시한 것은 고려 제4대 왕인 광종 대(재위 949~975)이다(956, 광종 7).

04 정답 ④

④ 병인양요 과정에서 프랑스군은 강화도에 있던 외규장각 도서를 약탈하였다.

⊗ 오답피하기

① 공민왕은 쌍성총관부를 몰아내고 원이 지배하고 있던 철령 이북 지역을 탈환하였다.

② 신라와 백제는 고구려를 공동 견제하기 위해 5세기에 나·제 동맹을 맺었다.

③ 조선과 청은 국경선 문제를 논의한 후, 백두산 정계비를 건립하였다.

05 정답 ③

흥선 대원군은 병인양요, 오페르트 도굴 사건, 신미양요를 겪으며 서양에 대한 적대감을 느꼈다. 이에 척화비를 전국에 세워 통상 수교 거부 의지를 널리 알렸다.

① 규장각은 왕실 도서관으로, 정조 때 핵심 기구로 성장하였다.
② 독립 협회는 청과 관련 있던 영은문을 허물고 독립문을 설립하였다.
④ 임신서기석은 신라의 두 화랑이 유학 공부를 맹세한 내용을 기록하고 있다. 이를 통해 신라에 유학이 보급되었음을 알 수 있다.

06 정답 ④

조선은 일본과 강화도 조약을 체결하고 최초로 문호를 개방했다. 하지만 미숙한 대처로 인해 해안 측량권과 영사 재판권 등 불평등한 조항을 일본에게 허용하였다.

① 일제는 1909년 청에 간도를 넘기는 대신 만주에 철도를 설립하는 권리를 받았다. 이러한 내용이 간도 협약에 명시되어 있다.
② 동학 농민군과 정부군은 전주 화약을 체결하며 잠시 휴전을 했으며, 청군과 일본군에게 조선에서 나가 줄 것을 요구하였다.
③ 갑신정변이 진압된 후에, 청과 일본은 톈진 조약을 체결하였다. 이로써 조선에 파병할 시에는 두 나라가 서로에게 사전 통보할 것을 약속하였다.

07 정답 ④

강화도 조약의 대표적인 내용으로는 '청의 종주권 부정', '3개 항구 개방', '해안 측량권 인정', '치외 법권 인정' 등이 있다. 제시문의 제10관은 '치외 법권'에 해당한다.

① 세도 정치는 19세기 전반기에 실시되었기 때문에, 강화도 조약이 체결된 1876년보다 시기적으로 앞선다.
② 척화비는 흥선 대원군 시기에 전국적으로 건립되었다.

③ 금난전권은 정조 시기에 대부분 폐지되었다.

08 정답 ③

고종은 강화도 조약(1876) 체결 직후인 1880년에 개화 정책을 전담할 조직으로 통리기무아문을 설치하였다.

09 정답 ③

③ 왜란 이후 조선은 일본의 국교 재개 요청을 받아들여 통신사를 파견하였다.

① 영선사는 강화도 조약 체결 후 청에 보낸 사절단으로, 이들은 청의 무기 제조 공장 등을 시찰했다.
② 보빙사는 조·미 수호 통상 조약 체결 후 미국에 파견한 사절단이다.
④ 연행사는 병자호란 이후 청에 정기적으로 파견한 사절단으로, 박지원은 그 일행으로 참여한 경험을 바탕으로 『열하일기』를 집필하였다.

10 정답 ①

자료에 '개항 이후 정부가 개화 정책을 추진하면서 신식 군대인 ㉠을 창설하고, 구식 군대의 규모를 축소하였다'는 내용이 나와 있다. 이어 '구식 군인들이 밀린 급료로 받은 쌀에 겨와 모래가 섞여 있자 분노하여 봉기하였다'는 내용이 나와 있다(1882년에 발생한 임오군란). 이를 통해 제시된 ㉠은 1881년에 창설된 별기군임을 알 수 있다.

② 삼별초는 고려 때 최씨 무신 정권이 고용한 특수 군대이다.
③ 화랑도는 신라 때 화랑을 우두머리로 한 청소년 수련 단체이다. 전시에는 군사 조직화되어 참전하기도 하였다.
④ (한국)광복군은 1940년에 창설된 대한민국 임시 정부 산하의 군대이다.

11 정답 ④

개항 이후 별기군이 조직되고 구식 군인의 월급이 제때 지급되지 않자, 구식 군인들은 개화를 반대하며 임오군란을 일으켰다.

⊗ 오답피하기

① 고구려 장수왕은 평양으로 천도한 후에 남진 정책을 추진하였다.

② 일제는 1940년대 들어서 신사 참배를 강요하며 우리 민족의 정체성을 말살하려 하였다.

③ 고려 중기에 금(여진족)이 급성장하자, 당시 권력자였던 이자겸은 금의 사대 요구를 받아들였다.

12 정답 ①

임오군란 이후 청의 간섭이 심해지고 개화 정책이 지지부진해지자, 급진 개화파는 갑신정변을 일으켰다.

⊗ 오답피하기

② 묘청은 개경 세력이 정치적, 사회적 권력을 독점하는 상황에 반발하여 서경으로의 천도를 시도하였다. 이것이 개경 세력의 반발로 중단되자 독자적인 국호를 내세우며 난을 일으켰다. 이를 묘청의 서경 천도 운동이라고 한다.

③ 삼별초는 개경으로 돌아가기를 거부하며 강화도에서 대몽 항전을 계속하였다. 이후 진도와 제주도로 거처를 옮기며 투쟁하였으나 결국 진압되었다.

13 정답 ①

김옥균, 박영효, 홍영식 등은 문명 개화론에 영향을 받아 급진적인 개혁을 추구하였다. 급진 개화파인 이들은 1894년 우정총국 기념 축하연을 이용하여 갑신정변을 일으키고 14개조 정강을 공포하였다. 하지만 청 군대의 개입으로 3일 만에 실패하였다.

14 정답 ②

갑오개혁으로 신분제와 과거제가 폐지되고, 중국식 연호 사용을 중단하였다.

⊗ 오답피하기

① 별무반은 고려 중기 때 여진족 토벌을 위해 윤관의 건의로 조직된 군대이다.

③ 흥선 대원군은 신미양요 직후에 척화비를 설치하였다.

④ 조선 순조 때부터 세도 정치가 시행되었다.

15 정답 ①

① 집강소는 동학 농민군이 전주를 점령한 후 자체적인 개혁을 진행하기 위해 설립한 조직이다. 전라도 일대에 50여 개가 있었다.

⊗ 오답피하기

③ 국문 연구소는 개화기에 한글 연구를 위해 국가에서 설립한 기관이다. 이곳에서 주시경 등이 활동하였다.

16 정답 ③

자료에 '양반 중심의 신분 질서를 개혁하려는 반봉건적 성격'과 '일본을 비롯한 외세의 침략을 물리치려는 반침략적 성격'을 띠고 있다는 내용이 나와 있다. 또 제목으로 'ㄱ의 역사적 의의'가 나와 있는 바 이를 통해 제시된 ㄱ은 1894년에 일어난 동학 농민 운동임을 알 수 있다.

⊗ 오답피하기

① 무신 정변이 일어난 것은 고려 의종 24년인 1170년의 일이다.

② 나·당 전쟁(신라와 당의 전쟁)이 일어난 것은 670년에서 676년 사이의 일이다.

④ 민립 대학 설립 운동이 펼쳐진 것은 1920년대 초이다.

17 정답 ①

일제는 1895년에 을미개혁을 추진하여, 태양력을 시행하고, 단발령을 내렸으며, 우편 사무를 재개하였다.

⊗ **오답피하기**

ㄷ. 고려 광종은 호족이 불법적으로 소유한 노비를 조사하여 양인으로 풀어 주었다(노비안검법).

ㄹ. 통일 신라의 원성왕은 국학의 졸업생을 대상으로 유학 능력을 평가한 후 관리로 채용하였다(독서삼품과).

18 정답 ③

국채 보상 운동은 일본 정부에 진 빚을 국민이 대신 갚자고 국민들에게 호소한 경제적 구국 운동이다. 단기간에 큰 호응을 불러일으켰으나, 통감부의 방해로 중단되었다.

⊗ **오답피하기**

② 보수적인 유생들이 성리학적 질서를 수호하고, 서구적 사상과 문물을 몰아내기 위해 위정척사 운동을 일으켰다.

④ 고려 시대 묘청과 정지상 등은 서경으로의 수도 이전을 주장하였다.

19 정답 ②

독립 협회는 민중 계몽을 목적으로 여러 차례 토론회와 연설회를 개최하였다. 러시아의 내정 간섭과 열강의 이권 침탈을 막기 위해 종로 일대에서 일종의 민중 집회인 만민 공동회를 열어 자주 국권 운동을 전개하였다.

⊗ **오답피하기**

① 김원봉은 만주에서 의열단을 조직하여 '매국노 암살, 식민 통치 기관의 파괴' 등을 활동 목표로 삼았다.

③ 김좌진의 북로 군정서군 등 독립군 연합 부대는 일대 반격을 가해 청산리 일대에서 일본군을 크게 무찔렀다.

④ 광복 이후에 미국과 소련은 임시 정부 수립을 논의하기 위해서 2차례에 걸쳐 공동 위원회를 개최하였다.

20 정답 ③

대종교는 단군 신앙을 바탕으로 하여 단군교로 불렸다. 만주 일대에서 크게 유행하였으며, 중광단 등의 무장 단체를 운영하였다.

21 정답 ①

일제는 1904년에 러·일 전쟁을 일으켜 한반도에서 러시아를 몰아내고, 1905년에 대한 제국과 을사늑약을 맺었다. 내정 간섭을 위해 통감부를 설치하고, 대한 제국의 외교 업무를 일본이 대신 맡도록 하여 외교권을 빼앗아 갔다.

⊗ **오답피하기**

② 헌의 6조는 1898년 관민 공동회에서 채택된 합의안이다.

③ 김구과 김규식은 남한 단독 선거를 막기 위해 1948년 봄 북한으로 건너가 김일성 등과 만났다. 이를 남북 협상이라 한다.

④ 일제는 1909년에 중국과 간도 협약을 맺어 간도를 중국에 넘겼다.

22 정답 ③

을사늑약으로 대한 제국은 외교권을 빼앗기고, 통감부의 간섭을 받게 되었다.

⊗ **오답피하기**

① 삼별초는 최우가 설립한 군대로, 대몽 항쟁 과정에서 강화도, 진도, 제주도를 옮겨가며 저항하였다.

② 집현전은 세종 때의 학술 연구 기관이다.

④ 화랑도는 신라 청소년 조직으로, 진흥왕 때 설립되었다.

23 정답 ④

자료에 '을사조약(을사늑약)의 결과'라는 학습 주제가 제시되어 있다. 이어 '통감부 설치, ㉠, 초대 통감으로 이토 히로부미 부임'이라는 내용이 제시되어 있다. 을사늑약 체결이 강요된 것은 1905년 11월의 일이고, 여기서 규정한 통감부가 실제로 설치된 것은 이듬해인 1906년 2월의 일이다. 이토 히로부미가 초대 통감으로 부임한 것은 3월이다(그동안 한국 주차군 사령관 하세가와가 대리). 제2차 한·일 협약이라고 부르는 을사늑약 체결을 일제가 강요한 목적은 대한 제국의 외교권을 빼앗기 위한 것이다(대한 제국의 외교권 박탈).*

* 참고로 1905년 11월에서 1906년 3월 사이에 청국·영국·미국·독일·프랑스·이탈리아 등의 주한 외국 공관이 대한 제국에서 철수해 영사관으로 대체되었다. 뒤이어 일제는 12월 15일자로 한국의 재외 공관마저 폐쇄시켰다. 이로써 모든 외교적 방법이 단절되어 대한 제국은 국제적으로 완전히 고립되었다. 이에 따라 대한 제국의 외교 사무를 담당하였던 외부(外部)는 1906년 1월 17일자로 폐지되고 의정부 외사국(外事局)으로 격하되었다. 또 1905년 12월 20일 통감부 및 이사청관제가 공포되어 주한 일본 공사관은 1906년 1월 31일로 자연히 폐쇄되었다.

⊗ 오답피하기

① (흥선 대원군에 의해 전국 각지에) 척화비가 건립된 것은 1871년(고종 8)의 일이다.
② 조선 통신사가 (일본에 본격적으로) 파견되기 시작한 것은 임진왜란 후인 조선 후기의 일이다.
③ (독립 협회 주도의) 관민 공동회가 개최된 것은 1898년(고종 35) 10월의 일이다(~11월).

24 정답 ④

고종은 을사조약의 부당성을 알리기 위해 1907년 이준, 이상설, 이위종을 특사로 임명해 네덜란드 헤이그에서 열리는 만국 평화 회의에 파견하였다.

⊗ 오답피하기

① 중추원은 고려에서 군사 기밀과 왕명 출납을 담당하던 기구였으며, 개화기에는 독립 협회가 대한 제국과의 협의를 통해 설립하려 했던 의회이다.
② 도병마사는 식목도감과 더불어 고려의 귀족 회의 기구이다.
③ 중서문하성은 고려 최고의 정치 기구로, 조선 의정부처럼 국정을 총괄하였다.

25 정답 ③

고종은 을사늑약의 부당함을 알리기 위해 네덜란드 헤이그에서 열리는 만국 평화 회의에 특사를 파견하여(1907년 4월) 국제 사회에 호소하였다. 그러나 일본은 이 사건을 구실로 고종을 물러나게 하고 순종을 즉위시켰다(1907년 7월).

26 정답 ①

간도는 19세기 이후 조선인들이 이주하여 토지를 개간하고 정착하면서 사실상 우리 민족의 생활 터전이 되었다. 그러나 을사조약으로 대한 제국의 외교권을 빼앗은 일본은 청과 간도 협약을 체결하여 남만주의 철도 부설권을 얻은 대가로 간도를 청의 영토로 인정하였다.

⊗ 오답피하기

② 독도는 러·일 전쟁(1905) 중 일본이 자국의 영토로 강제 편입시켰으나 광복으로 되찾았다.
③ 거문도는 남해의 여수 근처 섬으로, 1885년 영국이 러시아 견제를 내세우며 불법 점령했던 곳이다.
④ 이성계는 1388년 위화도에서 회군한 뒤 우왕을 폐위하고 최영을 제거하며 정치적 실권을 장악하였다.

27 정답 ①

대한 제국은 1900년에 칙령 제41조로 독도가 우리 영토임을 분명히 밝혔다. 그럼에도 불구하고 일본은 러·일 전쟁 중이던 1905년 시마네현 고시를 통해 독도를 일방적으로 편입하였다.

28 정답 ①

개화기 때 일본으로의 곡식 유출로 국내 식량 사정이 악화되자, 지방관들은 방곡령을 선포해 곡식 수출을 일시적으로 제한했다.

⊗ 오답피하기

② 봉사 10조는 고려 무인 최충헌이 왕에게 올린 개혁안이다.

③ 교육 입국 조서는 고종이 2차 갑오개혁 때 발표한 선언문으로, 근대 교육 발전을 표명하였다.

④ 1946년 여운형과 김규식 등의 중도 세력은 통일 정부 수립을 위해 좌우 합작 운동을 시작하였다. 이 과정에서 좌우 합작 7원칙이 발표되었다.

29 정답 ④

㉠은 1907년에 조직된 신민회이다. 인재 양성을 위해 대성 학교와 오산 학교를 설립하였고, 자기 회사와 태극 서관을 운영하여 민족 자본을 육성하였다.

⊗ 오답피하기

① 서희는 거란족을 외교 담판으로 물리치고 강동 6주를 획득하였다.

② 김정호는 우리나라의 산맥, 하천, 도로망 등을 정밀하게 표시한 「대동여지도」를 제작하였다.

③ 노태우 정부 시기에 남북 기본 합의서가 채택되었다.

30 정답 ④

개화기에 설립된 근대적 교육 기관으로는 원산 학사, 육영 공원, 배재 학당, 이화 학당 등이 있다. 이 중 가장 오래된 학교는 원산 학사로, 근대적 교육의 필요성을 절감한 원산 지역 주민들에 의해 설립되었다. 참고로 정부가 설립한 근대 교육 기관은 육영 공원이 대표적이다.

⊗ 오답피하기

① 태학은 고구려 소수림왕 때 수도에 세운 교육 기관이다.

② 국자감은 고려 최고의 교육 기관이다.

③ 성균관은 조선 최고의 교육 기관이다.

31 정답 ③

양기탁과 베델은 대한매일신보를 발행하여 반일 기사를 대거 수록했다. 개화기를 대표하는 신문이다.

⊗ 오답피하기

① 「독사신론」은 신채호의 역사 논문으로, 그는 이 글에서 우리 역사의 정통성과 독자성을 강조하였다.

② 『동경대전』은 동학의 경전으로, 동학의 2대 교주인 최시형이 집필했다.

④ 조선은 왕이 사망하면 실록청을 설치하여, 사관이 왕 생전에 기록한 각종 자료를 기반으로 실록을 편찬하였다.

32 정답 ①

서재필은 갑신정변 직후 미국으로 이주하였고, 10여 년 후에 조선으로 돌아왔다. 그는 민중 계몽을 위해 한글로 된 독립신문을 발행하였다.

⊗ 오답피하기

②, ③ 동아일보와 조선일보는 일제 강점기에 발행되었다.

④ 한성순보는 우리 민족 최초의 근대 신문으로, 정부가 개화 정책을 알리기 위해 박문국을 통해 발행하였다.

33 정답 ②

일제 강점기 때 활동했던 대표적인 역사학자로는 신채호, 박은식, 백남운, 이병도, 손진태 등이 있다. 이 중 신채호는 고대사 연구에 집중했으며, 대한매일신보에 「독사신론」을 연재하여 민족주의 사학의 연구 방향을 제시했다.

34 정답 ②

최제우는 유교, 불교, 도교를 바탕으로 민간 신앙을 융합하여 동학을 창시하였다. 개항 이후 많은 세금과 탐관오리의 수탈, 외국 상인들의 경제 침탈로 백성의 생활이 매우 어려워지자 평등 사상과 외세 배척을 내세우는 동학이 농민들 사이에 널리 퍼졌다.

⊗ 오답피하기

① 도교는 고구려의 사신도, 조선의 소격서 등과 관련 있다.
③ 나철은 단군 숭배를 내세우며 대종교를 창시하였다.
④ 박중빈은 일제 강점기에 원불교를 창시하였다.

03 일제 식민지 지배와 민족 운동의 전개

대표 기출문제 문제 p. 78

01 ④	02 ③	03 ③	04 ①	05 ①
06 ③	07 ①	08 ④	09 ③	10 ①
11 ④	12 ④	13 ③	14 ②	15 ④
16 ④	17 ④	18 ②,③	19 ③	20 ③
21 ④	22 ②	23 ③	24 ①	25 ④
26 ④	27 ④			

01 정답 ④

④ 일제는 1910년대에 헌병을 앞세운 무단 통치를 실시하였다.

⊗ 오답피하기

② 전두환 정부는 삼청 교육대를 조직해 강압적 통치를 실시하였다.
③ 이승만 정부는 대통령의 장기 집권을 위해 2차 개헌인 사사오입 개헌을 단행하여 초대 대통령의 중임 제한을 없앴다.

02 정답 ③

일제는 1910년부터 근대적 토지 소유권을 확립한다는 명분으로 토지 조사 사업을 실시하였다.

⊗ 오답피하기

② 국채 보상 운동은 1907년 대구에서 시작되었다.
④ 물산 장려 운동은 1920년대 초 평양에서 전개되었다.

03 정답 ③

일제는 3·1 운동(1919)을 계기로 우리 민족을 회유하기 위하여 무단 통치에서 이른바 '문화 통치'로 지배 방식을 변경하였다. 그리하여 1920년대에는 민족 운동 세력을 분열시키는 데 힘을 쏟아 친일파를 집중적으로 양성하였다.

① 한·일 협정은 1965년 박정희 정부에서 체결되었다.
② 일제는 1910년 8월에 우리의 주권을 빼앗은 뒤 조선 총독부를 설치하였다.
④ 일제는 1910년대 헌병 경찰 제도를 도입하였다.

04 정답 ①
일제는 1910년 회사령을 제정하여, 한반도에서 회사를 설립할 때는 반드시 총독의 사전 허가를 받도록 하였다. 이는 한국인의 회사 설립을 방해하여 민족 자본이 형성될 기회를 막기 위한 목적에서 제정되었다.

② 균역법은 조선 영조가 군포 부담을 기존 2필에서 1필로 줄여 준 제도이다.
③ 공명첩은 이름이 적혀 있지 않은 관리 임명장으로, 국가에 기부금(곡식 또는 돈)을 내는 사람이 있으면 즉석에서 그의 이름을 써서 관직을 내렸다. 왜란으로 국가 재정이 어려워지자 공명첩을 대량으로 팔았고, 이는 양반 수가 급증하는 이유가 되었다.

05 정답 ①
① 영정법은 인조가 조세를 1결당 4두로 고정시킨 제도이다.

② 일제는 1930년대 한반도의 남부 지방에서 면화를 재배하고, 북부 지방에서 양을 키워 양모를 획득하는 남면북양 정책을 추진하였다.
③ 일제는 자국의 식량이 부족하자, 한반도에서 쌀 생산을 늘려 일본으로 가져가는 산미 증식 계획을 추진하였다.
④ 일제는 조세 징수를 늘리고 토지를 약탈하기 위해 1910년대에 토지 조사 사업을 실시하였다.

06 정답 ③
일제의 통치 방식은 1910년대의 무단 통치, 1920년대의 문화 통치(민족 분열 통치), 1930년대의 민족 말살 통치 순으로 전환되었다.

① 흥선 대원군은 기존에 평민에게만 징수하던 군포를 양반에까지 확대시켰다(호포제).
④ 전두환 정권은 대통령 직선제를 요구하는 시민의 목소리를 무시하고, 기존 헌법을 개정하지 않겠다는 의지를 담아 4·13 호헌 조치를 발표하였다. 이에 분노한 시민들은 1876년 6월에 전국적인 민주화 운동에 참여하였다(6월 민주 항쟁).

07 정답 ①
일제는 중·일 전쟁을 일으킨 직후인 1938년에 국가 총동원법을 제정하여 본격적으로 인력과 물자를 수탈하였다. 공출이라는 이름으로 군량미를 마련하기 위해 쌀을 거두어 가고, 무기를 만들기 위해 절이나 교회의 종, 가정의 놋그릇과 숟가락까지 빼앗아 갔다.

② 만적은 최충헌의 사노비로, 신분 해방을 시도하다 체포되었다.
③ 조선은 1876년에 일본과 강화도 조약을 맺고 3곳의 항구를 개방하였다.
④ 흥선 대원군은 병인양요와 신미양요를 거친 후에 전국 곳곳에 척화비를 건립하였다.

08 정답 ④
일제는 조선의 남성을 징병과 징용의 이름으로 끌고 갔으며, 조선의 여성을 근로 정신대와 군 위안부 등으로 강제 동원했다.

① 1908년에 고종이 강제 퇴위되고, 한·일 신협약으로 군대마저 해산당하자 정미의병이 봉기하였

다. 해산된 군인의 합류로 전투력이 더 강해졌다.
② 김영삼 정부는 금융의 투명성을 높이기 위해 금융 거래 시에 반드시 실명을 사용하도록 '금융 실명제'를 시행하였다.
③ 노태우 정부 시기인 1988년에 서울 올림픽이 열렸다.

09 정답 ③
이화 학당의 학생 유관순은 3·1 운동이 일어나자 고향인 천안으로 내려가 만세 시위 운동을 이끌었다.

(⊗ 오답피하기)
① 김흠돌은 통일신라 신문왕의 왕권 강화에 반발하여 군사를 일으켰으나 패하였다.
② 나운규는 1920년대에 영화 '아리랑'을 제작했다.
④ 윤원형은 조선의 외척으로, 명종 때 또 다른 외척 윤임과 대립하며 을사사화를 유발했다.

10 정답 ①
3·1 운동은 일제 강점기에 일어난 독립운동 가운데 가장 많은 사람이 참여하였다.

(⊗ 오답피하기)
② 1948년 5·10 총선거를 앞두고 제주도에서는 남한 단독 선거에 반대하는 좌익 세력이 봉기를 일으켰다. 이를 진압하는 과정에서 좌익뿐만 아니라 무고한 민간인 수만여 명이 죽거나 실종되었다. 이를 제주 4·3 사건이라 부른다.
④ 박정희 정부의 마지막 해인 1979년에 부산과 마산에서 반정부 시위가 일어났다(부·마 민주 항쟁). 시위 진압 방식을 둘러싼 정권 내부의 의견 충돌로 박정희 대통령이 암살되었다. YH 무역 사건과 더불어 유신 체제 붕괴에 결정적인 계기가 된 사건이다.

11 정답 ④
3·1 운동은 일제가 식민지 통치 방식을 무단 통치에서 문화 통치로 바꾸는 계기가 되었으며, 체계적이고 조직적인 독립운동을 위한 임시 정부 수립에 영향을 미쳤다.

(⊗ 오답피하기)
① 단발령은 1895년 을미개혁 때 추진되었다.
② 1897년부터 광무개혁을 진행하였다.
③ 서재필을 비롯한 개화파 지식인들은 1896년 '독립신문'을 창간하고 이어 독립 협회를 설립했다.

12 정답 ④
'3·1 운동 이후 여러 지역의 독립운동 단체가 통합되어 수립', '삼권 분립에 기초한 민주 공화제를 채택', '연통제와 교통국을 조직하여 독립운동을 전개'는 모두 1919년 9월 통합된 대한민국 임시 정부에 대한 것임을 알 수 있다.

(⊗ 오답피하기)
① 집강소는 동학 농민 운동 때 농민군이 호남 지방의 각 군현에 설치하였던 농민 자치 기구이다.
② 독립 협회가 설립된 것은 1896년이다. 서재필, 이상재, 윤치호 등이 우리나라의 자주독립과 내정 개혁을 위하여 조직하였다.
③ 조선어 연구회는 조선어 학회의 전신으로, 국어를 연구하고 보급·선전할 목적으로 조직된 학술 단체이다(1921).

13 정답 ③
자료에 생몰 연도가 1868년에서 1943년이고, 대한 독립군 총사령관으로 봉오동 전투(1920)를 승리로 이끌었다는 내용이 나와 있다. 이어 '중앙아시아로 강제 이주되어 사망하였다'는 내용이 나와 있다. 이를 통해 홍범도에 대한 것임을 알 수 있다.

① 김구(1876~1949)는 대한민국 임시 정부의 주석으로, 독립운동가이다.
② 김옥균(1851~1894)은 급진 개화파의 리더로, 갑신정변을 일으킨 주역이다.
④ 서재필(1864~1951)은 급진 개화파의 일원으로, 독립 협회를 세우고 독립신문을 창간하였다. 미국 시민권을 획득하였고, 의사로 활약하였다.

14 정답 ②

1920년은 봉오동 전투와 청산리 대첩이 있었던 해이다. 봉오동 전투에서 패한 일본군은 독립군을 추격하기 위해 2만여 명의 군인을 투입하였다. 하지만 김좌진이 이끄는 북로 군정서와 홍범도가 이끄는 대한 독립군 등은 백두산 인근의 청산리에서 싸워 대승을 거두었다.

④ 동학 농민군은 황토현 전투와 황룡촌 전투에서 정부군을 격파하고 전주성을 함락하였다.

15 정답 ④

④ 공민왕은 원나라가 100여 년 동안 장악하고 있던 철령 이북의 땅을 수복하기 위해 쌍성총관부를 공격하였다.

① 의열단은 만주에서 조직되어, 국내와 해외에서 다양한 의거 활동을 전개하였다.
② 김익상은 조선 총독부에, 김상옥은 종로 경찰서에 폭탄을 투척하였다.
③ 신채호는 「조선 혁명 선언」에서 폭력과 민중 혁명으로만 일제를 몰아낼 수 있다고 주장하며, 의열단의 활동을 뒷받침하였다.

16 정답 ④

김구는 대한민국 임시 정부에 활기를 불어넣고자 1931년 한인 애국단을 조직하였다.

① 근우회는 1927년 신간회 창설과 더불어 설립되었다.
② 신민회는 1907년에 비밀 결사의 형식으로 탄생하였다.
③ 조선 형평사는 1924년 백정들이 형평 운동을 전개하면서 결성되었다.

17 정답 ④

④ 1940년대에 중국에서 활동한 대표적인 독립군으로는 임시 정부의 한국광복군과 조선 독립 동맹의 조선 의용군이 있다.
한국광복군에서는 지청천, 이범석, 김원봉 등이 활약하였다.

① 별무반은 여진족 토벌을 위해 고려 중기 때 조직된 특수군이다.
② 삼별초는 최우가 조직한 특수군으로, 대몽 항쟁 때 활약하였다.
③ 장용영은 정조 때 조직된 중앙군이다.

18 정답 ②, ③

② 청산리 대첩은 한국광복군이 창설되기 전인 1920년에 일어났다.
③ 선전 포고의 주체는 기본적으로 군대가 아니고 국가·정부이며, 한국광복군이 전쟁을 담당하고 있었지만 문서상 선전 포고의 주체는 대한민국 임시 정부이기 때문에 ③도 옳지 않다.

대한민국 임시 정부는 1940년에 충칭에 도착한 후 한국광복군을 창설하였다. 1943년에는 영국과 함께 인도–미얀마 전선에 참전하였다. 1945년 미국과 국내 진공 작전을 준비하였으나, 일본의 갑작스러운 패망으로 실행하지는 못했다.

19 정답 ③

일제는 1930년대부터 민족 말살 통치를 시행하였다. 일본식 이름 강요, 황국 신민 서사 암송 강요, 신사 참배 강요 등을 통해 한국인의 정체성을 말살하고 한국인을 전쟁에 동원하고자 하였다.

① 골품제는 신라 시대의 신분 제도로 혈통의 높고 낮음에 따라 신분을 구분한 제도이다.
② 이승만 정부는 초대 대통령의 임기 제한을 없애는 내용을 주요 내용으로 하는 2차 개헌을 추진하였다. 이 과정에서 소숫점을 반올림하여 개헌안을 통과시켰기 때문에 사사오입 개헌이라 부른다.
④ 고려 태조는 대호족을 사심관으로 임명하여 중소 호족을 통제하는 사심관 제도를 운영하였다.

20 정답 ③

1920년대 초 물산 장려 운동이 일어나 국산품 애용을 호소하였다. '조선 사람 조선 것', '우리가 만든 것, 우리가 입고 쓰자'라는 구호를 내세웠다.

① 박정희는 5·16 군사 정변 직후 경제 건설과 반공을 최우선 과제로 내세웠다. 이로 인해 1960년대에는 선 건설, 후 통일이 기본적인 통일 원칙이었다.
④ 전태일은 노동 여건 개선을 요구하며 노동 운동을 전개하였다. 당시 우리나라는 수출 지향 경제 정책을 추진하였기 때문에 노동자의 저임금과 장시간 노동이 만연하였다. 이러한 상황을 개선하기 위해 박정희 대통령에게 편지를 보냈고, 근로 기준법 준수를 외치며 분신 자살하였다.

21 정답 ④

1920년대에는 소작 쟁의와 노동 운동이 활발하게 일어났다. 소작 쟁의는 소작인(농민)들이 과도한 소작료 부담을 낮춰 줄 것, 소작권의 잦은 이동 반대 등을 요구하며 지주를 상대로 전개하였다. 대표적인 사례로는 1923년에 일어난 암태도 소작 쟁의가 있다.

① 박정희 정부가 일본과 국교 수교를 시도하자, 이를 반대하는 대학생이 중심이 되어 6·3 시위가 전개되었다.
② 이자겸은 고려 중기 때의 대표적인 문벌 귀족으로, 왕과 갈등을 빚자 반란을 일으켰다. 이 사건은 문벌 귀족 사회가 동요하는 계기가 되었다.
③ 강조는 고려의 무장으로, 목종을 폐위하고 현종을 옹립하였다. 이를 강조의 정변이라 한다. 한편 거란은 이 사건을 계기로 고려를 침입한다 (고려–거란 2차 전쟁).

22 정답 ②

1894년 갑오개혁 때 신분제가 폐지되었으나, 일상 생활에서의 차별은 완전히 사라지지 않았다. 특히 백정 출신에 대한 차별은 오래 지속되어, 1920년대에 형평 운동을 야기시켰다.

① 병인박해는 흥선 대원군이 1866년에 천주교 신자와 프랑스 신부를 처형한 사건을 말한다. 천주교 박해 중 가장 희생자가 많았다.
③ 영국은 러시아의 남하를 견제한다는 명목을 내세워 1885~1887년 동안 남해에 있는 거문도를 불법 점령하였다.

④ 묘청과 정지상 등은 개경 중심의 체제에 반대하여 서경으로의 천도를 시도했다. 하지만 김부식 일파의 반대로 실패하였다.

23 정답 ③

③ 방정환은 어린이를 우리 민족의 미래로 보고 아동 운동을 전개하여 어린이날을 제정하였다.

(⊗) **오답피하기**

① 현량과는 조선 중종 때 조광조의 건의로 실시된 관리 추천제이다.
② 고려 중기 때 김부식은 『삼국사기』를 저술하였다. 이 책은 현존하는 우리나라 역사서 중 가장 오래되었다.
④ 안중근에 해당한다.

24 정답 ①

일제는 1920년대에 자치 운동을 지원하여 민족 운동을 분열시키는 한편, 치안 유지법을 시행하여 사회주의 세력을 탄압하였다. 이에 비타협적 민족주의자들과 사회주의자들이 협동하여 1927년에 신간회를 창립하였다.

(⊗) **오답피하기**

② 북로 군정서는 대종교 세력이 북간도 지역에서 결성한 독립군 부대로, 청산리 대첩을 승리로 이끌었다.
③ 조선어 학회는 1931년에 우리말과 글을 연구하기 위해 조직되었다. 『우리말 큰 사전』을 편찬하는 과정에서 일제가 일으킨 조선어 학회 사건으로 해산되었다.
④ 임시 정부는 미국에 구미 위원부를 설치하여 외교 활동을 전개하였다.

25 정답 ④

신채호와 박은식은 일제 강점기에 활동한 역사학자이다. 이들은 우리 역사가 독자적이고 자주적으로 발전하였음

을 강조하는 민족주의 사학을 발전시켰다.

(⊗) **오답피하기**

① 허준은 『동의보감』을 편찬하였다.
② 구식 군인은 별기군과의 차별에 항의하며 임오군란을 일으켰다.
③ 의천은 교종을 중심으로 선종을 통합하여 해동 천태종을 창시하였다.

26 정답 ④

④ 조선어 학회는 일제의 우리 말 탄압에 맞서 한글 수호 운동을 전개하였다. 하지만 1942년 일제의 탄압으로 조직이 와해되어, 당시 준비 중이던 '우리말 큰 사전'은 제작이 중단되었다.

(⊗) **오답피하기**

① 황국 협회는 보부상이 만든 단체로, 독립 협회와 갈등을 빚었다.
② 대한민국 임시 정부는 1940년 중국 충칭에서 한국광복군을 창설하였다.
③ 김구는 1931년 한인 애국단을 조직하여, 이봉창과 윤봉길의 의거를 지휘했다.

27 정답 ④

2차 대전 막바지였던 1943년에 카이로에서 강대국 정상들이 모여 회담을 개최했다. 그곳에서 한반도의 독립을 보장하자는 내용이 최초로 합의되었다. 이를 '카이로 회담'이라고 한다.

(⊗) **오답피하기**

① 팔관회는 국가의 안녕을 기원하며 토속신에게 제사를 올린 행사이다.
③ 독립 협회는 1898년에 만민 공동회와 관민 공동회를 개최하였다.

04 대한민국의 발전

문제 p. 101

대표 기출문제

01 ④	02 ④	03 ①	04 ②	05 ④
06 ④	07 ④	08 ④	09 ①	10 ①
11 ③	12 ①	13 ①	14 ④	15 ②
16 ②	17 ②	18 ②	19 ④	20 ④
21 ④	22 ④	23 ②	24 ②	25 ①
26 ②	27 ②	28 ③	29 ①	30 ④
31 ④				

01 정답 ④

④ 1945년 겨울에 모스크바에서 미국, 영국, 소련의 대표가 모여 한반도 문제를 논의하였다. 여기에서 '미·소 공동 위원회 설치, 신탁 통치 실시' 등이 합의되었다.

⊗ **오답피하기**

① 신민회는 1907년에 조직된 비밀 결사 단체로, 안창호, 양기탁 등이 주도하였다.

② 신라 화백 회의는 고구려 제가 회의, 백제 정사암 회의와 더불어 삼국 시대의 귀족 회의이다.

③ 조선 물산 장려회는 1920년대 초에 물산 장려 운동을 이끈 단체로, 일본 상품 유입에 대응하여 국산품 애용 운동을 전개하였다.

02 정답 ④

광복 직후 미국, 영국, 소련은 모스크바 3국 외상 회의를 열어 한반도 문제를 논의하였다. 여기서 '임시 정부 수립, 정부 수립을 위한 미·소 공동 위원회 설치, 최대 5년의 신탁 통치'가 결정되었다. 이후 미국과 소련은 2차례에 걸쳐 공동 위원회를 개최했으나 의견차로 결렬되었다.

⊗ **오답피하기**

③ 국민 대표 회의는 임시 정부의 활동 방향과 재정비를 논의하기 위해 1923년에 열렸다.

03 정답 ①

5·10 총선거가 남한 단독 선거로 한정되자, 김구와 김규식은 통일 국가 수립을 논의하기 위해 북한에 다녀왔다. 이를 남북 협상이라 한다.

⊗ **오답피하기**

② 고종은 을미사변으로 명성 황후가 시해당하자 이듬해인 1896년에 러시아 공사관으로 거처를 옮겼다. 이를 아관 파천이라 한다.

③ 동학 농민군은 일본군 타도를 시도했으나, 우금치 전투에서 일본군과 관군에 패했다. 얼마 지나지 않아 전봉준까지 체포되자 동학 농민 운동은 중단되었다.

④ 공민왕은 쌍성총관부를 폐지하여 원이 오랫동안 점령하고 있던 철령 이북의 땅을 되찾았다.

04 정답 ②

1948년 5월 10일에 치러진 총선거를 통해 제1대 국회 의원이 선출되었다. 이들이 헌법을 제정했다는 의미에서 이때의 국회를 '제헌 국회'라고 부른다. 7월 17일에 헌법을 발표하였으며, 8월 15일에는 대한민국 정부가 출범하였다.

⊗ **오답피하기**

④ 2000년에 김대중 대통령은 북한을 방문하여 최초의 남북 정상 회담을 성사시켰다. 회담 결과를 6·15 남북 공동 선언에 담아 발표하였다.

05 정답 ④

1948년에서 1950년까지 활동한 제헌 국회는 친일파 청산과 농지 개혁을 위한 관련 법을 제정하였다. 전자가 「반민족 행위 처벌법」으로, 이를 집행하기 위해 반민족 행위 특별 조사 위원회(반민 특위)를 운영했다.

⊗ **오답피하기**

① 정당성은 발해 최고 정치 기구로, 수상인 대내상이 이끌었다.

② 식목도감은 도병마사와 더불어 고려의 귀족 회의 기구이다.
③ 광복 직후 여운형 등은 국내 치안 안정과 국가 수립을 위한 준비 작업을 위해 건국 준비 위원회를 조직했다.

06 정답 ④

1948년에서 1950년까지 활동한 제헌 국회는 친일파 청산과 농지 개혁을 위한 관련 법을 제정하였다. 전자가 「반민족 행위 처벌법」이고, 후자가 「농지 개혁법」이다.

⊗ 오답피하기

① 시무 28조는 고려 초기의 정치인 최승로가 성종에게 올린 개혁안이다.
② 일제는 1925년에 만주 군벌과 미쓰야 협정을 맺었다. 만주 군벌이 한국 독립군을 체포해 일제에 넘길 경우 일정 금액을 지급하기로 약속하였다. 이로 인해 만주에서 독립군 활동이 위기를 맞았다.
③ 노태우 정부는 1991년에 북한과 남북 기본 합의서에 합의하였다. 상호 체제 인정, 상호 불가침 등을 주요 내용으로 한다.

07 정답 ④

6 · 25 전쟁은 북한의 남침으로 시작되어 전쟁 초반에 대한민국은 부산 일대까지 후퇴하는 위기를 겪었다. 하지만 국군과 유엔군의 인천 상륙 작전 성공으로 반격의 기회를 얻었다.

⊗ 오답피하기

① 1920년 청산리 대첩에서 대승을 거둔 독립군은 간도 참변과 자유시 참변으로 큰 피해를 입었다.
③ 별기군은 강화도 조약 이후 설립한 근대적 군대이다. 이들의 등장으로 기존 군인에 대한 처우가 열악해지자 임오군란이 일어났다.

08 정답 ④

6 · 25 전쟁 초반의 참패로 대한민국은 낙동강 전선까지 밀려났다. 하지만 국군과 유엔군이 인천 상륙 작전을 성공하면서 서울을 수복하며 전세를 역전하였다.

⊗ 오답피하기

① 통일신라의 신문왕은 관료전을 지급하고 녹읍을 폐지하는 경제 개혁을 추진하였다.
② 왕건은 고려를 건국하고 후삼국을 통일하였다.
③ 만주에서 활동하던 독립군은 간도 참변 직후에 자유시로 이동했으나, 그곳에서 러시아(소련)와의 갈등으로 다수의 사망자와 실종자가 발생했다. 이를 자유시 참변이라 한다.

09 정답 ①

① 제시문은 6 · 25 전쟁에 관한 것인 반면에, 강화도 조약은 1876년에 일본과의 사이에 체결된 개항 조약이다.

10 정답 ①

이승만 정부가 부통령 후보자 이기붕의 당선을 위해 선거에 개입했다. 이를 3 · 15 부정 선거라고 한다. 이에 전국에서 학생과 시민들이 이승만 정부 퇴진을 요구하며 4 · 19 혁명에 참여하였다.

⊗ 오답피하기

② 1948년 5 · 10 총선거가 남한 단독 시행으로 결정되자, 제주도에 있던 좌익 세력들이 단독 선거 반대를 주장하며 봉기하였다. 이들을 진압하는 과정에서 다수의 민간인 피해자가 발생하였는데, 이를 제주 4 · 3 사건이라 부른다.
③ 12 · 12 사태란 전두환과 신군부가 군사력을 동원해 정권을 장악한 사건을 말한다.
④ 12 · 12 사태 이후 계엄령이 확산되자 광주 시민들은 '계엄 철폐와 신군부 퇴진'을 요구하며 5 · 18 민주화 운동을 일으켰다.

11 정답 ③

③ 이승만 정부의 독재가 장기화되고, 제4대 대통령과 부통령 선거(3·15 부정 선거)에서 심각한 부정이 자행되자 학생과 시민들은 이승만 대통령의 퇴진을 요구하며 4·19 혁명을 일으켰다.

⊗ 오답피하기

① 브나로드 운동은 1931년에 동아일보에서 추진한 문맹 퇴치 운동이다.
② 일제는 농촌 사회의 불만과 불안정을 해소하기 위해 1930년대에 농촌 진흥 운동을 일으켰다. 농촌의 가난을 일제 탓이 아니라 농민의 게으름과 무지 탓으로 돌렸다.
④ 1920년대 독립운동이 민족주의 계열과 사회주의 계열로 분화되자 이를 극복하고자 민족 유일당 운동이 추진되었다. 그 결과 1927년에 신간회가 조직되었다.

12 정답 ①

4·19 혁명 이후 헌법이 개정되어 내각 책임제가 수립되었다. 이에 따라 윤보선 대통령과 장면 총리가 이끄는 민주당 정부가 출범하였다.

13 정답 ①

① 이승만 정부는 6·25 전쟁 이후 미국으로부터 밀, 원당, 목화를 원조받았다. 이를 가공하는 과정에서 삼백 산업이 발달하였다.

14 정답 ④

박정희 정부는 1962년부터 경제 개발 5개년 계획을 추진했으며, 1970년에는 서울과 부산을 연결하는 경부 고속 국도를 건설하였다.

⊗ 오답피하기

① 원산 지역 노동자들은 1929년 총파업을 전개하며, 임금 차별과 장시간 노동 등에 항의하였다.
② 상평창은 고려와 조선의 물가 관리 기구이다.

③ 당백전은 흥선 대원군이 발행한 고액 화폐로, 경복궁 중건에 필요한 자금을 마련하기 위해 주조했다.

15 정답 ②

박정희 정부는 1962년부터 5년 단위로 경제 개발 계획을 추진하며 경제 성장을 이끌었다. 하지만 저임금 정책으로 인해 노동자의 삶은 쉽게 나아지지 않았다. 이로 인해 「근로기준법」 준수를 요구했던 전태일 사건과 회사의 폐업에 항의하던 YH 무역 사건 등의 노동 문제가 발생하였다.

16 정답 ②

박정희 정부는 경제 개발에 필요한 자금 마련을 위해 일본과 국교를 재개하고, 미국을 지원하기 위해 베트남에 병력을 파견하였다. 1960년대의 빠른 경제 성장을 바탕으로 대통령의 3선 집권에 성공하였다. 이에 만족하지 않고 1972년에는 유신 헌법을 제정하여 장기 집권을 시도하였다.

⊗ 오답피하기

ㄴ. 동학 농민군과 조선 정부는 청군과 일본군의 파병에 충격을 받아 전주 화약을 체결하고 군사 충돌을 중단하였다. 하지만 일본군이 철수를 거부하고 경복궁을 침입하자, 같은 해 가을에 동학 농민군은 2차 봉기를 일으켰다.
ㄹ. 서울 올림픽은 노태우 정부 시기인 1988년에 개최되었다.

17 정답 ②

② 박정희 정부는 1972년 10월에 국회를 해산하고 유신 헌법을 제정하였다.

⊗ 오답피하기

① 고종은 강화도 조약 체결 직후에 통리기무아문을 조직하여 개화를 총괄하게 하였다. 통리기무아문은 별기군이라는 신식 군대를 조직하였다.

③ 독서삼품과는 통일 신라 원성왕 때 실시된 관리
선발 방법으로, 국학 학생을 대상으로 유학 능
력을 평가하였다.
④ 2002년에 한·일 월드컵 대회가 개최되었다.

18 정답 ②

제시문의 전태일은 노동 여건 개선을 요구하며 노동 운
동을 전개하였다. 당시 우리나라는 수출 지향 경제 정
책을 추진하였기 때문에 노동자의 저임금과 장시간 노동
이 만연하였다. 이러한 상황을 개선하기 위해 박정희 대
통령에게 편지를 보냈고, 「근로기준법」 준수를 외치며
분신 자살하였다.

⊗ 오답피하기

① 신탁 통치안은 1945년에 개최된 모스크바 3국 외
상 회의에서 제기되었다. 국내에 이 소식이 알려
지자 전국적인 반탁 운동이 전개되었다.
③ 조선 시대 효종은 병자호란의 치욕을 되갚아 주
자며 북벌을 준비하였다.
④ 동학 교도들은 1890년대 초반에 교조 신원 운동(최
제우의 억울함을 밝혀 달라고 주장함)을 일으켰다.

19 정답 ④

박정희 정부는 1972년에 '7·4 남북 공동 성명'을 발표
하였다. 이는 북한과 최초로 합의한 통일 원칙이다.

⊗ 오답피하기

① 고려 성종 때 최승로는 '시무 28조'의 개혁안을 건
의하였다.
② 동학 농민군은 정부와 전주 화약에 합의한 후, 전
라도 일대에 집강소를 설치하여 자체 개혁을 실
시하였다.
③ 전두환 정부는 시민들이 대통령 직선제로의 개헌
을 요구하자, 헌법 개정을 반대한다는 입장을 분명
히 하였다. 이를 '4·13 호헌 조치'라 부른다. 이에
전국적인 시민 운동인 '6월 민주 항쟁'이 일어났다.

20 정답 ④

전두환과 신군부는 박정희 대통령이 피살(10·26 사
태)되자 같은 해 12월 군사 반란을 일으켰다(12·12 군
사 반란).

⊗ 오답피하기

① 3포 왜란은 조선 중종 때 3포에 머물던 왜인들
이 일으킨 소요 사태로, 이 사건을 계기로 비변
사가 설립되었다.
② 영국은 러시아 견제를 위해 1885년 거문도를 불
법으로 점령하였다.
③ 1862년 진주를 시작으로 전국에서 삼정의 문란
에 저항하여 봉기하였다.

21 정답 ④

1980년 5월 18일부터 27일까지 광주를 중심으로 신군
부의 부당한 독재에 항거해 5·18 민주화 운동이 일어
났다. 당시의 사진, 기록과 증언, 국가의 피해자 보상
자료 등은 유네스코 세계 기록 유산으로 지정되었다.

22 정답 ④

전두환의 신군부가 쿠데타를 일으키고 비상계엄을 전국
으로 확대하자 광주 시민들은 이들에 맞서 5·18 민주화
운동을 일으켰다.

⊗ 오답피하기

① 흥선 대원군은 병인년에 천주교도들을 박해하였
다. 이 사건이 빌미가 되어 병인양요가 일어났다.
② 박정희 정부 말기에 회사의 불법 폐업에 항의하
는 과정에서 노동자 한 명이 사망한 사건을 YH
무역 사건이란 한다. 이 사건은 당시 야당 총재였
던 김영삼 의원의 제명으로 이어졌고, 부산과 마
산에서는 정부에 반대하는 시위가 일어났다.
③ 동학 교도들은 최제우의 억울함을 풀어 달라는
교조 신원 운동을 1890년대 초반에 일으켰다.

23 정답 ②

② 1987년에 일어난 6월 민주 항쟁은 대통령 직선제를 요구한 시민들이 주도하였다.

⊗ 오답피하기

① 3·1 운동은 고종의 서거, 민족자결주의의 유행, 2·8 독립 선언 등에 영향을 받아 일어났다.
③ 국채 보상 운동은 1908년에 일제의 경제 침탈에 반발하여 일어났다. 갑자기 증가한 국가의 빚을 시민들이 대신 갚아 주자는 운동이다.
④ 금 모으기 운동은 1997년에 발생한 외환 위기를 극복하는 과정에서 일어났다.

24 정답 ④

1987년은 전두환 정부의 마지막 해로, 시민들은 대통령 직선제로의 개헌을 강력히 요구했다. 이 과정에서 박종철, 이한열 등이 사망했고, 그해 6월 전국적인 민주화 운동이 일어났다. 이를 6월 민주 항쟁이라 부른다.

⊗ 오답피하기

① 집강소는 동학 농민군이 설립한 자치 개혁 기구이다.
② 유엔과 북한, 중국은 1953년에 6·25 전쟁을 중단하며 정전 협정을 체결했다.
③ 고려 광종은 호족의 경제력을 약화시키기 위해 그들이 보유하고 있던 노비를 조사하여 억울함이 있는 경우 양인으로 풀어줬다.

25 정답 ①

김영삼 정부는 외화 부족으로 경제 위기가 도래하자 1997년에 국제 통화 기금(IMF)에 긴급 자금을 요청했다. 이후 국제 통화 기금이 제시한 각종 요구에 맞춰 경제를 개방하고, 강력한 구조 조정을 실시하여 외환 위기를 극복했다.

⊗ 오답피하기

② 박정희 정부는 미군을 지원하기 위해 1960년대 중반부터 베트남에 우리 군을 파병했다.

③ 1929년 원산 지역 노동자들은 '조선인 노동자 차별 반대, 8시간 노동제' 등을 요구하며 파업했다.
④ 1909년 13도 창의군은 서울 수복을 위해 서울 진공 작전을 전개하였으나, 일본군의 반격으로 실패했다.

26 정답 ②

외환 위기가 발생하자, 우리 정부는 IMF로부터 긴급 자금을 빌렸다. 국민들은 빠른 경제 회복을 위해 적극적으로 금 모으기 운동에 참여하였고, 정부와 기업, 노동자는 강력한 구조 조정으로 기업 경쟁력을 강화하였다.

⊗ 오답피하기

① 형평 운동은 백정 출신들이 사회적 차별 폐지를 요구하며 일으킨 평등 운동으로, 1920년대 초 진주에서 일어났다.
③ 동학 교도들은 교조 최제우의 억울함을 밝혀 달라고 요구하며 1892년에 교조 신원 운동을 일으켰다. 이후 동학은 교세를 확장하여 동학 농민 운동을 이끌었다.
④ 문자 보급 운동은 1920년대 말 조선일보가 주도한 문맹 퇴치 운동이다.

27 정답 ②

김대중 정부는 최초로 남북 정상 회담을 개최하고, 그 성과를 담아 6·15 남북 공동 선언을 발표하였다.

28 정답 ③

2000년에 제1차 남북 정상 회담이 열렸고, 회담 결과 경제 협력 강화를 약속한 6·15 남북 공동 선언이 발표되었다.

⊗ 오답피하기

① 홍범 14조는 갑오개혁의 성과를 담은 개혁안이다.
② 고종은 신식 교육의 중요성을 강조한 교육입국

조서를 1895년에 발표하였다. 이후 많은 소학교
가 건립되었다.
④ 청은 임오군란을 진압한 후에 조선 정부를 압박
하여 조·청 상민 수륙 무역 장정을 체결하였다.
이로써 청 상인들은 한성과 내륙에 진출할 수 있
게 되었다.

29 정답 ①

자료에 주제로 '통일을 위한 남과 북의 협력 과정'이 나와
있고, 조사할 내용으로 '남북 기본 합의서, ㉠'이 나와 있
다. 이를 통해 제시된 ㉠은 남북 기본 합의서와 같이 통
일을 위해 남과 북이 '협력'한 내용이 제시되어야 함을 알
수 있다. 남북 기본 합의서는 노태우 정부 시기인 1991년
12월에 나왔다.
① 방곡령이 발포된 것은 19세기 후반 고종 때의 일이다.

> **오답피하기**
> ② 금강산 관광 사업이 시작된 것은 김대중 정부 시
> 기의 일이다(1998).
> ③ 남북한 UN 동시 가입은 같은 노태우 정부 시기
> 인 1991년 9월에 있었던 일이다.
> ④ 6·15 남북 공동 선언이 있었던 것은 김대중 정
> 부 시기의 일이다(2000).

30 정답 ④

④ 노태우 정부 시기에 전 세계적으로 공산권 국가가 붕괴
되고 냉전 체제가 종식되었다. 이러한 국제 정세에 힘
입어 남북 관계에서 다양한 합의가 이뤄졌다. 1991년
남북이 동시에 유엔에 가입하였으며, 상호 체제 인정
과 불가침을 약속한 남북 기본 합의서가 채택되었다.

> **오답피하기**
> ① 최충헌은 교정도감을 설치해 국정을 장악하였다.
> ② 조선은 관수관급제를 실시해 관리가 백성으로부
> 터 직접 조세를 걷는 것을 금지시켰다.
> ③ 노무현 정부 시기 남북은 개성 공단을 건설하여
> 남북 간 경제 협력을 강화하였다.

31 정답 ④

김대중 정부는 대북 화해 협력 정책(햇볕 정책)을 추진하
였다. 2000년에는 김대중 대통령이 평양을 방문하여 김
정일 국방위원장과 남북 정상 회담을 갖고 6·15 남북
공동 선언을 발표하였다.

> **오답피하기**
> ① 5·10 총선거는 1948년에 시행된 최초의 민주 선
> 거이다.
> ② 일제는 1938년 국가 총동원법을 제정하여 전쟁에
> 필요한 인적·물적 자원을 수탈하였다.
> ③ 1972년(박정희 정부)에는 남북한이 최초로 통일
> 원칙에 합의하여 7·4 남북 공동 성명을 발표하
> 였다.

EBS 교육방송교재

고졸 검정고시

핵심 총정리

검정고시 합격을 위한 최적의 교재!

고졸 검정고시

한권으로 합격하기!

핵심 총정리
도덕

구성 및 출제 경향 분석

1 구성

2 출제경향 분석

- 현대의 삶과 실천 윤리
- 생명과 윤리
- 사회와 윤리
- 과학과 윤리
- 문화와 윤리
- 평화와 공존의 윤리

도덕 출제 경향

고졸 검정고시 도덕은 문제 난이도가 어렵지 않게 유지가 되고 있지만 최근 새로운 유형의 문제가 출제되는 경향이 있어 꼼꼼한 준비가 필요합니다. 각 단원별 핵심 개념, 주요 사상가의 주장에 대한 구분에 대한 평가 문제가 출제되고 있습니다. 단원별 영역에서는 1. 현대의 삶과 실천 윤리 단원은 모든 단원에서 필요한 기본적인 개념들을 학습하는 단원이기 때문에 가장 많은 시간을 투자해서 학습해야 합니다. 그리고 4. 과학과 윤리 단원은 과학 기술의 가치 중립성에 대해 묻는 문제의 오답율이 높기 때문에 정확하게 개념을 이해해야 합니다. 모든 단원에서 비슷한 출제 비중으로 문제가 출제되고 있으니 핵심 개념과 기출 키워드를 중심으로 학습하는 것이 가장 효율적으로 시험에 대비할 수 있습니다.

기출 분석에 따른 학습 포인트

❶ 현대의 삶과 실천 윤리

동양 윤리, 의무론, 공리주의, 덕 윤리, 배려 윤리, 실천 윤리학, 윤리적 성찰 등의 주제가 출제되었다.

❷ 생명과 윤리

인공 임신 중절의 윤리적 쟁점, 안락사에 대한 찬반 입장, 동물 실험에 대한 찬반 입장, 동물의 권리를 인정하는 입장, 가족 윤리 등의 주제가 출제되었다.

❸ 사회와 윤리

부패, 전문직과 공직자의 윤리, 청렴 의식, 니부어의 사회 윤리, 롤스와 노직의 분배적 정의, 국가의 역할, 시민 불복종의 정당화 조건 등의 주제가 출제되었다.

❹ 과학과 윤리

과학 기술의 혜택과 문제점, 요나스의 책임 윤리, 정보 기술의 발달에 따른 윤리적 문제, 자연을 바라보는 동서양의 관점, 과학 기술자의 윤리적 책임 등의 주제가 출제되었다.

❺ 문화와 윤리

예술과 윤리의 관계, 윤리적 소비, 다문화 사회에 요구되는 존중과 관용 등의 주제가 출제되었다.

❻ 평화와 공존의 윤리

사회 갈등의 원인, 사회 통합의 실현 방안, 하버마스의 담론 윤리, 통일에 필요한 비용, 국제 관계를 바라보는 관점에 따른 분쟁 해결 방법, 해외 원조에 대한 다양한 관점 등의 주제가 출제되었다.

현대의 삶과 실천 윤리

1 현대 생활과 실천 윤리

1. 실천을 위한 학문으로서의 윤리학

(1) 윤리와 윤리학
　① 윤리

의미	• 좋은 삶을 살아가기 위해 반드시 지켜야 할 행위의 원칙들 • 당위의 형식으로 제시되는 규범의 가치와 총체
성격	• 어떤 대상을 평가하는 성격을 지님 • 집단에서 지켜야 할 행동 양식의 성격을 지님(규범성을 띠고 있음)

　② 윤리학

의미	윤리를 연구 대상으로 삼는 학문
특징	• 도덕적 행위의 조건과 기준을 제시함 • 가치 있는 삶의 방향을 제시하고 실천을 목표로 함 • 도덕적 행위의 실천을 목적으로 함

(2) 윤리학의 탐구 방법에 따른 구분
　① 이론 윤리학

특징	• 어떤 도덕 원리가 윤리적 행위를 위한 근본 원리로 성립할 수 있는지를 연구함 • 도덕 원리나 도덕적 정당화의 이론적 근거를 제시하는 데 주된 관심을 둠
예	의무론, 공리주의, 덕 윤리 등

　② 실천 윤리학

특징	• 삶의 구체적 윤리 문제에 대한 실제적·구체적 해결책 모색(실천 지향적 성격) • 이론 윤리학에서 제공하는 도덕 원리를 토대로 다양한 윤리 문제 해결에 주된 관심을 둠
예	생명 윤리, 정보 윤리, 환경 윤리, 사회 윤리 등

③ 메타 윤리학과 기술 윤리학

메타 (분석) 윤리학	• 윤리학의 학문적 성립 가능성을 모색함 • 도덕적 언어의 의미 분석과 도덕적 추론의 논리적 구조 분석에 주된 관심을 둠 예 '옳다', '그르다'의 의미는 무엇인가?
기술 윤리학	• 기술 : 대상이나 과정의 내용, 특징을 있는 그대로 기록하여 서술하는 것 • 도덕적 관습이나 규범에 대해 객관적으로 기술함 • 도덕 현상과 문제를 명확하게 기술하고, 기술된 현상들 간의 인과 관계에 대한 설명에 주된 관심을 둠

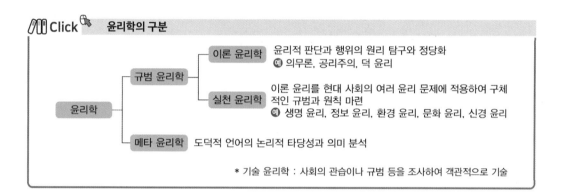

✎ Click 윤리학의 구분

윤리학 ─ 규범 윤리학 ─ 이론 윤리학 : 윤리적 판단과 행위의 원리 탐구와 정당화
예 의무론, 공리주의, 덕 윤리

실천 윤리학 : 이론 윤리를 현대 사회의 여러 윤리 문제에 적용하여 구체적인 규범과 원칙 마련
예 생명 윤리, 정보 윤리, 환경 윤리, 문화 윤리, 신경 윤리

메타 윤리학 : 도덕적 언어의 논리적 타당성과 의미 분석

* 기술 윤리학 : 사회의 관습이나 규범 등을 조사하여 객관적으로 기술

2. 현대 사회의 특징과 실천 윤리학

(1) 실천 윤리학의 등장 배경
　① 윤리적 공백 : 과학 기술의 급속한 발전으로 기존의 윤리가 과학 기술의 발전 속도를
　　따라가지 못함.
　② 다른 학문과의 협력 요구 : 삶의 다양한 영역에서 새로운 윤리 문제 제기 ➜ 윤리 문제
　　에 대한 학제적 접근의 필요성 증가

(2) 실천 윤리학의 성격과 특징
　① 학제적 성격 : 삶의 다양한 영역에서 발생하는 문제를 해결하기 위해 인접 학문과 연계
　② 이론 윤리학의 적용 : 이론 윤리학에서 도출된 도덕 원리를 토대로 구체적 삶의 문제
　　해결

(3) 실천 윤리학의 영역과 주제

영역	관련 주제
생명 윤리	인공 임신 중절, 자살, 안락사, 뇌사, 생명 복제, 유전자 치료, 동물 실험 등
과학 윤리	과학자의 책임, 과학 기술의 가치중립적 논쟁 등
환경 윤리	기후 변화 문제, 미래 세대에 대한 책임 문제, 생태계의 지속 가능성 문제 등
정보 윤리	사이버 공간의 표현의 자유 문제, 저작권 문제, 사생활 침해 문제 등

사회 윤리	공정한 분배, 소수자 우대 정책과 역차별 문제, 사형 제도의 허용 문제, 기업의 사회적 책임, 시민 불복종 등
문화 윤리	예술과 윤리의 관계, 외설, 종교, 의식주, 소비, 다문화 사회의 덕목 등
평화 윤리	세계화, 통일, 원조, 평화와 전쟁 등

🎯 개념 Check

• 로봇 윤리 : 로봇의 설계, 제작 및 사용 과정에서 제기되는 윤리 문제를 다루는 분야
• 신경 윤리 : 믿음, 자아, 자유 의지, 도덕성의 본질이 무엇인지를 신경과학적으로 탐구하여 설명하는 분야

2 현대 윤리 문제에 대한 접근

1. 동양 윤리의 접근

(1) 유교 윤리

대표 학자	공자, 맹자, 순자
도덕적 세계관	인간을 도덕적 존재로 인식하고 도덕적인 행위를 실천하는 삶을 강조
인(仁)	• 의미 : 진정한 인간다움, 타인에 대한 사랑 • 실천 – 효제(孝悌) : 부모에게 효도하고 형제자매 간에 우애 있게 지내는 것 – 충서(忠恕) : 다른 사람의 마음을 헤아려 자기가 하고 싶지 않은 일을 남에게 시키지 않는 것
극기복례	인간은 도덕적 존재이지만 욕구로 인해 잘못을 저지를 수 있음 → 지나친 욕구를 극복하고 예(禮)를 회복해야 함
맹자의 사단(四端)	• 측은지심(惻隱之心) : 남을 불쌍히 여기는 마음 • 수오지심(羞惡之心) : 옳지 못함을 부끄러워하고 착하지 못함을 미워하는 마음 • 사양지심(辭讓之心) : 겸손하여 양보하는 마음 • 시비지심(是非之心) : 옳고 그름을 가릴 줄 아는 마음
맹자의 오륜(五倫)	• 부자유친(父子有親) : 어버이와 자식 사이에는 친함이 있어야 한다. • 군신유의(君臣有義) : 임금과 신하 사이에는 의로움이 있어야 한다. • 부부유별(夫婦有別) : 부부 사이에는 구별이 있어야 한다. • 장유유서(長幼有序) : 어른과 아이 사이에는 차례와 질서가 있어야 한다. • 붕우유신(朋友有信) : 친구 사이에는 믿음이 있어야 한다.
성인, 군자	수양을 통해 도덕성을 확충하고 실천하는 이상적 인간

| 대동 사회 | 도덕과 예의로 백성들을 교화하며 백성들의 기본적 생활을 보장하는 가족 같은 도덕 공동체 |

(2) 불교 윤리

평등한 세계관	살아 있는 모든 존재는 불성(부처가 될 가능성)을 가지고 있으므로 모두 평등함
연기설	모든 존재와 현상은 다양한 원인[因]과 조건[緣], 즉 인연에 의해 생겨난다는 뜻 → 모든 존재는 다른 존재와 상호 의존적 관계
공(空)	모든 존재는 인연에 의해 생멸(生滅)함 → 스스로 존재하는 고정된 실체가 없음
자비	자신에 얽매이지 않고 모든 생명을 차별하지 않는 사랑을 의미함
보살	위로는 진리를 구하고, 아래로는 중생을 구제하는 이상적 인간
부처	진리를 깨달은 사람
번뇌(煩惱)	근본적으로 자신에 대한 집착으로 일어나는 마음의 갈등을 뜻한다.
열반(涅槃)	고통을 유발하는 집착에서 벗어나 진리에 대한 깨달음을 얻은 이상적 단계
해탈(解脫)	번뇌의 얽매임에서 풀리고 미혹의 괴로움에서 벗어난 경지이다.

(3) 도교 윤리

대표 학자	노자, 장자
도(道)	우주의 근원, 만물의 변화 법칙
상대적 세계관	도(道)의 측면에서는 모두가 평등하므로 귀천, 선악, 미추, 시비 등을 구별해서는 안 됨 → 만물을 도의 관점에서 있는 그대로 바라볼 때 편견과 차별이 사라짐
무위자연	인위적인 것에서 벗어나 자연과 조화를 이루는 삶의 태도
지인, 진인	• 도를 깨달아 인위적인 것에서 벗어나 어린아이와 같은 소박함과 순수함을 가진 이상적 인간 • 수양 방법 : 심재(心齋)와 좌망(坐忘) → 소요유의 정신 실현 • 심재(心齋) : 마음을 깨끗이 비워 가지런히 한다. • 좌망(坐忘) : 조용히 앉아서 시비 분별을 잊는다. • 소요(逍遙) : 자유롭게 이리저리 거닐며 돌아다닌다는 뜻으로 어떤 것에도 얽매이지 않는 자유로움을 뜻한다.
제물(齊物)	만물과 나 사이의 구별이 없는 만물과 하나가 되는 경지
소국 과민	영토가 작고 인구가 적은 나라로, 무위의 다스림이 이루어지는 이상 사회

2. 서양 윤리의 접근

(1) 의무론적 접근

① 특징

㉠ 행위 자체의 도덕성에 주목 → 도덕적 의무 강조

㉡ 도덕적 행동을 해야 하는 이유는 그것이 도덕적 의무이기 때문

② 칸트의 의무론적 윤리

동기 중시	의무 의식과 선의지에서 나온 행위만이 도덕적 가치를 지님
도덕 법칙	• 무조건 따라야 하는 정언 명령 • "네 의지의 준칙이 항상 동시에 보편적 입법의 원리가 될 수 있도록 행위하라." • "너 자신의 인격에서나 다른 모든 사람의 인격에서 인간을 단지 수단으로만 대우하지 말고 항상 동시에 목적으로 대우하라."
선의지	이성에 의해 도덕 법칙을 파악하고 이를 순수하게 따르려는 의지

(2) 공리주의적 접근

① 특징

㉠ 행위의 결과에 초점 → 쾌락과 행복을 가져다주는 행위를 옳은 행위로 간주

㉡ 유용성(공리)의 원리에 따라 윤리적 규칙 도출

㉢ 최대 다수의 최대 행복을 도덕과 입법의 원리로 제시

② 행위 공리주의와 규칙 공리주의

행위
공리주의
	• 벤담 : 양적 공리주의
	  → 모든 쾌락은 질적으로 동일하여 양적 차이만 있으므로 쾌락의 양을 계산 가능
	• 밀 : 질적 공리주의
	  → 쾌락의 양뿐만 아니라 질적 차이 인정, 정상적 인간은 질적으로 높고 고상한 쾌락 추구

규칙 공리주의	• 행위 공리주의의 문제점에 대한 대안 • 최대 행복을 가져오는 행위의 규칙 준수 → 어떤 규칙이 최대의 유용성을 가져오는가?

(3) 현대 윤리학적 접근

덕 윤리	• 행위 중심 윤리가 아닌 행위자 중심 윤리 • 행위자의 덕성 : 바람직한 인간관계, 공동체의 전통과 역사, 구체적·맥락적 사고 중시 • 현대 덕 윤리는 의무론과 공리주의가 특정한 도덕 원리나 규칙을 근거로 행위 자체를 평가하는 것을 비판 • 매킨타이어 : 개인의 자유와 선택보다 공동체의 전통과 역사를 중시함
배려 윤리	• 타인을 보살피고 배려하는 공동체적 관계 중시 • 수용성, 관계성, 응답성에 근거한 모성적 배려

3 윤리 문제에 대한 탐구와 성찰

1. 도덕적 탐구의 방법

(1) 윤리 문제와 도덕적 탐구

① 도덕적 탐구의 의미와 특징

의미	도덕 문제의 해결 방안을 찾기 위해 도덕 원리와 사실 판단을 분석, 평가하여 타당한 결론을 내리는 것
특징	• 현실의 윤리 문제를 해결할 때 당위적 차원에 주목함 • 대체로 윤리적 딜레마를 활용한 도덕적 추론으로 이어짐 • 이성적 사고의 과정을 중시함과 동시에 정서적 측면도 고려함

> ☞ **개념 Check**
>
> • 딜레마 : 어느 쪽을 선택해도 바람직하지 못한 결과가 나오게 되는 곤란한 상황

② 도덕적 탐구에 필요한 능력

㉠ 비판적 사고 : 사실 판단과 도덕 원리에 대해 주장의 근거와 그 적절성을 따져 보는 것

㉡ 도덕적 상상력 : 딜레마 상황에서 그것이 윤리 문제인지 지각하고, 문제 상황이 어떻게 전개될 것인지 고려하는 능력

㉢ 배려적 사고 : 도덕적 민감성과 공감 능력을 근거로 타인의 욕구나 필요에 관심을 두고 그의 처지에서 생각하는 태도

(2) 도덕적 추론과 도덕 판단

① 도덕적 추론 : 이유나 근거를 제시하면서 도덕 판단을 이끌어내는 과정

㉠ 가치 탐구 : 탐구 대상의 옳고 그름, 좋음 나쁨 등을 밝힘.

㉡ 사실 탐구 : 객관적인 사실, 자료 등을 근거로 참, 거짓을 밝힘.

② 도덕 판단

도덕 원리	옳고 그름을 판단하는 원리 ◉ 다른 사람을 돕는 행위는 옳다.
사실 판단	참과 거짓을 구분하는 판단 ◉ 세계 빈민에게 원조하는 것은 다른 사람을 돕는 행위이다.
도덕 판단	다양한 윤리 문제에 대한 바람직한 판단 ◉ 세계 빈민에게 원조하는 것은 옳다.

③ 도덕 원리의 타당성 검토

역할 교환 검사	• 도덕 원리를 자신에게 적용했을 때도 받아들일 수 있는지 확인하는 방법 • '도덕 원리가 다른 사람의 처지에서도 받아들여질 수 있는지 다른 사람의 입장을 취해 보고 검토하는 것이다.' 예 '남에게 대접받고자 하는 대로 남을 대접하라.'(황금률)
보편화 결과 검사	도덕 원리를 모든 사람에게 적용했을 때 나타나는 결과에 문제가 없는지 확인하는 방법 예 나 하나쯤이야. → 모든 사람이 '나 하나쯤이야'라고 한다면?
반증 사례 검사	반증 사례를 사용하여 상대방의 원리 근거를 반박함 예 모든 거짓말은 나쁘다. ↔ 선의의 거짓말은?
포섭 검사	더 포괄적인 도덕 원리에 포섭시킴으로써 정당화하는 검사 예 무임승차를 해서는 안 된다. → 불법 행위를 해서는 안 된다.

2. 윤리적 성찰과 실천

(1) 윤리적 성찰의 의미와 중요성

① 의미 : 자신의 도덕적 경험을 바탕으로 반성적 사고를 하고, 도덕적 삶의 실천 방향을 결정하는 활동

② 윤리적 성찰과 도덕적 탐구의 차이점

㉠ 도덕적 탐구 : 윤리 문제에 대한 이해와 분석 중점

㉡ 윤리적 성찰 : 도덕적 주체의 도덕성에 중점

(2) 윤리적 성찰의 방법

유교	• 거경(居敬) : 마음을 한 곳으로 모아 흐트러짐이 없게 하는 것 예 신독(愼獨) : 홀로 있을 때도 도리에 어긋나지 않도록 몸과 마음을 바르게 하고 언행을 신중하게 하는 것 • 증자(曾子)의 일일삼성(一日三省) : 하루에 세 번 반성하는 것('정성을 다 했는가?', '신의를 다 했는가?', '배운 것을 익히고 실천했는가?')
불교	• 참선 : 인간의 참된 삶과 맑은 본성을 깨닫기 위한 수행법
소크라테스	• 성찰하는 삶의 중요성 강조 • '반성하지 않는 삶은 살 가치가 없다.'
아리스토텔레스	• 행위와 태도를 성찰하는 방법 제시 → 중용 • '마땅한 때에, 마땅한 일에 대하여, 마땅한 사람에게, 마땅한 동기로'

대표 기출문제

정답 및 해설 p. 74

01 다음 설명에 해당하는 윤리학은?

> 도덕적 언어의 의미 분석과 도덕적 추론의 정당성을 검증하기 위한 논리 분석을 주된 목표로 하는 윤리학

① 메타 윤리학 ② 실천 윤리학
③ 신경 윤리학 ④ 기술 윤리학

02 다음 주제들을 다루는 실천 윤리 분야로 가장 적절한 것은?

> • 통일이 지향해야 할 윤리적 가치는 무엇인가?
> • 국제 사회의 각종 분쟁을 해결하기 위한 방안은 무엇인가?

① 성 윤리 ② 평화 윤리
③ 직업 윤리 ④ 생명 윤리

03 다음 설명에 해당하는 윤리학은?

> 인간이 어떻게 행위를 해야 하는가에 대한 보편적 원리의 정립을 주된 목표로 하는 윤리학

① 진화 윤리학 ② 기술 윤리학
③ 규범 윤리학 ④ 메타 윤리학

04 (가)에 들어갈 윤리 사상은?

① 도가 ② 불교
③ 법가 ④ 유교

05 다음 설명에 해당하는 것은?

> • 맹자가 주장한 것으로 모든 인간이 본래부터 가지고 있는 선한 마음
> • 측은지심, 수오지심, 사양지심, 시비지심

① 사단(四端) ② 삼학(三學)
③ 정명(正名) ④ 삼독(三毒)

06 다음에서 설명하는 사상은?

> • 도덕적 인격 완성 강조
> • 대동 사회(大同社會)를 이상 사회로 제시
> • 이상적 인간상으로 성인(聖人), 군자(君子)를 제시

① 유교 ② 도가
③ 법가 ④ 불교

07 다음 설명에 해당하는 것은?

> • 세상 모든 존재는 서로 의지한다는 불교의 근본 교리
> • 모든 존재와 현상은 여러 가지 원인[因]과 조건[緣], 즉 인연에 의해 생겨남.

① 심재(心齋)　　② 연기(緣起)

③ 오륜(五倫)　　④ 정명(正名)

08 (가)에 들어갈 사상은?

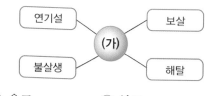

① 유교　　②불교

③ 도교　　④ 기독교

09 다음에서 소개하는 윤리 사상가는?

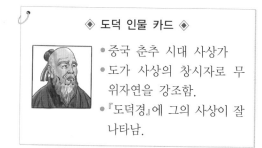

◈ 도덕 인물 카드 ◈

• 중국 춘추 시대 사상가
• 도가 사상의 창시자로 무위자연을 강조함.
• 『도덕경』에 그의 사상이 잘 나타남.

① 묵자　　② 노자

③ 순자　　④ 맹자

10 다음 내용과 관련된 노자의 사상은?

> • "으뜸이 되는 선(善)은 물과 같다."
> • "도(道)는 자연을 본받아 어긋나지 않는다."

① 충서(忠恕)　　② 무위(無爲)

③ 열반(涅槃)　　④ 효제(孝弟)

11 도가(道家)의 자연관에 대한 설명으로 가장 적절한 것은?

① 생명을 존중하기 위해 인위적 규범을 따라야 한다고 본다.
② 모든 생명에 대해 인(仁)을 베풀어야 한다고 본다.
③ 연기설에 따라 자비를 실천해야 한다고 본다.
④ 무위자연(無爲自然)을 추구해야 한다고 본다.

12 ㉠에 들어갈 용어로 적절한 것은?

〈 ㉠ 〉윤리

• 보편타당한 도덕법칙이 존재함.
• "선을 행하고 악을 피하라."라는 핵심 명제를 강조함.
• 자연의 원리에 의해 도출된 의무에 따르는 행위를 옳은 행위로 봄.

① 배려　　② 담론

③ 자연법　　④ 이기주의

13 칸트(Kant, I.)의 도덕 법칙에 대한 설명으로 옳은 것을 〈보기〉에서 고른 것은?

┤ 보기 ├
ㄱ. 보편화가 가능해야 한다.
ㄴ. 정언 명령의 형식이어야 한다.
ㄷ. 인간 존엄성과는 무관해야 한다.
ㄹ. 행위의 동기보다 결과를 중시해야 한다.

① ㄱ, ㄴ   ② ㄱ, ㄷ
③ ㄴ, ㄹ   ④ ㄷ, ㄹ

14 칸트(Kant, I.)의 의무론에 대한 설명으로 옳은 것은?

① 가언 명령의 형식을 중시한다.
② 행위의 동기보다는 결과를 강조한다.
③ 공리의 원리에 따른 행동을 강조한다.
④ 보편적 윤리의 확립과 인간 존엄성을 중시한다.

15 (가)에 들어갈 윤리 사상가는?

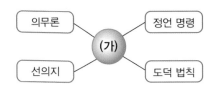

① 밀   ② 칸트
③ 플라톤   ④ 데카르트

16 ㉠, ㉡에 들어갈 용어로 알맞은 것은?

〈칸트(Kant, I.)의 도덕 법칙〉
• 네 의지의 준칙이 언제나 동시에 (㉠) 입법의 원리가 되도록 행위하라.
• 너 자신이나 다른 사람의 인격을 언제나 동시에 (㉡)으로 대우하라.

      ㉠   ㉡
① 상대적   수단
② 보편적   목적
③ 보편적   수단
④ 상대적   목적

17 공리주의 입장에 대한 비판점으로 가장 적절한 것은?

① 행위의 결과보다 동기를 중시한다.
② 의무 의식과 선의지를 과도하게 강조한다.
③ 소수의 권리와 이익이 훼손될 우려가 있다.
④ 사회 전체의 행복보다 개인의 행복을 우선한다.

18 공리주의 관점에서 볼 때, 도덕적 행위로 옳지 않은 것은?

① 최대의 유용성을 가져오는 행위
② 사회 전체의 이익을 증대시키는 행위
③ 결과와 상관없이 무조건적 의무에 따르는 행위
④ 최대 다수의 최대 행복의 원리에 부합하는 행위

19 공리주의의 입장에 대한 설명으로 옳은 것은?

① 유용성의 원리에 따른 행위를 강조한다.
② 행위의 결과보다는 행위의 동기를 중시한다.
③ 행위의 효용보다 행위자 내면의 품성을 강조한다.
④ 사회 전체의 행복보다 개인의 행복 추구를 중시한다.

20 공리주의 관점으로 옳은 것을 〈보기〉에서 고른 것은?

┌─── 보기 ───┐
ㄱ. 행위의 동기 강조
ㄴ. 유용성의 원리 강조
ㄷ. 보편타당한 도덕 법칙 추구
ㄹ. 최대 다수의 최대 행복의 원리 추구
└──────────┘

① ㄱ, ㄴ   ② ㄱ, ㄷ
③ ㄴ, ㄹ   ④ ㄷ, ㄹ

21 다음 설명에 해당하는 윤리적 관점은?

┌────────────────────────────┐
• 아리스토텔레스의 사상적 전통을 따라 도덕 법칙이나 원리보다 행위자의 품성과 덕성을 중시함.
• 행위자의 성품을 먼저 평가하고, 이를 근거로 행위의 옳고 그름을 판단해야 한다고 보는 관점임.
└────────────────────────────┘

① 덕 윤리   ② 담론 윤리
③ 의무론 윤리   ④ 공리주의 윤리

22 덕 윤리의 특징으로 옳은 것을 〈보기〉에서 고른 것은?

┌─── 보기 ───┐
ㄱ. 도덕적 실천 가능성을 강조한다.
ㄴ. 공동체의 전통과 역사를 중시한다.
ㄷ. 인간의 감정과 인간관계를 무시한다.
ㄹ. 공리의 원칙에 따른 행위만을 중시한다.
└──────────┘

① ㄱ, ㄴ   ② ㄱ, ㄷ
③ ㄴ, ㄹ   ④ ㄷ, ㄹ

23 도덕적 탐구에 대한 설명으로 옳지 <u>않은</u> 것은?

① 도덕 판단이나 행위의 정당화에 중점을 둔다.
② 도덕적 사고를 통해 이루어지는 지적 활동이다.
③ 도덕적 탐구에는 도덕적 추론 능력이 필요하다.
④ 도덕적 탐구 과정에서는 정서적 측면을 배제해야 한다.

24 다음 설명에 해당하는 도덕 원리 검사 방법은?

┌────────────────────────────┐
도덕 원리가 다른 사람의 처지에서도 받아들여질 수 있는지 다른 사람의 입장을 취해 보고 검토하는 것이다.
└────────────────────────────┘

① 포섭 검사
② 역할 교환 검사
③ 반증 사례 검사
④ 사실 판단 검사

25 다음 설명에 해당하는 도덕 원리 검사 방법은?

> 도덕 원리를 모든 사람에게 적용했을 때 나타나는 결과에 문제가 없는지 확인하는 방법

① 포섭 검사
② 기술 영향 검사
③ 사실 판단 검사
④ 보편화 결과 검사

26 윤리적 성찰의 방법으로 적절하지 <u>않은</u> 것은?

① 언행을 신중하게 하고 몸가짐을 바르게 한다.
② 다른 사람을 돕는 데 진심을 다했는지 살핀다.
③ 자신의 생각이나 상식을 반성적으로 검토한다.
④ 권위가 있는 이론은 비판 없이 무조건 수용한다.

27 다음 설명에 해당하는 개념은?

> • 의미 : 자신의 인간관, 가치관, 세계관 등을 전체적으로 검토하고 반성하는 과정
> • 방법 : 증자의 일일삼성(一日三省), 이황의 경(敬) 등

① 인종 차별　　② 부패 의식
③ 윤리적 성찰　　④ 유전자 조작

28 ㉠에 들어갈 내용으로 옳지 <u>않은</u> 것은?

 윤리적 성찰은 어떻게 하는 걸까?

 자신의 정체성과 가치관 등을 도덕적 관점에서 깊이 있게 반성하고 살피는 거야.

 구체적으로 예를 들어줄래?

(　　　㉠　　　)

① 남을 돕는 데 진심을 다했는지 살피는 거야.
② 마음을 흐트러짐이 없게 하고 몸가짐을 삼가는 거야.
③ 어른들의 말씀은 무조건 비판 없이 받아들이는 거야.
④ 끊임없는 질문을 통해 자신의 무지를 스스로 깨우치는 거야.

29 다음에서 소개하는 윤리 사상가는?

> **도덕 인물 카드**
> • 고대 그리스의 철학자
> • "너 자신을 알라."라는 말을 강조함.
> • 반성적으로 검토하는 삶이 중요하다고 주장함.

① 밀　　　　② 베이컨
③ 데카르트　　④ 소크라테스

02 생명과 윤리

1 삶과 죽음의 윤리

1. 출생의 윤리적 의미와 윤리적 쟁점

(1) 출생과 생명의 윤리적 의미
   ① 출생의 의미 : 태아가 모체로부터 분리되어 독립된 새로운 생명체가 되는 것
      ㉠ 인간의 출생은 도덕적 주체로서 삶의 출발점
      ㉡ 사회 구성원으로서 삶의 시작
   ② 생명의 의미 : 대체 불가능한 본래적 가치를 지닌 것
      → 생명은 일회적이고, 고유하며, 유한함.

(2) 출생과 관련된 윤리적 쟁점
   ① 등장 배경 : 생명 의료 기술의 발달로 출생 과정에 의료 기술 개입 → 인공 임신 중절, 생명 복제, 생식 보조술 등과 관련된 윤리적 쟁점 등장
   ② 인공 임신 중절의 윤리적 쟁점

찬성 입장(선택 옹호론)	반대 입장(생명 옹호론)
• 여성의 선택권 > 태아의 생명권	• 여성의 선택권 < 태아의 생명권
• 태아는 여성 몸의 일부로 여성에게 소유권이 있음	• 태아는 인간으로 성장할 잠재성이 있음
• 여성은 태아를 생산하므로 태아에 대한 권리가 있음	• 태아는 인간이므로 태아의 생명도 존엄함
• 여성은 자기 신체에 대해 자율적으로 선택할 권리가 있음	• 태아는 무고한 인간이므로 해쳐서는 안 됨
• 인간에게는 자기방어와 정당방위의 권리가 있음	

2. 죽음에 대한 다양한 입장

(1) 죽음의 특성과 윤리적 의미
   ① 죽음의 특성
      ㉠ 불가피성 : 사람은 죽음을 피할 수 없다.
      ㉡ 평등성 : 모든 사람은 죽는다.
      ㉢ 일회성 : 한 번 죽으면 다시 살아날 수 없다.

ⓐ 수동성 : 죽음은 원치 않아도 찾아온다.
ⓑ 불확실성 : 죽음은 언제 닥칠지 모른다.
② 윤리적 의미 : 인간만이 죽음을 미리 생각하고 삶을 어떻게 살아가야 할지 생각함.
③ 동양의 죽음관

공자	• 죽음보다는 현실적 삶에 충실할 것을 강조 • '사람을 섬길 줄도 모르면서 어떻게 귀신을 섬길 수 있으며, 삶도 아직 모르면서 어떻게 죽음을 알겠는가?'
장자	• 삶과 죽음은 사계절의 운행처럼 자연스러운 현상 • '삶은 기(氣)가 모이는 것이고, 죽음은 기가 흩어지는 것' • '삶을 기뻐할 필요도, 죽음을 슬퍼할 필요도 없음'
불교	• 고통 중 하나이며 다른 세계로 윤회하는 계기 • 전생에 행한 행위에 따라 다음 생이 결정(업보[業]) • '전생에 뿌려진 씨앗은 이번 생에 받는 것이고, 다음 생에 거둘 열매는 이번 생에 행하는 바로 그것이다.'

④ 서양의 죽음관

플라톤	• 영혼이 분리되어 이데아의 세계로 들어가는 것 • 순수한 인식을 방해하는 육체의 감옥에서 해방하는 것
에피쿠로스	• 죽음은 인간을 이루고 있던 원자가 흩어지는 것 • 경험할 수 없으므로 두려워할 필요가 없음 • '살아 있으면 죽음이 없고, 죽으면 느끼는 내가 없으므로 죽음을 의식하거나 두려워할 필요가 없다.'
하이데거	• 현존재가 삶의 의미와 자아를 성찰하는 계기 • 동물과 달리 인간만이 죽음을 주체적으로 수용

(2) 죽음과 관련된 윤리적 쟁점
① 자살의 윤리적 문제
ⓐ 자신의 의견을 훼손하고 자아실현의 가능성을 차단한다.
ⓑ 주변 사람에게 슬픔과 고통을 주며, 사회의 결속력을 저해한다.
ⓒ 유명인의 자살이 모방 자살로 이어지기도 한다.
② 자살 반대의 근거

유교	자신의 신체를 훼손하지 않는 것이 효의 시작 ➜ 불감훼상
불교	불살생의 계율에 근거해 생명을 해치는 것을 금함
그리스도교	신으로부터 받은 생명을 스스로 끊어서는 안 됨
아퀴나스	자살은 자연법 원리에 어긋나는 행위
칸트	자살은 고통에서 벗어나기 위해 자신을 수단으로 이용하는 것
쇼펜하우어	자살은 문제를 회피하고, 자신의 능력 발휘 가능성을 파괴하는 것

③ 안락사에 대한 찬반 입장

안락사 찬성	안락사 반대
• 인간에게는 인간답게 죽을 권리가 있음 • 환자와 가족의 고통을 줄일 수 있음 • 의료 자원을 효율적으로 배분할 수 있음	• 인간 생명을 목적이 아닌 수단으로 볼 수 있음 • 다른 목적으로 오·남용될 수 있음 • 생명 경시 풍조를 심화할 수 있음

④ 뇌사에 대한 찬반 입장

뇌사 찬성	뇌사 반대
• 인간의 고유한 활동은 심장이 아닌 뇌에서 비롯됨 • 장기 이식을 통해 다른 생명을 살릴 수 있음 • 뇌사 상태에서의 생명 연장은 무의미함	• 실용주의적 관점은 인간의 가치를 위협할 수 있고, 사회적으로 악용될 수 있음 • 인간의 생명을 수단으로 여기는 것 • 오진·오판의 가능성

2 생명 윤리

1. 생명 복제와 유전자 치료 문제

(1) 생명 복제의 윤리적 쟁점

① 생명 윤리 : 생명을 책임 있게 다루는 것과 관련된 모든 경우에 대한 윤리적 고려

② 동물 복제에 대한 찬반 입장

동물 복제 찬성	동물 복제 반대
• 우수한 품종의 개발이 가능함 • 치료용 생체 물질 생산이 가능함 • 희귀 동물 보존, 멸종 동물 복원이 가능함	• 자연의 질서를 위배함 • 종(種)의 다양성을 훼손함 • 동물의 생명을 수단화함

③ 배아 복제 찬반 입장

배아 복제 찬성	배아 복제 반대
• 배아는 인간이 될 가능성이 확정되지 않은 세포 덩어리 • 배아는 인간을 위한 수단으로 활용 가능함 • 배아 줄기세포 추출을 통해 인간의 난치병을 치료할 수 있음	• 배아는 인간으로서의 잠재 가능성을 가진 존엄한 존재 • 줄기세포 추출을 위해 배아를 수단으로 사용해서는 안 됨 • 배아 복제를 위해 사용되는 난자 채취를 위해 여성의 권리가 침해됨

④ 인간 개체 복제의 윤리적 쟁점

㉠ 의미 : 복제 기술을 통해 새로운 인간 개체를 탄생시키는 것 **예** 클론(clone)

ⓛ 개체 복제 찬반 입장

개체 복제 찬성	개체 복제 반대
• 불임 부부에게 희망 • 기술 발전으로 부작용 해소 • 복제 인간도 독자적인 삶을 살아갈 수 있음	• 인간의 존엄성 훼손 • 인간의 고유성 위협 • 가족 관계에 혼란

(2) 유전자 치료의 윤리적 쟁점
  ① 유전자 치료 : 원하는 유전자를 세포 안에 넣어 새로운 형질을 발현하게 하여 이상 유전자를 대신하거나 유전자를 바꾸어 유전적 질병을 치료하는 것
  ② 유전자 치료에 대한 찬반 입장

유전자 치료 찬성	유전자 치료 반대
• 다음 세대의 질병 예방 • 유전 질환을 물려주지 않으려는 부모의 선택 존중 • 의학적 효용 가치가 높아 사회적인 유용성 증진	• 유전자 치료로 인한 부작용 • 인간 성향을 개선하려는 우생학으로 확대될 가능성이 있음 • 인간의 유전적 다양성 상실이 우려됨

개념 Check
• 우생학 : 인류를 유전학적으로 개량하기 위해 여러 가지 조건과 인자를 연구하는 학문

2. 동물 실험과 동물 권리의 문제

(1) 동물 실험의 윤리적 쟁점
  ① 동물 실험의 의미 : 의학 및 생명 과학 연구 과정에서 살아 있는 동물을 대상으로 수행하는 실험
  ② 동물 실험에 대한 찬반 입장

동물 실험 찬성	동물 실험 반대
• 동물과 인간은 유사하므로 동물 실험 결과를 인간에게 적용 가능 • 인체 실험으로 인한 위험성 제거 • 다양한 치료제나 치료법을 개발하여 인간의 질병 치료 • 인간과 동물은 근본적으로 존재 지위가 다름	• 인간과 동물이 공유하는 질병이 적으며, 동물 실험 결과가 인간에게 적용되지 않을 수 있음 • 동물을 인간을 위한 수단으로만 사용하는 것 • 인간과 동물은 존재 지위에서 차이가 없음 • 동물 실험의 대안이 존재함

③ 동물 실험과 다른 임상 결과 사례
  ㉠ 페니실린 : 동물 실험에서 쥐에게는 기형아 출산, 고양이에게는 사망을 일으켰지만, 인간에게는 아무런 부작용을 일으키지 않았다.
  ㉡ 탈리도마이드 : 입덧 치료제인 이 약은 동물 실험에서는 안전한 약으로 판정받았지만, 이 약을 복용한 임산부는 기형아를 낳았다.
④ 동물 실험의 3R 원칙
  ㉠ 감소(Reduction) : 유용한 목적에 활용하고, 통계적으로 믿을 만한 자료를 산출하는 데 동물을 최소한의 수만큼 사용해야 한다.
  ㉡ 개선(Refinement) : 동물이 받는 고통이나 스트레스 등을 최소화하기 위해 실험 절차를 개선해야 한다.
  ㉢ 대체(Replacement) : 동물 실험을 세포 또는 조직 배양, 수학적 모형으로 대체할 수 있다면 대체해야 한다.

(2) 동물 권리에 대한 다양한 입장
① 인간 중심주의 관점 : 동물은 도덕적으로 고려 받을 권리를 가지지 않는다는 입장

아리스토텔레스	• 동물의 권리를 인간보다 낮게 평가하는 인식이 지배적임 • '동물은 인간을 위해서 존재한다. 인간이 동물을 사용하는 것은 문제가 되지 않는다.'
데카르트	• 동물은 단순히 움직이는 기계이므로 인간의 필요에 의해 사용될 수 있음 • '동물은 움직이는 기계에 불과하다. 동물에게는 영혼이 없어서 쾌락이나 고통을 느낄 수 없기 때문이다.'
아퀴나스	• 동물은 도덕적으로 고려 받을 권리를 갖지 않는다고 보지만, 동물을 함부로 다루면 인간 품성에 부정적 영향을 미치므로 동물을 함부로 다루는 것을 반대함 • '사물의 질서는 불완전한 것이 완전한 것을 위해 존재하는 방식으로 이루어져 있다. 식물은 모두 동물을 위해, 동물은 모두 인간을 위해 존재한다.'
칸트	• 동물은 인간의 목적을 위한 수단이지만, 인간성을 훼손하지 않기 위해 동물을 간접적으로 고려할 도덕적 의무가 있음 • '동물을 잔혹하게 대우하는 것을 반대하는 이유는 동물 자체를 위해서가 아니라 그것이 인간의 품위를 손상하는 행위이기 때문이다.'

② 동물 중심주의적 관점 : 동물은 도덕적으로 고려 받을 권리를 가진다는 입장

싱어	• 동물은 쾌고 감수 능력을 지니므로 동물의 이익 또한 인간의 이익처럼 평등하게 고려해야 함 → 인간과 동물을 차별하는 것은 종 차별주의임 • 동물 해방론 : 공리주의 관점에서 동물이 느끼는 고통을 감소시켜야 한다고 주장함 • '인종 차별이나 성차별이 옳지 않은 것과 마찬가지로 인간과 동물을 차별하는 종 차별주의도 옳지 않다.'

| 레건 | • 삶의 주체인 동물은 인간과 동일하게 존중받을 권리가 있음
• 동물 실험은 동물의 권리를 존중하지 않고 단지 동물을 인간을 위한 수단으로 이용하는 것이므로 부당함 → 삶의 주체인 동물의 내재적 가치를 존중해야 함 |

🎯 개념 Check

• 종 차별주의(종 이기주의) : 인종 차별이나 성차별이 도덕적으로 정당화될 수 없는 것처럼, 자기가 속한 종의 이익을 옹호하기 위해 다른 종의 이익을 배척하는 태도를 비판하는 용어이다.

3 사랑과 성 윤리

1. 사랑과 성의 관계

(1) 사랑과 성의 의미
  ① 사랑의 의미 : 인간의 근원적 감정으로, 어떤 사람이나 존재를 아끼고 소중히 여기는 마음
  ② 프롬의 사랑의 요소 : 책임, 이해, 존경, 보호(관심)
  ③ 성의 의미 : 사랑이 가지는 인격적 가치가 성을 통해 실현될 수 있음.
    ㉠ 생식적 가치 : 종족 보존, 생명을 탄생시키는 원천 → 책임 있는 행동이 요구됨.
    ㉡ 쾌락적 가치 : 인간의 감각적 욕구 충족 → 절제 있는 행동이 요구됨.
    ※ 쾌락의 역설 : 감각적 쾌락에 집착하여 그것만을 추구하다 보면 쾌락보다는 오히려 권태와 고통을 얻게 되는 것
    ㉢ 인격적 가치 : 상호 간의 존중과 배려 실현 → 인격 존중이 요구됨.

(2) 사랑과 성의 관계에 대한 다양한 관점

보수주의	• 결혼이라는 합법적 제도 안에서 출산, 양육에 대한 책임을 질 수 있는 성을 추구 • 결혼을 통한 성적 관계만을 인정함 • 혼전 또는 혼외 성관계는 부도덕하다고 봄
중도주의	• 보수주의와 자유주의의 관점을 절충 • 사랑 중심의 성 윤리를 제시함('사랑이 있는 성은 옳다.') • 사랑이 동반된 성적 관계를 허용함
자유주의	• 자발적 동의 중심의 성 윤리를 제시함 • 결혼, 사랑과 결부되지 않아도 성적 관계는 정당화될 수 있음 • 타인에게 해악을 주지 않는 범위 내에서 개인의 자유로운 선택에 따른 성적 자유를 허용함

(3) 성과 관련된 윤리적 문제

성 차별	• 의미 : 여성 혹은 남성이라는 이유로 사회적·문화적·경제적으로 부당한 대우를 하는 것 • 남녀 간 차이 인정, 다양성과 개성을 인정하는 양성평등을 실현해야 함
성적 자기 결정권	• 인간이 자신의 성적 행동을 스스로 결정할 수 있는 권리 • 외부의 부당한 압력, 타인의 강요 없이 스스로의 의지와 판단으로 자신의 성적 행동을 결정함
성 상품화	• 성을 상품처럼 사고팔거나, 다른 상품을 팔기 위해 성을 수단으로 이용하는 것 • 찬성 : 합법적으로 성을 상품화하여 이윤을 추구하는 것은 자본주의적 가치에 부합함 • 반대 : 인간을 목적이 아닌 수단으로만 대우하는 행위

2. 결혼과 가족의 윤리

(1) 결혼과 부부윤리

① 결혼의 윤리적 의미

㉠ 결혼 : 남녀가 정식으로 부부가 되는 것을 사회적으로 인정하는 제도

㉡ 윤리적 의미 : 개인의 행복 증진, 사회의 유지·발전

② 부부간의 윤리

동양	• 음양론 : 부부는 상호 보완적이고 대등한 관계로 서로 공경해야 함 • 상경여빈 : 부부간의 공경을 중요한 덕목으로 강조함 • 부부유별 : 남편과 아내의 역할에는 구별이 있다는 뜻 • 부부상경 : 부부가 서로 공경해야 한다는 뜻
서양	• 개인의 자유와 주체성 강조 ➜ 부부간에 균형과 조화의 태도 지향 • 보부아르 : 부부는 각 주체로서 평등한 관계를 유지해야 함 • 길리건 : 부부는 서로 보살핌을 주고받는 관계가 되어야 함
현대	• 부부간의 윤리는 양성평등의 관점에서 바라보아야 함 • 서로를 동등한 주체로 존중하고 평등한 관계를 유지해야 함 • 각자의 역할에 최선을 다하고 서로의 다름과 역할을 존중함

(2) 가족의 가치와 가족 윤리

① 가족의 의미와 역할

의미	혼인, 혈연, 입양 등으로 이루어지는 공동체
역할	• 개인을 안정되게 양육하는 토대 제공 • 사회의 규범과 예절을 습득할 수 있도록 사회화 • 바람직한 인격을 형성할 수 있는 기반 제공

② 가족 해체 현상

    ㉠ 원인 : 사회 구조의 변화와 의학 기술의 발전 등으로 혼인율과 출산율의 급격한 감소, 홀로 사는 노인층과 젊은층의 1인 가구 증가 등

    ㉡ 전통적 가족 윤리

부모와 자녀 관계	• 부자유친(父子有親) : 부모와 자녀 간에는 친밀함이 있어야 함 • 부자자효(父子慈孝) : 부모는 자녀에게 자애를 실천하고, 자녀는 부모에게 효를 실천해야 함
부부 관계	부부유별, 부부상경의 실천 ➜ 부부는 차별적 관계가 아닌 구별된 역할 속에서 서로의 인격을 존중해야 함
형제 관계	• 형우제공(兄友弟恭) : 형은 동생에게 우애를 실천하고, 동생은 형을 공경해야 함 • 수족지의(手足之義) : 형제 관계는 손과 발처럼 세상에서 가장 가까운 사이

    🎯 **개념 Check**

- 맹자의 오륜(五倫)
  - 부자유친(父子有親) : 어버이와 자식 사이에는 친함이 있어야 한다.
  - 군신유의(君臣有義) : 임금과 신하 사이에는 의로움이 있어야 한다.
  - 부부유별(夫婦有別) : 부부 사이에는 구별이 있어야 한다.
  - 장유유서(長幼有序) : 어른과 아이 사이에는 차례와 질서가 있어야 한다.
  - 붕우유신(朋友有信) : 친구 사이에는 믿음이 있어야 한다.

01 인공 임신 중절에 대한 반대 근거로 적절하지 <u>않은</u> 것은?

① 태아는 생명권을 지닌다.

② 태아는 생명이 있는 인간이다.

③ 태아에 대한 소유권은 임신한 여성에게 있다.

④ 태아는 인간으로 발달할 잠재성을 지니고 있다.

02 ㉠, ㉡에 들어갈 말을 짝지은 것으로 옳은 것은?

> • 석가모니는 죽음을 수레바퀴가 구르는 것과 같이 다음 생으로 이어지는 (㉠)의 한 과정으로 본다.
> • 장자는 죽음을 (㉡)의 흩어짐으로 정의하여 생사를 사계절의 운행과 같은 자연의 순환 과정 중 하나로 본다.

㉠	㉡
① 윤회(輪廻)	기(氣)
② 윤회(輪廻)	해탈(解脫)
③ 해탈(解脫)	오륜(五倫)
④ 오륜(五倫)	기(氣)

03 불교의 죽음관으로 가장 적절한 것은?

① 죽음 이후의 세계는 존재하지 않는다.

② 죽음을 통해 영혼은 이데아의 세계로 들어간다.

③ 죽음이란 다음 생으로 이어지는 윤회의 한 과정이다.

④ 죽음은 개별 원자로 흩어져 영원히 소멸되는 것이다.

04 다음 중 ㉠에 공통으로 들어갈 말로 가장 적절한 것은?

> • "생에 대해 모르는데 (㉠)에 대해 어떻게 알겠느냐?"
> — 공자 —
> • 살아 있는 동안은 아직 (㉠)을 경험하지 못하고 (㉠)의 상태에서는 더는 우리의 의식이 살아 활동할 수 없다.
> — 에피쿠로스(Epicouros) —

① 삶

② 고난

③ 죽음

④ 희망

05 (가), (나)에 들어갈 내용으로 적절하지 <u>않은</u> 것은?

주제 : 안락사를 허용해야 하는가?

<table><tr><td>찬성 논거</td><td>반대 논거</td></tr><tr><td>(가)</td><td>(나)</td></tr><tr><td>:</td><td>:</td></tr></table>

① (가) : 인간답게 죽을 권리는 없다.
② (가) : 경제적 고통을 덜어 줄 수 있다.
③ (나) : 사회에 생명 경시 풍조가 확산된다.
④ (나) : 죽음은 인간이 선택할 수 있는 대상
　　　 이 아니다.

06 다음 중 ㉠에 들어갈 토론의 주제로 가장 적절한 것은?

㉠ 인정 여부 찬반 토론

〈찬성〉
대뇌와 뇌줄기의 기능이 상실되면 살아 있는 존재로 보기 어렵습니다.

〈반대〉
인공 장치를 이용하더라도 심장 박동이 지속되므로 죽음으로 보기 어렵습니다.

① 낙태　　　　② 뇌사
③ 인간 복제　　④ 유전자 조작

07 생명 복제를 반대하는 입장의 대답으로 옳은 것은?

<table><tr><td>질문</td><td>대답</td></tr><tr><td>생명 복제는 생명의 존엄성을 훼손하는가?</td><td>A</td></tr><tr><td>생명 복제는 자연의 질서에 어긋나는 행위인가?</td><td>B</td></tr></table>

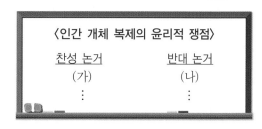

	①	②	③	④
A	예	예	아니오	아니오
B	예	아니오	예	아니오

08 (가), (나)에 들어갈 내용으로 적절하지 <u>않은</u> 것은?

〈인간 개체 복제의 윤리적 쟁점〉

<table><tr><td>찬성 논거</td><td>반대 논거</td></tr><tr><td>(가)</td><td>(나)</td></tr><tr><td>:</td><td>:</td></tr></table>

① (가) : 가족 관계를 명확하게 할 수 있다.
② (가) : 불임 부부의 고통을 해소할 수 있다.
③ (나) : 인간의 존엄성을 훼손할 수 있다.
④ (나) : 자연의 고유한 질서를 해칠 수 있다.

09 (가), (나)에 들어갈 내용으로 적절하지 <u>않은</u> 것은?

주제 : 동물 복제를 허용해야 하는가?

찬성 논거   반대 논거
(가)   (나)
⋮   ⋮

① (가) : 희귀 동물을 보호할 수 있다.

② (가) : 우수한 품종을 개발할 수 있다.

③ (나) : 자연의 고유한 질서에 어긋난다.

④ (나) : 동물 종의 다양성 보존에 기여한다.

10 유전자 치료에 대한 찬성 근거로 가장 적절한 것은?

① 유전적 질병으로 인한 고통을 해소한다.

② 인간의 유전적 다양성이 상실될 수 있다.

③ 의학적으로 불확실하고 임상적으로 위험하다.

④ 유전 정보 활용으로 사생활 침해 문제가 발생한다.

11 다음에서 동물 실험을 반대하는 관점에만 '✔'를 표시한 학생은?

관점 \ 학생	A	B	C	D
• 동물 실험은 신약 개발을 위해 반드시 필요하다.	✔			✔
• 동물 실험 과정에서 동물이 부당하게 고통을 겪고 있다.		✔		✔
• 동물은 인간의 이익을 위해 사용되는 수단에 불과하다.			✔	

① A   ② B

③ C   ④ D

12 다음에서 소개하는 윤리 사상가는?

◆ 도덕 인물 카드 ◆

• 이익 평등 고려의 원칙을 근거로 동물 해방론을 주장함.
• 공리주의 관점에서 해외 원조의 필요성을 강조함.
• 대표 저서 : 『동물 해방』, 『실천 윤리학』

① 싱어   ② 칸트

③ 슈바이처   ④ 아리스토텔레스

13 ㉠에 들어갈 용어로 가장 적절한 것은?

싱어(Singer, P.)는 (㉠)을 갖고 있는 동물의 이익도 평등하게 고려되어야 한다고 주장한다.

① 정보 처리 능력

② 쾌고 감수 능력

③ 도덕적 탐구 능력

④ 비판적 사고 능력

14 프롬(Fromm, E.)의 진정한 사랑에 대한 설명으로 옳지 <u>않은</u> 것은?

① 상대를 지배하고 소유하는 것

② 상대의 독특한 개성을 이해하는 것

③ 상대의 요구에 책임 있게 반응하는 것

④ 상대의 생명과 성장에 적극적인 관심을 갖는 것

15 ㉠, ㉡에 들어갈 사랑과 성에 대한 관점으로 옳은 것은?

| (㉠) | 결혼이라는 합법적 테두리 내에서 이루어진 성적 관계만이 정당하다. |
| (㉡) | 타인에게 피해를 주지 않고 성인이 자발적으로 동의한다면 사랑 없는 성적 관계도 가능하다. |

	㉠	㉡
①	중도주의	보수주의
②	보수주의	자유주의
③	자유주의	중도주의
④	보수주의	중도주의

16 다음 설명에 해당하는 것은?

- 남녀 모두의 인권을 동등하게 보장함.
- 성별에 따라 서로 차별하지 않고 동등하게 대우함.

① 성폭력   ② 양성평등
③ 인종 차별   ④ 지역 갈등

17 부부간의 바람직한 윤리적 자세로 옳지 <u>않은</u> 것은?

① 부부는 서로 신의를 지켜야 한다.
② 부부는 동등한 존재임을 인식해야 한다.
③ 부부는 상대방을 존중하고 배려해야 한다.
④ 부부는 고정된 성 역할을 절대시해야 한다.

18 가족 간의 바람직한 윤리적 자세로 적절하지 <u>않은</u> 것은?

① 형제자매는 서로 우애 있게 지내야 한다.
② 부모와 자녀는 상호 간에 사랑을 실천해야 한다.
③ 가족 구성원 간에 신뢰를 회복하도록 노력해야 한다.
④ 전통 가족 윤리는 시대정신에 맞더라도 거부해야 한다.

03 사회와 윤리

1 직업과 청렴의 윤리

1. 직업 생활과 행복한 삶

(1) 직업과 행복한 삶

① 직업의 의미 : 생계를 유지하기 위해 자신의 적성과 능력에 따라 일정 기간 계속하여 종사하는 일

② 직업의 기능

개인적 측면	• 경제적으로 안정된 삶을 영위하게 함 • 잠재력을 발휘함으로써 자아를 실현하게 함
사회적 측면	사회생활에 참여함으로써 사회 발전에 기여함

③ 직업과 행복한 삶

㉠ 직업을 통해 올바른 자아 정체성 및 인격 형성

㉡ 직업의 의미를 바르게 이해하고 물질적 풍요와 자아실현을 균형 있게 실현하는 바람직한 직업관을 가져야 한다.

(2) 동서양의 직업관

① 동양의 직업관

공자	• 자신의 직분에 충실해야 한다는 정명(正名)사상 주장 • '임금은 임금답고, 신하는 신하답고, 아버지는 아버지답고, 자식은 자식다워야 한다.'[君君臣臣父父子子]
맹자	• 일정한 생업[恒産 항산]이 있어야 바른 마음[恒心 항심]을 지닐 수 있음 • 통치자가 구성원의 생계 수단을 마련해 주어야 한다고 주장
정약용	• 직업을 신분적 질서가 아닌 사회 분업에 따라 직능적으로 파악 • 공동체의 필요에 따라 신분과 직능의 구분을 국가가 배정해야 한다고 봄

🎯 개념 Check

• 정명 사상 : 자신의 역할에 충실해야 함.

② 서양의 직업관

플라톤	• 각 계층이 각자의 고유한 덕을 발휘하여 직분에 충실해야 함 • 통치자(지혜), 수호자(용기), 생산자(절제)
칼뱅	• 직업은 신이 부여한 소명(召命)임 • 직업적 성공으로 부를 축적하는 것은 신의 축복임
마르크스	• 인간은 노동을 통해 자기 본질을 실현해야 함 • 자본주의 체제에서는 분업화된 노동으로 인해 노동자가 노동으로부터 소외됨

⚙️ **개념 Check**

• 소명 : 신으로부터 부름을 받은 자기 몫의 일

2. 직업 윤리와 청렴

(1) 직업 윤리의 의미와 필요성

① 직업 윤리의 의미 : 직업인이 직업 생활에서 지켜야 할 마땅한 도리

② 직업 윤리의 필요성 : 부정부패를 막고 개인의 자아실현과 공동체 발전에 기여함.

③ 동서양의 직업 윤리 : 정명 사상, 장인 정신, 소명 의식

(2) 다양한 직업 윤리

① 전문직 윤리와 공직자 윤리

전문직 윤리	전문직은 고도의 전문적 교육을 거쳐서 일정한 자격 또는 면허를 취득해야만 종사할 수 있음 ➔ 직업적 양심과 수준 높은 책임 의식이 요구됨
공직자 윤리	공직자는 국가 기관이나 정부의 예산에 의해 운영되는 공공단체의 일을 맡아 보는 사람 ➔ 청렴, 봉공, 봉사의 자세를 지녀야 함

⚙️ **개념 Check**

• 전문직의 특성 : 전문성, 독점성, 자율성
• 봉공 : 나라와 사회를 위해 힘써 일함.

② 기업가 윤리와 근로자 윤리

기업가 윤리	근로자의 권리를 존중하고 합법적인 이윤 추구와 동시에 기업의 사회적 책임을 다해야 함
근로자 윤리	자신의 분야에서 최대의 잠재력을 발휘하고, 기업가와 협력을 추구해야 함

③ 기업가의 사회적 책임에 대한 관점

프리드먼	• 기업에 합법적 이윤 추구를 넘어서는 사회적 책임을 강요해서는 안 됨 • 사회에 해를 끼치지 않으면서 사회 전체의 부를 극대화하는 것이 기업의 유일한 책임임
애로	• 기업은 법을 지키는 차원을 넘어 사회·문화·경제·환경 등 다양한 영역에서 사회적 책임을 자발적으로 이행해야 함 • 기업이 사회적 책임을 적극적으로 이행하면 소비자의 신뢰를 얻어 장기적으로 기업의 이윤 추구와 효율성 향상에 이바지할 수 있음

④ 기업가의 사회적 책임

법적 책임	법을 지키면서 기업을 경영해야 함
경제적 책임	제품 생산, 적절한 가격에 판매해야 함
자선적 책임	기부, 봉사, 문화 활동 등을 이행해야 함
윤리적 책임	사회가 요구하는 윤리를 준수해야 함

(3) 부패 방지와 청렴 문화

① 부패의 문제

개인적 측면	시민 의식 발달 저하, 개인 권리의 부당한 침해 등
사회적 측면	사회적 비용의 낭비, 공정한 경쟁의 틀 파괴, 국민 간 위화감 조성, 국가 신인도의 하락 등

② 청렴한 사회 실현
  ㉠ 청렴의 의미 : 뜻과 행동이 맑고[淸] 염치를 알아[廉] 탐욕을 부리지 않음.
  ㉡ 청렴의 자세
    ⓐ 견리사의(見利思義) : 이익을 접하면 먼저 의로움을 생각함.
    ⓑ 멸사봉공(滅私奉公) : 사욕을 버리고 공익을 위해 힘씀.
  ㉢ 청렴한 사회를 위한 제도적 노력 : 투명성이 담보되는 절차 마련
    ⓔ 내부 공익 신고 제도, 청렴도 측정 제도, 청렴 계약제, 시민 단체의 감시 활동, 청탁 금지법 등

2 사회 정의와 윤리

1. 분배 정의의 의미와 윤리적 쟁점들

(1) 사회 윤리와 사회 정의

① 개인 윤리와 사회 윤리

개인 윤리	개인의 양심과 합리성 등의 회복을 통한 사회 문제 해결 강조
사회 윤리	공동체의 구성과 사회 정책의 결정에 있어서 좋거나 옳음, 당위 등의 문제를 다룸

② 니부어(Niebuhr, R.)의 사회 윤리

ⓐ 사회 집단은 자연적 충동을 억제할 합리적 능력이 부족 ➡ 사회 집단은 개인보다 비도덕적

ⓑ 집단에 속한 개인은 이기적으로 행동하기 쉬움.

ⓒ 사회 문제 해결을 위해 정치적인 강제력 필요

ⓓ 개인의 도덕성뿐만 아니라 사회 구조와 제도의 개선을 통한 사회 문제 해결 주장

(2) 사회 정의

① 의미 : 권리, 기회의 균등한 분배와 투명한 사회를 지향하는 것 ➡ 대체로 사회적 재화의 분배와 관련됨.

분배적 정의	각자가 자신의 몫을 누리도록 하는 것 ※ 분배적 정의의 기준 　- 절대적 평등 : 모든 사람에게 동일하게 분배하는 것 　- 업적 : 기여한 정도에 따라 분배하는 것 　- 능력 : 능력이 뛰어난 사람에게 더 많이 분배하는 것 　- 필요 : 사람들의 필요에 따라 분배하는 것
교정적 정의	잘못에 대한 처벌과 보상을 공정하게 하는 것 ➡ 법 집행으로 불법 행위·부정의 교정

② 정의를 바라보는 동서양의 관점

공자	눈앞의 이익을 보거든 의리를 먼저 생각하라는 견리사의(見利思義)를 강조함
맹자	옳고 그름을 분별하는 판단 기준으로 의로움[義]을 제시함
소크라테스	정의를 질서가 잘 잡힌 영혼이 추구하는 본성으로 봄
플라톤	정의는 지혜, 용기, 절제가 완전한 조화를 이룰 때 나타나는 최고의 덕목이라고 봄
아리스토텔레스	공익 실현을 위해 일반적 정의와 특수적 정의가 필요하다고 봄

2. 분배적 정의의 윤리적 쟁점

(1) 현대 사회의 다양한 정의관

　① 롤스의 분배적 정의

　　㉠ 공정으로서의 정의 : 공정한 절차를 통해 합의된 것이라면 정의롭다고 봄.

　　㉡ 원초적 입장

　　　ⓐ 정의의 원칙을 도출하기 위한 최초의 가상적 상황

　　　ⓑ 사람들은 타인의 이해관계에 무관심하고, 자신의 이익을 합리적으로 추구

　　　ⓒ 무지의 베일을 씀. ➡ 자신이 불리한 상황에 놓일 가능성을 고려해 정의의 원칙
　　　　도출

　　　🎯 **개념 Check**

　　　● 무지의 베일 : 개인의 사회적 지위, 계층상의 위치, 소질과 능력, 지능, 체력, 심지어
　　　　가치관, 심리적 성향에 관해서도 모르게 하는 것으로, 자연적·사회적 우연성을 배
　　　　제하기 위한 것이다.

　　㉢ 정의의 원칙

제1원칙	각 개인은 기본적 자유에서 평등한 권리를 가져야 한다(평등한 자유의 원칙).
제2원칙	사회적·경제적 불평등은 ● 최소 수혜자에게 최대의 이익을 보장하도록 이루어져야 한다(차등의 원칙). ● 공정한 기회균등의 조건 아래 모든 사람에게 개방된 직책이나 직위와 결부되도록 배정되어야 한다(기회균등의 원칙).

　② 노직의 분배적 정의

　　㉠ 소유 권리로서의 정의

　　　ⓐ 모든 사람이 자신의 소유물에 대해 소유 권리를 가질 때가 정의로운 분배
　　　　➡ 재화의 취득·이전·교정의 절차가 정당해야 함.

　　　ⓑ 개인의 권리를 보호·존중하는 것이 정의 ➡ 국가에 의한 재분배는 개인의 소
　　　　유권을 침해하므로 부당(근로 소득에 대한 과세는 강제 노동과 같음)

　　　ⓒ 개인의 소유 권리를 강도, 절도, 사기 등에서 보호하는 최소 국가가 정당

　　㉡ 정의의 원칙

취득의 원칙	취득에서의 정의의 원리에 따라 소유물을 취득한 자는 그것의 소유 권리가 있다.
이전의 원칙	소유물에 대한 소유 권리가 있는 자로부터 이전에서의 정의의 원리에 따라 그 소유물을 취득한 자는 그것의 소유 권리가 있다.
교정의 원칙	취득과 양도 시 과오나 그릇된 절차에 의한 소유가 발생했을 때에는 이를 바로잡아야 한다.

(2) 분배적 정의와 관련된 윤리적 쟁점
  ① 우대 정책 : 과거의 차별과 관련된 보상 대상과 주체의 부당성, 부당한 차별을 시정하기 위한 조치가 상대편을 차별하는 역차별 발생
    예 농어촌 자녀 특례 입학제도, 여성 할당제, 장애인 고용 의무제도 등
  ② 부유세 : 재산권의 과도한 침해, 부자들에 대한 또 다른 차별

3. 교정적 정의의 윤리적 쟁점

(1) 교정적 정의와 공정한 처벌
  ① 의미 : 위법 행위로 인하여 피해자와 가해자 사이에 발생한 불균형을 처벌을 통해 바로잡는 것
  ② 교정적 정의의 구분
    ㉠ 배상적 정의 : 손해나 손실을 똑같은 가치로 회복해 주는 것
    ㉡ 형벌적 정의 : 범죄자의 행위를 공정하게 처벌하는 것
  ③ 교정적 정의의 관점

공리주의	• 처벌을 '최대 다수의 최대 행복'을 위해 사회가 도입한 '필요악'으로 이해함 • 처벌은 범죄자를 교화하고 범죄를 예방하는 것으로, 사회적 이익 증진을 목적으로 함
응보주의	• 처벌은 범죄에 상응하여야 하며, 도덕적 형평성 회복을 목적으로 함 • 처벌이 위법 행위에 대한 '응분의 대가'로 시행될 때 사회 정의가 실현됨

개념 Check

• 벤담 : 처벌로 얻는 선한 결과(범죄 예방, 범죄율 감소, 범죄자의 교화 등)가 처벌로 인해 발생하는 악(처벌로 인한 고통)보다 더 클 때에만 처벌이 정당화된다.
• 칸트 : 모든 인간은 이성적·자율적 존재로서 자신의 행위에 대해 책임을 져야 하므로, 범죄에 상응하는 처벌을 받아야 한다.

(2) 사형 제도의 윤리적 쟁점
  ① 사형의 의미 : 국가가 범죄자의 생명을 인위적으로 박탈하는 형벌
  ② 사형 제도에 대한 다양한 입장

칸트	• 사형제 찬성 : 사형은 동등성의 원리에 근거한 것이며, 사형은 살인한 범죄자의 인격을 존중하는 것임 • '시민 사회가 모든 구성원의 동의로써 해체될 때조차도 감옥에 있는 마지막 살인자는 반드시 처형되어야 한다.'

루소	• 사형제 찬성 : 사회 계약에 따르면 계약자는 자신의 생명 보존을 위해 살인자의 사형에 동의한 것임 • '사람은 누구나 고유한 생명을 보존하기 위해 자신의 생명을 걸고 위험을 무릅쓸 권리를 가진다. 사회 계약은 계약자의 생명 보존을 목적으로 한다.'
베카리아	• 사형제 반대 : 사형은 공익에 이바지하는 바가 적으며, 사형보다 종신 노역형이 사회 이익에 부합함 • '사형은 한순간에 강렬한 인상만을 줄 뿐이다. 반면에 종신 노역형은 더 큰 공포를 안겨 준다.'

③ 사형 제도에 관한 찬반 입장

사형 제도 찬성	사형 제도 반대
• 범죄 억제 효과가 매우 큼 • 국민의 법 감정은 사형제를 지지하고 있음 • 종신형 제도는 경제적인 부담이 크고 비인간적일 수 있음	• 범죄 억제 효과가 미미함 • 사형제는 범죄자의 교화 가능성 부정, 오판 가능성 있음 • 정치적으로 악용될 가능성이 있음

3 국가와 시민의 윤리

1. 국가의 권위와 시민에 대한 의무

(1) 국가의 권위
① 의미 : 시민에게 권리를 규정하고 의무를 부과하는 힘
② 국가 권위의 정당화 근거

동의론	시민이 국가에 복종하기로 동의했기 때문에 국가에 복종해야 할 의무가 성립함
혜택론	국가로부터 여러 가지 혜택을 받았기 때문에 국가에 복종해야 함
계약론	자연 상태에서 제대로 보장받기 어려운 생명·재산·자유 등을 보장받고자 계약을 통해 국가를 수립 → 동의론과 혜택론의 관점을 모두 포함

(2) 시민에 대한 국가의 의무
① 동양의 관점

맹자	백성은 나라의 근본이니 백성이 튼튼해야 나라가 평안함 → 민본주의를 강조
묵자	타인을 사랑하며 자신과 타인의 이익을 서로 높이는 겸애(兼愛)를 실천해야 함
한비자	군주는 이기적인 백성을 엄격한 법에 따라 적절한 상벌로 통제하여 질서를 유지해야 함
정약용	백성들의 건강한 삶을 위해 통치자가 헌신하고 백성을 배려해야 함

② 서양의 관점

소극적 국가관	시장에 대한 개입 최소화, 질서 유지의 역할만 강조 ➔ 빈부 격차 심화, 최소한의 인간다운 삶을 보장받지 못하는 시민 발생
적극적 국가관	시민의 기본 욕구 충족, 의료·주택·교육 등의 복지 제공 ➔ 국가 기능 비대 화와 비효율성 초래, 복지 과잉으로 인한 도덕적 해이 현상 유발

2. 민주 시민의 참여와 시민 불복종

(1) 민주 시민 참여

① 시민의 권리와 의무

권리	자유권, 평등권, 행복 추구권, 생존권
의무	국방, 납세, 교육, 근로, 준법 등

② 시민 참여의 의미 : 시민의 권리를 행사할 기회를 제공하고 시민으로서 정치적 의무를
수행하여 민주주의의 질을 높임.

③ 방법 : 선거, 주민 소환제, 주민 투표제, 주민 감사 청구제, 국민 참여 재판 등에 참여,
언론에 의견 보내기, 행정 기관에 건의하기, 시민 단체 활동 등

(2) 시민 불복종의 의미와 정당화 조건

① 의미 : 부당한 법이나 정부 정책을 변화시키려는 목적으로 행하는 의도적인 위법 행위

② 시민 불복종 정당화 조건

사회 정의 실현	특정 집단의 이익이 아닌 사회 정의를 실현하기 위한 목적일 것
공개성, 비폭력성	공개적이며 비폭력적인 방법일 것
최후의 수단	개선을 위한 합법적 시도가 효과 없을 때 시행할 것
처벌 감수	위법 행위에 대한 처벌을 감수할 것 ➔ 기존 법질서 존중

③ 사례 : 여성의 참정권 운동, 베트남 전쟁 반대 운동, 간디의 소금법 폐지 행진, 마틴
루서 킹의 흑인 민권 운동

01 다음 설명에 해당하는 직업 윤리는?

> • 자신의 직업에 자부심을 가지고 사회적 책임을 다하려는 직업의식
> • 자기 일에 긍지를 가지고 평생 전념하거나 한 가지 기술에 정통하려고 노력하는 것

① 장인 정신　　② 특권 의식
③ 비판 의식　　④ 관용 정신

02 다음 내용과 관련된 공자의 사상은?

> "임금은 임금다워야 하고, 신하는 신하다워야 하며, 부모는 부모다워야 하고, 자식은 자식다워야 한다."

① 겸애(兼愛)　　② 정명(正名)
③ 무위(無爲)　　④ 해탈(解脫)

03 다음 설명에 해당하는 직업 윤리 의식은?

> 공직자뿐만 아니라 직업 생활의 전반에서 중요한 의식으로 성품과 품행이 맑고 깨끗하여 탐욕을 부리지 않는 것을 의미한다.

① 경쟁 의식　　② 패배 의식
③ 청렴 의식　　④ 특권 의식

04 공직자가 지녀야 할 덕목에 해당하지 <u>않는</u> 것은?

① 성실　　　　② 부패
③ 정직　　　　④ 책임

05 다음 내용과 같은 주장을 한 사상가는?

집단의 도덕성은 개인의 도덕성보다 현저히 떨어진다.

개인의 도덕성 함양뿐만 아니라 사회 정책과 제도의 개선이 필요하다.

① 벤담　　　　② 칸트
③ 니부어　　　④ 베카리아

06 ㉠에 들어갈 용어로 가장 적절한 것은?

> **탐구 주제 : 〈　㉠　〉**
> • 필요성 : 인간의 욕망은 무한하고 재화는 한정되어 있기 때문임.
> • 핵심 질문 : 재화를 누구에게 얼마만큼 나눌 것인가?

① 규범적 정의　　② 교정적 정의
③ 분배적 정의　　④ 형벌적 정의

07 ㉠에 들어갈 용어로 적절한 것은?

> 〈　　㉠　　〉
> • 보편적 행위의 도덕 원리
> • 역지사지(易地思之)의 자세
> • "네가 남에게 바라는 대로 남에게 해 주어라."

① 황금률　　　② 변증법
③ 이분법　　　④ 유물론

08 다음 설명에 해당하는 것은?

> 상호 무관심한 사람들이 무지의 베일하에서 합의를 통해 정의의 원칙을 도출하는 가상적 상황

① 판옵티콘　　　② 윤리적 공백
③ 원초적 입장　　④ 공유지의 비극

09 다음에서 롤스(Rawls, J.)의 관점에만 '✔'를 표시한 학생은?

관점 ＼ 학생	A	B	C	D
• 분배 절차가 공정하면 분배 결과도 공정하다.		✔		✔
• 재산이 많을수록 기본적 자유를 더 많이 가져야 한다.	✔		✔	
• 사회적 약자에게 경제적 이익을 분배해서는 안 된다.		✔	✔	

① A　　　② B
③ C　　　④ D

10 다음 설명에 해당하는 정의관으로 가장 적절한 것은?

> • 공정한 과정을 통해 발생한 결과는 정당하다는 정의관
> • 분배의 결과보다는 분배를 위한 공정한 순서나 방법을 강조하는 관점

① 결과적 정의　　② 교정적 정의
③ 산술적 정의　　④ 절차적 정의

11 그림의 내용과 같은 주장을 한 사상가는?

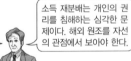

자유 지상주의적 입장에서 개인의 소유권을 보호하고 존중하는 것이 정의이다.

소득 재분배는 개인의 권리를 침해하는 심각한 문제이다. 해외 원조를 자선의 관점에서 보아야 한다.

① 홉스　　　② 노직
③ 벤담　　　④ 왈처

12 다음 설명에 해당하는 형벌에 대한 관점은?

> 형벌의 목적은 범죄 예방을 통해 사회 전체의 이익을 증대시키는 것이다.

① 국수주의　　② 공리주의
③ 이기주의　　④ 신비주의

13 다음 설명에 해당하는 처벌에 대한 관점은?

> 처벌의 본질을 범죄 행위에 대해 응당한 보복을 가하는 것으로 본다.

① 예방주의　　　② 공리주의
③ 응보주의　　　④ 실용주의

14 (가), (나)에 들어갈 내용으로 적절하지 <u>않은</u> 것은?

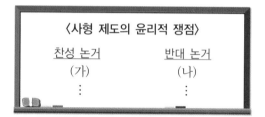

〈사형 제도의 윤리적 쟁점〉

찬성 논거	반대 논거
(가)	(나)
⋮	⋮

① (가) : 범죄 억제 효과가 있다.
② (가) : 사회 정의 실현에 기여할 수 있다.
③ (나) : 범죄자의 생명권을 침해할 수 있다.
④ (나) : 판결의 오류 가능성이 절대로 없다.

15 다음에서 소개하는 윤리 사상가는?

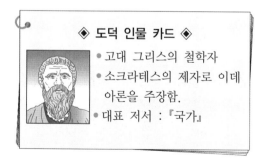

◆ 도덕 인물 카드 ◆

• 고대 그리스의 철학자
• 소크라테스의 제자로 이데아론을 주장함.
• 대표 저서 : 『국가』

① 로크　　　② 베이컨
③ 플라톤　　　④ 엘리아데

16 인권에 대한 설명으로 옳은 것은?

① 영구히 보장될 필요가 없는 권리이다.
② 사익을 위해 침범할 수 있는 권리이다.
③ 모든 인간이 누려야 할 기본적 권리이다.
④ 후천적 노력에 의해서만 획득되는 권리이다.

17 ㉠에 들어갈 용어로 적절한 것은?

① 공정 무역　　　② 생명 공학
③ 사이버 범죄　　　④ 시민 불복종

18 시민 불복종의 특징으로 볼 수 <u>없는</u> 것은?

① 폭력을 사용해서는 안 된다.
② 최후의 수단이 되어야 한다.
③ 공개적인 활동을 통해 공동선을 지향해야 한다.
④ 기존 사회 질서와 헌법 체계 전체를 부정해야 한다.

04 과학과 윤리

1 과학 기술과 윤리

1. 과학 기술 가치중립성 논쟁

(1) 과학 기술의 성과와 한계

① 과학 기술의 성과

물질적 풍요	식량 생산 증대와 재화의 대량 생산으로 물질적 결핍으로부터 해방
생명 의료 발달	생명 과학 및 의료 기술 발달로 질병 극복 및 수명 연장
시공간의 제약 극복	교통과 정보 통신 기술의 발달로 시공간의 제약이 크게 줄어듦
대중문화의 발달	텔레비전, 인터넷 등 다양한 매체의 등장으로 대중문화가 발달함

② 과학 기술의 한계

㉠ 과학 기술 의존에 따른 주체성 약화와 비인간화 현상

예 인간 소외 현상, 기술 지배 현상 등

🎯 개념 Check

- 인간 소외 현상 : 과학 기술의 급속한 발달과 산업화로 인간이 인격체로 대우받지 못하고, 인간이 본질적으로 갖고 있는 인간성을 상실하여 비인간적 상태에 놓이는 것을 뜻한다.
- 기술 지배 현상(technocracy) : 과학 기술이 인간의 선한 목적을 위해 통제되지 못하고 오히려 기계가 인간을 지배하는 상황이 발생하는 현상이다.

㉡ 생명체 실험 증가에 따른 인간 존엄성 약화

예 생명 윤리 문제 등

㉢ 정보 통신 기술 발달에 따른 인권과 사생활 침해

예 판옵티콘, 빅브라더 등

🎯 개념 Check

- 판옵티콘(panopticon) : 영국 철학자 벤담이 죄수를 감시할 목적으로 제안한 원형 모양의 감옥 건축 양식이다. 이것은 감시자의 존재를 드러내지 않으면서 끊임없이 수용자를 감시할 수 있는 구조이다.

- 빅브라더(big brother) : 정보를 독점하고 사회를 통제하는 권력을 일컫는 말로, 조지 오웰의 소설 「1984」에 처음 등장하였다. 빅브라더는 집안과 거리 곳곳에 설치된 '텔레스크린'으로 사람들의 행동을 감시하는 권력을 일컫는다.

　　　㉣ 대량 생산과 소비에 따른 환경 문제

(2) 과학 기술을 바라보는 관점
　　① 과학 기술 지상주의와 과학 기술 혐오주의

구분	과학 기술 지상(낙관)주의	과학 기술 혐오(비관)주의
의미	과학 기술이 사회의 모든 문제를 해결하고 무한한 부와 행복을 줄 것이라 믿는 태도 ⑩ 베이컨 '뉴 아틀란티스'	과학 기술의 부작용만을 염려하여 과학 기술 자체를 거부하는 태도 ⑩ 러다이트 운동
한계	• 과학 기술의 부정적 측면(부작용) 간과 • 반성적 사고 능력 훼손	과학 기술의 긍정적 기능(혜택과 성과)까지 무시

　　　　☞ 개념 Check

- 과학 기술 낙관주의와 베이컨 : 베이컨이 주장한 '아는 것이 힘이다.'라는 명제에서 '아는 것'은 과학을, '힘'은 기술을 가리킨다고 볼 수 있다. 그는 개개의 사례를 비교·관찰할 수 있다고 보았으며, 이와 같은 인식은 자연에 대한 인간의 태도를 변화시키는 중요한 단서가 되었다.

　　② 과학 기술에 대한 반성과 비판적 성찰
　　　㉠ 과학 기술의 긍정적 측면과 부정적 측면을 모두 고려
　　　㉡ 비판적 자세를 가지고 과학 기술의 바람직한 발전을 위해 노력해야 함.

(3) 과학 기술의 가치중립성 논쟁

가치중립성을 인정하는 입장 → 윤리적 가치 개입 ×	가치중립성을 부정하는 입장 → 윤리적 가치 개입 ○
• 과학 기술의 본질은 진리 탐구임 • 과학 기술에는 주관적 가치가 개입될 수 없음 • 과학 기술은 윤리적 평가의 대상이 아님 • 과학 기술자의 사회적 책임 부정	• 과학 기술도 가치 판단으로부터 자유로울 수 없으므로 윤리적 평가가 필요하다는 입장 • 연구 목적을 설정하거나 연구 결과를 현실에 적용할 때 윤리적 성찰이 필요함 • 과학 기술자의 사회적 책임 인정

(4) 과학 기술 발전을 위한 올바른 태도
　　① 이론적 정당화 과정 : 가치중립적 태도가 필요함.
　　② 과학 기술 연구 목적 설정 및 활용 과정 : 윤리적 가치 평가가 필요함.

2. 과학 기술의 윤리적 책임과 책임 윤리

(1) 과학 기술의 윤리적 책임
① 과학 기술자 책임

내적 책임	• 연구 자체에 대한 과학 기술자의 책임 • 연구 윤리 준수, 연구의 참과 거짓 규명, 신뢰할 수 있는 검증 과정, 발견한 진리의 공표 및 검토 등
외적 책임	• 연구 결과가 사회에 미칠 영향에 대한 과학 기술자의 책임 • 사회적 책임 의식 : 인간의 존엄성 구현, 삶의 질 향상, 미래 세대의 존속 및 인간 생존 등

② 사회 제도적 차원의 노력
　㉠ 과학 기술의 윤리적 문제를 해결하기 위한 사회적 차원의 접근이 필요함.
　㉡ 과학 기술의 연구 개발 과정과 결과를 평가·감시·통제할 수 있는 기관 및 윤리 위원회 활동 강화, 기술 영향 평가 제도 시행 등
③ 개인의 노력
　㉠ 과학 기술의 연구·개발과 관련된 사회적 토론과 합의 과정에 적극적·민주적으로 참여
　㉡ 과학 기술이 인권과 생명을 존중하고, 환경친화적으로 발전할 수 있도록 노력

(2) 요나스의 책임 윤리
① 책임의 범위 확대
　㉠ 책임의 범위를 현세대로 한정하는 기존의 전통적 윤리관은 과학 기술 시대에 발생하는 문제를 해결하는 데 한계가 있음.
　㉡ 인간뿐만 아니라 자연, 미래 세대까지 윤리적 책임의 범위를 확대해야 함.
② 예견적 책임 강조
　㉠ 과학 기술의 발전이 먼 미래에 끼치게 될 결과를 예측하여 생명에 대한 도덕적 책임을 져야 함.
　㉡ 미래 세대와 자연에 해악을 끼치는 과학 기술 연구는 중단해야 함.

2 정보 사회와 윤리

1. 정보 기술 발달과 정보 윤리

(1) 정보 기술의 발달에 따른 변화
① 정보 사회의 장단점
　㉠ 장점 : 시공간적 제약 극복, 삶의 편리성 증대, 수평적·다원적 사회 변화 등
　㉡ 단점 : 감시와 통제 가능성 증가, 기술 의존성 증가, 다양한 윤리적 문제 발생 등

② 정보 사회의 다양한 문제
  ㉠ 저작권(지적 재산권) 문제

정보 사유론 (copyright)	• 창작자의 재산권 및 인격권을 보호해야 한다는 입장 • 정보 생산에 필요한 노력의 대가를 지불해야 한다고 주장 • 비판 : 정보의 자유로운 교류를 방해할 수 있음
정보 공유론 (copyleft)	• 지적 창작물은 공공재이며, 사회적 산물인 정보에 대한 권리를 공유해야 한다는 입장 • 특정 개인이나 집단이 정보를 독점하면 정보 발전이 어렵다고 주장 • 비판 : 창작자의 노력을 충분히 고려하지 못함, 창작물의 질적 수준이 저하될 수 있음

  ㉡ 사생활 침해
    ⓐ 사적인 정보의 유출로 개인 사생활이 침해당하거나 개인 정보가 범죄에 악용되는 문제 발생
    ⓑ 개인 정보 보호, 정보 자기 결정권과 잊힐 권리가 강조됨.

> ✅ **개념 Check**
> • **정보의 자기 결정권** : 자신의 개인 정보를 누구에게 어떤 범위까지 얼마 동안 어떤 형식으로 공개할 것인가, 언제 폐기할 것인가 등에 관해 정보의 주인이 통제할 수 있는 권리이다.
> • **잊힐 권리** : 정보 주체가 온라인상 자신과 관련된 모든 정보에 대한 삭제 및 확산 방지를 요구할 수 있는 자기 결정권 및 통제 권리를 뜻한다.

  ㉢ 사이버 폭력 : 악성 댓글, 허위 사실 유포, 사이버 스토킹, 사이버 따돌림(불링) 등은 현실 세계의 폭력처럼 타인에게 고통을 주고 사회 혼란을 유발

> ✅ **개념 Check**
> • **사이버 불링** : 가상 공간을 뜻하는 사이버(cyber)와 집단 따돌림을 뜻하는 불링 (bullying)에서 생겨난 신조어로, 사이버상에서 특정인을 집단적으로 따돌리거나 집요하게 괴롭히는 행위를 말한다.

  ㉣ 정보 격차 : 정보 기술의 활용이나 정보 처리 능력이 어려운 정보 소외 계층과 그렇지 않은 계층 간의 사회·경제적 격차가 발생할 수 있음.

(2) 정보 사회의 정보 윤리
  ① 정보 분석 능력 함양 : 비판적 사고를 바탕으로 정보를 분석할 수 있는 능력 필요
  ② 윤리 원칙 준수

자율성의 원리	스스로 도덕 원칙을 수립하여 행동하고 타인의 자기 결정 능력을 존중해야 함

해악 금지의 원리	남에게 해악을 끼치거나 상해를 입히는 일을 피해야 함
선행의 원리	타인의 복지를 증진하는 방향으로 행동해야 함
정의의 원리	공정한 기준에 따라 혜택이나 부담을 공정하게 배분해야 함

세버슨의 '정보 윤리학의 기본 원리'	스피넬로의 '사이버 윤리'
• 지적 재산권 존중 • 사생활 존중 • 공정한 표현 • 해악 금지	• 자율성 • 해악 금지 • 선행 • 정의

③ 윤리적 태도 함양 : 인간 존중의 태도, 사회적 책임, 공동체 의식 등 필요

2. 정보 사회에서의 매체 윤리

(1) 뉴 미디어의 기능과 특징

① 의미 : 정보를 인터넷을 통해 가공, 전달, 소비하는 포괄적 융합 매체

　　예 인터넷 신문, 전자책, IPTV, 위성 방송 등

② 뉴 미디어의 특징

　　㉠ 정보 생산 주체와 소비 주체의 쌍방향적인 의사소통

　　㉡ 시공간적 제약에서 벗어나 광범위한 사회적 연결망의 형성

　　㉢ 정보를 수집·전달하는 속도가 신속함.

　　㉣ 누구나 정보의 생산·유통·소비 가능

　　㉤ 다수의 정보 이용자가 정보의 제공과 감시의 역할 수행

③ 뉴 미디어의 문제점 : 객관성과 신뢰성 부족 ➜ 허위 정보나 음란 정보 및 각종 유해 정보 전달

(2) 뉴 미디어 시대의 윤리적 문제

① 정보 생산 및 유통 과정의 필요 윤리

　　㉠ 진실한 태도 : 정보의 왜곡 금지, 객관성과 공정성 유지

　　㉡ 개인의 인격권 보호 : 알 권리를 충족하는 과정에서 특정 개인의 명예나 사생활, 인격권을 보호해야 함.

　　㉢ 배려 : 가상 공간에서 상대를 배려하는 자세 필요

② 정보 소비 과정의 필요 윤리

　　㉠ 미디어 리터러시(media literacy) 함양 : 뉴 미디어 매체를 이해하고 활용하는 능력

> 🎯 **개념 Check**
>
> • 미디어 리터러시 : 정보 사회에서 매체를 이해하고 활용하는 데 필요한 기본적인 읽기, 쓰기 능력을 말한다. 포괄적으로는 다양한 형태의 커뮤니케이션에 접근하고 분석·평가하고 발신하는 능력을 의미한다.

ⓛ 정보화 시대의 시민 의식 : 매체 이용자에게 규범의 준수와 함께 사회적 참여, 시민 의식 확보

ⓒ 정보의 비판적·능동적 수용 : 매체가 제공하는 정보의 진위와 진실성을 판단하여 수용

3 자연과 윤리

1. 인간과 자연의 관계에 대한 다양한 관점

(1) 인간 중심주의

① 특징 : 인간만이 도덕적 가치를 지님(이분법적 세계관) → 도구적 자연관

② 대표적 사상가

아리스토텔 레스	• 이성을 지닌 인간이 이성이 없는 자연을 이용할 수 있다고 봄 • '식물은 동물의 생존을 위해, 동물은 인간의 생존을 위해서 존재한다.'
베이컨	• 자연 과학적 지식을 활용하여 자연을 정복하고 인간의 물질적 혜택과 복지를 증진해야 함 • '방황하고 있는 자연을 사냥해서 노예로 만들어 인간의 이익에 봉사하도록 해야 한다.' • '아는 것이 힘이다.'
데카르트	• 정신을 지닌 존엄한 인간이 의식이 없는 자연을 이용·정복하는 것은 정당함 • '동물과 식물은 살아 있긴 하지만, 기계 또는 '사고 없는 야수'일 뿐이다.'
칸트	인간에 대한 간접적 의무(인간의 자연 보호)가 있지만 인간 상호 간의 의무만이 인간에 대한 직접적 의무(인간 상호 간의 존중)에 해당함 → 인간의 도덕성을 위해 자연을 잔인하게 다루면 안 된다고 봄

(2) 동물 중심주의

① 특징 : 인간과 동물까지 도덕적으로 고려함. → 동물에 대한 의무를 직접적 의무로 봄.

② 대표적 사상가

싱어 (동물 해방론)	• 동물도 인간처럼 쾌고 감수 능력을 지니므로 고통에서 해방해야 함 • 이익 평등 고려의 원칙 : 동물의 이익과 인간의 이익을 평등하게 고려해야 함
레건 (동물 권리론)	• 동물은 자기의 삶을 영위하는 삶의 주체임 • 동물을 수단으로 취급하는 행위가 비윤리적인 이유는 동물이 지닌 가치와 권리를 부정하기 때문(의무론)

개념 Check

- **이익 평등 고려의 원칙** : 쾌락과 고통을 느끼는 모든 존재의 이익을 평등하게 고려해야 한다는 원칙이다.
- **종 차별주의(종 이기주의)** : 인종 차별이나 성차별이 도덕적으로 정당화될 수 없는 것처럼, 자기가 속한 종의 이익을 옹호하기 위해 다른 종의 이익을 배척하는 태도를 비판하는 용어이다.

(3) 생명 중심주의

① 특징 : 도덕적 고려의 범위를 모든 생명체로 확대해야 함.

② 대표적 사상가

슈바이처	• 생명 외경(畏敬) : 생명의 신비를 두려워하고 존경하는 마음으로 생명을 소중히 여겨야 함 • 생명을 유지하고 고양하는 것은 선(善), 생명을 훼손하는 것은 악(惡)으로 파악함 • 생명의 동등성과 차등성을 주장함 → 불가피하게 생명을 해쳐야 하는 선택 상황에서 도덕적 책임을 느껴야 함
테일러	• 모든 생명체는 생존·성장·발전이라는 목적을 추구한다는 점에서 '목적론적 삶의 중심'이라고 봄 • 모든 생명체는 내재적 가치를 지닌 존재이므로 도덕적으로 존중받아야 함

(4) 생태 중심주의

① 특징 : 생태계 전체를 도덕적 고려의 대상으로 삼음. → 전일론(全一論)적 관점

② 대표적 사상가

레오폴드	• 대지 윤리 : 도덕 공동체의 범위를 식물, 동물, 토양과 물을 포함하는 대지까지 확장함 • 인간은 자연의 지배자가 아니라 구성원에 불과하며, 생태계의 안정을 유지할 의무가 있음 • 대지 피라미드 : 생명 공동체의 각 집단은 먹이 사슬에 따른 고유한 생태학적 역할을 함
네스	• 심층 생태주의 : 환경 위기 극복을 위해 인간 중심의 세계관을 바꾸어야 함 • 큰 자아실현 : 자아를 자연관의 상호 관련성을 통해 이해 • 생명 중심적 평등 : 모든 생명체는 상호 연결된 공동체의 평등한 구성원임

(5) 동양의 자연관

유교	• 만물은 본래적 가치를 지님 • 천인합일(天人合一)의 경지를 지향(상호 유기적 관계) • 현대 사회의 무분별한 개발과 소비로 발생한 환경 문제 극복의 대안 제시
불교	• 연기론 : 만물은 상호 의존 관계에 있음 • 생명을 소중히 여기며 자비를 베풀어야 함 • 무소유의 가르침은 현대 사회에서 물질에 대한 탐욕이 불러온 환경 문제 해결에 도움
도교	• 자연의 한 부분인 인간이 자연에 조작과 통제를 가하는 것을 반대함 • 천지만물을 무위(無爲)의 체계로 보고 인간도 인위적 욕망을 버리고 자연의 순리에 따라 살아야 함

> **개념 Check**
> • 천인합일 : 자연과 인간은 하나라는 사상

2. 환경 문제에 대한 윤리적 쟁점

(1) 환경 문제와 기후 변화
  ① 현대 환경 문제의 특징 : 지구의 자정 능력 초과, 초국가적 성격, 다양한 원인으로 발생하여 책임 소재의 불명확성
  ② 기후 변화와 기후 정의 문제
    ㉠ 기후 변화 : 자연적 요인이나 인간 활동의 결과로 장기적으로 기후가 변하는 현상
    ㉡ 기후 정의 문제 : 기후 변화의 책임은 선진국에 있지만 개발 도상국과 후진국이 피해를 주로 보고 해결을 위해 경제 성장 속도 조절을 요구받음. ➜ 선진국의 보상·지원 필요
    ㉢ 국제적 노력 : 기후 변화 협약(1992), 교토 의정서(1997), 파리 협정(2015)

(2) 미래 세대에 대한 책임과 생태적 지속 가능성
  ① 미래 세대에 대한 책임 : 현세대는 과거 세대로부터 이어받은 혜택을 미래 세대에게 전수해야 할 도덕적 책임을 지님.
  ② 요나스의 책임 윤리 : 인류가 지구상에 계속 존재해야 한다는 당위적인 요청에 근거해 현세대는 미래 세대의 존재를 보장하고 그들의 삶의 질을 배려할 책임이 있음.
    ㉠ '너의 행위의 결과가 미래에 지구상에서 인간이 살아갈 수 있는 가능성을 파괴하지 않도록 행위하라.'
    ㉡ 현세대가 지녀야 할 덕목 제시(두려움, 겸손, 검소, 절제 등)
  ③ 생태적 지속 가능성 : 인간과 자연의 상호 의존 관계를 지속할 수 있도록 자신의 행위에 책임을 져야 함.

(3) 개발과 환경 보전의 딜레마

구분	개발론	환경 보전론
입장	자연을 개발하여 많은 사람이 이익을 얻는 것이 환경 보전보다 우선하는 가치임 ➜ 자연 개발 강조	환경을 보전하고 자연의 가치를 지키는 것이 인류의 생존에 필수적임 ➜ 환경 보전 강조
문제점	환경 파괴로 이어질 수 있음	경제 성장을 제약할 수 있음

(4) 지속 가능한 발전
① 의미 : 인간과 자연의 공존을 전제하면서 경제 성장과 환경 보존의 조화와 균형 추구
② 지속 가능한 발전을 위한 노력
ㄱ 개인적 차원의 노력 : 환경친화적 소비의 생활화, 에너지 절약의 습관화 등
ㄴ 사회적 차원의 노력 : 환경을 고려한 환경 기술 개발, 화석 연료를 대체할 신·재생 에너지 개발
ㄷ 국제적 차원의 노력 : 국제 협력 체제 구축, 몬트리올 의정서, 바젤 협약, 생물 다양성 협약, 사막화 방지 협약, 람사르 협약 등

04 대표 기출문제

정답 및 해설 p. 82

01 과학 기술 지상주의의 관점으로 가장 적절한 것은?

① 과학 기술의 발전을 비관적으로 본다.
② 과학 기술이 역기능만을 유발한다고 본다.
③ 과학 기술의 여러 혜택과 성과를 부정한다.
④ 과학 기술이 모든 문제를 해결할 수 있다고 본다.

02 과학 기술자가 지녀야 할 윤리적 자세를 〈보기〉에서 고른 것은?

┤ 보기 ├

ㄱ. 다양한 자료들을 표절한다.
ㄴ. 연구 결과를 위조하거나 변조한다.
ㄷ. 인류의 삶의 질 향상을 위해 노력한다.
ㄹ. 과학 기술의 위험성과 부작용을 충분히 검토한다.

① ㄱ, ㄴ
② ㄱ, ㄷ
③ ㄴ, ㄹ
④ ㄷ, ㄹ

03 과학 기술자의 윤리적 자세로 옳지 <u>않은</u> 것은?

① 연구 과정에서 표절이나 위조를 해서는 안된다.
② 연구 및 실험 대상을 윤리적으로 대우해야 한다.
③ 연구 과정에서 부당한 저자 표기를 해서는 안 된다.
④ 연구 결과를 자신의 이익만을 위해 공개해야 한다.

04 다음에서 소개하는 윤리 사상가는?

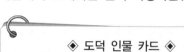

◆ 도덕 인물 카드 ◆

- "아는 것이 힘이다."라고 강조함.
- 인간은 자연을 정복해야 한다고 주장함.
- 저서로 『뉴 아틀란티스』가 있음.

① 흄
② 밀
③ 베이컨
④ 슈바이처

05 요나스(Jonas, H.)의 책임 윤리에 대한 설명으로 옳은 것은?

① 과거 지향적인 인과적 책임만을 강조한다.
② 선한 동기만으로 도덕성을 평가해야 한다고 본다.
③ 책임의 범위를 생태계 전체까지 확대해야 한다고 본다.
④ 의도하지 않은 행위는 책임질 필요가 없다고 주장한다.

06 ㉠에 들어갈 용어로 가장 적절한 것은?

> 요나스(Jonas, H.)는 "너의 행위의 결과가 인류의 존속 가능성을 파괴하지 않도록 행위하라."라고 주장하면서 (㉠)를 고려하는 책임 윤리를 강조한다.

① 과거 세대   ② 부모 세대
③ 기성 세대   ④ 미래 세대

07 다음 내용에 해당하는 윤리 문제는?

> 정식으로 음반을 구입하지 않고 인터넷에서 불법으로 노래 파일을 내려받는 행위

① 정보 격차   ② 저작권 침해
③ 보이스 피싱   ④ 사이버 따돌림

08 ㉠에 들어갈 용어는?

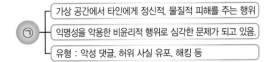

> 가상 공간에서 타인에게 정신적, 물질적 피해를 주는 행위
> ㉠ — 익명성을 악용한 비윤리적 행위로 심각한 문제가 되고 있음.
> 유형 : 악성 댓글, 허위 사실 유포, 해킹 등

① 기후 정의   ② 절대 빈곤
③ 사이버 폭력   ④ 윤리적 소비

09 다음 설명에 해당하는 권리는?

> 정보 주체가 온라인상에서 개인이 원하지 않는 자신의 정보에 대해 삭제 또는 확산 방지를 요구할 수 있는 권리를 의미한다.

① 알 권리   ② 공유 권리
③ 상속 권리   ④ 잊힐 권리

10 다음은 서술형 평가 문제와 답안이다. 밑줄 친 ㉠~㉣ 중 옳지 <u>않은</u> 것은?

> 문제 : 정보의 생산자들이 지녀야 할 윤리적 자세에 대해 서술하시오.
>
> 〈답안〉
> 정보 생산자들은 ㉠ 사실 그대로 전달하는 진실한 태도를 지녀야 한다. ㉡ 정보를 자의적으로 해석하거나 왜곡하지 않아야 하고, ㉢ 관련된 내용에 대한 객관성과 공정성을 추구해야 한다. 또한 ㉣ 개인의 사생활, 인격권을 침해해서라도 알 권리만을 우선해야 한다.

① ㉠   ② ㉡
③ ㉢   ④ ㉣

11 다음은 서술형 평가 문제와 학생 답안이다. 밑줄 친 ㉠~㉣ 중 옳지 <u>않은</u> 것은?

> 문제 : 뉴 미디어(new media)의 의미와 특징을 서술하시오.
>
> 〈학생 답안〉
> 뉴 미디어는 ㉠ 정보 통신 기술이 발달하면서 등장한 새로운 전달 매체이다. 뉴 미디어는 ㉡ 송신자와 수신자 간의 쌍방향 정보 교환이 불가능하지만, ㉢ 수신자가 원하는 시간에 정보를 볼 수 있게 해 주고, ㉣ 정보를 디지털화함으로써 신속하고 정확하게 처리하는 것이 가능하다.

① ㉠   ② ㉡
③ ㉢   ④ ㉣

12 다음에서 설명하는 자연관으로 옳은 것은?

> • 과학적 지식을 활용하여 인간이 자연을 정복해야 한다.
> • 자연은 단순한 기계로서 도덕적 고려 대상에서 제외된다.

① 인간 중심주의 ② 동물 중심주의
③ 생명 중심주의 ④ 생태 중심주의

13 다음에서 인간 중심주의 윤리의 관점에만 '✔'를 표시한 학생은?

관점＼학생	A	B	C	D
• 자연은 인간의 이익을 위한 도구이다.		✔		
• 모든 생명체는 내재적 가치를 지닌다.			✔	✔
• 인간과 자연을 동등하게 고려해야 한다.	✔		✔	

① A   ② B
③ C   ④ D

14 B에 들어갈 내용으로 가장 적절한 것은?

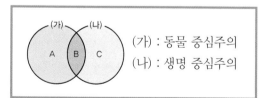

(가) : 동물 중심주의
(나) : 생명 중심주의

① 동물을 인간만을 위한 수단으로 여긴다.
② 도덕적 고려의 범위에 동물이 포함된다.
③ 인간만이 도덕적 지위를 지닌다고 본다.
④ 무생물을 도덕적 고려의 대상으로 여긴다.

15 생명 중심주의의 관점으로 가장 적절한 것은?

① 자연은 인간을 위한 수단일 뿐이다.
② 도덕적 고려의 범위에 무생물이 포함된다.
③ 이성적 존재만이 도덕적 존중의 대상이다.
④ 살아 있는 모든 존재는 내재적 가치를 지닌다.

16 다음에서 설명하는 자연을 바라보는 관점은?

> • 무생물을 포함한 생태계 전체를 도덕적 고려의 대상으로 보는 입장
> • 생태계 전체의 선을 위하여 개별 구성원을 희생시킬 수 있다는 한계를 지님.

① 인간 중심주의
② 동물 중심주의
③ 생명 중심주의
④ 생태 중심주의

17 기후 변화에 따른 문제점이 <u>아닌</u> 것은?

① 생태계 교란
② 새로운 질병의 유행
③ 자연재해의 증가
④ 인류의 안전한 삶 보장

05 문화와 윤리

1 예술과 대중문화 윤리

1. 미적 가치와 윤리적 가치

(1) 예술의 의미와 기능
① 예술의 의미 : 아름다움을 표현하고 창조하는 인간의 활동과 그 산물
② 예술의 기능
 ㉠ 사람의 마음 정화 : 예술 작품의 창작 또는 감상을 통해 스트레스 해소, 심리적 안정과 즐거움 향유
 ㉡ 인간의 사고 확장 : 예술 작품을 통해 주변 대상의 의미를 새롭게 발견, 문제의 해결책이나 삶의 지혜 획득
 ㉢ 의식과 사회 개혁에 이바지 : 예술 활동을 통해 사회 모순 비판, 새로운 사상과 가치 창조

(2) 예술과 윤리의 관계
① 도덕주의

주장	도덕적 가치 > 미적 가치 → 예술은 윤리의 인도를 받아야 함
예술의 목적	올바른 품성을 기르고 도덕적 교훈이나 모범을 제공
강조점	예술의 사회성 강조 → 참여 예술론 지지
대표적 사상가	플라톤, 공자, 순자 등

② 심미주의(예술 지상주의)

주장	미적 가치는 도덕적 가치와 관련성이 낮음
예술의 목적	미적 가치의 구현
강조점	예술의 자율성 강조 → 순수 예술론 지지
대표적 사상가	와일드, 스핑건 등

③ 예술과 윤리의 조화

  ㉠ 공자 : '예(禮)에서 사람이 서고, 악(樂)에서 사람이 이룩된다.'

    ➜ 예와 악을 상호 보완 관계로 봄.

  ㉡ 칸트 : '미(美)는 도덕성의 상징이다.'

    ➜ 미와 선은 형식이 유사하므로, 미는 도덕적 선의 상징이 된다고 봄.

(3) 예술의 상업화

  ① 의미 : 상품을 사고파는 행위를 통해 이윤을 얻는 일이 예술 작품에도 적용되는 현상
  ② 영향

긍정적 측면	• 예술에 대한 일반 대중의 접근성 확대 • 대중의 취향과 가치를 반영한 다양한 예술 분야가 발달함 • 경제적 이익 창출로 예술가의 안정적 창작 활동 기반 제공
부정적 측면	• 예술의 본질 왜곡 : 예술 작품이 부의 축적 수단으로 전락 • 경제적 가치만을 중시한 나머지 예술 작품의 미적 가치와 윤리적 가치를 간과함 ➜ 상품성이 높은 예술만을 생산하여 예술의 규격화, 획일화, 몰개성화의 문제를 가져올 수 있음

2. 대중문화의 윤리적 문제

(1) 대중문화의 의미와 특징

  ① 의미 : 대중 사회를 기반으로 형성되어 다수가 소비하고 향유하는 문화
  ② 특징

  ㉠ 대중이 살아가는 시대상을 반영함.
  ㉡ 불특정 다수의 대중을 소비 주체로 보고 문화 상품을 대량 생산, 공급함으로써 대중의 의식을 표준화함.
  ㉢ 상업성과 대중성을 중시하고, 제작과 유통 과정이 분업화되어 하나의 산업으로 발전해 옴.
  ㉣ 오늘날 고부가 가치를 창출하는 새로운 산업으로 떠오르고 있음.

(2) 대중문화와 관련된 윤리적 문제

선정성과 폭력성	• 대중문화가 이윤 창출 수단이 되면서 점점 더 자극적인 요소와 표현을 포함하게 됨 • 인간의 육체와 성, 폭력에 대한 그릇된 인식 생성 우려
자본에의 종속	• 자본을 소유한 사람 혹은 집단이 대중문화 주도 • 예술가의 자율성과 독립성 제약 • 대중문화의 획일화, 규격화, 몰개성화 초래

(3) 대중문화에 대한 윤리적 규제

① 제도적 규제에 대한 입장

찬성	• 선정성·폭력성 등 유해 요소 규제 필요 • 시장 논리에 따른 문화 강요 규제 필요 ➜ 미풍양속과 청소년 보호 등을 위해 필요
반대	• 불공정한 규제 가능성 • 표현의 자유 제한 우려 • 대중의 문화 향유권 제한 우려

② 개인적 차원의 규제

생산자	건전한 대중문화 보급을 위해 노력
소비자	• 대중문화의 수동적 소비 주체에서 탈피 • 대중문화에 대한 성찰과 비판적 시각 ➜ 능동적·주체적 수용

2 의식주 윤리와 윤리적 소비

1. 의식주 문화와 윤리

(1) 의복 문화와 윤리적 문제

① 의복의 기능 : 신체 보호, 개성 표현의 수단, 신분이나 지위 등 표현, 공동체의 정체성과 유대감 표출

② 의복의 윤리적 의미

㉠ 자아 및 가치관 형성

ⓐ 의복을 통해 개성과 가치관 표현

ⓑ 의복이 가치관 형성에 영향을 주기도 함.

➜ 의복을 '제2의 피부'로 자아와 동일시하는 경향

㉡ 예의에 대한 사회적 기준을 반영 : 때와 장소, 의식에 맞는 예의 표현

㉵ 관혼상제 등 행사에 맞는 의복 착용

③ 의복 문화와 관련된 윤리 문제

명품 선호 현상	사치 풍조 조장 ➜ 과소비, 계층 간 분열 촉진 ㉵ 과시적 소비
유행 추구 현상	패스트 패션(fast fashion)과 결합하여 몰개성·획일화와 자원 낭비, 환경 오염, 노동 착취 등의 문제 초래
생태 윤리적 문제	동물의 고통을 기반으로 생산된 모피나 가죽옷 착용 문제

개념 Check

- **과시적 소비** : '베블런 효과'라고도 하는데, 이는 과시욕 때문에 수요가 증가하는 현상이다.
- **동조 소비** : 소속된 단체에서 소외되지 않으려고 자신의 필요와 상관없는 물품을 구매하는 행위로, 유행에 민감하게 반응하는 소비 형태로 나타난다.
- **패스트 패션** : 최신 유행을 반영하여 짧은 주기로 대량 생산하여 판매하는 의류로 주로 개발 도상국에서 생산되어 가격이 저렴하다.
- **몰개성화** : 개인이 집단에 포함되면서 자신의 정체성이나 특성을 잃어버리고 집단 속으로 융합된다고 느끼는 심리 상태이다.

④ 해결 노력

생산자	사람과 환경을 생각하는 윤리 경영 실천
소비자	인권과 생태 환경을 고려한 윤리적 소비 지향 예 슬로 패션

개념 Check

- **슬로 패션** : 친환경 소재와 친환경 공법으로 의류를 생산하여 유행보다는 생태 환경과 건강에 더 많은 가치를 부여하는 의류

(2) 음식 문화와 윤리적 문제

① 음식과 관련된 윤리적 문제

　㉠ 식품 안전성 문제 : 유전자 조작 식품(GMO), 식품 첨가물의 유해성, 패스트푸드(정크 푸드)의 비만 유발 등

　㉡ 환경 문제 : 대량 생산을 위한 화학 비료 및 농약 사용, 식품의 원거리 이동에 따른 탄소 배출량 증가 → 지구 온난화에 영향

　㉢ 동물 복지 문제 : 공장식 축산업의 보편화 → 동물 학대

　㉣ 음식 불평등 문제 : 국가 간 빈부 격차 심화에 따른 식량 수급의 불균형 → 영양실조와 기아 문제

② 해결 노력

개인적 차원	생태계를 고려하는 음식 문화 형성에 동참 예 슬로푸드 운동, 로컬푸드 운동 등
사회적 차원	바람직한 음식 문화 확립을 위한 제도 마련 예 안전한 먹거리 인증, 성분 표시 의무화 등

🎯 개념 Check

- 슬로푸드(slow food) 운동 : 비만 등을 유발하는 패스트푸드의 문제를 해결하고자 가공하지 않고 사람의 손맛이 들어간 음식, 자연적인 숙성이나 발효를 거친 음식 등 전통적인 방식으로 만든 음식을 섭취하자는 운동
- 로컬푸드(local food) 운동 : 장거리 운송을 거치지 않은 안전하고 건강한 지역 농산물을 구매하려는 운동

(3) 주거 문화와 윤리적 문제

① 주거의 윤리적 의미

개인적 측면	신체적 안전과 정서적 안정, 휴식을 누릴 수 있는 내적 공간
사회적 측면	공동체의 유대감을 형성하고 관계성을 회복하는 공간

② 집의 기능

- ㉠ 안전의 기능 : 외부 위협으로부터 보호
- ㉡ 사생활 보호의 기능 : 타인으로부터 사생활 보호
- ㉢ 휴식의 기능 : 신체적·정서적 안정과 휴식 제공
- ㉣ 정서적 기능 : 가족 구성원들의 유대감 형성, 관계성 회복

③ 주거와 관련된 윤리적 문제

- ㉠ 집의 경제적 가치만을 중시하는 문제
  - 📕 부동산 투기, 하우스 푸어 등

🎯 개념 Check

- 하우스 푸어(house poor) : 집을 보유하고 있지만 무리한 대출로 인한 이자 부담 때문에 빈곤하게 사는 사람들을 가리키는 말

- ㉡ 생활의 질 저하 문제(소음, 녹지 부족 등)
- ㉢ 공동 주택의 폐쇄성으로 인한 주민 간 소통 단절 문제

④ 해결 노력 : 주거의 본질적 가치 회복, 공동체를 고려하는 주거 문화
  - 📕 셰어하우스, 코하우징

2. 윤리적 소비문화

(1) 합리적 소비와 윤리적 소비

합리적 소비	• 의미 : 소비자가 가격과 품질을 고려하여 최소의 비용으로 최대의 만족을 얻기 위한 소비 • 특징 : 경제적 편익에만 치중한 소비를 하게 됨 ➜ 인권 침해, 동물 학대, 환경 오염 등 유발

윤리적 소비	• 의미 : 윤리적인 가치 판단에 따라 재화나 서비스를 구매하고 사용하는 소비
	• 특징 : 환경 보호, 인권 향상을 선택 기준으로 고려함
	※ 윤리적 소비를 평가하는 기준
	  − 환경 : 기후 변화, 주거와 자원, 오염과 독성, 식품 첨가물, 환경 보전
	  − 사람 : 인권, 노동자 권리, 아동 학대・착취, 무책임한 판매
	  − 동물 : 동물 실험, 공장형 사육, 동물의 권리
	  − 지속 가능성 : 유기농 제품, 공정 무역, 에너지 효율

(2) 윤리적 소비의 가치 유형

  ① 인권과 정의 : 노동자의 인권과 복지를 보장하는 기업의 상품 구매, 아동 노동 착취 없이 제3세계 노동자에게 정당한 임금을 지불한 공정 무역 상품 구매

    ☞ **개념 Check**

      • 공정 무역 : 선진국과 개발 도상국 간 불공정한 무역 구조에서 발생하는 부의 편중, 노동력 착취 등의 문제를 해결하기 위해 등장한 무역 형태

  ② 공동체적 가치 : 지역 공동체의 지속 가능한 발전을 도모하는 소비

    ⑩ 로컬푸드 운동(이탈리아의 슬로푸드 운동, 미국의 100마일 다이어트 운동, 일본의 지산지소 운동 등)

  ③ 동물 복지 : 동물의 생명을 존중하고 고통을 최소화하는 방식으로 생산된 상품 소비

  ④ 환경 보전 : 생태계의 보전과 지속 가능한 소비가 가능하도록 하는 친환경 소비

3 다문화 사회의 윤리

1. 문화 다양성과 존중

(1) 다문화 사회의 윤리적 자세

  ① 다문화 사회

    ㉠ 의미 : 한 국가 안에 다양한 인종과 문화적 배경이 다른 사람들이 공존하는 사회

    ㉡ 영향

긍정적 영향	새로운 문화 요소의 도입으로 구성원의 문화 선택의 폭이 넓어지고 문화 발전의 기회가 확대됨
부정적 영향	다양한 문화적 요소가 충돌하여 갈등이 발생하기도 함

  ② 다양한 문화를 바라보는 태도

자문화 중심주의	자신의 문화를 기준으로 다른 문화를 무조건 낮게 평가하는 태도 → 문화 제국주의로 발전

문화 사대주의	자신의 문화를 열등하게 여겨 다른 문화를 숭배하고 추종하는 태도
문화 상대주의	각 문화가 지닌 고유성과 상대적 가치를 이해하고 존중하는 태도 → 보편 윤리를 인정하며, 윤리적 상대주의에는 반대함

> 🎯 **개념 Check**
>
> - 보편 윤리 : 사회나 관습에 상관없이 보편적이고 절대적인 진리를 말한다. 예를 들어 국가나 문화권에 상관없이 갖고 있는 '사람을 죽이면 안 된다.'라는 가치가 있다.
> - 윤리적 상대주의 : 옳고 그름의 기준이 시대와 장소, 사회에 따라 다르다는 관점

(2) 다문화 사회의 정책 모델

① 차별적 배제 모델

 ㉠ 입장 : 이주민을 특정 목적으로만 받아들이고, 내국인과 동등한 권리를 인정하지 않음.

 ㉡ 한계 : 인간의 존엄성과 평등이라는 보편 윤리에 어긋남.

② 동화주의(＝용광로 모형)

> 🎯 **개념 Check**
>
> - 용광로 이론 : 여러 가지 금속을 용광로 안에 넣고 하나의 새로운 금속을 만든다는 것으로, 다양한 문화를 섞어서 하나의 새로운 문화로 만든다는 관점

 ㉠ 입장 : 이주민의 문화와 같은 소수 문화(비주류 문화)를 주류 문화에 적응시키고 통합하려는 입장

 ㉡ 장점 : 문화적 충돌에 따른 사회 혼란과 갈등을 방지하고 사회적 연대감과 결속력을 강화

 ㉢ 한계 : 각 문화의 고유성과 다양성 훼손

③ 다문화주의(＝샐러드 그릇 모형)

> 🎯 **개념 Check**
>
> - 샐러드 볼(salad bowl) 모형 : 각기 다른 재료들이 섞여 각자 고유의 맛을 지키면서도 하나의 샐러드가 되는 것을 비유한 말로, 여러 민족의 문화가 평등하게 조화되어 다양함이 공존하는 사회를 완성한다.

 ㉠ 입장 : 다양한 문화가 상호 공존하면서 각각의 색깔을 지니면서도 조화를 이룸.

 ㉡ 장점 : 소수자의 문화를 존중하고 문화 간 다양성을 확보할 수 있음.

 ㉢ 한계 : 사회적 연대감이나 결속력이 부족하여 사회적 통합을 이루기 어려움.

④ 문화 다원주의(= 국수 대접 모형)

> ### 🎯 개념 Check
>
> • 국수 대접 이론 : 주류 문화는 국수와 국물처럼 중심 역할을 하고, 이주민의 문화는 색다른 맛을 더해 주는 고명이 되어 자신의 문화적 정체성을 유지하면서 조화를 이루어 공존한다.

ㄱ 입장 : 문화의 다양성은 인정하지만, 주류 사회의 문화를 바탕으로 비주류 문화가 공존해야 한다고 봄.
ㄴ 장점 : 주류 문화를 중심으로 한 사회적 통합을 용이하게 함.
ㄷ 한계 : 비주류 문화를 주류 문화와 동등하게 취급하지 않음.

(3) 다문화 사회의 시민 의식
① 문화적 편견 극복 : 문화 상대주의적 태도 함양
② 윤리적 상대주의 지양 : 문화에 대한 비판적 성찰 필요
③ 바람직한 문화적 정체성 확립 : 자신의 주관이나 문화적 정체성을 유지하면서 조화를 이룸.
④ 관용 : 자신과 다른 문화적 배경을 가진 사람의 가치관이나 생각 등을 존중하고 받아들임. ➜ 관용의 역설 경계

> ### 🎯 개념 Check
>
> • 관용의 역설 : 관용을 무제한적으로 허용한 결과 관용 자체를 부정하는 사상이나 태도까지 인정하게 되어 인권을 침해하고 사회 질서가 무너지는 현상을 의미한다.

2. 종교의 공존과 관용

(1) 인간의 삶과 종교
① 종교의 의미 : 신앙 행위와 종교의 가르침, 성스러움과 관련된 심리 상태 등의 다양한 현상을 아우르는 말
② 인간은 종교적 존재 : 인간은 종교를 통해 실존적 문제 상황을 해결하고 삶의 궁극적 의미를 발견하려 함.

> ### 🎯 개념 Check
>
> • 종교적 존재 : 종교학자 엘리아데는 종교적 지향성을 인간의 근본적 성향이라고 보면서 인간을 '종교적 존재'로 규정함.

③ 종교의 긍정적 기능
ㄱ 현실의 고통과 어려움 극복, 심리적 안정 유지

ⓛ 삶의 궁극적 목적과 삶의 기준 제시
ⓒ 바람직한 삶의 방향을 모색하게 함.
ⓔ 긍정적으로 사회를 변화시키는 데 도움을 줌.

(2) 종교와 윤리의 관계
① 종교와 윤리의 차이점과 공통점

구분	종교	윤리
차이점	초월적 세계, 궁극적 존재에 근거한 종교적 신념과 교리 제시	이성이나 양심, 도덕 감정 등을 근거로 실생활에서 지켜야 하는 규범 제시
공통점	도덕성 중시 → 모든 종교는 보편적 윤리를 포함함 예 불교-자비, 그리스도교-이웃에 대한 사랑, 이슬람교-다른 사람에 대한 친절과 배려 강조	

② 종교와 윤리의 바람직한 관계
ⓒ 대부분 종교는 윤리에서 강조하는 보편 윤리를 강조함. → 보편 윤리가 배제된 종교는 진정한 종교로 볼 수 없음.
ⓛ 종교는 윤리적 삶을 고양하는 데 도움을 줄 수 있고, 윤리는 종교가 올바른 방향으로 나아가는 데 도움을 줄 수 있음.

(3) 종교의 갈등과 공존
① 종교 간 갈등의 발생 원인
㉠ 배타적 태도 : 가치관 차이, 교리 차이를 부정함.
㉡ 무지와 편견 : 타 종교에 관한 지식 부족이 원인
② 종교 간 갈등 양상 : 인종, 민족, 자원 등 다른 요소가 결합되어 갈등이 더 깊어지기도 하고, 심한 경우 테러, 전쟁 등의 폭력적인 모습을 보이기도 함.
③ 종교 갈등을 극복하기 위한 자세
㉠ 종교적 관용 : 종교의 자유와 각 종교의 자율성 인정
㉡ 종교 간 대화와 협력 : 종교 간 갈등 해소에 도움, 서로 다른 종교를 이해하고 존중하는 풍토 조성

05 대표 기출문제

정답 및 해설 p. 84

01 다음 두 사상가의 공통된 입장으로 가장 적절한 것은?

공자: 예(禮)에서 사람이 서고 악(樂)에서 사람이 완성된다.

정약용: 인간은 칠정(七情)이 있어 마음이 고르지 못한 까닭에 음(音)을 듣고 마음을 씻어 평온해져야 한다.

① 예술은 사회에 영향을 미칠 수 없다.
② 예술은 미적 가치만을 추구해야 한다.
③ 예술은 도덕성 함양에 기여할 수 있다.
④ 예술은 인간의 도덕적 삶과 관련이 없다.

02 예술에 대한 도덕주의 입장으로 옳은 것을 〈보기〉에서 고른 것은?

┤보기├
ㄱ. 예술의 자율성만을 강조해야 한다.
ㄴ. 예술에 대한 윤리적 규제가 필요하다.
ㄷ. 미적 가치를 제외한 모든 가치를 부정해야 한다.
ㄹ. 예술의 목적은 도덕적 교훈을 제공하는 것이다.

① ㄱ, ㄴ   ② ㄱ, ㄷ
③ ㄴ, ㄹ   ④ ㄷ, ㄹ

03 예술 지상주의의 입장에 대한 설명으로 가장 적절한 것은?

① 예술의 사회성만을 강조한다.
② 예술을 위한 예술을 주장한다.
③ 예술가에게 도덕적 공감이 중요함을 강조한다.
④ 예술에 대한 윤리적 규제의 필요성을 주장한다.

04 예술에 대한 도덕주의 입장으로 가장 적절한 것은?

① 순수 예술론을 지지한다.
② 예술의 독립성만을 강조한다.
③ 예술에 대한 윤리적 규제를 반대한다.
④ 예술은 교훈적인 본보기를 제공해야 한다.

05 예술의 상업화를 반대하는 입장으로 옳은 것을 〈보기〉에서 고른 것은?

┤보기├
ㄱ. 예술을 일반 대중들도 누릴 수 있게 해 준다.
ㄴ. 예술가에게 예술 활동의 경제적 기반을 마련해 준다.
ㄷ. 예술의 미적 가치와 윤리적 가치를 훼손할 수 있다.
ㄹ. 예술 작품이 돈을 벌기 위한 투기 수단으로 사용된다.

① ㄱ, ㄴ   ② ㄱ, ㄷ
③ ㄴ, ㄹ   ④ ㄷ, ㄹ

06 (가), (나)에 들어갈 내용으로 적절하지 <u>않은</u> 것은?

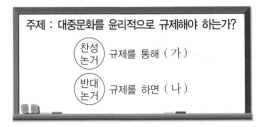

주제 : 대중문화를 윤리적으로 규제해야 하는가?

찬성
논거 ── 규제를 통해 (가)

반대
논거 ── 규제를 하면 (나)

① (가) : 성 상품화를 예방할 수 있다.
② (가) : 청소년을 폭력적 문화로부터 보호할 수 있다.
③ (나) : 다양한 문화가 폭넓게 창조된다.
④ (나) : 창작자의 표현할 자유와 권리가 침해된다.

07 대중문화에 대한 윤리적 규제를 반대하는 입장을 〈보기〉에서 고른 것은?

┤ 보기 ├
ㄱ. 성의 상품화를 예방할 수 있다.
ㄴ. 자율성과 표현의 자유를 중시한다.
ㄷ. 대중은 다양한 대중문화를 즐길 권리가 있다.
ㄹ. 대중의 정서에 미칠 부정적 영향을 방지한다.

① ㄱ, ㄴ   ② ㄴ, ㄷ
③ ㄴ, ㄹ   ④ ㄷ, ㄹ

08 다음 중 윤리적 소비를 실천한 학생은?

친구들에게 과시하기 위해 명품 신발을 샀어. 학생 1
환경 보전을 위해 재활용 종이로 만든 지갑을 샀어. 학생 2
멸종 위기 동물 가죽으로 만든 가방을 샀어. 학생 3
필요 없지만 유행을 따르려고 바지를 샀어. 학생 4

① 학생 1 ② 학생 2 ③ 학생 3 ④ 학생 4

09 다음은 서술형 평가 문제와 학생 답안이다. 밑줄 친 ㉠~㉣ 중 옳지 <u>않은</u> 것은?

문제 : 의복 문화와 관련된 윤리적 문제와 바람직한 자세를 서술하시오.

〈학생 답안〉
　윤리적 문제로 ㉠ 유행에 무비판적으로 동조하는 유행 추구 현상과 ㉡ 무분별한 명품 소비로 사치 풍조를 조장하는 명품 선호 현상이 있다. 따라서 ㉢ 타인의 신념에 따라 수동적인 소비를 실천하고, ㉣ 환경을 고려하여 과도한 욕망을 절제할 필요가 있다.

① ㉠   ② ㉡   ③ ㉢   ④ ㉣

10 윤리적 소비에 대한 설명으로 옳은 것을 〈보기〉에서 고른 것은?

┤ 보기 ├
ㄱ. 생태계 보존을 생각하는 소비이다.
ㄴ. 자신의 재력을 과시하기 위한 소비이다.
ㄷ. 많은 상품을 충동적으로 구매하는 소비이다.
ㄹ. 노동자의 인권과 복지를 고려하는 소비이다.

① ㄱ, ㄴ   ② ㄱ, ㄹ
③ ㄴ, ㄷ   ④ ㄷ, ㄹ

11 다문화 사회의 시민 의식으로 적절하지 <u>않은</u> 것은?

① 문화적 편견을 극복해야 한다.
② 서로 다름과 차이를 인정한다.
③ 보편적 가치를 위협하는 문화를 수용해야 한다.
④ 인권과 평화를 위해 책임 있는 행동을 지향한다.

12 다음에서 설명하는 윤리에 대한 관점은?

> - 보편적으로 타당한 도덕 원칙은 없다고 봄.
> - 윤리를 문화의 산물로 보고, 각 사회마다 마땅히 따라야 할 규범이 다를 수 있다고 봄.

① 윤리적 상대주의
② 윤리적 이기주의
③ 윤리적 절대주의
④ 윤리적 의무주의

13 다음에서 바람직한 문화적 정체성을 유지하기 위한 관점에만 '✔'를 표시한 학생은?

관점＼학생	A	B	C	D
• 자신의 주관이나 문화적 정체성을 버린다.	✔	✔		✔
• 사회 질서를 파괴하지 않는 범위에서 관용을 베푼다.	✔		✔	✔
• 문화의 다양성을 수용하면서도 보편적 규범을 따른다.		✔	✔	✔

① A
② B
③ C
④ D

14 다음 설명에 해당하는 것은?

> - 이주민의 고유한 문화와 자율성을 존중하여 문화 다양성을 실현하고자 함.
> - 대표적으로 샐러드 볼 이론이 있음.

① 동화주의
② 다문화주의
③ 문화 사대주의
④ 자문화 중심주의

15 ㉠에 들어갈 내용으로 가장 적절한 것은?

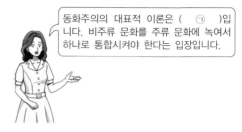

> 동화주의의 대표적 이론은 (㉠)입니다. 비주류 문화를 주류 문화에 녹여서 하나로 통합시켜야 한다는 입장입니다.

① 용광로 이론
② 모자이크 이론
③ 샐러드 볼 이론
④ 국수 대접 이론

16 다음 설명에 해당하는 다문화 이론은?

> - 다양한 문화의 공존을 위해서는 주류 문화의 역할이 중요하다는 입장
> - 주재료인 면 위에 고명을 얹어 맛을 내듯이 주류 문화를 중심으로 비주류 문화가 공존해야 한다는 입장

① 용광로 이론
② 동화주의 이론
③ 샐러드 볼 이론
④ 국수 대접 이론

17 (가)에 들어갈 내용으로 가장 적절한 것은?

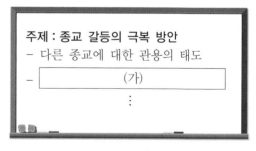

> 주제 : 종교 갈등의 극복 방안
> – 다른 종교에 대한 관용의 태도
> – 　　　　　(가)
> 　　　　　　⋮

① 특정한 종교의 교리 강요
② 종교 간 적극적인 대화와 협력
③ 타 종교에 대한 무조건적 비난과 억압
④ 종교적 신념을 내세운 비윤리적 행위의 강행

06 평화와 공존의 윤리

1 갈등 해결과 소통의 윤리

1. 사회 갈등과 사회 통합

(1) 사회 갈등

① 의미 : 개인 또는 집단 간 목표나 이해관계가 달라 충돌하는 상황

※ 갈등 : 칡이나 등나무가 복잡하게 얽혀 있는 모습

② 사회 갈등의 양면성 : 사회 갈등은 사회의 혼란과 분열을 초래한다는 점에서 부정적 측면이 존재한다. 그러나 사회 갈등은 사회의 문제점을 표출시켜 바람직한 해결 방안을 모색하는 계기가 된다는 점에서 사회 발전에 기여하기도 한다.

③ 사회 갈등의 원인

㉠ 가치관과 이념 차이 : 자신의 생각이나 가치관만을 절대시하고 다른 사람의 가치관을 무시하는 태도

㉡ 이해관계의 대립 : 한정된 자원의 불공정한 분배 또는 분배 과정에서의 소외

㉢ 원활한 소통의 부재 : 사회적 쟁점에 대한 소통 부족 또는 한쪽에만 유리한 결론 도출

④ 사회 갈등의 종류

㉠ 이념 갈등

의미	한 사회나 집단이 지닌 특정한 가치관, 믿음, 견해 등이 다를 경우 발생
사례	사회 안정과 질서를 중시하는 보수적 입장과 변화를 통해 사회의 문제점을 해결하려는 진보적 입장 간의 갈등

> 💡 **개념 Check**
>
> • **진보주의와 보수주의** : 진보주의는 사회의 모순을 변화와 개혁을 통하여 점진적으로 해결해 나가려는 사고방식을 의미하며, 보수주의는 급격한 변화를 반대하고 전통의 옹호와 현상 유지 또는 점진적 개혁을 주장하는 사고방식을 의미한다.

㉡ 지역 갈등

의미	경제적 요인, 특정 지역에 대한 특권 의식이나 차별 의식으로 인해 발생
사례	수도권과 지방, 도시와 농촌, 영남과 호남 등 지역 간 갈등

개념 Check

- 님비(NIMBY) 현상 : 공공의 이익에는 부합하지만, 자신이 속한 지역에는 이롭지 않아 반대하는 행동이 나타나는 현상을 말한다.
- 핌피(PIMFY) 현상 : 수익성 있는 사업을 내 지방에 유치하겠다는 것으로 지역 이기주의의 일종이다.

ⓒ 세대 갈등

의미	연령과 시대별 경험의 차이로 어느 사회에서나 나타나는 보편적인 현상 → 급속한 사회 변화에 적응 속도 차이로 갈등이 심화됨
사례	기성 세대와 젊은 세대가 서로 차이를 인정하지 않고 부정적으로 바라보는 갈등

⑤ 사회 갈등의 바람직한 해결 : 사회 갈등을 해결해 나가는 과정에서 더 나은 방향으로 사회가 발전할 수 있음.

→ 사회 갈등의 바람직한 해결을 통해 사회 통합을 이루어야 함.

(2) 사회 통합을 위한 노력

① 사회 통합의 필요성

행복한 삶	갈등이 일상화되면 고통은 물론 정상적인 생활을 할 수 없어 불행해질 수 있음
사회 발전	갈등은 사회적 통합을 방해하여 사회 발전을 가로막음
국가 경쟁력 강화	갈등에 따른 사회 분열은 구성원의 소속감과 연대감을 해쳐 국가 경쟁력을 약화시킴

② 사회 통합을 위한 방안
  ㉠ 상호 존중과 신뢰를 바탕으로 소통하고자 노력함.
  ㉡ 구성원들은 연대 의식을 바탕으로 공익을 존중함.
  ㉢ 사회 통합을 위한 제도와 정책을 마련함.

2. 소통과 담론 윤리

(1) 동양의 소통과 담론 윤리

공자 화이부동 (和而不同)	• 자기 것을 지키되 남의 것도 존중하여 서로 다른 생각이 공존할 수 있도록 노력해야 함 • 화이부동 : 남과 화목하게 지내지만 자기의 중심과 원칙을 잃지 않는다.
원효 화쟁(和諍) 사상	• 편견과 집착을 넘어 소통하면서 대립을 극복하고, 궁극적 진리로 나아가야 함 → 일심(一心)사상 • 화쟁(和諍) 사상 : 원효의 핵심 사상으로, 서로 다른 종파들 간의 다툼[諍]을 더 높은 차원에서 조화[和]하고자 하는 것이다.

(2) 서양의 소통과 담론의 윤리
  ① 하버마스의 담론 윤리

> 🔥 **개념 Check**
> • 담론 : 갈등이나 문제를 해결하기 위한 의사소통 행위로 주로 토론의 형태로 이루어진다.

  ㉠ 규범의 타당성 요건
    ⓐ 합리적인 의사소통 : 서로 다른 의견과 갈등, 폭력 등의 극복
    ⓑ 자유로운 동의 : 규범에 의해 영향을 받는 사람들이 합리적인 토론을 통해 자유롭게 동의함.
  ㉡ 이상적 대화 상황 조건

이해 가능성	대화에 참여한 상대방이 이해할 수 있는 말을 해야 함
정당성	대화 당사자들은 논쟁의 절차를 준수하여 정당성을 확보해야 한다.
진리성	대화 당사자들의 말하는 내용이 참이어야 한다.
진실성	대화 당사자들은 기만하거나 속이려는 의도 없이 말하는 바를 진실하게 표현해야 한다.

  ② 소통과 담론 과정에서 필요한 윤리적 자세
    ㉠ 합리적인 대화가 이루어지기 위한 과정 중시
    ㉡ 모든 사람에게 담론에 참여할 기회 개방
    ㉢ 자유롭고 평등한 담론 참여자들이 합리적인 담론 상황에서 상호 이해와 관용의 태도를 갖도록 함.

2 민족 통합의 윤리

1. 통일 문제를 둘러싼 쟁점

(1) 통일에 대한 입장 차이

통일 찬성	• 이산가족의 고통을 해소할 수 있음 • 민족의 동질성의 회복 및 민족 공동체 건설 • 한반도 평화 정착 및 세계 평화 이바지 • 분단비용이 감소하여 복지 혜택이 크게 증가할 수 있음 • 민족의 경제적 번영과 국제적 위상이 높아질 수 있음
통일 반대	• 통일에 대한 무관심 → 통일보다 평화와 공존 우선시 • 서로 다른 체제, 생활 방식 차이 등 이질화 심화 • 경제적 격차와 그에 따른 통일 비용 부담 우려

(2) 통일 비용과 분단 비용 문제

① 의미

통일 비용	통일 이후 남북한 간 격차 해소 및 이질적 요소 통합에 필요한 비용 → 투자 성격의 생산적 비용 • 제도 통합 비용 : 정치, 행정, 금융, 화폐 통합 비용 • 위기 관리 비용 : 인도적 차원의 긴급 구호 비용, 실업 문제 처리 비용 • 경제적 투자 비용 : 생산 · 생활 기반 구축 비용
분단 비용	분단으로 인해 남북한이 부담하는 유 · 무형의 모든 비용 • 경제적 비용 : 군사비, 외교비, 교육비 등 • 경제 외적 비용 : 전쟁 가능성에 대한 공포, 이산가족의 고통, 이념적 갈등 과 대립, 국토의 불균형 발전 등 예 군사비, 외교 비용, 전쟁 발발 공포, 이산가족의 고통 → 소모적 비용

② 통일 편익 : 남북통일의 결과 얻을 수 있는 경제적 · 비경제적 편익

유형적 혜택	영토 확대, 이용 가능 자원 증가, 분단 비용 해소
무형적 혜택	전쟁 위험성 감소, 이산가족의 아픔 해소

2. 통일이 지향해야 할 가치

(1) 화해와 평화를 위한 노력

① 통일 한국이 지향할 가치 : 인권, 자유, 정의, 평화 등

인권	인간이라면 마땅히 누려야 할 기본적 권리가 인정되고 인간의 존엄과 가치 가 존중되는 인권 국가를 지향해야 함
자유	자신의 신념과 선택에 따른 자유로운 삶이 보장되며, 다른 사람 위에 군림하 거나 타인의 행복 추구를 방해하지 않는 국가를 지향해야 함
정의	사익이나 공익을 분배할 때 모든 구성원을 공정하게 대우하며, 복지 국가를 지향해야 함
평화	전쟁이 사라진 평화로운 국가로서 동북아시아의 평화 공동체 건설, 세계 평 화와 인권 등 보편적 가치를 수호하는 데 이바지하는 국가를 지향해야 함

② 화해 및 평화를 위한 노력

㉠ 개인적 차원 : 북한에 대한 올바른 인식, 통일에 대한 관심

㉡ 국가적 차원 : 통일 기반 조성, 문화 교류, 이산가족 상봉 등 인도적 노력

(2) 바람직한 통일의 방법

① 평화적 방법을 통해 점진적 · 단계적으로 통일을 이루어 나가야 함.

② 국민적 이해와 합의를 기초로 하여 민주적으로 통일을 이루어 나가야 함.

③ 주변국들과 협력을 강화하여 그들이 한반도의 통일을 지지하도록 유도해야 함.

④ 통일 한국의 미래상 : 수준 높은 문화 국가, 자주적인 민족 국가, 정의로운 복지 국가, 자유로운 민주 국가 등

3 지구촌 평화와 윤리

1. 국제 분쟁의 해결과 평화

(1) 국제 분쟁의 원인과 윤리적 문제
  ① 국제 분쟁의 원인 : 영토 분쟁, 인종·민족 분쟁, 종교 분쟁, 자원 분쟁 등
  ② 국제 분쟁의 특징
    ㉠ 다양한 정치적·경제적·종교적 이해관계가 얽혀 복잡하고 다양한 양상을 띰.
    ㉡ 오늘날 국제 평화와 정의를 해치는 반인도적 범죄가 증가하고 있음.

> 🎯 **개념 Check**
> • 반인도적 범죄 : 집단 살해, 인종 청소와 같은 인간 존엄성을 훼손하는 범죄

  ③ 윤리적 문제 : 평화, 정의, 인권 등의 보편적 가치 훼손
  ④ 국제 분쟁의 사례
    ㉠ 자원 분쟁 : 동중국해 자원을 둘러싼 중국과 일본의 영유권 분쟁
    ㉡ 종교 분쟁 : 카슈미르 지역의 힌두교도와 이슬람교도 간의 분쟁
    ㉢ 영토 분쟁 : 팔레스타인 지역의 유대인과 아랍인 간의 영토 분쟁
  ⑤ 해결 방안
    ㉠ 문명의 다양성과 차이 존중 : 종교적·문화적 차이로 인한 충돌 해결
    ㉡ 국제적 분배 정의 실현 : 부(富)의 불평등 분배에서 비롯되는 갈등 해소 ➔ 약소국을 배려하는 국제적 차원의 제도 마련, 국제 원조 기구를 통한 기부 활성화 등 노력 필요
    ㉢ 형사적 정의 실현
      ⓐ 테러 집단에 대한 피해국의 직접적인 무력 사용
      ⓑ 국제 형사 경찰 기구나 국제 형사 재판소(ICC) 등 국제기구를 통한 처벌

> 🎯 **개념 Check**
> • 국제 사법 재판소(ICJ) : 국제 연합 기구의 하나로, 조약의 해석, 의무 위반의 사실 여부 등 국제적 분쟁 해결을 위한 상설 재판소이다.

(2) 국제 관계를 바라보는 관점
  ① 현실주의(모겐소)

관점	• 국가는 이기적인 인간들로 구성 ➔ 국가는 자국의 이익만을 추구함 • 국제 분쟁의 원인 : 자국의 이익만을 추구하는 외교 정책으로 발생 • 해결 방법 : 국가의 힘을 키워 세력 균형을 이루어야 함
한계	국제 관계에서 세력 균형은 언제든지 무너질 수 있어 평화를 보장하지 못함

② 이상주의(칸트)

관점	• 국가는 도덕성을 고려해야 하고 국가의 이익보다 인간의 존엄성, 자유, 평등과 같은 보편적 가치를 중시해야 함 • 국제 분쟁의 원인 : 인간 본성에서 유래하는 것이 아니라 상대방에 대한 무지나 오해, 잘못된 제도 때문에 발생함 • 해결 방법 : 국가 간의 이성적 대화와 협력을 바탕으로 도덕·여론·법률·제도를 개선해야 함
한계	자국의 이익을 중시하는 현실적인 국제 관계를 설명하기 어려움

③ 현실주의와 이상주의의 비교

구분	현실주의	이상주의
핵심 단어	힘	이성
갈등 원인	자국의 이익 추구	잘못된 제도, 무지, 오해
갈등 해결	국가 간 세력 균형	국가 간 이성적 대화와 협력

(3) 국제 평화 실현을 위한 노력

① 칸트의 영구 평화론 : 국제법이 적용되는 국제적인 연맹을 창설할 것을 주장 ➡ 국제 연합(UN)의 창설 계기가 됨.

② 갈퉁의 적극적 평화론

　㉠ 소극적 평화와 적극적 평화로 구분함.

　㉡ 직접적인 폭력으로부터 벗어난 소극적 평화뿐만 아니라 구조적 폭력과 문화적 폭력 등의 간접적 폭력까지 제거된 적극적인 평화 상태에 도달해야 한다고 주장

소극적 평화	전쟁, 테러, 범죄와 같은 직접적 폭력이 없는 상태
적극적 평화	• 직접적 폭력뿐만 아니라 간접적 폭력도 사라져 인간다운 삶을 누릴 수 있는 상태 • 간접적 폭력 　- 구조적 폭력 : 사회 제도나 관습 또는 의식이 폭력을 용인하거나 정당화하는 형태의 폭력 ⑩ 억압, 빈곤 　- 문화적 폭력 : 문화적 영역이 직접적 폭력이나 구조적 폭력을 정당화하는 데 이용되는 형태의 폭력

2. 국제 사회에 대한 책임과 기여

(1) 세계화를 둘러싼 윤리적 쟁점

① 세계화의 의미 : 국제 사회에서 상호 의존성이 증가하면서 세계가 단일한 사회 체계로 나아가는 현상

② 세계화의 긍정적·부정적 측면

긍정적 측면	부정적 측면
• 국가 간의 교류·협력 증가 • 각국 경제의 결합으로 공동 번영 • 다양한 문화 교류로 문화 수준 향상	• 서구 자본주의의 시장 확대 • 시장과 자본의 독점으로 국가 간 빈부 격차 심화(남북문제) • 문화의 독점과 획일화

③ 세계화 시대에 지녀야 할 바람직한 태도 : 세계 시민으로서 지구촌 문제를 함께 해결해 나가야 한다는 인식을 지녀야 함.

(2) 해외 원조의 윤리적 근거

① 해외 원조의 필요성

　㉠ 모든 인간은 인간으로서 최소한 경제적·정치적 조건과 인권의 보장이 필요함.

　㉡ 국제 사회 구성원으로서 기아와 빈곤 문제를 겪는 약소국에 대한 책임감을 지녀야 함.

② 해외 원조에 대한 다양한 관점

　㉠ 의무의 관점 : 약소국에 대한 원조는 윤리적 의무라고 봄.

싱어	• 공리주의 관점에서 해외 원조의 의무를 주장 • 고통과 쾌락을 느낄 수 있는 모든 존재를 고려해야 하므로 다른 사회 구성원을 배제하는 것은 공리주의 원칙에 어긋남 • 해외 원조는 빈곤으로 고통받는 사람들의 고통을 줄여주는 것 　→ 적극적으로 해외 원조에 임하는 것은 윤리적 의무임
롤스	• '질서 정연한 사회'에 살고 있는 국민들이 불리한 여건으로 고통받는 사회의 국민들을 도와주어야 함 • 원조의 목적 : 부의 불평등을 해결하는 것이 아니라 '고통받는 사회'를 '질서 정연한 사회'가 되도록 돕는 데 있음 • 질서 정연한 사회로 진입한 이후에는 그 사회가 여전히 상대적으로 빈곤할지라도 해외 원조는 중단되어야 함

🎯 개념 Check

• **질서 정연한 사회** : 독재나 착취와 같은 불합리한 사회 구조나 제도가 개선되어 정치적 전통, 법, 규범 등의 문화가 적정한 수준에 이른 사회를 말한다.

　㉡ 자선의 관점 : 약소국에 대한 원조는 의무가 아니라 자선의 형식으로 국가나 개인이 자율적으로 선택할 문제라고 봄.

노직	• 정당하게 취득한 개인의 재산에 대한 소유권은 오직 개인에게 있으며(배타적 소유권), 그 재산에 대한 처분권 또한 개인의 자유로운 선택에 달려 있음 • 자신의 부를 어떻게 사용할지는 전적으로 개인의 자유이므로 해외 원조를 실천할 윤리적 의무는 없음 • 해외 원조는 선의를 베푸는 자선의 형태로 이루어져야 함

- **싱어** : 공리주의의 '이익 평등 고려의 원칙'을 바탕으로 매우 적극적이면서도 강하게 해외 원조를 주장한다. 공리주의의 입장은 한 국가를 넘어서 세계의 모든 가난한 사람들을 원조의 대상으로 삼아야 하며, 국내 부조와 해외 원조 사이에 중요한 경계나 차이를 설정할 수 없다고 본다.
- **롤스** : 해외 원조의 의무를 사회 구조나 제도의 개선에 국한시키는 이유는, 기근 문제가 주로 물질적 자원의 부족 때문이 아니라 정치적·사회적 제도의 결함에서 기인한다고 보기 때문이다.
- **노직** : 원조를 '개인의 자율적 선택'의 문제로 이해해야 한다는 입장이다. 노직은 자신의 재산에 대한 절대적 소유권, 그리고 자유 지상주의의 입장을 근거로 내세운다. 그는 세금 제도와 같은 강제적인 수단을 통해 부를 재분배하는 것에 대해서도 반대한다.

③ 해외 원조에 대한 윤리적 자세
  ㉠ 우리나라도 원조 수혜국으로 지금의 발전과 성장을 이루어 원조 공여국이 될 수 있었음.
    → 보답의 차원에서 원조에 대한 책임 의식을 지녀야 함.
  ㉡ 지구촌 일원으로서 국제 정의 실현에 이바지해야 한다는 의무의 차원에서 원조에 대한 책임 의식을 지녀야 함.

대표 기출문제

정답 및 해설 p. 86

01 다음에서 설명하는 사회 갈등의 종류는?

> **도 덕 신 문**   2024년 ○월 ○일
>
> 급속한 사회 변화에 따라 연령 및 시대별 경험의 차이로 인한 갈등이 심화되고 있다. 기술이나 규범의 변화에 빠르게 적응하는 이들과 상대적으로 그렇지 못한 이들 사이의 갈등이 커지고 있는 것이다.

① 지역 갈등   ② 남녀 갈등

③ 노사 갈등   ④ 세대 갈등

02 다음 중 관용에 대한 설명으로 옳지 <u>않은</u> 것은?

① 관용은 무제한으로 베풀어야 한다.

② 남의 잘못을 너그럽게 용서하는 마음이다.

③ 자신과 다른 생각을 지닌 사람의 권리를 인정한다.

④ 보편적 가치를 침해하지 않는 범위 내에서 적용한다.

03 바람직한 토론 자세로 적절하지 <u>않은</u> 것은?

① 토론의 규칙과 절차를 준수한다.

② 논리적으로 타당한 근거를 제시한다.

③ 자기 생각의 오류 가능성을 배제한다.

④ 타인의 의견과 인격을 존중하는 태도를 갖는다.

04 바람직한 의사소통을 위해 갖춰야 할 태도로 옳은 것은?

① 대화의 상대방을 무시하는 태도

② 타인의 주장을 거짓으로 간주하는 태도

③ 진실한 마음으로 상대를 속이지 않는 태도

④ 자신의 오류 가능성을 인정하지 않는 태도

05 ㉠에 들어갈 용어로 가장 적절한 것은?

㉠ 윤리	
〈대표 사상가〉	〈특징〉
 하버마스(Habermas, J.)	의사소통의 합리성 실현을 강조하며, 시민이 사회 문제 해결에 적극 참여하는 주체가 되어야 한다고 주장함.

① 담론   ② 배려

③ 의무   ④ 책임

06 바람직한 통일 한국의 모습으로 적절하지 <u>않은</u> 것은?

① 대립하는 무력 국가

② 자유로운 민주 국가

③ 창조적인 문화 국가

④ 정의로운 복지 국가

07 평화적인 남북통일 실현을 위해 가져야 할 올바른 자세를 〈보기〉에서 고른 것은?

┤ 보기 ├
ㄱ. 군사비 증강에 집중하여 무력 통일을 도모한다.
ㄴ. 통일 시기와 과정은 민주적 절차에 따라 추진한다.
ㄷ. 남북 교류와 협력을 통해 서로 간에 신뢰를 형성한다.
ㄹ. 통일 기반 조성을 위한 노력보다 체제 통합을 우선한다.

① ㄱ, ㄴ   ② ㄱ, ㄹ
③ ㄴ, ㄷ   ④ ㄷ, ㄹ

08 다음은 서술형 평가 문제와 학생 답안이다. 밑줄 친 ㉠~㉣ 중 옳지 <u>않은</u> 것은?

문제 : 분단 비용과 통일 비용, 통일 편익에 대해 설명하시오.

〈답안〉
　㉠ 분단 비용은 분단으로 인해 남북한이 부담하는 유·무형의 모든 비용을 의미한다. ㉡ 분단 비용은 분단이 계속되는 한 지속적으로 발생하는 소모적 비용이다. 한편 ㉢ 통일 비용은 통일 이후 남북한 격차를 해소하고 이질적 요소를 통합하기 위한 비용이며, ㉣ 통일 편익은 통일 직후에만 발생하는 단기적 이익이다.

① ㉠   ② ㉡
③ ㉢   ④ ㉣

09 종교 갈등 해결을 위한 바람직한 자세로 적절한 것을 〈보기〉에서 고른 것은?

┤ 보기 ├
ㄱ. 자신이 믿는 종교만을 맹신한다.
ㄴ. 타인에게 자신의 믿음을 강요한다.
ㄷ. 대화를 통해 다른 종교에 대한 이해를 높인다.
ㄹ. 사랑, 평화와 같은 가치를 실천하고자 노력한다.

① ㄱ, ㄴ   ② ㄴ, ㄷ
③ ㄴ, ㄹ   ④ ㄷ, ㄹ

10 다음 내용에 해당하는 국제 관계에 대한 입장은?

• 국가는 이성적 존재이기 때문에 국제 분쟁은 국제법, 국제기구 등 제도의 개선으로 해결할 수 있다고 봄.
• 대표적 사상가 : 칸트

① 이상주의   ② 제국주의
③ 현실주의   ④ 지역주의

11 다음 대화에서 학생이 주장하는 국제 관계에 대한 관점은?

교사
국제 분쟁을 어떻게 막을 수 있을까요?

국가는 도덕성보다 국가의 이익을 우선해야 합니다. 국가의 힘을 키워서 세력 균형을 유지해야 분쟁을 막을 수 있습니다.

학생

① 현실주의   ② 구성주의
③ 이상주의   ④ 도덕주의

12 ㉠에 들어갈 용어로 가장 적절한 것은?

> 노르웨이의 평화학자 갈퉁(Galtung, J.)은 직접적 폭력뿐만 아니라 구조적·문화적 폭력을 제거하여 (㉠)를 이루어야 한다고 주장합니다.

① 일시적 평화 ② 적극적 평화
③ 소극적 평화 ④ 특수적 평화

13 다음 설명에 해당하는 용어는?

> • 고통과 갈등이 없는 안정된 마음의 상태
> • 테러, 범죄, 전쟁과 같은 폭력이 없는 상태

① 평화 ② 봉사
③ 역차별 ④ 불복종

14 다음에서 해외 원조에 대한 노직(Nozick, R.)의 관점에만 '✔'를 표시한 학생은?

관점 \ 학생	A	B	C	D
• 해외 원조는 자발적 선택이다.	✔			✔
• 해외 원조는 윤리적 의무이다.		✔		
• 해외 원조는 질서 정연한 사회가 되도록 돕는 것이다.			✔	✔

① A ② B
③ C ④ D

15 롤스(Rawls, J.)의 해외 원조에 대한 설명으로 옳은 것은?

① 국제 사회에서 결코 정당화될 수 없다.
② 의무가 아니라 단순한 자선에 불과하다.
③ 정의로운 시민들은 절대 실천하지 않는다.
④ 대상국이 질서 정연한 사회가 되도록 돕는 것이다.

16 싱어(Singer, P.)가 주장하는 해외 원조에 대한 입장으로 가장 적절한 것은?

① 질서 정연한 사회의 구성원이 되도록 원조한다.
② 원조는 개인과 국가의 자율적 선택의 문제이다.
③ 고통을 감소시키고 쾌락을 증진하는 것은 인류의 의무이다.
④ 원조를 통해 재화를 똑같이 나누는 것이 국제적 정의이다.

17 ㉠에 들어갈 용어로 가장 적절한 것은?

> 현대 공리주의 사상가인 싱어(Singer, P.)는 원조의 목적은 인류 전체의 (㉠)을/를 감소시키고 쾌락을 증진시키는 것이라고 주장합니다.

① 이익 ② 행복
③ 고통 ④ 복

도덕 정답 및 해설

01　현대의 삶과 실천 윤리

01 정답 ①

메타 윤리학은 도덕적 언어의 의미를 분석하고 도덕적 추론의 타당성 입증을 주된 목표로 하는 윤리학이고, 기술 윤리학은 도덕적 풍습 또는 관습에 대한 묘사나 객관적 기술(記述)을 주된 목표로 하는 윤리학이다.

02 정답 ②

제시된 내용은 실천 윤리학의 영역과 주제에서 평화 윤리에 대한 설명이다.

03 정답 ③

규범 윤리학은 '사람이 어떻게 행동해야 할 것인가?'에 관한 보편적인 원리를 연구하는 학문으로, 이론 윤리학과 실천 윤리학으로 구분할 수 있다.

⊗ 오답피하기

② 기술 윤리학은 도덕적 풍습 또는 관습에 관해 단순히 묘사하거나 기술(記述)을 하는 윤리학이다.

04 정답 ④

제시된 효제, 충서, 사단, 오륜은 모두 유교에서 강조하는 정신을 의미한다.

- 효제 : 부모에게 효도하고 형제자매 간에 우애 있게 지내는 것으로 인의 근본이다.
- 충서 : 속임이나 꾸밈없이 온 정성을 다하고 다른 사람의 마음을 헤아려 자기가 하고 싶지 않은 일을 남에게 시키지 않는 것으로, 인의 구체적인 실현 방법이다.
- 맹자의 사단(四端) : 모든 인간이 본래부터 가지고 있는 선천적인 것으로, 남을 불쌍히 여기는 마음[측은지심(惻隱之心)], 옳지 못한 일을 부끄러워하고 미워하는 마음[수오지심(羞惡之心)], 양보하고 공경하는 마음[사양지심(辭讓之心)], 옳고 그름을 구별하는 마음[시비지심(是非之心)]이다.
- 오륜 : 유교에서 말하는 5가지 기본적 실천 덕목

05 정답 ①

맹자의 사단(四端)

- 측은지심(惻隱之心) : 남을 불쌍히 여기는 마음
- 수오지심(羞惡之心) : 옳지 못함을 부끄러워하고 착하지 못함을 미워하는 마음
- 사양지심(辭讓之心) : 겸손하여 양보하는 마음
- 시비지심(是非之心) : 옳고 그름을 가릴 줄 아는 마음

⊗ 오답피하기

② 삼학(三學) – 불교
③ 정명(正名) – 유교(공자)
④ 삼독(三毒) – 불교

06 정답 ①

제시문은 유교 사상에 대한 설명이다.

⊗ 오답피하기

② 도가는 이상적인 사회상으로 소국과민, 이상적 인간상으로 지인, 신인을 제시한다.
④ 불교는 이상적인 사회상으로 불국정토, 이상적 인간상으로 부처, 보살을 제시한다.

07 정답 ②

불교에서는 모든 존재와 현상이 다양한 원인[因]과 조건[緣], 즉 인연에 의해 생겨난다는 연기론을 주장한다. 연기론에 따르면 만물은 독립적으로 존재할 수 없으며 서로 연결되어 상호 의존하고 있다.

08 정답 ②

제시된 연기설, 보살, 불살생, 해탈은 모두 불교 윤리를 설명하는 단어들이다. 불교 윤리는 생로병사의 끊임없는 삶의 고통에서 벗어나 열반의 상태에 도달하기 위한 깨달음을 강조한다.

09 정답 ②

노자는 도가 사상의 창시자로 춘추 시대에 활동한 인물로 알려져 있다. 도교에서는 사람의 힘이 더해지지 않은 자연 그대로의 질서를 따르는 무위자연(無爲自然)에 따라 살아갈 것을 강조한다. 도교에서는 이를 근거로 당시의 위정자나 사상가들을 인위적이라고 비판하였다.

10 정답 ②

제시문은 억지로 하지 않고 자연스러운 도(道)의 흐름에 맡기는 무위자연(無爲自然)의 삶을 추구하는 도가의 특징이다.

> **오답피하기**
> ①, ④는 유교, ③은 불교의 특징이다.

11 정답 ④

도가는 인간은 자연의 한 부분으로서 자연에 순응하는 무위자연(無爲自然)을 강조하였고 자연을 인위적으로 지배하려 해서는 안 되며 인간과 자연이 함께 조화를 이루어야 한다고 주장하였다.

> **오답피하기**
> ② 유교, ③ 불교

12 정답 ③

자연법 윤리는 보편타당한 법칙인 자연법이 존재하고 인간은 누구나 이성을 통해 이를 파악할 수 있다고 보았다. 즉, '선을 행하고 악을 피하라.'라는 자연법의 기본 원리를 바탕으로 자연법에 부합하는 행위는 옳다고 보았다.

13 정답 ①

칸트에 따르면 이성적이고 자율적인 인간은 보편적인 도덕 법칙을 인식할 수 있다. 그는 감정이나 욕구가 아니라 도덕 법칙을 존중하려는 의무에서 비롯된 행위만 도덕적 가치를 지닌다고 보았다.

> **오답피하기**
> ㄹ. 공리주의의 입장이다.

14 정답 ④

칸트는 도덕 법칙을 무조건 따라야 하는 정언 명령의 형태로 제시하였다.

> **오답피하기**
> ②, ③은 공리주의에 대한 설명이다.

15 정답 ②

의무론은 언제 어디서나 우리가 따라야 할 보편타당한 법칙이 존재하며, 우리의 행위가 이 법칙을 따르면 옳고 따르지 않으면 그르다고 판단한다. 이와 같은 의무론의 대표적인 윤리 사상으로는 칸트 윤리가 있다.

16 정답 ②

칸트는 도덕 법칙을 무조건 따라야 하는 정언 명령의 형태로 제시하였다. 칸트가 제시한 정언 명령의 예로 '네 의지의 준칙이 언제나 동시에 보편적 입법의 원리가 되도록 행위하라.', '너 자신과 다른 모든 사람들을 결코 한낱 수단으로서가 아니라, 항상 동시에 목적 그 자체로서 대하도록 행위하라.'가 있다.

17 정답 ③

공리주의는 쾌락을 삶의 목적으로 설정하여 내면적 동기를 소홀히 할 수 있고, 다수의 이익을 추구하다 보면 소수의 권리를 침해할 수 있다. 또한 유용성을 계산할 때 고려의 범위를 설정하면서 차별을 받는 존재가 발생할 수 있다.

18 정답 ③

쾌락과 행복을 증진하는 유용성(공리)의 원리에 따라 행위의 옳고 그름을 판단하는 공리주의는 쾌락이나 행복을 가져다주는 행위는 옳고, 고통이나 불행을 가져다주는 행위는 그르다고 보았다.
③은 의무론에 대한 설명이다.

19 정답 ①

공리주의는 행동을 평가할 때 그 행동이 결과적으로 얼마나 많은 쾌락과 행복을 산출해 냈는지를 주목한다.

⊗ 오답피하기

② 의무론, ③ 덕 윤리에 대한 설명이다.

20 정답 ③

공리주의적 접근은 쾌락과 행복을 증진하는 유용성(공리)의 원리에 따라 행위의 옳고 그름을 판단한다. 따라서 행위의 결과가 얼마나 많은 쾌락을 가져왔는지에 따라 옳고 그름이 판단되기 때문에 행위의 결과를 중시한다.

⊗ 오답피하기

ㄱ, ㄷ은 의무론에 대한 설명이다.

21 정답 ①

덕 윤리에서는 의무론과 공리주의가 특정한 도덕 원리나 규칙을 근거로 행위 자체를 평가하는 것을 비판한다. 어떤 행위자가 그릇된 행위를 했다고 하더라도 그 행위자는 그릇된 사람이 아닐 수 있으므로 행위 자체가 아니라 행위자의 성품을 평가해야 한다고 보는 것이다.

22 정답 ①

덕 윤리는 옳고 선한 행위를 하려면 인간의 품성을 닦아 덕성을 함양해야 하는 것을 강조한 이론 윤리학으로 현대 덕 윤리는 의무론과 공리주의가 특정한 도덕 원리나 규칙을 근거로 행위 자체를 평가하는 것을 비판한다.

23 정답 ④

도덕적 탐구는 도덕적 가치와 규범을 토대로 도덕 판단이나 행위의 정당화에 초점을 둔다. 도덕적 탐구는 논리적 사고, 합리적 사고, 비판적 사고와 같은 이성적 사고와 공감, 배려 등의 정서적 측면이 함께 고려되어야 한다.

24 정답 ②

제시문은 윤리적 문제 상황에서 타인의 입장에서 도덕 원리를 검토하는 방법이다.

⊗ 오답피하기

① 포섭 검사 : 더 포괄적인 도덕 원리에 포섭시킴으로써 정당화하는 검사(무임승차를 해서는 안 된다. → 불법 행위를 해서는 안 된다.)
③ 반증 사례 검사 : 반증 사례를 사용하여 상대방의 원리 근거를 반박함(모든 거짓말은 나쁘다. ↔ 선의의 거짓말은?)

25 정답 ④

보편화 결과 검사는 도덕 원리를 모든 사람에게 적용했을 때 나타나는 결과에 문제가 없는지 확인하는 방법이다.

⊗ 오답피하기

① 포섭 검사 : 어떤 도덕 원리가 넓은 범위의 상위 원리에 포함되는지 검사하는 것
② 기술 영향 평가 : 새로운 과학 기술의 발전이 다른 분야에 미치는 영향을 사전에 평가하고 그 결과를 정책에 반영하는 방법

26 정답 ④

윤리적인 삶을 살기 위해서는 자신의 삶 전체를 반성하고 통찰하는 윤리적 성찰이 필요하다. 윤리적 성찰은 자신이 가진 인간관, 가치관, 세계관 등을 전체적으로 검토하고 반성하는 과정이다.

④ 우리는 잘못된 전제나 근거, 아집이나 편견 등을 바탕으로 도덕적 지식을 도출하는지, 도덕적 판단이 사회의 공익에 반하는지 등을 살펴보아야 한다.

27 정답 ③

동양의 유교에서는 윤리적 성찰의 방법으로 마음을 한 곳으로 모아 흐트러짐이 없이 하는 거경(居敬)의 수양 방법을 중시한다. 거경의 주된 예로 신독(愼獨)을 들 수 있는데, 이는 홀로 있을 때도 도리에 어긋나지 않도록 몸과 마음을 바르게 하고, 언행을 신중하게 하는 것을 의미한다.

또한 증자(曾子)의 일일삼성의 가르침은 하루의 삶을 성찰하는 지침이 될 수 있다.

28 정답 ③

윤리적 성찰은 생활 속에서 자신의 마음가짐, 행동 또는 그 속에 담긴 자신의 정체성과 가치관에 관하여 윤리적 관점에서 깊이 있게 반성하고 살피는 태도이다. 따라서 어른들의 말씀을 무조건 비판 없이 받아들이는 태도는 바람직하지 않다.

29 정답 ④

제시된 윤리 사상가는 고대 그리스의 철학자인 소크라테스로 성찰을 통해 무지를 자각하고 자신의 내면에 있는 참된 앎을 깨우칠 것을 강조하였다.

02 생명과 윤리

대표 기출문제				문제 p. 24
01 ③	02 ①	03 ③	04 ③	05 ①
06 ②	07 ①	08 ①	09 ④	10 ①
11 ②	12 ①	13 ②	14 ①	15 ②
16 ②	17 ④	18 ④		

01 정답 ③

인공 임신 중절 반대의 근거
• 잠재성 근거 : 태아는 임신 순간부터 성인으로 발달할 잠재성이 있으므로 인간의 지위를 지닌다.
• 존엄성 근거 : 모든 인간의 생명은 존엄하기 때문에 태아의 생명도 존엄하다.
• 무고한 인간의 신성불가침 근거 : 잘못이 없는 인간을 해치는 행위는 도덕적으로 옳지 않다. 태아는 무고한 인간이므로 해쳐서는 안 된다.

02 정답 ①

죽음에 대한 동양 사상 중 ㉠은 불교의 윤회(輪廻)에 대한 설명이고 ㉡은 장자의 기(氣)에 대한 설명이다.
• 해탈(解脫) : 불교(모든 번뇌와 속박에서 벗어난 상태)
• 오륜(五倫) : 유교(부자유친, 군신유의, 부부유별, 장유유서, 붕우유신)

03 정답 ③

불교에서는 죽음을 또 다른 세계로 윤회하는 것이며, 윤회 과정에서 인간의 선행과 악행은 죽음 이후의 삶을 결정한다고 보았다.

04 정답 ③

제시문은 모두 죽음에 대한 동서양의 견해로 공자는 죽음 이후의 세계에 대해서는 관심을 갖지 않고, 도덕적 삶에 최선을 다해야 한다고 주장하였고, 에피쿠로스는 죽음은 모든 감각이 사라지는 것이기 때문에 두려움의 대상이 아니라고 주장하였다.

05 정답 ①

안락사를 찬성하는 관점은 권리를 강조하는 입장과 사회의 이익을 강조하는 입장으로 나눌 수 있다. 안락사를 반대하는 관점에서는 죽음은 인간이 선택할 수 있는 대상이 아니라고 주장한다. 또한, 죽음을 인위적으로 앞당기는 안락사는 자연의 질서에 어긋나며, 생명의 존엄성을 훼손하는 것이라고 본다.

06 정답 ②

뇌사란 심폐 기능이 정지되지 않았더라도 정신 기능을 주관하는 뇌 기능이 정지된 순간을 기준으로 사망을 판단하는 것이다. 〈찬성〉은 뇌사를 지지하는 입장으로 뇌 기능이 정지하면 인간으로서의 고유한 활동을 더 이상 수행할 수 없기 때문에 뇌사를 인정하고, 〈반대〉의 입장은 뇌 기능이 정지했더라도 인공적으로 호흡하고 심장이 박동하므로 뇌사는 죽음이 아니라고 보는 심폐사를 지지하는 입장이다.

07 정답 ①

생명 복제는 생명의 존엄성과 자연의 고유한 질서를 해칠 수 있다는 문제점이 있다. 따라서 윤리적 쟁점을 올바르게 이해하고 생명을 책임 있게 다루려는 자세를 가져야 한다.

08 정답 ①

인간 개체 복제는 복제한 배아를 착상시켜 완전한 인간 개체를 태어나게 하는 것으로 국제적으로 금지되고 있다. 찬성 논거에는 불임 부부의 고통을 덜어 줄 수 있고, 반대 논거에는 인간의 존엄성과 고유성을 위협하고 자연스러운 출산 과정에 위배된다는 것이다.

09 정답 ④

동물 복제에 대한 찬반 입장
〈찬성〉
• 우수한 품종의 개발이 가능함.
• 치료용 생체 물질 생산이 가능함.

• 희귀 동물 보존, 멸종 동물 복원이 가능함.
〈반대〉
• 자연의 질서를 위배함.
• 종(種)의 다양성을 훼손함.
• 동물의 생명을 수단화함.

10 정답 ①

유전자 치료는 돌연변이 또는 유해(有害) 유전자로 발생한 질병을 유전자 공학을 이용하여 치료하는 것이다. 유전자 치료는 질병의 원인인 유전자를 찾고, 그것을 치료하는 방식으로 이루어지므로 유전적 결함으로 발생하는 난치병을 치료하는 데 도움을 줄 수 있다.

11 정답 ②

신약 개발을 위해 동물 실험이 필요하다고 주장하는 것과 동물을 수단으로 바라보는 관점은 모두 동물 실험 찬성의 입장이다.

12 정답 ①

벤담의 주장을 이어받은 싱어는 동물이 쾌고 감수 능력을 갖고 있으므로 동물의 이익도 평등하게 고려되어야 한다고 주장한다.

13 정답 ②

싱어는 고통과 쾌락의 감수 능력을 지닌 존재를 도덕적 고려의 대상으로 간주하여 동물에 대한 권리를 인정하였다.

14 정답 ①

독일의 심리학자 프롬은 사랑이 보호, 책임, 존경, 이해의 요소를 포함한다고 보았다. 그는 사랑하는 사람을 보호하는 것, 사랑하는 사람의 요구를 배려하면서 자신의 행동에 책임을 지는 것, 사랑하는 사람을 있는 그대로 받아들이며 존경하는 것, 사랑하는 사람을 올바로 이해하는 것이 진정한 사랑의 모습이라고 주장하였다.

15 정답 ②

보수주의자들은 사랑하는 남녀가 결혼이라는 합법적 테두리 내에서 출산과 양육에 대한 책임을 질 수 있는 성만을 도덕적으로 정당하다고 인정한다. 이와 달리 급진적인 자유주의자들은 성이 그 자체로 쾌락을 가져다주고 쾌락은 그 자체로 추구할 만한 목적을 지니고 있다고 본다. 그래서 사랑과 성을 결부하여 성적 자유를 제한하는 것은 옳지 않다고 주장한다.

16 정답 ②

양성평등은 모든 영역에서 남녀가 서로 차별하지 않고 동등하게 대우하며, 평등한 권리와 이익을 누려야 한다는 원칙이다.

17 정답 ④

결혼이 지니는 윤리적 의미는 자연스럽게 부부간의 윤리와 연결된다. 현대 사회에서 부부간의 윤리는 양성평등의 관점에서 바라보아야 한다. 왜냐하면 부부간 사랑의 약속과 완전한 사랑의 연합은 서로를 동등하게 대우할 때 성립할 수 있기 때문이다.

18 정답 ④

전통적인 가족 윤리를 바탕으로 현대 사회에 적합한 가족 윤리를 모색해 볼 수 있다.

---

03 **사회와 윤리**

대표 기출문제   문제 p. 36

01 ①	02 ②	03 ③	04 ②	05 ③
06 ③	07 ①	08 ③	09 ④	10 ④
11 ②	12 ②	13 ③	14 ④	15 ③
16 ③	17 ④	18 ④		

01 정답 ①

우리나라에서는 전통적으로 장인(匠人) 정신을 중요하게 여겨 왔다. 장인 정신이란 자기 일에 긍지를 가지고 전념하거나 한 가지 기술에 정통하려고 노력하는 것을 말한다. 최고의 물건을 만들기 위해 평생 한 가지 일에 헌신해 온 장인의 정신은 오늘날까지 강조되는 직업 윤리라고 할 수 있다.

02 정답 ②

제시문은 공자의 정명 사상의 '[君君(군군)臣臣(신신)父父(부부)子子(자자)].'라는 글귀로 자기의 맡은 바 직분에 충실해야 함을 나타낸다.

오답피하기
① 겸애(묵자), ③ 무위(도가), ④ 해탈(불교)

03 정답 ③

전문직과 공직자의 행위는 다른 직업 종사자보다 사회에 미치는 영향력이 크다. 그러므로 이들은 매우 높은 수준의 도덕성과 청렴의 의무를 지녀야 한다.

04 정답 ②

공직자는 국민 삶의 질 향상, 국가 유지 및 발전에 중요한 역할을 담당한다. 따라서 공직자는 높은 수준의 직업 윤리를 지킴으로써 자신이 맡은 바 사회적 의무를 다해야 한다.

05 정답 ③

사회 윤리를 강조한 니부어는 도덕적인 개인이라도 비도덕적인 사회에서는 비도덕적인 행동을 하기 쉽다고 보았다. 이에 그는 정의를 사회의 도덕적 이상으로 제시하며 사회 구조나 제도의 도덕성에 관하여 관심을 기울일 필요가 있다고 주장하였다.

06 정답 ③

분배적 정의는 각자가 자신의 몫을 누릴 수 있게 하는 것으로 여러 가지 사회적·경제적 가치를 공정하게 분배함으로써 실현된다.

> **⊗ 오답피하기**
> ② **교정적 정의** : 잘못이 있을 때는 공정하게 처벌하고 피해가 발생했을 때는 합당하게 배상하여 정의를 실현하는 것
> ④ **형벌적 정의** : 범죄자의 행위에 상응하는 처벌을 하는 것

07 정답 ①

"네가 남에게 바라는 대로 남에게 해 주어라."
→ 그리스도 윤리의 근본 원리인 황금률을 의미한다.

08 정답 ③

롤스는 원초적 입장으로부터 도출된 정의의 원칙을 따를 때 공정한 분배가 실현될 수 있다고 보았다. 원초적 입장의 당사자들은 무지의 베일을 쓰고 지위나 계층, 능력 등 자신뿐만 아니라 타인의 우연적인 조건들을 알 수 없다. 따라서 당사자들은 기본적 자유를 평등하게 갖고, 가장 불우한 처지에 놓인 사람에게 최대한의 이익을 주는 분배 방식에 합의하게 된다.

> **⊗ 오답피하기**
> ① **판옵티콘** : 영국의 철학자 제러미 벤담이 죄수를 효과적으로 감시할 목적으로 고안한 원형 감옥
> ② **윤리적 공백** : 급격한 과학 기술의 발전으로 파생

되는 윤리적 문제를 기존의 윤리가 해결해 주지 못하는 데서 발생하는 공백
> ④ **공유지의 비극** : 공공자원을 구성원의 자율에 맡길 경우 자원이 고갈될 위험에 처할 수 있다는 것을 설명하는 이론

09 정답 ④

롤스는 선천적으로 주어진 재산, 뛰어난 능력, 좋은 재능 등 임의적인 요소들에 의해 한 인간의 삶이 결정된다면 그것은 부정의라고 본다. 따라서 이러한 선천적 임의성을 제거하기 위해 사회적 재화의 배분에 있어서 사회적 최소 수혜자들을 우선 배려하는 것은 정의롭다고 할 수 있다. 이들의 삶의 수준이나 목표가 개선되지 못하는 사회는 부정의한 사회이다.

10 정답 ④

절차적 정의는 공정한 분배를 위한 절차를 강조하는 입장이다. 이 입장에서는 절차나 과정이 공정하면 결과의 공정성도 보장된다고 보고, 분배 방식을 결정할 때 특정한 분배의 기준이 아니라 논의의 절차와 과정이 합리적으로 마련되고 준수되었느냐는 것을 중요하게 여긴다.

11 정답 ②

노직(Nozick, R., 1938~2002)은 해외 원조를 하려고 개인에게 세금을 부과하는 것은 국가가 개인의 자유와 권리를 침해하는 것이므로 약소국에 대한 해외 원조는 개인의 자유에 맡겨야 한다고 보았다.

12 정답 ②

공리주의적 관점에서 처벌은 고통을 가한다는 점에서 해악이며, 모든 형벌은 그 자체로 악이다. 하지만 처벌이 더욱 큰 악을 제거하거나 사회의 이익을 증진할 수 있다면 정당화될 수 있다.

13 정답 ③

교정적 정의의 관점 중 응보주의는 처벌이 위법 행위에 대한 '응분의 대가'로 시행될 때 사회 정의가 실현된다고 본다. 하지만 범죄 예방과 범죄자의 교화에 무관심하다는 비판을 받는다.

14 정답 ④

사형 제도의 찬성 논거에는 응보주의, 범죄 예방, 사회 방위론, 시기상조론, 평등의 논리 등이 있고 반대 논거에는 인도주의, 범죄 억제 미흡, 응보주의 비판, 오판 가능성, 정치적 악용 등이 있다.

15 정답 ③

플라톤(Platon)은 각 계층에 속한 사람들이 고유한 덕(德)을 발휘하여 직분에 충실하면 정의로운 국가가 된다고 주장하였다.

16 정답 ③

인권의 특징

• **보편성** ➡ 인종, 성별, 종교, 사회적 신분 등에 상관없는 보편적 권리
• **천부성** ➡ 사람이면 누구나 처음부터 가지고 태어나는 권리
• **항구성** ➡ 박탈당하지 않고 영구히 보장되는 권리
• **불가침성** ➡ 누구도 침범할 수 없는 권리

17 정답 ④

시민 불복종은 시민 참여의 한 형태로, 정의롭지 못한 법을 개정하거나 정부 정책을 변혁하려는 목적으로 행하는 의도적인 위법 행위이다. 사례에는 여성의 참정권 획득을 위한 미국과 영국의 시민 운동, 베트남 전쟁 반대 운동, 간디의 비폭력 불복종 운동, 마틴 루서 킹의 흑인 민권 운동 등이 있다.

18 정답 ④

시민 불복종은 민주 시민으로서 국가의 법을 준수하려는 태도를 지니되, 부정의 한 법이나 정책을 개선하려는 노력도 사회 정의 실현에 필요한 일이라는 점을 알아야 한다.

04 과학과 윤리

대표 기출문제				문제 p. 48
01 ④	02 ④	03 ④	04 ③	05 ③
06 ④	07 ②	08 ③	09 ④	10 ④
11 ②	12 ①	13 ②	14 ②	15 ④
16 ④	17 ④			

01 정답 ④

과학 기술이 모든 문제를 해결할 수 있다고 보는 과학 기술 지상주의의 관점은 과학 기술의 부정적 측면을 간과하고 인간의 반성적 사고 능력을 훼손하는 한계를 지닌다.

⊗ 오답피하기

①, ②, ③ 과학 기술 혐오(비관)주의에 대한 설명이다.

02 정답 ④

과학 기술 연구자는 연구 과정에서 비윤리적인 행위를 하지 말아야 한다. 왜냐하면 연구 결과물을 거짓으로 만들어 내는 날조, 연구 재료와 절차 등을 조작하는 변조, 타인의 생각과 결과 등을 자신의 것으로 속이는 표절 등의 행위는 아무리 사소한 것일지라도 비윤리적인 행위일 뿐만 아니라 사회적으로도 큰 피해를 주기 때문이다.

03 정답 ④

과학 기술자의 윤리적 책임에는 연구 과정에서 조작, 변조, 표절 등 비윤리적 행위를 해서는 안 되며 연구 윤리의 준수·연구 목적을 설정하거나 연구 결과를 적용할 때 윤리적 성찰이 필요하다. 또한 자신의 연구가 사회에 미칠 영향력을 인식하고 연구 결과에 대한 사회적 책임을 다해야 하며 사회적으로 해로운 결과가 예상되는 연구는 위험성을 알리고 연구를 중단해야 한다.

04 정답 ③

도구적 자연관을 주장한 베이컨은 인간이 자연을 지배·정복할 수 있는 권한과 능력이 있다고 보았다. 즉, 자연을 이용할 수 있는 지식이 곧 힘이다.

05 정답 ③

요나스(Jonas, H.)는 기존의 전통적 윤리관은 과학 기술 시대에 발생하는 문제를 해결하는 데 한계가 있음을 자각하고 인간뿐만 아니라 자연, 미래 세대까지 윤리적 책임의 범위를 확대해야 한다고 주장하였다.

⊗ 오답피하기

② 칸트의 의무론, ④ 과학 기술 자체의 책임만 강조하는 오펜하이머와 관련 있다.

06 정답 ④

요나스는 과학 기술 시대에 걸맞은 책임 윤리를 새롭게 확립해야 한다고 주장하였다. 그는 책임의 범위를 현세대로 한정하는 기존의 전통적 윤리관으로는 과학 기술 시대에 발생할 수 있는 문제를 해결하는 데 한계가 있다고 보았다. 오늘날 과학 기술이 자연을 통째로 파괴할 수 있을 만한 힘을 갖게 됨에 따라 윤리적 책임의 범위를 자연은 물론, 미래 세대로까지 확장해야 할 필요가 있다는 것이다.

07 정답 ②

저작권 침해란 저작권법에 의해 배타적으로 보호되는 저작물을 무단으로 이용하여 저작권자의 권리를 침해하는 행위를 말한다. 예를 들면 소프트웨어를 허락 없이 복제하거나 인터넷에서 기사·사진·영상·음원 등의 자료를 무단으로 내려받는 행위가 이에 해당한다.

⊗ 오답피하기

① **정보 격차** : 교육, 소득 수준, 성별, 지역 등의 차이로 정보에 대한 접근과 이용이 차별되고, 그 결과 경제적·사회적 불균형이 발생하는 현상

④ **사이버 따돌림** : 인터넷, 휴대 전화 등 정보 통신 기기를 이용해 특정인과 관련된 개인 정보 또는 허위 사실을 유포해 지속적·반복적으로 공격을

가하는 행위, 온라인 그룹에서 고의로 특정인을
배제하여 상대방이 고통을 느끼도록 하는 행위 등

08 정답 ③

가상 공간에서는 개인 정보 유출로 인한 사생활 침해 문
제, 상대방이 원하지 않는 언어나 사진 등으로 피해를
주는 사이버 폭력 문제 등이 일어날 수도 있다.

09 정답 ④

'잊힐 권리(right to be forgotten)'는 인터넷에서 생성·
저장·유통되는 개인의 사진이나 거래 정보 또는 개인의
성향과 관련된 정보에 대해 소유권을 강화하고 이에 대해
유통기한을 정하거나 이를 삭제, 수정, 영구적인 파기를
요청할 수 있는 권리 개념을 말한다.

10 정답 ④

국민의 알 권리 보장을 위한 매체의 정보 전달이 특정
개인의 명예나 사생활 및 인격권을 침해할 수 있다. 따라
서, 매체는 정보를 전달할 때 국민의 알 권리를 보장하려
고 노력하되, 그 정보가 개인의 인격권을 침해하고, 공익
증진을 해치는지 등을 검토해 보아야 한다.

11 정답 ②

뉴 미디어는 정보 생산 주체와 소비 주체의 쌍방향적 의사
소통이 가능하고, 광범위한 사회적 연결망을 형성하여
정보를 수집·전달하는 속도가 신속하다. 또한 다수의
정보 이용자들이 정보의 제공 및 감시의 역할을 수행할
수 있다.
예 인터넷 신문, 전자책, IPTV, 위성 방송 등

12 정답 ①

인간 중심주의 윤리는 인간을 자연과 구별되는 유일한
존재로 여기고 인간만이 도덕적 가치를 지닌다고 보는
입장이다. 자연을 인간의 이익과 욕구 충족을 위한 수단
으로 삼는 '도구적 자연관'을 지닌다.

13 정답 ②

인간 중심주의는 인간과 자연을 분리하여 바라보며 인간
이 자연보다 우월하다고 본다. 또한 이성을 가진 인간만
이 도덕적 지위를 가지기 때문에 동식물을 포함한 자연은
그 자체로 가치 있는 것이 아니라, 인간의 풍요로운 삶을
위한 도구에 불과하다고 본다.

14 정답 ②

생명 중심주의는 도덕적 고려의 범위를 생명체에까지 확
대하여 모든 생명의 소중함을 일깨워 주었다. 따라서 동
물 중심주의와의 공통점은 생명이 있는 동물이 도덕적
고려의 범위에 포함된다는 것이다.

> **⊗ 오답피하기**
> ①, ③ 인간 중심주의, ④ 생태 중심주의

15 정답 ④

생명 중심주의는 도덕적 고려의 범위를 모든 생명체로
확장해야 한다고 주장하였다. 따라서 모든 생명체의 고유
한 가치를 인정하고 도덕적 고려의 범위를 모든 생명체까
지 확장하고 생명을 존중하는 태도를 강조한다.

> **⊗ 오답피하기**
> ①, ③ 인간 중심주의, ② 생태 중심주의

16 정답 ④

생태 중심주의는 생태계를 온전히 유지하기 위한 노력을
중시하여, 생태계 전반의 포괄적 가치를 강조한다. 이러
한 전일론적 관점의 생태 중심주의는 동식물 외에 무생물
도 도덕적 고려의 대상으로 삼는다.

17 정답 ④

기후 변화란 자연적 요인 또는 인간 활동의 결과로 장기적
으로 기후가 변하는 현상으로, 이는 인류의 생존을 위협
하고 지구 생태계를 파괴한다.

대표 기출문제

문제 p. 60

01 ③	02 ③	03 ②	04 ④	05 ④
06 ③	07 ②	08 ②	09 ③	10 ②
11 ③	12 ①	13 ③	14 ②	15 ①
16 ④	17 ②			

01 정답 ③

공자와 정약용은 예술의 자율성을 인정하면서도 윤리와의 상호 연관성을 함께 고려해야 한다고 주장하였다.

오답피하기

②, ④는 심미주의에 대한 설명이다.

02 정답 ③

도덕주의는 도덕적 가치가 미적 가치보다 우위에 있으므로 예술은 윤리의 인도를 받아야 한다는 견해이다. 도덕주의에 의하면 예술의 목적은 올바른 품성을 기르고 도덕적 교훈이나 모범을 제공하는 것이다. 또한 예술은 사회의 도덕적 성숙에 도움이 되어야 하며 더 좋은 사회가 되게 할 때 가치를 지닌다고 본다.

오답피하기

ㄱ, ㄷ은 예술 지상주의에 대한 설명이다.

03 정답 ②

예술 지상주의는 미적 가치와 윤리적 가치의 관련성을 낮게 본다. 이 입장에서는 예술이 미적 가치를 추구하는 것이라고 강조하며, 윤리적 가치를 기준으로 예술을 판단하려는 태도는 잘못이라고 본다.

오답피하기

①, ③, ④는 도덕주의에 대한 입장이다.

04 정답 ④

예술에 대한 도덕주의 입장은 윤리적 가치가 미적 가치보다 우위에 있어, 예술은 인간의 올바른 품성 함양을 목적으로 하거나 도덕적 교훈을 제공해야 함을 강조하는 참여예술론을 지지한다.

오답피하기

①, ②, ③은 심미주의(예술 지상주의)에 대한 설명이다.

05 정답 ④

예술 상업화의 영향

〈긍정적 영향〉
• 일부 부유층이 누리던 예술을 대중도 누리게 됨.
• 대중의 취향과 가치를 반영한 다양한 예술 분야가 발달함.
• 예술가에게 경제적 이익은 물론 예술 활동을 할 수 있는 기반을 마련해 줌으로써 창작 의욕을 높여 줌.

〈부정적 영향〉
• 예술 작품을 단지 하나의 상품이자 부의 축적 수단으로 바라보게 함(예술의 본질 왜곡).
• 경제적 가치만을 중시한 나머지 예술 작품의 미적 가치와 윤리적 가치를 간과함.
→ 상품성이 높은 예술만을 생산하여 예술의 규격화, 획일화, 몰개성화의 문제를 가져올 수 있음.

06 정답 ③

대중문화에 대한 윤리적 규제
• 찬성 입장 : 성 상품화 예방, 대중의 정서에 미칠 부정적 영향 방지
• 반대 입장 : 대중문화의 자율성 및 표현의 자유 침해, 다양한 대중문화를 즐길 대중의 권리 침해

07 정답 ②

대중문화에 대한 윤리적 규제를 반대하는 입장은 자율성과 표현의 자유를 중시하는 입장으로 다양한 대중문화를 즐길 수 있는 대중의 권리를 중시하는 입장이다.

ㄱ, ㄹ은 규제가 필요하다고 보는 입장이다.

08 정답 ②

합리적 소비의 한계를 인식하고 이를 보완하는 과정에서 윤리적 소비가 등장하였다. 윤리적 소비는 소비자의 영향력 확대와 다양한 사회 문제에 대한 관심 속에서 도덕적 가치에 따라 재화나 서비스를 구매하고 사용하며 처리하는 소비이다.

09 정답 ③

의복과 관련된 윤리적 문제 : 유행 추구 현상
• 긍정적 입장 : 개인의 선택권 존중, 개성의 표현, 새로운 가치관 형성의 계기
• 부정적 입장 : 기업 판매 전략, 몰개성화 초래, 자원 낭비와 환경 문제 등

10 정답 ②

윤리적 소비란 윤리적 가치 판단과 신념에 따라 환경, 인권, 노동, 빈곤 등 각종 사회 문제에 접근하여 상품을 선택하는 소비 행위를 말한다.

ㄴ. 베블런 효과(과시적 소비)에 대한 설명이다.
ㄷ. 충동 구매에 대한 설명이다.

11 정답 ③

다문화 사회의 시민은 다른 나라의 문화를 보편적 가치에 비추어 바라보며 다문화에 대한 존중과 관용에도 한계가 있음을 인식해야 한다.

12 정답 ①

윤리적 상대주의는 행위에 대한 옳고 그름의 기준은 사람이나 사회마다 다르고, 보편적으로 인정할 수 있는 도덕적 기준은 없다고 보는 관점이다.

13 정답 ③

문화의 다양성은 지속 가능한 발전을 위한 필수 요건이다. 바람직한 문화 정체성을 유지하기 위해선 자신의 문화를 소중히 여기고 다른 문화도 존중하는 문화 상대주의적 태도를 지녀야 한다.

14 정답 ②

다문화주의는 이주민의 고유한 문화와 자율성을 존중하여 문화 다양성을 실현하려는 입장이다.
샐러드 볼 이론은 한 국가 또는 사회 안에 있는 다양한 문화를 평등하게 인정한다. 이 때문에 각 재료의 특성이 살아 있는 샐러드처럼 다양한 문화가 각각의 정체성을 유지하면서 조화를 이룰 수 있다는 장점이 있다.

① 동화주의 : 이주민 문화를 주류 문화에 적응·통합시키려는 입장

15 정답 ①

용광로 이론은 여러 가지 금속을 용광로 안에 넣고 하나의 새로운 금속을 만든다는 것으로, 다양한 문화를 섞어서 하나의 새로운 문화로 만든다는 관점이다. 이러한 모델은 1960년대 미국에서 백인 주류 문화를 중심으로 소수 민족의 문화를 통합하려 했다는 비판을 받았다.

16 정답 ④

제시문은 민족이나 문화의 다양성을 인정하고 고유한 문화를 유지할 수 있도록 하는 다문화 모델 중 국수 대접 이론(문화 다원주의)에 대한 설명이다.

17 정답 ②

종교 간 갈등의 원인은 타 종교에 대한 배타적 태도와 타 종교에 대한 무지와 편견, 그리고 교리 해석의 차이로 인해 발생할 수 있다.

06 평화와 공존의 윤리

01 정답 ④
제시문은 연령과 시대별 경험의 차이로 어느 사회에서나 나타나는 보편적인 현상인 세대 갈등에 대한 설명이다.

02 정답 ①
관용을 무제한적으로 허용하면 관용 자체를 부정하는 사상이나 태도까지 인정하게 되어 인권을 침해하고 사회 질서가 무너지는 현상인 관용의 역설이 나타날 수 있다.

03 정답 ③
바람직한 토론을 위해서는 누구나 소통과 담론에 참여할 수 있는 권리가 있음을 인정하고 대화의 상대방을 존중하며, 진실한 대화를 위해 노력해야 한다. 또한 자신의 오류 가능성을 인정해야 한다.

04 정답 ③
하버마스는 담론을 통해 합의된 규범이 정당성을 지닌 원리가 되기 위해서는 대화 당사자들이 서로의 표현을 제대로 이해할 수 있다는 것을 전제로 다음과 같은 담론의 타당성이 요구된다고 본다.
- **진리성** : 대화 당사자들의 말하는 내용이 참이어야 한다.
- **정당성** : 대화 당사자들은 논쟁의 절차를 준수하여 정당성을 확보해야 한다.
- **진실성** : 대화 당사자들은 기만하거나 속이려는 의도 없이 말하는 바를 진실하게 표현해야 한다.

05 정답 ①
하버마스는 사회 통합을 위한 소통과 담론의 필요성을 주장하였는데, 담론이란 갈등이나 문제를 해결하기 위한 의사소통 행위로 주로 토론의 형태로 이루어진다.

06 정답 ①
통일 한국이 지향해야 할 가치는 평화, 자유, 인권, 정의 등이 있다.

07 정답 ③
통일은 평화와 인권, 인도주의적 차원에서 보편적 가치를 실현하기 위해 필요하다. 남북 분단은 전쟁의 위협에 대한 불안감을 높여 과도한 군비 경쟁으로 이어지고, 이는 다시 전쟁의 위험성을 높이는 악순환을 야기하고 있다. 따라서 통일은 전쟁의 공포를 없애고 한반도의 평화를 정착시키는 지름길이며, 세계 평화에도 기여할 것이다.

08 정답 ④
통일 편익은 통일로 얻게 되는 이익과 혜택으로 단기적이 아닌 지속적으로 발생하는 이익을 말한다.

09 정답 ④
종교 간의 갈등을 해결하려면 타 종교에 대한 자율성을 인정하고 이해하는 태도와 다른 종교인은 물론 종교를 갖지 않은 사람에게도 관용의 자세를 가져야 하며 사랑과 자비, 평등과 평화 같은 보편적 가치를 바탕으로 협력하고자 하는 종교 간의 노력이 필요하다.

10 정답 ①
칸트는 분쟁 관계에서 국가는 도덕성을 고려해야 하며, 국가의 이익보다 인간의 존엄성, 자유, 평등 등 보편적인 가치를 우선하여 달성해야 한다고 주장한다. 그는 국제기구, 국제법, 국제규범 등 제도의 개선으로 집단 안보가 형성되면 국제 분쟁을 해결할 수 있다고 본다.

11 정답 ①

현실주의적 관점에서는 국제 관계에서 국가는 자국의 이익만을 추구한다고 보고, 국가 간 힘의 논리를 강조한다. 그래서 자국의 이익만을 추구하는 외교 정책으로 인해 국제 분쟁이 발생한다고 본다. 따라서, 현실주의적 관점에서는 국제 분쟁을 해결하려면 국가 간 세력 균형을 이루어야 한다고 주장한다.

12 정답 ②

적극적 평화는 사회의 구조적 차원이나 문화적 차원에서 폭력을 묵인하거나 정당화하는 것도 폭력으로 규정한다. 그래서 직접적 폭력은 물론 가난, 굶주림, 차별 등 간접적 폭력도 사라져 인간다운 삶을 누릴 수 있는 상태를 평화로 간주한다. 갈퉁은 이러한 적극적 평화를 실현하기 위해 노력해야 한다고 강조하였다.

13 정답 ①

제시문은 평화에 대한 설명이다. 전쟁과 테러, 범죄와 같은 직접적 폭력이 없는 상태를 소극적 평화라고 하고, 직접적 폭력뿐만 아니라 간접적 폭력도 사라져 인간다운 삶을 누릴 수 있는 상태를 적극적 평화라고 한다.

14 정답 ①

노직에 따르면 개인은 정당한 절차를 통해 취득한 재산에 관한 배타적이고 절대적 소유권을 가진다. 따라서 자신의 부를 어떻게 이용할 것인지는 전적으로 개인의 자유이기 때문에 해외 원조나 기부를 실천해야 할 윤리적 의무는 존재하지 않는다.

15 정답 ④

롤스는 약소국에 대한 해외 원조는 윤리적 의무라고 주장한다. 질서 정연한 사회에 살고 있는 국민들이 불리한 여건으로 고통받는 사회의 국민들을 도와주어야 한다는 것이다.

② 해외 원조에 대한 노직(Nozick, R)의 입장이다.

16 정답 ③

싱어는 공리주의 관점에서 해외 원조의 의무를 주장하였으며 고통과 쾌락을 느낄 수 있는 모든 존재를 고려해야 하고 다른 사회 구성원을 배제하는 것은 공리주의 원칙에 어긋나기 때문에 적극적인 해외 원조에 임하는 것은 윤리적 의무라고 주장하였다.

17 정답 ③

싱어는 공리주의 관점에서 해외 원조의 의무를 강조하였다. 싱어는 고통과 쾌락을 느낄 수 있는 모든 존재를 고려해야 하므로 다른 사회 구성원을 배제하는 것은 공리주의 원칙에 어긋나기 때문에 해외 원조는 빈곤으로 고통받는 사람들의 고통을 줄여 주는 것이므로 적극적으로 해외 원조에 임하는 것은 윤리적 의무임을 주장하였다.

EBS 교육방송교재

고졸 검정고시

핵심 총정리